Abitur 2024

Kurshefte Geschichte

Gesamtband Niedersachsen

Erarbeitet von

Joachim Biermann
Daniela Brüsse-Haustein
Dr. Wolfgang Jäger
Dr. Heidi Martini
Dr. Silke Möller

 Die Webcodes zum Lehrwerk geben Sie auf **www.cornelsen.de/webcodes** ein.

Cornelsen

Kurshefte Geschichte
Gesamtband Niedersachsen – Abitur 2024

Das Lehrwerk wurde erarbeitet von Joachim Biermann, Daniela Brüsse-Haustein, Dr. Wolfgang Jäger, Dr. Heidi Martini, Dr. Silke Möller

mit Beiträgen von Uta Dehnert, Markus Geiger, Johannes Gießler, Robin Gliffe, Martin Grohmann, Cornelius Lehmann, Janika Michael, Dr. Silke Möller, Marian Picker, Robert Quast, Markus Rassiller, Robert Rauh, Dr. Beate Sommersberg, Ursula Vogel und Cajus Wypior

Die Probeklausur und deren Lösungshinweise wurden konzipiert von Joachim Biermann (Lingen) und Daniela Brüsse-Haustein (Meppen)

Redaktion: Britta Köppen, Dr. Silke Möller, Sabine Klingelhöfer
Karten: Carlos Borrell, Berlin
Bildassistenz: Anne Dombrowsky
Umschlaggestaltung: Ungermeyer, grafische Angelegenheiten, Berlin
Umschlagbild: dpa Creative
Layout: tiff.any GmbH, Berlin/Uwe Rogal
Technische Umsetzung: Straive

www.cornelsen.de

Die Webseiten Dritter, deren Internetadressen in diesem Lehrwerk angegeben sind, wurden vor Drucklegung sorgfältig geprüft. Der Verlag übernimmt keine Gewähr für die Aktualität und den Inhalt dieser Seiten oder solcher, die mit ihnen verlinkt sind.

1. Auflage, 1. Druck 2022

Alle Drucke dieser Auflage sind inhaltlich unverändert und können im Unterricht nebeneinander verwendet werden.

© 2022 Cornelsen Verlag GmbH, Berlin

Dieses Werk berücksichtigt die Regeln der reformierten Rechtschreibung und Zeichensetzung. Ausnahmen bilden Originaltexte, bei denen lizenzrechtliche Gründe einer Änderung entgegenstehen.

Das Lehrwerk enthält Fremdtexte, die aus didaktischen Gründen gekürzt wurden; sie sind in den Literaturangaben mit * gekennzeichnet.

Das Werk und seine Teile sind urheberrechtlich geschützt. Jede Nutzung in anderen als den gesetzlich zugelassenen Fällen bedarf der vorherigen schriftlichen Einwilligung des Verlages. Hinweis zu §§ 60 a, 60 b UrhG: Weder das Werk noch seine Teile dürfen ohne eine solche Einwilligung an Schulen oder in Unterrichts- und Lehrmedien (§ 60 b Abs. 3 UrhG) vervielfältigt, insbesondere kopiert oder eingescannt, verbreitet oder in ein Netzwerk eingestellt oder sonst öffentlich zugänglich gemacht oder wiedergegeben werden. Dies gilt auch für Intranets von Schulen.

Druck: Firmengruppe APPL, aprinta Druck, Wemding

ISBN: 978-3-06-066055-1 (Schülerbuch)
ISBN: 978-3-06-066056-8 (E-Book)

PEFC zertifiziert
Dieses Produkt stammt aus nachhaltig bewirtschafteten Wäldern und kontrollierten Quellen.
www.pefc.de

PEFC/04-32-0928

Inhaltsverzeichnis

Zur Arbeit mit diesem Kursheft 6

1 Die Amerikanische Revolution 9
Schauplatz 10

1.1 Einführung: Krisen, Umbrüche und Revolutionen 12

1.2 Die Ursprünge des Konflikts 22
Methode: Schriftliche Quellen interpretieren 36
Anwenden und wiederholen 38

1.3 Perspektiven der Konfliktparteien 40
Methode: Darstellungen analysieren 56
Methode: Ein historisches Urteil entwickeln 58
Anwenden und wiederholen 60

1.4 Unabhängigkeitserklärung und Unabhängigkeitskrieg 62
Methode: Verfassungsschaubilder interpretieren 78
Anwenden und wiederholen 80

1.5 Die Rezeption der Gründungsphase 82
Methode: Historische Gemälde interpretieren 92
Anwenden und wiederholen 94

1.6 Kernmodul 96

1.7 Wahlmodul: Die Französische Revolution 104
Anwenden und wiederholen 118

1.8 Wahlmodul: Die Russische Revolution 120
Anwenden und wiederholen 134

2 China und die imperialistischen Mächte 137
Schauplatz 138

2.1 Wandlungsprozesse in der Geschichte 140

2.2 Selbstverständnis und Weltbild der Chinesen und der Europäer ... 150
Methode: Geschichtskarten interpretieren 166
Anwenden und wiederholen 168

2.3 Chinesische Kontakte mit den imperialistischen Mächten und ihre Folgen 170
Stationenlernen: Japan 190
Methode: Schriftliche Quellen interpretieren 196
Methode: Karikaturen interpretieren 198
Anwenden und wiederholen 200

2.4 Chinesische Reaktionen zwischen Anpassung und Widerstand 202
Methode: Darstellungen analysieren 230
Anwenden und wiederholen 232

2.5	**Kernmodul**	**234**
2.6	**Wahlmodul: Die Kreuzzüge**	**244**
	Anwenden und wiederholen	254
2.7	**Wahlmodul: Spanischer Kolonialismus**	**256**
	Anwenden und wiederholen	266

3	**Die Weimarer Republik zwischen Krise und Modernisierung**	**269**
	Schauplatz	270
3.1	**Einführung: Identität und deutsches Selbstverständnis**	**272**
3.2	**Gründung: Politische Ideen und Träger der Weimarer Republik**	**282**
	Methode: Politische Plakate interpretieren	298
	Anwenden und wiederholen	300
3.3	**Krise und Stabilisierung – die Weimarer Republik 1919 bis 1929**	**302**
	Geschichtskultur: Ein Nationalfeiertag für die Weimarer Republik: der 11. August	316
	Methode: Schriftliche Quellen interpretieren	318
	Anwenden und wiederholen	320
3.4	**Außenpolitik im europäischen und internationalen Spannungsfeld**	**322**
	Methode: Historische Urteile analysieren und vergleichen	334
	Anwenden und wiederholen	336
3.5	**Zwischen Aufbruch und Unsicherheit: die „Goldenen Zwanziger"**	**338**
	Anwenden und wiederholen	354
3.6	**Politische Radikalisierung und Scheitern der Demokratie 1929 bis 1933**	**356**
	Methode: Darstellungen analysieren	368
	Anwenden und wiederholen	370
3.7	**Kernmodul**	372
3.8	**Wahlmodul: Der Erste Weltkrieg**	382
	Anwenden und wiederholen	390
3.9	**Wahlmodul: Nationalsozialismus und deutsches Selbstverständnis**	**392**
	Anwenden und wiederholen	398

4	**Geschichts- und Erinnerungskultur**	**401**
4.1	**Kernmodul: Geschichts- und Erinnerungskultur**	402
	Anwenden und wiederholen	422
4.2	**Nationale Gedenk- und Feiertage in verschiedenen Ländern**	424
	Methode: Denkmäler interpretieren	437
	Methode: Eine perspektivisch-ideologiekritische Analyse durchführen	441
	Anwenden und wiederholen	446

Abiturvorbereitung

Hinweise zu den Operatoren 448
Formulierungshilfen für die Bearbeitung von Quellen und Darstellungen 453
Tipps zur Vorbereitung auf die Abiturthemen 455
Probeklausuren mit Lösungshinweisen 456

Anhang

Zusatzaufgaben und Tipps 475
Lösungen zu den Methodenseiten 485
Unterrichtsmethoden 501
Fachmethoden 504
Literaturhinweise 509
Zeittafel 515
Die Präsidenten der USA 519
Die Staaten der USA nach Beitrittsdatum 521
Begriffslexikon 522
Personenlexikon und Personenregister 533
Sachregister 542
Bildquellen 548
Ausspracheregeln für chinesische Begriffe 551

Zur Arbeit mit diesem Kursheft

Vorwissen aus SEK I oder Alltagswissen aktivieren

Die **Schauplatz**-Seiten aktivieren Ihr Vorwissen mithilfe spielerischer, quizähnlicher Aufgaben.

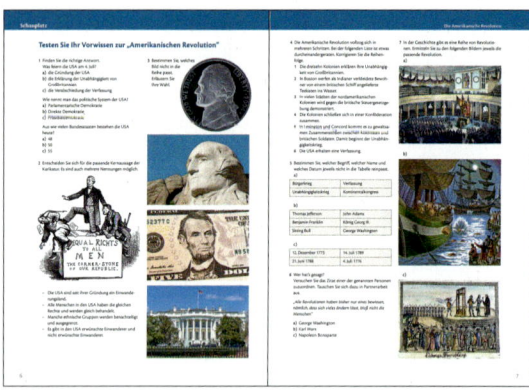

Sich orientieren und eigene Fragen und Hypothesen formulieren

Jedes Kapitel beginnt mit der **Auftaktseite**. Interessante Bilder bieten erste Gesprächsanlässe. Ein kurzer Text führt in das Kapitelthema ein. Arbeitsaufträge regen Sie zur Formulierung von Fragen und Hypothesen an. Ein Zeitstrahl ermöglicht die zeitliche Orientierung.

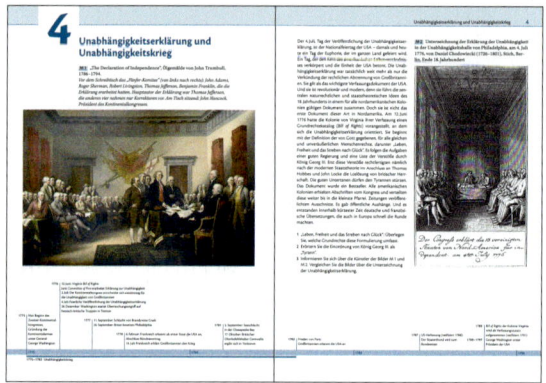

Ein Thema untersuchen

Am Anfang der **Themeneinheit** orientiert Sie ein Hinweiskasten über die zentralen Inhalte des Kapitels. Der **Darstellungstext** erläutert das Thema. In der Randspalte finden Sie Porträtbilder mit biografischen Informationen, Begriffserläuterungen, Verweise auf die Materialien sowie Webcodes.

Der anschließende **Materialteil** bietet Quellen, Darstellungen, Abbildungen, Karten und statistische Materialien zur eigenständigen Bearbeitung. Ein einführender Kasten gibt Ihnen „Hinweise zur Arbeit mit den Materialien". Die Arbeitsaufträge regen immer wieder zu Partner- oder Gruppenarbeit, Präsentationen und kreativen Lernarrangements an. Tipps geben Ihnen Hilfestellung. Bei Wahlaufgaben können Sie unter verschiedenen Zugängen und/oder Materialien zum Thema auswählen. Vertiefungsangebote ermöglichen Ihnen eine weitergehende Beschäftigung mit dem Thema.

Zur Arbeit mit diesem Kursheft

Methodisch arbeiten

Die **Methodenseiten** sind exemplarisch ins Kapitel integriert und trainieren Ihre Kompetenzen im Umgang mit Quellen, Darstellungen und anderen Materialien. Arbeitsschritte bieten Ihnen eine Anleitung für die Bearbeitung eines Übungsbeispiels. Mithilfe der Lösungshilfen im Anhang können Sie sich selbst überprüfen.

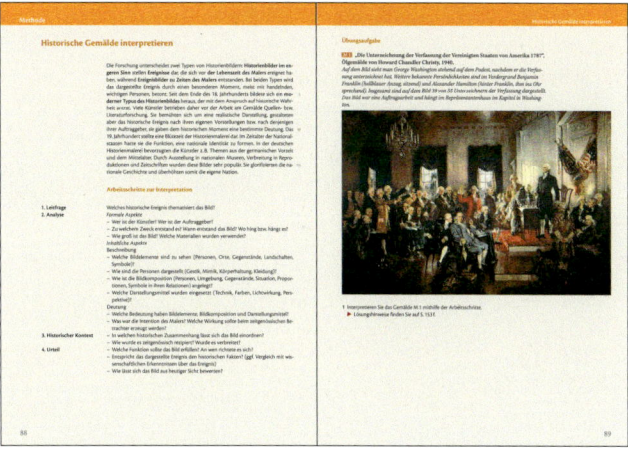

Mehr Sicherheit

Jedes Kapitel schließt mit der „**Anwenden und wiederholen**"-Seite. Ein **Anwendungsbeispiel** trainiert Ihre Kompetenz in der schriftlichen Klausur bzw. Abiturprüfung. Arbeitsaufträge mit Wahl- und Vertiefungsmöglichkeiten, Formulierungshilfen sowie zentrale Begriffe ermöglichen Ihnen das **Wiederholen** zentraler Kapitelinhalte.

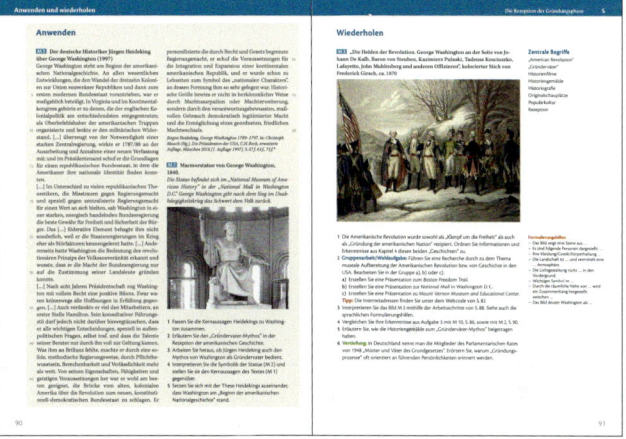

Kernmodul und Wahlmodule

Ein eigenes Kapitel zum **Kernmodul** bietet theoretische Texte und verknüpft sie durch Arbeitsaufträge und Verweise mit den anderen Kapiteln.
Zwei **Vertiefungskapitel** bereiten weitere Wahlmodulthemen als Themeneinheit auf. Die Arbeitsaufträge fordern immer wieder zum Vergleich mit den anderen Wahlmodulthemen auf.

Hilfen im Anhang

Der Anhang unterstützt Sie bei der Arbeit mit dem Buch. Hier finden Sie:
- Hinweise zu den Operatoren,
- Formulierungshilfen für die Arbeit mit Quellen und Darstellungen,
- Zusatzaufgaben und inhaltliche Tipps,
- eine Probeklausur mit Lösungshinweisen,
- Lösungshilfen zu den Methodenseiten,
- eine Übersicht der eingeführten Unterrichts- und Fachmethoden,
- Lexika und Register.

1 Die Amerikanische Revolution

Historische Entwicklungen verlaufen nicht immer kontinuierlich nach „vorne", auf ein Ziel hin, sondern unterliegen gleichzeitig mehr oder weniger starkem Wandel. Krisen, Umbrüche und Revolutionen sind besonders verdichtete Formen des Wandels, in denen beschleunigte Veränderungsprozesse ablaufen. Die Amerikanische Revolution ist die erste große Revolution der Neuzeit, die vor allem mit ihren politischen Ideen und Verfassungsdokumenten die Grundlagen für alle westlichen Demokratien schuf. Sie wird auch als „Verfassungsrevolution" bezeichnet, da sie auf gesellschaftlicher Ebene keine wesentlichen Veränderungen brachte. Anders die gut zehn Jahre später einsetzende Französische Revolution, die von den amerikanischen Ereignissen beeinflusst wurde: Sie gilt heute als klassische Revolution, da sie als Totalrevolution tiefgreifende Veränderungen auf sozialer, politischer, wirtschaftlicher und kultureller Ebene mit sich brachte.

Testen Sie Ihr Vorwissen zur „Amerikanischen Revolution"

1 Finden Sie die richtige Antwort.
  Was feiern die USA am 4. Juli?
  a) die Gründung der USA
  b) die Erklärung der Unabhängigkeit von Großbritannien
  c) die Verabschiedung der Verfassung

  Wie nennt man das politische System der USA?
  a) Parlamentarische Demokratie
  b) Direkte Demokratie
  c) Präsidialdemokratie

  Aus wie vielen Bundesstaaten bestehen die USA heute?
  a) 48
  b) 50
  c) 55

2 Entscheiden Sie sich für die passende Kernaussage der Karikatur. Es sind auch mehrere Nennungen möglich.

3 Bestimmen Sie, welches Bild nicht in die Reihe passt. Erläutern Sie Ihre Wahl.

- Die USA sind seit ihrer Gründung ein Einwanderungsland.
- Alle Menschen in den USA haben die gleichen Rechte und werden gleich behandelt.
- Manche ethnische Gruppen werden benachteiligt und ausgegrenzt.
- Es gibt in den USA erwünschte Einwanderer und nicht erwünschte Einwanderer.

4 Die Amerikanische Revolution vollzog sich in mehreren Schritten. Bei der folgenden Liste ist etwas durcheinandergeraten. Korrigieren Sie die Reihenfolge.
1. Die dreizehn Kolonien erklären ihre Unabhängigkeit von Großbritannien.
2. In Boston werfen als Indianer verkleidete Bewohner von einem britischen Schiff angelieferte Teekisten ins Wasser.
3. In vielen Städten der nordamerikanischen Kolonien wird gegen die britische Steuergesetzgebung demonstriert.
4. Die Kolonien schließen sich in einer Konföderation zusammen.
5. In Lexington und Concord kommt es zu gewaltsamen Zusammenstößen zwischen Kolonisten und britischen Soldaten. Damit beginnt der Unabhängigkeitskrieg.
6. Die USA erhalten eine Verfassung.

5 Bestimmen Sie, welcher Begriff, welcher Name und welches Datum jeweils nicht in die Tabelle reinpasst.

a)

Bürgerkrieg	Verfassung
Unabhängigkeitskrieg	Kontinentalkongress

b)

Thomas Jefferson	John Adams
Benjamin Franklin	König Georg III.
Sitting Bull	George Washington

c)

12. Dezember 1773	14. Juli 1789
21. Juni 1788	4. Juli 1776

6 Wer hat's gesagt?
Versuchen Sie das Zitat einer der genannten Personen zuzuordnen. Tauschen Sie sich dazu in Partnerarbeit aus.

„Alle Revolutionen haben bisher nur eines bewiesen, nämlich, dass sich vieles ändern lässt, bloß nicht die Menschen."

a) George Washington
b) Karl Marx
c) Napoleon Bonaparte

7 In der Geschichte gibt es eine Reihe von Revolutionen. Ermitteln Sie zu den folgenden Bildern jeweils die passende Revolution.

a)

b)

c)

1.1 Einführung: Krisen, Umbrüche und Revolutionen

> *In diesem Kapitel geht es um*
> - *Definition und Anwendung der Begriffe Krise, Umbruch und Revolution zur Charakterisierung von historischem Wandel,*
> - *ausgewählte Theorien zu Revolutionen,*
> - *ausgewählte Theorien zur Modernisierung,*
> - *die Amerikanische Revolution im Vergleich zur Französischen und zur Russischen Revolution,*
> - *die Bedeutung der Amerikanischen Revolution für das heutige Selbstverständnis der USA.*

Krisen, Umbrüche und Revolutionen als Formen des historischen Wandels

Historische Entwicklungen verlaufen nicht immer in Kontinuität nach „vorne", auf ein Ziel hin, sondern unterliegen gleichzeitig mehr oder weniger starkem Wandel. Krisen, Umbrüche und Revolutionen sind besonders **verdichtete Formen des Wandels**. Hier laufen beschleunigte Veränderungsprozesse ab. Bestimmte Ereignisse und ihre besonderen Dynamiken führen zu Entscheidungssituationen, in denen die Entwicklung in die eine oder andere Richtung gehen kann, d. h., es kann zu Veränderungen kommen oder die Verhältnisse stabilisieren sich nach einer Weile wieder. Die Veränderungen können in Form eines teilweisen Bruches, aber auch in Form einer umfassenden Zäsur auftreten. Die Begriffe Krise, Umbruch und Revolution werden in der Alltagssprache oft ähnlich verwendet, doch in der Geschichtswissenschaft wird genauer unterschieden, und zwar nach dem **Grad der Veränderungen**, die geschichtliche Ereignisse nach sich ziehen. Revolution ist die umfassendste und am stärksten verdichtete der Veränderungen, darin sind sich alle Wissenschaftler einig. Es ist jedoch oft schwierig, genaue Grenzen zu ziehen. Nicht jeder politische oder gesellschaftliche Umbruch muss eine Revolution sein. Und auch der Begriff „Revolution" selbst wird in der Wissenschaft oft unterschiedlich verwendet. „Industrielle Revolution" bezeichnet beispielsweise eine Entwicklung, die sich über mehr als 50 Jahre erstreckte und in verschiedenen Ländern zu unterschiedlichen Zeiten die wirtschaftlichen, sozialen und kulturellen Strukturen eines Staates, einer Gesellschaft schrittweise veränderte. Die „Russische Revolution" umfasst dagegen weniger als ein Jahr und besteht aus zwei Teilrevolutionen, wobei der zweite Teil, die

▶ M 3: Rudolf Vierhaus über den Begriff der Krise

▶ M 4: Peter Wende über den Begriff der Revolution

M 1 Kurstafel des DAX im Handelssaal der Frankfurter Wertpapierbörse, Fotografie, 2009.
Besonders oft wird der Begriff Krise heute im Bereich der Wirtschaft verwendet: Finanzkrise, Bankenkrise oder Eurokrise.

M2 „Die Freiheit führt das Volk an", Ölgemälde von Eugène Delacroix, 1830

Oktoberrevolution, aufgrund ihres geplanten Ablaufes von Historikern meistens als „Putsch" eingeordnet wird. Und schließlich gibt es noch die Begriffe „Revolte" oder „Staatsstreich". Sind sie deckungsgleich mit Revolutionen?

Zu einer Klärung von Begriffen und historischen Entwicklungen können **Theorien und**
25 **Modelle** beitragen. Diese entstehen, indem Wissenschaftler zum Beispiel verschiedene Revolutionen wie die Amerikanische Revolution oder die Französische Revolution genauer untersuchen und miteinander vergleichen. Am Ende stehen Definitionen, Ablaufschemata oder Kriterienkataloge, die als allgemeingültig beispielsweise für eine Revolution erklärt werden. Bei der Deutung von historischen Umbruchsituationen kann
30 man sich ihrer bedienen und so zu einer begründeten eigenen Einschätzung kommen.

Theorien zu Revolutionen

Bei allem Bemühen um die Herausarbeitung **grundlegender Kriterien von Revolutionen*** enthalten aber auch Theorien und Modelle perspektivisch gebundene Bewertungen eines Sachverhaltes. Die Analyse der Amerikanischen und der Französischen Revolution von der jüdischen deutsch-amerikanischen Wissenschaftlerin **Hannah Arendt**
5 von 1963 kreist immer auch um die Frage, wie eine Demokratie gestaltet sein muss, um dem Totalitarismus zu widerstehen. **Alexis de Tocqueville** (1805–1859) ordnet die Französische Revolution ganz anders ein als der US-amerikanische Historiker Crane Brinton im 20. Jahrhundert. Tocqueville hebt vor allem die gesellschaftliche Entmachtung von Adel und Kirche in Frankreich hervor, also die soziale Revolution. **Crane Brin-**
10 **ton** entwickelt auf der Basis von vier Revolutionen (englische „Glorious Revolution" 1688; Amerikanische Revolution 1776; Französische Revolution 1789; Russische Revolution 1917) einen Grundtypus, der Ursachen, Verlauf, Akteure und Ideen umfasst. Ein sehr anschauliches, aber auch sehr vereinfachtes Modell stellt der amerikanische Soziologe **James C. Davies** zur Diskussion: Seine „J-Kurve" soll zeigen, dass Revolutionen aus-
15 brechen, wenn die Erwartungen der Bevölkerung und ihre tatsächlichen Lebensumstände zu weit auseinander gehen. Und schließlich gibt es noch die marxistischen

Grundlegende Kriterien von Revolutionen:
– nachhaltige und tiefgreifende Veränderungen
– die Veränderungen umfassen die sozialen und politischen Strukturen, gegebenenfalls auch die kulturellen und wirtschaftlichen Strukturen
– die Geschwindigkeit der Ereignisse kann unterschiedlich sein
– Gewalt bis hin zu Kriegen geht oft mit einer Revolution einher, ist aber kein notwendiges Merkmal

▶ Kap. 1.6: Kernmodul (S. 97–101)

Theorien von **Karl Marx, Friedrich Engels und Wladimir I. Lenin**, die den Einfluss der materiellen Lebensbedingungen auf die Geschichte betonen und daraus abgeleitet eine Zwangsläufigkeit von Revolutionen beim Übergang von einer Gesellschaftsform in die andere feststellen.

Revolution
cornelsen.de/Webcodes
Code: qejiji

Theorien zur Modernisierung

Mit einer anderen Form des Wandels befassen sich Modernisierungstheorien. Hier geht es nicht wie bei den Revolutionen um die Analyse kurzer, verdichteter Veränderungsprozesse, sondern um langfristige Entwicklungen, die aber ebenso umfassende Veränderungen der Strukturen mit sich bringen. Modernisierungstheorien setzen sich dabei mit Formen der **„Moderne"** auseinander, deren Beginn im 18./19. Jahrhundert angesetzt und von der Amerikanischen, der Französischen und der Industriellen Revolution eingeleitet wird. Manche sehen die Wurzeln der Moderne auch schon im 15./16. Jahrhundert angelegt, als mit der Renaissance ein neues Menschenbild, neue Staats- und Wirtschaftsformen entstanden. Obwohl man sich weitgehend einig ist bezüglich der **grundlegenden Kriterien von Modernisierung***, sind die Inhalte und die Anwendung in der Geschichtswissenschaft umstritten.

In den Geschichts- und Sozialwissenschaften spielen Modernisierungstheorien seit den 1950er- und 1960er-Jahren eine wichtige Rolle. Grundlegend für die Geschichtswissenschaft waren die Arbeiten des Soziologen **Max Weber** zur westlichen Moderne. Eine zentrale Funktion hat für ihn das sich verändernde religiöse Weltbild, das Prozesse der Säkularisierung und der Rationalisierung durchmacht, die auch auf Staat, Wirtschaft und Gesellschaft wirken. Der Historiker **Hans-Ulrich Wehler** entwickelte diese Konzepte weiter. Beide Wissenschaftler orientieren sich dabei an der europäischen Geschichte. Der israelische Soziologe **Shmuel Eisenstadt** entwickelte dagegen das Konzept „multipler Modernen". Indem er mit dem Begriff der „Achsenzeit" ein kriteriengebundenes Konzept einführt, kann er „Modernen" in unterschiedlichen Kulturen zu unterschiedlichen Zeiten feststellen.

Grundlegende Kriterien von Modernisierung:
– Prozess der Auflösung von traditionalen Gesellschaften und Übergang in moderne Gesellschaften
– umfasst Politik, Wirtschaft, Gesellschaft und Kultur
– erstreckt sich über mehrere Jahrhunderte
– kein einförmiger, unumkehrbarer Fortschrittsprozess, sondern Phasen der beschleunigten Entwicklung wechseln sich ab mit Phasen des Stillstandes und des Rückschrittes

▶ Kap. 1.6: Kernmodul (S. 101–103)

Modernisierung
cornelsen.de/Webcodes
Code: toduhu

Amerikanische Revolution im Vergleich

Mit der Amerikanischen Revolution steht in diesem Kursheft die erste große Revolution der Neuzeit im Zentrum, die vor allem mit ihren politischen Ideen und Verfassungsdokumenten die **Grundlagen für alle westlichen Demokratien** schuf. Sie wird auch als **Verfassungsrevolution** bezeichnet, da sie auf gesellschaftlicher Ebene keine wesentlichen Veränderungen brachte. Schon in der gut zehn Jahre später einsetzenden Französischen Revolution wirkte sie nach. Die **Französische Revolution** gilt heute als klassische Revolution, da sie als **Totalrevolution** tiefgreifende Veränderungen auf sozialer, politischer, wirtschaftlicher und kultureller Ebene mit sich brachte. Auf politischer Ebene erlebte Frankreich anschließend viele Veränderungen, von Napoleon bis hin zur heutigen Fünften Republik. Die in Folge der Unabhängigkeitserklärung entstandenen Vereinigten Staaten von Amerika zeichnen sich dagegen durch eine hohe staatlich-politische Stabilität aus, obwohl in den ersten Jahren noch die eine starke Zentralmacht befürwortenden „Föderalisten" gegen die „Republikaner" kämpften, die eine weitgehende Eigenständigkeit der Einzelstaaten wollten. Beide Gruppen hatten ihre Wurzeln in der Revolution und zogen dort im Kampf gegen die britische Kolonialmacht an einem Strang. Der Slogan „Freiheit oder der Tod" hob das ursprüngliche konkrete politische Anliegen von „Keine Steuern ohne Repräsentation" auf eine höhere ideelle Ebene. Die Ideen der Aufklärung spielten ebenso wie in Frankreich eine wichtige Rolle. Mit der Amerikanischen Revolution begann die Herausbildung eines modernen Staatswesens und einer amerikanischen Identität zugleich. Der Kampf für „Recht" und „Freiheit" trug auch zum wachsenden amerikanischen Sendungsbewusstsein im 19. Jahrhundert und seiner Rolle

▶ Kap. 1.7: Französische Revolution

als Supermacht im 20. und 21. Jahrhundert bei. Noch heute werden mit dem Nationalfeiertag am 4. Juli die Unabhängigkeitserklärung von 1776 als nationales Schlüsselereignis gefeiert und den „Gründervätern" wie George Washington, Thomas Jefferson und Benjamin Franklin vielfältige Denkmäler gesetzt.

Frankreich bildete zwar schon vor der Revolution eine Nation, doch auch hier ist das heutige nationale Selbstverständnis eng mit der Revolution verknüpft, vor allem mit der ersten Phase, denn auch in Frankreich geht der Nationalfeiertag am 14. Juli auf ein revolutionäres Ereignis zurück, den Sturm auf die Bastille.

Die **Russische Revolution** ist in verschiedener Hinsicht ein Sonderfall. Getragen von unzufriedenen Bauern und Arbeitern brachte die Februarrevolution ein Ende des Zarenreichs und mit den Arbeiter- und Soldatenräten ein neues politisches Gremium. Doch mit der Duma, dem russischen Parlament, und ihren vor allem liberalen Mitgliedern der Mittel- und Oberschicht gab es keinen völligen politischen und sozialen Bruch. Dieser erfolgte erst in der Oktoberrevolution durch die kommunistischen Bolschewisten unter Führung von Wladimir I. Lenin. In den Folgemonaten wurde die Sowjetrepublik gegen den Willen der Mehrheit der Bevölkerung mit diktatorischen Mitteln und Gewalt durchgesetzt. Für das Selbstverständnis der Sowjetunion spielte die Revolution eine ebenso zentrale Rolle wie für die USA und Frankreich, doch mit dem erneuten Systembruch in den 1990er-Jahren hat sie an Bedeutung verloren.

▶ Kap. 1.8: Russische Revolution

1 Arbeiten Sie auf der Basis des Darstellungstextes zentrale Begriffe heraus, die den Verlauf von Geschichte charakterisieren. Formulieren Sie zu jedem Begriff eine Definition in Ihren eigenen Worten.
2 Erklären Sie auf Basis der Darstellung die Begriffe Verfassungsrevolution und Totalrevolution. Ordnen Sie Ihnen bekannte Revolutionsbeispiele diesen Begriffen zu.
Tipp: siehe S. 475.
3 Erläutern Sie den Zusammenhang zwischen Revolution und Modernisierung.
4 In Deutschland ist der 3. Oktober der einzige „gesetzliche Feiertag" des Bundes und wird als „Tag der deutschen Einheit" bezeichnet. Er bezieht sich auf den Beitritt der DDR zum „Geltungsbereich des Grundgesetzes".
Gruppenarbeit/Präsentation: Untersuchen Sie arbeitsteilig die Rolle und Gestaltung von Nationalfeiertagen bzw. nationalen Feiertagen und stellen Sie eine kleine Präsentation zusammen:
– USA: 4. Juli
– Frankreich: 14. Juli
– Deutschland: 3. Oktober
– Israel: Unabhängigkeitstag, wechselnde Daten
– Russland: 4. November
5 **Vertiefung:** Diskutieren Sie Unterschiede und Gemeinsamkeit.
6 **Zusatzaufgabe:** siehe S. 475.

1.1 Einführung: Krisen, Umbrüche und Revolutionen

> *Hinweise zur Arbeit mit den Materialien*
> *Am Anfang stehen die Begriffsanalysen zu Krise und Revolution durch die Historiker Rudolf Vierhaus (M 3) und Peter Wende (M 4). Letzterer liefert einen direkteren Zugang zum historischen Gegenstand Revolution als die Revolutionstheorien, die stärker verallgemeinern und abstrahieren, und bildet deshalb eine nützliche Einführung in die Thematik. Die Materialien M 5 bis M 7 ermöglichen die Erarbeitung des Bezugs der Amerikanischen Revolution zum heutigen Selbstverständnis der USA. M 8 und M 9 nennen aktuelle Beispiele, die den amerikanischen „Nationspathos" von Präsident Trumps „America first"-Konzept mit der Kritik von afroamerikanischen Football-Spielern an Diskriminierung und Rassismus im Land kontrastieren.*
>
> *Zur Vernetzung mit dem Kernmodul*
> *Vor allem M 4 bietet Anschlussmöglichkeiten an das Kernmodul, beispielsweise an die Theorien von Hannah Arendt (M 6, S. 100 f.) sowie von Crane Brinton (M 2, S. 97 f.), die sich beide mit der Rolle von Gewalt sowie mit dem Umfang und Ebenen von revolutionären Veränderungen auseinandersetzen.*

Krisen, Umbrüche und Revolutionen

M 3 Der Historiker Rudolf Vierhaus definiert in einem Lexikonartikel den Begriff „Krisen" (2002)

K. [= Krisen] sind Prozesse, deren Anfänge, Höhepunkte, Ende prinzipiell datierbar sind. Niedergangs-, Auflösungs-, Verfallsprozesse sind keine K., wohl aber können ihnen sich steigernde K. vorange-
5 gangen sein. K. sind prinzipiell offene Prozesse; ihre Geschwindigkeit, ihr Ausgang nicht zwangsläufig, ihr Ablauf und ihr Wendepunkt selten so deutlich erkennbar wie in einem Krankheitsprozess. […] Von K. kann gesprochen werden, wenn zuvor bestehende
10 stabile und funktionierende Zustände sich aufzulösen beginnen […] und die eingetretenen Störungen nicht mit hergebrachten Mitteln überwunden werden können, sondern eine *renovatio*, eine Reform, eine Revolution, erforderlich wird und erfolgt; ge-
15 schieht dies nicht, handelt es sich nicht (mehr) nur um eine K. Kennzeichen von K. ist, dass es in ihrem Prozess Alternativen gibt, Phasen und Konstellationen, in denen sich entscheidet, ob sie überwunden werden können. K. sind keine Naturprozesse, wohl
20 aber können z. B. Erdbeben, Flutkatastrophen, Dürreperioden K. auslösen: Hunger-K., aber auch K. des Vertrauens in die Fähigkeit von Regierung und Verwaltung, mit ihnen fertigzuwerden. […] K. müssen, um als solche bezeichnet werden zu können, objek-
25 tiven Charakter haben, also nicht nur herbeigeredet sein, indem vorübergehenden und vereinzelten krisenhaft erscheinenden Symptomen von Veränderung aus Sorge übertriebene Bedeutung zugeschrieben wird. Sehr unterschiedliche Prozesse sind in der Ge-
30 schichte als K. erfahren und unterschiedlich gedeutet worden. Als K. wurden sowohl zeitlich und räumlich begrenzte als auch globale Prozesse bezeichnet; es wird von Funktions-K. eines politischen Systems wie von langfristigen Kultur-K. gesprochen. […] Vor al-
35 lem die großen Veränderungsprozesse in der Menschheitsgeschichte haben zu immer neuen Versuchen geführt, sie in ihrem Verlauf zu beschreiben, zu verstehen und zu erklären. […] Nur in seltenen Fällen sind K. auf bestimmte Ursachen zurückzuführen;
40 mehrere und verschiedenartige Umstände und Konstellationen haben in ihrem Zusammen- und Gegeneinanderwirken Prozesse in Gang gebracht und vorangetrieben, die sich zu ernsthaften K. entwickelten. Die 1788 zur Versammlung der Generalstaaten in
45 Versailles zusammentretenden Deputierten wollten keine Revolution machen, nicht die Monarchie abschaffen, nicht eine Herrschaft des Schreckens errichten. Intensive Forschung hat die Vielfalt der elementaren Vorbedingungen wie der eher zufälligen
50 und momentanen Antriebe der Revolution gezeigt: das vielleicht eindrucksvollste Beispiel einer „großen" K., die sich zu revolutionärem Umbruch steigerte, der selbst wieder in die K. geriet, weitere K. nach sich zog, aber im Ergebnis entscheidende Bedeutung
55 für die Entwicklung der europ. Kultur gehabt hat. K. bewirken nicht notwendig Kontinuitätsbrüche; aus ihnen können neue Konstellationen hervorgehen, die die erfolgreiche Überwindung der K. ermöglichen. Ist dies nicht der Fall, wird die K. zum Prozess
60 des Zerfalls und der Auflösung der vorher bestehenden Verhältnisse. Solche Prozesse können sich lange hinziehen und Phasen vorübergehender Stabilisierung durchlaufen.

Rudolf Vierhaus, Artikel „Krisen", in: Stefan Jordan (Hg.), Lexikon Geschichtswissenschaft. Hundert Grundbegriffe, Reclam, Stuttgart 2002, S. 193–195.*

1 Fassen Sie die Begriffserläuterungen von Rudolf Vierhaus thesenartig zusammen.
2 Nennen Sie Beispiele historischer Krisen und überprüfen Sie daran die Definition des Autors.
Tipp: siehe S. 475.

M4 Der Historiker Peter Wende analysiert den Begriff „Revolution" (2000)

Vor diesem Hintergrund lässt sich [...] in Anlehnung an Theodor Schieder Revolution als „besondere Form des historischen Wandels" definieren. [...] Und es gilt bei dieser Definition natürlich, die Kriterien für die ‚besondere Form' der Veränderung zu fixieren, d.h. zu fragen, was mit welchen Mitteln wie rasch und wie gründlich verändert werden muss, damit von einer Revolution die Rede sein kann:

1. *Das Objekt des revolutionären Wandels* ist die politisch organisierte und in bestimmter Form verfasste Gesellschaft: Die Revolution setzt den Staat als politische Einheit, als Konzentration politischer Macht und Legitimität voraus, andernfalls bedarf sie einschränkender Qualifikation und muss beispielsweise als soziale, ökonomische oder kulturelle Revolution näher bezeichnet werden. Dabei lassen sich in dem Bereich von Staat und Gesellschaft vier mögliche Ebenen revolutionären Wandels unterscheiden. Dieser wird in der Regel die personelle Zusammensetzung der Regierung betreffen; die Revolution stürzt die alten und legitimiert neue Machthaber. Allerdings darf sie sich nicht auf den bloßen Austausch von politischen Eliten bzw. Führungspersonen beschränken. Denn wenn lediglich die Ausschaltung bzw. der Wechsel der bestehenden Regierungsführung zu registrieren ist, sollte eher von Palastrevolution, von Staatsstreich bzw. Putsch die Rede sein. Auch wenn, besonders im 20. Jahrhundert, das Wort „Revolution" als Legitimationstitel für gewaltsame politische Veränderungen positiv besetzt ist und daher immer wieder das Auswechseln herrschender Oligarchien, die Machtergreifung von Militärjuntas gerade auch von den involvierten Akteuren als Revolution bezeichnet wird, sollte der Historiker hier nicht dem Sprachgebrauch der Herrschenden folgen. [...]

Anders jedoch, wenn der erzwungene Wandel nicht nur die Regierung, sondern zugleich auch die politische Organisationsform der Gesellschaft betrifft. Wo ein radikaler Umbruch im Bereich der staatlichen Institutionen stattfindet, eine neue Verfassung entworfen, verkündet und durchgesetzt wird, lässt sich eher schon von Revolution, zumindest von politischer Revolution sprechen. Und dies gilt erst recht, wenn radikale Veränderung nicht vor bestehenden Eigentumsverhältnissen haltmacht, sondern auch die sozialen Strukturen erfasst, sodass die Revolution als Totalumwälzung einer bestehenden Gesellschaft definiert werden kann. Sie schließt dann auch schließlich als vierte Ebene der Veränderung die der sozialen und politischen Legitimationsideologie ein, auf der ein neues Denken sich durchsetzt und neue Normen und Ideale als die geistigen Grundlagen einer neuen gesellschaftlichen und politischen Ordnung verkündet werden.

2. Die Revolution ist gleichermaßen definiert durch die *Art und Weise*, in der sie Veränderung durchsetzt. Denn Revolution impliziert Gewalt, genauer: als unrechtmäßig verstandene Gewaltanwendung zwischen rechtlich nicht gleichgestellten Parteien. Dies meint in der Regel Gewalt „von unten", Gewalt des Volkes gegen die Herrschenden. So betrachtet impliziert Revolution auch stets Elemente von Aufstand und Rebellion, die für sich genommen allerdings andere, nämlich begrenztere Zielsetzungen verfolgen. Solche Revolten sind gemeinhin Ausdruck verletzten Rechtsempfindens und [...] Akte der sozialen Chirurgie, Operationen der Renovation. Das klassische Beispiel sind etwa Unruhen aus Anlass überhöhter Brotpreise; aber auch die Rebellion des englischen Parlaments gegen den König 1640 diente zunächst dem Ziel, die alte Verfassung wiederherzustellen. Solcher Aufruhr kann durchaus am Beginn einer Revolution stehen, wenn aus dem Widerstand schließlich das Programm für eine neue, eine andere politische Verfassung erwächst. Dabei kann an die Stelle von spontanen Gewaltakten schließlich der Bürgerkrieg als die höchste Stufe innerstaatlicher gewaltsamer Auseinandersetzung treten, als der bewaffnete Konflikt zwischen den Repräsentanten der alten und den Vorkämpfern einer neuen Ordnung. In dem Maße, wie Revolution Gewalt, besonders Gewalt von unten impliziert, unterscheidet sie sich von der Reform, die ebenfalls Wandel, nicht selten radikalen Wandel bewirken kann, jedoch im Rahmen der bestehenden Ordnung stattfindet bzw. zumindest initiiert wird. Das Subjekt der Aktion ist dabei in der Regel die bestehende Regierung, d.h. reformiert wird „von oben" in einem gesteuerten, an den Normen der bestehenden Verfassung orientierten Prozess.

Die Art und Weise der Veränderung definiert Revolution auch insofern, als dieser Wandel rasch vollzogen werden muss. Zwar hat es sich durchaus eingebürgert, auch langfristige historische Prozesse, besonders im Bereich der ökonomischen Entwicklung, mit dem Begriff der Revolution zu belegen, und so spricht man nicht nur von der Industriellen Revolution, sondern auch von der Neolithischen Revolution, um den Übergang von der Kultur nomadisierender Jäger und Sammler zu der sesshafter Ackerbauern zu bezeichnen. Doch diese Variante des modernen Revolutionsbegriffes [...] soll uns hier nicht beschäftigen.

3. In dem Maße, wie Revolution als besondere Form des historischen Wandels definiert ist, muss sie *Folgen* zeitigen. Wohl gibt es kaum eine Revolution, an deren Ende nicht in der einen oder anderen Form eine Restauration, eine zumindest partielle Rückkehr zu vorrevolutionären Zuständen zu verzeichnen ist. Dennoch, wo keinerlei Veränderung registriert werden kann, lässt sich, auch angesichts des ungeheuren Ausmaßes innerstaatlicher Gewalt, nicht von Revolution sprechen. Vielmehr schließt die Frage nach der Revolution auch immer die Frage nach dem Umfang und der Dauer des Neuen ein. Doch es genügt nicht, die Revolution als Phänomen durch die Besonderheiten ihrer Erscheinungsformen zu definieren, etwa als „in kurzer Zeit gewaltsam und illegal bewirkter radikaler Umbruch im Bereich der Institutionen, der Sozialstruktur, der Ideologie, Eigentumsverhältnisse und der Elitenzusammensetzung einer gegebenen Gesellschaft" (H. Wassmund, […]). Um von Revolution zu sprechen, bedarf es des subjektiven Willens der Handelnden zur Veränderung. Die Zielsetzungen der Revolutionäre sind konstitutives Element von Revolution und diese müssen auf die Realisierung von Freiheit ausgerichtet sein. Seit der Amerikanischen und besonders seit der Französischen Revolution, die hier musterbildend gewirkt hat, schließt die Revolution den Entschluss zur Gestaltung der Zukunft ein. […] Wenn man somit eine auf die Realisierung von Freiheit hin orientierte Sinngebung revolutionären Handelns als konstitutives Element des Revolutionsbegriffs begreift, erhält dadurch […] jene Phase allgemeiner Modernisierung, welche mit der Amerikanischen Revolution einsetzte und mit der großen Französischen Revolution ihren Höhepunkt erreichte, eine Schlüsselstellung. So gesehen markieren von nun an Revolutionen Wendepunkte der Geschichte des 19. und 20. Jahrhunderts; und zwar in erster Linie der europäischen Geschichte bzw. der Geschichte einer Welt, die im Zeichen der Ausbreitung Europas steht, bis sie sich schließlich von dessen Hegemonie befreit, nicht zuletzt auf dem Wege der Revolution.

Peter Wende, Einleitung, in: ders. (Hg.), Große Revolutionen der Geschichte. Von der Frühzeit bis zur Gegenwart, C. H. Beck, München 2000, S. 11–14.*

1 Erstellen Sie eine Kriterien-Liste zur Bestimmung von Revolutionen.
2 Diskutieren Sie die These des Autors, dass „von nun an Revolutionen die Wendepunkte der Geschichte" markieren (Z. 137 f.).
3 **Zusatzaufgabe:** siehe S. 475.

Deutungen der Amerikanischen Revolution

M 5 **Die Freiheitsstatue vor New York, Fotografie, 2008.**

Die von Frédéric-Auguste Bartholdi 1875 entworfene Statue ist ein Geschenk Frankreichs an die USA. In der linken Hand hält die Göttin der Freiheit eine Tafel mit dem Datum der Unabhängigkeitserklärung.

1 Interpretieren Sie Symbolik und Gestik der Statue.
2 Nehmen Sie Stellung zur Gesamtdeutung des Denkmals.

M6 Der Historiker Volker Depkat über die Rolle der Amerikanischen Revolution in der Geschichte der USA (2016)

So facettenreich und vielschichtig die Geschichte der USA auch ist, sie lässt sich durchaus auf bestimmte Grundlinien und Hauptthemen zurückführen. Da ist zunächst das Thema von den USA als revolutionär begründetes und bis heute nicht abgeschlossenes Experiment in Sachen Demokratie. Dieses markierte im ausgehenden 18. Jahrhundert den Beginn einer möglichen, durch Grundrechtsliberalismus, Konstitutionalismus und Volkssouveränität definierten politischen Moderne. Für die Durchführung ihres Demokratieexperiments konnten die Amerikaner nur sehr bedingt auf europäische Vorbilder zurückgreifen. Sie mussten deshalb ihren Weg buchstäblich im Gehen finden, und dieser Weg war steinig. Die Etablierung, die Ausgestaltung und der wiederholte Umbau einer freiheitlich-liberalen, parlamentarischen Demokratie in einem föderal organisierten Flächenstaat war ein von scharfen Konflikten strukturierter Prozess, in dem *Krise* und *Transformation* eng ineinander verschlungen waren. Diese spannungsgeladene Konstellation formierte einerseits eine Vielzahl von Reformbewegungen, die die fortlaufende Ausweitung demokratischer Selbstbestimmungsrechte im Lichte des revolutionären Ideals von „*Life, Liberty, and the Pursuit of Happiness*" vorantrieben. Andererseits jedoch entfaltete der Grundsatzstreit über die Ausgestaltung der auf universalen Grundwerten beruhenden Demokratie mit dem Amerikanischen Bürgerkrieg (1861–1865) ein selbstzerstörerisches Potenzial, das das mit großen Hoffnungen gestartete Experiment in Sachen Demokratie fast beendet hätte.

Volker Depkat, Geschichte der USA, Kohlhammer, Stuttgart 2016, S. 9f.

1 Beschreiben Sie die Bedeutung der Amerikanischen Revolution für die Entwicklung der USA.

M7 Der Amerikahistoriker Michael Hochgeschwender über die Amerikanische Revolution als Gründungsmythos (2016)

Die Amerikanische Revolution war ein komplexes, mitunter widersprüchliches historisches Ereignis, genauer: eine epochale Kette von Ereignissen, ein Prozess, der lange vor dem Ausbruch der Gewalttätigkeit 1774 begann und erst Jahrzehnte nach dem Frieden von Paris 1783, der den USA die Unabhängigkeit brachte, allmählich zu einem Ende kam. Historische Ereignisse aber sind beständig interpretationsbedürftig. Und nicht umsonst haben sich Historiker, Politikwissenschaftler und Publizisten seit den 1780er-Jahren über den Charakter der Amerikanischen Revolution gestritten. Dabei leisteten sie immer wieder auch Mythen Vorschub. Für Leopold von Ranke[1] etwa stellte der amerikanische Unabhängigkeitskampf aus der Sicht des Jahres 1854 die größte Revolution der Weltgeschichte dar, da just hier der kühne Weg zu liberalen Fortschritts- und Freiheitsidealen beschritten worden sei. [...] R. R. Palmer[2] beispielsweise sprach von einem Virus der Freiheit, der von Amerika ausgegangen sei und einerseits die Besonderheit [...] der Vereinigten Staaten begründet, sich andererseits aber im gesamten transatlantischen Raum als wirksam erwiesen habe. Die Revolution in Frankreich sei ohne das amerikanische Vorbild kaum denkbar. Ähnliches gelte für die Unabhängigkeitsbewegungen in Lateinamerika oder die fortschrittlichen liberalen Bewegungen im Rest Europas. In dieser Sichtweise [...] stand die Amerikanische Revolution ohne jede Ambivalenz für einen idealistischen Durchbruch in die Moderne. Gerade für Amerikaner war das unter Gesichtspunkten der nationalen Identität zentral, denn diese Interpretation erleichterte es, aus den Ereignissen von 1776 einen Gründungsmythos zu konstruieren, der gleichzeitig nach innen – im Zuge nationaler Integration – und nach außen – hegemonial – nutzbar war. Die USA befanden sich im eigenen Selbstverständnis von Beginn an auf der richtigen Seite der Geschichte, nicht nur weil sie den Unabhängigkeitskrieg gegen Großbritannien gewonnen hatten, sondern vor allem weil sie in einzigartiger Weise für die Idee von Freiheit, Fortschritt, Demokratie, Modernität und Eigentum eintraten. Die Revolution hatte ihnen eine exzeptionelle Mission mit auf den Weg gegeben, die es weltweit durchzusetzen galt.

Michael Hochgeschwender, Die Amerikanische Revolution. Geburt einer Nation 1763–1815, C. H. Beck, München 2016, S. 9f.*

1 *Leopold von Ranke:* deutscher Historiker (1795–1886)
2 *Robert Roswell Palmer:* amerikanischer Historiker (1909–2002)

1 Erläutern Sie Hochgeschwenders Charakterisierung der Amerikanischen Revolution und ihrer Folgen.
2 Skizzieren Sie den Zusammenhang zwischen Revolution und „exzeptioneller Mission" (Z. 43 f.).

USA im 21. Jahrhundert

M 8 US-Präsident Donald Trump in seiner Rede zum Amtsantritt (2017)

Wir, die Bürger von Amerika, werden jetzt gemeinsam in einer nationalen Anstrengung unser Land wieder aufbauen und seine Versprechen für alle Menschen erneuern. […] Worauf es wirklich ankommt, ist nicht, welche Partei unsere Regierung führt, sondern ob unsere Regierung vom Volk geführt wird. Der 20. Januar 2017 wird als der Tag in der Erinnerung bleiben, an dem das Volk wieder zu den Herrschern dieser Nation wurde. Die vergessenen Männer und Frauen unseres Landes werden nicht mehr vergessen sein. Alle hören jetzt auf euch. Ihr seid zu Millionen gekommen, um Teil einer Bewegung zu werden, wie sie die Welt noch nie zuvor gesehen hat.

Im Zentrum dieser Bewegung steht die entscheidende Überzeugung, dass die Nation ihren Bürgern dienen muss. Amerikaner wollen tolle Schulen für ihre Kinder, sichere Wohngegenden für ihre Familien und gute Jobs für sich selbst. Dies sind gerechtfertigte und vernünftige Forderungen von rechtschaffenen Menschen und einer rechtschaffenen Öffentlichkeit.

[…] Wir sind heute hier zusammengekommen, um ein neues Dekret zu erlassen, das man in jeder Stadt, in jeder ausländischen Hauptstadt und in jedem Machtzentrum hören soll. Vom heutigen Tag an wird eine neue Vision unser Land regieren. Vom heutigen Tag an wird es nur noch Amerika zuerst heißen, Amerika zuerst [*America First*].

Jede Entscheidung zum Handel, zur Besteuerung, zur Einwanderung, zur Außenpolitik wird sich am Wohl der amerikanischen Arbeiter und amerikanischen Familien orientieren. Wir müssen unsere Grenzen vor der Verwüstung schützen, die andere Länder anrichten, die unsere Produkte herstellen, unsere Unternehmen stehlen und unsere Arbeitsplätze zerstören.

[…] Wir werden uns bei den Nationen der Welt um Freundschaft und Wohlwollen bemühen, aber wir tun dies in dem Verständnis, dass es das Recht aller Nationen ist, ihre eigenen Interessen vorneanzustellen. Wir wollen niemandem unsere Lebensweise aufzwingen, sondern wir wollen sie als Beispiel leuchten lassen. Wir werden leuchten, damit uns alle folgen. Wir werden unsere alten Allianzen verstärken und neue bilden und die zivilisierte Welt gegen radikal-islamischen Terrorismus vereinen, den wir auslöschen werden. Die Grundlage unserer Politik wird die absolute Loyalität zu den Vereinigten Staaten von Amerika sein, und durch unsere Loyalität zu unserem Land werden wir die Loyalität zueinander wiederentdecken. Wenn ihr euer Herz dem Patriotismus öffnet, dann gibt es keinen Platz für Vorurteile.

[…] Die Bibel sagt uns, „wie gut und angenehm es ist, wenn die Völker Gottes zusammen in Einheit leben". Wir müssen unsere Gedanken offen aussprechen, unsere Meinungsverschiedenheiten offen diskutieren, aber immer Solidarität anstreben. Wenn Amerika geeint ist, dann ist Amerika unaufhaltsam.

Keiner sollte Angst haben. Wir sind beschützt und wir werden immer beschützt sein. Wir werden von den großartigen Männern und Frauen unseres Militärs und der Sicherheitskräfte beschützt. Und, was am wichtigsten ist, wir werden von Gott beschützt.

Ein neuer nationaler Stolz wird unsere Seelen wachrütteln, unsere Blicke heben und unsere Spaltungen heilen. Es ist Zeit, sich an die alte Weisheit zu erinnern, die unsere Soldaten niemals vergessen werden – dass, egal ob wir schwarz, oder braun oder weiß sind, in unseren Adern dasselbe, rote Blut von Patrioten fließt. Wir alle genießen dieselben glorreichen Freiheiten und wir alle salutieren der gleichen, großartigen amerikanischen Flagge.

[…] Gemeinsam werden wir Amerika wieder stark machen. Wir werden Amerika wieder wohlhabend machen. Wir werden Amerika wieder stolz machen. Wir werden Amerika wieder sicher machen. Und ja, gemeinsam werden wir Amerika wieder großartig machen.

Danke. Gott segne euch. Und Gott segne Amerika. Danke. Gott segne Amerika.

https://www.whitehouse.gov/briefings-statements/the-inaugural-address/ (Download vom 8. 10. 2018).* Übersetzt von Silke Möller.

1 Arbeiten Sie Begriffe, Ideen und Emotionen heraus, mit denen Donald Trump Bezug auf die Amerikanische Revolution nimmt.
2 Diskutieren Sie, ob der Slogan „America First" und die damit zusammenhängende Politik ihrem Anspruch nach revolutionären Charakter haben.
3 **Vertiefung:** Vergleichen Sie die Rede Trumps mit den Antrittsreden von George W. Bush (2001) und Barack Obama (2009).

Reden US-Präsidenten
cornelsen.de/Webcodes
Code: vivapu

M9 Spieler der „Oakland Raiders", Fotografie, 24. September 2017.
Aus Protest gegen Präsident Trumps Aufforderung, Spieler zu entlassen, die bei der Hymne nicht aufstehen, blieben die Football-Spieler bei der Nationalhymne vor dem Spiel gegen die Washington Red Skins sitzen. Sie unterstützten damit die Aktion des Football-Spielers Colin Kaepernik, der aus Protest gegen soziale Missstände und Gewalt gegen Afroamerikaner seit September 2016 bei der Nationalhymne kniete.

1 Informieren Sie sich über den Football-Spieler Colin Kaepernik und die Debatte um seine Aktion.
2 **Podiumsdiskussion:** „Life, Liberty, and Pursuit of Happiness", die Grundwerte der Verfassung in den USA heute.
Tipp: siehe S. 475.

1.2 Die Ursprünge des Konflikts

M1 Bostoner Bürger verhalten sich feindlich gegenüber britischen Soldaten 1774, Stich, 19. Jahrhundert.
In den nordamerikanischen Kolonien waren nach dem „French and Indian War" zehntausend britische Soldaten belassen worden, um die Einflussnahme des Mutterlandes auf die Kolonie zu verstärken.

1607 | In Jamestown/Virginia entsteht die erste britische Niederlassung

1620 | Die sogenannten *Pilgrim Fathers* aus England landen mit dem Schiff *Mayflower* in Nordamerika

1629 | Gründung der *Massachusetts Bay Company*

Die Ursprünge des Konflikts 1.2

Die Amerikanische Revolution hat eine lange und eine kurze Vorgeschichte. Die lange Vorgeschichte beginnt mit der Besiedlung der amerikanischen Atlantikküste durch ganz unterschiedlich motivierte Auswanderer. Die einen wollten reich werden, die anderen wollten vor allem die Freiheit haben, ihre religiösen Vorstellungen zu verwirklichen. Nordamerika bot Platz für alle diese „Träume", und der britische König förderte die Besiedlung des Kontinents, denn auch er erhoffte sich durch die insgesamt 13 neuen Kolonien mehr Macht und Geld. Im Süden entstanden Tabak- und Baumwollplantagen, die mithilfe afrikanischer Sklaven bewirtschaftet wurden. In den mittleren Kolonien florierten Viehzucht und Landwirtschaft. Im Norden wuchsen die großen Metropolen wie Boston, New York und Philadelphia dank Fischerei, Handel und Schiffbau heran. Die indigene Bevölkerung wurde dabei immer weiter in den Westen verdrängt. Mit dem wirtschaftlichen Erfolg, mit dem Bevölkerungswachstum, mit dem Funktionieren eigener politischer Institutionen stieg das Selbstbewusstsein der Kolonisten. Und dennoch, die meisten Bewohner der Kolonien waren stolz auf ihre englische Herkunft, begriffen sich als wichtige Mitglieder des Britischen Empire und legten Wert auf ihre Bindung an das Mutterland. Sie wollten aber keine „reinen Befehlsempfänger" sein, möglichst viel Autonomie für ihre Entscheidungen und ernst genommen werden.

Die kurze Vorgeschichte des Konflikts beginnt mit dem Ende des Siebenjährigen Krieges, dem sogenannten *French and Indian War*, in dem England Frankreich in Nordamerika als Kolonialmacht verdrängte und dessen Kolonien im Norden übernahm. Doch der Krieg war teuer und die Kolonisten sollten einen großen Teil der Rechnung übernehmen, obwohl sie selbst tatkräftig mitgekämpft hatten. Das stieß auf Widerstand, zumal gleichzeitig die politischen Zügel in London angezogen wurden: Steuern zahlen ohne politische Mitsprache? Das war für die Mehrheit der Bevölkerung in den nordamerikanischen Kolonien nicht akzeptabel. Sie wehrten sich mit Boykotten, Demonstrationen und „Entschließungsanträgen". Doch eine Revolution bzw. die Unabhängigkeit wollte noch keiner. Schließlich spitzte sich die Lage zu und am 16. Dezember 1773 warfen als „Indianer" verkleidete Mitglieder der Gruppe *Sons of Liberty* in Boston angelieferten englisch-indischen Tee in das Hafenbecken. Ein revolutionärer Akt!

1 Plakat: Entwerfen Sie Plakate für eine Demonstration gegen die Steuergesetzgebung der britischen Krone.

2 Charakterisieren Sie Situation und Stimmung auf Bild M 1.
Tipp: Nutzen Sie die Informationen der Bildlegende.

3 Erläutern Sie die Konfliktlinien zwischen dem englischen Mutterland und den Kolonien und diskutieren Sie, ob eine Revolution 1773 unausweichlich war.

1763	Eine Proklamation König Georgs III. verbietet den Landerwerb im Westen und ordnet die Kolonien neu
1764	Britisches Parlament verabschiedet das Zuckergesetz für die nordamerikanischen Kolonien
1765	Das Stempelsteuer-Gesetz erhebt Gebühren auf alle Papiererzeugnisse und amtliche Dokumente in den nordamerikanischen Kolonien
1766	Rücknahme des Stempelsteuer-Gesetzes
1756–1763	Siebenjähriger Krieg (*French and Indian War*) in Nordamerika
1768	Townshend-Gesetz: Zölle auf britische Waren in den nordamerikanischen Kolonien
1770	5. März: Boston-Massaker
1773	16. Dezember: *Boston Tea Party*

1.2 Die Ursprünge des Konflikts

In diesem Kapitel geht es um
- *die Entstehung der englischen Kolonien in Nordamerika im 17. und 18. Jahrhundert,*
- *die gesellschaftlichen, wirtschaftlichen und politischen Strukturen der Kolonien,*
- *den Konflikt zwischen England und Frankreich um die koloniale Vorherrschaft in Nordamerika („French-Indian War"),*
- *den Konflikt zwischen England und den amerikanischen Kolonien um Steuern und um ihr Verhältnis zueinander,*
- *die ersten Ansätze zur Herausbildung einer Gemeinschaft der dreizehn Kolonien.*

Staat und Gesellschaft in den Kolonien

Puritaner
Kirchliche Reformbewegung in England, die für eine strikte Trennung von Kirche und Staat, für Toleranz und Gewissensfreiheit und ein einfaches gottgefälliges Leben eintrat.

Kongregationalisten
Untergruppe der Puritaner, die die Autonomie der einzelnen Kirchengemeinde betonte.

An der Ostküste Nordamerikas entstanden vom ausgehenden 16. bis zur Mitte des 18. Jahrhunderts 13 englische Kolonien. Es handelte sich dabei um **Siedlungskolonien**, d. h. das Land wurde durch die Ansiedlung von europäischen Einwanderern in Besitz genommen. Es war keine militärische Eroberung vorausgegangen wie beispielsweise in Südamerika oder im französischen Nordamerika. Dabei gab es insgesamt drei Organisationstypen von Kolonien: Eigentümerkolonien, Handelsgesellschaftskolonien und Kronkolonien. Sie unterschieden sich vor allem in ihrer Leitung. Mal stand ein Einzelner, mal ein Vertreter einer Handelsgesellschaft, mal ein Gouverneur des Königs an der Spitze der Kolonie. Ein Großteil der Kolonien war aber im Auftrag der Krone entstanden. In der Hoffnung, **wirtschaftlichen Profit** zu machen, hatte der König sogenannte „Charter" vergeben, die Privilegien und Herrschaftsrechte an die Kolonisten übertrugen. Die Kolonien sollten das Mutterland mit Rohstoffen versorgen und Fertigprodukte aus England abnehmen. Die erste Siedlung, Virginia, entstand 1607 in der Chesapeake-Bucht, 1634 folgte nördlich angrenzend Maryland. Aber es kamen nicht nur Kaufleute, Händler oder Landwirte nach Amerika. Die zweite wichtige Trägerschicht der Besiedlung waren **religiöse Gruppen**, die auf dem neuen Kontinent Schutz vor politischer Verfolgung suchten. So auch die Puritaner*, die gegen die anglikanische Kirche aufbegehrten, weil sich aus ihrer Sicht der Protestantismus der Anglikaner nicht stark genug vom Katholizismus gelöst hatte. 1620 landeten die Ersten, die *Pilgrim Fathers*, mit der „Mayflower" in New Plymouth/Massachusetts, 1630 gründeten die von John Winthrop angeführten Kongregationalisten* die Kolonie Massachusetts. Beide Gruppen besaßen ein besonderes, religiös geprägtes Sendungsbewusstsein. Sie wollten in Nordamerika ein ideales Gemeinwesen errichten, das als Vorbild für andere wirken sollte.

Von den Siedlungsschwerpunkten Virginia/Maryland und Neuengland/Massachusetts aus entstand allmählich ein britisches Kolonialgebiet, wobei die einzelnen Kolonien unterschiedliche gesellschaftliche Strukturen hatten und **jede Kolonie für sich eine Einheit** bildete. Da immer mehr Menschen die beschwerliche Überfahrt über den Atlantik in Kauf nahmen, um der Armut zu entgehen und sich in den Kolonien von Nordamerika eine neue und bessere Existenz aufzubauen, wuchs die Einwohnerzahl der Kolonien stetig. Bis zur Mitte des 18. Jahrhunderts hatten die Siedler die gesamte Ostküste in Besitz genommen. Neben Engländern und Iren kamen auch Niederländer, Schweden und Deutsche. Bereits 1619 wurden die ersten Afrikaner nach Jamestown gebracht, um auf den Tabak-Plantagen als Sklaven zu arbeiten. Die amerikanische indigene Bevölkerung wurden von den Kolonisten immer weiter nach Westen verdrängt. Zum überwiegenden Teil geschah dies zunächst friedlich durch Verträge. Es gab auch vielfältige Handelsbeziehungen zwischen den weißen Siedlern und der indigenen Bevölkerung.

M1 John Winthrop (1588–1649), Stich, 19. Jahrhundert.
John Winthrop war ein puritanischer Pfarrer und erster Gouverneur der „Massachusetts Bay Colony".

▶ M 6: John Winthrop über die puritanische Gemeinschaft

1.2 Die Ursprünge des Konflikts

M 2 Koloniale Entwicklung in Nordamerika bis 1750

Trotz ihrer Unterschiedlichkeit kann man die 13 Kolonien in drei Regionen zusammenfassen: Neuengland, den Mittleren Atlantik und den Süden. Die **Wirtschaft** der von den Puritanern geprägten nördlichen Kolonien beruhte auf Fischerei, Schiffbau und Überseehandel. In ihren Hafenstädten, allen voran Boston und Philadelphia, entwickelte sich ein kapitalkräftiges Bürgertum. Die mittleren Kolonien um Pennsylvania galten als Kornkammern Nordamerikas. Im Süden dominierte der Plantagenanbau von Tabak, Reis, Baumwolle und Indigo, der eng mit der Sklaverei verbunden war. Politisch bestimmend waren hier meist anglikanische oder katholische Großgrundbesitzer. Zwischen den früh erschlossenen Küstenregionen und den Gebieten der indigenen Bevölkerung im Westen entstand eine Grenzzone, die *Frontier*, die durch den Zuzug von Siedlern ständig nach Westen vorrückte. Opfer der Erschließung wurde die amerikanische Urbevölkerung. Kriege und Umsiedlungen reduzierten ihre Anzahl, Gesetze nahmen ihnen ihre Unabhängigkeit. Ende des 19. Jahrhunderts lebte ein Großteil in Reservaten.

Hatte die englische Regierung im 17. Jahrhundert die Gründung und Entwicklung der Kolonien im Wesentlichen Einzelpersonen und Gesellschaften überlassen und nur ihre Oberhoheit über die Gewährung von Herrschaftsrechten deutlich gemacht, so übernahm sie im 18. Jahrhundert bei Problemen oft selbst die Initiative, zog gewährte Privilegien zurück und setzte königliche Gouverneure als Chef der lokalen Regierungen ein. Damit glichen sich die **politischen Strukturen** in den Kolonien einander an. Neben dem Gouverneur gab es einen ernannten Rat („*Council*"), der den Gouverneur bei der Verwaltung beriet, sowie ein lokal gewähltes Parlament („*Assemblies*"), das an der Gesetzgebung und der Steuerbewilligung mitwirkte. Wie für die Engländer des Mutterlandes galten auch für die freien Einwohner der Kolonien die Rechtsgarantien der *Magna Charta** und der *Bill of Rights**. Sie hatten Anspruch auf eine unabhängige Rechtsprechung und die Unverletzlichkeit des Eigentums. Der Machtausgleich zwischen Monarch und Parlament, den die *Glorious Revolution** (1688) im Mutterland herbeigeführt hatte, stärkte auch in den Kolonien die Stellung der Volksvertretungen gegenüber den

Magna Charta Libertatum
In der „Großen Urkunde der Freiheit" von 1215 räumte der englische König dem Adel u. a. die Mitwirkung bei der Festsetzung der Steuern ein. Sie wurde eine der wichtigsten Grundlagen des englischen Verfassungsrechts.

Glorious Revolution/Bill of Rights
Im Machtkampf mit dem König (1688/89) setzte der Adel die *Bill of Rights* durch. Das Gesetz von 1689 schrieb die Rechte des Parlamentes gegenüber dem König fest, u. a. regelmäßige Einberufung, Steuerbewilligung.

vom König berufenen Gouverneuren. Die politischen Freiheiten sowie Wohlstand und Bildung kamen allerdings nur den Weißen zugute, die indigene amerikanische Bevölkerung und die Sklaven blieben ausgeschlossen.

Allmählich entwickelte sich in den Kolonien ein **kulturelles Gemeinschaftsgefühl**, das die Unterschiede zwischen ihren weißen Bewohnern abmilderte. Mit dem wirtschaftlichen Erfolg stieg zudem das Selbstbewusstsein der Kolonisten. Sie sahen sich einerseits in der englischen Tradition als freie Staatsbürger mit bestimmten Rechten, andererseits blickten sie aber auch als Siedler stolz auf ihre besonderen Leistungen.

Konflikt zwischen England und Frankreich in Nordamerika

Bereits 1752/53 kam es zu ersten kriegerischen Auseinandersetzungen zwischen England und Frankreich in Nordamerika. Beide Seiten verbündeten sich jeweils mit befreundeten „Indianerstämmen". Daher stammt die Bezeichnung **„French and Indian War"** (1754–1763), die vor allem von amerikanischen Historikern verwendet wird. In Europa bevorzugte man die Bezeichnung **Siebenjähriger Krieg (1756–1763)**, da man den kolonialen Konflikt lange Zeit als Teil des Kampfes zwischen Preußen und England auf der einen sowie Österreich und Frankreich auf der anderen Seite um die Vorherrschaft in Europa, ja sogar als den Teil eines weltumspannenden Kriegs ansah. Und beide Kriege wurden in ein und demselben Friedensvertrag (von Paris) beigelegt.

Einen der Konfliktherde in Nordamerika bildete das Ohio-Tal. Das Unterhaus von Virginia hatte 1745 der *Ohio Company* Siedlungsrechte für das Land übertragen, die jedoch mit dem Anspruch der französischen Nordamerika-Kolonien kollidierten, das das Gebiet jenseits der Appalachen französischer Einflussbereich sei. Als die Briten eine Reihe von Forts in dem Gebiet errichteten, strebte der Gouverneur von Neufrankreich eine Rückeroberung an und errichtete seinerseits Forts in der Region. Es kam zum Krieg. Das Besondere auf britischer Seite war, dass man nicht nur Soldaten aus dem Mutterland einsetzte, sondern auch Milizen aus den Bewohnern Neuenglands bildete. Ein junger Offizier der britischen Truppen war George Washington aus Virginia. Nach verlustreichen jahrelangen Kämpfen setzten sich am Ende die zahlenmäßig überlegenen Briten durch, auch dank ihrer Flotte. Im Frieden von Paris musste Frankreich Kanada, wie die französischen Kolonien auch genannt wurden, vollständig an England abtreten. Damit hatten sich die Engländer in Nordamerika durchgesetzt und der Weg für eine weitere Ausbreitung der Siedler war geebnet. Doch der Krieg auf insgesamt vier Kontinenten hatte eine riesige Schuldenlast erzeugt.

M3 Robert Rogers, Offizier und Anführer der Robert's Rangers, kolorierter Stich, 19. Jahrhundert.
Robert Rogers (1731–1795) aus Massachusetts führte im „French and Indian War" eine Miliz von Einheimischen an. Sie standen außerhalb der Armee und mussten sich nicht an die Regeln der Kriegführung halten. Im Unabhängigkeitskrieg wurden auch solche Milizen eingesetzt.

Der Steuerstreit zwischen den Kolonien und England

Die leeren Staatskassen sollten nun vor allem mithilfe von neuen Steuern gefüllt werden, doch in England selbst waren diese Möglichkeiten schon ausgeschöpft. Bisher hatte Großbritannien in erster Linie durch Handelsabkommen finanziell von den Kolonien profitiert. Diese ermöglichten ihnen den günstigen Einkauf von Rohstoffen und garantierten den Absatz für produzierte Güter. Da der Handel florierte, war die Umsetzung der Abkommen im Einzelnen bisher nicht überprüft worden. Es stellte sich jedoch heraus, dass die Siedler die Abkommen immer wieder unterliefen und England durch Schmuggel viel Geld verlor. Hier setzte der britische Premierminister Grenville 1764 an, als er den sogenannten *Sugar Act* (**Zuckergesetz**) einbrachte, der zwar die Zölle auf Melasse, Zuckersirup, senkte, aber nun scharfe Kontrollen durchführte und bei Verstößen hart durchgriff. Verschiedene lokale Parlamente legten Protest gegen die neuartige Einmischung und Kontrolle der kolonialen Angelegenheiten ein, doch es gab nur eine schwache Kooperation zwischen den Gremien und so verliefen die Proteste im Sand. Mit dem Argument, dass die Kolonisten in Nordamerika besonders von dem Abzug der Franzosen profitierten, rechtfertigte Grenville dann 1765 die erstmalige Einführung ei-

Die Ursprünge des Konflikts 1.2

ner direkt nach London fließenden Steuer. Mit dem *Stamp Act* (**Stempelsteuergesetz**) sollte fortan auf jedes öffentlich verwendete Papier, also Verwaltungsschriftstücke, Zeitungen, ja sogar Spielkarten, eine Abgabe erhoben werden.

Zusätzlich wollte König Georg III. mit seiner **Proklamation von 1763** zur Neuordnung
20 der britischen Herrschaft in Nordamerika vor allem die Verhältnisse in den neuen Kolonialgebieten in Kanada und Florida regeln: Mit der Errichtung einer direkten Verwaltung über das südlich der Appalachen gelegene Gebiet setzte er den Siedlern Grenzen und unterwarf sie somit britischer Kontrolle. Zusammen mit den neuen Handelspraktiken und Steuern sorgte diese Form der direkten Herrschaft für Empörung und Unruhe
25 in den Kolonien.

▶ M 15: Stempelsteuergesetz 1765

▶ M 14: Proklamation von 1763

Die Stempelsteuer-Unruhen

Eine Welle mit Protesten auf verschiedenen Ebenen setzte ein, die sogenannten **Stempelsteuer-Unruhen**. Es kam zu Demonstrationen, zu Boykotten von britischen Waren, in Zeitungen und Flugschriften wurde gegen die britische Politik gewettert. Und der Protest blieb nicht gewaltfrei. Am 14. August 1765 zerstörte beispielsweise in Boston
5 eine aufgebrachte Menge das Gebäude der neuen Zollbehörde. Anschließend zogen sie weiter zum Haus des königlichen Steuereintreibers und verwüsteten dieses. Als Kopf der Massenbewegung fungierte eine Gruppe von Handwerkern und Kaufleuten, die sich in Boston gegründet hatte: die *Sons of Liberty*. Bald entstanden in anderen Städten ähnliche Organisationen, die zum Teil miteinander vernetzt waren und den Protest vor
10 Ort organisierten. Unterstützt wurden sie von den Zeitungen, die die Nachrichten von den Protestaktionen überregional verbreiteten und so dafür sorgten, dass es auch in anderen Städten zu vergleichbaren Aktionen kam. Ein wichtiger Teil der Aktivitäten bestand in der Blockade der neuen Zolleinrichtungen, und diese waren so erfolgreich, dass am Ende nur ein Beamter seinen Dienst antreten konnte.

M 4 Die Stempelsteuer-Unruhen in Boston 1765, Stich, anonym, 19. Jahrhundert

Der Stempelsteuerkongress und seine Folgen

Doch auch auf der politisch-institutionellen Ebene der Kolonien kam es zu Protesten. Die verschiedenen lokalen Parlamente verabschiedeten Resolutionen, in denen sie das Gesetz ablehnten. Dabei kristallisierten sich einige zentrale Argumente heraus: Die Kolonisten seien frei und den englischen Bürgern gleichgestellt, ihre Interessenvertretung bildeten die Lokalversammlungen und sie seien wichtiger Bestandteil des Britischen Empire. Im Oktober 1765 kam es dann erstmals zu einer gemeinsamen Versammlung von Vertretern von insgesamt neun Kolonien, dem **Stempelsteuerkongress** in New York. Am Ende stand eine gemeinsame offizielle Erklärung, die zwar die Treue gegenüber dem König und dem englischen Parlament betonte, gleichzeitig jedoch auf die Unrechtmäßigkeit der Steuer verwies. Ihr Argument: Da die Kolonien im englischen Parlament nicht mit Abgeordneten vertreten seien, hätten sie auch nicht über die Steuern mitbestimmen können. Da eine Mitbestimmung auf die große Entfernung auch nicht möglich sei, könne das Steuerrecht faktisch nur durch die lokalen Parlamente ausgeübt werden.

▶ M 18: Entschließung des Stempelsteuerkongresses

Der Streit zwischen England und den Kolonien hatte jetzt eine **grundsätzliche Dimension** angenommen. Die Kolonien pochten darauf, sich im Rahmen des Empire selbstständig zu verwalten, wobei die Steuerbewilligung gerade aufgrund der britischen Rechtstradition einen besonderen Stellenwert einnahm. Der Slogan *„No taxation without representation"* (Keine Steuern ohne Vertretung) hat im Stempelsteuerstreit seine Wurzeln. Zu diesen politisch-rechtlichen Ursachen des Konflikts kam das wachsende Zusammengehörigkeitsgefühl der Kolonien. Selbst wenn die Plantagenbesitzer des Südens und die Schiffsbauer oder Whiskey-Brauer des Nordens einen anderen sozialen, wirtschaftlichen und auch religiösen Hintergrund hatten, so fühlten sie sich alle als Bewohner der Kolonien miteinander verbunden. Und sie begannen sich gemeinsam zu organisieren, ihre Positionen zu formulieren und Aktivitäten umzusetzen.

Die **Konfliktlinien der Amerikanischen Revolution** waren also bereits 1765 deutlich. In der Geschichtswissenschaft wird der Beginn der Revolution deshalb schon mit dem Jahr 1763 angesetzt, also mit dem Ende des *French-Indian War*. Im Anschluss begann der „gewaltsame Prozess", „durch den sich 13 britische Kolonien Nordamerikas vom Mutterland emanzipierten, als unabhängige Einzelstaaten konstituierten und zu den Vereinigten Staaten von Amerika zusammenschlossen" (Volker Depkat).

Leben in den Kolonien
cornelsen.de/Webcodes
Code: qojaqo

1 Beschreiben Sie auf Basis der Darstellung die Entwicklung der Kolonien in Nordamerika.
2 Erläutern Sie, warum sich der Streit um eine Steuer zu einem Grundsatzstreit ausweitete.
3 Vorgeschichte der Revolution oder Revolution? Nennen Sie revolutionäre Elemente der Jahre 1763 bis 1765, die für eine Datierung des Revolutionsbeginns auf 1763 sprechen.
4 Beziehen Sie die Überlegungen von Crane Brinton bezüglich der Ursachen und Verlaufsmuster von Revolutionen (M 2, S. 97 f.) in Ihre Argumentation mit ein.
Tipp: siehe S. 475.
5 **Lernprojekt:** Fertigen Sie auf der Grundlage Ihrer Ergebnisse aus Aufgabe 4 einen Stichwortzettel mit den Oberbegriffen „Ursachen", „1. Phase", „Krise", „Folgen" an. Ergänzen Sie das Lernprodukt schrittweise nach der Bearbeitung der folgenden Kapitel.

Die Ursprünge des Konflikts 1.2

> **Hinweise zur Arbeit mit den Materialien**
>
> In einem ersten Themenblock sollen die **gesellschaftlichen Strukturen in den Kolonien** und damit zusammenhängend rechtliche, religiöse und ökonomische Aspekte aufgezeigt werden. Die ersten beiden Materialien ermöglichen die genauere Betrachtung der Massachusetts Bay Company (M 5, M 6), da Massachusetts mit seiner Hauptstadt Boston zu einem wichtigen Schauplatz der Amerikanischen Revolution wird. Wissenschaftliche Texte und Bildmaterialien zeigen die unterschiedlichen Strukturen der Kolonien auf (M 7 bis M 12). Anschließend wird der **Konflikt zwischen England und Frankreich** im French-Indian War vor allem in Bezug auf seine Folgen für die englischen Kolonien beleuchtet. Zum einen führte der Konflikt zu einer Entfremdung zwischen Kolonien und Mutterland (M 13), zum anderen zu einer verstärkten Durchsetzung der britischen Zentralmacht (M 14). Besonders **tiefgreifende Folgen für die nordamerikanischen Kolonien** hatte das Bemühen der britischen Regierung, durch neue Steuern ihre angespannte Finanzsituation zu verbessern. Hier wird das Beispiel der **Stempelsteuer** (1765) genauer erläutert (M 15 Stempelsteuergesetz), das vielfältige Formen des Protestes (M 16, M 17) nach sich zog. Mit dem **Stempelsteuerkongress** tagten die Kolonien erstmals in einem gemeinsamen Gremium und verfassten eine gemeinsame Erklärung (M 18).
>
> **Zur Vernetzung mit dem Kernmodul**
>
> Es bietet sich eine Verbindung zu Crane Brintons Analyse von Voraussetzungen von Revolutionen an (M 2, S. 97 f.). Es kann außerdem der Aspekt der Modernisierung in den Kolonien untersucht werden (M 8, S. 102 f.).

Gesellschaft in den Kolonien

M 5 Erste Charter von Massachusetts von König Karl I. (4. März 1629)

[...] Und weiter, [...] dass es einen Gouverneur, einen Stellvertretenden Gouverneur und achtzehn Assistenten der genannten Gesellschaft [*Massachusetts Bay Company*] geben soll, welche von Zeit zu Zeit durch die freien Männer der genannten Gesellschaft aufgestellt, gewählt und ausgewählt werden sollen, [...] welche genannten Beamten sich der Aufgabe widmen sollen, für die beste Verfügung und Ordnung der allgemeinen Geschäfte und Angelegenheiten Sorge zu tragen, welche die genannten Ländereien und Grundstücke [...] und die Regierung des Volkes selbst betreffen. [...]

Und weiter, [...] dass der Gouverneur der genannten Gesellschaft [...] die Macht haben soll, von Zeit zu Zeit die genannte Gesellschaft zu versammeln, und [...] die genannte Gesellschaft [...] kann einmal in jedem Monat oder öfter, wenn es ihr so belieben sollte, sich versammeln und einen Rat oder Versammlung ihrer selbst halten und abhalten, für die bessere Ordnung und Lenkung ihrer Angelegenheiten [...].

[...] Wir gewähren den genannten, dem Gouverneur und der Gesellschaft, [...] dass alle und jeder einzelne unserer Untertanen, [...] welcher [...] innerhalb der genannten Lande wohnen sollte, alle Freiheiten und Immunitäten eines freien und natürlichen Untertanen innerhalb irgendeines unserer Herrschaftsgebiete haben und genießen soll, [...]. Und [...] es soll und mag rechtmäßig sein, für den Gouverneur [...] und jene Assistenten und Freien der genannten Gesellschaft, wie sie für den Augenblick in irgendeinem der vorgenannten allgemeinen Räte versammelt sind, oder in irgendeinem anderen Rat, welcher besonders zusammengerufen und für diesen Zweck versammelt wird, oder für den größeren Teil derselben, [...] von Zeit zu Zeit alle Art von wohltätigen und vernünftigen Ordnungen, Gesetzen, Statuten und Verordnungen, Direktiven und Instruktionen zu erlassen, die den Gesetzen dieses unseres Königreiches von England nicht zuwiderlaufen [...].

Zit. nach: Dokumente zur Geschichte der Vereinigten Staaten von Amerika, hg. von Herbert Schambeck, Helmut Widder, Marcus Bergmann, Duncker & Humblot, 2., erw. Aufl., Berlin 2007, S. 23 f.*

1 Skizzieren Sie die politische Ordnung der Kolonie Massachusetts.
2 Bestimmen Sie die Rolle des Königs in dieser Ordnung.

M 6 John Winthrop, erster Gouverneur der *Massachusetts Bay Colony*, in einer Predigt (1630)

Denn wir müssen bedenken, dass wir wie eine Stadt auf dem Hügel sein sollen, die Augen aller Menschen sind auf uns gerichtet. Die Schaffung einer beispielhaften puritanischen Gemeinschaft wird England bekehren – und durch England die gesamte Welt.

Zit. nach: Horst Gründer, Eine Geschichte der europäischen Expansion, Theiss, Stuttgart 2003, S. 80.

1 Arbeiten Sie aus der Predigt die Ziele Winthrops für die Zukunft heraus. Unterscheiden Sie zwischen religiösen und politischen Zielen.
2 **Zusatzaufgabe:** siehe S. 475.

M7 Plantagenwirtschaft im Süden Nordamerikas, Stich, Ende des 19. Jahrhunderts

M8 Neu-Amsterdam (später New York), Stich, ca. 17. Jahrhundert.

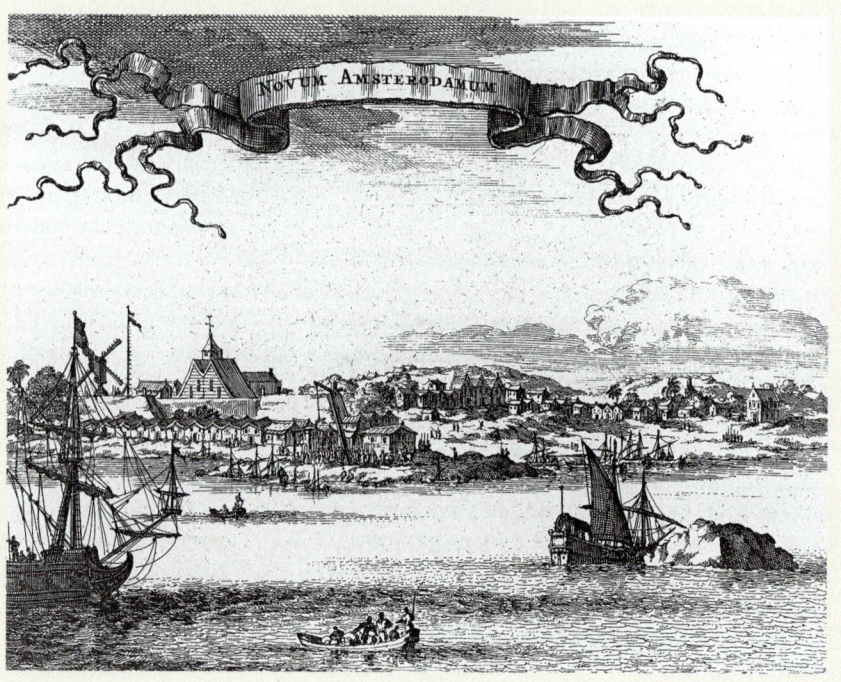

1 Arbeiten Sie die Unterschiede zwischen Stadt und Land in den nordamerikanischen Kolonien heraus.
Tipp: Beziehen Sie die Karte M 2 und den Text M 9 mit ein. Weitere Hinweise siehe S. 475 f.

M9 Der Historiker Volker Depkat über die Unterschiede zwischen den britischen Kolonien in Nordamerika (2016)

Bis zur Mitte des 18. Jahrhunderts war so ein weit gespanntes, sehr komplexes britisches Kolonialreich entstanden, dessen herausragendes Merkmal eine Vielfalt in ökonomischer, ethnischer, religiöser und
5 kultureller Hinsicht war. Diese Vielfalt ist zum einen das Ergebnis der ganz unterschiedlichen räumlich-geografischen Konstellationen in Nordamerika, zum anderen gründet sie zentral auf der ganz unterschiedlichen Genese der einzelnen britischen Ko-
10 lonien in Nordamerika. Allerdings lässt sich die Diversität zu größeren regionalen Einheiten zusammenfassen, wobei sich drei Großregionen abzeichnen: der Süden, Neuengland und der Mittlere Atlantik.
15 [...] Die Plantagenökonomie des Südens produzierte eine ihr eigene Gesellschaft, die nur wenig mit denen Neuenglands oder des Mittleren Atlantiks zu tun hatte. Diese Pflanzergesellschaft war stark hierarchisch gegliedert und der Besitz in ihr war ungleich verteilt.
20 an der Spitze stand die schmale Schicht der quasi-feudalen Pflanzeraristokratie, die die politische, soziale, wirtschaftlich und kulturelle Macht in ihren Händen hatte. [...] Die Pflanzerfamilien waren verwandtschaftlich eng untereinander verbunden; Sip-
25 penloyalität, gemeinsame wirtschaftliche Interessen, Abgrenzung zu den unteren sozialen Schichten und zugleich paternalistische Verantwortung für sie waren bestimmend für die Familien. Im Unterschied zu den feudalen Gesellschaften Europas beruhte der
30 Vorherrschaftsanspruch der Pflanzereliten jedoch nicht auf Geburt und Privilegien, sondern auf materiellem Wohlstand, Bildung und den schwer zu fassenden Kategorien „Ansehen", „Status", „Ehre" und „Würde". [...]
35 Neuengland wurde in den 1630er-Jahren durch die sogenannte *Great migration*, in deren Verlauf etwas weniger als 23 000 englische Puritaner nach Amerika emigrierten, rasch besiedelt. Entlang der Atlantikküste entstand eine ganze Reihe von Siedlungen, wo-
40 bei Salem und Boston schnell zu dynamisch wachsenden Hauptorten heranwuchsen. [...] In sozialer Hinsicht war Neuengland die egalitärste und in ethnischer Hinsicht die homogenste Region im kolonialen Britisch Nordamerika. Dort lebte eine
45 Gesellschaft freier, weißer Eigentümer mit anglo-amerikanischem Hintergrund und puritanischen Weltsichten. Die Neuengländer waren nicht reich, aber wohlhabend genug, um materiell unabhängig und im Sinne des *Common Law*[1] frei zu sein. Selbst-
50 ständige Farmer, Kaufleute und Handwerker aus den mittleren Schichten dominierten eine Gesellschaft, in der es kaum *Indentured Servants*[2] und so gut wie keine afroamerikanischen Sklaven gab. [...] Um 1700 war Boston die drittwichtigste Hafenstadt des briti-
55 schen Weltreiches. Im Zuge dieser Entwicklung wurde das Transportgewerbe zu einem ganz eigenen blühenden Wirtschaftszweig. Da sowohl die Fischerei als auch der Überseehandel einen großen Bedarf an Schiffen produzierten und Neuengland sehr wald-
60 reich war, entstand eine dynamisch wachsende Schiffbauindustrie. [...]
Die Wirtschaft der Kolonien am Mittleren Atlantik war durch Handel, Gewerbe und hochgradig diversifizierte Landwirtschaft bestimmt. New York, Penn-
65 sylvania und New Jersey waren „Brotkolonien", die eine breite Vielfalt an Agrarerzeugnissen, vor allem Getreide und Fleisch, [...] produzierten. An der Küste entstand eine Reihe von Städten, in denen Handel und Gewerbe konzentriert waren. Hier entwickelten
70 sich New York City und Philadelphia nach schwierigen Anfängen zu den wichtigsten Handelsknotenpunkten. [...] In ethnisch-kultureller Hinsicht war der Mittlere Atlantik die vielfältigste Region des kolonialen Nordamerika. Hier bildete sich die spezifische,
75 auf individueller Freiheit und sozialer Pluralität gründende Modernität der späteren USA viel früher und prägnanter aus als im puritanisch durchsetzten Neuengland oder in den Sklavereigesellschaften des Südens. Dafür gibt es zwei Hauptgründe. Zum einen
80 ist die multikulturelle Diversität des Mittleren Atlantik dem Umstand geschuldet, dass die kolonialen Anfänge hier nicht überall durch England, sondern auch durch Schweden und die Niederlande markiert wurden. Zum anderen waren die Kolonien in der zweiten
85 Hälfte des 17. Jahrhunderts in den Händen sehr unternehmerischer Eigentümer, die die Besiedlungspolitik energisch vorantrieben und dabei potenzielle europäische Auswanderer nicht nur mit dem Versprechen billigen Landes, sondern auch mit dem Versprechen religiöser Freiheit lockten.
90

Volker Depkat, Geschichte der USA, Kohlhammer, Stuttgart 2016, S. 32 ff.*

1 *Common Law:* Recht durch Gesetze und richterliche Urteile
2 *Indentured Servants:* Personen, die sich per Vertrag für eine bestimmte Zeit zur Arbeit verpflichtet hatten, um z. B. die Kosten für ihre Überfahrt nach Amerika zu finanzieren

1 **Mindmap:** Gliedern Sie die drei genannten „Großregionen" und ihre jeweiligen Strukturen und Eigenschaften in einer Mindmap.
2 Analysieren Sie, welche Eigenschaften und Interessen die Kolonien Mitte des 18. Jahrhunderts verbunden haben.

M 10 Ein Dorf der Sioux, kolorierte Lithografie von George Catlin (1796–1872), o.J.

M 11 **Der Amerikanist Werner Arens und der Anglist Hans-Martin Braun über das Verhältnis von Engländern und indigener Bevölkerung in Nordamerika (2004)**

Die Engländer kamen nicht wie die Spanier als Eroberer, sondern als Siedler; doch auch sie erhoben Anspruch auf indianisches Land. Sie waren überzeugt, sie besäßen einen gesetzlichen Titel allein
5 schon deshalb, weil das Land im Namen eines christlichen Königs entdeckt worden war. Dann gab ihnen ein königliches Patent ein Vorkaufsrecht. Zudem gehörte nach eigenem Rechtsverständnis alles nicht dauerhaft besiedelte Land demjenigen, der sich dar-
10 auf niederließ. Schließlich kauften sie das Land auch noch von den umliegenden Stämmen, um das finanzielle Abenteuer einer militärischen Eroberung zu vermeiden. Und wenn es doch zu kriegerischen Auseinandersetzungen kam, dann ging es offiziell nie um
15 Landbesitz, sondern etwa, wie im Falle des Pequot-Krieges von 1636–38, um die Bestrafung von Indianern, die Weiße gemordet hatten. […]
Landbesitz im Sinne des europäischen Rechts gab es bei den indianischen Völkern der Ostküste nicht. Da
20 Siedlungen bei nachlassender Bodenfruchtbarkeit verlassen wurden, hätte ein dauerhaftes Besitzrecht auch wenig Sinn gemacht. Land war im Grunde frei.
Wenn Europäer den Indianern daher Land abkauften, sicherten sie sich ein in der indianischen Rechtstradition unbekanntes Rechtsgut. […]
25
De facto hatte keiner der zahllosen Verträge lange Bestand. Selbst wenn die Kolonialverwaltung und später die amerikanische Regierung festen Willens waren, die Verträge einzuhalten, dann besaßen sie nicht die Macht, unzufriedene Siedler, die Einzelstaa-
30 ten und -territorien oder aufsässige militärische Führer im Zaum zu halten.

Werner Arens und Hans-Martin Braun, Die Indianer Nordamerikas. Geschichte, Kultur, Religion, C. H. Beck, München 2004, S. 89ff.*

1 Arbeiten Sie die wesentlichen Probleme zwischen den weißen Siedlern und der indigenen Bevölkerung heraus.

M 12 **Der Historiker Horst Dippel über die politischen Strukturen in den Kolonien (1999)**

In den königlichen Kolonien wurde der Gouverneur vom König ernannt – häufig ein Mitglied des englischen niederen Adels, der an dieser Pfründe interessiert war und dessen Ernennung und Amtsdauer vom Wohlwollen seiner mächtigen Freunde in England abhing –, was in den […] übrigen Kolonien durch
5

den Eigentümer selbst geschah, während sich Connecticut und Rhode Island selbst regierten. Der Gouverneur, dem ein von ihm ernannter Rat zur Seite stand, war einerseits der höchste Repräsentant der Krone in den Kolonien und der Wahrer der imperialen Interessen. Andererseits stand ihm die nach dem Zensuswahlrecht gewählte Versammlung (*Assembly*) gegenüber, die ihrerseits, nach dem Vorbild des englischen Parlaments, die Finanzhoheit in Anspruch nahm. In dem damit institutionalisierten Spannungsverhältnis zwischen imperialen und kolonialen Interessen kam nicht nur dem Gouverneur, der jede gesetzgebende Maßnahme der Versammlung mit einem absoluten Veto belegen konnte, eine wesentliche Rolle zu, sondern auch den drei wichtigsten englischen Regierungsorganen – dem Handelsministerium (*Board of Trade*), dem Schatzamt (*Treasury*) und der Zollkommission (*Customs commissioners*) –, die alle ein Mitspracherecht bei der Verwaltung der Kolonien beanspruchten. So konnte etwa das Handelsministerium jedes koloniale Gesetz annullieren.

Die kolonialen Institutionen hatten sich im Laufe der Zeit herausgebildet und verfestigt. Dabei gelang es den *Assemblies* in einer Reihe von Kolonien in Folge der Glorreichen Revolution in England (1688/89), ihre Position nachhaltig zu stärken.

Horst Dippel, Geschichte der USA, C. H. Beck, 3. Aufl., München 1999, S. 11 f.*

1 Erstellen Sie ein Schaubild der kolonialen Institutionen.
2 Vergleichen Sie mit der Charter von Massachusetts von 1629 (M 5).

Konflikt zwischen England und Frankreich

M 13 Der Historiker Jürgen Heideking über die Folgen des „French-Indian War" (2003)

Die Engländer feierten einen der größten Triumphe ihrer Geschichte, doch gerade der Kriegsausgang in Nordamerika sollte sich rasch als eine Art Pyrrhus-Sieg erweisen. Zum einen brachte er latente Animositäten und emotionale Gegensätze an die Oberfläche, die sich zwischen den Menschen im Mutterland und in den Kolonien aufgebaut hatten. Während die englischen Offiziere und Beamten klagten, dass ihnen die Siedler nicht den gebührenden Respekt entgegenbrächten und dass es ihnen an Bildung und Manieren mangele, fühlten sich die Amerikaner herablassend und als Menschen zweiter Klasse behandelt. Das traf sie umso härter, als sie in den vergangenen Jahrzehnten – unter dem Einfluss der europäischen Aufklärungsliteratur – das positive „Selbstimage" eines einfachen, rustikalen, unverdorbenen Volkes entwickelt hatten. Sie rechneten sich die „typischen" kolonialen Tugenden an: kraftvoll, energisch und unverbildet; streitbar, aber freiheitsliebend; wohlhabend, aber unberührt von Luxussucht. Gleichzeitig stärkte die Beteiligung an den erfolgreichen Feldzügen ihr Selbstbewusstsein und ihre Überzeugung, nach der Beseitigung der „französischen Gefahr" für die eigene Sicherheit zu sorgen und ein *American Empire* im Westen aufbauen zu können.

Das Gefühl der Entfremdung wurde durch den Versuch William Pitts[1], seine Vision eines rational organisierten und zentral gelenkten Empires zu verwirklichen, noch gesteigert. Seine straffe Empire-Politik war darauf ausgerichtet, alten, nur noch halbherzig befolgten merkantilistischen Regulierungen wieder die gebührende Geltung zu verschaffen. Insbesondere sein Bemühen, den schwungvollen Handel der Kolonien mit den französischen Karibikinseln als Schmuggel und „Verrat" zu unterbinden, gefährdete die wirtschaftliche Existenz so manchen amerikanischen Kaufmannes.

Jürgen Heideking, Geschichte der USA, UTB, 3. Auflage, Tübingen 2003, S. 28.

[1] *William Pitt:* britischer Premierminister von 1766 bis 1768

1 Beschreiben Sie die Folgen des *French and Indian War*.

M 14 Proklamation König Georgs III. zur Errichtung neuer Kolonien und einer Siedlungsgrenze im Westen (7. Oktober 1763)

[...] Es ist rechtmäßig und vernünftig und von grundlegender Bedeutung für unsere Interessen und die Sicherheit unserer Kolonien, dass die verschiedenen Völker und Stämme der Indianer, mit denen wir verbunden sind und die unter unserem Schutz leben, in denjenigen Teilen unseres *Dominions* und unserer Territorien, die nicht an uns abgetreten oder von uns gekauft worden sind, weder belästigt noch gestört werden sollen. Wir erklären deshalb, auf Ratschlag unseres Kronrates, als unseren königlichen Willen, dass kein Gouverneur oder Oberbefehlshaber in irgendeiner der Kolonien Quebec, Ost-Florida oder West-Florida sich anmaße, unter welchem Vorwand auch immer, Landvermessungsvollmachten zu gewähren oder Freibriefe für Gebiete zu verleihen, die sich jenseits der Grenze des jeweiligen *governements* befinden [...]. Und dass weiterhin kein Gouverneur oder Oberbefehlshaber in irgendeiner unserer anderen Kolonien oder Ansiedlungen einstweilen und bis unsere Absichten bekanntgegeben sind, es sich anmaße Landvermessungsvollmachten zu gewähren oder Freibriefe für all jene Gebiete zu verleihen, die sich jenseits der Ursprünge oder Quellen irgendeines der Flüsse befinden, die von Westen und Nordwesten in den Atlantischen Ozean münden, oder für all jene Gebiete, die [...] nicht an uns abgetreten oder von uns gekauft worden sind und die den besagten Indianern oder einigen von ihnen vorbehalten sind.

Zit. nach: Dokumente zur Geschichte der Vereinigten Staaten von Amerika, hg. von Herbert Schambeck, Helmut Widder, Marcus Bergmann, Duncker & Humblot, 2., erw. Aufl. Berlin 2007, S. 63 f.*

1 Charakterisieren Sie die Veränderungen, die sich für die dreizehn nordamerikanischen Kolonien aus den Bestimmungen ergeben.

Der Streit um die Stempelsteuer

M 15 **Ausschnitt aus dem britischen Stempelsteuergesetz (22. März 1765)**
Da durch ein Gesetz der letzten Session des Parlaments einzelne Abgaben verordnet, beibehalten und bestimmt wurden, um die Kosten der Verteidigung, des Schutzes und der Sicherheit der britischen Kolonien und Pflanzungen in Amerika zu decken, und da es gerecht und notwendig ist, Vorkehrungen für die Erhebung weiterer Einkünfte in Eurer Majestät Besitzungen in Amerika zur Deckung der genannten Ausgaben zu bedenken [...], wird in Kraft gesetzt [...], dass von und nach dem [1. November 1765] errichtet, erhoben, gesammelt und gezahlt werde an Seine Majestät, seine Erben und Nachfolger in allen Kolonien und Pflanzungen in Amerika, die jetzt bestehen oder späterhin unter der Herrschaft Seiner Majestät, seiner Erben und Nachfolger sein mögen, für jede Packung oder jedes Stück Schreibpergament, Pergament oder Blatt oder Stück Papier, auf das gepresst, geschrieben oder gedruckt werden soll irgendeine Erklärung, ein Gesuch, eine Replik, eine Erwiderung, ein Rechtseinwand oder andere Prozessakten oder eine Abschrift davon an irgendeinem Gerichtshof in den britischen Kolonien und Pflanzungen in Amerika, eine Stempelgebühr von drei Pence.
[Es folgen weitere Stempelanordnungen, deren Höhe von einem halben Penny bis 20 Shilling schwanken. Erfasst sind sämtliche Zeitungen, Anschläge, Pamphlete, Lizenzen, Handelswechsel, Schuldscheine, Schuldverschreibungen, Reklamen, Almanache, Pachtverträge, gesetzliche Dokumente und ähnliche Papiere.]

Wolfgang Lautemann (Bearb.), Geschichte in Quellen, Bd. 4, bsv, München 1981, S. 72.*

M 16 **Aus den Entschließungsanträgen der Kolonie Virginia zum Stempelsteuergesetz (30. Mai 1765)**
Es wurden nur die ersten fünf Anträge angenommen, aber die Anträge insgesamt fanden in allen Kolonien rasche Verbreitung:
1) Entschließung, dass die ersten Ankömmlinge und Siedler in Seiner Majestät Kolonie und Herrschaft Virginia alle Freiheiten, Privilegien, Gerechtsame und Immunitäten mit sich gebracht und ihren Nachkommen und allen anderen Untertanen Seiner Majestät, die seither in besagter Kolonie Seiner Majestät gelebt haben, überliefert haben, die von jeher das Volk von Großbritannien innegehabt, genossen und besessen hat [...].
3) Entschließung, dass die Besteuerung des Volkes durch es selbst oder durch von ihm selbst zu seiner Repräsentation gewählte Personen, die allein wissen, was an Steuern das Volk zu tragen imstande oder welches die billigste Weise der Erhebung ist und selbst betroffen werden durch jede dem Volke auferlegte Steuer, die einzige Sicherheit gegen untragbare Besteuerung und das unterscheidende Charakteristikum der britischen Freiheit ist, ohne welches die überlieferte Verfassung nicht weiter bestehen kann [...].
5) Entschließung, dass die Generalversammlung dieser Kolonie das einzige und völlig ausschließliche Recht und die Vollmacht besitzt, den Einwohnern dieser Kolonie Steuern und Abgaben aufzuerlegen, und dass jeder Versuch, irgendeine andere Person oder andere Personen, wer auch immer es sei, als die genannte Generalversammlung mit einer solchen Macht zu bekleiden, geeignet ist, sowohl die britische als auch die amerikanische Freiheit zu zerstören.
6) Entschließung, dass Seiner Majestät untertäniges Volk, die Einwohner dieser Kolonie, nicht gebunden ist, irgendeinem Gesetz oder einer wie immer gearteten Verordnung Gehorsam zu leisten, deren Bestimmung es ist, ihnen irgendeine Steuer welcher Art auch immer aufzuerlegen, es seien denn die Gesetze und Verordnungen der vorgenannten Generalversammlung.

Wolfgang Lautemann (Bearb.), Geschichte in Quellen, Bd. 4, bsv, München 1981, S. 73.*

1 Arbeiten Sie die unterschiedlichen Positionen und Argumente im Stempelsteuerstreit heraus und stellen Sie diese in einer Tabelle einander gegenüber (M 15, M 16).
2 Beurteilen Sie die Ernsthaftigkeit des Streits.
   Tipp: siehe S. 476.

Die Ursprünge des Konflikts 1.2

M 17 „Die Amerikaner widersetzen sich der Stempelakte und verbrennen das aus England nach Amerika gesandte Stempelpapier zu Boston/Massachusetts im August 1764" von Daniel Chodowiecki, kolorierter Stich, Ende 18. Jahrhundert

Die Americaner wiedersetzen sich der Stempel-Acte, und verbrennen das aus England nach America gesandte Stempel-Papier zu Boston. im August 1764.

M 18 Aus einer Entschließung des Stempelsteuerkongresses (19. Oktober 1765)

Vom 7. bis 25. Oktober 1765 hielten die Neuenglandkolonien in New York den sog. Stempelsteuerkongress ab, an dem 27 Abgeordnete aus neun Kolonien teilnahmen. Das britische Parlament in London weigerte sich, die folgende Entschließung zur Kenntnis zu nehmen (Auszug):

I. Dass die Untertanen Seiner Majestät in diesen Kolonien der Krone Großbritannien die Ergebenheit schulden, die für seine innerhalb des Reichs geborenen Untertanen Pflicht ist, und dass sie der erhabenen Körperschaft des Parlaments von Großbritannien alle schuldige Unterordnung zu leisten haben. [...]

III. Dass es ein unzertrennlicher Bestandteil der Freiheit eines Volkes und das unzweifelhafte Recht von Engländern ist, dass ihnen Steuern nur mit ihrer eigenen, persönlich oder durch ihre Vertreter erteilten Zustimmung auferlegt werden.

IV. Dass die Bevölkerung dieser Kolonien im Unterhaus von Großbritannien nicht vertreten ist und wegen der räumlichen Entfernung nicht vertreten sein kann. [...]

VIII. Dass die Stempelsteuerakte, die den Einwohnern dieser Kolonien Steuern auferlegt, und mit ihr verschiedene andere Akte, die die Gerichtshoheit der Admiralitätsgerichte über die althergebrachten Grenzen ausdehnen, offenbar den Umsturz der Rechte und Freiheiten der Kolonisten erstreben.

IX. Dass die durch verschiedene Parlamentsgesetze kürzlich auferlegten Abgaben wegen der besonderen Umstände dieser Kolonien außerordentlich schwere und drückende Lasten mit sich bringen; und dass ihre Bezahlung wegen der Knappheit an Metallgeld völlig undurchführbar ist.

X. Da die Gewinne aus dem Handelsverkehr der Kolonien letztlich in Großbritannien zusammenfließen und sie ihrerseits die Fabrikate bezahlen, die sie nur von dort beziehen dürfen, so leisten sie [...] einen sehr großen Beitrag zu allen Geldbewilligungen, die der Krone dort gewährt werden. [...]

XII. Dass Wachstum, Wohlergehen und Glück dieser Kolonien vom vollen und freien Genuss ihrer Rechte und Freiheiten sowie von einem gegenseitig freundschaftlichen und Gewinn bringenden Verkehr mit Großbritannien abhängen.

XIII. Dass den britischen Untertanen in diesen Kolonien das Recht zusteht, Bittschriften beim König sowie bei jedem Parlamentshaus einzureichen.

Schließlich ist es die unabweisbare Pflicht dieser Kolonien gegenüber dem Besten der Souveräne, dem Mutterland und sich selbst, auf einer loyalen und ehrfürchtigen Adresse an Seine Majestät und demütige Bitten an beide Häuser des Parlamentes zu bestehen, um die Zurücknahme des Gesetzes über die Bewilligung und Auflegung gewisser Stempelgebühren zu erreichen, dazu aller Klauseln anderer Gesetze des Parlaments, durch welche die Jurisdiktion der Admiralität im oben genannten Sinne ausgedehnt wird, und der jüngst erlassenen Gesetze zur Einschränkung des amerikanischen Handels.

Zit. nach: Wolfgang Lautemann (Bearb.), Geschichte in Quellen, Bd. 4, bsv, München 1981, S. 72 ff.*

1 Charakterisieren Sie die Reaktion der breiten Bevölkerung auf die Stempelsteuer (M 17).
2 Analysieren Sie die Reaktion der politischen Gremien auf die Stempelsteuer (M 18).
3 **Zusatzaufgabe:** siehe S. 476.

Methode

Schriftliche Quellen interpretieren

Quellen bilden die Grundlage unserer historischen Kenntnisse. Ihre **systematische Analyse** ermöglicht uns die Rekonstruktion und Deutung von Geschichte. Quellen können konkrete Sachzeugnisse wie Bauwerke, Münzen, Schmuck, Malereien, Skulpturen und Gebrauchsgegenstände oder abstrakte wie Sprache oder in besonderer Weise geprägte Landschaften sein. Schriftliche Zeugnisse werden von der Geschichtswissenschaft seit dem 19. Jahrhundert unterteilt in **erzählende Quellen**, die zum Zweck der Überlieferung verfasst wurden – z. B. Chroniken, Geschichtsepen, Mono- und Biografien –, sowie **dokumentarische Quellen** – Urkunden, Akten, Gesetzestexte und Zeitungen –, die gesellschaftliche und private Ereignisse und Prozesse unmittelbar und meist unkommentiert wiedergeben.

Bei der Untersuchung schriftlicher Quellen kommt es darauf an, zusätzlich zur Analyse der formalen und inhaltlichen Merkmale deren präzise Einordnung in den historischen Kontext vorzunehmen und ihren Aussagegehalt kritisch zu überprüfen. Denn Quellen vermitteln nie objektives Wissen über die Vergangenheit, sondern spiegeln bestimmte Wahrnehmungen wider, die sich je nach Standort der Beteiligten erheblich unterscheiden können. Diese Standortgebundenheit der historischen Akteure, z. B. Zugehörigkeit zu einer sozialen Schicht, muss bei der Interpretation der Quelle berücksichtigt werden.

Arbeitsschritte zur Interpretation

1. Leitfrage
– Welche Fragestellung bestimmt die Untersuchung der Quelle?

2. Analyse
Formale Aspekte
– Um welche Quellengattung handelt es sich (z. B. Brief, Rede, Vertrag)?
– Wann und wo ist der Text entstanden bzw. veröffentlicht worden?
– Wer ist der Autor (ggf. Amt, Stellung, Funktion, soziale Schicht)?
– Was ist das Thema des Textes?
– Wer ist der Adressat bzw. sind die Adressaten (z. B. Privatpersonen, Institutionen, Herrschende, Öffentlichkeit, Nachwelt)?
– Welche Intentionen oder Interessen verfolgt der Autor?

Inhaltliche Aspekte
– Was sind die wesentlichen Textaussagen?
– Welche Begriffe sind von zentraler Bedeutung (Schlüsselbegriffe)?
– Wie ist die Textsprache (z. B. sachlich, emotional, appellativ, informativ, argumentativ, manipulierend, ggf. rhetorische Mittel)?
– Welche Überzeugungen, Interessen oder Intentionen vertritt der Autor?
– Welche Wirkung soll der Text bei den Adressaten erzielen?

3. Historischer Kontext
– In welchen historischen Zusammenhang lässt sich die Quelle einordnen?
– Auf welches Ereignis, welchen Konflikt, welche Prozesse bzw. Epochen bezieht sich der Inhalt der Quelle?

4. Urteil
Beurteilung nach sachlichen Aspekten (Sachurteil)
– Welchen politisch-ideologischen Standpunkt nimmt der Autor ein?
– Inwieweit ist der Text glaubwürdig? Enthält der Text Widersprüche?
– Welche Problematisierung ergibt sich aus dem Text?

Bewertung nach heutigen Wertmaßstäben (Werturteil)
– Wie lassen sich die Aussagen des Textes im Hinblick auf die Leitfrage aus heutiger Sicht bewerten?

Übungsaufgabe

M1 Aus den Anweisungen der Stadt Braintree/Massachusetts zum britischen Stempelsteuergesetz, von John Adams (14. Oktober 1765)

Wir können nicht länger die Klage zurückhalten, dass viele Maßnahmen des letzten Ministeriums und einige der letzten Akte des Parlaments nach unserer Meinung die Neigung haben, uns unserer wichtigsten
5 Rechte und Freiheiten zu berauben. Wir werden uns gleichwohl auf den Parlamentsakt beschränken, der gewöhnlich das Stempelgesetz genannt wird, durch den eine sehr lästige und unserer Meinung nach verfassungswidrige Steuer uns allen auferlegt werden
10 soll und durch den wir zahlreichen und hohen Strafen unterworfen werden, gerichtlich belangt sowie Recht erlangen sollen, nach Belieben eines Anklägers in einem Admiralitätsgericht, dem keine Jury zur Seite steht. Wir haben dies eine lästige Steuer genannt,
15 weil die Auflagen so zahlreich und so hoch und die Behinderungen für das Geschäftsleben in diesem jungen und dünn besiedelten Land so groß sind, dass es für das Volk völlig unmöglich wäre, darunter zu leben, selbst wenn keine Auseinandersetzungen über
20 das Recht und die Machtbefugnis, ein solches Gesetz zu erlassen, bestünden. Weiterhin erklären wir diese Steuer für verfassungswidrig. Wir haben es zu jeder Zeit für ein großes und grundlegendes Prinzip der Verfassung gehalten, dass kein freier Mann irgendeiner Steuer unterworfen werden darf, der er nicht
25 selbst persönlich oder durch seinen Vertreter zugestimmt hat. Und die Maxime des Gesetzes, wie wir es immer anerkannt haben, kommt zu demselben Schluss, dass nämlich kein freier Mann, es sei denn durch seinen Willen oder durch sein Vergehen, seines
30 Eigentums beraubt werden darf. Wir halten es daher für eindeutig, dass es unvereinbar mit dem Geist des Gemeinen Rechtes und dem wesentlichen fundamentalen Prinzip der britischen Verfassung ist, wenn wir einer durch das britische Parlament auferlegten
35 Steuer unterworfen werden sollen, da wir in dieser Versammlung in keiner Weise vertreten sind, es sei denn aufgrund eines fiktiven Rechtes, so sinnlos in der Theorie wie ungerecht in der Praxis, wenn sich solch eine Besteuerung darauf gründen sollte. […]
40

Zit. nach: Wolfgang Lautemann (Bearb.), Geschichte in Quellen, Bd. 4, bsv, München 1981, S. 73 f.

1 Interpretieren Sie M 1 mithilfe der Arbeitsschritte.
▶ Lösungshinweise finden Sie auf S. 485 f.

M2 John Adams, Lithografie nach einem Gemälde von Gilbert Stuart von 1828, 19. Jahrhundert.

John Adams (1735–1826) repräsentierte die Kolonie Massachusetts auf dem Ersten und Zweiten Kontinentalkongress, war der Hauptautor der Verfassung von Massachusetts, Mitautor der Unabhängigkeitserklärung. Unter Washington war er Vize-Präsident, 1797 dann Präsident der USA.

Anwenden

M1 Der Historiker Michael Hochgeschwender über die nordamerikanischen Kolonien kurz vor Beginn der Revolution (2016)

Die nordamerikanischen Kolonien zeichneten sich also in ihrer Gesamtheit durch ein außerordentlich hohes, lange unterschätztes Maß an gesellschaftlicher Komplexität und sozialer Ausdifferenzierung aus. [...] Obendrein war die ethnokulturelle Ausdifferenzierung wegen der Migration aus ganz Europa und der Sklaverei erheblich höher als in Großbritannien. Vergleicht man die nordamerikanischen Kolonialgesellschaften mit dem zeitgenössischen frühneuzeitlichen Europa, wird man von älteren Thesen, die eine hohe soziale Homogenität [...] suggerieren, abrücken müssen. Doch damit fällt nicht das gesamte Argument von der sozialen Sonderstellung der nordamerikanischen Kolonialgesellschaften, denn in der Tat hatten sie sich traditionale alteuropäische Gleichheitsvorstellungen säkularer und radikalreformatorischer Provenienz bewahrt. Das Erbe der radikalen puritanischen, anabaptistischen[1], sozialrevolutionären *levellers*[2] des 17. Jahrhunderts war in Nordamerika weitaus lebendiger geblieben als in Großbritannien, vom Kontinent ganz zu schweigen. Diesen altrevolutionären Zug ergänzte die konservative rückwärtsgewandte Rede von den Rechten freier Engländer, die problemlos im Namen einer egalitären Ideologie instrumentalisiert werden konnte. [...]

Man darf sich die Kolonien des Jahres 1770 nicht als rückständige Provinzen am Rande eines weltumspannenden Imperiums vorstellen. Vielmehr handelte es sich um in jeder Hinsicht aufstrebende Regionen, die auf einigen Ebenen mit dem imperialen Zentrum mithalten konnten und die manche binnenimperialen Konkurrenten bereits hinter sich gelassen hatten. Die wirtschaftlichen Entwicklungen hatten eine doppelte Folge: Einerseits beförderten sie das Entstehen der bereits genannten bürgerlich-aristokratischen, transatlantischen Oligarchie, andererseits begünstigten sie aber auch das Entstehen eines spezifischen Selbstbewusstseins bei den kolonialen Eliten, das sich in einer Krisensituation gegen die britische Dominanz wenden ließ. Die Amerikaner, gleichgültig, ob sie in Boston, Philadelphia, New York oder Virginia lebten, wollten auf lange Sicht nicht mehr die zweite Geige spielen.

Gleichzeitig befestigt die sozioökonomische Analyse die These von der sattelzeitlichen Ambivalenz[3], welche für das Umfeld der Amerikanischen Revolution so charakteristisch war. Wie in Großbritannien liefen traditionale und modernisierende Prozesse nebeneinanderher und wirkten aufeinander ein, ohne dass es zu einem echten Ausgleich [...] gekommen wäre. Dies war an sich noch keine hinreichende Basis für eine vorrevolutionäre Situation, eher eine Möglichkeitsbedingung. Je länger indes diese Instabilität anhielt, umso eher konnte es zu kleinen oder größeren Explosionen kommen. Der soziale und ökonomische Zündstoff war bereits am Glimmen.

Michael Hochgeschwender, Die Amerikanische Revolution, C. H. Beck, München 2016, S. 45 ff.*

1 *anabaptistisch:* auch Täufer genannt, radikal-reformatorische Bewegung, die im 16. Jh. v. a. in Deutschland und den Niederlanden aktiv war
2 *levellers:* frühdemokratische, englische Bewegung, die sich für Religionsfreiheit und Abschaffung der Stände u. a. während des Bürgerkriegs in England (1642–1649) einsetzte
3 *die sattelzeitliche Ambivalenz:* Der Begriff „Sattelzeit" wurde von dem Historiker Reinhart Koselleck für die Übergangszeit von Früher Neuzeit und Moderne geprägt. Ambivalenz bedeutet Doppelwertigkeit bzw. Zerrissenheit.

1 Fassen Sie die Thesen von Michael Hochgeschwender in Bezug auf die nordamerikanischen Kolonien zusammen.
2 Beschreiben Sie die sozialen, religiösen und ökonomischen Besonderheiten der nordamerikanischen Kolonien in Abgrenzung zu Großbritannien auf der Basis Ihres Vorwissens genauer.
3 Nehmen Sie Stellung zu dem vom Autor hergestellten Zusammenhang zwischen Revolution und „sozialem und ökonomischem Zündstoff" (Z. 55 f.).

M2 Faneuil Hall in Boston, Massachusetts, 1776, kolorierter Stich, anonym, o. J.

Die Ursprünge des Konflikts 1.2

Wiederholen

M3 „Das Königreich des Friedens", Ölgemälde des US-amerikanischen Malers Edward Hicks (1780–1849), 1846.
Der Titel des Bildes spielt auf das in der Bibel (Jesaja) prophezeite Königreich Gottes auf Erden an. Im Hintergrund sind die Verhandlungen des Quäkers William Penn mit den Delaware-Indianern von 1683 zu sehen, die zur Gründung der Kolonie Pennsylvania führten.

Zentrale Begriffe
Assemblies
French and Indian War
indigene amerikanische Bevölkerung
Gouverneur
Mutterland
nordamerikanische Kolonien
Puritaner
Plantagenwirtschaft
Siedler
Siedlungsgrenze
Siedlungskolonie
Sklaven
Stempelsteuer
Stempelsteuerkongress
Zentralmacht

1 Beschreiben Sie die Bildelemente des Gemäldes von Edward Hicks (M 3) und formulieren Sie unter Einbeziehung der Zusatzinformationen eine Gesamtaussage. Nutzen Sie bei Bedarf die Formulierungshilfen.
2 Vergleichen Sie die Gesamtaussage des Bildes (M 3) mit der Predigt des Puritaners und ersten Gouverneurs von Massachusetts, John Winthrop (M 6, S. 29).
3 Erläutern Sie auf der Basis der Karte M 2 (S. 25) sowie der Materialien M 7 bis M 12 (S. 30–33) die politischen, sozialen, ökonomischen und kulturellen Grundstrukturen der nordamerikanischen Kolonien vor 1763.
4 **Wahlaufgabe:** Bearbeiten Sie entweder a) oder b).
   a) Analysieren Sie den Konflikt um die Stempelsteuer, indem Sie in einer Tabelle Motive und Ziele von Großbritannien und den Kolonien gegenüberstellen.
   b) Verfassen Sie einen fiktiven Brief aus Sicht eines nordamerikanischen Siedlers an seine in England lebende Familie, in dem er dieser seine ablehnende Haltung gegenüber der Stempelsteuer zu erklären versucht.
5 Bewerten Sie die Auswirkungen des Streits um die Stempelsteuer auf das Verhältnis zwischen den nordamerikanischen Kolonien.
6 **Vertiefung:** Lesen Sie im Kernmodul den Text von Hans-Ulrich Wehler über Modernisierungsprozesse (M 8, S. 102 f.). Überprüfen Sie, ob man in Bezug auf die Entwicklung in den Kolonien von Modernisierung sprechen kann.

Formulierungshilfen
– Auf dem Bild sieht man im Vordergrund …
– Im Hintergrund sind … dargestellt.
– Die Kinder sind mit … bekleidet, ihre Gestik verweist auf …
– Menschen und Tiere sind in Gruppen geordnet, z. B. …
– Die Farbgebung ist …
– Insgesamt vermittelt das Bild … Eindruck.
– Der Maler deutet mit seinem Bild die Situation in den nordamerikanischen Kolonien folgendermaßen: …

1.3 Perspektiven der Konfliktparteien

M1 „Die weiblichen Kämpfer", unbekannter Künstler, englische Karikatur, 1776.
Das Bild ist unterschrieben mit „Oder wer soll", dann folgt das Datum (26. Januar 1776) und der Preis (6 d). Den beiden kämpfenden Frauen werden folgende Worte in den Mund gelegt: „Ich werde dich zwingen, gehorsam zu sein, du rebellisches Luder" und „Freiheit, Freiheit für immer, so lange ich existiere, Mutter". Die Begriffe „Gehorsam" und „Freiheit" werden am unteren Bildrand noch einmal wiederholt.

1765 | Stempelsteuerkongress

1766 | Rücknahme der Stempelsteuer, aber Verkündung des Deklarationsgesetzes (Kolonien der Krone untergeordnet)

1770 | 5. März: Boston-Massaker

Der Konflikt um die Stempelsteuer hatte die nordamerikanischen Kolonien und die Mehrheit ihrer Bevölkerung empört, auf die Straße gebracht und politisiert. Der gemeinsame Feind, die britischen Gouverneure und Steuereintreiber, hatte für eine Einheit gesorgt, die neu war. Es war zunächst eine Einheit der Interessen, die sich jedoch Schritt für Schritt zu einer politischen Einheit auf mehreren Ebenen entwickelte. Es entstanden Organisationen wie die *Sons of Liberty* und Institutionen wie die *Committees of Correspondence*. Diese Netzwerke kommunizierten wichtige Infos, koordinierten und organisierten gemeinsame Aktionen. Auf oberster Ebene war das der Stempelsteuerkongress von 1765, die erste Zusammenkunft einer Mehrheit der Kolonien. Hier waren neun Kolonien vertreten, im Ersten Kontinentalkongress 1774 schon zwölf Kolonien. Die Konfliktparteien waren damit klar: Auf der einen Seite war Großbritannien mit seinen Akteuren: der britische König, das Parlament, die britischen Soldaten sowie die britischen Beamten in den Kolonien. Auf der anderen Seite standen die nordamerikanischen Kolonien, Akteure: die einzelnen Kolonien mit ihren regionalen Parlamenten, die *Sons of Liberty* sowie die überregionalen Zusammenschlüsse im Stempelsteuerkongress bzw. Kontinentalkongress. Die Perspektiven der Konfliktparteien veränderten sich jedoch im Lauf der Ereignisse. Mit Zuspitzung des Konfliktes kam es in den Kolonien zu einer Spaltung in Loyalisten und Patrioten. Die Loyalisten wollten unbedingt den britischen König als Oberhaupt behalten und Teil des Britischen Empire bleiben. Die Konflikte hofften sie durch Reformen zu lösen. Die Patrioten fühlten sich nun mehr als Amerikaner denn als Mitglieder des Empire. Sie betrachteten es als ihr gutes Recht als freie Bürger, über die Erhebung von Steuern selbst zu bestimmen. Dies sahen sie spätestens Anfang 1776 nach Beginn der militärischen Auseinandersetzungen nur in einem unabhängigen Staat gewährleistet.

1 Interpretieren Sie die Karikatur (M 1). Gehen Sie dabei darauf ein, wie der Kampf zwischen Großbritannien und den Kolonien dargestellt und gedeutet wird.
2 In Kanada ist bis heute die britische Königin bzw. der britische König das Staatsoberhaupt. Das Land ist zwar einerseits Teil des sogenannten britischen Commonwealth, andererseits aber politisch völlig unabhängig von Großbritannien – eine Konstruktion, die den nordamerikanischen Loyalisten gefallen hätte. Stellen Sie begründete Vermutungen an, warum die Loyalisten in Nordamerika zur Minderheit wurden. Berücksichtigen Sie Ihre Kenntnisse aus Kapitel 1.2.

1773	1774	1775	1776
10. Mai: Teegesetz 12. Dez.: *Boston Tea Party*	Frühjahr: Britisches Parlament beschließt Zwangsmaßnahmen (*Coercive Acts*) gegen Massachusetts Sept./Okt.: Erster Kontinentalkongress tagt in Philadelphia	18./19. April: Kampf bei Lexington und Concord 10. Mai: Start des Zweiten Kontinentalkongresses 15. Juni: Aufstellung einer Kontinentalarmee unter Führung von General George Washington	Januar: Thomas Paine veröffentlicht die Schrift „Common Sense"

1.3 Perspektiven der Konfliktparteien

> *In diesem Kapitel geht es um*
> - *die Folgen des Stempelsteuerkongresses für die Kolonien,*
> - *die erneute Zuspitzung des Konflikts durch die Boston Tea Party 1773,*
> - *die Spaltung der Kolonisten in Patrioten und Loyalisten und ihre jeweiligen Positionen auf dem Kontinentalkongress 1774,*
> - *den Beginn der militärischen Auseinandersetzungen 1775,*
> - *das Aufkommen der Idee der Unabhängigkeit.*

Entfremdung zwischen den Kolonien und Großbritannien

▶ M 5: Gesetz zum Verhältnis der nordamerikanischen Kolonien und Großbritannien

▶ M 7: Mark Häberlein über das politische Denken der Kolonisten

Die Proteste der Kolonisten gegen das Stempelsteuergesetz hatten Erfolg. Im Februar 1766 beschloss das britische Parlament die Rücknahme des Gesetzes. Vor allem die Boykotte von britischen Waren und die gewaltsamen Aktionen gegen Zollbehörden und Steuereintreiber hatten Wirkung gezeigt und die britischen Steuereinnahmen merklich sinken lassen. Im März 1766 verabschiedete das britische Parlament dann ein weiteres Gesetz, den *Declaratory Act* (**Deklarationsgesetz**), der die durch die Rücknahme der Stempelsteuer gezeigte politische Schwäche ausgleichen sollte. In der Erklärung wurde deutlich gemacht, dass die Kolonien der britischen Krone und dem Parlament untergeordnet seien und diese folglich prinzipiell das Recht und die Autorität hätten, jede Art von Gesetz für die Kolonien zu erlassen. Ein klares Zeichen, dass das britische Mutterland nur einen kurzzeitigen taktischen Rückzug angetreten hatte, aber seine Macht und Vorrechte in den Kolonien nicht aufgeben wollte. Doch die Machtdemonstration ging in der Freude über den Erfolg der Proteste unter. Zunächst kehrte etwas Ruhe in den nordamerikanischen Kolonien ein. Die Wirtschaftslage entspannte sich, aber der erbitterte Streit um die Steuerfrage hatte auf verschiedenen Ebenen Spuren hinterlassen. Die Gremien in den Kolonien hatten sich als Interessenvertretung und als Ort politischer Debatten profiliert. Es entstand außerdem so etwas wie eine **politische Publizistik**. Abgeordnete der Regionalparlamente, Anwälte und Unternehmer setzten sich mit Rechtsfragen rund um die Steuergesetze auseinander und trugen Argumente für die Berechtigung ihrer Forderung nach mehr Beteiligung zusammen. Einige von ihnen spielten während der Revolution und in den ersten Jahren der Republik eine zentrale Rolle, so wie John Adams, John Dickinson, Benjamin Franklin, John Hancock, Patrick Henry, Thomas Jefferson oder James Otis.

Bereits 1767 unternahm Großbritannien den nächsten Versuch, seine finanzielle Krise mithilfe von Steuereinnahmen aus den Kolonien zu bekämpfen. Der neue britische Finanzminister Charles Townshend setzte das sogenannte **Townshend-Programm** durch, das zum einen Zölle auf Luxuswaren und weiterverarbeitete Güter (z. B. Glas, Tee, Kaffee, Farbe und bestimmte Modeartikel) erhob, und zum anderen die Ahndung von Verstößen gegen die Zollregularien verschärfte. Die Einnahmen sollten direkt in die Finanzierung der kolonialen Verwaltung in Nordamerika investiert werden. Doch sowohl die Zölle und die Verschärfung der Strafen als auch die Finanzierung der Kolonialverwaltung stießen auf Proteste. Die Bewohner der Kolonien waren inzwischen so ablehnend gegenüber der britischen Kolonialverwaltung eingestellt, dass sie jede neue Maßnahme als Einmischung betrachteten. Dieses Mal kam es jedoch nur verein-

M1 John Dickinson, Ölgemälde von Charles Willson Peale, 1770.
John Dickinson (1732–1808) arbeitete als Anwalt in Pennsylvania und verfasste zahlreiche Essays zu der Steuerfrage. Er war Mitglied des Stempelsteuerkongresses sowie beider Kontinentalkongresse. Er ist auch der Autor des „Liberty Song" (M 12, S. 50).

zelt zu Protesten und gewaltsamen Aktionen, immer wieder auch provoziert von den in
den Kolonien stationierten britischen Soldaten. Diese nahmen beispielsweise öffentliche Gebäude in ihren Besitz oder fällten die von Bewohnern als Zeichen ihres Protestes gepflanzten Freiheitsbäume.

Besonders stark waren die Proteste in **Massachusetts und der Hafenstadt Boston**. Hier wandten sich die Mitglieder des Parlamentes mit einem Schreiben an die anderen Kolonien und forderten ein gemeinsames Vorgehen gegen die britischen Gesetze. Großbritannien reagierte mit der Auflösung der Versammlung. Daraufhin gründeten die *Sons of Liberty* ein *Committee of Correspondence* (**Korrespondenzkomitee**), um mit den anderen Städten und Kolonien in Kontakt zu bleiben. Andere Kolonien folgten dem Beispiel später und schufen damit die Basis für eine interkoloniale Infrastruktur, die im Verlauf der Revolution eine wichtige Rolle spielte. Außerdem wuchsen insbesondere die Bostoner *Sons of Liberty* zu einer einflussreichen Organisation an, die einzelne radikale Mitglieder hatte, die auch zum Mittel der Gewalt griffen. Um die Unruhen in Boston unter Kontrolle zu bringen, verstärkten die Briten ihre militärische Präsenz. Am 5. März 1770 kam es aufgrund der angespannten Lage zu einem tragischen Zwischenfall, der von den *Sons of Liberty* zum *Boston Massacre* stilisiert wurde. Fünf Demonstranten waren durch die Schüsse britischer Soldaten gestorben.

M2 Das *Boston Massacre* vom 5. März 1770, zeitgenössische Radierung von Paul Revere (1735–1818), nachträglich koloriert, o. J.

1.3 Perspektiven der Konfliktparteien

Die *Boston Tea Party* und die Reaktion der britischen Regierung

Erst 1773 kam es zu einer erneuten Zuspitzung der Lage, als das britische Parlament den *Tea Act* (**Teegesetz**) verabschiedete. Mit einer Teesteuer hatte dieses Gesetz jedoch nichts zu tun. Mit den gesetzlichen Maßnahmen sollte lediglich der Import von Tee der *East India Company* gefördert und so die finanziell angeschlagene Handelsgesellschaft gestützt werden. Für die Kolonisten hatte das Gesetz sogar positive Wirkungen: Tee wurde billiger. Doch inzwischen ging es der Mehrheit der Kolonisten um das Prinzip. Sie waren nicht mehr bereit, irgendeine Form von Einmischung in Steuerfragen durch das britische Parlament zu akzeptieren. Erneut kam es also zu Protesten in den Kolonien. Einige Teeschiffe mussten die Kolonien wieder verlassen, ohne ihre Ladung loszuwerden. Als Ende November 1773 drei Schiffe der *East India Company* mit Tee an Bord in den Hafen von Boston einliefen, beschloss auch hier die Stadtversammlung, die Entladung der Fracht zu untersagen. Der britische Statthalter Thomas Hutchinson bestand jedoch auf der Entladung. So kletterten einige Tage später sechzig als „Indianer" verkleidete Mitglieder der *Sons of Liberty* auf die Handelsschiffe und warfen die geladenen Teekisten ins Hafenbecken – die „*Boston Tea Party*". Erst im Nachhinein wurde die Geheimaktion zu einer Demonstration von Stärke und Patriotismus erhoben, die auf Bildern meist mit jubelndem Publikum und nationalen Symbolen wie Fahnen ausgeschmückt wurde. Die Geschichtsschreibung zur Amerikanischen Revolution erhob sie zu einem Schlüsselereignis, vergleichbar mit der Stürmung der Bastille zu Beginn der Französischen Revolution.

Die Reaktion der britischen Regierung erfolgte schnell. Mit den *Coercive Acts* (**Zwangsgesetze**) wurden drastische Strafmaßnahmen gegen die gesamte Kolonie Massachusetts ergriffen: Der Hafen von Boston wurde geschlossen, die Stadtversammlung aufgelöst und die militärische Präsenz noch einmal erhöht. Die von kolonialer Seite als *Intolerable Acts* (**Unerträgliche Gesetze**) bezeichneten Maßnahmen erreichten jedoch genau das Gegenteil. In Massachusetts wurden die neuen Bestimmungen von der Bevölkerung boykottiert: Die Stadtversammlung tagte weiter, Beamte, die die Gesetze umsetzen wollten, wurden bedroht und an ihrer Arbeit gehindert. In den anderen Kolonien kam es zu einer großen Welle der Unterstützung. Sie schlossen sich dem Boykott britischer Waren an, und auch hier kam es zu gewaltsamen Aktionen gegen Vertreter der britischen Krone. Unter dem Druck der Zwangsmaßnahmen rückten die Kolonien immer weiter zusammen.

East India Company
Die Handelsgesellschaft besaß staatlich geschützte Monopolrechte für den Handel mit Gütern aus Indien. Ein wichtiges Produkt war Tee.

M 3 „Die *Boston Tea Party* vom 13. Dezember 1773", Stich von Daniel Chodowiecki, 1784

Vorgeschichte der Amerikanischen Revolution
cornelsen.de/Webcodes
Code: becuwi

Der Erste Kontinentalkongress und der Beginn der kriegerischen Auseinandersetzungen

Einen wichtigen Schritt auf dem Weg zur Revolution bildet der Erste Kontinentalkongress, der am 5. September 1774 mit Delegierten aus zwölf Kolonien (nur Georgia fehlte) in Philadelphia zusammenkam. Noch viel stärker als der Stempelsteuerkongress von 1765 sah sich diese interkoloniale Versammlung mit der Aufgabe konfrontiert, für die Kolonien eine gemeinsame Position und Politik zu entwickeln und diese gegenüber Großbritannien zu vertreten. Dem Kontinentalkongress kam faktisch die Aufgabe einer nationalen Regierung zu. In der Wahrnehmung der Beteiligten spielte das jedoch noch keine Rolle. Sie sahen sich eher als Koordinatoren des kolonialen Widerstandes, um in der Auseinandersetzung mit dem Mutterland eine möglichst starke Position einzunehmen. Ziel war in erster Linie die Rücknahme der Zwangsmaßnahmen gegen Massachusetts. Aus diesem Grund verabschiedete der Kongress zwei wesentliche Beschlüsse: Ein **Assoziationsartikel** verpflichtete die dreizehn Kolonien zur Solidarität untereinander und zur gemeinsamen Durchführung von Boykottmaßnahmen; eine **Erklärung zu den kolonialen Rechten** betonte noch einmal die aus dem englischen Recht abgeleiteten Grundsätze zu Steuern und Repräsentation. Und noch ein Beschluss wurde gefällt, ein weiterer Kontinentalkongress sollte die Arbeit fortführen, falls der britische König die Strafmaßnahmen gegen Massachusetts noch nicht zurückgenommen hatte.

In den Folgemonaten kam es vor allem in Massachusetts häufiger zu **Zusammenstößen zwischen britischen Soldaten und lokalen Milizen**. Die Lage wurde immer angespannter. Die Milizen begannen vermehrt Waffen- und Munitionslager anzulegen und bereiteten sich relativ offen auf eine militärische Konfrontation vor. Als der britische Militärgouverneur von Massachusetts im April 1775 Soldaten in die Stadt Concord schickte, um ein dortiges Waffenlager aufzulösen, warnte der Bostoner Paul Revere nach einem legendären Ritt durch die Nacht die Milizen vor. Bereits in **Lexington** erwarteten sie die britischen Truppen und es kam zu einem Gefecht, das sie jedoch verloren. In **Concord** gelang den Rebellen trotz zahlenmäßiger Unterlegenheit ein Sieg, die Briten mussten den Rückzug antreten. Die Opferzahlen auf beiden Seiten waren groß. Die anderen Kolonien erklärten sich wie im Assoziationsartikel vereinbart solidarisch, der Krieg hatte begonnen und bestimmte fortan auch die Politik.

Der Zweite Kontinentalkongress: Patrioten gegen Loyalisten

Kurz nach den Kämpfen von Lexington und Concord trat der Zweite Kontinentalkongress im Mai in Philadelphia zusammen und beschloss, eine eigene Armee, die sogenannte Kontinentalarmee, zu bilden. Als Oberbefehlshaber setzte der Kongress **George Washington** ein, einen Plantagenbesitzer aus Virginia, der im *French and Indian War* als Offizier auf der Seite der Briten gekämpft hatte. Der Kontinentalkongress agierte damit endgültig als **nationale Regierung der Kolonien**. Obwohl sich die Kolonien nun faktisch im Krieg mit Großbritannien befanden, hatten auf dem Kontinentalkongress die Befürworter eines Ausgleichs mit Großbritannien, die **Loyalisten**, immer noch die Mehrheit. Im Juli 1775 verabschiedete der Kongress auf Initiative von John Dickinson die Palmzweig-Petition an König Georg III., in der die Zugehörigkeit zu Großbritannien betont, aber auch die Rücknahme aller Zwangsmaßnahmen gefordert wurde. Doch die Stimmen der **Patrioten**, die auf dem Selbstbestimmungsrecht für die Kolonien bestanden, wurden lauter und radikaler. 1774 hatte der Plantagenbesitzer **Thomas Jefferson** aus Virginia noch auf eine Beschwerdeliste an den britischen König gesetzt, dabei jedoch mit naturrechtlichen Argumenten die Souveränität der Kolonisten und ihre Gleichstellung mit den Briten betont. Im März 1775 sah der Rechtsanwalt Patrick Henry, ebenfalls aus Virginia, in einer berühmten Rede keine Kompromissmöglichkeiten mehr, für ihn gab es nur noch die Wahl zwischen „Freiheit oder Tod". Der Gedanke der Unabhängigkeit Amerikas kam trotz Krieg und britischer Kompromisslosigkeit erst zu Beginn des Jahres 1776 auf und wurde von einem erst zwei Jahre zuvor nach Amerika ausgewanderten britischen Intellektuellen, **Thomas Paine**, mit der Schrift *„Common Sense"* (dt. „Gesunder Menschenverstand") in die Diskussion gebracht. Die Idee fand schnell viele Anhänger und der Druck auf den Zweiten Kontinentalkongress stieg, eine Entscheidung zu treffen.

M4 „Patrick Henry spricht im Provinzialkongress von Virginia im Mai 1765", Gemälde von Fredrick Rothermel (1818–1896), 1851

▶ M 17: Palmzweig-Petition

▶ M 13: Thomas Jefferson über die Rechte der britischen Amerikaner

▶ M 16: Patrick Henry's Rede „Freiheit oder Tod"

▶ M 20: Thomas Paine „Common Sense"

1 Beschreiben Sie in eigenen Worten, wie sich die Auseinandersetzungen zwischen Kolonien und Großbritannien zwischen 1766 und 1775 zuspitzten.
   Tipp: Fertigen Sie zur Visualisierung eine Verlaufsskizze an.
2 Erläutern Sie, inwieweit der Zweite Kontinentalkongress als nationale Regierung der Kolonien agierte.

1.3 Perspektiven der Konfliktparteien

Hinweise zur Arbeit

In diesem Kapitel s[ollen die Perspektiven der Konflikt]parteien im Rahmen der Ereignisse auf dem Weg in die Amerikanische Unabhängigkeit beleuchtet werden. Es umfasst die Jahre 1765 bis 1776 und stellt die politisch-institutionellen Akteure und hier insbesondere die Ansichten der **Loyalisten** *(Befürworter des Verbleibs in der britischen Monarchie) sowie der* **Patrioten** *(Befürworter weitgehender Reformen bis hin zur Unabhängigkeit der Kolonien) in den Vordergrund.*
In einem ersten Block werden die Folgen des **Stempelsteuerkongresses von 1765** *thematisiert. Zunächst wird die britische Reaktion (M 5) gezeigt, dann bietet ein wissenschaftlicher Text (M 6) Anhaltspunkte für die Analyse. Ein weiterer wissenschaftlicher Text zeigt Veränderungen im Denken der Kolonisten durch die Steuergesetze auf (M 8). Ein Bildmaterial (M 7) ermöglicht die Erschließung der Rolle der „Sons of Liberty". Als Nächstes wird das Ereignis der „Boston Tea Party" sowohl von einem Zeitgenossen (M 10) als auch von einem Historiker beleuchtet (M 9), wobei hier besonders die britische Reaktion in den Blick genommen wird. Ein satirisches Bildmaterial (M 11) rundet den Block ab. Auf der Folie der Ereignisse rund um den Ersten und den Zweiten Kontinentalkongress werden die unterschiedlichen Positionen der* **Loyalisten** *(M 12, M 14, M 18) und der* **Patrioten** *(M 13, M 15) dargestellt. Abschließend wird die weitere* **Zuspitzung hin zu einer Revolution** *durch die Militäreinsätze von Lexington (M 17) sowie die Feststellung der Rebellion durch Georg III. (M 19) aufgezeigt. Abgerundet wird dieser Teil durch die Schrift* **„Common Sense" von Thomas Paine** *(M 20), der den Gedanken der Unabhängigkeit naturrechtlich herleitete und verbreitete. Drei Materialien (M 21 bis M 23) zur Frage des „Revolutionsbeginns" schließen das Kapitel ab.*

Zur Vernetzung mit dem Kernmodul

Auf der Basis der J-Kurve von James C. Davies (M 5, S. 100) kann die Rolle des Bedürfnisses nach rechtlicher Gleichstellung und Freiheit im Vorfeld der Revolution untersucht werden. Es können außerdem Crane Brintons Revolutionsmuster (M 2, S. 97 f.) angewendet werden.

Stempelsteuerkongress 1765 und seine Folgen

M 5 Aus dem britischen Gesetz zum Verhältnis zwischen den nordamerikanischen Kolonien und Großbritannien (18. März 1766)

Da verschiedene Repräsentantenhäuser in Seiner Majestät Kolonien und Pflanzungen vor kurzem für sich selbst oder für die dortigen allgemeinen Versammlungen das alleinige und ausschließliche Recht in Anspruch nahmen, den Untertanen Seiner Majestät in den genannten Kolonien und Pflanzungen Steuern und Abgaben aufzuerlegen; und da sie im Verfolg dieses Anspruchs gewisse Abstimmungen und Beschlüsse vornahmen und Verordnungen erließen, die der gesetzgebenden Gewalt des Parlaments abträglich und mit der Abhängigkeit der genannten Kolonien und Pflanzungen von der Krone Großbritanniens unvereinbar sind, so wird erklärt:
Die genannten Kolonien und Pflanzungen in Amerika waren und sind rechtmäßig und notwendig der Reichskrone und dem Parlament von Großbritannien untergeordnet und von ihnen abhängig; und des Königs Majestät, durch und mit Rat und Zustimmung der geistlichen und weltlichen Lords und der Gemeinen von Großbritannien im versammelten Parlament, besaß und besitzt rechtmäßig und notwendig volle Gewalt und Vollmacht, Gesetze und Statuten zu erlassen, kraft deren die Kolonien und das Volk von Amerika, Untertanen der Krone Großbritanniens, in allen erdenklichen Fällen verpflichtet werden. [...] Und alle Beschlüsse, Abstimmungen, Anordnungen und Verfahren in irgendeiner der genannten Kolonien und Pflanzungen, wodurch die Macht und Vollmacht des Parlaments von Großbritannien, Gesetze und Statuten wie oben gesagt zu erlassen, geleugnet oder bezweifelt wird, sind vollständig nichtig und kraftlos bezüglich aller und jeder Absichten und Zwecke, und sie werden hiermit dazu erklärt.

Zit. nach: Wolfgang Lautemann (Bearb.), Geschichte in Quellen, Bd. 4, bsv, München 1981, S. 76.*

1 Beschreiben Sie den im Gesetz dargelegten rechtlichen Status der Kolonien.
2 Stellen Sie die Bestimmungen des Gesetzes der Argumentation des Stempelsteuerkongresses (M 18, S. 35) gegenüber.
3 **Zusatzaufgabe:** siehe S. 476.

1.3 Perspektiven der Konfliktparteien

M6 Der Historiker Michael Hochgeschwender über die Folgen des Konfliktes um die Stempelsteuer (2016)

Die Krisen und Unruhen um die Stempelsteuer hatten die 13 Festlandskolonien nachdrücklich zusammengeschweißt. Die kreolische Oligarchie, bestehend aus urbanen Eliten und ländlicher *gentry*, hatte bei allen weiterhin bestehenden Gefühlen der Zugehörigkeit zum britischen Weltreich, auf das man sehr wohl stolz war, ein Gefühl der Eigenständigkeit entwickelt. Gleichzeitig hatte sie zu einer momentanen, aber ausbaufähigen Handlungseinheit mit den Unterschichten gefunden, die allerdings durchweg höchst fragil blieb. [...] Gerade der New Yorker Kongress vom Spätsommer 1765 trug dazu bei, aus den disparaten, jeweils auf London und das Mutterland ausgerichteten Kron- und Eigentümerkolonien eine zumindest vorläufige Handlungseinheit zu schweißen, die sie von den kanadischen Kolonien, vor allem Québec, und den westindischen Besitzungen abhob. Mit den *Sons of Liberty* und den Korrespondenzgesellschaften existierten nun institutionelle Organe dieser überkolonialen Einheit. Allerdings wird man die Resultate der *Stamp-Act*-Krise nicht überbewerten dürfen. Mit der Rücknahme des Gesetzes 1766 beruhigte sich die Situation in Nordamerika rasch. Der *Declaratory Act* [siehe M 5] wurde weiter nicht als beunruhigend aufgenommen, obschon er hier und da Kritik erntete. Viel wichtiger war das Ende der Nachkriegsrezession. Den Kolonien, selbst Boston und Philadelphia, ging es wirtschaftlich und finanziell ab 1765/66 wieder deutlich besser als in den Jahren unmittelbar nach Ende des Siebenjährigen Krieges.

Michael Hochgeschwender, Die Amerikanische Revolution, C. H. Beck, München 2016, S. 134.*

M7 Die *Sons of Liberty* hängen symbolisch zwei als britische Steuereintreiber verkleidete Puppen am *Tree of Liberty* am 14. August 1765, kolorierter Stich, 1775

M8 Der Historiker Mark Häberlein über das Denken der Kolonisten (2018)

Zwischen 1763 und 1775 ist aber auch eine deutliche Radikalisierung des Denkens der Amerikaner feststellbar. Vor 1770 beschränkte sich die politische Publizistik weitgehend auf die Rechtfertigung des Widerstands gegen die britischen Gesetze. Die Kolonisten bemühten sich um eine möglichst präzise Definition der jeweiligen Befugnisse des Londoner Parlaments und ihrer eigenen *Assemblies*, sie versuchten darzulegen, welchen Schaden die britischen Maßnahmen den Kolonisten zufügten. John Dickinson, ein wohlhabender Anwalt in Philadelphia und der wohl meistgelesene amerikanische politische Publizist der 1760er-Jahre, setzte sich in mehreren Schriften mit den britischen Maßnahmen auseinander, in denen er überwiegend pragmatisch argumentierte und sich um eine sorgfältige Grenzziehung zwischen den Befugnissen des Parlamentes und den Rechten der Kolonisten in Fragen der Besteuerung bemühte. [...] Das Parlament habe Dickinson zufolge jedoch noch nie zuvor Steuergesetze für die Kolonien erlassen. Bei Stempelsteuer und Townshend-Zöllen handelte es sich daher um gefährliche und verfassungswidrige Neuerungen. Mit der neuerlichen Zuspitzung des Konflikts zwischen Mutterland und Kolonien seit der „Boston Tea Party" wurden die zuvor so sorgfältig gezogenen Grenzen zwischen Regulierung des Handels und interner Besteuerung jedoch zunehmend hinfällig. Spätestens seit den Zwangsgesetzen gegen Massachusetts stellt sich für die Kolonisten die grundsätzliche Frage, welche Befugnisse sie dem Parlament noch zuzugestehen bereit waren, und Autoren wie James Wilson aus Pennsylvania und Thomas Jefferson aus Virginia argumentierten nun, dass das Parlament keinerlei Autorität über die Kolonien besitze. Für sie bestand das britische Empire de facto aus unabhängigen politischen Gemeinschaften mit autonomen Legislativen, die nur durch den König als gemeinsames Oberhaupt zusammengehalten wurden.

Mark Häberlein, Entstehung und Konsolidierung der amerikanischen Republik (1763–1800), in: Geschichte der USA, Reclam, 2., aktual. Auflage, Stuttgart 2018, S. 103–186, S. 130f.*

1 Fassen Sie die Auswirkungen des Stempelsteuerstreits auf die Kolonien zusammen (M 6).
2 Beurteilen Sie auf Basis des Bildes M 7 die Rolle der *Sons of Liberty*.
3 Erläutern Sie die schrittweise Radikalisierung im Denken der Kolonisten (M 8).

Die *Boston Tea Party* 1773

M 9 Der Historiker Volker Depkat über den *Tea Act* (2016)

Mit dem *Tea Act* wurde es der *East India Company* erlaubt, ihren Tee in den Kolonien des britischen Weltreichs direkt zu vermarkten. […] Obwohl Tee dadurch tatsächlich billiger wurde, kurbelte der *Tea Act* die
5 Debatte über Souveränität in den Kolonien erneut an, zumal die Kolonisten inzwischen nicht mehr bereit waren, überhaupt noch irgendwelche – vom Londoner Parlament erhobene – Steuern zu akzeptieren. Die kolonialen Proteste kulminierten am 16. Dezem-
10 ber 1773 in der berühmten *Boston Tea Party*. Bereits Ende November 1773 waren drei Schiffe der *East India Company* mit Tee an Bord in den Hafen von Boston eingelaufen, doch die Stadtverordnetenversammlung hatte beschlossen, die Löschung der
15 Ladung zu verhindern und zu diesem Zweck eigene Wachen aufgestellt. Der Gouverneur Massachusetts, Thomas Hutchinson, hatte aber auf der Entladung der Schiffe bestanden. Der Konflikt schwelte für rund zwei Wochen, dann enterten rund 60 als Indianer
20 verkleidete *Sons of Liberty* am 16. Dezember die Handelsschiffe und warfen den Tee in das Bostoner Hafenbecken. Um neun Uhr abends hatten sie 342 Kisten mit Tee im Wert von rund £ 10 000 zerstört.
Die Reaktion des britischen Mutterlandes erfolgte
25 prompt. Auf Anraten von Premierminister Frederick Lord North verabschiedete das britische Parlament im Frühjahr 1774 die *Coercive Acts*, die von den Kolonisten als *Intolerable Acts*, als nicht hinnehmbare Gesetze also, bezeichnet wurden: Der Hafen Bostons
30 wurde für den Handel geschlossen, die Sitzungen der Stadtverordnetenversammlung ausgesetzt, die Befugnisse des Gouverneurs erweitert, die Präsenz britischer Truppen verstärkt und die Strafverfolgung der Aufrührer erleichtert. Diese Strafmaßnahmen
35 der britischen Regierung stießen in den Kolonien auf erbitterten Widerstand. […] Eine gewaltige Solidarisierungswelle schwappte über alle 13 Kolonien entlang der Atlantikküste, die alle britischen Versuche, Boston und Massachusetts zu isolieren, grandios
40 scheitern ließen. Überall kam es zu Boykotten britischer Waren und zu gewaltsamen Übergriffen auf Regierungsgebäude und Vertreter der Krone, deren Macht rasant verfiel.

Volker Depkat, Geschichte der USA, Kohlhammer, Stuttgart 2016, S. 55 f.*

M 10 John Adams (1735–1826), 2. Präsident der USA, in seinem Tagebuch über die *Boston Tea Party* (17. Dezember 1773)

Gestern Abend wurden drei Ladungen Bohea-Tee ins Meer geschüttet. Heute morgen segelt ein Kriegsschiff los [nach England].
Dies ist die bisher großartigste Maßnahme. Dieses
5 letzte Unternehmen der Patrioten hat eine Würde, eine Majestät, eine Erhabenheit an sich, die ich bewundere. Das Volk sollte sich nie erheben, ohne etwas Erinnerungswürdiges zu tun – etwas Beachtenswertes und Aufsehenerregendes. Die Vernichtung
10 des Tees ist eine so kühne, entschlossene, furchtlose und kompromisslose Tat, und sie wird notwendigerweise so wichtige und dauerhafte Konsequenzen hervorrufen, dass ich sie als epochemachendes Ereignis betrachten muss.
15 Dies war nur ein Angriff auf Eigentum. […]
Die Frage ist, ob die Vernichtung des Tees nötig war. Ich fürchte, sie war absolut notwendig. Er konnte nicht zurückgeschickt werden, weil Gouverneur, Admiral und der Zoll es nicht erlaubten. Allein in deren
20 Macht lag es, den Tee zu retten. An der Wasserfestung und den Kriegsschiffen wären die Teeschiffe nicht vorbeigekommen. Die Alternative war daher, den Tee zu vernichten oder an Land zu bringen. Ihn an Land zu bringen hätte bedeutet, dass wir das Be-
25 steuerungsrecht des Parlaments anerkennen, gegen das der Kontinent zehn Jahre lang gekämpft hat. Es hätte bedeutet, dass wir die Arbeit von zehn Jahren zunichte machen und uns und unsere Nachkommen den ägyptischen Sklaventreibern unterwerfen – den
30 drückenden Abgaben, der Schmach und Schande, den Anschuldigungen und der Verachtung, dem Elend und der Unterdrückung, der Armut und der Knechtschaft.

Zit. nach: Dokumente zur Geschichte der Vereinigten Staaten von Amerika, hg. von Herbert Schambeck, Helmut Widder, Marcus Bergmann, Duncker & Humblot, 2., erw. Aufl. Berlin 2007, S. 69 f.*

1 Erörtern Sie die Rolle der *Boston Tea Party* im Rahmen der revolutionären Ereignisse sowohl aus wissenschaftlicher Sicht (M 9) als auch aus Sicht des Zeitzeugen (M 10).
2 Interpretieren Sie die satirische Zeichnung (M 11).
3 **Vertiefung:** Fassen Sie zusammen, welche Formen des Protestes es in den Kolonien gab.
Tipp: Lesen Sie erneut den Darstellungstext S. 42 ff.

M11 „Die Bostoner bezahlen den Steuereintreiber, oder Teeren und Federn", satirische Zeichnung, anonym, 1774.
Im Vordergrund flößen fünf Bürger von Boston dem britischen Steuereintreiber mit Gewalt Tee ein. Im Hintergrund sind der Liberty Tree *sowie die* Boston Tea Party *zu sehen.*

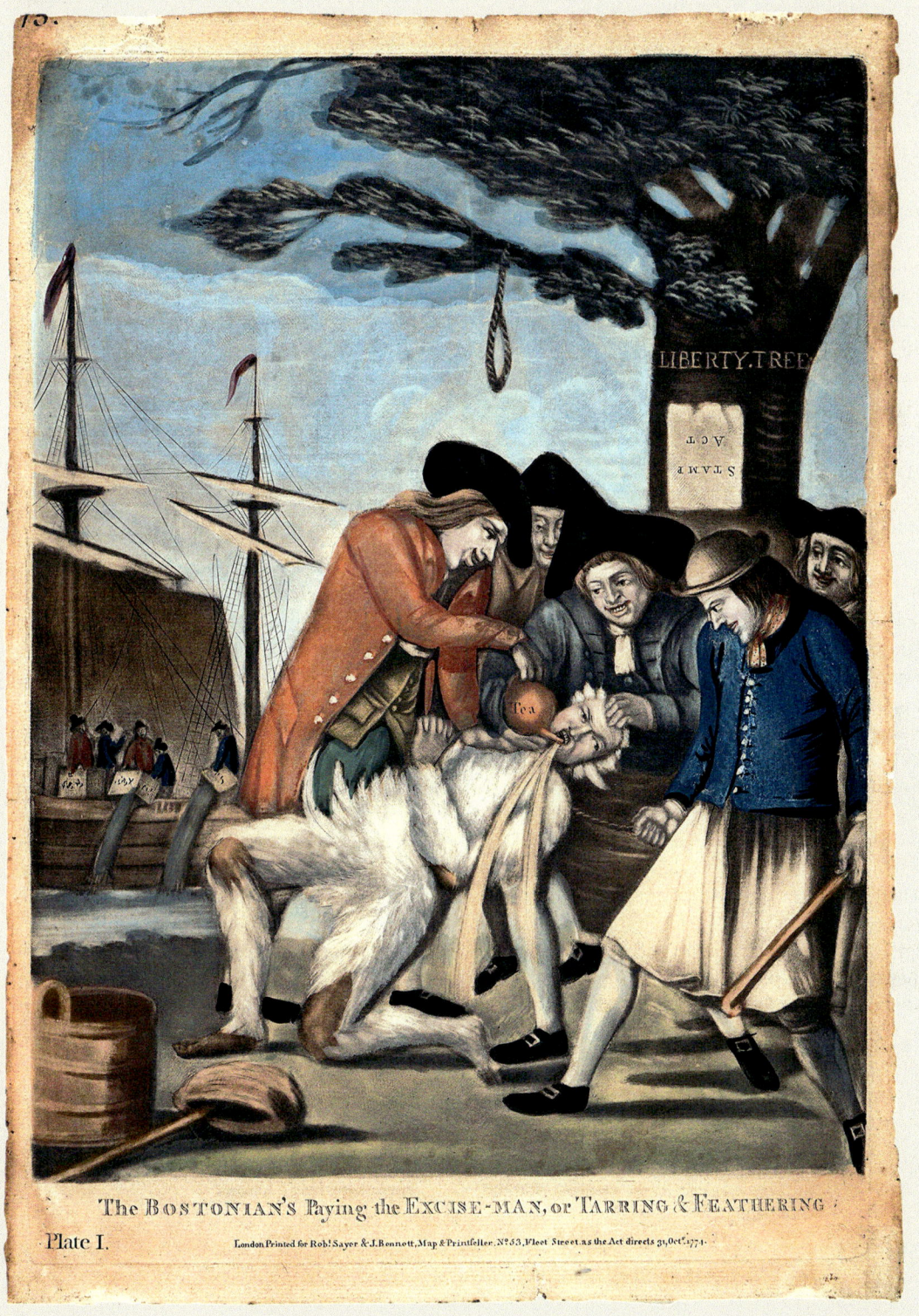

Patrioten und Loyalisten

M 12 „Liberty Song" von John Dickinson (Version von 1768)

Come, join hand in hand, brave Americans all,
And rouse your bold hearts at fair Liberty's call;
No tyrannous acts shall suppress your just claim,
Or stain with dishonor America's name.
5 In Freedom we're born and in Freedom we'll live.
Our purses are ready. Steady, friends, steady;
Not as slaves, but as Freemen our money we'll give.

Our worthy forefathers, let's give them a cheer,
To climates unknown did courageously steer;
10 Thro' oceans to deserts for Freedom they came,
And dying, bequeath'd us their freedom and fame.
In Freedom we're born and in Freedom we'll live.
Our purses are ready. Steady, friends, steady;
Not as slaves, but as Freemen our money we'll give.

15 The tree their own hands had to Liberty rear'd,
They lived to behold growing strong and revered;
With transport they cried, now our wishes we gain,
For our children shall gather the fruits of our pain.
In Freedom we're born and in Freedom we'll live.
20 Our purses are ready. Steady, friends, steady;
Not as slaves, but as Freemen our money we'll give.

Then join hand in hand, brave Americans all,
By uniting we stand, by dividing we fall;
In so righteous a cause let us hope to succeed,
25 For heaven approves of each generous deed.
In Freedom we're born and in Freedom we'll live.
Our purses are ready. Steady, friends, steady;
Not as slaves, but as Freemen our money we'll give.

http://www.contemplator.com/america/liberty.html (Download vom 4.6.2018).

1 Arbeiten Sie die zentralen Begriffe und Aussagen des Liedes heraus.
2 Ordnen Sie das Lied in den historischen Kontext ein.
3 Vertiefung: Recherchieren Sie die Biografie von John Dickinson.

Übersetzung: Das Lied der Freiheit

cornelsen.de/Webcodes
Code: tegube

M 13 Thomas Jefferson in seiner Schrift „A Summary View of the Rights of British America" (1774)

Thomas Jefferson, Plantagenbesitzer aus Virginia und einer der Hauptautoren der Unabhängigkeitserklärung, gehörte zu den führenden Persönlichkeiten der Gruppe der „Patrioten". Er verfasste diesen Text als Anleitung für die Delegierten Virginias auf dem Ersten Kontinentalkongress.

Fester Entschluss zur Instruktion der Delegierten des Kontinentalkongresses mit den Deputierten aus den anderen Staaten Britisch Amerikas, dass diese Ihrer Majestät, als dem führenden Beamten [*chief magistrate*] des Britischen Empire, einen bescheidenen 5 und pflichtbewussten Brief mit Beschwerden seiner Untertanen in Amerika vorlegen sollen; Beschwerden, die ausgelöst wurden durch viele untragbare Eingriffe und widerrechtliche Anmaßungen von der Legislative eines Teils des Empires in die Rechte, die 10 Gott und die Gesetze allen Menschen gleich und unabhängig gegeben haben. […]
Dieser Brief soll ihn daran erinnern, dass unsere Vorfahren, bevor sie nach Amerika emigrierten, freie Einwohner der Britischen Gebiete in Europa waren 15 und das Recht besaßen, das die Natur allen Menschen gegeben hat, und […] dass sie im Streben nach neuen Wohnorten neue Gesellschaften errichtet haben, in denen sie solche Gesetze und Regeln geschaffen haben, die das allgemeine Wohlergehen [*public* 20 *happiness*] beförderten. Ebenso wie die sächsischen Vorfahren, im Rahmen dieses universellen Rechtes, ihre ursprüngliche Heimat in Nordeuropa verlassen haben und die Insel Britannien in Besitz genommen haben, […] und dort ihr Gesetzessystem etabliert ha- 25 ben, das so lange dem Ruhm und Schutz dieses Landes gedient hat. Niemals wurde vom Mutterland, aus dem sie gekommen waren, der Anspruch erhoben, ihnen übergeordnet zu sein; und wenn ein solcher Anspruch erhoben würde, würden sich die britischen 30 Untertanen Ihrer Majestät auch mit fester Überzeugung auf ihre Rechte berufen, die sie von ihren Vorfahren erhalten haben, um die Souveränität ihres Staates gegenüber solchen Anmaßungen zu bewahren. 35

http://www.history.org/almanack/life/politics/sumview.cfm (Download vom 6.6.2018); übersetzt von Silke Möller.

1 Geben Sie die Argumente von Thomas Jefferson wieder.
2 Nehmen Sie Stellung zu seiner Position.

M 14 Joseph Galloway, Abgeordneter aus Pennsylvania, auf dem Ersten Kontinentalkongress über den Plan einer Union zwischen den Kolonien und England (28. September 1774)

Beschluss, dass dieser Kongress Seiner Majestät die Bitte vortragen wird, die Lasten aufzuheben, unter denen seine treuen Untertanen in Amerika sich mühen, und ihm versichert wird, dass die Kolonien die Idee mit Abscheu von sich weisen, von der britischen Regierung unabhängige Gemeinwesen zu sein, uns heiß wünschen, es möge eine politische Union errichtet werden nicht allein unter ihnen, sondern mit dem Mutterland, den Prinzipien Sicherheit und Freiheit entsprechend, die in der Verfassung aller freien Regierungen wesentlich sind und besonders das Prinzip der britischen Gesetzgebung bilden. Und da diese Kolonien infolge der lokalen Verhältnisse im Parlament von Großbritannien nicht repräsentiert sein können, werden sie in aller Ergebenheit Seiner Majestät und seinen beiden Häusern des Parlaments folgenden Plan vortragen, mit dessen Hilfe die ganze Kraft des Empires zusammengefasst werden kann in jedem Notfall und die Interessen beider Mächte befördert und die Rechte und Freiheiten Amerikas gesichert werden mögen.

Plan einer vorgeschlagenen Union zwischen Großbritannien und den Kolonien.

Eine britische und amerikanische gesetzgebende Körperschaft zur Regelung der Verwaltung der allgemeinen Angelegenheiten Amerikas unter Einschluss aller genannten Kolonien soll in Amerika vorgeschlagen und errichtet werden; mit und unter dieser Regierung soll jede Kolonie ihre gegenwärtige Verfassung und die Vollmacht behalten, ihre eigenen wie auch immer gearteten inneren politischen Fragen in allen Fällen zu regeln und zu verwalten. Der genannten Regierung soll ein Präsident vorstehen, der vom König ernannt wird, und ein Großrat, der von den Vertretern des Volkes der einzelnen Kolonien in ihren respektiven Versammlungen gewählt wird alle drei Jahre einmal. [...]

Zit. nach: Dokumente zur Geschichte der Vereinigten Staaten von Amerika, hg. von Herbert Schambeck, Helmut Widder, Marcus Bergmann, Duncker & Humblot, 2., erw. Aufl. Berlin 2007, S. 72 f.

1 Erläutern Sie die Vorschläge für eine Union.
2 Setzen Sie die Unionspläne in Beziehung zu den Ideen Thomas Jeffersons (M 13).
   Tipp: siehe S. 476.
3 **Zusatzaufgabe:** siehe S. 476.

M 15 Rede von Patrick Henry vor dem Provinzialkongress von Virginia (23. März 1775)

Herr Präsident, niemand schätzt wohl die Vaterlandsliebe und die Fähigkeiten der ehrenwerten Herren, die eben zu dem hohen Haus gesprochen haben, mehr als ich. Aber verschiedene Menschen sehen oft die gleichen Probleme verschieden an. Daher wird man es hoffentlich nicht als Geringschätzung dieser Herren ansehen, wenn ich frei und ohne Einschränkung meine eigenen Empfindungen und Ansichten ausspreche, auch wenn sie den ihren direkt entgegengesetzt sind. [...] Wenn ich in einem solchen Augenblick mit meiner Meinung zurückhielte, [...] würde ich mich nach meinem Dafürhalten des Verrats an meinem Land schuldig machen und damit auch der Treulosigkeit gegenüber der himmlischen Majestät, die ich mehr ehre und achte als alle irdischen Könige.

[...] Wir haben alles in unserer Macht Stehende getan, um den jetzt aufziehenden Sturm abzuwenden. Wir haben Petitionen eingereicht – wir haben protestiert – wir haben demütig gebeten – wir haben uns vor dem Königsthron in den Staub geworfen und haben darum gefleht, er möge eingreifen und die despotischen Hände seines Kabinetts und des Parlaments zügeln. Unsere Petitionen wurden missachtet, unsere Proteste haben weitere Gewalttaten und Schmähungen bewirkt, unsere Gesuche übersehen, und wir wurden verächtlich vom Fuße des Thrones fortgestoßen. Nach alledem wird die weitere Verfolgung der liebgewordenen Hoffnung auf Frieden und Aussöhnung zwecklos. Es gibt keinen Raum für irgendwelche Hoffnungen! Wenn wir wirklich frei sein wollen – wenn wir die unschätzbaren Rechte, für die wir so lange gekämpft haben, unverletzt erhalten wollen – wenn wir den edlen Kampf, den wir so lange geführt haben und den wir nach unseren feierlichen Versprechungen bis zur Erreichung unseres ruhmreichen Zieles führen wollten, nicht schmählich abbrechen wollen – dann müssen wir kämpfen! [...]

Es hat keinen Zweck, Herr Präsident, die Sache zu bemänteln. Manche Herren mögen noch so sehr nach Frieden schreien – es gibt keinen Frieden. Der Krieg hat in Wirklichkeit schon begonnen! [...] Ich weiß nicht, wie sich andere entscheiden werden, aber für mich gibt es nur Freiheit oder Tod!

Zit. nach: Dokumente zur Geschichte der Vereinigten Staaten von Amerika, hg. von Herbert Schambeck, Helmut Widder, Marcus Bergmann, Duncker & Humblot, 2., erw. Aufl. Berlin 2007, S. 86 ff.*

1 Erläutern Sie, wie Patrick Henry die Lage im März 1775 einschätzt.
2 Überprüfen Sie seine Einschätzung.

M 16 Die Schlacht von Lexington am 19. April 1775, kolorierter Stich, 1874

1 Interpretieren Sie die bildliche Darstellung der Ereignisse von Lexington.

M 17 Der Historiker Michael Hochgeschwender über den Beginn des Unabhängigkeitskrieges (2016)

Mit den Schüssen von Lexington und Concord waren die Würfel gefallen. Die amerikanischen Kolonien befanden sich in offenem Aufruhr, wenngleich die Kampfhandlungen vorerst auf Neuengland begrenzt
5 waren. In den anderen Kolonien wurde noch eifrig darüber diskutiert, ob und wie man sich den Neuengländern anschließen würde. Aber das interkoloniale Netz der *Association Committees*, der *Sons of Liberty*, der Korrespondenzgesellschaften und des Kontinen-
10 talkongresses war inzwischen dicht und effizient genug, um die Solidarität mit dem Nordosten zu garantieren. [...] Im Süden, in Virginia, war es vor allem [...] Patrick Henry, der am 23. März, also noch vor Concord, das *House of Burgesses*, die dortige *Assembly*,
15 mit einer leidenschaftlichen Rede, die angeblich in den Worten „Give me liberty or give me death" gipfelte [siehe M 15], auf den bevorstehenden gemeinsamen Kampf einstimmte. Es ist nicht ganz klar, ob er diese Worte wirklich so gesprochen hat, aber Henry und
20 auch George Washington, Thomas Jefferson sowie andere Großgrundbesitzer Virginias waren inzwischen fest entschlossen, nicht einfach als Zuschauer dabeizustehen, falls die Briten Massachusetts milita-

risch bestrafen würden. Ihrer Entscheidung lag die Überzeugung zugrunde, ihre Existenz und ihre Frei- 25 heit seien durch die britische Regierung und die Gesetze des Parlamentes unmittelbar bedroht. [...] Angesichts der unerwarteten militärischen Erfolge der kolonialen Milizen bei Concord, Boston und Ticonderoga lag das Gesetz des Handelns erst einmal 30 wieder bei der Politik, das heißt beim Kontinentalkongress, der seit Mai in Philadelphia tagte. [...] Diese Institution sollte bis 1783 die Geschicke erst der rebellischen Kolonien, dann der jungen Vereinigten Staaten von Amerika lenken. Als Präsident fungierte 35 John Hancock, neben Samuel Adams in britischen Augen der bestgehasste Mann [...]. Seine Wahl musste den Briten als schiere Provokation erscheinen und war wohl auch als solche gedacht. Als erste Amtshandlung erklärte der Kontinentalkongress, die Ko- 40 lonien befänden sich im Verteidigungszustand, und rief die Milizen und weitere Freiwillige zu den Fahnen.

Michael Hochgeschwender, Die Amerikanische Revolution, C.H. Beck, München 2016, S. 174 ff. *

1 Arbeiten Sie die Kernaussagen des Autors heraus.
2 Überprüfen Sie, ob sich die Kolonien tatsächlich im „Verteidigungszustand" befanden.

1.3 Perspektiven der Konfliktparteien

M 18 „Palmzweig-Petition" des Zweiten Kontinentalkongresses an Georg III. (5. Juli 1775)

Nach dem Schlusse des letztern Krieges [...] begann ein neues System von Statuten und Verordnungen, nach welchen die Kolonien verwaltet werden sollten, sie zu beunruhigen, und sie mit peinigender Furcht
5 und Misstrauen zu erfüllen. Zu ihrem größten Erstaunen sahen sie plötzlich auf einen auswärtigen Krieg einheimische Gefahren folgen, die sie für weit bedenklicher hielten. [...]
Indem Eurer Majestät Minister auf ihrem Plan bestanden,
10 und ihn durch offenbar feindselige Angriffe durchsetzen wollten, zwangen sie uns, die Waffen zu unserer Verteidigung zu ergreifen. [...] Wenn wir erwägen, wie bürgerliche Zwietracht die streitenden Parteien zu glühender Rache und unheilbaren Erbit-
15 terungen anfeuert, so halten wir es für unsere Pflicht, gegen Gott, gegen Ew. Majestät, gegen unsere Mitbürger, und gegen uns selbst, alle Mittel, die nicht unserer Sicherheit zuwider sind, anzuwenden, um das fernere Blutvergießen zu verhindern und das bevor-
20 stehende Unglück, das dem britischen Reiche droht, abzuwenden. [...]
Wir bitten daher, dass Ew. Majestät Ihre königliche Gewalt huldreich dazu gebrauchen möge, uns von der schmerzlichen Furcht und dem Misstrauen zu
25 befreien [....], dass Maßregeln ergriffen werden mögen, wodurch das Leben der Untertanen Ew. Majestät vor ferneren Gefahren gesichert werden und dass endlich die Statute aufgehoben werden, die unmittelbar eine von Ew. Majestät Kolonien ins Unglück stür-
30 zen, aufgehoben würden.

Zit. nach: Dokumente zur Geschichte der Vereinigten Staaten von Amerika, hg. von Herbert Schambeck, Helmut Widder, Marcus Bergmann, Duncker & Humblot, 2., erw. Aufl. Berlin 2007, S. 89 f.*

Ew = eure wertige

M 19 Proklamation der Rebellion von Georg III. (23. August 1775)

Die formelle Ausrufung der Rebellion überschnitt sich mit der Ankunft der Palmzweig-Petition, da eine Übermittlung immer mehrere Wochen dauerte.

Georg Rex,
In Ansehung, dass eine Anzahl unserer Untertanen in verschiedenen Teilen unserer Kolonien und Pflanzungen in Nordamerika, verführt durch gefährliche
5 und übelwollende Menschen, vergessen der Untertanenpflicht, die sie der Macht schulden, die sie geschützt und erhalten hat, nachdem der öffentliche Friede durch zahlreiche Akte der Aufsässigkeit gestört worden ist, um den gesetzlichen Handel zu hin-
10 dern und unsere loyalen Untertanen zu bedrücken, die ihn ausüben, dass sie neuerdings zu offener und eingestandener Rebellion übergegangen sind, indem sie sich in feindlicher Weise zusammengetan haben, um der Ausführung des Gesetzes Widerstand zu leisten
15 und verräterisch gegen uns Krieg vorzubereiten, zu befehlen und zu erheben:
[...] halten wir es durch und mit Zustimmung unseres Staatsrates für geboten, diese unsere königliche Proklamation zu erlassen, und wir erklären hiermit,
20 dass nicht nur alle unsere Offiziere und Beamte verpflichtet sind, die äußersten Anstrengungen zu machen, um eine solche Rebellion zu unterdrücken [...], sondern dass auch alle unsere Untertanen in diesem Reiche und in den betroffenen Herrschaften durch
25 das Gesetz gehalten sind, zur Unterdrückung einer solchen Rebellion ihre Hilfe und ihren Beistand zu leisten und alle gegen uns und unsere Krone und Würde gerichteten verräterischen Konspirationen und Anschläge aufzudecken und bekanntzuma-
30 chen.

Zit. nach: Dokumente zur Geschichte der Vereinigten Staaten von Amerika, hg. von Herbert Schambeck, Helmut Widder, Marcus Bergmann, Duncker & Humblot, 2., erw. Aufl. Berlin 2007, S. 93 f.*

1 Erläutern Sie, warum der Kontinentalkongress die Palmzweig-Petition direkt an den britischen König Georg III. richtete (M 18).
2 Charakterisieren Sie die Reaktion Georgs III. im August 1775 (M 19).
3 **Arbeitsteilige Gruppenarbeit:**
   a) Arbeiten Sie die zentralen Argumente der Patrioten heraus und nennen Sie wichtige Vertreter (M 12 bis M 16).
   b) Arbeiten Sie die zentralen Argumente der Loyalisten heraus und nennen Sie wichtige Vertreter (M 12 bis M 16).
4 **Vertiefung:** Stellen Sie in kleinen Schaubildern die verschiedenen von den Kolonisten vorgeschlagenen Lösungsmodelle für die nordamerikanischen Kolonien dar.

M 20 Thomas Paine in seiner Schrift „Common Sense" (1776)

Thomas Paine (1737–1809) war 1774 von England nach Amerika ausgewandert. Durch seine Schrift „Common Sense" (1776), die weite Verbreitung erfuhr, gelang es ihm, in Nordamerika zum Sprecher der Massen zu werden.

Da man die Sache von der Beweisführung auf die Waffen verwiesen hat, ist eine neue Zeitrechnung für die Politik angebrochen, ist eine neue Denkweise entstanden. Alle Pläne, Vorschläge usw., die vor dem
5 19. April [1775], also vor dem Beginn der Feindseligkeiten, liegen, sind wie Kalender vom vergangenen Jahr, die damals taugten, heute aber überholt und

nutzlos sind. [...] Wir haben mit dem Schutz durch Großbritannien geprahlt, ohne daran zu denken,
10 dass dessen Beweggrund der eigene Vorteil und nicht Zuneigung war, und dass es uns nicht unsertwegen vor unseren Feinden schützte, sondern seinetwegen vor seinen Feinden. [...]
Europa, nicht England, ist das Stammland Amerikas.
15 Diese Neue Welt ist die Zuflucht für die verfolgten Freunde der bürgerlichen und religiösen Freiheit aus allen Teilen Europas gewesen. [...] Eigene Regierung ist unser natürliches Recht. [...]
Ihr, die ihr euch jetzt gegen Unabhängigkeit wendet,
20 ihr wisst nicht, was ihr tut; ihr öffnet ewiger Tyrannei die Türe, denn ihr haltet den Sitz der Regierung leer. Tausende und Zehntausende würden es für ruhmvoll halten, von diesem Erdteil die barbarische und höllische Macht zu verjagen, die zu unserer Vernichtung
25 die Indianer und Neger aufreizte. [...]
O ihr, die ihr die Menschheit liebt! Ihr, die ihr nicht bloß der Tyrannei, sondern dem Tyrannen selbst zu trotzen wagt, haltet stand! In jedem Fleck der Alten Welt herrscht Unterdrückung. Die Freiheit ist über
30 die ganze Erde gehetzt worden. Asien und Afrika haben sie schon seit langem vertrieben, Europa betrachtet sie als Fremde, und England hat ihr das Zeichen zur Abfahrt gegeben. O nehmt die Flüchtlinge auf und bereitet der Menschheit rechtzeitig eine Zu-
35 fluchtsstätte. [...] Wer sich Natur zum Führer nimmt, kann nicht leicht in seiner Beweisführung irregemacht werden, und auf dieser Grundlage stehe ich allgemein dafür ein: Unabhängigkeit ist eine gerade, einfache Richtlinie, die in unserer Hand liegt, Versöh-
40 nung aber ist eine außerordentlich verwirrte und verwickelte Sache, bei der sich ein verräterischer, launenhafter Hof einmischen muss [...]. Kurz, Unabhängigkeit ist das einzige Band, das uns verknüpfen und zusammenhalten kann. [...]
45 Lasst die Namen Whig und Tory[1] ausgetilgt sein, lasst keine anderen unter uns erklingen als die eines guten Bürgers, eines offenen und beherzten Freundes, eines tugendhaften Beschützers der Rechte der Menschheit und der freien und unabhängigen Staaten von
50 Amerika!

Zit. nach: Wolfgang Lautemann (Bearb.), Geschichte in Quellen, Bd. 4, bsv, München 1981, S. 99.*

1 *Whigs und Tories:* Dies sind die beiden wichtigsten politischen Gruppierungen in Großbritannien. Die Whigs setzen sich traditionell für die Rechte des Parlaments, die Tories für die Macht der Krone ein.

1 Erläutern Sie die Thesen von Thomas Paine zur Lage der amerikanischen Kolonien.
2 Beurteilen Sie seine Argumentation.

Wende zur Revolution?

M 21 Der Historiker Volker Depkat über die „Wende zur Revolution" (2016)

Das Revolutionäre der sich zwischen 1774 und 1776 ereignenden Wende ist dadurch definiert, dass die Kolonisten in der Rechtfertigung ihres Widerstands aus dem britischen Verfassungskontext ausbrachen und ihn auf die neue Grundlage des aufklärerischen 5 Naturrechtsliberalismus stützten. Hatten sie sich in ihrem Protest bisher auf die ungeschriebenen Traditionen der britischen Verfassung, die *Rights of Englishmen* und die in den kolonialen *Charters* von der Krone gewährten Rechte berufen, so griffen sie 10 nach 1774 immer mehr auf die universalen Prinzipien der Aufklärung zurück. Folglich ging es seit 1774 immer weniger um Steuern und immer mehr um die Grundfragen legitimer Herrschaft und den Zweck von Staatlichkeit überhaupt. Damit einher ging eine 15 grundlegende Hinwendung zur Zukunft: Bis zur revolutionären Wende von 1774/76 war der koloniale Widerstand gegen die imperiale Politik des Mutterlandes rückwärtsgewandt gewesen, denn es ging den Kolonisten um die Bewahrung des Status quo, wie er 20 sich bis 1763 etabliert hatte. [...] Die Wende zur Revolution, die in der Erklärung der Unabhängigkeit am 4. Juli 1776 kulminierte, ist deshalb auch eine Wende von der Vergangenheitsorientierung hin zur Ausrichtung auf eine offene Zukunft, deren Gestaltung sich 25 die Revolutionäre zur Aufgabe machten.
Von entscheidender Bedeutung für die Wende zur Revolution war der Zusammentritt des Ersten Kontinentalkongresses in Philadelphia am 5. September 1774. Die insgesamt 56 Delegierten aus zwölf Kolonien 30 – nur Georgia war nicht vertreten – bildeten das nach dem *Stamp Act Congress* zweite interkoloniale Parlament und sahen sich mit der Aufgabe konfrontiert, die Interessen der Kolonien gegenüber dem Mutterland zu vertreten und den eskalierenden kolo- 35 nialen Widerstand zu organisieren. Dadurch arbeitete der Erste Kontinentalkongress faktisch als nationale Regierung, ohne dass die Delegierten das damals schon von sich gedacht oder dass die Kolonisten das so gesehen hätten. Der Kontinentalkongress rief die 40 Bewohner der 13 Kolonien zur Verschärfung des Boykotts bis hin zum völligen Abbruch aller Handelsbeziehungen zum Mutterland auf. [...] Zudem stellten die Delegierten des Ersten Kontinentalkongresses in der am 14. Oktober verabschiedeten *Declaration of* 45 *Colonial Rights and Grievances* fest, dass das britische Parlament keinerlei Autorität über die inneren Angelegenheiten der Kolonien im britischen Herrschaftsverband habe. Diese Resolution war die letzte große

Manifestation eines sich auf die *Rights of Englishmen* berufenden Widerstandes gegen die Politik des Mutterlandes.

Volker Depkat, Geschichte der USA, Kohlhammer, Stuttgart 2016, S. 56.*

1 Analysieren Sie die von Volker Depkat genannten Elemente der revolutionären Wende.
2 **Vertiefung:** Erörtern Sie die Verwendung der Begriffe „revolutionär" und „Revolution".
Tipp: Beziehen Sie die Darstellung von Kapitel 1 sowie die Hinweise zur Formulierung eines Sach-/Werturteils von S. 58 mit ein.

M 22 Der US-amerikanische Historiker Crane Brinton (1898–1968) über die ersten Stadien der Amerikanischen Revolution (1965)

Man kann zwar in gewissem Sinne sagen, dass die amerikanische Revolution eigentlich 1765 mit dem Stempelgesetz begann oder dass jedenfalls die Agitation, die zur Widerrufung dieses Gesetzes führte, die Generalprobe für die Bewegung des anschließenden Jahrzehnts bildete. Die Reichsregierung[1] war jedenfalls entschlossen, in Amerika lebhaft zu reagieren. Townshends milde Zölle auf Tee, Glas, Blei und noch einige Importwaren gingen mit einem Versuch einher, sie auf rationelle, moderne Art einzuheben. Die königliche Zollbürokratie in Amerika war pflichttreu, aber nicht böswillig. Das Ergebnis waren Zusammenstöße mit zunehmend besser organisierten Gruppen von Amerikanern. Es kam zum Teeren und Federn von Zolldenunzianten, zum Raub beschlagnahmter Güter unter den Augen der Zollbeamten, zu Schmährufen gegen englische Truppen, dann zu den historischen Zwischenfällen, die in allen amerikanischen Schulbüchern stehen, wie dem Bostoner Massaker von 1770 und der „Bostoner Tea Party". Die Schließung des Hafens von Boston, die Entsendung einer Armee nach Massachusetts und die Quebec-Akte selbst waren Maßnahmen der Reichsregierung gegen die schon im Aufstand befindlichen Kolonien. Man kann lange darüber streiten, an welchem Punkt der formale Beginn der amerikanischen Revolution anzusetzen ist. Man kann dazu den ersten Kontinentalkongress 1774, die Gefechte von Lexington und Concord 1775 oder die Unabhängigkeitserklärung vom 4. Juli 1776 nehmen. Die komplexen Gruppenkämpfe, aus denen die Revolutionen entstehen, werden erst später in offiziellen Daten für das patriotische Ritual fixiert. Die ersten Schritte der amerikanischen Revolution waren vielfältig und erstreckten sich über ein Jahrzehnt. Nur ein Pedant kann verlangen, ein bestimmtes Einzeldatum aus dieser langen Reihe von Geschehnissen als offiziellen Beginn der amerikanischen Revolution herauszulösen.

Crane Brinton, Anatomie der Revolution, hg. von Manfred Lauermann, übersetzt von Walter Theimer, Karolinger Verlag, durchgesehene und erweiterte Auflage, Wien 2017 [engl. Original 1965], S. 88f.

1 *Reichsregierung:* Gemeint ist hier das britische Parlament.

1 Fassen Sie zusammen, welche Ereignisse Crane Brinton nennt und wie er sie bewertet.
2 Erläutern Sie, was Crane Brinton mit folgendem Satz meint: „Die komplexen Gruppenkämpfe […] werden erst später in offiziellen Daten für das patriotische Ritual fixiert."
3 Geben Sie die von Crane Brinton herausgearbeiteten Bedingungen für den Ausbruch einer Revolution wieder. Ordnen Sie das Material von Kapitel 3 auf dieser Basis ein.
▶ M 2, S. 97 f.
Tipp: siehe S. 476.

M 23 Die *Sons of Liberty* stürzen die Statue Georgs III. am 9. Juli 1776 in New York, Stich nach Felix O.C. Darley, 1877

PULLING DOWN THE STATUE OF THE KING.

1 Erläutern Sie die Bedeutung des dargestellten Vorgangs.
2 **Zusatzaufgabe:** siehe S. 476.

Methode

Darstellungen analysieren

Zu den zentralen Aufgaben des Historikers gehört die Arbeit mit Quellen, die in schriftlicher, bildlicher und gegenständlicher Form einen direkten Zugang zur Geschichte bieten. Ihre Ergebnisse präsentieren die Wissenschaftler in selbst verfassten Darstellungen – häufig auch **Sekundärtexte** genannt –, in denen sie unter Beachtung wissenschaftlicher Standards die Ergebnisse ihrer Quellenforschungen sowie ihre Schlussfolgerungen und Bewertungen veröffentlichen. Grundsätzlich lassen sich Darstellungen in **zwei große Gruppen** gliedern:
– in fachwissenschaftliche und
– in populärwissenschaftliche bzw. „nichtwissenschaftliche" Darstellungen.
Die **fachwissenschaftlichen Texte** wenden sich an ein professionelles Publikum, bei dem Grundkenntnisse des Faches, der Methoden und der Begrifflichkeit vorausgesetzt werden können. Zu den relevanten Kennzeichen fachwissenschaftlicher Darstellungen gehört, dass alle Einzelergebnisse durch Verweise auf Quellen oder andere wissenschaftliche Untersuchungen durch Fußnoten belegt werden. **Populärwissenschaftliche Darstellungen**, die sich an ein breiteres Publikum wenden, verzichten dagegen auf detailliert belegte Erkenntnisse historischer Befunde und Interpretationen. In erster Linie geht es darum, komplexe historische Zusammenhänge anschaulich und vereinfacht zu präsentieren. Zu dieser Gruppe werden beispielsweise publizistische Texte und historische Essays in Zeitungen und Magazinen sowie Schulbuchtexte gezählt.

Arbeitsschritte zur Interpretation

1. Leitfrage — Welche Fragestellung bestimmt die Untersuchung der Darstellung?

2. Analyse
Formale Aspekte
– Wer ist der Autor (ggf. zusätzliche Informationen über den Verfasser)?
– Um welche Textsorte handelt es sich?
– Mit welchem Thema setzt sich der Autor auseinander?
– Wann und wo ist der Text veröffentlicht worden?
– Gab es einen konkreten Anlass für die Veröffentlichung?
– An welche Zielgruppe richtet sich der Text (Historiker, interessierte Öffentlichkeit)?
– Welche Intentionen oder Interessen verfolgt der Verfasser?

Inhaltliche Aspekte
– Was sind die wesentlichen Aussagen des Textes?
   a) anhand der Argumentationsstruktur: These(n) und Argumente
   b) anhand der Sinnabschnitte: wesentliche Aspekte und Hauptaussage
– Wie ist die Textsprache (z. B. appellierend, sachlich oder polemisch)?
– Welche Überzeugungen vertritt der Autor?

3. Historischer Kontext
– Auf welchen historischen Gegenstand bezieht sich der Text?
– Welche in der Darstellung angesprochenen Sachaspekte bedürfen der Erläuterung?

4. Urteil
– Ist der Text überzeugend im Hinblick auf die fachliche Richtigkeit (historischer Kontext) sowie auf die Schlüssigkeit der Darstellung?
– Welche Gesichtspunkte des Themas werden vom Autor kaum oder gar nicht berücksichtigt?
– Was ergibt ggf. ein Vergleich mit anderen Darstellungen zum gleichen Thema?
– Wie lässt sich der dargestellte historische Gegenstand aus heutiger Sicht im Hinblick auf die Leitfrage bewerten?

Übungsaufgabe

M1 Der Historiker Jürgen Heideking über die ideologischen Ursprünge der Revolution (2003)

Der Gesinnungswandel, der aus treuen Untertanen der Krone Patrioten und Rebellen machte, hatte sich erstaunlich rasch vollzogen. John Adams bezeichnete diesen intellektuellen Prozess rückblickend als
5 den eigentlichen Kern des Geschehens. Die Revolution, so schrieb er 1815 an Thomas Jefferson, habe in den Köpfen der Menschen stattgefunden, und sie sei schon abgeschlossen gewesen, bervor 1775 bei Lexington und Concord Blut vergossen wurde. Diese
10 Beobachtung trifft insofern zu, als die Ursprünge des britisch-amerikanischen Disputs, wie der Historiker Bernard Bailyn nachgewiesen hat, in erster Linie geistig-ideologischer Natur waren. Das beharrliche Pochen auf die „alten englischen Rechte" diente nicht
15 der Verschleierung materieller Interessen, wenngleich diese sicher auch eine Rolle spielten. Den unerlässlichen Nährboden für die Widerstandshaltung bildete vielmehr ein Geflecht von Denkgewohnheiten, Verhaltensweisen und Wertvorstellungen, das in
20 die tieferen Bewusstseinsebenen hineinreichte und breite soziale Schichten beeinflusste. Die gebildeten Kolonisten schöpften ihre Argumente und Konzepte aus vielen Quellen: aus den Werken englischer Juristen wie Sir Edward Coke und William Blackstone; aus
25 der liberalen Natur- und Vertragsrechtslehre John Lockes; aus der Literatur der Aufklärung […]. Ganz besonders empfänglich waren sie selbst und ihr Publikum aber für die Maximen der englischen Oppositionsliteratur, deren beide Elemente – das radikale aus
30 John Trenchards und Thomas Gordons *Cato's Letters* und das konservativ-nostalgische des *Patriot King* von Lord Bolingbroke – in ihrem Bewusstsein zu einer verhältnismäßig geschlossenen Weltanschauung, zu einer spezifisch amerikanischen Country-Ideologie
35 verschmolzen. Sie diente als Rahmen, in den sich alle anderen, oft widersprüchlichen Denkmuster und geistigen Strömungen einfügen ließen […]. Im Lichte dieser Ideologie mit ihrem extremen Machtmisstrauen, ihrer Hochschätzung der klassisch-römischen
40 Bürgertugenden (*virtue*) und ihren Warnungen vor einem unmerklichen schleichenden Verlust der Freiheit reimten sich die Ereignisse seit 1763 zu einem logischen Ganzen, zu einer von langer Hand geplanten, weitverzweigten und systematisch vorangetrie-
45 benen Verschwörung gegen die Kolonien zusammen. Die neuen Steuern, das Insistieren der Briten auf der absoluten Parlamentssouveränität, der Ausbau der Kolonialverwaltung, die Verlegung von Truppen in die Städte und schließlich die harte Bestrafung von Massachusetts – all das waren keine Reformen, son-
50 dern Anhaltspunkte für einen generellen Anschlag auf das Selbstbestimmungsrecht der Kolonisten, auf einen *„deliberate, systematic plan of reducing us to slavery"*, wie es der junge virginische Pflanzer Thomas Jefferson 1774 in seinem Pamphlet *A Summary View*
55 *of the Rights of British America* ausdrückte.

Jürgen Heideking, Geschichte der USA, UTB, 3. Auflage, Tübingen 2003, S. 36 f.

1 Analysieren Sie M 1 mithilfe der Arbeitsschritte von S. 56.
▶ Lösungshinweise finden Sie auf S. 486 f.

Methode

Ein historisches Urteil entwickeln

Im Allgemeinen werden im Fach Geschichte zwei Formen der Urteilsbildung unterschieden: **Sachurteile und Werturteile**. Die Trennung ist nicht immer eindeutig, da es auch Überschneidungen gibt; so basiert ein nachvollziehbares Werturteil in der Regel auf vorher vorgenommenen Sachurteilen.

Sachurteil
Es gibt drei unterscheidbare Formen des Sachurteils:
a) Ein Sachurteil dient der Beurteilung von Thesen, Ergebnissen und Kontroversen der Geschichtswissenschaft (z. B. zu den Ursachen des Ausbruchs des Ersten Weltkriegs).
Beispiel: „Die Verantwortung für den Ausbruch des Ersten Weltkrieges liegt nach neueren wissenschaftlichen Erkenntnissen nicht mehr allein beim deutschen Kaiserreich."
b) Ein Sachurteil beurteilt den historischen Gehalt von Aussagen zur Bedeutung von Personen und Ereignissen, in Geschichtsbildern und Mythen (z. B. zum Lutherbild im Nationalsozialismus).
Beispiel: „Luthers Ziel war nicht die Schaffung einer deutschen Nation; diese gab es im 16. Jahrhundert noch nicht. Sein Anliegen war vielmehr eine Reform der katholischen Kirche."
c) Ein Sachurteil bestimmt die Bedeutung und/oder den Stellenwert des jeweiligen Subjekts, Ereignisses oder Phänomens im historischen Kontext.
Beispiel: „Das mittelalterliche Stadtrecht mit der ihm zugrunde liegenden Idee der Schwurgemeinschaft bildete einen Gegenpol zum Feudalismus der agrarisch geprägten Gesellschaft auf dem Lande."
Operatoren: beurteilen, überprüfen (implizit)

Werturteil
Ein Werturteil beruht auf einer persönlichen Bewertung historischer Sachverhalte aus gegenwärtiger Perspektive. Ihm liegen Werte und Normen zugrunde, auf deren Basis das Verhalten, die Idee usw. einer historischen Person oder Gruppe bewertet wird.
Beispiel: „Der Weg in den Ersten Weltkrieg macht deutlich, wie schnell menschliches Handeln in eine Katastrophe führen kann, wenn Verständigungsbereitschaft und Friedfertigkeit fehlen."
Operator: „Stellung nehmen"

Weitere Operatoren fordern ein Sach- und/oder Werturteil: „sich auseinandersetzen", „erörtern" und „interpretieren". In der Regel ergibt es sich aus dem zu beurteilenden Sachverhalt, ob neben einem Sachurteil auch ein Werturteil möglich und/oder sinnvoll ist.

Sowohl dem Sachurteil als auch dem Werturteil müssen **Kriterien** zugrunde gelegt werden, mit deren Hilfe man die Argumentation strukturieren und das Urteil fällen kann. Sie sind die **Qualitätsmerkmale der Urteilsbildung**. Im Geschichtsunterricht und im Abitur kommen folgende Kriterien vor:
Sachurteil: Triftigkeit, Stimmigkeit, (Differenziertheit), Sachgerechtigkeit, historische Korrektheit.
Werturteil: Menschlichkeit, Selbstbestimmung, Friedenserhaltung, Verantwortung für individuelles und gesellschaftliches Verhalten, Gedanken- und Meinungsfreiheit, Übereinstimmung mit christlichen und weltanschaulichen Normen.
Besonders wichtig beim Werturteil ist auch die Reflexion der Tatsache, dass heutige Wertvorstellungen nicht uneingeschränkt auf die Vergangenheit angewendet werden können.

Übungsaufgabe

M1 Der US-amerikanische Historiker Joseph J. Ellis über Deutung und Bedeutung der Amerikanischen Revolution (2005)

Kein Ereignis der amerikanischen Geschichte, das zu seiner Zeit so unwahrscheinlich war, hat in der Rückschau so unvermeidlich ausgesehen wie die Amerikanische Revolution. Was die Unvermeidlichkeit angeht, gab es allerdings schon damals Stimmen, die Patrioten in spe dazu drängten, die amerikanische Unabhängigkeit als eine frühe Version von *manifest destiny*, der schicksalhaften Bestimmung des Landes, anzusehen. Tom Paine beispielsweise behauptete, es sei einfach eine Sache des gesunden Menschenverstandes, dass eine Insel keinen Kontinent regieren könne. Und Thomas Jefferson betonte in seiner lyrischen Wiedergabe der Gründe für das gesamte Revolutionsunternehmen den selbstverständlichen Charakter der Prinzipien, um die es ging. Mehrere andere prominente amerikanische Revolutionäre redeten ebenfalls so, als seien sie Schauspieler in einem historischen Drama, dessen Drehbuch schon von den Göttern geschrieben war. [...]

Verstärkt und in unser kollektives Gedächtnis eingegraben wurden diese frühen Vorahnungen vom amerikanischen Schicksal durch den nachfolgenden Triumph der politischen Ideale, welche die amerikanische Revolution, wie Jefferson es so schön formulierte, „der gerecht urteilenden Welt" erstmals verkündete. Überall in Asien, Afrika und Lateinamerika haben ehemalige Kolonien europäischer Mächte mit so vorhersehbarer Regelmäßigkeit ihre Unabhängigkeit errungen, dass der Kolonialstatus zu einem exotischen Relikt vergangener Tage, zu einer bloßen Durchgangsstation für aufstrebende Nationen geworden ist. Das republikanische Experiment, das die Revolutionsgeneration so kühn in Gang gesetzt hatte, stieß in den darauffolgenden zwei Jahrhunderten auf erbitterten Widerstand, aber es besiegte die monarchischen Dynastien des 19. und danach dann die totalitären Despotien des 20. Jahrhunderts völlig, genau wie Jefferson es vorhergesagt hatte. Wenngleich die Behauptung, es stehe, wie es ein zeitgenössischer politischer Philosoph formuliert hat, das „Ende der Geschichte" bevor, etwas extrem klingt, ist doch wahr, dass alle alternativen Formen der politischen Organisation gegen die liberalen Institutionen und Ideen, die erstmals gegen Ende des 18. Jahrhunderts in den Vereinigten Staaten eingeführt wurden, vergebliche Rückzugsgefechte zu führen scheinen. Zumindest kann man wohl mit einiger Sicherheit sagen, dass eine Form der repräsentativen Staatsverfassung, die auf dem Prinzip der Volkssouveränität beruht, und eine Form der Marktwirtschaft, die ihren Antrieb aus den Energien der einzelnen Bürger bezieht, zu den allgemein anerkannten Elementen nationalen Erfolges in aller Welt geworden sind. Diese Vermächtnisse sind uns so vertraut, wir sind so sehr gewohnt, ihren Erfolg als selbstverständlich zu betrachten, dass die Ära, in der sie geboren wurden, in der Erinnerung einfach als ein Land der unausweichlichen Ergebnisse erscheinen muss. [...]

Zwar erhöht die heutige Sicht unsere Wertschätzung für die Solidität und Stabilität des republikanischen Erbes, aber sie macht uns auch blind für die atemberaubende Unwahrscheinlichkeit und Leistung selbst. Alle wesentlichen Errungenschaften waren beispiellos. Zwar hat es vor der Amerikanischen Revolution zahlreiche koloniale Erhebungen gegen imperiale Herrschaft gegeben, nie aber hatte vorher eine solche stattgefunden. Im Verbund stellten das britische Heer und die britische Flotte die stärkste Militärmacht der Welt dar, die im Laufe des darauffolgenden Jahrhunderts alle Nationen, welche mit ihr um den Anspruch als erste Hegemonialmacht der modernen Zeit konkurrierten, besiegen sollten. Zwar ist im 20. Jahrhundert das republikanische Paradigma [...] zur politischen Norm geworden, aber vor der Amerikanischen Revolution ist abgesehen von einigen schweizerischen Kantonen und griechischen Stadtstaaten kein republikanisches Regierungssystem von langer Dauer gewesen, und nie war ein solcher Versuch auf einem Territorium unternommen worden, das so groß war wie die dreizehn Kolonien. [...] Und schließlich hatten die dreizehn Kolonien [...] keine Geschichte einer dauerhaften Kooperation. Schon allein der Begriff „Amerikanische Revolution" propagiert ein völlig fiktives Gefühl von nationalem Zusammenhalt, das zum damaligen Zeitpunkt nicht vorhanden war und sich nur in latenter Form durch Historiker erkennen lässt, die sich damit beschäftigen, im Nachhinein zu würdigen, wie es kommen konnte, dass sich alles so zum Guten wendete.

Joseph J. Ellis, Sie schufen Amerika. Die Gründergeneration von John Adams bis George Washington, C. H. Beck, München 2005, S. 13 ff.*

1 Erörtern Sie M 1.
▶ Lösungshinweise finden Sie auf S. 487 f.
▶ Arbeitsschritte zur Analyse von Darstellungen finden Sie auf S. 56.

Anwenden

M1 Die Historikerin Charlotte A. Lerg über die Reaktion der britischen Regierung auf die *Boston Tea Party* (2010)

Als die Nachricht von der „Zerstörung des Tees im Hafen von Boston", wie die *Boston Tea Party* damals noch offiziell hieß, im Frühjahr 1774 London erreichte, reagierte das Parlament unverzüglich mit einer
5 Reihe von harschen Gesetzen, den sogenannten *Coercive Acts* (von „coercive" = „jemandem den Willen beugen"). Schon ihre Bezeichnung deutet darauf hin, dass sie einer direkten Bestrafung für die Unruhen in Amerika gleichkamen. Zu diesen Bestimmungen ge-
10 hörte der *Boston Port Act*, der den Hafen von Boston weitestgehend abriegelte und damit praktisch stilllegte, sowie der *Massachusetts Government Act*, der die Kolonialcharta von Massachusetts aus dem Jahr 1692 dahingehend änderte, dass den lokalen Ver-
15 sammlungen jegliche Art von Selbstregierung entzogen wurde. Besonders diese beiden Gesetze richteten sich klar gegen Boston und die Kolonie von Massachusetts. Aber bei diesen Bestimmungen blieb es nicht.
20 Es folgte der *Administration of Justice Act*. Damit wurde es möglich, eines Kapitalverbrechens oder des Verrats angeklagte Bewohner der Kolonien in London oder überall im Britischen Empire vor Gericht zu stellen. [...] Zusätzlich bedeutete diese neue Regulie-
25 rung der Gerichtsbarkeit ein gesteigertes Risiko für die Anführer des Widerstandes, die sich offen gegen die englische Regierung aussprachen und sich damit des Verrats schuldig machten. Während sie in den Kolonien mit einem milden Urteil der Geschworenen
30 rechnen konnten, weil die Grundstimmung in der Bevölkerung ebenfalls dem Mutterland gegenüber kritisch war, würde ein Londoner Gericht zweifellos anders entscheiden. Ganz abgesehen davon, bedeutete die Verlagerung der Rechtsprechung einen wei-
35 teren Machtverlust für die lokalen Regierungsversammlungen. [...]
Damit war eine beachtliche Anzahl an Bestimmungen erlassen worden, mit denen die Regierung in London ihre Macht demonstrieren, bekräftigen und
40 behaupten wollte. Letztendlich war der Effekt eher gegenteilig. Für viele Amerikaner, nicht nur in Massachusetts, waren diese Gesetze „Intolerable Acts", das letzte noch fehlende Indiz dafür, dass in Großbritannien kein ernsthaftes Interesse an Verhandlungen
45 und Versöhnung bestand.

Charlotte A. Lerg, Die Amerikanische Revolution, A. Francke Verlag, Tübingen, Basel 2010, S. 32 f.*

M2 Appell des Kontinentalkongresses an die „Mituntertanen" in Großbritannien (21. Oktober 1774)

Freunde und Mituntertanen!
[...] Sind also die Eigentümer des Bodens von Amerika nicht ebenso die Herren ihres Eigentumes wie Ihr des Eurigen; oder sollen sie es der Willkür Eures
5 Parlamentes oder irgendeines anderen Parlamentes oder Rates, dessen Mitglieder sie nicht wählten, überlassen? Kann der Zwischenraum der See, die uns trennt, Ungleichheit in den Rechten veranlassen oder kann ein Grund angegeben werden, warum englische
10 Untertanen, die dreitausend Meilen weit von dem Königlichen Palast wohnen, mindere Freiheit genießen sollten als diejenigen, die nur dreihundert Meilen davon leben?
Die Vernunft blickt mit Unwillen auf einen solchen
15 Unterschied, und freie Männer können die Rechtmäßigkeit desselben nicht einsehen. Und dennoch, wie eingebildet und ungerecht solche Unterscheidungen sind, so behauptet doch das Parlament, dass es ein Recht habe, uns in allen Fällen ohne Ausnahme zu
20 binden, wir mögen einwilligen oder nicht; dass es unser Eigentum gebrauchen könne, wenn und auf was für eine Art es wolle; dass wir Kostgänger seiner Güte in allen Dingen wären, die wir besitzen und sie nicht länger behalten könnten, als es geruhen würde, sie
25 uns zu lassen. [...]

Zit. nach: Dokumente zur Geschichte der Vereinigten Staaten von Amerika, hg. von Herbert Schambeck, Helmut Widder, Marcus Bergmann, Duncker & Humblot, 2., erw. Aufl. Berlin 2007, S. 80 f.*

1 Erläutern Sie die Strafmaßnahmen Großbritanniens gegen Massachusetts (M 1).
2 Erklären Sie, warum vor allem der *Administration of Justice Act* auf Widerstand stieß.
3 Arbeiten Sie aus M 2 die zentralen Begriffe der Argumentation heraus.
4 Begründen Sie, warum sich der Kontinentalkongress an die „Mituntertanen" in Großbritannien wendet.
5 Setzen Sie sich mit der britischen Politik gegenüber den nordamerikanischen Kolonien auseinander.

Wiederholen

M 3 „Boston Tea Party" am 16. Dezember 1773, kolorierter Stich, anonym, o. J.
Links im Bild sieht man die Flagge der East India Company, rechts die „Grand Union Flag". Beide enthalten links oben in der Ecke den britischen Union Jack.

Zentrale Begriffe
Boston Tea Party
Boykott
Committees of Correspondence
Freiheitsbaum
Kontinentalarmee
Kontinentalkongress
Loyalisten
Naturrecht
Patrioten
Sons of Liberty

1 Beschreiben Sie die zentralen Ereignisse der Jahre 1765 bis 1775.
2 Interpretieren Sie das Bild M 3 und seine Deutung der *Boston Tea Party*. Nutzen Sie bei Bedarf die Formulierungshilfen.
3 **Wahlaufgabe:** Bearbeiten Sie entweder a), b) oder c).
   a) **Zeitungsartikel:** Verfassen Sie einen Zeitungsartikel über die *Boston Tea Party* für eine Bostoner Zeitung.
   b) **Bericht:** Stellen Sie aus der Perspektive des britischen Statthalters in Boston, Thomas Hutchinson, einen Bericht an seinen Vorgesetzten in London zusammen.
   c) **Historisches Urteil:** Formulieren Sie ein Sachurteil zu den Ereignissen.
4 Charakterisieren Sie die Perspektive der Gruppe der Patrioten im Jahr 1775.
5 **Vertiefung:** Setzen Sie sich mit der Biografie und den Positionen von Patrick Henry aus Virginia auseinander. Lesen Sie dazu erneut S. 45 der Darstellung und M 15, S. 51. Recherchieren Sie im Internet. Stellen Sie Ihre Ergebnisse in Form eines Referates oder einer Präsentation in Ihrem Kurs vor.
6 Nehmen Sie Stellung zu der Frage nach dem Beginn der Amerikanischen Revolution.
Tipp: Beziehen Sie die Argumente von Volker Depkat (M 21, S. 54 f.) und Crane Brinton (M 22, S. 55 sowie Kernmodul M 2, S. 97 f.) mit ein.

Formulierungshilfen
– Das Bild zeigt folgende Szene: …
– Das Publikum reagiert …
– Die Atmosphäre ist …
– Die Farbgebung/Anordnung der Bildelemente …
– Die beiden Flaggen symbolisieren …
– Das Bild deutet die Boston Tea Party als …

1.4 Unabhängigkeitserklärung und Unabhängigkeitskrieg

M1 „The Declaration of Independence", Ölgemälde von John Trumbull, 1786–1794.
Vor dem Schreibtisch das „Fünfer-Komitee" (von links nach rechts): John Adams, Roger Sherman, Robert Livingston, Thomas Jefferson, Benjamin Franklin, die die Erklärung erarbeitet hatten. Hauptautor der Erklärung war Thomas Jefferson, die anderen vier nahmen nur Korrekturen vor. Am Tisch sitzend: John Hancock, Präsident des Kontinentalkongresses.

1775	1776	1777	1778	1781
Mai: Beginn des Zweiten Kontinentalkongresses, Gründung der Kontinentalarmee unter General George Washington	12. Juni: *Virginia Bill of Rights* Juni: *Committee of Five* erarbeitet Erklärung zur Unabhängigkeit 2. Juli: Der Kontinentalkongress entscheidet sich einstimmig für die Unabhängigkeit von Großbritannien 4. Juli: Feierliche Veröffentlichung der Unabhängigkeitserklärung 26. Dezember: Washington startet Überraschungsangriff auf hessisch-britische Truppen in Trenton	11. September: Schlacht von Brandywine Creek 26. September: Briten besetzen Philadelphia	6. Februar: Frankreich erkennt als erster Staat die USA an, Abschluss Bündnisvertrag 10. Juli: Frankreich erklärt Großbritannien den Krieg	5. September: Seeschlacht in der Chesapeake Bay 17. Oktober: Britischer Oberbefehlshaber Cornwallis ergibt sich in Yorktown

1775–1783 Unabhängigkeitskrieg

Der 4. Juli, Tag der Veröffentlichung der Unabhängigkeitserklärung, ist der Nationalfeiertag der USA – damals und heute ein Tag der Euphorie, der im ganzen Land gefeiert wird. Ein Tag, der den Kern des amerikanischen Selbstverständnisses verkörpert und die Einheit der USA betont. Die Unabhängigkeitserklärung war tatsächlich weit mehr als nur die Verkündung der rechtlichen Abtrennung von Großbritannien. Sie gilt als das wichtigste Verfassungsdokument der USA. Und sie ist revolutionär und modern, denn sie führt die zentralen naturrechtlichen und staatstheoretischen Ideen des 18. Jahrhunderts in einem für alle nordamerikanischen Kolonien gültigen Dokument zusammen. Doch sie ist nicht das erste Dokument dieser Art in Nordamerika. Am 12. Juni 1776 hatte die Kolonie von Virginia ihrer Verfassung einen Grundrechtekatalog (*Bill of Rights*) vorangestellt, an dem sich die Unabhängigkeitserklärung orientiert. Sie beginnt mit der Definition der von Gott gegebenen, für alle gleichen und unveräußerlichen Menschenrechte, darunter „Leben, Freiheit und das Streben nach Glück". Es folgen die Aufgaben einer guten Regierung und eine Liste der Verstöße durch König Georg III. Erst diese Verstöße rechtfertigen nämlich nach der modernen Staatstheorie im Anschluss an Thomas Hobbes und John Locke die Loslösung von britischer Herrschaft. Die guten Untertanen dürfen den Tyrannen stürzen. Das Dokument wurde ein Bestseller. Alle amerikanischen Kolonien erhielten Abschriften vom Kongress und verteilten diese weiter bis in die kleinste Pfarrei. Zeitungen veröffentlichten Ausschnitte. Es gab öffentliche Aushänge. Und es entstanden innerhalb kürzester Zeit deutsche und französische Übersetzungen, die auch in Europa schnell die Runde machten.

1 „Leben, Freiheit und das Streben nach Glück": Überlegen Sie, welche Grundrechte diese Formulierung umfasst.
2 Erörtern Sie die Einordnung von König Georg III. als „Tyrann".
3 Informieren Sie sich über die Künstler der Bilder M 1 und M 2. Vergleichen Sie die Bilder über die Unterzeichnung der Unabhängigkeitserklärung.

M 2 Unterzeichnung der Erklärung der Unabhängigkeit in der Unabhängigkeitshalle von Philadelphia, am 4. Juli 1776, von Daniel Chodowiecki (1726–1801), Stich, Berlin, Ende 18. Jahrhundert

1783 | Frieden von Paris: Großbritannien erkennt die USA an
1787 | US-Verfassung (ratifiziert 1788): Der Staatenbund wird zum Bundesstaat
1789 | *Bill of Rights* der Kolonie Virginia wird als Verfassungszusatz aufgenommen (ratifiziert 1791)
1789–1797 | George Washington erster Präsident der USA

1.4 Unabhängigkeitserklärung und Unabhängigkeitskrieg

> *In diesem Kapitel geht es um*
> - *den Prozess der Staatsgründung in Nordamerika,*
> - *die verschiedenen amerikanischen Verfassungsdokumente (Bill of Rights, Unabhängigkeitserklärung, 13 Artikel der Konföderation, Amerikanische Verfassung),*
> - *das Ideal, das die Verfassungsdokumente anstreben,*
> - *die Probleme und Kritikpunkte, die sich in der Realität aus den Verfassungsdokumenten ergeben,*
> - *den Unabhängigkeitskrieg.*

Der Weg zur Unabhängigkeit

M 1 „Schreiben der Unabhängigkeitserklärung", Ölgemälde von Jean L. G. Ferris (1863–1930), ca. 1921.
Am Tisch sitzen Benjamin Franklin und John Adams, die Texte von Thomas Jefferson (stehend) durchsehen und korrigieren.

▶ M 5: Bill of Rights

▶ M 7: Unabhängigkeitserklärung

▶ M 10: 13 Artikel der Konföderation

Der Gedanke der Unabhängigkeit war durch Thomas Paine und seine Schrift „*Common Sense*" Anfang des Jahres 1776 aufgebracht und verbreitet worden. Weitere britische Gesetzesmaßnahmen, die u. a. den Handel mit den Kolonien unterbanden, machten deutlich, dass Großbritannien auf eine Unterwerfung der Kolonien setzte und Verhandlungen keinen Sinn mehr machten. Den ersten Schritt unternahm die Kolonie Virginia. Bereits im Mai 1776 traf der Provinzialkongress von Virginia die Entscheidung, dass seine Delegierten auf dem Kontinentalkongress die Unabhängigkeit offiziell vorschlagen sollten. Doch nicht alle Kolonien positionierten sich so klar. Es kam zu heftigen Debatten und letztlich zu einem erneuten Kompromiss. Alle Delegierten sollten genaue Anweisungen in ihren lokalen Parlamenten einholen. Gleichzeitig forderte der Kontinentalkongress die Kolonien auf, sich Verfassungen zu geben. Und wieder war die Kolonie Virginia federführend: Am 12. Juni verabschiedeten die Delegierten eine Verfassung, die mit einer **Bill of Rights**, also einer Sammlung von Grundrechten begann. Außerdem setzte der Kontinentalkongress ein Komitee bestehend aus fünf Personen ein (John Adams, Benjamin Franklin, Thomas Jefferson, Robert Livingston, Roger Sherman), die eine Erklärung der Unabhängigkeit vorbereiten sollten. Am 2. Juli entschied sich der Kontinentalkongress einstimmig für die Unabhängigkeit von Großbritannien, der erste Schritt auf dem Weg zu einer gemeinsamen amerikanischen Identität.

Die **Unabhängigkeitserklärung**, die der Kontinentalkongress am **4. Juli 1776** unterzeichnete und verkündete, begründete die Trennung vom Mutterland mit dem Widerstandsrecht und der Naturrechtsphilosophie der europäischen Aufklärung. Darüber hinaus wurde ein völlig neues Modell der politischen und gesellschaftlichen Ordnung begründet, in dem die individuelle Freiheit an die oberste Stelle gesetzt wurde. Jeder Mensch hat die gleichen Rechte, und Zweck jeder Regierung ist es, diese Rechte und Freiheiten zu schützen. Zwischen 1776 und 1780 gaben sich die Einzelstaaten republikanische Grundordnungen. Mit den 1781 ratifizierten **„13 Artikeln der Konföderation"** wurde aus den britischen Kolonien ein lockerer Staatenbund, der die Souveränität der Einzelstaaten betonte und auf eine starke zentrale Exekutive verzichtete. Parallel zu diesen politischen Entwicklungen lief die militärische Auseinandersetzung, die diese zum Teil blockierte, zum Teil aber auch vorantrieb. Von Sieg oder Niederlage hing die Zukunft der Vereinigten Staaten ab. 1781 konnten die Amerikaner die Briten bei Yorktown zur Kapitulation zwingen. 1783 erkannte das kriegsmüde Großbritannien im Frieden von Paris die Unabhängigkeit der USA an. Doch die USA sahen sich nun vielfältigen inneren Problemen gegenüber, die vorher durch den Krieg überlagert worden waren: Die öffentlichen Finanzen waren zerrüttet, die Wirtschaft kriselte und verschiedene soziale Gruppen forderten mehr politische Teilhabe. Viele waren der Meinung, dass die Probleme nur auf nationaler Ebene und nur mithilfe von starken staatlichen Institutionen gelöst werden könnten. 1787 wurde der Konvent von Philadelphia eingesetzt und erarbeitete eine Verfassung, die aus dem lockeren Staatenbund einen föderalen Bundesstaat mit einer Zentralregierung machte. Der Ratifizierungsprozess der **Verfassung** wurde zur Zerreißprobe, den die Befürworter der Verfassung, die sogenannten Föderalisten (u.a. Alexander Hamilton, James Madison) schließlich knapp gewannen. Am Ende stimmten alle Einzelstaaten für die neue Bundesverfassung, obwohl die Bedenken, dass eine starke Zentralmacht die Freiheiten zu stark einschränken würde, immer noch weit verbreitet waren. 1789 wurde **George Washington**, als Kriegsheld und General des Unabhängigkeitskrieges praktisch über den politischen Gruppen stehend, zum ersten Präsidenten der USA gewählt.

▶ M 11: Verfassung der Vereinigten Staaten von Amerika

▶ M 12: Alexander Hamilton über die Bundesregierung

▶ M 13: James Madison über „checks and balances"

Die amerikanische Verfassung: Ideal und Wirklichkeit

Die Amerikanische Revolution war weit mehr als eine koloniale Befreiungsrevolution, sie war vor allem auch eine Verfassungsrevolution. Die monarchische Regierung wurde zunächst umgangen und dann beseitigt; revolutionäre Ausschüsse und Provinzialkongresse übten 1775/76 fast überall die Macht aus. Tatsächlich revolutionär war dann die Verfassungsgebung in den amerikanischen Einzelstaaten, bei der von Anfang an das **Prinzip der Volkssouveränität** die Grundlage bildete. Alle Gewalt ging, wie die „Virginia Bill of Rights" vom 12. Juni 1776 erklärte, vom Volk aus. Diesem Grundsatz wurde auch praktisch Rechnung getragen. Die ersten Einzelstaatenverfassungen waren noch von den normalen Parlamenten ausgearbeitet und verabschiedet worden. In Massachusetts dagegen wurde die Ausarbeitung der Verfassung einer besonderen verfassunggebenden Versammlung anvertraut. Alle männlichen Einwohner durften an sämtlichen mit der Verfassungsgebung zusammenhängenden politischen Akten teilnehmen. Der Verfassungsentwurf wurde allen Gemeinden zur Annahme vorgelegt, wobei die Zustimmung von zwei Dritteln erforderlich war. Mit der Verfassung von Massachusetts aus dem Jahre 1780 wurde die Idee vom Volk als der konstituierenden Gewalt zum ersten Mal in der Geschichte verwirklicht.

Innovativ war die Amerikanische Revolution auch darin, dass sie das **Prinzip des Bundesstaats** einführte. Gegenüber der bis dahin bekannten lockeren staatenbündischen Organisationsform, wie sie die Vereinigten Staaten zunächst mit den „Articles of Confederation" von 1781 übernahmen, wurde mit der Verfassung von 1787 eine bis dahin einzigartige Trennung der Kompetenzen zwischen Bund und Einzelstaaten vollzogen. Neu war auch die in der „Northwest Ordinance" von 1787 geschaffene Möglichkeit, hinzukommende Territorien nach einer Übergangsphase als gleichberechtigte Mitgliedsstaaten in die Union aufzunehmen.

Die Verfassung schuf ein System der **Gewaltenteilung** und **wechselseitigen Kontrolle** („checks and balances") zwischen Exekutive, Legislative und Judikative. Damit wurde dem weit verbreiteten Misstrauen gegenüber zu viel politischer Macht Rechnung getragen. Im Herbst 1789 wurde ein Grundrechtekatalog („Bill of Rights") als Zusatz in die Verfassung aufgenommen, dem als Vorlage die Virginia Bill of Rights gedient hatte. Er garantierte jedem Amerikaner Glaubens-, Rede-, Presse- und Versammlungsfreiheit sowie die Unverletzlichkeit der Person, der Wohnung und das Recht auf Verteidigung.

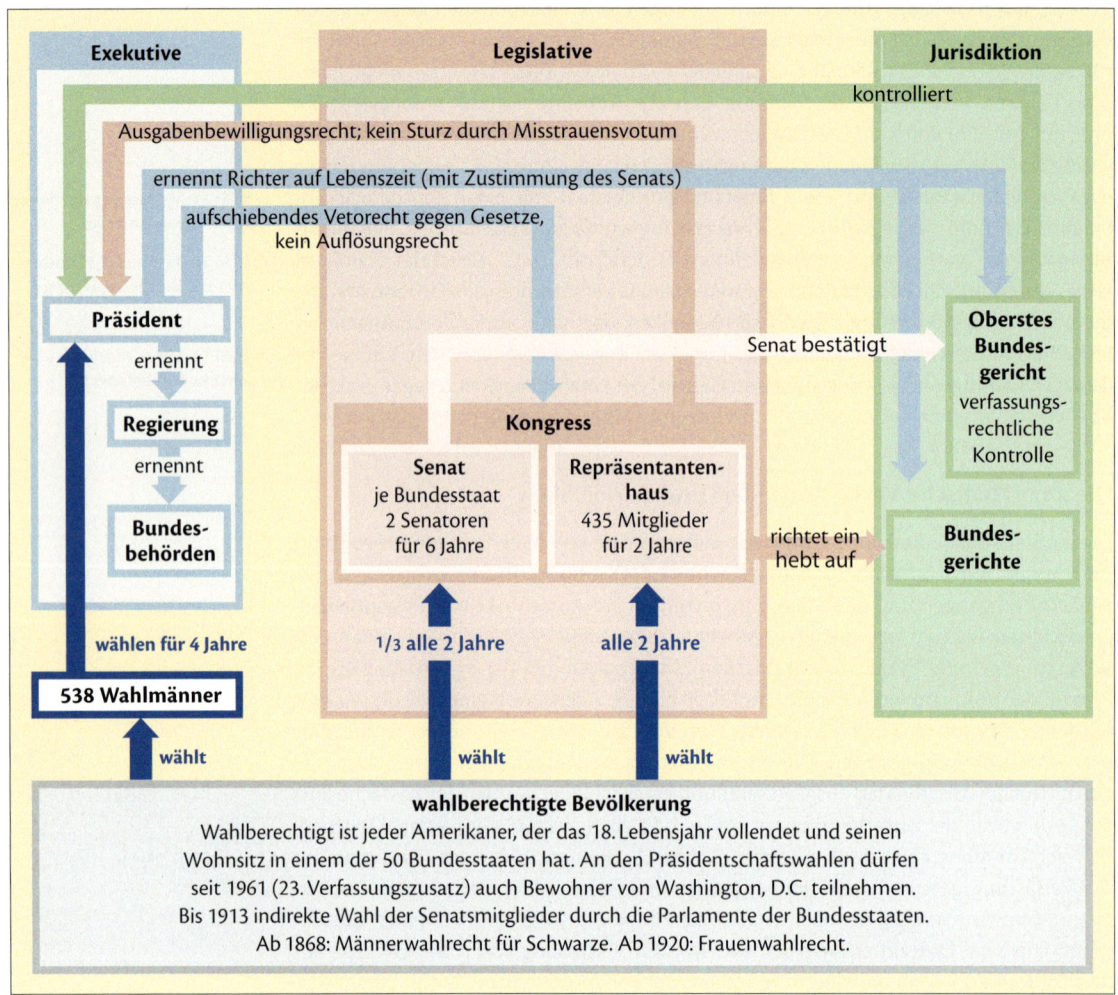

M2 Die Verfassung der USA von 1787

Die Verfassung wurde 1787 beschlossen, 1789 durch zehn Verfassungszusätze, die „Bill of Rights", ergänzt und ratifiziert. Sie ist – ergänzt durch 17 weitere Verfassungszusätze – bis heute in Kraft.

Die proklamierten **Bürger- und Menschenrechte** blieben in der Verfassung jedoch auf die freien männlichen Bürger beschränkt. Ausgeschlossen von der politischen Teilhabe waren Sklaven, die als Eigentum eines weißen Herrn keine Rechte besaßen, Frauen, die indianische Urbevölkerung und in den meisten Staaten die im Vergleich zu Europa eher kleine Gruppe von besitzlosen Männern. Dabei war in den Verfassungsversammlungen der Gemeinden und Staaten erörtert worden, ob es rechtens sei, Frauen und Sklaven von den Menschen- und Bürgerrechten auszuschließen. Die relativ frühe politische Gleichberechtigung der Frauen in einigen amerikanischen Bundesstaaten hat hier eine ihrer Wurzeln. Auch die Lage der Sklaven verbesserte sich durch die Amerikanische Revolution nicht, obwohl einige nördliche Staaten in den 1780er-Jahren Gesetze zur **Abschaffung der Sklaverei** beschlossen. In Massachusetts sowie durch Bundesgesetz im Nordwest-Territorium wurde sie sofort aufgehoben. Allerdings hatte die Sklaverei in diesen Gebieten ökonomisch kaum eine Rolle gespielt. Dagegen stieg zwischen 1790 und 1810 die Zahl der auf den Plantagen in den Südstaaten eingesetzten Sklaven von 700 000 auf 1,2 Millionen.

Der Unabhängigkeitskrieg

Der militärische Konflikt hatte schon vor dem Akt der Unabhängigkeitserklärung begonnen. Als der britische König Georg III. die Kolonialisten als Rebellen bezeichnete und weitere Truppen in die Kolonien entsandte, bereiteten die Siedler militärische Verteidigungsmaßnahmen vor. 1775 stellte der Kontinentalkongress eine Armee auf, die unter
5 der Führung von **George Washington** in einen Krieg gegen die britischen Truppen eintrat. Die „*Continental Army*" verlor allerdings die ersten Schlachten. Viele Zeitgenossen zweifelten an einem Erfolg der Amerikaner. Und nicht alle Kolonisten waren „Patrioten", es gab noch viele „Loyalisten", vor allem im Süden, die die Briten unterstützten. Die militärisch überlegenen Briten gingen ebenfalls davon aus, dass es nur eine Frage der Zeit
10 sei, bis die Kolonialisten aufgeben würden. Aber unter der Bedrohung von außen standen die Kolonien eng zusammen. Die Schlacht von Lexington, bei der 250 britische Soldaten und 90 Amerikaner starben, war ein erstes Zeichen, dass sich die Siedler gegenüber der Übermacht behaupten konnten. Die folgende Schlacht von Bunker Hill gewannen die Briten, sie verloren dabei aber mehrere tausend Soldaten und wurden
15 erheblich geschwächt. Im Lauf der Zeit gewannen die zunächst schlecht bewaffneten und ausgebildeten amerikanischen Soldaten die Oberhand über die britischen Truppen. Entscheidend für ihren Sieg war, dass sie das Hinterland der von den Briten besetzten Hafenstädte beherrschten. Hinzu kam, dass sich Frankreich und Spanien auf ihre Seite stellten und sie wirtschaftlich und militärisch unterstützten.

▶ M 17: Jürgen Heideking über den Unabhängigkeitskrieg

▶ M 18: Karte zur Entstehung der USA

M3 Die Schlacht von Princeton, Ölgemälde von John Trumbull, 1787

Mehrere Faktoren gaben schließlich den Ausschlag für den Sieg der Amerikaner:
- Die **Unterstützung der britischen Armee** durch königstreue Siedler blieb weitestgehend aus. Als Folge musste fast der komplette Nachschub an Soldaten und Material für die britischen Truppen über mehr als 3 000 Meilen herangeschifft werden.
- Ein großes Problem für die Briten war die **territoriale Ausdehnung** der Kolonien. Das mögliche Schlachtfeld erstreckte sich von Florida im Süden bis Kanada im Norden und von der Atlantikküste im Osten bis zum Mississippi im Westen.
- Es gab auch kein **Hauptziel**, etwa eine Hauptstadt, das die Briten hätten attackieren können, um den Krieg zu gewinnen. Die Kolonialisten nutzten die Weite des Landes immer wieder aus, um sich zurückzuziehen.
- Den britischen Soldaten fehlte oft die **Motivation**, gegen die britischen Kolonialisten zu kämpfen. Die britische Regierung hatte zudem Probleme, überhaupt Soldaten für diesen Krieg zu rekrutieren. Am Ende warb sie Soldaten aus verschiedenen unabhängigen deutschen Staaten an. Viele von ihnen kamen aus Hessen, die sogenannten *Hessians**.
- Damit die Briten den Krieg gewinnen konnten, mussten sie den **Widerstand** in den Kolonien niederwerfen. Die Amerikaner hingegen mussten nur lange genug kämpfen. Je mehr der Krieg die Briten kostete, desto näher rückte der Sieg der Kontinentalarmee.
- Auf amerikanischer Seite griffen auch Händler, Rechtsanwälte, Schuhmacher und Studenten zu den Waffen. Diese **Bürgerarmee** war unberechenbarer als eine professionelle Armee. Sie hatte zwar einen hohen Austausch an Soldaten, diese waren dafür aber hoch motiviert, da sie nicht für einen Monarchen, sondern für ihre Unabhängigkeit, für ihr Eigentum, ihr Land kämpften.

Die „Hessians"
Da die Landgrafschaft Hessen-Kassel unter erheblichen wirtschaftlichen Problemen litt, „vermietete" Landgraf Friedrich II. mehr als 10 000 Soldaten an Großbritannien. Dieses setzte die hessischen Söldner in Nordamerika ein.

M4 Übersicht über die Kriegshandlungen 1775–1783

1775	19. April	In Lexington und Concord verhindern amerikanische Siedler die Auflösung der Materiallager der Rebellen; Tote unter den Rebellen; Rückzug der Briten nach Boston
	10. Mai	Rebellen erobern das Fort Ticonderoga
	16./17. Juni	Rebellen belagern Boston, Schlacht von Bunker Hill; Rückzug der Rebellen
	30./31. Dez.	Schlacht von Quebec; Niederlage der Rebellen gegen Briten
1776	März	Rebellen erzwingen Rückzug der Briten aus Boston
	27. Aug.	Kampf um New York beginnt (Long Island, Brooklyn Heights); Briten siegen
	26. Dez.	General George Washington überquert den Fluss Delaware und startet einen Überraschungsangriff auf mit den Briten verbündete Hessen in Trenton bei New York; amerikanischer Sieg; Rückzug nach Pennsylvania
1777	3. Jan.	Schlacht von Princeton: Washington überquert erneut den Delaware und geht nach New Jersey; Sieg gegen Briten bei Princeton
	11. Sept.	Schlacht von Brandywine Creek; Sieg der Briten
	26. Sept.	Schlacht von Germantown, Briten nehmen Philadelphia ein
	17. Okt.	Schlacht von Saratoga (New York), britischer General Burgoyne kapituliert

1778	6. Feb.	Bündnis zwischen Amerika und Frankreich; Frankreich tritt in den Krieg ein
	28. Juni	Schlacht von Monmouth ohne eindeutigen Sieger
	29. Dez.	Briten nehmen Savannah ein
1779	9. Okt.	Amerikanische Rückeroberung von Savannah scheitert
1780	16. Aug.	Schlacht bei Camden; britischer Sieg
1781	5. Sept.	Seeschlacht in der Chesapeake Bay
	19. Okt.	Britische Armee kapituliert nach der letzten entscheidenden Schlacht in Yorktown (Virginia)
1783	3. Sept.	Unterzeichnung Frieden von Paris

Bilanz und Ausblick

Die amerikanische Verfassung sowie die als zehn Ergänzungsartikel angehängte *Bill of Rights* institutionalisierten die Ideen der Amerikanischen Revolution. Sie bauten eine komplett **neue staatliche Ordnung** auf, die den Anfang der politischen Moderne einläutete und als Vorbild für andere diente: Volkssouveränität, Gewaltenteilung, Men-
5 schen- und Bürgerrechte sowie das Konstrukt des föderalen Bundesstaates bilden bis heute die Säulen der Vereinigten Staaten von Amerika. Zu einem sozialen und ökonomischen Umbruch kam es jedoch nicht. Die Sklaverei beispielsweise wurde beibehalten, um den Zusammenhalt der Union nicht zu gefährden. Die alten nordamerikanischen Eliten, Rechtsanwälte, Plantagenbesitzer oder Kaufleute, füllten im Wesentlichen auch
10 die neuen Schlüsselpositionen aus. Nur viele englandtreue Loyalisten verließen das Land.
Die innere Gründung der USA erwies sich als schwierig. Es wurde gerungen um die Kompetenzen des Präsidenten, um bestimmte Bundessteuern, um die Haltung gegenüber dem revolutionären Frankreich. Politische Parteien, Vorläufer der heutigen Repub-
15 likaner und Demokraten, bildeten sich schrittweise heraus und stritten in den Folgejahren vehement um die Auslegung der Verfassung und die Gestaltung der Union. Die Reihe der ersten Präsidenten spiegelt die Vielfalt der politischen Positionen wider: 1. George Washington (neutral), 2. John Adams (Föderalist), 3. Thomas Jefferson (Demokratisch-Republikanische Partei). Trotz der zahlreichen Konflikte der Anfangsjahre
20 hebt die geschichtswissenschaftliche Forschung hervor, dass mit dem Ende des Unabhängigkeitskrieges und der Verabschiedung der Verfassung der Anfangspunkt für die Entstehung einer amerikanischen Nation gesetzt ist, selbst wenn die Zeitgenossen das noch nicht so empfunden haben. Darüber hinaus haben wichtige Bestandteile des amerikanischen Selbstverständnisses ihre Wurzeln in der Amerikanischen Revolution: freie
25 und individuelle Lebensgestaltung, Gesellschaft rechtlich freier und gleicher Staatsbürger, Leistungsbereitschaft.

Amerikanische Revolution
cornelsen.de/Webcodes
Code: micuva

1 Gliedern Sie den Verlauf der Ereignisse von 1776 bis 1787, indem Sie sie begründet in Phasen einteilen.
2 Erläutern Sie auf Basis des Schaubildes M 2 das politische System der USA.
3 Nehmen Sie Stellung zur Einordnung der Amerikanischen Revolution als Verfassungsrevolution.
Tipp: Lesen Sie erneut Kapitel 1.1, S. 14 f.

Hinweise zur Arbeit mit den Materialien

Die Materialien teilen sich auf in drei Themenblöcke. Zunächst soll das **Ideal der amerikanischen Verfassung**, d. h. die niedergeschriebenen und von der Mehrheit der Delegierten verabschiedeten ideellen und institutionellen Festlegungen auf Basis der zentralen Dokumente, Bill of Rights (M 5), Unabhängigkeitserklärung (M 7), 13 Artikel der Konföderation (M 10) sowie der Verfassung (M 11) und einiger Bildmaterialien erschlossen werden.

Die **Realität der amerikanischen Verfassung** ist insofern vielschichtig, als sie ständigen historischen Veränderungen unterlag. Zunächst sollen mithilfe einiger Quellen die zeitgenössischen Debatten im Vorfeld der Verabschiedung der Verfassung sowie in den ersten Jahren der Republik beleuchtet werden. Zentrale Streitpunkte waren hier die Rechte der Zentralregierung (M 12) sowie der Themenkomplex Gewaltenteilung und System des **checks and balances** (M 13). Fachwissenschaftliche Sekundärtexte (M 14, M 15) bieten verschiedene Ansätze für die Analyse und Einordnung der Bedeutung der amerikanischen Verfassung und Staatsgründung.

In einem abschließenden Materialblock wird der **Unabhängigkeitskrieg** beleuchtet, der eng mit den politischen Entscheidungen zu Unabhängigkeit und Staatsgründung verzahnt ist und wesentlich zum nationalen Gründungsmythos der USA beigetragen hat. Ein Bildmaterial (M 16), eine fachwissenschaftliche Deutung (M 17) sowie eine Karte (M 18) zeigen verschiedene Perspektiven des Themenbereichs auf.

Zur Vernetzung mit dem Kernmodul

Es bestehen Anschlussmöglichkeiten zu Hannah Arendt (M 6, S. 100 f.). Die Aspekte Freiheit als zentrales Anliegen von Revolutionen und ihre dauerhafte politische Verankerung lassen sich in den Verfassungsdokumenten untersuchen. Crane Brinton (M 2, S. 97 f.) stellt Verlaufsformen der Hochphase von Revolutionen zur Verfügung. Und schließlich können Aspekte von Modernisierung auf politischer und gesellschaftlicher Ebene infolge der neuen Verfassung mithilfe von Weber und Wehler (M 7, M 8, S. 101 ff.) analysiert werden.

Bill of Rights, Unabhängigkeitserklärung und Amerikanische Verfassung – Ideal

M 5 Aus den *Bill of Rights* der Kolonie Virginia (12. Juni 1776)

Im Mai 1776 forderte der Zweite Kontinentalkongress die trennungswilligen Kolonien auf, sich eigene Verfassungen zu geben. Virginia stellte seiner Konstitution eine „Bill of Rights" voran; die Kerninhalte fanden 1791 als Zusatzartikel Eingang in die US-Verfassung:

I. Dass alle Menschen von Natur aus gleich frei und unabhängig sind und bestimmte angeborene Rechte besitzen, die sie ihrer Nachkommenschaft durch keinen Vertrag rauben oder entziehen können, wenn sie eine staatliche Verbindung eingehen, nämlich das Recht auf den Genuss des Lebens und der Freiheit, auf die Mittel zum Erwerb und Besitz von Eigentum, das Streben nach Glück und Sicherheit und das Erlangen beider.

II. Dass alle Gewalt im Volke ruht und folglich von ihm abgeleitet ist, dass die Behörden seine Bevollmächtigten und Diener sind und ihm zu aller Zeit verantwortlich.

III. Dass eine Regierung eingesetzt ist oder eingesetzt sein sollte zum allgemeinen Wohle, zum Schutz und zur Sicherheit des Volkes, der Nation oder der Gemeinde; dass von all den verschiedenen Regierungsformen diejenige die beste ist, die fähig ist, den höchsten Grad von Glück und Sicherheit hervorzurufen, und die am wirksamsten gegen die Gefahr schlechter Verwaltung gesichert ist; und dass die Mehrheit einer Staatsgemeinde ein unzweifelhaftes, unveräußerliches und unverletzliches Recht hat, eine Regierung zu reformieren, zu verändern oder abzuschaffen, wenn sie diesen Zwecken unangemessen oder entgegengesetzt befunden wird, und zwar in einer Weise, die für das Allgemeinwohl am dienlichsten scheint. […]

V. Dass die gesetzgebenden und vollziehenden Gewalten eines Staates getrennt und von der richterlichen unterschieden werden sollen. […]

VI. Dass die Wahlen der Mitglieder, die als Vertreter des Volkes in der Versammlung dienen sollen, frei sein sollten und dass alle Menschen, die genügend ihr dauerndes Interesse an der Allgemeinheit und ihre Bindung an die Staatsgemeinde nachweisen können, das Recht zur Wahl haben, dass ihnen ihr Eigentum nicht zu öffentlichen Zwecken besteuert oder genommen werden kann ohne ihre eigene Einwilligung oder die der so gewählten Volksvertreter; dass sie ferner durch kein Gesetz gebunden werden können, dem sie nicht in gleicher Weise im Interesse der Allgemeinheit zugestimmt haben. […]

VIII. Dass bei allen hochnotpeinlichen oder peinlichen Prozessen jedermann das Recht hat, nach Ursache und Natur seiner Anklage zu fragen, seinen Anklägern und deren Zeugen gegenübergestellt zu werden, Zeugen zu seinen Gunsten herbeizurufen und eine sofortige Untersuchung durch einen unparteiischen Gerichtshof aus zwölf Leuten seiner Nachbarschaft zu verlangen, ohne deren einmütige Zustimmung er nicht schuldig befunden werden kann. [...]

IX. Dass keine übermäßige Bürgschaft verlangt werden, keine übermäßigen Geldbußen und auch keine grausamen oder ungewöhnlichen Strafen auferlegt werden sollten. [...]

XII. Dass die Pressefreiheit eins der stärksten Bollwerke der Freiheit ist und nur durch despotische Regierungen beschränkt werden kann.

XIII. Dass eine wohlgeordnete Miliz, die aus dem Volke gebildet und im Waffendienst geübt ist, die natürliche und sichere Verteidigung eines freien Staates ist; dass man stehende Heere in Friedenszeiten, als für die Freiheit gefährlich, vermeiden sollte; und dass auf alle Fälle die militärische Gewalt in strenger Unterordnung unter der zivilen stehen und von dieser geleitet werden sollte. [...]

XVI. Dass die Religion oder die Ehrfurcht, die wir unserem Schöpfer schulden, und die Art, wie wir uns dieser Pflicht entledigen, nur durch unsere Vernunft und Überzeugung bestimmt werden kann, nicht durch Machtspruch oder Gewalt; und dass daher alle Menschen zur freien Religionsausübung gleicherweise berechtigt sind, entsprechend der Stimme ihres Gewissens, und dass es die gegenseitige Pflicht aller ist, christliche Milde, Liebe und Barmherzigkeit aneinander zu üben.

Zit. nach: Wolfgang Lautemann (Bearb.), Geschichte in Quellen, Bd. 4, München (bsv) 1981, S. 107–109.*

1 Analysieren Sie die grundlegenden Aussagen der *Virginia Bill of Rights* von 1776.
2 Vergleichen Sie das Dokument mit der Erklärung der Menschen- und Bürgerrechte in Frankreich, Kap. 1.7, M 14, S. 115 f.
Tipp: siehe S. 476.
3 **Vertiefung:** Hannah Arendt stellt als Charakteristikum von Revolutionen fest, dass sie beanspruchen, die „Sache der Menschheit" zu vertreten. Überprüfen Sie diese These auf der Basis von M 5.
▶ M 6, S. 100 f.
4 **Zusatzaufgabe:** siehe S. 476.

M 6 Verkündung der Unabhängigkeitserklärung am 4. Juli 1776, Stich, aus dem Buch „The Life of George Washington", 1865–1869

1 Beschreiben Sie die auf dem Bild dargestellte Stimmung.

M 7 Die Unabhängigkeitserklärung der USA nach einem Entwurf von Thomas Jefferson (4. Juli 1776)

Folgende Wahrheiten erachten wir als selbstverständlich: Dass alle Menschen gleich geschaffen sind; dass sie von ihrem Schöpfer mit gewissen unveräußerlichen Rechten ausgestattet sind; dass dazu Leben, Freiheit und das Streben nach Glück gehören; dass zur Sicherung dieser Rechte Regierungen unter den Menschen eingerichtet werden, die ihre rechtmäßige Macht aus der Zustimmung der Regierten herleiten; dass, wenn irgendeine Regierungsform sich für diese Zwecke als schädlich erweist, es das Recht des Volkes ist, sie zu ändern oder abzuschaffen und eine neue Regierung einzusetzen und sie auf solchen Grundsätzen aufzubauen und ihre Gewalten in der Form zu organisieren, wie es zur Gewährleistung ihrer Sicherheit und ihres Glücks geboten zu sein scheint. Gewiss gebietet die Vorsicht, dass seit langem bestehende Regierungen nicht um unbedeutender und flüchtiger Ursachen willen geändert werden sollten, und demgemäß hat noch jede Erfahrung gezeigt, dass die Menschen eher geneigt sind zu dulden, solange die Übel noch erträglich sind, als sich unter Abschaffung der Formen, die sie gewöhnt sind, Recht zu verschaffen. Aber wenn eine lange Reihe von Missbräuchen und Übergriffen, die stets das gleiche Ziel

verfolgen, die Absicht erkennen lässt, sie absolutem Despotismus zu unterwerfen, so ist es ihr Recht, ist es ihre Pflicht, eine solche Regierung zu beseitigen und sich um neue Bürgen für ihre zukünftige Sicherheit umzutun. Solchermaßen ist das geduldige Aus-
30 harren dieser Kolonien gewesen und solchermaßen ist jetzt die Notwendigkeit, welche sie treibt, ihre früheren Regierungssysteme zu ändern. Die Geschichte des gegenwärtigen Königs von Großbritannien ist die Geschichte wiederholten Unrechts und wiederholter
35 Übergriffe, die alle auf die Errichtung einer absoluten Tyrannei über die Staaten zielen. [...]
In jenem Stadium dieser Bedrückungen haben wir in den untertänigsten Ausdrücken um Abhilfe ersucht; unser wiederholtes Ersuchen ist lediglich durch wie-
40 derholtes Unrecht beantwortet worden. Ein Fürst, dessen Charakter durch jede Handlung in solcher Weise gekennzeichnet ist, kann als ein Tyrann bezeichnet werden, der als Herrscher über ein freies Volk ungeeignet ist. Auch haben wir es nicht unter-
45 lassen, unserer britischen Brüder hinlänglich eingedenk zu sein. Wir haben sie von Zeit zu Zeit von den Versuchen ihrer gesetzgeberischen Gewalt in Kenntnis gesetzt, eine gesetzwidrige Rechtsprechung über uns zu errichten. Wir haben sie an die näheren Um-
50 stände unserer Auswanderung und unserer Siedlung hier erinnert. [...] Wir müssen uns daher mit der Notwendigkeit abfinden, welche unsere Trennung gebietet, und sie, wie die übrige Menschheit, für Feinde im Krieg, für Freunde im Frieden halten.
55 Daher tun wir, die Vertreter der Vereinigten Staaten von Amerika, versammelt in einem allgemeinen Kongress, an den Obersten Richter der Welt betreffs der Rechtlichkeit unserer Absichten appellierend, im Namen und kraft der Autorität des rechtlichen Volkes
60 dieser Kolonien feierlich kund und erklären, dass diese Vereinigten Kolonien freie und unabhängige Staaten sind und es von Rechts wegen sein sollen; dass sie von jeglicher Treuepflicht gegen die britische Krone entbunden sind und dass jegliche politische Verbindung
65 dung zwischen ihnen und dem Staate Großbritannien vollständig gelöst ist und sein soll und dass sie als freie und unabhängige Staaten Vollmacht haben, Kriege zu führen, Frieden zu schließen, Bündnisse einzugehen, Handel zu treiben und alle anderen Akte
70 und Dinge zu tun, welche unabhängige Staaten von Rechts wegen tun können. Und zur Stütze dieser Erklärung verpfänden wir alle untereinander in festem Vertrauen auf den Schutz der göttlichen Vorsehung unser Leben, unser Gut und unsere heilige Ehre.

Zit. nach: Adolf Rock, Dokumente der amerikanischen Demokratie, 2. Aufl., Limes, Wiesbaden 1953, S. 102 ff.*

M 8 Durch den Kongress entfernte Passage aus dem Entwurf Jeffersons

Er [Georg III.] hat einen grausamen Krieg gegen die menschliche Natur selbst geführt, indem er die heiligsten Rechte des Lebens und der Freiheit in den Angehörigen eines fernen Volkes verletzt hat, das ihn nie beleidigt hat, indem er sie gefangen nahm und als Sklaven in eine andere Hemisphäre verschleppte oder sie auf ihrem Transport dorthin einem elenden Tode preisgab. Diese seeräuberische Kriegsführung, die Schmach heidnischer Völker, ist die Kriegsführung des Christlichen Königs von Großbritannien, der entschlossen ist, seinen Markt einzurichten, wo Menschen gekauft und verkauft werden sollen. Er hat sein Einspruchsrecht preisgegeben durch Unterdrückung jedes gesetzgeberischen Versuchs, solchen schändlichen Handel zu verhindern oder einzuschränken. Und damit diese Häufung von Scheußlichkeiten eines Zuges ungewöhnlicher Färbung nicht entbehre, treibt er jetzt die gleichen Menschen an, mitten unter uns die Waffen zu erheben, um sich jene Freiheit zu erkaufen, deren er sie beraubte, indem sie die morden, denen er sie auch aufgedrängt hatte: So bezahlt er für frühere Verbrechen gegen die Freiheit eines Volkes mit Verbrechen, die er dieses gegen das Leben eines anderen begehen ließ.

Zit. nach: Wolfgang Lautemann (Bearb.), Geschichte in Quellen, Bd. 4, bsv, München 1981, S. 92.

1 Analysieren Sie die wichtigsten Argumente, mit denen die amerikanischen Kolonien ihre Trennung vom englischen Mutterland begründen (M 7).
2 Erläutern Sie das Staatswesen, das die Verfasser der Erklärung anstrebten (M 7).
3 Charakterisieren Sie Jeffersons Einschätzung von König Georg III. (M 8).

M 9 Amerikanische Banknote von 1776

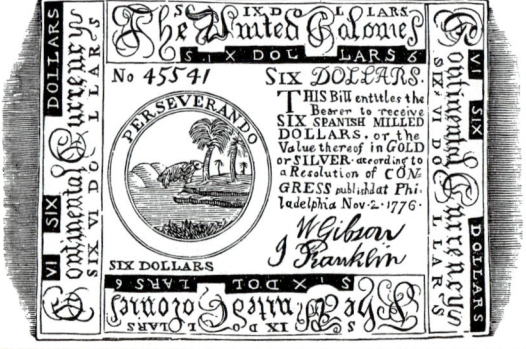

1 Arbeiten Sie die Bedeutung einer eigenen gemeinsamen Währung für die Kolonien heraus.

M 10 Aus den 13 Artikeln der Konföderation (15. November 1777)

Art. 1: Der Titel dieser Conföderation soll seyn: Die Vereinigten Staaten von Amerika.

Art. 2: Jeder Staat behält seine Souveränität, Freiheit und Unabhängigkeit und jegliche Gewalt, Gerichtsbarkeit und Recht, welches nicht durch dieses Bündnis ausdrücklich den Vereinigten Staaten im versammelten Congress[1] übertragen wird.

Art. 3: Die benannten Staaten treten hierdurch miteinander in einen festen Freundschaftsbund, für gemeinsame Verteidigung, Sicherheit ihrer Freiheiten und wechselseitige wie allgemeine Wohlfahrt, sie verbinden sich, einer dem anderen beizustehen gegen allen und jeden sich zeigenden Zwang oder auf sie gemachte Angriffe, in Bezug auf die Religion, Souveränität, den Handel oder unter was für einem Vorwand sie geschehen. [...]

Zit. nach: Dokumente zur Geschichte der Vereinigten Staaten von Amerika, hg. von Herbert Schambeck, Helmut Widder, Marcus Bergmann, Duncker & Humblot, 2., erw. Aufl. Berlin 2007, S. 140 ff.

1 *der Congress:* Gemeint ist ein neu einzusetzender Konföderationskongress.

1 Beschreiben Sie die Inhalte der ersten drei Artikel.
2 Erklären Sie die konkrete Nennung von Angriffen auf Religion, Souveränität und Handel (Z. 14 f.).
Tipp: siehe S. 476.

M 11 Verfassung der Vereinigten Staaten von Amerika (1787)

Präambel

Wir, das Volk der Vereinigten Staaten, von der Absicht geleitet, unseren Bund zu vervollkommnen, die Gerechtigkeit zu verwirklichen, die Ruhe im Innern zu sichern, für die Landesverteidigung zu sorgen, das allgemeine Wohl zu fördern und das Glück der Freiheit uns selbst und unseren Nachkommen zu bewahren, setzen und begründen diese Verfassung für die Vereinigten Staaten von Amerika.

Artikel I

Abschnitt 1. Alle in dieser Verfassung verliehene gesetzgebende Gewalt ruht im Kongress der Vereinigten Staaten, der aus einem Senat und einem Repräsentantenhaus besteht. [...]

Abschnitt 2. Das Repräsentantenhaus besteht aus Abgeordneten, die alle zwei Jahre in den Einzelstaaten vom Volke gewählt werden. [...]

Abschnitt 3. Der Senat der Vereinigten Staaten besteht aus je zwei Senatoren von jedem Einzelstaat, die von dessen gesetzgebender Körperschaft auf sechs Jahre gewählt werden.[1]

Abschnitt 7. Alle Gesetzesvorlagen zur Aufbringung von Haushaltsmitteln gehen vom Repräsentantenhaus aus; der Senat kann jedoch wie bei anderen Gesetzesvorlagen Abänderungs- und Ergänzungsvorschläge einbringen. [...]

Jede Anordnung, Entschließung oder Abstimmung, für die Übereinstimmung von Senat und Repräsentantenhaus erforderlich ist [...], muss dem Präsidenten der Vereinigten Staaten vorgelegt und, ehe sie wirksam wird, von ihm gebilligt werden; falls er ihre Billigung ablehnt, muss sie von Senat und Repräsentantenhaus mit Zweidrittelmehrheit nach Maßgabe der für Gesetzesvorlagen vorgeschriebenen Regeln und Fristen neuerlich verabschiedet werden.

Abschnitt 8. Der Kongress hat das Recht:

Steuern, Zölle und Abgaben und Akzisen[2] aufzuerlegen und einzuziehen, um für die Erfüllung der Zahlungsverpflichtungen, für die Landesverteidigung und das allgemeine Wohl der Vereinigten Staaten zu sorgen: alle Zölle, Abgaben und Akzisen sind aber für das gesamte Gebiet der Vereinigten Staaten einheitlich festzusetzen;

auf Rechnung der Vereinigten Staaten Kredit aufzunehmen;

den Handel mit fremden Ländern, zwischen den Einzelstaaten und mit den Indianerstämmen zu regeln; [...]

Münzen zu prägen, ihren Wert und den fremder Währungen zu bestimmen und Maße und Gewichte zu normen; [...]

Postämter und Poststraßen einzurichten; [...]

dem Obersten Bundesgericht nachgeordnete Gerichte zu bilden; [...]

Artikel II

Abschnitt 1. Die vollziehende Gewalt liegt bei dem Präsidenten der Vereinigten Staaten von Amerika. [...]

Abschnitt 3. Er hat von Zeit zu Zeit dem Kongress über die Lage der Union Bericht zu erstatten und Maßnahmen zur Beratung zu empfehlen, die er für notwendig und nützlich erachtet. Er kann bei außerordentlichen Anlässen beide oder eines der Häuser einberufen [...]. Er hat Sorge zu tragen, dass die Gesetze gewissenhaft vollzogen werden, und er erteilt allen Beamten der Vereinigten Staaten die Ernennungsurkunden. [...]

Zit. nach: Dokumente zur Geschichte der Vereinigten Staaten von Amerika, hg. von Herbert Schambeck, Helmut Widder, Marcus Bergmann, Duncker & Humblot, 2., erw. Aufl. Berlin 2007, S. 169 ff.*

1 Durch den XVII. Zusatzartikel 1913 geändert, seitdem Wahl der Senatoren durch die Bevölkerung.
2 *die Akzise:* eine indirekte Verbrauchssteuer

1 Charakterisieren Sie auf der Basis von M 11 die Stellung von Kongress und Präsident in der amerikanischen Verfassung.
2 **Vertiefung:** Setzen Sie sich mit den föderalen Strukturen der amerikanischen Verfassung auseinander.
Tipp: siehe das Schaubild M 2, S. 66, sowie die Arbeitsschritte zur Interpretation von Verfassungsschaubildern, S. 78 f.
3 **Präsentation:** Erläutern Sie in einer Präsentation das Ideal der Verfassung.
4 **Zusatzaufgabe:** siehe S. 476.

Amerikanische Verfassung – Debatten und Realität

M 12 Alexander Hamilton (1755–1804), der maßgeblichen Einfluss auf den Verfassungsentwurf ausübte, über die Macht der Bundesregierung (1787)

Verzichten wir auf alle Pläne für eine Bundesregierung, so würde uns das zu einer einfachen offensiven und defensiven Allianz führen und uns in eine Lage bringen, in der wir uns abwechselnd als Freunde oder
5 Feinde gegenüberständen, je nachdem, was uns unsere gegenseitige Rivalität – von den Intrigen fremder Mächte geschürt – gerade vorschriebe. [...]
Wenn [...] die Maßnahmen der Föderation nicht ohne Mitwirkung der Regierungen der Einzelstaaten
10 durchgeführt werden können, besteht wenig Aussicht, dass sie überhaupt durchgeführt werden. Die leitenden Männer der verschiedenen Mitgliedstaaten werden, ob sie dazu ein verfassungsmäßiges Recht haben oder nicht, selbst über die Richtigkeit der
15 Maßnahmen zu entscheiden trachten. Sie werden Erwägungen anstellen, ob die Beschlüsse oder Erlässe ihrem Interesse oder ihren unmittelbaren Zielen entsprechen und ob deren Annahme ihnen im Augenblick gelegen oder ungelegen erscheint. All das wird
20 getan werden, und zwar im Geiste einer eigennützigen und argwöhnischen Prüfung und ohne jene Kenntnis der gesamtnationalen Umstände und Gründe, die für ein richtiges Urteil nötig sind. [...]
In unserem Falle, also unter der Föderation, bedarf es
25 zur völligen Durchführung jeder wichtigen Maßnahme, die von der Föderation ausgeht, der Übereinstimmung des souveränen Willens von dreizehn Staaten. Es ist geschehen, was vorzusehen war: Die Maßnahmen der Union sind nicht durchgeführt worden; die
30 Pflichtverletzungen der Staaten haben Schritt für Schritt ein solches Ausmaß erreicht, dass schließlich alle Räder der nationalen Regierung zu einem be-
trüblichen Stillstand gekommen sind. Der Kongress besitzt derzeit kaum die Möglichkeit, die Formen der Verwaltung so lange aufrechtzuerhalten, bis die Staa- 35 ten Zeit haben werden, sich über einen leistungsfähigen Ersatz für den gegenwärtigen Schatten der Bundesregierung zu einigen.

Zit. nach: Herbert Schambeck u. a. (Hg.), Dokumente zur Geschichte der Vereinigten Staaten von Amerika, Duncker & Humblot, Berlin 1993, S. 20.*

1 Analysieren Sie die aktuellen Probleme im Verhältnis der Einzelstaaten und der Union.
2 Erörtern Sie den Lösungsvorschlag von Alexander Hamilton.

M 13 James Madison (1751–1836) über das Prinzip der „checks and balances" (1788)

Zu den Haupteinwänden, welche die achtenswerten Gegner der Verfassung vorbringen, gehört die ihr angelastete Verletzung jenes politischen Grundsatzes, der besagt, dass die gesetzgebende, die vollziehende und richterliche Gewalt deutlich voneinander ge- 5 trennt sein müssen. Es wird behauptet, dass diese für die Freiheit wesentliche Vorsichtsmaßregel beim Aufbau der Zentralregierung nicht berücksichtigt worden sei. Die verschiedenen Machtbefugnisse seien in einer Weise verteilt und miteinander vermischt, 10 die nicht nur jede Symmetrie und Schönheit der Form zerstöre, sondern auch die Gefahr heraufbeschwöre, dass wichtige Teile des Gebäudes unter dem Übergewicht anderer Teile zusammenbrechen können. [...] Schon bei oberflächlicher Betrachtung 15 der britischen Verfassung werden wir bemerken, dass gesetzgebende, vollziehende und richterliche Gewalt keineswegs gänzlich voneinander getrennt und unterschieden sind. Der Träger der vollziehenden Gewalt bildet einen integrierenden Bestandteil 20 der gesetzgebenden Autorität. Er allein hat das Recht, mit fremden Souveränen Verträge abzuschließen, die nach ihrem Abschluss mit gewissen Einschränkungen Gesetzeskraft erlangen. Alle Mitglieder des richterlichen Zweiges der Regierung werden 25 von ihm ernannt, können auf Antrag der beiden Häuser des Parlaments von ihm abgesetzt werden und bilden, wenn es ihm beliebt, sie zu konsultieren, ein ihm verfassungsmäßig zustehendes Ratskollegium. Ein Zweig der gesetzgebenden Körperschaft stellt 30 aufgrund der Verfassung ein zweites, größeres Ratskollegium für den Träger der vollziehenden Gewalt dar. Der gleiche Zweig ist jedoch andrerseits in Fällen von Hochverrat der einzige Träger der richterlichen Gewalt, während er in allen übrigen Fällen die höchs- 35 te Berufungsinstanz darstellt. Die Richter sind wieder so eng mit der gesetzgebenden Körperschaft verbunden, dass sie häufig an deren Beratungen teilnehmen, wenn ihnen auch keine gesetzgebende Stimme zusteht.

Aus diesen Tatsachen, von denen Montesquieu ausging, kann mit voller Klarheit Folgendes geschlossen werden: Wenn Montesquieu sagt, „es kann keine Freiheit geben, wo gesetzgebende und vollziehende Gewalt in ein und derselben Person oder in ein und derselben Körperschaft vereinigt sind oder wo die richterliche Gewalt von der gesetzgebenden und von der vollziehenden Gewalt getrennt ist", so meint er damit keineswegs, dass die drei Zweige der Regierung untereinander auf ihre spezifische Tätigkeit nicht ein gewisses Maß von Einfluss ausüben oder einander nicht wechselseitig kontrollieren sollten.

Zit. nach: Alexander Hamilton u. a., Der Föderalist. Artikel 47, hg. von Felix Ermacora, Manzsche Verlagsbuchhandlung, Wien 1958, S. 277 ff.*

1 Erläutern Sie das Verhältnis von Gewaltenteilung und „checks and balances" nach James Madison.
2 Vergleichen Sie mit dem deutschen Grundgesetz.
3 Vertiefung: Informieren Sie sich in der Fachliteratur und im Internet über die „Federalist Papers". Arbeiten Sie die Kernthesen der Föderalisten heraus.
Tipp: deutsche Übersetzung: A. Hamilton, J. Madison, J. Jay, Die Federalist Papers. Vollständige Ausgabe, hg. und übersetzt von Barbara Zehnpfennig, C. H. Beck, München 2007.

M 14 **Der Historiker Hans-Ulrich Wehler über die Amerikanische Revolution als „Verfassungsrevolution" (1987)**

In der Tat ist die Amerikanische Revolution ihrer universalhistorischen Wirkung und Bedeutung nach hauptsächlich eine Verfassungsrevolution gewesen. Im Vergleich mit dieser politischen Quintessenz machten die sozialen Veränderungen nur eine untergeordnete Komponente aus. Das entscheidende Resultat bildete die Gründung eines großen Flächenstaats in der Form einer föderativ organisierten Republik, welche auf die neuartige Legitimationsbasis der Volkssouveränität gestellt wurde, die öffentliche Ordnung in einer schriftlichen Verfassung regelte, gewählte Volksvertretungen einführte und außer der strikten Gewaltenteilung ein ungeahntes Maß von liberalen Freiheits- und demokratischen Gleichheitsrechten verwirklichte. Die einzelstaatlichen Verfassungen, bald auch die Unionsverfassung, garantierten unveräußerliche Menschen- und Bürgerrechte; das Recht auf Widerstand gegen ein rechtsverletzendes Regime, die Eigentumsrechte und zahlreiche naturrechtlich fundierte Zielvorstellungen der Aufklärung wurden gesetzlich verankert, darüber hinaus wurden sie feste Bestandteile jenes *American Creed*, der das neue Gemeinwesen als Integrationsideologie überwölbte.

Hans-Ulrich Wehler, Deutsche Gesellschaftsgeschichte, Bd. 1, C. H. Beck, München 1987, S. 347.

1 Ordnen Sie die von Wehler genannten politischen Neuerungen ein, indem Sie sie anhand der verschiedenen Verfassungsdokumente belegen.

M 15 **Der Historiker Udo Sautter über die Verfassungsrealität in Bezug auf Sklaverei und Religion (1998)**

Die Halbheit der amerikanischen Revolution äußerte sich besonders deutlich in der Beibehaltung der Sklaverei als Institution. Die volltönende Eingangspassage der Unabhängigkeitserklärung war mit Blick auf die imperiale Verfassungsfrage geschrieben worden. Zu einer Verwirklichung des ihr zugrunde liegenden naturrechtlichen Konzepts innerhalb der amerikanischen Gesellschaft selbst konnte man sich nicht entschließen. Die Unangemessenheit dieses Verhaltens wurde von nicht wenigen Zeitgenossen schmerzlich empfunden. Einige nördliche Staaten gingen auch mit gutem Beispiel voran. In Pennsylvania, Connecticut, Rhode Island, New York und New Jersey verabschiedete man in den 1780er-Jahren Gesetze, die auf ein allmähliches Auslaufen der Sklaverei abzielten. Aber nur in Massachusetts und, durch Bundesgesetz, im Nordwest-Territorium schaffte man die Einrichtung sofort ab. Hier konnte man es sich wirtschaftlich leisten, hatte die Sklaverei doch nie eine bedeutende Rolle gespielt. In allen Staaten von Maryland an südwärts hielt man am Hergebrachten fest. […]

Die Beziehungen zum Schöpfer selbst behielten vielfach ebenfalls unterschiedlichen Wert. Zwar wurde die bevorzugte Stellung der anglikanischen Kirche in den südlichen Staaten durch die Revolution erschüttert oder sogar ganz aufgegeben, aber meist bedeutete dies nur die Erweiterung der Zahl der bevorrechtigten Konfessionen. Virginias *Statute for Religious Freedom* (1786), von Jefferson konzipiert, blieb vorerst noch ein einsames Manifest sonst nicht angewandter Aufklärung. Wo die Kirche nicht direkt mit dem verhassten britischen Regime hatte identifiziert werden müssen, war man wesentlich weniger emanzipatorisch gesinnt. Der Pluralismus der Konfessionen schuf in den Mittelstaaten die im Ganzen tolerantere Atmosphäre, obwohl zum Beispiel auch ein so liberaler Staat wie Pennsylvania noch das passive Wahlrecht zur Volksvertretung auf Protestanten beschränkte. Im puritanischen Neuengland hingegen war man so unduldsam wie je und sicherte durch erzwungene Kirchensteuern und ähnliche Mittel die Sonderstellung des Establishments. [...]

Wenn von einer weiter gehenden revolutionsbedingten Veränderung der amerikanischen Verhältnisse die Rede sein soll, so ist eher auf die durch die politische Umwälzung eröffneten Möglichkeiten zu verweisen als auf vollendete Entwicklungen.

Udo Sautter, Geschichte der Vereinigten Staaten von Amerika, 6. Aufl., Kröner, Stuttgart 1998, S. 93 f.*

1 Fassen Sie die Aussagen des Autors zusammen.
2 Vergleichen Sie die Aussagen mit M 14.
3 Erörtern Sie auf der Basis von M 12 bis M 15, ob die Amerikanische Revolution die Modernisierung voranbrachte.
Tipp: siehe S. 476 f.

Unabhängigkeitskrieg 1775 bis 1783

M 16 General George Washington in Valley Forge, Winterquartier 1777/78, Ölgemälde von Tompkins Harrison Matteson, 1854

1 Erläutern Sie die Kernaussage des Bildes.

M 17 Der Historiker Jürgen Heideking über den Amerikanischen Unabhängigkeitskrieg (2003)
Während die amerikanischen, französischen und britischen Armeen den Kampf nach den klassischen Regeln von Bewegung, Belagerung und Feldschlacht führten, versanken weite Teile des Landes im Bürgerkrieg oder erlebten zumindest bürgerkriegsähnliche Zustände. Briten und Patrioten kämpften nicht nur gegeneinander, sondern stets auch um die Gunst und Kontrolle der lokalen Bevölkerung. Damit nahm die Auseinandersetzung, insbesondere in der dünn besiedelten und schwer zugänglichen *back country* des

Südens, den Charakter eines Volks- und Guerillakrieges an, den die Patrioten entschlossener und mit mehr Geduld und Beharrungsvermögen zu führen verstanden. Die britische Strategie, von städtischen Zentren oder festen Plätzen aus die umliegenden Landstriche zu „pazifizieren", bewirkte oft das genaue Gegenteil. Sie trieb viele Unentschiedene und Neutrale in die Arme der patriotischen Milizen und „Sicherheitskomitees", die überall dort vordrangen, wo die Briten ihre militärische Präsenz nicht im erforderlichen Maße aufrechterhalten konnten. Der wichtigste Beitrag dieser für den konventionellen Kampf weniger geeigneten Verbände bestand in der Politisierung des Krieges: Sie bestraften die „Verräter", enteigneten loyalistischen Besitz, zogen die Schwankenden auf ihre Seite und vermittelten den Anhängern das Gefühl, für eine gerechte Sache zu kämpfen. Je länger der Krieg dauerte, desto weniger konnten die Briten die ihnen treu ergebenen Amerikaner schützen, und desto mehr ging ihr Einfluss auf die öffentliche Meinung verloren. Die Ausweitung der kolonialen Revolte zu einer breiten, aggressiven Volksbewegung kündigte bereits vor Yorktown die englische Niederlage an und ließ nach 1781 weitere militärische Anstrengungen vollends aussichtslos erscheinen. [...] In vieler Hinsicht nahmen die Briten also bittere Erfahrungen vorweg, die Kolonialmächte im Kampf gegen nationale Befreiungsbewegungen später immer wieder sammeln sollten.

Jürgen Heideking, Geschichte der USA, UTB, 3. Auflage, Tübingen 2003, S. 55 f.*

1 Beschreiben Sie die verschiedenen Formen des Krieges.
2 Erklären Sie die Einordnung des Unabhängigkeitskrieges als „nationale Befreiungsbewegung".
3 **Gruppenarbeit:** Setzen Sie sich auf der Basis von Kap. 1.3 und 1.4 mit dem Thema Revolution und Gewalt auseinander. Erstellen Sie dazu in Gruppenarbeit Placemats (siehe S. 505).

M 18 Entstehung der USA 1763–1795

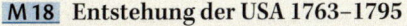

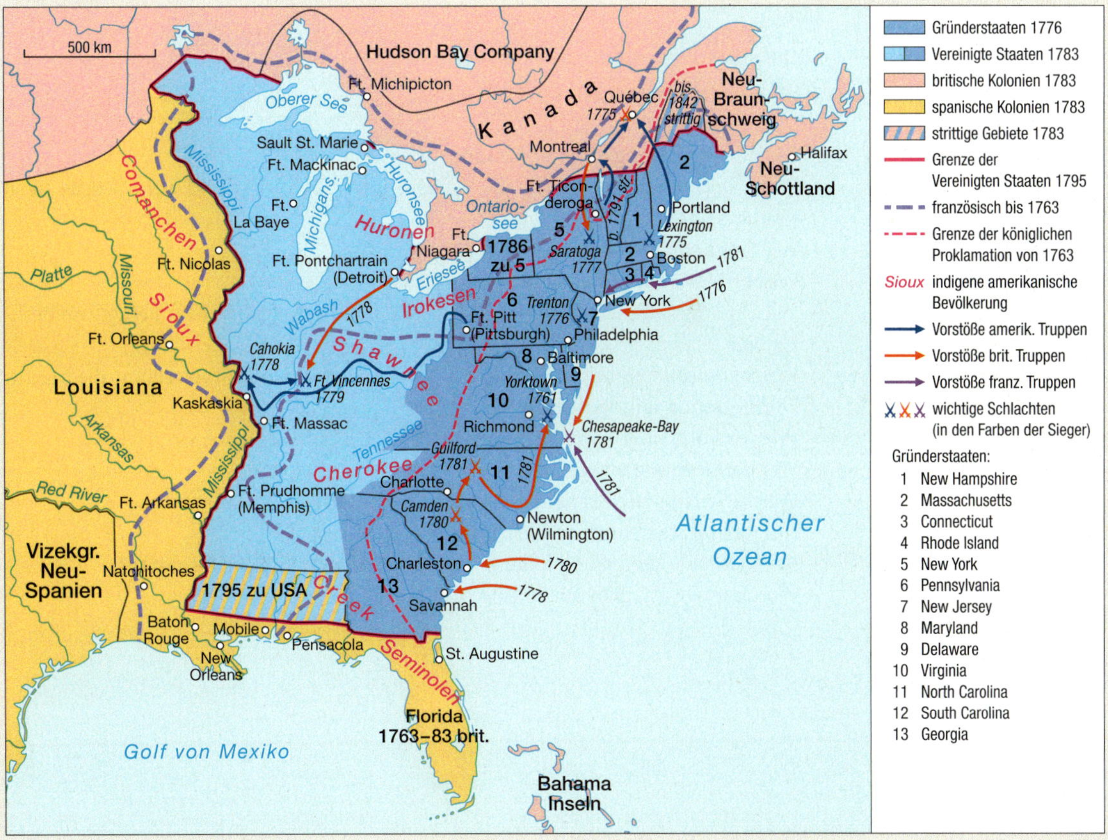

1 Analysieren Sie auf Basis der Karte den Entstehungsprozess der USA.
2 **Zusatzaufgabe:** siehe S. 477.

Methode

Verfassungsschaubilder interpretieren

Eine Verfassung bestimmt den gesetzlichen Rahmen eines Staates, indem sie die Staatsform, den organisatorischen Aufbau, die Aufgaben und die Beziehungen der einzelnen Institutionen sowie die Rechte der Bevölkerung festlegt. Verfassungsschaubilder bieten dabei eine Möglichkeit, die häufig umfangreichen und komplizierten Gesetzestexte grafisch und für den „Leser" damit vereinfacht und übersichtlich darzustellen. Die folgenden Arbeitsschritte fördern die Fähigkeit, Verfassungsschaubilder angemessen zu analysieren und zu interpretieren. Als Vorläufer moderner Verfassungen gelten die Analysen bestehender Staats- und Regierungsformen in der griechischen Antike, wie sie z. B. Aristoteles formulierte. Die moderne Verfassungsentwicklung begann in Europa im 17. Jahrhundert mit der in England verabschiedeten *Bill of Rights*. Erstmals wurden die Rechte des Einzelnen gegenüber dem Staat sowie die Gewaltenteilung festgeschrieben.

Die am 16. April 1871 vom Reichstag verabschiedete Verfassung des Deutschen Reiches glich inhaltlich weitgehend der Verfassung des Norddeutschen Bunds von 1867 und resultierte aus den Verträgen, die der Bund unter Führung Preußens infolge der militärischen Erfolge im Deutsch-Französischen Krieg von 1870 mit dem Großherzogtum Baden und Hessen sowie dem Königreich Bayern und Württemberg zur Vorbereitung auf die Reichsgründung geschlossen hatte. Die Verfassung, die am 4. Mai 1871 in Kraft trat, existierte faktisch bis zum 9. November 1918 (Abdankung des Kaisers) und wurde formalrechtlich erst durch die Weimarer Reichsverfassung vom 14. August 1919 aufgehoben.

Arbeitsschritte zur Interpretation

1. Historische Einordnung	– Für welchen Staat gilt die Verfassung?
	– Wann und durch wen wurde die Verfassung verabschiedet und wann wurde sie in Kraft gesetzt?
	– Wie lange war die Verfassung gültig?
2. Verfassungsorgane	– Welche Verfassungsorgane sind dargestellt?
	– Wie sind die Organe zusammengesetzt und welche Aufgaben bzw. Befugnisse besitzen sie?
3. Machtverteilung	– Welche Auskunft gibt das Schaubild über die staatliche Machtverteilung, die Machtkonzentration und -beschränkung?
	– Wie wird die Gewaltenteilung umgesetzt?
4. Rechte des Volkes	– Wer darf wen wie oft wählen?
	– Welche Rechte werden der Bevölkerung garantiert?
5. Struktur des Staates	– Um welche Staatsform handelt es sich?
	– Beinhaltet die Verfassung föderative oder/und zentralistische Elemente?
6. Kritik	– Worüber gibt das Schaubild keine Auskunft?

Übungsaufgabe

M1 Die Verfassung des Deutschen Reiches von 1871

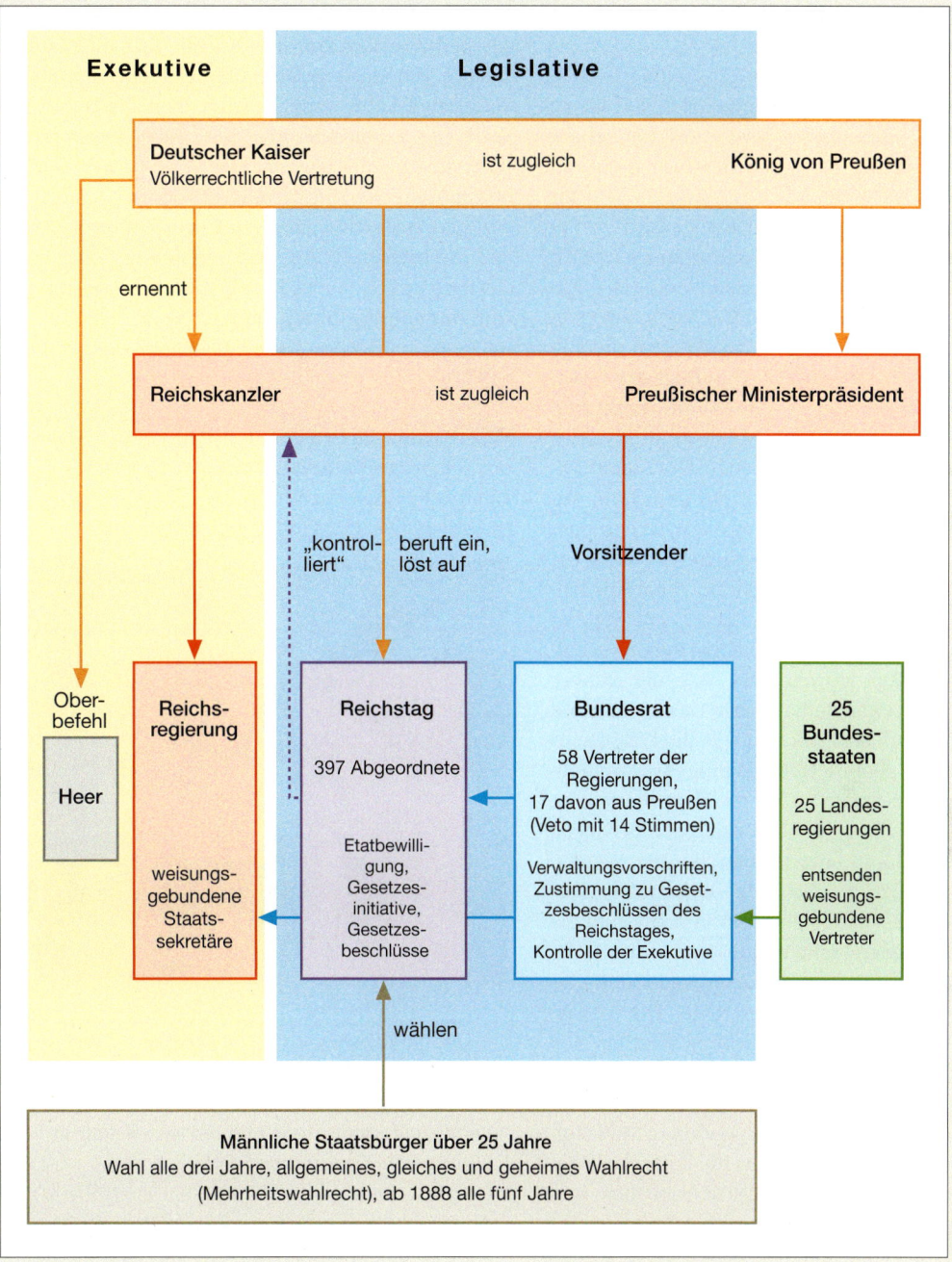

3 Interpretieren Sie das Verfassungsschaubild M 1 mithilfe der Arbeitsschritte.
▶ Lösungshinweise finden Sie auf S. 488 f.

Anwenden

M1 Der Historiker Volker Depkat über die Verfassung von 1787 (2016)

Die von der Verfassung von 1787 konstituierte Ordnung war etwas Noch-nie-Dagewesenes. Sie ist zu Recht als „Revolution in der Revolution" bezeichnet worden, wobei das Revolutionäre der Verfassung von
5 1787 vor allem darin zu sehen ist, dass die von ihr konstituierte Ordnung einer flächenstaatlichen Republik, die föderal organisiert war und in allen ihren Teilen auf dem Prinzip der Volkssouveränität gründete, ein historisches Novum war. Die Verfassung von
10 1787 stellte sowohl die Legislative als auch die von ihr getrennte Exekutive auf die Grundlage der Volkssouveränität. Die Verfassung selbst wurde direkt vom Volk gebilligt, das somit sowohl Souverän als auch Autor einer auf einem schriftlichen Dokument ru-
15 henden Verfassungsordnung war, der es sich im Anschluss selbst unterwarf. Unerhört war ferner, dass die Verfassung eine flächenstaatliche Republik begründete, die von Beginn an sogar noch auf Ausdehnung nach Westen angelegt war, denn neue Staaten
20 sollten gemäß Artikel IV, Abschnitt 3 in die Union aufgenommen werden dürfen. Das war ein kühner Bruch mit allem, was damals über Geschichte und Theorie von Republiken bekannt war. Bis 1787 war es nämlich weithin geteilte Überzeugung, dass republi-
25 kanisch verfasste Staaten allein in überschaubaren, flächenmäßig kleinen Gemeinwesen wie beispielsweise in den Städten oder kleinen Staaten wie den Niederlanden oder der Schweiz zu bestehen vermochten. Immer wenn Republiken in den Raum ex-
30 pandierten, schienen Freiheit und Demokratie an ihr Ende zu gelangen; sie lösten sich entweder auf oder entwickelten sich in eine Monarchie. Die Verfassungsväter kannten diese Ansichten, setzten sich dennoch über sie hinweg.
35 Zwei Aspekte der Verfassung sollten sich für die weitere Geschichte der USA als in besonderem Maße folgenreich erweisen. Da ist erstens die Tatsache, dass das Problem der Sklaverei ungelöst geblieben war. Zweitens sollte es sich als historisch folgenreich er-
40 weisen, dass der Text der Verfassung einige Dinge sehr ausführlich und eindeutig regelt, während er andere Punkte vage hält. Die Verfassung bestimmt die Organe, die Strukturen und die Verfahren des politischen Prozesses sowie Qualifikationen für die zen-
45 tralen politischen Ämter. Unbestimmt blieben jedoch der politische Charakter des Präsidentenamtes und sein Ort im politischen Prozess, die konkreten Zuständigkeiten der Bundesregierung im politischen Tagesgeschäft sowie die spezifische Ausgestaltung des Verhältnisses von Bundesregierung und Einzel-
50 staaten. Die Klärung dieser offenen Fragen hatten die Verfassungsväter ganz bewusst dem die durch die Verfassung angestoßenen und regulierten politischen Prozess überlassen. Deshalb entfaltete sich Politik in den USA seit dem ausgehenden 18. Jahrhun-
55 dert als eine fortlaufende, kontroverse Interpretation und Re-Interpretation des Verfassungstextes, und das barg [...] ein hohes Konfliktpotenzial, das bis hin zum Bürgerkrieg führen konnte.

Volker Depkat, Geschichte der USA, Kohlhammer, Stuttgart 2016, S. 79.*

M2 Banner im Präsidenten-Wahlkampf, 1800.
Das Banner wirbt für den Präsidentschaftskandidaten Thomas Jefferson mit den Worten: „Thomas Jefferson – President of the U.S.A., John Adams – no more"

1 Fassen Sie zusammen, welche Aspekte der Verfassung von 1787 der Autor als „Revolutionär" kennzeichnet.
2 Erläutern Sie die Kernpunkte der Dokumente, die der Verfassung vorangingen, und ordnen Sie diese in Bezug auf Ihre politischen Folgen ein.
3 Erstmals wurde in den USA 1789 ein Staatsoberhaupt, der Präsident, vom Volk gewählt. Analysieren Sie seine Kompetenzen. Arbeiten Sie die Folgen für das politische System heraus.
4 Nehmen Sie Stellung zur Rolle eines „politischen" Präsidenten in einer Demokratie.

Wiederholen

M3 „*Constitution Cut*", amerikanischer Druck, spätes 18. Jahrhundert

Zentrale Begriffe
13 Artikel der Konföderation
Anti-Föderalisten
Bundesstaat
checks and balances
Föderalisten
Gewaltenteilung
Kontinentalarmee
Milizen
Parteien
Präsident
Staatenbund
Unabhängigkeitserklärung
Union
Verfassung
Volkssouveränität

1 **Schaubild:** Stellen Sie die revolutionären Elemente der *Virginia Bill of Rights* und der Unabhängigkeitserklärung in einem Schaubild dar und illustrieren Sie inhaltliche Bezüge durch Pfeile.
2 Erklären Sie das System des *„checks and balances"* der amerikanischen Verfassung.
3 **Pro-und-Kontra-Diskussion:** Führen Sie eine Diskussion zwischen Föderalisten und Anti-Föderalisten durch. Stimmen Sie nach Abschluss der Diskussion in Ihrem Kurs ab. Welche Gruppe bekommt die Mehrheit?
4 Interpretieren Sie das Bildmaterial M 3.
5 **Wahlaufgabe:** Bearbeiten Sie entweder a) oder b).
Der 3. Präsident der USA Thomas Jefferson hat gesagt: „Schlechte Kandidaten werden von Bürgern gewählt, die nicht zur Wahl gehen." Erörtern Sie dieses Zitat, indem Sie
  a) einen Essay verfassen,
  b) ein Sachurteil erstellen.
6 Erläutern Sie die Rolle des Unabhängigkeitskrieges im Rahmen der Amerikanischen Revolution.
7 **Vertiefung:** Vergleichen Sie Ihre Ergebnisse aus Aufgabe 6 mit den Revolutionskriegen in Frankreich und dem Bürgerkrieg in Russland.

Formulierungshilfen
– Der Druck ist ... entstanden.
– Im Vordergrund sind ... dargestellt.
– Die einzelnen Personen repräsentieren ...
– Gestik und Farbgestaltung unterstreichen ...
– Als wichtiges Symbol im Zentrum fungiert ...
– Im Hintergrund sind ... dargestellt.
– Der englische und der lateinische Text bedeuten übersetzt ...
– Das Bild deutet die Verfassung als ...

1.5 Die Rezeption der Gründungsphase

M1 „Americans will always fight for liberty", Plakat, USA, 1943.
Im Dezember 1941 traten die USA in den Zweiten Weltkrieg ein, indem sie zunächst Japan, dann Deutschland und Italien den Krieg erklärten. Auf dem Plakat von 1943 heißt es: „Die Amerikaner werden immer für die Freiheit kämpfen."

1789	Erstes Buch über die Amerikanische Revolution von David Ramsay
1804–1807	Fünfbändige Biografie von John Marshall über George Washington
1805	Mercy Otis Warren veröffentlicht das Buch „History of the American Revolution"
1858	Mount Vernon Ladies Association macht aus Washingtons Haus eine Gedenkstätte
1861	Gedicht von Henry Wadsworth Longfellow „Paul Revere's Ride"

Die Rezeption der Gründungsphase 1.5

„Amerika wurde zum Angriffsziel, weil wir in der Welt die strahlendste Fackel der Freiheit und der Selbstverwirklichung sind. Und niemand wird den Glanz dieses Lichtes auslöschen." Das sagte der 43. Präsident der USA, George W. Bush, in einer Fernsehansprache nach den Anschlägen vom 11. September 2001 und schwor die Bevölkerung so auf die „Verteidigung einer großen Nation" und ihrer Werte ein. Mit den Begriffen „Freiheit" und „Selbstverwirklichung" nahm er direkt Bezug auf die „selbstverständlichen Wahrheiten", die der Unabhängigkeitserklärung vom 4. Juli 1776 vorangestellt sind: *„Life, Liberty and the Pursuit of Happiness"*.

Immer wieder beschworen Präsidenten der USA die besondere Stärke, den Gemeinsinn, den Freiheitswillen und die „eiserne Entschlossenheit" ihrer Nation. Die Wurzeln für diesen wichtigen Bestandteil der amerikanischen Selbstwahrnehmung verortete man in der Zeit der Amerikanischen Revolution und den Gründungsjahren der Vereinigten Staaten von Amerika. Später kamen die Ideen vom *„Manifest Destiny"*, von der Auserwähltheit der Amerikaner zu expandieren, hinzu. Schon zu Beginn des 19. Jahrhunderts wurden Steuerstreit und Unabhängigkeitskrieg als Kampf um Freiheit und Selbstbestimmung gedeutet. Interne erbitterte Kämpfe um die Kompetenzen der zentralen Bundesinstitutionen, Aufstände und Proteste der Bevölkerung in den ersten Jahren der Republik wurden verdrängt. Stattdessen hob man die Gründung einer neuen Nation mit einem modernen demokratischen Staatswesen als Vorbild für alle anderen Staaten hervor. In besonderer Weise wurden die „Gründerväter" wie Washington, Jefferson und Hamilton zum Inbegriff dieser politischen Werte und darüber hinaus zu moralischen und persönlichen Vorbildern, die alle folgenden Politiker in den Schatten stellten. Die Mythen um Freiheitsliebe, Entschlossenheit und moralische Integrität der Revolutionäre sind bis heute wirksam und werden von den Massenmedien wie Filmen und TV-Serien, aber auch von Museen und Gedenkstätten immer wieder reaktiviert.

M2 „Erzwingt den Frieden", Entwurf von René Graetz (1908–1974), Plakat, DDR, nach 1949

1 Beschreiben Sie weitere historische Ereignisse und Entwicklungen (Erster Weltkrieg, Zweiter Weltkrieg, Irakkrieg), bei denen die Amerikaner auf „Freiheit" und „Demokratie" als Motive für ihr Eingreifen bei internationalen Konflikten verwiesen. Arbeiten Sie Unterschiede und Gemeinsamkeiten heraus.
2 Vergleichen Sie die Plakate aus den USA und der DDR.
Tipp: Erstellen Sie ein Vergleichsraster, siehe S. 477.

1941 | Das Denkmal *Mount Rushmore* mit vier in den Fels geschlagenen Präsidentenköpfen wird fertiggestellt

1948–1956 | Einrichtung des *National Historical Parc Pennylvania* in Philadelphia
1951 | Der *Boston Freedom Trail* wird eröffnet

1985 | Der Film „*The Revolution*" erscheint

2000 | Der Film „*The Patriot*" erscheint

1.5 Die Rezeption der Gründungsphase

> *In diesem Kapitel geht es um*
> - *die Rezeption der „American Revolution" in der Geschichtsschreibung, in der Literatur und in Museen,*
> - *den Mythos der „Gründerväter" und seine Analyse,*
> - *den Beitrag von Historiengemälden zur Rezeption der Gründungsphase,*
> - *den Film „Der Patriot" aus dem Jahr 2000 und seine Deutungen der Revolution.*

Rezeption und Geschichte

M1 Grabstein für die Opfer des Boston-Massaker, Old Granary Burying Ground Boston, Fotografie, 2010.

Auf dem Grabstein wird auch an den zwölfjährigen Jungen Christopher Snider erinnert, der als „unschuldiges erstes Opfer im Kampf zwischen den Kolonisten und der Krone, der zur Unabhängigkeit führte", am 22. Februar 1770 starb. Aufgestellt wurde der Grabstein vom Ortsverband Boston 1906.

▶ **M 4:** Joseph J. Ellis über die frühe Historiografie

Mythos
Geschichte oder Ähnliches von der Entstehung eines Volkes oder der Welt, die Personen, Ereignisse etc. überhöht und glorifiziert

Der Vorgang der „Rezeption", also der **Aufnahme bzw. Wahrnehmung**, ist ein wichtiger Aspekt von Geschichte insgesamt. Da historische Ereignisse und Zusammenhänge im Rückblick immer gedeutet werden, also aus einer individuellen, zeit- und ortsgebundenen Sicht wahrgenommen und dargestellt werden, unterliegen im Prinzip alle historischen Quellen der Rezeption. Das gilt für sogenannte Überrest-Quellen, die nicht mit einer Überlieferungsabsicht verfasst wurden, natürlich weniger als für Traditions-Quellen, die für bestimmte Adressaten und mit einer bestimmten Absicht erstellt wurden. Rezeption meint aber im engeren Sinne die **bewusste wissenschaftliche, museale oder künstlerische Verarbeitung von historischen Ereignissen, Personen und Entwicklungen**. Wichtige Bereiche der Rezeption bilden: die Geschichtsschreibung bzw. Geschichtswissenschaft, Museen, Denkmäler oder die Gestaltung von Originalschauplätzen, die Literatur, die darstellende Kunst, insbesondere Historiengemälde und historische Porträts, sowie die moderne Populärkultur, zum Beispiel in Form von Kinofilmen oder Fernsehserien. Hinzu kommen nationale Traditionen wie Nationalfeiertage und der schulische Geschichtsunterricht, die ebenfalls zur Deutung und Verankerung von bestimmten Ereignissen im Bewusstsein der Menschen beitragen. Und Rezeption hat selbst eine Geschichte, **Rezeptionsgeschichte**, denn die Wahrnehmung und Deutung verändert sich mit der Zeit, ist also ebenfalls zeit- und ortsgebunden.

„American Revolution"

Schon kurz nach der Revolution erschienen die ersten Geschichtswerke und bemühten sich um eine Interpretation der Ereignisse. Dabei kamen sie zu unterschiedlichen Ergebnissen, die zum Teil auf den anhaltenden Streit zwischen den Föderalisten und den Anti-Föderalisten bzw. Demokratischen Republikanern zurückzuführen sind. Die Amerikanische Revolution wurde einerseits als **Kampf um die individuelle Freiheit**, als erster Schritt zur Umsetzung liberaler Fortschritts- und Freiheitsideen interpretiert. Dies beinhaltete die Abgrenzung gegenüber dem traditionellen frühneuzeitlichen Europa sowie die Überordnung von Freiheit über staatliche Ordnung. In dieser Geschichte avancierte Thomas Jefferson, der 3. Präsident und Anti-Föderalist, zum Helden. Andererseits wurde die Amerikanische Revolution als **Gründung einer Nation mit einem stabilen modernen Staat** und Gemeinwesen gedeutet. Die Bundesverfassung mit der Schaffung einer starken Zentralmacht wird damit zum Höhepunkt der Revolution und George Washington, John Adams sowie Alexander Hamilton zu den eigentlichen Revolutionären. Beide Rezeptionslinien zogen sich auch durch das 19. Jahrhundert und erhielten zum Teil mythologische* Dimensionen. Einig war man sich vor allem in den USA in Bezug auf den Vorbildcharakter der neuen Republik und die besondere Mission der amerikanischen Nation für die Freiheit, die im Wesentlichen auf die Gründungsjahre zwischen 1776 und 1787 zurückgeführt wurden. Bis heute bildet die „Unabhängigkeit" bzw. die „Amerikanische Revolution" einen zentralen Bezugspunkt amerikanischer Identität.

Die **museale Aufbereitung** der Revolutionsjahre begann erst Mitte des 19. Jahrhunderts, als die *„Mount Vernon Ladies Association"* das frühere Anwesen von George Washington erwarb und in eine Gedenkstätte verwandelte. Erst Mitte des 20. Jahrhunderts folgten der *Boston Freedom Trail* (1951) und der *Independence National Historic Park* in Philadelphia, die sich mit zentralen Ereignissen der Revolution an den Originalschauplätzen auseinandersetzen. Die **literarische Rezeption** in Form von Anekdotensammlungen und Gedichten erlebte ihren Höhepunkt im 19. Jahrhundert.

▶ M 6: Bild „The Freedom Trail"

▶ M 7: Gedicht zu Paul Reveres Ritt

M 2 Mount Rushmore, Fotografie, 2004.
Das Mount Rushmore Memorial wurde 1941 fertiggestellt. Es besteht aus vier in die Felsen des Berges hineingearbeiteten Porträts der wichtigsten Präsidenten der USA: George Washington, Thomas Jefferson, Theodore Roosevelt und Abraham Lincoln. Vor dem Fels finden sich Tafeln mit Ausschnitten aus den wichtigsten Reden der Dargestellten.

„Gründerväter"

Stärker als die eigentlichen Revolutionsereignisse standen die wichtigsten Persönlichkeiten der Gründungsphase im Vordergrund der Rezeption. Als *„Founding Fathers"* (Gründerväter) werden die Unterzeichner von Unabhängigkeitserklärung und Verfassung sowie weitere führende Persönlichkeiten der Revolution bezeichnet. Ihnen werden besondere Fähigkeiten wie Stärke, Integrität und Weitsicht zugeschrieben. Aus diesem Kreis von über hundert Personen stechen einige besonders heraus. An erster Stelle steht der General der Kontinentalarmee und 1. Präsident der USA **George Washington**. Hinzu kommen **John Adams**, **Benjamin Franklin** und **Thomas Jefferson** als Verfasser der Unabhängigkeitserklärung sowie **Alexander Hamilton**, **James Madison** und **John Jay** als Autoren der *„Federalist Papers"* und Unterstützer der Verfassung. Die fast Heiligen ähnliche Verehrung der *„Fathers"*, wie sie zunächst nur genannt wurden, beginnt in den 1830er-Jahren nach dem Tod der Gründergeneration und hält bis heute an. Praktisch in jeder größeren amerikanischen Stadt gibt es vor öffentlichen Gebäuden

1.5 Die Rezeption der Gründungsphase

M3 Statue von Alexander Hamilton (1755/57–1804) vor dem Finanzministerium in Washington, Fotografie, 2009

▶ M 11: Michael Hochgeschwender über Geschichte und Populärkultur

▶ M 11 bis M 13: Der Film „Der Patriot"

Museale Rezeption

cornelsen.de/Webcodes
Code: tikiwu

oder an zentralen Plätzen Statuen der Gründer, nur Abraham Lincoln, Präsident der Bürgerkriegszeit, kann da mithalten. Die Grundlagen wurden jedoch schon in den ersten Jahren der Republik gelegt. Alle „Gründerväter" hinterließen zahlreiche Schriften, Briefe und Reden, in denen sie nicht nur ihre Ideen, sondern auch sich selbst schon im Bewusstsein ihrer historischen Bedeutung präsentierten. Hinzu kamen die zeitgenössischen Porträts von John Trumbull, Charles W. Peale und Gilbert Stuart, die Washington, Jefferson und die anderen als würdevolle und aufrechte Persönlichkeiten darstellten. Gerade auch weil die Revolution in Amerika nicht zu gewaltsamen Kämpfen zwischen den einzelnen Protagonisten führte, sondern der Streit letztlich mithilfe der Verfassung institutionalisiert und durch die Gründung von Parteien kanalisiert wurde, fand auch keine Diskreditierung der Hauptakteure statt. Washington, Jefferson und Hamilton konnten so ungebrochen als Helden des Unabhängigkeitsprozesses und als Urheber des neuen Staatswesens erinnert werden.

Populärkultur

Heute erfolgt die Rezeption von Geschichte nur noch zum Teil über Denkmäler, Museen, Gemälde oder Biografien. Einflussreicher ist die Populärkultur, allen voran Spielfilme und TV-Serien, die als Massenmedien für eine breite Rezeption sorgen. Vor allem in den USA spielen sie eine wichtige Rolle bei der Aktivierung von Geschichtsbildern und der Bestätigung der ideologischen Selbstsicht, sogar bei der Aufarbeitung bestimmter Traumata. Im Vergleich zu anderen historischen Themen wie dem Vietnamkrieg oder dem Bürgerkrieg diente die Amerikanische Revolution oft nur als Folie für klassische Westernfilme (*Drums along the Mohawk*, 1939; *The Last of the Mohicans*, 1992), in denen der Kampf gegen die indigene Bevölkerung und das harte Leben der Siedler im Vordergrund standen. Der erste Film, der sich direkt und kritisch mit der Revolution auseinandersetzte, erschien im Jahr 1985 unter dem Titel „Revolution" mit Al Pacino in der Hauptrolle, wurde aber kaum beachtet. Im Jahr 2000 veröffentlichte der deutsche Regisseur Roland Emmerich sein Werk „Der Patriot" mit Mel Gibson in der Hauptrolle als Familienvater, der vom Kriegsverweigerer über den Rache suchenden Milizführer und Einzelkämpfer zu einem führenden Teil der Kontinentalarmee wird. An der Kinokasse war der Film ein Erfolg, doch alle Kritiker waren sich einig, dass der Film eine einseitige und historisch irreführende Sicht präsentiert. Er bediente dabei viele Klischees und Mythen, u. a. ein konservatives Familienideal, das aktive Einstehen von jungen Männern für ihre Ideale oder die Legitimation von persönlicher Rache. Der Historiker Michael Hochgeschwender bilanziert in seiner Analyse der Amerikanischen Revolution in der modernen Populärkultur: „An Mythen kratzt man als Filmregisseur nicht ungestraft". Und gerade in Bezug auf die Amerikanische Revolution und seine „Gründerväter" sind mythische Verklärungen ein wichtiger Bestandteil der Rezeption.

---

1 Erläutern Sie die beiden Hauptlinien der frühen historiografischen Rezeption. Vergleichen Sie mit aktuellen wissenschaftlichen Analysen (Kapitel 1.1, M 6 und M 7).
2 Analysieren Sie auf der Basis von Internetseiten (siehe Webcode) die Darstellung von Geschichte in Museen und „Historical Parcs" in den USA.
3 **Arbeitsteilige Gruppenarbeit/Lernplakat:** Recherchieren Sie zu den sieben wichtigsten Gründervätern (Washington, John Adams, Franklin, Jefferson, Hamilton, Madison, Jay) biografische Informationen, Bilder, Schriften und Denkmäler. Fassen Sie die Informationen in einem Lernplakat zusammen.
4 **Filmpräsentation:** Wählen Sie einen Film oder eine Serie aus, die ein Ereignis der US-amerikanischen Geschichte behandelt. Stellen Sie die Produktion im Plenum vor und gehen Sie besonders auf die Frage ein, welchen Beitrag zur Rezeption dieses Ereignisses die Serie/der Film leistet.
Tipp: siehe S. 477.

Hinweis zur Arbeit mit den Materialien
Die folgenden Materialien widmen sich den drei thematischen Schwerpunkten des Lehrplans. Am Anfang finden sich wissenschaftliche Texte zur **Rezeption der „American Revolution"** *in der Geschichtsschreibung (M 4) sowie im nationalen Gedächtnis der USA (M 5). Ergänzt werden diese durch Materialien zur musealen und literarischen Aufbereitung bestimmter Erinnerungsorte der Revolution, hier das Beispiel des Freedom Trails in Boston (M 6) sowie der „Held" Paul Revere und sein mythischer Ritt durch die Nacht (M 8). Im Anschluss stehen die* **„Gründerväter" der USA** *im Vordergrund und ihre Heroisierung durch Geschichtsschreibung und Denkmäler. Besondere Aufmerksamkeit wird George Washington gewidmet, dem General der Revolutionsarmee und ersten Präsidenten der USA (M 9, M 10). In diesem Rahmen wird auch ein Historiengemälde vorgestellt und so aufbereitet, dass seine Bedeutung erschlossen werden kann. In einem abschließenden Block wird am Beispiel des* **Films „Der Patriot"** *aus dem Jahr 2000 aufgezeigt, welchen Beitrag die Populärkultur zur Deutung und Verarbeitung, aber auch zur Mythologisierung historischer Prozesse leisten kann (M 11 bis M 13).*

Zur Vernetzung mit dem Kernmodul
Shmuel Eisenstadt (M 9, S. 103) betrachtet die Folgen von Revolutionen für die politischen Symbole und Kulturen im neuen System. Hier lassen sich Bezüge zur Rezeption herstellen.

„American Revolution"

M 4 Der amerikanische Historiker Joseph J. Ellis über die Rezeption der „Amerikanischen Revolution" durch zeitgenössische Historiker (2005)

Es gibt zwei seit langem etablierte Möglichkeiten, diese Geschichte zu erzählen. Beide sind Ausdruck der politischen Parteiungen und ideologischen Lager der Revolutionsära selbst […]. Mercy Otis Warrens *History of the American Revolution* (1805) definierte die Interpretation des „reinen Republikanismus", die auch die Version darstellte, für die sich die Republikanische Partei entschied und die daher später als „Jeffersonsche Interpretation" bezeichnet wurde. Sie schildert die Amerikanische Revolution als Befreiungsbewegung, als klaren Bruch nicht nur mit der englischen Herrschaft, sondern auch mit den historischen Verderbtheiten europäischer Monarchie und Aristokratie. […] Das revolutionäre Kernprinzip ist dieser Interpretationstradition zufolge die individuelle Freiheit. Sie hat radikale und, modern gesprochen, libertäre Implikationen, weil sie jede Anpassung persönlicher Freiheit an staatliche Disziplin als gefährlich ansieht. […]

Die alternative Interpretation erfuhr ihre umfassendste Artikulation erstmals durch John Marshall in seinem gewaltigen fünfbändigen Werk *The Life of George Washington* (1804–1807). Sie sieht die Amerikanische Revolution als beginnende Nationalbewegung, deren wenn auch latente Ursprünge weit in die Kolonialzeit zurückreichen. Die Verfassungsvereinbarung von 1787–88 wird so zur natürlichen Erfüllung der Revolution, und die Führer der Föderalistischen Partei in den 1790er-Jahren – Adams, Hamilton und, am bedeutendsten, Washington – erscheinen als die wahren Erben des revolutionären Vermächtnisses. […] Das revolutionäre Kernprinzip ist aus dieser Sicht nicht individualistisch, sondern kollektivistisch, denn sie fasst den wahren Geist von 1776 als die tugendhafte Preisgabe persönlicher, staatlicher und regionaler Interessen angesichts der höheren Ziele Amerikas als Nation, die sich zunächst in der Kontinentalarmee und später dann in der neu eingesetzten Bundesregierung verkörperten. Sie hat konservative, aber auch protosozialistische Implikationen, weil sie das Individuum nicht als die souveräne Einheit in der politischen Gleichung ansieht und ihr mehr an Regierungsdisziplin gelegen ist, die als konzentrierendes und kanalisierendes Instrument für nationale Entwicklung fungiert.

Joseph J. Ellis, Sie schufen Amerika. Die Gründergeneration von John Adams bis George Washington, C. H. Beck, München 2005, S. 27f.*

1 Beschreiben Sie die Kernpunkte der verschiedenen Rezeptionslinien.
2 Erörtern Sie die frühe Rezeption der Amerikanischen Revolution.

M 5 Die Historikerin Charlotte A. Lerg über die Amerikanische Revolution heute (2010)

Die Amerikanische Revolution hat in den USA eine gesellschaftliche Bedeutung, die über rein wissenschaftliches Interesse weit hinausgeht. Gründungsmythen sind zentraler Bestandteil nationaler Identität; für die Vereinigten Staaten bildet die Unabhängigkeit 1776 eindeutig dieses definitorische Moment. Unzählige Mythen und Legenden, die sich um Ereignisse, Persönlichkeiten, Orte und Relikte jener Zeit ranken, gehören zum alltäglichen Leben der Amerikaner – in der politischen Rhetorik ebenso wie in der vielfältigen Populärkultur. Als wichtiger Teil des öffentlichen Gedächtnisses prägen sie das Selbstverständnis der Weltmacht bis heute.

1.5 Die Rezeption der Gründungsphase

[...] Mit der engen Bindung des Nationalbewusstseins an die historischen Ereignisse war jedoch von Anfang an ein ständiger Kampf um Deutungshoheit und Interpretation verbunden. [...] Außer um Chronologien der Ereignisse und Biografien der Akteure drehten sich die Debatten in der Forschung zur amerikanischen Unabhängigkeit seit dem 20. Jahrhundert vor allem um den folgenden Fragekomplex: Wer oder was war die treibende Kraft? Waren es wirtschaftliche Interessen oder politische Ideen? Ging die Dynamik von der kolonialen Elite oder von den unteren Schichten aus? Mit der neueren Sozialgeschichte kamen seit den 1960er-Jahren neue Fragestellungen hinzu: Welche Rolle spielten Minderheiten, und was bedeutete die Revolution für sie? Welchen Bezug hatten Schwarze, Frauen oder Indianer zur Geschichte der Staatsgründung?

Charlotte A. Lerg, Die Amerikanische Revolution, UTB, Tübingen 2010, S. 7.*

1 Erläutern Sie den Zusammenhang zwischen „Gründungsmythos" und dem „Kampf um Deutungshoheit".

M6 Karte des „Freedom Trail" in Boston, Fotografie, 2015

1 Charakterisieren Sie die Rolle von Originalschauplätzen für die historische Rezeption.

M7 Paul Revere's Ride, Gedicht von Henry Wadsworth Longfellow (1861)

Der Goldschmied Paul Revere warnte 1775 durch einen nächtlichen Ritt nach Concord die amerikanischen Milizen vor dem Anrücken der britischen Truppen.

Listen, my children, and you shall hear
Of the midnight ride of Paul Revere,
On the eighteenth of April, in Seventy-Five:
Hardly a man is now alive
Who remembers that famous day and year.

[Es folgen zehn Strophen über die Stationen des Rittes]

It was two by the village clock,
When he came to the bridge in Concord town.
He heard the bleating of the flock,
And the twitter of birds among the trees,
And felt the breath of the morning breeze
Blowing over the meadows brown.
And one was safe and asleep in his bed
Who at the bridge would be first to fall,
Who that day would be lying dead,
Pierced by a British musket-ball.

You know the rest. In the books you have read,
How the British Regulars fired and fled,–
How the farmers gave them ball for ball,
From behind each fence and farmyard-wall,
Chasing the red-coats down the lane,
Then crossing the fields to emerge again
Under the trees at the turn of the road,
And only pausing to fire and load.

So through the night rode Paul Revere;
And so through the night went his cry of alarm
To every Middlesex village and farm,–
A cry of defiance, and not of fear,
A voice in the darkness, a knock at the door,
And a word that shall echo forevermore!
For, borne on the night-wind of the Past,
Through all our history, to the last,
In the hour of darkness and peril and need,
The people will waken and listen to hear
The hurrying hoof-beats of that steed,
And the midnight message of Paul Revere.

https://www.poets.org/poetsorg/poem/paul-reveres-ride (Download vom 8.10.2018).*

1 Interpretieren Sie das Gedicht, indem Sie die Darstellung Paul Reveres, der Briten sowie der „Farmer" bestimmen.

Übersetzung: Der Ritt von Paul Revere

cornelsen.de/Webcodes
Code: sedegu

"Gründerväter"

M 8 Der Historiker Michael Hochgeschwender über „Revolution" und „Gründerväter" (2016)

Die Revolutionäre mochten tot sein, die Erinnerung an die Revolution blieb höchst lebendig, und dies bis in die Gegenwart hinein. Für die Vereinigten Staaten von Amerika stellt die Revolution der 1770er-Jahre
5 den zentralen, sakral aufgeladenen Referenzrahmen ihrer patriotischen Identität dar. Der bewaffnete Kampf gegen die ferne britische Kolonialmacht, die Weisheit und Voraussicht der Gründervätergeneration, die Verfassung und die Unabhängigkeitserklä-
10 rung als heilige, beinahe unfehlbare Texte der nationalen Zivilreligion, in die auch Washington, Jefferson, Franklin und andere *founding fathers* gemeinsam mit dem zweiten Gründer der Republik, Abraham Lincoln, als Heiligenfiguren integriert sind, all dessen
15 wird an Feiertagen gedacht. Der gesamte Überlieferungsschatz des frühen 19. Jahrhunderts, all die schönen Anekdoten und Erzählungen, die Gedichte und selbst noch Teile der oft hymnischen Geschichtsschreibung der romantischen Epoche werden mit
20 großem Eifer weitertradiert. […] Die großen Präsidentendenkmäler in Washington, D.C., aber auch die Nationalparks etwa um Valley Forge oder die nationalen Gedenkstätten Mount Vernon und Monticello wurden erst im Laufe der zweiten Hälfte des 19. Jahr-
25 hunderts in die nationale Gedenkkultur integriert. Nicht selten verdankten sie sich privater Initiative, da der amerikanische Staat, dessen Nationalempfinden bis nach dem Bürgerkrieg vage und unscharf blieb, es nicht als seine zentrale Aufgabe empfand, fördernd
30 einzugreifen. Insofern entwickelte sich die amerikanische Identitätskultur von unten her, von Privatleuten, Medien und den Parteien, oder auf der mittleren Ebene der Einzelstaaten. Im Mittelpunkt standen dabei über mehr als ein Jahrhundert der schulische Un-
35 terricht und natürlich die obligatorische Feier des 4. Juli. Dabei wirkte sich der Glanz der Vergangenheit nicht unmittelbar günstig auf die Akzeptanz der jeweils aktuellen Politikergeneration aus. Verglichen mit den übermenschlichen Heroen des Gründungs-
40 mythos, mussten sie auswechselbar, parteiisch, ja unfähig wirken.

Michael Hochgeschwender, *Die Amerikanische Revolution. Geburt einer Nation 1763–1815*, C. H. Beck, München 2016, S. 431.*

1 Geben Sie wieder, welche Quellen der Rezeption der Autor nennt.
2 Erörtern Sie die Folgen für die aktuelle Politik.
3 **Zusatzaufgabe:** siehe S. 477.

M 9 Der amerikanische Historiker Joseph J. Ellis im Vorwort zu seiner Washington-Biografie (2017)

Und bei Washington zeigt sich das Patriarchenproblem besonders eindringlich: wir sehen ihn auf Mount Rushmore, auf der Mall, auf den Dollarnoten und dem 25-Cent-Stück, aber immer als Ikone – fern, kühl, einschüchternd. […]
5 Im Verlauf der amerikanischen Geschichte blieb unsere Reaktion auf Washington im Besonderen und auf die Gründerväter im Allgemeinen in eben dieses emotionale Muster verstrickt, ohnmächtig oszillierend zwischen Vergötterung und Verdammung. Im
10 Falle Washingtons reicht die Skala von den Märchen, die Pastor Weems von einem frommen jungen Mann erzählte, der keine Lüge über die Lippen brachte, bis zu verächtlichen Urteilen über den totesten, weißen Mann in der amerikanischen Geschichte.
15 Dieses Bild eines Helden/Schurken ist in Wirklichkeit die Vorder- und Rückseite derselben Medaille: eine Karikatur, die uns mehr über uns selbst sagt als über Washington. Die in der akademischen Welt gegenwärtig vorherrschende Meinung sieht Washing-
20 ton als Mitschuldigen an der Schaffung einer Nation, die imperialistisch, rassistisch, elitär und patriarchalisch gewesen ist. […]
Wir sind sensibler geworden gegenüber den intellektuellen und emotionalen Gegebenheiten, die im kolo-
25 nialen Amerika eine revolutionäre Ideologie hervorgebracht haben; auch haben wir heute ein weitaus besseres Verständnis für die sozialen und politischen Kräfte, die Virginias Pflanzerklasse zur Rebellion getrieben haben. Auch unsere Einschätzung der strate-
30 gischen Alternativen, vor denen beide Seiten im Unabhängigkeitskrieg standen, hat sich verfeinert, hinzu kommt ein vertieftes Verständnis für die nicht miteinander zu vereinbarenden Versionen des „Geistes von 1776", die in den 1790er-Jahren zum Ausbruch
35 von politischem Parteienstreit führten. Washingtons Leben verlief ebenso wie seine zunehmend gefestigte Laufbahn im Kontext dieses verwickelten historischen Geschehens, das in seiner Gesamtheit einen neuen Rahmen für die Einschätzung seiner Entwick-
40 lung und seiner Leistung geliefert hat. […]
Mir schien, Benjamin Franklin sei weiser gewesen als Washington, Alexander Hamilton brillanter, John Adams belesener, Thomas Jefferson intellektuell differenzierter und James Madison politisch scharfsin-
45 niger. Doch ausnahmslos jeder dieser prominenten Akteure war der Meinung, Washington sei ihm fraglos überlegen gewesen. In der Galerie der Großen, die so oft als Gründerväter zum Mythos gemacht werden, wurde Washington als *primus inter pares* aner- 50

kannt, als der Gründervater schlechthin. Wie kam das? In diesem Buch habe ich nach einer Antwort gesucht, die in den Tiefen des ehrgeizigsten, entschlossensten und kraftvollsten Menschen einer Epoche verborgen ist, der es an würdigen Rivalen wahrhaft nicht gefehlt hat. Wie er so wurde und was er dann damit anfing – das ist die Geschichte, die ich erzählen will.

Joseph J. Ellis, Seine Exzellenz George Washington. Eine Biographie, übersetzt von Martin Pfeiffer, C. H. Beck, München 2005, S. 10.*

1 Überprüfen Sie auf Basis von M 9, ob Joseph J. Ellis mit seiner Biografie zum Mythos um die „Gründerväter" beiträgt.

M 10 **Porträt von George Washington, 1. Präsident der Vereinigten Staaten von Amerika, Ölgemälde von Jose Perovani, 1796.**
Auf dem Tisch ist ein Stadtplan von Washington zu sehen.

1 Interpretieren Sie das Gemälde.
2 **Vertiefung:** Vergleichen Sie die Darstellung mit den Bildmaterialien von S. 76, 93 und 95.
Tipp: siehe S. 477.

Der Film „Der Patriot" von 2000

M 11 **Der Historiker Michael Hochgeschwender über den Film „Der Patriot" (2016)**
Das mythische Amerika wurde und wird zuvörderst über Spielfilme und TV-Serien konstruiert, die ihren Zuschauern ein bisweilen kohärentes, oft aber auch durchaus kritisches Bild der amerikanischen Geschichte in emotionalisierter, unterhaltsamer Form darbieten. Dies gilt indes nicht für die Epoche der Revolution, obwohl es sich um die Geburtsstunde der USA handelte. Nimmt man die Großproduktionen Hollywoods zum Maßstab, taucht die Amerikanische Revolution praktisch nicht auf. Zumindest verblasst sie neben Westernproduktionen, Spielfilmen zum Bürgerkrieg, zum Kalten Krieg, zu Vietnam oder über einzelne Politiker. [...] Das ist in der Tat [...] erklärungsbedürftig, vor allem wenn man bedenkt, wie wichtig Hollywoodproduktionen ansonsten für das Geschichtsbild und die ideologische Selbstsicht der USA sind. Die Bewältigung des Vietnamtraumas und selbst die verschiedenen Phasen nationaler Versöhnung nach dem Bürgerkrieg wurden im 20. Jahrhundert maßgeblich mithilfe von Filmen oder TV-Serien durchgeführt. [...]
Ganz anders [als der Film *The Last of the Mohicans* von 1992] *The Patriot*, ein Film, dessen unkritischer, anachronistischer Patriotismus bestens zum amerikanischen nationalen Triumphalismus zwischen dem Sieg über die Sowjetunion im Kalten Krieg und den islamistischen Attentaten vom 11. September 2001 passt. Roland Emmerichs[1] Blockbuster behandelt eine Episode der Revolution, den Bürgerkrieg zwischen den Milizen der Whigs und Tories[2] sowie der *British Legion* Banastre Tarletons[3] im westlichen South Carolina. Die von Mel Gibson dargestellte Figur Benjamin Martin ist dem Anführer der Whig-Milizen, Francis Marion, dem Sumpffuchs, der britische Colonel Tavington Banistre Tarleton nachempfunden. Während sich der Film in Detailfragen um Authentizität bemüht, sind seine politischen Generalisierungen mehr dem Gründungsmythos der USA als der historischen Realität geschuldet. Die Brutalität der Whig-Milizen und ihr durchaus interessengeleiteter Kampf werden nicht berücksichtigt, die Motivation der Tories bleibt undeutlich, das Freiheitspathos bezieht sich auf einen transhistorischen, inadäquaten Freiheitsbegriff, die Briten werden einseitig als übermäßig brutal dargestellt, der Vernichtungskrieg der Siedler gegen die Indianer wird nicht thematisiert. Vollkommen unrealistisch ist die Darstellung des schwarzen Sklaven Occam, der sich als Milizionär im Dienste der Revolution seine Freiheit er-

kämpft. [...] Wohl gerade wegen dieser ideologisch motivierten Ungenauigkeit erfreute sich *The Patriot* eines enormen Publikumszuspruchs.

Michael Hochgeschwender, Die Amerikanische Revolution. Geburt einer Nation 1763–1815, C. H. Beck, München 2016, S. 433 f.*

1 *Roland Emmerich:* deutscher Regisseur (geb. 1955 in Stuttgart). Lebt und arbeitet vor allem in den USA. Führte Regie bei verschiedenen Blockbustern, u. a. *Independence Day* (1996).
2 *Whigs und Tories:* Bei Michael Hochgeschwender entsprechen die Whigs den „Patrioten" und die Tories den „Loyalisten".
3 *Banastre Tarleton:* britischer Offizier (1754–1833), der berüchtigt war für seine harte Kriegführung und Gewalt gegen Zivilisten.

M 12 Der Hauptdarsteller Mel Gibson bei der Premiere des Films „Der Patriot" am 27. Juni 2000 in Los Angeles, Fotografie, 2000.

Der australische Schauspieler Mel Gibson hat in seiner Karriere schon viele klassische Heldenrollen gespielt. In „Der Patriot" spielt er die Figur des Benjamin Martin, eines Witwers, zunächst als Anti-Held, der sich aus dem Unabhängigkeitskrieg heraushält, um sich um seine Familie zu kümmern. Als ein Sohn stirbt, wird er zum Milizenführer und unbarmherzigen Rächer. Schließlich wird er mit seiner Miliz Teil der regulären Armee und ist als solcher an der Entscheidungsschlacht von Yorktown beteiligt.

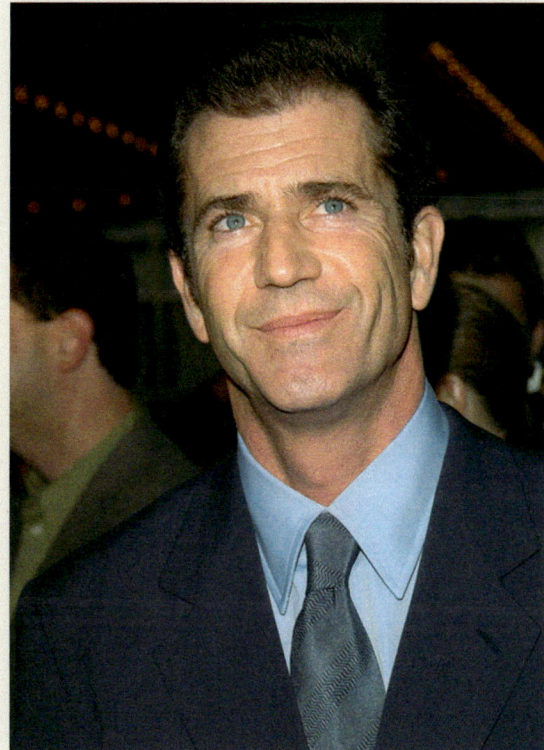

1 Sehen Sie sich den Film „Der Patriot" an und erstellen Sie eine Liste mit den wichtigsten Protagonisten und ordnen Sie diese in einer Mindmap an.
2 Analysieren Sie zwei ausgewählte Szenen in Bezug auf die filmsprachlichen Mittel (siehe unten).
3 Arbeiten Sie die Kernaussagen des Films heraus.
4 Nehmen Sie auf der Basis Ihrer eigenen Analyse des Films Stellung zu der Bewertung durch Michael Hochgeschwender (M 11).
5 **Zusatzaufgabe:** siehe S. 477.

Methode Historische Filme analysieren
cornelsen.de/Webcodes
Code: dabizu

M 13 Auswahl wichtiger filmsprachlicher Mittel

Kamera/ Einstellungsgröße	Unterschiedliche Einstellungsgrößen zeigen Nähe oder Distanz; Totale: Personen in Umgebung Halbnah: ganzer Körper → Gestik Nah: Brustbild → Mimik Detail: z. B. Gesicht → Gefühle
Kamera/ Blickwinkel	Normalsicht: vermittelt Objektivität der filmischen Darstellung Untersicht: Person wird als übermächtig gezeigt, manchmal auch karikiert Obersicht: Person klein, unbedeutend
Kamera/ Bewegung	Kameraschwenk/-fahrten: Begleitung, Verfolgung, Vorauseilen; schnelle Schwenks erzeugen Dramatik; Handlungsfluss kann beschleunigt werden, durch statische Kamera verlangsamt
Bilder	Licht erzeugt Stimmung, betont Wichtiges, rückt Unwichtiges in den Schatten; Farben können Realismus erzeugen, symbolische Bedeutung tragen und Emotionen hervorrufen
Schnitt und Montage	Schnelle Schnitte erzeugen Spannung; Einstellungen werden in Beziehung gesetzt und erzählen eine Geschichte
Ton	Geräusche zeigen Unsichtbares, unterstützen aber auch die Realität; Musik drückt Gefühle aus, unterstützt das Tempo und markiert Höhepunkte der Geschichte

Methode

Historische Gemälde interpretieren

Die Forschung unterscheidet zwei Typen von Historienbildern: **Historienbilder im engeren Sinn** stellen **Ereignisse** dar, die sich vor **der Lebenszeit des Malers** ereignet haben, während **Ereignisbilder zu Zeiten des Malers** entstanden. Bei beiden Typen wird das dargestellte Ereignis durch einen besonderen Moment, meist mit handelnden, wichtigen Personen, betont. Seit dem Ende des 18. Jahrhunderts bildete sich ein **moderner Typus des Historienbildes** heraus, der mit dem Anspruch auf historische Wahrheit antrat. Viele Künstler betreiben daher vor der Arbeit am Gemälde Quellen- bzw. Literaturforschung. Sie bemühen sich um eine realistische Darstellung, gestalteten aber das historische Ereignis nach ihren eigenen Vorstellungen bzw. nach denjenigen ihrer Auftraggeber, sie gaben dem historischen Moment eine bestimmte Deutung. Das 19. Jahrhundert stellte eine Blütezeit der Historienmalerei dar. Im Zeitalter der Nationalstaaten hatte sie die Funktion, eine nationale Identität zu formen. In der deutschen Historienmalerei bevorzugten die Künstler z. B. Themen aus der germanischen Vorzeit und dem Mittelalter. Durch Ausstellung in nationalen Museen, Verbreitung in Reproduktionen und Zeitschriften wurden diese Bilder sehr populär. Sie glorifizierten die nationale Geschichte und überhöhten somit die eigene Nation.

Arbeitsschritte zur Interpretation

1. Leitfrage — Welches historische Ereignis thematisiert das Bild?

2. Analyse
Formale Aspekte
– Wer ist der Künstler? Wer ist der Auftraggeber?
– Zu welchem Zweck entstand es? Wann entstand das Bild? Wo hing bzw. hängt es?
– Wie groß ist das Bild? Welche Materialien wurden verwendet?

Inhaltliche Aspekte
Beschreibung
– Welche Bildelemente sind zu sehen (Personen, Orte, Gegenstände, Landschaften, Symbole)?
– Wie sind die Personen dargestellt (Gestik, Mimik, Körperhaltung, Kleidung)?
– Wie ist die Bildkomposition (Personen, Umgebung, Gegenstände, Situation, Proportionen, Symbole in ihren Relationen) angelegt?
– Welche Darstellungsmittel wurden eingesetzt (Technik, Farben, Lichtwirkung, Perspektive)?

Deutung
– Welche Bedeutung haben Bildelemente, Bildkomposition und Darstellungsmittel?
– Was war die Intention des Malers? Welche Wirkung sollte beim zeitgenössischen Betrachter erzeugt werden?

3. Historischer Kontext
– In welchen historischen Zusammenhang lässt sich das Bild einordnen?
– Wie wurde es zeitgenössisch rezipiert? Wurde es verbreitet?

4. Urteil
– Welche Funktion sollte das Bild erfüllen? An wen richtete es sich?
– Entspricht das dargestellte Ereignis den historischen Fakten? (ggf. Vergleich mit wissenschaftlichen Erkenntnissen über das Ereignis)
– Wie lässt sich das Bild aus heutiger Sicht bewerten?

Historische Gemälde interpretieren

Übungsaufgabe

M 1 „Die Unterzeichnung der Verfassung der Vereinigten Staaten von Amerika 1787", Ölgemälde von Howard Chandler Christy, 1940.

Auf dem Bild sieht man George Washington stehend auf dem Podest, nachdem er die Verfassung unterzeichnet hat. Weitere bekannte Persönlichkeiten sind im Vordergrund Benjamin Franklin (hellblauer Anzug, sitzend) und Alexander Hamilton (hinter Franklin, ihm ins Ohr sprechend). Insgesamt sind auf dem Bild 39 von 55 Unterzeichnern der Verfassung dargestellt. Das Bild war eine Auftragsarbeit und hängt im Repräsentantenhaus im Kapitol in Washington.

1 Interpretieren Sie das Gemälde M 1 mithilfe der Arbeitsschritte.
▶ Lösungshinweise finden Sie auf S. 489 f.

Anwenden und wiederholen

Anwenden

M1 Der deutsche Historiker Jürgen Heideking über George Washington (1997)

George Washington steht am Beginn der amerikanischen Nationalgeschichte. An allen wesentlichen Entwicklungen, die den Wandel der dreizehn Kolonien zur Union souveräner Republiken und dann zum ersten modernen Bundesstaat vorantrieben, war er maßgeblich beteiligt. In Virginia und im Kontinentalkongress gehörte er zu denen, die der englischen Kolonialpolitik am entschiedensten entgegentraten; als Oberbefehlshaber der amerikanischen Truppen organisierte und lenkte er den militärischen Widerstand, [...] überzeugt von der Notwendigkeit einer starken Zentralregierung, wirkte er 1787/88 an der Ausarbeitung und Annahme einer neuen Verfassung mit; und im Präsidentenamt schuf er die Grundlagen für einen republikanischen Bundesstaat, in dem die Amerikaner ihre nationale Identität finden konnten.

[...] Im Unterschied zu vielen republikanischen Theoretikern, die Misstrauen gegen Regierungsmacht und speziell gegen zentralisierte Regierungsmacht für einen Wert an sich hielten, sah Washington in einer starken, energisch handelnden Bundesregierung die beste Gewähr für Freiheit und Sicherheit der Bürger. Das [...] föderative Element behagte ihm nicht sonderlich, weil er die Staatenregierungen im Krieg eher als Störfaktoren kennengelernt hatte. [...] Andererseits hatte Washington die Bedeutung des revolutionären Prinzips der Volkssouveränität erkannt und wusste, dass er die Macht der Bundesregierung nur auf die Zustimmung seiner Landsleute gründen konnte.

[...] Nach acht Jahren Präsidentschaft zog Washington mit vollem Recht eine positive Bilanz. Zwar waren keineswegs alle Hoffnungen in Erfüllung gegangen. [...] Auch verdankte er viel den Mitarbeitern, an erster Stelle Hamilton. Sein konsultativer Führungsstil darf jedoch nicht darüber hinwegtäuschen, dass er alle wichtigen Entscheidungen, speziell in außenpolitischen Fragen, selbst traf, und dass die Talente seiner Berater nur durch ihn voll zur Geltung kamen. Was ihm an Brillanz fehlte, machte er durch eine solide, methodische Regierungsweise, durch Pflichtbewusstsein, Berechenbarkeit und Verlässlichkeit mehr als wett. Von seinen Eigenschaften, Fähigkeiten und geistigen Voraussetzungen her war er wohl am besten geeignet, die Brücke vom alten, kolonialen Amerika über die Revolution zum neuen, konstitutionell-demokratischen Bundesstaat zu schlagen. Er personifizierte die durch Recht und Gesetz begrenzte Regierungsmacht, er schuf die Voraussetzungen für die Integration und Expansion einer kontinentalen amerikanischen Republik, und er wurde schon zu Lebzeiten zum Symbol des „nationalen Charakters", an dessen Formung ihm so sehr gelegen war. Historische Größe bewies er nicht in herkömmlicher Weise durch Machtusurpation oder Machterweiterung, sondern durch den verantwortungsbewussten, maßvollen Gebrauch demokratisch legitimierter Macht und die Ermöglichung eines geordneten, friedlichen Machtwechsels.

Jürgen Heideking, George Washington 1789–1797, in: Christof Mauch (Hg.), Die Präsidenten der USA, C.H. Beck, erweiterte Auflage, München 2018 [1. Auflage 1997], S. 57 f., 63 f., 73 f.*

M2 Marmorstatue von George Washington, 1840.

Die Statue befindet sich im „National Museum of American History" in der „National Mall" in Washington D.C. George Washington gibt nach dem Sieg im Unabhängigkeitskrieg das Schwert dem Volk zurück.

1. Fassen Sie die Kernaussagen Heidekings zu Washington zusammen.
2. Erläutern Sie den „Gründervater-Mythos" in der Rezeption der amerikanischen Geschichte.
3. Arbeiten Sie heraus, ob Jürgen Heideking auch den Mythos von Washington als Gründervater bedient.
4. Interpretieren Sie die Symbolik der Statue (M 2) und stellen Sie sie den Kernaussagen des Textes (M 1) gegenüber.
5. Setzen Sie sich mit der These Heidekings auseinander, dass Washington am „Beginn der amerikanischen Nationalgeschichte" stand.

Wiederholen

M 3 „Die Helden der Revolution. George Washington an der Seite von Johann De Kalb, Baron von Steuben, Kazimierz Pulaski, Tadeusz Kosciuszko, Lafayette, John Muhlenberg und anderen Offizieren", kolorierter Stich von Frederick Girsch, ca. 1870

Zentrale Begriffe
„American Revolution"
„Gründerväter"
Historienfilme
Historiengemälde
Historiografie
Originalschauplätze
Populärkultur
Rezeption

1 Die Amerikanische Revolution wurde sowohl als „Kampf um die Freiheit" als auch als „Gründung der amerikanischen Nation" rezipiert. Ordnen Sie Informationen und Erkenntnisse aus Kapitel 1.4 diesen beiden „Geschichten" zu.
2 **Gruppenarbeit/Wahlaufgabe:** Führen Sie eine Recherche durch zu dem Thema museale Aufbereitung der Amerikanischen Revolution bzw. von Geschichte in den USA. Bearbeiten Sie in der Gruppe a), b) oder c).
   a) Erstellen Sie eine Präsentation zum *Boston Freedom Trail*.
   b) Erstellen Sie eine Präsentation zur *National Mall* in Washington D.C.
   c) Erstellen Sie eine Präsentation zu *Mount Vernon Museum and Educational Center*.
   Tipp: Die Internetadressen finden Sie unter dem Webcode von S. 86.
3 Interpretieren Sie das Bild M 3 mithilfe der Arbeitsschritte von S. 92. Siehe auch die sprachlichen Formulierungshilfen.
4 Vergleichen Sie Ihre Erkenntnisse aus Aufgabe 3 mit M 10, S. 90, sowie mit M 2, S. 94.
5 Erläutern Sie, wie die Historiengemälde zum „Gründerväter-Mythos" beigetragen haben.
6 **Vertiefung:** In Deutschland nennt man die Mitglieder des Parlamentarischen Rates von 1948 „Mütter und Väter des Grundgesetzes". Erörtern Sie, warum „Gründungsprozesse" oft orientiert an führenden Persönlichkeiten erinnert werden.

Formulierungshilfen
– Das Bild zeigt eine Szene aus …
– Es sind folgende Personen dargestellt: …
– Ihre Kleidung/Gestik/Körperhaltung …
– Die Landschaft ist … und vermittelt eine … Atmosphäre.
– Die Lichtgestaltung rückt … in den Vordergrund.
– Wichtiges Symbol ist …
– Durch die räumliche Nähe von … wird ein Zusammenhang hergestellt zwischen …
– Das Bild deutet Washington als …

1.6 Kernmodul

Hinweise zur Arbeit mit den Materialien
Der Materialteil zum Kernmodul widmet sich Theorien zur *„Revolution"* (M 1–M 6) und zur *„Modernisierung"* (M 7–M 9).
- **M 1** *(Alexis de Tocqueville)* bietet die Möglichkeit, die Abgrenzung zwischen Reform und Revolution am Beispiel von Frankreich zu diskutieren.
- **M 2** *(Crane Brinton)* stellt ein umfassendes Raster für Ursachen und Abläufe von Revolutionen zur Verfügung.
- **M 3–M 4** *(Karl Marx, Friedrich Engels, Wladimir Lenin)* erläutern die zentrale Rolle von Revolutionen im „Fortschritt" der Geschichte aus Sicht des Kommunismus. Es wird die Dominanz ökonomischer Ursachen betont.
- **M 5** *(James C. Davies)* setzt sich mit enttäuschten individuellen Erwartungen als Ursache für Revolutionen auseinander und bietet die „J-Kurve" als Modell an.
- **M 6** *(Hannah Arendt)* legt den Schwerpunkt auf den Begriff der Freiheit, den Aspekt der Gewalt (Revolutionskriege) und auf die Frage nach der Institutionalisierung der demokratischen Ideen.
- **M 7** *(Max Weber)* und **M 8** *(Hans-Ulrich Wehler)* bestimmen die Elemente des europäischen Modernisierungsprozesses.
- **M 9** *(Shmuel Eisenstadt)* zeigt die Vielfalt von Modernen im globalen Kontext sowie die Rolle von Revolutionen in diesem Prozess auf.

Theorien Vergleich
cornelsen.de/Webcodes
Code: xesapu

Themenfelder des Kernmoduls	Materialhinweise Kernmodul	Thematische Anknüpfungspunkte des verbindlichen Wahlmoduls	Kapitel des verbindlichen Wahlmoduls	Materialhinweise zum verbindlichen Wahlmodul
Revolution/Reform	M 1 Alexis de Tocqueville	Französische Revolution	Kapitel 1.7	M 8, M 10–M 15
Zentrale Elemente von Revolutionen	M 2 Crane Brinton	Steuerstreit, *Boston Tea Party*, Loyalisten und Patrioten, Kontinentalkongress	Kapitel 1.3	M 5, M 9–M 15, M 18–M 20
		Unabhängigkeit/Verfassung	Kapitel 1.4	M 5–M 13
Historischer Materialismus	M 3/M 4 Marx, Engels, Lenin	Russische Revolution	Kapitel 1.8	M 7–M 14, M 17
Ursachen von Revolutionen	M 5 James C. Davies	Ursprünge des Konflikts	Kapitel 1.2	M 13–M 18
		Steuerstreit, *Boston Tea Party*	Kapitel 1.3	M 5, M 10–M 15
		Französische Revolution	Kapitel 1.7	M 5–M 9
		Russische Revolution	Kapitel 1.8	M 7–M 8
Revolution/Freiheit	M 6 Hannah Arendt	Unabhängigkeitserklärung/Amerikanische Verfassung: Ideal und Realität	Kapitel 1.4	M 5–M 13
Revolution/Gewalt		Unabhängigkeitskrieg		M 17–M 18
Modernisierung in Europa	M 7/M 8 Max Weber, Hans-Ulrich Wehler	Gesellschaft in den Kolonien	Kapitel 1.2	M 9–M 12
		Stempelsteuerkongress, Kontinentalkongress	Kapitel 1.3	M 8, M 9, M 12–M 14, M 21
		Amerikanische Verfassung	Kapitel 1.4	M 5–M 13
Vielfalt von Modernen/Revolution und Moderne	M 9 Shmuel Eisenstadt	Rezeption	Kapitel 1.5	M 4, M 5, M 8–M 10
		Russische Revolution	Kapitel 1.8	M 7, M 8, M 12

Revolutionstheorien

M1 Alexis de Tocqueville (1805–1859) über die Französische Revolution (1856)

Die Revolution ist nicht, wie man geglaubt hat, darauf ausgegangen, das Reich des religiösen Glaubens zu zerstören; sie ist trotz des gegenteiligen Anscheins, im Wesentlichen eine soziale und politische Revolution gewesen; und im Bereich der Institutionen der letztgenannten Art hat sie keineswegs dahin gestrebt, die Unordnung zu verewigen, sie gewissermaßen dauernd zu machen, die Anarchie zu methodifizieren, wie einer ihrer Hauptgegner sagte, sondern vielmehr die Macht und die Rechte der Staatsregierung auszudehnen. Sie sollte nicht, wie andere gemeint haben, den Charakter verändern, den unsere Zivilisation bis dahin gehabt hatte, und den Fortschritt derselben hemmen, ja auch nicht einmal eines der Grundgesetze wesentlich abändern, auf denen in unserem Abendland die menschlichen Gesellschaften beruhen. Betrachtet man sie gesondert von allen Nebenumständen, die zu verschiedenen Zeiten und in verschiedenen Gegenden ihre Physiognomie vorübergehend verändert haben, so sieht man deutlich, dass diese Revolution nur die Wirkung gehabt hat, jene politischen Institutionen, die mehrere Jahrhundert hindurch bei den meisten europäischen Völkern die ungeteilte Herrschaft gehabt hatten und die man gewöhnlich unter dem Namen Feudalwesen zusammenfasst, abzuschaffen, um an deren Stelle eine gleichförmigere soziale und politische Ordnung einzuführen, deren Grundlage die Gleichheit war.

Dies genügte, um eine ungeheure Revolution zu veranlassen; denn abgesehen davon, dass jene alten Einrichtungen mit fast allen religiösen und politischen Gesetzen Europas vermischt und gleichsam verflochten waren, hatten sie überdies eine Menge Ideen, Gefühle, Gewohnheiten und Sitten erzeugt, die mit ihnen innig verwachsen waren. Es bedurfte einer furchtbaren Konvulsion[1], plötzlich aus dem Gesellschaftskörper einen Teil herauszuziehen und zu vernichten, der derart an allen seinen Organen haftete. Das ließ die Revolution noch größer erscheinen, als sie es war; sie schien alles zu zerstören, denn was sie zerstörte, hing mit allem zusammen und bildete gleichsam mit allem einen einzigen Körper.

Wie radikal auch die Revolution gewesen sein mag, so hat sie doch weit weniger Neuerungen gebracht, als man gewöhnlich annimmt […]. Mit Recht sagt man von ihr, dass sie alles vernichtet hat oder im Zuge ist zu vernichten […], was in der alten Gesellschaft von den aristokratischen und feudalen Einrichtungen herrührte, alles, was sich in irgendeiner Weise damit verknüpfte, alles, was in welchem Grade es auch sein mochte, das geringste Gepräge derselben trug. Sie hat von der alten Welt nur das beibehalten, was jenen Einrichtungen stets fremd geblieben war oder ohne sie bestehen konnte. Weniger als jede andere Erscheinung ist die Revolution ein zufälliges Ereignis gewesen. Sie ist allerdings der Welt ganz unerwartet gekommen, und war sie nur die Vollendung der langwierigsten Arbeit, der plötzliche und gewaltsame Abschluss eines Werkes, an dem zehn Menschenalter gearbeitet hatten. Wäre sie nicht eingetreten, so würde das alte Gebäude trotzdem, hier früher, dort später, überall zusammengestürzt sein; es würde nur nach und nach stückweise gefallen sein, statt plötzlich einzustürzen. Die Revolution hat auf einmal, durch eine krampfhafte und schmerzliche Anstrengung, ohne Übergang, ohne Warnung und schonungslos vollbracht, was sich nach und nach von selbst vollbracht haben würde. Das war ihr Werk.

Alexis de Tocqueville, Der alte Staat und die Revolution, übersetzt von Theodor Oelckers, Verlag J. G. Hoof, Münster 2007, S. 38 ff.*

1 *die Konvulsion:* medizinischer Ausdruck für Schüttelkrampf

1 Fassen Sie die Ziele und die Folgen der Französischen Revolution zusammen.
2 Nehmen Sie Stellung zu der These, dass die Veränderung „sich nach und nach von selbst vollbracht haben würde" (Z. 67 f.).

M2 Der amerikanische Historiker Crane Brinton (1898–1968) über Ursachen und Phasen von Revolutionen (1938/1965)

Selbst wenn man Zugeständnisse gegenüber denen macht, die darauf bestehen, dass historische Ereignisse einzigartig sind, so bleibt es doch richtig, dass die vier untersuchten Revolutionen[1] einige erstaunliche Gemeinsamkeiten aufweisen. […]

Erstens waren alle diese Gesellschaften im Großen und Ganzen im ökonomischen Aufstieg begriffen, als die Revolution begann, und die revolutionären Bewegungen hatten ihre Wurzeln eher bei den vermögenden Leuten, die sich mehr eingeschränkt und verärgert als total unterdrückt fühlten. Sicher gingen diese Revolutionen nicht auf die unterdrückten, die hungernden und elenden Menschen zurück. Die Revolutionäre waren keine Verzweifelten. Die Revolutionen wurden aus der Hoffnung heraus geboren und ihre Ideen waren optimistisch.

Zweitens findet man in den vorrevolutionären Gesellschaften zwar tatsächlich sehr starke Klassenunterschiede, aber diese waren deutlich komplexer als Marxisten zugeben würden. Es handelte sich 1640,

1776 und 1789 um keinen Kampf des feudalen Adels gegen das Bürgertum bzw. 1917 des Bürgertums gegen das Proletariat. Die stärksten Emotionen entwickelten sich bei den Männern und Frauen, die Geld verdienten oder zumindest genug Geld zum Leben hatten und die verbittert die Unvollkommenheit des sozial privilegierten Adels wahrnahmen. […] Revolutionen sind wahrscheinlicher, wenn die sozialen Klassen näher beieinander liegen als weit voneinander getrennt. […] Es ist schwer zu sagen, warum in manchen Gesellschaften mit fast gleichgestellten Klassen eine stärkere Verbitterung herrschte als in anderen.

Drittens gibt es das Phänomen der Übertragung der Gefolgschaft der Intellektuellen. […] Wir müssen einfach nur feststellen, dass dies bei allen vier Gesellschaften beobachtet werden kann.

Viertens war der Regierungsapparat ineffizient, teilweise aufgrund von Vernachlässigung, teilweise wegen fehlender Anpassung der alten Institutionen an die neuen Bedingungen der Gesellschaft […], in Folge von ökonomischem Wachstum, Herausbildung neuer Klassen, neuer Transportmöglichkeiten, neuer Wirtschaftsmethoden. Diese neuen Bedingungen belasteten den Regierungsapparat in unerträglicher Weise, da dieser noch auf einfachere Rahmenbedingungen ausgerichtet war.

Fünftens begann die herrschende Klasse, genauer gesagt einige von ihnen sich selbst zu misstrauen, oder sie verloren ihren Glauben an die Traditionen und Gebräuche ihrer Klasse, wurden zu Intellektuellen, Menschenfreunden oder liefen zu den rebellierenden Gruppen über. Vielleicht führte ein größerer Teil als früher ein unmoralisches, ausschweifendes Leben, wobei man nicht sagen kann, ob dies bereits ein Symptom für den Verlust von Traditionen in der herrschenden Klasse war. Jedenfalls war die herrschende Klasse politisch rückständig.

Die dramatischen Ereignisse, die die Dinge in Bewegung brachten […], standen bei drei der vier Revolutionen in engem Zusammenhang mit der Finanzverwaltung des Staates. Beim vierten Beispiel Russland brach die Verwaltung unter der Last des erfolglosen Krieges zusammen und hatte damit nur zum Teil finanzielle Gründe. Aber in allen untersuchten Gesellschaften trat die Ineffizienz und die Unzulänglichkeit der Regierungsstrukturen bereits in der ersten Phase der Revolution offen zutage. Es gibt eine Phase – die ersten Wochen oder Monate –, in der es so aussieht, als wenn die Regierung verhindern könnte, dass die wachsende Aufregung in einen Sturz der Regierung mündet. Diese Versuche der Regierung, in allen vier Fällen war es der Einsatz von Gewalt, scheiterten. Und dieses Scheitern bildete den Wendepunkt und brachte die Revolutionäre an die Macht. […]

Die Ereignisse, die wir der ersten Phase zugeordnet haben, liefen natürlich nicht bei allen vier Revolutionen in der gleichen Form oder Reihenfolge oder mit den gleichen Inhalten ab. Aber wir haben die wichtigsten Bestandteile aufgelistet und sie weisen bei allen Gemeinsamkeiten auf: finanzieller Zusammenbruch; Organisation der Unzufriedenen, um den drohenden Zusammenbruch zu verhindern; Forderungen, die bei Umsetzung die faktische Absetzung der Regierenden bedeutet hätten; Einsätze von Gewalt durch die Regierung und ihr Scheitern; und das Ergreifen der Macht durch die Revolutionäre. […] [A]ber mit ihrem Machtantritt wird deutlich, dass sie keine Einheit sind. Die Gruppe, die die erste Phase dominiert, nennen wir die Moderaten […]. In drei der vier Revolutionen wurden sie früher oder später abgesetzt, getötet oder gingen ins Exil. Man kann in England, Frankreich und Russland einen Prozess beobachten, bei dem nach einer Reihe von Krisen – einige gingen mit Gewalt, Straßenkämpfen und Ähnlichem einher – eine Gruppe von Männern abgesetzt und eine andere, radikalere an die Macht gebracht wird. […]

Die Regierung der Extremisten haben wir als Periode der Krise definiert. Dieses Stadium wurde während der Amerikanischen Revolution nicht erreicht, obwohl die Behandlung der Loyalisten, der Druck, die Armee zu unterstützen […] durchaus als Phänomene des Terrors wie in den anderen Gesellschaften betrachtet werden können. Wir können uns hier nicht mit der Frage beschäftigen, warum die Amerikanische Revolution kurz vor Erreichen der echten Krisensituation stoppte, warum die Moderaten niemals verdrängt wurden, zumindest nicht vor 1800.

Crane Brinton, A summary of Revolutions, in: James C. Davies (ed.), When men revolt and why. A reader in political violence and revolution, 1971, S. 318–325. Übersetzt von Silke Möller.*

1 Englische Revolution 1688/89, Amerikanische Revolution, Französische Revolution und Russische Revolution

1 Beschreiben Sie die Ursachen von Revolutionen.
2 Charakterisieren Sie die Phasen der Revolution.
3 Ordnen Sie die Ereignisse der Amerikanischen Revolution den verschiedenen Phasen zu.
4 **Vertiefung:** Begründen Sie auf der Basis Ihrer Kenntnisse über die Amerikanische Revolution, warum diese keine „echte Krisensituation" erreichte.
5 **Zusatzaufgabe:** siehe S. 477.

M3 Karl Marx und Friedrich Engels in ihrer Schrift „Zur Kritik der Politischen Ökonomie" (1859)

In der gesellschaftlichen Produktion ihres Lebens gehen die Menschen bestimmte, notwendige, von ihrem Willen unabhängige Verhältnisse ein, Produktionsverhältnisse[1], die einer bestimmten Entwicklungsstufe ihrer materiellen Produktivkräfte[2] entsprechen. Die Gesamtheit dieser Produktionsverhältnisse bildet die ökonomische Struktur der Gesellschaft, die reale Basis, worauf sich ein juristischer und politischer Überbau erhebt und welcher bestimmte gesellschaftliche Bewusstseinsformen entsprechen. Die Produktionsweise des materiellen Lebens bedingt den sozialen, politischen und geistigen Lebensprozess überhaupt. Es ist nicht das Bewusstsein der Menschen, das ihr Sein, sondern umgekehrt ihr gesellschaftliches Sein, das ihr Bewusstsein bestimmt. Auf einer gewissen Stufe ihrer Entwicklung geraten die materiellen Produktivkräfte der Gesellschaft in Widerspruch mit den vorhandenen Produktionsverhältnissen oder, was nur ein juristischer Ausdruck dafür ist, mit den Eigentumsverhältnissen, innerhalb deren sie sich bisher bewegt hatten. Aus Entwicklungsformen der Produktivkräfte schlagen diese Verhältnisse in Fesseln derselben um. Es tritt dann eine Epoche sozialer Revolution ein. Mit der Veränderung der ökonomischen Grundlage wälzt sich der ganze ungeheure Überbau langsamer oder rascher um. In der Betrachtung solcher Umwälzungen muss man stets unterscheiden zwischen der materiellen, naturwissenschaftlich treu zu konstatierenden Umwälzung in den ökonomischen Produktionsbedingungen und den juristischen, politischen, religiösen, künstlerischen oder philosophischen, kurz, ideologischen Formen, worin sich die Menschen dieses Konflikts bewusst werden und ihn ausfechten. Sowenig man das, was ein Individuum ist, nach dem beurteilt, was es sich selbst dünkt, ebenso wenig kann man eine solche Umwälzungsepoche aus ihrem Bewusstsein beurteilen, sondern muss vielmehr dies Bewusstsein aus den Widersprüchen des materiellen Lebens, aus dem vorhandenen Konflikt zwischen gesellschaftlichen Produktivkräften und Produktionsverhältnissen erklären. Eine Gesellschaftsformation geht nie unter, bevor alle Produktivkräfte entwickelt sind, für die sie weit genug ist, und neue höhere Produktionsverhältnisse treten nie an die Stelle, bevor die materiellen Existenzbedingungen derselben im Schoß der alten Gesellschaft selbst ausgebrütet worden sind. Daher stellt sich die Menschheit immer nur Aufgaben, die sie lösen kann, denn genauer betrachtet wird sich stets finden, dass die Aufgabe selbst nur entspringt, wo die materiellen Bedingungen ihrer Lösung schon vorhanden oder wenigstens im Prozess ihres Werdens begriffen sind.

Zit. nach: Klaus Körner (Hg.), Karl Marx Lesebuch, dtv, München 2008, S. 171 f.

1 *die Produktionsverhältnisse:* die „gesellschaftlichen" Beziehungen, die die Menschen bei der Produktion, beim Austausch, bei der Verteilung und beim Verbrauch von Produkten eingehen
2 *die Produktivkräfte:* die natürlichen Ressourcen, die Arbeitskräfte sowie die Produktionsmittel und das technische Wissen eines Landes

1 Erläutern Sie die Zusammenhänge zwischen Mensch, Gesellschaft und Ökonomie.
   Tipp: Visualisieren Sie die Zusammenhänge in einem Schaubild. Weitere Hinweise siehe S. 477.
2 Arbeiten Sie Ursachen und Phasen von Revolutionen nach Marx und Engels heraus.
3 **Vertiefung:** Vergleichen Sie mit dem von Crane Brinton (M2) vorgeschlagenen Modell.

M4 Die Revolutionstheorie von Wladimir I. Lenin (1920)

Das Grundgesetz der Revolution, das durch alle Revolutionen und insbesondere durch alle drei russischen Revolutionen des 20. Jahrhunderts[1] bestätigt worden ist, besteht in Folgendem:
Zur Revolution genügt es nicht, dass sich die ausgebeuteten und unterdrückten Massen der Unmöglichkeit, in der alten Weise weiterzuleben, bewusst werden und eine Änderung fordern; zur Revolution ist es notwendig, dass die Ausbeuter nicht mehr in der alten Weise leben und regieren können. Erst dann, wenn die „Unterschichten" das Alte *nicht mehr wollen* und die „Oberschichten" *in der alten Weise nicht mehr können*, erst dann kann die Revolution siegen.
Mit anderen Worten kann man diese Wahrheit so ausdrücken: Die Revolution ist unmöglich ohne eine gesamtnationale (Ausgebeutete und Ausbeuter erfassende) Krise. Folglich ist zur Revolution notwendig:
erstens, dass die Mehrheit der Arbeiter (oder jedenfalls die Mehrheit der klassenbewussten, denkenden, politisch aktiven Arbeiter) die Notwendigkeit des Umsturzes völlig begreift und bereit ist, seinetwegen in den Tod zu gehen;
zweitens, dass die herrschenden Klassen eine Regierungskrise durchmachen, die sogar die rückständigsten Massen in die Politik hineinzieht (das Merkmal einer jeden wirklichen Revolution ist die schnelle Verzehnfachung, ja Verhundertfachung der Zahl der zum politischen Kampf fähigen Vertreter der werktä-

tigen und ausgebeuteten Masse, die bis dahin apathisch war), die Regierung kraftlos macht und es den Revolutionären ermöglicht, diese Regierung schnell zu stürzen.

Wladimir I. Lenin, Der „linke Radikalismus", die Kinderkrankheit im Kommunismus, in: W. I. Lenin, Ausgewählte Werke in sechs Bänden, Bd. V, Dietz Verlag, Berlin 1975, S. 538 f.

1 Revolutionen von 1905, vom Februar und Oktober 1917.

1 Fassen Sie zusammen, welche Elemente zu Lenins „Grundgesetz der Revolution" gehören.
2 **Gruppenarbeit:** Überprüfen Sie in drei Arbeitsgruppen die Theorie Lenins anhand der Amerikanischen, Französischen und Russischen Revolution.

M5 Bedürfnisbefriedigung und Revolution, die J-Kurve von James C. Davies (1962)

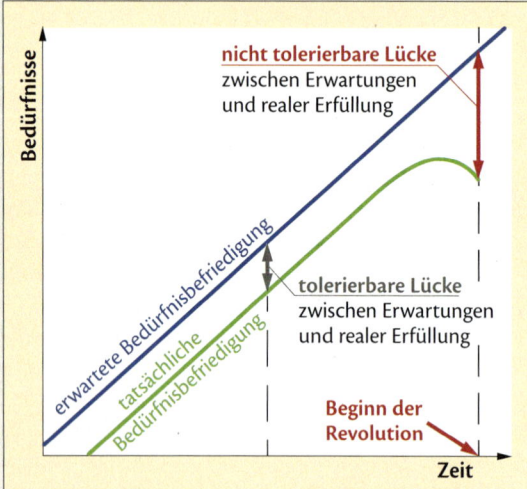

1 Erläutern Sie die in der Grafik dargestellten Zusammenhänge.
2 Setzen Sie sich mit den Thesen von James C. Davies auseinander, indem Sie sie auf die Amerikanische Revolution anwenden.
Tipp: siehe S. 477.

M6 Hannah Arendt (1906–1975) in ihrer Schrift „Über die Revolution" (1963)

Was die Amerikanische Revolution in der Unabhängigkeitserklärung vor bald zweihundert Jahren proklamierte, dass ein Volk nach dem anderen „unter den Mächten der Erde den unabhängigen und gleichen Rang erlangen würde, auf den ein jedes gemäß den Gesetzen der Natur und ihres Gottes Anspruch habe", ist mit einer manchmal fast beängstigenden Geschwindigkeit wahr geworden. Und in einer solchen sich über die ganze Erde erstreckenden Situation gibt es nichts mehr, wofür es sich zu kämpfen lohnte, als das, was das Älteste ist und von allem Anfang an, jedenfalls im Abendland, das eigentliche Wesen von Politik bestimmt – nämlich die Sache der Freiheit gegen das Unheil der Zwangsherrschaft jeglicher Art.

Dieser Tatbestand ist bemerkenswert und versteht sich keineswegs von selbst. Unter dem Kreuzfeuer jener Zweige der Psychologie und der Gesellschaftswissenschaften, deren Sinn und Ziel die Entlarvung ist, konnte es wohl scheinen, als sei dem Begriff der Freiheit nun wirklich der Garaus gemacht worden. Selbst die Revolutionäre, von denen man doch eigentlich hätte annehmen dürfen, dass sie unausrottbar in einer Tradition verwurzelt sind, von der man noch nicht einmal sprechen kann, ohne das Wort Freiheit in den Mund zu nehmen, sind bekanntlich nur zu bereit, Freiheit zu den „kleinbürgerlichen Vorurteilen" zu rechnen; gerade sie haben vergessen, dass das Ziel der Revolution heute wie seit eh und je nichts anderes sein kann als eben Freiheit. Aber nicht weniger verblüffend als dies Verschwinden der Freiheit aus dem revolutionären Vokabular dürfte wirken, dass Wort und Begriff plötzlich wieder aufgetaucht sind, um die ernsteste aller gegenwärtigen politischen Diskussionen zu ordnen und zu artikulieren, nämlich die Debatte über die Kriegsfrage, d. h. über die Berechtigung der Gewalt in der Politik. Geschichtlich gesehen, gehört der Krieg zu den ältesten Phänomenen der aufgezeichneten Vergangenheit, während es Revolutionen im eigentlichen Sinne vor der Neuzeit nicht gibt, die Revolution als politisches Phänomen also zu den modernsten Gegebenheiten gehört.

Für die Modernität der Revolution ist vermutlich nichts so charakteristisch wie, als dass sie von vornherein beanspruchte, die Sache der Menschheit zu vertreten, und zwar gerade weil die Menschheit im achtzehnten Jahrhundert nicht mehr als eine „Idee" war. Es handelte sich nicht nur um Freiheit, sondern um Freiheit für alle, und dies mag der Grund sein, warum die Revolution selbst, im Unterschied zu den revolutionären Ideologien, umso moderner und zeitgemäßer geworden ist, je mehr die „Idee" der Menschheit sich durch die moderne Technik zu einer handgreiflichen Realität entwickelt hat. […] Was aber nun den Freiheitsbegriff anlangt, so ist er zwar mit dem Wesen der Revolution von Anfang an verbunden, hat aber ursprünglich mit Krieg und Kriegszielen kaum etwas zu tun. Daran ändert auch die Tatsache nichts, dass Befreiungskriege in der historischen Erinnerung der Völker oft mit einem besonderen Nimbus[1] umgeben worden sind oder dass in der Kriegspropaganda, die von den „Heiligsten Gütern der Nation" spricht, die Freiheit als Schlagwort immer wieder auftaucht. Denn all dies besagt keineswegs, dass darum die Befreiungskriege in Theorie und Praxis als die einzigen „gerechten Kriege" galten.

Hannah Arendt, Über die Revolution, Piper, München 2011, S. 9 ff.*

1 *der Nimbus:* Heiligenschein, Ruhmesglanz

1 Analysieren Sie die Rolle des Begriffes Freiheit in der Geschichte von Revolutionen.
2 Erläutern Sie, was Hannah Arendt unter „Modernität" von Revolutionen versteht.

Theorien zur Modernisierung

M7 Der deutsche Historiker Hans-Ulrich Wehler über den modernisierungshistorischen Ansatz von Max Weber (2000)

„Welche Verkettung von Umständen hat dazu geführt", lautete seine Ausgangsfrage, „dass gerade auf dem Boden des Okzidents, und nur hier, Kulturerscheinungen auftreten, welche doch […] in einer Entwicklungsrichtung von universeller Bedeutung und Gültigkeit lagen". Die allgemeinste und zugleich hochspezifische Voraussetzung bildet, Weber zufolge, der einzigartige, alle Realitätsdimensionen durchziehende und prägende Rationalismus der okzidentalen Kultur. Dieser Grundzug sei wiederum abhängig von „der Fähigkeit und Disposition der Menschen zu bestimmten Arten praktisch-rationaler Lebensführung". Ihre „wichtigsten formenden Elemente" seien „die magischen und religiösen Mächte und die im Glauben an sie verankerten ethischen Pflichtvorstellungen".

Deshalb arbeitete Weber die unterschiedlichen, aber jeweils das Realitätsverständnis und seine Denkfiguren formenden, daher auch verhaltensleitenden religiösen „Weltbilder" heraus. Obwohl Weber aus theoretischen Gründen keine strenge Hierarchie der westlichen Modernisierungsursachen entwickelte, wird man doch mit dem Einfluss des religiösen „Weltbildes" beginnen können: mit dem Sonderfall des jüdisch-christlichen Monotheismus. Dank seiner strengen Architektonik, dem transzendenten Gott auf der einen Seite und seiner irdischen Gemeinde auf der anderen Seite, die sich in seinem Auftrag die Welt untertan machen soll, führt es zu der „Entzauberung" der diesseitigen Welt. Gemeint ist damit […] vor allem auch die Durchsetzung eines zunehmend säkularisierten Weltverständnisses, das auf die rationale Erschließung und Bewältigung schlechthin aller Probleme baut. […]

Als nicht minder folgenreich erwies sich die Trennung von Staat und Kirche, die beide unter heftigen Konflikten ihre eigenen autonomen Sphären entwickelten […]. Überhaupt führten die Freiräume für die politischen Herrschaftsinstitutionen, die Kirchen, die ständischen Selbstverwaltungsorgane, die Korporationen zu einem parzellierten Rechts- und Machtsystem. Daraus ging ein fragiler, häufig gefährdeter, aber die unterschiedlichen Kräfte austarierender „pluralistischer" Balancezustand hervor, unter dessen Schutzdach sich in relativer Autonomie neue Entwicklungen anbahnen und durchsetzen konnten – die Grundlage des gesellschaftlichen und politischen Liberalismus im Westen. Obwohl ein florierender Handels- und Gewerbekapitalismus etwa in den katholischen oberitalienischen Städten entstand, maß Weber dem Protestantismus, insbesondere der Rigidität seiner calvinistischen Variante, eine extrem hohe Bedeutung für die innerweltlich-asketische Verhaltenssteuerung bei, die der Entfaltung des modernen Kapitalismus zugutekam. […]

Nur hier entstand aus römischem und germanischem Erbe ein rationales Recht, das imstande war, den „Rechtsapparat wie eine technisch rationale Maschine funktionieren" zu lassen. Seinen Kern bildeten zuverlässig geschützte private Eigentumsrechte, deren Bedeutung nach dem Urteil des Juristen Weber schlechterdings nicht überschätzt werden könne.

Nur im Westen ist auch der Staat ein rationales Kunstprodukt im Sinne einer dauerhaften „politischen Anstalt mit rational gesatzter Verfassung, rational gesatztem Recht und einer an rational gesatzten Regeln und Gesetzen orientierten Verwaltung durch Fachbeamte". Wenn der Kapitalismus „des berechenbaren Rechts und der Verwaltung nach formalen Regeln bedarf", stellt beides mit verlässlicher Sicherheit nur der westliche Staat, der sein Herrschaftssystem auch als homogenen Rechtsbezirk ausbaut und sich „das Monopol der physischen Gewaltsamkeit" sichert. Während des inneren Staatsbildungsprozesses wird der Feudalismus überwunden, das Privatrecht gesichert, die Despotie, aufs Ganze gesehen, vermieden, der Staatsapparat institutionell fest verankert.

In der staatlichen Bürokratie, die dabei in den Mittelpunkt rückt, sieht Weber ein weiteres westliches Unikat, zu dem er nirgendwo sonst eine analog einflussreiche Verwaltungsinstitution findet. […] Weber ist von der organisationstechnischen Überlegenheit der westlichen Bürokratie als Herrschaftsinstrument und Herrschaftsträger so überzeugt, dass er ihr auch in universalhistorischer Perspektive eine unwiderstehliche Durchsetzungskraft zubilligt.

Zugleich sind die allmählich entstehenden europäischen Staaten seit dem ausgehenden 15. Jahrhundert in ein welthistorisch einzigartiges, da ein monolithisches Großreich vermeidendes Staatensystem eingebunden, in dem eine unabhängige, die spätere ökonomische Konkurrenz modellartig vorwegnehmende Rivalität aller Mitglieder herrscht, die diese zur pausenlosen Anspannung aller Kräfte anhält. Unter solchen extremen Wettbewerbsbedingungen tritt der Staat in ein symbiotisches Verhältnis zum Kapitalismus, der staatliche Ressourcen ebenso stärkt, wie der Staatsapparat dem Kapitalismus zuverlässige Rahmenbedingungen und Unterstützung gewährleistet. [...]

Von besonders folgenreicher Bedeutung ist die „Eigenart der Sozialordnung des Okzidents". Dabei steht an erster Stelle der Aufstieg „des abendländischen Bürgertums", das nur dort in selbstständigen Stadtgemeinden das wirtschaftliche und politische Leben ordnet und dauerhaft – ein einzigartiges Phänomen im Konkurrenzkampf der Eliten – den Adel als Machtoligarchie verdrängt. Nur hier arbeitet sich auch der Sozialtypus des „Bourgeois" als eines marktwirtschaftlich und später produktionskapitalistisch orientierten Unternehmers empor. Nur hier entsteht die Rechtsfigur des „Staatsbürgers". Nur hier setzen sich Erwerbs- und Berufsklassen durch, die auf der Güter- und Leistungsverwertung auf Märkten, aber auch auf hoher sozialer und geografischer Mobilität beruhen.

Diesem Bürgertum gelingt die epochale Leistung, eine „nirgends sonst auf der Erde entwickelte, allein an den Chancen des Marktes orientierte", dauerhafte, „rationale Betriebsorganisation" zu schaffen, in deren Arbeits- und Herrschaftsverband, auch dank der „Trennung von Haushalt und Betrieb", formell freie Lohnarbeit, maschinelle Ausrüstung und Produktionsablauf kombiniert und durch „rationale Buchführung" kontrolliert werden.

Damit entsteht die Schlüsselorganisation für die „schicksalsvollste Macht unseres modernen Lebens", denn der Kapitalismus bestimmt „heute", auch hier teilte Weber völlig Marx' Urteil, „den Lebensstil aller Einzelnen, die in dieses Triebwerk hineingeboren werden, mit überwältigendem Zwang", der letztlich in ein „stahlhartes Gehäuse" führe. Mit dieser Unternehmensform wird auch die institutionelle Voraussetzung für ein weiteres Unikat geschaffen, das „Proletariat als Klasse".

[...] Weber ist nie der Illusion vom Primat einer einzigen Modernisierungskraft erlegen, sei es des religiösen „Weltbildes" oder des Kapitalismus. Vielmehr geht es ihm immer um die Gesamtkonfiguration westlicher Eigenarten mit historisch wechselnden Impulszentren.

Hans-Ulrich Wehler, Modernisierung und Modernisierungstheorien, in: ders., Umbruch und Kontinuität. Essays zum 20. Jahrhundert, C. H. Beck, München 2000, S. 222–227.*

1 Charakterisieren Sie die Rolle von religiösen Weltbildern für die Herausbildung der Moderne.
2 Gliedern Sie die Folgen der „Entzauberung der Welt" nach Weber.
3 **Mindmap:** Visualisieren Sie Elemente der Moderne und ihre Verbindungen untereinander in einer Mindmap.
Tipp: Zur Methode der Mindmap siehe S. 500.

M 8 Der Historiker Hans-Ulrich Wehler über Modernisierung und Geschichte (1975)

In diesem Modernisierungsprozess setzten sich angeblich vor allem sechs Subprozesse durch:
1. Wirtschaftliches Wachstum als eine kumulative Dauerbewegung industrieller Expansion [...].
2. „Strukturelle Differenzierung", [...]. Aus dem alteuropäischen „ganzen Haus" gliedert sich eine zunehmend arbeitsteilige Wirtschaft, aus Herrschaft als individueller Verfügungsgewalt über einen Personenverband die überindividuelle Staatsorganisation eines Territoriums, aus dem öffentlichen Leben die bürgerliche Privat- und Intimsphäre aus. Auf einer Integrationsebene müssen dann [...] die Differenzierungen wieder vermittelt werden, etwa im Konsens über allgemein akzeptierte Werte.
3. Wertewandel, z. B. im Sinne von Parsons¹ als Übergang von partikularistischen, diffusen, unspezifischen zu universalistischen, funktional spezifizierten Wertemustern, die in Sozialisationsprozessen verinnerlicht und handlungsleitend werden.
4. Mobilisierung. Sie wird verstanden als Erzeugung von räumlicher und sozialer Mobilität, aber auch als Erhöhung der Erwartungen (kulturelle Mobilisierung, *Revolution of Rising Expectations*) und als Verfügbarmachung von Ressourcen und Mitteln.
5. Partizipation. Je komplizierter die Differenzierung, umso mehr [...] seien Vermittlungsmechanismen erforderlich, die Teilnahme unabweisbar machen. Und je erfolgreicher die Mobilisierung von Ressourcen sei, umso wichtiger würden Entscheidungsgremien, in denen zur Legitimierung von Präferenzentscheidungen Mitwirkung notwendig werde.
6. Institutionalisierung von Konflikten. Um die Tradition ungeregelter Konflikte überwinden zu können, die noch im 19. Jahrhundert (z. B. im Konflikt zwischen Kapital und Arbeit) tendenziell an die Grenze des Bürgerkriegs führen konnten, sei eine Vermei-

dungsstrategie erforderlich, die Konflikte dadurch einhegt, dass sie organisations- und verfahrensabhängig gemacht werden. [...]

40 Den Hauptgewinn des Modernisierungsprozesses sehen viele Theoretiker [...] in der wachsenden Herrschaft des Menschen über seine natürliche und soziale Umwelt, anders gesagt: in der anhaltenden Ausweitung der Steuerungs- und Leistungskapazitä-
45 ten.

Hans-Ulrich Wehler, Modernisierungstheorie und Geschichte, Vandenhoeck & Ruprecht, Göttingen 1975, S. 16f.*

1 *Talcott Parsons:* amerikanischer Soziologe (1902–1979), Begründer der strukturell-funktionalistischen Theorie

1 Geben Sie die sechs Subprozesse der Modernisierung mit eigenen Worten wieder.
2 Weisen Sie nach, dass die Amerikanische Revolution den Modernisierungsprozess vorangetrieben hat, indem Sie zu jedem Subprozess Beispiele aus der Geschichte der Revolution nennen.
3 **Vertiefung:** Theoretiker bezeichnen die heutige Zeit als Phase der Postmoderne, also „Nachmoderne". Begründen Sie diese Zuordnung auf der Basis von Webers und Wehlers Definitionen der Moderne.

M9 Der israelische Soziologe Shmuel N. Eisenstadt über Revolutionen und Moderne (2006)

Die großen Revolutionen können nicht isoliert betrachtet werden, sondern nur im Rahmen der kulturellen Bedingungen und der übergeordneten historischen Prozesse. Zudem muss man berücksichtigen,
5 dass sie nur eine Variante der zahlreichen Veränderungsprozesse darstellen, die in modernen Gesellschaften möglich sind.
So hat die vorangegangene Analyse deutlich gezeigt, dass sich die revolutionäre Form gesellschaftlicher
10 Veränderung und Transformation, die sich in voller Ausprägung in den großen Revolutionen zeigt, in sehr spezifischen gesellschaftsgeschichtlichen Kontexten entwickelte. Diese Kontexte können in unterschiedlichen Gesellschaften in unterschiedlichen
15 Zeiten gegeben sein. In ihnen entwickelte sich die spezifische Verbindung zwischen Revolutionen und der Moderne.
Die großen Revolutionen stellten den Höhepunkt und die Konkretisierung der sektiererischen[1] und he-
20 terodoxen[2] Potenziale dar, die sich in den Achsenzeit-Kulturen[3] entwickelten – besonders in den Kulturen, in denen das politische Forum als zumindest eines der Foren für die Umsetzung der transzendentalen Visionen angesehen wurde. [...] Während die-
25 ser Revolutionen wurden die sektiererischen Aktivi-
täten aus den Randbereichen und den isolierten Teilen der Gesellschaft herausgeholt und nicht nur mit Rebellion, Volksaufständen und Protestbewegungen verwoben, sondern auch mit dem Kampf im politischen Zentrum. Sie wurden in das allgemeine 30 politische Forum und dessen Zentren transponiert. Die Themen und Symbole des Protests wurden zu einem grundlegenden Bestandteil des zentralen gesellschaftlichen und politischen Symbolrepertoires der neuen Regime. [...] 35
Die großen Revolutionen stellen eines der einschneidendsten Ereignisse der Menschheitsgeschichte in Bezug auf gesellschaftliche und politische Veränderung dar. Die einzigartigen Merkmale dieser Revolutionen liegen darin begründet, dass sie durch einen 40 sehr intensiven Auseinandersetzungsprozess zusammengeführt wurden, der durch den Einfluss internationaler Kräfte sowie mehrerer Dimensionen gesellschaftlichen Wandels (Wechsel des politischen Regimes, neue Prinzipien der politischen Legitimati- 45 on, Veränderungen in den Klassenstrukturen) in engem Zusammenhang mit neuen Formen der politischen Wirtschaft verstärkt wurde. [...]
[...] Diese Revolutionen – so bedeutend und einschneidend sie auch waren – sind nur eines von vie- 50 len wichtigen Mustern gesellschaftlicher und kultureller Veränderungen, das nur in sehr spezifischen historischen Situationen auftritt. Andere Kombinationen struktureller und institutioneller Faktoren wie z. B. in Japan, Indien, Südasien oder Lateinamerika 55 führten zu andersgearteten Veränderungsprozessen und neuen Formen politischer Regime. Dabei handelt es sich nicht nur um „misslungene" Scheinrevolutionen. Sie sollten nicht an den Revolutionen gemessen werden. Sie zeigen vielmehr die Bedeutung 60 und Berechtigung anderer Muster der gesellschaftlichen Veränderung oder Transformation und sollten in diesem Sinne untersucht werden.

Shmuel Eisenstadt, Die großen Revolutionen und die Kulturen der Moderne, übersetzt von Ulrike Brandhorst, Verlag für Sozialwissenschaften, Wiesbaden 2006, S. 144f.*

1 *sektiererisch:* einer Sekte anhängend
2 *heterodox:* andersgläubig
3 *Achsenzeit-Kulturen:* Der Begriff stammt ursprünglich von Karl Jaspers. Damit sind China, Indien, Orient und Okzident gemeint, die in einer Übergangszeit bedeutende Fortschritte gemacht haben.

1 Analysieren Sie Rolle und Form von Revolutionen in der Moderne nach Eisenstadt.
2 Überprüfen Sie, inwiefern Eisenstadt über andere Revolutionstheorien des Kernmoduls hinausgeht.
Tipp: siehe S. 477.
3 **Zusatzaufgabe:** siehe S. 477.

1.7 Wahlmodul: Die Französische Revolution

M1 „La République", Ölgemälde von Sébastien-Melchior Cornu, 1848.
Die Frauenfigur hält eine Papierrolle mit der Aufschrift „Volkssouveränität" in der Hand. Auf dem Sockel stehen die Begriffe „Freiheit", „Gleichheit" und „Brüderlichkeit".

1789	Januar: Emmanuel Sieyès', „Was ist der Dritte Stand?" erscheint 5. Mai: Eröffnung der Generalstände 17. Juni: Der Dritte Stand der Generalstände erklärt sich zur Nation 14. Juli: Sturm auf die Bastille 4. Aug.: Abschaffung der Privilegien 26. Aug.: Erklärung der Menschen- und Bürgerrechte 5./6. Okt.: Zwangsumsiedlung des Königs nach Paris	
1791	20./21. Juni: Fluchtversuch der königlichen Familie 3. Sept.: liberale Verfassung, Frankreich wird konstitutionelle Monarchie	
1792	20. April: Frankreich erklärt Österreich und Preußen den Krieg 10. Aug.: Sturm auf die Tuilerien 21./22. Sept.: Frankreich wird Republik	
1793	21. Jan.: König Ludwig XVI. wird hingerichtet	
1793–1794	Zeit der Terrorherrschaft unter Führung Robespierres	
1794	27. Juli: Sturz Robespierres	
1795	23. September: Direktorialverfassung	
1795–1799	Direktorium übernimmt Herrschaft	

Die Französische Revolution gilt als wichtiger Meilenstein für die Entwicklung der Menschenrechte und der Demokratie in Europa und weltweit. Lange Zeit fungierte sie in der europäischen Geschichtswissenschaft als Epochengrenze zwischen Früher Neuzeit und Neuzeit bzw. als das Ereignis, das den endgültigen Durchbruch zur Moderne brachte, indem sie den Wandel von einer absolutistischen Monarchie in eine Republik vollzog. Sie legte mit ihren Prinzipien Freiheit, Gleichheit und Brüderlichkeit sowie ihren Verfassungen darüber hinaus die Grundlage für das Modell der modernen Gesellschaftsordnung, das bis in die Gegenwart die Basis des Selbstverständnisses demokratischer Staaten bildet. Inzwischen wird die „epochale" Bedeutung der Französischen Revolution in der historischen Forschung etwas zurückgenommen. Viele Elemente der feudalen Gesellschaft in Frankreich seien schon vor der Revolution in Auflösung begriffen gewesen. Und im politischen Bereich hätte man sich am Vorbild der konstitutionellen Monarchie in Großbritannien sowie den Verfassungsdokumenten der Vereinigten Staaten orientiert. Die Französische Revolution bündelte also die Erfahrungen der Englischen und der Amerikanischen Revolution und schuf vor allem mit der Erklärung der Menschen- und Bürgerrechte von 1789 ein Dokument mit Vorbildfunktion, das bis heute universale Gültigkeit hat.

1 **Cluster:** Reaktivieren Sie Ihr Vorwissen zur Französischen Revolution, indem Sie in Ihrem Kurs ein Cluster mit Begriffen, Personen und Ereignissen erstellen.
Tipp: siehe S. 477 f.
2 Analysieren Sie das Bild „Die Republik" (M 1) hinsichtlich seiner Bildelemente und seiner Kernaussage.
Tipps: Nutzen Sie die methodischen Arbeitsschritte S. 92.
3 Vergleichen Sie die Bilder M 1 und M 2.
4 **Vertiefung:** Erläutern Sie die politische Bedeutung der Nachbildung der Freiheitsstatue in Paris.

M 2 Nachbildung der Freiheitsstatue von New York auf der Ile au Cygne in Paris, Fotografie, o. J.
Die Statue wurde zum 100. Jahrestag der Revolution 1889 in Paris aufgestellt und blickt nach Westen in Richtung New York. Auf der Tafel in der Hand steht: „IV. Juliet 1776, XIV. Juliet 1789". Es gibt noch vier weitere Freiheitsstatuen in Paris.

1799 | 9. November: Napoleon übernimmt die Herrschaft
1804 | *Code civil* Napoleon lässt sich zum „Kaiser der Franzosen" krönen

1.7 Wahlmodul: Die Französische Revolution

> *In diesem Kapitel geht es um*
> - *die Konfliktlinien vor der Französischen Revolution,*
> - *die Formen des Protestes,*
> - *die politischen Ideen und die Verfassungsfragen,*
> - *die Rezeption der Französischen Revolution.*

Krise des Ancien Régime

Gegen Ende des 18. Jahrhunderts geriet das französische **Ancien Régime*** in eine tiefe gesellschaftlich-politische Krise, die sich zu einer Staatskrise ausweitete und schließlich zum Ausbruch der Revolution führte. Die Geschichtswissenschaft macht dafür ein komplexes Ursachenbündel verantwortlich:
- die katastrophale Finanzlage infolge der hohen **Staatsverschuldung**,
- die wachsende **Verarmung der Bevölkerung,** vor allem des Dritten Standes (Bürgertum und Bauern) aufgrund von Hungersnöten und einer hohen Steuer- und Abgabenlast,
- die Verkrustung der aus dem Mittelalter stammenden Ständegesellschaft durch Beharren des Ersten und Zweiten Standes (Geistlichkeit und Adel) auf **Privilegien** wie z. B. der Steuerfreiheit,
- die erfolglosen Versuche König Ludwigs XVI., eine **Finanz- und Steuerreform** durchzusetzen.

Die Revolutionäre beriefen sich zudem auf die **Aufklärung**, die zum geistigen Wegbereiter wurde. Vorbildwirkung hatte hier vor allem die **Amerikanische Revolution (1763–1787)**, in deren Zentrum die Errichtung eines neues politischen Systems auf der Basis von verschiedenen Verfassungsdokumenten stand.

Ancien Régime
Bezeichnung für Frankreich vor der Revolution 1789; es war politisch vom Absolutismus und sozial von der mittelalterlichen Ständegesellschaft geprägt.

▶ M 5: Gerd van den Heuvel über die Grundbesitzverteilung

▶ M 7: Beschwerdeschrift aus Colmar

▶ Kap. 1.4: Unabhängigkeitserklärung und Unabhängigkeitskrieg

M1 Das Erwachen des Dritten Standes, anonymes koloriertes Flugblatt, 1789.
Im Hintergrund: die Schleifung der Bastille.

Wahlmodul: Die Französische Revolution **1.7**

Die Phasen der Französischen Revolution	
1770–1789	Die vorrevolutionäre Phase: Krise des Ancien Régime
1789–1791	Die liberale Phase der Revolution
1791–1794	Radikalisierung der Revolution (1791–1793) und Terrorherrschaft („La Grande Terreur"), auch: Jakobinerherrschaft (1793 bis 1794)
1794–1799	Die Verbürgerlichung der Revolution (auch: Herrschaft der Thermidorianer und des Direktoriums)
1799–1815	Die nachrevolutionäre Phase: Herrschaft Napoleons

Die liberale Phase: Freiheit und Rechtsgleichheit

Die liberale Phase der Französischen Revolution (1789–1791) ist gekennzeichnet durch das Nach- und Ineinander verschiedener Revolutionen: die **Verfassungsrevolution**, die **Revolution der Stadtbürger und die Revolution der Bauern**. Als König Ludwig XVI. im Frühjahr die **Generalstände*** zur Behebung der Finanzkrise einberief, verlangten die
5 Vertreter des Dritten Standes grundlegende Veränderungen. Vor allem der geforderte neue Abstimmungsmodus (nach „Köpfen", nicht nach Ständen) stieß auf Widerstand des Königs und großer Teile des Adels. Daraufhin erklärte sich der Dritte Stand am 17. Juni 1789 zur **Nationalversammlung**, die nach dem Prinzip der Volkssouveränität politische Mitbestimmungsrechte (Gesetzgebung, Steuerbewilligung) beanspruchte.
10 Am 20. Juni 1789 schworen die Abgeordneten, erst nach der Verabschiedung einer Verfassung auseinanderzugehen (**Ballhausschwur**). Angesichts der Unnachgiebigkeit des Königs erklärte sich die Nationalversammlung am 9. Juli zur **Verfassunggebenden Versammlung**.
In den Städten kam es aufgrund der katastrophalen wirtschaftlichen Lage zum Sturz
15 der alten königlichen und zur Bildung neuer bürgerlicher Stadträte sowie zum Ausbruch spontaner Gewalt. Am 14. Juli 1789 eroberten etwa 8 000 bewaffnete Pariser Bürger die Bastille, die alte Stadtfestung. Obwohl militärisch ohne Bedeutung erlangte der Sturm auf die Bastille Symbolkraft für die gesamte Französische Revolution. Unter dem Eindruck gewaltsamer Bauernunruhen auf dem Land verabschiedete die Nationalver-
20 sammlung in der Nacht vom 4. auf den 5. August 1789 den Verzicht auf feudale Abgaben und auf alle steuerlichen Privilegien. Damit war die mittelalterliche Feudalordnung beseitigt.

Generalstände
Im Mittelalter entstandene Ständeversammlung des Ancien Régime, die seit 1614 nicht mehr einberufen worden war. Sie setzte sich aus dem Ersten Stand (Klerus), dem Zweiten Stand (Adel) und dem Dritten Stand (die nicht privilegierte Bevölkerung = ca. 98 %) zusammen. Die Abstimmung erfolgte nach Ständen, sodass Klerus und Adel den Dritten Stand stets mit 2 : 1 überstimmen konnten.

▶ M 11: Gemälde Ballhausschwur

Erklärung der Menschenrechte

Als Grundlage der neuen Ordnung verabschiedete die Nationalversammlung am 26. August 1789 die Erklärung der Menschen- und Bürgerrechte, die sich erstmals auf alle Menschen in allen Ländern bezog. Mit diesem umfassenden Geltungsanspruch gilt die Erklärung als Schlüsseldokument für die europäische Verfassungsentwicklung. Sie
5 wurde in der Nationalversammlung vor ihrer Verabschiedung heftig debattiert und war im Ergebnis ein Kompromiss, der auf zahlreichen Entwürfen und Ergänzungen basierte. Diskutiert wurde beispielsweise die Frage, ob und inwieweit die Franzosen den Amerikanern folgen sollten. Wie die amerikanischen Rechtskataloge bestimmt die französische Erklärung zunächst die natürlichen Rechte des Menschen und definiert deren
10 Schutz als Zweck der staatlichen Herrschaftsordnung. Darüber hinaus proklamiert sie die Souveränität der Nation: Unter Berufung auf Rousseau sollten die Gesetze den allgemeinen Willen (*volonté générale*) zum Ausdruck bringen. Hierin zeigt sich „die repu-

▶ M 14: Erklärung der Menschen- und Bürgerrechte

Jean-Jacques Rousseau
Rousseau (1712–1778) war ein wichtiger Philosoph der Aufklärung. Sein politisches Hauptwerk heißt „Vom Gesellschaftsvertrag oder Prinzipien des Staatsrechts" und erschien 1762.

107

blikanisch-demokratische Idee der Gleichursprünglichkeit von Menschenrechten und Volkssouveränität" (Matthias Koenig).

Obwohl die Erklärung der Bürger- und Menschenrechte aufgrund ihres revolutionären und universalistischen Pathos eine globale Ausstrahlungskraft hatte, wurde sie auch vehement kritisiert. Ungeklärt blieb das Verhältnis von Freiheit und Gleichheit, das Verhältnis von Rechten und Pflichten sowie die Frage, für wen die Menschenrechte Gültigkeit besitzen. Denn die Erklärung galt nur für erwachsene, Steuer zahlende Männer. Frauen besaßen – auch in den USA – keine politischen Rechte.

Verfassung von 1791

▶ M 15: Verfassung von 1791

Nach zweijähriger Beratung verabschiedete die Nationalversammlung am 3. September 1791 eine Verfassung, die auch der König zehn Tage später widerwillig mit seiner Unterschrift bestätigte. Sie sah die Bildung einer **konstitutionellen Monarchie** vor und verwirklichte entsprechend den Ideen der Aufklärung die Prinzipien der Gewaltenteilung und der Volkssouveränität. Vorangestellt wurde der neuen Verfassung die Menschenrechtserklärung von 1789. Allerdings gelang es den Revolutionären nur zum Teil, die politischen Konsequenzen aus ihr zu ziehen. So ließ beispielsweise das indirekte Zensuswahlrecht nicht alle Franzosen zur Wahl der Nationalversammlung zu. Ungeachtet dieser Inkonsequenz entstand mit der französischen Verfassung von 1791 erstmals ein demokratisch legitimierter Nationalstaat auf dem europäischen Kontinent. Außerdem ebnete sie den Weg zur modernen **parlamentarischen Demokratie** und wurde neben der amerikanischen Verfassung zum Leitbild aller Verfassungen des 19. Jahrhunderts.

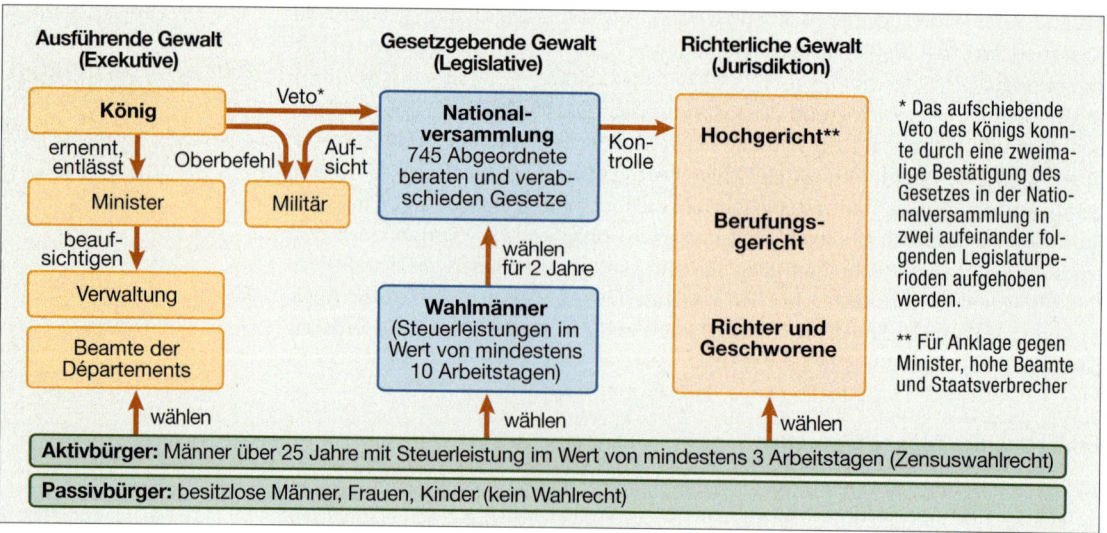

M2 Die französische Verfassung von 1791

Radikalisierung der Revolution

Trotz der Verabschiedung der Verfassung beruhigten sich die politischen Verhältnisse in Frankreich nicht. Im Gegenteil: Die Revolution radikalisierte sich und mündete in einer Terrorherrschaft („**La Terreur**", 1791–1794). Verursacht wurde diese Entwicklung durch eine Reihe außen- und innenpolitischer Faktoren: Zum einen arbeiteten der König und Teile der Aristokratie gegen die Umsetzung der Verfassung. Werteverfall des Geldes, Arbeitslosigkeit und weiterhin steigende Lebensmittelpreise verschärften außerdem die soziale Krise und führten zu „Teuerungsunruhen". Schließlich verursachte der drohende Krieg gegen die europäischen Monarchien die Furcht, Österreich und Preußen könnten die französischen Emigranten unterstützen, ihre Macht zurückzuerlangen.

Nach Beginn der Koalitionskriege (1792–1809) zwischen Frankreich und den europäischen Großmächten beschleunigten sich die Ereignisse: Im August 1792 stürmten Sansculotten* die Tuilerien, das königliche Stadtschloss, nahmen die Königsfamilie fest und zwangen die Legislative, **Neuwahlen zu einem Nationalkonvent** auszurufen. Der neue Nationalkonvent, der am 21. September 1792 erstmals zusammentrat, erklärte die Abschaffung der Monarchie sowie die Errichtung der „unteilbaren Republik". Und er verurteilte den König wegen „Verschwörung gegen die Freiheit" zum Tode und ließ ihn am 21. Januar 1793 öffentlich guillotinieren. Die neue **Verfassung von 1793** sah ein allgemeines Wahlrecht und Elemente der direkten Mitbestimmung vor, trat jedoch nicht in Kraft, weil die Jakobiner* eine revolutionäre Diktatur errichteten.

„Schreckensherrschaft": Despotismus der Freiheit?

Zu den entscheidenden politischen Akteuren wurden in dieser Phase (1793–1794) die Jakobiner. Zusammen mit den Sansculotten machten sie die Girondisten* für die Koalitionskriege sowie für königstreue Bauernaufstände verantwortlich und entmachteten sie. Am 6. April 1793 errichteten die Jakobiner einen Wohlfahrtsausschuss, der unter der Führung Robespierres* die Regierungsgewalt übernahm. In der Folgezeit vereinigte diese Institution immer mehr Macht auf sich und übte eine „Schreckensherrschaft" (*La Terreur*) aus. Diese war gekennzeichnet durch Einschränkungen der Bürgerrechte sowie durch Revolutionstribunale, die Zehntausende zum Tode verurteilten. Robespierre legitimierte die Revolutionsdiktatur mit dem zentralen Argument, sie sei nur vorläufig. Die Republik müsse sich mithilfe von Terror gegen die militärische Belagerung von außen und die Konterrevolution im Innern behaupten.

Zu den Kennzeichen der Schreckensherrschaft gehörten aber auch die Verkündung sozialer Grundrechte, z. B. das Recht auf Arbeit, das Recht auf Bildung, sowie einer Reihe sozialpolitischer Maßnahmen wie die Festsetzung von Höchstpreisen für Getreide und die öffentliche Unterstützung von Armen und Kranken. Robespierre, der als kompromissloser Verfechter der Gleichheitsidee galt, berief sich dabei auf Aufklärer wie Montesquieu und Rousseau, die in der Forderung nach Gleichheit nicht nur ein rechtliches, sondern auch ein soziales Problem erkannt hatten. Sie waren der Meinung, dass der Schutz des privaten Eigentums zwar Aufgabe des Staates sein sollte, ungleiche Besitzverteilung jedoch eine Gefahr für die Demokratie darstellte. Die Diskussion über die Frage, wie soziale Gleichheit zu verwirklichen sei, reichte von der Einschränkung des Privateigentums (Jakobiner) bis zur Herstellung möglichst gleicher Besitzverhältnisse (Sansculotten).

Das Direktorium: Rückkehr zu den liberalen Anfängen?

Mit den militärischen Erfolgen des Volksheeres gegen die europäischen Monarchien ließ sich die Diktatur nicht mehr rechtfertigen. Als der Terror zunehmend auch Konventsmitglieder bedrohte, formierte sich eine Opposition gegen Robespierre, der am 27. Juli 1794 verhaftet und am nächsten Tag mit 21 seiner engsten Anhänger guillotiniert wurde. Nach dem Ende der Jakobinerdiktatur begann die Herrschaft des Direktoriums (1794–1799), in der das Besitzbürgertum seine Macht wiederherstellte. Der Konvent knüpfte an die Verfassungen von 1789 bzw. 1791 an und verabschiedete am 22. August **1795 die Direktorialverfassung**. Die Wahl eines fünfköpfigen Direktoriums als oberstes Exekutivorgan sollte die Machtkonzentration in den Händen eines Einzelnen verhindern. Die Gewaltenteilung war gewährleistet, allerdings wurde das Wahl-

---

Politische Gruppierungen
- **Sansculotten:** Sie repräsentierten die politisierten kleinbürgerlichen Schichten und prägten seit dem Sturm auf die Tuilerien 1792 das politische Geschehen. Sie verteidigten die Republik und wollten Formen direkter Demokratie durchsetzen.
- **Jakobiner:** Sie waren radikale Demokraten und wollten die Republik. Sie stützten sich auf Kleinbürger und Arbeiter.
- **Girondisten:** Sie waren liberale Demokraten, strebten eine konstitutionelle Monarchie an und repräsentierten das Besitzbürgertum.

M3 Maximilien de Robespierre (1758–1794), Gemälde, französische Schule, um 1790

Französische Verfassungen

cornelsen.de/Webcodes
Code: tehefa

recht wieder an das Einkommen gebunden (Zensuswahlrecht) und die unter den Jakobinern eingeführten sozialen Grundrechte abgeschafft. Die neue Regierung, das Direktorium, stützte sich primär auf das Militär. Als im Sommer 1799 die royalistische Opposition in der Armee und der jakobinische Widerstand in den Städten zunahm, stürzte General Napoleon Bonaparte (1769–1821) am 9. November 1799 das Direktorium, übernahm die Regierungsgewalt und erklärte die Revolution für beendet.

Napoleon – der Erbe der Revolution?

M4 Napoleon Bonaparte (1769–1821) als Erster Konsul, anonymes Gemälde, um 1800

Mit der Konsularverfassung vom 13. Dezember 1799 begann die nachrevolutionäre Phase (1799–1815). Napoleon war für zehn Jahre „Erster Konsul", fungierte als oberster Befehlshaber und verfügte über die Gesetzesinitiative. Sukzessive baute er seine Herrschaft aus: 1802 ließ er sich das Konsulat auf Lebenszeit übertragen und zwei Jahre später durch Senatsbeschluss und Plebiszit zum **Kaiser der Franzosen** krönen. Obwohl Napoleon die Alleinherrschaft ausübte, genoss sein autoritäres Regime in der Bevölkerung eine hohe Akzeptanz. Sie basierte nicht nur auf seinen militärischen Erfolgen und dem Bedürfnis nach innenpolitischer Sicherheit und Ordnung, sondern auch auf dem gewährten Schutz der errungenen bürgerlichen Freiheiten. So schuf er mit dem *Code civil* von 1804 eine einheitliche Gesetzgebung, in der die Freiheit des Einzelnen, der Schutz des Eigentums, die Trennung von Staat und Kirche, die Zivilehe und Ehescheidung sowie die Rechtsgleichheit – allerdings zunächst nur für die männliche Bevölkerung – garantiert wurde. Mit dem Zivilprozessbuch von 1806 und dem Strafprozessbuch von 1808 wurden zudem neue Prinzipien für Gerichtsverhandlungen festgelegt. Über die Einführung in von Frankreich besetzten Territorien, wie z. B. die nordwestdeutschen Gebiete, wirkte diese weit über Frankreich hinaus und beeinflusste die Rechtsentwicklung in Europa.

Nach der **Entmachtung Napoleons** verabschiedete der Senat im April 1814 eine entsprechend dem Modell von 1791 erarbeitete Verfassung (*charte constitutionelle*) einer **konstitutionellen Monarchie** und berief den Bruder des letzten Königs auf den Thron.

1 Beschreiben Sie auf Basis der Darstellung die Veränderungen auf der politischen Ebene in Frankreich von 1789 bis 1814.
   Tipp: siehe S. 478.
2 **Partnerarbeit/Kurzvortrag:** Fertigen Sie in Partnerarbeit einen Kurzvortrag zu einem zentralen Akteur oder einer politischen Gruppierung der Revolution an (Robespierre, Napoleon, Emmanuel Joseph Sieyès, Jakobiner, Sansculotten, Girondisten).
3 **Vertiefung:** Begründen Sie, warum man die Französische Revolution als Totalrevolution bezeichnet.
4 **Zusatzaufgabe:** siehe S. 478.

Wahlmodul: Die Französische Revolution 1.7

Hinweise zur Arbeit mit den Materialien
Die Materialien zum Wahlmodul „**Die Französische Revolution**" sollen in erster Linie der Herausarbeitung verschiedener **Vergleichsaspekte zur Amerikanischen Revolution** dienen. Sie gliedern sich in insgesamt vier Themenblöcke.
Zunächst geht es um die **Konfliktlinien vor der Französischen Revolution**. Wirtschaftliche und soziale Probleme vor allem der Landbevölkerung (M 5 bis M 7) spielen in Frankreich ebenso eine Rolle wie die Forderung nach einer angemessenen politischen Vertretung der Mehrheit der Bevölkerung, besonders scharf formuliert von Emmanuel Joseph Graf Sieyès (M 8). Im zweiten Teil werden unterschiedliche **Formen des Protestes** beleuchtet. Sie reichen von einem zeitgenössischen Bericht über die ersten Brotunruhen in Paris (M 9) über einen Sekundärtext zur Ausbreitung von „Revolutionskomitees" (M 10) bis hin zum Ballhausschwur in der Nationalversammlung (M 11). Ein weiterer zeitgenössischer Text formuliert Bedenken bezüglich einer möglichen Radikalisierung der Revolution (M 12). Den zentralen Vergleichsaspekt zur Amerikanischen Revolution in der Forschung bilden die **politischen Ideen und Verfassungsfragen**. Um Parallelen und Unterschiede zu erarbeiten sind ein wissenschaftlicher Text (M 13) sowie folgende Dokumente der Französischen Revolution abgedruckt: die Erklärung der Menschen- und Bürgerrechte (M 14) sowie die Verfassung von 1791 (M 15). Abschließend soll die **Rezeption der Revolution** in Form von nationalen Symbolen und Feiertagen betrachtet werden (M 16, M 17).

Zur Vernetzung mit dem Kernmodul
Hier bietet sich als Erstes ein Bezug zu der Analyse der Französischen Revolution durch den Franzosen Alexis de Tocqueville an (M 1). Die Ursachen der Revolution lassen sich mit der J-Kurve (M 5) sowie mit den von Crane Brinton erarbeiteten Strukturen von Revolutionen (M 2) analysieren. Aspekte der Modernisierung (Weber M 7, Wehler M 8) können in Bezug zu den sozialen und politischen Veränderungen gesetzt werden.

Konfliktlinien vor der Französischen Revolution

M 5 Der Historiker Gerd van den Heuvel über Bevölkerungsentwicklung und Grundbesitzverteilung am Ende des Ancien Régime (1982)
Die Bevölkerung Frankreichs wuchs im Laufe des 18. Jahrhunderts von ca. 20 auf ca. 27 Millionen an. Vor der Revolution zählte der Klerus rund 130 000 und der Adel 350 000 Personen; der Dritte Stand umfasste etwa 98 Prozent der Bevölkerung, darunter ca. 22,5 Millionen Bauern. Klerus und Adel verfügten bei Ausbruch der Revolution über rund 10 bzw. 25 Prozent des Grundbesitzes, während Stadtbürger und Bauern im Verhältnis zu ihrem Anteil an der Bevölkerung nur 25 bzw. 35 Prozent des Landes besaßen.

Gerd van den Heuvel, Grundprobleme der französischen Bauernschaft 1730–1794, Oldenbourg, München 1982, S. 40.

M 6 Bäuerliche Sozialstruktur im nördlichen Pariser Becken 1685 und 1789

Soziale Gruppen	1685 (Tsd.)	(%)	1789 (Tsd.)	(%)
Großpächter	243	10,2	252	8,4
Unabhängige Mittelbauern	236	9,9	91	3,0
Kleinbauern	701	29,5	1021	33,0
Dienstboten, Knechte	146	6,1	337	11,2
Handwerker	269	11,3	479	15,9
Händler	166	7,0	132	4,4
Verschiedene	141	5,9	298	9,9
Witwen	474	20,0	400	13,3

Gerd van den Heuvel, Grundprobleme der französischen Bauernschaft 1730–1794, Oldenbourg, München 1982, S. 43.

1 Analysieren Sie die Veränderungen in der Bevölkerungsstruktur (M 5 und M 6).
2 Erklären Sie, warum die Grundbesitzverteilung in Frankreich für Konfliktstoff sorgte (M 5).

M 7 Aus den Beschwerdeschriften der Gemeinde Colmare (22. März 1789)
1. Wenn der Klerus und der Adel so wie wir zahlten, dann würde das den Staat erheblich stärken, wodurch er im Stande wäre, dem unterdrückten Volk Erleichterung zu verschaffen.
2. Wir erbitten die Abschaffung der indirekten Steuern und der Salzsteuer. [...]
5. Wir erbitten ferner die Abschaffung einer großen Zahl von Ämtern. Wir halten die Abschaffung des Amtes des Einnehmers der Taille[1], des Obersteuereinnehmers, der Direktoren, Kontrolleure und anderer Hilfsangestellter für notwendig. [...]
8. Wir fühlen uns auch berechtigt, eine Bemerkung zum Frondienst auf den großen Straßen zu machen. Wir halten es für natürlicher, dass diejenigen für Kosten und Unterhalt aufkommen, die sie beschädigen,

aber ohne Behinderung des Handels. Wenn indessen neue Straßen gebaut werden müssen, soll das wie in früherer Zeit erfolgen. [...]

10. Wir bitten um die Abschaffung überflüssiger Mönche und Nonnen.

11. Wir bitten, dass Gemeindeland und leere Flächen zum Vorteil des Staates bestellt werden.

12. Wir bitten, dass alle Maschinen jeder Art, wie die zum Baumwollspinnen, abgeschafft werden, da sie der Bevölkerung Schaden zufügen.

Zit. nach: Geschichte in Quellen, Bd. 4, bearb. von Wolfgang Lautemann, bsv, München 1987, S. 150 f.*

1 *die Taille:* direkte Steuer

1 Erläutern Sie die Inhalte und Ziele der Forderungen.
2 Vertiefung: Vergleichen Sie mit dem Streit um die Stempelsteuer in den nordamerikanischen Kolonien.
Tipp: Lesen Sie hierzu S. 26 ff. nach.

M 8 **Emmanuel Joseph Sieyès über den politischen Willen der Nichtprivilegierten (Januar 1789)**

Emmanuel Joseph Graf Sieyès (1748–1836) war seit 1780 bischöflicher Generalvikar, im Vorfeld der Revolution entfachten seine revolutionären (Flug-)Schriften eine Diskussion über die politische Situation im Ancien Régime: Freiheit und Repräsentation treten in das Zentrum seiner Analyse vom Januar 1789:

Der Plan dieser Schrift ist ganz einfach. Wir legen uns nur drei Fragen vor:
1. Was ist der Dritte Stand? – Alles.
2. Was ist er bis jetzt in der politischen Ordnung gewesen? – Nichts.
3. Was verlangt er? – Etwas zu werden.
Man wird in der Folge sehen, ob diese Antworten richtig sind. Nachher werden wir die Mittel betrachten, welche man angewendet hat, und untersuchen, welche Mittel man ergreifen muss, damit der Dritte Stand wirklich etwas wird.
Wir werden also zeigen:
4. was zu seinen Gunsten die Minister versucht haben und was die Privilegierten selbst vorschlagen;
5. was man hätte tun sollen;
6. was dem Dritten Stand zu tun übrig bleibt, um den Platz einzunehmen, der ihm gehört.

Der Dritte Stand ist eine vollständige Nation
[...] Alle öffentlichen Dienstgeschäfte lassen sich im jetzigen Zustande unter die vier bekannten Benennungen, nämlich des Kriegsdienstes, der Rechtspflege, der Kirche und der Staatsverwaltung, bringen. Es wäre überflüssig, sie einzeln durchzugehen, um zu zeigen, dass der Dritte Stand überall neunzehn Zwanzigstel dazu hergibt, mit diesem Unterschiede, dass er mit allem, was wirklich beschwerlich ist, und mit allen Diensten belastet wird, welche der privilegierte Stand zu tun sich weigert. Die einträglichen und ehrenvollen Stellen sind allein von den Gliedern des privilegierten Standes besetzt. [...]
Diese Ausschließung ist ein gesellschaftliches Verbrechen und eine wahre Feindseligkeit gegen den Dritten Stand. [...]
Was ist eine Nation? Eine Gesellschaft von Verbundenen, welche unter einem gemeinschaftlichen Gesetz leben und deren Stelle durch eine und dieselbe gesetzgebende Versammlung vertreten wird. Ist es nun nicht zu gewiss, dass der Adelsstand Vorrechte, Erlassungen genießt, welche er seine Rechte zu nennen sich erdreistet und welche von den Rechten des großen Ganzen der Bürger abgesondert sind? Er tritt dadurch aus der gemeinen Ordnung, aus dem gemeinschaftlichen Gesetz heraus. Also machen schon seine bürgerlichen Rechte aus ihm ein eigenes Volk in der Nation. [...]

Was ist der Dritte Stand bis jetzt gewesen? Nichts
Kurz zusammengefasst: Der Dritte Stand hat bis jetzt bei den Reichsständen keine wahren Stellvertreter gehabt; er befand sich also nicht im Besitz seiner politischen Rechte.

Was verlangt der Dritte Stand? Etwas zu werden
[...] Er will haben 1., dass wahre Stellvertreter bei den Reichsständen, d. h. Abgeordnete, aus seinem Stand genommen werden, welche die Ausleger seines Willens und die Verteidiger seines Interesses sein können.
Allein wozu würde es ihm nützen, den Reichsständen beizuwohnen, wenn das dem seinigen entgegengesetzte Interesse dort die Oberhand hätte? Er würde durch seine Gegenwart die Unterdrückung, deren ewiges Opfer er sein würde, nur bestätigen. Also ist es wohl gewiss, dass er bei den Reichsständen nicht stimmen kann, wenn er da nicht einen wenigstens gleichen Einfluss mit den Privilegierten haben soll. Er verlangt 2. ebenso viele Stellvertreter wie die beiden anderen Stände zusammen. Da aber diese Gleichheit der Stellvertretung vollkommen täuschend sein würde, wenn jede Kammer ihre abgesonderte Stimme hätte, so verlangt der Dritte Stand also 3., dass die Stimmen nach den Köpfen und nicht nach den Ständen genommen werden sollen. Das sind die Forderungen, welche unter den Privilegierten Feueralarm zu verbreiten schienen; sie haben geglaubt, dass dadurch die Verbesserung der Missbräuche unvermeidlich würde. Die bescheidene Absicht des Dritten Standes ist es, bei den Reichsständen den

gleichen Einfluss wie die Bevorrechtigten zu haben.

Emmanuel Joseph Sieyès, Qu'est-ce que le Tiers Etat? Paris 1789, S. 6 f., 27 f., zitiert nach: Irmgard und Paul Hartig, Die Französische Revolution, Klett, Stuttgart 1997, S. 37 f.*

1 Fassen Sie die politischen Forderungen von Sieyès zusammen.
2 Erläutern Sie Parallelen zu den Argumenten der Kolonisten in Nordamerika in Bezug auf die Verbindung von politischer Repräsentanz und legislativer Gewalt (siehe Kap. 1.2 und 1.3).

Formen des Protestes

M9 General de Besenval berichtet über Hungerunruhen (Juli 1789)

General de Besenval, vom Herzog de Broglie, dem Kriegsminister, mit der Verteidigung von Paris im Juli 1789 betraut, berichtet:

Seit acht Jahren habe ich im Auftrag des Königs das Kommando über die Provinzen im Innern des Landes, bestehend aus den Provinzen Ile de France ohne die Stadt Paris, Soissonnais, Berry, Bourbennais, Or-
5 léanais, Touraine und Maine. Die zahlreichen Aufgaben in den ausgedehnten Gebieten vermehrten sich im April des Jahres 1789 noch durch den spürbaren Mangel an Getreide, der eine nahe Hungersnot ankündigte. Die Knappheit an Brot und die ungewisse
10 Zukunft verbreiteten Angst und Schrecken und steigerten die allgemeine Unruhe. Auf den Märkten kam es zu Tumulten und die Transporte der Regierung in die am stärksten betroffenen Gebiete wurden abgefangen: Das zwang mich, die mir zur Verfügung ste-
15 henden Truppen aufzuteilen, um die vielen Märkte, die mir unterstanden, zu schützen, die Ordnung aufrechtzuerhalten, die Getreidetransporte zu sichern und Ruhe in den Gebieten herzustellen, in denen verwegene Banditen Gewalttaten begingen. Bis zum
20 12. Juli, an dem die Revolution ausbrach, hatte ich die Genugtuung, in meinem Befehlsbereich den Frieden wahren zu können, ohne dass sich ein ärgerlicher Zwischenfall ereignete, [...] obgleich die große Zahl von Kommandos, die ich stellen musste, es unmög-
25 lich machte, in jedem Fall einen Offizier an die Spitze zu stellen. Die Befehle, die ich gegeben hatte, wurden genau und pünktlich ausgeführt, so vollkommen war zu dieser Zeit die Disziplin. Ich habe schon gesagt, dass ich in Paris überhaupt keine Befehlsgewalt hat-
30 te, wo in normalen Zeiten die allgemeine Verwaltung dem Parlament unterstand und alle Einzelheiten in den Händen des *Ministre de la Maison* lagen. Die immer stärker werdende Unruhe sowie die Knappheit der Lebensmittel erzwangen die Anwendung der in ähnlichen Fällen gebräuchlichen Mittel, das heißt, 35 die beiden Regimenter der Palastwache und der Schweizergarde wurden eingesetzt, um die Ordnung aufrechtzuerhalten.

Die Französische Revolution in Augenzeugenberichten, hg. von Georges Pernoud und Sabine Flaissier, Klett, Stuttgart 1989, S. 22.*

1 Beschreiben Sie die Situation auf dem Land rund um Paris im Sommer 1789.
2 Arbeiten Sie typische Elemente der ersten Phase einer Revolution heraus, wie sie Crane Brinton darstellt.
▶ Kap. 1.6, M 2, S. 97 f.

M10 Der Historiker Rolf Reichardt über die Herausbildung politischer Organisationen (1999)

Ein grundlegendes Massenphänomen der Französischen Revolution [war]: jenes Netz meist spontan gegründeter Revolutionsklubs oder Volksgesellschaften, das sich, ausgehend von den städtischen Zentren, 1791/92 über das ganze Land verbreitete 5 und zur Zeit seiner größten Dichte, um die Jahreswende 1793/94, bis zu 6 000 Sozietäten umfasste. Tulle gehört zu den Städten mit über 4 000 Einwohnern, die landesweit sämtlich einen Revolutionsklub aufweisen, während diese Quote bei Orten mit 2 000 bis 10 3 000 Einwohnern auf 87 % und bei den Dörfern auf 13 % sinkt. Das war freilich immer noch genug, um die wichtigsten revolutionären Schlagworte auch auf dem platten Lande bekannt zu machen. Insgesamt traten 15 bis 30 % aller erwachsenen Männer (in Tulle 15 20 %) einem Revolutionsklub bei. Verglichen mit den 850 Freimaurerlogen der 1780er-Jahre, bedeutete dies nicht nur quantitativ, sondern auch qualitativ eine neue Dimension; denn während die Logen der Aufklärungszeit ziemlich unpolitische Geheimgesell- 20 schaften und nur ein Sozietätsmodell unter anderen (Akademien, Salons, Lesekabinette) waren, waren die revolutionären Volksgesellschaften zugleich öffentlich und politisch und galten zu ihrer Zeit als die einzige legitime Form der Vereinigung. 25

Rolf E. Reichardt, Das Blut der Freiheit, Fischer, 2. Auflage, Frankfurt/M. 1999, S. 84 f.

1 Charakterisieren Sie die Veränderungen der politischen Organisationsformen.
2 Analysieren Sie die Bedeutung von Vernetzung und Kommunikation während einer Revolution.
3 **Flugblatt:** Entwerfen Sie ein Flugblatt mit politischen Forderungen vom Juli 1789.
4 **Zusatzaufgabe:** siehe S. 478.

M 11 Der Schwur im Ballhaus am 20. Juni 1789, von Jacques-Louis David, Ölgemälde, um 1790

1 Arbeiten Sie die wichtigsten Bildelemente heraus und formulieren Sie eine Gesamtaussage.
Tipp: Nutzen Sie die Arbeitsschritte zur Bildanalyse von S. 92.

M 12 Der deutsche Pädagoge und Sprachforscher Johann Heinrich Campe (1746–1818), in einem Brief aus Paris (14. August 1789)

In Paris ist unterdes nichts Neues vorgefallen. Das Volk hält sich, trotz der fortdauernden Anarchie und trotz des knappen Brotvorrats, kleine unbedeutende Auftritte abgerechnet, noch immer ruhig – zum Er-
5 staunen aller, welche wissen, was die Worte Volk, Anarchie und Brotmangel in Verbindung miteinander zu bedeuten haben. […] Ob indes dieser unerhörte Zustand von Mäßigung und Ruhe bei fortwährender Gesetzlosigkeit und Zerrüttung der bürgerlichen Ver-
10 hältnisse noch lange andauern wird? […] Es kann daher und wird wahrscheinlich noch zu blutigen Auftritten kommen, weil es unmöglich scheint, dass die neue Konstitution so geschwind vollendet und an allen ihren Teilen an die Stelle der alten gesetzt werden
15 könnte, als nötig wäre, wenn man jener Verwilderung zuvorkommen wollte. Unterdes werden die geheimen Bemühungen der Aristokraten, die neue Freiheit, wo möglich, in ihren Keimen zu zerknicken, fortdauern; unterdes werden der Adel und die Geistlichkeit, sowohl in der Nationalversammlung als 20 auch im Lande, ihre letzten Kräfte aufbieten, um der Vollendung des größten Denkmals unseres Jahrhunderts, einer auf Vernunft und Menschenrecht gegründeten Konstitution, tausend Hindernisse und Schwierigkeiten in den Weg zu legen; unterdes wird 25 das Volk immer argwöhnischer, immer eifersüchtiger auf seine neue Freiheit, an die es noch nicht gewöhnt ist, immer rascher in seinem Verfahren, immer unbändiger und zügelloser werden; und – der Menschenfreund wendet mitleidig seine Augen von den 30 Gräueln weg, welche die Folgen sein können!

Johann Heinrich Campe, Briefe aus Paris zur Zeit der Revolution (1790), zit. nach: Irmgard und Paul Hartig, Die Französische Revolution im Urteil der Zeitgenossen und der Nachwelt, Klett, Stuttgart 1980, S.6 f.*

1 Erläutern Sie die Lageanalyse von Campe.
2 Setzen Sie sich mit seinen Befürchtungen für die Zukunft auseinander.

Politische Ideen und Verfassungsfragen

M 13 Der Historiker Hans Fenske über „Staatsformen im Zeitalter der Revolutionen" (2007)

Noch in der Mitte des 18. Jahrhunderts hatte die uneingeschränkte Monarchie im Diskurs [Reden] über die Staatsformen die weitaus meisten Verfechter, wobei freilich zur Voraussetzung gemacht wurde, dass
5 der Herrscher sich dem Gemeinwohl verpflichtet fühle und die Gesetze achte. Aber die Anhänger einer konstitutionellen Monarchie nach dem Vorbild Englands, das seit 1689 Verfassungsstaat war, gewannen stetig an Boden. Der erste moderne Verfassungsstaat,
10 also ein auf dem Willen der Nation beruhendes, gewaltenteilig organisiertes und die Menschenrechte garantierendes Gemeinwesen, wurde indessen nicht in Europa, sondern in Nordamerika errichtet, nachdem es wegen der Zuständigkeiten bei der Steuererhebung
15 zwischen der britischen Krone und den Kolonisten zu einem langwierigen Streit und schließlich zum Kriege gekommen war. Das alles wurde in Europa sehr aufmerksam beobachtet. Die einflussreichsten Teilnehmer an der Debatte über die Neugestal-
20 tung des Staates in Frankreich am Vorabend der Revolution und in ihrer ersten Phase zielten auf eben dies, auf einen auf der Volkssouveränität beruhenden gewaltenteiligen Rechtsstaat. Am Ende stand nach schwersten Erschütterungen allerdings nur ein auto-
25 ritärer Rechtsstaat mit pseudokonstitutioneller Fassade.

Hans Fenske, Staatsformen im Zeitalter der Revolutionen, in: Alexander Gallus/Eckehard Jesse (Hg.), Staatsformen von der Antike bis zur Gegenwart, 2., aktual. Aufl., Böhlau, Köln 2007, S. 184f.

1 Beschreiben Sie die englischen und amerikanischen Einflüsse auf die politische Debatte in Frankreich.
2 **Mindmap:** Gliedern Sie die zentralen Ideen der *Bill of Rights* und der Unabhängigkeitserklärung in einer Mindmap.
Tipp: Lesen Sie dazu erneut M 5 und M 7, S. 70 ff.

M 14 Erklärung der Menschen- und Bürgerrechte durch die französische Nationalversammlung (26. August 1789)

Die als Nationalversammlung vereinigten Vertreter des französischen Volkes betrachten die Unkenntnis der Menschenrechte, die Vergessenheit oder Missachtung, in die sie geraten sind, als die einzigen Ursachen
5 der öffentlichen Missstände und der Verderbtheit der Regierungen. Daher haben sie beschlossen, in einer feierlichen Erklärung die angestammten, unveränderlichen und heiligen Rechte des Menschen darzutun, auf dass diese Erklärung jeglichem Gliede
10 der menschlichen Gesellschaft ständig vor Augen sei und ihm seine Rechte und Pflichten für und für ins Gedächtnis rufe; auf dass die Handlungen der gesetzgebenden sowie die der ausübenden Gewalt jederzeit am Endzweck jeder politischen Einrichtung gemes-
15 sen werden können und so mehr Achtung finden mögen: dass die Forderungen der Bürger, nunmehr auf klare und unerschütterliche Prinzipien begründet, stets der Aufrechterhaltung der Verfassung und dem Wohl aller dienen.

20 So erkennt und verkündet die Nationalversammlung angesichts des Höchsten Wesens und unter seinen Auspizien die Rechte des Menschen und des Bürgers wie folgt:

Art. 1. Frei und gleich an Rechten werden die Men-
25 schen geboren und bleiben es. Die sozialen Unterschiede können sich nur auf das gemeine Wohl gründen.

Art. 2. Der Zweck jedes politischen Zusammenschlusses ist die Bewahrung der natürlichen und un-
30 verlierbaren Menschenrechte. Diese Rechte sind Freiheit, Eigentum, Sicherheit und Widerstand gegen Bedrückung.

Art. 3. Jegliche Souveränität liegt im Prinzip und ihrem Wesen nach in der Nation: Keine Körperschaft
35 und kein Einzelner kann eine Autorität ausüben, die sich nicht ausdrücklich von ihr herleitet.

Art. 4. Die Freiheit besteht darin, alles tun zu können, was anderen nicht schadet. Also hat die Ausübung der natürlichen Rechte bei jedem Menschen keine
40 anderen Grenzen als die, den anderen Mitgliedern der Gesellschaft den Genuss der gleichen Rechte zu sichern. Diese Grenzen können nur durch das Gesetz bestimmt werden.

Art. 5. Das Gesetz hat nur das Recht, Handlungen zu
45 verbieten, die der Gesellschaft schädlich sind. Was nicht durch das Gesetz verboten ist, darf nicht verhindert werden, und niemand kann gezwungen werden, etwas zu tun, was das Gesetz nicht befiehlt.

Art. 6. Das Gesetz ist der Ausdruck des Gemeinwil-
50 lens. Alle Bürger haben das Recht, persönlich oder durch ihre Vertreter an seiner Schaffung mitzuwirken. Es muss für alle das gleiche sein, mag es nun beschützen oder bestrafen. Alle Bürger sind vor seinen Augen gleich. Sie sind in der gleichen Weise zu allen
55 Würden, Stellungen und öffentlichen Ämtern zugelassen, je nach ihrer Fähigkeit und ohne andere Unterschiede als ihre Tüchtigkeit und Begabung.

Art. 7. Niemand darf angeklagt, verhaftet oder gefangen gehalten werden, es sei denn in den vom Gesetz
60 bestimmten Fällen. [...] Wer Willkürakte anstrebt, befördert, ausführt oder ausführen lässt, ist zu bestrafen; aber jeder Bürger, der durch ein Gesetz geru-

fen oder erfasst wird, muss augenblicklich gehorchen; durch Widerstand macht er sich schuldig.

Art. 8. Das Gesetz darf nur unbedingt und offensichtlich notwendige Strafen festsetzen und niemand darf bestraft werden, es sei denn kraft eines bereits vor seinem Delikt erlassenen, veröffentlichten und legal angewandten Gesetzes.

Art. 9. Jeder wird so lange als unschuldig angesehen, bis er als schuldig erklärt worden ist; daher ist, wenn seine Verhaftung als unerlässlich gilt, jede Härte, die nicht dazu dient, sich seiner Person zu versichern, auf dem Gesetzeswege streng zu unterdrücken.

Art. 10. Niemand darf wegen seiner Überzeugungen behelligt werden, vorausgesetzt, dass ihre Betätigung die durch das Gesetz gewährleistete öffentliche Ordnung nicht stört.

Art. 11. Die freie Mitteilung seiner Gedanken und Meinungen ist eines der kostbarsten Rechte des Menschen. Jeder Bürger darf sich also durch Wort, Schrift und Druck frei äußern; für den Missbrauch dieser Freiheit hat er sich in allen durch das Gesetz bestimmten Fällen zu verantworten.

Art. 12. Die Sicherung der Menschen- und Bürgerrechte macht eine öffentliche Gewalt notwendig; diese Gewalt wird demnach zum Nutzen aller eingesetzt, nicht aber zum Sondervorteil derjenigen, denen sie anvertraut ist.

Art. 13. Für den Unterhalt der öffentlichen Gewalt und für die Ausgaben der Verwaltung ist eine allgemeine Steuer vonnöten: Sie ist gleichmäßig auf alle Bürger zu verteilen nach Maßgabe ihres Vermögens.

Art. 14. Die Bürger haben das Recht, selbst oder durch ihre Vertreter die Notwendigkeit einer öffentlichen Auflage zu prüfen, sie zu bewilligen, ihren Gebrauch zu überwachen und ihre Teilbeträge, Anlage, Eintreibung und Dauer zu bestimmen.

Art. 15. Die Gesellschaft hat das Recht, von jedem öffentlichen Beauftragten ihrer Verwaltung Rechenschaft zu fordern.

Art. 16. Eine Gesellschaft, deren Rechte nicht sicher verbürgt sind und bei der die Teilung der Gewalten nicht durchgeführt ist, hat keine Verfassung.

Art. 17. Da das Eigentum ein unverletzliches und heiliges Recht ist, darf es niemandem genommen werden, es sei denn, dass die gesetzlich festgestellte öffentliche Notwendigkeit es augenscheinlich verlangt, und nur unter der Bedingung einer gerechten und im Voraus zu entrichtenden Entschädigung.

Zit. nach: Walter Markov u.a. (Hg.), Die Französische Revolution, Propyläen, Berlin 1989, S.66ff.*

1 Erläutern Sie die Präambel der Erklärung.
2 Arbeiten Sie Rechte und Pflichten der Bürger heraus.
3 Charakterisieren Sie die Rolle der Gesellschaft.
4 **Vertiefung:** Vergleichen Sie mit dem Grundgesetz der Bundesrepublik.
Tipp: siehe S. 478.

M 15 Die Verfassung von 1791

Den Beginn der Verfassung bildete die Erklärung der Menschen- und Bürgerrechte vom 26. August 1789.
Titel III. Von den öffentlichen Gewalten
Art. 1. Die Souveränität ist einheitlich, unteilbar, unveräußerlich und unverjährbar. Sie gehört der Nation. Kein Teil des Volkes und keine einzelne Person kann sich ihre Ausübung aneignen.
Art. 2. Die Nation, von der allein alle Gewalten ihren Ursprung haben, kann sie nur durch Übertragung ausüben. Die französische Verfassung ist eine Repräsentativverfassung. Ihre Repräsentanten sind die gesetzgebende Körperschaft und der König.
Art. 3. Die gesetzgebende Gewalt ist einer Nationalversammlung übertragen, die aus Abgeordneten besteht, die durch das Volk frei und auf Zeit gewählt werden, um sie mit Billigung des Königs auf die Art auszuüben, die nachstehend bestimmt wird.
Art. 4. Die Regierung ist monarchisch. Die ausführende Gewalt ist dem König übertragen, um unter seiner Autorität durch die Minister und andere verantwortliche Beamte auf die Art ausgeübt zu werden, die nachstehend bestimmt wird.
Art. 5. Die richterliche Gewalt ist den durch das Volk auf Zeit gewählten Richtern übertragen.

Kapitel I. Von der gesetzgebenden Nationalversammlung
Art. 1. Die Nationalversammlung, welche die gesetzgebende Körperschaft bildet, ist immerwährend und ist nur aus einer Kammer zusammengesetzt.
Art. 2. Sie wird alle zwei Jahre durch Neuwahlen gebildet. [...]
Art. 5. Die gesetzgebende Körperschaft kann durch den König nicht aufgelöst werden.
Abschnitt I. Zahl der Abgeordneten. Grundlagen der Abordnung
Art. 1. Die Zahl der Abgeordneten der gesetzgebenden Körperschaft beträgt 745 nach Maßgabe der 83 Departements, aus denen sich das Königreich zusammensetzt, und ohne Rücksicht auf diejenigen, welche den Kolonien bewilligt werden dürfen.
Art. 2. Die Abgeordneten werden auf die 83 Departements nach den drei Verhältnissen des Gebietes, der Bevölkerung und der direkten Besteuerung verteilt.

Abschnitt II. Urversammlungen. Bestellung der Wahlmänner

Art. 1. Um die gesetzgebende Nationalversammlung zu wählen, treten die aktiven Bürger alle zwei Jahre in den Städten und den Kantonen zu Urversammlungen zusammen. [...]

Kapitel II. Vom Königtum, der Regentschaft und den Ministern

Abschnitt I. Vom Königtum und dem König

Art. 1. Das Königtum ist unteilbar und dem regierenden Hause im Mannesstamm nach dem Rechte der Erstgeburt erblich übertragen. [...]

Art. 2. Die Person des Königs ist unverletzlich und heilig. Sein einziger Titel ist König der Franzosen.

Art. 3. Es gibt in Frankreich keine Autorität, die über dem Gesetze steht. Der König regiert nur durch dieses. Und nur im Namen des Gesetzes kann er Gehorsam verlangen. [...]

Kapitel III. Von der Ausübung der gesetzgebenden Gewalt

Abschnitt I. Macht und Aufgaben der gesetzgebenden Nationalversammlung

Art. 1. Die Verfassung überträgt ausschließlich der gesetzgebenden Körperschaft die folgenden Vollmachten und Aufgaben:
1. Gesetze vorzuschlagen und zu beschließen. Der König kann allein die gesetzgebende Körperschaft auffordern, eine Sache in Beratung zu nehmen;
2. die öffentlichen Ausgaben festzusetzen;
3. die öffentlichen Steuern anzusetzen, ihre Art, Höhe, Dauer und Erhebungsweise festzulegen. [...]

Art. 2. Der Krieg kann nur durch ein Dekret der gesetzgebenden Körperschaft, das auf förmlichen und notwendigen Vorschlag des Königs erlassen und von ihm bestätigt wird, beschlossen werden. [...]

Abschnitt III. Von der königlichen Bestätigung

Art. 1. Die Beschlüsse der gesetzgebenden Körperschaft werden dem König vorgelegt, der ihnen seine Zustimmung verweigern kann.

Art. 2. Im Falle, dass der König seine Zustimmung verweigert, ist diese Verweigerung nur von aufschiebender Wirkung.

Günther Franz (Hg.), Staatsverfassungen, Wissenschaftliche Buchgesellschaft, 2. Auflage, München 1964, S. 309 ff.*

1 Analysieren Sie die Aufgaben von Legislative und Exekutive.
Tipp: Beziehen Sie das Verfassungsschaubild von S. 108 sowie die Arbeitsschritte von S. 78 mit ein.
2 Vergleichen Sie mit dem amerikanischen System des „checks and balances".

Rezeption

M 16 Statue der Republik, Paris, Fotografie, 2012

1 „La Republique" ist ein Synonym für Frankreich. Erläutern Sie den Zusammenhang von Französischer Revolution und nationalem Selbstverständnis.

M 17 Feuerwerk über dem Hafen von Marseille am Nationalfeiertag, Fotografie, 14. Juli 2013

1 Recherchieren Sie Bilder vom französischen Nationalfeiertag und vergleichen Sie mit Bildern von den Feierlichkeiten in den USA am 4. Juli.

Anwenden und wiederholen

Anwenden

M1 Der Journalist Rainer Traub über Thomas Jefferson und die Französische Revolution (2010)

Jeffersons Frankreich-Begeisterung hielt sich während seiner Zeit als US-Gesandter in Paris – von 1785 bis 1789 – in Grenzen; voll entflammte sie erst nach seiner Rückkehr in die USA. Er war zwar ein scharfer
5 Gegner der Monarchie als Institution, glaubte aber zunächst an die guten Absichten Ludwigs XVI. Im Übrigen traute er den Franzosen keine Revolution zu. Seine Skepsis begründete der Botschafter im November 1788 in einem Brief an Washington mit einem
10 echt puritanischen Argument: Die französische Nation sei zwar „von unserer Revolution aufgeweckt" worden und spüre „ihre Stärke". Doch drohe jeder politische Fortschritt an den lockeren Sitten der Franzosen, an der „Allmacht" der Sexualität und am „Ein-
15 fluss der Frauen in der Regierung" zu scheitern.

Am 11. Juli 1789 äußerte sich Jefferson in einem Brief an [Thomas] Paine dann doch beeindruckt darüber, dass die Nationalversammlung „die alte Regierung gestürzt" habe und entschlossen dabei sei, „das Kö-
20 nigreich an allen vier Ecken in Brand zu setzen". Seine Achtung stieg weiter, als das Bürgertum nach dem Bastille-Sturm die militärische Macht an sich gerissen hatte und Lafayette Pariser Kommandant geworden war: „Eine gefährlichere Kriegsszene als jene, die
25 Paris in den letzten fünf Tagen bot", schrieb er demselben Briefpartner, „habe ich in Amerika nie gesehen."

Ende 1789 kehrte der Botschafter in die USA zurück, um dort auf Präsident Washingtons Wunsch Außen-
30 minister zu werden. Die Verteidigung der Französischen Revolution machte Jefferson nun zur Chefsache. Er identifizierte sie mit der „heiligen Sache der Freiheit", als deren Garant sich der Autor der amerikanischen Unabhängigkeitserklärung sah.
35 Auch die gewalttätigsten Auswüchse in Frankreich rechtfertigte Jefferson nun als unvermeidlichen Preis des Fortschritts: Man könne nicht erwarten, „den Übergang vom Despotismus zur Freiheit in einem Federbett zu erleben". Ein Landsmann, der den Terror
40 kritisierte, wurde 1793 energisch von ihm zurechtgewiesen. „Die Freiheit der ganzen Erde" hänge vom Ausgang des Kampfes in Frankreich ab: „Wurde je zuvor ein solcher Preis mit so wenig unschuldigem Blut errungen? Ich selbst war zutiefst erschüttert über das
45 Schicksal einiger Märtyrer, die für diese Sache ihr Leben ließen, doch lieber hätte ich die halbe Welt verwüstet, als ihr Scheitern gesehen; wären in jedem Land nur ein Adam und eine Eva übrig geblieben, und wären sie aber frei, so wäre das besser als der jet-
50 zige Zustand."

Rainer Traub, Schlüssel und Kerker (Auszug), SPIEGEL GESCHICHTE 1/2010, Seite 92ff., http://www.spiegel.de/spiegel/spiegelgeschichte/d-68812755.html (Download vom 13.6.2018).

M2 Anonymes Flugblatt, das eine Bilanz des Terrors zieht, Ende 1794.
Robespierre guillotiniert den Henker. Zu seinen Füßen die Verfassung von 1791 und 1793; auf der Grabespyramide steht die Aufschrift: „Hier ruht ganz Frankreich".

1 Erläutern Sie die Einstellung von Thomas Jefferson zur Französischen Revolution (M 1).
2 Beschreiben Sie die in M 1 genannten historischen Ereignisse und Jeffersons Deutung.
3 Interpretieren Sie das Flugblatt M 2.
4 Nehmen Sie Stellung zu Jeffersons Schlussfolgerung: „wären in jedem Land nur ein Adam und eine Eva übrig geblieben, und wären sie aber frei, so wäre das besser als der jetzige Zustand".

Wiederholen

M 3 Sturm auf die Bastille, 14. Juli 1789, Ölgemälde, französische Schule, 18. Jahrhundert

Zentrale Begriffe
Brüderlichkeit
Code civil
Direktorium
Dritter Stand
Freiheit
Girondisten
Gleichheit
Jakobiner
Menschen- und Bürgerrechte
Sansculotten
La Terreur
Verfassung
Volkssouveränität

1 Beschreiben Sie auf der Basis der Darstellung S. 106 ff. die verschiedenen Phasen der Französischen Revolution, indem Sie für jede Phase einige Stichworte nennen und diese kurz erläutern.
Tipp: Nutzen Sie die Tabelle S. 107.
2 Charakterisieren Sie die Darstellung des Sturms auf die Bastille in M 3. Greifen Sie bei Bedarf auf die Formulierungshilfen zurück.
3 Erklären Sie, warum der Sturm auf die Bastille zum Auslöser der Revolution wurde. Beziehen Sie die Thesen zu Ursachen von Revolutionen von Crane Brinton (Kap. 1.6 Kernmodul, M 2) in Ihre Überlegungen mit ein.
4 **Wahlaufgabe:** Bearbeiten Sie entweder Aufgabe a), b) oder c).
Vergleichen Sie die Französische Revolution mit der Amerikanischen Revolution, indem Sie Unterschiede und Gemeinsamkeiten der folgenden Themenbereiche in einer Tabelle gegenüberstellen:
a) Konfliktlinien vor der Revolution,
b) Protestformen und Verlauf,
c) politische Ideen und Verfassungen.
5 Die Französische Revolution gilt in der Geschichtswissenschaft als „klassisches Revolutionsmodell", weil sie Umbrüche auf politischer, sozialer und wirtschaftlicher Ebene herbeiführte. Überprüfen Sie diesen Befund auf Basis der Darstellung und der Materialien.
6 **Vertiefung:** Setzen Sie sich mit der Französischen Revolution als Epochengrenze zwischen Früher Neuzeit und Neuzeit auseinander, indem Sie die Auswirkungen der Revolution auf die benachbarten Länder ermitteln.

Formulierungshilfen
– Auf dem Bild ist/sind … zu sehen.
– Im Vordergrund des Bildes ist/sind … dargestellt.
– Im Hintergrund sieht man …
– Die dargestellten Personen …
– Folgende Gegenstände/Symbole werden verwendet …
– Die … Farbgebung des Bildes erzielt die Wirkung, dass …
– Das Gemälde deutet die historischen Ereignisse folgendermaßen …

1.8 Wahlmodul: Die Russische Revolution

M1 Lenin auf der Tribüne, Gemälde von Aleksandr Gerasimov, 1947

1861 | Aufhebung der Leibeigenschaft

Russland ist eine Weltmacht mit einer wechselvollen Geschichte. Die Revolutionen von 1917, die das Ende des russischen Zarenreiches herbeiführten und den Beginn des Sowjetstaats einleiteten, stellen eine tiefgreifende historische und politische Zäsur dar. In der Februarrevolution gingen Menschen aller Gesellschaftsschichten massenhaft auf
5 die Straße und forderten „Brot", „Frieden" und die Abdankung des Zaren, dessen autokratisches Regime sie für die schlechte Lage verantwortlich machten. Eine Verhaftungswelle von Regimekritikern beschleunigte die politische Radikalisierung der Bevölkerung. Am 23. Februar 1917 schlossen sich auch die Soldaten den Protesten an und wurden zusammen mit den Arbeitern zu den Hauptträgern der Revolution, die in Ar-
10 beiter- und Soldatenräten die politische Führung beanspruchten und gemäßigt linke, sozialistische Ideen vertraten. Damit standen sie in Konkurrenz zu den liberalen Kräften der Duma, dem seit 1906 existierenden russischen Parlament, das mit der Bildung einer provisorischen Regierung ebenfalls Anspruch auf die Führung erhob. Unter dem allgemeinen Druck dankte der Zar ab, es kam zu einer Phase der „Doppelherrschaft" von
15 Provisorischer Regierung und den Arbeiter- und Soldatenräten.
Anfang April 1917 trat der radikale Sozialist und Bolschewik Wladimir Iljitsch Lenin auf den Plan. Gleich nach seiner Rückkehr aus dem Exil in der Schweiz forderte er eine Fortsetzung der Revolution, um die alleinige Macht der Arbeiter, die von Marx und Engels als Vollendung des Kommunismus propagierte „Diktatur des Proletariats" zu erreichen.
20 Doch Provisorische Regierung und gemäßigte Sozialisten setzten sich mithilfe des Militärs noch einmal durch. Erst im Oktober 1917 sorgten die sich weiter verschärfenden Versorgungskrisen und der andauernde Krieg für einen Umschwung. Am 24. Oktober besetzten Arbeiter und Soldaten unter bolschewistischer Führung nach einem genauen Masterplan wichtige Orte in Petrograd und Moskau und verhafteten die Mitglieder der
25 Regierung, am 26. Oktober trat die erste Sowjetregierung zusammen. Die Oktoberrevolution war vollzogen, doch Historiker sprechen hier eher von einem Staatsstreich. Im Gegensatz zur Amerikanischen Revolution und Französischen Revolution haben die politischen Ideen der Russischen Revolution mit dem Ende der Sowjetunion 1990/91 an Bedeutung verloren.

1 Fassen Sie Ihre Kenntnisse der Amerikanischen und der Französischen Revolution zusammen, indem Sie jeweils in einer Mindmap zentrale Begriffe und Ereignisse darstellen.
2 Erläutern Sie die Grundzüge von Febuarrevolution und Oktoberrevolution.
3 Interpretieren Sie das Gemälde M 1.
4 Stellen Sie Hypothesen bezüglich der Rolle Lenins in der Russischen Revolution auf und überprüfen Sie diese nach Bearbeitung des Kapitels.

1895	Gründung der Russischen Sozialdemokratischen Arbeiterpartei
1905	Erste Russische Revolution
1914–1918	Erster Weltkrieg
1917	23. Feb.: Streik von Arbeitern in Petrograd (St. Petersburg)
	27. Feb.: In Petrograd und Moskau bilden sich Arbeiter- und Soldatenräte
	2. März: Die Duma bildet eine Provisorische Regierung unter Fürst Lwow; Zar Nikolaus II. dankt ab
	3./4. April: Rückkehr von Lenin aus dem Exil und Verkündung seiner „Aprilthesen"
	3.–24. Juni: Erster Allrussischer Sowjetkongress der Arbeiter- und Soldatenräte
	Juli: Julikrise: Bewaffnete Massendemonstrationen und Straßenschlachten
	24. Okt.: Beginn der „Oktoberrevolution": Bolschewiki besetzen wichtige Plätze in Petrograd; Verhaftung der Provisorischen Regierung
	25. Okt.: Menschewiki und Sozialrevolutionäre verlassen aus Protest den Sowjetkongress
	26. Okt.: „Rat der Volkskommissare" bildet die Regierung unter Führung von Lenin und Trotzki
	12. Nov.: Wahlen zur Verfassungsgebenden Versammlung
1918	5./6. Januar: Die Verfassungsgebende Versammlung wird von den Bolschewiki gewaltsam aufgelöst
	Friede von Brest-Litowsk, Rückzug Russlands aus dem Ersten Weltkrieg
	10. Juli: Verkündung der Verfassung der „Russländischen Sozialistischen Föderativen Sowjetrepublik"
1918–1921	März 1918: Beginn des Bürgerkriegs zwischen der kommunistischen Roten Armee und den Weißen Garden
1924	Tod Lenins und Machtkampf um die Führung

1.8 Wahlmodul: Die Russische Revolution

> *In diesem Kapitel geht es um*
> *– die Gründe, die zum Ausbruch der Revolution in Russland führten,*
> *– die Formen des Protestes während der Februar- und der Oktoberrevolution,*
> *– die politischen Ideen der beteiligten Parteien und Akteure,*
> *– die Rezeption.*

Die Ursachen der Revolution

In Russland waren die politischen, sozialen und ökonomischen Verhältnisse zu Beginn des 20. Jahrhunderts anders als in den west- und mitteleuropäischen Ländern. Die Aufhebung der **Leibeigenschaft**, die erst 1861 als Teil eines Reformprogramms von Zar Alexander II. erfolgte, hatte das Leben auf dem Land nicht nachhaltig modernisiert. Noch immer befand sich das meiste Land in der Hand von adeligen Gutsbesitzern, die Bauern bekamen nur kleinere Parzellen von der Gemeinde zugeteilt, deren Erträge kaum zum Leben reichten. Sie konnten zudem nicht frei über die Art der Bewirtschaftung entscheiden und durften nicht ihren Wohnort wechseln. Und der Bildungsstand war auf dem Land deutlich niedriger als in der Stadt. Drei von vier Erwachsenen waren Analphabeten. Verschärft wurde die Lage auf dem Land durch die **Bevölkerungsexplosion**. Hatte Russland 1860 etwa 60 Millionen Einwohner, so waren es 1913 bereits 174 Millionen. Doch auch in der Stadt gab es viele strukturelle Probleme. Die **Industrialisierung** hatte in Russland deutlich später begonnen. Der zaristische Staat förderte die Modernisierung der Industrie, jedoch ohne ihre sozialen Folgen durch politische Modernisierung abzusichern. Die **autokratische Herrschaft** des Zaren zeigte sich vor allem im System eines Polizeistaates, der die lückenlose Überwachung der Untertanen zum Ziel hatte. So blieb kaum Spielraum für eine öffentliche Diskussion über Probleme und Reformideen. Die politische Opposition wurde verfolgt, verhaftet und zum Teil verbannt. Viele gingen ins westeuropäische Exil und radikalisierten sich.

Im Jahr 1905 verschärften sich u. a. wegen des Krieges gegen Japan die sozialen und politischen Spannungen im Land. Es kam zu einer Streikbewegung der Arbeiter in den Städten und Bauernaufständen in weiten Teilen des Landes. Da die Armee größtenteils loyal blieb, wurden die Aufstände blutig niedergeschlagen. Trotzdem sah sich Zar Nikolaus II. zu Zugeständnissen gezwungen. 1906 wurde eine **Verfassung** mit einem Parlament, der Reichsduma, gewährt. Aber deren Rechte blieben gering. Es gab keine Verantwortlichkeit der Minister gegenüber dem Parlament und keine Kontrolle der Regierung. Vor allem über Krieg und Frieden entschied allein der Zar. Dennoch spricht man aufgrund der politischen Veränderungen von der Revolution von 1905. Es kam nicht zu Veränderungen der sozialen und wirtschaftlichen Strukturen. Nur wenige Bauern (Kulaken) profitierten von einem Schuldenerlass sowie von der Erlaubnis aus der Dorfgemeinschaft auszutreten und ihr Land als Eigentum in eigener Verantwortung zu bewirtschaften.

M1 Zar Alexander II. (1818–1881), Stich, anonym, o. J.

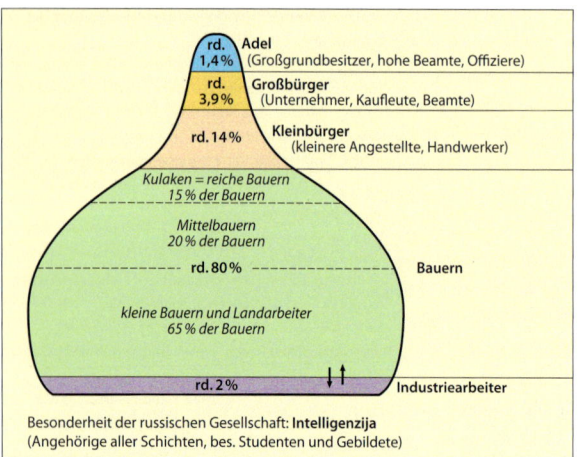

M2 Die gesellschaftliche Schichtung 1913.
Die Zahlen sind Schätzungen. Gestrichelte Linien deuten an, dass sich seit der Bauernbefreiung von 1861 die alte geburtsständische Gliederung verändert. Ein Teil des Adels sank auf das Niveau mittlerer Bauern ab.

Die Februarrevolution 1917

Nach 1914 genügten zwei Kriegsjahre, um Russland in eine tiefe Krise zu stürzen. Anfang 1917 nahm eine **Streikbewegung** im Lande Massencharakter an. Die revolutionäre Bewegung entwickelte sich entlang der Eisenbahn, dem Nervenzentrum der Revolution. Die städtischen Mittel- und Unterschichten beteiligten sich daran ebenso wie große Teile der Landbevölkerung. Am 23. Februar 1917 (nach altem Kalender) standen in St. Petersburg (Petrograd) 128 000 Arbeiter und Arbeiterinnen im Streik und demonstrierten; binnen kurzer Zeit verbrüderten sich fast alle Garnisonssoldaten mit den Demonstranten. Sie stürmten die Waffenarsenale des Heeres und übernahmen die Macht in der Stadt; zwei Tage später wurde der Generalstreik ausgerufen. Zum Sprachrohr des Aufstandes entwickelte sich der **Petrograder Arbeiter- und Soldatenrat***, dem überwiegend gemäßigte Linke angehörten. Die Streikenden forderten Brot, die Beendigung des Krieges und die Beseitigung des Zarismus. Am 26. Februar schlossen sich weitere militärische Einheiten den Aufständischen an. Am 27. Februar war die Hauptstadt völlig in der Hand der Arbeiter und Soldaten. Die **Duma*** wollte politisch nicht an die Seite gedrängt werden und kündigte nun ebenfalls ihren Gehorsam auf, indem sie sich weigerte, einem Befehl des Zaren zur Selbstauflösung nachzukommen. Als ein Einlenken des Zaren ausblieb und der Druck der Straße immer stärker wurde, kam es zur Machtergreifung des Parlaments. Es ließ die Regierung des Zaren und regionale Militärbefehlshaber verhaften und ernannte einen neuen Oberkommandierenden. Zar Nikolaus II. versuchte noch mithilfe von Fronttruppen die Revolution aufzuhalten, musste aber schließlich abdanken; das Ende der dreihundertjährigen Herrschaft der Romanovs war gekommen. Schon bald nach diesen Februartagen bildete sich eine **„Doppelherrschaft"** in Russland aus. Überall im Lande übernahmen **Sowjets** faktisch die Macht.

In den Sowjets dominierten zwei Parteien, die **Menschewiki*** und die **Sozialrevolutionäre***. Beide hatten ihre soziale Basis in der Intelligenz. Die Menschewiki bezogen sich in ihrer Agitation und Programmatik eher auf die Industriearbeiter, die Sozialrevolutionäre eher auf die Bauern. Insbesondere die Bauern waren in dem riesigen Land schwer zu organisieren. Gemeinsam war beiden Parteien ein schematisches Bild von historischer Entwicklung, das sich an dem Ablauf der europäischen Revolutionen und an den Vorstellungen von Marx und Engels orientierte, wonach Russland zunächst eine längere Periode bürgerlich-kapitalistischer Entwicklung zu durchlaufen hätte. Die Menschewiki und die Sozialrevolutionäre forderten daher die bürgerlichen Parteien aus der zaristischen Zeit auf, eine Regierung zu bilden. Das Resultat war die Provisorische Regierung. Sie bestand aus Vertretern der bürgerlichen Parteien und einem Minister der Sozialrevolutionäre, Alexander Kerenski, der im Sommer schließlich Regierungschef wurde. Dem Modell der „Doppelherrschaft" entsprechend, entstanden neben den Räten lokale Organe der Regierungsgewalt, die aber relativ bedeutungslos blieben.

Die Arbeiter, Bauern und Soldaten in den neuen Räten traten für einen sofortigen Friedensschluss ein. Darüber hinaus forderten sie weitgehende Mitbestimmungs- und Kontrollrechte für die sich überall bildenden Fabrikkomitees und eine grundlegende Agrarreform. Damit waren Konflikte mit der Provisorischen Regierung vorgezeichnet. Die stürmische Entwicklung in den Sommermonaten – die innere Auflösung der russischen Armee, die spontanen Landnahmeaktionen der Bauern, der Versuch eines Gegenputsches, die Radikalisierung der Massen, deren Forderungen nach Frieden, Brot und Land nicht erfüllt wurden – schwächte die Macht der Regierung Kerenski stark.

Arbeiter- und Soldatenräte/Sowjets
Aus den Streikkomitees in Moskau und St. Petersburg waren 1905 die ersten Sowjets (russ. = Räte) hervorgegangen. Die Führung der Streiks lag bei den spontan gebildeten Arbeiterausschüssen einzelner Betriebe. Sie schlossen sich hier und da zu gesamtstädtischen Streikkomitees zusammen, die zu einer dauernd gewählten Arbeiterversammlung („Rat der Deputierten") mit politischer Zielsetzung werden konnten. Die Sowjets waren ursprünglich parteilos. Allerdings bemühten sich vor allem die sozialistischen Gruppen, in ihnen die Kontrolle zu erlangen.

Duma
Altslawischer Begriff für eine beratende Versammlung. Ab 1905 bezeichnete man damit das russische Parlament.

▶ M 11: Kerenski über die Doppelherrschaft

Menschewiki
(russ. = Minderheitler) gemäßigter, am Prinzip der demokratisch organisierten Massenpartei festhaltender Flügel der 1898 gegründeten Sozialdemokratischen Arbeiterpartei Russlands; stand im Gegensatz zu den Bolschewiki, 1912 endgültige Spaltung von den Bolschewiki.

Sozialrevolutionäre
1901/02 entstandene russische Partei, hervorgegangen aus radikalen Gruppen der Narodniki (russ. = Die-ins-Volk-Gehenden). Die Sozialrevolutionäre erstrebten im Unterschied zu den Marxisten über freie Assoziationen von Kleinproduzenten einen bäuerlichen Sozialismus; im Kampf gegen den Zarismus bedienten sie sich auch des individuellen Terrors.

▶ M 12: Bericht aus Woronesh

Die Oktoberrevolution

In dieser Situation wurden die Bolschewiki*, die nur eine kleine Minderheit in den Räten darstellten, zum Sprachrohr insbesondere der städtischen Massen. Im April 1917 war ihr Vorsitzender **Wladimir Iljitsch Lenin** (1870–1924) mithilfe der deutschen Reichsregierung aus dem Schweizer Exil nach Russland zurückgekehrt. Lenin vertrat im Gegensatz zu den Menschewiki und zu Teilen der eigenen Partei die Auffassung, dass die Revolution mit Energie weitergetrieben werden müsse und dass allein eine Arbeiter- und Soldatenregierung, deren Keimform er im Petrograder Sowjet verwirklicht sah, die nationalen und sozialen Probleme des Landes lösen könne. Noch am Tag seiner Ankunft rief er mit seinen „Aprilthesen" zur Fortsetzung der Revolution auf.

Die bolschewistische Propaganda wirkte sich verschärfend auf die Auseinandersetzungen aus. Im **Juli 1917** nahm die Zahl der Streiks und Aussperrungen wieder zu. Eine galoppierende Inflation und die sich verschlechternde Versorgungslage führten zu erneuten Demonstrationen. In den Dörfern gingen die Bauern vielerorts zur spontanen Landnahme über und vertrieben ihre Grundherren. An der Front und in den Garnisonen wuchs der Unmut über den ausbleibenden Friedensschluss. Eine von der Regierung angeordnete Kriegsoffensive endete mit einem fluchtartigen Rückzug und teilweisen Zerfall der Armee. Dies befeuerte den Juliaufstand in Petrograd, der mit Demonstrationen und Straßenkämpfen zwischen den bolschewistischen Roten Garden und Regierungstruppen einherging. Doch der Aufstand scheiterte, Lenin floh nach Finnland und die Regierung unter Kerenski ging gestärkt aus dem Machtkampf hervor.

Bolschewiki
(= russ. Mehrheitler) revolutionäre Parteigruppierung, die streng von oben nach unten organisiert war und den Anspruch hatte, dass ihre Mitglieder wichtige Posten in allen Massenorganisationen innehaben, um die verschiedenen gesellschaftlichen Schichten auf den Weg des Sozialismus zu führen.

▶ M 17: Lenins Aprilthesen

M3 Mitgliederbewegung der Russischen Sozialdemokratischen Arbeiterpartei (Bolschewiki), danach Kommunistische Partei (Angaben leicht gerundet, Ausschnitt)

Datum	Mitgliederzahl
1917 Januar	23 600
1917 August	200 000
1918	390 000
1921	732 500
1922	528 400
1924	472 000[1]

Zit. nach: Hartmann Wunderer, Die Russische Revolution, Reclam, Stuttgart 2014, S. 50 f.

1 Nach dem Bürgerkrieg nahm man eine Reorganisation der Partei vor, mehrere hunderttausend Mitglieder wurden aus der Partei entfernt.

M4 Lenin im Hauptquartier der Bolschewiken im Smolny-Institut in Petrograd im Oktober 1917, Ölgemälde, Schule des sozialistischen Realismus, o. J.

Im **Herbst 1917** trieb die Krise von Wirtschaft, Armee und Staat ihrem Höhepunkt zu. Es kam zu Hungerunruhen, gewaltsamen Übernahmen von Fabriken durch Streikende, auf dem Land entbrannte ein regelrechter Bauernkrieg um das gutsherrliche Land. Bei den Septemberwahlen erzielten die Bolschewisten große Stimmengewinne und stellten nun in den wichtigsten Sowjets die Mehrheit. Angesichts dieser Entwicklung beschwor der zurückgekehrte Lenin seine Partei, in einem Staatsstreich die Macht zu ergreifen. Nach heftigen Debatten gelang es ihm, die Mehrheit des Zentralkomitees der Bolschewiki für den bewaffneten Aufstand zu gewinnen.

In der Nacht vom 24. auf den 25. Oktober nahmen militärische Einheiten und bewaffnete Arbeiterbrigaden strategische Punkte der Stadt ein. In der Nacht zum 26. Oktober ließ Leo Trotzki, einer der engsten Mitstreiter Lenins, das „Revolutionäre Militärkomitee", ein Organ des Petrograder Sowjets, den Regierungssitz, das „Winterpalais", stürmen. Die Regierung wurde abgesetzt. Es gab keine Massendemonstrationen, kaum Tote. Noch am Abend trat der Petrograder Sowjet zusammen, in dem die Bolschewiki die absolute Mehrheit hatten, und verkündete zwei Dekrete: das **„Dekret über den Frieden"**, gerichtet an alle Krieg führenden Länder, und das **Dekret über die entschädigungslose Enteignung von Grund und Boden**. Außerdem bildete der Petrograder Sowjet eine provisorische Arbeiter- und Bauernregierung (Rat der Volkskommissare) und wählte das „Gesamtrussische Zentralexekutivkomitee". Als die Wahlen zur verfassunggebenden Nationalversammlung, die noch die Provisorische Regierung veranlasst hatte, im November 1917 eine Mehrheit der Sozialrevolutionäre ergaben und das gewählte Parlament sich weigerte, die Sowjetmacht uneingeschränkt anzuerkennen, löste der Rat der Volkskommissare das Parlament im Januar 1918 durch Truppeneinsatz auf. Wenige Tage später wurde die Auflösung und die „Deklaration der Rechte des werktätigen und ausgebeuteten Volkes" vom 3. Allrussischen Rätekongress in Petrograd gebilligt. Die Deklaration bildet einen wichtigen Bestandteil der am 10. Juni 1918 in Kraft gesetzten Verfassung der Russischen Sozialistischen Föderativen Sowjetrepublik (RSFSR).

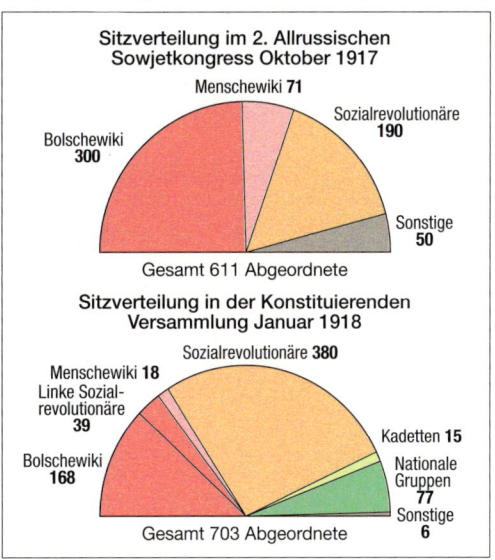

M5 Wahlergebnisse in Russland (1917/1918)

▶ M 18: Verfassung

Bürgerkrieg

Das Schicksal der Revolution aber entschied sich im Bürgerkrieg. Von seiner Gründung an stand der neue Staat unter starkem Druck. Neue Wellen von Umverteilung, zum Teil mit unvorstellbaren Gewaltausbrüchen, erschütterten die Dörfer. In der Industrie trafen die Betriebskomitees, die an die Stelle der privaten Unternehmer getreten waren, konfliktreich mit den Vertretern des Staates aufeinander, die eine planvolle Lenkung der Volkswirtschaft anstrebten. Zudem war eine breite gegenrevolutionäre Bewegung von „Weißen" entstanden, zunächst gestützt von deutschen und österreichischen Truppen, nach deren Kapitulation von Großbritannien, Frankreich, den USA und Japan. Die von Trotzki aufgebaute Rote Armee kämpfte jedoch die gegenrevolutionären Bewegungen in lange andauernden und verlustreichen Kämpfen nieder. In der sowjetischen Geschichtsschreibung wurde dies als „heroische Periode der Großen Revolution" bezeichnet, Lenin vor allem in der nachstalinistischen Zeit zum nationalen Helden erhoben. Heute zeichnet die Geschichtswissenschaft ein differenzierteres, zum Teil sehr kritisches Bild von Lenin.

▶ M 20: Dimitri Wolkogonow über Lenin

▶ M 21: Robert Service über Lenin

1.8 Wahlmodul: Die Russische Revolution

M 6 Bürgerkrieg in Russland 1918–1921

Dokumente russische Geschichte
cornelsen.de/Webcodes
Code: rehidi

1 Fassen Sie die Ursachen der Revolution in Russland zusammen. Nehmen Sie eine begründete Gewichtung vor.
2 **Lernplakat:** Erstellen Sie ein Lernplakat zum Verlauf der Revolution zwischen Januar und Ende Oktober 1917.
   Tipp: siehe S. 500.
3 Diskutieren Sie auf der Basis der Darstellung, ob der Begriff „Oktoberrevolution" gerechtfertigt ist oder ob man besser vom „Oktoberputsch" der Bolschewiki sprechen sollte.
4 Analysieren Sie die Karte M 6.
5 **Zusatzaufgabe:** siehe S. 478.

Wahlmodul: Die Russische Revolution 1.8

Hinweis zur Arbeit mit den Materialien
Die Materialien zum Wahlmodul „Die Russische Revolution" sollen den Vergleich mit der Amerikanischen Revolution ermöglichen. Texte und Bilder gliedern sich in zu den Kapiteln 1.2 bis 1.5 parallele Themenabschnitte bzw. weisen die gleiche Struktur wie Kapitel 1.7 auf.
Zunächst geht es um die Erarbeitung der **Konfliktlinien vor der Russischen Revolution**. Materialien zum Polizeisystem (M 7) und zur Situation auf dem Land (M 8) werden ergänzt durch eine Grafik zur Entwicklung der politischen Opposition (M 9). Anschließend zeigen verschiedene Materialien das Spektrum der **Protestformen** während der Revolution auf. Auf ein Bildmaterial zu Arbeiterstreiks (M 10) folgt ein rückblickender Zeitzeugentext zur Doppelherrschaft zwischen Duma und den Räten der Sowjets nach der Februarrevolution (M 11). Bauernunruhen (M 12) im Sommer 1917 verschärfen die Lage. Die Diskussion um einen bewaffneten Aufstand in den Zentralkomitees der Bolschewiken (M 13, M 14) schließen diesen Block ab. Den Schwerpunkt des Kapitels bilden die Materialien zu **politischen Ideen und Organisationsformen/Verfassung**. Am Anfang stehen die Erklärung der Duma nach dem Sturz des Zaren (M 15). Danach dokumentieren Lenins April-Thesen (M 17) sowie die Verfassung vom 10. Juli 1918 (M 18) die politischen Grundsätze der Bolschewiken und ihre Form der Umsetzung in der Sowjetrepublik. Abschließend widmet sich der Themenabschnitt **Rezeption** der Person Lenins und seiner Überhöhung in der Sowjetunion (M 19) sowie seiner wissenschaftlichen Analyse (M 20, M 21).

Zur Vernetzung mit dem Kernmodul
Zunächst bieten sich die marxistischen Revolutionstheorien (M 3, M 4) zum Vergleich an. Außerdem lassen sich die Ereignisse mithilfe des Rasters von Crane Brinton in ihrem revolutionären Charakter untersuchen (M 2). Schließlich kann man die Frage nach der Modernisierungsfunktion der Revolution in Russland stellen (M 7, Max Weber).

Konfliktlinien vor der Russischen Revolution

M 7 Der Direktor des Petersburger Polizeidepartements A. A. Lopuchin über das russische Polizeisystem (1907)
Angesichts dessen, dass dem Gendarmenkorps die elementaren wissenschaftlichen Rechtsbegriffe fehlen, dass es das öffentliche Leben nur so kennt, wie es sich innerhalb der Mauern von Militärakademien und Regimentskasernen manifestiert, läuft seine ganze politische Einstellung auf Folgendes hinaus: dass hier das Volk ist und dort die Staatsgewalt, dass diese ständig von jenem bedroht wird, weshalb sie von Sicherheitsmaßnahmen abhängig ist, und dass man sich bei der Durchführung dieser Maßnahmen ungestraft jeden Mittels bedienen kann. […] Dies führt dazu, dass jedes öffentliche Geschehnis den Charakter einer Bedrohung der Staatsgewalt annimmt. Daraus ergibt sich die Folge, dass der Schutz des Staates, wie ihn das Gendarmenkorps wahrnimmt, sich in einen Krieg gegen die gesamte Gesellschaft verwandelt und letzten Endes auch zur Zerstörung der Staatsautorität führt, deren Unverletzlichkeit nur durch die Eintracht mit der Gesellschaft gewährleistet werden kann. Durch die Verbreiterung der Kluft zwischen Staatsautorität und Volk führt es eine Revolution herbei. Deshalb ist die Tätigkeit der politischen Polizei nicht nur volksfeindlich, sondern auch staatsschädlich.

Zit. nach: Richard Pipes, Russland vor der Revolution. Staat und Gesellschaft im Zarenreich, dtv, München 1984, S. 324.*

1 Charakterisieren Sie das Verhältnis von Polizei und Bevölkerung in Russland.

M 8 Der Historiker Carsten Goehrke über das Verhältnis zwischen der russischen Dorfgemeinde (auf Russisch *mir* oder *obščina*) und den adligen Landgütern (2003)
Neben den staatlichen Amtsträgern und Polizeiorganen konzentrierte sich der Hass der Bauern nach wie vor auf die Besitzer der Adelsgüter. Auch wenn sie nicht mehr die Leibeigenen des Gutsherrn waren, hatte sich zwischen den beiden Seiten ein ganzes Geflecht wechselseitiger Abhängigkeiten entwickelt. Dass die Bauern vom früheren Herrn […] Ackerland und Weiden pachteten, habe ich bereits erwähnt. […] Dieser wiederum versicherte sich der bäuerlichen Arbeitskraft, indem er Geld auslieh. „Im Herbst zahlt der Bauer die Steuern. Da braucht er Geld um jeden Preis. So geht er denn zum Gutsbesitzer, um sich Geld zu holen, er erhält auch welches, und noch dazu als ein Almosen – wenn er sich verpflichtet, es im nächsten Jahre abzuarbeiten." Auf diese Weise konnten die meisten Gutsbesitzer die Anzahl ihrer ständigen Tagelöhner niedrig halten. […]
Aber je mehr sich die Landknappheit der Bauern verschärfte, desto stärker mussten ihnen die in den Händen der Gutsbesitzer nach 1861 verbliebenen Ländereien in die Augen stechen – unabhängig davon, ob sie früher diesem Gut als Leibeigene zugeschrieben waren oder nicht. […] So versammelten sich beispielsweise die Bauern der Wolost Chowanskaja

25 (Kreis Serdobsk, Gouvernement Saratow) am 29. Juli 1902 nach der Frühliturgie vor der Kirche „und debattierten untereinander, dass das Land ihnen gehören müsse und dass sie folglich das Getreide von den Gutsfeldern wegführen dürften, sobald es geschnit-
30 ten sei". [...] Der Grund und Boden sollte nur demjenigen zur Verfügung stehen, der ihn mit eigenen Händen bearbeitete, und auch nur so lange, wie dies der Fall war. Der Gutsbesitzer zählte für die Bauern nicht dazu und hatte daher auch kein Anrecht auf
35 sein Land. Sie waren der Meinung, bei der Bauernbefreiung von 1861 seien sie um den Rest ihres Landes zugunsten des Gutsadels betrogen worden und dieses Unrecht müsse nun wieder rückgängig gemacht werden. Immer noch neigten die Bauern dazu, zwi-
40 schen dem „guten" Zaren und seinen „bösen" Beamten zu unterscheiden. 1887 begründete eine Gemeindeversammlung aus dem Gouvernement Wologda ihre Weigerung, ausstehende Ablösungszahlungen nachzuentrichten, folgendermaßen: „Der Zar hat
45 [uns] von den Zahlungen befreit, aber die Beamten, hohe wie niedere, und nach ihnen die Vorsteher und Ältesten wollen die oberste Gewalt betrügen, um sich einzuschmeicheln." Aus dem Recht, das man für sich reklamierte, erwuchs nach herkömmlicher bäuerli-
50 cher Überzeugung nahtlos das Recht auf Selbsthilfe und Selbstjustiz. Alle Zusammenstöße zwischen *Mir* und Staatsmacht in Fragen der Landnutzung lassen sich auf diese gegensätzlichen Rechtsauffassungen zurückführen.
55 Tausende derartiger Landgüter, die den bäuerlichen Hunger nach Boden anstachelten, breiteten sich über große Teile Russlands aus und bildeten mehr noch als im späten 18. Jahrhundert die Brückenköpfe einer adlig-urbanen Gegenkultur. Villen und Schlös-
60 ser im Zentrum der Besitzung spiegelten die Wandlungen des Architekturgeschmacks von Neoklassizismus und Tudor über die Neugotik bis hin zum Jugendstil. Was im 19. und frühen 20. Jahrhundert zur russischen Malerei, Musik und Literatur gewor-
65 den ist, verdankt seine Entstehung zu einem beträchtlichen Teil diesem verstreuten Inselreich adliger Landsitze. Doch den Bauern blieb diese Gegenwelt fremd, unverständlich, feindlich.

Carsten Goehrke, Russischer Alltag, Band 2, Auf dem Weg in die Moderne, Chronos-Verlag, Zürich 2003, S. 256 f.*

1 Erläutern Sie auf der Basis von M 8 und des Darstellungsteils die Situation der Bauern in Russland.
2 **Vertiefung:** Erklären Sie, warum es 1917 zum Revolutionsausbruch gekommen ist. Beziehen Sie die J-Kurve von James C. Davies (Kernmodul Kap. 1.6, M 5) in Ihre Argumentation ein.

M 9 Stammbaum der Opposition 1825 bis 1903

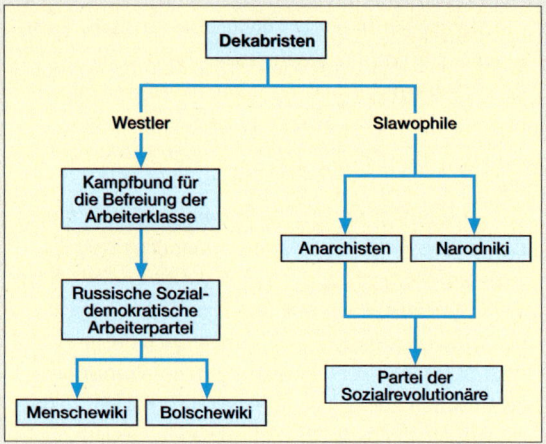

1 **Internetrecherche:** Informieren Sie sich über führende Persönlichkeiten der Oppositionsgruppen.
Tipp: siehe S. 478.

Formen des Protestes

M 10 Treffen streikender Arbeiter im Putilow-Werk in Petrograd im Februar 1917, Fotografie, 1917

1 Beschreiben Sie die im Bild dargestellte Form des Protestes.
2 Vergleichen Sie mit den Protestformen während der Amerikanischen Revolution. Arbeiten Sie Gemeinsamkeiten und Unterschiede heraus.
Tipp: Lesen Sie zu den Protestformen in Amerika S. 27 f. und S. 42 ff.

M 11 Alexander Kerenski (1881–1970), ehemaliger Ministerpräsident der Provisorischen Regierung (1961)

Die Duma-Mehrheit musste viel vergessen, bevor sie sich auf die Seite der Revolution stellen, sich auf einen offenen Konflikt mit der zaristischen Macht einlassen und ihre Hand gegen die traditionelle Autorität erheben konnte. Wir, die Vertreter der Opposition, [...] schlugen jetzt offiziell das vor, was man als den revolutionären Kurs bezeichnen könnte. Wir forderten, dass die Duma sofort in die offizielle Sitzungsperiode eintrete, ohne irgendeinen Auflösungsbefehl zu beachten. Einige schwankten. Die Mehrheit und Rodsjanko[1] stimmten nicht mit uns überein. Argumente, Überredung und leidenschaftliche Bitten waren vergebens. Die Mehrheit glaubte immer noch zu sehr an die Vergangenheit. Die Verbrechen und Torheiten der Regierung hatten es noch nicht bewirkt, diesen Glauben zu zerstören. Der Rat lehnte unseren Vorschlag ab und beschloss, dass die Duma in „inoffizieller" Sitzung zusammenkommen sollte. Politisch und psychologisch bedeutete dies, dass es ein privates Treffen einer Gruppe von Privatpersonen geben würde, von denen viele Männer von großem Einfluss und Autorität waren, aber eben nur Privatpersonen. Die Versammlung war nicht die eines Staatsorgans und sie hatte keine formelle Autorität, wofür sie allgemeine Anerkennung verlangen konnte. Diese Weigerung, formell die Sitzungsperiode fortzusetzen, war vielleicht der größte Fehler der Duma. Sie bedeutete gerade in dem Augenblick Selbstmord zu begehen, als sie die höchste Autorität im Lande war und eine entscheidende und fruchtbare Rolle gespielt haben könnte, wenn sie offiziell gehandelt hätte. Diese Weigerung legte die charakteristische Schwäche einer Duma bloß, die sich in ihrer Mehrheit aus Vertretern der oberen Klassen zusammensetzte und die unvermeidlich die Meinungen und den Gemütszustand des Landes verzerrt wiedergab. Und so schrieb die kaiserliche Duma [...] ihr eigenes Todesurteil im Augenblick der revolutionären Wiedergeburt des Volkes. Die Mehrheit setzte die Duma bewusst auf eine Ebene mit anderen selbsternannten Organisationen, wie der Rat der Arbeiter und Soldatendeputierten, der gerade da erschien. Später gab es Bemühungen, die Duma als eine offizielle Institution wiederzubeleben, aber sie kamen zu spät. Die Duma starb am Morgen des 12. März (Neue Zeit), an dem Tag, an dem ihre Stärke und ihr Einfluss am größten waren. Am nächsten Tag, dem 13. März (Neue Zeit), gab es bereits zwei Zentren der Autorität, die beide ihre Existenz der Revolution verdankten: die Duma in inoffizieller Sitzung mit ihrem Provisorischen Komitee, ernannt als eine provisorische Körperschaft, die die Ereignisse dirigieren sollte, und der Rat der Sowjets der Arbeiter- und Soldatendeputierten mit seinem Exekutivkomitee.

Zit. nach: Martin Grohmann, Heiko Haumann, Gabriele Rappmann, Wirtschaft und Gesellschaft in der Sowjetunion, übersetzt von Gabriele Rappmann, Schroedel, Hannover 1979, S. 10.*

1 *Michail Rodsjanko:* Vorsitzender der Staatsduma

1 Fassen Sie die Kernaussagen Kerenskis bezüglich der Rolle der Duma während der Revolution zusammen.

M 12 Aus dem Bericht des Gouvernement-Kommissars von Woronesh (2. Juni 1917)

Die Fälle von Übertretungen verschiedener Art und von ungesetzlichen Handlungen nehmen im Gouvernement von Tag zu Tag zu, vor allem im Zusammenhang mit der Landfrage. Überall setzen die Bauern dem Weiterbestand der Gutswirtschaften Schwierigkeiten entgegen, sie übernehmen die Gutswirtschaften vollständig oder teilweise, schicken ihr Vieh auf die Gutsweide, weiden die Getreidefelder, Heuschonungen und Waldschläge ab, entfernen Angestellte und Arbeiter, holen die Kriegsgefangenen fort, setzen niedrige Pachtzinsen fest, die oft nicht zur Bezahlung der Abgaben und Bankzinsen ausreichen, und erzwingen obendrein, dass diese nicht an die Gutsbesitzer, sondern an das Kreiskomitee entrichtet werden. Sie setzen für die Arbeiter unglaublich hohe Löhne fest, verbieten die Einstellung von Arbeitern aus anderen Kreisen, erheben Gemeindesteuern, [...] ziehen Kloster und Kirchenländereien sowie staatliche Waldungen usw. ein. Alle diese Funktionen werden häufig auf Verordnung oder mit Bewilligung der Kreiskomitees und mitunter auch der *Ujesd*-[Bezirks-]Komitees ausgeübt. Haussuchungen und Verhaftungen auf Befehl solcher Organisationen oder selbst auf Initiative einzelner Bürger sind eine ziemlich häufige Erscheinung. Es sind auch einige Fälle zwangsweiser Entfernung von Beamten der alten Verwaltung, Geistlicher und Privatpersonen aus dem Gebiet der betreffenden Örtlichkeit vorgekommen.

Sergei Dubrowski, Die Bauernbewegung in der Russischen Revolution 1917, Berlin 1929, S. 66.*

1 Charakterisieren Sie die Lage auf dem Land.
2 Vergleichen Sie mit der Situation in den Städten.
   Tipp: Beziehen Sie die Darstellung S. 123 und M 10 in Ihre Argumentation ein.
3 Überprüfen Sie auf der Basis von M 7 bis M 12 die Revolutionstheorien von Marx/Engels und Lenin (Kernmodul Kap. 1.6, M 3, M 4).

M 13 Argumente für einen bewaffneten Aufstand aus dem Beschluss des Zentralkomitees (10. Oktober 1917)

Das ZK stellt fest, dass die internationale Lage der russischen Revolution (der Aufstand in der deutschen Flotte als extreme Äußerung der in ganz Europa heranwachsenden sozialistischen Weltrevolution, dann die Gefahr eines Friedens der Imperialisten mit dem Ziel, die Revolution in Russland abzuwürgen), die militärische Lage (die unbezweifelbare Entscheidung der russischen Bourgeoisie sowie Kerenskis und seiner Anhänger, Petrograd den Deutschen zu übergeben) wie auch die Erlangung der Mehrheit der proletarischen Partei in den Sowjets, – dass all dies in Verbindung mit dem Bauernaufstand und mit der Hinwendung des Vertrauens des Volkes zu unserer Partei (die Wahlen in Moskau[1]), endlich die offene Vorbereitung eines zweiten Kornilow-Putsches[2] (Abzug von Truppen aus Petrograd, die Heranführung von Kosaken nach Petrograd, die Umzingelung von Minsk durch Kosaken usw.), – dass all dies den bewaffneten Aufstand auf die Tagesordnung setzt.

1 Bei den Wahlen zu den Bezirksparlamenten in Moskau am 24. September 1917 konnten die Bolschewiki in elf Bezirken die absolute Mehrheit erreichen und auch in den übrigen Bezirken gut abschneiden.
2 der Kornilow-Putsch: s. Darstellungstext

Zit. nach: Martin Grohmann, Heiko Haumann, Gabriele Rappmann, Wirtschaft und Gesellschaft in der Sowjetunion, übersetzt von Gabriele Rappmann, Schroedel, Hannover 1979, S. 34.

M 14 Argumente gegen einen bewaffneten Aufstand aus dem Bericht „Zur gegenwärtigen Lage" der Mitglieder des ZK G. Sinowjews und J. Kamenews (11. Oktober 1917)

Man sagt: 1. für uns ist schon die Mehrheit des Volkes in Russland und 2. für uns ist die Mehrheit des internationalen Proletariats. Leider ist weder das eine noch das andere wahr, und darin liegt der springende Punkt. In Russland ist die Mehrheit der Arbeiter und ein bedeutender Teil der Soldaten für uns. Aber alles andere ist fraglich. Selbstverständlich hängt unser Weg nicht nur von uns allein ab. Der Gegner kann uns zwingen, den Entscheidungskampf vor den Wahlen zur konstituierenden Versammlung anzunehmen. [...] Aber soweit die Wahl von uns abhängt, können und müssen wir uns jetzt auf eine *Verteidigungsposition* beschränken. [...] Die Kräfte der proletarischen Partei sind selbstverständlich sehr bedeutend, aber die entscheidende Frage besteht darin, ob tatsächlich unter den Arbeitern und Soldaten die Stimmung so ist, dass sie selbst schon die Rettung nur im Straßenkampf sehen und auf die Straße drängen. [...] Unter diesen Umständen wird es eine tiefe historische Unwahrheit, die Frage des Übergangs der Macht in die Hände der proletarischen Partei so zu stellen: jetzt oder nie!

Nein! [...] [N]ur durch eine Methode kann sie ihre Erfolge unterbrechen, nämlich dadurch, dass sie unter den jetzigen Umständen die Initiative der Aktion auf sich nimmt und damit das Proletariat den Schlägen der gesamten vereinigten Konterrevolution, unterstützt von der kleinbürgerlichen Demokratie, aussetzt. Gegen diese verderbliche Politik erheben wir die Stimme der Warnung.

Zit. nach: Martin Grohmann, Heiko Haumann, Gabriele Rappmann, Wirtschaft und Gesellschaft in der Sowjetunion, übersetzt von Gabriele Rappmann, Schroedel, Hannover 1979, S. 34 f.*

1 Beschreiben Sie die unterschiedlichen Positionen innerhalb der Bolschewiken.
2 **Zusatzaufgabe:** siehe S. 478.

Politische Ideen und Verfassung

M 15 Aus der ersten Erklärung der Provisorischen Regierung (2. März 1917)

Bürger! Das Vollzugskomitee von Mitgliedern der Reichsduma hat nunmehr mit der wohlwollenden Hilfe der Truppen und der hauptstädtischen Bevölkerung eine derartige Überlegenheit über die finsteren Mächte des alten Regimes errungen, dass es an die festere Organisierung der Exekutivgewalt gehen kann. [...]

Bei seiner Tätigkeit wird sich das Kabinett von folgenden Prinzipien leiten lassen:

1. Vollständige und sofortige Amnestie aller politischen und religiösen Vergehen einschließlich terroristischer Angriffe, militärischer Revolten, Verbrechen in der Landwirtschaft usw.
2. Freiheit der Rede, der Presse, Vereins-, Versammlungs- und Streikfreiheit und Ausdehnung der politischen Freiheit auf Personen, die im Militärdienst stehen, soweit es die militärische Technik zulässt.
3. Abschaffung aller benachteiligenden Unterschiede infolge der Zugehörigkeit zu bestimmten Ständen, Religionsgemeinschaften und Nationalitäten.
4. Sofortige Einberufung einer Konstituierenden Versammlung auf der Grundlage des allgemeinen, gleichen, geheimen und direkten Wahlrechts [...].
5. Ersetzung der Polizei durch eine Volksmiliz mit gewählter Leitung, die den Organen der lokalen Selbstverwaltung untersteht.

7. Die militärischen Einheiten, die an der revolutionären Bewegung teilgenommen haben, nicht zu entwaffnen und aus Petrograd zu entfernen.
8. Unter Aufrechterhaltung strenger militärischer Disziplin an der Front und im Militärdienst Befreiung der Soldaten von allen Beschränkungen allgemeiner Rechte, deren sich die anderen Bürger erfreuen.

Die Provisorische Regierung erachtet es als ihre Pflicht, zu betonen, dass sie nicht beabsichtigt, militärische Umstände zu einer Hinausschiebung der oben angedeuteten Reformen und anderen Maßnahmen auszunützen.

Zit. nach: Hartmann Wunderer, Die Russische Revolution, Reclam, Stuttgart 2014, S. 118 ff.*

1 Erläutern Sie die Ankündigungen der Provisorischen Regierung.

M 16 **Russische Münze nach der Abdankung des Zaren, 1917.**
Aufschrift: Es lebe / Freiheit und Gleichheit.

1 Ordnen Sie die Münze zeitlich ein, Frühjahr 1917 oder Oktober 1917, und begründen Sie.

M 17 **Lenin legte diese Thesen nach seiner Ankunft in Russland am 3. April 1917 vor:**
1. In unserer Stellung zum Krieg, der von Seiten Russlands auch unter der neuen Regierung Lwow und Co. – infolge des kapitalistischen Charakters dieser Regierung – unbedingt ein räuberischer imperialistischer Krieg bleibt, sind auch die geringsten Zugeständnisse an die „revolutionäre Vaterlandsverteidigung" unzulässig.

Einem revolutionären Krieg, der die revolutionäre Vaterlandsverteidigung wirklich rechtfertigen würde, kann das klassenbewusste Proletariat seine Zustimmung nur unter folgenden Bedingungen geben:
a) Übergang der Macht in die Hände des Proletariats und der sich ihm anschließenden ärmsten Teile der Bauernschaft;
b) Verzicht auf alle Annexionen in der Tat und nicht nur in Worten;
c) tatsächlicher und völliger Bruch mit allen Interessen des Kapitals. [...]
Organisierung der allerbreitesten Propaganda dieser Auffassung unter den Fronttruppen. [...]

2. Die Eigenart der gegenwärtigen Lage in Russland besteht im Übergang von der ersten Etappe der Revolution, die infolge des ungenügend entwickelten Klassenbewusstseins und der ungenügenden Organisiertheit des Proletariats der Bourgeoisie die Macht gab, zur zweiten Etappe der Revolution, die die Macht in die Hände des Proletariats und der ärmsten Schichten der Bauernschaft legen muss. [...] Diese Eigenart fordert von uns die Fähigkeit, uns den *besonderen* Bedingungen der Parteiarbeit unter den unerhört breiten, eben erst zum politischen Leben erwachten Massen des Proletariats anzupassen.

3. Keinerlei Unterstützung der Provisorischen Regierung, Aufdeckung der ganzen Verlogenheit aller ihrer Versprechungen, insbesondere hinsichtlich des Verzichts auf Annexionen. Entlarvung der Provisorischen Regierung statt der unzulässigen, Illusionen erweckenden „Forderung", diese Regierung, die Regierung der Kapitalisten, solle aufhören, imperialistisch zu sein.

4. [...] Aufklärung der Massen darüber, dass die Sowjets der Arbeiterdeputierten die einzig mögliche Form der revolutionären Regierung sind und dass daher unsere Aufgabe, solange sich diese Regierung von der Bourgeoisie beeinflussen lässt, nur in geduldiger, systematischer, beharrlicher, besonders den praktischen Bedürfnissen der Massen angepasster Aufklärung über die Fehler ihrer Taktik bestehen kann.

5. Keine parlamentarische Republik – von den Sowjets der Arbeiterdeputierten zu dieser zurückzukehren wäre ein Schritt rückwärts –, sondern eine Republik der Sowjets der Arbeiter-, Landarbeiter- und Bauerndeputierten im ganzen Lande, von unten bis oben.

Abschaffung der Polizei, der Armee, der *Beamtenschaft (D. h. Ersetzung des stehenden Heeres durch die allgemeine Volksbewaffnung. [Lenins Anmerkung])*

Entlohnung aller Beamten, die durchweg wählbar und jederzeit absetzbar sein müssen, nicht über den Durchschnittslohn eines guten Arbeiters hinaus.

6. Im Agrarprogramm Verlegung des Schwergewichts auf die Sowjets der Landarbeiterdeputierten.

Konfiskation aller Gutsbesitzerländereien. Nationalisierung des gesamten Bodens im Lande; die Verfügungsgewalt über den Boden liegt in den Händen der örtlichen Sowjets der Landarbeiter und Bauerndeputierten. [...]

7. Sofortige Verschmelzung aller Banken des Landes zu einer Nationalbank und Errichtung der Kontrolle über die Nationalbank durch den Sowjet der Arbeiterdeputierten.

8. Nicht „Einführung" des Sozialismus als unsere *unmittelbare* Aufgabe, sondern augenblicklich nur Übergang zur *Kontrolle* über die gesellschaftliche Produktion und die Verteilung der Erzeugnisse durch den Sowjet der Arbeiterdeputierten.

Wladimir I. Lenin, Werke, Bd. 24, Dietz, Berlin 1978, S. 3–6.*

1 Fassen Sie Lenins Thesen zusammen und bewerten Sie die gewählte inhaltliche Reihenfolge (1. bis 8.).
2 Vergleichen Sie Lenins Thesen mit der Erklärung der Provisorischen Regierung (M 15).

M 18 Verfassung der Russischen Sozialistischen Föderativen Sowjetrepublik (10. Juli 1918)

Erstes Kapitel.
1. Russland wird zur Sowjetrepublik der Arbeiter-, Soldaten- und Bauerndeputierten erklärt. Die gesamte Macht im Zentrum wie vor Ort steht diesen Sowjets zu.
2. Die Russische Sowjetrepublik gründet sich auf der freien Vereinigung der freien Nationen als ein Bund nationaler Sowjetrepubliken.

Zweites Kapitel.
3. Indem sie die Beseitigung jeder Ausbeutung eines Menschen durch den anderen, die völlige Abschaffung der Einteilung der Gesellschaft in Klassen, die schonungslose Unterdrückung der Ausbeuter, die Herstellung einer sozialistischen Organisation der Gesellschaft und des Sieges des Sozialismus in allen Ländern sich zur Grundaufgabe macht, beschließt der 3. Allrussische Sowjetkongress der Arbeiter-, Soldaten- und Bauerndeputierten weiter:

a) In Verwirklichung der Sozialisierung des Landes wird jedes private Eigentum an Grund und Boden aufgehoben, und der gesamte Bestand an Land wird zum Gemeineigentum des Volkes erklärt und den Werktätigen ohne jedes Entgelt auf der Grundlage der ausgleichenden Bodenbenutzung übergeben.

b) Alle Wälder, die Bodenschätze und die Gewässer [...] die Mustergüter und landwirtschaftlichen Betriebe werden zum Nationalvermögen erklärt.

c) Als erster Schritt zum vollen Übergang der Fabriken, Betriebe, Bergwerke, Eisenbahnen [...] in das Eigentum der Arbeiter- und Bauern-Sowjetrepublik wird das Sowjetgesetz über die Arbeiterkontrolle und den Obersten Volkswirtschaftsrat zwecks Sicherung der Gewalt der Werktätigen über die Ausbeuter bestätigt. [...]

e) Als Vorbedingung für die Befreiung der werktätigen Massen vom Joch des Kapitalismus wird der Übergang aller Banken in das Eigentum des Arbeiter- und Bauernstaates bestätigt. [...]

g) Im Interesse der Sicherung der vollen Macht der werktätigen Massen und der Beseitigung jeder Möglichkeit einer Wiederherstellung der Macht der Ausbeuter wird die Bewaffnung der Werktätigen, die Bildung einer sozialistischen Roten Armee der Arbeiter und Bauern und die völlige Entwaffnung der besitzenden Klassen angeordnet.

Drittes Kapitel. [...]
4. In unbeugsamer Entschlossenheit, die Menschheit aus den Krallen des Finanzkapitals und des Imperialismus, die in diesem verbrecherischsten aller Kriege die Erde mit Blut überschwemmt haben, zu befreien, schließt sich der 3. Allrussische Sowjetkongress der von der Sowjetgewalt durchgeführten Politik der Beseitigung aller Geheimverträge, der Organisierung einer Verbrüderung der Arbeiter und Bauern der jetzt miteinander kriegführenden Heere im weitesten Umfange und der Erreichung eines demokratischen Friedens um jeden Preis ohne Annexionen und Kontributionen auf der Grundlage der Selbstbestimmung der Nationen voll und ganz an. [...]

Viertes Kapitel. [...]
7. Der 3. Allrussische Sowjetkongress der Arbeiter-, Soldaten- und Bauerndeputierten vertritt die Ansicht, dass zum gegenwärtigen Zeitpunkt des entscheidenden Kampfes des Proletariats gegen seine Ausbeuter für diese in keinem Machtorgan Raum vorhanden ist. Die Macht muss ganz und ausschließlich den werktätigen Massen und ihren bevollmächtigten Vertretern, den Sowjets der Arbeiter-, Soldaten- und Bauerndeputierten gehören. [...]

http://www.1000dokumente.de/index.html?c=dokument_ru&dokument=0005_ver&object=pdf&st=&l=de (Download vom 26.6.2018).*

1 Analysieren Sie die Umsetzung von Lenins Ideen in der Verfassung.
Tipp: siehe S. 478.

Rezeption

M 19 „Stalin-Lenin-Chor", 30. Jahrestag der Revolution von 1917, Fotografie von Jewgeni Chaldej, 1947

M 20 Der russische Historiker Dimitri Wolkogonow über Lenin (1994)

Lenin war ein Diktator besonderen Typs – er war der Prototyp des revolutionären Diktators. Im Gegensatz zu Stalin, der einen Menschen häufig wegen persönlicher Differenzen vernichtete, wandte Lenin seine grausamen Maßnahmen mit der Überzeugung an, nur so die Diktatur des Proletariats verwirklichen zu können. Er war von Natur aus nicht rachsüchtig, sondern lediglich der Ansicht, dass die Revolution durch eine Schwächung der Diktatur zugrunde gehen würde. Diese jakobinische Denkweise war allerdings nicht minder gefährlich als die stalinistische Grausamkeit. Lenin „veredelte" lediglich seine Gewalttaten und verlieh ihnen einen revolutionären Heiligenschein. Wenn es um die Partei oder die Revolution ging, kannte Lenin keine Skrupel. [...] Lenin zog die Strategie des Augenblicks einer weitsichtigen historischen Strategie vor. Oft genug handelte er ohne klaren Plan und hatte nur allgemeine Ziele im Blick. Des Öfteren berief er sich auf die Worte Napoleons: „Zuerst stürzt man sich ins Gefecht – das weitere wird sich finden." Er war bereit, seine politische Linie um hundertachtzig Grad zu ändern, wenn er erkannte, dass er damit rascher ans Ziel gelangen würde. [...]

Der Führer der Bolschewiki war eine Verkörperung historischer Verantwortungslosigkeit. Die Idee, den Planeten „rot" zu färben, basierte auf dem Lügenpaket eines Schreibtischmenschen, der über viele Jahre hinweg verschiedene Pläne für die kommunistische Weltrevolution entwarf und dabei eine Vielzahl von ethnischen, nationalen, religiösen, geografischen und kulturellen Faktoren außer Acht ließ. Für ihn gab es nur einen Wert, den er um jeden Preis verteidigte: die Macht.

Dimitri Wolkogonow, Lenin. Utopie und Terror, Econ, Düsseldorf 1994, S. 540 ff.*

M 21 Der britische Historiker Robert Service über Lenin (2000)

Trotz vieler Meinungsverschiedenheiten setzte sich mehr und mehr die Einschätzung durch, dass Lenin nicht ganz der originäre Weltenschöpfer gewesen war, als den ihn sowohl die Kommunisten als auch ihre Feinde hingestellt hatten, seit er 1917 erstmals die Welt auf sich aufmerksam gemacht hatte. Weitere Forschungen zum politischen, sozialen und ökonomischen Umfeld deuteten vielmehr darauf hin, dass Lenin ganz erheblich im Sinne russischer Traditionen gewirkt hatte. Ohne es zu wollen, stellten viele Autoren es jetzt so hin, als sei Lenins Beitrag zur Geschichte seines Landes eher von befördernder als von gestaltender Qualität gewesen.

Hierbei wurde sehr vieles übersehen. Es gab Umschwünge in der Geschichte Russlands und der Welt, die ohne Lenin nicht stattgefunden hätten. Er prägte entscheidend Ereignisse, Institutionen, Gepflogenheiten und Grundeinstellungen. Das wurde schon zu seinen Lebzeiten so empfunden, und die meisten Kommentatoren empfanden es viele Jahre später noch immer so. [...]

Es wäre abwegig zu behaupten, dass es ohne Lenin keine linkssozialistische Partei in Russland gegeben hätte. Aber gleichermaßen absurd wäre die Unterstellung, dass der sowjetische Einparteien- und Einideologienstaat auch entstanden wäre, wenn Lenin nicht gelebt hätte.

Robert Service, Lenin. Eine Biographie, C. H. Beck, München 2000, S. 628–635.*

---

1 Charakterisieren Sie auf der Basis des Bildes M 19 die Lenin-Rezeption in den 1940er-Jahren in der Sowjetunion.

2 Vergleichen Sie die Analysen von Wolkogonow und Service (M 20, M 21).

Anwenden

M1 **Resolution einer Arbeiterversammlung der Putilow-Werke in Petrograd (9. September 1917)**

Die allgemeine Versammlung [...] hielt es für unaufschiebbar:
1. die Arbeiterkontrolle über die Produktion einzuführen;
2. entschiedene Maßnahmen zur Regulierung der Ernährungsfrage zu ergreifen;
3. eine Vermögens- und Einkommenssteuer mit maximalem Satz einzuführen, das Vermögen der Kirchen und Klöster zu konfiszieren [...];
4. die Abschaffung gutsherrlichen Eigentums an Grund und Boden zu erklären;
5. eine Säuberung des Kommandobestandes durchzuführen und aus der Armee alle konterrevolutionären Offiziere zu entfernen;
6. die Bolschewiki und andere revolutionäre Kämpfer aus dem Gefängnis zu befreien und sie nicht weiter zu verfolgen;
7. die Arbeiter zu bewaffnen;
8. die konterrevolutionäre Reichsduma und den Reichsrat aufzulösen;
9. die Kadetten und andere Vertreter der bürgerlichen Parteien der Macht zu entheben, eine einheitliche Regierung aus Vertretern der konsequenten revolutionären Demokratie zu schaffen, die dieses ganze Programm im Bereich der Innenpolitik verwirklichen kann [...]. Die Provisorische Regierung muss gleichzeitig vorschlagen, an allen Fronten einen sofortigen Waffenstillstand zu schließen.

Zit. nach: Hartmann Wunderer, Die Russische Revolution, Reclam, Stuttgart 2014, S. 125 f.*

M2 **Lenin in dem Dekret zur Auflösung der Verfassunggebenden Versammlung (6. Januar 1918)**

Die Konstituierende Versammlung, gewählt aufgrund von Kandidatenlisten, die vor der Oktoberrevolution aufgestellt worden waren, brachte das alte politische Kräfteverhältnis zum Ausdruck, aus einer Zeit, als die Kompromissler und die Kadetten an der Macht waren. Das Volk konnte damals, als es für die Kandidaten der Partei der Sozialrevolutionäre stimmte, nicht zwischen den rechten Sozialrevolutionären, den Anhängern der Bourgeoisie, und den linken Sozialrevolutionären, den Anhängern des Sozialismus, seine Wahl treffen. So kam es, dass diese Konstituierende Versammlung, die die Krönung der bürgerlichen parlamentarischen Republik sein sollte, sich der Oktoberrevolution und der Sowjetmacht unvermeidlich in den Weg stellen musste. [...] Die werktätigen Klassen mussten sich aufgrund der eigenen Erfahrung davon überzeugen, dass sich der alte bürgerliche Parlamentarismus überlebt hat, dass er mit den Aufgaben der Verwirklichung des Sozialismus absolut unvereinbar ist, dass nicht gesamtnationale, sondern nur Klasseninstitutionen (wie es die Sowjets sind) imstande sind, den Widerstand der besitzenden Klassen zu brechen und das Fundament der sozialistischen Gesellschaft zu legen. Jeder Verzicht auf die uneingeschränkte Macht der Sowjets [...] würde den Zusammenbruch der ganzen Oktoberrevolution der Arbeiter und Bauern bedeuten. [...] In der Tat führen die Parteien der rechten Sozialrevolutionäre und der Menschewiki außerhalb der Konstituierenden Versammlung den erbittertsten Kampf gegen die Sowjetmacht, fordern in ihrer Presse offen zum Sturz der Sowjetmacht auf, bezeichnen die zur Befreiung von der Ausbeutung notwendige gewaltsame Unterdrückung des Widerstandes der Ausbeuter durch die werktätigen Klassen als Willkür und Ungesetzlichkeit, nehmen die im Dienste des Kapitals stehenden Saboteure in Schutz und gehen so weit, dass sie unverhüllt zum Terror aufrufen, mit dessen Anwendung „unbekannte Gruppen" bereits begonnen haben. Es ist klar, dass der übrig gebliebene Teil der Konstituierenden Versammlung infolgedessen nur die Rolle einer Kulisse spielen könnte, hinter der der Kampf der Konterrevolutionäre für den Sturz der Sowjetmacht vor sich gehen würde.

Deshalb beschließt das Zentralvollzugskomitee: Die Konstituierende Versammlung wird aufgelöst.

Zit. nach: Manfred Hellmann (Hg.), Die russische Revolution 1917, dtv, München 1964, S. 347 f.*

1. Ordnen Sie die Forderungen der Petrograder Arbeiterversammlung (M 1) den Bereichen Wirtschaft, Gesellschaft und Politik zu.
2. Erläutern Sie die Konsequenzen der Forderungen und ordnen Sie diese einer Partei zu.
3. Analysieren Sie, wen Lenin zu den „Konterrevolutionären" zählt (M 2), und vergleichen Sie mit M 1.
4. Beschreiben Sie Lenins Modell von der „Diktatur des Proletariats" (siehe auch Kap. 1.6 Kernmodul M 4, S. 99 f.) und setzen Sie es in Beziehung zu seiner Begründung der Auflösung der Verfassunggebenden Versammlung.
5. Nehmen Sie Stellung: War die „Oktoberrevolution" eine Revolution oder ein Staatsstreich?

Wiederholen

M 3 Der Bolschewik, Ölgemälde von Boris Kustodijew, 1920

Zentrale Begriffe
Arbeiter- und Soldatenräte (Sowjets)
Autokratie
Bolschewiki
Diktatur des Proletariats
Doppelherrschaft
Duma
Februarrevolution
Kommunismus
Menschewiki
Oktoberrevolution
Rote Armee
Sozialismus
Sozialrevolutionäre

1. Beschreiben Sie die Konfliktlinien vor der Russischen Revolution.
2. Erläutern Sie die Formen des Protestes während der Revolutionen (siehe Darstellung sowie M 10 bis M 14) und ordnen Sie diese unterschiedlichen Phasen des Jahres 1917 zu.
3. Interpretieren Sie das Bild M 3 und formulieren Sie eine Kernaussage. Nutzen Sie die sprachlichen Formulierungshilfen.
4. Überprüfen Sie die Kernaussage von M 3 bezüglich der Rolle der Bolschewiken während der Russischen Revolution.
5. **Schaubild:** Erläutern Sie die politischen Strukturen der Sowjetrepublik in einem Verfassungsschaubild.
   Tipp: Nehmen Sie andere Verfassungsschaubilder (USA S. 66, Deutsches Reich S. 79, Frankreich S. 108) zur Orientierung.
6. **Wahlaufgabe:** Bearbeiten Sie entweder a), b) oder c).
   Setzen Sie sich mit der Rolle von Lenin während der Revolution auseinander:
   a) in Form eines Referates,
   b) in Form eines Essays,
   c) in Form einer Präsentation.
7. **Pro-und-Kontra-Diskussion:** Soziale Gleichheit in der „Diktatur des Proletariats" versus „Freiheit und Streben nach Glück". Diskutieren Sie die Umsetzung der Menschenrechte in der Russischen und der Amerikanischen Revolution.
8. **Vertiefung:** Erörtern Sie, ob die Russische Revolution ein Motor der Modernisierung im Sinne von Max Weber (Kap. 1.6 Kernmodul, M 7) war.

Formulierungshilfen
– Im Zentrum des Bildes ...
– Des Weiteren sind dargestellt ...
– Die Farbgebung vermittelt den Eindruck, dass ...
– Das zentrale Symbol ...
– Der historische Kontext von 1920 ...
– Der Künstler will mit seinem Bild illustrieren, dass ...

2 China und die imperialistischen Mächte

Historischer Wandel kann sich in verdichteten, häufig krisenhaften Ereignissen zeigen wie Umbrüchen und Revolutionen. Wandel entwickelt sich aber auch über einen längeren Zeitraum, Kontinuitäten und Veränderungen greifen ineinander. Angestoßen werden derartige Wandlungsprozesse zum einen durch grundlegende Veränderungen der Lebensbedingungen innerhalb einer Gesellschaft. Sie können sich zum anderen aber auch aus dem Kontakt von Gruppen aus verschiedenen Kulturkreisen entwickeln, wenn unterschiedliche Ziele und Sichtweisen aufeinandertreffen und sich gegenseitig beeinflussen. Chinas Kontakt mit den imperialistischen Mächten im 19. Jahrhundert und die beiderseitigen Reaktionen sind ein Beispiel für das Aufeinandertreffen verschiedener Kulturkreise. Die Wandlungsprozesse werden hier besonders deutlich. Bei der Analyse der Wechselwirkungen rückt neben dem Aspekt des Imperialismus auch die Perspektive des Austauschs in den Fokus. Es lassen sich die Folgen von Kulturkontakt bzw. Kulturkonflikt sowie Transformationsprozesse untersuchen.

Schauplatz

Testen Sie Ihr Vorwissen zu „China und die imperialistischen Mächte"

1 Viele wichtige Erfindungen stammen aus China. Entscheiden Sie mithilfe der Bilder a–d, welche. Achtung: Nicht alle Bilder zeigen chinesische Erfindungen!

a) *Papierherstellung*

b) *Blumenkunst „Ikebana"*

c) *Seidenherstellung*

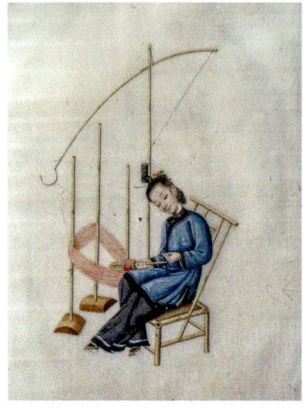

d) *Feuerwerk*

2 Welche Aussagen zu China sind richtig? Tauschen Sie sich dazu mit einem Partner aus. Die Buchstaben hinter den richtigen Antworten ergeben neu zusammengesetzt ein Lösungswort.

a)	Die Volksrepublik China ist das Land mit der weltweit größten Bevölkerung.	K
b)	Die Flagge der Volksrepublik China ist rot. Im linken oberen Eck sind gelb Hammer und Sichel abgebildet.	I
c)	Bis 1911 war China ein Kaiserreich.	F
d)	Sumo-Ringen ist ein Volkssport in China.	X
e)	China ist eine Volksrepublik mit einem kompetitiven Mehrparteiensystem.	S
f)	Die Hauptstadt der Volksrepublik China heißt auf Chinesisch Beijing.	G
g)	Die Volksrepublik China hat einen ständigen Sitz im UN-Sicherheitsrat.	U
h)	Hongkong ist eine britische Kronkolonie. China hat deshalb keinen politischen Einfluss auf Hongkong.	B
i)	Bis 2015 durften viele Paare in China nur ein Kind bekommen.	U
j)	Chinesische Porzellankunst fungierte im 17. und 18. Jahrhundert als Vorbild für Europa.	N

China und die imperialistischen Mächte

3 Was versteht man unter Imperialismus? Finden Sie die Definition, die am genauesten ist.
  a) Imperialismus bezeichnet das Bestreben eines Staates, andere Länder wirtschaftlich zu dominieren und von sich abhängig zu machen.
  b) Imperialismus ist eine alte Form der Außenpolitik, bei der der Aufbau enger diplomatischer Beziehungen im Vordergrund stand.
  c) Imperialismus meint die wirtschaftliche, politische und militärische Beherrschung eines Staates durch einen anderen.
  d) Imperialismus bedeutet die Unterdrückung von Arbeitern durch das Bürgertum.

4 Welche der folgenden Bezeichnungen verwendet man für China?

  China ist
  a) … das Land der untergehenden Sonne.
  b) … das Reich der Mitte.
  c) … das Land des Lächelns.
  d) … das Land der aufgehenden Sonne.
  e) … das Land der tausend Sprachen.

5 Bestimmen Sie, welcher Begriff, welcher Name und welches Land nicht in die Reihe der Tabelle passt. Es können auch mehrere sein.

a)

Imperialismus	G20-Staaten
Opiumkrieg	Kolonialismus
Sonderwirtschaftszone	Open Door Policy

b)

Konfuzius	Jackie Chan
Kim Jong-un	Kaiser Naruhito
Xi Jinping	Mao Zedong

c)

Vereinigte Staaten von Amerika	Deutschland
Großbritannien	Russland
Algerien	Frankreich

6 Tauschen Sie sich mit einem Partner dazu aus, welche Eigenschaften die stereotype Darstellung dieser britischen Karikatur von 1895 den dargestellten Ländern, insbesondere China zuweist. Diskutieren Sie die Intention und Gefahr solcher Darstellungen.

2.1 Wandlungsprozesse in der Geschichte

In diesem Kapitel geht es um
- *China zwischen Kontinuität und Wandel,*
- *Eigen- und Fremdbilder,*
- *Erklärungsmodelle zu Transformationsprozessen,*
- *Kulturkontakt und Kulturkonflikt,*
- *China und die imperialistischen Mächte.*

China, Europa und die Welt

M1 Der chinesische Staatspräsident Xi Jinping und Bundeskanzlerin Merkel in Berlin, Fotografie, 2014

Obwohl China fast täglich in den Medien präsent ist und der Prozess der Globalisierung für Annäherungen und Verflechtungen der Länder weltweit sorgt, erscheint doch vieles an China aus deutscher bzw. europäischer Sicht unverständlich und unbekannt. Dies hängt u. a. mit unterschiedlichen kulturellen Traditionen von China und Europa zusammen. In einer eng vernetzten Welt ist jedoch das Verständnis füreinander, der reflektierte Umgang mit der Differenz und der kritische Blick auf Eigen- und Fremdbilder von großer Bedeutung. Eine Auseinandersetzung mit der Geschichte, den Wurzeln und der Entwicklung dieser Kulturen, die sich im Laufe der Jahrhunderte auch im Kontakt mit anderen Kulturen herausgebildet und verändert haben, kann zu diesem Verständnis und einem reflektierten Umgang beitragen. Chinas Kontakt mit den imperialistischen Mächten im 19. Jahrhundert und die beiderseitigen Reaktionen können ein Beispiel für die Analyse solcher Wechselwirkungen sein, die Kreuzzüge und die Spanische Kolonisation sind weitere Beispiele.

China zwischen Kontinuität und Wandel

China blickt auf eine lange Geschichte zurück. Es gehört zu den **frühen Hochkulturen** der Welt, die sich durch Sesshaftigkeit, Ackerbau sowie grundlegende Vorstellungen von Zusammengehörigkeit auszeichneten. Die frühe chinesische Kultur (bis zum 2. Jahrhundert vor unserer Zeitrechnung) zeichnete sich durch eine große innere Vielfalt aus. Auch Einflüsse von außen spielten eine wichtige Rolle. Die Definitionen, wer zur „chinesischen Kultur" gehörte, änderten sich daher auch immer wieder.

Das **chinesische Kaiserreich** währte insgesamt über 2000 Jahre und endete erst 1911. Es wies also formal ein hohes Maß an Kontinuität auf, doch im Inneren war es immer wieder tiefgreifenden Wandlungsprozessen ausgesetzt. Phasen des Einheitsstaates wechselten sich ab mit Phasen des Zerfalls in Teilstaaten. Die Periodisierung der chinesischen Geschichte seit dem 2. Jahrhundert vor unserer Zeit orientiert sich an den herrschenden Dynastien auf dem Kaiserthron. Die Grenzen Chinas änderten sich im Laufe der Jahrhunderte immer wieder. Gebiete wurden erobert, manche Länder als Tributstaaten* an das Reich und den Kaiser gebunden. Welche Gebiete und wer zu China gehörte, änderte sich also oft. Auch Gruppen von außerhalb Chinas eroberten mehrfach das chinesische Kernland. Die letzte Dynastie, die **Qing-Dynastie (1644–1911)**, wurde von den nicht aus China stammenden Mandschuren gegründet. Sie hatten China und weitere Gebiete erobert. Unter dem Qianlong-Kaiser* (1735–1799) erreichte China die größte territoriale Ausdehnung seiner Geschichte.

Trotz wechselnder Dynastien, Bedrohungen von außen und Krisen im Inneren gab es auch wichtige Kontinuitäten. Der Kaiser als „Sohn des Himmels" bildete das Zentrum im „Reich der Mitte", um den sich alle weiteren Bereiche gruppierten. Die kaiserlichen Beamten, seit dem 10. Jahrhundert zunehmend ausgewählt anhand von strengen

Tributstaaten
Diese Länder waren unabhängig, schickten aber Gesandte zum chinesischen Kaiser, die ihm Geschenke (Tribut) brachten und seine herausgehobene Stellung anerkannten. In der Forschung ist umstritten, wie dieses „Tributsystem" definiert werden soll und wie weitreichend es die Beziehungen Chinas mit dem Ausland tatsächlich bestimmte.

Qianlong-Kaiser
Chinesische Kaiser sind meist unter Namen bekannt, die sie sich selbst gegeben haben oder die ihnen posthum verliehen wurden. Die Kaiser der Ming- und Qing-Dynastien sind v. a. nach den von ihnen selbst gewählten Regierungsdevisen benannt. Um dies deutlich zu machen, werden sie vor den Titel „Kaiser" gestellt.

Auswahlprüfungen, sorgten für die Verwaltung des Reiches. Grundlage ihrer Ausbildung war der Konfuzianismus*, der auch die chinesischen Vorstellungen von Gesellschaft und Herrschaft sowie den Wertekanon prägte.

Das 19. Jahrhundert wird in der Volksrepublik China heute als das „Jahrhundert der Schande" bezeichnet. Der Kontakt mit Europa, den USA und schließlich mit Japan wurde vor allem seit der Mitte des Jahrhunderts durch Kriege, „ungleiche Verträge" und die teilweise wirtschaftliche und politische Durchdringung des Landes durch auswärtige Mächte bestimmt. Teile des chinesischen Territoriums wurden von fremden Mächten annektiert. China sah sich politischer und wirtschaftlicher Dominanz von außen ausgesetzt. Doch es kam auch zu Formen des friedlichen Kulturaustauschs und zu Anpassungsprozessen. Auf die Auflösung des Kaiserreichs 1911 folgten durch militärische Auseinandersetzungen und kulturelle Umbrüche bestimmte Jahrzehnte, die die chinesische Gesellschaft umfassend veränderten. 1949 kam es zur Gründung der Volksrepublik China unter Mao Zedong, die bis heute besteht. Auch die Volksrepublik durchlief verschiedene Anpassungs- und Wandlungsprozesse.

Konfuzianismus
Der Begriff bezeichnet die philosophischen, politischen und religiösen Ideen und Vorstellungen, die auf Konfuzius (5. Jh. v. Chr.) und seine Schüler zurückgehen. In den über 2000 Jahren der chinesischen Kaiserzeit änderte sich auch die Interpretation dieser Ideen immer wieder.

M2 **Zeiteinteilung im chinesischen und europäischen Kulturraum**

Chinas Geschichte ist schwer mit europäischen Epochenbegriffen zu fassen. Für die Geschichte Chinas bilden die Dynastien die Basis für die Zeiteinteilung. Bei der Verwendung der Zeitbezeichnung „vor bzw. nach Christi Geburt" (v. Chr., n. Chr.) bleibt zu bedenken, dass es sich um eurozentrische Begriffe handelt.

China[1]			Europa	
Xia?	bis 17. Jh. v. Chr.			
Shang	17.–11. Jh. v. Chr.	Adelsherrschaft und Königtum	Antike	ca. 1100 v. Chr. bis 500 n. Chr.
Zhou	11. Jh.–256 v. Chr.			
Kaiserzeit:	221 v. Chr.–1911	Dauerhaftes Kaisertum, aber Wechsel Reichseinheit und Zerfall in Teilstaaten		
Qin	221–206 v. Chr.			
Han	202 v. Chr.–220 n. Chr.			
Drei Staaten	220–280			
Jin	265–420			
Südl. + Nördl. Dyn.	420–589		Mittelalter	ca. 500–1500
Sui	581–618			
Tang	618–907			
Fünf Dynastien	907–960			
Song	960–1279			
Yuan (Mongolen)	1271–1368		Neuzeit	16. Jh. bis heute
Ming	1368–1644		*Frühe Neuzeit*	16.–18. Jh.
Qing (Mandschuren)	1635–1912		*Moderne*	ab 19. Jh.
Republik China	1912–1949 (Festland) 1912–heute (Taiwan)	Republik		
VR China	1949–heute	Volksrepublik		

1 Dynastientafel zit. nach: Kai Vogelsang, Kleine Geschichte Chinas, Reclam, Stuttgart 2013, S. 24.*

Selbstverständnis und Weltbild

Die sich wandelnden kulturellen Traditionen und Denkmuster prägen auch das Selbstverständnis eines Landes. Ist es jedoch überhaupt möglich, das Selbstverständnis eines großen Reiches wie China oder gar eines Kontinents wie Europa genau zu fassen? Im

▶ Kapitel 2

2.1 Wandlungsprozesse in der Geschichte

Folgenden soll zumindest eine Annäherung versucht werden. Im 16. Jahrhundert entwickelten sich in Europa erste nationale Gefühle und Denkmuster, als Europäer sahen sich die Menschen aber eher nicht. Zwar gab und gibt es keinen europäischen Staat, doch verbanden und verbinden die Europäer ähnliche Werte, die aus einem ähnlichen historischen Rahmen zu erklären sind. Das kulturelle Erbe aus der Aufklärung und der Französischen Revolution bildet den Grundstein für Menschen- und Bürgerrechte, Rechtsstaatlichkeit und Demokratie. Die EU, die sich auch als europäische Wertegemeinschaft versteht, bezieht sich auf diese konsensualen Grundsätze und Werte. Oder mit den Worten des spanischen Philosophen Ortega y Gasset aus dem Jahr 1929: „Machten wir heute eine Bilanz unseres geistigen Besitzes – Theorien und Normen, Wünsche und Vermutungen –, so würde sich herausstellen, dass das meiste davon nicht unserem jeweiligen Vaterland, sondern dem gemeinsamen europäischen Fundus entstammt. In uns allen überwiegt der Europäer."

Bestimmt das Selbstverständnis den Blick auf sich selbst bzw. auf das eigene Land, so prägt das Weltbild die Wahrnehmung anderer Länder und Kulturen. Beides hängt jedoch auch eng miteinander zusammen. Sowohl in Europa als auch in China diente beispielsweise der Begriff des „Barbaren" zur Charakterisierung anderer Kulturen. Dieser hatte zudem meist eine herabsetzende Bedeutung. Im Zuge der Spanischen Kolonisation gab es sogar die Debatte, ob es sich bei der indigenen Bevölkerung bzw. den aus Afrika stammenden Sklaven überhaupt um Menschen handele. Außerdem wurde so immer deutlicher gemacht, dass jeder sich selbst im Zentrum seines Weltbildes sah und die anderen als weit entfernt, andersartig und fremd wahrnahm.

▶ M 6: Jürgen Osterhammel über „Barbaren"

▶ Kap. 7: Spanische Kolonisation, M 10

Eigen- und Fremdbilder

M 3 Chinoiserie, Stich nach François Boucher, Frankreich 1750

Wenn wir heute so selbstverständlich von „fremden" Kulturen, Zivilisationen, Staaten, Gesellschaften usw. sprechen, liegt dem die europäische „Semantik der Differenz" zugrunde, die sprachliche Zuweisung von Unterschieden: hier „wir", dort „die". Diese bildete sich verstärkt im 19. Jahrhundert heraus, als „Nation" zu einer politischen Vorstellung und in der Folge Nationalstaaten zur neuen politischen Ordnungseinheit in Europa wurden. Da es keine natürlichen Merkmale einer nationalen Zugehörigkeit gab, mussten welche gefunden werden. Man suchte und konstruierte Unterscheidungsmerkmale und begann Menschen ein- und auszugrenzen. Viele Begriffe, mit denen wir immer noch andere Menschen und Gesellschaften, Staaten und uns selbst beschreiben, wurden erst in dieser Zeit intensiv mit Bedeutung gefüllt: Nation, Gesellschaft, Volk, Bürger, Ethnie, Rasse, Europa, Okzident/Abendland, Orient/Morgenland, „der" Westen, „der" Osten und viele mehr. Besonders wichtig wurde der Begriff der Kultur. Er wurde zum Unterscheidungsmerkmal ausgebaut und diente dazu, eine eigene, noch gar nicht vorhandene nationale Kultur zu definieren, die Kultur aller anderen davon abzugrenzen – und in der Regel abzuwerten, um sich selbst aufzuwerten. Ganze Kulturkreise wurden so erdacht und von Europa aus definiert, wie z. B. der Orient. Man nennt diesen Vorgang Othering. Othering ist nicht nur ein Ausgrenzen, sondern meint vielmehr das weitergehende Fremdmachen.

Besonders folgenreich wirken sich negative Fremdbilder aus. Sie sind oft Projektionen eigener Ängste auf die „Anderen". Als feststehende Ansichten (Feindbild-Stereotype) sind sie bis heute tief verwurzelt und bestimmen unser Denken und Handeln immer noch. Das Gegenteil, die Verklärung der anderen Kulturen, wird Exotismus genannt. Auch diese positiven Klischees sind Projektionen, aber von Wünschen, Idealen und Sehnsüchten. Sie sperren andere ebenfalls in Klischees und machen sie so fremd. In Europa kam es beispielsweise im späten 17. und im 18. Jahrhundert zu einer Bewunderung für China als „kultiviertes und friedliches Riesenreich". Diese Vorstellungen waren u. a. von den Berichten christlicher Missionare vermittelt worden. Es entstand in Europa die Kunstrichtung der „Chinoiserie", die chinesische Motive, Formen und Techniken aufgreift.

142

Historische Erklärungsmodelle zu Transformationsprozessen

Der Begriff „Transformation" (lat. *transformare* = umbilden, umwandeln) bezieht sich auf Ereignisse, Vorgänge und Handlungen, bei denen bestimmte Strukturen eine grundlegende Veränderung erfahren. Verwendet wird der Begriff in der Fachsprache unterschiedlicher Wissenschaften. So sprechen Physiker von „Transformation", wenn sie von einem theoretischen Bezugssystem in ein anderes wechseln. Auch Wirtschafts-, Sozial- und Kulturwissenschaftler sowie Historiker greifen auf den Begriff zurück und nutzen ihn als Grundlage von Erklärungsmodellen. Als **historische Transformationsprozesse** werden einerseits tiefgreifende Umbrüche in Politik und Kultur, Gesellschaft und Wirtschaft begriffen, wie Revolutionen und andere krisenhafte Phasen des beschleunigten Wandels. Es geht andererseits aber auch um sich über längere Zeiträume entwickelnde Transformationen, die neben dem Wandel auch viele Kontinuitäten aufweisen. Erklärungsmodelle zu Transformationsprozessen zeigen zudem das Zusammenspiel von Wandel und Kontinuität genauer auf.

Ein wichtiges historisches Erklärungsmodell ist der **Prozess der Modernisierung***. Hier werden ein bestimmtes Muster und eine Richtung der Entwicklung zugrunde gelegt. Gesellschaften werden anhand ausgewählter Kriterien aus den Bereichen Wirtschaft, Politik, Kultur und Gesellschaft als „unterentwickelt" gekennzeichnet. Im Lauf der Geschichte kommt es dann zu schrittweisen Systemtransformationen, beispielsweise zum Übergang von einer agrarisch geprägten Feudalgesellschaft zu einer marktwirtschaftlichen Klassengesellschaft oder zur Umwandlung von Monarchien, Diktaturen oder anderen autoritären Systemen in Demokratien. Dies erfolgt auch in Form von beschleunigten und gewaltsamen Transformationen, z. B. durch Revolutionen oder Kriege. Die Systemveränderungen gehen mit veränderten Denk-, Verhaltens- und Deutungsstrukturen einher. Säkularisation, Rationalismus, Industrialisierung, Differenzierung, Individualismus und Beschleunigung sind wichtige Bestandteile der „Moderne". Das Erklärungsmodell der Modernisierung geriet jedoch zunehmend in die Kritik, da es sich an westlich-europäischen Gesellschaften orientiert und diese zum Maßstab für andere Länder und Kulturen machte.

Neuere sozial- und politikwissenschaftliche Modelle wie die der Transformationsforscher **Wolfgang Merkel (*1952)** und **Raj Kollmorgen (*1963)** betonen die Mehrdimensionalität von Systemtransformationen wie Demokratisierungsprozessen oder sozialem Wandel. Sie können sich beispielsweise evolutionär entwickeln, von Eliten erzwungen oder durch militärische und politische Zusammenbrüche verursacht werden. Dabei werden bestimmte Phasen und Verlaufsformen von Transformationen herausgearbeitet. Sie beziehen soziale, kulturelle, politische und ökonomische Aspekte ein und betonen in ihren Modellen die Wechselwirkungen.

Der französische Historiker **Fernand Braudel (1902–1985)** erarbeitete ein anderes Erklärungsmodell. Es unterscheidet unterschiedliche Zeitschichten, die sich mit verschiedenen Geschwindigkeiten verändern. Sein Modell differenziert zwischen Strukturen, Konjunkturen und Ereignissen. Während Ereignisse (z. B. Herrscherwechsel, Kriege, Aufstände oder Revolutionen) raschen Wandel markierten, würden Konjunkturen (z. B. die periodischen Wechsel zwischen Auf- und Abschwüngen in der Wirtschaftsgeschichte) durch Zyklen bzw. wiederkehrende Wechselfälle des historischen Geschehens bestimmt. Strukturen (z. B. Klima, Geografie, Bevölkerungsentwicklung oder religiöse Einstellungen und kulturelle Mentalitäten) zeigten dagegen häufig eine große Beharrungskraft und prägten das Leben vieler Menschen über weite Strecken der Geschichte hinweg. Fernand Braudel gehört zur Gruppe der französischen *École des Annales**, die die politische Nationalgeschichte mit ihrem Fokus auf Männer, Taten und Ereignisse zurückdrängten und stattdessen stärker „Strukturen" und „Konjunkturen", also Entwicklungen von „langer Dauer" („longue durée") als die Geschichte prägend in den Vordergrund stellen.

Modernisierung
Prozess der Entwicklung einer Gesellschaft; er bezieht sich auf den Übergang von der Agrar- zur Industriegesellschaft und ist meistens verbunden mit dem in der Aufklärung entwickelten Fortschrittsbegriff.

▶ Kap. 5: Kernmodul M 7, M 11

▶ Kap. 5: Kernmodul M 9

▶ M 8: Fernand Braudel über Geschichte und Dauer

École des Annales
(dt. Schule der Annalen) Gruppe französischer Historiker, die sich um die 1929 gegründete und bis heute bestehende Zeitschrift *„Annales d'histoire économique et sociale"* versammelt haben. Statt Ereignissen stellen sie „Strukturen von langer Dauer" *(longue durée)* in den Vordergrund. Ihr Schwerpunkt liegt auf der Wirtschafts- und Sozialgeschichte sowie der Kultur- und Mentalitätsgeschichte.

Kulturkontakte und Kulturkonflikte

▶ Kap. 5: Kernmodul, M 1–M 6

M 4 „Kreuzfahrer zur Zeit des ersten Kreuzzuges bewundern den Reichtum des Orients", Holzstich nach Gustave Doré, 1877, spätere Kolorierung

Historische Wandlungsprozesse werden nicht nur durch veränderte Lebensbedingungen innerhalb einer Gesellschaft angestoßen, sondern vollziehen sich auch infolge von Begegnungen mit einer anderen Kultur. In den letzten Jahrzehnten wurden verschiedene Modelle diskutiert, die die Begegnungen von Kulturen und deren Auswirkungen jeweils unterschiedlich beschreiben und erklären. Der Schweizer Historiker Urs Bitterli (1935–2021) hat am Beispiel seiner Analysen des Spanischen Kolonialismus die **Begriffe „Kulturberührung", „Kulturbeziehung", „Kulturzusammenstoß"** sowie **„Akkulturation"** und **„Kulturverflechtung"** entwickelt. Obgleich Bitterli mit seinem Modell einen umfangreichen Zugriff auf die „Überseegeschichte" (sie ersetzt begrifflich und konzeptionell die als überholt geltende Kolonialgeschichte) ermöglicht, ist kritisch zu prüfen, ob die den Begriffen zugrunde liegenden Konzepte auf andere Begegnungen unterschiedlicher Kulturkreise angewendet werden können – etwa auf China und die imperialistischen Mächte im 19. Jahrhundert oder auf die Kreuzzüge.
Der britische Kulturhistoriker Peter Burke (*1937) beleuchtet mit dem Begriff der **„Transkulturation"** Prozesse kulturellen Austauschs zwischen verschiedenen Kulturen. Der Begriff verdeutlicht, wie sich in Kulturbegegnungen die Elemente aller beteiligten Kulturen mischen und miteinander interagieren. Kultureller Austausch kann sich dabei auf religiöser Ebene vollziehen (Synkretismus), wenn sich etwa bei den durch die Spanier „eroberten" Südamerikanern heimische Kulte mit dem Katholizismus vermischen. Kultureller Austausch kann aber auch die Übernahme und Vermischung rechtlicher und bürokratischer Elemente umfassen. So verfolgte beispielsweise in China die sogenannte Selbststärkungsbewegung seit 1862 die Strategie, durch die Übernahme westlichen Wissens, technischen Know-hows sowie von bestimmten Organisationsstrukturen sich besser gegen Angriffe von außen zu wappnen. Kulturbegegnungen und Kulturkontakte rufen mitunter auch Konflikte hervor. Dies kann in einen offen ausgetragenen Konflikt – Bitterli nannte dies „Kulturzusammenstoß" – münden, die Kreuzzüge sind hierfür ein Beispiel. In China weist der „Boxeraufstand" von 1900/01 vergleichbare Strukturen auf. Die chinesischen „Boxer-Rebellen" zerstörten Einrichtungen der imperialistischen Mächte und ermordeten christliche Missionare. Die imperialistischen Mächte schlugen den Aufstand militärisch nieder.

China und die imperialistischen Mächte

Im Mittelpunkt des vorliegenden Kursheftes stehen die Entwicklungen in China vom Ende des 18. Jahrhunderts bis zum Ende des chinesischen Kaiserreichs 1911. Die Interaktion zwischen China und den imperialistischen Mächten in dieser Zeit soll aber nicht nur unter dem Aspekt des Imperialismus, sondern auch unter dem Aspekt des Austauschs untersucht werden. Es sollen also nicht nur Prozesse der Machtausübung (Kriege, erzwungene Friedensverträge) und der wirtschaftlichen Durchdringung (Handelsverträge) in den Blick genommen werden, sondern auch Prozesse des Kulturaustauschs. Dabei sind besonders die Wechselwirkungen von Bedeutung. In China werden infolge des Kontakts mit den auswärtigen Mächten westliche Ideen diskutiert und Teile davon in die eigenen Konzepte einer modernen Gesellschaft und Herrschaft integriert.

▶ Kap. 2: Selbstverständnis und Weltbild der Chinesen und der Europäer

Im zweiten Kapitel wird als Basis für die folgenden Kapitel versucht, mithilfe der Begriffe **Selbstverständnis** und **Weltbild** die kulturellen Wurzeln Chinas und Europas näher zu bestimmen. Gleichzeitig soll ihr Charakter als historische Konstrukte deutlich gemacht werden. Die Grundlagen eines chinesischen Selbstverständnisses sollen anhand von Konfuzius' Lehren, dem Verständnis als „Reich der Mitte" und dem damit verbundenen Bild des Fremden vermittelt werden. Das europäische Selbstverständnis wird mithilfe der Ideen der Aufklärung und den wirtschaftlichen und politischen Folgen der Industrialisierung skizziert.

Im 19. Jahrhundert veränderte sich der **Kontakt Chinas** mit den westlichen Mächten. Europa und die USA sowie später Japan wurden zu imperialistischen Mächten, die in China mithilfe von Kriegen, ungleichen Verträgen sowie dem Aufbau von Kolonien und Pachtgebieten Einfluss nahmen und Druck ausübten. Standen zunächst die Sicherung von vorteilhaften Handelsbedingungen im Vordergrund, so ging es in der zweiten Hälfte des 19. Jahrhunderts immer mehr auch um politische Kontrolle. Diese Formen des Kontakts sind Thema von Kapitel 3 und umfassen die außenpolitische Ebene wie Opiumkriege, die sogenannten „ungleichen Verträge" und die *Open Door Policy*. Hier zeigt sich der imperialistische Zugriff auf China. Außerdem wird u. a. am Beispiel der Missionierung der Versuch der imperialistischen Mächte analysiert, auch kulturell von außen auf China Einfluss zu nehmen. Zu Beginn des 20. Jahrhunderts besaß China kaum noch außenpolitischen Spielraum. Es war zwar formal keine Kolonie, doch die imperialistischen Mächte übten z. B. mithilfe von Verträgen, eigenen Wirtschaftsunternehmen und verschiedenen Sonderrechten (Justiz, Zölle, Missionen etc.) „informelle Macht" über China aus. Man bezeichnet China deshalb in der Forschung als „Halbkolonie".

Im vierten Kapitel liegt der Fokus auf den Entwicklungen in China, die parallel zu den außenpolitischen Konfrontationen verliefen und zum Teil eng mit ihnen verbunden waren. Die chinesischen Reaktionen auf den Druck von außen bewegen sich zwischen **Anpassung und Widerstand.** Die sogenannte Selbststärkungsbewegung der 1860er-Jahre versuchte beispielsweise mithilfe moderner Waffentechnik, Förderung von Industrie sowie Reformen im Bildungssystem und der Außenpolitik westliche Konzepte zu übernehmen und für China nutzbar zu machen. Das Gleiche gilt für weitere Reformversuche um die Jahrhundertwende, mit denen die regierende Qing-Dynastie versuchte, ihre Herrschaft zu stabilisieren. Ein Beispiel für den Widerstand Chinas ist der sogenannte „Boxeraufstand" gegen die imperialistischen Mächte, der auf beiden Seiten tiefe Spuren hinterlassen hat, auch weil er die Formen eines „Kulturzusammenstoßes" annahm. Hier werden die Wechselwirkungen zwischen den kulturell-politischen Einflüssen von außen und der chinesischen Kultur besonders deutlich.

Die „Kreuzzüge" und der „Spanische Kolonialismus" weisen vergleichbare Wechselwirkungsprozesse, aber auch Unterschiede auf. Diese können in den zwei abschließenden Kapiteln dieses Kurshefts untersucht werden.

▶ Kap. 3: Chinesische Kontakte mit den imperialistischen Mächten

M5 Europäische Mächte in China um 1900, Karikatur aus „Der Wahre Jacob", 11. September 1900

▶ Kap. 4: Chinesische Reaktionen zwischen Anpassung und Widerstand

▶ Kap. 6: Kreuzzüge
▶ Kap. 7: Spanischer Kolonialismus

1 Erläutern Sie auf der Basis des Darstellungstextes die verschiedenen Modelle zu historischen Transformationsprozessen.
  Tipp: Siehe S. 478.
2 **Partnerarbeit/Mindmap:** Erstellen Sie eine Mindmap zur Frage, warum Chinas Kontakt mit den imperialistischen Mächten geeignet ist, um sich mit Wechselwirkungen zwischen verschiedenen Kulturen auseinanderzusetzen.
3 **Diskussion:** Der Darstellungstext analysiert die Entstehung von positiven und negativen Fremdbildern. Diskutieren Sie in Ihrem Kurs über aktuelle Fremdbilder, nicht nur in Bezug auf China, und beziehen Sie Ihre persönliche Perspektive mit ein.
4 **Vertiefung:** Bewerten Sie, ob eine Übertragung der europäischen Epocheneinteilung „Antike, Mittelalter, Neuzeit" auf China angemessen ist.

Lernmodule der China-Schul-Akademie
  cornelsen.de/Webcodes
  Code: zoxoci

2.1 Wandlungsprozesse in der Geschichte

Hinweise zur Arbeit mit den Materialien
Die folgenden Materialien ermöglichen einen Einstieg in das Thema mithilfe von ausgewählten übergreifenden Aspekten. Zunächst beleuchten Jürgen Osterhammel (M 6) und Ursula Ballin (M 7) die Entstehung und Funktion von Fremdbildern und Stereotypen. Der Text von Fernand Braudel (M 8) führt anschließend in die Vielschichtigkeit von historischen Wandlungsprozessen ein. Der Historiker Thoralf Klein (M 9) stellt den Bezug zu China im 19. Jahrhundert her.

Zur Vernetzung mit dem Kernmodul
– M 6 und M 7 werden im Kernmodul erweitert durch die Materialien M 1 bis M 6 zu Kulturkontakt und Kulturkonflikt.
– M 8 kann durch eine weitere Schrift Braudels (M 9) ergänzt und durch eine Verknüpfung mit M 10 (Suter/Hettling) vertieft werden.
– M 9 kann mit M 12 bis M 14 kombiniert werden.

M 6 Der Historiker Jürgen Osterhammel über „Viererlei Barbarei" (1998)

Auch noch im 18. Jahrhundert blieben die europäischen Vorstellungen von Gesellschaften, die anders organisiert waren als die eigenen, von Begriffen aus der Ethnografie der Antike bestimmt. Viele der früh-
5 neuzeitlichen Erfassungsformen des Fremden waren bereits von den Griechen vorausgedacht worden: der binäre Kontrast von Zivilisation und ihrem Gegenteil, die vergleichende Beschreibung von Zivilisationen, die Herleitung biologischer und kultureller Un-
10 terschiede aus klimatischen und anderen Umweltbedingungen, Theorien der Entstehung und der Evolution von Kultur. Unabhängig davon entwickelten sich in anderen Zivilisationen, etwa der chinesischen und der arabisch-islamischen, ganz ähnli-
15 che Weisen der Klassifizierung, Erklärung und praktischen Behandlung des Fremden. In zahlreichen außereuropäischen Sprachen gibt es wertende Bezeichnungen, denen in Europa das Bedeutungsfeld des „Barbarischen" entspricht. Kein Ausdruck aus
20 dem Repertoire der Bezeichnungen des Fremden wurde noch im Europa des 18. Jahrhundert so ausgiebig verwendet wie der des Barbaren und der Barbarei. Da er mit der Zeit eine kolossale semantische Unbestimmtheit angenommen hatte, bringt seine
25 etymologische Zurückführung auf den griechischen Sprachgebrauch ebensowenig wie der Versuch einer halbwegs exakten Definition. [...]
[...] Europäer barbarisch zu nennen bedeutete, ihren Anspruch auf Überlegenheit als heuchlerisch zu
30 entlarven. Dass die eigentlichen Barbaren sich barbarisch verhielten, blieb dabei die unausgesprochene Voraussetzung und der letzte Maßstab des Urteils. Alexander von Humboldt wiederholt einen Topos der frühen spanischen Kolonialismuskritik (etwa bei
35 Bartolomé de Las Casas), wenn er die Ansicht vertritt, die Europäer „benehmen sich außerhalb ihrer eigenen Länder barbarischer wie die Türken – und schlimmer, weil sie noch fanatischer sind". [...]
Eine dritte Verwendung von „barbarisch" tritt dort
40 auf, wo die Lebensweise eines ganzen Kollektivs als unzivilisiert bezeichnet wird. Dies muss kein ausgesprochen grausames Betragen einschließen; Barbaren können auch vitale Naturtalente oder harmlose Tölpel sein. Barbarei ist hier der Gegenbegriff zu Zivi-
45 lisiertheit, genauer: ein negativer belasteter Defizienzbegriff. Barbaren sind Menschen, die die kulturellen Selbstverständlichkeiten – Sprache, Religion, Rechtsvorstellungen, Geselligkeitsformen – des imperialen Zentrums nicht teilen. [...]
50 [...] Niemand in Europa kam auf die Idee, die Japaner als „Barbaren" zu bezeichnen. Japan war das einzige Land Asiens, dessen andersartige Zivilisiertheit stets anerkannt wurde. Bei China konnte man bereits unterschiedlicher Meinung sein, auch wenn die Stim-
55 men, die es als barbarisch bezeichneten, zu jedem Zeitpunkt in der Minderheit geblieben sein dürften.
[...] Viertens: Die Vorstellung von Barbarei als einem defizienten Anti-Zustand wurde im Laufe des 18.
60 Jahrhunderts allmählich durch die Idee von Barbarei als einem Stadium der Gesellschaftsentwicklung abgelöst. [...] Sie [waren] mit einigen der intellektuell brisantesten Fragen der Epoche verbunden: Fragen nach dem Verhältnis von biblischer *historia sacra*
65 und ihrer Zeitrechnung zu der womöglich noch weiter, vielleicht sogar hinter Adam, zurückreichenden Geschichte heidnischer Nationen wie der Chinesen, der Ägypter und der Chaldäer; nach der Entwicklung religiöser Vorstellungen und insbesondere nach der
70 Entstehung des Monotheismus; nach dem Ursprung der Sprache; nach der Konstituierung von gesellschaftlicher Bindung, sozialer Ungleichheit und herrscherlicher Autorität aus einem ursprünglichen Zustand der Menschheit.

Jürgen Osterhammel, Viererlei Barbarei, in: ders., Die Entzauberung Asiens – Europa und die asiatischen Reiche im 18. Jahrhundert, C. H. Beck, München 2010, S. 242 f.*

1 Erklären Sie ausgehend von M 6 den Begriff der „Barbarei" und seine Verwendung.

2 Erläutern Sie mithilfe des Darstellungstextes S. 142 und von M 6 Entstehung und Funktion von Feindbildern.

M7 Die Sinologin Ursula Ballin über europäische Chinabilder und Fremdbilder in China (1998)

Von jeher machen sich Menschen von anderen Menschen Bilder. Die Sozialpsychologie spricht von (Hetero-)Stereotypen, wobei „Stereotyp" als vorurteilsgetrübtes, meist negatives Bild gilt; es kann Individuen, aber auch ein ganzes Volk, eine fremde Kultur betreffen. Übrigens gibt es auch positive Stereotypen. Gemeinsam ist „guten" wie „bösen", dass sie wenig mit der Wirklichkeit des Objekts zu haben und fast immer durch Interessen des Subjekts gelenkt sind. [...] Unter dem Druck extremer gesellschaftlicher Widersprüche werden jedoch mitunter Hoffnungen auf Ausgleich „unserer" Defizite in ein idealisiertes Fremdbild projiziert [...]. In China wie in Europa, das heißt in ihren Bildern voneinander und von sich selbst, finden sich während der letzten zweitausend Jahre alle genannten Varianten.

Seit dem Altertum ist China im Okzident als Seidenproduzent bekannt. Doch bis ins Spätmittelalter kursieren über Land und Leute abenteuerliche Märchen. Die Jesuiten des 16. und 17. Jahrhunderts senden erste „wissenschaftliche" Kunde von China nach Europa. Willig übernehmen Philosophen und Physiokraten der Aufklärung das Idealbild von einem seit Jahrtausenden stabilen Reich, wo Kaiser und Beamte weise über ein fügsames Bauernvolk herrschen und eine säkulare Ethik (Konfuzianismus) die Gesellschaft harmonisiert. Dass es sich um das Autostereotyp einer schmalen chinesischen Elite handelt, mit der die Jesuiten exklusiv verkehren, wollen die Aufklärer kaum so genau wissen: Allzu gut eignet sich das Ideal eines Gelehrtenstaates mit „natürlicher Religion" (Leibniz) für den Kampf gegen Absolutismus und Kirche. Dass auch die Jesuiten angesichts innerkirchlicher Konflikte an der Vermittlung eines retuschierten Chinabildes interessiert sind, sei hier nur angedeutet. Die europäische Oberschicht verharmlost die Idealisierung zur Chinoiserie des Rokokos. Im 19. Jahrhundert verliert China seine Rolle als Vorbild. [...] Nach wie vor auf die jesuitischen Quellen gestützt, wird Chinas „Stabilität" zur „Stagnation" abgewertet. [...] Die Sinologie etabliert sich in Russland und im frühen 19. Jahrhundert in Frankreich (der erste deutsche Lehrstuhl wird erst 1911 eingerichtet). Auf das volkstümliche Chinabild haben Gelehrte keinen Einfluss; es beruht bis ins 19. Jahrhundert auf den alten Exotismen. Im Zeitalter des europäischen Kolonialimperialismus, das für das Deutsche Reich erst in den achtziger Jahren des 19. Jahrhunderts beginnt, sinkt die westliche Chinarezeption auf ihr bisher niedrigstes Niveau. [...] Nach der Ermordung des deutschen Gesandten Ketteler in Peking [Juni 1900] steigert sich die gelenkte Sinophobie in Deutschland, bestärkt durch Wilhelms II. denkwürdige Hunnenrede („Pardon wird nicht gegeben") bei der Ausschiffung deutscher Soldaten nach China. Kaum eine christliche Stimme tadelt das Morden und Plündern der Truppen. Nur einige Sozialdemokraten erheben im Reichstag Protest und ernten Spott. [...]

Auch in China gibt es seit dem Altertum Fremdbilder von den nicht assimilierten Randvölkern als Barbaren, die albern sprechen, sich grotesk kleiden und weder Sitte noch politische Ordnung (nämlich die chinesische) kennen. Wie im Westen sind solche Bilder durch politische Interessen gelenkt. Zwar schützt sich China gegen Invasionen im Norden durch die Große Mauer, doch ist es lange in den Grenzen seines kulturdominanten Selbstverständnisses weltoffen, treibt Überseehandel und nimmt kulturelle Fremdeinflüsse auf. [...] Erst die gewaltsame Konfrontation seit den Opiumkriegen (seit 1840) zwingt die Herrscher der Qing-Dynastie (1644–1911), die Fremden wahrzunehmen. Dennoch bleiben Reformen in China anders als in Japan in Ansätzen stecken. Außenseiter wie der Reformer Kang Youwei warnen vor dem Stereotyp der rein mechanisch verstandenen Stärke Europas und weisen auf institutionelle und ethische Faktoren hin. Doch konservative Kreise um den Drachenthron sperren sich gegen jede objektive Sicht ihrer nahezu verlorenen Position. [...] Der durchaus westlich orientierte Reformer des chinesischen Bildungswesens seit 1917, Cai Yuanpei, auch er ein Freund Richard Wilhelms[1], befindet noch 1927, dass zwar Sinologen sich um eine Würdigung der chinesischen Kultur bemühten, dass das gängige europäische Chinabild jedoch auf oberflächlichen Reiseberichten, vorurteilsgetrübten Darstellungen von Missionaren und politisch motivierten Entstellungen durch „Journalisten und Imperialisten" beruhe. [...] Auf beiden Seiten halten sich bis in unsere Tage Vorurteile und Illusionen.

Zit. nach: https://www.dhm.de/archiv/ausstellungen/tsingtau/katalog/auf1_18.htm (Download vom 8. Dezember 2021).*

1 *Richard Wilhelm (1873–1930):* deutscher Missionar und Sinologe

1 **Beschreiben** Sie die von Ballin in M 7 genannten Stereotypen im Wandel der Zeit.
2 **Diskutieren** Sie die These, dass sich „Vorurteile und Illusionen" auf beiden Seiten bis heute gehalten haben.
3 **Zusatzaufgabe:** Siehe S. 478.

M 8 Fernand Braudel über die Geschichte und die Dauer in ihren verschiedenen Formen (1969)

Jede historische Arbeit zerlegt die vergangene Zeit und entscheidet sich je nach mehr oder weniger bewussten Vorlieben und mehr oder weniger exklusiven Standpunkten für die eine oder andere der chronologischen Realitäten. Die traditionelle Geschichtsschreibung hat sich auf die kurze Zeit, auf das Individuum spezialisiert, und so sind wir seit langem an einen überstürzten, dramatischen, kurzatmigen Bericht gewöhnt. Der neuen Wirtschafts- und Sozialgeschichte dagegen geht es bei ihren Untersuchungen in erster Linie um die zyklischen Schwankungen und deren Dauer; […] und so gesellt sich heute zum Bericht […] das Rezitativ[1] der Konjunktur, das die Vergangenheit in großen Zeiträumen von 10, 20, 50 Jahren betrachtet.

Dieses zweite Rezitativ wiederum wird überlagert von einer Geschichte mit einem noch viel längeren, über Jahrhunderte hinweg reichenden Atem: von der Geschichte der langen, der sehr langen Dauer. […] Sie bezeichnet das Gegenstück zu François Simiands Ereignisgeschichte, wie er die kurzatmige Geschichte als einer der Ersten […] taufte.

Nun sind diese Begriffe allerdings nicht absolut eindeutig. Nehmen wir das Wort Ereignis. Ich für meinen Teil würde es in der kurzen Dauer ansiedeln, einsperren: Für mich ist das Ereignis etwas Explosives, eine „klingende Neuigkeit", um einen Ausdruck aus dem 16. Jahrhundert zu gebrauchen. Es erfüllt das Bewusstsein der Zeitgenossen mit seiner übermäßigen Rauchentwicklung, ist aber schnell verpufft, sodass kaum Zeit bleibt, die Flamme wahrzunehmen. […]

Darum wollen wir uns anstelle von Ereignis für den eindeutigeren Begriff der kurzen Zeit entscheiden, die kurze Zeit der Individuen, des Alltags, unserer Illusionen, für den Augenblick des Bewusstwerdens – mit einem Wort, für die Zeit par excellence des Chronisten und Journalisten. Denn Chronik wie Tageszeitung berichten außer über die großen, die sogenannten historischen Ereignisse auch über Ereignisse von mittlerer Bedeutung aus dem täglichen Leben wie Feuersbrünste, Eisenbahnkatastrophen, Getreidepreise, Verbrechen, Theateraufführungen, Überschwemmungen. Und ebenso haben, was wohl niemand bezweifeln wird, auch die anderen Formen des Lebens, das wirtschaftliche, soziale, literarische, institutionelle, religiöse, ja sogar das geografische (in Form eines Windstoßes, eines Sturms), und natürlich auch das politische, ihre kurze Zeit. […]

Den […] weitaus nützlicheren Schlüssel liefert das Wort Struktur, das, ob gut oder schlecht gewählt, die Probleme der langen Dauer beherrscht. Die Beobachter des Sozialen verstehen darunter eine Organisation, einen Zusammenhang, relativ feste Beziehungen zwischen bestimmten Realitäten und sozialen Massen. Für uns Historiker ist eine Struktur zweifellos etwas Zusammengefügtes, ein Gebäude, mehr noch aber eine Realität, der die Zeit nicht viel anhaben kann und die sie deshalb sehr lange mitschleppt. Ja, manche Strukturen werden aufgrund ihrer Langlebigkeit für zahllose Generationen zu einem festen Bestand und behindern dadurch die Geschichte, hemmen sie, indem sie ihren Ablauf beherrschen. Andere Strukturen wiederum zerfallen schneller. Alle aber sind gleichzeitig Stütze und Hindernis. Hindernis, insofern sie Grenzen bezeichnen […], die der Mensch und seine Erfahrung kaum zu überschreiten vermögen. Man denke nur, wie schwer sich in manchen Fällen ein bestimmter geografischer Rahmen, bestimmte biologische Realitäten, bestimmte Produktionsgrenzen bzw. die einen oder anderen geistigen Zwänge sprengen lassen: denn auch die geistigen Rahmen sind Langzeitgefängnisse. Das einleuchtendste Beispiel scheint noch immer der von der Geografie ausgeübte Zwang zu sein. […] Man nehme nur einmal […] die Dauerhaftigkeit bestimmter Lebensbereiche der Küstenregionen oder die Standorttreue der Städte und der Straßen und damit auch des Verkehrs, kurzum, die erstaunliche Festigkeit des geografischen Rahmens der Kulturen. […]

Fernand Braudel, Geschichte und Sozialwissenschaften. Die lange Dauer, in: ders., Schriften zur Geschichte 1. Gesellschaften und Zeitstrukturen. Übersetzt von Gerda Kurz/Siglinde Summerer, Klett-Cotta, Stuttgart 1992 (zuerst 1969), S. 52–67.*

1 *Rezitativ:* ein künstlerisch vorgetragener Gesang oder literarischer Text

1 Arbeiten Sie heraus, was Braudel unter Ereignis und Struktur versteht.
2 Analysieren Sie die Rolle von Historikerinnen und Historikern im Umgang mit der Vergangenheit.
3 **Vertiefung:** Nehmen Sie Stellung, inwieweit Historikerinnen und Historiker bei ihrer Arbeit auch Fremdbildern unterliegen können.

M 9 Der Historiker Thoralf Klein über „Nationalismus" und „Kulturalismus" in China (2009)

Die Idee der Nation begann sich etwa gleichzeitig mit dem modernen Revolutionsbegriff, d. h. ab etwa 1900, als politisches Konzept in China zu verbreiten. Ihre langfristige Wirkung in der historischen Forschung hat sie vor allem in der Auseinandersetzung mit dem Imperialismus entfaltet. Chinesische Historiker haben die unterschiedlichsten Formen antiimperialistischen Widerstands besonders seit den

1950er-Jahren gerne als „patriotisch" (*aiguo*) klassifiziert: Im politischen Sprachgebrauch der VR China stellt der Begriff Patriotismus eine weniger offensive Ersatzvokabel für die Loyalität zur chinesischen Nation dar.

In der europäischen und nordamerikanischen Chinaforschung hat die Untersuchung des chinesischen *nation building* eine weitere Perspektive auf die große Transformation Chinas im späten 19. und frühen 20. Jahrhundert geliefert. Dabei konzentrierte sich die Analyse zunächst auf einen fundamentalen Wandel im chinesischen Selbstverständnis vom Kulturalismus zum Nationalismus. Seit der Begründung des chinesischen Kaiserreichs im 3. Jahrhundert v. Chr. orientierte sich dieses Selbstverständnis, so die These, nicht am Staat oder einer wie immer begründeten nationalen Gemeinschaft, sondern an der chinesischen Kultur. Damit waren zwei weitere Überzeugungen verbunden: erstens die Annahme von der Überlegenheit der chinesischen Kultur über die sie umgebenden „Barbaren" und zweitens das Prinzip, dass der Herrscher auf der Grundlage der für universal gültig erklärten Normen des Konfuzianismus regieren müsse. In diesem „sinozentrischen" Weltbild war kein Platz für zwischenstaatlichen Wettbewerb. Umgekehrt konnten sogar „barbarische" Völker China regieren, sofern die Herrscher sich an die chinesische Kultur anpassten. Erst durch die Desintegration des Kaiserreiches und den radikalen Wandel seines internationalen Umfeldes im 19. Jahrhundert erwies sich die chinesische Zivilisation als nicht mehr fähig, die Loyalität der Bevölkerung zu sichern. An ihre Stelle trat nunmehr die Nation. Bei der Entstehung des Nationalismus handelt es sich somit um eine grundlegende kulturelle Umwälzung, um ein revolutionäres und modernes Projekt.

Ähnlich wie beim Tradition-Moderne-Schema lässt sich auch bei der Kulturalismus-Nationalismus-These die allzu holzschnittartige Gegenüberstellung entgegengesetzter Konzepte kritisieren. Tatsächlich haben zahlreiche Nationalismusforscher diese These kritisiert und verfeinert, ohne allerdings die Meistererzählung von der Nation grundsätzlich infrage zu stellen. Erst seit Mitte der 1990er-Jahre wurden Alternativen aus zwei Richtungen angeboten: zum einen unter Rückgriff auf postmoderne, poststrukturalistische Theorien, zum anderen mit Blick auf die Debatten um transnationale und globale Geschichte.

[...] Einen besonders fruchtbaren Ansatz hat vor einigen Jahren William Kirby entwickelt, als er die internationale Dimension in der Republikzeit (1911–1949) in den Blick nahm. Kirby geht dabei von der einfachen Feststellung aus, dass in dieser Periode sämtliche Bereiche der chinesischen Politik, Gesellschaft und Kultur ganz wesentlich von den auswärtigen Beziehungen des Landes geprägt waren. Dies ist kein Rückfall in das *impact-response*-Schema [das dem Ausland eine aktive und China eine weitgehend passive Rolle zuschreibt], weil Kirby nicht mehr danach fragt, ob die Wurzeln der chinesischen Transformation in China selbst oder im Westen lagen. Vielmehr legt er das Schwergewicht auf die zwischen beiden Seiten ablaufenden Prozesse von Konflikt und Kooperation. Über den von Kirby abgesteckten Zeitrahmen hinaus kann eine solche internationale bzw. globale Geschichte für weite Teile der chinesischen Geschichte im 19. und 20. Jahrhundert, ja womöglich auch noch für frühere Perioden geschrieben werden.

[...] Der chinesische Nationalismus war mehr als nur eine Reaktion auf die gewaltsame Einbindung Chinas in ein internationales imperialistisches Ordnungssystem. Er beinhaltete je länger je mehr einen aktiv gestalteten Prozess der Rekonstituierung Chinas mit dem Ziel, seine Handlungsfähigkeit auf der internationalen Bühne wiederherzustellen.

Thoralf Klein, Geschichte Chinas. Von 1800 bis zur Gegenwart, Ferdinand Schöningh, Paderborn 2009, S. 28 ff.*

1 Erläutern Sie, welche Rolle „die Idee der Nation" in China gespielt hat.

2 Vertiefung: Vergleichen Sie mit Europa. Beziehen Sie den Darstellungstext S. 142 mit ein.

3 Erklären Sie auf der Basis von M 9 die „Kulturalismus-Nationalismus-These" der europäischen und US-amerikanischen Chinaforschung.

4 Stellen Sie Hypothesen auf, inwieweit der Kontakt zwischen China und den imperialistischen Mächten zu einer Transformation auf einer der beiden Seiten/beiderseits beigetragen hat.
Tipp: Siehe S. 478.

5 Zusatzaufgabe: Siehe S. 478.

2.2 Selbstverständnis und Weltbild der Chinesen und der Europäer

M1 Kaiser Qianlong als Feldherr, Gemälde von Giuseppe Castiglione, 1758

206 v. Chr. – 220 n. Chr. | Han-Dynastie: Papierherstellung, staatliche Anerkennung des Konfuzianismus

220–589 | Zerfall in Teilreiche: Erste Druckverfahren, Verbreitung des Buddhismus setzt ein.

589–907 | Sui- und Tang-Dynastie: Porzellanherstellung, Beamtenprüfungssystem, starke Verbreitung des Buddhismus

907–960 | Zerfall in Teilreiche

2.2 Selbstverständnis und Weltbild der Chinesen und der Europäer

Zwischen China und Europa liegen Welten? Damals und heute? Das kann man so nicht sagen. Die Kontakte zwischen Europa und China haben eine lange Tradition, und sie waren vielfältig, kulturell, ökonomisch, wissenschaftlich und bei weitem nicht nur aggressiver Natur. Sie beginnen nicht erst mit den westlichen Angriffen auf China im 19.
5 Jahrhundert wie dem Opiumkrieg von 1839. Bereits zur Zeit der Han-Dynastie wusste man in China vom Römischen Reich und Seide aus China war in Rom ein begehrtes Gut. Objekte, Ideen, Personen, Religionen und Sprachen flossen seitdem zwischen den beiden Enden Eurasiens hin und her. Im 16. Jahrhundert in-
10 tensivierten sich diese Handelsbeziehungen: Silber aus Amerika war in China und chinesisches Porzellan und Seide waren in Europa sehr gefragt. Katholische Jesuiten, die als Missionare unter anderem nach China gingen, brachten europäisches Wissen nach China und Wissen über China nach Europa. Das europäi-
15 sche Bild von China war zu dieser Zeit positiv geprägt. Viele Philosophen der Aufklärung wie Voltaire, Diderot und Leibniz sahen China sogar als kulturell überlegen an. Mit der Französischen Revolution und der beginnenden Industrialisierung änderte sich dies. Der chinesische Kaiser wurde nun als Despot gesehen, das
20 Land insgesamt als rückständig. China wurde zudem vor allem als wichtiger Markt für den Welthandel betrachtet, den es zu öffnen und zu erobern galt. Der Historiker Jürgen Osterhammel spricht für die Zeit um 1800 von der „Entzauberung" Asiens in den Augen Europas.
25 Starke, modern geprägte europäische Staaten wie Großbritannien und Frankreich trafen im 19. Jahrhundert auf das ebenso selbstbewusste und expandierende Qing-Kaiserreich in China. Will man die Wechselwirkungen und Anpassungsprozesse zwischen beiden Seiten im 19. Jahrhundert differenziert betrachten, dann muss man sich zunächst mit den Wurzeln dieses Selbstbewusstseins auseinanderset-
30 zen. Dies soll hier mithilfe der Begriffe „Selbstverständnis" und „Weltbild" erfolgen. Es soll untersucht werden, welche Ideen und Konzepte jeweils das Bild der Staaten von sich selbst prägen und wie sie auf die anderen bzw. auf die Welt insgesamt schauen.

M2 „König Ludwig XIV. von Frankreich auf einem Pferd", Gemälde von René Antoine Houasse, um 1685

1 Beschreiben Sie auf der Basis der Einleitung, wie sich die Kontakte zwischen China und Europa seit dem 16. Jahrhundert verändert haben.
2 Erläutern Sie, was der Historiker Jürgen Osterhammel mit „Entzauberung Asiens" meint.
3 Recherchieren Sie biografische Informationen zu Kaiser Qianlong und König Ludwig XIV. Interpretieren Sie anschließend die Herrscherdarstellungen von M 1 und M 2 und vergleichen Sie diese.

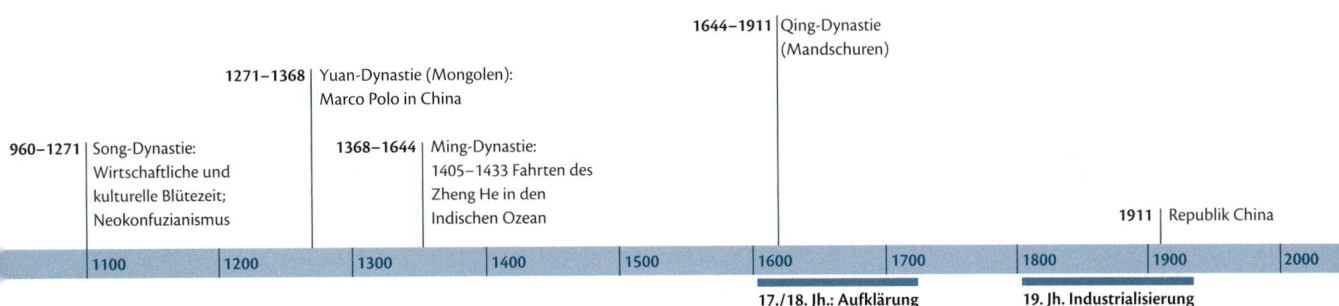

2.2 Selbstverständnis und Weltbild der Chinesen und der Europäer

In diesem Kapitel geht es um
- *das Selbstverständnis und das Weltbild der Chinesen im Kaiserreich,*
- *den Konfuzianismus als Grundlage des chinesischen Selbstverständnisses,*
- *China als „Reich der Mitte",*
- *das Selbstverständnis und das Weltbild der Europäer in der Neuzeit,*
- *die Folgen der Aufklärung für das europäische Selbstverständnis und Weltbild,*
- *die ökonomischen und politischen Folgen der Industrialisierung.*

Selbstverständnis

Ein Verständnis von sich selbst basiert nicht nur auf klaren Fakten, wie sie beispielsweise in einem Ausweis festgehalten sind (Geburtsdatum, Größe, Augenfarbe, Nationalität etc.). Jedes **Selbstverständnis*, also jede Vorstellung von sich selbst**, wird sowohl durch individuelle Erfahrungen, Eigenschaften und Werte als auch durch kollektive Normen und Erwartungen geprägt. Das Selbstverständnis einer Nation, eines Landes oder eines Staatenverbundes ist noch schwerer zu bestimmen, obwohl wir in der Alltagssprache oft von „den Franzosen", „den Chinesen" oder „den Europäern", also vermeintlich klar definierbaren Kollektiven sprechen. Eine wichtige Rolle bei der Bestimmung spielen Traditionen, Werte oder auch das kollektive Gedächtnis*. All diese Elemente unterliegen der historischen Veränderung und der Deutung. Das nationale/kollektive Selbstverständnis ist also stets konstruiert. Manchmal erfolgt das mit einem bestimmten Ziel, es wird politisch instrumentalisiert. Es gibt also nicht *das* chinesische oder *das* europäische Selbstverständnis einer bestimmten Zeit. Man kann sich nur auf die Suche nach wichtigen Bestandteilen dieser Konstrukte machen und ihre Bedeutung interpretieren.

Weltbild

Das Verständnis von sich selbst bzw. das nationale Selbstverständnis hat auch Einfluss auf das **Weltbild*, also die Art und Weise, wie man die Welt wahrnimmt und deutet**. Auf Karten und digitalen Navigationssystemen verdeutlicht ein roter Punkt oder ein buntes Auto, wo man sich gerade befindet. Von dort aus startet die Navigation. Ähnlich verhält es sich mit dem Weltbild. Natürlich ist jeder Mensch und somit auch jede Nation erstmal bei sich und sieht sich im Mittelpunkt. Auf diese Weise wird der Standpunkt und die Perspektive verdeutlicht. Zugleich ist von diesem Standpunkt aus aber nicht alles sichtbar. Das Gleiche gilt auch wieder für Karten. Auch sie beinhalten bestimmte Perspektiven. Sie verraten somit auch viel über die Überzeugungen des Kartografen, über das Wissen seiner Zeit und das jeweilige Verständnis der Welt.
Die europäische Sicht auf die Welt änderte sich mit der Hochzeit der Entdeckungen im 15./16. Jahrhundert. Europa blieb im Mittelpunkt, aber die Weltkarten wurden immer wieder korrigiert und erweitert. Die chinesische Sicht auf die Welt wurde zu Beginn des 15. Jahrhunderts durch die Fahrten des chinesischen Gesandten Zheng He in den Indischen Ozean, die bis nach Afrika reichten, weiter präzisiert. Doch auch hier blieb das sinozentrische* Weltbild mit China im Mittelpunkt erhalten, das sich spätestens im 3. Jahrhundert v. Chr. mit der Reichseinigung unter der Dynastie der Qin herausgebildet hatte. Chinesen und Europäer blickten also jeweils aus einer eigenen, **sinozentrischen bzw. eurozentrischen Perspektive auf die Welt** und deuteten Ereignisse gemäß ihren spezifischen Vorstellungen. Dabei wurden die jeweils anderen meist als fremd wahrgenommen, oft auch als unterlegen oder als potenzielle Feinde.

Selbstverständnis
Vorstellung von sich selbst, mit der eine Person, eine Gruppe o. Ä. lebt, sich in der Öffentlichkeit darstellt und sich selbst wahrnimmt

kollektives Gedächtnis
Der Begriff stammt von dem frz. Philosophen Maurice Halbwachs. Er wird auch in der Geschichtswissenschaft verwendet. Er meint die gemeinsame Gedächtnisleistung einer Gruppe, die als Basis für Verhalten, Normen und Denken fungiert.

Weltbild
umfassende Vorstellung von der Welt auf der Basis wissenschaftlicher und philosophischer Erkenntnisse, die die Wahrnehmung der Menschen von der Welt prägt

sinozentrisch
China wird in den Mittelpunkt gestellt, z. B. in das Zentrum eines Weltbildes oder einer Ideologie.

Sinologie
Sinologie ist die Wissenschaft, die sich mit China beschäftigt. Dabei gibt es verschiedene Fachbereiche, die sich mit spezifischen Themenfeldern auseinandersetzen: chinesische Geschichte, chinesische Literatur, Religion in China, Politik in China etc., also China wird breit verstanden, umfasst den gesamten chinesischsprachigen Kulturraum (eben auch Taiwan, Hongkong, Singapur, Überseechinesen etc.).

M1 Chinesische Weltkarte *„Kunyu wanguo quantu"* von Matteo Ricci, jesuitischer Missionar in China, 1602

Die „Gesamtkarte der unzähligen Länder der Welt" (Kunyu wanguo quantu) wurde vom italienischen Jesuiten-Missionar Matteo Ricci in Zusammenarbeit mit dem chinesischen Gelehrten Li Zhizao erstellt. Sie verbindet in den Erklärungen europäisches und chinesisches geografisches Wissen und entstand in mehreren Varianten ab 1602. Der Mittelpunkt der Karte auf dem Pazifik und China wird von der Forschung als Versuch Riccis interpretiert, den Gewohnheiten der chinesischen Bildungselite entgegenzukommen.

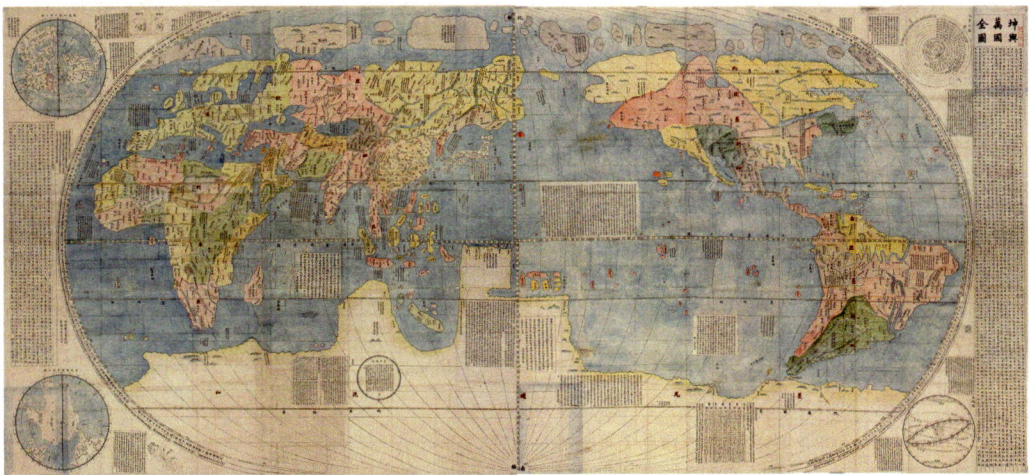

M2 Europäische Weltkarte nach G. Mercator und J. Hundius, Kupferstich, 1602

Die Karte entstammt dem Mercator-Atlas des 16. Jahrhunderts, der 1602 neu aufgelegt wurde. 1604 erwarb der Verleger und Kartograf Jodocus Hundius die Druckplatten von den Erben von Gerhard Mercator.

2.2 Selbstverständnis und Weltbild der Chinesen und der Europäer

M 3 Porträt des Qianlong-Kaisers, Gemälde von Giuseppe Castiglione, um 1737.

Der Qianlong-Kaiser (1711–1799) entstammte der mandschurischen Qing-Dynastie. Die Männer der Mandschu trugen traditionell das Haar zu einem Zopf gebunden.

▶ M 7 bis M 9: Konfuzianismus

Daoismus
Die Lehre entsteht im 4. Jahrhundert v. Chr. und geht auf den Meister Laozi (6. Jh. v. Chr.) zurück. Sie legt den Schwerpunkt auf das private Leben des Einzelnen und seine Einbindung in die natürliche Einheit der Welt.

Buddhismus
Der Buddhismus beruht auf den Lehren des in Nordindien im 5./6. Jh. v. Chr. lebenden Siddhartha Gautama. Er kam im 2./3. Jahrhundert n. Chr. nach China. Während der Tang-Dynastie (618–907) wurde der Buddhismus Staatsreligion und überlagerte die chinesischen Philosophien.

Das Selbstverständnis und Weltbild der Chinesen

China ist nicht klassisch wie beispielsweise Frankreich, *La Grande Nation*, als Nationalstaat zu verstehen, sondern als „Zivilisationsstaat" (Martin Jacques). Es besteht aus einer Vielzahl an Volksgruppen. 2021 sind es 56 offiziell erfasste Ethnien. Der heutige Staat, die Volksrepublik China, sieht sich in der Tradition einer über 2500-jährigen Geschichte. Seit dem 3. Jahrhundert v. Chr. folgten verschiedene Dynastien wie die Qin, die Han oder später die Ming oder Qing aufeinander. Sie regierten als Kaiser ein wachsendes Imperium. Seine größte Ausdehnung besaß China Mitte des 18. Jahrhunderts unter der von den Mandschuren gegründeten Qing-Dynastie (1644–1911). Insgesamt wechselten sich in der chinesischen Geschichte Phasen des Einheitsstaates mit Perioden des Zerfalls in Teilstaaten ab. Mit der Gründung einer Republik endete 1911 das chinesische Kaiserreich. Allerdings wurde die Zeit der Republik durch Kämpfe zwischen lokalen Kriegsherren sowie durch den Kampf zwischen zwei Parteien, den Nationalisten und Kommunisten geprägt. Eine weitere wichtige Zäsur bildete schließlich die Ausrufung der kommunistischen Volksrepublik durch Mao Zedong 1949, die bis heute fortbesteht.

Die Geschichte des multiethnischen Reiches prägt auch das chinesische Selbstverständnis und Weltbild im 19. Jahrhundert. Eine wichtige Funktion besaßen der Kaiser als „Himmelssohn", die kaiserlichen Beamten als Verwalter, die Sprache und die Schrift sowie die Lehren von Konfuzius (Konfuzianismus), Laozi (Daoismus) und der Buddhismus. Im Folgenden sollen zwei zentrale Bestandteile genauer vorgestellt werden: der Konfuzianismus und das „Reich der Mitte".

Konfuzianismus – und der Meister sprach ...

Die Bezeichnung Konfuzianismus geht zurück auf den Gelehrten Konfuzius (551–479 v. Chr.). Seine Lehren standen in der Tradition älterer Überlieferungen, schufen also kein neues Wissen, sondern ordneten altes Wissen und deuteten es zum Teil neu. Es gibt keine direkte Überlieferung seiner Lehren, sondern nur die spätere Wiedergabe durch seine Schüler. Viele Lehren des Konfuzius wurden also von seinen Anhängern und unterschiedlichen Traditionslinien ergänzt. Zu den wichtigsten überlieferten und Konfuzius und seinen Schülern zugeschriebenen Schriften gehören das *Lunyu* (Die Gespräche des Konfuzius) und das *Liji* (Buch der Riten). Hier finden sich Anekdoten und Aphorismen sowie Gedanken zu einer idealen Gesellschaftsordnung.

Zu Konfuzius' Lebzeiten bestand China aus Einzelstaaten, die um die Vorherrschaft kämpften. Konfuzius' Lehren schienen gerade in dieser Zeit, die Hoffnung auf Ordnung zu stützen und Wege aufzuzeigen, wie in diesem Durcheinander ein gelungenes Leben möglich war. Im Kern war der Konfuzianismus eine Moral- und Staatsphilosophie, die als Grundlage für die gesellschaftlichen Beziehungen fungierte. Das Individuum sollte Tugenden wie Menschlichkeit, Klugheit und Anstand anstreben und sich gegenüber der Gemeinschaft als loyal und höflich erweisen. Eine wichtige Rolle spielte auch die Verehrung der Eltern und Ahnen. So sollte jedes Individuum in der Gesellschaft seinen Platz einnehmen, die Ordnung einhalten und damit den Staat sichern. Mit der Han-Dynastie (206 v. Chr.–220 n. Chr.) wurde der Konfuzianismus zur bedeutendsten Philosophie und Verhaltenslehre im Kaiserreich. So bildeten die konfuzianischen Schriften vom 7. bis zum 20. Jahrhundert zum Beispiel die Grundlage für die Prüfungen im Auswahlverfahren der kaiserlichen Beamten. Es gab jedoch auch konkurrierende Philosophien bzw. Religionen in China: den **Daoismus*** und den **Buddhismus***.

China als „Reich der Mitte"

Das traditionelle chinesische Weltbild lässt sich u. a. mit dem Begriff „Reich der Mitte" (*zhongguo*) näher bestimmen. Mit diesem Namen bezeichneten die Chinesen ihr Land.

Es meint zum einen eine räumlich-geografische Lage. Im Gebiet mitten zwischen den großen Flüssen *Chang Jiang* (Langer Fluss, in Europa bekannt unter dem Namen Yangzi) und *Huang He* (Gelber Fluss) entstand die chinesische Hochkultur. Zum anderen beinhaltete „Reich der Mitte" auch die Vorstellung, dass das chinesische Kaiserreich als einziges zivilisiertes Reich umgeben sei von „Barbaren". Bei Letzteren wurden noch die an China angrenzenden Gebiete als eine eigene Gruppe unterschieden, da sie tributpflichtig waren, also dem chinesischen (auch kulturellen) Einfluss unterlagen und damit zum Imperium gehörten.

Der Kaiser bildete im „Reich der Mitte" das absolute Zentrum. Als Herrscher über alles „unter dem Himmel" (*tianxia*) besaß er das „Mandat des Himmels" (*tianming*). Dieser Vorstellung nach erhielt er seine Befähigung zum Herrschen vom Himmel übertragen. Dies erfolgte nicht im Sinne des europäischen Gottesgnadentums, sondern als Mandat, welches verliehen wurde und wieder genommen werden konnte. Auf diese Basis gründete der Kaiser seine politische Macht über China. Das Mandat bedeutete aber auch die Verpflichtung, weise und klug zu agieren sowie die moralische und politische Ordnung im Staat aufrechtzuerhalten. Missernten oder Naturkatastrophen wurden als Zeichen des Himmels gedeutet und dem Herrscher angelastet. Der Herrscher verfügte demnach nicht mehr über das Mandat des Himmels. Der Kaiser war Autorität und Vorbild, ein Familienoberhaupt in der konfuzianischen Deutung der Gesellschaft als Familie. Er hatte die Menschen zu umsorgen und gleichzeitig zu erziehen. Nur so konnte aus chinesischer Sicht Ordnung und Stabilität im Reich gewährleistet werden. Den engeren Kreis um den Kaiser bildete der Kaiserpalast mit einem inneren, nur dem engsten Kreis vorbehaltenen Teil und einem äußeren Teil. Um den Palast herum lag die Hauptstadt (seit dem 15. Jahrhundert Beijing). Illustriert wird diese Form des Weltbildes und Selbstverständnisses beispielsweise durch das „Bild der fünf Zonen der Unterwerfung" (M 4), das auf alte Schriften aus den Jahrhunderten vor der Gründung des chinesischen Kaiserreiches zurückgeht und um das Zentrum des Reiches fünf Quadrate als Herrschafts- und Verwaltungssphären zieht. Es gibt auch andere Modelle mit neun Quadraten.

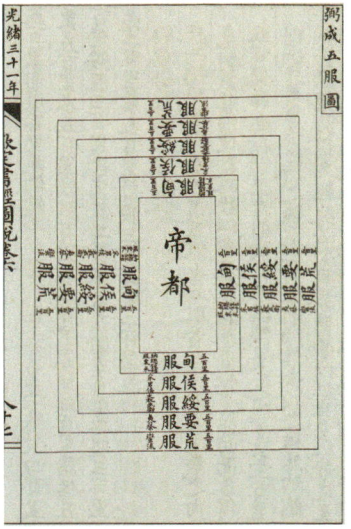

M4 Bild der fünf Zonen der Unterwerfung (*Wufu Tu*), aus einem Werk aus der Zeit der Qing-Dynastie

Das Selbstverständnis und Weltbild der Europäer

Möchte man das Selbstverständnis und Weltbild der Europäer in der Geschichte näher bestimmen, trifft man ebenfalls auf Schwierigkeiten. Auf den ersten Blick ist Europa zunächst einmal nur eine Bezeichnung für den Kontinent Europa, seine Einwohner sind dementsprechend „die Europäer". Es gab in der Geschichte bis zur Gründung der Europäischen Gemeinschaft im 20. Jahrhundert jedoch kein Imperium oder Staat mit dem Namen „Europa". Es gab nur eine Abfolge von unterschiedlichen Imperien/Reichen sowie nationalen Staaten, Fürstentümern und anderen Territorien: antikes Griechenland, Römisches Reich, Frankreich, Heiliges Römisches Reich deutscher Nation, Großbritannien usw. Die Einwohner bezeichneten sich als Franzosen, Briten, Preußen, aber nicht als Europäer. Es gab eine politische und wirtschaftliche Konkurrenz untereinander. Und doch existieren gemeinsame Wurzeln, ein verbindender Bezugsrahmen, auf die alle „Europäer" immer wieder verwiesen. Ein wichtiger Bestandteil dieser Gemeinsamkeit sind Kultur, Werte und Normen, die u. a. auf die Hochkultur und Zivilisation der Griechen und Römer sowie auf das Christentum zurückgeführt werden. In der Charta der EU heißt es: „[…] in dem Bewusstsein ihres geistig-religiösen und sittlichen Erbes gründet sich die Union auf die unteilbaren und universellen Werte der Würde des Menschen, der Freiheit, der Gleichheit und der Solidarität".

In der Geschichte betrachteten sich auch die Europäer gegenüber anderen als überlegen. Sie führten das auf ihre Kultur und das Christentum zurück. Daraus leitete sich auch ihr Anspruch ab, im Zentrum der Welt zu stehen, diese zu entdecken, zu erforschen, in andere Kontinente ihre Zivilisation zu bringen und sie zu beherrschen. Natürlich

bpb-Dossier: Weltbilder auf Karten
cornelsen.de/Webcodes
Code: fopucu

Aufklärung
von Rationalismus und Fortschrittsglauben bestimmte europäische geistige Strömung des 17. und besonders des 18. Jahrhunderts, die sich gegen Aberglauben, Vorurteile und Autoritätsdenken wendet

Industrialisierung
Prozess des technischen, wirtschaftlichen und sozialen Wandels von einer agrarisch geprägten Gesellschaft zu einer Industriegesellschaft

▶ M 15: Immanuel Kant über die Aufklärung

Encyclopédie
Es handelt sich um ein Nachschlagewerk, in dem der gesamte Wissensstoff aller Disziplinen oder nur eines Fachgebiets in alphabetischer oder systematischer Anordnung dargestellt ist.

▶ M 16: Götz Hamann über Diderots *Encyclopédie*

M 5 „Toleranz" von Daniel Chodowiecki, Druckgrafik, 1791

Soziale Frage
Soziale Frage meint die komplexen Probleme und sozialen Herausforderungen, die sich durch die massiven Veränderungen der Arbeitswelt und im Lebensalltag infolge der Industrialisierung im 19. Jahrhundert ergaben.

unterlagen auch das Selbstverständnis und das Weltbild der Europäer historischen Veränderungen. Wichtige Veränderungen brachten die **Aufklärung*** und die **Industrialisierung*** mit sich. Ihre Folgen prägten Selbstverständnis und Weltbild im 19. und 20. Jahrhundert.

Folgen der Aufklärung

Die Aufklärung (frz. *Siècle des Lumières*; engl. *Enlightenment*) als maßgebliche Bewegung des späten 17. Jahrhunderts hat sich insbesondere durch französische Denker im Laufe des 18. Jahrhunderts entwickelt und in ganz Europa verbreitet. Sie erreichte in der zweiten Hälfte des 18. Jahrhunderts ihren Höhepunkt und prägt bis heute Denken und Ideale der westlichen Welt. Die Aufklärung krempelte das Verständnis und die Ordnung der Welt um. Sie forderte ein, die Natur zu beobachten und auf Wissen und Vernunft zu bauen anstatt auf die Allmächtigkeit der Kirche. Das christlich geprägte Weltbild, Gottesgnadentum und das Primat der Kirche wurden kritisiert und dem Glauben die Vernunft, wissenschaftliche Methoden und die Empirie entgegengestellt. Der Philosph Immanuel Kant (1724–1804) beantwortete 1784 den Aufruf einer Zeitschrift auf die Frage „Was ist Aufklärung?" u. a. mit der Aufforderung: *„sapere aude!"* („Wage zu wissen" oder „Habe den Mut, dich deines Verstandes zu bedienen"). Diese wurde zum Leitspruch der Aufklärung und Kant zu ihrem wichtigsten deutschen Vertreter. Eines der bedeutendsten Werke der französischen Aufklärung ist die *Encyclopédie** von Denis Diderot (1713–1784) und Jean Baptiste le Rond d'Alembert (1751–1780), die versuchte, alles Wissen ihrer Zeit zusammenzutragen und der Weltöffentlichkeit als Nachschlagewerk zu offerieren. An diesem Projekt zeigte sich auch die Gegenwehr der traditionellen Kräfte, die beide Autoren mit Gefängnis bedrohten. Erst die Französische Revolution verhalf den Ideen der Aufklärung in Europa schrittweise politisch zum Durchbruch. In den USA war es die Amerikanische Revolution. Begriffe und Normen wie Freiheit, Toleranz und Menschenrechte wurden zum neuen Maßstab. Sie stärkten das westlich-europäische Selbstverständnis. In der Überzeugung, überlegen zu sein, führten die Europäer gewaltvolle und kriegerische Auseinandersetzungen mit außereuropäischen Völkern. Insgesamt führten Freiheitsideen und wissenschaftliche Forschung zu grundlegenden Veränderungen in Gesellschaft und Politik und bereiteten den Weg für eine weitere wichtige Zäsur im westlich-europäischen Selbstverständnis.

Folgen der Industrialisierung

Die Industrialisierung, die der italienische Wirtschaftshistoriker Carlo M. Cipolla mit Blick auf England als „dramatisch revolutionär" bezeichnet, erfasste im Laufe des 19. Jahrhunderts ganz Europa mit einer großen Dynamik. Die politischen und ökonomischen Folgen waren vielfältig und weitreichend. Der Fortschritt durch die Wissenschaft, von der Dampfmaschine über die Elektrizität und die Chemie bis hin zum Automobil, sorgte für eine neue Arbeits- und Alltagswelt, brachte Urbanisierung, Mobilität und Beschleunigung. Einerseits etablierte sich ein großer Fortschrittsglaube, alles könne von den Menschen mit Anstrengung und Verstand bewältigt werden. Andererseits ergaben sich durch die massiven Veränderungen neue politische und gesellschaftliche Problemlagen: die Soziale Frage*, Migration, Fabrik-/Fließbandarbeit, Arbeiterbewegung, Massengesellschaft und Individualisierung sind nur einige Aspekte.

Zu den wichtigsten ökonomischen Folgen gehörte die Durchsetzung des Systems des „Kapitalismus". Dabei bestimmten auf einem prinzipiell freien Markt Angebot und Nachfrage die Produktion und die Preise. Das Kapital in Form von Maschinen, Arbeitskräften und Geld gehörte den Unternehmern. Die Arbeiter wurden zu abhängigen Lohnarbeitern, einer eigenen gesellschaftlichen Klasse, die selbst kein Kapitel besaßen. Karl Marx und Friedrich Engels analysierten die Abhängigkeiten der Arbeiter in diesem System und setzten dem Kapitalismus als politisch-ökonomische Lösung den Sozialismus* gegenüber. Nur eine „Diktatur des Proletariats" könne Gerechtigkeit und Gleichheit ermöglichen.

Doch nicht nur im Binnenmarkt eines Staates bestimmten der Wettbewerb und das Prinzip der Gewinnmaximierung die Entwicklungen, auch auf dem europäischen Markt konkurrierten die Staaten miteinander. Kolonialmächte wie Großbritannien, die Niederlande und Frankreich verstärkten vor diesem Hintergrund außerdem ihre Bemühungen, weltweit Märkte für ihre nun industriell gefertigten Produkte zu finden und gleichzeitig Rohstoffe aus den von ihnen beherrschten Ländern zu beziehen. Die westlich-europäischen Staaten wurden zu Industriestaaten und versuchten zunehmend die globalen Märkte zu dominieren.

Im 19. Jahrhundert bildeten sich in Europa organisierte Parteien heraus, die liberale, konservative oder demokratische Ideen in den Parlamenten und den Regierungen vertraten. Infolge der Industrialisierung kamen sozialistische bzw. sozialdemokratische Parteien hinzu. Sie setzten sich gezielt für die Interessen der neu entstandenen sozialen Gruppe der Arbeiter ein, indem sie Arbeitsschutzmaßnahmen, höhere Löhne, bessere Wohnungen und Bildungsmöglichkeiten forderten. Weitere Lösungsversuche der sozialen Probleme kamen von kirchlicher, unternehmerischer und sozialkonservativer Seite und führten zu ersten Ansätzen einer modernen Sozialpolitik. Um 1900 hatte sich Europa infolge der Industrialisierung ökonomisch und politisch stark verändert.

Sozialismus
politische Theorie und Bewegung, die u. a. durch Aufhebung von Privateigentum und Einführung einer Planwirtschaft gesellschaftliche Gleichheit und Gerechtigkeit herstellen will

▶ M 20: Tabelle Weltindustrieproduktion
▶ M 21: David Landes über die Industrialisierung und die sozialen Veränderungen

M6 Der Arbeiterführer Ferdinand Lassalle als Kämpfer für die Sozialdemokratie und die Menschenrechte, Druck, 1872/1892

1 Vergleichen Sie die Karten M 1 und M 2 im Hinblick auf Unterschiede und Gemeinsamkeiten im Selbstverständnis und Weltbild der Chinesen und der Europäer.
2 Arbeiten Sie das Herrschaftsverständnis des „Reiches der Mitte" heraus.
3 Erläutern Sie thesenartig die Veränderungen des europäischen Selbstverständnisses infolge der Aufklärung und Industrialisierung.
4 Stellen Sie in einer Tabelle gegenüber, wie Chinesen und Europäer jeweils ihre Überlegenheit gegenüber anderen Kulturen begründen.
Tipp: Siehe S. 478.
5 Diskutieren Sie in Ihrem Kurs, was es für Sie gegenwärtig mit Blick auf das historische Erbe bedeutet, „Europäer" zu sein.

2.2 Selbstverständnis und Weltbild der Chinesen und der Europäer

> *Hinweise zur Arbeit mit den Materialien*
> Zunächst können Grundideen des Konfuzianismus und seine Rolle im chinesischen Kaiserreich mithilfe verschiedener Materialien (M 7 bis M 9) erarbeitet werden. Anschließend bieten M 10 bis M 12 einen multiperspektivischen Zugang zum Begriff „Reich der Mitte". Den Abschluss zu China bildet ein aktueller Text zum chinesischen Selbstverständnis (M 13). Die europäische Aufklärung, ihre Ideen und Folgen können mithilfe von M 14 bis M 17 analysiert werden. Die Industrialisierung und ihre wirtschaftlichen und politischen Folgen sind Thema von M 18 bis M 21. Der Europablock wird abgeschlossen mit einem zeitgenössischen Text zum europäischen Selbstverständnis (M 22) sowie einem Sekundärtext zur Frage des Eurozentrismus in der Geschichtsschreibung (M 23).
>
> *Zur Vernetzung mit dem Kernmodul*
> M 14 bis M 18 ermöglichen einen Bezug zu M 3 Urs Bitterli: Kulturkontakt.
> Bei M 19 bis M 22 bietet sich ein Bezug zu Transformationsprozessen an (z. B. M 7: Wolfgang Merkel).

China: Konfuzianismus

M 7 Auszug aus dem „Buch der Riten (Liji)"
Das Buch, das Konfuzius zugeschrieben wird, setzt sich mit Verhaltensweisen und Normen auseinander, die eine ideale Gesellschaftsordnung der „Großen Einheit" schaffen sollen.

Meister Kong [Konfuzius] sprach: „Die Zeiten, da der große Weg auf Erden herrschte, und die Zeiten der großen Männer der drei ersten Herrscherhäuser habe ich nicht erlebt, aber ich kenne Überlieferungen darüber. Zur Zeit, als der große Weg herrschte, war die Welt gemeinsamer Besitz. Man wählte die Tüchtigsten und Fähigsten zu Führern; man sprach die Wahrheit und pflegte die Eintracht. Darum liebten die Menschen nicht nur ihre eigenen Eltern und versorgten nicht nur ihre eigenen Kinder. Die Alten konnten in Ruhe ihrem Ende entgegensehen; die kräftigen Männer hatten ihre Arbeit; die Witwer und Witwen, die Waisen und Kinderlosen und die Kranken hatten alle ihre Pflege; die Männer hatten ihre Stellung und die Frauen ihr Heim. Die Güter wollte man nicht ungenützt verlorengehen lassen; aber man suchte sie nicht unter allen Umständen für sich selbst aufzustapeln. Die eigene Kraft wollte man nicht unbetätigt lassen; aber man arbeitete nicht um des eigenen Vorteils willen. Mit allen Listen und Ränken war es zu Ende; man brauchte sie nicht. Diebe und Räuber, Mörder und Totschläger gab es nicht. Darum hatte man zwar draußen Tore; aber man schloss sie nicht. Das war die Zeit der großen Gemeinsamkeit. Nun aber, da der große Weg sich verborgen hat, ist die Weltherrschaft Familienerbe geworden. Jeder liebt zunächst seine Eltern, jeder ist besorgt für seine Kinder. Die Güter und die Arbeit dienen nur dem eigenen Nutzen. Dass Herrscher ihre Macht auf Söhne vererben, ist nun die Sitte. Man baut Mauern und Türme, Gräben und Teiche, um die Städte zu sichern. Man gebraucht die Sitte und das Recht als Grundlage, um das Verhältnis von Fürst und Diener zu ordnen, die Liebe zwischen Vater und Sohn, die Eintracht zwischen älterem und jüngerem Bruder, die Harmonie zwischen Gatte und Gattin, um Regeln und Ordnungen zu schaffen, um Felder und Weiler zu gründen, um Mut und Weisheit zu fördern, um Werke für sich selbst zu tun. Es kamen Listen und Pläne infolge davon auf, und Waffen erhoben sich deshalb. Die Herrscher Yu und Tang, die Könige Wen, Wu, Zhong und der Fürst von Zhou trafen infolgedessen ihre Auswahl der Sitten. Diese sechs Herrscher waren allezeit aufs äußerste besorgt um die Sitte, um die Gerechten ans Licht zu bringen, um die Zuverlässigen zu prüfen, um die Fehler ans Licht zu bringen, um der Güte Gestalt zu verleihen, die Verträglichkeit zu betonen und dem Volk zu zeigen, dass es feste Regeln gibt. Wenn Menschen sich nicht nach diesen Dingen richteten, so wurden sie von den Mächtigen entfernt, und alles Volk sah sich die Übeltäter an. Das heißt „die Zeit des kleinen Wohlstands".

Li Gi, *Das Buch der Riten, Sitten und Gebräuche*, übersetzt von Richard Wilhelm, Eugen Diederichs Verlag, Düsseldorf/Köln 1981, S. 56f. Umschrift der chinesischen Begriffe und Namen angepasst.*

M 8 Der Sinologe Philip Clart über Religion und Herrschaftslegitimation (2014)
Der chinesische Staat zwang seinen Untertanen keine Staatsreligion im europäischen Sinne auf, andererseits war das chinesische Reich auch nie religiös neutral. Im kaiserlichen China war die Legitimation des Herrschers religiös begründet. Und fand Ausdruck in einem komplexen Staatskult. [...] Mit dem Aufkommen der Idee vom Mandat des Himmels (*tianming*) und dem Herrscher als Himmelssohn (*tianzi*) entwickelte dieses Verständnis von Herrschaft seine Grundzüge, die China bis zum Ende der letzten Dynastie 1911 kennzeichneten. Der Kaiser war nicht nur für die Geschicke der menschlichen Gesellschaft verantwortlich, sondern regulierte das kosmische Gefüge insgesamt. In einer Welt, in der sich die „Drei Kräfte" von Himmel, Erde und Menschenwelt gegenseitig beeinflussten, konnte jeder

Komet, jedes Erdbeben und jede Naturerscheinung als politischer Kommentar gedeutet werden. Der ideale Herrscher hielt diese Ordnung durch rituelles Handeln aufrecht, wie durch die komplexe Abfolge der Opferhandlungen des Staatskultes.

Philip Clart, Religionen und Religionspolitik in China, in: Doris Fischer/Christoph Müller-Hofstede (Hg.), Länderbericht China, Bundeszentrale für politische Bildung, Bonn 2014, S. 622 f.*

M9 „Die Essig-Tester", Buddha, Konfuzius und Laozi versammelt um ein Essigfass, ohne Jahr.
Das Bild der Essigverkostung versinnbildlicht die unterschiedlichen Einstellungen der wichtigsten chinesischen Religionen/Philosophien zum Leben: Konfuzius – sauer (Regeln sind wichtig), Buddha – bitter (Leben ist Leiden), Laozi – süß (Mensch von Natur aus perfekt).

1. Analysieren Sie auf der Basis von M7 und des Darstellungstextes die Ideen des Konfuzianismus.
2. Erklären Sie die Rolle des Konfuzianismus im chinesischen Herrschaftsverständnis (M8).
3. Interpretieren Sie das Bild M9.

Das „Reich der Mitte"

M10 Der Sinologe Martin Hofmann über das chinesische Herrschaftsverständnis (2018)
Zunächst einmal verweist der räumliche Begriff „*tianxia*", der „unter dem Himmel" bedeutet, aber oft mit „Alles unter dem Himmel" übersetzt wird, auf den Anspruch des chinesischen Herrschers auf Vorherrschaft. Als „Sohn des Himmels" („*tianzi*") herrschte er nominell über das gesamte bekannte Territorium. In diesem Sinne war die Vorstellung von „Alles unter dem Himmel" umfassend und im Wesentlichen grenzenlos und schloss sogar alle fremden Völker ein, die nicht unter der direkten Kontrolle des chinesischen Herrschers standen, aber seine Autorität anerkannten, indem sie Tribut leisteten [...]. Das Konzept ähnelt damit der griechischen Vorstellung von „*oecumene*" als die gesamte bewohnte Welt, und er wird manchmal tatsächlich entsprechend übersetzt. Er wurde aber auch in einem engeren Sinne verwendet und bezeichnete die räumliche Sphäre, in der (chinesische) Kultur und Moral vorherrschten, womit er dem römischen Begriff der „*oecumene*" als der „zivilisierten" Welt ähnelt.
Zweitens ist der Begriff „*zhongguo*" weithin als zeitgenössische Bezeichnung für China bekannt. In frühen chinesischen Texten taucht er jedoch in verschiedenen Kontexten auf und bezeichnete [...] also nicht unbedingt eine tatsächliche geografische Zentralität, sondern implizierte im Allgemeinen einen Anspruch auf politische Legitimität oder kulturelle Überlegenheit, was auf einen Unterschied zurückgeht zwischen den von Chinesen bewohnten Ländern (oft als „*Hua*" und/oder „*Xia*" bezeichnet) und den von Nicht-Chinesen bewohnten Gebieten (oft als „*Yi*" zusammengefasst), die sie umgaben.

Christoph Mauntel u. a., Mapping Continents, Inhabited Quarters and The Four Seas, in: Journal of Transcultural Medieval Studies 5, de Gruyter, Berlin/Boston/München 2018, S. 295–366, S. 306 f. Übersetzt von Jonas Schmid.*

M11 Der Übersetzer Ma Huan über „barbarische Länder" (15. Jahrhundert)
Ma Huan nahm an drei der sieben Fahrten des Seefahrers Zheng He (geb. 1371) als Übersetzer teil. Nach seiner Rückkehr nach China verfasste er ein Buch, in dem er über die Fahrten und besuchten Orte berichtet. Dem Buch vorangestellt ist folgendes „Gedicht über die Reise":
Des Kaisers glorreicher Gesandter empfing die himmlisch-kaiserliche Order, die Worte des Kaisers zu verkünden und in die barbarischen Länder zu fahren. Sein riesiges Schiff ritt auf den tosenden Wellen des grenzenlosen Ozeans, eine weite Fahrt über die

rollenden Wogen, die weit und grenzenlos schienen. [...] Weit entfernt ist Shepo [Java] vom blühenden Reich der Mitte [China], das Wetter dort drückend heiß und die Menschen anders. Unbedeckte Köpfe und nackte Füße, eine unkultivierte Sprache sprechen sie; Kleider und Hüte tragen sie nicht, noch verfolgen sie Riten oder Tugend.
Als die himmlisch-kaiserliche Schrift kam, erhoben sich fröhliche Rufe, die Oberhäupter und Anführer der Barbaren wetteiferten darum, sie zu begrüßen. Edelmetalle aus dem Süden und seltene Edelsteine aus der Ferne werden schnell zum Tribut gebracht; dankbar, unsere Güte bewundernd, zeigen sie sich treu und aufrichtig. [...]
Hohe Berge und mächtige Wellen sah ich zuvor nur wenige; seltene und außergewöhnliche Schätze erschienen mir nun. Unter dem Himmel sind alle Untertanen des Kaisers, die ehrwürdige Ming [Dynastie] vereinte Huaxia [China], wer kann sich damit – vom Altertum bis in die Gegenwart – vergleichen?
Der Gesandte, pflichtbewusst, fürchtet Verzögerung; wenn der Südwind kommt, der ihm den Weg nach Hause weist. Über Wellen groß wie Drachen segeln die Schiffe hinweg. Der Blick zurück zeigt trostlose und ferne Flecken verborgen im Dunst.

Ma Huan, zit. nach John V. Mills (Hg.), The Overall Survey of the Ocean's Shores, Cambridge Univ. Press, Cambridge 1970, S. 73–75. Übersetzt von Jonas Schmid.*

1 Erläutern Sie mithilfe von M 10 den Begriff „Alles unter dem Himmel".
2 Arbeiten Sie auf der Basis von M 11 typische Elemente des Weltbilds und Selbstverständnisses der chinesischen Kaiserzeit heraus.

M 12 Die „Verbotene Stadt", Beijing, Foto 2014.
Die „Verbotene Stadt" besteht aus 890 Gebäuden, im Zentrum der Kaiserpalast. Die Anlage wurde von 1406 bis 1420 unter Kaiser Yongle erbaut. Hier lebten bis 1924 die chinesischen Kaiserfamilien.

1 Erklären Sie den Zusammenhang zwischen dem „Bild der fünf Zonen der Unterwerfung" (siehe M 4, S. 155) und der „Verbotenen Stadt".
2 **Vertiefung**: Informieren Sie sich über Leben und Politik des Yongle-Kaisers (1360–1424).
3 **Zusatzaufgabe**: Siehe S. 479.

Selbstverständnis der Chinesen

M 13 Der chinesische Historiker Ge Zhaoguang zur Frage „Was ist China?" (2018)

Was ist „China" aus historischer Sicht eigentlich? [...] Wenn wir auf die Geschichte „Chinas" zurückblicken, können wir, vereinfacht gesagt, sagen, dass ein China mit politischer und kultureller Kontinuität schon sehr früh entstanden ist. Vom dritten Jahrhundert v. u. Z., als Qin Shi Huangdi ein einheitliches Reich errichtete und seine offizielle Macht dazu nutzte, dafür zu sorgen, dass „alle Gewichte und Maße, die Spurweite von Radfahrzeugen und das Schriftsystem vereinheitlicht wurden", bis zum zweiten Jahrhundert v. u. Z., als die Han-Dynastie in ihrer Philosophie „nichts anderes als den Konfuzianismus bewunderte", [...] hatte sich ein chinesisches Kaiserreich (*Zhonghua diguo*) gebildet, das in Bezug auf Politik, Kultur und Sprache relativ einheitlich war. Im Laufe der langen mittelalterlichen Periode erlebte China zahlreiche Kriege und territoriale Teilungen, war Schauplatz der Vermischung verschiedener nationaler Gruppen und wurde von einer langen Reihe von Anführern aus verschiedenen Clans und nationalen Gruppen regiert. Dennoch war China bis in die Zeit der Sui- und der Tang-Dynastie hinein ein Reich, das sich über weite Teile Ostasiens erstreckte und ein hohes Maß an Kontrolle über die verschiedenen Völker in seinem Territorium ausübte. [...] Erst während der Song-Dynastie (d. h. vom zehnten bis zum vierzehnten Jahrhundert) kam es zu größeren Veränderungen in den Beziehungen Chinas zu seinen Nachbarländern. Das China der Song-Dynastie befand sich in einem multistaatlichen, internationalen Umfeld und begann, ein Gefühl für das „Reich der Mitte" zu entwickeln, das bis in die heutige Zeit reicht. [...]
Es muss jedoch darauf hingewiesen werden, dass sich die politischen Grenzen des Staates und das internationale Umfeld auch nach der Herausbildung des Prototyps dieses Staates ständig veränderten. Selbst ein geschrumpftes China hielt an der traditionellen Vorstellung von einem expansiven, grenzenlosen „Alles-unter-dem-Himmel" und einem „auf sich selbst zentrierten" Tributsystem fest. Ab der Song-Dynastie stieß dieses „China", das allmählich

kulturelle Einheit und politische Einigung erlangte, auf noch mehr Schwierigkeiten. [...]

Das Große Ming-Reich wurde in eine noch größere Weltordnung hineingezogen, und die chinesische Geschichte wurde zu einem Teil der globalen Geschichte. Auch die chinesische Kultur begann, sich den Herausforderungen der westlichen Zivilisation zu stellen. Auch wenn diese Herausforderung in der mittleren und späten Periode der Ming-Dynastie nicht besonders offensichtlich war, wurde dieser historische Trend der sogenannten frühen Globalisierung immer stärker. Von den Opiumkriegen bis zur späten Qing-Dynastie drangen die Westler mit Schiffen und Kanonen ein und verlangten von China die Zustimmung zu allen möglichen ungleichen Verträgen. Diese Entwicklungen führten dazu, dass „Alles-unter-dem-Himmel" allmählich zu einer „internationalen" Weltsicht wurde: Ein riesiger Teil der Welt, der geografisch, historisch und kulturell nie viel Kontakt mit China gehabt hatte, wurde plötzlich bedeutsam. [...]

Ich betone, dass „China" im Laufe der Geschichte ein sich wandelndes „China" ist. Obwohl China sich weiterhin als ein großes, einheitliches himmlisches Reich betrachtete, war es weiterhin mit den drei komplizierten historischen Fragen konfrontiert, was das Innere, die Peripherie und das Äußere ausmacht.

Aus diesen Gründen ist „China" eine besondere Art von „Staat". Es ist wichtig, dass wir verstehen, dass sich dieses China [wie ich an anderer Stelle geschrieben habe] „nicht zu einem Nationalstaat [wie in Europa] entwickelt hat. Zwar war die Idee eines begrenzten Staates in der Vorstellung eines Reiches ohne Grenzen enthalten. Der moderne Nationalstaat ist das Produkt des traditionellen zentralisierten Imperiums und bewahrt die Überreste der Ideologie des Imperiums, woraus wir erkennen können, dass die Geschichte beider miteinander verflochten war."
Aus diesen Gründen ist die europäische Idee des frühneuzeitlichen Nationalstaates vielleicht gar nicht so gut für China geeignet, während China, dieser besondere Staat, nur verstanden werden kann, wenn man in die Geschichte zurückgeht.

Ge Zhaoguang, What is China? Territory, Ethnicity, Culture, and History, The Belknap Press, Cambridge/Massachusetts 2018, S. 2–10. Übersetzt von Jonas Schmid. *

1 Fassen Sie zusammen, wie Ge Zhaoguang Chinas historische Entwicklung charakterisiert (M 13).
2 Erörtern Sie die Rolle „politischer und kultureller Kontinuität" (Z. 4) und die Idee eines einheitlichen Chinas im Vergleich zur Entwicklung Europas.

Europa: Folgen der Aufklärung

M 14 „Aufklärung", Zeichnung von Daniel Chodowiecki, 1791

1 **Partnerarbeit:** Beschreiben Sie das Bild M 14. Ordnen Sie bestimmte Bildelemente wichtigen Ideen der Aufklärung zu.
Tipp: Nutzen Sie den Darstellungstext, S. 155 f.

M 15 Der Philosoph Immanuel Kant (1724–1804) über „Was ist Aufklärung?" (1785)

Aufklärung ist der Ausgang des Menschen aus seiner selbst verschuldeten Unmündigkeit. Unmündigkeit ist das Unvermögen, sich seines Verstandes ohne Anleitung eines anderen zu bedienen. Selbst verschuldet ist diese Unmündigkeit, wenn die Ursachen derselben nicht am Mangel des Verstandes, sondern der Entschließung und des Mutes liegt, sich seiner ohne Leitung eines andere zu bedienen. *Sapere aude!* Habe Mut, Dich Deines eigenen Verstandes zu bedienen! Ist also der Wahlspruch der Aufklärung. Faulheit und Feigheit sind die Ursachen, warum ein so großer Theil der Menschen, nachdem sie die Natur längst von fremder Leitung freigesprochen (*naturaliter majorennes*), dennoch gerne zeitlebens unmündig bleiben; und warum es Anderen so leicht wird, sich zu deren Vormündern aufzuwerfen. Es ist so bequem, unmündig zu sein. [...]

[...] Es ist also für jeden einzelnen Menschen schwer, sich aus der ihm beinahe zur Natur gewordenen Unmündigkeit herauszuarbeiten. Er hat sie sogar liebgewonnen, und ist vor der Hand wirklich unfähig, sich seines eigenen Verstandes zu bedienen, weil man ihn niemals den Versuch davon machen ließ. Satzungen und Formeln, diese mechanischen Werkzeuge eines vernünftigen Gebrauchs oder vielmehr Missbrauchs seiner Naturgaben, sind die Fußschellen einer immerwährenden Unmündigkeit. Wer sie auch abwürfe, würde dennoch auch über den schmalesten Graben einen nur unsicheren Sprung thun, weil er zu dergleichen freier Bewegung nicht gewöhnt ist. [...] Dass aber ein Publikum sich selbst aufkläre, ist eher möglich; ja es ist, wenn man ihm nur Freiheit lässt, beinahe unausbleiblich. Denn da werden sich immer einige Selbstdenkende, sogar unter den eingesetzten Vormündern des großen Haufens, finden, welche, nachdem sie das Joch der Unmündigkeit selbst abgeworfen haben, den Geist einer vernünftigen Schätzung des eigenen Werths und des Berufs jedes Menschen selbst zu denken um sich verbreiten werden. [...] Durch eine Revolution wird vielleicht wohl ein Abfall von persönlichem Despotismus und gewinnsüchtiger oder herrschsüchtiger Bedrückung, aber niemals wahre Reform der Denkungsart zu Stande kommen; sondern neue Vorurtheile werden, eben sowohl als die alten, zum Leitbande des gedankenlosen großen Haufens dienen. [...] Leben wir jetzt in einem aufgeklärten Zeitalter? So ist die Antwort: Nein, aber in einem Zeitalter der Aufklärung.

Immanuel Kant, Beantwortung der Frage: Was ist Aufklärung, in: Berlinische Monatsschrift 1784, Zwölftes Stück, Siehe Dec. Was ist Aufklärung?, Berlin, S. 516.*

1 Erläutern Sie, warum Kant (M 15) von einer „selbst verschuldeten Unmündigkeit" (Z. 2) spricht.
2 Weisen Sie mithilfe von M 15 nach, dass die Aufklärung eine neue „Denkart" einleitete.
   Tipp: Siehe S. 479.
3 Nehmen Sie Stellung, inwiefern „Freiheit" als grundlegender Wert oder Bedingung auch moderner staatlicher Strukturen zu betrachten ist.
4 **Vertiefung:** Erarbeiten Sie über Bibliotheks- und Internetrecherche die Ideen eines weiteren wichtigen Denkers der Aufklärung: z. B. Jean-Jacques Rousseau, Adam Smith, John Locke, Georg Wilhelm Friedrich Hegel, Alexis de Tocqueville oder Auguste Comte.

M 16 Der Journalist Götz Hamann über Diderots *Encyclopédie* (2011)

Geht es um ihren Anspruch, hat die Wikipedia einen historischen Urahn, Diderots *Encyclopédie* von 1751. Auch sie sammelte das Wissen ihrer Zeit und erleuchtete sie damit.

Die ersten Bände der *Encyclopédie ou Dictionnaire raisonné des sciences, des arts et des Métiers* erschienen im Jahr 1751 und trafen [...] auf ein immenses Interesse. Intellektuelle, Ingenieure, aufgeklärte Staatsdiener, Juristen, Ärzte und Manufakturkapitalisten in ganz Europa kauften das Werk des Aufklärers Denis Diderot. Denn es veränderte die Welt, die bis dahin aus Hörensagen, mündlicher Überlieferung, einzelnen aufklärerischen Schriften und kleineren Lexikon-Editionen bestanden hatte.

Diderots *Encyclopédie* schien den Kontinent zu erleuchten. Sie war ein Angriff auf das christliche Weltbild, das Primat der Kirche und die von Gott abgeleitete Macht der Könige. Denn sie stellte Vernunft, wissenschaftliche Methoden und die Empirie über den Glauben und gilt als das wichtigste Werk der Aufklärung. Das blieb nicht ohne Kritik. Da Diderot seine Haltung auch in diversen Essays kundgetan hatte, war er noch vor Erscheinen der ersten Bände verhaftet worden und mehrere Monate lang inhaftiert gewesen. Danach wurde er vorsichtiger, publizierte weniger Schriften und versteckte seine radikalen Ansichten in der *Encyclopédie* oft in frechen Verweisen. So steht unter dem Eintrag über Menschenfresserei der Hinweis „siehe auch unter Eucharistie, Kommunion, Altar etc".

Mit diesem Lexikon bekam die Aufklärung einen *Common Ground* [gemeinsame Grundlage]. Die gebildeten Menschen Europas bedienten sich nun aus demselben Wissensschatz. Und indem sie die *Encyclopédie* nutzten und zitierten und übersetzten und erweiterten, verständigten sie sich darüber, wie die Welt ist. Die *Encyclopédie* zeigte, was die Elite Europas jenseits persönlicher Vorlieben, religiöser Überzeugungen und politischer Haltungen gemeinsam über die Welt aussagen konnte. Denis Diderot selbst schrieb in seinem lexikalischen Beitrag zum Stichwort „Enzyklopädie": Sie ziele „darauf ab, die auf der Erdoberfläche verstreuten Kenntnisse zu sammeln, und es den nach uns kommenden Menschen zu überliefern, damit die Arbeit der vergangenen Jahrhunderte nicht nutzlos für die kommenden Jahrhunderte gewesen sei". Mit diesem Tun verband er die Hoffnung, dass „damit unsere Enkel nicht nur gebildeter, sondern gleichzeitig auch tugendhafter und glücklicher werden, und damit wir nicht sterben, ohne uns um die Menschheit verdient gemacht zu haben".

Götz Hamann, „Das gesammelte Wissen der Welt". ZEIT Online, 17.01.2011.*

M 17 Plakat aus der Zeit der Französischen Revolution, 1792–1797

1 Fassen Sie Diderots Intention der Enzyklopädie auf der Basis von M 16 zusammen.
2 Analysieren Sie die Folgen von Diderots „Encyclopédie" für das europäische Weltbild.
3 Arbeiten Sie aus dem Plakat M 17 Bezüge zur Aufklärung heraus.
   Tipp: Siehe S. 479 f.

M 18 Der Soziologe Bernhard Schäfers über die „Ambivalenzen der Aufklärung" (2016)
Es wurde früh gesehen und kritisiert, dass das Aufklärungsdenken einen zu ausschließlich wissenschaftlichen und technisch fundierten Impetus hatte und mit diesem „Programm" der „Entzauberung der Welt" (Max Weber) Gefahren neuer Art verbunden waren. Hier liegt auch der Grund für das Zerwürfnis von Rousseau mit den Enzyklopädisten, namentlich mit Diderot. [...] Rousseau sah die Gefahren einer Herrschaft der Vernunft in Verbindung mit wissenschaftlich-technischer Rationalität. Dem setzte er die Welt der Gefühle entgegen, wie im Erziehungsroman *Émile* oder in *Julie oder die neue Héloise* (beide Werke 1761). Ambivalenzen der Aufklärung bzw. der Moderne spielen auch in der Soziologie eine wichtige Rolle, so bei Georg Simmel und Max Weber. Doch weder Simmel noch Weber stellten die Aufklärung grundsätzlich infrage. Das geschah erst nach den Katastrophen zweier Weltkriege, am radikalsten bei Theodor W. Adorno (1903–1969) und Max Horkheimer (1895–1973) in ihrem noch im amerikanischen Exil verfassten Werk, „Dialektik der Aufklärung". Den Nationalsozialismus mit seiner Ideologie und der Praxis der Vernichtung von Völkern und Kulturen sahen sie als „Selbstzerstörung der Aufklärung", als Umschlag in eine neue Mythologie der Gewalt [...]. In der Diskussion um die mit der Aufklärung beginnende wissenschaftlich-technische Fundierung des Sozialen nimmt das Werk von Michel Foucault (1926–1984) einen zentralen Stellenwert ein. In „Überwachen und Strafen" (1976) zeigte er, wie seit der Aufklärung und dem Beginn des wissenschaftlich-technischen Zeitalters neue Formen des Separierens, Aufteilens und Disziplinierens, nunmehr wissenschaftlich begründet, möglich wurden. Gefängnisse, Heilanstalten, Erziehungsheime wurden zu Einrichtungen eines Überwachungs- und Bestrafungssystems.

Bernhard Schäfers, Sozialgeschichte der Soziologie. Die Entwicklung der soziologischen Theorie seit der Doppelrevolution, Springer VS, Wiesbaden 2016, S. 23 f.

1 Beschreiben Sie die „Ambivalenzen der Aufklärung".
2 Diskutieren Sie im Kurs, inwiefern Ideen der Aufklärung im Kontakt mit anderen Kulturen Konflikte mit sich bringen können.
   ▶ Kernmodul: M 3 Urs Bitterli

Folgen der Industrialisierung

M 19 Der Wirtschaftshistoriker Felix Butschek über die Industrialisierung (2006)
Noch zu Beginn des 20. Jahrhunderts konnte man sagen, dass Europa die gesamte Welt direkt oder indirekt beherrschte. [...] Eine solche drückende Überlegenheit resultierte aus einem Prozess, der sich nur und ausschließlich in Europa und seinen überseeischen Abkömmlingen, also Nordamerika, Australien und Neuseeland, vollzogen hatte: der Industriellen Revolution! Diese bewirkte nicht nur, dass pro Kopf der Bevölkerung in Europa ein Vielfaches dessen produziert wurde, was die übrige Welt erzeugte, sondern sich auch ein gewaltiger Abstand des technischen Wissens aufgetan hatte; jener Kenntnis, die zum Motor der Industriellen Revolution geworden war. [...]

[...] Dieser Kontinent repräsentierte, verglichen mit den außereuropäischen [Kulturen], etwa der chinesischen, eine relativ junge Kultur. Jene existierte bereits Jahrtausende, bevor Europa die Weltbühne betrat, und hatte beeindruckende Leistungen, nicht nur in Architektur und Kunst, sondern auch durchaus in Technik und Verwaltung aufzuweisen. [...]
Auch wenn alle Wirtschaftshistoriker dem technischen Fortschritt und der Innovation stets eine zentrale Rolle in der Industriellen Revolution zuschrieben, lehnten sie es ab, darin die einzige Ursache zu sehen. Sie waren sich darüber im Klaren, dass dieser Prozess durch eine Reihe von Faktoren vorangetrieben gewesen sein musste, die auch über den unmittelbar ökonomischen Bereich hinausgingen. [...]
Während der Übergangsperiode des späten 17. und frühen 18. Jahrhunderts beginnen sich das wissenschaftliche Denken und der wissenschaftliche Diskurs in der Wirtschaft durchzusetzen. Initiative, risikobereite Menschentypen mit einem neuen Wertekanon treten in den Vordergrund. Die entstehenden Nationalstaaten bekunden hohes Interesse am Wirtschaftswachstum, um ihre finanziellen Ressourcen auszweiten. Um dieses zu ermöglichen, erhöhte der Staat seine Investitionen sowohl in die Transportinfrastruktur als auch in das Bildungswesen. Mit wachsendem Überseehandel wird der Markt ausgeweitet, es entwickeln sich kommerzielle und Finanzierungsorganisationen, die die unternehmerische Disposition erleichtern.

Felix Butschek, Industrialisierung – Ursachen, Verlauf, Konsequenzen, UTB, Wien 2006, S. 9 ff.*

M 20 Weltindustrieproduktion 1880–1938 (Anteil ausgewählter Länder in %)

	1880	1900	1913	1928	1938
Großbritannien	22,9	18,5	13,6	9,9	10,7
Vereinigte Staaten	14,7	23,6	32,0	39,3	31,4
Deutschland	8,5	13,2	14,8	11,6	12,7
Frankreich	7,8	6,8	6,1	6,0	4,4
Russland	7,6	8,8	8,2	5,3	9,0
Österreich-Ungarn	4,4	4,7	4,4	–	–
Italien	2,5	2,5	2,4	2,7	2,8

Nach: Paul M. Kennedy, Aufstieg und Fall der großen Mächte, Random House, Frankfurt/M. 1989, S. 311.

1 Erläutern Sie, wie Butschek (M 19) die „drückende Überlegenheit" (Z. 3 f.) Europas begründet.
2 Bestimmen Sie mithilfe von M 20 die Rolle Europas im Rahmen der Industrialisierung.
3 Zusatzaufgabe: Siehe S. 479.

M 21 Der Wirtschaftshistoriker David Landes über Industrialisierung und Modernisierung (1973)
Die Industrialisierung bildet ihrerseits das Kernstück eines größeren und komplexeren Prozesses, den man häufig als Modernisierung bezeichnet. Es handelt sich hier um jene Kombination von Veränderung – der Produktions- und der Regierungsweise, der sozialen und institutionellen Ordnung, des Wissens, des Verhaltens und der Werte –, die im 20. Jahrhundert einer Gesellschaft ihre Eigenständigkeit bewahrt. [...] Aber auch das industrielle Europa litt an Wachstumsschmerzen. [...] Jeder Wandel hat etwas Dämonisches. Er schafft Neues, vernichtet aber auch Bestehendes. [...] Das 18. und 19. Jahrhundert erlebten aber das Anwachsen einer arbeitenden Klasse, wie es sie in dieser Zahl und Konzentration niemals zuvor gegeben hatte. Mit der Größe und der Konzentration kamen Slums und Klassenbewusstsein, Arbeiterparteien und radikale Heilmittel.

David Landes, Der entfesselte Prometheus, Kiepenheuer & Witsch, Köln 1973, S. 20 f.*

M 22 „Zeit-Controllapparate", Grafik aus der Leipziger Illustrierten, 1889

1 Arbeiten Sie auf der Basis von M 21 und M 22 den Zusammenhang zwischen sozialen und politischen Folgen der Industrialisierung heraus.
2 Erörtern Sie Transformationsprozesse in Europa als Folge der Industrialisierung.
▶ Kernmodul: M 7: Wolfgang Merkel

Selbstverständnis der Europäer

M 23 Der französische Gelehrte Louis de Jaucourt in einem Artikel über „Europa" (1751)

EUROPA (geog.), große Region der bewohnten Welt. […] Europa hatte weder immer denselben Namen noch dieselben Ausmaße, was auf die Völker, die es bewohnten, zurückzuführen ist; und die Unterteilungen hängen mangels der Historiker, die uns einen Faden reichen sollten, mit dem wir aus diesem Labyrinth finden, von einer unmöglichen Kleinigkeit ab. […] Wie dem auch sei, Europa ist immer noch der kleinste Teil der Welt; aber, wie der Autor des Werkes „Geist der Gesetze" [Montesquieu] bemerkt, hat sie so ein Ausmaß an Kraft und Einfluss erlangt, dass der Historiker dem nichts entgegensetzen kann, wenn er das unendliche Ausmaß an Ausgaben, die Größe der militärischen Verpflichtungen, die Anzahl der Truppen und ihre Unterhaltskosten, auch wenn diese wahrlich unnütz sind, weil sie nur der Schau dienen, betrachtet. Im Übrigen tut es wenig zur Sache, dass Europa bezüglich seiner geografischen Ausdehnung der kleinste der vier Weltenteile ist, weil er aufgrund des Handels, der Schifffahrt, der Fruchtbarkeit, der Aufgeklärtheit der Bewohner, der Industrie, der Kenntnisse in Kunst, Wissenschaft und Handwerk und, was am wichtigsten ist, aufgrund des Christentums, dessen wohltuende Moral zur Glückseligkeit der Gesellschaft führt, der bemerkenswerteste ist. Wir schulden dieser Religion in der Regierung ein bestimmtes politisches Recht und im Krieg ein gewisses Völkerrecht, das die menschliche Natur nicht angemessen zu würdigen weiß. Indem sie nur das Glück eines anderen Lebens als Ziel zu haben scheint, sorgt sie auch für unser Glück in diesem Leben.

Louis de Jaucourt, Artikel „Europa" in Enzyklopädie oder ein durchdachtes Wörterbuch der Wissenschaften, der Künste und Berufe, in: Rotraud von Kulessa/Catriona Seth (Hg.), Die Europaidee im Zeitalter der Aufklärung, Open Book Classics, Cambridge 2017, S. 26–28.*

M 24 Der Historiker Jürgen Osterhammel über „Europa" im 19. Jahrhundert (2011)

Weltgeschichte will „Eurozentrismus" ebenso wie jede andere Art von naiver kultureller Selbstbezogenheit überwinden. Dies geschieht nicht durch die illusionäre „Neutralität" eines allwissenden Erzählers oder die Einnahme einer vermeintlich „globalen Beobachterposition", sondern ein bewusstes Spiel mit der Relativität von Sichtweisen. Dabei kann nicht übersehen werden, wer für wen schreibt. Dass sich ein europäischer (deutscher) Autor an europäische (deutsche) Leser wendet, wird den Charakter des Textes nicht unberührt lassen: Erwartungen, Vorwissen und kulturelle Selbstverständlichkeiten sind nicht standortneutral. […]
Kein anderes Jahrhundert [als das 19. Jahrhundert] war in einem auch nur annähernden Maße eine Epoche Europas. Es war, wie der Philosoph und Soziologe Karl Acham treffend formuliert hat, eine „Epoche übermächtiger und übermächtigender europäischer Initiativen". Nie zuvor hatte die westliche Halbinsel Eurasiens derart große Teile des Globus beherrscht und ausgebeutet. Niemals hatten Veränderungen, die von Europa ausgingen, eine solche Durchschlagskraft in der übrigen Welt. Niemals wurde auch die europäische Kultur – weit jenseits der Sphäre kolonialen Zugriffs – dermaßen begierig aufgenommen. Das 19. Jahrhundert war also auch deshalb ein Jahrhundert Europas, weil die Anderen Maß an Europa nahmen. Europa übte in der Welt dreierlei aus: Macht, die es oft gewaltsam zum Einsatz brachte; Einfluss, den es sich über die zahllosen Kanäle kapitalistischer Expansion zu sichern verstand; und eine Vorbildwirkung, gegen die sich sogar viele von Europas Opfern nicht sperrten. Die multiple Übermacht hatte es in der frühneuzeitlichen Phase der europäischen Expansion nicht gegeben. Weder Portugal, noch Spanien, noch die Niederlande, noch England vor etwa 1760 hatten ihre Macht in entfernte Winkel der Erde projiziert und die „Anderen" kulturell so beeindruckt, wie es Großbritannien und Frankreich im 19. Jahrhundert taten. […] Niemals hat Europa einen ähnlichen Überschuss an Innovationskraft und Initiative, gleichzeitig auch von Überwältigung und Arroganz freigesetzt.

Jürgen Osterhammel, Die Verwandlung der Welt. Eine Geschichte des 19. Jahrhunderts, C. H. Beck, München 2011, S. 19 f.*

1 Analysieren Sie, wie Louis de Jaucourt die Überlegenheit Europas begründet (M 23).
2 Geben Sie die Argumentation Osterhammels wieder, wie Europa die Welt dominierte (M 24).
3 Nehmen Sie Stellung zu der Problematik, dass die Geschichtsschreibung immer kulturell gebunden ist.
4 **Diskussionsrunde:** Vergleichen Sie das chinesische Selbstverständnis mit dem europäischen. Führen Sie eine Diskussion durch, in der eine Gruppe China und eine Gruppe Europa vertritt. Tauschen Sie sich über Fragen des Selbstverständnisses aus.

Methode

Geschichtskarten interpretieren

Karten gehören zu unserem Alltag – ob als Straßenkarten, in Navigationsgeräten oder im Internet. Meist werden dort aktuelle geografische Verhältnisse gezeigt. Für die Darstellung historischer Phänomene und Entwicklungen haben Karten eine wichtige Funktion: Sie können **Raumbeziehungen** visuell darstellen und so den **Zusammenhang zwischen räumlichen Bedingungen** (Lage von Staaten, Grenzen, Verkehrswegen) **und historischen Prozessen** verdeutlichen. Daher finden sich solche Karten in Schulbüchern, aber auch in wissenschaftlicher und populärer Literatur und in historischen Dokumentationen im Fernsehen.

Begrifflich und inhaltlich zu unterscheiden sind **„Geschichtskarten"** und **„historische Karten"**. „Geschichtskarten" wollen (heute) ein Phänomen aus der Vergangenheit behandeln, also Geschichte in kartografischer Form darstellen. „Historische Karten" dagegen stammen aus der Vergangenheit und stellen – aus damaliger Perspektive – entweder die damalige Gegenwart oder eine Vergangenheit dar. Für die Geschichtswissenschaft sind Letztere Quellen, Erstere dagegen Darstellungen. Allerdings können Geschichtskarten mit der Zeit historische Karten werden – ein Geschichtsatlas aus den 1950er-Jahren z. B. ist heute eine historische Quelle, die es erlaubt, das Geschichtsverständnis dieser Zeit zu rekonstruieren.

Für die Darstellung von Geschichte in kartografischer Form gibt es bekannte Konventionen und Elemente, die für die Darstellungsabsicht eingesetzt werden können: Kartentitel, Legende, Farbgebung, verwendete Symbole und Zeiten, Schrift usw. Bei der kritischen Analyse solcher Karten geht es nicht so sehr darum, die dargestellten Informationen zu ermitteln, sondern vor allem um die Aussageabsicht der Karte. Hierfür ist insbesondere der Kontext wichtig, also Fragen wie: Wer hat die Karte entworfen bzw. in Auftrag gegeben? In welchem Zusammenhang ist sie erschienen? An wen richtete sie sich?

Arbeitsschritte zur Interpretation

1. Erster Eindruck
– Was sind Ihre ersten Assoziationen und Eindrücke beim Betrachten der Karte?
– Was fällt Ihnen hinsichtlich der inhaltlichen Dichte und Komplexität auf?

2. Formale Merkmale
– Wie lautet der Titel der Karte?
– Wer ist der Verfasser bzw. Auftraggeber der Karte (ggf. Recherche)?
– Was ist das Thema der Karte (dargestellter geografischer Raum, Zeit, Ereignisse)?
– Wie sind Legende(n), Maßstab, Farbgebung, Symbole, Schrift etc. gestaltet?
– Wie ist der Verwendungskontext und wer sind die Adressaten?

3. Analyse der einzelnen Elemente
– Was bedeuten die einzelnen inhaltlichen Elemente, z. B. Grenzen und Grenzveränderungen, Wanderungen und Kriegszüge, Schlachten und Belagerungen, Standorte (Industrie, Handel, Militär etc.), Bevölkerungs-, Bestands- und Absatzzahlen?
– Lassen sich die Behauptungen anhand anderer Quellen überprüfen?

4. Interpretation/ Gesamtaussage
– Was ist die Intention und Aussageabsicht der Karte? Welche Erkenntnis wird beim Betrachter intendiert?
– Sind Schwerpunkte erkennbar? Wo liegt der Fokus der Karte?
– Wird eine bestimmte Sichtweise bezüglich einer historischen Fragestellung bevorzugt?
– Sind Missinterpretationen möglich? Vereinfacht die Karte Sachverhalte zu stark?
– Sind implizite oder gar explizite Wertungen erkennbar?
– Was wird nicht dargestellt? Aus welchen Gründen?
– Manipuliert die Karte den Betrachter? Werden Informationen zurückgehalten oder falsch dargestellt? Wem könnte dies nutzen? Wer könnte dies wollen?

Übungsbeispiel

M1 China zur Zeit der Qing-Dynastie (1644–1911)

- Kernsiedlungsgebiet der Mandschu
- Expansion bis 1644 (Übernahme der Herrschaft von den Ming)
- Expansion bis 1659
- Expansion bis Ende des 18. Jahrhunderts
- 1759 Jahr der Annexion
- Grenze der größten Ausdehnung des Reichs
- tributpflichtiger Staat
- Aufstandsgebiet

1 Interpretieren Sie die Karte, indem Sie die vier Arbeitsschritte von S. 166 durchführen und auf dieser Grundlage einen zusammenhängenden Text formulieren.
▶ Lösungshinweise finden Sie auf S. 490.

Anwenden

M1 Der chinesische Philosoph Wang Fuzhi über die Herrschaft in China (17. Jh.)

Wang Fuzhi (1619–1692) stammte aus einer chinesischen Beamtenfamilie, die unter der Dynastie der Ming diente. Als 1644 die mandschurischen Qing den Kaiserthron eroberten, lehnte Wang ihre Herrschaft ab. Wang gilt als Vordenker eines ethnisch begründeten, chinesischen Nationalismus. Die Qing waren für ihn „Barbaren", weil sie nicht chinesisch waren. Seine kritischen Schriften wurden erst im 19. Jahrhundert veröffentlicht.

Der Unterschied zu den Barbaren liegt in der Kargheit ihrer Gesetze und Verfassungen, in der Rohheit ihrer Unterkünfte, ihrer Nahrung und ihrer Kleidung sowie ihrem gewalttätigen und wilden Tempera-
5 ment. Wenn sie diese Sitten nicht ändern, können sie sich eines großen Vorteils erfreuen. Und gleichzeitig kann China dadurch einem Schaden entgehen. Aber wenn sie einmal anfangen, sich zu ändern und chinesische Sitten anzunehmen, dann werden sich
10 auch die Vor- und Nachteile ihrer Lage ändern. Sie können dadurch mit der Zeit mutiger und mächtiger werden als die Chinesen, was ein Vorteil sein wird, aber sie werden so auch den Weg für eine eventuelle Schwäche öffnen. [...] Solange sich die Barbaren da-
15 mit begnügen, auf der Suche nach Wasser und Weideland umherzuziehen, sich im Bogenschießen und Jagen zu üben, keinen Unterschied zwischen Herrscher und Untertan zu machen, nur rudimentäre Heirats- und Regierungssysteme zu besitzen und je
20 nach den Erfordernissen der Jahreszeiten in ihrem Gebiet hin und her zu ziehen, solange kann China sie niemals kontrollieren. Und solange die Barbaren nicht erkennen, dass Städte befestigt und erhalten werden können, dass Märkte Gewinn bringen, dass
25 Felder bestellt und Steuern erhoben werden können, solange sie die Herrlichkeit ausgeklügelter Heirats- und Amtssysteme nicht kennen, werden sie China weiterhin als ein gefährliches und unwirtliches Dornenbeet betrachten. [...] Die beiden Länder werden
30 sich gegenseitig ignorieren, zum Vorteil für beide. Es entspricht der Ordnung des Himmels und den Geboten des menschlichen Zusammenlebens, dass jeder auf seine Weise und auf seinen eigenen Wegen das Licht findet.

Zit. nach: William Theodore de Bary u. a. (Hg.), Sources of Chinese tradition. 1. From earliest times to 1600, Columbia University Press, New York 1999, S. 547. Übersetzt von Jonas Schmid.*

M2 Der Ökonom Johann Heinrich Gottlob von Justi über das europäische Selbstverständnis (1762)

Johann Heinrich Gottlob von Justi (1720–1771) arbeitete in verschiedenen Positionen in der Verwaltung und an Universitäten. Er war beeinflusst von den Werken des französischen Philosophen Montesquieu.

So allgemein dieser Nationalstolz allen Völkern ist; so treiben wir Europäer diese hohe Einbildung von uns selbst doch viel höher als alle anderen Nationen des Erdbodens. Unser Vorzug scheinet uns gar nicht zweifelhaftig. Wir setzen uns kühn über alle anderen Völ- 5
ker der übrigen Weltteile hinaus. Sie sind in unseren Augen nichts als ungeschickte, rohe und unwissende Barbaren, wenn wir ihnen nicht die Ehre erzeigen, dass wir sie nicht gar unter die Wilden zählen. Alle ihre Sitten, Gebräuche und Regierungsverfassungen 10
kommen uns durchaus ungereimt, unvernünftig, töricht und lächerlich vor. Unsere Vernunft, unsere Erkenntnis, unsere Einsichten dünken uns so erhaben zu sein, dass wir auf alle andere[n] Völker des Erdbodens als auf um uns herumkriechende, elende Wür- 15
mer herabsehen; und in der Tat betragen wir uns auch nicht anders gegen sie. Wir führen uns als Herren des ganzen Erdbodens auf; wir bemächtigen uns ohne Bedenken der Länder aller Völker in allen drei übrigen Weltteilen; wir schreiben ihnen in ihren Lan- 20
den Gesetze vor; wir begegnen ihnen als unsern Sklaven; und wenn sie sich im geringsten zu widersetzen unterstehen; so rotten wir sie ganz und gar aus; was das Sonderbarste ist; wir tun dieses alles, ohne dass einmal jemand in Europa einfällt, dass wir dadurch 25
himmelschreiende Ungerechtigkeiten begehen.
Ich habe einen großen Vorsatz gefasst: Ich will mich bemühen, in verschiedenen Werken die hohe Einbildung zu mäßigen, die wir Europäer von uns selbst haben.

Johann Heinrich Gottlob von Justi, Vergleichungen der Europäischen mit den Asiatischen und andern vermeintlich barbarischen Regierungen, Verlag J.H. Rüdigers, Berlin 1762, S. 3 f.

1 Analysieren Sie, wie Wang Fuzhi die „Barbaren" charakterisiert (M 1).
2 Erläutern Sie auf der Basis von M 1 die Grundideen von Herrschaft und Gesellschaft im chinesischen Kaiserreich.
3 Geben Sie wieder, was Justi unter „Barbaren" versteht (M 2).
4 Erklären Sie, inwiefern M 2 Ideen der Aufklärung widerspiegelt.
5 Beurteilen Sie, ob die beiden Autoren typisch für das chinesische Selbstverständnis und das europäische Selbstverständnis sind.

Wiederholen

M3 „Ein Kirgise präsentiert Kaiser Qianlong ein Pferd als Tribut", Gemälde von Giuseppe Castiglione, Jesuit und Maler am chinesischen Hof, 18. Jahrhundert.

Bei einem Empfang beim Kaiser galten strenge Regeln. Alle Besucher mussten sich vor dem Kaiser niederwerfen und mehrmals mit der Stirn den Boden berühren („Kotau", chinesisch koutou). Das Bild ist ein Ausschnitt aus einer hängenden Schriftrolle des italienischen Jesuiten und Hofmalers Giuseppe Castiglione.

Zentrale Begriffe
„Alles unter dem Himmel"
Aufklärung
Eurozentrismus
Industrialisierung
Konfuzianismus
„Reich der Mitte"
Selbstverständnis
Sinozentrismus
Vernunft
Weltsicht

1. Beschreiben Sie die wesentlichen Bildelemente des Gemäldes von Giuseppe Castiglione (M 3). Nutzen Sie bei Bedarf die Formulierungshilfen.
2. Charakterisieren Sie mithilfe von M 3 und Ihres im Kapitel erworbenen Wissens die Rolle des Kaisers im chinesischen Kaiserreich.
3. Erläutern Sie den Einfluss der Aufklärung auf das europäische Selbstverständnis.
4. **Wahlaufgabe:** Bearbeiten Sie entweder a, b oder c.
   a) Skizzieren Sie in Thesen, welche Veränderungen die Industrialisierung in Europa brachte.
   b) Erarbeiten Sie ein Lernplakat zu den Veränderungen in Europa infolge der Industrialisierung.
   c) Erläutern Sie den Zusammenhang zwischen Industrialisierung und Imperialismus.
5. Einem Schüler des Konfuzius wird der Satz zugeschrieben: „Es gibt selten Menschen, die ihren Eltern mit Ehrfurcht, ihren älteren Brüdern mit Achtung begegnen und die trotzdem gegen die Obrigkeit rebellieren wollen […]." Erklären Sie das sich daraus ableitende Gesellschaftsbild und nehmen Sie dazu Stellung.
6. Stellen Sie das chinesische Selbstverständnis und Weltbild dem europäischen in einer Tabelle gegenüber.
   Tipp: Verwenden Sie die folgenden Oberbegriffe: Gesellschaft, Kaiser/Monarch, Werte, Wirtschaft, Außenpolitik.
7. **Vertiefung:** Der Sinologe Karl-Heinz Pohl setzt sich mit Problemen eines interkulturellen Vergleichs zwischen China und Europa auseinander und stellt fest: „Die populäre Unterscheidung zwischen einem auf dem Christentum gründenden Westen und einem konfuzianisch orientierten Ostasien ist natürlich eine Vereinfachung, und sie ist deshalb […] häufig kritisiert worden." Erörtern Sie Probleme eines solchen interkulturellen Vergleichs.

Formulierungshilfen für die Bildbeschreibung
– Auf dem Bild ist/sind … zu sehen.
– Die dargestellten Personen sind mit … bekleidet.
– Ihre Gestik/Mimik/Körperhaltung ist durch … gekennzeichnet.
– Eine herausgehobene Stellung nimmt … ein.
– Folgende Gegenstände/Symbole werden verwendet: …
– Farbgebung/Perspektiven/Proportionen sind … gestaltet und erzielen die Wirkung, dass …
– Das Gemälde versucht, folgendes Bild der chinesischen Herrschaft zu erzeugen: …

2.3 Chinesische Kontakte mit den imperialistischen Mächten und ihre Folgen

M1 „Uncle Sam öffnet die Tür nach China, und England und Russland schauen zu", US-amerikanische Karikatur, 1900

1644 | Beginn der Qing-Dynastie

1729 | Opiumverbot durch Kaiser Yongzheng

Chinesische Kontakte mit den imperialistischen Mächten und ihre Folgen 2.3

Unter der Dynastie der Qing (1644–1911) erlebte China zunächst eine Phase der Expansion und des Wohlstands. Der Handel in Asien florierte. Europa interessierte sich ebenfalls für die chinesischen Produkte wie Porzellan, Seide und Tee und schickte seine Handelsgesellschaften nach China. Die chinesische Regierung kontrollierte den Handel mit
5 Europa, indem sie ihn u. a. auf wenige Häfen, vor allem den Hafen von Guangzhou (Kanton), beschränkte. An europäischen Produkten bestand in China wenig Interesse. Es gab also keinen ausgeglichenen Handel zwischen beiden Seiten, sondern die Europäer mussten zum Erwerb chinesischer Produkte hohe Silberzahlungen an China leisten. Die Briten schickten 1792/93 eine diplomatische Mission unter Lord Macartney an den
10 Kaiserhof, um bessere Bedingungen auszuhandeln, scheiterten jedoch. Kaiser Qianlong schrieb: „Wie Euer Gesandter mit eigenen Augen sehen kann, besitzen wir alles. Ich lege keinen Wert auf Gegenstände, die fremdländisch oder geschickt erfunden sind, und ich habe keine Verwendung für die Produktion Eures Landes." Im Kontakt zwischen China und Europa hatte China eindeutig die besseren Karten in der Hand.
15 Die Lage änderte sich im 19. Jahrhundert aus verschiedenen Gründen. Ein Grund war der Opiumhandel. Das von den Briten in Indien produzierte Rauschgift fand auf illegalen Wegen reißenden Absatz in China. Nun floss vor allem Silber aus China nach Großbritannien. Als sich die Situation immer weiter zuspitzte, reagierte der chinesische Kaiser mit einem Opiumverbot und strengen Strafmaßnahmen. Die Briten waren em-
20 pört. Von den „unzivilisierten" Chinesen wollte man sich den vermeintlichen Freihandel nicht verbieten lassen und demonstrierte „nationale Stärke": Kriegsschiffe wurden nach China geschickt. Der Erste Opiumkrieg (1839–1842) war auch der erste Krieg zwischen einer europäischen Macht und China. Die Briten waren militärisch überlegen und konnten im Nanjing-Vertrag China die Bedingungen diktieren: Öffnung des Handels
25 und damit auch Zugriff auf die Wirtschaft in China, diplomatische Vertretungen und damit mehr politischer Einfluss, Zulassung von christlichen Missionen und damit kulturell-gesellschaftlicher Zugang. Schnell folgten andere Staaten mit eigenen „ungleichen Verträgen": Frankreich, Russland, die USA, später auch das Deutsche Reich und Japan. Untereinander vereinbarten sie, dass die Privilegien, die ein Staat in China durch Verträ-
30 ge erhalten hatte, auch für alle anderen Staaten galten. Die Autorität der Qing-Dynastie war massiv geschwächt. Der Kontakt wurde nun von den imperialistischen Mächten dominiert.

1 Interpretieren Sie die Karikatur M 1 und ordnen Sie diese mithilfe des Einleitungstextes in den historischen Kontext ein.
2 Begriffscluster: Reaktivieren Sie Ihr Vorwissen, indem Sie im Kurs ein Begriffscluster zum Thema „Imperialismus" erstellen. Berücksichtigen Sie dabei alle Begriffe und Assoziationen, die Ihnen hierfür relevant erscheinen.
3 Stellen Sie Hypothesen zum Einfluss der imperialistischen Mächte in China auf. Überprüfen Sie diese nach Bearbeitung dieses Kapitels.

1792/93	Macartney-Mission: brit. Gesandter fordert vom Kaiser bessere Handelsbedingungen
1838/39	Opiumverbot durch den Daoguang-Kaiser
1839–1842	Erster Opiumkrieg (Großbritannien und China)
1842	Vertrag von Nanjing
1856–1860	Zweiter Opiumkrieg (Großbritannien, Frankreich und China)
1860	Zerstörung des kaiserlichen Sommerpalastes durch brit.-frz. Truppen
1884/85	Niederlage Chinas im Krieg gegen Frankreich
1894/95	Niederlage Chinas im Krieg gegen Japan, Taiwan wird japanische Kolonie
1897	Deutsches Reich besetzt Qingdao
1899	Open Door Policy Note von US-Außenminister John Hay

1880–1914 Phase des Hochimperialismus

2.3 Chinesische Kontakte mit den imperialistischen Mächten und ihre Folgen

> *In diesem Kapitel geht es um*
> – die Mission des britischen Gesandten Macartney 1793 nach China,
> – den „Ersten Opiumkrieg" 1839 bis 1842 zwischen China und Großbritannien,
> – den Abschluss „ungleicher Verträge" zwischen China und den Großmächten,
> – die christliche Missionierung in China,
> – die von den USA durchgesetzte „Open Door Policy",
> – einen Vergleich mit der Entwicklung von Japan (Stationenlernen).

China und Europa bis zum Ende des 18. Jahrhunderts

Reise- und Missionsberichte vom 16. bis zum 18. Jahrhunderts zeichneten in Europa von China nicht nur das Bild eines kultivierten und vorbildhaften Landes, sondern rückten auch exotische Produkte wie Tee, Seide und Porzellan in den Fokus. Man betrachtete das reiche China also auch als interessanten Handelspartner mit attraktiven Produkten für den europäischen Markt.

Chinesische und europäische Händler – darunter vor allem Portugiesen, Spanier, Niederländer und Briten – schufen in Ostasien ab dem 16. Jahrhundert ein dichtes Handelsnetz. Waren ursprünglich vor allem Gewürze aus Südostasien interessant, wurden auch Tee, Seide und Porzellan aus China bald begehrte Waren in Europa. Die europäischen Händler wiederum brachten Silber, das in China als klassisches Zahlungsmittel gefragt war. Es strömte auf spanischen Galleonen aus Südamerika nach China, wo es begierig aufgenommen wurde.

Unter der Qing-Dynastie wurde 1759 Guangzhou (Kanton) an der Südküste Chinas zum einzigen offiziellen Umschlagplatz für diese begehrten Waren. Gleichzeitig waren die Briten mit ihrer Kolonie in Indien bis Mitte des 18. Jahrhunderts zur führenden Handelsmacht aufgestiegen. Insbesondere der unstillbare Durst nach Tee ließ China als Handelspartner für Großbritannien so bedeutsam werden: Der Teeimport der Briten war von 200 Pfund pro Jahr im 17. Jahrhundert auf 400 000 Pfund zu Beginn des 18. Jahrhunderts gestiegen. Organisiert wurde dieser Handel von englischer Seite durch die 1600 für den Indienhandel gegründete *East India Company* (EIC). Diese hatte Zugriff auf eine Flotte, Stützpunkte in mehreren Hafenstädten Afrikas und Asiens und das nötige Kapital für die Finanzierung.

M1 Blick auf Guangzhou (Kanton), chinesisches Gemälde, zwischen 1760 und 1770.

Das chinesische Gemälde wurde für einen britischen Händler angefertigt. Es zeigt die von Stadtmauern umgebene „Altstadt" von Guangzhou. Westlich davon befindet sich die Neustadt. Hier sind direkt am Wasser die Handelsgebäude verschiedener ausländischer Handelsgesellschaften, gekennzeichnet mit ihren jeweiligen Flaggen zu erkennen ebenso wie ausländische Schiffe.

Zunächst lieferten die Briten an die Chinesen indische Baumwolle im Austausch für den Tee. Doch als dies nicht mehr ausreichte, wurden die Tee-Lieferungen mit Silber beglichen. Insgesamt waren die Handelsbedingungen für die Engländer in China jedoch in der zweiten Hälfte des 18. Jahrhunderts schwieriger geworden.

Die Macartney-Mission 1792/93

Um bessere Handelsbedingungen auszuhandeln, beschloss die britische Regierung 1792, eine Gesandtschaft nach China an den Hof des Qianlong-Kaisers zu schicken. Ausgewählt wurde der erfahrene Diplomat **George Macartney (1737–1806),** der auch mit dem britischen König Georg III. verwandt war. Er sollte dem Kaiser einen Brief des Königs mit einer Reihe von „Vorschlägen" zur engeren Zusammenarbeit überreichen. Dazu gehörte u. a. die Errichtung einer diplomatischen Vertretung in Beijing und die Öffnung weiterer Häfen für den britischen Handel. Im Sommer 1793 erreichte die fast hundert Personen umfassende britische Delegation den Hafen Tianjin an der Ostküste Chinas. Die Chinesen empfingen die Briten ihren formalen Regeln entsprechend wie eine Gesandtschaft, die dem Kaiser Tribut leisten wollte, und geleiteten sie an den Sommersitz des Kaisers in Jehol weiter. Neben dem Brief des Königs hatte die Delegation auch Teleskope, Barometer, kunstvolle Uhren sowie Glas- und Silberwaren als Geschenke dabei, die gleichzeitig auch die britische Leistungsfähigkeit demonstrieren sollten. Das Gleiche galt für in der Delegation mitreisende Naturwissenschaftler und Künstler.

Während der offiziellen **Audienz beim Qianlong-Kaiser (1711–1799)** im September 1793 beschränkte sich Macartney gegenüber dem Kaiser auf eine Verbeugung mit gebeugtem Knie, wie es an europäischen Königshöfen üblich war. Am chinesischen Kaiserhof war dagegen der sogenannte *Kotau* verpflichtend, eine in kniender Haltung ausgeführte, tiefe Verbeugung, bei der der Kopf mehrfach den Boden berührte (siehe M 3, S. 169). Anschließend trug Macartney die zentralen Bitten der Briten nach diplomatischer Vertretung und Öffnung weiterer Häfen für den Handel vor. Kaiser Qianlong wies jedoch alle Vorschläge freundlich, aber bestimmt zurück.

In der älteren Forschung wird die Verweigerung des *Kotaus* durch Macartney als wichtiger Grund für die chinesische Ablehnung eingestuft. Bei dieser Audienz seien Welten aufeinandergetroffen, die kulturell so unterschiedlich gewesen seien, dass eine Verständigung kaum möglich gewesen wäre. Eine Konfrontation der beiden Seiten sei im 19. Jahrhundert praktisch unausweichlich gewesen. Die neuere Forschung sieht dagegen eher eine Konfrontation zwischen zwei Imperien mit starkem Machtanspruch. Die britischen Forderungen nach freiem Handel und diplomatischem Austausch, die den Vorgaben der Qing-Dynastie widersprachen, erscheinen so als Provokation.

Der Qianlong-Kaiser hielt seine Antwort an den britischen König in zwei Schreiben fest. In einem Schreiben antwortete er genau auf jede Forderung der Briten und begründete die chinesische Ablehnung. Ein zweites, allgemeineres Schreiben wurde in Europa als Ausdruck des Selbstverständnisses des chinesischen Kaiserreichs gelesen.

Insgesamt gilt die Macartney-Mission als Auftakt zu den Konfrontationen des 19. Jahrhunderts zwischen dem Imperium China auf der einen Seite und den imperialistischen Mächten Großbritannien und Frankreich sowie gegen Ende des Jahrhunderts Russland, den USA, Deutschland und Japan auf der anderen Seite. Der Kontakt zwischen beiden Seiten wurde zunehmend durch militärische Aktionen und politischen Druck bestimmt.

Erster Opiumkrieg 1839–1842

Nach dem Scheitern der Macartney-Mission mussten die Briten den Handel mit China weiter zu den alten Bedingungen betreiben. Da der Bedarf und Import von Tee, Seide und Porzellan aus China immer weiter anstieg, waren die Briten gezwungen, auch immer

▶ M 10: Auftrag für Lord Macartney

M 2 **Der britische Gesandte Macartney im Jahr 1793 beim Qianlong-Kaiser, Ausschnitt aus einer Zeichnung von William Alexander, 1794.**

Das Bild zeigt, wie Lord Macartney vor dem Kaiser das Knie beugt, aber nicht den traditionellen „Kotau" macht.

▶ M 14: Alain Peyrefitte über die Macartney-Mission

▶ M 15: Henrietta Harrison über die Macartney-Mission

▶ M 12 und M 13: Schreiben vom Qianlong-Kaiser

2.3 Chinesische Kontakte mit den imperialistischen Mächten und ihre Folgen

▶ M 16: Tabelle Opiumexport

▶ M 17 und M 18: Folgen des Opiumhandels für China

M 3 „Britischer Handel", französische Karikatur zum Opiumhandel, 1840.

Der Untertitel der Karikatur lautet: „Ihr müsst dies Gift sofort kaufen. Wir wollen, dass ihr euch vollkommen vergiftet, damit wir genug Tee haben, um unsere Beefsteaks zu verdauen."

▶ M 21: Auszüge aus dem Vertrag von Nanjing

Ungleiche Verträge
Der Begriff stammt aus den 1920er-Jahren und wurde rückwirkend auf die Verträge von imperialistischen Mächten mit China und Japan angewandt.

mehr Silber für die Bezahlung aufzuwenden. Die einzige britische Ware, für die in China eine Nachfrage bestand, war aus Mohn gewonnenes Opium, das die Briten in Indien anbauen ließen. Opium war in China als Arzneimittel und auch als Rauschmittel bekannt, war aber bereits 1729 vom Yongzheng-Kaiser verboten worden. Das Verbot wurde jedoch durch britische und chinesische Schmuggler umgangen. Die Briten intensivierten um 1800 ihren indischen Mohnanbau und lieferten das Opium tonnenweise entlang der gesamten Südküste nach China. Von dort wurde es von bestens organisierten Netzwerken in das Landesinnere transportiert und verkauft. In den Folgejahren wuchs der Opiumschmuggel enorm an und mit ihm die Zahl der Drogensüchtigen in China. Um 1830 sollen mehr als 10 Millionen Chinesen abhängig gewesen sein. Für die Briten zahlte sich der Handel aus, denn nun flossen große Mengen Silber zurück in britische Kassen. In China wurden die Drogenabhängigen, es waren auch viele Beamte und Militärangehörige darunter, sowie die Kosten für das Opium als politisches, wirtschaftliches und gesellschaftliches Problem betrachtet. So wirkte sich u. a. der Abfluss von Silber verheerend auf die Wirtschaft aus. Aufgrund des gestiegenen Silberpreises konnte der Staat kaum noch die Gehälter von Beamten und Militärs bezahlen.

1838/39 kam es zu einem erneuten **Opiumverbot durch den Daoguang-Kaiser (reg. 1821–1850).** Der Erfolg der verhängten Maßnahmen war dieses Mal enorm. Der kaiserliche Sonderbeauftragte **Lin Zexu** wurde in die Hafenstadt Guangzhou (Kanton) entsandt, um dort gegen den Schmuggel und Handel vorzugehen. Er soll dort innerhalb eines Jahres mehr als 7 Tonnen Rauschgift beschlagnahmt und vernichtet haben. Konsumenten, chinesische Zwischenhändler sowie die ausländischen Händler mussten empfindliche Strafen hinnehmen. Die Händler wurden interniert und aus der Hafenregion von Guangzhou vertrieben. Aufgrund der Vernichtungsaktionen stieg der Preis für Opium stark an, der Handel mit Opium war so lukrativ wie nie zuvor.

Auf die Strafmaßnahmen der chinesischen Verwaltung gegen den Drogenschmuggel reagierte die britische Regierung mit Empörung und ihrer Militärmacht. Nationale Töne und eine Herabwürdigung der Chinesen dominierten die Debatte in England. Moralische Bedenken gegen den Rauschgifthandel äußerten nur wenige. Eine Flotte von acht gepanzerten Kanonenbooten und weitere Schiffe mit insgesamt 4000 Soldaten wurden nach China entsandt. Diese erreichten im Juni 1840 Guangzhou. Die schlecht organisierten und bezahlten Truppen der Qing-Dynastie waren den Angriffen mit überlegener Waffentechnik nicht gewachsen. Innerhalb eines Jahres folgte die Einnahme strategischer Hafenorte an der Süd- und Ostküste Chinas. Nach der Eroberung Shanghais fuhren die Briten auf dem Yangzi weiter aufwärts bis Nanjing. Als die Briten im August 1842 den Angriff auf die Stadt vorbereiteten, kapitulierten die kaiserlichen Truppen. Der **Friedensvertrag von Nanjing** beendete den Opiumkrieg und sicherte den Briten größere Handelsmöglichkeiten in China zu.

„Ungleiche Verträge"

Der Friedensvertrag von Nanjing war der erste in einer ganzen Reihe von sogenannten „ungleichen Verträgen"* zwischen den imperialistischen Mächten und China. Sie waren insofern ungleich, als sie nur einem Vertragspartner bestimmte Rechte einräumten, nämlich im Fall des Friedensvertrags von Nanjing den Briten. Die Chinesen mussten nach der militärischen Niederlage im Opiumkrieg britischen Forderungen nachgeben. Zu den wichtigsten Bestimmungen des Vertrags von Nanjing gehörten die Öffnung der Häfen Guangzhou, Xiamen, Fuzhou, Ningbo und Shanghai für den Handel sowie die Abtretung der Insel Hongkong als Kolonie an Großbritannien. Darüber hinaus wurden die Chinesen zu Reparationen in Höhe von 21 Millionen Silberdollar verpflichtet. Und schließlich wurden englische Diplomaten in China zugelassen, die den chinesischen Beamten gleichgestellt wurden. China verlor also in vielen Bereichen seine Souveränität.

2.3 Chinesische Kontakte mit den imperialistischen Mächten und ihre Folgen

Die ungleichen Verträge verschafften bis ins 20. Jahrhundert hinein den imperialistischen Mächten nicht nur den Zugang zum chinesischen Markt, sie beinhalteten auch Gebietsabtretungen sowie die Errichtung von Pachtgebieten* und von Kolonien*.
Bis 1912 wurden u. a. folgende weitere Verträge geschlossen:

Jahr	Vertrag	Unterzeichner / Inhalte
1844	Vertrag von Wangxia	China + USA / u. a. Freihandel, Grundstückserwerb für Bau von Kirchen
1844	Vertrag von Huangbu	China + Frankreich / u. a. Freihandel, katholische Mission, eigene Rechtsprechung
1858	Vertrag von Aihun	China + Russland / u. a. Abtretung Teile Mandschurei an Russland
1858	Vertrag von Tianjin	China + Frankreich, Großbritannien, Russland, USA / u. a. Ausweitung Vertragshäfen, Freizügigkeit, unbeschränkte Missionstätigkeit
1860	Konvention von Beijing	China + Frankreich, Großbritannien, Russland, USA / u. a. weitere Vertragshäfen, Erlaubnis Auswanderung für Chinesen
1861	Handels-, Freundschafts- und Schifffahrtsvertrag	China + Preußen und Zollverein / u. a. Freihandel
1895	Vertrag von Shimonoseki	China + Japan / u. a. Abtretung Taiwan, Unabhängigkeit Koreas, Öffnung von vier Vertragshäfen für Japan, Japan darf dort Fabriken errichten
1898	Zweite Konvention von Beijing	China + Großbritannien / u. a. Verpachtung von Hongkong für 99 Jahre an GB
1898	Vertrag von Guangzhouwan	China + Frankreich / Guangzhouwan wird frz. Pachtgebiet (bis 1943!)
1898	Deutsch-chinesischer Pachtvertrag über Jiaozhou	China + Deutschland / Kiautschou (heute Jiaozhou) wird dt. Pachtgebiet
1901	Vertrag von 1901 („Boxerprotokoll")	China + Achtstaatenallianz (GB, USA, Jap., Russl., F, D, Italien, Ö-Ungarn) / u. a. Entschuldigung für Morde, Reparationen, Verbot Waffen

Um 1900 besaßen die wichtigsten **Großmächte eigene Kolonien und Pachtgebiete in China,** über die sie politisch und wirtschaftlich bestimmen konnten. Das chinesische Kaiserreich war zu einer Halbkolonie* geworden. Zahlreiche Vertragshäfen ermöglichten den freien Handel mit ganz China, doch auch dieser war einseitig von den Interessen der Großmächte bestimmt. Die imperialistischen Mächte betrieben ebenfalls im eigenen Interesse den Bau von Industrieunternehmen in den Vertragshäfen sowie den Ausbau von Eisenbahnen und anderer Verkehrswege, um auch das Landesinnere für den Handel zugänglich zu machen. Die Konkurrenz der ausländischen Mächte in China untereinander verhinderte jedoch die Vormachtstellung einer einzelnen Macht. So lag es im Interesse der ausländischen Regierungen, die chinesische Zentralregierung als Schaltzentrale für den gleichen Zugang zu Handel und Verkehrswegen im Land zu erhalten. Als das Qing-Reich beispielsweise durch den Taiping-Aufstand (siehe Kap. 4, S. 205) innenpolitisch unter massiven Druck geriet, unterstützten die Europäer die chinesische Regierung militärisch.

Pachtgebiet
Gebiet eines Staates, das dieser durch einen Vertrag einem anderen Staat überlässt. Es bleibt Staatsgebiet, aber der pachtende Staat erhält die Gebietshoheit – meist für eine bestimmte Zeitdauer.

Kolonie
Auswärtige Besitzung eines Staates, die politisch und wirtschaftlich von ihm abhängig ist

▶ M 22: Jonathan D. Spence über die „Ungleichen Verträge"

Halbkolonie
Als Halbkolonie besitzt ein Land zwar die formelle politische Souveränität, seine Wirtschaft und Politik wird aber wesentlich von imperialistischen Staaten bestimmt.

2.3 Chinesische Kontakte mit den imperialistischen Mächten und ihre Folgen

Missionierung

▶ Kap. 6: Kreuzzüge

▶ Kap. 7: Spanischer Kolonialismus

▶ Kap. 5: Kernmodul: Kulturkontakt

Christliche Missionare handelten in dem Selbstverständnis, mit dem christlichen Glauben den Menschen ein „Geschenk" und die „Wahrheit" zu bringen. Allerdings ging die christliche Missionierung weltweit oft mit Gewalt einher und war u. a. Teil der Eroberungsmechanismen durch die Entdecker. Ihren ersten Höhepunkt erlebte die Missionierung in China mit dem italienischen **Jesuiten Matteo Ricci** Mitte des 16. Jahrhunderts, der einen besonderen Weg einschlug. Er erlernte die chinesische Sprache und setzte sich intensiv mit der Kultur einschließlich des Konfuzianismus auseinander. Er lebte am Hof in Beijing. Die Jesuiten setzten diesen Austausch ca. 150 Jahre fort und ihre positiven Berichte prägten die Vorstellungen über China in Europa tief. So gelang ihnen ein Kulturaustausch, der für die chinesische und europäische Welt bereichernd war.

Im 19. Jahrhundert folgte eine christliche Missionierungswelle mit anderer Ausrichtung. Viele Missionare setzten sich zwar mit der chinesischen Kultur auseinander und lernten u. a. die Sprache, aber Ziel war vor allem die **„Zivilisierung" der chinesischen Bevölkerung durch die christliche Religion**. Außerdem zielte die Missionierung nun auf die breite Bevölkerung und beschränkte sich nicht wie im 16. Jahrhundert auf den Kaiserhof und die chinesischen Eliten. Die Missionierung musste von China geduldet werden, da der Vertrag von Nanjing von 1842 eine Klausel enthielt, **die protestantischen Missionaren** den Aufenthalt in fünf Vertragshäfen erlaubte. Später kam auch die Konzession für **katholische Missionare** hinzu. Nach Chinas Niederlage im Zweiten Opiumkrieg (1856–1860) wurden die Rechte ausgeweitet. Missionare konnten überall im Land leben, ihre Religion verbreiten und in den Vertragshäfen sogar Kirchen, Schulen und Friedhöfe errichten. Protestantische und katholische Mission verfolgten keinen ökumenischen Ansatz, sondern arbeiteten und missionierten getrennt voneinander. Die protestantische Mission wurde unter anderem von britischen, amerikanischen und deutschen Missionaren getragen, während die katholischen Missionen von Frankreich und Italien unterstützt wurden. In vielerlei Hinsicht war die christliche Missionierung Teil des Kolonialisierungsprozesses durch die imperialistischen Mächte.

M4 Der britische Missionar Robert Morrison bei der Übersetzung der Bibel ins Chinesische, Druck nach einem Gemälde von George Chinnery, 1853

▶ M 25 bis M 31: Protestantische Missionierung

Open Door Policy

▶ M 32: John Hays *First Open Door Note*

▶ M 33: Karikatur

▶ M 34: Wolfgang Mommsen über Hochimperialismus

Informeller Imperialismus
Ein Staat verschafft sich in einem anderen Land durch Verträge wirtschaftliche Vorteile und übt mithilfe eigener Verwaltungsinstitutionen Kontrolle aus. Die Strukturen des Landes bleiben aber bestehen.

Eng verbunden mit dem System der ungleichen Verträge und anderen imperialistisch motivierten Eingriffen in Chinas Souveränität war auch die vor allem von den USA vorangetriebene *Open Door Policy* (Politik der offenen Tür). Der Schwerpunkt der Politik lag im Bereich des freien Handels, der zuvor schon schrittweise in den meist bilateralen ungleichen Verträgen durchgesetzt worden war, sowie im Bereich der Außenpolitik. John Hay, Außenminister der USA, sandte 1899 eine sog. **„First Open Door Note"** an die Regierungen von Frankreich, Großbritannien, Russland, Japan und Deutschland. Darin erklärte er die amerikanischen Vorstellungen bezüglich der zukünftigen „Kooperation" mit China. Kern war die Forderung an China, jeder imperialistischen Macht automatisch die gleichen Rechte in China zuzugestehen, die auch in bilateralen Verträgen ausgehandelt worden waren. Der Grund für seine Initiative lag vor allem in der sich immer weiter zuspitzenden Konkurrenz der ausländischen Mächte untereinander, um ihre Markt- und Machtanteile in China jeweils auszuweiten. Die USA wollten so eine Aufteilung Chinas unter den europäischen Mächten und Japan verhindern sowie den eigenen Anteil sichern.

Die Politik der offenen Tür stützte und legitimierte das seit Mitte des 19. Jahrhunderts errichtete System des **informellen Imperialismus*** in China. Verträge sicherten ausländischen Staaten wirtschaftliche Vorteile in China und ermöglichten ihnen, mithilfe eigener Verwaltungen rechtliche und politische Kontrolle auszuüben. Das chinesische Kaiserreich blieb jedoch mit allen seinen Strukturen bestehen. Mit Ausnahme der Pachtgebiete fand keine direkte koloniale Beherrschung in China statt.

2.3 Chinesische Kontakte mit den imperialistischen Mächten und ihre Folgen

M 5 Einflussgebiete und Stützpunkte ausländischer Mächte in China bis 1912

Folgen des Imperialismus in China und Japan

Die gewaltsame Öffnung der chinesischen Märkte zerstörte alte Handwerks- und Gewerbestrukturen. Der Einfluss der ausländischen Mächte untergrub zudem die Legitimation und Autorität der kaiserlichen Regierung. Hinzu kamen sich verschlechternde Lebensbedingungen aufgrund von Bevölkerungswachstum und Missernten. Die Folgen
5 waren innere Unruhen und eine wachsende politische Instabilität. Die Reaktionen von Politik und gesellschaftlichen Gruppen auf die äußeren und inneren Herausforderungen Chinas schwankten zwischen Anpassung und Widerstand.
Einen anderen Verlauf nahm im 19. Jahrhundert der Kontakt zwischen Japan und den imperialistischen Mächten. Im 17. Jahrhundert war in **Japan,** das militärisch-autoritär
10 von dem Shogunat der Tokugawa regiert wurde, per Gesetz der Kontakt zum Ausland stark eingeschränkt worden. Dies sorgte im 17./18. Jahrhundert für einen funktionierenden Binnenmarkt und ein Wachstum der Städte. Als das Land im 19. Jahrhundert von innen und außen unter Druck geriet, öffnete sich Japan für den Westen. Es stieß jedoch auch innere Reformen an, die die Basis für Modernisierung und Industrialisie-
15 rung in Japan schufen. Es befreite sich aus den ungleichen Verträgen mit den westlichen Mächten und wurde selbst zur imperialistischen Macht.

▶ M 35: Wolfgang Reinhard über China Ende des 19. Jh.

▶ Kap. 4: Chinesische Reaktionen zwischen Anpassung und Widerstand, S. 202 ff.

▶ Stationenlernen: Japan, S. 190 ff.

1 Beschreiben Sie mithilfe der Karte M 5 den Einfluss ausländischer Mächte in China bis 1912.
2 Gliedern Sie auf der Grundlage des Darstellungstextes den Kontakt zwischen China und den imperialistischen Mächten in verschiedene Phasen.
3 **Lernprojekt:** Arbeiten Sie die Folgen des Imperialismus für China heraus. Stellen Sie Ihre Ergebnisse grafisch dar, etwa in Form einer Concept-Map. Ergänzen Sie Ihr Lernprodukt schrittweise, nachdem Sie die weiteren Materialien dieses Kapitels ausgewertet haben.

China und der Westen im 19. Jahrhundert

cornelsen.de/Webcodes
Code: vofohe

2.3 Chinesische Kontakte mit den imperialistischen Mächten und ihre Folgen

Hinweise zur Arbeit mit den Materialien
*Die Materialien M6 und M7 erläutern aus verschiedenen Perspektiven die Begriffe „Imperialismus" und „imperialistische Mächte". Anschließend kann auf der Basis von M8 und M9 die Situation in China Ende des 18. Jh. analysiert werden. Zur **Macartney-Mission** von 1793 finden sich folgende Materialien: eine Quelle (M10) enthält die britischen Forderungen, ein Bild (M11) zeigt die Situation vor der Audienz. Die Antwort-Edikte von Qianlong (M12, M13) bilden die Basis für die Diskussion und Beurteilung der Gründe für das Scheitern der Mission (M14, M15). Der Themenbereich **Opiumkrieg** als erster militärischer Kontakt wird mit Materialien zur Opium-Problematik und ihren Folgen eingeleitet (M16 bis M18). Ein Bild (M20) zeigt Aspekte des Krieges. Mithilfe eines Sekundärtextes (M19) kann der Opiumkrieg historisch eingeordnet werden. Die Phase der **ungleichen Verträge** kann mithilfe des Vertrags von Nanjing (M21), eines Sekundärtextes (M22), einer Quelle (M23) und eines Bildes (M24) analysiert werden. Zum Thema **Missionierung** ermöglichen die Materialien M25 bis M31 die Analyse von Einstellungen, Methoden, Umfang und Folgen. Eine Quelle (M32) und eine Karikatur (M33) zeigen die Ziele der imperialistischen Mächte bei der **Open Door Policy**. Abschließend kann die Situation in China Ende des 19. Jh. diskutiert werden (M34, M35).*

Zur Vernetzung mit dem Kernmodul
– *Bezug Macartney-Mission zu Kulturkontakt (Osterhammel, Bitterli, Burke, M1 bis M6)*
– *Bezug imperialistische Politik zu Kulturkonflikt (M3 Bitterli) und Kulturbeziehungen (M12 Mühlhahn)*

Imperialismus und imperialistische Mächte

M6 Der Historiker Jürgen Osterhammel über „Imperialismen" im 19. Jahrhundert (2009)
Hinter diesen Expansionsprozessen standen ganz unterschiedliche Triebkräfte und Motive. Daher ist ein deskriptiver Begriff des Imperialismus von Vorteil, der seine Benutzer nicht auf eine bestimmte – politische,
5 ökonomische oder kulturelle – Erklärung festlegt. Unter Imperialismus lässt sich dann die Summe von Handlungen verstehen, die auf die Eroberung und den Erhalt eines Imperiums abzielen. [...] Imperialismus ist durch einen besonderen Stil von Politik gekenn-
10 zeichnet: Grenzen überschreitend, den Status quo nicht achtend, interventionistisch, das Militär schnell einsetzend, Krieg riskierend, Frieden diktierend. Imperialistische Politik geht von einer Hierarchie der Völker aus, immer einer von Starken und Schwachen, meist kulturell oder rassisch abgestuft. Imperialisten 15 sehen sich als zivilisatorisch überlegen und daher zur Herrschaft über andere berechtigt. [...]
Nicht alle Imperialismen waren im 19. Jahrhundert gleich aktiv, und die Differenzierung folgt nicht der Trennlinie zwischen landgestützten und maritimen 20 Mächten. Es gab drei während des ganzen 19. Jahrhunderts imperial tätige Großmächte des europäischen Staatensystems: das Vereinigte Königreich, Russland, Frankreich. Deutschland kam kolonial 1884 hinzu, betrieb aber unter Bismarck bewusst noch keine „Welt- 25 politik". Das war dann die Parole des Wilhelminismus an der Jahrhundertwende, dem das bescheidene Kolonialreich bald zu eng wurde. Österreich war Großmacht, allerdings seit dem preußischen Triumph 1866/71 eine Großmacht zweiten Ranges, und zu- 30 gleich Imperium, trieb aber keine expansive imperialistische Politik. Die Nicht-Großmächte Niederlande, Portugal und Spanien pflegten alte Kolonialbesitzungen, denen sie nichts Wesentliches hinzufügten. Die einst überaus kriegerischen und dynamischen Imperi- 35 en China und Osmanisches Reich bewahrten einen rudimentären Reichszusammenhang, standen aber (China noch relativ weniger als das Osmanische Reich) gegenüber den Europäern in der Defensive. Japan war ab 1895 ein sehr aktiver imperialistischer *player*. Die 40 Imperien des 19. Jahrhunderts unterschieden sich durch das Ausmaß ihrer imperialistischen Intensität. Was auf den ersten Blick [...] wie ein geschlossener Imperialismus anmutet, zerfällt, wenn man genauer hinsehen will, in den Plural der Imperialismen. 45

Jürgen Osterhammel, Die Verwandlung der Welt, C. H. Beck, München 2009, S. 620f., 623.*

M7 „Der Teufelsfisch in ägyptischen Gewässern", US-amerikanische Karikatur, 1882

1 Beschreiben Sie die Rolle, die die Karikatur M 7 England zuschreibt.
2 Erklären Sie ausgehend von Jürgen Osterhammel (M 6) den Begriff „Imperialismus".
3 Arbeiten Sie mithilfe von M 6 die wichtigsten imperialistischen Mächte im 19. Jahrhundert heraus.

China am Ende des 18. Jahrhunderts

M 8 Die US-amerikanischen Historiker Jane Burbank und Frederick Cooper über China als Imperium (2010)

Die Qing mussten sich nun der schlimmsten aller imperialen Situationen stellen: angegriffen von anderen Imperien zu einem Zeitpunkt, als ihnen die Kontrolle im Innern entglitt. Die beiden Gefahren hingen mitei-
5 nander zusammen. Die Qing hatten im Laufe ihrer mehrere Jahrhunderte währenden Expansion ein Reich geschaffen, dessen ausgedehnte Land- und Seegrenzen lokalen Eliten Gelegenheiten boten, mit der Außenwelt zu interagieren. Sowohl westliche – ans
10 islamische Zentralasien grenzende – als auch südliche Regionen in Richtung Birma und Vietnam waren nicht vollständig in das Verwaltungssystem der Han-Gebiete[1] integriert. Im Westen überließ man einen Großteil der Lokalverwaltung lokalen muslimischen
15 Führern, während in Garnisonen Mandschu- und Han-Soldaten konzentriert waren; im Süden übten nach wie vor verschiedene Stammesfürsten Autorität aus. Die zahlreichen Kanäle der Macht boten lokalen Eliten und lokalen Qing-Beamten Gelegenheiten, ihre
20 eigenen Geschäfte zu machen – nicht zuletzt mit Schmuggel, Opium inbegriffen. Die Landgrenzen, nicht nur die maritime Schnittstelle mit europäischen Mächten, wurden zu einem großen Problem.
Die Qing spielten das Imperialspiel nach ihren alten
25 Regeln – konzentriert auf die Kontrolle des gewaltigen chinesischen Territoriums und seiner schwierigen Grenzen [...].

Jane Burbank/Frederick Cooper, Imperien der Weltgeschichte, Campus, Frankfurt/M. 2010, S. 371 f. Übersetzt von Thomas Bertram.*

1 Han: die größte chinesische Ethnie

M 9 Der Sinologe Kai Vogelsang über China im 18. Jahrhundert (2013)

Die Zeit von Kangxi bis Qianlong, 1662–1796, markiert den Höhepunkt der Qing-Dynastie, ja den Höhepunkt des chinesischen Kaiserreichs überhaupt. Nie war das Reich stärker, größer und selbstbewuss-
5 ter als in diesen 135 Jahren. Die Qing waren Herrscher der Mongolen und Chinesen sowie Schutzpatrone der tibetischen Lamas; sie hatten die muslimischen Völker Ostturkestans unterworfen, Taiwan erobert, die Miao im Südwesten aus ihrem Stammland ver-
10 trieben und die heutigen Provinzen Yunnan und Guizhou dem Reich einverleibt.
Das Qing-Reich genoss Frieden und Wohlstand. [...] Das Bevölkerungswachstum, das seit der Ming unverändert anhielt, sowie warmes Klima sorgten für reiche
15 Ernten und hohe Steuereinnahmen. Mitte des 18. Jahrhunderts nahm der Staat jährlich offiziell 44 Millionen Unzen Silber ein und gab etwa 35 Millionen aus: bis in die 1780er-Jahre verfügte die Staatskasse über einen jährlichen Überschuss von rund 10 Millionen Unzen.
Die Einwohnerzahl des Qing-Reichs stieg um 1700
20 auf rund 275 Millionen und ein Jahrhundert später auf über 350 Millionen. Jetzt begann China zu dem Riesenreich anzuschwellen, das es heute ist. Gleichzeitig sank der Lebensstandard nicht etwa, sondern –
25 ein vormodernes Wirtschaftswunder – stieg sogar deutlich. Die landwirtschaftliche Produktion wuchs durch massiven Einsatz von Dünger aus Baumwoll-, Raps- und Sojarückständen (1750 importierte China jährlich drei Millionen Tonnen Dünger), Anbau von
30 Feldfrüchten aus der Neuen Welt und regionale Diversifikation. Die Chinesen verbrauchten im 18. Jahrhundert durchschnittlich rund 2000 Kalorien pro Tag – so viel wie die Engländer im 19. Jahrhundert. Die bessere Ernährung steigerte die Lebenser-
35 wartung auf 34–39 Jahre – deutlich über den europäischen Werten zur selben Zeit –, verringerte die Kindersterblichkeit und vor allem die Kindstötung. Überregionaler und Überseehandel florierten. Zwischen Xiamen, Nagasaki, Manila und Batavia ent-
40 stand jetzt ein großes Handelsnetz. Seide, Porzellan, Zucker und Tee wurden aus Südchina verschifft, dafür wurden Silber, Kupfer sowie Zimt, Pfeffer und andere Gewürze aus Südostasien, Baumwolle aus Indien, Reis aus Thailand importiert. Die Bauern, die
45 von dem Handel profitierten, begannen, ihre Hanfkittel gegen Baumwoll- und sogar Seidenkleider einzutauschen, sie möblierten ihre Häuser mit Bänken, Truhen, sogar Spiegeln und konsumierten immer mehr Luxusgüter wie Zucker, Tee und Tabak. Die
50 Qing waren im 18. Jahrhundert nach vormodernen Maßstäben eine reiche Gesellschaft.

Kai Vogelsang, Kleine Geschichte Chinas, Reclam, Stuttgart 2013, S. 269 f.*

1 Erläutern Sie auf der Basis von M 8 die Probleme der Qing-Herrschaft am Ende des 18. Jahrhunderts.
2 Vergleichen Sie die Ergebnisse aus Aufgabe 1 mit den Aussagen von Kai Vogelsang (M 9).
Tipp: Siehe S. 479.

2.3 Chinesische Kontakte mit den imperialistischen Mächten und ihre Folgen

Die Macartney-Mission

M 10 Der Auftrag des britischen Innenministers, Henry Dundas, an Lord Macartney (1792)

Bisher war Großbritannien gezwungen, den Handel mit diesem Land unter höchst entmutigenden Umständen zu betreiben, die für die dort beschäftigten Agenten gefährlich und für die verschiedenen Interes-
5 sen, die damit verbunden sind, prekär waren. Der einzige Ort, an dem die Untertanen Seiner Majestät das Privileg einer Fabrik haben, ist Kanton. Der faire Wettbewerb des Marktes wird dort durch die Vereinigungen der Chinesen zerstört; unseren Händlern wird der
10 offene Zugang zu den Gerichten des Landes und die gleiche Ausführung seiner Gesetze verweigert, und sie werden insgesamt in einem höchst willkürlichen Zustand der Unterdrückung gehalten […]. […]
Ihr solltet hervorheben:
15 […] Erstens den beiderseitigen Nutzen aus einem Handel zwischen den beiden Nationen […].
Zweitens, dass der große Umfang unserer Handelsgeschäfte in China einen sicheren Ort als Depot für diejenigen unserer Waren erfordert […], und dass wir zu
20 diesem Zweck eine Bewilligung für ein kleines Stück Land oder eine abgelegene Insel erhalten möchten, aber in einer günstigeren Lage als in Kanton […].

Sollte eine neue Niederlassung bewilligt werden, werdet Ihr sie im Namen des Königs von Großbritannien annehmen. Ihr werdet euch bemühen, sie zu den vor-
25 teilhaftesten Bedingungen zu erhalten, mit der Befugnis, die Polizei zu regulieren und die Gerichtsbarkeit über unsere eigenen Abhängigen auszuüben. […]
Es ist notwendig, dass Sie sich vor einer Bedingung hüten, die vielleicht von Ihnen verlangt werden wird,
30 nämlich dem Verzicht auf den Opiumhandel in den chinesischen Herrschaftsgebieten, der nach den Gesetzen des Reiches verboten ist; sollte dieses Thema zur Sprache kommen, so muss es mit größter Vorsicht behandelt werden. Es steht außer Zweifel, dass ein
35 nicht unbeträchtlicher Teil des Opiums, das in unseren indischen Gebieten angebaut wird, tatsächlich nach China gelangt.

Zit. nach: Pei-Kai Cheng/Michael Lestz, The Search for Modern China. A Documentary Collection, New York 1999, S. 93–98. Übersetzt von Jonas Schmid.*

1 Arbeiten Sie die zentralen Anliegen der Briten gegenüber China heraus (M 10).
2 Beurteilen Sie Form und Inhalt des Auftrags (M 10).
3 Beschreiben Sie die Szene vor Beginn der Audienz (M 11).
Tipp: Siehe S. 479.

M 11 Der Qianlong-Kaiser auf dem Weg zum Empfang, kolorierter Stich, 1793.
Auf der rechten Seite sieht man Lord Macartney und seine Delegation. Im Zentrum des Bildes steht der Kaiser, der zum Empfang getragen wird, der im Gebäude im Hintergrund stattfindet. Der Zeichner des Bildes war selbst kein Augenzeuge der Audienz in Chengde/Jehol. Er war in Beijing.

M 12 Erstes Edikt des Qianlong-Kaisers auf die Anfrage des britischen Königs Georg III. (1793)

Ihr versichert, dass Eure Hochachtung für Unsere Himmlische Dynastie Euch mit dem Wunsch nach unserer Kultur erfüllt. Doch muss darauf hingewiesen werden, dass unsere Gebräuche und Gesetzgebung
5 sich so vollständig von den Euren unterscheiden [...]. Daher würde durch die Bestellung eines Botschafters nichts gewonnen werden, wie geschickt er auch sein würde. Meine Herrschaft über die weite Welt hat das eine Ziel, vollkommen zu regieren und die Staatspflich-
10 ten zu erfüllen: fremde und kostspielige Gegenstände interessieren mich nicht.
Wenn ich die von Euch, o König, gesandten Tributgaben annehmen ließ, so geschah das lediglich in Anbetracht der Gesinnung, die Euch veranlasste, mir diese
15 von weither zu senden. Der hervorragende Ruf unserer Dynastie ist in jedes Land unter dem Himmel gelangt, und Herrscher aller Völker haben ihre Tributgabe auf dem Land- und Seeweg überbracht. Wie Euer Gesandter mit eigenen Augen sehen kann, besitzen wir alles.
20 Ich lege keinen Wert auf Gegenstände, die fremdländisch oder geschickt erfunden sind, und ich habe keine Verwendung für die Produktion Eures Landes. Dieses ist nun meine Antwort auf Eure Bitte, eine Vertretung an meinem Hof zu ernennen, eine Bitte, die im Gegen-
25 satz zu unserem dynastischen Brauch steht [...].

Zit. nach: Hans Süßmuth, Die Geschichte der Volksrepublik China, ein didaktischer Entwurf, in: Beilage zur Wochenzeitung „Das Parlament" vom 16.08.1967, S. 8.*

M 13 Zweites Edikt des Qianlong-Kaisers auf die Anfrage des britischen Königs Georg III. (1793)

Gestern hat Euer Botschafter meine Minister ersucht, mir ein Memorandum über Euren Handel mit China zu übermitteln, aber sein Vorschlag entspricht nicht unseren dynastischen Gepflogenheiten und kann nicht in
5 Erwägung gezogen werden. [...]
1. Euer Botschafter bittet um Erleichterungen für Schiffe Eurer Nation, Ningbo, Zhoushan, Tianjin und andere Orte zu Handelszwecken anlaufen zu können. Bis jetzt wurde der Handel mit den europäischen Nationen im-
10 mer in Macao abgewickelt [...]. Ihre Nation hat sich seit Jahren gehorsam an diese Regelung gehalten, ohne Einwände zu erheben. In keinem der anderen genannten Häfen wurden *Hongs* [chinesische Händler, die als Mittelsmänner im Handel mit dem Ausland fungierten]
15 eingerichtet, sodass Ihre Schiffe, selbst wenn sie dorthin fahren würden, keine Möglichkeit hätten, ihre Ladung zu entsorgen. Außerdem stehen keine Dolmetscher zur Verfügung, sodass sie keine Möglichkeit hätten, ihre Wünsche zu erläutern, und nichts als allge-
20 meine Unannehmlichkeiten entstehen würden. [...]
2. Die Bitte, dass Eure Kaufleute in der Hauptstadt meines Reiches ein Lagerhaus für die Aufbewahrung und den Verkauf Eurer Produkte errichten dürfen, ist noch undurchführbarer als die vorhergehende. Meine
25 Hauptstadt ist der Dreh- und Angelpunkt, um den sich alle Teile der Welt drehen. [...] Der Außenhandel wurde bisher in Macao abgewickelt, weil es in der Nähe des Meeres liegt und daher ein wichtiger Sammelpunkt für die Schiffe aller Nationen ist, die von und nach Beijing
30 fahren. Würde man in Beijing Lagerhäuser errichten, so würde die Abgelegenheit Eures Landes, das weit nordwestlich meiner Hauptstadt liegt, den Transport äußerst schwierig machen. [...] Auch dieser Antrag wird abgelehnt.
35 3. Eure Bitte um eine kleine Insel in der Nähe von Zhoushan, auf der sich Eure Kaufleute niederlassen und ihre Waren lagern können, entspringt Eurem Wunsch, den Handel zu fördern. [...] Jeder Zentimeter des Territoriums unseres Reiches ist auf den Landkarten eingezeich-
40 net und wird strengstens überwacht [...]. Bedenkt außerdem, dass England nicht das einzige barbarische Land ist, das mit unserer Zivilisation in Verbindung treten und mit unserem Reich Handel treiben möchte: Angenommen, alle anderen Nationen würden Euer
45 schlechtes Beispiel nachahmen und mich bitten, ihnen allen ein Gelände für Handelszwecke zu überlassen, wie könnte ich dem nachkommen? [...]
5. Was Eure Bitte um Erlass oder Ermäßigung der Zölle auf Waren betrifft, die von Euren britischen barbari-
50 schen Kaufleuten in Macao umgeschlagen und im Landesinneren verteilt werden, so gibt es für die Waren der barbarischen Kaufleute einen regulären Zolltarif, der für alle europäischen Nationen gleichermaßen gilt. Es wäre ebenso falsch, die Zölle auf die Waren Eurer Nati-
55 on zu erhöhen, weil der größte Teil des Außenhandels in Euren Händen liegt, wie in Eurem Fall eine Ausnahme in Form von besonders reduzierten Zöllen zu machen. [...]
7. Was die Verehrung des Herrn des Himmels [Chris-
60 tentum] durch Euer Volk betrifft, so ist es dieselbe Religion wie die der anderen europäischen Völker. Seit Anbeginn der Geschichte haben die weisen Kaiser und Herrscher China ein moralisches System verliehen und einen Kodex eingeschärft, der von jeher von den Zehn-
65 tausenden meiner Untertanen religiös befolgt wurde. Die Unterscheidung zwischen Chinesen und Barbaren ist sehr streng, und die Forderung Ihres Botschafters, den Barbaren volle Freiheit zur Verbreitung ihrer Religion zu gewähren, ist völlig unangemessen.

Zit. nach: Pei-Kai Cheng/Michael Lestz: The Search for Modern China. A Documentary Collection, W. W. Norton & Company, New York 1999, S. 106–109. Übersetzt von Jonas Schmid.*

1 Erläutern Sie das Selbstverständnis des chinesischen Kaisers im Ersten Edikt (M 12).
2 Arbeiten Sie heraus, inwiefern sich die Argumentation im Zweiten Edikt (M 13) im Vergleich zum Ersten unterscheidet.
Tipp: Unterscheiden Sie zwischen realpolitischen und aus dem Selbstverständnis resultierenden Argumenten.
3 Beurteilen Sie auf der Basis von M 12 und M 13 die Gründe für das Scheitern der Macartney-Mission.
4 **Zusatzaufgabe:** Siehe S. 479.

M 14 Der französische Historiker Alain Peyrefitte über die Antworten von Qianlong (1992)

Jede der Bitten [des britischen Königs] Georg III. – der Austausch fortschrittlicher britischer Technologie gegen chinesische Techniken, die Normalisierung des Handels zwischen Macao und Kanton und seine Ausweitung auf andere Häfen, die Verbesserung der Lebensbedingungen der in China ansässigen Europäer, die Erschließung neuer Märkte, die Einrichtung einer ständigen Botschaft in Peking – wurden unter Berufung auf unantastbare, jahrhundertealte Rituale abgelehnt. Was festgeschrieben war, konnte nicht geändert werden. Was abgeschottet war, konnte unmöglich geöffnet werden. Wahrscheinlich hat es nie eine Gesellschaft gegeben, die unbeweglicher oder verschlossener war. [...] Dieses Edikt ist nicht nur das bemerkenswerteste und wichtigste Dokument in den chinesisch-westlichen Beziehungen von Marco Polo bis Deng Xiaoping, sondern auch ein eindrucksvolles Beispiel für einen Irrweg, dessen Spuren im Verhalten vieler Völker zu finden sind, auch wenn keine Nation ihn jemals so weit getrieben hat wie Mandschu-China. Diese Anomalie besteht darin, dass ein Volk – oder eine Kultur – nicht nur glaubt, allen anderen überlegen zu sein, sondern auch so handeln zu können, als sei es allein auf der Welt. Man könnte es fast als kollektiven Autismus bezeichnen.

Alain Peyrefitte, The Immobile Empire, Alfred A. Knopf, New York 1992, S. 292. Übersetzt von Jonas Schmid.*

M 15 Die britische Sinologin Henrietta Harrison über die Antworten von Qianlong (2017)

Ein Wendepunkt zeigte sich Ende September 1793, als zwei zentrale Ereignisse eintraten: [...] Die Liste der britischen Forderungen wurden ins Chinesische übersetzt. Als der Kaiser diese las, fand er sie höchst geschmacklos: Die Briten wollten nicht nur eine diplomatische Vertretung in Beijing (um die Provinzregierung in Guangdong zu umgehen), sondern sie wollten auch die Öffnung von Häfen entlang der Küste für ihren Handel, Steuerermäßigungen sowie die Übertragung einer der Zhoushan-Inseln nahe dem Hafen von Ningbo und einen Handelsstützpunkt in der Nähe von Guangzhou. Alle diese Forderungen hatten entscheidende politische und steuerliche Implikationen, die der Kaiser schnell erfasste. Ein formelhafter Brief, der zuvor als Antwort auf die Botschaft des britischen Königs verfasst worden war, wurde verworfen und eine neue Version wurde nach den genauen und persönlichen Anweisungen des Kaisers geschrieben. Der Brief geht alle britischen Forderungen Schritt für Schritt durch und lehnt sie alle ab. Viele Leser haben angenommen, dass der Ärger des Kaisers auf Macartneys Verweigerung des Kotau zurückging. Doch der Kotau oder andere protokollarische Angelegenheiten werden in dem Schreiben nicht erwähnt. Der Fokus liegt klar auf der detaillierten Zurückweisung der wesentlichen britischen Forderungen. [...]
Wir sehen, dass der Qianlong-Kaiser zwar innerhalb des formalen Rahmens der Qing-Ansprüche auf universelle Herrschaft handelte, aber auch Maßnahmen ergriff, um die [britische] Gesandtschaft als militärische Bedrohung zu behandeln und gleichzeitig mögliche wirtschaftliche Verluste zu vermeiden. Er erkannte richtig, dass er unmittelbare Schwierigkeiten abwenden konnte, wenn er Lord Macartney mit vagen Versprechungen über künftige Handelsverhandlungen beruhigte, aber Qianlong blieb äußerst vorsichtig. Der Qing-Hof wusste zwar nur sehr wenig über die Einzelheiten der britischen Expansion, aber der Kaiser und seine Berater waren eindeutig kluge und kompetente politische Akteure.

Henrietta Harrison, The Qianlong Emperor's Letter to George III and the Early-Twentieth-Century Origins of Ideas about Traditional China's Foreign Relations, in: American Historical Review, 2017, S. 687, 700. Übersetzt von Jonas Schmid.*

1 **Arbeitsteilige Partnerarbeit:** Geben Sie jeweils eine der Analysen der Macartney-Mission (M 14, M 15) thesenartig wieder. Tauschen Sie sich anschließend zu zweit dazu aus.
2 Nehmen Sie Stellung zu den Analysen.
3 **Vertiefung:** Erörtern Sie mithilfe der Analysen von Jürgen Osterhammel und Urs Bitterli die „Situation des Kulturkontakts" während der Macartney-Mission.
▶ Kernmodul: M 1 Jürgen Osterhammel, M 3 Urs Bitterli

Erster Opiumkrieg 1839–1842

M 16 Britische Opiumexporte nach China (in Kisten à 140 Pfund)

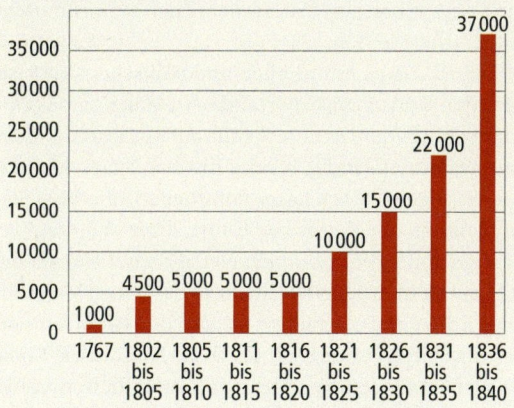

Nach: Jürgen Osterhammel, *China und die Weltgesellschaft*, C. H. Beck, München, 1989, S. 140, und Patricia Buckley Ebrey, *China*, Campus, Frankfurt/M. 1996, S. 236.

M 17 Throneingabe des chinesischen Beamten Xu Naiji (1836)

Früher brachten die barbarischen Kaufleute ausländisches Geld nach China, das im Austausch gegen Waren gezahlt wurde und den Menschen in allen Provinzen am Meer einen finanziellen Vorteil verschaffte. Aber in ⁵letzter Zeit haben die barbarischen Kaufleute heimlich Opium gegen Geld verkauft, was es für sie überflüssig gemacht hat, ausländisches Silber einzuführen. Auf diese Weise ist ausländisches Geld aus dem Land geflossen, während keines ins Land gekommen ist. […] In ¹⁰früheren Zeiten wurde ein Tael [alte chinesische Münzeinheit] reines Silber für etwa 1000 Kupfermünzen eingetauscht, aber in den letzten Jahren hat dieselbe Summe den Wert von 1200 oder 1300 Münzen gehabt […]. Wie kommt dies zustande, wenn nicht ¹⁵durch den unbemerkten Abfluss von Silber? […] Es wurde vorgeschlagen, den Außenhandel ganz zu unterbinden und so das Übel an der Wurzel zu entfernen. Die himmlische Dynastie würde in der Tat nicht zögern, auf die wenigen Millionen an ²⁰Zöllen zu verzichten, die sich aus dem Außenhandel ergeben. Aber alle Nationen des Westens haben seit mehr als tausend Jahren einen offenen Markt für ihre Schiffe, während die Opiumhändler nur Briten sind; es wäre falsch, um den Handel mit ²⁵England zu unterbinden, auch den aller anderen Nationen abzubrechen. Außerdem sind Hunderttausende von Menschen, die entlang der [chinesischen] Küste leben, für ihren Lebensunterhalt vollständig auf den Handel angewiesen, und wie sollte man sie dann versorgen? ³⁰

Zit. nach: Pei-Kai Cheng/Michael Lestz, *The Search for Modern China. A Documentary Collection*, W. W. Norton & Company, New York 1999, S. 112 f. Übersetzt von Jonas Schmid.*

1 Charakterisieren Sie die Entwicklung und Folgen der britischen Opiumexporte nach China (M 16, M 17).

M 18 Brief des kaiserlichen Kommissars Lin Zexu an die britische Königin Victoria (1839)

Historikerinnen und Historiker gehen davon aus, dass das Schreiben die britische Königin nie erreicht hat.

Unser großherziger Kaiser beruhigt und befriedet China und die fremden Länder, er betrachtet alle mit gleicher Freundlichkeit. Wenn es Gewinn gibt, teilt er ihn mit den Völkern der Welt. Wenn es Schaden gibt, ⁵beseitigt er ihn zugunsten der Welt. Denn er macht den Wunsch von Himmel und Erde zu seinem Wunsch. […] Wir haben Eure mehrfachen Tributeingaben gelesen, die sagten: „Im Allgemeinen haben unsere Landsleu- ¹⁰te, die zum Handel nach China fahren, immer gnädige Behandlung und gleichartige Gerechtigkeit von Seiner Majestät, dem Kaiser, erhalten." […] Aus welchem Recht aber benutzen sie dann im Austausch die giftige Droge, um das chinesische Volk zu verletzen? […] Lasst uns fragen: „Was ist Euer Gewis- ¹⁵sen?"
Ich habe gehört, dass in Eurem Lande das Opiumrauchen sehr streng verboten ist. Und das, weil der Schaden, den das Opium verursacht, klar erkannt wird. Wenn es nicht erlaubt ist, Eurem eigenen Lande Scha- ²⁰den zuzufügen, dann solltet Ihr [das Gift] umso weniger zum Schaden anderer Länder weitergeben lassen – wie viel weniger erst an China. Von allem, was China nach fremden Ländern ausführt, gibt es keine einzige Sache, die für die Leute nicht nützlich wäre. ²⁵

Zit. nach: Bodo von Borries, *Kolonialgeschichte und Weltwirtschaftssystem*, Schwann, Düsseldorf 1986, S. 236.*

M 19 Der Sinologe Kai Vogelsang über den Opiumkrieg in der Historiografie (2013)

Der (erste) Opiumkrieg galt lange als *das* Schlüsselerlebnis der modernen Geschichte Chinas. Westliche Historiker des 20. Jahrhunderts haben darin die Wasserscheide zwischen „traditionalem" und „modernem" China erkannt, auch chinesische – Historiker ⁵ließen ihre „moderne Geschichte" mit dem Jahr 1840 beginnen. Auch wenn die chinesische Gesellschaft in mancher Hinsicht schon viel früher moderne Züge ausgeprägt hatte – im Opiumkrieg wurde sie schonungslos mit den Konsequenzen der Moderne kon- ¹⁰

frontiert: mit der Durchschlagskraft ihrer Waffen, aber auch mit der kühlen Logik der Ökonomie und der moralfreien Ideologie des Nationalismus. Der Opiumkrieg war das erste moderne Verbrechen, das
15 der Westen an China verübte.

Kai Vogelsang, Geschichte Chinas, Reclam, Stuttgart 2013, S. 453.

M 20 Ein Dampfschiff der East India Company zerstört chinesische Schiffe 1841, Illustration aus „England's Battles by Sea and Land", 1890

1 Beschreiben Sie mithilfe von M 18 und M 20 das Kräfteverhältnis im Opiumkrieg.
2 Erörtern Sie auf der Basis von M 19 die Rolle des Opiumkrieges für China.
3 **Vertiefung:** Recherchieren Sie zu Handelskonflikten in der Gegenwart und vergleichen Sie.

Ungleiche Verträge

M 21 Auszüge aus dem Nanjing-Vertrag (1842)
Artikel I. Es soll künftig Frieden und Freundschaft herrschen zwischen Ihrer Majestät, der Königin des Vereinigten Königreiches von Großbritannien und Irland, und Seiner Majestät, dem Kaiser von China, und ihren
5 Untertanen, die in den Herrschaftsgebieten des Anderen volle Sicherheit und Schutz ihrer Person und ihres Hab und Guts genießen sollen.
Artikel II. Seine Majestät, der Kaiser von China, erklärt, dass es britischen Untertanen erlaubt sein soll, sich un-
10 belästigt und unbehindert mit ihren Familien und ihrem Inventar in den Städten und Ortschaften Kanton [= *Guangzhou*], Amoy [= *Xiamen*], Fuzhou, Ningbo und Shanghai niederzulassen zu dem Zweck, dort Handel zu treiben. Ihre Majestät, die Königin von Großbritan-
15 nien etc., wird Superintendenten oder Konsularbeamte ernennen, die in jeder der oben genannten Städte und Ortschaften residieren, als Vermittler zwischen den chinesischen Behörden und besagten Kaufleuten fungieren und dafür sorgen, dass die oben genannten Verpflichtungen und die anderen in diesem Vertrag
20 festgelegten Verpflichtungen der chinesischen Regierung gegenüber den Untertanen Ihrer britischen Majestät erfüllt werden.
Artikel III. Da es erforderlich und wünschenswert ist, dass den britischen Untertanen ein Hafen zur Verfü-
25 gung steht, in dem sie ihre Schiffe auf Kiel legen können und, wenn notwendig, wieder instand setzen können und zu diesem Zweck Lager unterhalten, überlässt Seine Majestät, der Kaiser von China, Ihrer Majestät, der Königin von Großbritannien etc., die Insel Hongkong,
30 auf dass sie in Ewigkeit Besitz Ihrer britischen Majestät, Ihrer Erben und Nachfolger sei und den Gesetzen und Bestimmungen unterliege, die Ihre Majestät, die Königin von Großbritannien etc., zu erlassen für notwendig erachtet. [...]
35 Artikel V. Während die chinesische Regierung die britischen Kaufleute, die sich in Kanton betätigt haben, bisher gezwungen hat, ausschließlich mit bestimmten chinesischen Händlern, genannt Hong-Händlern, zu verkehren, die zu diesem Zweck von der chinesischen
40 Regierung lizenziert worden waren, verpflichtet sich der Kaiser von China, diese Praxis künftig in allen Häfen abzuschaffen, in denen britische Kaufleute ansässig sind, und ihnen zu gestatten, ihre Geschäfte mit jedem Beliebigen zu tätigen. [...]
45 Artikel VIII. Der Kaiser von China verpflichtet sich, bedingungslos alle Untertanen Ihrer britischen Majestät freizulassen (ob sie nun in Europa oder in Indien geboren sind) [...].
Artikel X. Seine Majestät, der Kaiser von China, ver-
50 pflichtet sich, in allen Häfen, die durch den zweiten Artikel dieses Vertrages britischen Kaufleuten geöffnet werden, Export- und Importzölle und andere Abgaben gerecht und gleichmäßig zu erheben und ihre Höhe öffentlich der Allgemeinheit bekannt zu geben.
55

Zit. nach: Harley Farnsworth Mac Nair, Modern Chinese History. Selected Readings, Bd. 1, Shanghai 1927, S. 174. Übers. unbekannt.*

M 22 Der US-amerikanische Sinologe Jonathan D. Spence über die „Ungleichen Verträge" (1995)
Die Klauseln des Vertrags von Nanjing und ihre Ergänzungen wurden von den anderen Mächten sorgfältig studiert. 1843 entsandte Präsident John Tyler im Namen der Vereinigten Staaten und ihrer beträchtlichen Interessen am Chinahandel Caleb Cushing – ein
5 Mitglied des Kongresses aus der Küstenregion von Massachusetts, wo viele der reichsten amerikanischen

Chinahändler lebten – als Bevollmächtigten nach China. Sofort nach seiner Ankunft in Macao im Februar
1844 setzte sich Cushing mit Qiying in Verbindung, der zum Generalgouverneur von Guangxi und Guangdong befördert worden war. Trotz einiger Spannungen wegen des Tods eines Chinesen, der eine Gruppe Amerikaner anzugreifen versucht hatte […], kam es bald zur Unterzeichnung eines Abkommens zwischen den beiden Ländern, des Vertrags von Wanghia […].
Das amerikanische Vertragswerk folgte in den Grundzügen dem britischen, war aber wesentlich länger und enthielt eine Anzahl wichtiger Zusätze. Artikel 17 zum Beispiel war für die protestantischen amerikanischen Missionare, die darauf brannten, in China zu arbeiten, von großer potenzieller Bedeutung, denn er räumte den Amerikanern das Recht ein, in den fünf Vertragshäfen Grundstücke für den Bau von „Spitälern, Kirchen und Friedhöfen" zu pachten. […] Die Frage der Rechtsprechung wurde in Artikel 21 geregelt: Amerikaner sollten für in China begangene Straftaten künftig nur von ihrem Konsul oder anderen ordnungsgemäß dazu ermächtigten amerikanischen Beamten abgeurteilt werden. Anders als bei den Briten, die das Thema Opium völlig ausgeklammert hatten, sollten laut Artikel 33 jedoch alle Amerikaner, „die mit Opium oder irgendeiner Schmuggelware handeln", den Schutz der Vereinigten Staaten verlieren und den Chinesen übergeben werden. […]

Jonathan D. Spence, Chinas Weg in die Moderne, Hanser Verlag, München 1995, S. 200 f.*

1 Analysieren Sie auf der Basis von M 21 und M 22 das System der „Ungleichen Verträge".
2 Erörtern Sie die Folgen der Verträge für China.

M 23 Jiang Menglin über seine Jugend in der Kolonie Shanghai (1947)
Jiang Menglin (1886–1964) wurde in Ningbo, einem der Häfen, die China nach dem Ersten Opiumkrieg für den internationalen Handel öffnen musste, geboren und wuchs in Shanghai auf.
1899 war Shanghai eine kleine Stadt mit ein paar tausend arroganten Ausländern. Aber die Stadt wurde gut regiert, mit sauberen, breiten Straßen und elektrischen oder gasbetriebenen Straßenlampen. Ich fand die Ausländer wunderbar. Sie kannten das Geheimnis der Elektrizität. Sie hatten die Dampfmaschine erfunden und Dampfschiffe gebaut. Sie traten an die Stelle meiner alten Götter, die im Angesicht meines naturwissenschaftlichen Unterrichts dahinschmolzen, und besetzten meinen Geist. Zugleich dienten sie auch als neue Teufel, denn ihre Arroganz, gepaart mit den Knüppeln der Polizisten, machte mir Angst. In der Liste der Vorschriften, die am Eingang eines Parks am Ufer des Huang-pu-Flusses [in Shanghai] ausgehängt war, war sowohl Chinesen als auch Hunden der Zutritt verboten. Das sagte viel aus. Der Ausländer erschien mir halb göttlich und halb teuflisch, mit zwei Gesichtern und vielen Händen wie Vishnu [hinduistischer Gott] – mit elektrischem Licht, einem Dampfschiff und einer hübschen Puppe in der einen Hand und einem Polizeiknüppel, einem Revolver und einer Handvoll Opium in der anderen. Wenn man seine helle Seite betrachtete, war er ein Engel; auf der dunklen Seite war er ein Dämon.

Chiang Monlin [Jiang Menglin], Tides from the West. A Chinese Autobiography, Yale University Press, New Haven 1947, S. 43. Übersetzt von Jonas Schmid.

M 24 Ein Mandarin empfängt eine Delegation europäischer Diplomaten, chinesische Malerei, 1860

1 Charakterisieren Sie mithilfe von M 23 und M 24 Veränderungen in China infolge der wirtschaftlichen und politischen Öffnung für die imperialistischen Mächte.
2 Vergleichen Sie das Bild M 24 mit M 3, S. 169.
3 **Mindmap:** Analysieren Sie das Verhältnis zwischen China und den imperialistischen Mächten um 1860 und visualisieren Sie die Ergebnisse mithilfe einer Mindmap.

Missionierung

M 25 Ausschnitt zu China aus dem Allgemeinen Missions-Atlas (1869)

China (richtiger Tschina), von seinen Bewohnern das „Reich der Mitte" genannt, hatte sich bis vor Kurzem im stolzen Selbstgefühl, das seine uralte Kultur ihm verlieh, schroff abgeschlossen gegen alle Einflüsse christlicher
5 Nationen, die ihm nur als Barbaren des Westens erschienen. [...] Die Religion, wie sie im Volksleben zur Erscheinung kommt, ist überall die gleiche, wenn sie auch aus sehr verschiedenen Quellen entsprungen ist. Kong-fu-tsz (Confucius) war es (im 6. Jahrhundert vor
10 Chr.), der die alte Verehrung der Geister und Dämonen nicht verdrängte, aber ihr nur eine beschränkte Stellung in seinem rationalistisch-moralischen System gewährte. Neben diesem hat der wenig jüngere Tãuismus (Taïsmus) des Lãu tsz (Lao tse) nicht in so weitem Maße Ein-
15 gang gefunden. Die Anhänger desselben, einem groben Mysticismus ergeben, leben in Klöstern und als Einsiedler. Sie sind als Zauberer und Geisterbeschwörer renommiert [...]. Viel später drang von Indien her der Buddhismus ein. Hier wird er Lehre des Fo genannt und
20 ist mehr als irgendwo veräußerlicht und zu totem Formelwesen erstarrt. [...] Aus diesen Elementen hat sich die chinesische Volksreligion gebildet, die bei den niederen Klassen sich namentlich als Aberglaube zeigt, während sie bei den gebildeten einer flachen Aufklä-
25 rung mit allerlei Tugendschätzerei Platz gemacht hat.

Reinhold Grundemann, Allgemeiner Missions-Atlas nach Originalquellen, Justus Perthes, Gotha 1869, S. 41.*

1 Analysieren Sie die europäische Sicht auf die chinesischen Religionen (M 25).
2 Charakterisieren Sie die Einstellung von Karl Gützlaff zur Rolle der Missionsarbeit (M 26).

M 26 Aus dem Tagebuch des deutschen Missionars Karl Gützlaff in China (1910)

Vom 17. Mai 1831: Mein Aug ist nun ganz auf China gerichtet, nicht aus eigner Wahl, sondern aus Überzeugung, dass der Herr mir diesen Weg weist und darin mein Gebet erhört. Ich will die 100 Millionen an das hohepriesterliche Herz des Herrn Jesus legen.
Vom 6. Juni 1841: Da alle Bemühungen, um den Kaiser zu friedlichen Gesinnungen zu zwingen, vergeblich gewesen sind, so wird der Kampf [der Opiumkrieg, in dem Gützlaff den Briten als Übersetzer half] wohl erst in Peking enden. Die Folgen werden ungeheuer sein. Als Christen haben wir nichts mit dem Kriege zu tun, unsere Pflicht ist es, hin zum Thron der Gnade zu eilen, und dort unsern Erlöser anzuflehen, dass er doch noch eine weite Tür seinem Evangelio öffnen möge. [...] Der jetzige Kampf wird Epoche in der Weltgeschichte machen; es handelt sich um nichts weniger, als ob China für immer seine Türen jedem Fremden verschließen könne oder nicht.
Vom 6. Dezember 1846: Seit der Errichtung des Chinesischen Vereins, was jetzt drei Jahre her ist, beläuft sich die Anzahl der Getauften auf 304, das heißt noch nicht einen Einzigen auf eine Million von der ganzen chinesischen Bevölkerung. Dies ist in der Tat sehr beschämend, und weckt uns zu ernstem Gebet und reger Arbeitsamkeit auf. Allein in dem gegenwärtigen Jahre sind die Segnungen viel größer gewesen, als in den zwei vorhergehenden zusammengenommen. [...] Immer mehr erblicken wir die Hand Gottes im ganzen Werk; auf allen Unternehmungen ruht der Segen.

Zit. nach: Werner Raupp (Hg.), Mission in Quellentexten – Geschichte der Deutschen Evangelischen Mission von der Reformation bis zur Weltmissionskonferenz Edinburgh 1910, Erlanger Verlag für Mission und Ökumene, Fulda 1990, S. 288–290.*

M 27 Protestantische Missionen in China im Jahr 1905

Herkunft	Anzahl Ausländer	Chinesische Mitarbeiter	Anzahl der Missionsposten	Größe der christlichen Gemeinden
Großbritannien	1 727	4 553	2 744	118 810
USA	1 304	4 547	1 888	111 883
Europa (Schweden, Norwegen, Deutschland, Finnland)	207	655	345	19 780

Zusammenstellung nach: R. G. Tiedemann (Hg.), Handbook of Christianity in China, vol. 2: 1800–present, Brill, Leiden 2010, S. 958 ff.*

1 Beschreiben Sie auf der Basis von M 27 den Umfang der protestantischen Missionsarbeit in China im Jahr 1905.
2 **Kurzvortrag:** Recherchieren Sie zu protestantischen Missionaren in China, z. B. Karl Gützlaff, Richard Wilhelm oder Robert Morrison. Stellen Sie Ihre Ergebnisse in einem Kurzvortrag im Kurs vor.

M 28 Der Historiker Thoralf Klein über die Methoden der christlichen Mission in China (2007)

Zweifellos war die streckenweise sehr enge Symbiose zwischen Mission und Kolonialismus kein Zufall. In einer oftmals feindlichen Umwelt stellte der Kolonialstaat der Mission diejenigen Machtstrukturen bereit, in denen sie ihre Tätigkeit entfalten konnte. [...]

Die Aufgabe der Missionare bestand darin, einzelne Chinesen von der Notwendigkeit eines Übertritts zum Christentum zu überzeugen. Dazu bedienten sie sich einer Reihe von Mitteln: Öffentliche Predigten und die Verbreitung christlicher Schriften waren die direktesten Methoden, um Chinesen anzusprechen, allerdings oft auch die am wenigsten erfolgreichen. [...] Auch die zahlreichen sozialen und karitativen Maßnahmen wie der Betrieb von Krankenhäusern, Waisenhäusern und Schulen galten vielen Missionaren in erster Linie als strategisches Mittel, um das Vertrauen der chinesischen Bevölkerung zu erlangen und dadurch Anknüpfungspunkte für die christliche Botschaft zu schaffen. Dass die Missionare hierdurch ebenso wichtige Beiträge zur Transformation der Wirtschaft, Gesellschaft und Kultur Chinas leisteten wie durch die Übersetzung wissenschaftlicher Texte ins Chinesische, steht außer Frage. Aber erst nach 1900 gewann, in erster Linie bei den Protestanten, das Programm *Social Gospel* an Boden, wonach das Christentum vor allem durch soziale und karitative Tätigkeiten und nicht mehr primär durch direkte Evangelisierung verbreitet werden sollte.

Thoralf Klein, Aktion und Reaktion? Mission und chinesische Gesellschaft, in: Mechthild Leutner/Klaus Mühlhahn (Hg.), Kolonialkrieg in China. Die Niederschlagung der Boxerbewegung, Ch. Links Verlag, Berlin 2007, S. 32 ff.*

1 Arbeiten Sie mithilfe von M 28 die Methoden und Möglichkeiten der protestantischen Missionare in China heraus.
2 Beurteilen Sie Kleins These von der Symbiose zwischen Kolonialismus und Mission.
3 **Vertiefung:** Setzen Sie M 28 in Beziehung zu Urs Bitterlis These, dass der Missionar immer „Exponent der europäischen Kultur" blieb.
▶ Kernmodul: M 3 Urs Bitterli, Z. 88 ff.

M 29 Der deutsche Sinologe, Theologe und Missionar Richard Wilhelm über die Deutschen in China (1900)

In einem chinesischen Schriftstück, das mir unter die Hände kam, steht der Satz, dass die Chinesen bisher immer zwei Stücke am deutschen Volke zu schätzen wussten: Schlagfertigkeit und Stärke des Militärs und ein gerechtes mildes Regiment. Möge es uns gelingen, diesen alten Ruhm auch hier durch die Praxis zu verdienen. Möge es der Eisenbahn, an deren Bau schon wieder rüstig gearbeitet wird, gelingen, den Reichtum des Landes zu erschließen und den Segen der Kultur zu verbreiten, wie durch die imponierende Stärke unseres Militärs die Macht des Widerstands gebrochen wurde.

Zit. nach: Mechthild Leutner, Musterkolonie Kiautschou. De Gruyter, Berlin 1997 S. 290.

M 30 „Gruss aus Kiao-Tschau", deutsche Feldpostkarte, 1900

M 31 St. Michael Gallery in Qingdao, ehemaliges Tsingtau, Hauptstadt des deutschen Pachtgebietes Kiautschou, Fotografie, 2004

1 Beschreiben Sie auf der Basis von M 29 und M 30 die Ziele und Methoden der Deutschen im Pachtgebiet von Kiautschou.
2 Setzen Sie sich mit den langfristigen Folgen der christlichen Missionsarbeit in China auseinander (M 31).
3 **Vertiefung:** Recherchieren Sie zur Arbeit katholischer Missionare in China im 19. Jahrhundert.
4 **Wahlaufgabe:** Formulieren Sie eine Stellungnahme aus heutiger Sicht gegenüber Richard Wilhelm (M 29). Wählen Sie eine der folgenden Textsorten aus:
 a) einen Leserbrief in einer Zeitung,
 b) eine Stellungnahme in Form eines Klausurtextes,
 c) einen Debattenbeitrag für eine Plenumsdiskussion.

Open Door Policy

M 32 Auszüge aus *„The Open Door Note"* von John Hay, US-amerikanischer Staatssekretär des Äußeren (1899)

Zu dem Zeitpunkt, als die Regierung der Vereinigten Staaten von der deutschen Regierung darüber informiert wurde, dass sie von Seiner Majestät dem Kaiser von China den Hafen von Jiaozhou [Qingdao] und das
5 angrenzende Gebiet in der Provinz Shantung gepachtet hatte, wurde dem Botschafter der Vereinigten Staaten in Berlin vom deutschen Reichsminister des Auswärtigen zugesichert, dass die Rechte und Privilegien, die den Bürgern der Vereinigten Staaten durch Verträ-
10 ge mit China zugesichert worden waren, in dem Gebiet, über das Deutschland auf diese Weise die Kontrolle erlangt hatte, nicht beeinträchtigt werden würden.

In jüngerer Zeit hat die britische Regierung jedoch
15 durch ein förmliches Abkommen mit Deutschland das ausschließliche Recht des letzteren Landes anerkannt, in dem besagten Pachtgebiet und der angrenzenden „Einfluss- oder Interessensphäre" bestimmte Privilegien zu genießen, insbesondere solche, die sich auf Ei-
20 senbahnen und Bergbauunternehmen beziehen; da aber die genaue Art und der Umfang der so anerkannten Rechte nicht klar definiert worden sind, ist es möglich, dass jederzeit ernsthafte Interessenkonflikte [...] innerhalb des besagten Gebietes entstehen können
25 [...].

Die Vereinigten Staaten sind ernsthaft bestrebt, jeden Grund für Spannungen zu beseitigen und gleichzeitig dem Handel aller Nationen die unbezweifelbaren Vorteile zu sichern, die sich aus einer formellen
30 Anerkennung durch die dort „Interessensphären" beanspruchenden Mächte ergeben würden. Alle Nationen sollen sich vollständiger Gleichheit bei der Behandlung ihres Handels und ihrer Schifffahrt innerhalb ihrer Sphären erfreuen können. Deshalb
35 würde es die Regierung der Vereinigten Staaten begrüßen, wenn die Regierung Ihrer Majestät formelle Zusicherungen gäbe und Unterstützung dabei leisten würde, vergleichbare Zusicherungen von anderen interessierten Mächten (über die folgenden Punkte) zu
40 bekommen.

Erstens: Es soll keine Interventionen in den Vertragshäfen und bezüglich der Privilegien innerhalb Chinas geben.

Zweitens: Der aktuelle chinesische Vertragszoll soll
45 auf alle Güter innerhalb der genannten „Interessensphären" erhoben werden (außer in den „freien Häfen"), und zwar unabhängig davon, von welcher Nation diese Güter stammen. [...]

Drittens: Keiner soll höhere Hafengebühren für Schiffe fremder Nationalität in einem Hafen innerhalb ei-
50 ner solchen Sphäre erheben dürfen, und es sollen von keiner Nation höhere Eisenbahnfrachtraten für Güter verlangt werden, als sie für ähnliche Güter von den eigenen Bürgern über gleiche Entfernungen erhoben werden.
55

http://www.digitalhistory.uh.edu/disp_textbook.cfm?smtID=3&psid=4068 (Download vom 15. Dezember 2021). Übersetzt von Heidi Martini.*

M 33 „As to China", Karikatur aus dem US-amerikanischen Satiremagazin „Puck", Beginn 20. Jahrhundert.
Das Bild zeigt Uncle Sam, Japan und John Bull (Personifikation für Großbritannien) als Hunde. Auf der Tür steht „Chinahandel".

1 Erläutern Sie ausgehend von M 32 die Haltung und Intention der USA in Bezug auf China und die anderen imperialistischen Mächte.
2 Interpretieren Sie die Karikatur (M 33). Beachten Sie dabei besonders die Darstellung der drei imperialistischen Mächte.
Tipp: Siehe S. 479.
3 **Zusatzaufgabe:** Siehe S. 479.

China am Ende des 19. Jahrhunderts

M 34 Der Historiker Wolfgang Mommsen über die Periode des Hochimperialismus (1977)

Die Periode des Hochimperialismus ist u. a. dadurch gekennzeichnet, dass in vielen Fällen die älteren Formen informeller oder halbformeller imperialistischer Herrschaft zusammenbrachen. […] Für den Hochimperialismus ist zunächst charakteristisch, dass in den europäischen Industriestaaten und in den USA und dem Einfluss des raschen industriellen Wachstums und politischer Modernisierungsprozesse, die zum Eintritt neuer sozialer Schichten in die politische Arena führten, neue politische Energien von bisher unbekannter Gewalt freigesetzt wurden, die zumindest teilweise die Schubkraft der imperialistischen Prozesse jener Periode abgaben. Hinzu kommt, dass die technologische und ökonomische und natürlich auch machtpolitische Überlegenheit der Industriestaaten gegenüber den traditionalistischen Gesellschaften der Dritten Welt [!] diesen weder geistig noch militärisch noch materiell ausreichende Gegenkräfte entgegenzusetzen vermochten und daher den Prozess kolonialer Landnahme zumeist ohne größeren Widerstand über sich ergehen ließen. […] Dies steigerte aufseiten der weißen Kolonisten, Händler und Militärs die Versuchung, gegebenenfalls auch gegen den ausdrücklichen Willen der im fernen Europa residierenden, schlecht informierten regierenden Staatsmänner zu weiterer imperialistischer Ausdehnung ihrer Territorien schreiten. Diese beiden Faktoren zusammen erklären, warum es seit den frühen 1880er-Jahren zu einem an Umfang und Intensität ständig zunehmenden Prozess der Expansion in die überseeische Welt, sei es mithilfe indirekter ökonomischer, sei es mithilfe direkter politischer Methoden gekommen ist.

Wolfgang Mommsen, Imperialismus. Seine geistigen, politischen und wirtschaftlichen Grundlagen, Hoffmann und Campe, Hamburg 1977, S. 20 f.*

M 35 Der Historiker Wolfgang Reinhard über die innere Entwicklung Chinas (2016)

Die Schwäche Chinas war nicht nur auf äußere Ursachen wie den Opiumhandel und die westliche Aggression zurückzuführen. Vielmehr wurden die äußeren Kräfte nur wirksam infolge einer inneren Systemkrise, in der eine fast unglaubliche Bevölkerungsexplosion eine zentrale Rolle spielte. Vom späten 17. Jahrhundert bis zur Mitte des 19. Jahrhunderts wuchs die Bevölkerung Chinas von ca. 150 auf 450 Millionen Menschen. Die britische Bevölkerung hat zwar im selben Zeitraum proportional fast ebenso stark zugenommen, aber dort fand die Entwicklung in der industriellen Revolution statt, während sie in China fast völlig vom Agrarsektor aufgefangen werden musste. Trotz Neulandgewinnung und Intensivierung wurden die landwirtschaftlichen Methoden nicht wesentlich verbessert. Anders als das okzidentale (westeuropäische) setzte dieses Wirtschaftssystem nicht auf Arbeitsersparnis durch tierische oder maschinelle Energie, sondern auf vermehrten Einsatz menschlicher Arbeit. Bei dem Überangebot an Menschen fanden sich immer Bauern, die noch ungünstigere Pachtbedingungen annahmen, nur um überhaupt Land zu bekommen. Voraussetzung war ein intaktes Herrschaftssystem. Aber die Kaiser des 19. Jahrhunderts wurden immer schwächer und unfähiger, zum Teil einfach deshalb, weil es sich um Kinder und Jugendliche handelte. Infolgedessen wuchs das übliche Maß an Korruption in staatsgefährdendem Umfang an. […]
Dieses geschlossene System wurde weniger durch die Aggressionen des Westens als durch das Zusammentreffen einer Subsistenzkrise mit der Krise des Herrschaftssystems aufgebrochen. Dazu gehörte eine ökologische Krise. Denn die Neulandgewinnung bedeutete Raubbau an den natürlichen Ressourcen. Bereits chinesische Zeitgenossen erkannten den Zusammenhang zwischen den Rodungen am Oberlauf des Huanghe und den Überschwemmungen am Unterlauf. […] Wenn Naturkatastrophen mit Angriffen von außen zusammentrafen, bedeutete dies das Ende einer Dynastie, weil das „Mandat des Himmels" abgelaufen war. Chinas äußere Konflikte nehmen sich harmlos aus gegenüber den inneren Aufständen, die das Reich erschütterten. Der wichtigste war die Taiping Revolution, die 1860–64 über 100 Millionen Menschen in Bewegung brachte und 20–30 Millionen Tote forderte. Die Mandschu sollten als fremde Barbaren vertrieben werden.

Wolfgang Reinhard, Die Unterwerfung der Welt, C. H. Beck, München 2016, S. 831 ff.*

1 Fassen Sie die Kernaussage von Mommsen (M 34) zum Hochimperialismus zusammen.
2 Erläutern Sie, inwiefern der Begriff des Hochimperialismus auf China zwischen 1800 und 1914 zutrifft.
3 Nehmen Sie Stellung auf der Basis Ihres in diesem Kapitel erworbenen Wissens zu der These von Wolfgang Reinhard (M 35), dass innere Krisen für China weitreichender als die „äußeren Konflikte" waren.
4 **Vertiefung:** Erstellen Sie eine bebilderte Präsentation zur deutschen Kolonialpolitik in China.

Bildarchiv der deutschen Kolonialgesellschaft
cornelsen.de/Webcodes
Code: sohoco

Stationenlernen: Japan

> *In diesem Kapitel geht es um*
> – *die Modernisierung und Industrialisierung Japans,*
> – *die internationale Anerkennung Japans als Großmacht.*

Modernisierung und Industrialisierung Japans

Bis Mitte des 19. Jahrhunderts schottete sich Japan in mancher Hinsicht ab. Allerdings durften seit 1720 europäische Bücher eingeführt werden, und auch Wissen wurde weiter ausgetauscht. 1854 erzwang eine amerikanische Flotte unter Commodore Matthew Perry die Öffnung von **Vertragshäfen** und die Aufnahme des Handelsverkehrs. Die in den folgenden Jahrzehnten mit westlichen Kolonialmächten abgeschlossenen „ungleichen Handelsverträge" brachten Japan wenig Vorteile, sodass sich bald Widerstand dagegen organisierte. Innere Machtkämpfe führten 1868 zur Wiederherstellung der politischen Macht des Kaisertums. Die bis 1912 dauernde Herrschaft von Kaiser Mutsuhito erhielt die Bezeichnung „meiji", „Erleuchtete Regierung". Während dieser **Meiji-Restauration** wurden die Grundlagen für das moderne Japan gelegt. Die Regierung wollte innenpolitisch den neuen Einheitsstaat konsolidieren und außenpolitisch die volle Souveränität zurückerlangen, die durch den Abschluss der ungleichen Verträge eingebüßt worden war. Für die Revision dieser Verträge musste Japan als moderner Verfassungsstaat vom Westen anerkannt werden: Die Meiji-Regierung entschied sich für eine konstitutionelle Monarchie. Die japanische Besonderheit war der Kaiserkult, bei dem der Kaiser (Tenno) zum Symbol des Staates und der japanischen Nation wurde und als gottgleich und damit unantastbar verehrt wurde. Der Kaiser wachte als „Vater" über seine „Untertanen-Kinder". Die ernannte Regierung war ihm und nicht dem Parlament verpflichtet. Mit der konstitutionellen Monarchie sollte ein Übergang zum Parlamentarismus und die Einrichtung einer parlamentarischen Regierung verhindert werden, die vom japanischen Bürgertum gefordert wurde. 1882/83 reiste Itō Hirobumi, einflussreiches Regierungsmitglied und späterer Premierminister Japans, zu Studien nach Europa und modernisierte Japan nach diesem Vorbild. Entschlossen, ihr Land nicht vom Westen kolonisieren zu lassen, beseitigte die Regierung die Vorrechte der Samurai („Krieger") und modernisierte das Militärwesen. Vor allem aber stärkte sie die Zentralgewalt. Nicht einzelne Unternehmer, sondern der Staat trieb mit großem Tempo und dirigistischen Methoden die Modernisierung voran. Er garantierte die freie Berufswahl, wandelte die Grundsteuern von Naturalabgaben in Geldsteuern um, hob die Bindung der Bauern an den Boden auf, entwickelte ein modernes Bankwesen, führte die Gewerbefreiheit und die allgemeine Schulpflicht ein, sodass die Analphabetenrate drastisch sank. Darüber hinaus förderte der Staat den Eisenbahnbau und den Export. Obwohl Japan im Vergleich zu Großbritannien, den USA und Deutschland in seiner industriellen Entwicklung zurückblieb, war es doch das einzige nichtwestliche Land, das im ausgehenden 19. und beginnenden 20. Jahrhundert eine Industrielle Revolution durchlief.

M1 Mutsuhito, Meiji-Kaiser von Japan (reg. 1867–1912), Gemälde von 1901

▶ M 4 bis M 6: Meiji-Reformen

▶ M 7 und M 8: Industrialisierung in Japan

Entwicklung und internationale Anerkennung Japans als Großmacht

Besonders die militärischen Reformen, die deutliche **Aufrüstung** sowie die Einführung der Wehrpflicht waren für Japan entscheidend, denn sie führten dazu, dass Mutsuhito auf Augenhöhe mit den Europäern agieren konnte. 1883 umfassten die Militärausgaben fast ein Drittel des japanischen Haushalts. Zunächst war die japanische Strategie auf eine wehrhafte Defensive ausgelegt. Gleichzeitig aber vermittelte die Meiji-Zeit den Japanern eine nationalistische Ideologie. Es entstand die Vorstellung eines großjapani-

Chinesische Kontakte mit den imperialistischen Mächten und ihre Folgen 2.3

schen Reiches mit der Aufgabe, in der Region jene Führungsrolle einzunehmen, die vormals das chinesische Kaiserreich innegehabt hatte. Für Japan war die Brücke nach China das Nachbarland Korea, das zum chinesischen Einflussgebiet gehörte. 1876 gelang es Japan, einen Handelsvertrag mit Korea abzuschließen, der Korea in japanische Abhängigkeit brachte. Zu dieser „Befreiungsaktion" für „rückständige" Völker Asiens fühlte sich Japan als ostasiatische Führungsmacht berufen. Die anderen Völker Asiens sollten sich den Japanern unterordnen. Vor allem Chinesen und Koreaner bekamen dies leidvoll zu spüren. 1894 eilten sowohl chinesische als auch japanische Truppen nach Seoul, um eine Rebellion am koreanischen Hof niederzuschlagen. Japan nutzte die Rebellion, um Korea von der formalen chinesischen Vormundschaft zu „befreien": Es besetzte den koreanischen Königspalast und setzte einen neuen Herrscher ein, der wiederum China offiziell den Krieg erklärte. Japan ließ seine Kriegserklärung am 1. August 1894 folgen. Die schlagkräftige und höchst disziplinierte japanische Armee war den Chinesen überlegen. Japans Soldaten drangen in das chinesische Festland ein, sodass China sich zu Friedensverhandlungen bereit erklärte. China musste u. a. Taiwan abtreten, Kriegsentschädigungen zahlen und ging aus dem **Japanisch-Chinesischen Krieg** besiegt und gedemütigt hervor. Bei der Eroberung von Port Arthur, einem chinesischen Hafen, richteten Teile der japanischen Armee im November 1894 ein Massaker an. Die Zahl der getöteten Chinesen ist umstritten und wird mit bis zu 60 000 angegeben. Im zweiten großen Krieg der Meiji-Ära, dem **Russisch-Japanischen Krieg 1904/05**, erreichte Japan schließlich die formelle Schutzherrschaft über Korea und besetzte die Mandschurei. Mit dem Sieg in dieser Auseinandersetzung wurde Japan international als Großmacht anerkannt.

▶ M 9 bis M 11: Japan als Großmacht

▶ M 12 und M 13: Vergleich zwischen Japan und China

M 2 Ein 21-cm-Geschütz aus deutscher Fertigung (Krupp) in einem chinesischen Fort, Fotografie, 1895

1 Erklären Sie, weshalb die Meiji-Restauration als Aufbruch des modernen Japans bezeichnet werden kann.
2 Beurteilen Sie, inwiefern die Modernisierung Japans eine Voraussetzung für den japanischen Imperialismus darstellt.

M 3 Japan 1850–1914

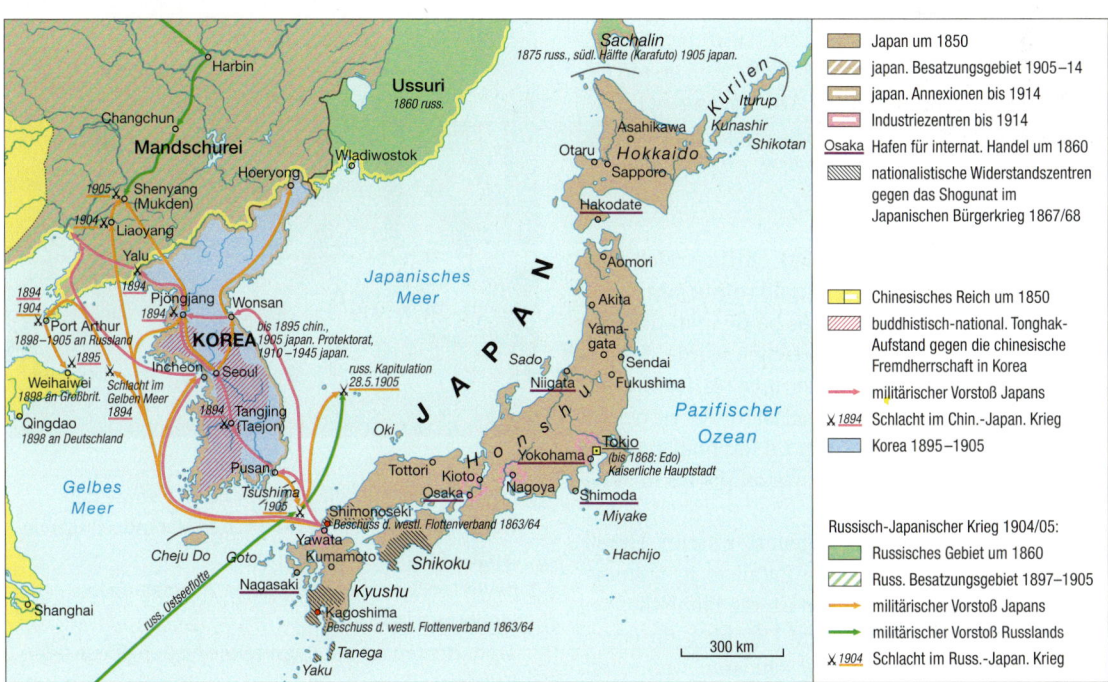

2.3 Stationenlernen: Japan

> **Hinweise zur Arbeit mit den Materialien**
> Es können folgende Aspekte der Entwicklung Japans zu einer Industrie- und Großmacht erarbeitet werden:
> – Meiji-Reformen,
> – Industrialisierung,
> – Japan als Großmacht,
> – Vergleich zwischen Japan und China.
> Die Materialien können in Form eines Stationenlernens mithilfe der jeweiligen Arbeitsaufträge bearbeitet werden. Jeder muss alle Stationen bearbeiten.

Station 1: Meiji-Reformen

M4 Äußerungen von Tokugawa Ieyasu (1542–1616), dem Gründer der Tokugawa-Herrschaft, nach einem Zeitgenossen

Ob es Ordnung oder Chaos in der Nation gibt, hängt von den Tugenden und Lastern dieser drei ab [Kaiser, Shogun, Bauern]. Der Kaiser darf, mit Mitgefühl im Herzen für die Bedürfnisse des Volkes, nicht nachlässig sein in der Ausübung seiner Pflichten – von der frühmorgendlichen Verehrung zu Neujahr bis zu den monatlichen Zeremonien am Hof. Zweitens darf der Shogun im Frieden nicht die Möglichkeit von Krieg vergessen und muss seine Disziplin aufrechterhalten. Er sollte in der Lage sein, Ordnung im Land zu erhalten, er sollte Aufmerksamkeit auf die Sicherheit des Herrschers richten und er sollte sich bemühen, die Ängste des Volkes zu zerstreuen. […] Der wahre Meister des Wegs des Kriegers bewahrt seine kriegerische Disziplin sogar in Friedenszeiten. Drittens, die Mühen des Bauern sind sprichwörtlich – vom ersten Getreidekorn bis zu den hundert Arbeitsgängen. […]

Zit. nach: Ryusaku Tsunoda u. a., Sources of Japanese Tradition, Columbia Univ. Press, New York 1965, übers. von Klaus Mäding, S. 338.*

M5 Itō Hirobumi (1841–1909), einflussreicher Reformer der Meiji-Zeit, zu Japan (ohne Jahr)

Von Anfang an war klar, dass die bloße Imitation ausländischer Vorbilder nicht ausreichen würde, denn es gab historische Besonderheiten unseres Landes, die zu beachten waren. Zum Beispiel ist die Krone bei uns eine Einrichtung, die weit tiefer im nationalen Gefühl und in unserer Geschichte verwurzelt ist als in anderen Ländern. […]

Andererseits gibt es eine Eigenart unserer Gesellschaftsbedingungen, die ohne Parallele in irgendeinem anderen zivilisierten Land ist: die Einheitlichkeit in Rasse, Sprache, Religion und Gefühlen, da wir so lange von der Außenwelt abgeschlossen waren, mit unseren jahrhundertealten Traditionen und der Unbeweglichkeit des Feudalsystems. […]

In der Industrie sind trotz der ungeheuren Entwicklung von Unternehmen in unserem Land unsere Arbeiter noch nicht zu geistlosen Maschinen und schuftenden Tieren geworden. Noch überlebt zwischen ihnen und dem kapitalistischen Arbeitgeber das Band zwischen Schirmherr und Schutzbefohlenem. Dies ist ein moralischer und gefühlsmäßiger Faktor, der in Zukunft ein gesundes Hindernis gegen das drohende Vordringen sozialistischer Ideen darstellen wird. […]

Nach der Verfassung [von 1889] hat das Volk das Recht, an der Regierung teilzunehmen, aber dieses Recht ist gleichzeitig nicht nur ein Recht, sondern eine wichtige Pflicht. Zu regieren ist das Vorrecht des Kaisers. Da ihr an der Regierung […] teilnehmen werdet, müsst ihr dieses Recht als Verantwortung des Volkes, als Ehre des Volkes und als Ruhm des Volkes ansehen.

Zit. nach: Ryusaku Tsunoda u. a., Sources of Japanese Tradition, Columbia Univ. Press, New York 1965, übers. von Klaus Mäding, S. 673–677.*

M6 Kaiser Mutsuhito besucht die erste japanische National-Ausstellung, japanische Postkarte, Anfang 20. Jahrhundert

1 Erläutern Sie mithilfe von M4 bis M6 sowie des Darstellungstextes die politischen Veränderungen in Japan in der Meiji-Zeit.
2 Bewerten Sie die ideologischen Anspielungen Hirobumis in M5.
Tipp: Achten Sie auf Begriffe wie Nation, Rasse oder Religion.

Station 2: Industrialisierung in Japan

M 7 Die Japanologin Annelotte Piper zur Industrialisierung in Japan (1995)

[Die Meiji-Regierung] baute die Schwerindustrie auf, um Japan militärisch zu rüsten, sie modernisierte das Verkehrs-, Transport- und Nachrichtenwesen, sie leitete die Entwicklung Hokkaidos [Nordinsel Japans]
5 ein und sie schuf, als Sicherung gegen die drohende wirtschaftliche Überfremdung, ein technisches und finanzielles Selbsthilfeprogramm. Die finanziellen Mittel für ihre Aktivität verschaffte sie sich [...] durch ihre Fiskalpolitik.
10 [...] Das Pro-Kopf-Einkommen stieg von 1876 bis 1900 von Yen 100 auf Yen 180, der Pro-Kopf-Verbrauch hingegen sank von etwa Y 80 auf Y 60. Aus diesem Konsumverzicht wurde der Aufbau finanziert – sowohl durch private Spar- und Investitions- oder Kapi-
15 talbildungstätigkeit, als auch durch die Fiskalpolitik, die in Form von Steuern, Staatsanleihen, Papiergeldausgabe usw. die Kapitalbildung der öffentlichen Hand vorantrieb. [...]
Die neue Regierung [nahm] die Hilfe ausländischer
20 Fachleute in Anspruch. Damit die Ausländer nicht die politische und wirtschaftliche Unabhängigkeit Japans gefährdeten, behielt die Regierung alle Schlüsselstellungen ihren eigenen Landsleuten vor. [...]

Der schnellste Weg, einen eigenen Stamm von Technikern heranzubilden, war für die japanische Regie-25 rung [...], junge Leute auf Staatskosten zu einem dreijährigen Studium nach Amerika oder Europa zu entsenden. [...]
Die ins Ausland entsandten jungen Japaner stellten daher in jeder Hinsicht eine Elite dar. Neben hoher In- 30 telligenz besaßen sie Arbeitswillen und einen großen Ehrgeiz. Vor allem aber zeichneten sie sich durch ihre einzigartige Vaterlandsliebe aus. Ihr brennender Ehrgeiz konzentrierte sich darauf, das, was sie am Westen und seiner überlegenen technischen Zivilisation be- 35 wunderten, auf das eigene Land zu übertragen und Japan zu einem großen Industrieland zu machen.

Annelotte Piper, Japans Weg von der Feudalgesellschaft zum Industriestaat, 2., überarb. Aufl., Verlag Wissenschaft und Politik, Köln 1995, S. 154 f., 168–170.*

1 Arbeiten Sie aus M 7 die Ziele der Meiji-Regierung heraus.
2 Beschreiben Sie die Maßnahmen der Meiji-Regierung und deren Folgen (M 7).
3 Analysieren Sie mithilfe von M 8 den industriellen Wandel in Japan an der Wende vom 19. zum 20. Jahrhundert.
Tipp: Achten Sie besonders auf das Wachstum der unterschiedlichen Sektoren. Welche haben die höchsten, welche die niedrigsten Zuwachsraten?
4 **Zusatzaufgabe:** Siehe S. 479.

M 8 Entwicklung der japanischen Industriebetriebe mit zehn und mehr Beschäftigten 1886–1909

Industriezweig	1886		1900		1909	
	Betriebe	Arbeiter	Betriebe	Arbeiter	Betriebe	Arbeiter
staatliche Industrie	11	11 758	27	36 237	67	117 259
private Industrie	863	63 188	6 966	351 559	15 426	672 221
– Textilindustrie	498	35 144	4 277	237 132	15 426	672 221
– Maschinenbau	42	2 896	414	29 730	1 092	54 810
– Chemie	143	13 235	810	35 396	1 579	65 966
– Nahrungsmittel	36	748	835	25 403	2 396	65 303
– andere	144	11 165	630	23 898	2 058	63 973
Bergbau	69	36 208	k. A.	131 011	k. A.	233 827
Transport- und Nachrichtenwesen	k. A.	22 967	k. A.	166 079	k. A.	366 420

Rudolf Hartmann, Geschichte des modernen Japan. Von Meiji bis Heisei, Akademie Verlag, Berlin 1996, S. 90.

Station 3: Japan als Großmacht

M 9 „Der Kuchen der Könige", Karikatur aus der französischen Zeitung „Le Petit Journal", Paris 1898.

Unter der Illustration steht in Französisch: „In China. Der Kuchen der Könige und ... der Kaiser". Auf den zwei einzeln beschrifteten Kuchenstücken steht: links „Kiao-Tchéou", rechts „Port Arthur". Abgebildete Personen (von links): Königin Victoria (Großbritannien und Irland), Kaiser Wilhelm II. (Deutsches Reich), Zar Nikolaus II. (Russland), die französische Marianne und Kaiser Meiji (Japan). Russland und Frankreich waren seit 1894 Verbündete. Im Hintergrund reckt ein stereotyp dargestellter Beamter der Qing-Dynastie als Vertreter Chinas die Arme in die Höhe.

M 10 Der Japanologe Christian Oberländer über die japanische Außenpolitik (2020)

Keine zwei Jahre nach dem Ende der Kriegshandlungen, am 30. Juli 1907, unterzeichneten Japan und Russland die erste „russisch-japanische Entente". Der offizielle Vertragstext […] enthielt ein Lippenbekenntnis zu der seit 1899 vor allem von amerikanischer Seite verfolgten „Politik der Offenen Tür" sowie zur Erhaltung des Status quo in China. In einem gleichzeitig geschlossenen Geheimabkommen […] legten sie fest, was sie unter „Erhaltung des Status quo" verstehen wollten: Danach wurde die nördliche Mandschurei zur russischen, die südliche zur japanischen Einflusssphäre erklärt, Russland erkannte das besondere Interesse Japans an Korea an, während Japan im Gegenzug die speziellen Interessen des Russischen Reichs in der zu China gehörenden Äußeren Mongolei akzeptierte. […]

Eine der wichtigsten Ursachen für den Russisch-Japanischen Krieg hatte darin bestanden, dass Japan und Russland sich bezüglich ihrer Interessenabgrenzung in Korea nicht hatten einigen können. Der Sieg gegen Russland brachte Japan jedoch nicht nur territoriale Gewinne, sondern auch die Aufnahme als vollwertiges Mitglied in das Konzert der Mächte. Binnen zwei Jahren […] hatte England eilig die schon bestehende Allianz mit Japan verlängert, Frankreich mit Japan einen Entente-Vertrag geschlossen […]. Damit war Japan binnen kürzester Frist zu einer regionalen Großmacht geworden.

Christan Oberländer, Japans Weg zum modernen Nationalstaat, in: Josef Kreiner (Hg.), Geschichte Japans, Reclam, 2. Aufl., Stuttgart 2020, S. 285 ff.*

M 11 Der Historiker Jürgen Osterhammel über Kriterien für eine Großmacht (2009)

Zeitgenössische Beobachter und die Politikwissenschaftler der jüngeren Vergangenheit haben komplizierte Erwägungen angestellt, was eine „Großmacht" ausmache. Die meisten dieser Überlegungen führen zu einem einfachen Kern: eine Großmacht ist ein Staat, der von anderen Großmächten als im Prinzip ebenbürtig […] angesehen wird. Dies geschieht, wenn er seine Interessen notfalls mit militärischen Mitteln zu wahren versteht oder wenn seine Nachbarn ihm zutrauen, dies zu tun. Auch wenn etwa wirtschaftliche Leistungsfähigkeit und territorialer Umfang wichtige Kriterien für den Status einer Großmacht sind, so haben gerade im 19. Jahrhundert mehrfach Kriege die Einstufung in die internationale Hierarchie geklärt.

Jürgen Osterhammel, Die Verwandlung der Welt. Eine Geschichte des 19. Jahrhunderts, C. H. Beck, München 2009, S. 692 f.*

1 Interpretieren Sie die Karikatur M 9.
   Tipp: Achten Sie auf die Konstellation und jeweilige Rolle der einzelnen Großmächte.
2 Erläutern Sie mithilfe von M 10 und der Karte M 3, S. 191, die geostrategischen Interessen von Japan.
3 Beurteilen Sie auf der Basis von M 11, ob Japan zu Beginn des 20. Jahrhunderts als Großmacht gelten kann.
4 **Zusatzaufgabe:** Siehe S. 479.

Station 4: Vergleich Japan und China

M 12 Der Historiker Wolfgang Reinhard über Japan und China im Vergleich (2016)

Auf den ersten Blick hat die Ausgangssituation in Japan sehr viel Ähnlichkeit mit derjenigen in China. Seit 1637 hatte sich auch Japan vom Westen abgeschlossen. Auslandsaufenthalte waren verboten. Die begrenzten und sorgfältig überwachten Außenbeziehungen und der Handel blieben weitgehend auf China und Korea beschränkt sowie auf die streng reglementierte Station der Niederländisch-Ostindischen Kompanie vor Nagasaki. [...]

Vor allem kann man aber in Japan wie in China im 19. Jahrhundert von *Wirren im Innern und Bedrohung von außen (naiyū-gaikan)* sprechen. 1854/55 wurde das Land von einer schweren Erdbeben- und Tsunamikatastrophe erschüttert. Auch hier kam es immer wieder zu Aufständen der notleidenden Bauern, während die zunehmenden politischen Intrigen um die Führung oft genug mit Morden ausgefochten wurden und je länger desto mehr Bürgerkriegscharakter annahmen.

Warum aber ist dann im Gegensatz zu China die Modernisierung im ersten Anlauf gelungen? Bei genauerem Hinsehen erweist sich die Ausgangslage eben doch als verschieden, denn zum einen war Japan kleiner als China und daher leichter zu kontrollieren und auch zu aktivieren als jenes Riesenreich, zum anderen unterschied es sich in seiner soziopolitischen Struktur von China. Deren wichtigste Eigentümlichkeiten waren die zweigipflige Spitze des Landes und das Feudalsystem. Auch Japan besaß ein auf kosmologische Mythen gegründetes Kaisertum, das aber von der Politik weitgehend ausgeschlossen war. [...] Die militärische und politische Macht lag beim *shōgun* und seiner Regierungszentrale, dem *bakufu* in Edo (Tokyo). Der Titel des Shōgun ist ein militärischer, denn seine Macht beruhte auf einem ursprünglich kriegerisch geprägten Feudalsystem, dessen Spitze er und nicht der Kaiser darstellte. Seine Vasallen waren die 260 bis 270 *daimyō*, die in ihren Herrschaftsgebieten (*han*) eine fast unumschränkte Gewalt ausübten. Deren Lehensleute wiederum waren die *samurai*, von denen es vielleicht 570 000 gab, mit Familien ca. 2 Millionen [...]. Sie bildeten den ersten Stand einer streng hierarchischen Gesellschaft und besaßen einen exklusiven, auf Treue und kriegerische Tugenden ausgerichteten Ehrenkodex. Obwohl die Ideologie dieses Herrschaftssystems bewusst mit Konfuzianismus angereichert worden war, unterschieden sich die Samurai als seine tragende Schicht doch erheblich von der chinesischen Gentry. Anstelle abstrakter ethischer Normen band sie die feudale Treue an die Zentralgewalt, ihre Ausrichtung war nicht zivil, sondern kriegerisch und ihr Anteil an der Bevölkerung viel größer.

Wolfgang Reinhard, Die Unterwerfung der Welt. Globalgeschichte der europäischen Expansion 1415–2015, C. H. Beck, München 2016, S. 839 f.*

M 13 Der in Tokyo tätige deutsche Arzt Erwin Bälz über das Nationalgefühl in Japan (um 1900)

Und die Kenntnis dieser [den Meiji-Reformen gegenüber kritischen] Stimmung ließ es der Regierung klug erscheinen, nachgiebig zu sein, bis das Schicksal ihr eine Gelegenheit bot, ein einigendes Band für die ganze Nation zu schaffen, und zwar in Form des Krieges mit China wegen Korea. Und dieser Krieg hatte die von der Regierung gewünschte Folge: Das ganze japanische Volk war einig und begeistert durch die Erfolge der nationalen Waffen. [...] Das Nationalgefühl erwachte; es setzte eine gesunde Reaktion gegen die blinde Nachahmung alles Fremden ein. Man hörte viel weniger von den Herrlichkeiten der freien Staaten. Die größten Schreier für eine parlamentarische Regierung hielten sich zurück. [...]

Und den tieferen Grund zu diesem der Welt erstaunlichen Sieg über den chinesischen Koloss suchte man jetzt in den spezifisch-japanischen Eigenschaften, und in diesem Japanertum spielte auch das Herrscherhaus mit seiner „ewigen Dynastie" eine große Rolle. So ging dieses gestärkt aus der Krise hervor. Die Person des Kaisers trat mehr und mehr in den Vordergrund. [...] Es erging ein Edikt, das die Grundlage aller sittlichen Erziehung der japanischen Jugend bildet und in dem der Kaiser als eine Art Vater seines Volkes erscheint. Und so wurde der Kult des Kaisers als eines gewissermaßen ideellen symbolischen Repräsentanten der Nation in den an sich uralten, aber jetzt wieder günstig vorbereiteten Boden mit voller Absicht gesät.

Zit. nach: Toku Bälz (Hg.), Erwin Bälz. Das Leben eines deutschen Arztes im erwachenden Japan. Tagebücher, Briefe, Berichte, Engelhorns, 3. Aufl., Stuttgart 1937, S. 96 f.*

1. Stellen Sie auf der Basis von M 12 die Entwicklungen in Japan und China gegenüber.
   Tipp: Siehe S. 479.
2. Erläutern Sie Reinhards Begründung für die gelungene Modernisierung Japans.
3. Fassen Sie die innenpolitischen Auswirkungen des japanischen Sieges im Krieg gegen China 1895 auf der Basis von M 13 zusammen.
4. Vergleichen Sie die Rolle und das Selbstverständnis des Kaisers in Japan und in China.

Methode

Schriftliche Quellen interpretieren

M1 Porträt des britischen Königs Georg III., Radierung, 1791

In der Gegenwart zeigt sich die Geschichte in Form von Quellen. Sie bilden die Grundlage unserer historischen Kenntnisse. Doch nicht die Quellen selbst stellen das Wissen dar, erst ihre systematische Analyse ermöglicht uns eine adäquate Rekonstruktion und Deutung von Geschichte. Daher gehört es zu den grundlegenden Kompetenzen im Geschichtsunterricht, Quellen angemessen erschließen und interpretieren zu können.
Die bedeutsamsten Quellen für die Rekonstruktion von Vergangenheit sind schriftliche Zeugnisse. Sie werden unterteilt in **erzählende Quellen,** die zum Zweck der Überlieferung verfasst wurden, z. B. Chroniken, Geschichtsepen, Monografien und Biografien, sowie in **dokumentarische Quellen,** z. B. Urkunden, Akten, Gesetzestexte und Zeitungen, die gesellschaftliche und private Ereignisse und Prozesse unmittelbar und meist unkommentiert wiedergeben.
Bei der Untersuchung schriftlicher Quellen kommt es darauf an, zunächst eine **Leitfrage (1)** zu stellen, unter der man die Quelle untersuchen will. Zusätzlich zur Analyse **formaler** und **inhaltlicher Aspekte (2)** bedarf es einer Einordnung in den **historischen Kontext (3),** um abschließend den Aussagegehalt der Quelle kritisch zu **beurteilen (4).**
Nur wenn man bei der Interpretation Tatsachen und Meinung unterscheidet, ist das Ergebnis der Quellenarbeit eine weitgehende Annäherung an die historische Wirklichkeit.

Arbeitsschritte für die Analyse

1. Leitfrage
– Welche Fragestellung bestimmt die Untersuchung der Quelle?

2. Analyse
Formale Aspekte
– Wer ist der Autor (ggf. Amt, Stellung, Funktion, soziale Schicht)?
– Wann, wo ist der Text entstanden bzw. veröffentlicht worden?
– Um welche Textart (z. B. Brief, Rede, Vertrag) handelt es sich?
– Was ist das Thema des Textes?
– An wen ist der Text gerichtet (z. B. Privatperson, Institution, Machthaber, Öffentlichkeit, Nachwelt)?

Inhaltliche Aspekte
– Was sind die wesentlichen Textaussagen (z. B. anhand des gedanklichen Aufbaus bzw. einzelner Abschnitte)?
– Welche Begriffe sind von zentraler Bedeutung (Schlüsselbegriffe)?
– Wie ist die Textsprache (z. B. sachlich, emotional, appellativ, informativ, argumentativ, manipulierend, ggf. rhetorische Mittel)?

3. Historischer Kontext
– In welchen historischen Zusammenhang (Ereignis, Epoche, Prozess bzw. Konflikt) lässt sich die Quelle einordnen?

4. Urteil
Sachurteil (Es erfolgt aus der Sicht des historischen Gegenstands der damaligen Zeit.)
– Welchen politisch-ideologischen Standpunkt nimmt der Autor ein?
– Welche Intention verfolgt der Verfasser des Textes?
– Inwieweit ist der Text glaubwürdig? Enthält er Widersprüche?
– Welche Wirkung soll der Text bei den Adressaten erzielen?

Werturteil
– Wie lässt sich der Text im Hinblick auf die Leitfrage aus heutiger Sicher, nach unseren Maßstäben und Normen bewerten?

Übungsaufgabe

M 2 Brief des britischen Königs Georg III. an den Qianlong-Kaiser (1792/Übergabe durch Lord Macartney 1793)

Seine Allerheiligste Majestät Georg der Dritte, von Gottes Gnaden König von Großbritannien, Frankreich und Irland, Herrscher der Meere, Verteidiger des Glaubens usw., sendet dem obersten Kaiser von China, Kien Long [Qianlong], der würdig ist, zehntausend und zehntausend tausend Jahre zu leben, einen Gruß.

Die natürliche Veranlagung eines großen und gütigen Herrschers wie Eurer kaiserlichen Majestät, den die Vorsehung zum Wohle der Menschheit auf einen Thron gesetzt hat, ist es, über den Frieden und die Sicherheit seines Herrschaftsgebietes zu wachen und sich um die Verbreitung von Glück, Tugend und Wissen unter seinen Untertanen zu bemühen [...]. Beeindruckt von solchen Gefühlen, gewährten Wir von Beginn Unserer Herrschaft an, [...] die Segnungen des Friedens unter den gerechtesten Bedingungen. Seit dieser Zeit haben Wir uns nicht damit begnügt, den Wohlstand Unserer eigenen Untertanen in jeder Hinsicht zu fördern, und über das Beispiel früherer Zeiten hinaus haben Wir verschiedene Gelegenheiten ergriffen, um Schiffe auszurüsten und einige der weisesten und gelehrtesten Unserer eigenen Leute auf ihnen auszusenden, um ferne und unbekannte Gegenden zu entdecken, nicht zum Zwecke der Eroberung oder der Vergrößerung Unserer Herrschaftsgebiete [...], sondern um Unser Wissen über den bewohnbaren Globus zu erweitern, die verschiedenen Produktionen der Erde zu erforschen und die Künste und Annehmlichkeiten des Lebens jenen Teilen mitzuteilen, wo sie bisher wenig bekannt waren, [...]; Und vor allem war es unser sehnlichster Wunsch, die berühmten Einrichtungen des bevölkerungsreichen und ausgedehnten Reiches Eurer Majestät kennenzulernen, die seinen Wohlstand zu einer solchen Höhe gebracht haben, dass er die Bewunderung aller umliegenden Nationen erregt – und nun [...] kann keine Zeit so günstig sein, um die Grenzen der Freundschaft und des Wohlwollens auszudehnen, und um vorzuschlagen, jene Vorteile mitzuteilen und zu empfangen, die sich aus einem vorbehaltlosen und freundschaftlichen Verkehr zwischen so großen und zivilisierten Nationen wie China und Großbritannien ergeben müssen.

Viele Unserer Untertanen haben auch für lange Zeit einen entfernten Teil der Herrschaftsgebiete Eurer Majestät zum Zwecke des Handels aufgesucht. Zweifellos fördert der Austausch von Waren zwischen weit entfernten Nationen ihr gegenseitiges Wohlbefinden, ihre Industrie und ihren Wohlstand, da die Segnungen, die der große Gott des Himmels den verschiedenen Böden und Klimazonen verliehen hat, auf diese Weise unter seinen über die Oberfläche der Erde verstreuten Geschöpfen verteilt werden. Aber ein solcher Verkehr muss richtig geführt werden, damit die Neuankömmlinge die Gesetze und Sitten des Landes, das sie besuchen, nicht verletzen, und dass sie andererseits mit Gastfreundschaft empfangen werden und die Gerechtigkeit und den Schutz erfahren, die Fremden zustehen. Wir sind in der Tat gleichermaßen bestrebt, Unsere Untertanen davon abzuhalten, in einem fremden Land Böses zu tun [...], wie Wir auch darauf bedacht sind, dass sie in diesem Land keinen Schaden erleiden. Es gibt keine andere Methode, einen solchen guten Zweck zu erreichen, als durch den Aufenthalt einer geeigneten Person, die von Uns ermächtigt ist, ihr Verhalten zu regeln und Beschwerden gegen sie entgegenzunehmen, wann immer sie Anlass zu solchen geben [...]. [...] All diese Erwägungen haben uns dazu bewogen, einen außerordentlichen und bevollmächtigten Botschafter an Euren Hof zu entsenden, und da wir bereit waren, zu diesem Zweck eine Person auszuwählen, die wirklich würdig ist, uns zu vertreten und vor Eurer augusteischen Gegenwart zu erscheinen, haben wir uns auf unseren recht zuverlässigen und geliebten Vetter und Berater festgelegt, den rechtschaffenen George Lord Viscount Macartney [...].

Wir vertrauen auf die Weisheit und Gerechtigkeit Eurer kaiserlichen Majestät und das allgemeine Wohlwollen gegenüber der Menschheit, das in Eurer langen und glücklichen Herrschaft so auffällig war, dass Ihr bitte unserem Botschafter und Vertreter an Eurem Hof die Gelegenheit gebt, das Beispiel Eurer Tugenden zu betrachten und solche Informationen über Eure gefeierten Institutionen zu erhalten, die ihn befähigen werden, bei seiner Rückkehr Unser Volk zu erleuchten; Er seinerseits wird angewiesen, soweit es Eurer Majestät gefällt, eine vollständige und freie Mitteilung über alle Künste, Wissenschaften oder Beobachtungen zu machen, die entweder von Nutzen oder von Interesse sind, und die der Einfallsreichtum und die Erfahrung der Europäer ihnen ermöglicht haben, zu erwerben: Und auch, dass Ihr Euch freuen werdet, allen Unseren Untertanen, die die Küsten Eurer Herrschaftsgebiete besuchen und sich dort mit Anstand bewegen, einen sicheren Aufenthalt und einen fairen Zugang zu Euren Märkten zu gewähren, unter solchen Gesetzen und Verordnungen, wie Eure Majestät es für richtig halten [...].

Zit. nach: Hosea Ballou Morse (Hg.), The Chronicles of the East India Company trading to China. 1635–1834. Volume II, Clarendon Press, Oxford 1926, S. 244ff. Übersetzt von Jonas Schmid.*

1 Interpretieren Sie M 2 mithilfe der Arbeitsschritte.
▶ Lösungshinweise finden Sie auf S. 491 ff.

Methode

Karikaturen interpretieren

Karikaturen (von ital. *caricare* = überladen, übertreiben) sind bildliche Darstellungen, bei denen gesellschaftliche und politische Zustände oder menschliche Verhaltensweisen bewusst **überzeichnet** und bis zur Lächerlichkeit **verzerrt** werden. Der Kontrast zur Realität soll den Betrachter zum Nachdenken bewegen.

Karikaturen gab es bereits in der Antike und im Mittelalter. Aber erst durch die Entwicklung des Buchdrucks um 1500 konnte die Karikatur breite gesellschaftliche Wirkungsmöglichkeiten entfalten.

Karikaturen sind eine besondere Form der **historischen Bildquelle,** durch die der Betrachter einen anschaulichen Eindruck von zeitgenössischen Auffassungen erhält. Um die „Botschaft" einer Karikatur zu „entschlüsseln", bedarf es einer Interpretation. Dabei müssen nicht nur die einzelnen Bildinhalte erfasst und gedeutet, sondern auch der historische Zusammenhang herangezogen werden. Es ist zu berücksichtigen, dass Karikaturen stets nur eine zeitgenössische Meinung darstellen.

Arbeitsschritte zur Interpretation

1. Leitfrage
– Welche Fragestellung bestimmt die Untersuchung der Karikatur?

2. Analyse
Formale Aspekte
– Wer ist der Zeichner und/bzw. Auftraggeber (ggf. soziale Herkunft, gesellschaftliche Stellung, Wertmaßstäbe)?
– Wann ist die Karikatur entstanden bzw. veröffentlicht worden?
– Gibt es einen Titel oder/und einen Zusatzkommentar?
– Was thematisiert die Karikatur?

Inhaltliche Aspekte
– Welche Gestaltungsmittel (Figurendarstellung wie Mimik, Gestik, Kleidung, Gegenstände, Symbole, Metaphern, Personifikationen, Vergleiche, Allegorien, Proportionen, Schrift) sind verwendet worden?
– Was bedeuten die einzelnen Gestaltungsmittel?
– Was ist die zentrale Bildaussage („Botschaft") der Karikatur?
– Welche Fragen bleiben bei der Deutung offen?

3. Historischer Kontext
– In welchen historischen Zusammenhang (Ereignis, Epoche, Prozess bzw. Konflikt) lässt sich die Karikatur einordnen?

4. Urteilen
Sachurteil
– Welche Intention verfolgten Zeichner bzw. Auftraggeber?
– Für wen wird Partei ergriffen?
– Welche Wirkung sollte beim zeitgenössischen Betrachter erzielt werden? Mit welchen anderen bildlichen und textlichen Quellen lässt sich die Karikatur ggf. vergleichen?
– Inwieweit gibt die Karikatur den historischen Gegenstand sachlich angemessen wieder?
– Welche Schlussfolgerungen lassen sich im Hinblick auf die Leitfrage ziehen?

Werturteil
– Wie lässt sich die Karikatur aus heutiger Sicht bewerten?

Karikaturen interpretieren

Übungsbeispiel

M1 „Ein Bild der aktuellen Lage", chinesische Karikatur, um 1899.
Die Karikatur wurde um das Jahr 1899 von dem Chinesen Tse Tsan Tai (mod. Umschrift Xie Zuantai*) aus Hongkong veröffentlicht. Die chinesische Beschriftung oben nennt den Titel der Karikatur:* Shiju tu. *Die Schriftzeichen links und rechts bedeuten: „Ohne Worte begreifbar und auf einen Blick zu verstehen."*

1 Interpretieren Sie die Karikatur M1 mithilfe der systematischen Arbeitsschritte von S. 198.
▶ Lösungshinweise finden Sie auf S. 493 f.

Anwenden

M1 **Der chinesische Historiker Mao Haijian über die Bedeutung der Opiumkriege für China (2016/ chinesisches Original 1995)**

Aus Sicht des einundzwanzigsten Jahrhunderts besteht die Bedeutung des Opiumkrieges vor allem darin, dass er China zu einer umfassenderen Auseinandersetzung mit der Welt veranlasst hat. Von diesem Zeitpunkt an war China das Opfer imperialistischer Aggression, und die Chinesen begaben sich auf die mühsame Suche nach einem neuen Weg. Historiker sind sich heute einig, dass die eigentliche Botschaft des [britischen] Kanonenfeuers darin bestand, dass China sich modernisieren und an den Wandel der Weltordnung anpassen müsse.

Seitdem sind anderthalb Jahrhunderte vergangen, und diese historische Mission bleibt weiter unerfüllt. China ist immer noch rückständig. Wir stehen immer noch vor vielen Fragen, die auch die früheren Generationen vor Probleme gestellt haben; wir haben manchmal das Gefühl, dass wir Rollen im gleichen Drehbuch spielen.

Natürlich gibt es für jeden Aspekt des Schicksals des modernen China eine historische Erklärung, zum Beispiel die westliche imperiale Aggression, die Schwäche der wirtschaftlichen Grundlagen Chinas und die Überbevölkerung. Aber was wir in den Geschichtsbüchern am wenigsten finden, sind die Fehler, die Chinesen gemacht haben, und es wurden offensichtlich Fehler gemacht. Eine der wichtigsten Aufgaben von Geschichte besteht darin, dass sie uns ermöglicht, aus Fehlern zu lernen, eine Funktion, die auch in dem oft zitierten Sinnspruch „die Geschichte als Spiegel benutzen" zum Ausdruck kommt. Aus dem Scheitern einer Nation kann man mehr lernen als aus ihren Siegen. Letztere sind zwar mitreißender, aber das Scheitern regt mehr zum Nachdenken an. Eine Nation von nach innen gerichteten Denkern ist stärker als eine aufgeputschte Nation, die vom Sieg beschwingt und geblendet ist: Das ist der Beitrag, den Historiker leisten können.

Mao Haijian, The Qing Empire and the Opium War – The Collapse of the Heavenly Dynasty, Cambridge University Press, Cambridge 2016, S. 25 f. Übersetzt von Heidi Martini.

M2 **Die britische Sinologin Julia Lovell im Vorwort der englischen Ausgabe von Mao Haijians Buch „The Qing Empire and the Opium War" (2005)**

In den 1990er-Jahren und darüber hinaus diente der Opiumkrieg als grundlegende Episode im Rahmen der patriotischen Erziehung – als tragischer Auftakt für das moderne China, aber auch als erster großer Schlachtruf gegen den tyrannischen Westen und als Auslöser für Chinas nationale Wiedergeburt. Der Krieg markiert somit den Beginn des Kampfes Chinas, sich von dem, was Mao Zedong als „halbkolonialen Semi-Feudalismus" bezeichnete, zu befreien und als starke, moderne Nation „aufzustehen".

Im Jahr 1995 jedoch [...] wurde eine kühne alternative historische Bewertung des Opiumkriegs veröffentlicht: Mao Haijians „Der Zusammenbruch einer Dynastie". Es ist eine reichhaltige, komplexe Darstellung: Sorgfältig detailliert in den Archivrecherchen und beeindruckend nuanciert in der Beurteilung des Opiumkrieges. Das Buch stellt sich der jahrzehntelangen offiziellen politischen Lehrmeinung Chinas in Bezug auf den Konflikt entgegen und analysiert den Krieg und seine Folgen mit leidenschaftslosem Realismus statt emotionalem Patriotismus. Obwohl das Buch das britische Verhalten während des Krieges hart verurteilt, übt es auch scharfe Kritik an der Reaktion der herrschenden Qing-Dynastie und an der nachfolgenden chinesischen Mythenbildung. [...]

Das Buch kritisiert [...] beide Seiten des Konflikts in ausgewogener Weise: die britische Unmoral und Rücksichtslosigkeit, der Qing-Dynastie ein System internationaler Regeln aufzuzwingen, das diese nicht verstanden; und die schlecht funktionierende Qing-Verwaltung, die von einem einfallslosen, unrealistischen Kaiser geführt und mit unverantwortlichen, betrügerischen und inkompetenten Beamten bekleidet war.

Julia Lovell, Introduction, in: Haijian Mao, The Qing Empire and the Opium War – The Collapse of the Heavenly Dynasty, Cambridge University Press, Cambridge 2005, S. xiv-xviii. Übersetzt von Jonas Schmid.*

1 Beschreiben Sie auf Grundlage Ihrer Kenntnisse Ausgangssituation und Verlauf des Ersten Opiumkriegs.

2 Geben Sie die Argumentation von Mao Haijian zur Einordnung des Opiumkriegs in die chinesische Geschichte thesenartig wieder (M 1).

3 Überprüfen Sie Julia Lovells Ausführungen zu Mao Haijians Buch (M 2) anhand von M 1.

4 Beurteilen Sie ausgehend von M 1 und M 2, welche Bedeutung die Opiumkriege für China hatten und haben.

Wiederholen

M 3 Satirischer französischer Kommentar zum Zweiten Opiumkrieg von Honore Daumier, französische Karikatur, 1856

Zentrale Begriffe
Handelsgesellschaften
Handelsverträge
Imperialismus
Kotau
Macartney-Mission
Missionierung
Open Door Policy
Opiumkriege
Opiumverbot
Tributzahlung
„Ungleiche Verträge"
Vertrag von Nanjing
Vertragshafen

1 Entwickeln Sie unter Rückgriff auf den Darstellungstext sowie auf die zentralen Begriffe eine Visualisierung zu den Kontakten zwischen China und den imperialistischen Mächten im 19. Jahrhundert.
2 Erläutern Sie die Rolle Großbritanniens als imperialistische Macht in China.
3 Interpretieren Sie die Karikatur M 3. Nutzen Sie bei Bedarf die Formulierungshilfen. Vergleichen Sie anschließend mit Ihren Ergebnissen aus Aufgabe 2.
4 **Wahlaufgabe:** Bearbeiten Sie entweder a, b oder c.
Nehmen Sie Stellung zu einem der „Ungleichen Verträge" zwischen China und den imperialistischen Mächten. Recherchieren Sie im Internet oder nutzen Sie den Webcode.
   a) Vertrag von Wangxia (1844) zwischen China und den USA,
   b) Vertrag von Tianjin (1858) u. a. zwischen China und Großbritannien,
   c) Deutsch-Chinesischer Pachtvertrag über Jiaozhou (1898) zwischen China und Deutschland.
5 Charakterisieren Sie die Rolle der christlichen Missionare in China.
6 Der Historiker Wolfgang Reinhard schreibt über die Motive der westlichen Chinapolitik: „Theoretisch verfolgte der Westen mit seiner Chinapolitik das in seinen Augen lobenswerte Ziel, das Reich der Mitte in das westliche Völkerrechtssystem einzubeziehen, indem man das Grundrecht des freien Handels durchsetzte [...]." Bewerten Sie seine Aussage.
7 **Vertiefung:** Vergleichen Sie das Muster der „Ungleichen Verträge" mit Friedensverträgen aus der Zeitgeschichte und Gegenwart.
   Tipp: Siehe S. 479.
8 Überprüfen Sie Ihre zu Beginn des Kapitels formulierten Hypothesen.

Formulierungshilfen
– Die Karikatur ist im Kontext von ... entstanden.
– Im Vordergrund sieht man ...
– Die linke Person ist gekennzeichnet durch ..., die rechte Person zeigt ...
– Im Hintergrund sieht man ...
– Der Zeichner trifft folgende Aussage über den Opiumkrieg ...

„Ungleiche Verträge"
cornelsen.de/Webcodes
Code: mokopa

2.4 Chinesische Reaktionen zwischen Anpassung und Widerstand

M1 „Verhör und Enthauptung russischer und japanischer Spione", chinesische Zeichnung, 1900.

Das Bild zeigt ein Tribunal der Yihetuan („In Rechtschaffenheit vereinte Milizen" oder herablassende europäische Bezeichnung „Boxer"). Die Yihetuan richteten sich Ende des 19. Jahrhunderts gegen jede Art von ausländischem Einfluss in China und begannen einen Aufstand. Sie wollten auf diese Weise zu den chinesischen Wurzeln und zur alten Stärke des „Reichs der Mitte" zurückkehren. Hier werden ausländische Militärs in Käfigen oder gefesselt durch ein Spalier von Soldaten der Qing-Armee vor General Dong Fuxian (rechts auf dem Podest) gebracht. Vor dem Podest wird die Enthauptung zweier Soldaten vorbereitet.. Die Zeichnung betont die Zusammenarbeit zwischen aufständischen Yihetuan und der Qing-Armee.

1861	Beginn Regentschaft Kaiserinwitwe Cixi für Tongzhi-Kaiser
1862	Beginn „Selbststärkungsbewegung": Waffentechnik, Industrie, Bildung
1875	Beginn Regentschaft Kaiserinwitwe Cixi für Guangxu-Kaiser, Stärkung Konservative
1879	Höchststand der Opiumeinfuhr in China

1850–1864 Taiping-Aufstand

1870–1877 Dunganenaufstände

2.4 Chinesische Reaktionen zwischen Anpassung und Widerstand

„Die doppelte Zehn" – der zehnte Oktober – stellt eine Zäsur in der chinesischen Geschichte dar: der Untergang der Qing-Dynastie und die Geburtsstunde der Republik China. Am 10. Oktober 1911 wurde die Republik China ausgerufen, am 12. Februar 1912 dankte der letzte Kaiser Pu Yi offiziell ab. Die Vorgeschichte war turbulent und ereignisreich. Der Einfluss der imperialistischen Mächte auf China hatte sich gegen Ende des 19. Jahrhunderts immer weiter verstärkt, China verlor Territorien wie Taiwan und die Mandschurei an auswärtige Mächte und sah sich selbst zur „Halbkolonie" degradiert (siehe Kapitel 3).

Doch die Qing-Regierung stand nicht nur aufgrund der Einflussnahme von außen unter Druck. Im Inneren hatten die Qing zum einen mit verschiedenen Aufständen zu kämpfen, der verlustreichste war der Taiping-Aufstand mit Millionen Opfern. Außerdem führten u. a. Bevölkerungswachstum und Naturkatastrophen zu vermehrter Armut und Hungerkatastrophen. Die Bevölkerung stellte die Legitimität und Macht der Qing-Herrschaft infrage. Reformen waren notwendig. Es stellte sich jedoch die Frage, ob sich China an den westlichen Maßstäben, d. h. vor allem an der wirtschaftlich-technischen Modernisierung in Form von Industrialisierung, orientieren oder eigene Wege finden sollte. Die chinesischen Reaktionen gegenüber dem europäischen Einfluss schwankten zwischen Widerstand (u. a. „Boxeraufstand") und Anpassung (u. a. „Selbststärkungsbewegung", Reformversuche).

Die Republikgründung 1911 folgte westeuropäischen und amerikanischen Staatsmodellen. Der chinesische Revolutionär und Staatsmann Sun Yatsen entwarf ein Konstrukt für den modernen chinesischen Staat. Dieser sollte Nationalismus, Demokratie und Volkswohlstand vereinen.

M2 Hinrichtung von *Yihetuan* in Beijing, Fotografie, ca. 1900. *Die Fotografie zeigt die Hinrichtung eines „Boxer-Rebellen" durch Soldaten der Qing-Armee.*

1 Beschreiben Sie die Bilder M 1 und M 2. Vergleichen Sie insbesondere die Rolle, die jeweils den *Yihetuan* sowie den Qing-Soldaten zugewiesen wird.
Tipp: Informieren Sie sich im Begriffslexikon S. 522 über den „Boxeraufstand".
2 Nehmen Sie Stellung zu den unterschiedlichen Darstellungen des „Boxeraufstands" in M 1 und M 2.
3 Diskutieren Sie, welche Möglichkeiten des Widerstands ein Land gegen den Einfluss von außen hat.
4 Erklären Sie, warum die Republikgründung 1911 als „Anpassung an den europäischen Einfluss" bezeichnet werden kann. Entwickeln Sie auch Gegenargumente.

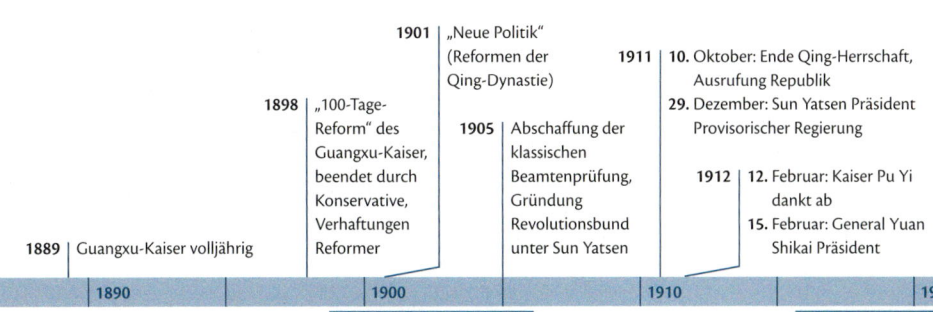

2.4 Chinesische Reaktionen zwischen Anpassung und Widerstand

> **In diesem Kapitel geht es um**
> – die Ideen und Maßnahmen der Selbststärkungsbewegung,
> – die Reformversuche seit 1898,
> – den sogenannten „Boxeraufstand" der chinesischen „Boxer" gegen die imperialistischen Mächte in China,
> – die Gründung der Republik 1911.

Die Qing-Herrschaft von außen unter Druck

Die von den imperialistischen Mächten erhoffte Öffnung des chinesischen Marktes und die Einrichtung von diplomatischen Vertretungen wurden von der Qing-Herrschaft auch in den 1850er-Jahren weiterhin begrenzt. Abermals suchten die Europäer den Weg der kriegerischen Auseinandersetzung, um ihre Ziele und Interessen durchzusetzen. Großbritannien nutzte die Verhaftung von Matrosen eines unter britischer Flagge segelnden Handelsschiffes durch die Chinesen als Vorwand für eine Kriegserklärung. Die Franzosen schlossen sich wegen der Ermordung eines französischen Missionars an. Der **Zweite Opiumkrieg (1856–1860)** endete mit einem Sieg der imperialistischen Mächte. Am Ende des Krieges kam es 1860 zur demonstrativen Zerstörung des kaiserlichen Sommerpalastes *Yuanming Yuan* nordöstlich von Beijing durch britische sowie französische Truppen. Das riesige Areal (3,5 km²) mit Schlössern, Bibliotheken, Galerien, Theatern, Pavillons sowie einigen für den Qianlong-Kaiser entworfenen Gebäuden im europäischen Stil wurde innerhalb von drei Tagen weitgehend zerstört. Geraubte Kulturgüter des Sommerpalastes finden sich heute noch als Exponate in europäischen Museen.

M1 Die große Fontäne im kaiserlichen *Yuanming Yuan* („Garten der vollkommenen Klarheit"), in Europa als „Alter Sommerpalast" bekannt, Kupferstich, 1783–1786.

Für den Qianlong-Kaiser entwarf der Jesuit Giuseppe Castiglione Mitte des 18. Jahrhunderts mehrere Bauten in europäischem Stil für den kaiserlichen Yuanming Yuan. Der Kupferstich wurde von Künstlern am Kaiserhof angefertigt.

Die Qing-Regierung unterzeichnete am 18. Oktober 1860 die **Konvention von Beijing**, nachdem ein englisch-französisches Heer für einen Monat Beijing besetzte hatte. Der Zweite Opiumkrieg hatte die imperialistischen Mächte bis in das Zentrum des chinesischen Kaiserreichs geführt. China musste sich mit ihnen auseinandersetzen. Die Konvention von Beijing, an der neben Frankreich und Großbritannien auch Russland und die USA beteiligt waren, sicherte den imperialistischen Mächte weitere Vertragshäfen mit Niederlassungsrechten, niedrige Zölle, eigene Rechtsprechung für ihre Bürger, diplomatische Vertretungen sowie Missions- und Bewegungsfreiheit im ganzen Land zu.

2.4 Chinesische Reaktionen zwischen Anpassung und Widerstand

Die Qing-Herrschaft von innen unter Druck

Auch im Inneren waren die Qing mit schwerwiegenden Problemen konfrontiert. Überbevölkerung, Inflation, Naturkatastrophen und ein ineffizientes Verwaltungssystem verschlechterten die Lage für die Bevölkerung. Hinzu kamen insbesondere in den Vertragshäfen im Süden Chinas die Wirtschaftsaktivitäten der ausländischen Handels-
5 gesellschaften und Industrieunternehmen. Sie begannen das Handwerk und andere traditionelle chinesische Produktionsstrukturen zu bedrohen und zu verdrängen. Die Armut unter Bauern und Arbeitern nahm zu. In der Folge kam es zu zahlreichen Aufständen im Qing-Kaiserreich.

Der Aufstand mit den meisten Opfern war der **Taiping-Aufstand**. Er forderte zwischen
10 20 und 30 Millionen Todesopfer. Die Taiping-Bewegung war in Südchina von **Hong Xiuquan (1814–1864)**, der einer armen Familie aus der Volksgruppe der Hakka entstammte, gegründet worden. Die Ideen und Ziele der „Gesellschaft zur Verehrung Gottes" (*Bai Shangdi hui*) bildeten eine Mischung aus christlich-mystischen Elementen – in einer Vision hatte er erkannt, dass er der jüngere Bruder Jesu sei – und einer radikalen
15 Gleichheitsideologie. Am Ende sollte so ein „Himmlisches Reich des höchsten Friedens" (*Taiping tianguo*) entstehen. Unter seinen Anhängern fanden sich vor allem Bauern, Hafenarbeiter und Arbeitslose. Auch Frauen schlossen sich der Bewegung an. 1850 begann die bewaffnete Rebellion in der Provinz Guangxi. Auf dem Weg durch den Süden des Landes schlossen sich immer mehr Personen den Truppen an. Sie umfassten schließlich
20 bis zu einer Million Kämpfer. 1853 eroberten sie die Stadt Nanjing und machten sie zu ihrer Hauptstadt. Erst 1864 nach jahrelangen Kämpfen und einer Belagerung konnten die Regierungstruppen der Qing Nanjing einnehmen und die Rebellion beenden. Viele Rebellen wurden hingerichtet, manche nahmen sich selbst das Leben. Auch die Opfer unter den Regierungstruppen waren hoch. Die imperialistischen Mächte hatten die chi-
25 nesische Führung während des Taiping-Aufstandes militärisch unterstützt, da sie ihre wirtschaftlichen Interessen im Süden des Landes bedroht sahen. Diese Form des europäischen Einflusses trug zum Überleben der Qing-Herrschaft bei.

M 2 Die kaiserlichen Qing-Truppen greifen die Taiping-Rebellen an, chinesisches Gemälde, 1853

Selbststärkungsbewegung

Die Bedrohung von außen durch die imperialistischen Mächte im Zweiten Opiumkrieg sowie der Taiping-Aufstand im Inneren setzten die Qing-Herrschaft von allen Seiten unter Druck, Reformen einzuleiten, um ihre Macht zu sichern. Die „**Selbststärkungsbewegung**" (*Ziqiang Yundong*), in China auch als „**Bewegung für ausländische Angelegen-
5 heiten**" (*Yangwu Yundong*) bekannt, wurde unter anderem von **Prinz Gong**, dem jüngeren Bruder des Xianfeng-Kaisers, vorangetrieben. Es handelte sich praktisch um ein vom Kaiserhof angeordnetes Modernisierungsprogramm nach dem Vorbild westlicher Mächte. Westliche Technik, Wissenschaft und Bildung sollten das Land stärken, um auf diese Weise die chinesische Tradition und Kultur zu erhalten. Der hohe Beamte Zhang
10 Zhidong prägte dafür später die Formel: „Chinesische Lehren für die Prinzipien, westliche Lehren für die praktische Anwendung" (*Zhongxue wei ti, xixue wei yong*).
Da die Niederlagen in den beiden Opiumkriegen insbesondere eine militärische Überlegenheit des Gegners gezeigt hatten, sollte das chinesische Militär gestärkt und mit modernen Waffen ausgerüstet werden. Zu diesem Zweck wurden eine eigene Waffenpro-
15 duktion für Gewehre und Kanonen gestartet sowie Werften für Kriegsschiffe errichtet und die Ausbildung der Soldaten nach europäischem Vorbild eingeführt. Zugleich wurden Sprachschulen u. a. in Beijing, Shanghai und Guangzhou errichtet, um Sprachbarrieren zu reduzieren. Eine besonders hohe Bedeutung nahmen Übersetzungen von Büchern ins Chinesische ein, die technisches und wissenschaftliches Know-how aus dem Ausland
20 zugänglich machten. Ebenso wurde in Konkurrenz zu den ausländischen Unternehmungen eine eigene Handelsflotte geschaffen und die Binnenschifffahrt intensiviert.

▶ M 12 bis M 19: Selbststärkungsbewegung

M 3 Porträt von Prinz Gong (1833–1898), Fotografie, 1860

205

2.4 Chinesische Reaktionen zwischen Anpassung und Widerstand

M 4 Chinesisches Kriegsschiff, Fotografie aus britischen Archiven, vor 1895

Eine zentrale Maßnahme der Qing-Regierung war 1861 die Einrichtung eines Außenamts (*Zongli Yamen*), das von Prinz Gong geleitet wurde. Die schon mehrmals von den ausländischen Regierungen geforderten diplomatischen Beziehungen nach westlicheuropäischen Regeln, die vor allem auch den wirtschaftlichen Interessen der imperialistischen Mächte dienen sollten, nahmen mit diesem Schritt eine neue Form an. Die Außenpolitik wurde aus dem „Ritenministerium" herausgenommen und damit die Diplomatie als politisches Mittel betrachtet, der sich die Qing-Regierung auch in ihrem Sinne beim Kontakt mit den imperialistischen Mächten bedienen konnte. Gleichzeitig erkannte der Kaiserhof damit auch die Ebenbürtigkeit der diplomatischen Gesandten an und verließ die bis dahin vorherrschende Vorstellung, dass es außerhalb des Reichs der Mitte nur mehr oder weniger „barbarische" Tributstaaten gebe, die dem chinesischen Kaiserreich unterlegen seien und ihm aus diesem Grund „Unterwerfung" und Tribut schuldeten.

Viele Vorhaben der Selbststärkungsbewegung brachten nicht den erwünschten Erfolg. Einige Projekte wie beispielsweise der Eisenbahnbau gingen nur langsam voran. Manche Vorhaben wurden zudem dezentral von Provinzbeamten und nicht von Beijing aus gesteuert. Die Qing-Regierung war außerdem aufgrund der zahlreichen Reparationsverpflichtungen gegenüber anderen Staaten nicht imstande, das nötige Kapital für eine nachhaltige Modernisierung aufzubringen. In der Forschung werden außerdem die ineffiziente Verwaltung und die Korruption als Hindernisse genannt.

Zwischen Reformversuchen und Beharrung

Die Bemühungen der Selbststärkungsbewegung wurden auch von dynastisch-machtpolitischen Problemen der Qing bestimmt. 1861 starb der Xianfeng-Kaiser und hinterließ als Nachfolger nur einen sechsjährigen Sohn, für den mehrere Minister und Prinzen als Regenten eingesetzt wurden. Ihre Herrschaft wurde jedoch schon nach kurzer Zeit mit einem Staatsstreich beendet. Die Macht übernahm die Witwe von Xianfeng, die **Kaiserinwitwe Cixi (1835–1908)**, unterstützt von Prinz Gong, dem Bruder des verstorbenen Kaisers. Bis zu ihrem Tod bestimmte sie als Regentin mit nur kurzen Unterbrechungen die Politik der Qing. 1865 gelang es ihr, Prinz Gong, der die Modernisierung vorangetrieben hatte, zu entlassen und 1884 endgültig zu entmachten. Ihre Politik ist insgesamt schwer einzuordnen, zumal sie einen konservativen Beraterstab um sich hatte. Es ranken sich außerdem viele Mythen und Gerüchte um die mächtige Regentin. Zunächst schaffte sie es jedoch, die Macht der Qing zu stabilisieren. Dabei verfolgte sie eine Politik der Wiederherstellung alter Strukturen, aber sie unterstützte am Anfang auch Vorhaben der Selbststärkungsbewegung.

Zu den China **reformierenden Änderungen** gehörte auf jeden Fall der Ausbau der Kontakte zu den imperialistischen Mächten. Nach der Einrichtung des Außenamtes 1861 schickte China erstmals Gesandtschaften nach England und in die USA, um sich vor Ort zu informieren und Kontakte zu knüpfen. Später wurden diplomatische Vertreter Chinas in den Hauptstädten Europas und der USA etabliert. Sogar das Auslandsstudium von chinesischen Studenten wurde von der Qing-Regierung mit Stipendien gefördert. Die Qing-Herrschaft sah hierbei die Möglichkeit, sich die Kontakte zum Ausland zunutze zu machen. Es handelte sich also keinesfalls nur um ein unterwürfiges Nachgeben auf imperialistischen Druck. Gleichzeitig wurde in den Provinzen, insbesondere im Süden Chinas, die Produktion von modernen Waffen und Schiffen vorangetrieben. Auch hier gab es Kooperationen mit britischen, französischen und US-amerikanischen Experten. So wurden in Fuzhou Dampfschiffe produziert, Waffenfabriken u. a. in Nanjing, Kohleminen und Baumwollmühlen wurden unter der Führung von Provinzbeamten gegründet. Zusätzlich wurden ausländische Waffen für die Aufrüstung der Truppen gekauft. Diese Modernisierungserfolge sind im Wesentlichen auf die Selbst-

M 5 Kaiserinwitwe Cixi (1835–1908), Fotografie, 1890

30 stärkungsbewegung zurückzuführen. Doch gleichzeitig schwächte der wachsende Einfluss der Provinzgouverneure die Zentralmacht der Qing in Beijing. Die Qing steuerten deshalb zunehmend den Bemühungen der Reformen entgegen und schraubten beispielsweise die Finanzierung der Projekte zurück.

Zu **konservativen und repressiven Maßnahmen** griffen die Qing unter Kaiserinwitwe
35 Cixi immer dann, wenn es um den Kern ihrer Macht und ihres Selbstverständnisses ging. So gaben sie zwar die Übersetzung westlicher Bücher in Auftrag, verschärften jedoch die Zensur bei chinesischen Schriften, die die traditionelle Gesellschaftsordnung infrage stellten. Der Kern der Verwaltungsstrukturen und der Ausbildung der Beamten auf Basis der konfuzianischen Schriften blieb erhalten und fungierte weiter als wesentli-
40 che Stützen der Qing-Herrschaft. Insgesamt hatte sich aber das politische Spektrum in China deutlich erweitert und war vielfältiger geworden.

▶ M 18: Kai Vogelsang über Neuerung nach der Selbststärkungsbewegung

Die Hundert-Tage-Reform

Dass die diplomatische, militärische und technische Stärkung nicht ausreichte, um den sich in den 1870er-Jahren wieder verstärkenden imperialistischen Druck von außen abzuwehren, zeigte endgültig der Krieg 1894/95 zwischen Japan und China. Im Streit um den Status von Korea versenkte am 25. Juli 1894 die japanische Marine ohne Vorwar-
5 nung ein chinesisches Schiff. In dem darauffolgenden Krieg erlitt China eine verheerende Niederlage, die umso mehr die Autorität der Regierung untergrub, als Korea und Japan aus chinesischer Sicht eigentlich als dem Kaiserreich untergeordnete Tributstaaten wahrgenommen wurden. Als ein wichtiger Grund für die Niederlage wurde die bereits fortgeschrittenere Modernisierung und Industrialisierung Japans gesehen sowie
10 die Taktik der japanischen Armee. Japan galt fortan verstärkt als Vorbild für chinesische Reform- und Modernisierungsansätze und als Ziel von Auslandsstudenten.

▶ M 22: Kang Youwei über Audienz beim Guangxu-Kaiser
▶ M 24: Edikt des Guangxu-Kaisers

Bestärkt durch die Niederlage gegen Japan entwickelte eine Gruppe, gefördert von dem jungen **Guangxu-Kaiser (reg. 1875–1908)**, der bis 1889 aufgrund seines Alters von der Kaiserinwitwe Cixi als Regentin vertreten wurde, Ideen für eine Reform des Kaiserreichs.
15 Als erster Kaiser hatte Guangxu Englisch gelernt und sich mit westlichen Schriften auseinandergesetzt. Anfang 1898 erlaubte der Kaiser allen Bürgern, Eingaben an ihn zu richten, und das nutzten auch die Reformer im Land wie der Gelehrte **Kang Youwei (1858–1957)**. Am 11. Juni 1898 verkündete schließlich der Guangxu-Kaiser das erste Reformedikt. Darin rief er die chinesische Bevölkerung auf, sich für ausländisches Wis-
20 sen zu öffnen, ohne jedoch die konfuzianischen Lehren aufzugeben. Die Reformvorschläge umfassten vier Bereiche:
– Wirtschaft: Förderung von wirtschaftlichen Aktivitäten auf lokaler und regionaler Ebene durch Beamte; Einrichtung eines Zentralamtes für Landwirtschaft, Industrie und Handel; Einrichtung eines Zentralamtes für Eisenbahnwesen und Bergbau.
25 – Militär: Bau von 34 Kriegsschiffen; Einführung von westlichen Methoden bei der Militärausbildung; persönliche Inspektion der Truppen durch den Kaiser.
– Verwaltung: Vereinfachung von Verwaltungsvorgängen; Klarheit bei den Zuständigkeiten; Abschaffung von bestimmten Beamtenprivilegien.
– Erziehungswesen: Abschaffung des achtgliedrigen Aufsatzes*, stattdessen war ein
30 freier Aufsatz über praktische Themen möglich; Einrichtung einer nationalen Universität und praxisorientierter Schulen in den Provinzen.
Doch bereits nach 100 Tagen endete die Reformphase. Kaiser Guangxu wurde auf Befehl der Kaiserinwitwe Cixi am 20. September verhaftet und lebenslang auf eine Insel innerhalb des Kaiserpalastes verbannt. Viele Reformer flohen ins Ausland, Kang Youwei
35 konnte beispielsweise nach Japan fliehen. Einige wurden auch hingerichtet.

M 6 Der Gelehrte Kang Youwei (1858–1957), Fotografie, ohne Jahr

Achtgliedriger Aufsatz
Es handelte sich um ein Essay mit acht Abschnitten zu den Lehren des Konfuzius als Teil der Beamtenprüfung. Es galten strenge Regeln zu Anzahl der Sätze, Wörtern, Reimen und Format.

2.4 Chinesische Reaktionen zwischen Anpassung und Widerstand

M7 Deutsche Eisenbahn in Qingdao, Eröffnung der Shandong-Eisenbahn, Fotografie, 1904

▶ M 29: Fotografie Europäer in Qingdao

Die imperialistischen Mächte weiten ihre Aktivitäten aus

Nach der Niederlage gegen Japan 1895 war China gezwungen, im Ausland Darlehen aufzunehmen, um die Reparationen bezahlen zu können. Als Gegenleistung musste die Qing-Herrschaft den imperialistischen Mächten den Bau von weiteren Industrieanlagen und Kohleminen sowie von Eisenbahnen erlauben. Da in den ungleichen Verträgen das Prinzip der Meistbegünstigung festgelegt war, begann unter den ausländischen Mächten praktisch ein „Wettlauf um Konzessionen", um Kohleminen, Eisenhütten und Eisenbahnlinien in China zu bauen. Insbesondere die Eisenbahn diente aber vor allem dazu, das Land zum Zwecke der Ausbeutung immer weiter zu erschließen und zugänglich zu machen. Unter anderem Frankreich, Russland, Deutschland und Belgien bauten Eisenbahnen, um ihre Kolonien und Pachtgebiete mit dem chinesischen Kernland zu verbinden.

Das deutsche Kaiserreich unter Kaiser Wilhelm II. beteiligte sich seit 1890 an dem imperialistischen Wettbewerb. Sein Anspruch war die Gleichberechtigung mit den Großmächten und eine aktive „Weltpolitik". Im Rahmen dieser Politik strebte Deutschland auch nach einem Pachtgebiet in China. Als am 1. November 1897 in der Provinz Shandong zwei deutsche Missionare ermordet wurden, nahm die Regierung das als Vorwand, besetzte den Hafen Qingdao in der Jiaozhou-Bucht und errichtete einen Stützpunkt. 1898 kam es zur Unterzeichnung eines 99 Jahre währenden Pachtvertrags über Qingdao und die Jiaozhou-Bucht.

„Boxeraufstand"

„Boxer" ist der herablassende westliche Begriff für die Anhänger einer chinesischen Geheimgesellschaft, die sich gegen die Ausländer im Land wandten. Der Begriff ging auf die regelmäßigen Kampfübungen der Mitglieder zurück. In China ist der Name völlig unbekannt, hier werden die Kämpfer „In Rechtschaffenheit vereinte Milizen" (*Yihetuan*) genannt. Die *Yihetuan* fanden viele Anhänger unter verarmten Bauern, Handwerkern und Bootsleuten, indem sie von Dorf zu Dorf zogen und für ihre Ideen warben. Dabei spielten die Kampfkunst und magische Praktiken eine zentrale Rolle. Ausgangspunkt der Bewegung war die Provinz Shandong im Osten Chinas.

▶ M 28: Fan Wenlan über die *Yihetuan*

M8 „Boxer" in China, Fotografie, um 1900.
Die Yihetuan trugen einfache und zum Teil zerlumpte Kleidung der Bauern und waren mit Speeren und Stöcken bewaffnet.

Zur Jahrhundertwende verstärkte sich in China der Druck der imperialistischen Mächte und die *Yihetuan* erhielten immer mehr Zulauf. Sie wandten sich gegen die ausländischen Missionare und chinesischen Christen. Die Missionare reklamierten eine Sonderstellung und intervenierten im Schutze ausländischer Konsulate bei lokalen Streitigkeiten zugunsten von chinesischen Konvertiten. Zudem führten Überschwemmungen und Dürren zur Verschlechterung der Lebensbedingungen der chinesischen Landbevölkerung. Mit der Parole „Unterstützt die Qing, vernichtet die Fremden" (*fu Qing mie yang*) wurden Telegraphenmasten, Eisenbahnlinien und Kirchen zerstört sowie mehrere Tausend Menschen, Ausländer (vor allem Missionare) und chinesische Christen getötet.

▶ M 27: Plakattext der „Boxer"

▶ M 30: Bruno Navarra über die Hintergründe des „Boxeraufstands"

Die Qing-Dynastie bekämpfte zuerst diese Bewegung, lenkte aber angesichts der militärischen Aktionen der imperialistischen Machthaber um und unterstützte das Vorgehen der *Yihetuan* gegen die Ausländer und Christen. Sie erhoffte sich, die ausländischen Mächte aus dem Reich vertreiben zu können, und paktierte quasi mit den radikalen Aufständischen, die wiederum ihre Regentschaft nicht angriffen. Die Eskalation dieses Konfliktes führte schließlich zu einem internationalen Krieg. Die *Yihetuan* belagerten mithilfe kaiserlicher Truppen das ausländische Gesandtschaftsviertel in der Hauptstadt Beijing. Dort wurde am 20. Juni 1900 der deutsche Gesandte Clemens von Ketteler auf offener Straße erschossen. Dies veranlasste die imperialistischen Mächte, eine „Strafexpedition" gegen China zu unternehmen, die praktisch einem Krieg gleichkam. Beteiligt waren England, Frankreich, Deutschland, Italien, Österreich, Russland, die USA und Japan, die sogenannte **„Allianz der acht Staaten"**. Der deutsche Kaiser Wilhelm II. hielt am 27. Juli eine Rede ohne Manuskript vor den von Bremerhaven nach China aufbrechenden Matrosen und Soldaten. Die Rede wurde als „Hunnenrede" bekannt. Dabei fielen vermutlich die Worte: „Pardon wird nicht gegeben! Gefangene werden nicht gemacht! Wer euch in die Hände fällt, sei euch verfallen!" Nur wenige Stunden später autorisierte Bernhard von Bülow, der Staatssekretär des Auswärtigen, eine Version der Rede, die diesen Ausspruch nicht mehr enthielt.

M 9 Zerstörungen in Beijing während des Boxeraufstands, Fotografie, 1900

Den britischen Truppen vor Ort gelang es zunächst nicht, die Belagerung von Beijing zu beenden. Erst die nach China geschickten Truppen der alliierten imperialistischen Mächte schlugen die Aufstände in Tianjin und Beijing brutal nieder. Es kam zu Plünderungen und „Strafaktionen" der ausländischen Truppen; offenbar auch dem Ausspruch Kaiser Wilhelm II. folgend, stachen deutsche Soldaten in ihrem brutalen Vorgehen besonders hervor. Die Allianz erzwang von der Qing-Dynastie am 7. September 1901 die Unterzeichnung des „Boxerprotokolls". In diesem Vertrag wurden u. a. hohe Reparationszahlungen, die Bestrafung von Beamten, militärischer Schutz für die ausländischen Gesandtschaften in Beijing und die Sühnereise eines Mitglieds des chinesischen Kaiserhauses nach Deutschland wegen der Ermordung von Kettelers festgelegt.

„Hunnenrede" von Kaiser Wilhelm II.
cornelsen.de/Webcodes
Code: korere

Der Niedergang der Qing-Herrschaft

Nach der Niederlage im Boxeraufstand änderte Kaiserinwitwe Cixi 1901 erneut den politischen Kurs. Sie öffnete das Reich sowie den Kaiserpalast in Beijing für ausländische Gäste. Unter dem Stichwort der „Neuen Politik" (*Xinzheng*) wurde ein umfassender Reformprozess eingeleitet. Der Regierungsapparat wurde umstrukturiert und zentralistisch organisiert. 1905 wurde das zentrale Beamtenprüfungsverfahren abgeschafft und ein modernes, mehrstufiges Schulsystem nach japanischem Vorbild eingeführt. Außerdem wurde das Außenamt in ein „Außenministerium" (*Waiwubu*) umgewandelt. Es wurden Berufsverbände und Handelskammern eingerichtet. Chinesische Studierende wurden ins Ausland entsandt und ausländische Berater ins Land geholt. Sogar die Errichtung einer parlamentarischen Monarchie wurde 1905 in Betracht gezogen, auch um revolutionäre Stimmen zu besänftigen. Es wurden mehrere hohe chinesische Beamte nach

▶ M 38: Reformedikt der Qing-Regierung

▶ M 39 und M 40: Historiker zu Reformen der „Neuen Politik"

2.4 Chinesische Reaktionen zwischen Anpassung und Widerstand

Amerika und Europa (auch Deutschland) geschickt, um die dortigen Verfassungen zu studieren. 1906 wurde eine Verfassung angedacht, und ein Jahr später wurden Provinzversammlungen und 1910 eine Nationalversammlung gegründet. 1908 starb die Kaiserinwitwe Cixi und der Kaisertitel ging an den zweijährigen Pu Yi, dessen Vater Prinz Chun II. die Regentschaft übernahm.

Gründung der Republik

▶ M 41 und M 42: Ideen Sun Yatsens

Die Qing-Dynastie konnte ihre Autorität mithilfe der Reformen aber nicht wieder zurückgewinnen. Die wachsende wirtschaftliche Abhängigkeit von den imperialistischen Mächten führte zu einem fortschreitenden Ansehensverlust der Monarchie. Gleichzeitig sammelten sich in China, aber auch im Ausland verschiedene Gruppen von chinesischen Intellektuellen, die die Republik als politische Alternative zum Kaiserreich öffentlich diskutierten. Zu den führenden Persönlichkeiten gehörte der in Südchina und in Honolulu auf Hawaii aufgewachsene Arzt **Sun Yatsen (1868–1925)**, der in Hongkong Medizin studiert und in Macao als Arzt gearbeitet hatte. Sun Yatsen war der Kopf des im japanischen Exil gegründeten „Bundes der Revolutionäre" (*Tongmenghui*), einer Bewegung, die verschiedene revolutionäre Strömungen von Han-Nationalisten bis zu westlich orientierten Revolutionären zusammenfasste. Die Bewegung wurde vor allem von Auslandschinesen finanziert. Sun Yatsen entwickelte das politische Konzept der sogenannten drei Volksprinzipien (*Sanmin Zhuyi*): Nationalismus, Demokratie und Volkswohlstand, die die Leitlinien für ein demokratisches China bilden sollten. Demnach sollte sich China nach dem westeuropäischen und amerikanischen Vorbild völlig umstrukturieren und ein moderner Staat werden. In den **„Zwölf Punkten"** forderten sie u. a. ein Parlament und eine Verfassung.

▶ M 43: Ein revolutionärer Aufruf 1903

▶ M 46: Hans Fenske über die Gründung der Republik

Am 10. Oktober 1911, dem späteren republikanischen Nationalfeiertag des „Doppelzehnten", kam es zu einer Revolution in Wuchang (heute Wuhan). Dort zündeten aufständische Soldaten versehentlich eine Bombe. Da der Polizei eine Liste mit Namen der aufständischen Soldaten vorlag, besetzten die Soldaten die Stadt und riefen die Republik aus. Truppenteile der kaiserlichen „Neuen Armee" schlugen sich auf die Seite der Aufständischen und besetzten Militäreinrichtungen und Industrieunternehmen in der angrenzenden Provinz Hubei. Daraufhin erklärte die Provinzverwaltung ihre Unabhängigkeit von der Qing-Regierung in Beijing. Der Kaiserhof setzte den hochrangigen

M 10 Das chinesische Revolutionskomitee unter Sun Yatsen, Fotografie, 1912.
Das Foto zeigt Sun Yatsen vorne sitzend in der Mitte.

General **Yuan Shikai (1859–1916)** zur Niederschlagung des Aufstandes ein, doch nach nur sechs Wochen hatten bereits 15 von 24 Provinzen, vor allem im Süden Chinas ihre Unabhängigkeit von der mandschurischen Qing-Dynastie erklärt. Am 29. Dezember 1911 wurde Sun Yatsen zum Präsidenten einer Übergangsregierung in Nanjing ernannt, der sich zu Beginn des Aufstands in den USA aufgehalten hatte und erst am 25. Dezember nach einem Zwischenstopp in Europa nach China zurückgekehrt war. Doch die Revolutionäre um Sun Yatsen besaßen keine Truppen, um ihre Macht durchzusetzen. Es kam zu einer Zusammenarbeit zwischen Sun Yatsen und General Yuan Shikai. Als Gegenleistung für die militärische Unterstützung der Revolution versprach Sun Yatsen, das Präsidentenamt an den General abzutreten. Yuan Shikai zwang den Thronregenten, die Abdankung des Kaisers Pu Yi einzuleiten, die am 12. Februar 1912 erfolgte. Kaiser Pu Yi durfte zwar seinen Titel behalten und weiterhin in der „Verbotenen Stadt" leben, besaß aber keinerlei politische Macht mehr. Die Republik war in ganz China etabliert und Yuan Shikai wurde ihr erster Präsident. Die Gründung der Republik beendete das über 2000 Jahre währende chinesische Kaiserreich.

Kontrovers diskutiert wird in der Forschung die Frage, wann in China der „Weg in die Moderne" begann und welche Rolle dabei die imperialistischen Mächte spielten. Dabei wird auch der Begriff der „Nation" in Bezug auf das kaiserliche China problematisiert. In der marxistischen Deutung werden die letzten Jahrzehnte des Kaiserreichs als Phase des „nationalen Kapitalismus" und damit als Vorstufe zur Revolution und Gründung der Volksrepublik 1949 angesehen.

M 11 General Yuan Shikai, kolorierte Fotografie, 1910

▶ M 47–M 49: Geschichte kontrovers

Ausblick

Präsident Yuan Shikai hatte jedoch nicht die Umsetzung der republikanischen Ideale im Sinn. 1915 ernannte sich Yuan Shikai zum Kaiser und ersetzte die Republik erneut durch eine Monarchie. Doch als er im Juni 1916 starb, entstand ein Machtvakuum in China, in dem sich mehrere Jahre lang lokale Kriegsherren mit ihren Armeen gegenüberstanden. Erst 1926 konnte die aus Sun Yatsens *Tongmenghui* hervorgegangene Volkspartei (*Guomindang*) unter Chiang Kai-shek, dem Nachfolger Sun Yatsens, China zumindest nominell einigen. Die 1921 gegründete Kommunistische Partei Chinas (KPCh) ging zunächst eine Kooperation mit der nationalistischen *Guomindang* ein, doch nach dem Tod Sun Yatsens kam es zum Bruch. Jahrzehntelange Kämpfe zwischen GMD und KPCh endeten erst 1949 mit der Gründung der kommunistischen Volksrepublik China unter Mao Zedong und der Flucht der GMD unter Chiang Kai-shek nach Taiwan. In Taiwan besteht bis heute die Republik China.

1 Fassen Sie zusammen, welche Ideen und Träger die verschiedenen Reformphasen (Selbststärkungsbewegung, Hundert-Tage-Reform, „Neue Politik") bestimmen.
2 **Partnerarbeit/Lernplakat:** Arbeiten Sie gemeinsam mit einem Partner Ablauf und Akteure des „Boxeraufstands" heraus. Stellen Sie Ihre Ergebnisse in einem gemeinsamen Lernplakat dar.
3 **Zeitleiste:** Ordnen Sie die Ereignisse bis zur Präsidentschaft von Yuan Shikai auf einer Zeitleiste ein.

2.4 Chinesische Reaktionen zwischen Anpassung und Widerstand

Hinweise zur Arbeit mit den Materialien

Zunächst können mithilfe von einer Quelle und zwei Bildern Ideen und Reformen der Selbststärkungsbewegung der 1860er-Jahre (M 12 bis M 14) untersucht werden. M 15 und M 16 präsentieren zeitgenössische Gegenstimmen. Anschließend ermöglichen M 17 bis M 19 eine Diskussion der Folgen. Den zweiten Themenschwerpunkt bildet die Hundert-Tage-Reform. Die Materialien decken die Aspekte Vorgeschichte (M 20), Ideen des Reformers Kang Youwei (M 21 bis M 23), Umsetzung durch den Guangxu-Kaiser (M 24) und wissenschaftliche Bilanz (M 25) ab. Mithilfe der Materialien kann auch die übergeordnete Frage diskutiert werden, inwiefern man hier von einer „Anpassung" Chinas sprechen kann. „Widerstand" gegen die imperialistischen Mächte leistete dagegen die „Boxerbewegung" (M 26 bis M 30). Mithilfe der Karikatur M 31 kann eine stereotype Deutung untersucht werden. M 32 dient der Analyse der Motive der Qing-Regierung und M 33 bietet einen Bericht aus deutscher Sicht. In einem kleinen Exkurs kann die europäische Rezeption des Boxeraufstands (M 34, M 35) betrachtet werden. Der Weg zur Gründung der Republik wird von Reformbemühungen der Qing-Regierung (M 37 bis M 40) einerseits und der zunehmenden politischen Opposition (M 36, M 41 bis M 43) andererseits geprägt. Die Materialien M 44 bis M 46 widmen sich schließlich der Republikgründung von 1911. Abschließend können unter der Rubrik „Geschichte kontrovers" Analysen (M 47 bis M 48) diskutiert werden, die sich mit Chinas Weg in die Moderne auseinandersetzen. Ein weiterer kleiner Exkurs ist am Ende der Analyse von Erklärvideos gewidmet.

Zur Vernetzung mit dem Kernmodul

- *Die Materialien zu den verschiedenen Reformbewegungen lassen sich mit den Modellen von Merkel (M 7) und Kollmorgen (M 11) verbinden.*
- *Das Thema „Boxeraufstand" kann als „Kulturzusammenstoß" (Bitterli M 3) diskutiert werden.*
- *Die Republikgründung zeigt sich als beschleunigter Transformationsprozess (Kollmorgen M 11, M 13).*

Selbststärkungsbewegung

M 12 Forderungen des Beamtengelehrten Feng Guifen (1861)

Nach einer allgemeinen Geografie [...] ist das Territorium Chinas achtmal größer als das Russlands, zehnmal größer als der USA, hundertmal das Frankreichs und zweihundertmal das Großbritanniens. [...] Trotzdem werden wir in beschämender Weise von den vier Nationen gedemütigt. [...] Unsere Geringerwertigkeit stammt nun nicht vom Himmel, sondern von uns selbst. [...] Warum sind die westlichen Nationen klein und doch so stark? Warum sind wir groß und doch schwach? Wir müssen nach den Methoden suchen, um ihnen gleich zu werden, und das hängt allein von menschlichem Bemühen ab. [...] Wir brauchen nur eins von den Barbaren zu lernen, und das sind starke Schiffe und wirksame Kanonen. [...]
Der Nachdruck unserer Nation auf Beamtenprüfungen hat sich seit langer Zeit tief in das Denken der Menschen eingegraben. Intelligente und glänzende Gelehrte haben ihre Zeit und Energie auf so nutzlose Dinge wie stereotype Prüfungsaufsätze, Prüfungspapiere und strenge Schönschrift verschwendet. [...] Wir sollten nun die Hälfte von ihnen veranlassen, sich der Produktion von Instrumenten und Waffen und der Förderung von Studien der Physik zuzuwenden. [...] Intelligenz und Begabung der Chinesen sind sicherlich denen der verschiedenen Barbaren überlegen; nur haben wir diese bisher nicht genutzt. [...] Anfangs können sie die Ausländer als ihre Lehrer und Vorbilder nehmen; dann werden sie das gleiche Niveau mit ihnen erreichen; schließlich werden sie sie übertreffen. Dies ist der Weg zur Selbststärkung. [...] Einige haben gefragt, warum wir nicht einfach Schiffe kaufen und sie mit Söldnern bemannen, aber die Antwort ist, dass das nicht reicht. Wenn wir sie herstellen, reparieren und nutzen können, erst dann sind es unsere Waffen. [...] Nur so können wir Frieden für das Kaiserreich schaffen, nur so können wir die führende Macht der Welt werden.

Zit. nach: William Theodore de Bary u. a. (Hg.), Sources of Chinese Tradition, Columbia University Press, New York 1960, S. 708 f. Übersetzt von Klaus Mäding.*

M 13 Das Portal des Amtes für Außenbeziehungen in Beijing, Fotografie, 1908.
Auf der Tafel über dem Eingang steht: „China und das Ausland sind friedlich und glücklich."

M 14 Inspektion einer US-amerikanischen Kanone im Arsenal von Nanjing, Fotografie, 1872

1 Fassen Sie die Reformvorschläge der Selbststärkungsbewegung mithilfe von M 12 bis M 14 zusammen.
2 Erklären Sie, was Feng Guifen (M 12) mit folgendem Satz meint: „Unsere Geringerwertigkeit stammt nun nicht vom Himmel, sondern von uns selbst." (Z. 6 ff.)

M 15 Eingabe des Zensors Zhang Shengzao an die Kaiserinwitwe Cixi (um 1867)

Wenn der Kaiser Beamte einstellt, muss er Leute nehmen, die der klassisch gebildeten Gelehrtenschicht angehören. Sie müssen Konfuzius und Menzius gelesen haben, sie müssen mit den Theorien Yaos und Shuns vertraut sein. Sie müssen diese Dinge verstehen und auch selbst anwenden können. [...] Warum sollte man sie dazu veranlassen, Technik zu studieren? Warum sollten sie sich extra Kenntnisse im Schiffbau und in der Waffenherstellung aneignen? Spricht man über die Selbststärkung, so bedeutet das die Stärkung des Kaiserhofes, dafür sollte man lieber die Gesetze und Prinzipien in Ordnung bringen und deutlich machen, strikt Belohnungen und Strafen ausführen. [Ferner] bemühe man sich noch um andere wichtige Punkte, wie kluge Leute zu suchen, das Volk zu versorgen, Truppen auszubilden und Rationen zu horten. Was die Stärke von Beamten und Volk anbetrifft, so ist der erste und einzige Punkt ihre moralische Standhaftigkeit. Wenn es der Hof fertigbringt, ihre moralische Stärke auszubilden, dann gibt es im ganzen Reich keinen, der nicht mit uns den Feind bekämpfte. Die Katastrophen können gemildert und die Banditen beseitigt werden. Wenn wir diejenigen, die über klassische Bildung verfügen, die Technik erlernen lassen, wenn wir sie mit dem Mittel eines hohen Beamtenpostens und eines lukrativen Salärs verlocken, dann werden nur noch Prestige und materielle Güter für wichtig gehalten.

Moralische Tugenden aber werden gering geschätzt. Wenn jemand nicht über moralische Festigkeit verfügt, wie könnten wir da hoffen, dass er eine Leistung erbringt?

Zit. nach: Sabine Nagata, Untersuchungen zum Konservativismus im China des späten 19. [neunzehnten] Jahrhunderts, Hassowitz, Wiesbaden 1978, S. 70.*

M 16 Der Gelehrte Zhu Yixin über den Einsatz westlicher Maschinen (1895)

In den Ländern des Westens ist das Territorium groß, die Bevölkerung aber klein, aus diesem Grund benutzen sie auch bei der Feldarbeit Maschinen. Wenn China diese benutzt, dann kann eine Maschine, die pflügt, leicht zehn Männer ersetzen. Diese zehn sind dann arbeitslos und erwarten das Ende. [...] In China muss zuerst für die Armen Sorge getragen werden. Im Westen hat man die Gewohnheit, den Reichtum für sehr wichtig zu halten und die Armut gering zu schätzen. Die Reichen sind hochmütig und korrupt und die Armen sind ehrenhaft. Im Volk sind alle Inhaber [von Ländereien], sie kann kein Unheil treffen. In China sind die Sitten ganz anders. Schwierigkeiten ohne Ende würden entstehen und eine große Zahl im Volk würde arbeitslos. Wenn wir dem armen Volk die Lebensgrundlage entziehen, sodass sie plötzlich nicht mehr den Tag ausfüllen können, und wenn ein oder zwei Schlauberger die Gelegenheit wahrnehmen würden, dann würden Unruhen um sich greifen.

Zit. nach: Sabine Nagata, Untersuchungen zum Konservativismus im China des späten 19. [neunzehnten] Jahrhunderts, Hassowitz, Wiesbaden 1978, S. 78.*

1 **Mindmap:** Stellen Sie in einer Mindmap die Positionen der Selbststärkungsbewegung und ihrer Gegner einander gegenüber.
2 Erläutern Sie auf der Basis von M 15 und M 16 die Argumente der Gegner der Selbststärkung.
3 Beurteilen Sie die Erfolgsaussichten der Reformen.
Tipp: Lesen Sie noch mal den Darstellungstext S. 205 f.

M 17 Der US-amerikanische Sinologe Benjamin Elman über die Selbststärkungsbewegung (2004)

Wenn wir jedoch genauer auf die gesamte Phase der Selbststärkung von 1865 bis 1895 schauen, dann zeigt sich, dass die unwiderrufliche Schwäche und Rückständigkeit Chinas unter den Qing im Kontrast zum industrialisierten Europa und dem sich zügig industrialisierenden Japan ein Kunstprodukt der internationalen und nationalen Meinungsbildung nach dem Chinesisch-Japanischen Krieg 1895 ist. Perspektiven, die unzufrieden mit Chinas Fortschritten bei der Verwestlichung sind, unterschätzen die zentrale Rolle,

die wissenschaftliche Übersetzungen durch Missionare, die Industrialisierung der Arsenale und die neuen staatlichen Schulen für die Entstehung der modernen Wissenschaft und Technik während der
15 späten Qing-Herrschaft hatten. Wir sollten die Arsenale, Fabriken und Übersetzungsschulen auch als Vorboten der chinesischen industriellen Revolution ansehen und nicht nur als Vorgeschichte vom Ende der Qing-Dynastie und des kaiserlichen Chinas.

Benjamin Elman, Naval Warfare and the Refraction of China's Self-Strengthening Reforms into Scientific and Technological Failure, 1865–1895., in: Modern Asian Studies 38: 2 (May 2004), S. 283–326, S. 326.

1 Erläutern Sie die These von Elman, dass die „Rückständigkeit Chinas" ein „Kunstprodukt" sei (M 17).

M 18 Der Sinologe Kai Vogelsang über Neuerungen im Zuge der „Selbststärkung" (2017)

Wie stark die politische Landschaft des Qing-Reichs bereits fragmentiert war, zeigt die Weise, wie „Selbststärkung" im Süden des Reiches interpretiert wurde. Dort entwickelten Akteure in einer ganz unterschied-
5 lichen Umgebung ihre eigenen Ziele. In Städten wie Shanghai standen chinesische Gelehrte in unmittelbarem Kontakt mit Europäern und Amerikanern. Zudem hatte die Ausweitung des chinesischen Buchmarkts seit dem 16./17. Jahrhundert die besten
10 Voraussetzungen für die Vermittlung westlicher Lehren geschaffen: [...]
Zwischen 1843 und 1863 publizierte die „*London Missionary Society Press*" (*Mohai shugan*) in Shanghai zahlreiche Übersetzungen westlicher Werke, im
15 Übersetzungsamt des Jiangnan-Arsenals wurden zwischen 1868 und 1879 143 westliche Werke übertragen. [...] [Z]wischen 1840 und 1890 gründeten Ausländer – größtenteils Missionare – annähernd 170 Chinesische oder westlich-sprachige Zeitungen, die
20 Nachrichten zu Wirtschaft, Politik, Religion, Literatur, Geschichte, Philosophie, Wissenschaft, Kunst und Technik des Westens publizierten. [...]
Eine „öffentliche Meinung" kannte man bereits in China. Hier aber zeigte sich ihre ganze, durch die
25 Druckerpresse vervielfachte Reichweite und ihr Potenzial, die Politik zu demokratisieren. Jetzt begannen chinesische Gelehrte, das politische System der USA schätzen zu lernen. [...] [U]nd Feng Guifen (1809–1874) schlug vor, da „die öffentliche Meinung
30 einer Prüfung allemal überlegen" sei, die Beamtenprüfungen allesamt abzuschaffen und durch *Wahlen* zu ersetzen. [...]
Auch wenn solche Vorschläge lange nur in kleinen Kreisen zirkulierten – sie zeigen, auf welch wohlbe-
35 reiteten Boden westliche Lehren bei chinesischen Eliten fielen. Die sozialen Veränderungen des 17. –19. Jahrhunderts – mediale Revolution, Auflösung von Hierarchien, kritische Gelehrsamkeit, Urbanität, Herausbildung einer Öffentlichkeit, ein sich wandelndes Frauenbild – waren die Voraussetzungen für den unerhörten Einfluss westlicher Ideen ab Mitte des 19. Jahrhunderts. Sie wurden zum Katalysator einer Entwicklung, die schon lange im Schwange war: der Herausbildung einer chinesischen Moderne.
In dieser Interpretation der „Selbststärkung" ging es 45 nicht um den Erhalt der Dynastie, sondern um die Rettung des Landes.

Kai Vogelsang, Geschichte Chinas, Reclam, Stuttgart 2017, S. 462 f.*

1 Arbeiten Sie heraus, wie Kai Vogelsang die chinesischen Reaktionen auf den europäischen Einfluss charakterisiert (M 18).
2 Erörtern Sie die Rolle der Selbststärkungsbewegung für die Transformationsprozesse in China.
▶ Kernmodul: M 11 Raj Kollmorgen

M 19 Der deutsche Geograf Ferdinand von Richthofen und Prinz Gong im Gespräch, Selbstporträt, Zeichnung, 1870.

Ferdinand von Richthofen (1833–1905) reiste in den 1860er- und 1870er-Jahren mehrfach zu Studienzwecken durch China. Prinz Gong stand auch nach dem Entzug der Regentschaft noch dem Staatsrat vor und hatte politischen Einfluss am Kaiserhof.

1 Beschreiben Sie das Bild M 19 und charakterisieren Sie das dargestellte Verhältnis der beiden Personen.
2 Beurteilen Sie, inwieweit die Zeichnung von Richthofen gängige Stereotypen aufgreift.
   Tipp: Nehmen Sie M 6 und M 7, Kap. 1, S. 146 f. zu Hilfe.
3 **Zusatzaufgabe:** Siehe S. 480.

1 Erklären Sie die Folgen der chinesischen Niederlage gegen Japan.
2 Nehmen Sie Stellung zu der veränderten Politik der imperialistischen Mächte.
3 **Vertiefung:** Kriegsniederlagen beschleunigen oft Transformationsprozesse. Erstellen Sie eine Liste mit vergleichbaren historischen Beispielen.

Reformversuche: Hundert-Tage-Reform

M 20 Der Historiker Thoralf Klein über die Folgen der Kriegsniederlage gegen Japan (2009)

Die Kriegsniederlage von 1895 demonstrierte auch in den Augen chinesischer Beobachter, dass die Umgestaltung des Qing-Reiches hinter dem ebenfalls ungleichen Verträgen unterworfenen, aber nach 1868
5 gründlich modernisierten Japan zurückgeblieben sei. Zwar konnten die territorialen Forderungen Japans in der Mandschurei durch den Einspruch des sogenannten Ostasiatischen Dreibundes aus Frankreich, Russland und dem Deutschen Reich abgewehrt
10 werden, doch musste China die Insel Taiwan an den Sieger abtreten. Die europäischen Großmächte suchten nun ihrerseits aus der Schwäche Chinas Kapital zu schlagen. Den Anfang macht das Deutsche Reich, als es im Herbst 1897 in einem Handstreich die
15 Jiaozhou-Bucht besetzte, von China für 99 Jahre pachtete und die Stadt Qingdao (Tsingtau) als Flottenstützpunkt, wirtschaftliches und kulturelles Zentrum gründete. Dem deutschen Beispiel folgend, erzwangen auch andere Staaten im *scramble for*
20 *concessions* von China die Überlassung von Pachtgebieten: Russland sichert sich Lüshung (Port Arthur) und Dalian an der Südspitze der Liaodong-Halbinsel in der Mandschurei auf 25 Jahre; Großbritannien pachtete Weihaiwei (Shandong) für die gleiche Dau-
25 er und die nördlich an Hongkong angrenzenden *New Territories* für 99 Jahre; Frankreich schließlich erhielt Guangzhouwan (Guangdong).
Über den Erwerb von Stützpunkten ließen sich die Mächte von China Gebiete als sogenannte Interes-
30 sensphären zusprechen, die ohne ihre Zustimmung nicht veräußert werden durften […]. Das Interesse an solchen Einflusszonen war motiviert durch den Übergang vom Chinahandel zu anderen Formen wirtschaftlicher Durchdringung wie dem Erwerb von
35 Bergbaurechten, von Konzessionen für den Bau von Eisenbahnen sowie der Bereitstellung von Krediten für China. Für eine Weile schien den Zeitgenossen die Aufteilung des Qing-Reiches unter die imperialistischen Mächte greifbar nahe.

Thoralf Klein, Geschichte Chinas. Von 1800 bis zur Gegenwart, UTB, Stuttgart 2009, S. 40 f.*

M 21 Der US-amerikanische Sinologe Jonathan D. Spence über den Gelehrten Kang Youwei (1995)

Der angesehenste unter all diesen Kritikern war bei gebildeten Chinesen im In- und Ausland der namhafte Gelehrte Kang Youwei, der 1895 den *Jinshi*-Grad [oberste Stufe der Beamtenprüfung] erlangt
5 und bei den Reformen von 1898 Kaiser Guangxu als persönlicher Berater gedient hatte. Bis zum Jahr 1911 bedrängte er die Qing unablässig, ihre Regierung zu reformieren und das Land zu modernisieren, um mit den Japanern gleichzuziehen und
10 weitere ausländische Aggressionen abwehren zu können. Zur Propagierung seiner Ansichten gründete Kang verschiedene Organisationen, darunter als wichtigste die „Gesellschaft zum Schutze des Kaisers" und die „Gesellschaft zur Förderung der
15 konstitutionellen Regierungsform". Chinesische Kaufleute und Bankiers in Südostasien, den Vereinigten Staaten (denen er 1905 einen Besuch abstattete) und Kanada ließen ihm großzügige Spenden zukommen, um die Reformen in China voranzu-
20 treiben. Nach dem Scheitern zweier von ihm angezettelter Aufstände gegen die Kaiserinwitwe im Jahr 1900 wandte sich Kang von bewaffneten Revolten ein für allemal ab. Stattdessen versuchte er, wie aus den Namen seiner Organisationen ersicht-
25 lich, Guangxus Freilassung aus der Palasthaft zu erreichen, sah er doch in dem seit 1898 inhaftierten jungen Kaiser die progressive Führergestalt, die China aus der Misere führen konnte, wie der Meiji-Kaiser im späten 19. Jahrhundert Japan.
30 Durch Guangxus Tod im Jahr 1908 verlor Kang Youweis Konzept seinen festen Bezugspunkt. Trotzdem hielt er an den Idealen einer legitimen konstitutionellen Monarchie nach westlichen und konfuzianischen Prinzipien fest und unterstützte die Herrschaftsrech-
35 te der Mandschu auch weiterhin. Mit dem Erstarken der mandschufeindlichen Strömungen jedoch fanden selbst Kangs persönliche Anhänger seine Position allmählich reichlich exzentrisch, und seine verschiedenen Gönner begannen sich zu fragen, wo denn ihr Geld geblieben sei.

Jonathan D. Spence, Chinas Weg in die Moderne, Carl Hanser Verlag, München 1995, S. 319 f.

2.4 Chinesische Reaktionen zwischen Anpassung und Widerstand

M 22 Der Philosoph Kang Youwei über eine Audienz beim Guangxu-Kaiser (16. Juni 1898)

Ich sagte: „Die Fremden bedrängen uns von allen Seiten mit der Absicht, unser Reich zu teilen. Der Zusammenbruch und Fall Chinas scheint bevorzustehen. [...] Wenn während der vergangenen letzten
5 Jahrzehnte Minister davon sprachen, die Institutionen zu reformieren, hatten die meisten von ihnen nur punktuelle Veränderungen und nicht sorgfältig durchdachte und geplante Reformen, die die Gesamtsituation erwogen, im Sinn. Wenn wir von insti-
10 tutionellen Reformen sprechen, sollten wir mit der Veränderung der Einrichtungen und Gesetze beginnen. [...] Der Westen brauchte 300 Jahre, um eine geordnete Herrschaft zu erreichen, doch Japan wurde stark durch Reformen in 30 Jahren. Unser China, groß
15 und bevölkerungsreich, würde drei Jahre mit Reformen benötigen, um auf eigenen Füßen stehen zu können. Es liegt nicht daran, dass die hohen Minister den Staatsgeschäften keine Aufmerksamkeit schenkten. Es liegt daran, dass zu dem Zeitpunkt, da sie
20 durch höheres Alter und langen Dienst höhere Ämter erreicht haben, ihre Vitalität und Energie abnimmt. Mehr noch, sie müssen viele Ämter zugleich innehaben, sodass, selbst wenn sie es wollen, sie nicht die Zeit haben, Bücher zu lesen. Die Erziehung und Aus-
25 bildung, die sie sich aus ihrer Jugend aneigneten, bereitete sie nicht vor auf Aufgaben wie die Errichtung moderner Schulen oder die Verwaltung des Handels [...].
Der Grund für die derzeitige Schwierigkeit liegt in
30 der Tatsache, dass der Verstand des Volkes nicht aufgeklärt ist, sodass, obwohl wir eine große Bevölkerung haben, die Leute nicht zu sinnvollen Vorhaben hingeführt werden können. Die Ursache für das Fehlen von Aufklärung im Verstand des Volkes liegt im
35 System des achtgliedrigen Aufsatzes [siehe S. 75] als Vorgabe zum Auswählen von Beamten. Wer das Schreiben des achtgliedrigen Aufsatzes lernt, liest keine Bücher, die nach den Qin- und Han-Perioden[1] veröffentlicht wurden und studiert nicht das Gesche-
40 hen in anderen Ländern der Welt. Dennoch kann er in höhere Ämter aufsteigen [...]. [...]"
Der Kaiser erwiderte: „Es ist wahr. Die derzeitige Situation wurde von der Tatsache herbeigeführt, dass die Westler sinnvollem Wissen Aufmerksamkeit
45 schenken, während die Chinesen ihre Aufmerksamkeit unwichtigem Wissen zuwenden."

Jung-Pang Lo (Hg.), K'ang Yu-we. A Biography and a Symposion, University of Arizona Press, Tuscon 1976, S. 93 ff. Übersetzt von Gerhard Henke-Bockschatz.*

[1] *Qin- und Han-Dynastie*: chinesische Herrscherdynastien aus der Zeit 221 v. Chr.–220 n. Chr.

1 Arbeiten Sie auf der Basis von M 21 und M 22 die Grundpositionen Kang Youweis heraus.
2 Setzen Sie sich mit seiner Position gegenüber dem Westen auseinander.

M 23 Magistrat der Unterpräfektur Longzhou im Kreis seiner Kinder und Enkel, Fotografie, um 1890

1 Setzen Sie das Porträt des Magistrats (M 23) in Beziehung zu der Kritik Kang Youweis an den chinesischen Beamten (M 22).

M 24 Erstes Edikt des Guangxu-Kaisers aus der Zeit seiner Reformära (11. Juni 1898)

Unsere Liebe für unser Volk und unsere Sorge, das Reich von Lethargie und Korruption zu befreien, die es befallen haben und dem Untergang entgegenführen, haben uns veranlasst, diese Reformära der Regierung anzusetzen und eine höhere und umfassendere 5
Erziehung zum Vorteil des Volkes und zur Stärkung und Bereicherung des Reiches einzurichten. Doch wir konnten das nicht mit eigenen Mitteln leisten. Deshalb haben wir entschieden, zu unserer Hilfe Gelehrsamkeit und Wissen des Westens einzuführen, 10
was uns für unsere Zwecke fehlt. Denn die Menschen des Westens sind uns an Eifer und Beharrlichkeit im Bemühen um das Wissen überlegen. [...] So sind wir der Ansicht, dass die Menschen des Westens weise

und weitsichtig sind. Sie bringen ihren Familien Wohlstand, Gesundheit. Sie haben das, was den Verstand klar und wach macht und die Person vervollkommnet. Sie haben eine lange Lebenserwartung. All das wird durch ihr Herrschafts- und Erziehungssystem ermöglicht. Die Menschen des Westens sind stets bemüht, alles, was sie zum Wohle und Nutzen ihres Volkes finden, zu verbreiten, damit allen der Vorteil zuteilwird.

Zit. nach: Hans Süßmuth, Die Geschichte der Volksrepublik China, ein didaktischer Entwurf, in: Beilage zur Wochenzeitung „Das Parlament" vom 16.08.1967.

1 Erläutern Sie, welche Absicht Kaiser Guangxu mit diesem Edikt verfolgt.
2 Vergleichen Sie das Edikt mit den Positionen Kang Youweis.

M 25 Der Sinologe Hu Kai und der Historiker Gerhard Schildt über die Hundert-Tage-Reform (2014)

Vorgesehen wurden auf politischem Gebiet ein Initiativ- und Petitionsrecht und der Abbau des Beamtenapparats zur Erhöhung der Effizienz. Industrie, Landwirtschaft und Handel sollten gefördert werden. Dazu kamen die Verbesserung des Bildungs- und Prüfungswesens und die Modernisierung der militärischen Ausbildung. Eine konstitutionelle Reform wie die Schaffung einer Verfassung mit einem Parlament, für die Kang [Youwei] und seine Anhänger sich eingesetzt hatten, war jedoch nicht vorgesehen.
Der Verlust von Macht und Privilegien, der den konservativen Bürokraten durch die Reform drohte, führte zu massivem Widerstand. Die Unzufriedenen sammelten sich um die Kaiserinwitwe Cixi (1835–1908), die mächtig genug war, die Macht ihres Sohnes, des amtierenden Kaisers, einschränken zu können, und hintertrieben die Umsetzung der Reformmaßnahmen. Die Konflikte zwischen den Reformkräften und den Konservativen verschärften sich und führten schließlich zu einem Staatsstreich am 21. September 1898, bei dem Cixi den Kaiser festnehmen und inhaftieren ließ. Danach regierte sie als Regentin und erstickte die Reform, die nur 103 Tage gedauert hatte, in einem Blutbad. Während Kang noch fliehen konnte, wurden andere wichtige Reformführer hingerichtet. Die Reformen wurden rückgängig gemacht. Der Kaiser blieb bis an sein Lebensende in Haft. Die Gründung der ersten modernen Hochschule in Beijing [...] ist die einzige Maßnahme [...], die Cixis Unterdrückung überlebt hat.

Hu Kai und Gerhard Schildt, Das moderne China. 19. und 20. Jahrhundert, Reclam, Stuttgart 2014, S. 45.*

1 Charakterisieren Sie die Qing-Herrschaft am Ende des 19. Jahrhunderts.
2 **Zusatzaufgabe:** Siehe S. 480.

„Boxeraufstand"

M 26 Europäischer Blick auf China: Gefolterte und ermordete Christen, Zeichnung aus der französischen Zeitschrift „Le Petit Journal", 1891

1 Interpretieren Sie das Bild M 26.
Tipp: Nutzen Sie die methodischen Hinweise S. 161. Weitere inhaltliche Hinweise siehe S. 150.

M 27 Plakattext der „Boxer" (1900)
Im Sommer des Jahres 1900 hängten die „In Rechtschaffenheit vereinten Milizen" (Yihetuan) in den Dörfern der nordostchinesischen Provinz Shandong Plakate mit dem folgenden Text auf:
Die Geister helfen den Fäusten, den Milizen für Gerechtigkeit und Eintracht, aus dem einfachen Grund, weil die Teufel in China Unruhe stiften. Vom Himmel regnet es nicht, die Erde ist ausgetrocknet, aus dem einfachen Grund, weil die Teufel den Himmel stören. Der Herrscher des Himmels ist wütend, der Herrscher der Unsterblichen ist ärgerlich, gemeinsam steigen sie die Berge herab, um die Lehre zu verkünden. Die Geister kommen aus den Höhlen heraus, die Unsterblichen steigen die Berge herab, sie verbinden sich mit den menschlichen Körpern, um den Faustkampf zu üben. Sie zerstören Eisenbahngleise,

sie reißen Telegraphendrähte herunter und brennen wütend Dampfschiffe nieder. Die großen französischen Teufel sind in ihren Herzen von gewaltiger Angst ergriffen, die Engländer, Amerikaner, Deutschen und Russen sind alle in einer unangenehmen Lage. Die ausländischen Teufel werden alle vollkommen vernichtet. Die große Qing beruhigt das Land völlig.

Zit. nach: Sabine Dabringhaus, Der Boxeraufstand in China (1900/1901): Die Militarisierung eines kulturellen Konflikts, in: Eva-Maria Auch (Hg.), „Barbaren" und „weiße Teufel" – Kulturkonflikte und Imperialismus in Asien vom 18.–20. Jahrhundert, Schöningh, Paderborn 1997, S. 123.

M 28 **Der Historiker Fan Wenlan über die „Yihetuan" (1959)**

Die „Yihetuan" waren in der Hauptsache Bauern und Handwerker, die infolge der zunehmenden Einfuhr ausländischer Waren und der unaufhaltsamen Entwicklung der neuen Industrie Arbeit und Brot verloren hatten. Sie wollten die alte Produktionsweise erhalten, wobei ihre Rückständigkeit unvermeidlich zutage trat. Die „Yihetuan" strebten blindlings danach, alles Ausländische – Religion, Bücher, Waren, Fachleute, Produktionsmittel – auszurotten. [...] Sie mobilisierten die Massen, indem sie zum Mittel der Geisterverehrung und der Zauberformeln griffen. [...] Sie waren auch der Ansicht, sie brauchten nur die Formel „Ich öffne die Tür zur Höhle im Norden und bitte den Eisernen Buddha herauszukommen. Der Eiserne Buddha sitzt auf einem eisernen Thron, mit einem eisernen Helm, in einem eisernen Panzer, hinter eisernen Wänden. Sie schützen ihn vor dem Feuer der Geschütze" auszusprechen und könnten dann, nur mit Schwert und Spieß bewaffnet, den europäischen Gewehren und Kanonen widerstehen. [...] Nachdem man vor den Täfelchen der Geister zu Boden gefallen war und geschworen hatte, das Getane nicht zu bereuen, wurde vor dem Vorgesetzten ein mündliches Gelübde geleistet: „Nicht die Hand nach Geld oder Frauen ausstrecken, nicht den Befehlen der Eltern zuwiderhandeln, nicht gegen die bestehenden Gesetze verstoßen, Ausländer ausrotten, bestechliche Beamte töten. Wenn man an belebte Orte kommt, gesenkten Hauptes einhergehen und nicht nach rechts und links schielen. Wenn man Gleichgesinnte trifft, soll man sich mit ihnen zusammentun." Die Mitglieder der Gesellschaft wagten es nicht, das Gelübde zu brechen, denn bei Bruch des Gelübdes „wirken die Zauberformeln nicht, siedeln sich die Geister nicht im Körper an, und man kann sich nicht vor Gewehren und Kanonen schützen".

Die „Yihetuan" hielten strenge Disziplin und lebten einfach. [...] Von Aristokraten, hohen Beamten und reichen Leuten wurden Geldbeträge für die Errichtung von Geisteraltären erhoben. [...] Überall, wo die „Yihetuan" hinkamen, wurde zuallererst ein Altar für die Geister errichtet. [...] Die „Yihetuan"-Soldaten traten den Truppen der Imperialisten nur mit Schwertern, Spießen, Stöcken und Steinen bewaffnet entgegen.

Fan Wenlan, Neue Geschichte Chinas, Bd. 1, Dt. Verlag der Wissenschaften (DDR), Berlin 1959, S. 478–483.*

1 Arbeiten Sie mithilfe von M 27 und M 28 die Motive und die Ziele der *Yihetuan* heraus.
2 Setzen Sie M 27 und M 28 in Beziehung zu traditionellen chinesischen Vorstellungen.
3 Nehmen Sie Stellung, ob es sich bei der „Boxerbewegung" um einen Kulturzusammenstoß handelt.
▶ Kernmodul: M 3 Urs Bitterli
Tipp: Siehe S. 480.

M 29 **„Europäer lassen sich Tee von chinesischen Boys servieren" in Qingdao, Fotografie, um 1900**

1 Vergleichen Sie die Rolle der Europäer in M 29 mit den „Eroberern" in Südamerika, Kap. 7.

M 30 **Der deutsche Sinologe Bruno Navarra (1850–1911) über die Hintergründe des „Boxeraufstands" (1901)**

Der Druck durch die Fremdmächte wird der chinesischen Regierung immer unerträglicher. [...] Die Zahl der den Fremden geöffneten Häfen ist von anfangs vier im Laufe von kaum sechzig Jahren auf dreißig gestiegen, durchaus nicht auf Wunsch der Chinesen, sondern durch Zwang vom Auslande her. Von der Seeküste sind solche geöffneten Handelsplätze bereits am Yangzi bis 1500 Seemeilen ins Innere des

Landes vorgerückt. Jeder neu geöffnete Hafen entzieht aber den Mandarinen, Zöllnern und dergleichen mehr ein größeres Gebiet ihres unregelmäßigen
Einkommens. Auch wachsen damit die Ansprüche an
die Beamten behufs Schutzes der Ausländer. [...] China hat sich dazu verstehen müssen, den Missionaren
das Recht zu erteilen, im Innern zu wohnen, auch Eigentum zu erwerben, und sieht sich gezwungen, sie
auch zu schützen.
   Der chinesische Gelehrte bemerkt natürlich mit großem Unbehagen das unaufhaltsame Eindringen
fremder Anschauungen, wodurch die altchinesische
Gedankenwelt zerstört wird. Alte Staatsgesetze werden fraglich, die absolute Machtbefugnis der Manda-
rine und anderen Vorgesetzten wird untergraben,
das Ansehen der Götter, der Ahnen, überhaupt der
alten Reichsreligion sinkt immer mehr; die alten Sitten kommen in Verfall, und dies nicht allein durch
die sich jährlich mehrenden Gotteshäuser, deren
Diener Hunderttausende von Missionsschriften an
die Landeskinder verteilen und die überallhin ihren
Weg finden, sondern besonders auch durch Chinesen, die fremde Schulen [...] besucht haben. Ferner
kommen jährlich Tausende von Chinesen in ihre Heimat zurück, die lange Jahre im Auslande zugebracht
haben. [...]
   Leider werden die Chinesen nicht nur mit den Licht-
seiten der abendländischen Kultur bekannt, sondern
vielleicht in noch höherem Maße mit ihren Schattenseiten. Der rücksichtslose Wettbewerb der Kaufleute,
die Eifersucht der Westmächte untereinander sowie
die mancherlei Intrigen von deren Vertretern gegen
andere in Peking, ferner aber auch die tief bedauerns-
werte Zersplitterung der christlichen Mission – nicht
allein der Hass der Katholiken gegen die Protestanten und umgekehrt, sondern auch das feindliche
Auftreten einer protestantischen Mission gegen die
andere protestantische – alles das bleibt natürlich
den leitenden Kreisen Chinas nicht verborgen. Alles
dies bestärkt sie in ihrer Verachtung gegen die Ausländer, die einander selbst nicht achten. Das Leben
dieser in den Vertragshäfen entspricht auch nicht immer dem christlichen Ideal, ja vielfach nicht einmal
den berechtigten Ansprüchen chinesischer Moral.
[...] Jedenfalls fühlt sich die große Mehrzahl der Chinesen mehr abgestoßen als angezogen von alle dem,
was sie auch im gesellschaftlichen Leben der Ausländer sich abspielen sehen.
   Auf die chinesischen Politiker wirkt noch in empfindlicher Weise die tatsächliche Unzuverlässigkeit der
auswärtigen Politik. Man sieht, dass die feierlichsten

Verträge nur so lange geachtet werden, bis die eine
Partei die Möglichkeit findet, sich zu ihrem Vorteil
über sie hinwegzusetzen.

Bruno Navarra, China und die Chinesen, Max Nössler, Bremen 1901, S. 1052 f.*

1 Geben Sie wieder, wie Navarra den „Kulturaustausch" zwischen China und dem Westen charakterisiert. (M 30).
2 Bewerten Sie Navarras Einschätzung der Lage.
   Tipp: Siehe S. 480.
3 **Vertiefung:** Entwickeln Sie in Partnerarbeit Bedingungen für einen friedlichen Kulturaustausch.

M 31 „The Dragon's Choice" in: Harper's Weekly, 18. August 1900.

Die US-amerikanische Karikatur greift auf dem Höhepunkt des Boxeraufstands auf zwei klassische Stereotype zurück: China als wütender und grausamer Drache und die Vereinigten Staaten, verkörpert durch Uncle Sam, als ruhiger und standhafter Mann mit verschränkter Faust hinter dem Rücken. Es ist die „Wahl des Drachens", so die Bildunterschrift, ob es Frieden oder Krieg gibt.

1 Interpretieren Sie die Karikatur M 31.
2 Vergleichen Sie die Kernaussage der Karikatur (M 31) mit der Einschätzung von Bruno Navarra (M 30).

M 32 Aus dem Schreiben eines hohen Beamten aus dem Kreis der Kaiserinwitwe Cixi (Juli 1900)

Es ist zweifellos eine gute Idee, diese patriotischen Freiwilligen einzusetzen, um die Aggression der Ausländer zurückzuschlagen. Wenn dies sorgfältig geplant und mit strenger Disziplin und guter Führung
5 geleitet wird, kann es zweifellos von sehr hohem Nutzen sein. Aber wenn anders herangegangen wird, werden diese Männer unweigerlich außer Kontrolle geraten, und das einzige Ergebnis wird Chaos und Unglück sein. Sie werden, mein alter Freund und Kol-
10 lege, zweifellos mit mir übereinstimmen, dass die Motive, die die „Boxer"[1] bewegen, patriotische sind. So groß ist das Unbehagen, das zwischen der Masse unseres Volkes und den zum Christentum Bekehrten besteht, dass wir unwiderstehlich bis an den Rand
15 von Feindseligkeiten gezerrt worden sind und unsere Regierung den verzweifelten Weg eingeschlagen hat, „den Feind einzuladen, uns vor den Mauern der Hauptstadt im Kampf gegenüberzutreten". Es ist, als ob wir auf nackte Schwerter träten, ohne mit der
20 Wimper zu zucken; es kann kein Zweifel an Begeisterung und Leidenschaft in unserem Vorhaben bestehen. […]
Ihnen selbst kann man nicht ganz vertrauen, aber mir scheint (obwohl Ihnen möglicherweise diese
25 Idee absurd vorkommt), dass man sie mit Gewinn nutzen könnte, damit sie mit ihrem Fanatismus die Kampfeslust unserer regulären Truppen anregen könnten. Als Kampfeinheiten sind sie absolut wertlos, aber ihre Behauptungen, übernatürliche Künste
30 und Magie zu beherrschen, könnten wertvoll sein, um den Feind zu entmutigen. Aber es wäre ganz falsch, um nicht zu sagen tödlich, wenn wir ihren lächerlichen Ansprüchen wirklich glauben würden oder ihnen irgendeinen wirklichen Nutzen im Kampf
35 zugestehen würden. Selbst wenn irgendeine Wahrheit in diesen Märchen über magische Kräfte zu finden wäre, beruhte das auf Häresie[2], und Sie wissen sehr wohl, dass die chinesische historische Überlieferung zahlreiche Fälle kennt, in denen solche aber-
40 gläubischen Überzeugungen in Rebellionen gegen die herrschende Dynastie endeten. […]
Diese nördlichen „Boxer"[3] werden nicht durch irgendeine Lust am Plündern getrieben, sondern durch eine Art religiöser Besessenheit. Nun sind Menschen
45 aus Nordchina, wie Sie wissen, ihrem Charakter nach beschränkt und stur, während die Südchinesen lebhaft, aber unzuverlässig sind, sodass es schwierig, wenn nicht unmöglich ist, mit beiden zusammen zu einer bestimmten Politik oder gemeinsamen Aktion
50 zu gelangen.

Zit. nach: John O. Bland/Edmund T. Backhouse, China under the Empress Dowager, Heinemann, London 1910, S. 248 f. Übersetzt von Klaus Mäding.*

1 Die britischen Übersetzer haben nicht den Namen „Yihetuan" übernommen, sondern „Boxer" gewählt.
2 *Häresie:* unzulässige Abweichung vom offiziellen Glauben.
3 Die „Yihetuan" wirkten vor allem in Nordchina.

1 Arbeiten Sie die Intention der Qing-Regierung heraus.
2 Beurteilen Sie den Pakt der Regierung mit den Aufständischen.

M 33 Bericht des Freiherrn von Ketteler über den Beginn des „Boxeraufstands" (1900)

Am 31. Mai 1900 schickte der deutsche Gesandte in Beijing folgenden Bericht an seine Regierung:
Nachdem die Anhänger der fremden- und christenfeindlichen Gesellschaft der Boxer in der Nähe der Provinzialhauptstadt Paotingfu [Baoding] und in der Umgebung von Peking Missionsanstalten, Kapellen
5 und Wohnstätten der Christen der französischen Mission zerstört, in einem Dorfe 70 Christen massakriert und endlich einen gegen dieselben ausgesandten chinesischen Oberst getötet und dessen Truppe zersprengt hatten, wandten sie sich am 27. D. M. [des
10 Monats] gegen die Eisenbahnlinien und deren Angestellte, mithin offenkundig gegen die Fremden und ihre Unternehmungen innerhalb Chinas. In der Nacht vor dem 28. Mai wurde die Eisenbahnlinie Peking–Hankau [Beijing–Hankou] in ihrer Anfangsstre-
15 cke zwischen hier und Paotingfu von den Aufrührern zerstört, die fremden Wohnungen umzingelt und die sich außerhalb derselben befindlichen Angestellten mit Steinen beworfen, wobei ein französischer Ingenieur am Kopf schwer verletzt wurde. Nachdem so-
20 dann in den folgenden Tagen die in den Häusern belagerten Frauen und Kinder der französischen und belgischen Eisenbahnbediensteten durch eine Anzahl bewaffneter Europäer befreit und nach hier in Sicherheit gebracht worden waren, tauchten zum
25 ersten Male die von der hiesigen Regierung angeblich zum Schutze entsandten chinesischen Soldaten auf, plünderten die Häuser und steckten sie, während die Fliehenden noch in Sicht waren, in Brand. Am Nachmittag des 28. Mai wurde auch die Tientsin-Peking-
30 Bahn auf deren vorletzter Station Fentai, etwa 30 km von hier, zerstört, das Stationsgebäude, Lokomotiv- und Wagenschuppen in Brand gesteckt und die Angestellten vertrieben. Auch die elektrische Bahn, welche die Firma Siemens & Halske vor Jahresfrist der
35 chinesischen Eisenbahnverwaltung zum Betrieb vom Bahnhofe bis zum Stadtthor übergeben hatte, wurde bei ihrer Kraftstation von dem Pöbel derart bedroht,

dass der leitende Ingenieur, ein Deutscher, sich hierher flüchten musste. Trotz der fortgesetzten eindringlichen Mahnungen und ernstlichen Verwarnungen des diplomatischen Korps ließ die hiesige
40 Regierung weder den Willen, noch den Versuch erkennen, diesen fremdenfeindlichen Ausschreitungen Einhalt zu thun.
[...] Infolge dieser Verschärfung der Lage [durch die Besetzung des Botschaftsviertels in Beijing] sahen
45 sich die Gesandten der fremden Mächte genötigt, besondere Schutzdetachements für die Gesandtschaftsgebäude, die Mitglieder der fremden Vertretungen und die etwa 500 in Peking ansässigen Staatsangehörigen aller Nationen von ihren Regie-
50 rungen zu erbitten. Schon am 31. Mai trafen gemäß diesem Wunsch die von der englischen, amerikanischen, japanischen, russischen, französischen und italienischen Gesandtschaft requirierten Abteilungen in einer Gesamtstärke von 13 Offizieren und 309
55 Matrosen mit zwei Revolverkanonen vermittelst Extrazuges von Tientsin [Tianjin] aus in später Abendstunde in Peking ein.

Joseph Kürschner (Hg.), China: Schilderungen aus Leben und Geschichte, Krieg und Sieg; ein Denkmal den Streitern und der Weltpolitik, Zieger, Leipzig 1901, S. 7.*

1 Beschreiben Sie die im Bericht von Kettelers genannten Formen des Aufstands.
2 Erläutern Sie die Darstellung durch Freiherr von Ketteler.

Zeitgenössische Rezeption des Boxeraufstands in Europa

M34 „Ermordung des deutschen Botschafters in Beijing", französisches Sammelbild, ca. 1900.

In Deutschland wurde dasselbe Sammelbild von der Firma Knorr auf Tütensuppen verbreitet.

M35 Waldersee-Denkmal in Hannover, Fotografie, 2010.
Das Denkmal für Generalfeldmarschall Alfred von Waldersee (1832–1904), der bei der Niederschlagung des Boxeraufstandes in Beijing eine wichtige Rolle spielte, wurde von dem Architekten und Künstler Bernhard Hoetger entworfen. Die Initiative ging 1910 von der Stadt Hannover aus. 1915 wurde das Denkmal eingeweiht.

1 **Recherche/Präsentation:** Suchen Sie im Internet nach weiteren Sammelbildern. Setzen Sie sich mit dieser Form der populären Rezeption auseinander und präsentieren Sie Material und Ergebnisse in Ihrem Kurs.
2 Informieren Sie sich über Alfred von Waldersee und seine Rolle im „Boxeraufstand".
3 Analysieren Sie Darstellung und Symbolik des Denkmals.
4 Erläutern Sie auf der Basis von M 34 und M 35 die Rezeption des „Boxeraufstands" in Europa und insbesondere in Deutschland.
5 **Vertiefung:** Im Boxerprotokoll wurden die Chinesen zu „Sühneaktionen" wie z. B. einem Denkmal für Freiherr von Ketteler in Beijing verpflichtet. Informieren Sie sich über diese Maßnahmen und bewerten Sie diese.

„Boxeraufstand"
cornelsen.de/Webcodes
Code: vimobu

Auf dem Weg zur Gründung der Republik

M 36 Auszüge aus der Schrift „Die Erneuerung des Volkes" von Liang Qichao (1902–1905)

Der Beamtengelehrte Liang Qichao (1873–1929) hatte sich 1898 bereits an der „100-Tage-Reform" beteiligt und musste anschließend nach Japan ins Exil gehen. Hier arbeitete er erfolgreich als Schriftsteller und Herausgeber von Zeitschriften.

Seit es die Menschheit auf der Erde gibt, haben Tausende von Ländern existiert. […] Alle Länder haben dieselbe Sonne und denselben Mond, alle haben Berge und Flüsse, und alle bestehen aus Menschen mit
5 Füßen und Schädeln; aber einige Länder steigen auf, während andere fallen, und einige werden stark, während andere schwach sind. Warum? […] Ich kenne den Grund. Ein Staat entsteht durch die Zusammenkunft von Menschen. […] Wenn wir wollen, dass
10 die Nation sicher, reich und geehrt ist, müssen wir über den Weg zur „Erneuerung des Volkes". […] Es gibt zwei Bedeutungen von Erneuerung. Die eine bedeutet, das zu verbessern, was ursprünglich im Volk ist Die andere bedeutet, sich das anzueignen, was
15 dem Volk ursprünglich fehlte, und so ein neues Volk zu schaffen. […] Unser Volk hat sich seit mehreren Jahrtausenden als Nation auf dem asiatischen Kontinent etabliert, und wir müssen einige besondere Eigenschaften haben, die großartig, edel und vollkom-
20 men sind und sich deutlich von denen anderer Rassen unterscheiden. Wir sollten diese bewahren und sie nicht verloren gehen lassen. […] Wenn wir die Nation stark machen wollen, müssen wir die Methoden untersuchen, die andere Nationen angewandt
25 haben, um unabhängig zu werden. Wir sollten ihre Vorzüge herausgreifen, um unsere eigenen Unzulänglichkeiten zu kompensieren.

Zit. nach: Theodore de Bary und Richard Lufrano (Hg.), From Sources of Chinese Tradition: From 1600 Through the Twentieth Century, Bd. 2, Columbia University Press, 2. Aufl., New York 2000, S. 289–291. Übersetzt von Heidi Martini.*

M 37 Der Sinologe Kai Vogelsang über die „Idee der Nation" (2013)

Die Idee der Nation […] bot die Lösung für die Halt- und Bindungslosigkeit moderner Lebensverhältnisse und das Problem der sozialen Ungleichheit: wenn es schon keine wirtschaftliche, politische oder morali-
5 sche Einheit mehr gab, bildeten die Chinesen dennoch eine Schicksals- und Solidargemeinschaft. […] Wenn politische Reformen erfolgreich sein sollten, musste auch China sich als Nation erkennen: als klassenübergreifende Solidargemeinschaft, mit der sich
10 alle identifizieren, auch und gerade das Volk. Aus den recht- und konturlosen Volksmassen, den *min*, mussten „neue Bürger" (*xinmin*) werden, freie Individuen mit politischem Bewusstsein, Ziviltugenden, Willen zur Mitbestimmung und ausgeprägtem National-
15 stolz. Unter den chinesischen Exilreformern tat sich vor allem Liang Qichao durch sein Bemühen um „neue Bürger" hervor.

Kai Vogelsang, Geschichte Chinas, Reclam, Stuttgart 2013, S. 477f.*

1 Analysieren Sie auf der Basis von M 36 und M 37 Idee und Funktion des Nationsbegriffs.

M 38 Kaiserliches Edikt zur Reform der Qing-Regierung (29. Januar 1901)

Bestimmte Prinzipien der Moral (*changqing*) sind unveränderlich, während die Methoden der Regierungsmethoden (*zhifa*) schon immer veränderlich waren. Der Klassiker der Veränderungen besagt, dass „wenn
5 eine Maßnahme ihre Wirksamkeit verloren hat, ist die Zeit gekommen, sie zu ändern". In den Gesprächen des Konfuzius heißt es, dass „die Shang- und Zhou-Dynastien von den Vorschriften ihrer Vorgänger abwichen und diese ergänzten […]".
10 Wir haben nun den Erlass Ihrer Majestät erhalten, uns ganz der Wiederbelebung Chinas zu widmen, die Verwendung der Begriffe „neu" und „alt" energisch zu unterdrücken und das Beste aus dem Chinesischen und dem Fremden zu vereinen. Die Wurzel von Chi-
15 nas Schwäche liegt in schädlichen Gewohnheiten, die zu fest verankert sind, in zu eng gefassten Regeln und Vorschriften, in der Überfülle von unfähigen und mittelmäßigen Beamten und dem Mangel an wirklich herausragenden Beamten, in unbedeutenden Büro-
20 kraten die sich hinter dem geschriebenen Wort verstecken, und in Büroangestellten und *Yamen*[1]-Läufern, die das geschriebene Wort als Talisman benutzen, um persönliches Vermögen zu erwerben, in den Bergen von Korrespondenz zwischen den Äm-
25 tern, die keinen Bezug zur Realität haben, und im Dienstaltersystem und den damit verbundenen Praktiken, die den wirklich talentierten Männern den Weg versperren. Die erste wesentliche Aufgabe, die noch wichtiger ist als die Entwicklung neuer Regierungs-
30 systeme (*zhifa*), ist es, Männer zu finden, die gut regieren (*zhi ren*). Ohne neue Systeme kann das alte, korrupte System nicht gerettet werden; ohne fähige Männer können auch gute Systeme nicht zum Erfolg geführt werden.

Zit. nach: Theodore de Bary und Richard Lufrano (Hg.), From Sources of Chinese Tradition Bd. 2, Columbia University Press, 2. Aufl., New York 2000, S. 289–291. Übersetzt von Heidi Martini.*

1 *Yamen*: chinesische Lokalbehörde

M 39 Der Historiker Hans Fenske zu Reformen unter Kaiserinwitwe Cixi (2009)

Die harte Niederwerfung des fremdenfeindlichen sogenannten Boxeraufstandes im Jahre 1900 durch eine internationale Streitmacht [...] und das am Ende stehende Boxerprotokoll vom 7. September 1901 waren
5 eine neue schwere Demütigung Chinas. Cixi [Regentin Kaiserinwitwe], die das umkämpfte Peking verlassen hatte und erst 1902 dorthin zurückkehrte, sah nun ein, dass sie den bisherigen konservativen Kurs nicht mehr fortsetzen lassen konnte. Sie wollte 1905
10 eine Delegation von Beamten zu Studienzwecken nach Japan, in die USA und nach Großbritannien und Deutschland schicken und dachte an die Einführung der konstitutionellen Monarchie. Gleichzeitig ordnete sie die Abschaffung des konfuzianistischen Prü-
15 fungswesens für die Beamtenlaufbahn [...] und den Aufbau eines neuen Schulsystems an [...]. Die Reise der Delegation kam nicht zustande, da nationalistische Attentäter gegen die Mitglieder mit Mordanschlägen vorgingen; sie wollten auf keinen Fall eine
20 Stärkung der Mandschu-Dynastie, wie sie von Reformen zu erwarten war. Erst im Jahre 1906 konnte eine neu zusammengesetzte Delegation reisen, sie empfahl bei der Rückkehr Ende des Jahres einen Umbau Chinas gemäß dem Weg, den Japan seit 1868 gegan-
25 gen war. Die Berater Cixis entwickelten dafür einen Zehnjahresplan. Am Ende sollte eine Nationalversammlung stehen, die von viel früher zu errichtenden Provinzialvertretungen beschickt werden sollte. Proklamiert und in Angriff genommen wurden die
30 Ministerial-, die Bildungs-, die Steuer- und die Strafrechtsreform. Die Reorganisation der Armee wurde fortgeführt, der Diplomatische Dienst ausgebaut. Der neue Kurs führte zu verschiedenen Aufständen der Nationalisten, nicht aus Reformfeindlichkeit,
35 sondern aus Gegnerschaft gegen die als ausländisch, nicht-chinesisch empfundenen Mandschu. [...]

Hans Fenske, Der moderne Verfassungsstaat und eine vergleichende Geschichte von der Entstehung bis zum 20. Jahrhundert, Schöningh, Paderborn 2009, S. 497–499.*

M 40 Der Historiker Thoralf Klein zur Reformbewegung der „Neuen Politik" von 1901 (2009)

Begleitet wurden die Aktivitäten von einem wachsenden öffentlichen Interesse, das durch die zunehmende Verbreitung moderner Massenmedien stimuliert wurde. Privatpersonen engagierten sich mit großer
5 Energie für gesellschaftliche Belange, etwa durch die Gründung moderner Schulen. Gleichzeitig wurde die Reformpolitik des Qing-Hofes durch eine Welle des Patriotismus begleitet. [...] Aus dem Blickwinkel der herrschenden Dynastie hatten Bewegungen dieser Art jedoch einen ambivalenten Charakter: Einerseits
10 gelang es dem Qing-Hof, die sozialen Eliten zur Unterstützung zu mobilisieren, andererseits verbanden sich die antiimperialistischen Aktivitäten häufig mit der Forderung nach politischer Partizipation und gerieten damit außer Kontrolle. Insofern hatte die
15 Qing-Regierung einen Teil jener Kräfte, von denen sie 1911 gestürzt wurde, selbst mit wachgerufen.

Thoralf Klein, Geschichte Chinas. Von 1800 bis zur Gegenwart, Ferdinand Schöningh, Paderborn 2009, S. 43 f.*

1 Erläutern Sie die in M 38 und M 39 genannten Ansätze einer Umgestaltung der chinesischen Regierung.
   Tipp: Lesen Sie dazu noch mal den Darstellungstext S. 209 f.
2 Geben Sie Kleins Einschätzung der Reformbewegungen wieder.
3 **Zusatzaufgabe:** Siehe S. 480.

M 41 Sun Yatsen über China (1911)

Von allen Völkern der Welt sind wir Chinesen das größte. Unsere Zivilisation und Kultur besteht seit viertausend Jahren. Eigentlich sollten wir mit den europäischen Ländern auf einer Stufe stehen. Da wir aber nur
5 Bewusstsein für Familie und Sippe, nicht aber für den Staat haben, sind wir doch wirklich nichts weiter als ein Haufen losen Sandes[1] und deswegen ist unser Land das ärmste und schwächlichste. [...] Unser Vaterland ist ein Stück Kuchen, aus dem sich die anderen nach
10 Belieben die besten Stücke herausschneiden.

Sun Yatsen, Die Grundlehren von dem Volkstum, Schlieffen-Verlag, Berlin 1927, S. 27. Übersetzt von Tsan Wan.*

1 Das Bild von einem „Haufen losen Sandes" wurde noch von Staats- und Parteichef Deng Xiaoping 1993 beschworen.

M 42 Sun Yatsen über die „Drei Volksprinzipien" (1905)

Das erste Prinzip: Das Prinzip des Nationalismus der Guomindang hat eine doppelte Bedeutung. Zunächst fordert es die Selbstbestimmung der chinesischen Nation, dann fordert es die Gleichberechtigung der Rassen, die sich innerhalb der chinesischen Republik
5 zusammengefasst finden.
Das zweite Prinzip handelt von den Rechten des Volkes, von der Demokratie. Die Guomindang fordert nicht allein die indirekten Rechte der Volksvertretung, sondern auch die direkten politischen Rechte
10 des Volkes. Das bedeutet, dass das Volk nicht allein das Recht der Wahl haben wird, sondern auch das Recht der Initiative, des Referendums und der Abberufung der gewählten Vertreter. [...]

15 Das dritte Prinzip von der Wohlfahrt des Volkes [...] enthält zwei wichtige Punkte: erstens die gleichmäßige Verteilung des Bodenbesitzes, zweitens die Beschränkung des Kapitals.

Zit. nach: Roderick MacFarquhar, Die Verbotene Stadt, übers. von Otto Wilck, Ebeling, Wiesbaden 1976, S. 119.*

1 Fassen Sie die Ideen Sun Yatsens zusammen.
2 Vergleichen Sie seine Ideen mit dem Reformprogramm der Qing.

M 43 Ein revolutionärer Aufruf (1903)

Ihr 400 Millionen Angehörige der großen Han-Rasse[1], meine Landsleute, ob Mann oder Frau, betagt oder älter, in bestem Alter, Jüngere oder Kinder; nehmt diese Revolution in Angriff. Es ist die Pflicht eines jeden Ein-
5 zelnen und aller. [...] [E]ure Länder nehmen zwei Drittel Asiens ein. Landsleute, ihr stellt ein Fünftel der Weltbevölkerung. Euer Tee kann die unzählbaren Millionen auf der Welt und mehr versorgen. Eure Kohle kann für zweitausend Jahre Treibstoff für die ganze Welt sicher-
10 stellen und wird nicht knapp. Ihr besitzt das Omen der Gelben Gefahr[2], ihr besitzt die Kraft der heiligen Rasse. Ihr besitzt die Regierung, leitet sie selbst. Ihr habt Gesetze, wacht selbst über sie. Ihr habt Industrien, verwaltet sie selbst. Ihr besitzt bewaffnete Truppen, befehligt
15 sie selbst. Ihr habt Ländereien, habt selbst ein Auge auf sie. Ihr habt unerschöpfliche Ressourcen, nutzt sie selbst. Ihr seid in jeder Weise zur revolutionären Unabhängigkeit fähig. Führt die 400 Millionen Landsleute an, tretet für euer Heimatland ein. Schreibt die War-
20 nungen in den Wind, stellt euch darauf ein, euer Leben im Kampf zu verlieren. Stürmt an gegen eure ererbten Feinde, die Mandschus [...] durch den Wald von Schusswaffen und den Kugelhagel. Danach fegt die Dämonen aus fremden Erdteilen weg, die gegen eure souveränen
25 Rechte verstoßen haben. [...]
Lang lebe die revolutionäre Unabhängigkeit des großen Han-Volkes.[3]
Lang lebe die Republik China.
Lang lebe die Freiheit der 400 Millionen Landsleute der
30 chinesischen Republik.

Tsou Jung, The Revolutionary Army. A Chinese Nationalist Tract of 1903, Mouton, Den Haag, Paris 1968, S. 126. Übersetzt von Elke Fleiter.*

1 Die Mehrheit der Chinesen gehörte der Volksgruppe der Han an.
2 Das Schlagwort „Gelbe Gefahr" entstand im imperialistischen Europa des späten 19. Jh. und drückte die Angst vor einem erstarkenden Asien aus.
3 Der Ausruf „Lang lebe" war zu jener Zeit ein Privileg des Kaisers.

1 Charakterisieren Sie die Sprache und die Ziele des Aufrufs (M 43).

2 Arbeiten Sie das Spektrum der Reformer und ihrer Ideen von Kang Youwei (M 22) über Liang Qichao (M 36) und Sun Yatsen (M 41, M 42) bis zu dem Revolutionär Tsou Jung (M 43) heraus.

Gründung der Republik

M 44 Titelblatt der britischen Tageszeitung „Daily Mirror" mit einer Fotografie des „letzten Kaisers" von China, 14. Oktober 1911.
Der fünfjährige Kaiser Pu Yi ist auf dem Bild rechts stehend zu sehen. Links unten ist ein Foto von Sun Yatsen, dem neuen Präsidenten der Republik China abgebildet.

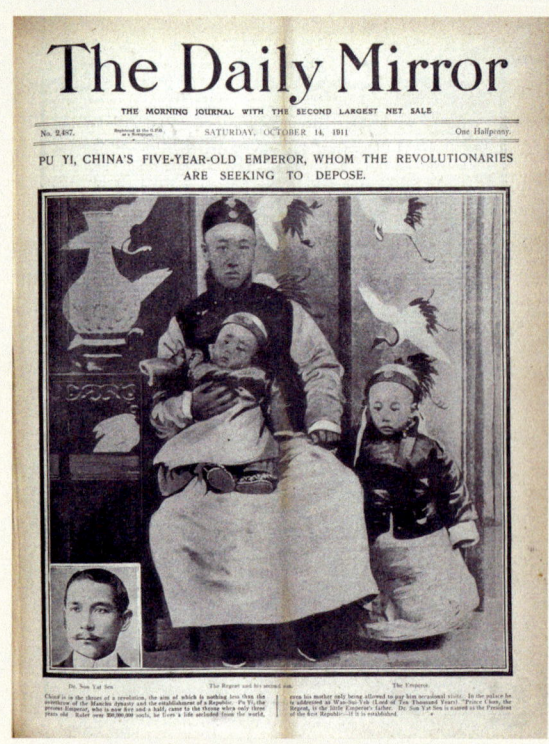

1 Erläutern Sie ausgehend vom Titelblatt und der Zeitzeichen-Sendung (siehe Webcode) die Rolle des Kaisers Pu Yi.

WDR-Zeitzeichen-Sendung
cornelsen.de/Webcodes
Code: cunuci

M 45 Abdankungsedikt der Kaiserinwitwe Longyu (12. Februar 1912)

Nun ist die Volksstimmung des ganzen Reiches überwiegend der Republik zugeneigt. In den südlichen und mittleren Provinzen hat man diesen Gedanken zuerst angeregt, und im Norden haben die Generäle ihn später auch befürwortet. Aus der Richtung der Volksstimmung aber kann man den Willen des Himmels erkennen. Wie können Wir es da über Uns bringen, um des Glanzes einer Familie willen die Frage nach dem Wunsch eines Millionenvolkes beiseite zu schieben! Daher geben hiermit, in Anbetracht der allgemeinen Lage und nach Prüfung der Öffentlichen Meinung, aus äußeren und inneren Gründen, Wir und der Kaiser die Herrschergewalt als Allgemeinrecht an das ganze Land und entscheiden Uns für die konstitutionelle Republik als künftige Staatsform, um zunächst den Sinn des Reiches zu beruhigen, der da alle Wirren verabscheut und die Ordnung ersehnt, und für ferne Zukunft dem Gedanken der Heiligen des Altertums zu entsprechen, dass das Reich Allgemeinbesitz sei. Da Yuan Shikai durch den Reichsausschuss bereits zum Ministerpräsidenten gewählt ist, so soll in diesem Zeitpunkt, wo das Neue das Alte ablöst, und bei der Notwendigkeit eines Mittels zur Einheit von Nord und Süd von Yuan Shikai mit unbeschränkter Vollmacht eine provisorische republikanische Regierung organisiert werden, wozu er zusammen mit dem Volksheer ein einheitliches Verfahren verabreden soll.

Wir hegen die feste Erwartung, dass das Volk damit Frieden finden werde und das Land eine geordnete Verwaltung. Dann soll das gesamte Staatsgebiet der fünf Rassen, nämlich Mandschu, Mongolen, Chinesen, Mohammedaner und Tibeter, zusammengefasst ein großes Reich bilden, die Republik *Zhonghua*. Wir aber und der Kaiser wollen Uns zurückziehen, um Unser Leben in Zufriedenheit zu verbringen.

Zit. nach: Ernst Haenisch, Vor 30 Jahren. Ein Rückblick auf den chinesischen Umsturz, in: Historische Zeitschrift, Bd. 116, 1942, S. 502 ff. Schreibweise der Namen angepasst.

1 Analysieren Sie die Argumente des Edikts für die Abdankung.
2 Charakterisieren Sie die Rolle, die die Qing sich selber zuweisen.

M 46 Der Historiker Hans Fenske über die Gründung der Republik (2009)

Als im November 1908 Dezong und Cixi fast gleichzeitig starben, wurde mit Puyi [Pu Yi] ein dreijähriger Prinz aus einer Seitenlinie Kaiser. Die nun eingesetzte Regentschaft wollte die Reformen am liebsten aufgeben. Dagegen regte sich aber allenthalben Widerspruch, sodass der Hof schließlich doch das Zusammentreten der Nationalversammlung ankündigte. [...] Wegen der Weite des Reiches und der langjährigen Schwäche der Regierung waren die Provinzen nie leicht von der Zentrale aus zu führen gewesen. [...] Die Anhänger Sun Yatsens waren nicht willens, sich durch die Entwicklung überholen zu lassen. Sie bereiteten eine Revolution vor. Als am 19. Oktober 1911 in Hankau [Hankou] eine Bombe versehentlich vor der Zeit explodierte und die Polizei bei den Ermittlungen eine Liste der Verschwörer fand – viele von ihnen gehörten dem Militär an –, ergriffen diese die Flucht nach vorn und schlugen am 10. Oktober los. Die Garnison meuterte, die Aufständischen erklärten die Dynastie Qing für abgesetzt und taten das, was der Hof schon vor Jahren getan hatte: sie kündigten eine Nationalversammlung an. [...] Die Regentschaft ernannte nun Yuan Shikei [Shikai] [...] am 8. November zum Premier und ließ in Peking eine Nationalversammlung zusammentreten. Eine von nur zehn Provinzen beschickte Repräsentation in Wuhan bot Yuan die Präsidentschaft an, wenn er sich von den Qing lossage. Die Mitte Dezember von Vertretern beider Seiten in Shanghai abgehaltene Konferenz über das weitere Vorgehen scheiterte an der Frage der Staatsform. Nun handelten die Anhänger Suns. Eine in Nanking zusammentretende Nationalversammlung, zu der Delegierte aus zahlreichen Provinzen gekommen waren, erklärte China am 29. Dezember zur Republik und wählte Sun Yatsen, der sich gerade in Europa aufhielt, zum Präsidenten. Nach seiner Rückkehr im Januar 1912 suchte Sun die Verständigung mit Yuan, er wollte, wie er ihm telegraphierte, China die Last eines neuen Bürgerkriegs ersparen. So bot er ihm die Präsidentschaft an. Yuan zögerte zunächst, setzte dann aber doch die Witwe Zedongs so unter Druck, dass diese am 12. Februar die Abdankung der Qing bekannt gab. [...] Sun wollte sich auf eine derartige Legitimation der neuen Staatsgewalt nicht einlassen. Als Yuan ihm darin beistimmte, dass die Republik aus eigenem Recht bestehe, legte er sein Präsidentenamt nieder und empfahl der Nankinger Nationalversammlung, Yuan zu seinem Nachfolger zu wählen. Das tat sie am 15. Februar. Zudem verabschiedete sie eine Provisorische Verfassung, in der man das Präsidial- mit dem Kabinettssystem kombinierte. Die Legislative sollte aus zwei Kammern bestehen [...]. Am 10. März legte Yuan den Eid auf diese Verfassung ab. [...] Damit war China Verfassungsstaat, aber, wie sich sehr schnell zeigte, unter einem Präsidenten, der von Verfassungstreue nichts, von seiner persönlichen Macht hingegen sehr viel hielt.

Hans Fenske, Der moderne Verfassungsstaat und eine vergleichende Geschichte von der Entstehung bis zum 20. Jahrhundert, Schöningh, Paderborn 2009, S. 497–499.*

1 Arbeiten Sie Stationen der Republikgründung heraus.
2 Analysieren Sie die Rolle der Qing-Dynastie in diesem Prozess und vergleichen Sie mit dem Abdankungsedikt (M 45).

Geschichte kontrovers:
China auf dem Weg in die Moderne

M 47 Der Sinologe Helwig Schmidt-Glintzer (2021)

Auf der Suche nach der Moderne befand sich China nicht erst seit dem ersten Opiumkrieg (1839–1842) und seit den folgenden Konflikten mit dem Westen, sondern es kann auf eine lange Tradition von Inno-
5 vation und technisch-wissenschaftlicher Kenntnis zurückblicken sowie vor allem auf eine Reformtradition, die sich bis in die Zeit des Konfuzius zurückverfolgen lässt. […] Aufgrund bestimmter sozial- und wirtschaftsgeschichtlicher Indikatoren haben man-
10 che China seit dem 11. Jahrhundert als bereits „modern" bezeichnen wollen. Auch wenn solche Periodisierungsbemühungen sehr zeitverhaftet sind, so hat sich doch herausgestellt, dass es in China seit dem 16. Jahrhundert einen Reform- und Erneue-
15 rungsschub gegeben hat. Von „Sprossen des Kapitalismus" ist daher die Rede und für das 19. Jahrhundert dann auch von Chinas „früher Industrialisierung". Vor allem auf politisch-intellektuellem Gebiet sind die zahlreichen intensiven Reformbestrebungen und
20 -debatten der vergangenen Jahrhunderte bisher noch kaum aufgearbeitet und erforscht. Dabei wirken diese Ideen und Vorstellungen, die von einzelnen Personen und kleinen Gruppen vorgetragen wurden und nicht nur in ihrer jeweiligen Zeit die Ge-
25 müter bewegten, bis in die Gegenwart. […]
Die vier Jahrzehnte zwischen Aufständen in der Mitte des 19. Jahrhunderts und dem Zusammenbruch der Qing-Dynastie waren eine Periode der „Transformation innerhalb der chinesischen Gesellschaft".
30 Insbesondere die Zeit zwischen 1895 und 1908 wurde auch von vielen Zeitgenossen in China als eine Zeit des beschleunigten Umbruchs betrachtet. Neue Typen von Menschen traten auf den Plan und behinderten bzw. durchkreuzten das Planen und Handeln
35 der alten Elite. Doch ist die Zurechnung der Intention nicht immer leicht zu treffen. Während viele Revolutionäre aus dem Süden durchaus nach Neuem strebten, war die Funktion der Boxer im Norden nicht nur auf eine Reduktion der Präsenz westlicher
40 Missionare gerichtet, sondern führte auch zu einer generellen Isolation der am Westen orientierten Reformkräfte.

Helwig Schmidt-Glintzer, Das neue China. Vom Untergang des Kaiserreichs bis zur Gegenwart, C. H. Beck, 8., aktualisierte Aufl., München 2021, S. 13, 34.*

1 Erläutern Sie die zentralen Thesen des Autors zu Moderne und Transformationsprozessen in China.

M 48 Der US-amerikanische Sinologe Jonathan D. Spence (1995)

Ich beginne meine Darstellung um das Jahr 1600 […]. Durch den Titel *Chinas Weg in die Moderne* möchte ich eine Reihe von Themen betonen:
Erstens: Sowohl Chinas Herrscher als auch deren chinesische Kritiker haben in diesem langen Zeitraum 5
wiederholt versucht, Strategien zur Festigung der Landesgrenzen und zur Rationalisierung der bürokratischen Einrichtungen auszuarbeiten sowie die Ressourcen des eigenen Landes bestmöglich auszuschöpfen, um sich von fremder Einmischung freizu- 10
halten und das intellektuelle Rüstzeug zur kritischen Überprüfung des politischen Handelns auf seine Wirksamkeit und Moral zu schärfen.
Zweitens: Wiewohl um die Bewahrung bestimmter unveränderlicher Werte bemüht, erlebte China, wenn 15
auch nicht unbedingt auf einem Parallel-„Gleis" zu den Entwicklungen der westlichen Mächte oder Japans, in diesem Zeitraum doch wichtige Veränderungen und Anpassungen. Ein guter Teil der von uns untersuchten Geschichte besteht aus sich überschneidenden Zyklen 20
von Zusammenbrüchen und erneuter Konsolidierung, von Revolution und Evolution, von Eroberung und Fortschrittstendenzen.
Drittens: […] Unter einer „modernen Nation" verstehe ich eine sowohl integrierte als auch nach außen 25
aufgeschlossene Nation, die sich einerseits ihrer Identität weitgehend sicher und andererseits imstande ist, sich als gleichrangiger Partner an der Suche nach neuen Märkten, neuen Technologien, neuen Ideen zu beteiligen. Mit dieser offenen Definition soll- 30
te es nicht schwerfallen, „modern" als einen sich mit der Zeit und der menschlichen Entwicklung verändernden Begriff zu sehen, anstatt ihn einfach auf unsere zeitgenössische Welt im Gegensatz zur „traditionellen" Vergangenheit und zur „postmodernen" 35
Zukunft einzugrenzen. In meiner Sicht gab es bereits im Jahr 1600 oder früher sowie jederzeit in den folgenden Jahrhunderten moderne Länder im oben definierten Sinn. China allerdings gehörte zu keinem Zeitpunkt dieses Zeitraums in wirklich überzeugen- 40
der Weise zu ihnen, auch am Ende des 20. Jahrhunderts nicht.

Jonathan D. Spence, Chinas Weg in die Moderne, Carl Hanser Verlag, München 1995, S. 12 f.*

1 Erörtern Sie die Kernaussage und die Argumente von Jonathan D. Spence.
2 Stellen Sie die Aussagen der beiden Sinologen gegenüber und entwickeln Sie eine eigene Einschätzung.

M 49 Ausschnitt aus Mao Zedongs Schrift „Die chinesische Revolution und die kommunistische Partei Chinas" (1939)

Nach dem Opiumkrieg von 1840 wandelte sich China nach und nach in eine halbkoloniale und halbfeudale Gesellschaft um. Seit den Ereignissen des 18. September 1931, als der japanische Imperialismus bewaffnet in China einfiel, verwandelte sich die chinesische Gesellschaft weiter in eine koloniale, halbkoloniale und halbfeudale Gesellschaft. Wir werden jetzt erklären, wie sich dieser Veränderungsprozess vollzog. [...]

In der Warenwirtschaft, die sich in der chinesischen Feudalgesellschaft entwickelt hatte, waren bereits die ersten Keime des Kapitalismus enthalten. Deswegen hätte sich China auch ohne Einwirkung des ausländischen Kapitalismus allmählich zu einer kapitalistischen Gesellschaft entwickelt. Die Invasion des ausländischen Kapitalismus beschleunigte diesen Prozess. Der ausländische Kapitalismus hat eine gewaltige Rolle bei der Zersetzung der in China bestehenden sozialökonomischen Ordnung gespielt: Einerseits untergrub er die Grundlagen der selbstgenügsamen Naturalwirtschaft, zerstörte das Handwerk in den Städten und das Heimgewerbe der Bauern, und andererseits förderte er die Entwicklung der Warenwirtschaft in Stadt und Land.

Das alles bewirkte nicht nur den Zerfall der Grundlagen der feudalen Wirtschaft, sondern brachte gleichzeitig bestimmte objektive Voraussetzungen und Möglichkeiten für die Entwicklung der kapitalistischen Produktion in China. Denn die Zerstörung der Naturalwirtschaft eröffnete dem Kapitalismus einen Warenmarkt, während der Ruin einer großen Anzahl von Bauern und Handwerkern für ihn einen Arbeitsmarkt schuf.

Und in der Tat begann – durch den Anstoß, den der ausländische Kapitalismus gegeben hatte, und infolge gewisser Risse in der feudalen ökonomischen Struktur – ein Teil der Kaufleute, der Grundherren und der hohen Beamten schon in der zweiten Hälfte des 19. Jahrhunderts, vor sechzig Jahren also, Kapital in modernen Industriebetrieben anzulegen. Zur Jahrhundertwende, das heißt vor vierzig Jahren, hatte der chinesische nationale Kapitalismus bereits den ersten Schritt in seiner Entwicklung getan. Vor zwanzig Jahren, während des ersten imperialistischen Weltkriegs, erfuhr die chinesische nationale Industrie, hauptsächlich die Textil- und die Mühlenindustrie, eine weitere Entwicklung, weil die imperialistischen Staaten Europas und Amerikas mit dem Krieg beschäftigt waren und vorübergehend ihren Druck auf China gelockert hatten.

Der Entstehungs- und Entwicklungsprozess des nationalen Kapitalismus in China ist zugleich auch der Entstehungs- und Entwicklungsprozess der chinesischen Bourgeoisie und des chinesischen Proletariats. Wie ein gewisser Teil der Kaufleute, der Grundherren und der hohen Beamten Vorgänger der chinesischen Bourgeoisie waren, so war ein gewisser Teil der Bauern und Handwerker Vorgänger des chinesischen Proletariats. Die chinesische Bourgeoisie und das chinesische Proletariat als zwei besondere Gesellschaftsklassen sind neu entstanden, beide hat es früher in der chinesischen Geschichte nicht gegeben. Sie sind aus dem Schoß der Feudalgesellschaft hervorgegangen und haben sich zu neuen Gesellschaftsklassen entwickelt. Sie sind zwei miteinander verbundene und gleichzeitig antagonistische Klassen; sie sind von Chinas alter (feudaler) Gesellschaft geborene Zwillinge. Aber das chinesische Proletariat entstand und entwickelte sich nicht nur im Zusammenhang mit dem Aufkommen und mit der Entfaltung der chinesischen nationalen Bourgeoisie, sondern auch in Verbindung mit der Entwicklung der von den Imperialisten unmittelbar in China betriebenen Unternehmen. Deshalb ist ein bedeutender Teil des chinesischen Proletariats älter und erfahrener als die chinesische Bourgeoisie, deshalb ist seine gesellschaftliche Kraft größer und seine soziale Basis breiter.

Aber die beschriebenen neuen Wandlungen – die Entstehung und Entwicklung des Kapitalismus – stellen nur die eine Seite der Veränderungen dar, die seit dem Eindringen des Imperialismus in China vor sich gegangen sind. Es gibt auch noch eine andere Seite, die neben den erwähnten Wandlungen existiert und diese Wandlungen hemmt: Der Imperialismus unterdrückt im Komplott mit den feudalen Kräften Chinas die Entwicklung des chinesischen Kapitalismus.

Mit ihrem Eindringen in China verfolgen die imperialistischen Mächte keineswegs das Ziel, das feudale China in ein kapitalistisches zu verwandeln. Im Gegenteil, die imperialistischen Mächte verfolgen das Ziel, China in ihre Halbkolonie und Kolonie zu verwandeln.

Zit. nach: Mao Tse-tung, Ausgewählte Werke, Bd. II, Verlag für fremdsprachige Literatur, Peking 1968, S. 353–388.

1 Erläutern Sie anhand der Ausführungen von Mao Zedong die marxistische Deutung der chinesischen Geschichte.
2 Nehmen Sie Stellung zu Mao Zedongs Geschichtsdeutung.

Vertiefung: Analyse von historischen Dokumentationen, Erklärvideos usw.

M 50 Dokumentationen, Erklärvideos und weitere Formate in den Neuen Medien

Die Vielzahl an Informationsmöglichkeiten insbesondere durch die „Neuen Medien" führt auch zu einer Vielzahl an verfügbaren Informationen, sogenannter „Wissenschaftskommunikation im weiten Sinne" (Uebing). Das Spektrum der Formate zum Thema Geschichte ist ebenso breit wie die Qualität: Von Dokumentationen begleitet durch Fachwissenschaftler bis hin zu Erklärvideo-Formaten ohne Qualitätsjournalismus/-kontrolle, ohne Gatekeeper, ohne Sach-/Schreib-Kompetenz, sondern mit hoher Diversität der Autorenschaft, wo jeder alles veröffentlichen kann, auch selbst ernannte Experten.

Früher gab es vor allem das klassische Schulfernsehen sowie das bis heute laufende unterhaltsame und renommierte Format der „Lach- und Sachgeschichten" der Sendung mit der Maus, die kindgerecht komplexe Vorgänge erklären. Dann kamen schrittweise andere Formate hinzu wie sogenannte „Doku-/Histotainment"-Inszenierungen, die 7-minütigen Clips von arte *„Stories of Conflict"* oder Sommers Weltliteratur mit u. a. „Marx & Engels to go in 4 ½ Minuten". Heute stehen Erklärvideos renommierter Bildungseinrichtungen sowie der öffentlich-rechtlichen Sender neben Videos von Influencern auf TikTok, YouTube etc. Letztere haben dabei nicht vorrangig die Intention, Bildung und Sachinformationen zu vermitteln, sondern wollen unterhalten, Trends setzen und sich präsentieren.

Das Format der Dokumentationen und Erklärvideos ist aber ein wichtiges, viel genutztes Medium. Der audiovisuelle Zugang zu einem Thema ist für viele sogar leichter als das Lesen von langen Texten. Ein Erklärvideo bietet zudem die Möglichkeit, die Adressaten auf verschiedenen Ebenen, visuell, auditiv, ästhetisch und persönlich anzusprechen. Dabei wird noch stärker als in Sachtexten ein bestimmtes Konstrukt von Geschichte, eine „Narration", präsentiert. So ist es elementar, im Umgang mit Erklärvideos und Dokumentationen die Herkunft zu prüfen und eine saubere Quellenerschließung/-kritik/-analyse zu leisten. Die diesem „Genre" spezifischen Merkmale gilt es a) zu kennen, um diese b) kritisch zu beleuchten. Nur so kann man sich der „Narration" bewusstwerden und diese dekonstruieren, um schlussendlich deren Aussagewert auszumachen.

Autorentext

M 51 Klassischer Dreischritt der Analyse: beschreiben – analysieren – deuten/beurteilen

beschreiben
Kanal, Autor
Aktualität, Reihe
Thema/Inhalt
audiovisuelle Elemente der Gestaltung
Verwendung von Archivmaterial, auth. Film-/Tonaufnahmen
(Überrest / Traditionsquellen)
HistorikerInnen-Äußerungen
Erzähler/Präsentierender
Adressaten
Kameraeinstellung / Hintergrundmusik / Kommentar aus dem Off / Stil (Legetechnik, Vlogging etc.)
usw.

⇩

analysieren
wissenschaftliches ‚sauberes' Arbeiten
Hinweise auf Quellen
Multiperspektivität
Expertenäußerungen
Kontext
Fachsprache
Personenauthentizität/Faktentreue
Wirkung – Erklärung, welches audiovisuelle Moment wie wirkt
usw.

⇩

interpretieren/beurteilen
Welche historische Narration liegt vor?
Kernaussage
Welche Position wird vertreten und woran ist das festzumachen/zu verdeutlichen?
Welche Intention ist damit verbunden?
Welche Fragen bleiben offen?
Wie ist der Aussagewert zu beurteilen?
Wie ist dieses Beispiel zu beurteilen?
-> **Konstruktion/Dekonstruktion**

Bei der Analyse sind besonders die Merkmale zur *Wirkung* zu beachten:
1 Beschreibung des Formats, Anbieters, der Autorenschaft, Fundstelle etc.,
2 Einsatz interaktiver Elemente,
3 Videoperspektive,
4 Alter der erklärenden Person,
5 Videodauer und Design.

Autorentext

1 **Partnerarbeit:** Wählen Sie im Internet ein Video mit historischem Bezug aus:
   a) Analysieren Sie das Video in einer Kleingruppe nach dem oben aufgeführten Dreischritt.
   b) Präsentieren Sie Ihre Ergebnisse im Kurs.

Beispiele ausgezeichneter Dokumentationen

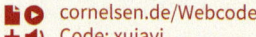
cornelsen.de/Webcodes
Code: xujavi

2.4 Chinesische Reaktionen zwischen Anpassung und Widerstand

M 52 Analyse-Modelle (leicht abgewandelt nach Uebing, 2019)

Ebene	Merkmale	
deskriptiv	– Beschreibung des Kanals (z. B. YouTube, arte oder Schulhomepage) – Formatbeschreibung – Playlists, weitere Themen usw. – Design – ästhetische ‚Aufmachung', Farbe, Schriftart – wiederkehrende Elemente – Anzahl der AbonnentInnen des Kanals – Diskussion, Kommentare – Professionalität des Kanals (weitere Reihen, Regelmäßigkeit der Veröffentlichung) – Verlinkungen (wohin?) – Hinweise auf Finanzierung des Kanal/Angebots	
interpretativ (Merkmale, Symbole, Techniken – ‚Inszenierungsstrategien')	a) *Inhalt, Thema, Form:* – intertextuelle Verweise – dramaturgische Mittel – Form innerer Gestaltung (Struktur) – voice-over / sichtbarer Sprecher b) *Gestaltungsmittel:* – was ist zu sehen/was nicht? – Bildaufbau und Kameraeinstellungen – Montage – Einsatz ästhetischer Mittel – Setting / Hintergrund – Inserts, Einblendungen, Verweise	c) *Äußere Merkmale des ‚Präsentierenden':* – körperliche Merkmale, Kleidung – nonverbale Kommunikation – Gestik, Mimik – Gesamteindruck des Auftretens d) *Art der Moderation:* – Person sichtbar? – Sprache – Ansprache der Zuschauer – Aufforderung zum Sichten anderer Videos / Hinweise auf weitere Videos e) *Interaktion und Kommunikation*
diskursiv	– inhaltliche Verantwortung – grafische Verantwortung und Gestaltung – Präsenzanteil des Präsentierenden / anderer Personen und HistorikerInnen – leitender Produzent – Bildmaterial – Quelle – eigener Anspruch des Präsentierenden (im Video benannt?) – geschichtswissenschaftliche Merkmale? – kritischer, reflektierter Quelleneinsatz – Multiperspektivität – Aufforderung zur kritischen Reflexion; Verweis auf unterschiedliche Sichtweisen	

Judith Uebing, Geschichte in 10 Minuten – Wie geht das?, in: Christian Bunnenberg/Nils Steffen (Hg.), Geschichte auf YouTube. Neue Herausforderungen für die Geschichtsvermittlung und historische Bildung. Medien der Geschichte Bd. 2, de Gruyter/Oldenbourg, Berlin/Boston 2019, S. 71–96. **

1 Schauen Sie sich beispielsweise die ZDF-Dokumentation aus der Reihe „Imperien" mit dem Titel „Kaiserreich China: Die letzten Tage von Peking" an (siehe Webcode). Bearbeiten Sie folgende Aufgaben:
   a) Bestimmen Sie die dramaturgischen Mittel und ihre Gewichtung (u. a. Erzähler, Experten, Schauspieler, nachgestellte Szenen, Originalaufnahmen).
   b) Skizzieren Sie die Abfolge der Themen.
   c) Arbeiten Sie heraus, welche Rolle der Kaiserinwitwe Cixi zugeschrieben wird.
   d) Erläutern Sie die Gesamtaussage der Dokumentation und nehmen Sie Stellung dazu.

2 Probieren Sie es selbst aus! Drehen Sie zu einem Themenfeld Ihrer Wahl aus diesem Kursheft ein Erklär- oder ein *Peer Tutoring*-Video für die unteren Klassenstufen.
   Tipp: Siehe S. 480.
3 Diskutieren Sie in Ihrem Kurs, ob Erklärvideos als Vorbereitung für das Abitur hilfreich sein können.

Dokumentationen/Erklärvideos chinesisches Kaiserreich
cornelsen.de/Webcodes
Code: kojeta

Methode

Darstellungen analysieren

Geschichte entsteht erst durch die Rekonstruktion des Geschehens, das uns in schriftlichen, gegenständlichen, sachlichen und z. T. auch mündlichen Quellen überliefert ist. Aus ihnen rekonstruieren Historiker mögliche Darstellungen der Vergangenheit und präsentieren ihre **Version der Vergangenheit** in selbst verfassten Darstellungen, die man auch Sekundärtexte nennt. Darstellungen lassen sich in fachwissenschaftliche und in populärwissenschaftliche bzw. „nichtwissenschaftliche" Darstellungen gliedern.
Die **fachwissenschaftlichen Texte** wenden sich an ein professionelles Publikum, bei dem Grundkenntnisse des Faches, der Methoden und der Begrifflichkeit vorausgesetzt werden. Einzelergebnisse werden durch Verweise und Fußnoten belegt. **Populärwissenschaftliche Darstellungen** wenden sich an ein breiteres Publikum und verzichten in der Regel auf detaillierte Belege historischer Befunde und Interpretationen. Sie präsentieren komplexe historische Zusammenhänge anschaulich und vereinfacht. Zu dieser Gruppe zählen beispielsweise publizistische Texte, historische Essays in Zeitungen und Magazinen sowie Schulbuchtexte.
Erkenntnisse der Geschichtswissenschaft sind immer vom Erkenntnisinteresse bzw. der Fragestellung der jeweiligen Gegenwart bedingt. Die Fragestellungen an die Geschichte und auch ihre Antworten sind geprägt von gesellschaftlichen und individuellen Faktoren (**Standortgebundenheit**): Sie sind vor dem Hintergrund des gesellschaftlichen, sozialen, religiösen und politischen Kontextes ideologiekritisch zu betrachten. Die unterschiedlichen Deutungen von Geschichte münden zum Teil in **historischer Kontroversität**, mit der man sich kritisch-reflektiert auseinandersetzen muss.

Arbeitsschritte zur Analyse

1. Leitfrage
– Welche Fragestellung bestimmt die Untersuchung der Darstellung?

2. Analyse
Formale Aspekte
– Wer ist der Autor (ggf. zusätzliche Informationen über den Verfasser)?
– Um welche Textsorte handelt es sich?
– Mit welchem Thema setzt sich der Autor auseinander?
– Wann und wo ist der Text veröffentlicht worden?
– Gab es einen konkreten Anlass für die Veröffentlichung?
– An welche Zielgruppe richtet sich der Text (Historiker, interessierte Öffentlichkeit)?
Inhaltliche Aspekte
– Was sind die wesentlichen Aussagen des Textes?
　– anhand der Argumentationsstruktur: These(n) und Argumente
　– anhand der Sinnabschnitte: wesentliche Aspekte und Hauptaussage
– Wie ist die Textsprache (z. B. appellierend, sachlich oder polemisch)?
– Welche Überzeugungen vertritt der Autor? Lässt er sich einer bestimmten Position oder Ideologie zuordnen (politisch/religiös o. Ä.)?

3. Historischer Kontext
– Auf welchen historischen Gegenstand bezieht sich der Text?
– Welche in der Darstellung angesprochenen Sachaspekte bedürfen der Erläuterung?

4. Urteil
– Ist der Text überzeugend im Hinblick auf die fachliche Richtigkeit (historischer Kontext) sowie auf die Schlüssigkeit der Darstellung?
– Was ergibt ggf. ein Vergleich mit anderen Darstellungen zum gleichen Thema?
– Wie lässt sich der dargestellte historische Gegenstand im Hinblick auf die Leitfrage beurteilen?
– Welche Gesichtspunkte des Themas werden kaum oder gar nicht berücksichtigt?
– Wie lässt sich die Darstellung des historischen Gegenstandes aus heutiger Sicht und auf Grundlage heutiger politischer/moralischer Vorstellungen bewerten?

Übungsaufgabe

M1 Der Sinologe Kai Vogelsang über die Reformen in China nach 1905 (2013)

In China gab der japanische Sieg [gegen Russland 1905] den Reformen neuen Schwung. Nach der Abschaffung der Beamtenprüfungen wurden vor allem die Rufe nach einer Verfassung laut, wie sie Japan bereits hatte. Nachdem Generäle und Provinzgouverneure, aber auch Altreformer wie Liang Qichao[1] eine konstitutionelle Monarchie gefordert hatten, schickten die Qing eine Studiengruppe aus fünf Prinzen und Beamten nach Japan, in die USA und nach Europa, um die dortigen Verfassungen zu studieren. Trotz erheblicher Widerstände gegen das Projekt kam 1908 der Entwurf einer Verfassung zustande; Parlamente auf Provinz- und Kreisebene wurden eingerichtet, die als Vorläufer einer Nationalversammlung fungieren sollten. Auch die Gründung von Berufsverbänden – Handelskammern, Landwirtschafts- und Lehrerverbänden – wurde gefördert: institutionelle Anpassungen an den unleugbaren sozialen Wandel. Damit lassen sich die Reformen der „Neuen Politik" auf den Punkt bringen: sie reagierten auf die Einsicht, dass die chinesische Gesellschaft nicht länger stratifikatorisch[2], sondern funktional differenziert war. Die alte Elite konnte diese Gesellschaft nicht mehr vertreten, die Dynastie war auf die Unterstützung der neuen städtischen Eliten angewiesen: sie sollten durch Schulen, neue Ämter, Militärreform, Berufsverbände, Parlamente und schließlich durch die neue Verfassung integriert werden.

Nach neun Jahren sollte die Verfassung in Kraft treten – doch so lange gab es die Qing nicht mehr. 1908 starb die Kaiserinwitwe Cixi und ein paar Tage zuvor [...] auch Kaiser Guangxu. Sein Nachfolger wurde der zweijährige Aisin Gioro Puyi (1906–1967), ein Kleinkind auf dem Thron, wie schon am Ende der Früheren und Späteren Han[3]. Puyi war ein typischer „letzter Kaiser". Doch gerade an seinem Beispiel wird deutlich, wie wenig Einfluss die Person des Kaisers auf den Gang der Geschichte hatte. Denn die chinesische Gesellschaft befand sich längst in einem unumkehrbaren Strukturwandel, der nicht mehr nach Reformen verlangte, sondern nach Revolution.

Die „neue Politik", die eigentlich das Ziel verfolgte, die Regierung der Qing zu stärken, hatte diesen Wandel noch beschleunigt. Statt treuer Untertanen produzierte sie Revolutionäre: die modernen Schulen zogen kritische Köpfe heran, moderne Unternehmen gebaren kaltschnäuzige Kapitalisten, im neugeformten Heer organisierten sich selbstbewusste Offiziere, lokale Parlamente wurden zu Zentren der Agitation gegen die Zentrale, aufgeklärte Bürger zu Nationalisten.

Kai Vogelsang, Geschichte Chinas, Reclam, Stuttgart 2013, S. 486 ff.*

1 *Liang Qichao (1873–1929):* Gelehrter und Journalist, war an der Ausarbeitung der Hundert-Tage-Reform von 1898 beteiligt, musste nach dem Scheitern ins Exil nach Japan gehen. Er kehrte 1912 nach China zurück.
2 *stratifikatorisch:* nach Schichten geordnet
3 *Frühere Han:* Dynastie, die 207 v. Chr.–8 n. Chr. herrschte; *Spätere Han:* Dynastie, die 25–220 n. Chr. herrschte

1 Interpretieren Sie M 1 mithilfe der Arbeitsschritte zur Analyse und Interpretation historischer Darstellungstexte.

▶ Lösungshinweise finden Sie auf S. 494.

Anwenden

M1 „Umfassende Betrachtung der Gesamtsituation" von Kang Youwei (29. Januar 1898)

Der Beamtengelehrte Kang Youwei legte am 29. Januar 1898 dem Guangxu-Kaiser diese Throneingabe vor und wurde daraufhin mit einer Regierungsreform beauftragt, die wegen ihrer kurzen Geltungsdauer als Hundert-Tage-Reform bezeichnet wurde.

Ein Überblick über alle Staaten der Welt wird zeigen, dass die Staaten, die Reformen durchführten, stark wurden, während die Staaten, die an der Vergangenheit festhielten, untergingen. Die Folgen des Festhaltens an 5 der Vergangenheit und die Auswirkungen der Öffnung neuer Wege sind somit offensichtlich. Wenn Eure Majestät mit Ihrem Scharfsinn die Entwicklungen in anderen Ländern beobachten, werden Sie sehen, dass wir uns erhalten können, wenn wir uns verändern; aber 10 wenn wir uns nicht ändern können, werden wir untergehen. In der Tat, wenn wir uns vollständig ändern, werden wir stark werden, aber wenn wir uns nur begrenzt ändern, werden wir trotzdem untergehen. Wenn Eure Majestät und seine Minister die Ursache der 15 Krankheit erforschen, werden sie wissen, dass dies die richtige Entscheidung ist. Unser gegenwärtiges Problem liegt darin, dass wir an den alten Institutionen festhalten, ohne zu wissen, wie man sie ändern kann. [...]

Es ist ein Prinzip der Dinge, dass das Neue stark, aber 20 das Alte schwach ist; dass das Neue frisch, das Alte aber morsch ist; dass das Neue aktiv, das Alte aber statisch ist. Wenn die Institutionen alt sind, werden Defekte entstehen. Deshalb sollten keine Institutionen hundert Jahre lang unverändert bleiben. Außer-25 dem sind unsere heutigen Institutionen nur noch die unwürdigen Überbleibsel der Han-, Tang-, Yuan- und Ming-Dynastie; sie sind nicht einmal die Institutionen der [mandschurischen] Vorfahren. Sie sind mehr das Produkt der Fantasie und des korrupten Han-30 delns kleiner Beamter als der ursprünglichen Ideen der Vorfahren. Zu sagen, dass sie die Institutionen der Vorfahren sind, ist eine Beleidigung für die Vorfahren. Darüber hinaus sind Institutionen dazu da, die eigenen Territorien zu bewahren. Da gegenwärtig 35 das angestammte Territorium nicht bewahrt werden kann, was nützt es dann, die angestammten Institutionen zu bewahren? [...] Die nationale Politik ist für den Staat wie das Ruder für das Schiff [...]. Sie bestimmt die Richtung des Staates und prägt die öffent-40 liche Meinung des Landes.

Heutzutage hat der Hof einige Reformen in Angriff genommen, aber das Handeln des Kaisers wird von den Ministern behindert, und die Empfehlungen der fähigen Gelehrten werden von altmodischen Bürokraten angegriffen. Wenn der Vorwurf nicht lautet, 45 „China auf barbarische Weise zu verändern", dann lautet er „Umwälzung der überlieferten Institutionen". Gerüchte und Skandale wuchern, und die Menschen bekämpfen sich gegenseitig wie Feuer und Wasser. Eine Reform unter diesen Umständen durch-50 zuführen ist so ineffektiv wie der Versuch, vorwärts zu marschieren, indem man rückwärtsgeht. [...] Eure Majestät weiß, dass unter den gegenwärtigen Umständen Reformen aber unumgänglich sind und alte Institutionen abgeschafft werden müssen. Ich 55 bitte Eure Majestät, sich zu entscheiden und die nationale Politik zu bestimmen. Nachdem die grundsätzliche Politik festgelegt ist, müssen dann die Methoden der Umsetzung variieren, je nachdem, was primär und was sekundär ist, was wichtig und 60 was unbedeutend ist, was stark und was schwach ist, was dringend ist und was warten kann. [...]

[...] Die Entwicklung der Han-, Tang- und Song-Dynastien mag lehrreich sein, aber man sollte nicht vergessen, dass das Zeitalter der Gemeinschaft anders 65 ist als das Zeitalter der souveränen Nationen. [...] Was die republikanischen Regierungen der Vereinigten Staaten und Frankreichs und die konstitutionellen Regierungen Großbritanniens und Deutschlands betrifft, so sind diese Länder weit entfernt und ihre 70 Sitten unterscheiden sich von den unseren. Ihre Veränderungen liegen schon lange zurück und können nicht mehr nachvollzogen werden. Daher bitte ich Eure Majestät, das Ziel von Peter dem Großen von Russland als unser Ziel zu übernehmen und die Mei-75 ji-Reform von Japan als Modell für unsere Reform zu nehmen. Zeit und Ort der japanischen Reform liegen nicht weit zurück, und ihre Religion und Bräuche sind den unseren einigermaßen ähnlich. Ihr Erfolg ist offensichtlich, ihr Beispiel kann leicht nachgeahmt 80 werden.

Zit. nach: Asia for Educators, Columbia University, http://afe.easia.columbia.edu/ps/cup/kang_youwei_comprehensive.pdf (Download vom 11. Oktober 2021). Übersetzt von Heidi Martini.*

1 Fassen Sie zusammen, wie Kang Youwei die Notwendigkeit von Reformen begründet und welche Grundlagen er vorschlägt.
2 Erklären Sie, was mit „China auf barbarische Weise zu verändern" (Z. 46) gemeint ist.
3 Geben Sie die Maßnahmen der Hundert-Tage-Reform gegliedert nach Sachbereichen wieder.
4 Erörtern Sie die Erfolgsaussichten der Reform vor dem Hintergrund der innen- und außenpolitische Lage 1898.

Wiederholen

M2 Guangxu-Kaiser (reg. 1875–1908), chinesisches Gemälde, ohne Jahr

Zentrale Begriffe

Außenamt (*Zongli Yamen*)
Beamtenprüfung
„Boxeraufstand"
„Boxerbewegung" (*Yihetuan yundong*)
Gründung der Republik
Hundert-Tage-Reform
Industrialisierung
Modernisierung
Nationalismus
Reformen
Republik
Qing-Dynastie
Selbststärkungsbewegung
Taiping-Aufstand

1 Beschreiben Sie die chinesischen Reaktionen auf den europäischen Einfluss in der zweiten Hälfte des 19. Jahrhunderts.
2 Interpretieren Sie das Herrscherbild des Guangxu-Kaisers (M2).
3 Erläutern Sie auf Grundlage Ihrer Kenntnisse aus den vorherigen Kapiteln den Bruch zwischen dem in M2 präsentierten Herrschaftsverständnis und den in M1 dargestellten Herausforderungen.
4 **Wahlaufgabe:** Nehmen Sie Stellung zu den Maßnahmen und Folgen einer ausgewählten Reform. Bearbeiten Sie entweder a), b) oder c).
   a) Selbststärkungsbewegung,
   b) Hundert-Tage-Reform,
   c) „Neue Politik".
5 Diskutieren Sie im Kurs, ob man den Boxeraufstand als „Kulturzusammenstoß" im Sinne von Urs Bitterli (siehe M3, Kap. 5 Kernmodul) bezeichnen kann.
6 Analysieren Sie die letzten Jahre der Qing-Herrschaft bis zur Gründung der Republik. Sie können Ihr Ergebnis in einem Erklärvideo oder Kurzvortrag oder einer Concept-Map vorstellen.
   Tipp: Zur Erstellung eines Kurzvortrags oder einer Concept-Map siehe S. 501 f. Hinweise zu Erklärvideos siehe S. 228 f.
7 **Vertiefung:** Setzen Sie sich mit der Transformation Chinas bis 1911/12 auseinander.

Formulierungshilfen für eine Stellungnahme
– Folgende Reformen wurden in China im 19. Jh. umgesetzt: …
– Die Selbststärkungsbewegung enthielt einerseits … und andererseits …
– Zentrale Elemente der 100-Tage-Reform waren …
– Aufgrund der Reforminhalte kann man / kann man nicht von „Anpassung" sprechen.
– Insgesamt überwiegen bei den chinesischen Reformen …
– Dies führte dazu, dass …
– Meiner Meinung nach ist … verantwortlich für …

2.5 Kernmodul

> **Hinweise zur Arbeit mit den Materialien**
>
> Die Materialien M 1 bis M 6 beschäftigen sich mit den unterschiedlichen Formen von Kulturbegegnungen. Dabei zeigt Jürgen Osterhammel (M 1) die Interaktion von dem „Eigenen" und dem „Fremden", die leicht zu Stereotypen (M 2) führt. Urs Bitterli (M 3) differenziert die Begegnungen unterschiedlicher Kulturen in Kulturberührung, Kulturzusammenstoß und Akkulturation und stellt damit grundlegende Begriffe für die Analyse zur Verfügung. Peter Burke (M 6) differenziert den Prozess des kulturellen Austauschs weiter. Das Themenfeld Transformationsprozesse eröffnet Wolfgang Merkel (M 7), indem er Kriterien zur Charakterisierung von Transformationen vorstellt. Der französische Historiker Fernand Braudel (M 9) ist grundlegend für die Aufgliederung historischer Transformationsprozesse nach verschiedenen Ebenen. Andreas Suter und Manfred Hettling (M 10) diskutieren anschließend den Zusammenhang von Struktur und Ereignis in der Geschichte. Aus sozialwissenschaftlicher Sicht nimmt Raj Kollmorgen (M 11) insbesondere Gesellschaftstransformationen in den Blick. Abschließend ermöglichen drei Materialien einen Bezug zwischen der vorgestellten Theorie und China. Klaus Mühlhahn (M 12) erläutert den Charakter der Beziehungen der imperialistischen Mächte mit China unter dem Begriff „Halbkolonie". Dies kann eine Diskussion über Imperialismus als Kulturkontakt anstoßen. Raj Kollmorgen (M 13) blickt auf die Chinesische Revolution von 1911 als Transformationsprozess. Und am Beispiel einer Rede des Präsidenten der VR China Xi Jinping (M 14) kann die Rekonstruktion von Geschichte zu politischen Zwecken problematisiert werden.

Themenfelder des Kernmoduls	Materialien im Kernmodul	Thematische Anknüpfungspunkte des verbindlichen Wahlmoduls	Kapitel des verbindlichen Wahlmoduls	Materialien zum verbindlichen Wahlmodul
Kulturkontakt und Kulturkonflikt	M 1 Jürgen Osterhammel M 2 Werbeplakat M 3/M 4 Urs Bitterli M 5 Fotografie M 6 Edmund Burke	Einführung Selbstverständnis & Weltbild Kontakte mit imperialistischen Mächten Zwischen Anpassung und Widerstand Kreuzzüge Spanischer Kolonialismus	Kapitel 1 Kapitel 2 Kapitel 3 Kapitel 4 Kapitel 6 Kapitel 7	M 6, M 7 M 14–M 18 M 10–M 15, M 21–M 24, M 25–M 31 M 26–M 35 M 12, M 13 M 7–M 15
Transformationsprozesse	M 7 Wolfgang Merkel M 8 Christian Graf v. Krockow M 9 Fernand Braudel M 10 Andreas Suter/Manfred Hettling M 11 Raj Kollmorgen	Einführung Selbstverständnis & Weltbild Zwischen Anpassung und Widerstand	Kapitel 1 Kapitel 2 Kapitel 4	M 8 M 19–M 22 M 12–M 19, M 20–M 25, M 36–M 43, M 47–M 49
China	M 12 Klaus Mühlhahn M 13 Raj Kollmorgen M 14 Xi Jinping	Kontakte mit imperialistischen Mächten Zwischen Anpassung und Widerstand	Kapitel 3 Kapitel 4	M 21–M 34 M 44–M 46

Kulturkontakt und Kulturkonflikt

M1 Der Historiker Jürgen Osterhammel über das Selbstverständnis der Europäer angesichts der europäischen Expansion (1995)

Durch die Expansion Europas, jenen Prozess der im Zeitalter von Kreuzzügen und Ostkolonisation begann und im 20. Jahrhundert mit der universalen Verbreitung europäisch-amerikanischer Kulturformen
5 Höhepunkt und Ende erreichte, ist die Bestimmung des Unterschiedes zwischen Europa und Nicht-Europa zu einer konstitutiven Frage der Herausbildung eigener und fremder Identitäten geworden. Europäer beginnen dort, über sich selbst nachzudenken,
10 wo sie auf Zivilisationen treffen, mit denen sie wenig unmittelbar Selbstverständliches verbindet. Was Europa ausmacht, erweist sich erst aus der Kontrasterfahrung. Umgekehrt beschränken sich die Reaktionen der Bewohner Asiens, Amerikas und Afrikas
15 nicht auf die polaren Möglichkeiten von schroffer Abwehr des Europäischen und völliger Kapitulation vor ihm; die machtgestützte Herausforderung gibt vielmehr oft Anlass zu kulturellen Neubestimmungen. Die Erfahrung des Fremden ist Voraussetzung
20 für die Bewusstwerdung des Eigenen. Dabei ist „das Fremde" keine der Geschichte enthobene Vorstellung: Was als „andersartig" und „fremd" wahrgenommen wird, ist nicht anthropologisch festgelegt, sondern kulturspezifisch nach Ort und Zeit variabel: Die
25 Chinesen, um ein deutliches Beispiel zu nennen, *sind* nicht „gelb", *sie werden* es allmählich im Auge des frühneuzeitlichen europäischen Betrachters. In Situationen des Kulturkontakts werden Abgrenzungen vorgenommen, die es zuvor nicht gab; zugleich kann
30 es aber auch zum Abbau von Grenzen und zu Vorgängen gegenseitiger kultureller Anpassung kommen. „Kulturzusammenstoß" und „Kulturbeziehung" [Begriffe siehe Urs Bitterli, M 3] [...] liegen dicht beieinander, sie können koexistieren und vom einen zum
35 anderen abrupt oder allmählich übergehen.
Kulturelle Grenzen stimmen keineswegs immer mit geografischen oder politischen Grenzen, mit „*borders*" und „*boundaries*" überein. [...] [So] deckt sich das Europa der Historiker und Zeitbeobachter nicht
40 unbedingt mit dem der Geografen. Schon im Mittelalter rechnete man das Königreich Jerusalem mit seiner mehrheitlich muslimischen Bevölkerung zur christlichen Ökumene.

Jürgen Osterhammel, Kulturelle Grenzen in der Expansion Europas, in: Saeculum, 46/1995, S. 115f.*

M2 „Wir rauchen nur Papier", französische Werbung, Plakat von Eugène Ogé, 1904

1 Erläutern Sie die verschiedenen Prozesse, die nach Jürgen Osterhammel bei einem Kontakt von Europäern und Nicht-Europäern ablaufen können (M 1).
2 Nehmen Sie ausgehend von M 1 und M 2 sowie unter Berücksichtigung von Kap. 2 Stellung, inwiefern die eigene Kultur und das Selbstverständnis den Umgang mit dem „Fremden" beeinflusst.

M3 Der Historiker Urs Bitterli über Kulturberührung, Kulturzusammenstoß und Kulturbeziehung als Formen des Kulturkontakts (1986)

Urs Bitterli hat die von ihm vorgeschlagenen Formen des Kulturkontakts vor dem Hintergrund des Aufeinandertreffens von Europäern mit den Kulturen Lateinamerikas entwickelt. Dies ist bei der Übertragung der historischen Beispiele zu beachten.

Unter Kulturberührung verstehen wir das in seiner Dauer begrenzte, erstmalige oder mit großen Unterbrechungen erfolgende Zusammentreffen einer Gruppe von Europäern mit Vertretern einer geschlossenen archaischen Bevölkerungsgruppe. [...] Neben 5
ihrer Zufälligkeit und ihrer kurzen Dauer sind solche Kulturberührungen gekennzeichnet durch die rudimentären Formen der Kommunikation zwischen den aufeinandertreffenden Kulturvertretern. Man verständigte sich zwar, aber nicht in der umfassenden 10
Form des Gesprächs, sondern durch Zeichensprache und Mimik; man tauschte zwar Geschenke aus, aber lediglich, um die Annäherung zu erleichtern, nicht um eine Partnerschaft, wie die Handelsbeziehung sie erfordert, herzustellen. [...] Fast immer standen diese 15
Kulturberührungen im Zeichen freundlicher gegenseitiger Annäherung. Zwar ist ein reiches Spektrum von Varianten zu beobachten – von der extremen

Scheu [...] bis zur geradezu überströmenden Sympathiekundgebung [...].

[...] Es lag in der Natur dieser Art des Kulturkontakts, dass er meist nur wenige Jahre währte. Dann pflegte sich entweder – im glücklichsten Falle – ein *Modus vivendi*[1] friedfertigen gegenseitigen Austauschs einzuspielen, der zu neuen Abhängigkeiten und beidseitigen Anpassungen führte: Die Kulturbeziehung war entstanden. Oder es ereignete sich – leider der häufigere Fall –, dass die Kulturberührung in einen Kulturzusammenstoß umschlug, der die kulturelle Existenz des militärisch und machtpolitisch schwächeren Partners bedrohte und seine physische Existenz gefährdete oder gar auslöschte. [...]

Neben der hauptsächlichen Konfliktursache der Besitzaneignung gab es eine große Zahl weiterer Konfliktherde, von denen hier nur kurz die Rede sein kann. Häufig mischten sich die Europäer in die internen Auseinandersetzungen der Eingeborenen ein, und es gelang ihnen, etwa durch Waffenlieferungen, die Machtkonstellation in ihrem Sinne zu verändern oder das bisher bestehende Gleichgewicht zu zerstören. [...] Nicht selten versuchte man auch auf die innertribalen Machtverhältnisse Einfluss zu nehmen, zuweilen absichtslos, indem man mit unzuständigen Partnern verhandelte, zuweilen absichtsvoll, indem man genehme Stammesführer stützte, immer aber in unzureichender Kenntnis von Stammesstruktur und Herrschaftsfolge. [...] Oft entstanden Konflikte auch im Zusammenhang mit dem Warenhandel, den dadurch geweckten neuen Bedürfnissen und der Erschöpfung der Ressourcen [...].

Unter bestimmten Umständen jedoch konnte es geschehen, dass die Kulturberührung in eine Kulturbeziehung überging oder dass sich, weit seltener zwar, der Kulturzusammenstoß zur Kulturbeziehung wandelte. Unter der Kulturbeziehung [...] verstehen wir ein dauerndes Verhältnis wechselseitiger Kontakte auf der Basis eines machtpolitischen Gleichgewichts oder einer Patt-Situation. Bedingung einer Kulturbeziehung war das Spiel von Angebot und Nachfrage; ihre Träger waren auf europäischer Seite Händler und Missionare. [...] Unentbehrlich für den reibungslosen Verlauf der sich auf den Handel stützenden Kulturbeziehung war eine Mittlerschicht von Afrikanern und Mischlingen, die als Zwischenhändler, Bootsleute, Dolmetscher oder Handwerker dienten. Diese Mittlerschicht, die zwischen den Kulturen stand und sich einer Mischsprache bediente, konnte zuweilen eine solche Bedeutung gewinnen, dass die Interessen der weißen Faktoreibeamten, aber auch jene der einheimischen Lokalregierung, gefährdet wurden. [...] Zweierlei darf freilich nicht vergessen werden, wenn von der Friedlichkeit solcher kommerziellen Kulturbeziehungen die Rede ist: zuerst, dass diese Friedlichkeit meist nur so lange anhielt, als die Waren geliefert werden konnten und gefragt blieben, und ferner, dass dieselbe Kulturbeziehung, die in einer bestimmten Region pazifizierend wirkte, bereits in deren unmittelbarer Nachbarschaft Kulturzusammenstöße schlimmster Art auslösen konnte. [...]

Friedliche Kulturbeziehungen, wie der Handel sie ermöglichte, wurden auch von den Missionaren angestrebt und oft über längere Zeiträume hinaus auch erreicht. [...] Es gibt keinen Zweifel, dass die Mission aller Konfessionen, wie immer man persönlich zu ihr stehe, die Friedfertigkeit des Kulturkontakts aufrichtig anstrebte. Dies geschah in einem doppelten Sinne: Einerseits sah man ein, dass Bekehrungen nur in einem Klima gegenseitigen Vertrauens Glaubwürdigkeit beanspruchen konnten, und man bemühte sich, dieses Klima herzustellen; andererseits erkannte man es als wichtige Aufgabe, Spannungen, wie sie aus dem Verhältnis der autochthonen Bevölkerung zu den Kolonisten entsprangen, abzubauen, und hatte damit auch oft Erfolg. Dennoch war die Kulturbeziehung, wie der Missionar sie pflegte, ein äußerst problematisches Unterfangen, was darin begründet lag, dass der Missionar zwar weit stärker als der Händler und der Kolonist die sympathetische Annäherung suchte, dass er aber dennoch im Kern immer der Exponent der europäischen Kultur blieb und letztlich von der materiellen Unterstützung kirchlicher Institutionen sowie der Kolonialadministration abhängig war. [...]

An diesen mannigfaltigen, in der missionarischen Berichterstattung zuweilen verdeckten Bindungen geistiger und struktureller Natur an die Kolonialmacht änderte auch die Tatsache nichts, dass die Missionare häufig als scharfe und verantwortungsbewusste Kritiker des Kolonialismus auftraten. Es ist bezeichnend, dass ihre Kritik meist auf inhumane Formen des Umgangs mit der Überseebevölkerung abzielte, die Voraussetzungen jedoch, die solchen Umgang möglich machten, unangetastet ließ. So sind beispielsweise der Arbeitszwang für Indianer sowie Sklavenhandel und Sklavenwirtschaft weder von katholischen noch von calvinistischen Missionaren frühzeitig infrage gestellt und systematisch bekämpft worden.

*Urs Bitterli, Alte Welt – neue Welt. Formen des europäisch-überseeischen Kulturkontaktes vom 15. bis zum 18. Jahrhundert [zuerst 1986], dtv, München 1992, S. 17–50.**

[1] *Modus vivendi*: Übereinkunft, Verständigung

M4 Der Historiker Urs Bitterli über Akkulturation und Kulturverflechtung als Formen des Kulturkontakts (1976)

Im Unterschied zu den bereits beschriebenen Formen der kulturellen Begegnung setzen Akkulturation und vor allem Kulturverflechtung ein länger dauerndes Zusammenleben und Zusammenwirken von Bevölkerungsgruppen verschiedener Kultur im selben geografischen Raum voraus. Während bei der Beziehung, die wir als Kulturkontakt bezeichnet haben, Aspekte des Handels oder der Mission in der Regel im Vordergrund stehen und die Permanenz des gegenseitigen Verhältnisses nicht so sehr durch Ansiedlung und Fortpflanzung der einen Partnergruppe, als vielmehr durch die laufende Ablösung ihrer Vertreter durch Neuankömmlinge gesichert wird, vollzieht sich besonders die Kulturverflechtung vor dem Hintergrund einer intensiven gesellschaftlichen Durchdringung. Diese Durchdringung tritt dann an die Stelle des historisch häufiger zu beobachtenden Kulturzusammenstoßes, wenn sich zwischen zwei oder mehreren Kulturen die zwingende Notwendigkeit zur existenzsichernden Zusammenarbeit und das Bewusstsein einer verpflichtenden Aufeinanderangewiesenheit ergibt. Damit dieser Sonderfall eintritt, müssen verschiedene Vorbedingungen in ganz bestimmtem Grad und bestimmtem Mischverhältnis gegeben sein; die wichtigsten aufeinander einwirkenden Faktoren sind die Mentalität der sich begegnenden Völker, ihre Anpassungsfähigkeit und Anpassungsbereitschaft, die geografischen und demografischen Gegebenheiten.

Akkulturation und Kulturverflechtung sind Prozesse, die sich über mehrere Generationen hin erstrecken und nie als eigentlich abgeschlossen gelten können; sie bereiten sich bereits in der Phase der Kulturberührung durch den Austausch gewisser Verhaltensformen unter den Beteiligten vor, erreichen aber ihre historische Eigenständigkeit erst, wenn sich aus der engen und ständigen Begegnung der Kulturen eine neue Mischkultur ergibt, die alle Bereiche des wirtschaftlichen, sozialen und religiösen Lebens der Partner enthält und die Widersprüchlichkeiten der ursprünglichen kulturellen Situation zunehmend in sich aufhebt. [...] Jede Kulturverflechtung wird eingeleitet und genährt durch die Übertragung von spezifischen Verhaltensweisen, Vorstellungen, Wertbegriffen und Techniken von einer bisher in sich geschlossenen Kultur auf eine andere und umgekehrt. Bereits in der Frühphase der Kulturberührung findet ein solcher Austausch, allerdings nur in eingeschränkten Bereichen statt. [...] Dieser Prozess der gegenseitigen Anpassung, der sich beim Kulturkontakt intensiviert und selbst in bestimmten Fällen des Kulturzusammenstoßes [...] nicht zum Stillstand kommt, wird von der modernen Ethnologie in der Regel als „Akkulturation" bezeichnet. In jenen Fällen, da ein über längere Zeiträume hin sich entwickelnder Akkulturationsprozess Elemente beider oder mehrerer beteiligter Kulturen so sehr amalgamiert, dass eine eigenständige Mischkultur entsteht, wird man von Kulturverflechtungen sprechen können. Natürlich bleibt es eine Ermessensfrage festzustellen, wann ein Akkulturationsvorgang zur Kulturverflechtung wird, denn auch die neu geschaffene Mischkultur bleibt dem Wandel unterworfen und wird in ihrer Dynamik weiterhin von dem Phänomen der Akkulturation mitbestimmt.

Urs Bitterli, Die ‚Wilden' und die ‚Zivilisierten'. Grundzüge einer Geistes- und Kulturgeschichte der europäisch-überseeischen Begegnung [zuerst 1976], 3. Aufl., C. H. Beck, München 2004, S. 161.*

1 **Gruppenarbeit:** Arbeiten Sie arbeitsteilig auf Grundlage von M 3 und M 4 die Definition der Begriffe „Kulturberührung", „Kulturbeziehung", „Kulturzusammenstoß" sowie „Akkulturation" und „Kulturverflechtung" nach Bitterli heraus.
2 **Wahlaufgabe:** Interpretieren Sie die verschiedenen Formen des Zusammenlebens bzw. des Konflikts, indem Sie die Fachbegriffe auf ein Beispiel aus den vorausgegangenen Kapiteln zu China oder aus den Wahlmodulen anwenden. Präsentieren Sie Ihre Ergebnisse
   a) in Form eines Kurzvortrags oder
   b) in Form einer Mindmap.
3 Interpretieren Sie das Bild M 5 vor dem Hintergrund der Typologie Bitterlis.

M5 Skelett-Figuren als Dekoration beim mexikanischen „Tag der Toten", bei dem sich indigene, naturreligiöse und christliche Elemente mischen, Fotografie, 2010

M6 Der britische Kulturhistoriker Peter Burke über verschiedene Formen kulturellen Austauschs (2000)

Meinen nun folgenden Überlegungen liegen zwei Annahmen zugrunde: Zum einen geht es hier mehr um einen Austausch nach beiden Richtungen als um eine einseitige Anleihe, also eher um „Transkulturation" als um „Akkulturation". Zum anderen wird im Zuge eines kulturellen Austausches normalerweise auch dasjenige, was entliehen wird, den Bedürfnissen des Entleihenden angepasst, es findet also eine doppelte Bewegung von De- und Rekontextualisierung statt. Dieser Prozess mag mit Missverständnissen einhergehen, die zuweilen auch als „schöpferische" oder „konstruktive" Fehlschlüsse beschrieben werden, weil sie den Angehörigen zweier unterschiedlicher Kulturen einen offenen Konflikt zu vermeiden helfen. [...]

1. Es war ein Grundsatz der scholastischen Philosophie[1], dass das, „was auch immer empfangen wird, nach Maßen des Empfängers empfangen wird" [...].
2. Eine zweite Art, die Transformation von Überlieferung zu denken, stellt die Idee der Nachahmung dar, sei es nun im positiven wie im negativen Sinne. Der positive Aspekt ist [...] eine schöpferische Imitation [Nachahmung], [die] dann vorliegt, wenn [...] geschätzten Vorbildern nachgeeifert wird.
3. Eine weitere Alternative zur Vorstellung, die kulturelle Erbschaft sei passiv, ist der Gedanke der Aneignung oder, deutlicher, der „Plünderung" [der Fachausdruck heißt hier „Approbation"]; seinen ursprünglichen Kontext bilden die Debatten, die die nun als Kirchenväter verehrten Theologen über den christlichen Umgang mit heidnischen Kulturen führten. Basilius von Caesarea etwa befürwortete eine selektive Aneignung der heidnischen Antike nach dem Beispiel der Bienen, die „sich weder allen Blumen im gleichen Maße zuwenden noch die ausgewählten vollständig mitzunehmen suchen, sondern nur das nehmen, was für ihr eigenes Werk von Interesse ist, und das übrige unberührt zurücklassen". [...]
4. Die drei bislang erwähnten Begriffe übernehmen die Perspektive des Empfängers. Vom Standpunkt des Entleihenden oder Gebenden aus wurde der Austausch mithilfe des Begriffs der „Akkomodation", der Anpassung, untersucht. Cicero[2] hat den Ausdruck im Kontext der Rhetorik gebraucht, um den Redner auf die Notwendigkeit hinzuweisen, dass er seinen Stil auf die Zuhörerschaft einzustellen habe. [...]
5. Eine weitere Möglichkeit, über kulturellen Austausch zu sprechen, bestand darin, die Sprache des Mischens oder des Synkretismus zu gebrauchen. [...] Im 19. Jahrhundert erlangte [...] [der Begriff] „Synkretismus" eine positive Konnotation, und zwar im Kontext religionswissenschaftlicher Studien zur Antike, insbesondere für die Identifikation von zweien oder mehreren Göttern [d. h. wenn sich die Bedeutung zweier verschiedener Gottheiten in einer neuen Gottheit vereinigen] [...]. Von der Altertumswissenschaft ging der Begriff dann auf die ethnologische Forschung [...] über. [...]
6. Eine Alternative zum Synkretismus [...] stellt die anschaulichere botanische bzw. rassenkundliche Metapher der „Hybridität" oder „Hybridisierung" dar, wie sie im 19. und 20. Jahrhundert besonders populär war [...]. „Alle Kulturen sind", schreibt Said [palästinensischer Kulturtheoretiker, 1935–2003], „ineinander verstrickt; keine ist vereinzelt und rein, alle sind hybrid, heterogen."

Peter Burke, Kultureller Austausch, übersetzt von Burkhardt Wolf, edition suhrkamp, Frankfurt/M. 2000, S. 14–24.*

1 *die Scholastik:* dominierende philosophische Richtung im europäischen Mittelalter
2 *Cicero (106–43 v. Chr.):* röm. Politiker und Redner

1 Arbeiten Sie die verschiedenen Formen kulturellen Austauschs nach Burke heraus (M6).
2 Erklären Sie den Prozess von „De- und Rekontextualisierung" nach Burke.
3 Vergleichen Sie die unterschiedlichen Formen von Kulturbegegnungen nach Osterhammel, Bitterli und Burke miteinander.
Tipp: Siehe S. 480.

Transformationsprozesse

M7 Der Politikwissenschaftler Wolfgang Merkel über Transformationsprozesse (2010)

Bei der Untersuchung von sozialen, wirtschaftlichen und politischen Transformationsprozessen müssen zwei miteinander verschränkte Dimensionen angemessen berücksichtigt und begrifflich exakt gefasst werden. Erstens geht es um die Präzisierung des Analysegegenstandes, das heißt um die Beantwortung der Frage: *Was* wird transformiert? Handelt es sich dabei nur um die Regierung, das Regierungssystem, ein politisches Regime, den Staat oder gar das ganze soziopolitische System? Die zweite Frage, die eine Antwort verlangt, lautet: In welcher Form, Geschwindigkeit und in welchen Etappen vollzieht sich deren Transformation, welche politischen und gesellschaftlichen Akteure sind wie und mit welchem Einfluss an ihr beteiligt? Daran schließt sich die ebenfalls zu beantwortende Frage an: Können wir von einer Reform, einem Wandel oder müssen wir von einer Revolution oder einem Wechsel sprechen?

Wolfgang Merkel, Systemtransformation, Verlag für Sozialwissenschaften, 2. Aufl., Wiesbaden 2010, S. 62.

1 Erläutern Sie die von Wolfgang Merkel vorgeschlagenen Kriterien zur genaueren Bestimmung von Transformationsprozessen.
Zusatzaufgabe: Siehe S. 480.

M 8 Der Politikwissenschaftler Christian Graf von Krockow über das Verhältnis von Reform und Revolution (1976)

Zunächst einmal ist nicht jede Veränderung gleich schon eine Reform. Wenn ein Touristikunternehmen mehr Busse und Charterflugzeuge oder die Bundesbahn Sonderzüge einsetzt, um den Ansturm zu bewältigen, wird man schwerlich von einer Verkehrsreform sprechen [...]. Anders wäre es, wenn neuartige Verkehrskonzepte entwickelt [...] würden, um dem Massenandrang zu begegnen.

Von Reform zu sprechen ist vor allem dann sinnvoll, wenn die Strukturveränderungen bestehender Institutionen auf irgendeine Weise, direkt oder indirekt, eine Umverteilung von *Macht* einschließt, wenn etwa, um bei dem angeführten Beispiel zu bleiben, das Monopol eines Verkehrsunternehmens durch die Etablierung neuer Verkehrssysteme gesprengt [...] wird. Die Umverteilung von Macht lässt die Reform unausweichlich zum Machtkampf, zum politischen Konflikt werden; es geht um handfeste Interessen. [...] Die zweite wichtige Abgrenzung betrifft das Verhältnis von Reform und Revolution. Es ist fraglich, ob diese Abgrenzung dadurch erreicht werden kann, dass man auf irgendeine Weise den Umfang beabsichtigter oder durchgeführter Strukturveränderungen nachzumessen versucht. [...] Die Unterscheidung hängt offensichtlich davon ab, ob ein Bruch und ein Wandel in den Legitimationsgrundlagen der Herrschaft stattgefunden hat oder nicht. [...]

In diesem Sinne mit Vorsicht gewappnet sei als Ergebnis einer ersten, begrifflichen Annäherung ans Thema festgehalten: Reformen stellen institutionelle Veränderungen dar, die auf eingetretene oder erwartete Veränderungen antworten, welche eine Institution mit Funktionsunfähigkeit bedrohen. Allerdings lässt sich jede beliebige Veränderung bereits als Reform verstehen. Von Reform zu sprechen ist vor allem dann sinnvoll, wenn der Strukturwandel bestehender Institutionen direkt oder indirekt eine Umverteilung von Macht einschließt und damit politische Konflikte auslöst. Andererseits unterscheidet sich die Reform von der Revolution zwar nicht unbedingt durch das Ausmaß des Wandels, wohl aber dadurch, dass die Legitimationsgrundlage der bestehenden Herrschaftsordnung entweder völlig erhalten bleibt oder nur schrittweise in längeren Zeiträumen geändert wird. [...]

Es geht um das Verhältnis von Reform und Radikalismus, und es bietet sich an, eine Alternative zu formulieren: Man kann das eine haben oder das andere, aber nicht beides; Reform und Radikalismus schließen einander aus. [...]

Es kommt [den Radikalen] nicht darauf an, das Bestehende in Teilstücken und Teilschritten zu verändern, auszubessern, neuen Erfordernissen anzupassen – ganz im Gegenteil, denn damit würde dem *im Kern* Verdorbenen [...] doch nur das Überleben ermöglicht. Sondern man muss – wie der Begriff „radikal" ja besagt – das Übel bei der Wurzel packen, also das Bestehende zerstören, um an seine Stelle Neuartiges, nicht Verbessertes, sondern wirklich Besseres zu setzen. Dazu bedarf es natürlich einer Utopie, einer Vision der künftigen, befreiten, wahrhaft humanen Ordnung. [...]

Eine Gegenprobe bestätigt den Tatbestand: Der Reformer will vermitteln, das Gegenwärtige mit dem Kommenden verbinden; er will das Bestehende verändern, um es zu erhalten. [...]

Christian Graf von Krockow, Reform als politisches Prinzip, Piper & Co. Verlag, München 1976. S. 12 f., 18, 79 f., 82.*

1 Setzen Sie sich auf der Basis der Analyse von Christian Graf von Krockow mit dem Begriff „Reform" auseinander.
2 Überprüfen Sie, ob die Hundert-Tage-Reform (Kap. 4, S. 207) eine Reform im Sinne Graf von Krockows ist.

M 9 Aus dem Vorwort Fernand Braudels zu seinem Buch „Das Mittelmeer und die mediterrane Welt in der Epoche Philipps II." (1969)

Dieses Buch zerfällt in drei Teile, von denen jeder den Versuch einer Gesamterklärung unternimmt.

Der erste führt eine gleichsam unbewegte Geschichte vor, die des Menschen in seinen Beziehungen zum umgebenden Milieu; eine träge dahinfließende Geschichte, die nur langsame Wandlungen kennt, in der die Dinge beharrlich wiederkehren und die Kreisläufe immer wieder neu beginnen. Diese fast außer der Zeit liegende, dem Unbelebten benachbarte Geschichte wollte ich weder vernachlässigen noch sie, wie es traditionell in so vielen Büchern geschieht, als nutzlose geografische Einführung an die Schwelle der eigentlichen Darstellung verbannen: jene Geschichte mit ihren mineralischen Landschaften, Äckern und Blumen, die man rasch vorzeigt und von der dann nie mehr die Rede ist, als ob die Blumen nicht in jedem Frühling wiederkämen, als ob die

Herden in ihren Wanderungen innehielten, als ob die Schiffe nicht auf einem realen Meer segeln müssten, das sich mit den Jahreszeiten verändert.

Oberhalb dieser unbewegten Geschichte lässt sich eine Geschichte langsamer Rhythmen ausmachen; man möchte fast sagen – wäre dem Ausdruck sein voller Sinn nicht verlorengegangen – eine soziale Geschichte, die der Gruppen und Gruppierungen. Wie diese Grundsee das mediterrane Leben als Ganzes aufwühlt, das ist die Frage, die ich mir im zweiten Teil meines Buches gestellt habe. Dort werden nacheinander die Ökonomien, die Staaten, die Gesellschaften und die Zivilisationen untersucht; und damit mein Verständnis der Geschichte deutlicher wird, versuche ich schließlich zu zeigen, wie all diese aus der Tiefe wirkenden Kräfte im komplexen Bereich des Krieges am Werk sind. Denn der Krieg ist, wie wir wissen, keine reine Domäne individueller Verantwortlichkeiten.

Der dritte Teil endlich ist der der traditionellen Geschichte; wenn man so will, der Geschichte nicht im Maßstab des Menschen, sondern des Individuums; der Ereignisgeschichte, wie Paul Lacombe und François Simiand sagen würden. Eine ruhelos wogende Oberfläche, vom Strom der Gezeiten heftig erregte Wellen. Eine Geschichte kurzer, rascher und nervöser Schwankungen. Überempfindlich, wie sie ist, versetzt der geringste Schritt all ihre Messinstrumente in Alarm. So ist sie von allen die leidenschaftlichste, menschlich reichste, doch die gefährlichste auch. Misstrauen wir dieser Geschichte, deren Glut noch nicht abgekühlt ist, der Geschichte, wie sie die Zeitgenossen im Rhythmus ihres Lebens – das kurz war wie das unsere – empfunden, beschrieben, erlebt haben. Sie hat die Ausmaße ihres Zorns, ihrer Träume und ihrer Illusionen. Im 16. Jahrhundert folgt der eigentlichen Renaissance die Renaissance der Armen, Bescheidenen, die begierig sind zu schreiben, von sich zu erzählen, zu den anderen zu sprechen. Diese kostbaren Berge von Papier geben ein ziemlich verzerrtes Bild, verdecken die verlorene Zeit, stehen außerhalb der Wahrheit. Der Historiker, der die Papiere Philipps II.[1] liest, gleichsam an seinem Platz und an seiner Stelle, fühlt sich in eine bizarre, dimensionslose Welt versetzt. Eine Welt heftiger Leidenschaften, gewiss; blind wie jede lebendige Welt, wie die unsere, unbekümmert um die geschichtlichen Tiefen, um jene lebhaften Gewässer, auf denen unser Boot dahinzieht wie das trunkenste aller Schiffe. Eine gefährliche Welt, deren Zauber wir jedoch gebannt haben werden, sobald wir die großen, lautlosen Strömungen in der Tiefe kennen, deren Richtung sich nur feststellen lässt, wenn man große Zeiträume umfasst. Die dröhnenden Ereignisse sind oft nur Augenblicke, nur Erscheinungen jener großen Schicksale und erklären sich nur aus diesen.

So sind wir dahin gelangt, die Geschichte in mehrere Etagen zu zerlegen oder, wenn man will, in der Zeit der Geschichte eine geografische, eine soziale und eine individuelle Zeit zu unterscheiden.

Zit. nach: Fernand Braudel, Schriften zur Geschichte 1. Gesellschaften und Zeitstrukturen. Aus dem Französischen übersetzt von Gerda Kurz/Siglinde Summerer, Klett-Cotta, Stuttgart 1992 [zuerst 1969], S. 21f.

1 *Philipp II. (1527–1598):* seit 1556 Herrscher von Spanien, den Kolonien in Amerika, der Niederlande, seit 1580 auch von Portugal

1 Arbeiten Sie die verschiedenen Ebenen von Geschichte nach Braudel heraus.
2 Charakterisieren Sie die einzelnen Ebenen.
3 Erörtern Sie die Einschätzung von Fernand Braudel, die Ereignisgeschichte sei die „leidenschaftlichste" im Vergleich zu anderen.

M 10 **Die Historiker Andreas Suter und Manfred Hettling über die Frage, wie historischer Wandel beschrieben und gedeutet werden kann (2001)**
In den Sozialwissenschaften und der Sozialgeschichte wurde seit den 1970er-Jahren historischer Wandel vor allem durch die Beschreibung und Erklärung des Wandels von Strukturen und Prozessen erfasst. Demgegenüber trat die Bedeutung von einzelnen Ereignissen – und auch einzelner Personen – deutlich in den Hintergrund. Seit einigen Jahren wird aber wieder verstärkt die Frage diskutiert, ob bei der Erklärung historischen Wandels nicht auch „das Ereignis" stärker in den Blick genommen werden müsse.
In Frage gestellt wurde die Annahme, dass historischer Wandel nur mit langsam sich verändernden Strukturen und Prozessen erklärt werden könne. Dagegen hat 1989/1991 im realsozialistischen Osteuropa – und durch Implosion des Staatskommunismus auch in Westeuropa – sowohl bereits lange zuvor in Gang gekommene Strukturveränderungen sichtbar werden lassen als auch ganz neuartige strukturelle Veränderungen ausgelöst. Man denke beispielsweise an den Kollaps des DDR-Sozialismus im Herbst 1989. Die Maueröffnung am 9. November ist eines der spektakulärsten Symbole für diesen Wandel. Ausgelöst wurde dieses „Ereignis" durch das Politbüromitglied Schabowski, der auf einer Pressekonferenz seinen berühmt gewordenen „Zettel" aus der Tasche wühlte, um Reiseerleichterungen zu verkünden. Dass diese Nachricht von DDR-Bürgern synchron und

massenhaft als Maueröffnung verstanden wurde und dass die verunsicherten Grenztruppen vor den plötz-
30 lich vor ihnen stehenden Massen kapitulierten, das lässt sich nicht hinreichend erklären, ohne sowohl auf Strukturveränderungen im Staatssozialismus (man denke etwa an *Solidarność* in Polen und den durch Gorbatschow initiierten Reformschub in der
35 Sowjetunion [...]) als auch auf dadurch ermöglichte Ereignisse wie die Leipziger Montagsdemonstration am 9. Oktober zurückzugreifen. [...]
So falsch es demnach wäre, historischen Wandel ohne Berücksichtigung von langsam sich verändernden
40 Strukturen und Prozessen zu erklären, so falsch wäre es umgekehrt, die partielle Differenz von Ereignissen zu ihrem strukturellen Kontext zu vernachlässigen. Fragwürdig wurde damit auch die Annahme, dass Strukturen und Prozesse menschliches Handeln bestimmen, ja
45 determinieren könnten – was eine Bedingung des Erfolges der Sozialgeschichte in den letzten Jahrzehnten war. Im Rückgriff auf Strukturen als erklärende Faktoren glaubte man, historische Gesetze fassen zu können und damit die sinnhafte und situative Komplexität mensch-
50 lichen Handelns in berechenbare Regelmäßigkeiten und auf erklärende Modelle bringen zu können. Vergessen wurde dabei oft eine Erkenntnis bereits der Theoriediskussion der Jahrhundertwende, dass jeder Versuch, die Geschichte als Gesetzeswissenschaft zu
55 etablieren, zum Scheitern verurteilt ist. In der betonten Abgrenzung von einer vor allem [...] auf Faktorenkonstruktion und erzählende Präsentation von Ereignissen konzentrierten Geschichtsschreibung haben sozialgeschichtliche Theorieentwürfe deshalb oft die Ereignis-
60 haftigkeit des Geschehens ausgeblendet oder sich in der Illusion von Geschichte als Gesetzeswissenschaft verfangen. Das Unerwartete, das „1989" für Zeitgenossen auszeichnete, konnte damit bekannte, aber in den Hintergrund der Diskussion gerückte theoretische Er-
65 kenntnisse wieder bedenkenswert werden lassen. Denn das Überraschende, das Ereignissen grundsätzlich eignet, verweist darauf, dass „jedes Ereignis mehr und zugleich weniger zeitigt, als in seinen strukturellen Vorgegebenheit enthalten ist" (R. Koselleck). Jedem
70 Ereignis ist mit anderen Worten eine aus langfristigen Strukturen nicht vollständig zu erklärende und prospektiv[1] nicht voraussagbare singuläre Qualität eigen, welche aus der Geschichte einen grundsätzlich offenen Prozess macht. Das verweist auf eine unaufhebbare Dif-
75 ferenz zwischen der Ebene der Erfahrung, des Handelns und der Ereignisse als komplexen Handlungssequenzen einerseits und derjenigen der Strukturen andererseits.

Andreas Suter und Manfred Hettling, Struktur und Ereignis – Wege zu einer Sozialgeschichte des Ereignisses, in: dies. (Hg.), Struktur und Ereignis, Sonderheft 19 der Zeitschrift für Historische Sozialwissenschaft, Vandenhoeck & Ruprecht, Göttingen 2001, S. 8f.*

1 *prospektiv:* vorausschauend

1 Erarbeiten Sie die Kernaussagen der Autoren im Hinblick auf das Verhältnis von Ereignis und Struktur.
2 Erläutern Sie anhand selbst gewählter Beispiele aus dem Themenbereich „China und die imperialistischen Mächte", inwiefern die Transformation Chinas im 19. Jahrhundert einerseits durch einzelne Ereignisse und/oder Personen, andererseits durch langfristige strukturelle Veränderungen bzw. Prozesse adäquat beschrieben und erklärt werden kann.
Tipp: Siehe S. 480.
3 **Vertiefung:** Überprüfen Sie, ob sich der vorgestellte Ansatz auch auf die Theorien zu Kulturkontakt und Kulturkonflikt übertragen lässt. Erarbeiten Sie dafür Beispiele aus dem Themenbereich „China und die imperialistischen Mächte" und diskutieren Sie diese.

M 11 **Der Sozialwissenschaftler Raj Kollmorgen über Gesellschaftstransformationen im weltgesellschaftlichen Kontext (2015)**
Hinsichtlich der weltgesellschaftlichen Kontexte erscheinen drei Entwicklungsdynamiken von besonderer Relevanz [Annotation RK: vgl. Osterhammel: Verwandlung der Welt, München (C.H. Beck) 2009, S. 465–817, 909–957, 1173–1228]:
(1) Ab Mitte des 18. Jahrhunderts formierte sich weltgesellschaftliche Hegemonie der nordwestlichen Staaten und ihrer Gesellschaftsformen infolge eines Modernisierungsschubs, wobei Frankreich, Großbritannien und später auch die USA und Deutschland eine Vorreiterrolle spielten. Dieser Modernisierungsschub gründete auf einer Verschränkung politischer, ökonomischer und militärischer Innovationen sowie deren westeuropäisch-atlantischer Diffusion. Entscheidend waren zunächst (a) die Ausformung einer modernen (National-)Staatlichkeit auf konstitutioneller Grundlage mit starken ökonomischen und militärischen Funktionen und Entwicklungsimpulsen. Parallel dazu gewann die Idee der Volkssouveränität und mit ihr demokratisierte Herrschaftsordnungen in einem längeren Prozess an Gewicht. Ein weiterer Baustein (b) ist die (schrittweise) Durchsetzung der kapitalistischen Produktionsweise als das dynamische und ab Ende des Jahrhunderts auch beherrschende Element wirtschaftlicher Entwicklung. Schließlich (c) ist die von dieser ausgelöste und

systematisch ökonomisierte Kette technisch-technologischer Innovationen (Dampfkraft, Maschinensystem, Eisenbahn usw.) hervorzuheben. Diese wurden später unter dem Begriff der Industrialisierung zusammengefasst. [...]

(2) Aus dem nordwestlichen Modernisierungsschub folgte eine spürbare Verschiebung der Macht(un)gleichgewichte in Europa. Sowohl die vom 16. bis zum 18. Jahrhundert mit dominierenden Reichen des Südwestens (Spanien, Portugal) und Südostens (Osmanisches Reich) als auch die Regionalmacht Russland erfuhren seit etwa 1820/30 nachhaltige internationale Schwächungen und Prestigeverluste, weil sie jene Innovationen nicht oder nur begrenzt nachvollzogen.

(3) Parallel zu diesen Verschiebungen entwickelte sich seit etwa 1750 bis Ende des 19. Jahrhunderts eine historische Globalisierungswelle. Diese saß nicht nur den neuen technisch-technologischen Möglichkeiten sowie den Weltmarktbedürfnissen der kapitalistischen Produktionsweise auf, sondern verdankte ihre Dynamik ab der zweiten Hälfte des 19. Jahrhunderts wesentlich den Politiken und militärischen Strategien einer – nach dem Zusammenbruch der amerikanischen Kolonien (zwischen 1776 und 1852) – zweiten Welle des europäischen Kolonialismus und des sich neu formierenden Imperialismus. Beide richteten sich verstärkt auf den afrikanischen, asiatischen sowie pazifischen Raum. Drei Strategien kamen dabei zum Einsatz: Die erste bestand in Annexion, ökonomischer Ausbeutung und sozialer Überschichtung (Modell der klassischen Kolonie), die zweite in der militärischen Bedrohung oder temporären Besetzung mit der Installation oder Förderung gewogener politischer Regime, die zur Durchsetzung von Einflusssphären sowie vorteilhaften Handelsbedingungen führten. Eine dritte Strategie beschränkte sich auf – in der Regel bedrohungsgestützte – Marktöffnungen unter der Parole des Freihandels, oft verbunden mit speziellen Schutzgarantien für die ausländischen Vertreter.

Raj Kollmorgen, Vier Transformationsversuche: Iran, Russland, Türkei, China, in: ders/Wolfgang Merkel/Hans-Jürgen Wagener, Handbuch der Transformationsforschung, Springer, Wiesbaden 2015, S. 305–316, hier S. 306f.*

1 Erklären Sie, wie nach Kollmorgen Machtungleichgewichte durch Transformationsprozesse entstehen.
2 Überprüfen Sie, inwiefern die drei Strategien auf den Kontakt zwischen den imperialistische Mächten und China zutreffen.
3 Arbeiten Sie ausgehend von Kollmorgen Bedingungen für eine friedliche Kulturbeziehung nach Bitterli heraus.
Tipp: Siehe S. 480.

China

M 12 Der Sinologe Klaus Mühlhahn über China als „Halbkolonie" (2007)

Zwar geriet auch China im 19. Jahrhundert in die Abhängigkeit von fremden Mächten, doch wurde es niemals zu einer Kolonie [...]. Im internationalen Vergleich ist es daher eine Besonderheit, dass die imperialistischen Großmächte zurückhaltender agieren mussten und sich erfindungsreich einer Vielzahl anderer völkerrechtlicher Konstrukte bedienten, um quasikoloniale Abhängigkeits- und Ausbeutungsverhältnisse auf subtile, informelle und daher verdeckte Weise zu schaffen und durchzusetzen. [...]

Das Hauptinteresse der imperialistischen Mächte war es, mithilfe einer weiter existierenden, intakt bleibenden, wenngleich natürlich geschwächten chinesischen Zentralregierung Investitionsgüter und Kapital zu importieren bzw. wertvolle Rohstoffe – allen voran Kohle für die interkontinentale Dampfschifffahrt – zu exportieren. In China konkurrierten sie vor allem um Anleihen und Konzessionen für den Eisenbahn- und Bergbau sowie den Betrieb von Hafenanlagen zu möglichst günstigen Konditionen. Es ging im Grunde um den Zugang zu einem riesigen Zukunftsmarkt, dem für die weitere Expansion der nationalen Volkswirtschaften der Großmächte Europas eine Schlüsselstellung eingeräumt wurde. Für eine solche Politik war die aufwendige Administration großer Flächenkolonien eher hinderlich, jedoch konnten die Mächte nicht vollständig auf formellen Kolonialbesitz verzichten. Die finanz- und wirtschaftsimperialistische Expansion war ohne militärisch gesicherte Stützpunkte in China weder voranzutreiben noch dauerhaft zu sichern. Daher errichteten die europäischen Staaten in China ein Netz von militärisch und/oder polizeilich gesicherten Hafenvierteln, Handelsgebieten und Niederlassungen zu Wohn- und Handelszwecken, in denen die chinesische Landeshoheit außer Kraft gesetzt und die Gebietshoheit von ausländischen Verwaltungen ausgeübt wurde. Es handelte sich hierbei um einen spezifischen Kolonialtypus, der als Stützpunkt- oder Hafenkolonie bezeichnet werden kann. [...] Die Folge war ein besonderer Zustand halb- oder quasikolonialer Vorherrschaft. [...] Entlang den Küsten [...] entstanden zahlreiche ausländische Enklaven, um die konzentrisch sogenannte Einflusssphären angeordnet waren. In diesen Einflussbereichen verfügte eine ausländische Macht über besondere wirtschaftliche Vorrechte, zum Beispiel Schürfrechte oder Eisenbahnlizenzen. Den kolonialen Enklaven und ihren Einflusssphären lagen verschiedene kolonialrechtliche Konstruktionen zugrunde: Der Fall der „klassischen" Kolonie, das heißt der unbefristeten und bedingungslosen Abtretung eines Gebietes, war dabei eher eine Ausnahme und kam nur zweimal zur Anwendung: Hongkong an Großbritannien im Vertrag von Nanjing 1842 und Taiwan an Japan im Vertrag von Shimonoseki 1895. Häufiger war die zeitlich befristete Verpachtung von Gebieten an eine fremde Macht. In den Pachtgebieten war die Souveränität Chinas für die vertraglich vereinbarte Pachtzeit aufgehoben, und es galt uneingeschränkt das Recht des jeweiligen kolonialen Gesetzgebers. […]. Die meisten Gebietsabtretungen jedoch waren innerstädtische Kolonien in Form von Konzessionen und Niederlassungen. Dabei handelte es sich um geschlossene Wohngebiete, die ausländische Regierungen gegen Zahlung einer Grundsteuer vom chinesischen Staat pachteten. Die oberste politische Gewalt lag bei einem ausländischen Konsul oder einem gewählten Stadtrat.

Klaus Mühlhahn, China als Halbkolonie, in: Mechthild Leutner/ Klaus Mühlhahn (Hg.), Kolonialkrieg in China, Ch. Links Verlag, Berlin 2007, S. 27–31.*

1 Geben Sie wieder, wie Klaus Mühlhahn China als „Halbkolonie" beschreibt.

2 Diskutieren Sie, inwiefern imperialistische Kontakte auch „Kulturbeziehungen" sind.

M 13 Der Sozialwissenschaftler Raj Kollmorgen über die chinesische Revolution (2015)

Die chinesische Revolution von 1911 stellt zwar in ihrem destruktiven Moment eine erfolgreiche Umwälzung dar, nicht jedoch als produktiver Transformationsversuch. Reformen des Hofes nach 1901 ebenso wie koloniale Besatzung und Sonderrechte stellten Vorbedingungen des Umsturzes dar, der von bürgerlichen Schichten in den Städten, Provinz-Kommandeuren und Anti-Mandschu-Gruppen getragen wurde. Innerhalb weniger Monate wurde die alte Qing-Dynastie hinweggefegt und die Republik ausgerufen. Ihr neuer militärischer Machthaber und ihr erster Präsident Yuan Shikai, verfolgte jedoch eigene dynastische Ziele, sodass bereits 1912 die demokratische Entwicklung zum Erliegen kam und de facto einer Diktatur Platz machte.

Raj Kollmorgen, Vier Transformationsversuche: Iran, Russland, Türkei, China, in: ders. u. a., Handbuch der Transformationsforschung, Springer, Wiesbaden 2015, S. 305–316, hier S. 316.

1 Erklären Sie den gescheiterten „produktiven Transformationsversuch" in China nach Kollmorgen (M 13).

2 Beurteilen Sie die Aussage von Kollmorgen zur Chinesischen Revolution.

M 14 Der Präsident der VR China Xi Jinping vor der UNESCO in Paris (27. März 2014)

Drittens sind Zivilisationen umfassend, und dies hat dem Austausch zwischen den Zivilisationen und dem gegenseitigen voneinander Lernen den nötigen Antrieb gegeben […]. Alle Zivilisationen sind Kristallisationen der harten Arbeit und Weisheit der Menschheit. Jede Zivilisation ist einzigartig. Andere Zivilisationen mechanisch oder blind zu kopieren ist so, als würde man sich die Zehen abschneiden, nur damit sie in die Schuhe passen, was nicht nur unmöglich ist, sondern auch höchst schädlich. Alle zivilisatorischen Errungenschaften verdienen unseren Respekt […]. Die Geschichte lehrt uns, dass eine Zivilisation nur durch Austausch und gegenseitiges Lernen mit Leben erfüllt werden kann. Wenn alle Zivilisationen ihre Aufnahmefähigkeit und Offenheit betonen, wird der sogenannte „Kampf der Kulturen" [Huntington] nicht mehr vorkommen und die Harmonie der Zivilisationen wird Wirklichkeit werden. Wir Chinesen haben dafür den Ausspruch: „Rettich oder Kohl, jeder nach seinem Geschmack."

Die chinesische Zivilisation hat in den 5000 Jahren ihres Bestehens immer an ihren ursprünglichen Wurzeln festgehalten. Als einzigartige kulturelle Identität der chinesischen Nation enthält sie unsere tiefsten kulturellen Bestrebungen und bietet uns reichlich Nahrung für Existenz und Entwicklung. Die chinesische Zivilisation wurde zwar auf dem Boden Chinas geboren, hat aber ihre heutige Form durch ständigen Austausch […] mit anderen Zivilisationen erhalten. In der späten Ming-Dynastie und der frühen Qing-Dynastie begann das chinesische Volk, sich mit großem Eifer moderne Wissenschaften und Technologien anzueignen, da das europäische Wissen in den Bereichen Astronomie, Medizin, Mathematik, Geometrie und Geografie nach China gebracht wurde, was dazu beitrug, den Horizont des chinesischen Volkes zu erweitern. In der Folgezeit wurden der Austausch und das gegenseitige Lernen zwischen der chinesischen Zivilisation und anderen Zivilisationen immer häufiger. In diesem Prozess kam es zu Konflikten, Reibereien, Verwirrung und Verweigerung. Aber die wichtigsten Merkmale […] waren Lernen, Verarbeitung, Integration und Innovation.

Zit. nach: http://www.unesco.org/new/fileadmin/MULTIMEDIA/HQ/ERI/pdf/Speech_Xi_Jinping_English.pdf (Download vom 25. November 2021). Übersetzt von Heidi Martini.*

1 Analysieren Sie, wie Xi Jinping Kultur und Transformation Chinas charakterisiert.

2 Nehmen Sie Stellung, inwiefern es sich um eine politische Instrumentalisierung von Geschichte handelt.
Tipp: Siehe S. 480.

2.6 Wahlmodul: Die Kreuzzüge

M1 Karte von Jerusalem aus einer lateinischen Handschrift, um 1200.
Jerusalemkarten aus der Zeit der Kreuzzüge reduzieren die Stadt auf einen viergeteilten Kreis. Im oberen Teil: der Felsendom (lat. templum domini) und die al-Aqsa-Moschee (lat. templum Salomonis); im linken Teil: das Grab Jesu als Rundbau. Ganz unten: eine Szene aus einer Kreuzfahrerlegende, nach der der heilige Georg eine Gruppe von Muslimen in die Flucht schlägt.

1071	Das Byzantinische Reich stößt nach Anatolien und Armenien vor
1076–1078	Die Seldschuken erobern Syrien und Palästina; die freie christliche Pilgerfahrt (seit 7. Jh.) nach Jerusalem wird unterbrochen; die Seldschuken rücken bis Anatolien vor; Byzanz bittet den Papst um Hilfe
1095	Kreuzzugsaufruf Papst Urbans II.
1096–1099	Erster Kreuzzug
1098	Grafschaft Edessa/Syrien wird erster Kreuzfahrerstaat; Eroberung Antiochias
1099	Fürstentum Antiochia wird Kreuzfahrerstaat; Eroberung Jerusalems (Juni/Juli); Jerusalem wird Kreuzfahrerstaat
1146–1149	Zweiter Kreuzzug
1187	Rückeroberung Jerusalems und großer Teile der Kreuzfahrerstaaten durch den Sultan von Ägypten und Syrien, den Aiyubiden Salah ad-Din
1189–1192	Dritter Kreuzzug
1191	Die Christen erobern Akkon zurück
1192	Teilweise Rückeroberung des Königreiches Jerusalem durch Richard I., doch ohne die Stadt selbst; dreijähriger Waffenstillstand zwischen Richard und Salah ad-Din

Die Kreuzzugsaufrufe der „Franken", d. h. des christlich-lateinischen Europas, waren vor allem Aufrufe zum Kampf gegen Muslime. Denn die Kriege im Namen Gottes stempelten insbesondere die Muslime zu „barbarischen Heiden" ab, deren Tötung gewollt war. Dieses Aufeinanderprallen der Kulturen wurde weniger in der muslimischen als vielmehr
5 in der christlich-europäischen Kultur des Mittelalters mythologisch ausgelegt – mit weit reichenden Folgen: Noch heute wird der Begriff „Kreuzzug" in Reden und Debatten angeführt, z.B. beim „Kreuzzug gegen Abtreibung" oder nach den Terroranschlägen vom 11. September 2001, als der amerikanische Präsident George W. Bush einen „Kreuzzug gegen das Böse" ankündigte.
10 Das Aufeinandertreffen der Kulturen in den Kreuzfahrerstaaten war jedoch nicht ausschließlich von Konflikt geprägt: Zwischen einzelnen „Franken" und Arabern gab es auch friedliche Kontakte unterschiedlicher Ausprägungen.

1 Analysieren Sie die Darstellung Jerusalems in der historischen Karte M 1.
   Tipp: Ziehen Sie moderne Reiseführer hinzu und informieren Sie sich über die heiligen Stätten.
2 Erläutern Sie, welches Bild des Zusammenlebens zwischen europäischen Kreuzfahrern und Arabern in der Darstellung deutlich wird.
3 **Mindmap/Concept-Map:** Sammeln Sie in einer Mind- oder Concept-Map alle Informationen, Assoziationen und Fragen, die Ihnen zum Thema „Kreuzzüge" einfallen.
4 Wählen Sie aus Ihren Ergebnissen aus Aufgabe 1 zwei bis drei Punkte aus, die Sie am interessantesten finden, sammeln Sie diese im Plenum (z. B. mithilfe einer Moderationswand und -karten) und versuchen Sie, die Einträge nach übergeordneten Begriffen zu ordnen.

02–1204	Vierter Kreuzzug; die christlich-lateinischen Kreuzfahrer erobern und plündern das christlich-orthodoxe Konstantinopel und weite Teile des Byzantinischen Reiches; sie begründen in Byzanz ein lateinisches Kaisertum (bis 1261)
1217–1221	Fünfter Kreuzzug
1228/29	Kreuzzug Kaiser Friedrichs II. (vom Papst gebannt); durch Vertragsschluss mit Ägypten Rückgewinnung von Jerusalem und Teilen Palästinas
1248–1254	Sechster Kreuzzug
1263	Beginn der Rückeroberung christlicher Gebiete in Palästina und Syrien durch die Mamluken
1270–1272	Siebter Kreuzzug
1291	Die Mamluken erobern Akkon und damit den letzten Sitz der Kreuzfahrer

2.6 Wahlmodul: Die Kreuzzüge

In diesem Kapitel geht es um
- *die Entwicklung des Kreuzzuggedankens,*
- *den Verlauf des ersten Kreuzzuges,*
- *das Leben in den Kreuzfahrerstaaten und*
- *Begegnung und Konflikt der Kulturen.*

Der Kreuzzugsgedanke

▶ M 6: Kreuzzugsaufruf Urbans II.

▶ M 4: Karte zu den Seldschuken

Im Jahre 1095 hielt **Papst Urban II.** während eines Konzils außerhalb der Stadt Clermont in Frankreich eine wortgewaltige Rede. Seine Ausführungen sind nur in vier späteren, unterschiedlichen Fassungen überliefert. Demnach rief er die Ritterschaft dazu auf, sich zu bewaffnen und Glaubensbrüdern im Orient zu Hilfe zu eilen. Papst Urban reagierte damit auf ein Hilfegesuch des byzantinischen Kaisers Alexios, der durch das Vordringen der muslimischen Seldschuken bedrängt war. Auch kursierten Gerüchte von Übergriffen auf christliche Pilger. Wahrscheinlich bereits in dieser Rede, auf jeden Fall aber in späteren Briefen, propagierte der Papst als Ziel, das Grab Christi, das **Heilige Grab** in Jerusalem, zu befreien. Dieses Ziel wurde zum zentralen Bestandteil des Kreuzzugsgedankens. Die **Jerusalemverehrung** spielte im Bewusstsein der Christen bereits seit Jahrhunderten im Rahmen der Pilgerfahrt eine große Rolle. Sowohl Pilger als auch Kreuzfahrer legten als Pilgerzeichen ein Kreuz an und ein Gelübde ab. Neu war, dass die Läuterung des Sünders durch den **bewaffneten Kampf** erfolgen konnte. In diesem Sinne verkündete der Papst den Nachlass der Sünden, einen vollkommenen Ablass. Ein solcher Kampf wurde als **Heiliger Krieg** angesehen, weil er angeblich auf dem Willen Gottes beruhte. Diese Vorstellung wurde mit der ritterlichen Aufgabe des Herrendienstes verknüpft. Der einflussreiche Zisterzienserabt und spätere Kreuzzugsprediger Bernhard von Clairvaux (um 1090–1153) bezeichnete Palästina als Eigentum des Herrn Jesu und forderte jeden Ritter des Herrn (*miles christi*) auf, in den Kampf zu ziehen, um seinen obersten Herren wieder in sein Recht einzusetzen.

M 1 Ein Kreuzfahrer begibt sich in den Schutz Gottes und nimmt als *miles christi* die Kreuzfahrt auf sich, englische Buchmalerei aus dem „Westminster Abbey Psalter", 1175

M 2 Europa und der Nahe Osten Ende des 12. Jahrhunderts

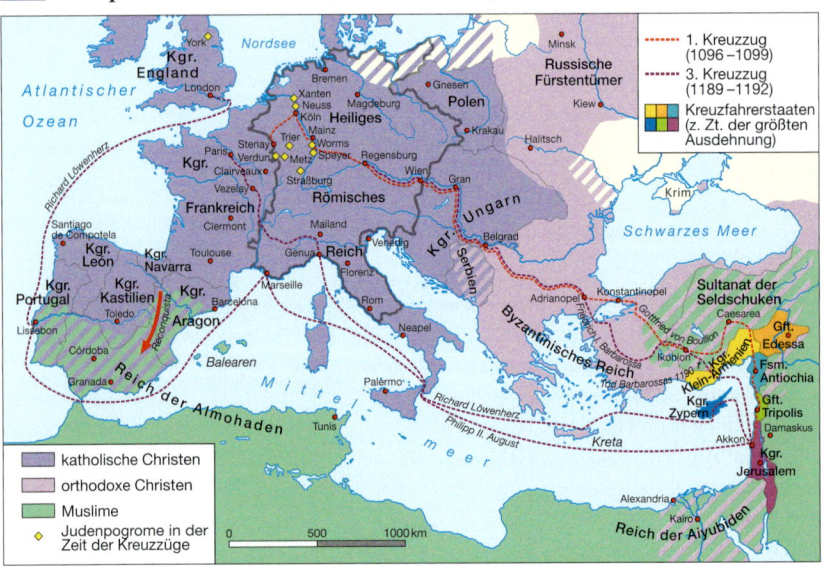

Die politische Situation in Europa

Mit seinem Aufruf hatte sich der Papst an die Ritter und nicht an den Kaiser und die Könige gewandt. Denn seit 1075 befand sich das Papsttum mit dem französischen, römisch-deutschen und englischen König im **Streit um die Investitur*** der Bischöfe und Äbte. Der römisch-deutsche König, der Salier Heinrich IV., war seit 1080 gebannt und
5 sollte es bis zu seinem Tode bleiben, weil er auf die Investitur der deutschen Reichsbischöfe nicht verzichten wollte. Den französischen König Philipp I. hatte Urban 1094 wegen eines ehebrecherischen Verhältnisses exkommunizieren lassen. In diesen Konflikten wurde das bisherige Verhältnis von geistlicher und weltlicher Gewalt im römisch-lateinischen Westen infrage gestellt. Auch mit seiner Rede in Clermont demonstrierte
10 der Papst, dass er die führende Rolle in der lateinischen Christenheit beanspruchte.

Beweggründe der Kreuzfahrer

Urbans Aufruf fand großen Widerhall. Die **Gründe** dafür werden unterschiedlich diskutiert. Einige Historiker heben **soziale Faktoren** hervor. In der feudalen Gesellschaft Europas war die Macht der lokalen Herren gestärkt worden, während die Belastungen der niederen Ritter und Bauern drückender wurden. Auch gab es in Westeuropa einen Be-
5 völkerungsanstieg. Die daraus entstandene Landknappheit führte z. B. beim französischen Adel zu Beschränkungen bei der Erbfolge und Heirat, was in Einzelfällen die Annahme des Kreuzes begünstigte. Einige Anführer des ersten Kreuzzuges erstrebten zudem eine eigene Herrschaft im Heiligen Land. Entscheidend für die Teilnahme am Kreuzzug waren aber offenbar **religiöse Gründe**. Das ausgehende 11. Jahrhundert war
10 eine religiös bewegte Zeit, in der viele Menschen vom Glauben an einen Heiligen Krieg, an den ritterlichen Dienst als *miles christi*, vom Ideal einer **Nachfolge Christi*** (*imitatio Christi*), von Jerusalemsehnsucht und dem Buß- und Ablassgedanken erfasst wurden.

Der Verlauf des ersten Kreuzzuges

1096 traten verschiedene soziale Gruppen von Kreuzfahrern, begleitet von Frauen und Kindern (M 3), den Weg ins Heilige Land an. Als erste Gruppe brach der **Volkskreuzzug** auf, dessen Teilnehmer aus allen Schichten der Bevölkerung stammten. Ein erster Haufen wurde 1096 bei Nikäa von den Seldschuken* vernichtet, ein zweiter bereits in
5 Ungarn aufgerieben. Bei der anderen Gruppe handelte es sich um mehrere wohlausgerüstete **Ritterheere**, deren hochadlige Fürsten aus Frankreich, Flandern und dem süditalienischen Normannenstaat kamen. In mehreren Schüben zogen sie bis Konstantinopel und vereinigten sich 1097 dort. Auf einem entbehrungsreichen Zug durch Anatolien und Syrien und unter hohen Verlusten gelangten sie 1099 nach **Jerusalem**. Im Juli nah-
10 men sie die Stadt ein und töteten dabei fast alle muslimischen und jüdischen Bewohner in einem grausamen Blutbad – Schätzungen gehen von 20 000 Opfern aus.

Judenpogrome vom Sommer 1096

Einige Gruppen des Volkskreuzuges zerstörten zu Beginn ihres Aufbruches im Sommer 1096 in einer Serie von **Massakern** die blühenden rheinischen und lothringischen jüdischen Gemeinden und überfielen auch diejenigen in Regensburg und Prag. Damit kamen latente Spannungen gegenüber den Juden, die bei den Christen als Mörder Jesu
5 angesehen wurden und deren teilweiser Wohlstand sozialen Neid hervorgerufen hatte, offen zum Ausbruch. Die Kreuzzügler bezogen die Forderung des Papstes, zunächst die Feinde Christi im eigenen Land zu bekämpfen, auf die Juden. Obwohl die geistlichen und weltlichen Stadtherren meist versuchten, die Juden zu schützen, wurden die jüdischen Gemeinden von **Rouen, Metz, Speyer, Mainz, Worms und Köln** vernichtet.

Investiturstreit
Bis 1075 wurden im Heiligen Römischen Reich, in Frankreich und England die Bischöfe und Äbte durch die Könige eingesetzt. Seit 1075 beanspruchten die Päpste dieses Recht. Mit dem Ruf nach der Freiheit der Kirche (*libertas ecclesiae*) strebten sie eine von weltlichen Einflüssen unabhängige Institution an. Seit 1078 wurde die Investitur durch die Könige, nun als Laieninvestitur bezeichnet, bei Strafe des Kirchenausschlusses (Bann) verboten. Zur Einigung kam es 1104 in Frankreich, 1107 in England und 1122 im Heiligen Römischen Reich. Gemäß dem Wormser Konkordat von 1122 stand die Investitur in das geistliche Amt (Übergabe von Ring und Stab) dem Papst, die Einweisung in die weltlichen Hoheitsrechte (Übergabe des Zepters) dem König zu.

Nachfolge Christi (*imitatio christi*)
Dazu gibt das Matthäus-Evangelium den Beleg: „Wenn einer mir nachfolgen will, der verleugne sich selbst, nehme sein Kreuz auf sich und folge mir nach."

M 3 Peter der Einsiedler mit Kreuzfahrerinnen, englische Buchmalerei, um 1350.
Von kirchlicher Seite war die Teilnahme von Frauen nicht erwünscht. Jedoch nahmen Frauen aus allen Ständen, als Gefährtinnen ihrer Ehemänner oder auch als Ledige, daran teil.

Seldschuken
alttürkisches Herrschergeschlecht, andere Bezeichnung Turkmenen; 1071 Sieg über die Byzantiner bei Manzikert und Einnahme Jerusalems; 1078 Eroberung von Syrien und Palästina; 1098 Verlust von Jerusalem an die Fatimiden

▶ **M 7: Wilhelm von Tyrus' Bericht über die Eroberung Jerusalems**

2.6 Wahlmodul: Die Kreuzzüge

Ritualmordlegende
Christen beschuldigen fälschlicherweise die Juden, ein Christenkind getötet zu haben, um an ihm die Passion Christi nachzuvollziehen oder aber sein Blut zur magischen Entsühnung zu verwenden.

Hostienfrevellegende
Juden wurden verleumdet, im Beisein von Glaubensgenossen die Hostie „gemartert" zu haben, sodass Blut herausgetreten sei; nach dem Glauben der Christen war dies das Blut Christi.

▶ M 4: Karte zu den Seldschuken

Rumseldschuken
Abspaltung vom Reich der Seldschuken; das Reich in Anatolien wurde um 1080 unter Führung des seldschukischen Prinzen Süleyman gegründet. Der Name Rum bezieht sich auf die Rhomäer, die Byzantiner, denen sie sehr zusetzten.

Schiiten
Abgeleitet von Schiat Ali, d. h. Partei Alis. Die Schiiten erkennen nur Ali und seine Nachkommen als rechtmäßige Imame an. So stehen sie den Sunniten ablehnend gegenüber. Sie bilden etwa 14 Prozent der Muslime.

Infolge dieser Katastrophe stellten die Päpste die Juden zwar unter ihren Schutz und garantierten deren ungestörte Religionsausübung, ebenso intensivierten die weltlichen Herrscher ihre Schutzbeziehungen. Gleichzeitig wurden die Juden aber durch neue Gesetze von beiden Gewalten rechtlich stärker isoliert und benachteiligt. Das Verhältnis zwischen Juden und Christen blieb durch die Ausschreitungen im Zuge des ersten Kreuzzuges nachhaltig belastet, und in der Folgezeit, als sich die Gemeinden zum Teil neu bildeten, wurden von den Christen verleumderische Legenden zur eigenen Entlastung bei erneuten Übergriffen erfunden, wie die Vorwürfe des **Ritualmordes***, des **Hostienfrevels*** oder der **Brunnenvergiftung**.

Die Lage der islamischen Staatenwelt im Nahen Osten

Als eine Folge des ersten Kreuzzuges entstanden christliche Herrschaften, die Kreuzfahrerstaaten: das Königreich Jerusalem, das Fürstentum Antiochia und die Grafschaften Edessa und Tripolis. Dass es zu diesen christlichen Herrschaften kommen konnte, lag nicht zuletzt an der Konstellation der islamischen Mächte im Nahen Osten. Der Abbasidenkalif in Bagdad wurde zwar weiterhin als religiöse Macht des sunnitischen Islam respektiert und repräsentierte als solcher die Einheit der *Umma*. Jedoch lag die reale Macht seit 1055 bei dem islamischen Sultan Melikschah und seinem bedeutenden Wesir Niza al-Mulk, die ein seldschukisches Großreich mit Sitz in Isfahan, weit entfernt von Palästina, regierten. Ab 1077 verselbstständigte sich in Anatolien das Reich der Rumseldschuken* (1077–1243). Das ägyptische Reich der Fatimiden (969–1171) bildete die zweite Großmacht, dessen schiitische* Kalifen jedoch die Legitimität des sunnitischen Kalifen in Bagdad bestritten. Politische Zersplitterung und Rivalität sowie religiöse Gegensätze verhinderten somit ein einheitliches Vorgehen gegen die Kreuzfahrer. Der fast gleichzeitige Tod der Staatsmänner des Seldschukenreiches (1092) sowie der Kalifen von Bagdad und Kairo (1094) bedingten zudem ein politisches Vakuum, da es sowohl im Fatimiden- wie im Seldschukenreich zu Thronwirren kam.

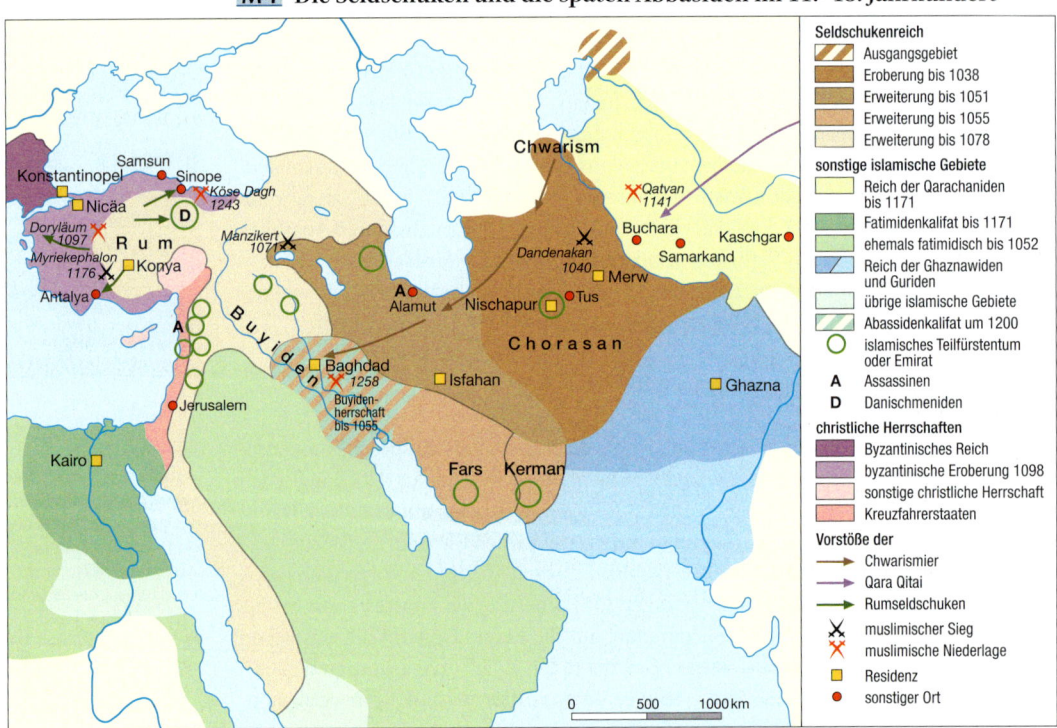

M 4 Die Seldschuken und die späten Abbasiden im 11.–13. Jahrhundert

Wahlmodul: Die Kreuzzüge **2.6**

Das Leben in den Kreuzfahrerstaaten

In der Folgezeit konnten sich die Kreuzfahrerstaaten in Palästina etablieren. Mit der Zeit bildeten sie jeweils eigene Dynastien aus und machten das westeuropäische Lehnssystem zur Grundlage ihrer Herrschaft. Aus Landknappheit wurden auch Geldlehen ausgegeben. Die adlige Führungsschicht wurde durch Zuzug aus Europa ergänzt. Die Kreuz-
5 fahrerstaaten waren von einer starken ethnischen und konfessionellen Vielfalt geprägt. Nach einigen Jahren setzten die Eroberer im Umgang mit den anderen Konfessionen ältere islamische Traditionen fort und übernahmen im Wesentlichen das Dhimmi-System. Hinsichtlich ihrer Rechte standen die übrigen christlichen Religionen, Muslime und Juden hinter den lateinischen Christen zurück, auch wenn sie ihre Religion weiter
10 ausüben durften. Teilweise mussten Muslime christlichen Herren als Sklaven dienen. Die Landwirtschaft, Binnen- und Fernhandel sowie das Geschäft mit den Pilgern prägten die Wirtschaft, die durch Handelskontakte zur islamischen Welt und zu den oberitalienischen Adelsrepubliken Pisa, Genua und Venedig sowie durch die Eroberung und Sicherung eigener Küstenstädte blühte. Zur Verteidigung der Herrschaften wurden **Rit-**
15 **terorden** gegründet. Diese Ritterschaft war in der Lebensführung an die Regeln von Mönchsgemeinschaften gebunden. Als erster Orden wurde 1120 der Templerorden gegründet, später entstanden Johanniterorden und Deutscher Orden.

▶ M 12 und M 13:
Zu Akkulturation und Assimilation

Das Ende der Kreuzfahrerstaaten

Der erste Kreuzzug von 1096 bildete den Auftakt für weitere, die die Herrschaft im Heiligen Land sichern sollten. Hierzu nahmen auch Könige und Kaiser das Kreuz. Eine Wende für die Sache der Muslime trat durch den **Aiyubiden* Salah ad-Din** (in Europa „Saladin" genannt) ein. Als Nachfolger der Fatimiden und Sultan über Ägypten und
5 Syrien (Reg. 1175–1193) mit den Städten Damaskus und Aleppo erkannte er die Oberhoheit des sunnitischen Kalifen von Bagdad an. Durch einen Vertragsbruch provoziert, propagierte er den Dschihad und konnte 1187 Akkon und Jerusalem erobern. Die Kreuzzugsbewegung wurde auch durch Spannungen mit dem byzantinischen Reich geschwächt. 1204 führte der vierte Kreuzzug zur **Eroberung von Konstantinopel** durch
10 ein Kreuzfahrerheer und zur **Gründung des lateinischen Kaiserreiches**, das bis 1261 Bestand hatte. Durch weitere Kreuzzüge, Kriege und Vertragspolitik konnten die Kreuzfahrerstaaten Terrain zurückgewinnen, bis sich ihnen mit dem ägyptischen Mamlukenstaat unter dem Sultanat Baibars (Reg. 1260–1277) und seines Nachfolgers Qalawun (Reg. 1279–1290) eine starke
15 Zentralmacht entgegenstellte, die die Städte und Festungen der Kreuzfahrerstaaten völlig zerstörte und die christlichen Bewohner vernichtete. 1291 fiel als letzte Festung
20 **Akkon**. Die Verteidiger wurden getötet, Frauen und Kinder in die Sklaverei verkauft.

Aiyubiden
ägyptisch-syrisches Herrschergeschlecht kurdischen Ursprungs

Lernmodule zum Thema „Kreuzzüge"
cornelsen.de/Webcodes
Code: sasici

M 5 Münze des Königreichs Jerusalem mit einer Abbildung der Grabeskirche, 12. Jahrhundert

▶ M 11: Abu'l-Fida
über den Fall von Akkon

1 Arbeiten Sie die Gründe heraus, die die Ritter zur Kreuzfahrt veranlasst haben.
2 Erklären Sie die politischen Kräfteverhältnisse im lateinischen Westen und islamischen Nahen Osten und deren Auswirkungen.

2.6 Wahlmodul: Die Kreuzzüge

> **Hinweise zur Arbeit mit den Materialien**
> Die Karten M 2 und M 4 bieten eine räumliche Orientierung. Anhand Urbans Kreuzzugsaufruf (M 6) und Wilhelm von Tyrus' Bericht über die Eroberung Jerusalems 1099 (M 7) lässt sich die Rechtfertigung des Kreuzzugsgedankens aus christlicher Perspektive erarbeiten. Zwei moderne religionswissenschaftliche Texte beschäftigen sich mit dem Begriff und Konzept des Dschihad (M 8 und M 9). Die arabische Sicht präsentieren zwei arabische Quellen zur Eroberung Jerusalems 1187 durch Salah ad-Dins Heer (M 10) und zum Fall von Akkon (M 11). Die Materialien M 12 und M 13 beleuchten das Leben in den Kreuzfahrerstaaten aus zeitgenössischer christlicher wie muslimischer Sicht.
>
> **Zur Vernetzung mit dem Kernmodul**
> Die Materialien M 12 und M 13 lassen sich mit den Theorien von Kulturkontakt und Kulturkonflikt (M 3–M 6, S. 235 ff.) in Beziehung setzen.

Zur Problematik von Krieg und Gewalt

M 6 Kreuzzugsaufruf von Papst Urban II. (1095)
Niederschrift der Rede von Clermont in der Version des Benediktiners Robert von Reims, um 1107.

„Ihr Volk der Franken, ihr Volk nördlich der Alpen, ihr seid, wie eure vielen Taten erhellen, Gottes geliebtes und auserwähltes Volk, herausgehoben aus allen Völ-
5 kern durch die Lage des Landes, die Katholizität des Glaubens und die Hochschätzung für die heilige Kirche. An euch richtet sich unsere Rede, an euch ergeht unsere Mahnung; wir wollen euch wissen lassen, welcher traurige Anlass uns in euer Gebiet geführt, welche Not uns hierher gezogen hat; sie betrifft euch und
10 alle Gläubigen. Aus dem Land Jerusalem und der Stadt Konstantinopel kam schlimme Nachricht und drang schon oft an unser Ohr: Das Volk im Perserreich, ein fremdes Volk, ein ganz gottfernes Volk, eine Brut von ziellosem Gemüt und ohne Vertrauen auf
15 Gott (Psalm 77,8), hat die Länder der dortigen Christen besetzt, durch Mord, Raub und Brand entvölkert und die Gefangenen teils in sein Land abgeführt, teils elend umgebracht; es hat die Kirchen Gottes gründlich zerstört oder für seinen Kult beschlagnahmt. Sie
20 beflecken die Altäre mit ihren Abscheulichkeiten und stürzen sie um; sie beschneiden die Christen und gießen das Blut der Beschneidung auf die Altäre oder in die Taufbecken. Denen, die sie schändlich misshandeln und töten wollen, schlitzen sie den Bauch auf,
25 ziehen den Anfang der Gedärme heraus, binden ihn an einen Pfahl und treiben sie mit Geißelhieben so lange rundherum, bis die Eingeweide ganz herausgezogen sind und sie am Boden zusammenbrechen. […] Wem anders obliegt nun die Aufgabe, diese Schmach zu rächen, dieses Land zu befreien, als euch? Euch 30 verlieh Gott mehr als den übrigen Völkern ausgezeichneten Waffenruhm, hohen Mut, körperliche Gewandtheit und die Kraft, den Scheitel eurer Widersacher zu beugen. […] Tretet den Weg zum Heiligen Grab an, nehmt das Land dort dem gottlosen Volk, 35 macht es euch untertan! Gott gab dieses Land in den Besitz der Söhne Israels; die Bibel sagt, dass dort Milch und Honig fließen (2. Buch Mose 3,8).
Jerusalem ist der Mittelpunkt der Erde, das fruchtbarste aller Länder, als wäre es ein zweites Paradies 40 der Wonne. Der Erlöser der Menschheit hat es durch seine Ankunft verherrlicht, durch seinen Lebenswandel geschmückt, durch sein Leiden geweiht, durch sein Sterben erlöst, durch sein Grab ausgezeichnet. Diese Königsstadt also, in der Erdmitte gelegen, wird 45 jetzt von ihren Feinden gefangen gehalten und von denen, die Gott nicht kennen, dem Heidentum versklavt. Sie erbittet und ersehnt Befreiung, sie erfleht unablässig eure Hilfe. […] Schlagt also diesen Weg ein zur Vergebung eurer Sünden; nie verwelkender Ruhm 50 ist euch im Himmelreich gewiss."
Als Papst Urban dies und derartiges mehr in geistreicher Rede vorgetragen hatte, führte er die Leidenschaft aller Anwesenden so sehr zu einem Willen zusammen, dass sie riefen: „Gott will es, Gott will es!" 55

Arno Borst, Lebensformen im Mittelalter, Ullstein, Frankfurt/M. 1979, S. 318–320.*

1 Analysieren Sie, welche Forderung der Papst laut Überlieferung aufstellt und wie er diese begründet.
2 Erläutern Sie die Quelle im Hinblick auf zentrale Elemente des Kreuzzugsgedankens.
3 Charakterisieren Sie die Art seiner Darstellung.
4 Beurteilen Sie, welche Intentionen Robert mit seiner Art der Darstellung verbindet.
Tipp: Nutzen Sie die Hinweise auf S. 196 f.

M 7 Der Geschichtsschreiber Wilhelm von Tyrus zur Einnahme Jerusalems im Jahre 1099 durch die Kreuzfahrer (1169)
Wilhelm war Kanzler König Balduins IV. von Jerusalem.
Es wurden aber in der Stadt so viele Feinde erschlagen und so viel Blut vergossen, dass die Sieger selber mit Ekel und Schrecken erfüllt werden mussten. Der größte Teil der Bevölkerung hatte sich in den Tempelhof geflüchtet. […] Diese Flucht brachte den Leu- 5 ten zwar keine Rettung; denn sogleich begab sich Herr Tankrad mit dem größten Teil des Heeres dorthin. Er brach mit Gewalt in den Tempel ein und

machte Unzählige nieder. Er soll auch eine unermessliche Menge von Gold, Silber und Edelsteinen weggenommen haben, nachher jedoch, als das Getümmel sich gelegt hatte, alles an den alten Platz zurückgebracht haben. Sofort gingen auch die übrigen Fürsten, nachdem sie niedergemacht hatten, was ihnen in anderen Stadtteilen unter die Hände gekommen war, nach dem Tempel, hinter dessen Einfriedung sich die Bevölkerung [...] geflüchtet hatte. Sie drangen mit einer Menge von Reitern und Fußgängern hinein und stießen, was sie dort fanden, mit den Schwertern nieder [...]. Es geschah sicherlich nach gerechtem Urteil Gottes, dass die, welche das Heiligtum des Herrn mit ihren abergläubischen Gebräuchen entweiht und dem gläubigen Volk entzogen hatten, es mit ihrem eigenen Blut reinigen und den Frevel mit ihrem Blut sühnen mussten. [...] Als endlich auf diese Weise die Ordnung in der Stadt hergestellt war, legten sie (die Franken) die Waffen nieder, wuschen sich die Hände, zogen reine Kleider an und gingen dann demütigen und zerknirschten Herzens, unter Seufzen und Weinen, mit bloßen Füßen an den ehrwürdigen Orten umher, welche der Erlöser durch seine Gegenwart heiligen und verherrlichen mochte, und küssten sie in großer Andacht. Bei der Kirche zu den Leiden und der Auferstehung des Herrn kamen ihnen sodann das gläubige Volk der Stadt und der Klerus, welche beide seit so vielen Jahren ein unverschuldetes Joch getragen hatten, voll Dankes gegen ihren Erlöser, der ihnen wieder die Freiheit geschenkt, entgegen und geleiteten sie unter Lobliedern und geistlichen Gesängen nach der vorgenannten Kirche.

Wilhelm von Tyrus, Geschichte der Kreuzzüge und des Königreichs Jerusalem, aus dem Latein. v. Eduard Heinrich von Kausler und Rudolf Kausler, Krabbe Verlag, Stuttgart 1844, S. 19f.*

1 Analysieren Sie die dargestellten Vorgänge und ordnen Sie diese in den historischen Kontext ein.
2 Charakterisieren Sie die Perspektive des Autors.
3 Beurteilen Sie das Verhalten der Kreuzfahrer.
4 Bewerten Sie dieses aus heutiger Sicht.

M8 Der Theologe Hans Küng erklärt die Bedeutung des Begriffes Dschihad im Koran (2004)

Das arabische Wort *dschihad* meint nicht die beiden deutschen Worte „Heiliger Krieg", sondern deckt ein weites Bedeutungsfeld ab. Es bedeutet zunächst nur „Anstrengung" und wird an manchen Stellen des Korans als moralisches „Sichabmühen" auf dem Wege Gottes verstanden [...]. Die Wortkombination „Heiliger Krieg" kommt im Koran nicht vor: Krieg kann in islamischer Auffassung nie heilig sein. Aber an anderen Stellen wird das Wort Dschihad als gewaltsamer „Kampf" verstanden im Sinne einer kriegerischen Auseinandersetzung: „Ihr müsst an Gott und seinen Gesandten glauben und mit eurem Vermögen und in eigener Person um Gottes Willen euch abmühen", wofür unmittelbar das Eingehen in das Paradies versprochen wird.

Hans Küng, Der Islam, Piper, München 2004, S. 710f.*

M9 Der Religionshistoriker James Turner Johnson zur Entwicklung des Dschihad (2002)

Für den Krieg wird im Koran nie das Wort *Dschihad* verwendet, sondern immer der Ausdruck *„qital"* (Kampf). Die spezifische Anbindung der Idee des *Dschihad* an den Krieg stammt [...] aus der Zeit nach der Niederschrift des Korans [...] Ende des achten Jahrhunderts. Diese Lehre vertritt zunächst die Auffassung, wonach die islamische Gemeinschaft (*Umma*) eine zugleich religiöse und politische Einheit bildet, die nur von einem Führer geleitet werden kann, der in der Nachfolge des Propheten Muhammad steht. [...] Jene Gemeinschaft bewohnt ein bestimmtes Gebiet, die *Dar-al-islam*. Dieses Gebiet sei dadurch gekennzeichnet, dass es in Einklang mit dem göttlichen Gesetz regiert werde. Schon aus der Definition ergab sich, dass es ein Gebiet des Friedens sei, denn die Unterwerfung unter das Gesetz Gottes bringe Frieden mit sich. Die gesamte übrige Welt wurde mit dem „Gebiet des Krieges" (*Dar-al-harb*) gleichgesetzt, das nach dieser Vorstellung wesensgemäß mit sich selbst und mit der *Dar-al-islam* im Krieg liegt. Nach dieser Beschreibung rührt jeder Konflikt aus der *Dar-al-harb* her. [...] Dementsprechend stellten die frühislamischen Rechtsgelehrten eine Definition auf, wonach es zwei Formen des Dschihad gibt. Die erste ist eine offensive, expansionistische Form. Über sie wird vom Kalifen/Imam mit der ihm zukommenden Autorität entschieden. Sie gilt als kollektive Pflicht der gesamten Gemeinde und wird von der Gemeinschaft als Ganzer geführt. Die zweite Form ist eine durch die Notlage ausgelöste Reaktion zur Verteidigung der *Dar-al-islam* gegen eine bestimmte Aggression vonseiten der *Dar-al-harb*. Sie wird als individuelle Pflicht derjenigen aufgefasst, die in unmittelbarer Nachbarschaft des Angriffsorts wohnen und sich mit Waffen dagegen wehren können.

James Turner Johnson, Religion und Gewalt, in: NZZ Nr. 51, 2002, S. 51.*

1 Arbeiten Sie anhand von M8 und M9 Herkunft, Bedeutung und rechtliche Ausprägung des Begriffes *Dschihad* für das Mittelalter heraus.

M 10 Der Literat Imad ad-Din (1125–1201) über den Dschihad Saladins und die Eroberung Jerusalems 1187

Ad-Din war Sekretär und enger Vertrauter Saladins.
Nachdem nun [...] ein jeder die Vereinigung mit den Seinen erreicht hatte, zogen wir nach Karak[1] mit den Emiren und der ausgesuchten Leibgarde, zum *Dschihad* paarten wir um Gottes Sache willen die *Fatiha*[2]
5 mit (der Sure) *al-Ihlas*.[3] Vorher hatten wir die Soldaten und Heerscharen zum *Dschihad* von allen Seiten zusammengerufen und deren vollzähliges Eintreffen zum festgesetzten Termin abgewartet. [...] Nachdem wir dann noch Asqalan[4] erobert hatten, schritten wir
10 zur Belagerung von al-Quds[5] [...]. Dort zitterte und klopfte das Herz des Unglaubens; seine Einwohner meinten, sie befänden sich in guter Hut und seien vor unserem Ansturm sicher. Wir aber stellten Belagerungsmaschinen gegen sie auf, die die Mauerwände
15 durch den Ansprung ihrer Steine zerbrachen. [...] Die geschleuderten Felsblöcke erfüllten dem Felsendom gegenüber ihre Beistandspflicht. [...] Man legte Brechen und brach die Mauern; die Steinblöcke warfen die Seiten jener Umwallung nieder – da „merkten die
20 Ungläubigen, für wen der Lohn der (paradiesischen) Wohnstätte bestimmt war"[6]. Des Todes und der Gefangenschaft waren sie sicher, da kamen ihre Anführer heraus, sich in Unterwerfung demütigend und inständig um Gnade flehend; wir aber ließen uns auf
25 nichts anderes ein als darauf, der Männer Blut zu vergießen und Kinder und Frauen gefangen wegzuführen: Da drohten sie mit Tötung der (muslimischen) Gefangenen, Zerstörung (alles) Aufgebauten und Einreißung der Gebäude; hierauf (erst) nahmen wir
30 ihre Kapitulation an unter der Bedingung (der Abführung) einer Kontribution, die ihrem Kaufpreis im Falle ihrer Gefangennahme entsprochen hätte. So blieben sie davor bewahrt, (gefangen) weggeschleppt zu werden, während sie in Wirklichkeit doch ganz aus-
35 geplündert waren. Wer von ihnen das Lösegeld erlegt hatte, durfte durch das Freilassungsdekret abziehen, wer es nicht bezahlen konnte, musste unter das Sklavenjoch treten.

Jörg Kraemer, Der Sturz des Königreichs Jerusalem (1187) in der Darstellung des Imad ad-Din al-Katib al-Isfahan, Verlag Otto Harrassowitz, Wiesbaden 1952, S. 12, 18; übers. v. Jörg Kraemer.*

1 *Karak:* heute Kerak, Kreuzfahrerburg
2 *Fatiha:* Sure 1
3 *al-Ihlas:* Sure 112; in beiden Suren wird Gott gepriesen
4 *Asqalan:* Askalon
5 *al-Quds:* Jerusalem
6 Anspielung auf Koransure, siehe z. B. 4,95

1 Zeigen Sie auf, wie der Autor den Ablauf der Eroberung Jerusalems darstellt.
2 Recherchieren Sie den Verlauf und das Ergebnis des gesamten Feldzuges von Salah ad-Din.
3 Arbeiten Sie die Einstellung des Autors gegenüber den Kreuzfahrern heraus.
4 **Zusatzaufgabe:** Siehe S. 481.
5 **Präsentation:** „Saladin – Mythos und Realität": Recherchieren Sie, welches Bild von Saladin in den Medien Film, Internet und Literatur (z. B. Lessing, Nathan der Weise) gezeichnet wird, und konzipieren Sie einen Kurzbeitrag für ein Schulbuch.

M 11 Der Geschichtsschreiber Abu'l-Fida (1273–1331) über den Fall von Akkon 1291

Der Autor war Teilnehmer am Feldzug des Mamlukensultans al-Malik al-Asraf (Reg. 1290–1293).
Der Belagerungsgürtel zog sich immer enger zusammen, bis Gott schließlich Freitag, den 17. Gumada II (426) (17. Juni 1291), den Angreifern erlaubte, die Stadt im Sturm zu erobern. [...] Die Muslime richteten in Akkon ein ungeheures Blutbad an und machten 5 unermessliche Beute. Der Sultan zwang alle, die sich in den Türmen verschanzt hatten, zur Übergabe; sie kamen heraus und wurden bis auf den letzten Mann vor der Stadt enthauptet.[1] Darauf ließ er die Stadt selbst zerstören und dem Erdboden gleichma- 10 chen. Eine wunderbare Fügung war, dass die Franken Akkon um die Mittagszeit am Freitag, dem 17. Gumada II 587 (17. Juni 1191), Saladin entrissen und alle Muslime gefangen genommen und umgebracht hatten [...]; Gott, der alles vorausweiß, bestimmte, dass 15 es in diesem Jahr am Freitag, dem 17. Gumada II, durch die Hand eines anderen Saladin[2], Sultan al-Malik al-Asrafs 426 (1291), zurückerobert werde.

Francesco Gabrieli (Hg.), Die Kreuzzüge aus arabischer Sicht, übers. v. Francesco Gabrieli, Lutz Richter-Bernburg und Barbara von Kaltenborn-Stachau, Bechtermünz-Verlag, Augsburg 2000, S. 409.*

1 Der Autor verschweigt den Wortbruch des Sultans, der freien Abzug zugesagt hatte.
2 trug auch den Namen Salah ad-Din

1 Recherchieren Sie die Geschichte der Stadt und Festung Akkon im Rahmen der Kreuzzüge und legen Sie eine Datentabelle an.
2 Analysieren Sie das Vorgehen des Sultans.
3 Beurteilen Sie den Bezug des Autors auf Saladin.
4 **Vertiefung: Heiliger Krieg und Dschihad:** Beurteilen Sie vergleichend die Konzepte und bewerten Sie das Handeln der muslimischen Herrscher.

Zu Akkulturation und Assimilation

M 12 Der Geschichtsschreiber Fulcher von Chartres über das Leben der Christen im Heiligen Land, ca. 1100

Fulcher war Kreuzritter im Heer des Stephan von Blois, 1097 Kaplan Balduins I. in Edessa und lebte später in Jerusalem.

Wir, die wir Abendländer waren, sind Orientalen geworden; dieser, der Römer oder Franke war, ist hier Galiläer oder Bewohner Palästinas geworden; jener, der in Reims oder Chartres wohnte, betrachtet sich
5 als Bürger von Tyrus oder Antiochia. Wir haben schon unsere Geburtsorte vergessen; mehrere von uns wissen sie schon nicht mehr oder wenigstens hören sie nicht mehr davon sprechen. Manche von uns besitzen in diesem Land Häuser und Diener, die ih-
10 nen gehören wie nach Erbrecht; ein anderer hat eine Frau geheiratet, die durchaus nicht seine Landsmännin ist, eine Syrerin oder Armenierin oder sogar eine Sarazenin, die die Gnade der Taufe empfangen hat; der andere hat seinen Schwiegersohn oder seine
15 Schwiegertochter bei sich oder seinen Schwiegervater oder seinen Stiefsohn; er ist umgeben von seinen Neffen oder sogar Großneffen; der eine bebaut Weingärten, der andere Felder; sie sprechen verschiedene Sprachen und haben es doch alle schon fertig ge-
20 bracht, sich zu verstehen. Die verschiedensten Mundarten sind jetzt der einen wie der anderen Nation gemeinsam, und das Vertrauen nähert die entferntesten Rassen einander an.

Régine Pernoud (Hg.), Die Kreuzzüge in Augenzeugenberichten, übers. v. Carl Hagen Thürnau, Karl Rauch Verlag, Düsseldorf 1961, S. 125.

M 13 Der arabische Schriftsteller Usama ibn Munqidh (1095–1188) zum Leben der Franken

Usama ibn Munqid, Emir von Schaizar, Syrien, erlebte einige Kreuzzüge mit und beschreibt in seiner Autobiografie „Buch der Belehrung durch Beispiele" das Leben der „Franken".

Es gibt unter den Franken einige, die sich im Lande angesiedelt und begonnen haben, auf vertrautem Fuße mit den Muslimen zu leben. Sie sind besser als die anderen, die gerade neu aus ihren Heimatländern
5 gekommen sind, aber jene sind eine Ausnahme und man kann sie nicht als Regel nehmen. Hierzu so viel: Einmal schickte ich einen Gefährten in ein Geschäft nach Antiochia, dessen Oberhaupt Todros (der Grieche) ibn as-Safi war, mit dem ich befreundet war und
10 der in Antiochia eine wirksame Herrschaft ausübte. Er sagte eines Tages zu meinem Gefährten: „Ein fränkischer Freund hat mich eingeladen. Komm doch mit, dann siehst du ihre Gebräuche." „Ich ging mit", erzählte mein Freund, „und wir kamen zum Hause eines der alten Ritter, die mit dem ersten Zug der 15 Franken gekommen waren. Er hatte sich von seinem Amt und Dienst zurückgezogen und lebte von den Einkünften seines Besitzes in Antiochia. Er ließ einen schönen Tisch bringen mit ganz reinlichen und vorzüglichen Speisen. Als er sah, dass ich nicht zulangte, 20 sagte er: ‚Iss getrost, denn ich esse nie von den Speisen der Franken, sondern habe ägyptische Köchinnen und esse nur, was sie zubereiten. Schweinefleisch kommt mir nicht ins Haus!' Ich aß also, sah mich aber vor, und wir gingen. Später überquerte ich den Markt, 25 als eine fränkische Frau mich belästigte und in ihrer barbarischen Sprache mir unverständliche Worte hervorstieß. Eine Menge Franken sammelten sich um mich und ich war schon meines Todes sicher: Da erschien der Ritter, erkannte mich, kam herbei und 30 sagte zu der Frau: ‚Was hast du mit diesem Muslim?' ‚Er hat meinen Bruder Urso getötet!', erwiderte sie. Dieser Urso war ein Ritter aus Apamea, der von einem Soldaten aus Hama getötet worden war. Er fuhr sie an: ‚Das hier ist ein Bürger, ein Kaufmann, der 35 nicht in den Krieg zieht und sich nicht aufhält, wo man kämpft.' Dann herrschte er die Menge an, die sich angesammelt hatte. Sie zerstreute sich und er nahm mich bei der Hand. So hatte die Tatsache, dass ich bei ihm gespeist hatte, zur Folge, dass mir das Le- 40 ben gerettet wurde."

Francesco Gabrieli (Hg.), Die Kreuzzüge aus arabischer Sicht, übers. v. Francesco Gabrieli, Lutz Richter-Bernburg und Barbara von Kaltenborn-Stachau, Bechtermünz-Verlag, Augsburg 2000, S. 121 f.

1 Skizzieren Sie die in M 12 und M 13 dargestellten Erfahrungen zum Leben in den Kreuzfahrerstaaten.
2 Diskutieren Sie im Plenum, ob und inwieweit Prozesse von Akkulturation bis hin zur Assimilation zu erkennen sind.

▶ Kernmodul: Nutzen Sie die Materialien M 3, M 4 und M 6, S. 235 ff.

Anwenden

M1 Positionen der Forschung zum Leben in den Kreuzfahrerstaaten

a) Die Sicht des Historikers Franco Cardini (2000)

Trotzdem entwickelte sich im Lauf der Zeit eine Kultur der Verständigung und des Dialogs mit der muslimischen Welt. Die frisch aus Europa eintreffenden Krieger und Pilger empörten sich über diese Gesellschaft von *poulains*, von „Bastards", die sich nicht selten mit syrischen und armenischen Familien verschwägert hatten, die arabisch, armenisch und griechisch sprachen und sich ortsüblichen Bräuchen entsprechend kleideten, aßen und lebten. Die Europäer, die jede neue Kreuzzugsexpedition als Kampf ohne Pardon ansahen, betrachteten diese „koloniale" Kreuzfahrergesellschaft als korrupt und islamisiert. Die „überseeischen Franken", die zweihundert Jahre lang immer wieder auf den Beistand ihrer europäischen Glaubensbrüder angewiesen waren, betrachteten wiederum die Europäer als unkultiviert und gefährlich und bemühten sich lieber um eine möglichst weitgehende diplomatische Verständigung mit den Sarazenen, als den Westen um militärischen, vom Papst sanktionierten Beistand zu bitten. Denn die Anführer der Kreuzfahrer aus dem Westen, Fürsten und Abenteurer, waren eher begierig, Beute zu machen, als den Rat zur Mäßigung anzunehmen. Sie schlugen alle taktischen und logistischen Anregungen in den Wind.

Franco Cardini, Europa und der Islam, übers. v. Rita Seuß, C. H. Beck, München 2000, S. 86 ff.

b) Die Sicht des Historikers Rudolf Hiestand (1997)

Durch ihre Entstehung und ihre Struktur waren die Kreuzfahrerstaaten in mehrfacher Hinsicht eine multikulturelle Gesellschaft. Zuerst galt dies für die fränkischen Bewohner, die aus allen Teilen des Abendlandes kamen, Franzosen, Italiener, Engländer, Deutsche, Spanier, Ungarn usw. Mit dem Französischen als Umgangssprache wohnten sie Seite an Seite und rasch gingen sie untereinander Ehen ein. Daneben gab es in großer Zahl Griechen, christlich-orthodoxe Araber sowie Angehörige der orientalischen Nationalkirchen, Armenier, Jakobiten und Maroniten, darüber hinaus in Galiläa jüdische und um Nablus samaritanische Siedlungen. Dazu kamen Muslime, vor allem auf dem Land, wo sie teilweise die Mehrheit stellten. Alle genossen die freie Ausübung ihres Glaubens, wenn sie auch nicht gleichberechtigt waren, weil die Franken sich die Lehen vorbehielten und auch die Gerichtsbußen abgestuft waren.

An den Muslimen wurde der innere Widerspruch der Kreuzfahrerstaaten sichtbar. Ideologisch bildete der Kampf gegen die Glaubensfeinde ihre Basis. Andererseits musste man sich in die neue Umgebung eingliedern. Gesandte gingen hin und her, vornehme Muslime zogen mit dem König auf die Jagd, brachten und empfingen Geschenke und fanden in Krisenzeiten monatelang Aufnahme. Erst recht musste man mit den Muslimen im Inneren, die wirtschaftlich unentbehrlich waren, einen *Modus vivendi*[1] herstellen, was den lateinischen Klerus ärgerte, neu ankommende Kreuzfahrer empörte und für westliche Chronisten ein Tabu darstellte.

Rudolf Hiestand, „Wir sind Orientalen geworden", in: Damals, Nr. 10, 1997, S. 25 f.

[1] *Modus vivendi (lat.):* Form eines erträglichen Zusammenlebens

1 Fassen Sie die Kernaussagen der beiden Historiker in eigenen Worten zusammen.
2 Analysieren Sie die Positionen der Historiker zur Problematik der Akkulturationsprozesse.
3 **Vertiefung:** Beziehen Sie in Ihre Überlegungen zu Aufgabe 2 Ihnen bekannte zeitgenössische Stimmen mit ein.
Tipp: Siehe S. 481.
4 Ordnen Sie die beiden Positionen in Ihnen bekannte Konzepte und Theorien zu Kulturkontakt ein.
5 **Präsentation:** Verfassen Sie einen kurzen Beitrag zu der Frage: Die Kreuzfahrerstaaten – eine beispielhafte „multikulturelle Gesellschaft"?

Wahlmodul: Die Kreuzzüge 2.6

Wiederholen

M2 „Die Eroberung der Stadt Maarat an-Numan (bei Antiochia) durch die Kreuzfahrer unter Bohemund von Tarent im Dezember 1098", Ölgemälde von Henri Decaisne, 1843

Zentrale Begriffe
Christentum
Dhimmi-System
Dschihad
Heiliger Krieg
imitatio christi
Investitur
Koran
Kreuzzug
miles christi
Pogrom
Seldschuken

1 Beschreiben Sie M 2 und ordnen Sie das Bild in den historischen Kontext ein. Nutzen Sie bei Bedarf die Formulierungshilfen.
2 Interpretieren Sie das Bild M 2 und gehen Sie dabei auf die Perspektive des Malers ein.
3 Charakterisieren Sie unter Rückgriff auf den Darstellungstext sowie auf die Karte M 2, S. 246 den zeitlichen Ablauf der Kreuzzüge. Gehen Sie dabei auf die Motive und Rechtfertigungsstrategie der Kreuzfahrer ein.
4 **Vertiefung:** Begründen Sie das Urteil, durch den ersten Kreuzzug sei das Verhältnis zwischen Juden und Christen nachhaltig belastet worden.
5 Erklären Sie, inwiefern in den Kreuzfahrerstaaten auch Prozesse von Akkulturation bis hin zur Assimilation zu erkennen waren.
6 **Wahlaufgabe:** Bearbeiten Sie entweder Aufgabe a) oder b).
   a) Nehmen Sie Ihre anfangs erstellte Mindmap (siehe S. 244) zur Hand und integrieren Sie die zentralen Begriffe in sinnvoller Weise. Erstellen Sie ggf. eine neue Skizze.
   b) **Partnerarbeit:** Erklären Sie Ihrem Partner/Ihrer Partnerin die zentralen Begriffe im Kontext des Themenfeldes Kreuzzüge.

Formulierungshilfen
– Auf dem Bild ist/sind … zu sehen.
– Die dargestellten Personen sind mit … bekleidet.
– Ihre Gestik/Mimik/Körperhaltung ist durch … gekennzeichnet.
– Folgende Gegenstände/Symbole werden verwendet …
– Farbgebung/Perspektiven/Proportionen sind … gestaltet … und erzielen die Wirkung, dass …
– Die Miniatur versucht, folgendes Bild der historischen Ereignisse zu erzeugen: …

2.7 Wahlmodul: Spanischer Kolonialismus

M1 „Die Ankunft der Spanier unter Cortés in Veracruz 1519", Fresko von Diego Rivera, 1951

| um 1200 | Gründung der Stadt Cuzco durch die Inka (Gründungsmythos) | Anfang des 14. Jh. | Gründung der Stadt Tenochtitlán durch den Stamm der Mexica (Azteken) |

| 1150 | 1200 | 1250 | 1300 | 1350 | 1400 | 1450 |

Wahlmodul: Spanischer Kolonialismus 2.7

Am 12. Oktober 1492 landete der Genueser Seefahrer Christoph Kolumbus auf der Insel Guanahani und „entdeckte" für die Europäer einen neuen Kontinent: Amerika. Bereits während seines ersten Aufenthalts in der „Neuen Welt" wurde aus dem Entdecker Kolumbus ein Eroberer: Er taufte die Insel in „San Salvador" um und nahm sie für die spa-
5 nische Krone in Besitz. Die Eroberung der entdeckten Gebiete in Übersee ebnete den Weg für die Kolonisation. Aus der anfänglichen „Kulturberührung", so der Historiker Urs Bitterli, entwickelte sich nach kurzer Zeit ein „Kulturzusammenstoß", dem in Amerika schätzungsweise 70 Millionen Menschen zum Opfer fielen.

Die Entdeckungsfahrten leiteten die „Europäisierung" der Welt ein. Auf der Suche nach
10 neuen Handelswegen und Sklavenmärkten, nach Gewürzen und Edelmetallen erschlossen die Europäer in einem Zeitraum von fast vier Jahrhunderten nahezu alle Erdteile. Die Portugiesen und Spanier teilten die „Neue Welt" Mittel- und Südamerikas unter sich auf, ließen ihre transatlantischen Besitzansprüche durch den Papst bestätigen und gingen gewaltsam gegen die Altamerikaner vor. Sie zerstörten deren Hochkulturen,
15 nahmen Land und Bewohner in Besitz und errichteten im Namen ihrer europäischen Herrscherdynastien Kolonialreiche von gewaltiger räumlicher Ausdehnung. Dabei rechtfertigten sie ihr Vorgehen mit dem christlichen Missionsgedanken. Die errichteten Kolonialreiche bestanden teilweise bis in das 20. Jahrhundert. Viele Historiker sehen heute in der europäischen Expansion den Beginn des Globalisierungsprozesses, der
20 auch Europa nachhaltig beeinflusste.

1 Begriffscluster: Reaktivieren Sie Ihr Vorwissen, indem Sie im Kurs ein Begriffscluster zum Thema „Spanischer Kolonialismus" erstellen. Berücksichtigen Sie dabei alle Begriffe und Assoziationen, die Ihnen hierfür relevant erscheinen.
2 Beschreiben Sie das Bild M 1. Gehen Sie darauf ein, was Ihr Interesse erweckt, welche dargestellten Szenen Sie erstaunen und was Ihnen ggf. unklar ist.

1492 Vertrag zwischen Kolumbus und den spanischen Königen; „Entdeckung" Amerikas durch Kolumbus
1494 Vertrag von Tordesillas: Aufteilung der überseeischen Gebiete zwischen Spanien und Portugal
1498 Vasco da Gama umsegelt Afrika und erreicht Indien
1503 Gründung des Königlichen Handelshauses (*Casa de la Contratación*) in Sevilla; Erlass der spanischen Krone, der erstmals das System der Encomienda bzw. des Repartimiento regelte
1519–1521 Eroberung des Azteken-Reiches durch die Spanier unter Cortés
1524 Bildung des Indienrates als oberste Verwaltungsinstanz für die spanischen Kolonien
1532–1534 Eroberung des Inka-Reiches durch die Spanier unter Pizarro
1542/43 Erlass der „Neuen Gesetze" durch die spanische Krone
1545 Teilweise Rücknahme der „Neuen Gesetze"
1568 Erste Sklaventransporte von Westafrika nach Amerika
Ende 16. Jh. Spanisches Weltreich: Höhepunkt der territorialen Ausdehnung
1792 Dänemark verbietet als erstes europäisches Land die Sklaverei

| 1500 | 1550 | 1600 | 1650 | 1700 | 1750 | 1800 |

2.7 Wahlmodul: Spanischer Kolonialismus

Landnahme in Amerika

Als **Christoph Kolumbus** 1493 den ersten Bericht über seine Entdeckungen verfasste, hielt er es für erwähnenswert, dass er keinen Ungeheuern in Menschengestalt begegnet sei. Diese merkwürdigen Wesen, die angeblich die Randzonen der mittelalterlichen Weltkarten bevölkert hatten, wurden durch die **Entdeckungsreisen des 15./16. Jahrhunderts** in das Reich der Fabel verwiesen. Stattdessen trafen die Europäer auf Menschen, die anders aussahen, eine andere Lebensweise pflegten und über einen niedrigen technischen Entwicklungsstand verfügten. Es bildeten sich zwei Betrachtungsmuster für die Fremden heraus: Einerseits wurden sie als primitive Barbaren verachtet und andererseits als „edle Wilde" bestaunt.

Diese Betrachtungsmuster sind nicht zu trennen von der Diskussion über die europäischen Ansprüche auf die „Neue Welt". Neben dem Entdeckungs- oder Finderrecht auf unbewohnte Inseln beriefen sich die Eroberer auf das päpstliche Verleihungsrecht und den Staatsvertrag zwischen den europäischen Seemächten. Zunächst hatte 1493 Papst Alexander VI. (Borgia) den Spaniern die Herrschaft über alle aktuellen und künftigen Entdeckungen im westlichen Ozean verliehen, damit sie die „barbarischen" Bewohner zum christlichen Glauben führten. Im **Vertrag von Tordesillas** von 1494 einigten sich Spanier und Portugiesen darauf, dass die Entdeckungen im Westen den Spaniern und diejenigen im Osten den Portugiesen gehören sollten. Die anderen europäischen Mächte und einige spanische Mönche akzeptierten diese Legitimationen jedoch nicht. Die juristischen Kontroversen drehten sich um den **Status der Indios** als Menschen: Waren sie Barbaren ohne Recht auf ihr Land oder waren sie Kinder Gottes, die in die Hände habgieriger und grausamer Eroberer gefallen waren?

M1 Fabelwesen: Einäugiger Mensch, Holzschnitt aus Sebastian Münsters „Kosmographie", 1550

M2 Fabelwesen: Kopfloser Mensch, Holzschnitt aus Sebastian Münsters „Kosmographie", 1550

Neben dem Papst und den Monarchen betraf die Frage nach den Besitzansprüchen auch die Interessen der **Konquistadoren*** und Siedler. Sie hatten nach der Eroberung
25 das Land unter sich aufgeteilt und viele der indigenen Bewohner* zum Arbeitseinsatz gezwungen. 1503 erkannte die spanische Krone diese Praxis faktisch an. Im System der **Encomienda** bzw. des **Repartimiento** erhielten die spanischen Landbesetzer den Boden und eine bestimmte Anzahl von Indios als Arbeitskräfte von der Krone offiziell zugeteilt. Die spanischen Herren sollten ihre Indios angemessen unterbringen und entloh-
30 nen sowie in der christlichen Religion unterweisen. Da der Königshof aber tausende Kilometer von den Kolonien entfernt lag, kümmerten sich die Konquistadoren nicht um ihre Fürsorgepflichten. Stattdessen beuteten sie die Indios hemmungslos aus. Dies führte zusammen mit den von den Europäern eingeschleppten Krankheiten zu einem dramatischen Rückgang der Bevölkerung. In der Karibik ging die Zahl der Indios in den
35 ersten einhundert Jahren der spanischen Herrschaft um bis zu 90 Prozent zurück.

Kontroverse über Indios

Diese Zustände in den Kolonien schwächten die fragwürdige Herrschaftslegitimation der Spanier. Spanische Mönche, die in Amerika missionieren sollten, mussten erkennen, dass ihre Landsleute durch ihr Verhalten alle Missionsbemühungen zunichte machten. Ohne Erfolge bei der Mission aber entfiel die vom Papst verliehene Berechtigung zur
5 Herrschaft. Angesichts der brutalen Unterdrückung der Indios konnten die Spanier nicht mehr behaupten, durch ihre Herrschaft die Indios zu zivilisieren. Besonders scharfe Kritik an diesen Zuständen übte der Dominikanermönch und ehemalige Konquistador **Bartolomé de Las Casas**. Seit 1512 setzte er sich hartnäckig für die Indios ein und initiierte eine Grundsatzdebatte über deren Status. Las Casas berichtete, dass die Indios
10 im Einklang mit der Schöpfung lebten. 1537 revidierte Papst Paul III. die Aussagen seines Vorgängers, indem er verkündete, dass die Indios „wahre Menschen" mit dem Anrecht auf ihren Besitz seien. Einige Gelehrte folgten dem Papst nicht und blieben bei der Ansicht, Indios seien von Natur aus Sklaven. Die spanische Herrschaft war ihrer Meinung nach notwendig, um die Indios von ihrer barbarischen Lebensweise abzubringen.
15 Häufig führten sie in diesem Zusammenhang Kannibalismus und Menschenopfer als „unnatürliche Schandtaten" der Indios an. Diese Phänomene waren nur in einem Teil der vielfältigen altamerikanischen Kulturen tatsächlich anzutreffen, wurden jedoch in zahlreichen Berichten europäischer Reisender besonders hervorgehoben und als durchgängig auftretende Praktiken dargestellt. Das sollte die Reiseberichte für das europäi-
20 sche Publikum besonders interessant machen.

Indianerschutzpolitik

Faktisch hatte die spanische Krone im 16. Jahrhundert keine auswärtigen Mächte zu fürchten, aber die Misshandlung der Indios drohte die moralische Autorität des Herrschers zu untergraben. Zudem verloren die Kolonien durch den Bevölkerungsrückgang an Wert. In der Vorstellung des Königshauses blieben die Indios Barbaren, die nun je-
5 doch im Sinne der Papstbulle von 1493 christianisiert und vor der Willkür der Herren wirksam geschützt werden sollten. Der Versuch, 1542 durch die **„Neuen Gesetze"** das Encomienda-System abzuschaffen, scheiterte noch am Widerstand der mächtigen Grundbesitzer in Amerika.
Im Rahmen der **„Indianerschutzpolitik"** ging Kaiser Karl V. nun dazu über, die Indios in
10 eigenen Dörfern anzusiedeln, zu denen nur Missionare und staatliche Beamte Zutritt hatten. Auf diese Weise gelang es, den Bevölkerungsrückgang zu stoppen. Auf den Plantagen der Konquistadoren machte sich dennoch ein gravierender Mangel an Arbeitskräften bemerkbar. Diese Lücke schlossen afrikanische Sklaven, die die Spanier und Portugiesen daraufhin nach Amerika importierten.

Konquistador
Sammelbegriff für die spanischen und portugiesischen Entdecker, Abenteurer und Soldaten, die während des 16. und 17. Jh. große Teile Nord- und Südamerikas und der Philippinen als Kolonien in Besitz nahmen

Indigene Völker
(lat. *indiges* = eingeboren) sind die Nachkommen einer Bevölkerung vor einer Eroberung oder Kolonisation eines Staates oder einer Region, die sich als eigenständiges Volk verstehen und ihre sozialen, wirtschaftlichen und kulturellen Institutionen beibehalten.

▶ M 9: Bartolomé de Las Casas

▶ M 10: Juan Gines de Sepulveda

▶ M 7: Kolorierter Holzschnitt aus Kolumbus' „Neuer Welt"

M 3 Bartolomé de Las Casas (1474–1566), Gemälde von Antonio Lara, 1566

Las Casas war als Konquistador nach Amerika gekommen, hatte aus moralischen Gründen „seine" Indios aber zurückgegeben und sich als Mönch dem Dominikanerorden angeschlossen.

2.7 Wahlmodul: Spanischer Kolonialismus

M 4 Internationaler Waren- und Sklavenhandel im 17. und 18. Jahrhundert

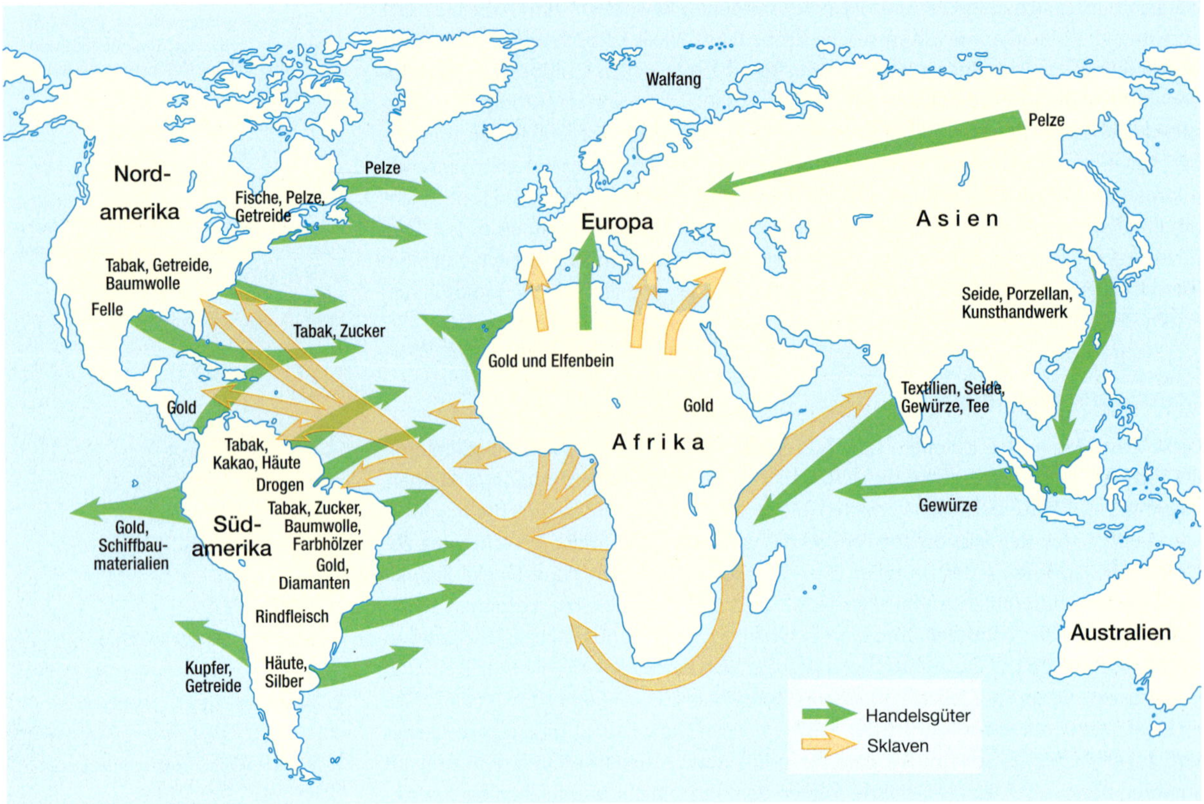

Nordamerika: Pelze; Fische, Pelze, Getreide; Tabak, Getreide, Baumwolle; Felle; Tabak, Zucker; Gold

Südamerika: Tabak, Kakao, Häute, Drogen; Tabak, Zucker, Baumwolle, Farbhölzer; Gold, Diamanten; Gold, Schiffbaumaterialien; Rindfleisch; Kupfer, Getreide; Häute, Silber

Europa: Walfang

Afrika: Gold und Elfenbein; Gold

Asien: Pelze; Seide, Porzellan, Kunsthandwerk; Textilien, Seide, Gewürze, Tee; Gewürze

→ Handelsgüter
→ Sklaven

Afrikaner als Sklaven und Sklavenhändler

M 5 Statuette „Mohr mit Smaragdstufe", Dresden, 1724

Der Begriff Smaragdstufe bezeichnet die auf dem Tablett befindliche Erdplatte, in der die Smaragde noch feststecken.

Der **Sklavenhandel in Afrika** reicht bis in die Antike zurück. Seit dem frühen Mittelalter waren dort islamische Sklavenhändler tätig. Im 15. Jahrhundert begannen die Portugiesen an der Westküste Afrikas Sklaven aufzukaufen, um sie bei anderen Afrikanern gegen Gold einzutauschen. Die dunkelhäutigen Afrikaner bewährten sich als Arbeitskräfte und noch im späten 15. Jahrhundert wurden sie auch auf die Iberische Halbinsel gebracht. Da die Afrikaner das tropische Klima aus ihrer Heimat gewohnt waren, schienen sie der ideale Ersatz für die Indios als Arbeitskräfte in den amerikanischen Kolonien zu sein. Portugiesen und – seit der zweiten Hälfte des 16. Jahrhunderts auch – Briten, Franzosen und Niederländer brachten bis zum 18. Jahrhundert schätzungsweise zwischen 11 und 15 Millionen Menschen gewaltsam nach Amerika. Anders als bei den Indios stieß der Einsatz der afrikanischen Sklaven zunächst nicht auf Kritik in Europa. Vermutlich hat dazu beigetragen, dass die Europäer selbst kaum Menschen versklavten. Dies übernahmen arabische und vor allem afrikanische Sklavenjäger, die ihre Opfer an die Küste brachten und den Europäern verkauften. Zu diesem Zweck unterhielten die Europäer **Stützpunkte an der Küste**. Ins Landesinnere stießen sie kaum vor. Beim Verkauf agierten die afrikanischen Händler nicht anders als ihre europäischen Geschäftspartner, indem jeder versuchte, möglichst viel zu verdienen. Aus diesem Grunde dominierten im 16./17. Jahrhundert bei den Europäern negative Klischees über angeblich „boshafte und habgierige Afrikaner". Einige wenige Reisende differenzierten zwischen der Vielzahl unterschiedlicher afrikanischer Kulturen und berichteten auch von positiven Erfahrungen.

Neue Perspektiven in der Aufklärung

Adlige und reiche Bürgerfamilien nahmen seit dem 15. Jahrhundert gern „Mohren" als exotische Diener auf. Dieser „Trend" verstärkte sich im 18. Jahrhundert und veränderte so das Bild der Afrikaner in Europa. Einige der Afrikaner konnten mit Unterstützung ihrer Gönner eine gute Bildung erwerben. Der aus Ghana stammende Anton Wilhelm
5 Amo promovierte als Schützling des Herzogs von Braunschweig-Wolfenbüttel 1734 als erster Afrikaner an der Universität Wittenberg. Die negativen Klischees verloren angesichts dieser Erfahrungen ihre Dominanz. Die Philosophen der Aufklärung unterstützten diese Entwicklung. Grundsätzlich gingen sie von einem ursprünglichen **Naturzustand der Menschheit** aus. Dabei griffen sie häufig das Bild des „edlen Wilden" auf. Bei
10 den Afrikanern lobte man beispielsweise deren „kindliche Unschuld" und Gastfreundschaft. Zudem sahen die Aufklärer in der Freiheit den natürlichen Zustand des Menschen. Aus diesem Grund erklärten sie die **Sklaverei zur widernatürlichen Einrichtung.** Diese Auffassungen beeinflussten auch die Herrschaftspraxis in einigen europäischen Monarchien: 1772 verfügte im **„Somerset-Fall"** ein englisches Gericht, dass ein entlau-
15 fener Sklave, der in England aufgegriffen worden war, nicht an den Eigentümer zurückgegeben werden durfte. Dänemark verbot 1792 als erstes europäisches Land grundsätzlich jede Form von Sklaverei, Großbritannien folgte erst 1833. Dagegen änderte sich in Übersee am Schicksal der Sklaven zunächst nichts. Die schrittweise **Abschaffung der Sklaverei** in Europa bedeutete aber nicht das Ende jeglicher **Diskriminierung.** Für die
20 Gelehrten stellte die europäische Zivilisation weiterhin die höchste bekannte Kulturstufe dar. Das Abendland war im 18. und 19. Jahrhundert der Maßstab, an dem alle anderen Kulturen gemessen wurden. Einige Gelehrte der Aufklärung verbanden zudem die äußeren Merkmale der Menschen mit geistigen Fähigkeiten und Charaktereigenschaften. Dem europäischen Typ sprachen sie dabei die besten Eigenschaften zu; Afrikaner
25 und Asiaten ordneten sie dagegen auf einer angeblich niedrigeren Stufe ein.

Blicke auf die Europäer

Was Indios und Afrikaner von den Europäern dachten, kann nur ansatzweise ermittelt werden. Die indigenen Kulturgüter in Amerika haben die Spanier weitgehend vernichtet. Die wenigen überlieferten Zeugnisse sind nicht unabhängig, da europäische Missionare entschieden, ob sie überhaupt „überlieferungswürdig" seien. Die **indianischen**
5 **Berichte** stellen die Europäer als goldgierig und grausam dar. Nach Ansicht der älteren Forschung nahmen die Indios die Europäer als „weiße Götter" wahr. Angesichts des unvertrauten Aussehens, der großen Schiffe sowie der den Indios unbekannten Feuerwaffen und Pferde ist dies nicht völlig auszuschließen, aber auch nicht hinreichend belegt. Von der **Sicht der Afrikaner** ist noch weniger bekannt. Einige Europäer erzählen,
10 wie die Afrikaner sie wahrnahmen. Dabei steht die Bewunderung der „Wilden" für die Europäer im Vordergrund; es wird aber auch von Ablehnung und Angst berichtet. Aus dem 18. Jahrhundert sind Berichte von in Europa oder Nordamerika lebenden Afrikanern bekannt. Allerdings wurden diese für ein „weißes" Publikum geschrieben und müssen daher kritisch interpretiert werden.

▶ M 5: Statuette „Mohr mit Smaragdstufe"

▶ M 14: Willem Bosman

M 6 Olaudah Equiano oder Gustavus Vassa (ca. 1750–1797), Kupferstich, London, 1789

Equiano wurde wahrscheinlich als Junge aus Afrika nach Amerika verschleppt. Er war Sklave in den USA, Westindien und Großbritannien, konnte sich aber freikaufen, schrieb eine Autobiografie und engagierte sich gegen die Sklaverei.

▶ M 12, M 13: Die Spanier in den Augen der Azteken und Inka

▶ M 11: Felix Hinz

E-Learning-Projekt zu den spanischen Entdeckungen und Eroberungen
cornelsen.de/Webcodes
Code: baciju

1 Beschreiben Sie den Umgang der Europäer mit der indigenen Bevölkerung in Amerika.
2 Vergleichen Sie die Positionen in der Grundsatzdebatte über den Status der Indios.
3 Erläutern Sie das Selbst- und Fremdbild der Europäer in der Frühen Neuzeit.
4 Erklären Sie die Schwierigkeiten bei der Untersuchung amerikanischer und afrikanischer Perspektiven auf die Europäer in der Frühen Neuzeit.
5 Interpretieren Sie die Karte M 4. Nutzen Sie dazu die Informationen aus dem Darstellungstext.

2.7 Wahlmodul: Spanischer Kolonialismus

Hinweise zur Arbeit mit den Materialien
Die vorliegenden Materialien thematisieren die Ankunft der Spanier in Mittel- und Südamerika aus unterschiedlicher Perspektive: Die Materialien M 8 bis M 10 spiegeln mit Texten von Kolumbus, de Las Casas und Sepulveda den europäischen Blick auf die indigene Bevölkerung der „Neuen Welt" und werden ergänzt von einer bildlichen Quelle (M 7). Die Materialien M 11 bis M 13 beleuchten die indigene Sicht auf die europäischen Konquistadoren. M 14 und M 15 beschäftigen sich mit den Beziehungen von Europäern und Afrikanern, nachdem seit dem Ende des 16. Jahrhunderts verstärkt afrikanische Sklaven nach Amerika importiert wurden, um fehlende Arbeitskräfte zu ersetzen.

Zur Vernetzung mit dem Kernmodul
Es bietet sich an, die Materialien dieser Themeneinheit in Beziehung zu setzen mit Bitterlis Ausführungen zu Kulturberührung, -zusammenstoß und -beziehung (M 3, M 4, S. 235 ff.).

Die Indios in europäischer Perspektive

M 7 Kolorierter Holzschnitt aus der Erstausgabe des ersten Briefes aus Kolumbus' „Neuer Welt" (1493)

M 8 Christoph Kolumbus, Der erste Brief aus der „Neuen Welt" (1493)
Auf dieser und allen anderen Inseln, die ich gesehen habe oder von denen ich Kenntnis besitze, laufen die Bewohner beiderlei Geschlechts nackt wie am Tage ihrer Geburt umher. Die einzige Ausnahme bilden ei-
5 nige Frauen, die ihre Scham mit Blättern oder einem Baumwolltuch bedecken, welches sie sich zu diesem Zweck selbst weben. Die Menschen auf diesen Inseln kennen keine Form des Eisens. Sie haben auch keine Waffen, kennen diese nämlich nicht und wären für
10 Waffen auch gar nicht geeignet, und zwar nicht weil ihnen dazu die körperlichen Voraussetzungen fehlten [...], sondern weil sie furchtsam sind und angsterfüllt. [...] Sobald sie sich aber sicher fühlen, legen sie jede Furcht ab und sind im höchsten Maße ehrlich
15 und vertrauenswürdig und mit allem, was sie haben, überaus großzügig. Einem Bittsteller verweigert keiner, was er besitzt. Ja, sie fordern uns sogar selbst dazu auf, uns an sie zu wenden. Überhaupt begegnen sie allen Menschen mit großer Liebe. [...] Und so
20 habe ich denn keine Ungeheuer erblickt und habe auch nirgendwo von solchen gehört, mit Ausnahme der Berichte über eine Insel namens Carib, die zweite, die man auf der Überfahrt von Spanien nach Indien erreicht. [...] Die Bewohner von Carib essen näm-
25 lich Menschenfleisch. Sie haben viele verschiedene Arten von Ruderbooten, mit denen sie zu allen Inseln Indiens fahren und dort plündern und rauben, so viel sie können. Sie unterscheiden sich in keiner Weise von den anderen, außer dass sie langes Haar wie
30 sonst nur Frauen tragen.

Christoph Kolumbus, Der erste Brief aus der Neuen Welt, hg. und übers. v. Robert Wallisch, Reclam, Stuttgart 2000, S. 19–33.*

1 Vergleichen Sie den Holzschnitt (M 7) mit dem Brief von Kolumbus (M 8) und diskutieren Sie den Erkenntniswert der Darstellungen.

M 9 Der Dominikanermönch Bartolomé de Las Casas über Indios (1542, veröffentlicht 1550)
Westindien wurde im Jahre 1492 entdeckt. Im folgenden Jahr siedelten sich spanische Christen an. So hat sich denn seit neunundvierzig Jahren eine große Anzahl Spanier dorthin begeben. Und das erste Land, in
5 das sie eindrangen, um sich anzusiedeln, war die große und überaus fruchtbare Insel Española[1]. [...] Überall rings um sie gibt es unzählige andere, sehr große Inseln [...]. Das Festland, das dieser Insel am nächsten liegt, ist etwas mehr als zweihundertfünfzig Meilen entfernt und davon wurde bisher über zehntausend
10 Meilen entdeckt [...] und alles wimmelt dort in dem Gebiet von Menschen. [...] All diese unzähligen Leute von jeder Art schuf Gott ganz arglos, ohne Bosheit und Doppelzüngigkeit, ihrem natürlichen Herren und den Christen, denen sie nun dienen höchst gehorsam
15 und treu, sie sind die demütigsten, geduldigsten, friedfertigsten und ruhigsten Menschen, die es auf der Welt gibt, sie kennen keinen Zwist und keinen Hader, sie sind keine Störenfriede und keine Zänker, ohne Groll, Hass oder Rachsucht. Zugleich sind es
20 Leute von zartester, schwächlichster und empfindlichster Konstitution, die am schlechtesten Mühsal

ertragen können und jeder Krankheit am leichtesten erliegen, sodass nicht einmal unsere Fürsten- oder Herrensöhne, die in Behaglichkeit und Wohlleben aufgezogen werden, empfindlicher als sie sind, selbst wenn sie zu denen gehören, die bei den Indios den Bauernstand bilden.

Außerdem sind sie bitterarme Leute, die ganz wenige Güter besitzen und besitzen wollen. Und darum sind sie nicht hochmütig, ehrgeizig oder habsüchtig. [...] Gewöhnlich gehen sie nackt einher und haben lediglich die Scham verhüllt, und sie bedecken sich höchstens noch mit einem Baumwollmantel, der ein etwas anderthalb oder zwei Ellen großes Tuch ist. [...] Auch haben sie einen klaren, unverdorbenen und scharfen Verstand, sind sehr geeignet und empfänglich für jede gute Lehre, und außerordentlich befähigt, unseren heiligen katholischen Glauben zu empfangen und tugendhafte Sitten anzunehmen, und von allen Menschen, die Gott in dieser Welt geschaffen hat, sind sie diejenigen, bei denen es hierfür die geringsten Hindernisse gibt.

Bartolomé de Las Casas, Kurzgefasster Bericht von der Verwüstung der Westindischen Länder, hg. v. Michael Sievernich, übers. v. Ulrich Kunzmann, Insel, Frankfurt/M. 2006, S. 15f. © Übersetzung bei Verlag Schöningh Paderborn 1995.*

1 *Española (auch: Hispaniola):* zweitgrößte Antilleninsel, auf der die heutigen Staaten Dominikanische Republik und Haiti liegen; hier landete Kolumbus auf seiner ersten Reise

1 Analysieren Sie M 9 hinsichtlich der Darstellung der Indios durch Las Casas.
2 Vergleichen Sie die Aussagen von Las Casas mit dem Text von Kolumbus (M 8).

M 10 Juan Gines de Sepulveda (1489–1573), Theologe, Jurist und Chronist von Kaiser Karl V., „Dialog über die gerechten Kriegsgründe" (1544)
In Sepulvedas Streitschrift wird ein fiktiver Gesprächspartner mit „Du" angeredet.
Wenn ich das Gesamtergebnis der vorhergehenden Erörterung recht begreife, hast Du vier Gründe dargelegt, weshalb die Spanier mit diesen Barbaren gerechterweise Krieg beginnen können. Erstens, weil sie von Natur aus Sklaven und Barbaren sind, unzivilisiert und unmenschlich, lehnen sie die Herrschaft klügerer, mächtigerer und vollkommenerer Menschen ab, eine Herrschaft, die sie zu ihren großen Vorteilen annehmen müssen; dies ist eine von Natur aus gerechte Sache, wo der Inhalt der Form, der Körper der Seele, der Trieb der Vernunft, die unvernünftigen Tiere den Menschen, die Frauen den Männern, die Söhne den Vätern, in der Tat das Unvollkommene dem Vollkommenen und das Schlechte dem Besseren gehorchen muss, damit es beiden Seiten zugute kommt. Dies nämlich ist die natürliche Ordnung, die aufgrund des göttlichen und ewigen Gesetzes überall eingehalten werden muss [...]. Als zweiten Grund hast Du angeführt, dass die frevelhaften Begierden und die unnatürlichen Schandtaten, Menschenfleisch zu verspeisen, beseitigt werden sollen, Verbrechen, die gegen die Natur ganz besonders verstoßen, und dass nicht – was Gottes Zorn vor allem reizt – Dämonen anstelle Gottes verehrt werden sollen, und zwar durch die Opferung von Menschen nach einem unnatürlichen Ritus. Als dritten Grund hast Du angeführt, was für mich großes Gewicht besitzt, um die Gerechtigkeit dieses Krieges darzutun, es sollten große Ungerechtigkeiten an zahlreichen unschuldigen Menschen, welche die Barbaren alljährlich opferten, verhindert werden. [...] An vierter Stelle hast Du dargelegt, dass die christliche Religion mithilfe der Predigt des Evangeliums mit geeigneten Gründen verbreitet werden müsse, wenn sich eine Gelegenheit dazu bietet, und jetzt ist der Weg für die Prediger und Lehrer der Sitten und der Religion offen und sicher; dieser Weg ist so gesichert, dass sie nicht nur selbst geschützt die Lehre des Evangeliums übermitteln können, sondern dass den Barbarenvölkern jegliche Furcht vor ihren Fürsten und Priestern genommen wurde, sodass sie frei und ungestraft die christliche Religion annehmen können [...]. Es ist offensichtlich, dass dies nur durch die Unterwerfung der Barbaren durch Krieg oder auf andere Art und Weise geschehen konnte.

Christoph Strosetzki (Hg.), Der Griff nach der neuen Welt, Fischer, Frankfurt/M. 1991, S. 256f.*

1 Fassen Sie die wesentlichen Aussagen zusammen.
2 Nehmen Sie Stellung zu Sepulvedas Aussagen.
   Tipp: Nutzen Sie auch den Darstellungstext.
3 **Vertiefung:** Formulieren Sie eine Antwort auf die Streitschrift des Autors. Sprechen Sie Ihren fiktiven Gesprächspartner auch mit „Du" an.

Die Europäer in der Perspektive der Indios

M 11 Der Historiker Felix Hinz über die Frage: Waren die Europäer für die Azteken „weiße Götter"? (2005)
Wenn mit den Götter-Legenden um Quetzalcóatl[1] argumentiert wird, wird Folgendes meist nicht hinreichend beachtet: Spricht man von Quetzalcóatl, so muss man den Gott von dem sagenhaften toltekischen Priesterfürsten Quetzalcóatl Topiltzin, der sich nach dem Gott benannte, unterscheiden. Nur

Letzerer hätte die Legitimation der Herrschaft Moctezumas II.² infrage stellen können, doch es bestand kein Zweifel daran, dass er sterblich und tot war. Der Gott wiederum hatte nichts mit Tollan³ zu tun, und es gibt überhaupt keinen Grund für die Annahme, dass sich Moctezuma vor ihm besonders gefürchtet haben sollte. [...]

Quetzalcóatl war [...] einer der Hauptgötter im mexikanischen Pantheon, aber die mesoamerikanischen Götter waren nicht allmächtig. Ähnlich wie in der antiken europäischen Welt war jeder Krieg der Menschen auch ein Krieg der Götter, die ihnen jeweils beistanden. Die Mexica hatten Cholula⁴ unterworfen, in dem sich das zentrale Quetzalcóatl-Heiligtum befand, und Huitzilopochtli⁵ hatte sich als der Stärkere erwiesen. [...] Falls die Spanier mit Götternamen bedacht wurden, dann [...] nur mangels anderer Namen für jemand Fremden, dem man eine besondere Beachtung schenkte.

Felix Hinz, „Hispanisierung" in Neu-Spanien 1519–1568. Transformation kollektiver Identitäten von Mexica, Tlaxkalteken und Spaniern, Bd. 1, Verlag Dr. Kovac, Hamburg 2005, S. 155–157.*

1 *Quetzalcóatl:* aztekischer Gott
2 *Moctezuma II.:* 1502 bis 1520 aztekischer Herrscher
3 *Tollán:* aztekischer Name der toltekischen Stadt Tula im heutigen Mexiko
4 *Cholula:* Stadt im heutigen Mexiko
5 *Huitzilopochtli:* aztekischer Kriegs- und Sonnengott und Schutzpatron der Stadt Tenochtitlán

1 Widerlegen Sie mithilfe von M 11 die Annahme der älteren Forschung, dass die Spanier von den Azteken für Götter gehalten wurden.

M 12 Die Spanier in den Augen der Azteken

Der Mönch Bernadino de Sahagún ließ 1579 von indianischen Schreibern die Geschichte der spanischen Eroberung Mexikos (1519–1521) aufschreiben.

Moctezuma sandte noch einmal verschiedene Fürsten aus. Tzihuacpopocatzin hatte die Führung dieser Gesandtschaft. Er nahm viele große Vasallen mit. Sie zogen aus, um die Spanier zwischen dem Popocatépetl und dem Iztactépetl zu treffen [...]. Sie schenkten den Göttern¹ goldene Banner und Fahnen aus Quetzalfedern² und goldene Halsketten. Als sie das Gold in den Händen hatten, brach Lachen aus den Gesichtern der Spanier hervor, ihre Augen funkelten vor Vergnügen, sie waren entzückt. Wie Affen griffen sie nach dem Gold und befingerten es [...]. Gefräßig wurden sie in ihrem Hunger nach Gold, sie wühlten wie hungrige Schweine nach Gold. Sie rissen die goldenen Banner an sich, prüften sie Zoll für Zoll, schwenkten sie hin und her, und auf das unverständliche fremde Rauschen im Wind antworteten sie mit ihren wilden, barbarischen Reden.

Wolfgang Behringer, Lust an der Geschichte. Amerika. Die Entdeckung und Entstehung einer neuen Welt, Piper, München 1992, S. 157 f.*

1 *Götter:* gemeint sind hier die Spanier
2 *Quetzal:* Vogelart in Lateinamerika

M 13 Die Spanier in der Sicht eines Nachfahren der Inka, Holzschnitt aus der Bilderchronik des Poma de Ayala, um 1615.

Guaman Poma de Ayala (um 1550–um 1615), indigener Schriftsteller aus dem heutigen Peru, erlernte die spanische Sprache und verfasste eine illustrierte Chronik seines Volks. Im Bild fragt ein Inka, wozu der Spanier das Gold braucht. Der Spanier antwortet: „Wir essen es."

1 Beschreiben und interpretieren Sie M 13. Berücksichtigen Sie auch M 12.
2 Bewerten Sie die Sicht der indigenen Bevölkerung auf die Spanier (M 12, M 13).
3 **Vertiefung:** Schreiben Sie ein fiktives Interview mit einem Indio über die spanischen Eroberungen in Amerika.

Europäer und Afrikaner

M 14 Willem Bosman, der ehemals hochrangigste niederländische Vertreter in Westafrika (1704)

Die Neger sind alle, ohne Ausnahme, listig, boshaft und betrügerisch und sehr selten vertrauenswürdig; sie sind darauf bedacht, sich keine Gelegenheit entgehen zu lassen, einen Europäer oder auch einen der
5 ihren zu hintergehen. [...] Diese entarteten Laster gehen Hand in Hand mit ihren Schwestern, Faulheit und Müßiggang; diesen sind sie so sehr verfallen, dass nur die äußerste Notwendigkeit sie zur Arbeit zwingen kann. Im Übrigen sind sie so [...] wenig be-
10 troffen von ihren Missgeschicken, dass man kaum je anhand einer Veränderung an ihnen beobachten kann, ob ihnen Gutes oder Schlimmes zugestoßen sei. [...] Sie mögen Hüte sehr gern und können nie genug dafür ausgeben. Ihre Arme, Beine und Hüften
15 sind mit Gold und mit [...] Korallen geschmückt. [...] Das gemeine Volk, wie etwa Schankwirte, Fischer und Ähnliche, ist sehr ärmlich gekleidet, einige mit einer oder zwei Ellen dünnen Tuchs, andere mit einer Art von Riemen, den sie bloß zwischen den Beinen
20 hochziehen und um sich schlingen, um knapp ihre Scham zu verbergen. [...] Die Männer hier sind nicht so sehr der üppigen Aufmachung ergeben; die Hoffart aber, unter den Wilden genauso wie in den Niederlanden und in ganz Europa, scheint ihren Thron
25 unter dem weiblichen Geschlecht aufgeschlagen zu haben, und dementsprechend ist die Frauenkleidung reicher als jene der Männer. Die Damen flechten ihr Haar sehr kunstvoll, platzieren ihre Fetische, Korallen und das Elfenbein mit abwägender Miene und
30 gehen weit feiner einher als die Männer. [...]
Die Niederkunft ist hier so wenig mühsam, wie es die Männer nur wünschen können: Da gibt es kein langes Wochenbett, keine teuren Klatsch- und Jammergelage. Einmal war ich zufällig in der Nähe des Hau-
35 ses, worin eine Negerin innerhalb einer Viertelstunde von zwei Kindern entbunden wurde. Noch am selbigen Tag sah ich sie zum Strand gehen, wo sie sich wusch, ohne überhaupt daran zu denken, sie könnte nochmals in ihr Bett zurückkehren. [...] Kaum ist das
40 Kind geboren, so schickt man nach dem Priester, der eine Menge von Bändern und Korallen und anderem Flitterzeug um Kopf, Leib, Arme und Beine des Säuglings wickelt. Danach treibt er die Geister aus, ihrem gewohnten Brauch gemäß, wodurch sie das Kind ge-
45 gen alle Krankheiten und bösen Unfälle gewappnet glauben [...].

Zit. nach: Urs Bitterli (Hg.), Die Entdeckung und Eroberung der Welt. Dokumente und Berichte. Bd. 1: Amerika, Afrika, C. H. Beck, München 1980, S. 212–214.*

1 Analysieren Sie M 14 im Hinblick auf die Darstellung der Afrikaner.
2 Bewerten Sie diese Darstellung.
3 **Zusatzaufgabe:** Siehe S. 481.

M 15 Bericht des Kapitäns Cadamosto (1455)

Der Italiener Cadamosto stand in portugiesischen Diensten und erkundete 1455 die Mündung des Gambiaflusses in Westafrika.

Nachdem wir etwa vier Meilen flussaufwärts gesegelt waren, bemerkten wir plötzlich einige Kanus, die sich von hinten näherten. Weil wir das gesehen hatten, drehten wir in ihre Richtung. [...] Sie überprüften den
5 Kurs und begannen zu rudern, wobei sie uns wie ein Wunder bestaunten. Wir schätzten, dass sie insgesamt höchstens 150 Mann seien. Sie schienen gut gebaute Körper zu haben, waren sehr schwarz und alle mit Baumwollhemden bekleidet: Einige trugen weiße
10 Kappen auf dem Kopf, ganz ähnlich wie es die Deutschen tun, außer dass sie auf jeder Seite einen weißen Flügel und eine Feder in der Mitte der Kappe hatten. [...] Als wir sie erreichten, legten sie die Ruder weg und ohne jede andere Begrüßung fingen sie an, ihre
15 Pfeile abzuschießen. Als Antwort auf diesen Angriff schickte unser Schiff vier Geschützsalven. [...] Daraufhin drehten die Neger ab, [...] wir warfen die Anker und versuchten mit ihnen zu verhandeln. Nach heftigem Gestikulieren und Rufen unserer Überset-
20 zer kam eines der Kanus auf Bogenschießweite heran. Wir fragten sie nach den Gründen für den Angriff, obwohl wir doch Männer des Friedens seien und Handel treiben. Zudem hätten wir friedliche und freundschaftliche Beziehungen mit den Negern des
25 Königreiches von Senega und wir wollten mit ihnen ein vergleichbares Verhältnis, wenn sie das möchten. Wir erwähnten, dass wir von einem fernen Land kämen und passende Geschenke für ihren König und Herren hätten. [...] Sie antworteten, dass sie von un-
30 serem Kommen und Handel mit Senega gehört hatten. Die Senega aber konnten nur schlechte Menschen sein, wenn sie unsere Freundschaft suchten. Sie nämlich waren davon überzeugt, dass wir Christen Menschenfleisch essen würden und dass wir die
35 Neger nur kauften, um sie zu verspeisen. Sie wollten unsere Freundschaft auf keinen Fall!

G. R. Crone (Hg.), The Voyages of Cadamosto and other Documents on Western Afrika, Ashgate Verlag, Farnham 2010, S. 58–60, übersetzt aus dem Englischen von Björn Onken.*

1 Beschreiben Sie die Haltung der Afrikaner gegenüber den Europäern.
2 Erklären Sie das Verhalten der Einheimischen.

Anwenden

M1 Der Historiker Reinhard Wendt über die Rückwirkungen auf Europa (2006)

Die Kontakte mit der überseeischen Welt bedeuteten für Europa weder Zerstörung noch Überformung. Tiefgreifende Veränderungen jedoch sind sehr wohl auszumachen. Zwischen 1500 und 1800 wurden schätzungsweise 85 000–90 000 Tonnen Edelmetall von Amerika nach Spanien verschifft, 80–85 % der damaligen Weltproduktion. Es floss in den opulenten Schmuck von Kirchen, in staatliche Kassen und in private Taschen, vermehrte die Geldmenge, förderte besonders in Spanien die Inflation, landete letztlich aber zu einem erheblichen Teil in Italien und besonders in den Niederlanden, wo Spanien die überseeischen Reichtümer für seine kostspieligen Kriege ausgab und einen guten Teil der Waren bezog, die es für die Erschließung der Neuen Welt benötigte. Vom Gewürzgeschäft profitierten die Nordwesteuropäer gleichfalls in zunehmendem Maße. Zunächst entwickelte sich Antwerpen zum zentralen Umschlagplatz, und nach der Zerschlagung des portugiesischen Handelsreiches wurden die Niederländer zu den wichtigsten Importeuren.

Die Nachfrage nach Gewürzen hatte den Prozess der europäischen Expansion wesentlich beflügelt, und nachdem nun Direktkontakte zu den Produktionsgebieten etabliert worden waren, stieg der Import im Laufe des 16. Jahrhunderts um das Doppelte. Da die Suche nach neuen ökonomisch attraktiven Nahrungs- und Genussmitteln zu den konstituierenden Komponenten der Expansion gehörte, spielte sie bei der westlichen Erkundung der überseeischen Welt stets eine wichtige Rolle. Zunehmende Asienkontakte und die fortschreitende Erschließung der Neuen Welt erweiterten die Palette dieser Handelsgüter erheblich. Daneben lernte man bislang unbekannte Feldfrüchte, Gemüse und Obstsorten kennen, die in Europa heimisch gemacht werden konnten. Importierte wie akklimatisierte Nahrungs- und Genussmittel bescherten Europa in den nächsten Jahrhunderten nicht nur neue Konsumgewohnheiten, sondern auch neue Lebensformen, den *„five o'clock tea"* etwa, die Zigarettenpause oder den Kommunikationsraum „Kaffeehaus". Für das europäische Geistesleben gingen von der Erschließung der überseeischen Welt ebenfalls eine Reihe wichtiger Anstöße aus. Das Wissen über die Welt, ihre geografische Gestalt, ihre naturräumliche Vielfalt, über die Menschen, Kulturen und Religionen der verschiedenen Erdteile nahm zu. […] Die von Missionaren begonnene Debatte um den Schutz der Indianer führte zur Definition von Kriterien, die die Rechtmäßigkeit der Konquista zu begründen suchten und dabei wesentlich zur Entstehung des modernen Völkerrechts beitrugen. Eine zentrale Rolle spielte dabei Las Casas' Ordensbruder Francisco de Vitoria (ca. 1492–1546), der lediglich drei naturrechtliche Grundprinzipien gelten ließ, die die Spanier zur Herrschaftsausübung in der Neuen Welt berechtigten: Es musste ihnen erlaubt sein, in den indianischen Gebieten frei leben, reisen und Handel treiben zu können. Zum zweiten durfte die Verkündung des Evangeliums nicht behindert werden. War beides nicht gegeben, konnten die Spanier ihre diesbezüglichen Rechte mithilfe der Eroberung durchsetzen. Drittens verstießen tyrannische, inhumane Regime gegen das Naturrecht und forderten zur Intervention heraus. Während den Spaniern das Naturrecht prinzipielle Handlungsfreiheit einräumte, konnten sie diese in ihrem Herrschaftsbereich anderen Nationen verweigern, da der päpstliche Missionsauftrag Verpflichtungen mit sich brachte und Kosten verursachte, die gedeckt werden mussten. Der Legitimationscharakter dieser Positionen sowie ihre geringen praktischen Folgen hinterlassen heute einen schalen Beigeschmack. Dennoch ist festzuhalten, dass spätere Kolonialmächte nicht einmal eine solche Diskussion für nötig hielten.

Reinhard Wendt, Begegnung der Kulturen, in: Anette Völker-Rasor (Hg.), Frühe Neuzeit, 2. Aufl., Oldenbourg, München 2006, S. 69–86, hier S. 82 ff.*

1 Analysieren M1 hinsichtlich der politischen, wirtschaftlichen und geistigen Folgen des Kolonialismus für Europa.
2 Überprüfen Sie die These des Autors: „Der Legitimationscharakter dieser Positionen [naturrechtliche Grundprinzipien nach de Vitoria] sowie ihre geringen praktischen Folgen hinterlassen heute einen schalen Beigeschmack" (Z. 70 ff.).

Wiederholen

M 2 „Die Ankunft des Kolumbus in der Neuen Welt 1492", Gemälde von William J. Aylward, 1875

Zentrale Begriffe

Encomienda
Entdeckungsreisen
„Indianerschutzpolitik"
Indios
Konquistadoren
„Neue Gesetze"
„Neue Welt"
Repartimiento
Sklaverei
Vertrag von Tordesillas

1 Erläutern Sie, womit die europäischen Eroberer ihren Anspruch auf die „Neue Welt" und ihre Bewohner rechtfertigen.
2 Erläutern Sie den Umgang mit der indigenen Bevölkerung.
3 Beschreiben Sie das Gemälde M 2.
   Tipp: Nutzen Sie bei Bedarf die Formulierungshilfen.
4 Charakterisieren Sie anschließend die Darstellung der Europäer sowie der indigenen Bevölkerung im Gemälde. Welche Wirkung soll das Bild erzielen?
5 **Wahlaufgabe:** Bearbeiten Sie entweder Aufgabe a) oder b).
   a) Charakterisieren Sie die „Indianerschutzpolitik" der spanischen Krone.
   b) Erklären Sie den Zusammenhang zwischen Sklavenhandel und „Indianerschutzpolitik".
6 Erläutern Sie das Selbst- und Fremdbild der Europäer in der Frühen Neuzeit.
7 Erläutern Sie Bitterlis Begrifflichkeiten Kulturberührung, -zusammenstoß und -beziehung (M 3, M 4, S. 235 ff.). am Beispiel des spanischen Kolonialismus.
8 **Vertiefung:** Erörtern Sie die These des amerikanischen Ethnologen Matthew Restall aus dem Jahre 2003: „Wir leben nach wie vor in der langen Periode der ungleichen Beziehungen und der schrittweisen Globalisierung von Ressourcen." Beziehen Sie diese These auf das Beispiel der europäischen Kolonisation Amerikas und deren Folgen.

Formulierungshilfen für die Bildbeschreibung
– Auf dem Gemälde ist/sind ... zu sehen.
– Kolumbus ist mit ... bekleidet/ dargestellt ...
– Seine Gestik/Mimik/Körperhaltung ist durch ... kennzeichnet.
– Weitere Personen sind ...
– Im Vordergrund befindet sich ...
– Im Hintergrund ist zu erkennen ...
– Folgende Gegenstände/Symbole werden verwendet ...
– Die Farbgebung/Perspektiven/ Proportionen sind ... gestaltet ... und erzielen die Wirkung, dass ...
– Das Gemälde versucht, folgendes Bild der historischen Ereignisse zu erzeugen: ...

3 Die Weimarer Republik zwischen Krise und Modernisierung

Die nationale Zugehörigkeit bildet ein wichtiges Identifikationskriterium, das sich im Laufe der Geschichte herausgebildet und dabei diverse Wandlungen und Brüche erfahren hat. Die Zeit der Weimarer Republik hat die Entwicklung der deutschen Identität und des deutschen Selbstverständnisses stark geprägt. In ihr verdichteten sich politische, soziale und wirtschaftliche Krisen. Diese beschleunigten auf der einen Seite Modernisierungsprozesse in Gesellschaft, Politik und Kultur, die bis heute wirksam sind. Sie riefen aber auf der anderen Seite auch gegenteilige Reaktionen wie das Festhalten an alten Strukturen und Werten hervor. Schließlich begünstigte dieses anhaltende Spannungsverhältnis die politische Radikalisierung und ließ die Weimarer Demokratie scheitern. Daher werden heute sowohl Moderne und demokratische Traditionen sowie ein von Radikalnationalismus, Militarismus und Autoritarismus bestimmter „deutscher Sonderweg" mit der Zeit der Weimarer Republik verknüpft.

Testen Sie Ihr Vorwissen zur „Weimarer Republik"

1 Erinnern Sie sich? Vier Bilder, vier Begriffe: Streichen Sie jeweils, was nicht passt. Erläutern Sie Ihre Wahl.

Inflation	Kolonialismus
Dolchstoßlegende	Notverordnung

a)

b)

c)

d)

2 Ereignis-Toto: Was war früher, was war später? Oder war das im gleichen Jahr?
Tippen Sie 1, 2 oder 0.
1 = a) war früher, 2 = b) war früher, 0 = gleiches Jahr.

Ereignisse	Tipp
a) Friedensvertrag von Versailles zwischen Deutschland und den Alliierten b) Novemberrevolution und Ausrufung der Republik in Deutschland	
a) Inflationskrise in Deutschland, Zusammenbruch der Währung b) Besetzung des Rheinlandes durch französische Truppen	
a) NSDAP wird stärkste Kraft bei der Reichstagswahl. b) Zusammenbruch der amerikanischen Börse löst die Weltwirtschaftskrise aus.	
a) Beschluss der ersten demokratischen Verfassung für die Deutsche Republik b) General Paul von Hindenburg wird zum Reichspräsidenten gewählt.	

3 Richtig oder falsch? Korrigieren Sie die Aussagen, wenn es nötig ist.

a) Die Republik wurde am 9. November 1918 gleich zweimal ausgerufen.
b) Der Kaiser wurde von Revolutionären in seinem Schloss erschossen.
c) Im Versailler Vertrag wurde Deutschland in Besatzungszonen aufgeteilt.
d) Der Diktator Benito Mussolini, der in Italien den Faschismus begründete, fand seine Vorbilder in Deutschland.
e) Ein Kanzler der Weimarer Republik erhielt den Friedensnobelpreis.
f) Von der Weltwirtschaftskrise waren vor allem die USA und Deutschland betroffen.

Die Weimarer Republik zwischen Krise und Modernisierung

4 Finden Sie die Namen von sieben Persönlichkeiten der Weimarer Republik (waagerecht oder senkrecht, nur Nachnamen).

S	G	B	R	U	E	N	I	N	G
C	D	J	D	A	N	L	I	F	A
H	I	N	D	E	N	B	U	R	G
E	C	O	N	D	S	A	E	N	G
I	V	L	M	B	M	Z	E	W	G
D	Q	U	E	E	B	E	R	T	Q
E	U	X	K	Z	Q	E	Z	A	H
M	V	E	D	H	K	T	B	E	S
A	Y	M	K	I	D	Y	E	J	G
N	R	B	M	T	N	V	R	L	E
N	O	U	A	L	E	K	G	C	A
K	E	R	R	E	O	U	E	S	I
B	S	G	J	R	S	D	R	T	O

5 Welche Aussage passt zur Grafik?

a) Die Gehälter der Bäcker stiegen stark an.
b) Der Brotpreis stieg im Jahr 1923 explosionsartig an, weil die deutsche Währung zusammenbrach.
c) Im Jahr 1923 wurde sehr viel mehr Brot gekauft als in den Vorjahren.
d) Im Jahr 1923 blühte die deutsche Wirtschaft auf und es gab viele Millionäre, die bereit waren, für gutes Brot viel Geld zu bezahlen.

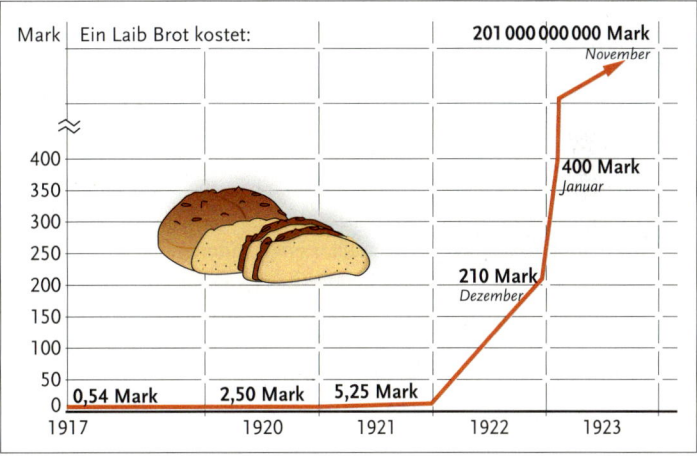

6 Wer hat's gesagt? Versuchen Sie die Zitate den genannten Personen zuzuordnen. Tauschen Sie sich dazu in Partnerarbeit aus.

a) Friedrich Ebert
b) Paul von Hindenburg
c) Rosa Luxemburg

„Die deutsche Armee ist von hinten erdolcht worden."

„Freiheit ist immer Freiheit der Andersdenkenden."

„Mit den alten Königen und Fürsten von Gottes Gnaden ist es für immer vorbei."

271

3.1 Einführung: Identität und deutsches Selbstverständnis

> *In diesem Kapitel geht es um*
> – *Begriff und Wurzeln unserer Identität,*
> – *Deutungen des deutschen Selbstverständnisses im 19. und 20. Jahrhundert,*
> – *den Deutschen Sonderweg und transnationale Geschichtsschreibung.*

Identität
Die Summe der Eigentümlichkeiten in der Persönlichkeit eines Menschen, die ihn kennzeichnen und von anderen unterscheidet. Sie kann vielfältig sein und sich verändern. Eine Person kann sich als Angehöriger einer Nation fühlen und/oder einer Religionsgemeinschaft und/oder eines Geschlechts und/oder einer Region, eines Dorfes, eines Vereins usw. Auch ist zwischen objektiv erkennbaren Merkmalen und subjektivem Empfinden dieser Merkmale zu unterscheiden.

M1 Punker in der Berliner Innenstadt, Fotografie, 2010

M2 Zuschauer bei der Fußball-Weltmeisterschaft in Deutschland, Fotografie, 2006

Wurzeln unserer Identität

Jeder Mensch besitzt eine Vielzahl von Eigenschaften und Eigentümlichkeiten, die seine Persönlichkeit prägen und seine Identität* ausmachen. Diese Identität, die **personalen und persönlich-individuellen Vorstellungen von der Besonderheit oder Einmaligkeit eines Menschen,** bestimmt das eigene Erleben und die Selbstwahrnehmung mit und unterscheidet Menschen voneinander. Die individuellen Werte, Umgangs- und Lebensformen lassen sich jedoch nicht allein aus dem **eigenen Selbstverständnis** erklären, sondern werden auch durch die **Gesamtgesellschaft** – Politik, Wirtschaft, Gesellschaft, Kultur – mitgestaltet. Der Mensch wird außerdem durch die unterschiedlichsten Gruppen mitgeformt, denen er angehört oder sich zugehörig fühlt: Familie, Berufs- und Freundesgruppen.

Die Identität muss auch nicht ein Leben lang die gleiche bleiben, sondern kann sich stark wandeln. Die Veränderbarkeit zeigt sich in der Regel deutlich beim Übergang vom Jugend- zum Erwachsenenalter. Auch der Eintritt ins Berufsleben oder der Wechsel des Berufes führen oft zu Veränderungen. Das gilt ebenso für biografische Einschnitte, die durch Arbeitslosigkeit, Wohnortwechsel oder Verluste von nahestehenden Menschen ausgelöst werden. Alle diese **Umbrüche** verändern das Selbstverständnis und damit die Identität des Einzelnen.

Der vielfältige und rasche Wandel des gesamtgesellschaftlichen Lebens, die Entstehung größerer Handlungsspielräume für den Einzelnen und die Zunahme von Mobilität und Individualität haben in der Gegenwart die menschlichen Bindungen gelockert und zu einer hohen Bewertung von Freiheit und Menschenwürde geführt. Viele Menschen streben immer intensiver nach der Entfaltung ihrer eigenen, als einmalig und unverwechselbar empfundenen Persönlichkeit. Die Frage nach der eigenen Identität hat dadurch einen hohen Stellenwert erhalten.

Trotz aller Individualität prägen aber auch heute noch **kollektive Identitäten** die einzelnen Menschen. Sie identifizieren sich mit größeren Einheiten wie Religionsgemeinschaften, Ethnien oder einer Nation. Wie stark die Identifikation mit der Nation das Denken und Fühlen der Menschen beeinflusst, zeigt sich u. a. bei Sportveranstaltungen. Wenn Olympiasieger geehrt werden, erklingt die Nationalhymne des Erstplatzierten, und auch vor jedem Fußballländerspiel werden die Nationalhymnen der beiden Mannschaften gespielt. Sportlerinnen und Sportler kämpfen bei internationalen Wettbewerben also nicht nur für sich selbst oder ihre Mannschaften, sie vertreten ebenfalls ihre Nationen. Auch in der Politik spielt die Identifikation mit Staat, Nation und Nationalstaat eine große Rolle, unabhängig davon, ob diese durch Sprache, Kultur oder rechtliche Bindungen definiert werden.

Das nationale Zugehörigkeitsgefühl als zentraler Aspekt der kollektiven Identität hat sich im Laufe der Geschichte erst entwickelt und immer wieder verändert. Insbesondere seit dem 19. Jahrhundert sind die nationalen und nationalstaatlichen Bindungen der Menschen in Europa gewachsen. Jeder Europäer und jede Europäerin ist bis heute Mitglied eines Nationalstaats, der ihnen Rechte verleiht und Pflichten auferlegt. Diesem

Einführung: Identität und deutsches Selbstverständnis 3.1

Staat fühlen sie sich auf verschiedene Weise verbunden. Sie sind heute auch Bürger der Europäischen Union (EU) und wählen das Europäische Parlament. Dabei ist ihnen bewusst, dass Europa durch eine Vielfalt an ethnischen, sprachlichen und regionalen Einheiten geprägt wird, die das politisch-gesellschaftliche Denken und Handeln sowie das
45 Alltagsleben vieler bestimmen. Deswegen müssen die Bürger der europäischen Nationalstaaten wie auch ihre Regierungen **zugleich national und europäisch** denken.

▶ M 12: Hartmut Kaelble über das europäische Selbstverständnis

Die Deutschen haben sich über weite Strecken ihrer neueren Geschichte schwergetan, ihre nationale Identität einheitlich zu bestimmen. Die Definition von Nation und die Formen des Nationalismus unterschieden sich vom obrigkeitsstaatlichen Kaiserreich
50 über die Weimarer Republik bis hin zur nationalsozialistischen Diktatur stark. Im Selbstverständnis der Bundesrepublik spielen besonders die Brüche des 20. Jahrhunderts eine wichtige Rolle. Das prägt bis heute die kollektive Identität und Selbstwahrnehmung der Deutschen.

▶ M 6: Germania von 1914

▶ M 5: Spiegeltitelblatt von 2009

Deutungen des deutschen Selbstverständnisses im 19. und 20. Jahrhundert

Bereits im frühen 19. Jahrhundert begannen zahlreiche Denker und Publizisten, das deutsche Selbstverständnis in Abgrenzung zu westeuropäischen Staaten wie Frankreich oder England und Nordamerika zu bestimmen. Es gab zwar auch liberale Historiker, die die neuzeitliche deutsche Geschichte als Prozess zur Freiheit deuteten, wobei sie unter
5 Freiheit geistige, politische und bürgerliche Freiheit verstanden. Mit dem Scheitern der Revolution von 1848/49 und der Reichsgründung 1870/71 erhielt das bürgerliche Geschichtsbewusstsein jedoch eine antirevolutionäre Stoßrichtung und grenzte sich von den liberalen und demokratischen Ideen der Amerikanischen und Französischen Revolution ab.
10 Hinzu kam die Entstehung des **modernen Nationalismus,** der sich während des 19. Jahrhunderts zu einer mächtigen und einflussreichen Ideologie in Europa entwickelte. Die Nation oder der Nationalstaat galten dem Nationalismus als oberste Werte, als allgemein verbindliche Sinn- und Rechtfertigungsinstanzen politischen Handelns. Der Einzelne verstand sich seitdem zuallererst als Mitglied einer nationalen Lebensgemein-
15 schaft. Allerdings konnte die eigene Nationalität durchaus unterschiedlich bestimmt werden, sei es durch die Gleichheit der Sprache oder Kultur, sei es durch Abstammung oder die Zugehörigkeit zu einem Volk. Nationale Gefühle konnten und können die Integration und Solidarität in einer Gesellschaft dadurch stärken, dass sie einer Gemeinschaft ihre Zusammengehörigkeit bewusst machen und diesem Gefühl einen besonde-
20 ren Stellenwert zuschreiben. Nationalismus beinhaltet aber auch meistens die Abgrenzung zu anderen Nationen, indem man die eigene Besonderheit, oft auch im Sinne von Überlegenheit, hervorhob.

▶ M 7: Thomas Nipperdey über deutschen Nationalismus im 19. Jh.

▶ M 8: Peter Brandt über deutsches Selbstverständnis im 20./21. Jh.

In Deutschland trug der Nationalismus seit Ende des 19. Jahrhunderts dazu bei, das Deutsche Reich auf einem **positiven Sonderweg*** in die Moderne zu sehen. Die deut-
25 sche Entwicklung wurde nun von vielen konservativen und national denkenden Historikern als vorteilhafte Abweichung von der Geschichte des westlichen Europas interpretiert. Das von 1871 bis 1945 bestehende Deutsche Reich wurde im Vergleich zu den „westlichen Demokratien" als weit überlegen dargestellt. Dabei verwies man u. a. auf die wirtschaftliche Leistungsfähigkeit, die Effizienz der Bürokratie und eine besondere
30 deutsche Kultur. Während des Ersten Weltkrieges spitzten Wissenschaftler, Schriftsteller und Intellektuelle dies zu einer umfassenden Ideologie zu und popularisierten diese Sicht auf die Vergangenheit. Es wurde beispielsweise argumentiert, in Deutschland stünde nicht die Gesellschaft, sondern der Staat, nicht das Individuum, sondern das Volk im Mittelpunkt. So könnten alle Kräfte im Krieg gebündelt und auf ein gemeinsa-
35 mes Ziel ausgerichtet werden. Bis in die Weimarer Zeit fand diese positive Version von einem deutschen Sonderweg zahlreiche Anhänger in der Geschichtswissenschaft wie in

Sonderweg
Die These vom deutschen Sonderweg besagt, dass Deutschland einen eigenständigen Weg in die Moderne beschritten habe, der sich grundlegend von dem der westeuropäischen Staaten unterschied.

273

M3 Hitlerjugend beim Reichsparteitag, Fotografie, 1938

▶ M 9: Heinrich August Winkler über den „deutschen Sonderweg"

▶ M 10: Karikatur zur deutschen Wiedervereinigung

▶ Kap. 3.7: Kernmodul, M 6: Karl Dietrich Bracher (S. 376 f.)

der deutschen Öffentlichkeit. Die Nationalsozialisten knüpften an dieses Sonderbewusstsein an und radikalisierten diese Vorstellung zu einem übersteigerten Nationalismus, Militarismus und Imperialismus. Der Radikal-Nationalismus der Nationalsozialisten beruhte auf einer sozialdarwinistischen Interpretation der Geschichte, die als ständiger Kampf der Individuen und Völker, der Staaten und „Rassen" galt, wobei sich stets die Stärkeren gegenüber den Schwächeren durchsetzen. Grundlage des Radikal-Nationalismus waren außerdem Antisemitismus und Rassenlehre, die zu einer umfassenden „Weltanschauung" ausgebildet wurden und eine in der Geschichte beispiellose Gewalt- und Vernichtungspolitik rechtfertigen sollten.

Deutscher Sonderweg und transnationale Geschichtsschreibung

Nach 1949 begannen Historiker, Sozialwissenschaftler und Publizisten sich mit der Frage auseinanderzusetzen, warum das Deutsche Reich im Unterschied zu vergleichbaren Staaten des Westens wie Frankreich oder Großbritannien in der tiefgreifenden Krise der Zwischenkriegszeit – an erster Stelle ist hier die Weltwirtschaftskrise seit 1929 zu nennen – nicht demokratisch blieb, sondern sich in eine auf Eroberung und Unterwerfung anderer Völker ausgerichtete faschistische Diktatur verwandelte. Außerdem wurde die Frage nach den Ursachen der NS-Verbrechen gestellt: Wie konnte ein zivilisiertes, an rechtsstaatliches Denken gewöhntes Volk den welthistorisch einmaligen Völkermord an den Juden vollziehen oder zumindest stillschweigend dulden? Warum hat Deutschland nach der Katastrophe des Ersten Weltkrieges den Zweiten Weltkrieg vom Zaun gebrochen? Dies führte insbesondere in den 1960er-Jahren zur Formulierung **negativer „Sonderwegsthesen",** die im Vergleich zum erfolgreichen westlichen Modernisierungsweg vor allem Defizite und die Rückständigkeit Deutschlands betonten. In den Blick geriet u. a. die im Vergleich zu anderen europäischen Staaten späte Nationalstaatsgründung Deutschlands. Auch die blockierte Parlamentarisierung des kaiserlichen Deutschlands galt als eine wesentliche Ursache für das spätere Scheitern der ersten deutschen Demokratie, der Weimarer Republik. Kritisch beurteilten die Historiker außerdem die antiliberalen, antipluralistischen bzw. obrigkeits- und machtstaatlichen Orientierungen der deutschen politischen Kultur, die zur Schwächung der liberal-demokratischen Kräfte in Deutschland geführt und dadurch den Aufstieg der Nationalsozialisten begünstigt hätten.

Zu den wichtigsten Vertretern der negativen Sonderwegsthese gehören der Philosoph **Helmuth Plessner** und der Politikwissenschaftler und Zeithistoriker **Karl Dietrich Bracher**. Plessner prägte den Begriff von Deutschland als einer „verspäteten Nation", während sich Bracher intensiv mit dem deutschen Staatsdenken auseinandersetzte und aufzeigte, wie sich Nationalismus, Autoritarismus und Militarismus gegenüber liberalen Traditionen durchsetzten. Gleichzeitig ist die Diskussion über den „deutschen Sonderweg" nach 1949 in die Auseinandersetzung um die ideellen Grundlagen der Bundesrepublik Deutschland eingebettet, die sich vom antiwestlichen „Sonderweg" entschieden abgewandt und eine Politik der „Westbindung" verfolgt hat. Die Beschäftigung mit dem „deutschen Sonderweg" war und ist daher nicht nur eine wissenschaftliche Debatte über das historische Selbstverständnis Deutschlands und der Deutschen, sondern auch eine durch und durch politische Diskussion. Das verleiht ihr eine besondere Spannung. Seit den 1980er-Jahren haben deutsche und ausländische Historiker Kritik an der Sonderwegsthese geübt. Sie argumentierten, dass die deutsche Geschichte farbiger und vielfältiger gewesen sei als von den Anhängern der Sonderwegsinterpretation behauptet. Außerdem dürfe die deutsche Vergangenheit seit der Reichsgründung 1870/71 nicht als bloße Vorgeschichte des Nationalsozialismus aufgefasst werden. Die These von einem „Sonderweg" unterstelle überdies die Vorstellung von einem „Normalweg". Aber wer bestimme dann die „Norm"? Diese Kritik führte zur Differenzierung der negativen Sonderwegsthese, nicht aber zu ihrer völligen Ablehnung.

M 4 Karikatur von Gerhard Mester, 1999

In der Geschichtswissenschaft besteht ein breiter Konsens, dass die Sonderwegsthese durch Vergleiche zwischen den europäischen Staaten präzisiert werden könne. Allein auf diesem Weg sei die Frage nach Gemeinsamkeiten, Ähnlichkeiten oder Unterschieden zu klären. Diese Forderungen überschneiden sich mit denen der **transnationalen Geschichtsschreibung***, der es um eine **Erweiterung der historischen Perspektiven** geht: Die Geschichtswissenschaft hat sich lange Zeit vornehmlich um lokale, regionale Geschichte und die Nationalgeschichte von Ländern, Staaten oder bestimmten Bevölkerungsgruppen (z. B. nationalen Minderheiten) gekümmert. Der Blick soll nun durch eine **zusätzliche Ebene** erweitert werden, die sich **zwischen lokale, regionale und nationale Geschichte einerseits und die Globalgeschichte andererseits** schieben lasse. Eine derartige transnationale Geschichtsbetrachtung ermöglicht präzise vergleichende Analysen unterschiedlicher politischer, gesellschaftlicher und kultureller Verhältnisse. Auch grenzüberschreitende Austauschprozesse, die Bildung internationaler Netzwerke oder die Entstehung von Diasporagebieten können genauer beschrieben und erklärt werden.

Transnationale Geschichtsschreibung
Der Begriff bezeichnet im weitesten Sinne die Betrachtung von Geschichte über die Grenzen einzelner Nationen/Staaten hinaus. Häufig bezieht sich der Begriff auch auf eine Geschichtsschreibung, die nicht nur auf ein Land oder auf einen Kontinent, z. B. Europa, blickt, sondern die Welt global betrachtet. Entstanden ist die transnationale Geschichtsschreibung an der Wende vom 20. zum 21. Jh. (nach dem Ende des Kalten Krieges), und zwar in Reaktion auf die veränderten Wahrnehmungen im Zeitalter der Globalisierung.

▶ M 11: Sebastian Conrad über Globalgeschichte und transnationale Geschichte

1 **Partnerarbeit/Mindmap:** Erstellen Sie in Partnerarbeit eine Mindmap zur Frage, warum sich die Deutschen in der neueren Geschichte schwer damit getan haben, ihre kollektive Identität zu bestimmen.
2 Erläutern Sie den Begriff „Sonderweg" und skizzieren Sie in einem knappen Überblick die Geschichte des „deutschen Sonderwegs".
3 **Pro-und-Kontra-Diskussion:** Sammeln Sie Pro- und Kontra-Argumente für die Verwendung der These vom „deutschen Sonderweg" bei der Analyse deutscher Geschichte.
4 Jeder Bürger der Bundesrepublik besitzt außer der deutschen auch die europäische Staatsangehörigkeit. Diskutieren Sie, was das für Sie im Alltagsleben und für Ihr politisches Handeln bedeutet.

3.1 Einführung: Identität und deutsches Selbstverständnis

Hinweise zur Arbeit mit den Materialien
Zum Einstieg können mithilfe der Bilder M 5 und M 6 Rückschlüsse auf das deutsche Selbstverständnis zweier Epochen gezogen werden. Zwei Historikertexte (M 7 und M 8) bieten anschließend einen differenzierten Überblick über die Entwicklungen des Selbstverständnisses im 19. und 20. Jahrhundert, wobei M 8 auch als Diskussionsgrundlage für aktuelle Probleme dienen kann. In einem zweiten Block (M 9 und M 10) wird die Debatte um den deutschen „Sonderweg" in den Blick genommen. Abschließend führt ein Historikertext (M 11) in das Feld der transnationalen Geschichtsschreibung ein und ein weiterer Sekundärtext (M 12) zeigt die Anwendung in Bezug auf das europäische Selbstverständnis.

Zur Vernetzung mit dem Kernmodul
In Kapitel 3.7 „Kernmodul" werden folgende Themen anhand weiterer Materialien vertieft:
– Deutungen des deutschen Selbstverständnisses: siehe M 1 bis M 3 im Kernmodul,
– deutsche Sonderwegsdebatte: siehe M 4 bis M 8 im Kernmodul
– transnationale Geschichtsschreibung: siehe M 9 und M 10 im Kernmodul

Deutungen des deutschen Selbstverständnisses

M 5 Titelblatt des Magazins „Der Spiegel" zum 60. Jahrestag der Gründung der Bundesrepublik, 2009

M 6 „Deutschland – August 1914", Gemälde von Friedrich August von Kaulbach, 1914

1 Arbeiten Sie die einzelnen Bildelemente heraus und charakterisieren Sie das (west-)deutsche Selbstverständnis um 2009.

1 Analysieren Sie das Gemälde im Hinblick auf die Eigenschaften, die der deutschen Nation in dieser Personifikation der Germania zugeschrieben werden.
Tipp: siehe S. 480.
2 Erörtern Sie auf Basis des Bildes das deutsche Selbstverständnis um 1914.
3 **Zusatzaufgabe:** siehe S. 480.

M 7 Der Historiker Thomas Nipperdey über den deutschen Nationalismus im 19. Jahrhundert (1992)

Der Nationalismus war in Europa seit 1789 und auch im von der Romantik geprägten Deutschland eine linke und progressive Bewegung gewesen, oppositionell, ja revolutionär, auf die Veränderung des Bestehenden aus, auf den Sturz der Legitimitäten und Autoritäten der Tradition. Er hatte sich gegen das fürstlich-etatistische Establishment, gegen die Konservativen, gegen die Reaktion gerichtet, er hatte die modernen Kräfte, die bürgerliche Gesellschaft, die öffentliche Meinung, ja auch das „Volk" für sich mobilisiert […]. Vor 1871 herrschten die Nicht-Nationalen, die Nationalen waren Opposition. Seit 1871 herrschten die Nationalen. Damit wurde der Nationalismus eine Macht des Bestehenden, er war nicht mehr Macht der Veränderung. Der Nationalismus wurde – schon durch die schlichte Lageveränderung – eine „rechte" Sache, war nicht mehr eine „linke". […] Kurz, die bisherigen Gegner, die Rechte, übernahmen die nationalen Ideen und Ziele und suchten sich als die Spitzen und Garanten des neuen Nationalismus zu profilieren. […]

Zur Koordinatenveränderung und zur Aufnahme des Nationalismus kamen Veränderungen in der Substanz. 1871 ist der deutsche Nationalismus nationalmonarchisch und nationaldemokratisch zugleich, das ist der erste Kompromiss der Reichsgründung. Dann verschieben sich langsam die Gewichte. Die Nationalisierung der Regierungen und des Konservatismus machte umgekehrt den Nationalismus und seine bisherigen Träger auch gouvernementaler und konservativer; teils trat die „Freiheit" hinter der „Einheit" zurück, teils wurde sie vertagt, teils drängten Sozialistenfurcht und Massenmobilisierung durch das allgemeine Wahlrecht und die Interessenverbände die Liberal-Nationalen nach rechts. Ideologisch wurden die nicht-liberalen Züge des deutschen Nationalismus betont, die Überordnung der nationalen Gemeinschaft über das Individuum, die Betonung von Ordnung, Macht und Autorität, die Wendung gegen das Naturrecht, den Westen, den Internationalismus. Sodann: Nationale Politik der national gewordenen Regierung und der konservativer werdenden Nationalen war die Militärpolitik. Die Unterstützung der militärischen Rüstung wurde in einem spezifischen Sinn zu einer „nationalen Frage". Zurückhaltung gegenüber Militärforderungen und der entsprechenden Steuerlast wurde „un-national". […]

Ebenso wichtig wie die Tendenz des siegreichen Nationalismus von 1871 gegen innere Gegner, alte und vor allem neue Feinde, ist die Wendung nach außen; der Akzent verschiebt sich von der inneren Einigung Deutschlands zur Machtstellung Deutschlands in Europa und der Welt. […] Zwar stand die Außenpolitik noch keineswegs wie in der Ära der wilhelminischen Weltpolitik im Vordergrund des öffentlichen, des nationalen täglichen Interesses, und real ging es nicht nur dem Friedenspolitiker Bismarck, sondern auch der großen Mehrheit der öffentlichen Meinung um Erhaltung und Sicherung der deutschen Machtposition, nicht um Expansion. Aber ideenpolitisch wurde die Macht jetzt stärker akzentuiert, stärker jedenfalls als Recht, Freiheit oder Wohlfahrt. Die Wendung zur Realpolitik führte in der populären Rhetorik dazu, dass man nicht primär die deutsche Innerlichkeit und Kultur, die Dichter und Denker feierte, sondern die reale Macht. Der gewonnene Krieg gegen einen äußeren neidischen Feind machte diese Wendung fast zwingend, das deutsche Schwert wurde in der Öffentlichkeit – anders als in der Diplomatie – mehr und mehr ein wesentliches Symbol der Deutschen. Darin mündeten rhetorische Überkompensationen vermeintlich früherer idealistischer Schwächen; darum war dieses Machtgetön etwas schärfer und unangenehmer als in anderen Nationen wie England und Frankreich, denen Groß- und Weltmachtstellung selbstverständlich waren. […] Freilich, die Außenpolitik Bismarcks und das Außenpolitikmonopol der Regierung zügelten noch solche Tendenzen des deutschen Nationalismus. Aber etwa in der aufflammenden Kolonialbewegung Anfang der 1880er-Jahre, in den Konkurrenzgefühlen gegenüber England kam doch auch das dynamische Potenzial des neuen Macht-Nationalismus zum Vorschein. Deutschlands Stellung in der Welt fing an, zum nationalen Thema zu werden, und verdrängte die ältere Konzentration auf das Selbstbestimmungsrecht der Nation.

Thomas Nipperdey, Deutsche Geschichte 1866–1918, Bd. 2: Machtstaat vor der Demokratie, C. H. Beck, München 1992, S. 255 ff.*

---

1 Beschreiben Sie mithilfe von M 7 die Entwicklung des Nationalismus in Deutschland.
2 Erläutern Sie, was Nipperdey mit „das dynamische Potenzial des neuen Macht-Nationalismus" (Z. 82 f.) meint.
3 Setzen Sie sich mit dem Begriff „Patriotismus" auseinander und grenzen Sie ihn von dem Begriff „Nationalismus" ab.
Tipp: siehe S. 480.

Nationalstaat Deutschland 19. Jh.
cornelsen.de/Webcodes
Code: toyibe

M8 Der Historiker Peter Brandt über die Entwicklung des deutschen Selbstverständnisses während des 20./21. Jahrhunderts (2010)

Die besondere Schwierigkeit, heute in Deutschland über das Nationale nicht allein negativ zu sprechen, besteht natürlich in der Last der NS-Vergangenheit mit ihren völkermordenden Ereignissen, ein Erbe, das nicht abzuschütteln ist. Für die große Mehrheit der Deutschen, zumindest der politisch bewussten, hat der derzeitige Bundespräsident [Horst Köhler] im israelischen Parlament festgestellt, dass die Auseinandersetzung mit der nationalsozialistischen Vergangenheit, mit dem Judenmord als destruktivem Höhepunkt, heute einen wesentlichen Bestandteil des deutschen nationalen Selbstverständnisses darstellt. Es geht um die Verantwortung, die die Bundesrepublik damit übernimmt, es geht nicht um eine kollektive Schuld der damaligen oder gar der heutigen Deutschen. [...]

Ferner: Von weit links bis ziemlich weit rechts wird die repräsentative Demokratie heute als Staatsform akzeptiert, und das hängt einerseits sicher mit dem Ende der SED-Diktatur im Osten zusammen, andererseits und vor allem aber mit einem bleibenden Ergebnis der jüngeren Geschichte: der totalen Kriegsniederlage von 1945 [...].

Als das – in den [19]50er-Jahren noch deutlich erkennbare – tradierte gesamtdeutsche Nationalbewusstsein der älteren Generation seit Mitte der [19]60er-Jahre in sich zusammenfiel, auch in seinen dezidiert demokratischen Varianten, verursacht hauptsächlich durch die schlichte Hoffnungslosigkeit des internationalen Status quo und damit der deutschen Teilung, die mit dem Bau der Berliner Mauer im August 1961 buchstäblich zementiert worden war, war damit auch die klassische nationalstaatliche Orientierung der Bundesrepublik de facto am Ende. Stattdessen entwickelte sich mit dem Orientierungswandel der späten [19]60er-Jahre in Teilen der jüngeren Intelligenz Westdeutschlands ein quasi „negativer Nationalismus". Dieser war und ist getragen von der Überzeugung, die Deutschen hätten während des 19. und 20. Jahrhunderts eine nationalistische Sonderentwicklung durchlaufen, die im „Dritten Reich" ihren Höhepunkt gefunden habe; von daher sei das Nationale, und speziell das Projekt eines Nationalstaats, in Deutschland für immer unheilbar belastet. [...]

Mein dritter Punkt ist die unbestreitbare Relativierung des Nationalstaats durch die Prozesse der Europäisierung und Globalisierung, die in erster Linie, aber nicht allein wirtschaftlich bestimmt sind. Was die Globalisierung betrifft, so gehen [...] die meisten politikwissenschaftlichen Analytiker davon aus, dass die Rolle der Staaten auch künftig keine unbedeutende sein wird [...]. [...]

Den vierten Punkt habe ich soeben schon beiläufig erwähnt. Was bedeutet die Massenzuwanderung der letzten Jahrzehnte, insbesondere aus anderen Kulturkreisen, für die Zukunft der tradierten europäischen Nationen, namentlich der deutschen? Grundsätzlich lässt sich zunächst unterstreichen, dass das deutsche Volk, wie mehr oder weniger alle Völker Europas und die meisten Völker der Welt, in ethnischer Hinsicht ein Mischvolk ist. [...]

Um meinerseits Klartext zu reden: Die Existenz und ständige Erneuerung von nicht-deutschen, gettoisierten Parallelgesellschaften, in denen soziale Ausgrenzungs- und ethnisch-kulturelle Absonderungstendenzen sich gegenseitig verstärken, scheint mir mit dem Gedeihen eines demokratischen und sozialstaatlichen Gemeinwesens, das auf Inklusion angelegt ist, nicht vereinbar. Demokratie braucht nicht nur die Akzeptanz gewisser Grundregeln und gemeinsamer politisch-weltanschaulicher Werte (wie der Menschenrechte), sondern auch ein Mindestmaß an kultureller und sozialer Homogenität, damit das Volk im politischen Sinn des Wortes, der Demos, erkennbar und handlungsfähig bleibt.

Peter Brandt, Deutsche Identität zu Beginn des 21. Jahrhunderts, 2010, zit. nach: http://www.globkult.de/ gesellschaft/ identitaeten/442-deutsche-identitaet-zu-beginn-des-21-jahrhunderts (Download vom 9. August 2020).*

1 Untersuchen Sie mithilfe des Textes von Brandt, welche Wirkungen die NS-Vergangenheit auf das Selbstverständnis der Deutschen hat.
2 Erläutern Sie die These Brandts, der Nationalstaat sei in der jüngeren Geschichte relativiert worden durch Prozesse der Europäisierung und Globalisierung sowie durch die Massenzuwanderung aus fremden Kulturen.
3 Nehmen Sie Stellung zu der These Brandts, demokratische Staatswesen wie die Bundesrepublik benötigten auch ein Mindestmaß an kultureller und sozialer Homogenität.

Die deutsche Sonderwegsdebatte

M9 Der Historiker Heinrich August Winkler über den „deutschen Sonderweg" (2000)

Hitler ist nicht durch einen Wahlsieg an die Macht gekommen. Seine Wahlerfolge in den Jahren 1930 bis 1932 bildeten aber eine Vorbedingung der Machtübertragung vom 30. Januar 1933, eines Gemeinschaftswerks von „nationalen" Massen und Machteliten. Das Machtzentrum um Hindenburg hätte, den entsprechenden Willen vorausgesetzt, die Auslieferung des Staates an Hitler verhindern können. Die Machtübertragung war also kein notwendiges Ergebnis der vorangegangenen Entwicklung. Sie war aber auch kein bloßer „Betriebsunfall". Die ostelbischen Rittergutsbesitzer, die in der späten Weimarer Republik wie keine andere gesellschaftliche Gruppe über das Privileg des Zugangs zum Machthaber, dem Reichspräsidenten von Hindenburg, verfügten und geschlossener als jede andere Elite auf eine Kanzlerschaft Hitlers drängten, waren nicht zufällig so mächtig, sondern als Ergebnis ihrer Machtbehauptung unter und durch Bismarck. [...] Der 30. Januar 1933 hat eine lange Vorgeschichte.

Deutschland war nicht das einzige Land, das nach 1929 schwer unter der Weltwirtschaftskrise litt. Eine Krise des parlamentarischen Systems erlebten in der Zwischenkriegszeit auch alte Demokratien wie Frankreich und, in geringerem Maß, England. Frankreich und England waren aber Siegermächte, was einer Mobilisierung nationalistischer Ressentiments wie im besiegten Deutschland entgegenstand. [...] Die Angst vor dem Bürgerkrieg ging nach der Oktoberrevolution der Bolschewiki von 1917 in ganz Europa um. Aber in alten Demokratien war die Bereitschaft, der Gefahr von links mit diktatorischen Mitteln entgegenzutreten, schwächer als in jungen. Was die westliche Demokratie am meisten festigte, war ihre Tradition, ihre Verwurzelung bei Massen und Eliten, oder, anders gewendet, der demokratische Grundkonsens – und der war in Deutschland hingegen so gut wie gar nicht vorhanden.

Fast alle neuen, erst nach 1918 entstandenen Demokratien Europas gingen in der Zwischenkriegszeit zu rechtsautoritären Regimen über. Als erster Staat errichtete Italien [...] eine Diktatur neuen Typs, die faschistische. Wäre das Regime Hitlers lediglich eine faschistische Diktatur nach der Art von Mussolinis Italien gewesen, gäbe es vermutlich keine Diskussion über einen „deutschen Sonderweg". Aber das „Dritte Reich" war eben nicht nur [...] der „deutsche Faschismus". Er war das Regime, das den Zweiten Weltkrieg entfesselte und für ein Jahrhundertverbrechen steht: die Ermordung der europäischen Juden. [...]

Was den Nationalsozialismus von anderen „rechten" Bewegungen abhob, war die Verbindung von radikalem Antisemitismus und Nationalismus mit einer populistischen und populären Variante von Demokratiefeindschaft. [...]

Die „Gebildeten" unter den Anhängern Hitlers faszinierte vor und nach 1933 besonders sein Traum von einem großen Deutschland – dem Großdeutschen Reich. „Großdeutsch" waren nach 1918 alle politischen Kräfte in Deutschland, von der äußersten Linken bis zur äußersten Rechten. [...]

Die historisch und theologisch gebildeten Deutschen erinnerten sich und andere gern an den alten Mythos, wonach der Antichrist nicht zur Herrschaft gelangen würde, solange das Römische Reich bestand, das im Jahr 800 mit der Kaiserkrönung Karls des Großen auf die Franken und damit auf die Deutschen übertragen worden war. Vor allem aber: Es gab nach deutschem Verständnis nur ein Reich, das deutsche. [...]

Wenn es eine tragfähige Brücke zwischen Hitler und dem gebildeten Deutschland gab, war es der Reichsmythos. In seinem Zeichen rechtfertigten deutsche Gelehrte den Anschluss Österreichs, die Errichtung des Reichsprotektorats Böhmen und Mähren, die Niederwerfung Polens, die Vorherrschaft über Nord-, West- und Südosteuropa und schließlich den Krieg gegen das bolschewistische Russland, die vermeintliche moderne Erscheinungsform des Antichrist. [...]

Es gab einen „deutschen Sonderweg". Es war der lange Weg eines tief vom Mittelalter geprägten Landes in die Moderne. [...] Der stärkste Einwand gegen die These vom „deutschen Sonderweg" lautet noch immer, dass es einen oder gar den westlichen „Normalweg" nicht gibt: Der englische war es so wenig wie der französische oder der amerikanische. Aber der Begriff „westliche Demokratien" verweist doch auf ein gemeinsames Merkmal der Staaten, von deren politischer Entwicklung sich die deutsche bis 1945 scharf abhob. Die Menschen- und Bürgerrechte in der Tradition der englischen Habeas-Corpus-Akte von 1679, der amerikanischen Unabhängigkeitserklärung von 1776 und der Erklärung der Menschen- und Bürgerrechte durch die französische Nationalversammlung am 26. August 1789 waren tief genug in der politischen Kultur der westlichen Demokratien verankert, um Verstöße gegen dieselben zum öffentlichen Skandal zu machen und den Kampf um ihre weitere Verwirklichung voranzutreiben. Diese Tradition fehlte in Deutschland nicht, aber sie war schwächer als die des langlebigen Obrigkeitsstaates.

Heinrich August Winkler, Der lange Weg nach Westen, Zweiter Band: Deutsche Geschichte vom „Dritten Reich" bis zur Wiedervereinigung, C. H. Beck, München 2000, S. 643 ff.*

1 Fassen Sie die zentralen Argumente zusammen für die These, dass es einen „deutschen Sonderweg" gegeben habe.

2 Nennen Sie die entscheidenden Gründe dafür, dass die westlichen Demokratien den deutschen Weg in die Diktatur nicht beschritten.

M 10 Karikatur zur deutschen Wiedervereinigung von Nicholas Garland (Großbritannien), 1994

1 Interpretieren Sie die Karikatur.
   Tipp: siehe S. 480.

Transnationale Geschichtsschreibung

M 11 Der Historiker Sebastian Conrad über transnationale Geschichte (2013)

Während der Begriff der Weltgeschichte meist eine Makroperspektive impliziert, zielt transnationale Geschichte auf Phänomene, die räumlich deutlich beschränkter sind – und für die der Begriff der Global-
5 geschichte auch anmaßend wirken könnte. Ganz allgemein formuliert geht es bei transnationaler Geschichte darum, Gesellschaften in ihren grenzüberschreitenden Verflechtungsbeziehungen zu untersuchen. Inwiefern war gesellschaftliche Dynamik
10 geprägt durch Prozesse, welche die Grenzen der jeweiligen Gesellschaften transzendierten? Auch hier handelt es sich in erster Linie um einen heuristischen Zugriff, nicht um eine Methode. Er bringt es mit sich, dass der Rolle von Mobilität, von Zirkulation und
15 Transfers besonderes Augenmerk geschenkt wird. Von der Geschichte internationaler Beziehungen unterscheidet sich der Ansatz dadurch, dass nicht nur die Außenbeziehungen von Ländern thematisiert werden, etwa die Diplomatie oder der Außenhandel,
20 sondern dass danach gefragt wird, inwiefern externe Kräfte in die Gesellschaft hineinreichten und sie prägten. Darüber hinaus geraten transnationale Organisationen und Akteure – NGOs, Unternehmen, transnationale Öffentlichkeiten – in den Blick.
25 In der Praxis sind die Beziehungen zwischen transnationalen und globalen Perspektiven sehr eng. Wer gleichwohl an einer Feindifferenzierung interessiert ist, würde darauf verweisen, dass sich viele Untersuchungen zur transnationalen Geschichte auf Aus-
30 tauschprozesse zwischen zwei Gesellschaften konzentrieren. Diese bilaterale Struktur führt bisweilen dazu, dass darüber hinausreichende (globale) Zusammenhänge nicht in den Blick kommen; [...] Eine andere Kritik richtet sich auf die konzeptionelle
35 Rückbindung an die Nation. Ohne analytische Sensibilität für die große Prägekraft des Nationalstaats in vielen Bereichen historischer Wirklichkeit, so das Argument, erscheint auch eine transnationale Perspektive wenig sinnvoll. Doch wird, so lautet die Gegenposition, dadurch nicht an genau jener Einheit
40 festgehalten, die eigentlich überwunden werden soll? Darüber hinaus würde ein solcher Zugriff transnationale Perspektiven auf die Frühe Neuzeit, vor der Gründung von Nationalstaaten schon terminologisch unmöglich machen. Und schließlich: Auch in
45 der modernen Welt waren Nationalstaaten lange Zeit eine Ausnahmeerscheinung – selbst Frankreich, für viele geradezu Inkarnation eines modernen Nationalstaats, war bis 1962 ein Imperium. Eine zu enge Auslegung des Begriffs „transnational" würde ihn
50 also fast unbrauchbar machen – und ihm, angesichts der späten Nationalstaatsbildung in vielen Teilen der Welt, zugleich eine eurozentrische Schieflage geben. [...] Es ist daher sinnvoll, mit transnational nicht nur auf einen Gegenstandsbereich oder spezifischen his-
55 torischen Kontext (das Vorhandensein moderner Nationalstaaten) zu verweisen, sondern auch eine methodische Aussage zu machen: Es geht dann darum, den herkömmlichen nationalstaatlich (oder eben imperial) formatierten Untersuchungsrahmen zu
60 überschreiten, und das heißt methodisch: über im Kern internalistische Analysen hinauszugehen.

Sebastian Conrad, Globalgeschichte. Eine Einführung, C. H. Beck, München 2013, S. 16 f.*

1 Arbeiten Sie auf der Basis von M 11 Unterschiede und Gemeinsamkeiten von „transnationaler Geschichte" und „Globalgeschichte" heraus.
2 **Wahlaufgabe:** Bearbeiten Sie entweder a) oder b).
   a) **Lexikonartikel:** Verfassen Sie einen Lexikonartikel zu dem Begriff „transnationale Geschichte".
   b) **Essay:** Analysieren Sie in einem Essay die Vorteile transnationaler Geschichtsschreibung.
3 **Zusatzaufgabe:** siehe S. 481.

M 12 Der Historiker Hartmut Kaelble über das europäische Selbstverständnis im 19. und 20. Jahrhundert (2002)

Transnationale Identitäten wie das europäische Selbstverständnis sind nicht einfach nationale Identitäten mit weiterer geographischer Reichweite. [...] Sowohl nationale als auch europäische Identitäten
5 sind in gleicher Weise Identifizierungen mit kollektiven Gemeinschaften, deren Angehörige sich nur zu einem winzigen Bruchteil kennen und die deshalb über Symbole, Mythen, Riten, Debatten erfahren werden. [...]
10 Das moderne europäische Selbstverständnis entstand nicht im militärischen Konflikt gegen eine hegemoniale Vormacht, als militärischer Widerstand und in einem militärischen Befreiungskampf wie die italienische Identität im Kampf gegen die Habsbur-
15 ger Monarchie, die deutsche Identität in den Kriegen gegen die Napoleonische Vorherrschaft oder die Identität der USA in der amerikanischen Revolution gegen das britische Empire. Ganz im Gegenteil entstand das moderne europäische Selbstverständnis
20 gegen die Weltkriege und zu Vermeidung weiterer Kriege unter Europäern. Daher hat das europäische Selbstverständnis keinen militärischen Gründungsmythos wie viele heutige oder frühere Identitäten in und außerhalb Europas. Das moderne europäische
25 Selbstverständnis identifizierte sich seit seiner Entstehung in der Zwischenkriegszeit meist, wenn auch nicht immer, stärker als nationale Identitäten mit politischen Zielen wie Demokratie, Friedenssicherung, wirtschaftlichen Wohlstand, innere Sicherheit, aber
30 auch mit hoher Kultur, mit europäischer Dichtung, Malerei, Musik, Architektur, Stadtkultur. [...]
Das europäische Selbstverständnis unterschied sich nicht nur von nationalen Identitäten. Es gab auch zu keiner Epoche des 19. oder 20. Jahrhunderts ein einzi-
35 ges einheitliches europäisches Selbstverständnis. [...] Eine erste Art des Selbstverständnisses bestand aus dem Gefühl der dauerhaften, kaum veränderbaren und umfassenden, europäischen Überlegenheit über alle anderen Zivilisationen und Gesellschaften der
40 Welt. Diese Überlegenheit wurde als umfassende, wirtschaftliche wie militärische, politische wie kulturelle und wissenschaftliche Überlegenheit Europas über die ganze Welt angesehen. [...]
Eine zweite Art des europäischen Selbstverständnis-
45 ses drehte sich um die Bedrohtheit Europas. Sie beruhte nicht auf einem Gefühl der Überlegenheit, sondern Unterlegenheit, auf der Angst vor einer kulturellen oder wirtschaftlichen oder politischen Suprematie anderer Zivilisationen über Europa, vor
50 allem vor der Suprematie der USA, manchmal auch der UdSSR. Dieses Selbstverständnis war meist eine antagonistische[1] Identität, ging davon aus, dass sich Zivilisationen und Nationen von Natur aus in einem erbarmungslosen Kampf aller gegen alle befanden. Ein wichtiges Kennzeichen dieses Selbstverständnis-
55 ses war daher einerseits die starke Solidarität mit anderen Europäern, andererseits die massiven gewollten, seltsamerweise oft als edel und zivilisiert eingeschätzten Hassgefühle auf die angeblich bedrohenden Zivilisationen. [...]
60 Insgesamt wäre es illusionär, diese verschiedenen Arten des europäischen Selbstverständnisses durchweg als bessere Alternativen zu den nationalen Identitäten in Europa anzusehen. Das europäische Selbstverständnis wurde zwar im 19. und 20. Jahrhundert sel-
65 ten zur ideologischen Grundlage für Krieg oder Völkermord in Europa ausgenutzt und missbraucht, aber das Überlegenheitsgefühl hatte in den europäischen Kolonialreichen seine Folgen.

Hartmut Kaelble, Das europäische Selbstverständnis und die europäische Öffentlichkeit im 19. und 20. Jahrhundert, in: Hartmut Kaelble/Martin Kirsch/Alexander Schmidt-Gernig (Hg.), Transnationale Öffentlichkeiten und Identitäten im 20. Jahrhundert, Campus Verlag, Frankfurt/Main 2002, S. 88–92, 94.*

1 *antagonistisch:* gegensätzlich, widerstreitend

1 Arbeiten Sie die Differenzierung Kaelbles zwischen dem europäischen Selbstverständnis des 19. und 20. Jahrhunderts und den nationalen Identitäten in Europa heraus.
2 Erläutern Sie auf Grundlage von M 12 das moderne europäische Selbstverständnis.
Tipp: Beachten Sie hierzu auch die Wertvorstellungen der EU. (https://europa.eu/european-union/about-eu/eu-in-brief_de)
3 Beurteilen Sie auf Grundlage Ihrer Recherche und M 12, inwiefern es ein einheitliches europäisches Selbstverständnis geben kann.
4 **Vertiefung:** Der Nationalismus lebt in vielen Ländern seit den 2010er-Jahren wieder auf. Vergleichen Sie den Nationalismus um 1900 mit den nationalistischen Entwicklungen der Gegenwart.

3.2 Gründung: Politische Ideen und Träger der Weimarer Republik

M1 Die Weimarer Nationalversammlung (am Rednerpult Friedrich Ebert), Schulwandbild, um 1950/60

1871 | Reichsverfassung: konstitutionelle Monarchie, allgemeines Wahlrecht

1888 | Wilhelm II. Kaiser

1870 — 1880 — 1890 — 1900

1871–1918 Deutsches Kaiserreich

Gründung: Politische Ideen und Träger der Weimarer Republik 3.2

Der Erste Weltkrieg endete in Deutschland mit der Revolution im November 1918, die den Obrigkeitsstaat des Kaiserreiches beseitigte und eine demokratische Republik schuf. Diese erste deutsche Demokratie scheiterte jedoch bereits am 30. Januar 1933 mit der „Machtergreifung" der Nationalsozialisten. Weil die Folgen der nationalsozialis-
5 tischen Herrschaft so grauenvoll und umstürzend waren, haben Zeitgenossen und Historiker immer wieder zu erklären versucht, warum es in weniger als 15 Jahren zur Zerstörung der Demokratie in Deutschland kommen konnte. Zwar bleibt die Frage nach den Ursachen des Scheiterns der Weimarer Republik ein zentraler Forschungsschwerpunkt, doch darf dies nicht
10 den Blick verstellen für die Leistungen der Weimarer Republik. Hierzu gehört die Gründung der ersten Demokratie in Deutschland.
Die Weimarer Demokratie entstand in unruhigen Zeiten. Nach der deutschen Niederlage im Ersten Weltkrieg mussten die Soldaten wieder in das gesellschaftliche Leben eingegliedert werden. Es
15 herrschten wirtschaftliche Not und Verunsicherung. Außerdem musste geklärt werden, welche Staats- und Gesellschaftsordnung Deutschland erhalten sollte. Zur Debatte standen zwei Hauptmodelle: Sollte das sozialistische Rätesystem der Revolution oder eine demokratische Republik Staat und Politik Deutschlands in Zukunft
20 bestimmen? Nach heftigen Auseinandersetzungen entschied sich die Weimarer Nationalversammlung für eine demokratische Ordnung. Sozialdemokraten, Katholiken und Liberale, die drei Viertel der Wählerstimmen auf sich vereinten, hatten sich auf einen Grundkonsens verständigt: Die junge Republik sollte auf den Grundprinzi-
25 pien der parlamentarischen Ordnung und des Sozialstaats beruhen.

M2 „November 1918", Karikatur von Wilhelm Schulz, Titelbild des „Simplicissimus", 3. Dezember 1918

1 **Begriffscluster:** Reaktivieren Sie Ihr Vorwissen, indem Sie ein Begriffscluster zum Thema „Kriegsniederlage, Revolution, Nationalversammlung und Weimarer Demokratie" erstellen. Berücksichtigen Sie dabei alle Begriffe und Assoziationen, die Ihnen hierfür von Bedeutung erscheinen.
2 Analysieren Sie die Bilder M 1 und M 2:
   a) Bestimmen Sie die Bildelemente und die Aussagen.
   b) Erläutern Sie die Bedeutung der Bilder. Berücksichtigen Sie dabei deren Entstehungszeit.
3 **Partnerarbeit:** Formulieren Sie – ausgehend vom Text und den beiden Bildern – gemeinsam Fragen zur Gründungsphase der Weimarer Republik.
4 **Vertiefung:** Diskutieren Sie, ob man die Zeit der Weimarer Republik aus der Perspektive ihres Endes analysieren sollte.

1918 | Ende der Monarchie in Deutschland, Ausrufung der Republik in Deutschland (9.11.)
1918/19 | Novemberrevolution
1919 | Gründung der KPD (1.1.),
Straßenkämpfe in Berlin („Spartakusaufstand") (5.–11.1.),
Freikorps ermorden Rosa Luxemburg und Karl Liebknecht (15.1.),
Wahlen zur Nationalversammlung (19.1.),
Eröffnung der Nationalversammlung in Weimar (6.2.),
Wahl Friedrich Eberts zum Reichspräsidenten (11.2.),
Kabinett Scheidemann (Weimarer Koalition: SPD, DDP, Zentrum) (13.2.),
Unterzeichnung des Versailler Vertrages (28.6.),
Weimarer Reichsverfassung in Kraft (11.8.)
1920 | Gründung der NSDAP (Umbenennung der DAP)

1910   1920
1919–1923 Krisenjahre der Weimarer Republik   1924–1929 „Goldene Zwanziger"
1914–1918 Erster Weltkrieg

3.2 Gründung: Politische Ideen und Träger der Weimarer Republik

In diesem Kapitel geht es um
- *die Novemberrevolution von 1918/19,*
- *Kontroversen und Kompromisse der Weimarer Reichsverfassung,*
- *die Träger und Gegner der Weimarer Republik.*

Kriegsniederlage und demokratische Reformen

Die erste deutsche Demokratie entstand in einer schwierigen Situation, in der sich Kriegsende und Revolution überlagerten. Der Erste Weltkrieg endete für das Deutsche Reich mit einer Niederlage, die mit der Unterzeichnung des **Waffenstillstandes** am 11. November 1918 besiegelt wurde. Alle Hoffnungen der Deutschen richteten sich damals auf den amerikanischen Präsidenten Woodrow Wilson, der mit den von ihm verkündeten **„14 Punkten"*** ein liberales Friedensprogramm und damit einen milden Frieden versprach. Eine Voraussetzung dafür war die Demokratisierung des Wilhelminischen Reiches. Diese Forderung erfüllte Wilhelm II., indem er den liberalen Prinzen Max von Baden zum Reichskanzler ernannte. Dieser bildete die erste parlamentarische Regierung des Kaiserreiches, der Abgeordnete der Mehrheitssozialdemokratie (MSPD), des Zentrums und der Fortschrittspartei angehörten. Die **„Oktoberreformen"** vom 28. Oktober sicherten den **Übergang von der konstitutionellen zur parlamentarischen Monarchie** verfassungsrechtlich ab. Reichskanzler und Reichsregierung bedurften nunmehr des Vertrauens des Reichstages und nicht mehr des Kaisers, der auch die Kommandogewalt über das Militär verlor. Sie lag nun in den Händen eines Ministers, Reichstag und Bundesrat mussten seitdem Kriegserklärungen und Friedensschlüssen zustimmen.

Novemberrevolution: Räterepublik oder parlamentarische Demokratie?

Die parlamentarische Monarchie endete mit dem Ausbruch der Revolution. An ihrem Beginn standen Befehlsverweigerungen der Matrosen einiger Geschwader der Hochseeflotte, die sich gegen den Befehl der Admiralität vom 29. Oktober 1918 auflehnten, mit der Flotte auszulaufen und in einem letzten Gefecht ruhmreich und ehrenvoll unterzugehen. Mit ihnen solidarisierten sich Arbeiter und Soldaten aus Kiel am 3. November. Von Kiel ausgehend erfassten die Aufstände binnen weniger Tage das gesamte Reichsgebiet. Die mit der Bekämpfung der Aufstände beauftragten Militär- und Polizeieinheiten kapitulierten weitgehend widerstandslos oder liefen zu den Aufständischen über, **Arbeiter- und Soldatenräte*** übernahmen in den meisten Städten die Macht. Die kriegsmüde Bevölkerung verlangte auf Massendemonstrationen den sofortigen Frieden und die Abdankung des Kaisers. Am 9. November verkündete Reichskanzler Max von Baden eigenmächtig die Abdankung des Kaisers und übergab das Amt des Reichskanzlers an den Vorsitzenden der MSPD Friedrich Ebert, der mit der Führungsspitze seiner Partei die Regierungsgeschäfte übernahm. Die Sozialdemokraten hofften, kraft ihrer Regierungsämter die Revolution besser zähmen zu können. Als der Sozialdemokrat Philipp Scheidemann am frühen Nachmittag des 9. November von einem Balkon des Reichstages die Gründung der „Deutschen Republik" bekannt gab, kritisierte Ebert diesen Schritt. Doch die Dramatik der Ereignisse ließ keine langwierigen innerparteilichen Abstimmungen zu. Kurz nach Scheidemann verkündete der Spartakistenführer Karl Liebknecht vor dem Berliner Schloss die „Freie Sozialistische Republik Deutschland".

14-Punkte-Programm
Das Programm enthielt konkrete Vorschläge zu Grenzen, Autonomie von Nationalstaaten, Schifffahrt, Freihandel und Rüstung. Das Selbstbestimmungsrecht der Völker sollte Grundlage der Friedensordnung sein.

M1 Revolutionäre Matrosen und Soldaten in Berlin, 1918

Rätesystem
Form der direkten Demokratie, bei der alle Menschen in den jeweiligen Basiseinheiten Räte als ihre Vertreter wählen, die ihnen direkt verantwortlich und jederzeit abwählbar sind. Im Gegensatz zum repräsentativen System, der parlamentarischen Demokratie, gibt es keine Gewaltenteilung, sodass die Räte gesetzgeberische, ausführende und Recht sprechende Kompetenzen besitzen.

▶ M7–M9: Novemberrevolution

Während die MSPD unter Führung von Ebert alle Energie darauf konzentrierte, eine parlamentarische Demokratie durchzusetzen, kämpfte der linke Flügel der Unabhängigen Sozialdemokraten (USPD) für eine Fortsetzung der Revolution. Der bis zum 18. Dezember 1918 mit der USPD organisatorisch verbundene Spartakusbund und die so-
25 genannten Revolutionären Obleute setzten sich außerdem für eine sozialistische Räterepublik nach sowjetischem Vorbild ein. Um diese Pläne abzuwehren, legte Ebert das Reichskanzleramt nieder und bildete mit dem gemäßigten Flügel der USPD am 10. November eine neue Regierung. Dieser sogenannte **Rat der Volksbeauftragten** wurde am gleichen Tag von 3000 Delegierten der Berliner Arbeiter und Soldaten anerkannt. Die
30 entscheidenden Weichen für die politische Zukunft Deutschlands stellte der 1. Rätekongress, der vom 16. bis 20. Dezember in Berlin tagte. Alle deutschen Arbeiter- und Soldatenräte hatten Vertreter geschickt. Mit überwältigender Mehrheit lehnte der Kongress den Antrag ab, das Rätesystem zur „Grundlage der Verfassung der sozialistischen Republik" zu erklären. Über die Neuordnung sollte eine aus allgemeinen Wahlen hervorgegangene Nationalversammlung entscheiden.
35

Politische Herausforderungen für den „Rat der Volksbeauftragten"
– Rückführung der Armee
– Vorbereitung der Friedensverhandlungen
– Lebensmittelversorgung
– Kriegsopferversorgung
– Anpassung der Wirtschaft (Frieden)
– Erhalt der inneren Ordnung
– Erhalt der Reichseinheit

M2 „Rat der Volksbeauftragten"/Gründung der Republik, Postkarte, 1919.

Die Porträts der Mitglieder im „Rat der Volksbeauftragen" umrahmen die Ausrufung der Republik durch Scheidemann. Die Szene wurde für dieses Bild wohl nachgestellt, da es keine Fotografien vom Ereignis gibt. Die Spaltung der provisorischen Regierung ist sichtbar, indem links die Vertreter der USPD und rechts die der MSPD gezeigt werden (oben rechts: Friedrich Ebert, Mitte rechts: Philipp Scheidemann).

Am 28. Dezember traten die Vertreter der USPD aus dem Rat der Volksbeauftragten aus. Damit protestierten sie gegen den Militäreinsatz, den Ebert bei Auseinandersetzungen mit Arbeitern im Dezember 1918 angeordnet hatte. Außerdem wollte der linke Flügel der USPD die revolutionäre Umgestaltung von Staat und Gesellschaft vorantrei-
40 ben. Die Zusammenarbeit der MSPD mit den traditionellen Eliten in Armee, Bürokratie und Wirtschaft lehnte die USPD-Linke ab. Im Januar 1919 schloss sich der radikal-sozialistische Spartakusbund mit den „Bremer Linksradikalen" zur Kommunistischen Partei Deutschlands (KPD) zusammen. Gemeinsam mit den Revolutionären Obleuten entfachte die KPD in Berlin zwischen dem 5. und 12. Januar den sogenannten Januar- oder
45 **Spartakusaufstand**, der ebenso wie die Streiks und Aufstände im Frühjahr 1919 in verschiedenen Teilen Deutschlands durch Regierungstruppen niedergeschlagen wurde. Zu diesen Einheiten der Reichswehr zählten auch Freikorps*, die ehemalige Offiziere aus eigener Initiative gegründet hatten. Es waren auch Freikorpssoldaten, die am 15. Januar 1919 die Spartakusführer Karl Liebknecht und Rosa Luxemburg ermordeten. Die Morde
50 vertieften die Spaltung der sozialistischen Arbeiterbewegung in eine staatsbejahendparlamentarische (MSPD) und eine radikale gewaltbereite Richtung (USPD).

Freikorps
In diesen bewaffneten Gruppen kamen überwiegend Anhänger nationalistischer, völkischer und antisemitischer Überzeugungen zusammen. Viele waren ehemalige Frontsoldaten. Die Regierung setzte sie zur Bekämpfung der Aufstände ein.

Nationalversammlung und Übergangsregierung

M3 Reichspräsident Friedrich Ebert (1871–1925), Fotografie, 1919

Mit der Wahl zur **Nationalversammlung** am 19. Januar 1919 war die Revolution beendet. Nicht im politisch unruhigen Berlin, sondern in Weimar wurde die Nationalversammlung am 6. Februar eröffnet. Sie wählte am 11. Februar Friedrich Ebert zum Reichspräsidenten, der noch am gleichen Tag den SPD-Abgeordneten Philipp Scheidemann zum Ministerpräsidenten einer Übergangsregierung ernannte und mit der Bildung eines Kabinetts beauftragte. Die am 13. Februar ernannte Reichsregierung war eine Koalitionsregierung aus Mehrheitssozialdemokraten (MSPD), der liberalen Deutschen Demokratischen Partei (DDP) und der katholischen Zentrumspartei. Diese Parteien bildeten die sogenannte **Weimarer Koalition.**

Die zentrale Aufgabe der Nationalversammlung bestand darin, eine dauerhafte politische Ordnung zu etablieren und den inneren Frieden wiederherzustellen. Doch die Abgeordneten besaßen keine verbindliche Staatsidee. Konflikte prägten die leidenschaftlichen Debatten der Verfassungsberatungen. Das Meinungsspektrum reichte von der Rückkehr zur Monarchie bis zur Absicherung der Räteherrschaft. Auch die gesellschaftspolitischen Vorstellungen lagen weit auseinander. Daher entstand **keine in sich geschlossene, widerspruchsfreie Verfassung,** sondern es mussten **Kompromisse** gefunden werden. Hinzu kam, dass die einzelnen Verfassungsbestimmungen nicht vor Veränderungen geschützt werden konnten. Mit den erforderlichen Mehrheiten konnte die Republik wieder in eine Monarchie verwandelt, der Parlamentarismus beseitigt und überdies jedes Grundrecht aufgehoben werden.

Weimarer Verfassung: Kontroversen und Kompromisse

▶ M 16: Auszug aus der Weimarer Reichsverfassung

Die Weimarer Reichsverfassung wurde am 31. Juli 1919 verabschiedet und am 11. August von Reichspräsident Friedrich Ebert unterzeichnet. Mit den **Verfassungsprinzipien** Volkssouveränität, Grundrechte und Gewaltenteilung war in der Weimarer Reichsverfassung ein Höchstmaß an demokratischen Rechten verankert. Deutschland war nunmehr eine **Republik** (Art. 1) und bestätigte damit die Ergebnisse der Novemberrevolution von 1918, die die jahrhundertelange monarchische Tradition in der deutschen Geschichte beendet hatte. Die Verfassung verknüpfte allerdings unterschiedliche demokratische Vorstellungen miteinander. Sie vereinigte Elemente der **präsidialen, repräsentativen** und **plebiszitären Demokratie.** Die Debatten um die genaue Ausgestaltung der Verfassung waren kontrovers.

Kontroverse 1: Der Reichspräsident

Der **Reichspräsident,** der in der Weimarer Republik über eine herausgehobene Stellung verfügte, wurde nicht von einem parlamentarischen Gremium berufen, sondern direkt vom Volk gewählt. Diese demokratische Legitimation durch Volkswahl sicherte ihm eine vom Parlament unabhängige Position. Die Amtszeit betrug sieben Jahre, der Präsident konnte unbegrenzt wiedergewählt werden und besaß weitreichende Befugnisse:

▶ M 12–M 14: Reichstagsdebatte über die Rolle des Reichspräsidenten

Er konnte das Parlament jederzeit auflösen, ohne Rücksprache mit dem Parlament den Reichskanzler ernennen und dem Volk Gesetze des Reichstages zur Abstimmung vorlegen. Außerdem standen dem Präsidenten die Ausnahmebefugnisse des **Artikels 48** der Weimarer Reichsverfassung zu. Bei einer erheblichen Störung oder Gefährdung der öffentlichen Sicherheit und Ordnung durfte er bestimmte **Grundrechte** außer Kraft setzen, **Notverordnungen** mit Gesetzeskraft erlassen und mit militärischer Gewalt einschreiten (sogenannte Diktaturgewalt).

Obwohl die Nationalversammlung eine übermäßige Machtkonzentration bei einem Staatsorgan verhindern wollte, verschaffte die Weimarer Reichsverfassung dem Reichspräsidenten eine überlegene Stellung. Bereits die Zeitgenossen bezeichneten ihn je nach politischer Einstellung zustimmend oder polemisch als „Ersatzkaiser". Dennoch

▶ M 15: Karikatur

waren bei der Ausgestaltung des Reichspräsidentenamts weniger rückwärtsgewandte Sehnsüchte als vielmehr die Grundsätze der Gewaltenteilung und Machtbalance ausschlaggebend. Die mächtige Position des Reichspräsidenten erklärt sich auch aus dem Misstrauen, das die Mehrheit der Abgeordneten in der Nationalversammlung gegenüber Demokratie, Parteien und Parlament hegte (**Antiparlamentarismus**). Dem Parlament dürfe nicht die gesamte Macht anvertraut werden, wolle man eine Entmündigung des Volkes bzw. einen „Parlamentsabsolutismus" verhindern, argumentierten viele Mitglieder dieses Gremiums und auch namhafte Staatsrechtler.

Kontroverse 2: Der Reichstag

Ein Teil der Weimarer Nationalversammlung wollte Parlamentsallmacht und Parteienherrschaft verhindern. Im Vergleich zum Deutschen Kaiserreich stärkte die Verfassung dennoch die Stellung des Parlamentes, das für vier Jahre nach dem Verhältniswahlrecht gewählt werden sollte. Der Reichstag war nun die zentrale Institution bei der Gesetzgebung – bei ihm lag das Recht zur Gesetzesinitiative –, er entschied über Krieg und Frieden. Zwar sah die Verfassung keine parlamentarische Regierungsbildung vor, denn Reichskanzler und Reichsregierung wurden vom Reichspräsidenten ernannt und kontrolliert. Wohl aber konnte der Reichstag den Reichskanzler und die Reichsminister durch ein Misstrauensvotum zum Rücktritt zwingen bzw. stürzen. Der Verfassungshistoriker Hans Boldt hat die Stellung des Reichstages einmal so beschrieben: „Die Reichsverfassung sah […] zwar keine parlamentarische Regierungsbildung, wohl aber den parlamentarischen Regierungssturz vor." Die Macht des Reichstages war zusätzlich durch die Aufnahme **plebiszitärer Elemente** in die Verfassung eingeschränkt. Durch Volksentscheide und Volksbegehren konnte die Bevölkerung direkt in den Gesetzgebungsprozess eingreifen. Dabei waren jedoch hohe Hürden zu überwinden. So musste mindestens ein Zehntel der Stimmberechtigten ein Volksbegehren unterstützen.

M 4 Karikatur „Das preußische Abgeordnetenhaus" aus dem Simplicissimus 9. Jg., 1904.

Unter der Karikatur steht: „Jeder Kretin darf heute in den Reichstag wählen."

Kontroverse 3: Föderalismus versus Zentralismus

Das Verhältnis von Reich und Ländern wurde nach heftigen Kontroversen in der Nationalversammlung zugunsten der Zentralmacht geregelt. Die Befürworter des Einheitsstaates, besonders Abgeordnete der SPD und der DDP, setzten sich bei der Kompetenzverteilung weitgehend durch. Deutschland blieb ein Bundesstaat, in dem die Länder durch den **Reichsrat** (den Bundesrat der Kaiserzeit) an der Gesetzgebung mitwirkten. Im Vergleich zur Kaiserzeit verlor die Länderkammer jedoch an Bedeutung: Der Reichsrat wirkte nur beratend an Gesetzen mit und hatte lediglich ein aufschiebendes Vetorecht. Das wurde betont durch den Grundsatz „Reichsrecht bricht Länderrecht". Bei einem Konflikt zwischen Reich und Ländern hatte die Reichsregierung das Recht, mit Gewalt in den Ländern einzugreifen (Reichsexekution). Allerdings konnten sich die Länder gegen eine geforderte Neugliederung des Reiches, z. B. eine Auflösung Preußens, erfolgreich wehren.

Kontroverse 4: Grundrechte

In Anlehnung an die Paulskirchenverfassung von 1849 erhielt die Weimarer Verfassung einen umfangreichen **Grundrechtekatalog.** Dieser umfasste nicht nur die traditionellen Menschen- und Bürgerrechte (z. B. Freiheit der Person, Rechtsgleichheit, Recht auf freie Meinungsäußerung, Glaubens- und Gewissensfreiheit), sondern auch soziale Grundrechte und Grundpflichten (z. B. Schutz des Staates für Familie, Ehe und Mutterschaft, Schutz der Jugend vor Ausbeutung und Verwahrlosung, Recht auf Arbeit), in denen der Einfluss der Arbeiter- und Rätebewegung deutlich wird. Die Freiheitsgarantien wurden unter sozialen Vorbehalt gestellt, neben die Leitidee des freiheitlichen Rechtsstaats trat das Ideal des Sozialstaats. Anders als heute in der Bundesrepublik Deutschland konnten die Grundrechte in der Weimarer Republik nicht als unmittelbar geltendes Recht eingeklagt werden.

M 5 Schaubild der Weimarer Reichsverfassung von 1919

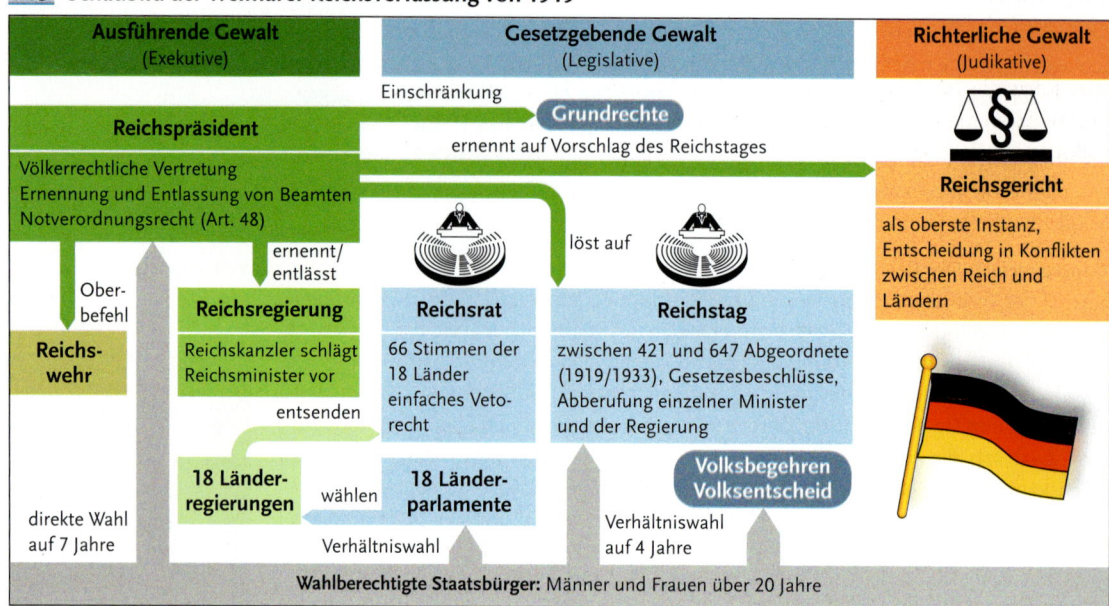

Geschichtswissenschaftler betonen häufig den Kompromisscharakter der Weimarer Verfassung: Sie sei eine **„Verfassung ohne Entscheidung"** (Otto Kirchheimer), ein „System politischer und sozialer Kompromisse, welche die gemäßigte Arbeiterbewegung und die demokratischen Teile des Bürgertums eingegangen waren. Sie sei daher in vielen Punkten unentschieden, damit aber auch offen für eine zukünftige Weiterentwicklung" (Eberhard Kolb). Bei den Diskussionen, welchen Anteil die Verfassung am Scheitern der Weimarer Republik besitzt, stehen zwei als **„Konstruktionsfehler"** beurteilte Aspekte im Mittelpunkt: der Gegensatz von Parlamentsdemokratie und Präsidentenmacht sowie der Artikel 48. Kritiker der These von der „Fehlkonstruktion" verweisen dagegen auf den bewussten **Missbrauch der Verfassung** durch Politiker und Parteien in der Endphase der Weimarer Republik.

Parteien: Träger und Gegner der Republik

▶ M 17: Andreas Wirsching über den Weimarer Parteienstaat

Die Weimarer Republik war ein Parteienstaat, obwohl die Verfassung die Aufgaben der Parteien nicht festlegte – im Gegensatz zum Grundgesetz der Bundesrepublik Deutschland, das ihnen die Mitwirkung an der politischen Willensbildung zuweist. Die Parteien mobilisierten die Wähler, vermittelten zwischen den Bürgern und politischen Institutionen und wirkten über ihre Abgeordneten im Reichstag am politischen Entscheidungsprozess mit. Welche gesellschaftlichen Interessen und politischen Ziele vertraten die Parteien in der Weimarer Republik?
MSPD und **USPD** blieben die klassischen Arbeiterparteien, die ihre Mitglieder und Wähler vorwiegend aus den städtischen Industriegebieten rekrutierten. Während die Mehrheitssozialdemokraten für eine parlamentarische Republik und soziale Demokratie eintraten, verfolgten die Unabhängigen Sozialdemokraten eine marxistisch-revolutionäre Politik mit dem Ziel einer radikalen sozialistischen Umgestaltung von Staat und Gesellschaft. Auch die am 1. Januar 1919 gegründete Kommunistische Partei (**KPD**) verstand sich als Arbeiterpartei, geriet aber immer stärker in Abhängigkeit von der Sowjetunion, deren kommunistisch-diktatorische Herrschaftsordnung und deren planwirtschaftliches Wirtschaftssystem sie in Deutschland durchsetzen wollte.

Das protestantische Besitz- und Bildungsbürgertum vertraten die beiden liberalen Parteien. Die linksliberale **Deutsche Demokratische Partei (DDP)** bekannte sich zur Weimarer Demokratie. Sie empfahl sich als Partner der SPD, gleichzeitig wollte sie aber liberales Korrektiv zur SPD sein und eine sozialistische Mehrheit verhindern. Der von Gustav Stresemann gegründeten Konkurrenzpartei, der rechtsliberalen **Deutschen Volkspartei (DVP),** gehörten überwiegend Anhänger der alten Nationalliberalen Partei an. Trotz Vorbehalten gegenüber der Republik akzeptierten sie den neuen demokratischen Staat und betrieben eine betont nationale Politik. Das **Zentrum** und seine bayerische Abspaltung, die Bayerische Volkspartei **(BVP),** repräsentierten die katholische Bevölkerung und setzten sich besonders für den Schutz der Kirche, ihrer Rechte und ihrer Schulaufsicht ein.

M 6 Bretterzaun mit SPD-Wahlplakaten zur Wahl der Nationalversammlung, Fotografie, Januar 1919.

Die Parteien warben 1919 mithilfe von Plakaten intensiv um Wählerstimmen. Auf dem Foto betrachten Passanten Plakate der SPD und Kinder beobachten die Plakatierer, die gerade ein Wahlplakat der DVP überkleben.

Auf der politischen Rechten entstand die **Deutschnationale Volkspartei (DNVP).** Dieser Partei des protestantischen und agrarischen Konservativismus schlossen sich auch Mitglieder antisemitischer und völkischer Vereinigungen sowie rechtsstehende Kreise aus dem Bürgertum an. Aber auch Teile der kirchentreuen evangelischen Arbeiterschaft unterstützten diese republikfeindliche Kraft, die betont nationalistisch und militaristisch gesinnt war und die Interessen der Großagrarier und der Schwerindustrie vertrat. Zur extremen politischen Rechten gehörte die 1919 gegründete **Deutsche Arbeiterpartei** (DAP), die 1920 in Nationalsozialistische Deutsche Arbeiterpartei **(NSDAP)** umbenannt wurde und die Weimarer Republik bekämpfte. Die Nationalsozialisten forderten die Aufhebung des Versailler Vertrages und den Zusammenschluss aller Deutschen in einem „Groß-Deutschland", die Staatsbürgerschaft nur für Menschen „deutschen Blutes" („Volksgenossen") ohne Rücksichtnahme auf Konfession, eine starke Zentralgewalt sowie die Abschaffung der „korrumpierenden Parlamentswirtschaft".

Parteiprogramme im Wortlaut
cornelsen.de/Webcodes
Code: fopima

1. Stellen Sie den Weg Deutschlands vom Kaiserreich zur Republik in den Jahren 1918/19 in einer (bebilderten digitalen) Chronik dar.
2. Beschreiben Sie zentrale Merkmale des politischen Systems der Weimarer Republik anhand des Darstellungstextes und des Verfassungsschaubildes M 5.
3. **Vertiefung:** Diskutieren Sie die These, die Weimarer Reichsverfassung sei „eine Verfassung ohne Entscheidung" gewesen.
4. **Tabelle:** Stellen Sie anhand der Darstellung und des Webcodes die Parteien der Weimarer Republik und ihre Programme in einer Tabelle gegenüber.
   Tipp: siehe S. 481.
5. Erörtern Sie die Möglichkeiten der Parteien zur Bildung einer Regierungskoalition.

3.2 Gründung: Politische Ideen und Träger der Weimarer Republik

Hinweise zur Arbeit mit den Materialien
Die Materialien M 7 bis M 11 beschäftigen sich mit der Novemberrevolution 1918/19: M 7 beleuchtet die Revolution aus zeitgenössischer Sicht, während M 10 und M 11 die Ereignisse aus dem Blickwinkel eines Historikers und eines Journalisten der Gegenwart bilanzieren. Die Bilder M 8 und M 9 veranschaulichen wichtige Ereignisse der Revolution. Die Kontroverse um die Rechte des Reichspräsidenten kann als Beispiel für die Diskussionen und Kompromisse im Rahmen der Ausarbeitung der Weimarer Verfassung mithilfe von M 12 bis M 14 untersucht werden. Die Karikatur M 15 bietet eine zugespitzte Deutung zur Rolle Friedrich Eberts als Reichspräsident. M 16 gewährt einen Einblick in zentrale Aspekte der Weimarer Verfassung. Die Materialien M 17 bis M 21 widmen sich den Parteien als Träger der Weimarer Republik sowie ihren programmatischen Vorstellungen und den Strukturproblemen des Weimarer Parteienstaates. Anschließend soll die Rolle des Militärs in der Anfangszeit der Weimarer Republik diskutiert werden. M 22 thematisiert das Ebert-Groener-Bündnis, M 23 die Ereignisse rund um den Kapp-Lüttwitz-Putsch. Zum Schluss befassen sich M 24 bis M 26 mit der politischen Rolle von Frauen in der Weimarer Republik.

Zur Vernetzung mit dem Kernmodul
Die Materialien M 12 bis M 15 (Verfassungskontroversen und Kompromisse) und M 17 bis M 20 über die Parteien als Träger der Republik lassen sich ergänzen durch M 2 (Haffner) des Kernmoduls, das zentrale Probleme der Auseinandersetzung zwischen den Parteien und um die Regierungsverantwortung thematisiert. Hinzugezogen werden sollte auch M 7 b (Wirsching) des Kernmoduls, weil hiermit die Möglichkeiten und Grenzen der Weimarer Verfassung bei der Stabilisierung der Republik erörtert werden können.

Novemberrevolution

M 7 Der Journalist Theodor Wolff über die revolutionären Ereignisse (10. November 1918)
Die größte aller Revolutionen hat wie ein plötzlich losbrechender Sturmwind das kaiserliche Regime mit allem, was oben und unten dazugehörte, gestürzt. Man kann sie die größte aller Revolutionen
5 nennen, weil niemals eine so fest gebaute, mit so festen Mauern umgebene Bastille so in einem Anlauf genommen worden ist. Es gab noch vor einer Woche einen militärischen und zivilen Verwaltungsapparat, der so verzweigt, so ineinander verfädelt, so tief ein-
10 gewurzelt war, dass er über den Wechsel der Zeiten hinaus seine Herrschaft gesichert zu haben schien. Durch die Straßen von Berlin jagten die grauen Autos der Offiziere, auf den Plätzen standen wie Säulen der Macht die Schutzleute, eine riesige Militärorganisation schien alles zu umfassen, in den Ämtern und Ministerien thronte eine scheinbar unbesiegbare Buerokratie. Gestern früh war, in Berlin wenigstens, das alles noch da. Gestern Nachmittag existierte nichts mehr davon.
Berliner Tageblatt (Morgenausgabe), 10. November 1918.

M 8 Regierungstreuer Soldat bei Straßenkämpfen in Berlin, Fotografie, Ende 1918/Anfang 1919

M 9 Große Massenkundgebung in Berlin, Fotografie, 1918.
Auf dem Plakat steht „Für Frieden, Freiheit und Brot".

1 Beschreiben Sie mithilfe von M 7 bis M 9 die Ereignisse der Novemberrevolution.
2 Erörtern Sie die Folgen der Revolution für die politische Neugestaltung.

M 10 Der Historiker Wolfram Pyta zieht eine Bilanz der Novemberrevolution 1918/19 (2004)

Eine abgewogene Bilanz der revolutionären Umbruchperiode vom November 1918 bis zum Januar 1919 muss sowohl Grenzen wie auch Handlungsspielräume der unverhofft in das politische Zentrum gerückten Sozialdemokratie ausleuchten und vermessen. Die Grenzen setzten objektive Sachzwänge, ein geschlagenes Land vor einer Hungerkatastrophe zu bewahren und die Eingliederung der Millionen heimkehrender Soldaten in das Erwerbsleben zu vollziehen. In einer solchen Situation die Grundlagen des Wirtschaftens anzutasten, wäre einem politischen Abenteuer gleichgekommen. Auch war eine partielle Kooperation mit den Militärs unabdingbar, um die bedrohte Republik gegen Umsturzversuche von links zu schützen. [...] Ein Rückgriff auf den militärischen Sachverstand von Freiwilligenverbänden musste nicht die Tolerierung von Gewaltexzessen der Freikorps nach sich ziehen. Der Verzicht auf eine grundlegende Umwälzung der Eigentumsverhältnisse schloss nicht aus, in einigen ausgewählten Fällen wie etwa im Bergbau Eingriffe in die Besitzstruktur vorzunehmen, ohne die wirtschaftliche Effizienz zu gefährden. So gelangt die Revolutionsforschung von heute zu dem Fazit: „Die Sozialdemokraten hätten bei stärkerem politischen Gestaltungswillen mehr verändern können und weniger bewahren müssen." [...] Zögerlichkeit und Unsicherheit der regierenden Sozialdemokraten erklären sich wohl daraus, dass sie Revolutionäre wider Willen waren, die unversehens von einer revolutionären Welle an die Spitze des Staatswesens gespült worden waren.

Wolfram Pyta, Die Weimarer Republik, Leske + Budrich, Opladen 2004, S. 30.*

M 11 Der Journalist Bernd Braun über die Novemberrevolution (2018)

Keine Regierung in der deutschen Geschichte war bis heute mit derartigen Problemen konfrontiert wie die sechs Volksbeauftragten. Es ging um nicht weniger als die Bewältigung des verlorenen Weltkrieges und die politische Neuordnung Deutschlands, noch dazu unter ungeheurem Zeitdruck. Beide Aufgaben haben die Siegermächte nach dem Zweiten Weltkrieg den politischen Akteuren in Deutschland weitgehend abgenommen und ihnen eine mehrjährige Zwangspause auferlegt. Sosehr die SPD die Überwindung des herrschenden politischen und ökonomischen Systems auch propagiert hatte: Als der Kollaps des Kaiserreiches im Herbst 1918 eintrat, hatte die Partei kein genuin sozialdemokratisches Konzept für die Zukunft. Ihre beiden Kernziele, die Etablierung einer Regentschaft[1] [...] (die mit dem 9. November obsolet[2] geworden war) und die Wahl einer verfassunggebenden Nationalversammlung als Ausgangspunkt für parlamentarische Demokratie, knüpften an die bürgerliche Revolution von 1848/49 an. Diese Kernpunkte waren nicht originell, aber sie waren die einzigen, die mehrheitsfähig waren, und sie blieben ohne echte Alternative. Es gab früher zahlreiche und es gibt auch heute noch einige Kritiker der Novemberrevolution, die in einem in Deutschland installierten Rätesystem ein mögliches basisdemokratisches Bollwerk gegen den Nationalsozialismus sehen wollen. Diese Kritiker vermögen aber nicht zu erklären, wie sich die Räte als progressives Gremium bei den bevorstehenden Mehrheiten, die sich bereits bei den Wahlen 1919 und vor allem 1920 abzeichneten, hätte behaupten wollen [...]. Machten Ebert und die SPD also während der Revolution keine Fehler? [...] Doch. Wer keine exekutive Erfahrung mitbringt, wie die SPD als Systemopposition des Kaiserreiches, und wer unter extremem Zeitdruck handelt, trifft unweigerlich auch Fehlentscheidungen. Der viel gescholtene Ebert-Groener-Pakt [...] gehört nicht zu diesen Fehlentscheidungen. Jede Regierung muss sich auf Ordnungskräfte stützen. [...] Fatal war jedoch, dass die Regierung und vor allem Reichswehrminister Gustav Noske eine Demokratisierung der Streitkräfte auch nicht ansatzweise in Angriff nahmen. [...] Die Niederschlagung des „Spartakusaufstandes" oder die Auflösung der zweiten Münchener Räterepublik waren grundsätzlich legitim, aber die äußerst brutale Art und Weise beschädigte [...] das Ansehen der jungen Republik nachhaltig [...].

Bernd Braun, Der Präsident, in: ZEIT Geschichte, Nr. 6/2018, S. 47 f.*

1 *Regentschaft:* Übernahme der Regierung eines Staates
2 *obsolet:* überflüssig

1 Beschreiben Sie mithilfe von M 10 und M 11 die Herausforderungen für die provisorische Regierung.
2 Beurteilen Sie die Handlungsspielräume der MSPD und Eberts in der Revolution 1918/19.
3 **Zusatzaufgabe:** siehe S. 481.

Novemberrevolution
cornelsen.de/Webcodes
Code: bemezi

Verfassungskontroversen und Kompromisse

M 12 Albrecht Philipp (DNVP), Rede vor der Nationalversammlung (4. Juli 1919)

Ich will den Standpunkt der Deutschnationalen Volkspartei zu Art. 41 [...] klarstellen. [...] Eine persönliche Spitze ist überall notwendig [...]. Aber wenn das Deutsche Reich wieder in die Reihe der Großmächte treten will [...], dann ist es notwendig, dass eine Person vorhanden ist, die das Reich nach innen und außen repräsentiert; und meine politischen Freunde vertreten die Auffassung, dass die Stellung des Reichspräsidenten nicht mächtig genug sein kann. [...] Das deutsche Volk will regiert werden, und gerade die Ereignisse der letzten Monate haben das Autoritätsgefühl im deutschen Volke – in vielen Teilen wenigstens – gestärkt. [...] Wir möchten davor warnen, dass dieser Präsident [...] ein ausgesprochener Parteimann sein soll. Der Reichspräsident ist vom gesamten deutschen Volke zu wählen. [...] Wir brauchen Personen, die wenigstens über zwei oder drei Parteien stehen, wenn man für sie im deutschen Volke eine Mehrheit schaffen will.

Verhandlungen des Reichstages, Bd. 327. 1919/20, 4. Juli 1919, Berlin 1920, S. 1304 ff.*

M 13 Hugo Haase (USPD), Gegenrede vor der Nationalversammlung (4. Juli 1919)

Dass der Staat eine Spitze haben muss – wie [Albrecht Philipp] ausführte –, bestreitet ihm kein Mensch. Es kommt nur darauf an, ob eine Einzelpersönlichkeit oder ob – wie wir es beantragen – das Gesamtministerium unter Kontrolle der Volksvertretung diese Spitze bildet. Nun hat der Herr Abgeordnete Philipp für seine Auffassung mehrere Gründe angegeben. [...] Darin ist die Auffassung enthalten, dass das Volk eine Herde bildet und weiter als Herde behandelt werden muss. Genau in demselben Sinne und aus demselben Geiste heraus hat er gefordert, dass die Persönlichkeit, die an die Spitze trete, dazu berufen sein solle, den Autoritätsglauben im Volke zu stützen. [...] Was Sie wollen, [...] das deutet darauf hin, dass Sie den Präsidenten nur aus dem alten Adel, vielleicht aus dem urältesten Adel holen wollen, und dass Sie deswegen diesen Weg einschlagen, um von neuem die Monarchie in Deutschland einzuschmuggeln. [...] Wir haben [...] allerdings die Sorge, dass sich ein Präsident zum persönlichen Regiment ausbilden könnte. [...] Wir wollen eine demokratische Leitung.

Verhandlungen des Reichstages, Bd. 327. 1919/20, 4. Juli 1919, Berlin 1920, S. 1304 ff.*

M 14 Bruno Ablaß (DDP), Gegenrede vor der Nationalversammlung (4. Juli 1919)

Das Volk allein ist souverän. [Und] dasjenige Organ, das [...] berufen ist, die Volkssouveränität in sich am stärksten zu verkörpern, das ist der Reichstag. [...] In dieser Hinsicht haben wir uns gesagt, dass es unumgänglich notwendig ist, neben dem Reichstag ein Kontrollorgan zu schaffen, und als solches deuten wir uns den Reichspräsidenten. [...] Das ist es, was wir wünschen und wollen; nicht dass die Masse der Führer ist, sondern dass der Abgeordnete, der Erwählte, derjenige Führer ist, der nicht sklavisch dasjenige ausführt, was ihm als Befehl der Masse vorgetragen wird, sondern der ein Leiter, ein Lenker der Masse ist, ein Erzieher des Volkes. So denken wir uns die Stellung eines Abgeordneten, eines Führers und auch eines Präsidenten. [...] Die Zeiten der Monarchie sind endgültig vorüber, und auf dem Wege, den wir jetzt beschritten haben, durch die Schaffung eines starken demokratischen Präsidenten, besteht die Gefahr sicherlich nicht, dass wir etwa der Monarchie den Boden zur Rückkehr bereiten würden.

Verhandlungen des Reichstages, Bd. 327. 1919/20, 4. Juli 1919, Berlin 1920, S. 1304 ff.*

M 15 „Frédéric le Gros", Karikatur aus der deutschen Satirezeitschrift „Kladderadatsch", 1919.
Der französische Titel bedeutet „Friedrich der Dicke".

1 Fassen Sie mithilfe von M 12 bis M 14 die unterschiedlichen Positionen und Argumente in der Debatte um die Stellung des Reichspräsidenten zusammen.

2 Interpretieren Sie die Karikatur (M 15).
3 **Podiumsdiskussion:** Führen Sie in Ihrem Kurs eine Podiumsdiskussion durch mit dem Thema: Ein starker Präsident – Träger der Demokratie oder Ersatzkaiser?

M 16 Auszug aus der Weimarer Reichsverfassung (WRV) von 1919

Art.1. Das Deutsche Reich ist eine Republik. Die Staatsgewalt geht vom Volke aus. [...]

Art. 20. Der Reichstag besteht aus den Abgeordneten des deutschen Volkes.

Art. 21. Die Abgeordneten sind Vertreter des ganzen Volkes. Sie sind nur ihrem Gewissen unterworfen und an Aufträge nicht gebunden.

Art. 22. Die Abgeordneten werden in allgemeiner, gleicher, unmittelbarer und geheimer Wahl von den über zwanzig Jahre alten Männern und Frauen nach den Grundsätzen der Verhältniswahl gewählt. [...]

Art. 25. Der Reichspräsident kann den Reichstag auflösen [...]. Die Neuwahl findet spätestens am sechzigsten Tag nach der Auflösung statt. [...]

Art. 41. Der Reichspräsident wird vom ganzen deutschen Volke gewählt. [...]

Art. 48. Wenn ein Land die ihm nach der Reichsverfassung oder den Reichsgesetzen obliegenden Pflichten nicht erfüllt, kann der Reichspräsident es dazu mithilfe der bewaffneten Macht anhalten. Der Reichspräsident kann, wenn im Deutschen Reiche die öffentliche Sicherheit und Ordnung erheblich gestört oder gefährdet wird, die zur Wiederherstellung der öffentlichen Sicherheit und Ordnung nötigen Maßnahmen treffen, erforderlichenfalls mithilfe der bewaffneten Macht einschreiten. Zu diesem Zwecke darf er vorübergehend die [...] festgesetzten Grundrechte ganz oder zum Teil außer Kraft setzen. Von allen gemäß Abs. 1 oder Abs. 2 dieses Artikels getroffenen Maßnahmen hat der Reichspräsident unverzüglich dem Reichstag Kenntnis zu geben. Die Maßnahmen sind auf Verlangen des Reichstags außer Kraft zu setzen. [...] Das Nähere bestimmt ein Reichsgesetz¹. [...]

Art. 50. Alle Anordnungen und Verfügungen des Reichspräsidenten, auch solche auf dem Gebiet der Wehrmacht, bedürfen zu ihrer Gültigkeit der Gegenzeichnung durch den Reichskanzler oder den zuständigen Reichsminister. [...]

Art. 53. Der Reichskanzler und auf seinen Vorschlag die Reichsminister werden vom Reichspräsidenten ernannt und entlassen.

Art. 54. Der Reichskanzler und die Reichsminister bedürfen zu ihrer Amtsführung des Vertrauens des Reichstags. Jeder von ihnen muss zurücktreten, wenn ihm der Reichstag [...] sein Vertrauen entzieht. [...]

Art. 73. Ein vom Reichstag beschlossenes Gesetz ist vor seiner Verkündung zum Volksentscheid zu bringen, wenn der Reichspräsident binnen eines Monats es bestimmt. Ein Gesetz, dessen Verkündung auf Antrag von mindestens einem Drittel des Reichstags ausgesetzt ist, ist dem Volksentscheid zu unterbreiten, wenn ein Zwanzigstel der Stimmberechtigten es beantragt. Ein Volksentscheid ist ferner herbeizuführen, wenn ein Zehntel der Stimmberechtigten das Begehren nach Vorlegung eines Gesetzentwurfs stellt. [...]

Art. 109. Alle Deutschen sind vor dem Gesetze gleich. Männer und Frauen haben grundsätzlich dieselben staatsbürgerlichen Rechte und Pflichten. Öffentlich-rechtliche Vorrechte oder Nachteile der Geburt oder des Standes sind aufzuheben. [...]

Art. 114. Die Freiheit der Person ist unverletzlich. Eine Beeinträchtigung oder Entziehung der persönlichen Freiheit durch die öffentliche Gewalt ist nur aufgrund von Gesetzen zulässig. [...]

Art. 165. Die Arbeiter und Angestellten sind dazu berufen, gleichberechtigt in Gemeinschaft mit den Unternehmern an der Regelung der Lohn- und Arbeitsbedingungen sowie an der gesamten wirtschaftlichen Entwicklung der produktiven Kräfte mitzuwirken. Die beiderseitigen Organisationen und ihre Vereinbarungen werden anerkannt. Die Arbeiter und Angestellten erhalten zur Wahrnehmung ihrer [...] Interessen gesetzliche Vertretungen in Betriebsarbeiterräten sowie in nach Wirtschaftsgebieten gegliederten Bezirksarbeiterräten und in einem Reichsarbeiterrat².

Zit. nach: Ernst Rudolf Huber (Hg.), Dokumente der Novemberrevolution und der Weimarer Republik 1918–1932, 2. Aufl., Kohlhammer, Stuttgart 1966, S. 129 ff.*

1 Das hier vorgesehene Reichsgesetz ist nie ergangen.
2 Die hier vorgesehenen Bezirksarbeiterräte und der Reichsarbeiterrat wurden nicht gebildet. Es entstanden lediglich die Betriebsarbeiterräte nach Maßgabe des Betriebsratsgesetzes vom 4.2.1920 (RGBl. S. 147).

1 Charakterisieren Sie das Verhältnis von Reichstag, Reichsregierung und Reichspräsidenten.
2 Beschreiben Sie die Funktion des Reichspräsidenten.
3 **Vertiefung:** Vergleichen Sie die Stellung der Frauen in der Weimarer Reichsverfassung mit derjenigen im Grundgesetz.
   Tipp: Text des Grundgesetzes unter: https://www.bundestag.de/gg
4 Beurteilen Sie Art. 48 im Hinblick auf die Kontrollrechte des Reichstags.

Träger der Republik: Die Parteien

M 17 Der Historiker Andreas Wirsching über Strukturprobleme des Weimarer Parteienstaates (2000)

Die Gründungsgeschichte des Kaiserreiches hatte das deutsche Parteiensystem langfristig geprägt. Infolge des preußisch-protestantisch dominierten, kleindeutschen Gründungskonsenses von 1870/71 wurde der traditionelle Dualismus zwischen Liberalismus und Konservativismus durch einen neuen Gegensatz überlagert, nämlich zwischen Anhängern jenes Gründungskonsenses und denjenigen, die sich im neuen Deutschen Reich nicht zu Hause fühlten: Linksliberale, Zentrumspartei und Sozialdemokratie, die als „Weimarer Koalition" zur Ausgestaltung der neuen Republik berufen waren, blickten daher auf eine Vergangenheit als quasi strukturelle Oppositionsparteien zurück. Darüber hinaus hatte die spezifisch deutsche Tradition des Konstitutionalismus die Parteien im Allgemeinen geprägt. Die Vorstellung, der Staat, verkörpert im monarchischen Oberhaupt und in der „unpolitischen" Beamtenschaft, stehe über den Parteien und repräsentiere ihnen gegenüber allein das Allgemeininteresse, zog sich noch wie ein roter Faden durch die Verfassungsberatungen der Nationalversammlung und wirkte in der Weimarer Republik fort. Dies hatte zwei Konsequenzen: Zum einen waren die Parteien nicht an die Regierungsaufgabe gewöhnt, einen parlamentarisch fundierten interessenpolitischen Ausgleich zu schaffen und politisch zu gestalten; zum anderen blieb ein nicht unerheblicher Teil der Weimarer Politiker auf den Dualismus zwischen Regierung (Exekutive) und Parlament (Legislative) fixiert und begriff beide eben nicht im parlamentarischen Sinne als Gegenspieler. Die hieraus resultierende Distanz zu praktisch-politischer Verantwortung verband sich mit der Tendenz zur weltanschaulichen oder sozial gebundenen Prinzipientreue. [...] Die Tatsache, dass die vier Hauptströmungen der deutschen Parteiengeschichte in der Weimarer Republik alle gespalten blieben, bewirkte eine zusätzliche, dem System schädliche Konkurrenz: Während die eine Richtung einer politischen Strömung bereit war, pragmatische Politik zu betreiben und Kompromisse einzugehen, suchte die andere, sich häufig durch Prinzipientreue in den Augen der Wähler zu profilieren. Die Scheu, politische Verantwortung zu übernehmen, und die koalitionspolitische Unbeweglichkeit der Weimarer Parteien hingen freilich auch mit ihrer engen sozialen und geografischen Gebundenheit zusammen. Keiner der Parteien gelang es, ihre historisch determinierten Grenzen, seien sie weltanschaulicher, konfessioneller, sozialer oder interessenpolitischer Art, zu transzendieren. [...]

Allerdings konnte der Aufstieg des Nationalsozialismus nur in Verbindung mit der Krise des Parteiensystems und dem Niedergang der liberalen und konservativen Parteien erfolgen. Dass die Weimarer Republik einer geschlossenen Partei des liberalen und demokratischen Bürgertums, deren politisches Gewicht mit demjenigen der SPD oder dem Zentrum vergleichbar gewesen wäre, entbehrte, gehört zu ihren schwersten Belastungen und bildete das größte Hindernis für eine Konsolidierung des deutschen Parteiensystems.

Andreas Wirsching, Die Weimarer Republik. Politik und Gesellschaft, Oldenbourg, München 2000, S.15–19.*

M 18 Karikatur „Wer will regieren?" aus dem Simplicissimus vom 1. Juli 1920.

Der Untertitel der Karikatur lautet: „Ich würde Ihnen gern helfen, aber ich kann doch meinen Standpunkt nicht verlassen."

1 Fassen Sie mithilfe von M 17 die zentralen Strukturprobleme des Weimarer Parteienstaats zusammen.
2 Analysieren Sie die Karikatur M 18.
3 **Partnerarbeit/Schreibgespräch:** Sammeln Sie gemeinsam mit einem Partner Thesen zur Bedeutung von Kompromissen in der Politik.
Tipp: zu der Vorgehensweise bei einem Schreibgespräch siehe S. 481.
4 **Vertiefung:** Nehmen Sie Stellung zu der Frage, inwieweit die Rolle der Parteien in der Weimarer Republik das Argument eines deutschen Sonderwegs stützt.
▶ **Kernmodul:** M 4 bis M 8.

Wahlen zur Nationalversammlung

M 19 Wahlplakat der DNVP, 1919.
Auf dem Wagen links steht: „Staatswagen". In der roten Lache rechts unten: „Revolutionssumpf".

M 20 Wahlplakat der SPD, 1919.
In den Sonnenstrahlen steht: „Die neue Zeit".

1 Charakterisieren Sie auf der Basis der Wahlplakate M 19 und M 20 die Einstellung der DNVP und der SPD zur Republik.
2 Erläutern Sie, warum die DNVP und die SPD in der Weimarer Republik nie eine Koalition eingegangen sind.

M 21 Ergebnisse der Reichstagswahlen 1919–1933 (in Prozent der abgegebenen gültigen Stimmen)

	Jan. 1919	Juni 1920	Mai 1924	Dez. 1924	Mai 1928	Sept. 1930	Juli 1932	Nov. 1932	März 1933
KPD	–	2,1	12,6	9,0	10,6	13,1	14,3	16,9	12,3
USPD	7,6	17,9	0,8	0,3	–	–	–	–	–
SPD	37,9	21,7	20,5	26,0	29,8	24,5	21,6	20,4	18,3
Zentrum/BVP	19,7	18,2	16,6	17,3	15,2	14,8	15,7	15,0	13,9
DDP	18,5	8,3	5,7	6,3	4,9	3,8	1,0	1,0	0,9
DVP	4,4	13,9	9,2	10,1	8,7	4,5	1,2	1,9	1,1
DNVP	10,3	15,1	19,5	20,5	14,2	7,0	5,9	8,3	8,0
NSDAP	–	–	6,5[1]	3,0[1]	2,6	18,3	37,3	33,1	43,9
Sonstige	1,6	2,8	8,6	6,5	14,0	14,0	3,0	3,4	1,6

Statistisches Jahrbuch für das Deutsche Reich, Jg. 1933, S. 599.

1 Beschreiben Sie mithilfe von M 21 das Wahlverhalten der deutschen Bevölkerung in der Weimarer Republik. Nutzen Sie dafür auch den Darstellungstext.
2 Überprüfen Sie mithilfe von M 21 die These, dass die republikfreundlichen Parteien schwächer und die republikfeindlichen Parteien stärker geworden sind.

Träger der Republik: Das Militär?

M 22 Der frühere General Wilhelm Groener in seinen Erinnerungen über die Zusammenarbeit mit Friedrich Ebert (1957)

Im sogenannten Ebert-Groener-Pakt vereinbarten Reichskanzler Ebert und General Groener am 11. November 1918 die Zusammenarbeit zwischen provisorischer Regierung und Reichswehr.

Der Sturz des Kaisertums entzog den Offizieren den Boden ihres Daseins, ihren Sammel- und Ausrichtepunkt. Es musste ihm ein Ziel gewiesen werden, das des Einsatzes wert war und ihm die innere Sicherheit wiedergab. Es musste das Gefühl wachgerufen werden der Verpflichtung nicht nur gegenüber einer bestimmten Staatsform, sondern für Deutschland schlechthin. Dass Hindenburg auf seinem Posten blieb und den Oberbefehl über das gesamte Heer übernahm, ja dass dieser ihm vom Kaiser übertragen worden war, machte den Übergang möglich und erleichterte ihn.
Das Offizierskorps konnte aber nur mit einer Regierung zusammengehen, die den Kampf gegen den Radikalismus und Bolschewismus aufnahm. Dazu war Ebert bereit, aber er hielt sich nur mühsam am Steuer und war nahe daran, von den Unabhängigen [USPD] und der Liebknechtgruppe über den Haufen gerannt zu werden. Was war demnach näherliegend, als Ebert, den ich als anständigen, zuverlässigen Charakter und unter der Schar seiner Parteigenossen als den staatspolitisch weitsichtigsten Kopf kennengelernt hatte, die Unterstützung des Heeres anzubieten? [...] [A]m Abend rief ich in der Reichskanzlei an und teilte Ebert mit, dass das Heer sich seiner Regierung zur Verfügung stelle, dass dafür der Feldmarschall und das Offizierskorps von der Regierung Unterstützung erwarteten bei der Aufrechterhaltung der Ordnung und Disziplin im Heer. [...] Ebert ging auf meinen Bündnisvorschlag ein. Von da an besprachen wir uns täglich abends auf einer geheimen Leitung zwischen der Reichskanzlei und der Heeresleitung über die notwendigen Maßnahmen. Das Bündnis hat sich bewährt.

Zit. nach: Wolfgang Michalka/Gottfried Niedhart (Hg.), Deutsche Geschichte 1918–1933. Dokumente zur Innen- und Außenpolitik, S. Fischer Verlag, Frankfurt/Main 2002, S. 26 f.*

1 Geben Sie die Argumentation von General Groener wieder.
2 Arbeiten Sie die von Groener skizzierte Stellung der Reichswehr in der neuen Republik heraus.
3 Nehmen Sie Stellung zu Groeners Demokratieverständnis.

M 23 Der Historiker Eberhard Kolb über den Kapp-Lüttwitz-Putsch (1993)

Am 13.3. 1920 [...] versuchten militante Rechtskreise, im Kapp-Lüttwitz-Putsch die Regierung an sich zu reißen. Den gewaltsamen Sturz der Regierung hatte sich seit Anfang Juli 1919 eine Gruppe Rechtsextremisten um General Ludendorff und Wolfgang Kapp, den ostpreußischen Generallandschaftsdirektor und 1917 Mitbegründer der annexionistischen Vaterlandspartei, zum Ziel gesetzt. [...] Der Verschwörerkreis bemühte sich eifrig, für das geplante Unternehmen aktionsbereite Offiziere und Politiker zu gewinnen; intensive Kontakte bestanden zu General von Lüttwitz, dem „Vater der Freikorps" [...]. Da seit Herbst 1919 mit der durch den Friedensvertrag vorgeschriebenen Verminderung des Heeres begonnen wurde, sahen sich viele Freikorpssoldaten in ihrer Existenz bedroht [...]. Als die Regierung Anfang März die Auflösung u. a. der Marinebrigade Ehrhardt verfügte, die in der Nähe von Berlin lag, forderte Lüttwitz am 10. März von Reichspräsident Ebert ultimativ den Verzicht auf weiteren Truppenabbau, den Rücktritt des Reichspräsidenten und der Reichsregierung sowie die sofortige Ausschreibung von Neuwahlen. Von der Regierung daraufhin entlassen, begab sich Lüttwitz unverzüglich zur Marinebrigade Ehrhardt, die unter seiner Führung am frühen Morgen des 13. März das Berliner Regierungsviertel besetzte. [...] Da innerhalb der Reichswehrführung nur der Chef der Heeresleitung, General Reinhardt, für einen bewaffneten Widerstand gegen die Putschaktion eintrat, General von Seeckt, der Chef des Truppenamtes, hingegen einen Truppeneinsatz für unmöglich erklärte, standen Reichswehrminister Noske für eine militärische Auseinandersetzung in Berlin keine Kräfte zur Verfügung. Von der bewaffneten Macht im Stich gelassen, flohen Reichspräsident und Reichsregierung zunächst nach Dresden, dann nach Stuttgart.
Trotz der kampflosen Besetzung von Berlin und der Bereitschaft zahlreicher Reichswehrkommandeure in verschiedenen Teilen des Reiches, sich der Putschistenregierung anzuschließen, brach der Kapp-Lüttwitz-Putsch jedoch rasch zusammen. Er scheiterte am Generalstreik, den die Gewerkschaften ausgerufen hatten und dem sich die Arbeiterschaft im ganzen Reich spontan anschloss, sowie an der abwartenden Haltung der Ministerialbürokratie, die sich im Reich und in Preußen vorläufig weigerte, den

Anordnungen Kapps Folge zu leisten. Am 17. März flüchteten Kapp und Lüttwitz [...] ins Ausland.

Eberhard Kolb, Die Weimarer Republik, Oldenbourg, 3. Aufl., München 1993, S. 38 f.*

1 Arbeiten Sie die unterschiedlichen Gruppierungen und Interessen im Heer heraus.
2 Beurteilen Sie, wer sich im Kapp-Lüttwitz-Putsch als Träger der Weimarer Republik erweist.

Träger der Republik: Die Frauen?

M 24 Marie Juchacz (SPD) hält als erste Frau in Deutschland eine Parlamentsrede (19. Februar 1919)

Ich möchte hier feststellen und glaube damit im Einverständnis vieler zu sprechen, dass wir deutschen Frauen dieser Regierung nicht etwa in dem althergebrachten Sinne Dank schuldig sind. Was diese Regierung getan hat, das war eine Selbstverständlichkeit: Sie hat den Frauen gegeben, was ihnen bis dahin zu Unrecht vorenthalten worden ist.
Wollte die Regierung eine demokratische Verfassung vorbereiten, dann gehörte zu dieser Vorbereitung das Volk, das ganze Volk in seiner Vertretung. [...] Durch die politische Gleichstellung ist nun meinem Geschlecht die Möglichkeit gegeben zur vollen Entfaltung seiner Kräfte. Mit Recht wird man erst jetzt von einem neuen Deutschland sprechen können und von der Souveränität des ganzen Volkes. Durch diese volle Demokratie ist aber auch zum Ausdruck gebracht worden, dass die Politik in Zukunft kein Handwerk sein soll. Scharfes, kluges Denken, ruhiges Abwägen und warmes menschliches Fühlen gehören zusammen in einer vom ganzen Volke gewählten Körperschaft, in der über das zukünftige Wohl und Wehe des ganzen Volkes entschieden werden soll. [...]
Ich möchte hier sagen, dass die Frauenfrage, so wie es jetzt ist in Deutschland, in ihrem alten Sinne nicht mehr besteht, dass sie gelöst ist. [...]

Die Gleichheit. Zeitschrift für Arbeiterfrauen und Arbeiterinnen, Nr. 12, 14.3.1919, S. 1.*

M 25 Die Historikerin Ursula Büttner über die Frauenbewegung in der Weimarer Zeit (2008)

Obwohl Frauen von gesellschaftlicher Gleichstellung nach wie vor weit entfernt waren, verlor die Frauenbewegung in der Weimarer Republik an Bedeutung. Nachdem sie ihr wichtigstes Ziel, das gleiche Wahlrecht für Frauen als Symbol für ihre politische Gleichberechtigung, erreicht hatte, fielen die gegensätzlichen Interessen und weltanschaulichen Unterschiede zwischen den Einzelorganisationen stärker ins Gewicht und hemmten gemeinsames Auftreten. Die Spannungen wurden für den Dachverband, den Bund Deutscher Frauenvereine (BDF), zu einer Dauerbelastung. Hausfrauenverbände [...] polemisierten in ihrem Kampf um die Aufwertung der Familienarbeit gegen die „Karrierefrauen", für die sich die Frauen-Berufsverbände einsetzten. Konfessionelle Frauenverbände wie der Katholische Frauenbund mit rund 250 000 Mitgliedern und der Deutsch-Evangelische Frauenbund mit rund 200 000 Mitgliedern (1926) waren allenfalls zu geringen Modifikationen des Familien- und Sexualrechts bereit, deren Reform sozialistische und, zum Teil, liberale Verbände verlangten. Hinzu kamen parteipolitische Gegensätze; denn die stärksten Mitgliedsverbände kooperierten mit der DNVP oder dem Zentrum, während der BDF am engsten mit der DDP verbunden war. Differenzen über aktuelle politische Entscheidungen führten immer wieder zu Austritten von Verbänden aus dem BDF. [...] Die Repräsentantinnen der Frauenbewegung setzten nach der Errichtung der parlamentarischen Demokratie nicht mehr allein auf ihre spezielle Organisation, sondern integrierten sich in die Parteien und Institutionen der Republik.

Ursula Büttner, Weimar. Die überforderte Republik 1918–1933. Leistung und Versagen in Staat, Gesellschaft, Wirtschaft und Kultur, Klett-Cotta, Stuttgart 2008, S. 257.*

M 26 Abgeordnete der Nationalversammlung, Fotografie, 1919

1 Fassen Sie mithilfe von M 24 bis M 26 die wichtigsten politischen Veränderungen für Frauen in der Weimarer Zeit zusammen.
2 **Vertiefung:** Recherchieren Sie Hintergrundinformationen zu den weiblichen Abgeordneten der Nationalversammlung.
3 Setzen Sie sich mit der Frage auseinander, ob die Frauen zu Trägern der Weimarer Republik wurden.

Methode

Politische Plakate interpretieren

M1 Litfaßsäule mit Plakaten zur Reichspräsidentenwahl, 1932

Stereotype
Eingebürgerte Vorurteile mit feststehenden Vorstellungen über eine Sache, eine Person oder eine Gruppe.

Inhaltliche Zuspitzung ist Mittel der politischen Kommunikation. „Plakative" Botschaften beeinflussen Meinungen, provozieren Widerspruch, erhalten Zustimmung, verzerren Fakten und bewirken Handlungen. In Deutschland hat diese politische **Streitkultur** ihre Wurzeln auch in der Weimarer Republik. Mit der Aufhebung der Zensur und der festen Verankerung der **Meinungs- und Pressefreiheit** entwickelte sich ein Freiraum, der das **politische Plakat** zum **Massenmedium** werden ließ. Ohne Internet, ohne Fernsehen und zunächst auch noch ohne Radio war das Plakat das schlagkräftigste Mittel der politischen Werber. Letztlich stützt sich die Politik bis heute auf die Kraft dieses Mediums, auch wenn sich die Formen verändert haben. Vor diesem Hintergrund ist es also wichtig, politische Plakate richtig zu verstehen und einzuordnen.

Politische Plakate präsentierten ihre Botschaften wie heute auch **im öffentlichen Raum** an Wänden, auf Werbeflächen, an Litfaßsäulen. Und sie wurden oft flüchtig, nur mit einem „Augen-Blick" wahrgenommen. Grafik und Botschaft mussten unmittelbar erkennbar sein. Häufig wiederholen sich daher bestimmte Motive, mit denen die Menschen vertraut waren (Stereotype*, Symbole). Außerdem wollte jedes Plakat aus der Masse hervorstechen. Daher zeigen sich kraftvolle Darstellungen, grelle Farben und dicke Schlagzeilen. Der kleinformatige Druck im Buch vermag kaum den Eindruck zu vermitteln, den die Großformate in Wirklichkeit auf die Menschen machten.

Aufgrund der großen Verbreitung und der wachsenden Bedeutung sind Plakate sehr **wichtige Quellen zur politischen Kultur** der Weimarer Republik. In ihnen werden nicht nur Themen, sondern auch die Mittel der Auseinandersetzung deutlich. Diese sind auch für unsere Gegenwart von Bedeutung, denn damals entstanden Ausdrucksformen, die noch heute regelmäßig die Streitkultur beleben, prägen, vergiften.

Arbeitsschritte und mögliche Leitfragen zur Analyse

1. Erster Eindruck
– Was fällt Ihnen als Erstes auf? Worauf richtet sich Ihr erster Blick?
– Welche Fragen wirft das Plakat auf?

2. Formale Merkmale
– Wie lautet der Titel des Plakats?
– Von wem stammt das Plakat: Auftraggeber, Partei? Wer hat es gestaltet?
– Wann ist das Plakat erschienen? Falls erkennbar: Wo wurde es veröffentlicht?
– Aus welchem Anlass wurde das Plakat veröffentlicht?
– Mit welchem Thema oder Problem setzt sich das Plakat auseinander?

3. Analyse der einzelnen Elemente
– Welche Personen, Figuren, Gegenstände, Orte, Situationen sind erkennbar?
– Wie werden diese Elemente dargestellt: Haltung, Position, Gesten, Gesichtsausdruck, Blickrichtung, Kleidung, Anordnung, Karikatur?
– Welche Bedeutung haben Symbole und Handlungen?
– Welche Textelemente werden genannt? Wie sind diese gestaltet: Überschrift, Unterschrift, Sprechblase, Beschriftung, Aufzählung?
– In welchem Verhältnis zueinander stehen Bildelemente, Text und Farbgebung: Größe, Proportionen, Perspektive, Dynamik?
– Welche Elemente sind besonders betont: Signalfarben, Symbole, Kontraste, Licht?

4. Interpretation/ Gesamtaussage
– Welche Aussage macht das Plakat zum Thema oder Problem?
– Welche Wirkungsabsicht verfolgt die Darstellung?
– Mit welchen Mitteln wird sie verfolgt: aggressiv, sachlich, schlicht, als Appell?
– An wen richtet sich das Plakat?
– Wie ist die Aussage zu beurteilen?

Politische Plakate interpretieren

Übungsaufgabe

M2 Wahlplakat der DDP zur Wahl der Nationalversammlung, 1919

Sprachliche Hilfen
- Zunächst wird der Blick des Betrachters auf … gelenkt.
- … macht einen … Eindruck.
- Es stellt sich die Frage, …
- Auf dem Plakat ist … zu sehen.
- Das Plakat mit dem Titel … wurde von … gestaltet und im Jahr … veröffentlicht.
- Das Plakat erschien im Zusammenhang mit …
- Das Plakat stellt heraus, …
- Das Plakat zeigt …
- … steht symbolisch für …
- In … wird deutlich gemacht, dass …
- Die Beschriftungen … verweisen auf …
- Im Zusammenhang mit … wirkt … besonders …
- Besonders groß/deutlich/auffallend ist …
- Die Partei … setzt sich also ein für …
- Das Plakat will zeigen …
- Das Plakat bedient sich in der Ansprache des Betrachters vorwiegend … Mittel.
- Das Plakat wirkt insgesamt …
- Das Plakat wendet sich vor allem an Menschen aus … / die Gruppe der …
- Anlass der Veröffentlichung dieses Plakats war … Das ist an … erkennbar.
- Insgesamt steht dieses Plakat für …
- Das Plakat ist typisch für … / Das Plakat erscheint ungewöhnlich, weil …

1 Interpretieren Sie das Wahlplakat M2 mithilfe der Arbeitsschritte.
▶ Lösungshinweise finden Sie auf S. 494.

Anwenden

M1 **Der Historiker Heinrich August Winkler über die Revolution von 1918/19 (2001)**

Die Revolution von 1918/19, mit der die Republik ins Leben trat, gehört nicht zu den großen Revolutionen der Weltgeschichte. Dass sie keine klassische [...] Revolution war, lag, so paradox das klingen mag, an dem bereits erreichten Grad an Demokratie. Nach dem Zusammenbruch des Kaiserreichs konnte es nur um mehr Demokratie gehen, also um das Frauenwahlrecht, die Demokratisierung des Wahlrechts in den Einzelstaaten und Gemeinden, die konsequente Parlamentarisierung in Reich und Ländern. Eine Verfassunggebende Nationalversammlung musste nach dem Sturz der Monarchie zum frühestmöglichen Zeitpunkt gewählt werden: Darin war sich die große Mehrheit der Deutschen einig. Parolen wie „Alle Macht den Räten" oder „Diktatur des Proletariats" fanden nur bei einer kleinen Minderheit Anklang. Wer solche Parolen ausgab, propagierte damit, ob er es wollte oder nicht, den Bürgerkrieg. [...] Ein deutscher Bürgerkrieg hätte sofort die Alliierten auf den Plan gerufen [...]. Das konnten die gemäßigten Kräfte in Arbeiterschaft und Bürgertum nicht wollen, und weil sie es nicht wollten, mussten sie miteinander zusammenarbeiten. [...]

Ende 1918 aber war die Sozialdemokratie längst gespalten in die Mehrheitssozialdemokraten, die dem Reich bis zuletzt Kriegskredite bewilligten, und die Unabhängigen Sozialdemokraten, die die Kriegskredite ablehnten. Hätte sich die Partei nicht wegen der Kriegskredite gespalten, dann wegen eines Eintritts von Sozialdemokraten in ein Koalitionskabinett. Eine Koalition zwischen den Mehrheitssozialdemokraten und den Parteien der liberalen und katholischen Mitte setzte, marxistisch gesprochen, die wechselseitige Bereitschaft zum Klassenkompromiss voraus. Ohne diese Bereitschaft konnte es keine parlamentarische Demokratie geben, sondern nur den Bürgerkrieg. Daraus lässt sich ein weiteres Paradoxon ableiten: Die Spaltung der marxistischen Arbeiterbewegung war nicht nur eine schwere Vorbelastung der ersten deutschen Demokratie, sondern zugleich eine Vorbedingung derselben.

Die Zusammenarbeit zwischen den gemäßigten Kräften im Bürgertum und Arbeiterschaft ist einer der Gründe, warum es beim Übergang von der Monarchie zur Republik so viel gesellschaftliche Kontinuität gab. Keine der kaiserlichen Machteliten wurde 1918/19 entmachtet: nicht der Großgrundbesitz, nicht die Schwerindustrie, nicht das Militär, nicht das hohe Beamtentum, nicht die Justiz. Die Republik musste folglich mit Machteliten leben, die ihr reserviert bis feindlich gegenüberstanden.

Heinrich August Winkler, Weimar – Bonn – Berlin, in: Peter März (Hg.), Die zweite gesamtdeutsche Demokratie, Bayerische Landeszentrale für politische Bildungsarbeit, München 2001, S. 12f.*

M2 **Plakat der „Antibolschewistischen Liga", Dezember 1918.**

Hinter der „Antibolschewistischen Liga" standen rechtsradikale Aktivisten, die gegen die Revolution und vor allem den Spartakus-Bund kämpften. Sie schreckten auch vor militanten Maßnahmen nicht zurück, die die Finanzierung von Freikorps und Auftragsmorde einschlossen.

1 Arbeiten Sie aus M 1 heraus, wodurch die politischen Handlungsspielräume 1918/19 eingeschränkt wurden und welche Belastungen sich daraus für die Republik ergaben.
2 Erläutern Sie die Aussage: „Die Republik musste [...] mit Machteliten leben, die ihr reserviert bis feindlich gegenüberstanden" (Z. 49 ff.).
3 Bestimmen Sie die Bildelemente und die Aussage des Plakats M 2.
4 Beurteilen Sie unter Berücksichtigung von M 1 und M 2, inwieweit die Weichenstellungen der Jahre 1918/19 für das Ende der Weimarer Republik verantwortlich gemacht werden können.

Wiederholen

M3 Wahlplakat des Zentrums, 1919

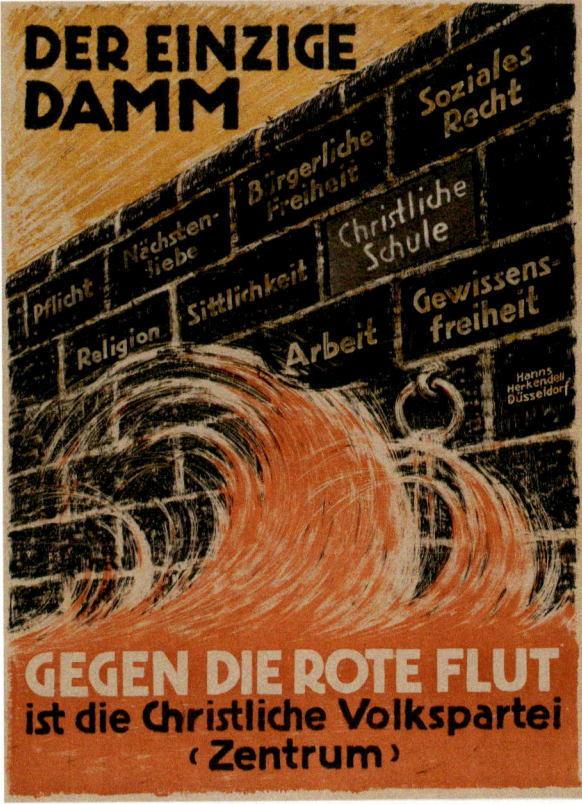

Zentrale Begriffe
Demokratie
Frauenwahlrecht
Grundrechte
Nationalversammlung
Novemberrevolution
Oktoberreformen
Parteien
Rat der Volksbeauftragten
Rätesystem
Reichspräsident
Reichstag
Republik
Waffenstillstand
Weimarer Koalition
Weimarer Reichsverfassung

1 **Wahlaufgabe:** Bearbeiten Sie entweder a) oder b).
   a) Erstellen Sie eine Grafik, die Verbindungen und Strukturen zwischen den zentralen Begriffen zur Entstehung und Gründung der Weimarer Republik veranschaulicht (z. B. Wortnetz oder Wortwolke).
   b) Analysieren Sie das Wahlplakate M 3. Erläutern Sie, wie die politische Lage in Deutschland auf diesem Plakat dargestellt wird. Vergleichen Sie mit M 2.
   Tipp: siehe die Arbeitsschritte S. 298.
2 **Vertiefung:** Recherchieren Sie Informationen zum Lebenslauf und den Einstellungen des Politikers Friedrich Ebert. Charakterisieren Sie seine Rolle in den Anfangsjahren der Weimarer Republik.
3 „Die Weimarer Verfassung wirkte nicht integrierend. […] Doch sind trotz der dargestellten Schwächen die zukunftsweisenden Ansätze in den Weimarer Kompromissen nicht zu übersehen: Dazu gehören insbesondere der Aufbau des ‚unitarischen' Bundesstaats und die Konzeption des Sozialstaats." Überprüfen Sie diese These der Historikerin Ursula Büttner und formulieren Sie ggf. eine andere These.
4 **Mindmap:** Ordnen Sie soziale Gruppen und Parteien als Träger bzw. Feinde der Republik ein und veranschaulichen Sie Ihre Ergebnisse in Form einer Mindmap.
5 Beantworten Sie Ihre zu Beginn des Kapitels formulierten Fragen (siehe S. 283).
6 **Präsentation:** Wahlkampf in der Anfangsphase der Weimarer Republik: ein Spiegel der damaligen politischen Kultur? Recherchieren Sie Materialien (z. B. Wahlplakate, Berichte) und präsentieren Sie Ihre Ergebnisse.
   Tipp: Weitere Wahlplakate finden Sie unter dem Webcode von S. 314.

Worthilfen für ein Wortnetz
anwenden
auslösen
belasten
fordern
herausfordern
instrumentalisieren
stärken
stützen

3.3 Krise und Stabilisierung – die Weimarer Republik 1919 bis 1929

M1 Demonstration gegen den Versailler Vertrag, Fotografie, 1919

1918/19	Novemberrevolution
1919	Unterzeichnung des Versailler Vertrages (28.6.), Weimarer Reichsverfassung tritt in Kraft (11.8.)
1920	„Kapp-Putsch"
1923	Ruhrkampf zwischen Deutschland und Frankreich, Hyperinflation, „Hitler-Putsch"
1925	Hindenburg wird Reichspräsident

1919–1923 Krisenjahre der Weimarer Republik

1924–1929 Stabilisierung der Weimarer Republik

Die Weimarer Republik musste sich in ihren Anfangsjahren mit zahlreichen Krisen und Belastungen auseinandersetzen. Dass sie dennoch von 1924 bis 1929 eine Phase der „prekären Stabilisierung" (Heinrich August Winkler) erreichte, gilt als eine ihrer größten Leistungen.

Ein wichtiger Faktor für die Krisen der ersten Jahre war der Versailler Vertrag. Er wurde von der Mehrheit in Deutschland nicht als Friedensvertrag empfunden, sondern als „Diktatfrieden" abgelehnt. Neben den wirtschaftlichen Belastungen durch hohe Reparationszahlungen entzündete sich der Widerstand vor allem an dem „Kriegsschuldparagrafen", der die Deutschen und ihre Verbündeten für den Ausbruch des Ersten Weltkrieges verantwortlich machte. Obwohl auch führende Weimarer Politiker wie Friedrich Ebert und Walther Rathenau den Vertrag rückgängig machen wollten, akzeptierten sie ihn als alternativlos und als Basis der Weimarer Politik. Das brachte ihnen und anderen Politikern das Etikett „Erfüllungspolitiker" ein. Zu den weiteren Belastungen der jungen demokratischen Ordnung gehörte die Kontinuität der alten Eliten in Staat, Justiz und Militär. Sie lehnten die Weimarer Demokratie überwiegend ab oder standen ihr zumindest skeptisch gegenüber. Politische Morde, u. a. 1921 an Finanzminister Erzberger und 1922 an Außenminister Rathenau, bewegten in den Jahren bis 1923 die Öffentlichkeit. Dann folgte das Krisenjahr 1923: Französische und belgische Truppen besetzten wegen eines deutschen Rückstandes bei der Zahlung von Reparationen das Ruhrgebiet, das mit passivem Widerstand und Generalstreik reagierte. Im gleichen Jahr verlor besonders der Mittelstand durch eine schnelle und hohe Geldentwertung, die sogenannte Hyperinflation, sein Sparvermögen. Hinzu kamen Umsturzversuche, so auch durch den ehemaligen Kriegsfreiwilligen und NSDAP-Politiker Adolf Hitler und den früheren Weltkriegsgeneral Erich Ludendorff. Danach gelang es den Reichsregierungen, die Lage zu stabilisieren. Die Wirtschaft erholte sich, das politische Leben und der Alltag der Menschen beruhigten sich. Die Aufbruchstimmung wurde aber immer auch von tiefgreifenden Unsicherheiten begleitet. Und nach wie vor wurde teilweise heftig über die Gestaltung von Staat und Gesellschaft gestritten.

M2 „Frankreich im Rheinland", Karikatur von Karl Arnold aus dem „Simplicissimus", 1923

1 Beschreiben Sie die Bilder M 1 und M 2: Achten Sie insbesondere auf die abgebildeten Personen und Gegenstände. Bestimmen Sie jeweils die Rolle der deutschen Bevölkerung.
2 Stellen Sie – ausgehend von Text und Bildern – Hypothesen zu den Belastungen der Weimarer Republik in ihren Anfangsjahren auf und ordnen Sie diese einer historisch-politischen Kategorie zu: Politik/Staat/Herrschaft – Gesellschaft – Wirtschaft – Kultur – internationale/globale Vernetzung.
3 Diskutieren Sie erste Thesen, ob innenpolitische oder internationale, wirtschaftliche, gesellschaftliche und kulturelle Krisen eine Demokratie gefährden bzw. umstürzen können.

1929 | Beginn der Weltwirtschaftskrise

1930–1933 Präsidialkabinette

3.3 Krise und Stabilisierung – die Weimarer Republik 1919 bis 1929

> In diesem Kapitel geht es um
> – die Belastungen durch den Versailler Vertrag,
> – die Kontinuität alter Eliten,
> – die politische Gewalt,
> – das Krisenjahr 1923,
> – die Maßnahmen, durch die sich die Weimarer Republik stabilisieren konnte,
> – den Verfassungs- und Nationalfeiertag des 11. August.

M1 „Die großen Drei", Fotografie, 1919.
V.l.n.r.: David Lloyd George, Georges Clemenceau, Woodrow Wilson

Belastungen durch den Versailler Vertrag

Nach dem Ende des Ersten Weltkrieges traten 1918/19 in Paris die Siegermächte zu **Friedensverhandlungen** zusammen. Die besiegten Staaten, also auch Deutschland, schlossen sie von den Beratungen aus. Die wichtigsten Entscheidungen trafen die „großen Drei", die USA, Großbritannien und Frankreich. Da es in der Vergangenheit kaum einen Krieg gegeben hatte, der nach Dauer und Brutalität mit dem Ersten Weltkrieg vergleichbar war, besaßen die „Friedensmacher" in Paris nur wenige Erfahrungen, wie nach diesem Weltkrieg eine dauerhafte internationale Ordnung geschaffen werden konnte. Die während des Krieges in allen kriegführenden Nationen entstandenen Feindbilder und die hohen Opferzahlen auf allen Seiten schränkten ebenfalls die Bereitschaft zu Zugeständnissen deutlich ein. Überdies gab es Konflikte zwischen den Siegermächten, die auf widersprüchlichen Erwartungen beruhten. Während Frankreich eine nachhaltige Schwächung Deutschlands anstrebte und so eine hegemoniale Stellung erreichen wollte, zielten die britische und die amerikanische Delegation darauf ab, das Gleichgewicht der europäischen Großmächte auf dem Kontinent zu bewahren – aus Furcht vor einer Ausbreitung der Russischen Revolution.

M2 Die Bestimmungen des Versailler Vertrages für Deutschland

Die **territorialen Bestimmungen** des **Versailler Vertrages** sorgten dafür, dass Deutschland ungefähr 13 Prozent seines Staatsgebietes und rund 6,6 Millionen Menschen durch Abtretung von Grenzgebieten verlor. Neben Elsass-Lothringen, das an Frankreich zurückgegeben werden musste, machten die Gebietsabtretungen an Polen den Hauptteil aus. Diese Abtretungen gingen einher mit einer erheblichen **Schwächung der deutschen Wirtschaftskraft,** insbesondere in der Montan- und Eisenindustrie sowie der Landwirtschaft. Des Weiteren musste Deutschland auf alle Kolonien in Übersee verzichten. Außerdem verordneten die Siegermächte Deutschland eine **militärische Abrüstung**: Die Armee wurde auf ein Freiwilligenheer von 100 000 Mann reduziert, schwere Waffen waren abzugeben und die modernen Waffengattungen wie Panzer, U-Boote sowie die Luftwaffe wurden verboten. In Artikel 231*, dem sogenannten **Kriegsschuldartikel,** wurde Deutschland als Urheber für alle Kriegsverluste und -schäden der Alliierten verantwortlich gemacht. Artikel 231 bildete somit die Grundlage für die wirtschaftlichen Entschädigungen, die **Reparationen,** deren endgültigen Umfang – neben sofort zu entrichtenden Entschädigungsleistungen – eine Reparationskommission noch festlegen sollte.

Die Umstände der Vertragsverhandlungen, bei denen Deutschland ausgeschlossen blieb, und die Unterzeichnung unter dem Druck der Drohung einer Kriegsfortsetzung führten zu nahezu einhelliger Ablehnung des Vertrages als **„Diktatfrieden"** oder – in der Sprache der Rechten – als „Schanddiktat" von Versailles. Außerdem erschien der Friedensvertrag als „Schmachfrieden", weil Deutschland und seinen Verbündeten die alleinige Kriegsschuld zugewiesen wurde. Zusammen mit dem **Trauma des verlorenen Krieges** wirkten insbesondere diese Bestimmungen des Versailler Vertrages auch psychologisch in der deutschen Bevölkerung lange nach.

Bei der Unterzeichnung des Waffenstillstands wie auch des Versailler Vertrages übernahmen Politiker der Weimarer Republik die Verantwortung für die Aktionen der politischen und militärischen Führung des Ersten Weltkrieges. Diese wurden deshalb von Nationalisten als **„Erfüllungspolitiker"** beschimpft, die sich kampflos den Siegermächten gebeugt hätten. Im Zusammenspiel mit der **„Dolchstoßlegende"*** wurde das Ansehen der Regierungsmitglieder langfristig geschädigt. Dies bildete neben den ökonomischen Belastungen des Vertrages einen wesentlichen Faktor für die innenpolitische Destabilisierung der Weimarer Republik. Geschickt haben die Republikgegner, an erster Stelle die Nationalsozialisten, diese tiefsitzenden Enttäuschungen aufgegriffen und für ihre Zwecke genutzt. Sie versprachen ihren Landsleuten einen glanzvollen nationalen Wiederaufstieg.

Kontinuität der alten Eliten

Die demokratische Ordnung der Weimarer Republik wurde zusätzlich belastet durch die Kontinuität der alten Eliten im neuen **Staat**, die zum Teil nach wie vor ihre obrigkeitsstaatlichen und demokratiefeindlichen Vorstellungen propagierten und durchzusetzen versuchten. Hierzu gehörten vor allem die verfassungsmäßig abgesicherten **Beamten.** Besonders die höheren Beamten blieben in ihren Ämtern. Sie fühlten sich als „Staatsdiener" und waren mehr den überzeitlichen Werten des Staates als den Geboten einer demokratischen Verfassung verpflichtet. Außerdem entzog sich der **Militärapparat** in der Weimarer Republik der demokratischen Kontrolle. Er entwickelte sich zu einem „Staat im Staate". Seinem Selbstverständnis nach stand er außerhalb der Verfassung und sah sich in der Verantwortung für die „Nation". Das Militär konnte so Züge des aggressiven Reichsnationalismus weitertragen.

In vielen führenden Schichten der **Gesellschaft** überwog die Distanz zur neuen politischen Ordnung. Die Rechte des **Adels**, dessen Familien je nach Region zwischen 0,3 und 1 Prozent der Bevölkerung ausmachten, waren seit langer Zeit eingeschränkt. Seine Vorrangstellung wurde aber erst durch das Ende der Monarchie und den Zerfall der

M3 Versailler Vertrag, „Artikel 231"
„Die alliierten und assoziierten Regierungen erklären, und Deutschland erkennt an, dass Deutschland und seine Verbündeten als Urheber für alle Verluste und Schäden verantwortlich sind, die die alliierten und assoziierten Regierungen und ihre Staatsangehörigen infolge des ihnen durch den Angriff Deutschlands und seiner Verbündeten aufgezwungenen Krieges erlitten haben."

▶ M 8: Interview mit der britischen Historikerin Margaret MacMillan

▶ M 10: Jörg Leonhard über die Moralisierung der Politik

„Dolchstoßlegende"
Die „Dolchstoßlegende" ist eine große Propagandalüge und wirkmächtiger Mythos der Weimarer Republik. Nationalisten behaupteten, der Erste Weltkrieg sei nicht militärisch verloren gegangen, das deutsche Heer sei im Felde unbesiegt geblieben und „von hinten erdolcht" worden. Friedensinitiativen, Streiks und politische Unruhen in der Heimat hätten die deutsche Armee zur Kapitulation gezwungen.

▶ M 11: Adolf Hitler in einem Brief an Reichskanzler Brüning 1932

▶ M 13: Reichstagsabgeordneter Stücklen (SPD) über das Militär

M4 „Familienbildnis" (Rechtsanwalt Dr. Fritz Glaser) von Otto Dix, Gemälde, 1925

▶ M 15: Gemälde „Stützen der Gesellschaft" von George Grosz

Stadt-Land-Verteilung
Im Jahr 1910 lebte noch mehr als die Hälfte der Bevölkerung in Deutschland auf dem Land, 1925 waren es 46,4 %. Eine wachsende Zahl lebte in der Stadt, 1925 wohnten 26,8 % in Städten über 100 000 Einwohner.

Fürstenherrschaft in allen deutschen Ländern seit der Republikgründung in Frage gestellt. Da der Adel die Abschaffung oder Begrenzung seiner Privilegien als unrechtmäßig und ungerecht empfand, stemmte er sich gegen die demokratischen Veränderungen. Einige adlige Gutsbesitzer versuchten sich als agrarkapitalistische Unternehmer zu behaupten. Insbesondere in Verwaltung, Diplomatie und Militärführung blieben Adelige auch in der Weimarer Republik stark vertreten.

Ein großer Teil des **Bildungsbürgertums** hatte durch Kriegsanleihen und durch Inflation nicht nur einen Teil des Vermögens verloren, sondern wurde auch durch den Zusammenbruch der Monarchie in seinem politischen Selbstverständnis getroffen. Hinzu kam, dass Kräfte der weithin verachteten politischen Linken in der Weimarer Republik an Macht gewannen. Viele Bildungsbürger zogen sich auf ihre unsichere Staatsloyalität zurück oder opponierten gegen die politischen Machtverschiebungen. Obwohl das überwiegend kulturpessimistisch eingestellte Bildungsbürgertum mit 0,8 Prozent Anteil an der Bevölkerung eine Minderheit darstellte, blieb es doch eine respektierte, Norm setzende Elite. Es besaß in der Bürokratie des Staates, der Länder und Gemeinden eine beherrschende Stellung und verfügte als „Meinungsmacher" über erheblichen politischen Einfluss.

Die großen und mittleren Unternehmer des **Wirtschaftsbürgertums** – diese schmale Schicht machte höchstens 5 Prozent der Bevölkerung aus – konnten ihre wirtschaftliche Stellung in der Regel halten und wurden während der Weimarer Republik kontinuierlich aufgewertet. Ihre führenden Repräsentanten blieben überwiegend den Normen und Werten des autoritären Systems des Kaiserreiches verpflichtet und reagierten in der Weimarer Zeit ablehnend auf den Aufstieg der Gewerkschaften und der Sozialdemokratie. Sehnsüchtig pflegte diese Elite des Wirtschaftsbürgertums seine Rückwärtsorientierung auf die in den vergangenen Jahrzehnten eingespielten Mechanismen autoritärer Kontrolle und Steuerung.

Das **Kleinbürgertum,** etwa 15 Prozent der Bevölkerung, ging schwer angeschlagen in die republikanischen Jahre. Der „alte" Mittelstand, vor allem altes Handwerk und Kleinhandel, bot ein Bild wirtschaftlicher Zerrüttung, während neue Handwerkszweige die Hyperinflation ziemlich unversehrt überstanden. Noch tiefer eingefressen als zuvor hatte sich beim „alten" Handwerk die Opposition gegen „die Linke". Dagegen zeigte sich der „neue" Mittelstand – Angestellte, Techniker, Lehrer, Ingenieure, Betriebswirte und andere aufstrebende Dienstleistungsberufe – offener für die politische Neuausrichtungen. Doch hielt diese Verlagerung der politischen Orientierungen nicht immer lange an.

Die **Groß- und Mittelbauern** besaßen gut ein Fünftel (22,6 Prozent) aller landwirtschaftlichen Betriebe und stellten mit 1,156 Millionen Menschen rund zwei Prozent der Bevölkerung. Neben dem **Großgrundbesitz** beanspruchten sie einen hohen gesellschaftlichen Rang und verstanden sich als Rückgrat des ländlichen „Nährstandes". Mit ihren Agrarverbänden teilten sie die Überzeugung, dass in der Weimarer Republik das Industrieproletariat und die städtische Konsumentenmasse die Macht übernommen hätten. Krisenhafte Entwicklungen im Agrarsektor führten im Verlauf der 1920er-Jahre zur weiteren Radikalisierung: Die norddeutsche „Landvolk"-Bewegung protestierte mit Gewalt gegen die demokratische Ordnung, immer mehr bäuerliche Wähler machten ihr Kreuz bei den Parteien der extremen oder radikalen Rechten.

Belastungen durch politische Gewalt

Die **freiheitliche Verfassung** der Weimarer Republik garantierte noch keine breite Zustimmung zur Demokratie in Deutschland – viele Menschen aus verschiedenen gesellschaftlichen Schichten standen der jungen Republik abweisend bis feindlich gegenüber. Die republikfeindliche Haltung vieler Deutscher spiegelt sich in einem geradezu furchteinflößenden Ausmaß der Gewalt im Inneren wider. In Freikorps sammelten sich

Tausende ehemaliger Frontsoldaten mit größtenteils antidemokratischen Ansichten. Durch Kriegserfahrungen und Gewalt im Weltkrieg geprägt, bekämpften radikale Gegner der politischen Linken und Rechten die demokratische Ordnung. Politische Morde und Attentate waren an der Tagesordnung und verunsicherten die Gesellschaft nachhaltig. In Justiz und Bürokratie blieben die ehemaligen Amtsträger des Kaiserreiches häufig erhalten und waren sprichwörtlich „auf dem rechten Auge blind". Das Gleiche galt für die Reichswehr: Sie beantwortete Putschversuche der radikalen Linken konsequent. Bei Angriffen von rechts hielt sie sich jedoch weitgehend zurück. Der Machterhalt der alten Eliten aus dem Kaiserreich stellte von 1918 bis 1933 ein Dauerproblem der Weimarer Republik dar.

▶ M 18, M 19: Der Umgang der Justiz mit politischen Straftaten

▶ M 14: Heinrich August Winkler zum Urteil im Hitlerprozess

Das Krisenjahr 1923

Die Krisen der Anfangszeit gipfelten im Krisenjahr 1923. Innerhalb weniger Monate trafen mindestens drei gefährliche Entwicklungen zusammen, die jede für sich das Potenzial hatten, den jungen Staat in seiner Existenz zu bedrohen. Daher gilt 1923 als das Jahr der Bewährung für die Weimarer Republik.

▶ M 20 bis M 22: Krisenherde im Spiegel von Wahlplakaten 1923/24

Krisenherd 1: Ruhrbesetzung und Ruhrkampf
In der Weimarer Republik gab es seit ihrer Ausrufung große wirtschaftliche Probleme und soziale Nöte. Die Reparationszahlungen infolge des Ersten Weltkrieges verschärften diese Entwicklung zusätzlich. Als Deutschland 1923 mit Zahlungen an die Alliierten in Rückstand geriet, besetzten französische und belgische Truppen das Ruhrgebiet als „produktives Pfand". Die Reichsregierung und die Gewerkschaften riefen daraufhin die Bevölkerung zum passiven Widerstand und zum Generalstreik („Ruhrkampf") auf. Durch massenhafte Arbeitsverweigerung wurden Industrie, Verwaltung und Verkehr teilweise lahmgelegt. Die Millionenbevölkerung des Ruhrgebiets musste jedoch vom deutschen Staat weiterhin durch Fortzahlung der Löhne versorgt werden – eine enorme Belastung für den Staatshaushalt! Gleichzeitig fielen dem Staat alle Einnahmen aus seinem wirtschaftlich bedeutsamsten Zentrum weg. Im Verlauf des Jahres war absehbar, dass dieser finanzielle Kraftakt nicht lange zu stemmen war.

Krisenherd 2: Hyperinflation
Bereits nach dem Ende des Ersten Weltkrieges gab es in Deutschland aufgrund von Kriegskrediten und -anleihen eine zunächst langsame und dann immer raschere Geldentwertung. Die staatliche Finanzierung des passiven Widerstandes im Ruhrgebiet verschärfte diese Entwicklung drastisch. Die zusätzlichen Ausgaben finanzierte die Regierung nämlich durch den Druck von immer mehr Geldscheinen: Kostete ein Laib Roggenbrot im Dezember 1919 noch 0,80 Mark, steigerte sich der Preis im April 1923 auf 474,00 Mark und im Dezember 1923 auf 399 000 000 000 Mark (s. S. 271). Bei solch einer rapiden und unkontrollierbaren Geldentwertung spricht man von einer Hyperinflation. Große Teile der Bevölkerung und vor allem der Mittelstand verloren durch die Hyperinflation ihr gesamtes Sparvermögen. Im Gegensatz dazu schrumpften Schulden auf kleine Beträge zusammen. Das Währungsversagen brachte Wirtschaft, Staat und Gesellschaft an den Rand des Zusammenbruchs.

Krisenherd 3: Putschversuche
Bereits 1920 versuchten rechtsgesinnte Freikorpseinheiten im sogenannten Kapp-Lüttwitz-Putsch die ungeliebte Republik zu beseitigen. Die Verschwörer scheiterten letztlich am Widerstand der Ministerialbürokratie sowie der Arbeiterschaft, die im ganzen Reich in einen Generalstreik trat. In Bayern hatte sich infolge des Putsches jedoch eine rechtsgerichtete Landesregierung gebildet, die kaum gegen republikfeindliche Bestrebungen vorging. In diesem Umfeld riefen der Kriegsfreiwillige Adolf Hitler und der Weltkriegs-

M 5 Adolf Hitler und Erich Ludendorff, Fotografie, 1923

general Erich Ludendorff am 8. November 1923 im Bürgerbräukeller in München die „nationale Revolution" aus. Sie erklärten die bayerische und die Reichsregierung für abgesetzt und riefen eine Gegenregierung mit Adolf Hitler als neuem Reichskanzler aus. Am nächsten Tag wurden Ludendorff und Hitler mit ihren Anhängern in München durch eine Einheit der Landespolizei aufgehalten. Der Putsch brach daraufhin zusammen und Adolf Hitler wurde zu fünf Jahren Festungshaft verurteilt.

Neben diesen beiden Putschversuchen von rechts gab es auch von links Versuche, in Deutschland einen revolutionären Umsturz nach russischem Vorbild einzuleiten. In Sachsen und Thüringen war die KPD Regierungsbündnisse mit der MSPD eingegangen. Formal zur Abwehr rechter Putschversuche wurden bewaffnete Einheiten, sogenannte „Proletarische Hundertschaften", aufgestellt. Der eigentliche Zweck war die Vorbereitung einer proletarischen Revolution nach sowjetischem Vorbild.

M6 Angehörige der SA treffen zur Verstärkung des Hitler-Putsches in München ein, Fotografie, 1923

Die relative Stabilisierung in der Politik

Viele Historiker bezeichnen die Zeit von 1924 bis 1929 als Phase der relativen Stabilisierung. Dennoch gab es auch während dieser Jahre kleinere oder größere Krisen. Aber verglichen mit den vorangegangenen und nachfolgenden Krisenzeiten waren die 1920er-Jahre tatsächlich „Weimars beste Jahre" (Wolfram Pyta).

▶ M 23, M 24: Relative Stabilisierung der Weimarer Republik

Mit dem Einmarsch der Reichswehr und der Niederschlagung des Aufstandes in Sachsen im Oktober 1923 beendete die Reichswehr die Aufstandspläne von rechts und von links. Die radikalen Parteien auf der politischen Rechten und Linken verloren an Gewicht und gerieten zeitweilig in die Isolation. Zwar wechselten die Regierungen häufig, aber die parlamentarisch-parteienstaatliche Demokratie funktionierte leidlich. Um das Zentrum, das allen Koalitionsregierungen angehörte, gruppierten sich die beiden liberalen Parteien. Dieser Bürgerblock wurde unterstützt bzw. erweitert entweder durch die nationalkonservative DNVP auf der Rechten oder die SPD auf der Linken. Die Gemeinsamkeiten dieser Koalitionen blieben allerdings begrenzt. Häufig konnten die weltanschaulichen und politisch-sozialen Unterschiede nur schwer oder gar nicht überbrückt werden. Die Parteien versagten gelegentlich ihren Ministern die Unterstützung, um sich gegenüber den Wählern stärker zu profilieren. Doch im größten Land des Reiches, in Preußen, konnte sich die Weimarer Koalition aus Sozialdemokraten, Liberalen und Zentrum bis 1932 behaupten. Mit dem Tod von **Reichspräsident Friedrich Ebert** 1925

▶ S. 360, Regierungen der Weimarer Republik 1924 bis 1929

verlor die Weimarer Demokratie eine gewichtige Identifikationsfigur. Für die demokratische Legitimation der Republik bedeutete die Wahl des 78-jährigen ehemaligen Chefs der Obersten Heeresleitung, Paul von **Hindenburg,** zu seinem Nachfolger einen Rückschlag. Der Monarchist Hindenburg repräsentierte und stärkte die nationalen und konservativen Kräfte in Deutschland, die sich zurück in die „gute alte Zeit" des wilhelminischen Reiches sehnten.

Bewältigung wirtschaftlicher Probleme

Die Regierung stabilisierte auch im Bereich der Wirtschaft die Situation. Der Ruhrkampf wurde abgebrochen und eine Währungsreform durchgeführt. Am 16. November 1923 führte sie die neue Währung, die **Rentenmark,** ein und setzte das Verhältnis von Rentenmark zu Papiermark auf 1 : 1 Billion fest. Damit war ein wichtiger Schritt zur Beendigung der Inflation getan. Es setzte bald eine Phase der wirtschaftlichen Erholung ein. Obwohl die Investitionen niedrig, die Arbeitslosenzahlen hoch blieben und der wirtschaftliche Aufschwung schwächer war als in anderen Staaten, beschleunigte sich in den 1920er-Jahren das wirtschaftliche Wachstum in Deutschland. Seit 1924 stieg die deutsche Industrieproduktion allmählich an und erreichte in den Jahren 1927 bis 1929 wieder das Vorkriegsniveau.

Deutschland wandelte sich weiter vom Agrar- zum **Industriestaat**. Anders als in der Zeit vor 1914 verschoben sich jetzt allerdings die Gewichte zwischen den einzelnen Wirtschaftssektoren langsamer zugunsten des industriellen Bereichs und des Dienstleistungssektors. 1933 arbeiteten 28,8 Prozent der Beschäftigten in der Landwirtschaft, 40,6 Prozent in der Industrie und 30,6 Prozent im Dienstleistungsbereich. Die modernen Industrien der „zweiten" Industriellen Revolution, Chemie, Elektrotechnik und Teile des Maschinenbaus, standen trotz kriegsbedingter Verzerrungen nach wie vor an der Spitze der industriellen Produktion, während die Wachstumsraten der Industriezweige der „ersten" Industriellen Revolution, der Montan- und Schwerindustrie, hinter denen der neuen dynamischen Industrien zurückblieben. Die Konsumgüterindustrie entwickelte sich uneinheitlich, ihr Wachstum verlief jedoch langsamer als das der Produktions- und Investitionsgüterindustrie. Obwohl Industriezweige wie Chemie, Elektrotechnik, Maschinenbau oder auch Optik erneut eine führende Stellung auf dem Weltmarkt erreichten, verlor Deutschland insgesamt im internationalen Wettbewerb an Bedeutung. Zwar bestimmten marktwirtschaftliche Regeln die deutsche Volkswirtschaft in der Weimarer Zeit, aber der Staat griff stärker in den Wirtschaftsprozess ein als im Kaiserreich. Ein Schwerpunkt staatlicher Intervention lag auf dem Feld der **Sozialpolitik**. Die wichtigsten sozialpolitischen Neuerungen der Weimarer Zeit waren die Umwandlung der Armenpflege in eine moderne Sozialfürsorge, auf die es einen Rechtsanspruch gab, der Ausbau der Unfallversicherung, die Schaffung einer einheitlichen Rentenversicherung, Leistungsverbesserungen bei der Krankenversicherung und die Einführung der gesetzlichen Arbeitslosenversicherung 1927.

M7 Kinder spielen mit wertlos gewordenem Papiergeld, Fotografie, 1923

---

1 **Mindmap/Fließschema:** Arbeiten Sie in strukturierter Form (z. B. Mindmap oder Fließschema) die Belastungen für Deutschland durch den Versailler Vertrag heraus.
2 Erläutern Sie, warum die Kontinuität der alten Eliten ein Dauerproblem für die Weimarer Demokratie darstellte.
3 Diskutieren Sie die folgende Feststellung: „Verschärft wurde die innenpolitische Polarisierung von Anfang an durch die außenpolitischen Belastungen" (Hans-Ulrich Thamer). Erklären Sie, davon ausgehend, die Wechselwirkungen zwischen innenpolitischen und außenpolitischen Belastungen im Krisenjahr 1923.
4 Überprüfen Sie, ob die Krisenherde des Jahres 1923 dauerhaft beseitigt werden konnten.
5 **Zusatzaufgabe:** siehe S. 481.

3.3 Krise und Stabilisierung – die Weimarer Republik 1919 bis 1929

Hinweise zur Arbeit mit den Materialien

Anhand von M 2 im Darstellungsteil können die wichtigsten Bestimmungen des Versailler Vertrages und seine Auswirkungen auf Deutschland erarbeitet werden. Das Interview mit einer britischen Historikerin (M 8), die Karikatur (M 9) und der Historikertext (M 10) bieten Erklärungsversuche für die unterschiedlichen Wahrnehmungen des Friedensvertrages. Danach kann vertiefend der Versailler Vertrag als Faktor für den Aufstieg Hitlers betrachtet werden (M 11 und M 12). Die Materialien M 13 bis M 15 setzen sich mit der Kontinuität der alten Eliten auseinander. Es folgt ein Materialblock (M 16 bis M 19) zu innenpolitischen Belastungsfaktoren der Republik. Dabei stehen die Auswirkungen der Inflation und der Umgang mit politischen Straftaten vor Gericht im Zentrum. Mithilfe der Plakate M 20 bis M 22 der Jahre 1923/24 können verschiedene Krisenherde des Jahres 1923 thematisiert und ihre Instrumentalisierung analysiert werden. Abschließend können die Jahre 1924 bis 1929 auf der Basis von zwei Sekundärtexten (M 23, M 24) unter dem Begriff der „prekären Stabilisierung" diskutiert und beurteilt werden.

Zur Vernetzung mit dem Kernmodul
- M 13 (Reichswehr als „Staat im Staate") kann mit M 1 Jürgen Kocka, S. 373, Kernmodul verbunden werden (Militär, „Sonderbewusstsein").
- M 13 und M 15 bieten einen Bezug zu Wehlers Beitrag zur Sonderwegsdebatte (M 4).
- M 6 des Kernmoduls (Bracher) kann insgesamt herangezogen werden, da hier Belastungen und Krisen der Weimarer Republik beleuchtet werden.

Belastungen durch den Versailler Vertrag

M 8 Interview mit der britischen Historikerin Margaret MacMillan (2015)

ZEIT: „Die Friedensmacher" heißt Ihre große Darstellung der Pariser Verhandlungen [...]. Wurde denn wirklich Frieden gemacht oder nur neuem Unfrieden der Boden bereitet?
5 MacMillan: [...] Dass sich die Deutschen so sehr über den Vertrag empörten, lag vor allem daran, dass sie sich ihre Niederlage im Ersten Weltkrieg nicht eingestehen wollten. Stattdessen setzte sich der Glaube durch, man sei „im Felde unbesiegt" geblieben und
10 habe nur aufgrund des Verrats durch „innere Feinde" den Krieg verloren. Ich bin überzeugt: Die Deutschen hätten 1919 jeden Vertrag ungerecht gefunden, der sie zur Rechenschaft gezogen hätte. [...]

ZEIT: Als die Deutschen nach Versailles kamen und den Friedensvertrag lasen, waren sie entsetzt. Hatten 15 sie sich Illusionen hingegeben, oder wurden sie durch den Vertrag übermäßig gestraft?
MacMillan: Die Deutschen lebten seit dem Kriegsende in einer Traumwelt. Sie hatten einen Waffenstillstand unterzeichnet, der einer Kapitulation gleichkam, 20 aber sie hofften, es möge doch alles anders kommen. Woodrow Wilson hatte ihnen dazu Anlass gegeben, als er ihnen, ohne Absprache mit den europäischen Siegermächten, einen Frieden ohne schwere Sanktionen in Aussicht stellte – auf der Grundlage seines be- 25 rühmten 14-Punkte-Programms. Die Deutschen rechneten daher mit einem milden Angebot und glaubten, dass Wilsons „Selbstbestimmungsrecht der Völker" auch zu ihren Gunsten ausgelegt würde. [...] Die Deutschen fühlten sich geknechtet [...]. Tatsäch- 30 lich aber wurden viele Bestimmungen gar nicht durchgesetzt, nach und nach abgemildert oder umgangen – insbesondere die militärischen. Es gab die Tendenz, den Vertrag für alles verantwortlich zu machen, was schieflief, insbesondere die Rechten ins- 35 trumentalisierten ihn. Anders agierte der Kanzler und spätere Außenminister Gustav Stresemann. Er sagte: Wir erfüllen die Bedingungen und versuchen dann, sie zu lindern – womit er recht erfolgreich war.

Christian Staas im Interview mit Margaret MacMillan: „Den Versailler Vertrag trifft keine Schuld", DIE ZEIT 46/2015 (Auszug).*

M 9 „Der Friedenskuss", Karikatur von Thomas Theodor Heine aus der Zeitschrift „Simplicissimus", 8. Juli 1919

M 10 Der Historiker Jörn Leonhard über die Moralisierung der Politik (2014)

Im Vergleich zu den deutschen Bedingungen im Frieden von Brest-Litowsk[1] mit Russland relativiert sich die Vorstellung von der Singularität des Versailler „Diktatfriedens", als den ihn der weit überwiegende Teil der Deutschen wahrnahm. Aber der Friedensvertrag markierte den Bruch mit den Traditionen der neuzeitlichen Friedensverträge von 1648 und 1815: Die Vorstellung des entkriminalisierten *iustus hostis*[2] wurde zugunsten einer Moralisierung der Politik und der Zuweisung einer Alleinschuld am Kriegsausbruch aufgegeben. Doch bedeutete der Friedensvertrag im Gegensatz zum Mai 1945 eben keine bedingungslose Kapitulation Deutschlands. Aus dieser Perspektive fielen die Bedingungen je nachdem zu harsch oder zu milde aus. Deutschland sah sich moralisch als stigmatisiert an und büßte doch zugleich weder politisch noch wirtschaftlich seinen europäischen Großmachtanspruch komplett ein. Anders als im Mai 1945 verfügte das Land nach dem Ersten Weltkrieg weiterhin über die Ressourcen für eine revisionistische Außenpolitik. Darin spiegelte sich der keinesfalls widerspruchsfreie Kompromiss zwischen den Siegermächten wider. Der Vertrag reflektierte das anglo-amerikanische Drängen auf eine erneuerte kontinentaleuropäische Gleichgewichtskonstellation und bremste insofern die […] französischen Pläne einer langfristigen Zerschlagung der deutschen Großmachtposition aus.

Jörg Leonhard, Büchse der Pandora. Geschichte des Ersten Weltkriegs, C. H. Beck, München 2014, S. 955 f.*

1 *Friedensvertrag von Brest-Litowsk:* 1918 zwischen Sowjetrussland und den Mittelmächten (Deutsches Reich, Österreich-Ungarn, Osmanisches Reich, Bulgarien) geschlossen
2 *iustus hostis (lat.):* wörtlich: gerechter Feind, gemeint ist: Feind mit gleichen Rechten

1 Interpretieren Sie die Karikatur M 9.
2 Arbeiten Sie heraus, wie MacMillan (M 8) die Wahrnehmung des Versailler Vertrages in Deutschland beschreibt und worin sie die Gründe dafür sieht.
3 **Vertiefung:** Erläutern Sie anhand von M 10, inwieweit der Versailler Friedensvertrag ein „Bruch mit den Traditionen neuzeitlicher Friedensverträge" darstellt.
4 **Zusatzaufgabe:** siehe S. 481.

M 11 Adolf Hitler in einem offenen Brief an Reichskanzler Brüning (25. Januar 1932)

Aber zu einem Versailler Vertrag wäre es nie gekommen, wenn nicht die hinter Ihnen stehenden Parteien des Zentrums, der Sozialdemokratie und der Demokratie das alte Reich ausgehöhlt, zerstört und verraten hätten, wenn sie nicht die Revolution vorbereitet, durchgeführt oder zumindest akzeptiert und gedeckt hätten. Nicht ich, Herr Reichskanzler, habe jemals im Versailler Vertrag eine mögliche Basis für das Leben unseres Volkes oder das Gedeihen der Wirtschaft gesehen, aber die hinter Ihnen stehenden Parteien haben durch die Unterzeichnung dieses Vertrages seine Erfüllung zumindest als möglich vorgetäuscht. Derjenige, der als Erster in Deutschland in unzähligen Massenversammlungen gegen diesen Vertrag Stellung nahm, war, um „geschichtlichen Verwechslungen vorzubeugen", ich, nicht Sie. Die unerbittliche Handhabung aber dieses Vertrages, die, wie Sie meinen, in den ersten 5 Jahren jeden deutschen Wiederaufbau zerstörte, wäre ganz unmöglich gewesen, wenn nicht gewisse „deutsche" Parteien zu jeder Erpressung, Schmach und Schande ihre Zustimmung gegeben hätten. Ich […] mache diejenigen verantwortlich, die durch ihr Wirken diese Verhältnisse entweder schufen oder zumindest begünstigten.

Zit. nach: Johannes Hohlfeld (Hg.), Deutsche Reichsgeschichte in Dokumenten 1849–1934, Bd. 4, Leipzig 1934, S. 422 f.*

M 12 „The Source", Karikatur von Daniel Fitzpatrick aus einer amerikanischen Zeitung, 1930

1 Analysieren Sie den offenen Brief Hitlers an Reichskanzler Brüning (M 11).
   Tipp: siehe S. 481.
2 **Wahlaufgabe:** Bearbeiten Sie a) oder b).
   a) Interpretieren Sie die Karikatur „The Source" von Daniel Fitzpatrick (M 12).
   b) Beurteilen Sie, inwiefern der Versailler Vertrag für den Aufstieg der NSDAP verantwortlich war. Berücksichtigen Sie dabei M 8–M 12.

Kontinuität alter Eliten

M 13 Der Abgeordnete Daniel Stücklen (SPD) über die Reichswehr (26. Mai 1925)

Wir haben heute ein Heer der Republik, das, wie ich feststellen will, diesem Staate dient, dessen Leitung erklärt, wir stehen auf dem Boden der Verfassung; aber das schließt natürlich nicht aus, dass wir, wenn
5 die Verfassung geändert, eine anderes Staatswesen aufgezogen wird, dann auch dem neuen Staatswesen dienen.
 Es sind aber recht deutliche Anzeichen dafür vorhanden, dass die Entwicklung der Reichswehr dahin
10 geht, eine Art Staat im Staate zu werden. Das war […] eine gewisse Abgeschlossenheit, ein Korpsgeist, der zur Abgeschlossenheit führen musste und letzten Endes bewirkte, dass die alte Armee wirklich ein Staat im Staate war, mit einem eigenen Ehrbegriff, ihrem
15 eigenen Strafkodex, mit einem Wort: eine Menge Einrichtungen, die von den Einrichtungen der zivilen Bevölkerung losgelöst waren. Im Hauptausschuss wurde darauf hingewiesen, dass die Anzeichen für eine solche Entwicklung abermals vorhanden seien.
20 Die Gefahr ist umso größer, als früher der Soldat nur zwei Jahre diente und nach zwei Jahren in die Massen des Volkes zurücktrat. […] Heute dient der Reichswehrsoldat zwölf Jahre. Zwölf Jahre verlebt er in einer ganz anderen Umwelt. Er ist ganz anderen Einflüssen
25 und Eindrücken preisgegeben; das führt letzten Endes dazu, dass eine gewisse Entfremdung nicht vermieden werden kann.

Wolfgang Michalka, Gottfried Niedhart (Hg.), Die ungeliebte Republik. Dokumentation zur Innen- und Außenpolitik Weimars 1918–1933, 3. Aufl., dtv, München 1984, S. 220.*

M 14 Der Historiker Heinrich August Winkler über das Urteil im Hitlerprozess 1924 (1993)

Am 1. April 1924 sprach das Volksgericht München Ludendorff von der Anklage des Hochverrats frei; fünf andere Beteiligte, darunter der Organisator der SA, Ernst Röhm, wurden zu drei Monaten Festung
5 und 100 Mark Geldstrafe mit Bewährung, Hitler selbst zusammen mit drei Mitverschwörern zu fünf Jahren Festung und 200 Mark Geldstrafe verurteilt. Nach Verbüßung von sechs Monaten stand auch den zuletzt Genannten eine Bewährungsfrist in Aussicht.
10 Allen Angeklagten hielt das Gericht zugute, sie hätten sich bei „ihrem Tun von rein vaterländischem Geiste und dem edelsten, selbstlosen Willen" leiten lassen und nach bestem Wissen und Gewissen geglaubt, „dass sie zur Rettung des Vaterlands handeln
15 mussten, und dass sie dasselbe taten, was kurz zuvor die Absicht der leitenden bayerischen Männer war".

Moralisch kamen das Urteil und seine Begründung einem Freispruch gleich – und nicht anders wurden sie über Bayern hinaus auch verstanden.

Heinrich August Winkler, Weimar. Die Geschichte der ersten deutschen Demokratie 1918–1933, C. H. Beck, München 1993, S. 252.*

M 15 „Stützen der Gesellschaft", Gemälde von George Grosz, 1926

1 Erklären Sie, was der Abgeordnete Stücklen mit „Staat im Staate" (Z. 10) meint.
2 Bewerten Sie auf der Basis von M 14 das Urteil im Hitlerprozess.
   Tipp: Beziehen Sie die Formulierung „Tun von rein vaterländischem Geist" (Z. 11 f.) in Ihr Werturteil ein.
3 Charakterisieren Sie mithilfe des Gemäldes von George Grosz (M 15) die „Stützen der Gesellschaft".
   Tipp: siehe S. 481.

Krisen und politische Gewalt

M 16 Wertverlust des Geldes 1914 bis 1923

Zeitpunkt	Wert von 100 000 Mark von 1914	Wertverlust in %
Juni 1914	100 000,00	0,00
Jan. 1919	47 190,00	52,80
Juli 1919	27 855,00	72,10
Jan. 1920	6 480,00	93,50
Juli 1920	10 638,00	89,40
Jan. 1921	6 468,00	93,50
Juli 1921	5 476,00	94,50
Jan. 1922	2 189,00	97,80
Juli 1922	851,00	99,10
Jan. 1923	23,46	100,00
Juli 1923	1,19	100,00
Sept. 1923	0,00	100,00

Zit. nach: Herbert Prokasky, Der Erste Weltkrieg und die Inflation 1914–1923, in: Geschichtsdidaktik 5, 1980, S. 267.

M 17 Leserbrief in der Braunschweigischen Landeszeitung (1923)

Schon zwischen 8 und 9 sieht man, wie das Licht eins nach dem anderen in den Häusern erlischt. Die Treppenhäuser der großen Mietskasernen und die besseren Wohnhäuser sind unbeleuchtet und in den
5 vielen Straßen kommt man schon in den frühen Abendstunden vor verschlossenen Haustüren, weil man sein Eigentum gegen Diebstahl auf jede mögliche Art und Weise schützen muss. Die Millionenrechnungen für Gas und elektrisches Licht, auch für
10 Heizung, zwingen zu den äußersten Einschränkungen; Gesundheit und Bequemlichkeit werden hintangestellt, um nur die allernotwendigsten Lebensbedürfnisse noch bestreiten zu können, Not und Elend überall. [...] In den letzten Wochen sind schon wieder
15 Selbstmorde vorgekommen, die ihre Ursachen in Hunger, Kummer, Not, Elend, Unzufriedenheit und Verzweiflung haben! Wann kommt der Retter? Reden haben bisher nicht geholfen und helfen auch jetzt nicht mehr. Das Volk, der Mittelstand, will endlich
20 Taten sehen!

Zit. nach: Reinhard Bein, Die Hyperinflation – eine traumatische Erfahrung, in: Praxis Geschichte Nr. 2/1992, S. 24 f.*

M 18 „Die Arme der Gerechtigkeit", Karikatur von Herbert Anger aus der Satirezeitschrift „Lachen links. Das republikanische Witzblatt", 1925

M 19 Umgang mit politischen Morden 1921

	Politische Morde begangen von Linksstehenden	Politische Morde begangen von Rechtsstehenden
Gesamtzahl der Morde	22	354
– ungesühnt	4	326
– teilweise gesühnt	1	27
– gesühnt	17	1
Zahl der Verurteilten	38	24
freigesprochen	–	23
Dauer der Einsperrung	15 Jahre	4 Monate
Hinrichtungen	10	–

Aus: Die Zerstörung der deutschen Politik. Dokumente 1871–1933, neu hg. und kommentiert v. Harry Pross, Fischer TB, 1982, S. 145.*

1 **Kooperative Partnerarbeit:** Bearbeiten Sie a) und b) arbeitsteilig und stellen Sie sich anschließend Ihre Ergebnisse vor.
   a) Analysieren Sie den Leserbrief M 17. Erklären Sie anschließend unter Einbeziehung von M 7 und M 16, welche Auswirkungen die Geldentwertung auf die Menschen hatte.
   b) **Wahlaufgabe:** Analysieren Sie M 18 oder M 19.

Krisenherde im Spiegel von Wahlplakaten

M 20 Plakat gegen die französische Besetzung des Ruhrgebiets, 1923

M 21 Plakat der DNVP, Reichstagswahl 1924

M 22 Plakat der Deutschen Demokratischen Partei (DDP), Reichstagswahl 1924.
Der am Ärmel platzierte Geldschein trägt die Aufschrift „Eine Rentenmark".

1 Gruppenarbeit:
a) Analysieren und vergleichen Sie arbeitsteilig die Wahlplakate (M 20–M 22).
   Tipp: Beachten Sie die methodischen Hinweise auf S. 298.
b) Präsentieren Sie in der Gruppe Ihr Plakat und den Belastungsfaktor, auf den es reagiert.
c) **Vertiefung:** Vergleichen Sie die Darstellung von Belastungsfaktoren auf Wahlplakaten der Weimarer Republik mit heutigen Wahlplakaten.

Weitere Wahlplakate der Parteien
cornelsen.de/Webcodes
Code: xutova

Relative Stabilisierung 1924 bis 1929

M 23 Der Historiker Ulrich Herbert (2014)
Das politische Gefüge der Weimarer Republik blieb auch in den Jahren 1924 bis 1929 instabil; aber die Zeit des Bürgerkriegs und der Umsturzversuche war fürs Erste vorbei. Nach der Wiederherstellung einer,
5 wenn auch brüchigen, wirtschaftlichen Stabilität standen im Mittelpunkt dieser fünf Jahre die Versuche, einigermaßen tragfähige Lösungen für die vielfältigen Probleme zu finden, denen sich die deutsche Nachkriegsgesellschaft ausgesetzt sah, und dafür
10 parlamentarische Mehrheiten zu gewinnen. [...] Die inneren Verhältnisse in Deutschland [begannen sich] zu beruhigen, wenngleich die Grundkonflikte nur verschoben, nicht gelöst waren. [...] Das entscheidende Problem aber blieb die Instabilität des politi-
15 schen Systems. Selbst [...] strittige Fragen [...] erschienen lösbar, wenn es gelang, langfristig handlungsfähige Regierungen zu installieren. [...] Die Suche nach politischen Instrumentarien zur Steuerung der freigesetzten Dynamik in Gesellschaft,
20 Wirtschaft und Kultur war durch den Krieg und die dadurch verschärften ideologischen Widersprüche und Interessenskonflikte noch schwieriger geworden. Vor allem erwies es sich als nahezu unmöglich, zwischen den verschiedenen Parteien und gesell-
25 schaftlichen Lagern Bündnisse zu schmieden, die über ein ausreichendes Maß an Übereinstimmungen verfügten und in der Lage waren, diese in die politische Praxis umzusetzen. Die verbreitete These von der „Demokratie ohne Demokraten" ist insofern nur
30 bedingt zutreffend. [...] Als nach dem Tod Friedrich Eberts 1925 der 77-jährige Paul von Hindenburg zum Reichspräsidenten gewählt wurde, kam mit ihm ein Mann ins höchste Amt der Republik, der für die wilhelminische Ära [...] stand. [...] Darin drückte sich
35 der Wunsch eines Teils der Wählerschaft nach vergangener Größe aus [...], aber auch die kritische Haltung gegenüber Republik, Parteienstaat und Kultur der Moderne. Insofern war die Wahl Hindenburgs eine schwere Niederlage der demokratischen Kräfte.
40 [...] [Sie] machte vor allem deutlich, dass eine antirepublikanische Mehrheit von rechts möglich war.

Ulrich Herbert, Geschichte Deutschlands im 20. Jahrhundert, C. H. Beck, München 2014, S. 213–222.*

M 24 Die Historiker Eberhard Kolb und Dirk Schumann (2013)
Das Jahrfünft von 1924 bis 1929/30 gilt als Phase einer „relativen Stabilisierung" der Weimarer Republik. Diese Charakterisierung ist durchaus zutreffend, wenn dabei die Betonung auf dem Wort „relativ"
5 liegt. [...] Aber diese Stabilisierung vollzog sich auf dünnem Boden und war bestenfalls oberflächlich. Je intensiver sich die Forschung mit der Mittelperiode der Weimarer Republik befasst, desto stärker werden die Zweifel an der Stabilisierungsthese. Vielmehr ist
10 die Rede von einer „Instabilitätsrepublik" (Rudolf Morsey), von einer „Geschichte des Versagens" (Michael Stürmer) gerade im Hinblick auf die Phase der relativen Stabilisierung. Tatsächlich ist es in jenen Jahren, in denen der außenpolitische Druck nachließ
15 und die inneren Auseinandersetzungen ruhiger verliefen als in den stürmischen Anfangsjahren der Republik, nicht gelungen, das politische und das sozialökonomische System so zu konsolidieren, dass die Republik einer ernsthaften Krise gewachsen war.
20 Mochte die parlamentarisch-parteienstaatliche Demokratie einige Jahre lang auch leidlich funktionieren: Ein stabiles parlamentarisches Regierungssystem entwickelte sich in der Phase der „relativen Stabilisierung" nicht; und im Bereich der Wirt-
25 schafts- und Sozialpolitik verhärteten sich in eben jenen Jahren die Fronten, wurde ein Konfliktpotenzial angehäuft, das nach Entladung drängte.
Mit diesem Hinweis soll keineswegs die politische und gesellschaftliche Entwicklung der Jahre ab 1923
30 nachträglich zu einer historischen Einbahnstraße stilisiert werden [...]. Die unübersehbaren strukturellen Schwächen der Republik determinierten nicht zwingend die seit 1930 betriebene Krisenstrategie und jenen Geschehensablauf, der sich 1932/33 voll-
35 zog; bis zuletzt bestand ein – freilich immer enger werdender – Raum für alternative Problemlösungen und Entscheidungen. Wohl aber werden durch eine Analyse der in der Mittelperiode aufweisbaren strukturellen und politischen Defizite jene Voraussetzun-
40 gen und eben auch Vorbelastungen umrissen, welche den Bedingungsrahmen bildeten für Agieren und Reagieren der Politiker und breiter Bevölkerungsschichten, als die Republik 1929/30 erneut in eine Phase akuter Gefährdung eintrat.

Eberhard Kolb/Dirk Schumann, Die Weimarer Republik, 8. Aufl., Oldenbourg, München 2013, S. 74 f.*

1 Arbeiten Sie die zentralen Argumente von Ulrich Herbert aus M 23 heraus.
2 Erläutern Sie die „Zweifel an der Stabilisierungsthese" (Z. 9), die Eberhard Kolb und Dirk Schumann in M 24 formulieren.
3 Setzen Sie sich mit der These der relativen Stabilisierung auseinander. Beziehen Sie die Materialien des ganzen Kapitels 3.3 mit ein.
Tipp: siehe S. 482.

Ein Nationalfeiertag für die Weimarer Republik: der 11. August

M1 Deckblatt der Weimarer Reichsverfassung

Nationalfeiertage dienen dazu, in einem Staat eine kollektive Identität herzustellen bzw. zu stärken. Sie bilden einen wichtigen Bestandteil der Gedenk- und Geschichtskultur. In einer neuen Demokratie wie der Weimarer Republik kam einem solchen gemeinsamen Tag des Feierns eine besondere Bedeutung zu.
Von 1921 bis 1932 war der 11. August, der Tag der Unterzeichnung der Weimarer Verfassung, ein Nationalfeiertag. Dem Beschluss gingen allerdings kontroverse Diskussionen voraus und es gelang nicht, den Feiertag als reichsweiten, arbeitsfreien Tag mit einer gemeinsamen Zentralfeier durchzusetzen. Befürwortet und schließlich mit einer Mehrheit durchgesetzt wurde der Verfassungstag von den liberalen und demokratischen Parteien. Konservative plädierten dagegen für den 18. Januar als Erinnerung an die Reichsgründung von 1871, die Kommunisten dagegen für den 1. Mai als Tag der Arbeit. 1932 fand die letzte Feier des Verfassungstages statt.

M2 Feier zum 3. Jahrestag der Unterzeichnung der Weimarer Verfassung im Reichstag in Berlin, Fotografie, 11. August 1922.
An der Wand sieht man den neuen Reichsadler und die Inschrift „Einigkeit und Recht und Freiheit".

M3 Aus einer Rede von Reichspräsident Friedrich Ebert zum Verfassungstag (11. August 1922)

Vor drei Jahren, am 11. August, hat sich das deutsche Volk seine Verfassung gegeben, das Fundament seiner Zukunft. Diesen Tag wollen wir, trotz aller Not der Gegenwart, mit Freude und Hoffnung begehen. Wir wollen keinen Bürgerkrieg, keine Trennung der Stämme. Wir wollen Recht. Die Verfassung hat uns nach schweren Kämpfen Recht gegeben. Wir wollen Frieden. Recht soll vor Gewalt gehen. Wir wollen Freiheit. Recht soll uns Freiheit bringen. Wir wollen Einigkeit. Recht soll uns einig zusammenhalten. So soll die Verfassung uns Einigkeit, Recht und Freiheit gewährleisten. Einigkeit und Recht und Freiheit! Dieser Dreiklang aus dem Lied des Dichters gab in Zeiten innerer Zersplitterung und Unterdrückung der Sehnsucht aller Deutschen Ausdruck, er soll auch jetzt unseren harten Weg zu einer besseren Zukunft begleiten. Sein Lied, gesungen gegen Zwietracht und Willkür, soll nicht Missbrauch finden im Parteikampf; es soll nicht der Kampfgesang derer werden, gegen die es gerichtet war; es soll auch nicht dienen als Ausdruck nationalistischer Überhebung. Aber so, wie einst der Dichter, so lieben wir heute, „Deutschland über alles". In Erfüllung seiner Sehnsucht soll unter den schwarz-rot-goldenen Fahnen der Sang von Einigkeit und Recht und Freiheit der festliche Ausdruck unserer vaterländischen Gefühle sein.

Zit. nach: Jörg Koch, Dass Du nicht vergessest der Geschichte. Staatliche Gedenk- und Feiertage in Deutschland von 1871 bis heute, Wissenschaftliche Buchgesellschaft, Darmstadt 2019, S. 77.

M4 Artikel aus der Frankfurter Zeitung (11. August 1930)

Verfassungsfeier und – in fünf Wochen Wahlen! Wahlen, bei denen es äußerlich um ein paar Notverordnungen geht, um den Etat des Reiches, der erst nachträglich die Zustimmung des Parlamentes erhalten soll, um Steuern und anderes […]. Aber im Grund geht es um – die Verfassung. […]

Es ist in Deutschland, genährt durch Experimente des Ostens und Südens, eine Stimmung vorhanden, auf Grund deren eine nicht unerhebliche Anzahl von Menschen die jetzige Verfassung nicht verändern, reformieren, ausgestalten, entwickeln, sondern – beseitigen will. Also Gegenrevolution? Wir haben in Deutschland so deutliche Zustände nicht gern. Zwar bei den Kommunisten ist durch die russische Zentrale ersichtlich, dass sie Etappe der Weltrevolution sind. Aber die Revolutionäre von rechts wollen ja vorläufig nicht nach Rom, sondern – ins Parlament marschieren! Wollen sich, wie auch die Kommunisten, wenigstens vorerst, der Mittel, die ihnen die gehaßte Verfassung bietet, bedienen. Also ungefährlicher? Vielleicht im dramatischen Sinne. Aber sind im Grunde Kapp-Putsche nicht weniger „gefährlich" als verkappte Putsche? Wenn nämlich der Körper gesund ist, wenn er widerstandsfähig ist, dann ist ein plötzlicher Schock durch ein hitziges Fieber […] im Grunde harmloser als irgendeine sanft auftretende, aber sich immer tiefer einnistende Infektion. Gewiß, es gibt ein paar unangenehme Stunden, sowohl bei dem Patienten wie bei seiner Umgebung, und der Laie denkt, hier ist Schlimmstes zu befürchten; aber welcher behandelnde Arzt, der die Konstitution des Erkrankten kennt, wird sich von vornherein durch heftige äußere Symptome in seinem Zutrauen wankend machen lassen? […]

Das schleichende Fieber – das ist der beunruhigende Druck, der von den extremen Parteien ausgeht, dieses Wühlen gegen die Verfassung, die in der Stunde furchtbarster Niederlage und nicht minder furchtbaren Zusammenbruchs bisheriger Autoritäten dem gesamten Volke eine neue Grundlage schuf, von der aus es wieder langsam zu sich selbst und zu seiner Wiedererstarkung zurückfinden konnte: dieses Wühlen mit dem Rezept hohler Versprechungen, dieses Spekulieren auf die durch die große Not allen Versprechungen hilflos preisgegebenen Ohren der Unzufriedenen und Verzweifelten, dieser seit Jahren genährte und geschürte Wahn, es läge am Ehesten, man brauche nur die Diktatur von rechts oder links aufzurichten und die Not würde ein Ende haben. […]

Ein ernster Tag, dieser Feiertag der Verfassung, für alle, denen dieses Stück bedruckten Papiers keine gleichgültige Sammlung von Paragraphen ist […]. Denen sie die allein mögliche Grundlage ist für den Traum, den als richtige Deutsche auch sie träumen: ein einmal wirklich in seinen Stämmen geeint, von lästigen und überlebten staatlichen Innengrenzen befreiten Deutschland!

„11. August 1930", Frankfurter Zeitung, 11.08.1930, o. A./© Alle Rechte vorbehalten. Frankfurter Allgemeine Zeitung GmbH, Frankfurt. Zur Verfügung gestellt vom Frankfurter Allgemeine Archiv.

1 Analysieren Sie die Werte, die Ebert am Verfassungstag für die Weimarer Republik beschwört.

2 Erörtern Sie, welche Gefahren für die Weimarer Demokratie in M 4 aufgezeigt werden.

Seit 2019 gibt es das „Haus der Weimarer Republik" als nationalen Gedenkort für die Weimarer Verfassung.

cornelsen.de/Webcodes
Code: receja

Methode

Schriftliche Quellen interpretieren

M1 Französischer Soldat auf einem Kohlewagen während der Ruhrbesetzung, kolorierte Fotografie, 1923

In der Gegenwart zeigt sich die Geschichte in Form von Quellen. Sie bilden die Grundlage unserer historischen Kenntnisse. Doch nicht die Quellen selbst stellen das Wissen dar, erst ihre systematische Analyse ermöglicht eine adäquate Rekonstruktion und Deutung von Geschichte. Daher gehört es zu den grundlegenden Kompetenzen im Geschichtsunterricht, Quellen angemessen erschließen und interpretieren zu können.
Die bedeutsamsten Quellen für die Rekonstruktion von Vergangenheit sind schriftliche Zeugnisse. Sie werden unterteilt in **erzählende Quellen**, die zum Zweck der Überlieferung verfasst wurden, z. B. Chroniken, Geschichtsepen, Monografien und Biografien, sowie in **dokumentarische Quellen**, z. B. Urkunden, Akten, Gesetzestexte und Zeitungen, die gesellschaftliche und private Ereignisse und Prozesse unmittelbar und meist unkommentiert wiedergeben.
Bei der Untersuchung schriftlicher Quellen kommt es darauf an, zunächst eine **Leitfrage (1)** zu stellen, unter der man die Quelle untersuchen will. Zusätzlich zur Analyse **formaler** und **inhaltlicher Aspekte (2)** bedarf es einer Einordnung in den **historischen Kontext (3)**, um abschließend den Aussagegehalt der Quelle kritisch zu **beurteilen (4)**.
Nur wenn man bei der Interpretation Tatsachen und Meinung unterscheidet, ist das Ergebnis der Quellenarbeit eine weitgehende Annäherung an die historische Wirklichkeit.

Arbeitsschritte für die Analyse

1. Leitfrage
– Welche Fragestellung bestimmt die Untersuchung der Quelle?

2. Analyse
Formale Aspekte
– Wer ist der Autor (ggf. Amt, Stellung, Funktion, soziale Schicht)?
– Wann und wo ist der Text entstanden bzw. veröffentlicht worden?
– Um welche Textart handelt es sich (z. B. Brief, Rede, Vertrag)?
– Was ist das Thema des Textes?
– An wen ist der Text gerichtet (z. B. Privatperson, Institution, Machthaber, Öffentlichkeit, Nachwelt)?

Inhaltliche Aspekte
– Was sind die wesentlichen Textaussagen (z. B. anhand des gedanklichen Aufbaus bzw. einzelner Abschnitte)?
– Welche Begriffe sind von zentraler Bedeutung (Schlüsselbegriffe)?
– Wie ist die Textsprache (z. B. sachlich, emotional, appellativ, informativ, argumentativ, manipulierend, ggf. rhetorische Mittel)?

3. Historischer Kontext
– In welchen historischen Zusammenhang (Ereignis, Epoche, Prozess bzw. Konflikt) lässt sich die Quelle einordnen?

4. Urteil
Sachurteil (es erfolgt aus der Sicht des historischen Gegenstands der damaligen Zeit)
– Welchen politisch-ideologischen Standpunkt nimmt der Autor ein?
– Welche Intention verfolgt der Verfasser des Textes?
– Inwieweit ist der Text glaubwürdig? Enthält er Widersprüche?
– Welche Wirkung soll der Text bei den Adressaten erzielen?

Werturteil
– Wie lässt sich der Text im Hinblick auf die Leitfrage aus heutiger Sicht, nach unseren Maßstäben und Normen bewerten?

Übungsaufgabe

M2 **Aufruf des Reichspräsidenten und der Reichsregierung zum Abbruch des Ruhrkampfes (26. September 1923)**
An das deutsche Volk!
Am 11. Januar haben französische und belgische Truppen wider Recht und Vertrag das deutsche Ruhrgebiet besetzt. Seit dieser Zeit haben Ruhrgebiet und
5 Rheinland schwerste Bedrückungen zu erleiden. Über 180 000 deutsche Männer, Frauen, Greise und Kinder sind von Haus und Hof vertrieben worden, für Millionen Deutsche gibt es den Begriff der persönlichen Freiheit nicht mehr. Gewalttaten ohne Zahl ha-
10 ben den Weg der Okkupation begleitet. Mehr als hundert Volksgenossen haben ihr Leben dahingeben müssen, Hunderte schmachten noch im Gefängnis. Gegen die Unrechtmäßigkeit des Einbruchs erhoben sich Rechtsgefühl und vaterländische Gesinnung. Die
15 Bevölkerung weigerte sich, unter fremden Bajonetten zu arbeiten. Für diese dem Deutschen Reiche in schwerster Zeit bewiesene Treue und Standhaftigkeit dankt das ganze deutsche Volk. Die Reichsregierung hatte es übernommen, nach ihren Kräften für
20 die leidenden Volksgenossen zu sorgen. In immer steigendem Maße sind die Mittel des Reichs dadurch in Anspruch genommen worden. In der abgelaufenen Woche erreichten die Unterstützungen für Rhein und Ruhr die Summe von 3 500 Billionen Mark. In der laufenden Woche ist mindestens die Verdoppelung dieser Summe zu erwarten. Die einstige Produktion des Rheinlandes und des Ruhrgebietes hat aufgehört. Das Wirtschaftsleben im besetzten und unbesetzten Deutschland ist zerrüttet. Mit furchtbarem Ernst droht die Gefahr, dass bei Festhalten an dem bisherigen Verfahren die Schaffung einer geordneten Währung, die Aufrechterhaltung des Wirtschaftslebens und damit die Sicherung der nackten Existenz für unser Volk unmöglich gemacht wird. Diese Gefahr muss im Interesse der Zukunft Deutschlands ebenso wie im Interesse von Rhein und Ruhr abgewendet werden. Um das Leben von Volk und Staat zu erhalten, stehen wir heute vor der bitteren Notwendigkeit, den Kampf abzubrechen. [...]

Zit. nach: Deutsche Geschichte in Quellen und Darstellung, Bd. 9: Weimarer Republik und Drittes Reich 1918–1945, hg. v. Heinz Hürten, Reclam, Stuttgart 1995, S. 83 f. *

1 Interpretieren Sie M 2 mithilfe der Arbeitsschritte von S. 318.
▶ Lösungshinweise finden Sie auf S. 494 ff.

Erschließungshilfen

Einleitung	Materialvorstellung	Bei dem Text handelt es sich um …, verfasst von … Die Verfasser thematisieren/beschäftigen sich/setzen sich auseinander mit dem Thema … Der Text entstand … und richtet sich an …
Reproduktion	Historischer Kontext	Der Text entstand im Zusammenhang mit folgendem Ereignis/Epoche/Konflikt: …
	Wiedergabe der Argumentation	Die Autoren verweisen zunächst darauf, dass … Daraus folgern sie, dass … Sie stellen einen Zusammenhang zwischen … und … her. Weiterhin/Außerdem/Darüber hinaus argumentieren sie … Schließlich betonen sie, dass …
	Abschließende Beurteilung	Die Autoren vertreten den Standpunkt, dass … Sie verfolgen folgende Intention: …

Anwenden

M1 Der stellvertretende Vorsitzende des Reichsverbands der Deutschen Industrie, Paul Silverberg, über die Stellung der Unternehmer zum Staat (4. September 1926)

Die politische Revolution, mit der nach dem Kriegsverlust die Nachkriegszeit anfing, wurde sehr bald zu einer wirtschaftlichen und sozialen Revolution. Das deutsche Unternehmertum, bis zum Kriege und von einzelnen abgesehen auch im Kriege, politisch indifferent, jedenfalls nicht aktiv, sah sich plötzlich als Objekt des politischen Kampfes. Es sah als seinen unmittelbaren Gegner die revolutionäre Arbeiterschaft und den von ihr beherrschten Staat. Es hatte einen Kampf um seine Existenz nach vielen Seiten zu führen: gegen die wirtschaftlich-finanzielle Entwicklung, von der es gleichermaßen mit dem ganzen Volke betroffen wurde, dazu gegen die den Staat repräsentierenden revolutionären Regierungen. Gegen sie in ihren auf Sozialisierung und Gemeinwirtschaft hinzielenden Tendenzen musste es um seinen Besitz und die Grundlage seiner Existenz den Kampf führen. Es folgte daraus, dass das deutsche Unternehmertum gegen den Staat [...] geschlossen seine ablehnende Stellung einnahm. Während auf der einen Seite die Exponenten des Staates jede gute Tradition negierten [...], überboten sich andere, die Grundlagen des deutschen Unternehmertums aus böswilliger Zerstörungswut oder idealistischem Unverständnis zu vernichten. Dieser Kampf musste ausgekämpft oder wenigstens so weit geführt werden, dass für Volk und Wirtschaft eine erträglich standfeste Basis erstritten und errichtet wurde. Dieses Ziel ist heute in gewissem Umfang erreicht, und es ist von ganz besonderem Interesse festzustellen, dass es die politische Not des gesamten Volkes – ich nenne Reparationsfrage und Ruhrkampf – und damit die Außenpolitik es waren, die Unternehmertum und nachrevolutionäre Regierungen zu aktiver Zusammenarbeit für den Staat brachten. Und trotz aller besonderen neuen Schwierigkeiten und Kritiken am Tun oder Unterlassen hatte diese Zusammenarbeit das gute Ergebnis, dass die Einstellung des Unternehmertums auf den heutigen Staat auf eine klare Linie gebracht worden ist: Das deutsche Unternehmertum steht restlos auf staatsbejahendem Standpunkt. [...] Wir leben in einer Welt, die ihre Existenz und Kultur auf kapitalistischen Wirtschaftsmethoden aufgebaut hat, nicht auf einem exzedierenden[1] Finanzkapitalismus, den das deutsche Unternehmertum ebenso ablehnt, wie die Arbeiterschaft, sondern auf einem Kapitalismus als Grundlage einer durchorganisierten Produktion und einer rationalisierten Güterverteilung bis zum Güterkonsum.

Wenn eine soziale Demokratie sich so auf den Boden der Tatsachen stellt, den radikalen Doktrinarismus und die immer zerstörende, nie aufbauende Politik der Straße und der Gewalt ablehnt, wird sie zusammen mit dem Unternehmertum und unter seiner Führung Deutschland und die deutsche Wirtschaft wieder zu Erfolgen und zur Blüte führen.

Wolfgang Michalka/Gottfried Niedhart (Hg.), Deutsche Geschichte 1918–1933. Dokumente zur Innen- und Außenpolitik, Fischer, Frankfurt/Main 2002, S. 153 f. *

1 *exzedierend:* übertrieben, ausschweifend

M2 Reaktion der SPD in ihrer Parteizeitung „Vorwärts" auf die Silverberg-Rede (5. September 1926)

Zum ersten Mal seit dem Bestand der Republik fand das Unternehmertum den Mut, den Staat, so wie er ist, zu bejahen. Darin ist die Sozialdemokratische Partei und mit ihr die Gewerkschaftsbewegung von dem Tage an vorangegangen, als mit der Aufrichtung des neuen Staates die demokratische Verfassung gesichert wurde. Niemals hat sich die Sozialdemokratie den Pflichten entzogen, die die größte Partei Deutschlands in unserem republikanischen Staatswesen zu tragen hat. Dabei hat sie oft genug die ökonomischen Zielstrebungen zurückstellen müssen, die der Wille zum Sozialismus bedingt. Sie hat das getan, weil sie in der Republik die Voraussetzung für die freie Entfaltung des politischen Willens sieht, der allein auf die Dauer der gerechten Sache zum Siege verhilft.

Wolfgang Michalka/Gottfried Niedhart (Hg.), Deutsche Geschichte 1918–1933. Dokumente zur Innen- und Außenpolitik, Fischer, Frankfurt/Main 2002, S. 158.

---

1 Fassen Sie die Stellungnahme von Paul Silverberg (M 1) in Thesen zusammen.
2 Erläutern Sie das von Silverberg skizzierte Verhältnis von Staat und Wirtschaft.
3 Analysieren Sie die Reaktion der SPD auf die Rede.
4 Beurteilen Sie, ob die Silverberg-Rede und die Reaktion der SPD Zeichen für eine Stabilisierung der Weimarer Republik sind.
5 **Vertiefung:** Erörtern Sie auf der Basis von M 1 und M 2 grundlegende Konflikte in der Weimarer Republik.

Wiederholen

M 3 „Republik. Sie tragen die Buchstaben der Firma – aber wer trägt den Geist?", Karikatur von Thomas Theodor Heine aus dem „Simplicissimus" vom 21. März 1927

1 Interpretieren Sie die Karikatur M 3:
   a) Bestimmen Sie die Bildelemente und die Kernaussage.
   b) Diskutieren Sie ausgehend von der Karikatur die These von der Weimarer Republik als „Republik ohne Republikaner".
2 Beschreiben Sie die deutschen Reaktionen auf den Versailler Vertrag.
3 Beurteilen Sie das Verhalten der alten Eliten in den ersten Jahren der Weimarer Republik.
4 **Wahlaufgabe:** Bearbeiten Sie entweder a), b) oder c).
   Setzen Sie sich mit einer Krise aus der Frühzeit der Weimarer Republik bis 1923 auseinander (z. B. Hitler-Putsch, Hyperinflation, Ruhrkampf)
   a) in Form eines Referates,
   b) in Form eines Essays,
   c) in Form einer Präsentation.
5 Analysieren Sie die Gründe für die „prekäre Stabilisierung" der Weimarer Republik bis 1929.
6 **Vertiefung:** Erörtern Sie, ob und inwiefern man von einer Modernisierung der Weimarer Republik sprechen kann. Untersuchen Sie dabei die Bereiche Staat, Gesellschaft und Wirtschaft.

Zentrale Begriffe
„Dolchstoßlegende"
Elite
„Erfüllungspolitiker"
Hitler-Putsch
Inflation, Hyperinflation
Kapp-Lüttwitz-Putsch
„Kriegsschuldartikel"
Krise
Obrigkeitsstaat
Passiver Widerstand
Politische Morde
Rentenmark
Reparationen
Revision des Versailler Vertrages
Ruhrbesetzung und Ruhrkampf
Selbstbestimmungsrecht der Völker
Stabilisierung
Versailler Vertrag
Weltanschauungs- und Interessenpartei

Formulierungshilfen
– Im Zentrum des Bildes …
– Die Persönlichkeiten symbolisieren …
– Der Schriftzug verdeutlicht …
– Das Verhältnis der Persönlichkeiten zur Republik ist …
– Die Farbgebung vermittelt den Eindruck, dass …
– Der historische Kontext ist …
– Der Titel des Bildes betont …
– Der Karikaturist will mit seiner Karikatur Kritik üben an …

3.4 Außenpolitik im europäischen und internationalen Spannungsfeld

M1 „Europa-Probleme – Hier irrt Zeus. Die Rettung der Europa durch dieses Meer geht selbst über die Kräfte eines Stieres", Karikatur von Karl Arnold, aus dem „Simplicissimus", 9. Juli 1933.

Auf den Papierwellen steht u.a.: Zölle, Arbeitslosigkeit, Völkerbund, Abrüstung, Kriegsschulden, Weltwirtschaft. Laut dem antiken Europa-Mythos entführte der Göttervater Zeus in Form eines Stieres die phönizische Prinzessin Europa und brachte sie durch das Mittelmeer auf die Insel Kreta.

| 1918 Waffenstillstand | 1919 Versailler Vertrag, Gründung des „Völkerbundes" | 1922 Vertrag von Rapallo | 1923 Stresemann Reichskanzler, Ruhrkampf zwischen Deutschland und Frankreich |

1915 | 1920

1914–1918 Erster Weltkrieg

1919–1923 Krisenjahre der Weimarer Republik

Die Weimarer Republik lässt sich nicht losgelöst von der internationalen Staatenwelt betrachten. Seit 1919 bestimmte der Versailler Vertrag die Stellung und die Handlungsspielräume des Kriegsverlierers Deutschland im internationalen Kräftefeld. Konnte die junge Weimarer Demokratie unter diesen Bedingungen eine eigenständige „republikanische Außenpolitik" entwickeln, mit anderen Staaten zusammenarbeiten und eine Politik gemeinsamer Friedenssicherung betreiben?

Wer diese Frage beantworten will, muss sich mit der Politik und dem Politiker Gustav Stresemann (1878–1929) beschäftigen. Er war ein außerordentlich lernfähiger Politiker, der sich mit der Entstehung der Weimarer Demokratie vom Monarchisten zum „Republikaner aus Vernunft" und von einem Nationalisten zu einem pragmatischen Friedenspolitiker wandelte. Von 1923 bis zu seinem Tode 1929 war Stresemann unter verschiedenen Regierungen Außenminister und prägte die deutsche Außenpolitik maßgeblich. Herausragende Stationen dieser Politik waren das Vertragswerk von Locarno 1925 und der Beitritt Deutschlands zum Völkerbund 1926. Seine außenpolitischen Ziele unterschieden sich nicht von denen anderer Politiker. Er strebte die Revision des Versailler Friedensvertrages an und wollte die Wiederherstellung der alten deutschen Großmachtstellung erreichen. Mit Blick auf die europäischen Kräfteverhältnisse betrieb er aber die deutsche Außenpolitik als Versöhnungspolitik, die die Regierungen der Siegermächte nicht herausforderte. Dabei baute er nicht auf militärische Stärke, sondern auf die Wirtschaftsmacht Deutschlands. Tatsächlich vergrößerte Stresemann die Handlungsspielräume deutscher Außenpolitik und wurde so zu einem bedeutenden Träger der Weimarer Republik. Im Rückblick sprechen manche von der Ära Stresemann, manche sehen Stresemann gar als Vordenker der heutigen Europäischen Union. Es gibt aber auch kritische Einschätzungen seiner Politik. Unbestritten war Gustav Stresemann jedoch ein wichtiger Repräsentant seiner Zeit.

M2 Gustav Stresemann, Austen Chamberlain und Aristide Briand in Genf, Fotografie, 1926.

Außenminister Gustav Stresemann in einer Runde mit dem britischen Außenminister Chamberlain und dem französischen Außenminister Briand in Genf nach der Aufnahme Deutschlands in den Völkerbund.

1 Nennen Sie die Probleme des Textes, die Ihr Interesse wecken.
2 **a)** Analysieren Sie die Karikatur „Europa-Probleme" (M 1).
   b) Vergleichen Sie die Europa-Probleme von damals mit heutigen.
3 Erläutern Sie thesenartig die Grundprobleme der deutschen Außenpolitik.
4 Nehmen Sie Stellung zur Strategie Gustav Stresemanns, den Versailler Vertrag mithilfe einer Versöhnungspolitik rückgängig zu machen. Beziehen Sie das Foto M 2 in Ihre Argumentation mit ein.

1925 | Vertrag von Locarno
1926 | Aufnahme Deutschlands in den Völkerbund
1929 | Börsenkrach in New York, Beginn der Weltwirtschaftskrise
1933 | Hitler Reichskanzler

1923–1929 Stresemann Außenminister
1930–1933 Präsidialkabinette

3.4 Außenpolitik im europäischen und internationalen Spannungsfeld

> *In diesem Kapitel geht es um*
> – den europäischen Hauptkonflikt zwischen Frankreich und Deutschland infolge des Ersten Weltkrieges,
> – die verschiedenen Phasen deutscher Außenpolitik,
> – die Bedeutung Gustav Stresemanns für die Überwindung der außenpolitischen Isolation der Weimarer Republik,
> – Gustav Stresemann als Repräsentant seiner Zeit.

Das Ziel einer europäischen Friedensordnung 1919–1923

▶ Pariser Friedensverträge
siehe S. 304 f.

Mit den Pariser Friedensverträgen von 1919/1920 wurde der Erste Weltkrieg formal durch einen Friedensschluss beendet. Dennoch waren die Jahre von 1919 bis 1923 geprägt von starken Spannungen zwischen Deutschland und Frankreich. Eine breite Mehrheit der Deutschen lehnte das Vertragswerk ab und brandmarkte es als „Schanddiktat". Man sah im Versailler Vertrag die Fortsetzung des Krieges mit anderen Mitteln. In dieser Logik verfolgten die Siegermächte mit dem Vertragswerk einzig die Absicht, Deutschland dauerhaft zu unterdrücken. Das Ziel jeder deutschen Regierung musste daher die Revision* des Versailler Vertrages sein.

Revisionspolitik
Sie verfolgt das Ziel, Verträge zu revidieren, also rückgängig zu machen. In der Weimarer Republik zielt sie auf die Rückgängigmachung des Versailler Vertrages.

Aus französischer Sicht gab es keinen Zweifel an der deutschen Verantwortung für den Ausbruch des Ersten Weltkrieges. Somit war Deutschland auch für das große Leid und die enorme Zerstörung, unter denen die französische Bevölkerung gelitten hatte, verantwortlich. Nach den schmerzhaften Erfahrungen des Deutsch-Französischen Krieges 1870/71 und des Ersten Weltkrieges zielte Frankreich nun auf eine dauerhafte Schwächung Deutschlands. Daher beharrte es auf einer strikten Umsetzung des Versailler Vertrages.

Verträge von Rapallo im Wortlaut
cornelsen.de/Webcodes
Code: daniwi

Um dem Ziel der Revision des Versailler Vertrages näher zu kommen, musste sich die deutsche Außenpolitik in eine andere Richtung orientieren: Im italienischen **Rapallo** schloss das Deutsche Reich 1922 mit der international geächteten Sowjetunion einen Vertrag. Darin nahm Deutschland die diplomatischen und wirtschaftlichen Beziehungen zur Sowjetunion wieder auf und beide Seiten verzichteten auf Reparationsforderungen für erlittene Kriegsschäden. Beide Länder konnten auf diese Weise ihre außenpolitische Isolierung durchbrechen. Die westlichen Großmächte zeigten sich von dem neuen Bündnis überrascht und teilweise besorgt. Insbesondere Frankreich lehnte den Vertrag strikt ab und verschärfte seine außenpolitische Haltung gegenüber Deutschland.

▶ Ruhrbesetzung und Ruhrkampf
siehe S. 307

Auch vor diesem Hintergrund ist die **Besetzung des Ruhrgebiets** im Januar 1923 durch französische Truppen zu sehen. Sie stellte den für alle sichtbaren Höhepunkt der Auseinandersetzung zwischen Deutschland und Frankreich dar und offenbarte die deutsche Ohnmacht gegenüber Frankreich.

Einen dauerhaften und stabilen Frieden konnte es in Europa nur dann geben, wenn der europäische Hauptkonflikt zwischen Frankreich und Deutschland beigelegt oder zumindest entschärft werden könnte. Nach der Beendigung des Ruhrkampfes zeigte sich Ende 1923, dass sowohl die französische Politik des Beharrens auf Maximalforderungen als auch die deutsche Position einer Totalverweigerung gescheitert waren. Diese Situation bot die Chance auf einen Neuanfang auf beiden Seiten.

Die „Ära Stresemann"

Von 1923 bis 1929 prägte Gustav Stresemann als Außenminister die Außenpolitik der Weimarer Republik in wechselnden Kabinetten so stark, dass häufig von einer „Ära Stresemann" gesprochen wird. Die nachfolgenden Generationen kamen bei der Betrachtung seiner Person und seiner Politik zu sehr unterschiedlichen Urteilen: Die einen sahen in ihm einen europäischen Verständigungspolitiker, die anderen einen nationalen Machtpolitiker. Fest steht, dass Stresemann eine bemerkenswerte Wandlung vollzog: Noch im Krieg plädierte er für einen uneingeschränkten U-Boot-Krieg und forderte einen Siegfrieden mit umfangreichen Gebietsgewinnen. Auch als Außenpolitiker der Zwischenkriegszeit verfolgte er – wie beinahe alle europäischen Staatsmänner – eine nationale Politik. Diese war geprägt vom Wunsch nach dem Wiederaufstieg Deutschlands zur gleichberechtigten politischen Großmacht in Europa. Das Hauptziel deutscher Außenpolitik blieb die Revision des Versailler Vertrages. Was Stresemann allerdings von den meisten anderen Politikern seiner Zeit unterschied, waren die Methoden, mit denen er seine Ziele erreichen wollte. Durch eine Politik der Versöhnung und Verständigung schien es ihm möglich, die Vertragsbestimmungen langfristig und schrittweise rückgängig zu machen und gleichzeitig die Großmachtstellung Deutschlands zurückzuerlangen. Dafür war er bereit, das französische Sicherheitsbedürfnis anzuerkennen und zu befriedigen. Gemeinsam mit dem französischen Außenminister **Aristide Briand** arbeitete Stresemann an einer Entspannung des deutsch-französischen Verhältnisses.

M1 Gustav Stresemann (1878 bis 1929), Fotografie, 1929

▶ M 4–M 15: Stationenlernen Stresemann als Repräsentant seiner Zeit

Schrittweise Überwindung der außenpolitischen Isolation

In den **Verträgen von Locarno (1925)** erkannte Deutschland die Entmilitarisierung des Rheinlandes und die deutsche Westgrenze an. Durch diesen Schritt konnte das französische Bedürfnis nach Sicherheit vor Deutschland gestillt werden. Die deutschen Zugeständnisse stellten zudem eine „vertrauensbildende Maßnahme" dar, für die man in Zukunft Gegenleistungen erwarten durfte: Im Gegensatz zur Westgrenze hatte sich Stresemann nämlich eine Revision der deutschen Ostgrenze ausdrücklich vorbehalten. Durch den Versailler Vertrag hatte Deutschland große Gebiete im Osten vor allem an Polen abtreten müssen. Für diese Gebiete wurde kein „Locarno des Ostens" vereinbart. Die deutsch-französische Annäherung stieß weltweit auf große Anerkennung. Die

Verträge von Locarno im Wortlaut
cornelsen.de/Webcodes
Code: kuziwa

M2 Plakat der Deutschnationalen Volkspartei (DNVP) zur Reichstagswahl 1928

M3 Aristide Briand (1862 bis 1932), Fotografie, um 1925

Völkerbund
Der Völkerbund wurde 1920 mit Sitz in Genf gegründet. Er sollte bei Konflikten zwischen Staaten vermitteln und die Einhaltung von Friedensverträgen überwachen. Er gilt als Vorläufer der Vereinten Nationen.

Reparationen
Kriegsentschädigungen, die Deutschland aufgrund des Versailler Vertrages zahlen sollte.

Young-Plan
Der Young-Plan von 1929 sah eine Verringerung und Staffelung der Reparationszahlungen bis 1988 vor.

Architekten des Vertrages, Stresemann und Briand, bekamen für ihren Beitrag ein Jahr später den **Friedensnobelpreis** verliehen. Innenpolitisch waren die Verträge von Locarno jedoch umstritten: Rechtsradikale und Nationalkonservative kritisierten die Verträge für die territorialen Zugeständnisse im Westen, da sie die Ergebnisse des Weltkrieges anerkannten.

Im **Berliner Vertrag (1926)** setzte die Reichsregierung ihre Politik der Annäherung an die Sowjetunion fort, die sie mit dem Vertrag von Rapallo 1922 begonnen hatte. Stresemann vermied eine einseitige Westbindung und signalisierte der Sowjetunion, dass die Annäherung Deutschlands an den Westen keine negativen Auswirkungen auf das Verhältnis der beiden Länder haben würde. Der Vertrag von Locarno hatte den Weg für die **Aufnahme Deutschlands in den Völkerbund*** frei gemacht. Der Beitritt Deutschlands wurde am 10. September 1926 vollzogen. Nur acht Jahre nach Kriegsende war damit die moralische und politische Isolierung Deutschlands überwunden und Deutschland durfte sich wieder zu den drei großen europäischen Mächten zählen. Der französische Außenminister Briand initiierte gemeinsam mit dem amerikanischen Staatssekretär Frank B. Kellogg ein Abkommen, das die Grundlage der Friedenssicherung sein sollte. Im nach ihnen benannten **Briand-Kellogg-Pakt (1928)** wurde der Krieg als Mittel der Politik völkerrechtlich geächtet. Die 15 unterzeichnenden Staaten verpflichteten sich, auf Krieg als Mittel zur Lösung internationaler Konflikte zu verzichten. Die deutsche Delegation unter Stresemann setzte sich im Vorfeld des Vertragsschlusses sehr für das Zustandekommen des Abkommens ein. Bis 1929 traten mehr als 60 Staaten dem Abkommen bei.

Konfrontationskurs nach der Ära Stresemann

Stresemann starb im Oktober 1929 an den Folgen eines Schlaganfalls. Nach seinem Tod zeigte sich, wie eng die Entspannungspolitik mit seiner Person verbunden war. Stresemanns Politik der Verständigung mit dem Ziel einer schrittweisen Revision des Versailler Vertrages wurde zunehmend abgelöst durch einen deutlich offensiveren außenpolitischen Stil, verstärkte nationale Abgrenzung und aggressiveren Revisionismus. Fortan kam es vermehrt zu Konflikten mit den westlichen Großmächten.

Am 30. Juni 1930 erfolgte die endgültige **Räumung des besetzten Rheinlandes**. Noch im „Geiste von Locarno" vorbereitet, nahm 1932 die **Genfer Abrüstungskonferenz** ihre Arbeit auf. Deutschland erlangte dort mit der Drohung, die Konferenz zu verlassen, die grundsätzliche Anerkennung als militärisch gleichberechtigter Staat. Die deutsche Außenpolitik verfolgte nun vor allem das Ziel, die **Reparationslast** für das Reich aufzulösen. Im Zeichen der Weltwirtschaftskrise überstiegen die finanziellen Belastungen der Reparationen* die Leistungsfähigkeit der deutschen Wirtschaft. Die Krise wurde von der Reichsregierung bewusst verschärft, um die Zahlungsunfähigkeit Deutschlands zu verdeutlichen. Der **Young-Plan*** wurde schließlich auf der **Konferenz von Lausanne** aufgehoben, dies bedeutete praktisch das Ende der deutschen Reparationszahlungen. Hitler konnte nach seiner Wahl im Januar 1933 nahtlos an diesen Revisionismus anknüpfen. Im Oktober 1933 zog sich Deutschland aus dem Völkerbund und der Genfer Abrüstungskonferenz zurück.

1 Stellen Sie die außenpolitischen Ereignisse in einer Zeitleiste grafisch dar. Markieren Sie jeweils den zeitlichen Rahmen verschiedener Phasen in unterschiedlichen Farben und geben Sie für jede Phase ein treffendes Schlagwort an.
2 **Geschichte kreativ:** Schreiben Sie einen Nachruf auf Gustav Stresemann. Gehen Sie dabei auf seine Bedeutung als Außenpolitiker ein.
3 **Vertiefung:** Vergleichen Sie die Außenpolitik Stresemanns mit der Außenpolitik Bismarcks.
Tipp: Gliedern Sie Ihren Vergleich: Ziele – Mittel – Ergebnisse – Rolle der Person.

Außenpolitik im europäischen und internationalen Spannungsfeld 3.4

> *Hinweise zur Arbeit mit den Materialien*
> Im Zentrum der Materialien steht Gustav Stresemann (1878–1929), 1923 bis 1929 Außenminister der Weimarer Republik und Friedensnobelpreisträger.
> Bearbeitungsmöglichkeiten:
> a) Die Materialien können in Form eines **Stationenlernens** unter dem Aspekt „Stresemann als Repräsentant seiner Zeit" analysiert werden. Jeder muss alle Stationen bearbeiten.
> b) Die Materialien können in Form eines **Gruppenpuzzles** bearbeitet werden. Dabei befasst sich in einer ersten Arbeitsphase jede Gruppe mit einem Thema. In einer zweiten Arbeitsphase kommen Schüler aus allen vier Gruppen zusammen und stellen sich gegenseitig ihre Ergebnisse vor.

Station 1: Biografie Stresemanns bis 1919

Gustav Stresemann prägte die Außenpolitik der Weimarer Republik so stark, dass seine Amtszeit als Außenminister (1923–1929) häufig als „Ära Stresemann" bezeichnet wird. Bis heute wird sein politisches Vermächtnis unterschiedlich bewertet: Für die einen ist er ein europäischer Verständigungspolitiker, für die anderen ein nationaler Machtpolitiker.

M4 Gustav Stresemann in der Nationalversammlung in Weimar, Fotografie, 1919

1 Recherchieren Sie die Biografie Stresemanns bis 1919 und stellen Sie Ihre Ergebnisse grafisch dar.
Tipp: siehe S. 482.

M5 Der Historiker Andreas Rödder über Gustav Stresemanns politische Einstellungen bis 1919 (2018)

Zunächst war Gustav Stresemann [...] in vielerlei Hinsicht ein echter Liberaler der wilhelminischen Ära, und zwar sowohl Nationalliberaler als auch linksliberaler Freisinniger. Als Student trat er 1897 nicht einer der zunehmend antisemitischen traditionellen Burschenschaften bei, sondern der Reformburschenschaft „Neogermania". Damit waren die Vorzeichen bereits gesetzt, denn die Reformburschenschaften vertraten einerseits eine positive Einstellung gegenüber dem liberalen Erbe von 1848 und bekannten sich andererseits zum nationalen Machtstaat. Als Syndikus des Verbands Sächsischer Industrieller war Stresemann später ein Wirtschaftslobbyist, der zugleich im Sinne Friedrich Naumanns für sozialen Fortschritt ohne Klassenkampf und einen sozialpolitisch orientierten Liberalismus eintrat. [...] 1907 zog Stresemann als damals jüngster Parlamentarier für die Nationalliberale Partei in den Deutschen Reichstag ein, wo er bald seine außergewöhnliche rednerische Begabung unter Beweis stellte. Der nationale Liberalismus, den er vertrat, stand für einen Dreiklang aus innenpolitischen Reformen, darunter die Abschaffung des Dreiklassenwahlrechts und eine Parlamentarisierung des politischen Systems, einer weltwirtschaftlichen Orientierung und einer deutschen Weltpolitik, die auf eine verstärkte Flotten-, Wehr- und Kolonialpolitik setzte.

1914 war Stresemann wie so viele seiner Landsleute überzeugt, dass Deutschland ein Verteidigungskrieg aufgezwungen worden sei, und im Laufe des Kriegs radikalisierte auch er seine Auffassungen: England galt als der Hauptfeind, und Stresemann plädierte für einen uneingeschränkten U-Boot-Krieg. Bis 1918 forderte er einen deutschen Siegfrieden mit umfangreichen Gebietsgewinnen. Die Kriegsniederlage im November 1918 stellte daher auch für Stresemann eine traumatische Enttäuschung dar. Während weite Teile der deutschen Öffentlichkeit sich jedoch ganz im Habitus des Opfers ergingen und versuchten, Verantwortung abzuwehren [...], erwies sich Stresemann als Realist. Er sei und bleibe Monarchist, erklärte er 1919, aber er akzeptierte die Republik als Status quo, zumal er mit dem parlamentarischen System schon immer sympathisiert hatte. Es gehe nicht mehr um die Unterscheidung „hier theoretische Republikaner, dort theoretische Monarchisten", sondern um den Gegensatz „Staatsbejahung oder Staatszerstörung".

Andreas Rödder, Gustav Stresemann und die Perspektive der anderen, zit. nach: https://www.bpb.de/apuz/268358/gustav-stresemann-und-die-perspektive-der-anderen (Download vom 28. September 2020).*

1 Arbeiten Sie die politischen Überzeugungen Stresemanns thesenartig heraus.
2 Erläutern Sie Stresemanns Einstellung zur Weimarer Republik bis 1919.

Station 2: Innenpolitik

M6 Der Historiker Horst Möller über die Anfänge des Vernunftrepublikaners Stresemann (2018)

Begann Stresemanns Vernunftrepublikanismus erst 1923 mit dem Regierungseintritt? So könnte es scheinen und so ist es auch oft gesehen worden. Einer der Gründe lag darin, dass sich Stresemann in Reaktion
5 auf den im Jahr 1919 zunächst sehr erfolgreichen, dezidiert linksliberal-republikanischen Kurs der Deutschen Demokratischen Partei (DDP) zu Beginn der Weimarer Republik mit seiner DVP [Deutschen Volkspartei] stärker konservativ profilierte, um die
10 bürgerlichen Wähler der rechten Mitte zu erreichen. Hinzu kam die Ablehnung der Weimarer Verfassung durch die DVP in der Nationalversammlung im Sommer 1919. Stresemann hatte sich während der Verfassungsberatungen dort auffallend zurückgehalten,
15 hatte nicht einmal den Fraktionsvorsitz übernommen, sondern sich stattdessen intensiv um den Aufbau der neuen Parteiorganisation gekümmert. Die Kritik der DVP an der Weimarer Verfassung erfolgte aber in erster Linie nicht wegen ihres demokrati-
20 schen Gehalts, sondern vor allem wegen des nun endgültigen Wechsels von der Monarchie zur Republik sowie der Zurückweisung der DVP durch die Parteien der Mitte. Dieses Verhältnis entwickelte eine spezifische Dialektik. Tatsächlich hatte Stresemann
25 den Linksliberalen schon im November 1918 erklärt: Die Nationalliberalen wollten „unbeschadet der persönlichen Meinung des Einzelnen auf dem Boden der republikanischen Staatsform" mitarbeiten. Während des rechtsextremen Kapp-Putsches im März 1920
30 wurde er sogar von der DDP verdächtigt, mit diesem zu sympathisieren. Doch trifft das Gegenteil zu: Bereits am 4. März 1920 hatte er sich in einer Sitzung des Geschäftsführenden Ausschusses der DVP eindeutig von der rechtskonservativ-reaktionären
35 Deutschnationalen Partei (DNVP) distanziert und ihr vorgeworfen, eine „verantwortungslose Opposition" gegen die Weimarer Republik und die Reichsregierung zu betreiben. Und bei Beginn des Kapp-Putsches, am 13. März 1920, verurteilte die Parteileitung
40 der DVP nach einem Bericht Stresemanns den gewaltsamen Umsturz [...] auf das Schärfste. „Die Deutsche Volkspartei habe diese Regierung zwar als Oppositionspartei bekämpft, ihre Beseitigung aber nachdrücklichst nur auf verfassungsmäßigem Wege
45 durch Neuwahlen angestrebt, niemals aber an einen gewaltsamen Umsturz gedacht." Und in einer internen Besprechung hielt Stresemann eine öffentliche Erklärung für erforderlich: „[...] dass wir niemals die Hand bieten zu irgendwelchen reaktionären Maß-
50 nahmen [...]. Unter allen Umständen fordern wir die sofortige Zurückführung des ungesetzlichen Zustands auf eine gesetzmäßige Grundlage." Diese Reaktion auf den Putsch bedeutete faktisch ein Bekenntnis zur Weimarer Verfassungsordnung. Stre-
55 semann war also keineswegs erst 1923, wie oft zu lesen ist, sondern bereits im Frühjahr 1920 nachweislich ein „Vernunftrepublikaner".

Horst Möller, Die Weimarer Republik. Demokratie in der Krise, 2. Aufl., Piper, München 2018, S. 114–116.*

1 Charakterisieren Sie die Politik der DVP (Deutschen Volkspartei) und überprüfen Sie, inwiefern Stresemann mit diesen Zielen übereinstimmte.

2 Bewerten Sie auf Grundlage der Ausführungen Möllers, inwiefern Stresemann als „Vernunftrepublikaner" bezeichnet werden kann.

M7 „Retter Stresemann", Karikatur, Titelblatt des „Simplicissimus" vom 14. Mai 1923.
Bildunterschrift: „Er schaut nach rechts, er schaut nach links – er wird mich retten!"

1 Ordnen Sie die Karikatur in das Krisenjahr 1923 ein.
2 Interpretieren Sie die Karikatur hinsichtlich der Wahrnehmung Stresemanns in der Weimarer Republik.
  Tipp: siehe S. 482.
3 Zusatzaufgabe: siehe S. 482.

M8 Außenminister Gustav Stresemann über die Krise des Parlamentarismus (26. Februar 1928)

Täuschen wir uns nicht darüber: wir stehen in einer Krise des Parlamentarismus, die schon mehr als eine Vertrauenskrise ist. Diese Krise hat zwei Ursachen: einmal das Zerrbild, das aus dem parlamentarischen
5 System in Deutschland geworden ist, zweitens die völlig falsche Einstellung des Parlaments in Bezug auf seine Verantwortlichkeit gegenüber der Nation. Was bedeutet „parlamentarisches System?" Es bedeutet die Verantwortlichkeit des Reichsministers
10 gegenüber dem Parlament, das ihm mit Mehrheit das Vertrauen entziehen und ihn zur Amtsniederlegung zwingen kann. [...]
Bewegungen im deutschen Volk sprechen von der Notwendigkeit, die Rechte des Reichspräsidenten zu
15 verstärken. Es wäre zunächst wünschenswert, dass die Fraktionen und Parteien sich bemühten, durch ihre Einstellung das Ansehen des Reichspräsidenten nicht zu verringern. Selbstverständlich bedarf die Ernennung der Minister der Gegenzeichnung des
20 Reichskanzlers, genau wie die Ernennung der Beamten der Gegenzeichnung des Ressortministers. [...] Der Reichspräsident kann in Gemeinschaft mit dem Reichskanzler die Regierungsbildung in dieser oder jener Weise vornehmen und den Kampf gegen das
25 Parlament führen, das dieser Bildung des Kabinetts widerstrebt. Ich bin überzeugt, dass manche Krise in dem Augenblick zu Ende wäre, wo ein Machtwort des Reichspräsidenten erfolgte und die Kabinettsbildung aus den Verhandlungen der Fraktionen herausge-
30 nommen würde. [...]
Es geht ein Raunen durch das Land von illegalen Bestrebungen zur Ersetzung der Verfassung durch Diktaturpläne und Ähnliches. Trotz der herzlichen Beziehungen, in denen der Oberbürgermeister von
35 Köln [Adenauer] zu Großmächten Europas steht, in denen diese Regierungsform besteht, glaube ich, dass wir vom Faschismus noch weit entfernt sind. Jeder versteht unter der Diktatur den Diktator seiner Wünsche, und sobald er zwischen den widerstreitenden
40 Interessen sich entscheiden muss, wird er bald die Opposition gegen sich wachsen sehen. Es gibt zudem niemanden, der den Wahnwitz denken kann, dass ein Mann wie Hindenburg sich zur Verletzung der Verfassung hergeben würde. Aber wir müssen uns bemü-
45 hen, zur Reform des Parlamentarismus zu kommen. Wir müssen verlangen, dass der Parteigeist seine Grenze findet an den Lebensnotwendigkeiten der deutschen Entwicklung, dass das Parlament den Zwang nicht nur zur formalen, sondern tatsächli-
50 chen Mehrheitsbildung in sich findet oder, wenn das an den Parteien selbst in dieser Situation scheitert, der Ruf ertönt: „*Res venit ad triarios!*"[1] und verantwortungsbewusste Persönlichkeiten den Mut finden, zu regieren, das heißt, die Führung zu übernehmen.

Zit. nach: Wolfgang Michalka/Gottfried Niedhart (Hg.), Die ungeliebte Republik. Dokumente zur Innen- und Außenpolitik Weimars 1918–1933, 3. Aufl., dtv, München 1984, S. 249–251.

1 *Res venit ad triarios:* die Sache ist zum Äußersten gekommen

1 Analysieren Sie die Rede Stresemanns.
   Tipp: Gehen Sie auf seine Einordnung der Krise des Parlamentarismus ein.
2 Ordnen Sie Stresemanns Aussage „Es geht ein Raunen durch das Land von illegalen Bestrebungen zur Ersetzung der Verfassung durch Diktaturpläne und Ähnliches" in die politischen Probleme der Weimarer Republik ein.

M9 Wahlplakat der DVP, 1930

1 Interpretieren Sie das Plakat der DVP von 1930.
   Tipp: Siehe die Arbeitsschritte auf der Methodenseite: Politische Plakate interpretieren, S. 298.
2 Bewerten Sie auf Grundlage Ihrer bisherigen Ergebnisse die Bedeutung Stresemanns für die innenpolitische Entwicklung der Weimarer Republik.

Station 3: Außenpolitik

M 10 Aus einer Rede Stresemanns vor der „Arbeitsgemeinschaft deutscher Landsmannschaften in Groß-Berlin" über die Methoden deutscher Außenpolitik (14. Dezember 1925)

Das Hauptmittel [der Außenpolitik] ist die materielle Macht, Armee und Flotte. Dass wir sie nicht besitzen, ist Ihnen bekannt. [...] Eine [...] Frage für die deutsche Außenpolitik ist die, ob Deutschland noch irgendwo eine Großmacht wäre und als Großmacht sich wieder in das Konzert der Mächte einschalten könnte, und diese einzige große Waffe unserer Außenpolitik sehe ich in unserer wirtschaftlichen Stellung. [...] Ich glaube, man wird am weitesten kommen, wenn man irgendein Verhältnis zu anderen Nationen auf gleich laufenden Interessen aufbaut. An unserer Produktion haben die anderen kein Interesse; aber sie haben ein Interesse daran, dass die aus den Fugen geratene Weltwirtschaft [...] wieder in Ordnung kommt; und sie glauben nicht daran, dass sie wieder in Ordnung kommt, wenn Deutschland in den Abgrund hineingezogen wird. [...] Meine Herren, das waren Gesichtspunkte, die uns veranlassen mussten, an uns die Frage zu richten, ob es nicht für uns möglich sei, politische Fragen auf wirtschaftlichem Wege zu lösen, und unter dem Gedanken dieser unserer Machtstellung zu versuchen, den Dingen seit Versailles eine andere Wendung zu geben. [...]

Was bedeuten im Sinne der Regierung der Vertrag von Locarno und die angebahnte Verständigung? [...] Der wirtschaftlichen Verständigung musste eine politische Verständigung folgen. [...] Gewiss bedeutet der Verzicht auf Krieg auch den Verzicht, auf kriegerischem Wege Elsass-Lothringen wiederzugewinnen. Meine Herren, einen anderen Weg sehe ich aber auch nicht. [...]

Meine Herren, ich denke auch in Bezug auf die Ostfragen [...] nicht an kriegerische Auseinandersetzungen. Was ich mir aber vorstelle, ist das, dass, wenn einmal Verhältnisse entstehen, die den europäischen Frieden oder die wirtschaftliche Konsolidierung¹ Europas durch die Entwicklung im Osten bedroht erscheinen lassen, [...] dass dann Deutschland auch die Möglichkeit haben kann, mit seinen Forderungen Erfolge zu erzielen, wenn es sich vorher mit den ganzen Weltmächten, die darüber zu entscheiden haben, politisch auf einen freundschaftlichen Verständigungsfuß und auf eine wirtschaftliche Interessengemeinschaft auf der anderen Seite gestellt hat. Das ist meiner Meinung nach die einzige praktische Politik. [...] Meine Herren, die Politik, die wir inauguriert² haben, hat uns mindestens immer als eine Politik der Sicherung des deutschen Rheinlands gegen die Fortsetzung der französischen Rheinpolitik vor Augen gestanden, und da wir es nicht mit den Waffen schützen können, mussten wir es durch Verträge schützen. Nun aber ein Wort über die Inkraftsetzung und über den Völkerbund. Auch hier bekämpfen wir Deutsche uns prinzipiell wie immer. Bist du für den Völkerbund oder gegen ihn? Das ist eine ganz falsche Fragestellung. Man muss vielmehr fragen: Ist es besser für Deutschland, draußen zu bleiben oder hineinzugehen? Der Völkerbund ist mir absolut nicht sympathisch. Seine Entstehung war gegen uns gerichtet. Seine Handlungen waren gegen uns: [...] Wir hätten vom eigenen Standpunkt keine Veranlassung, große Sympathien mit ihm zu haben. Aber ich frage mich auch hier: nicht, ob mir die Menschen sympathisch sind oder nicht, sondern: nutzt oder schadet es? Da sehe ich die Dinge folgendermaßen: Alles, was das deutsche Volk auf dem Herzen hat, gerade an den noch ungelösten Fragen aus dem Weltkrieg, kann es nirgends besser anbringen als dort.

Zit. nach: Akten zur deutschen auswärtigen Politik 1918–1945. Serie B: 1925–1933, Bd. 1.1, Vandenhoeck & Ruprecht, Göttingen 1966, S. 728–751.*

1 *Konsolidierung*: Festigung
2 *inauguriert*: eingeführt

1 Erläutern Sie die Ziele und Methoden der Außenpolitik Stresemanns auf Grundlage seiner Rede.
2 Bewerten Sie die Bedeutung der Wirtschaftspolitik für die Außenpolitik Stresemanns.

M 11 Vertraulicher Brief Stresemanns an Kronprinz Wilhelm über die Grundlagen seiner Außenpolitik (7. September 1925, 1932 bekannt geworden)

Die deutsche Außenpolitik hat nach meiner Auffassung für die nächste absehbare Zeit drei große Aufgaben: Einmal die Lösung der Reparationsfrage in einem für Deutschland erträglichen Sinne und die Sicherung des Friedens, die die Voraussetzung für eine Wiedererstarkung Deutschlands ist. Zweitens rechne ich dazu den Schutz der Auslandsdeutschen, jener 10–12 Millionen Stammgenossen, die jetzt unter fremdem Joch in fremden Ländern leben.

Die dritte große Aufgabe ist die Korrektur der Ostgrenzen: die Wiedergewinnung von Danzig, vom polnischen Korridor und eine Korrektur der Grenze in Oberschlesien. Im Hintergrund steht der Anschluss von Deutsch-Österreich [...]. Wollen wir diese Ziele erreichen, so müssen wir uns aber auch auf diese Aufgaben konzentrieren. Daher der Sicherheitspakt, der uns einmal den Frieden garantieren und England

sowie, wenn Mussolini¹ mitmacht, Italien als Garanten der deutschen Westgrenze festlegen soll. Der Sicherheitspakt birgt andererseits in sich den Verzicht auf […] Rückgewinnung Elsass-Lothringens, […] der aber insoweit nur theoretischen Charakter hat, als keine Möglichkeit eines Krieges gegen Frankreich besteht. […] Zudem sind alle Fragen, die dem deutschen Volk auf dem Herzen brennen, […] Angelegenheiten des Völkerbundes […].
Die Frage des Optierens² zwischen Osten und Westen erfolgt durch unseren Eintritt in den Völkerbund nicht, Optieren kann man ja übrigens nur, wenn man eine militärische Macht hinter sich hat. Das fehlt uns leider. […] Ich warne vor einer Utopie, mit dem Bolschewismus zu kokettieren. […] Das Wichtigste ist […] das Freiwerden deutschen Landes von fremder Besatzung. Wir müssen den Würger erst vom Halse haben. […] Deshalb wird die deutsche Politik […] in dieser Beziehung zunächst darin bestehen müssen, zu finassieren³ und den großen Entscheidungen auszuweichen.
Ich bitte E.K.H.⁴ […], diesen Brief selbst – den ich absichtlich nicht unterzeichne, damit er nicht, auch nur aus Versehen, in fremde Hände fällt – freundlichst unter dem Gesichtspunkt würdigen zu wollen, dass ich mir natürlich in allen meinen Äußerungen eine große Zurückhaltung auferlegen muss. […]

Gustav Stresemann, Vermächtnis, Bd. II, hg. von Henry Bernhard, Ullstein, Berlin 1932, S. 553 ff.*

1 *Benito Mussolini (1883–1945):* ital. Politiker; von 1922 bis 1943 Ministerpräsident des Königreiches Italien; ab 1925 Diktator an der Spitze des faschistischen Regimes in Italien
2 *optieren:* sich für etwas aussprechen, entscheiden
3 *finassieren:* Tricks anwenden, um etwas zu erreichen
4 *E.K.H.:* Eure Kaiserliche Hoheit

1 Arbeiten Sie die außenpolitischen Ziele Stresemanns aus seinem Brief an Kronprinz Wilhelm heraus.
2 Erörtern Sie, warum Stresemann bei dem Brief um Geheimhaltung bittet.
3 **Vertiefung:** Bewerten Sie die Vereinbarkeit von Stresemanns außenpolitischen Zielen mit dem Versailler Vertrag.

M 12 Der Historiker Eberhard Kolb über Stresemann als „Hauptarchitekten" der Weimarer Außenpolitik (2003)

Als Außenminister, als Hauptarchitekt einer „republikanischen Außenpolitik" in der Mittelperiode der Weimarer Republik, hat Stresemann Epoche gemacht. Verständlicherweise steht daher die Außenpolitik seit jeher im Mittelpunkt des Interesses an Persönlichkeit und Werk Stresemanns […]. […]

Gustav Stresemann verfolgte – wie jeder andere europäische Staatsmann dieser Zeit – eine nationale Außenpolitik, und das hieß unter den inneren Bedingungen deutschen außenpolitischen Handelns nach 1919: Er verfolgte eine auf die Revision des Versailler Vertrags ausgerichtete Politik. Seine Zielvorstellung war der möglichst rasche Wiederaufstieg des Deutschen Reiches zur souveränen und im internationalen System gleichberechtigten Großmacht. Wenn Stresemann also durchaus ein nationaler Machtpolitiker war, so trennte ihn von den meisten deutschen Nationalisten der Weimarer Zeit, dass bei ihm – in produktiver Verarbeitung der Erfahrungen von 1914–1918 – nach 1919 sukzessive ein Sinn für die weltpolitische Wirklichkeit zum Durchbruch gekommen war. Er hatte die Einsicht gewonnen, dass eine nationale Außenpolitik nicht zum Erfolg führen konnte, wenn sie die Regierungen der Siegermächte herausforderte. Mit einem hochentwickelten Sinn für die politische Wirklichkeit legte er seiner Außenpolitik eine realistische Einschätzung der europäischen Kräfteverhältnisse zugrunde und betrieb seine „nationale Revisionspolitik als internationale Versöhnungspolitik" (Karl Dietrich Erdmann) mit dem Willen zum Ausgleich im Rahmen des internationalen Systems. Seine Konzeption und Herangehensweise brachte er auf den Begriff „Nationale Realpolitik", den er häufig gebrauchte. […] Es war gerade die Frage der Methode, gar nicht so sehr die eigentliche Zielsetzung, in der sich Stresemann eindeutig von seinen nationalistischen Gegnern unterschied, die ihn erbittert bekämpften und bis über den Tod hinaus mit ihrem Hass verfolgten.
Weil Stresemann an seine Aufgabe mit politischem Realismus heranging, war für ihn die Rückgewinnung einer deutschen Machtstellung nur auf dem Wege eines über viele Stufen verlaufenden längerfristigen Prozesses möglich, bei dem mit den Mitteln der Verhandlung und Verständigung operiert werden musste.

Eberhard Kolb, Gustav Stresemann, C. H. Beck, München 2003, S. 94–97.*

1 Erläutern Sie, was die „nationale Realpolitik" Stresemanns von der Politik der meisten anderen nationalen Machtpolitiker seiner Zeit unterschied.
2 Überprüfen Sie, mithilfe der Ergebnisse aus Kapitel 3.3 (Krise und Stabilisierung), inwiefern Stresemanns „Revisionismuspolitik" erfolgreich war.
3 **Zusatzaufgabe:** siehe S. 482.

Station 4: Stresemann als Repräsentant seiner Zeit

M 13 Der Historiker Horst Möller über Stresemann als „Vernunftrepublikaner" (2018)

Gustav Stresemann war ursprünglich Monarchist und wurde danach zum pragmatischen Vernunftrepublikaner, zählte also zu dem Teil der Politiker beziehungsweise der politisch Engagierten, die der aus
5 Kriegsniederlage und Revolution 1918/19 geborenen Republik zunächst ablehnend gegenüberstanden, sich dann aber doch zu ihr bekannten. Wer waren diese Vernunftrepublikaner, wie entwickelte sich Gustav Stresemann zu ihrem markantesten Reprä-
10 sentanten?

Der Begriff stammt von einem der bedeutendsten Historiker des späten 19. und frühen 20. Jahrhunderts, Friedrich Meinecke. In einem bereits Ende 1918 geschriebenen Zeitschriftenartikel, konstatier-
15 te er: „Zwar kann kein Zweifel daran sein, dass die überwiegende Mehrheit des deutschen Volkes noch heute monarchisch empfindet. Aber die Monarchie selber hat dieser Empfindung den Todesstoß versetzt durch die unwürdige Art ihres Endes, durch das völli-
20 ge Versagen ihres letzten Trägers im Reiche [...]. Ich bleibe, der Vergangenheit zugewandt, Herzensmonarchist und werde, der Zukunft zugewandt, Vernunftrepublikaner." [...]

Kennzeichnend für Vernunftrepublikaner war [...],
25 dass sie sowohl den Untergang der Monarchie 1918 kritisch reflektierten, als auch die möglichen Alternativen 1918/19 pragmatisch überdachten. Nicht wenige dieser Vernunftrepublikaner waren schon vor der Revolution 1918 überzeugt, dass das Kaiserreich
30 und insbesondere der Hegemonialstaat Preußen fundamentaler Reformen bedurften. Wenn sie die politische Vernunft zum Maßstab machten, dann handelte es sich nicht zwangsläufig um klar definierte politische Inhalte, aber doch um das Ziel, mithilfe einer
35 rationalen Analyse der historischen und aktuellen politischen Probleme pragmatische Lösungen zu finden – Lösungen, die einerseits eine Restauration[1] ausschlossen, andererseits aber entschieden jeglichen politischen Irrationalismus ablehnten. Und dies
40 schloss politische Gewaltakte und Morde, die die Republik von Beginn an erschütterten, ebenso aus, wie fanatische Ideologien, die nach 1918 immer stärker an Boden gewannen. [...]

Der Weimarer Vernunftrepublikanismus war folglich
45 ein generationsspezifisches Phänomen, das weder parteigebunden noch sozialspezifisch reduziert, aber demokratisch-rechtsstaatlich verwurzelt war. 1922 beschrieb Friedrich Meinecke diese organisatorisch in verschiedenen Parteien zu findende Haltung: „Zwischen den Gesinnungsrepublikanern[2] der Arbei-
50 terschaft auf der einen und den Gesinnungsmonarchisten im bürgerlichen Lager auf der anderen Seite steht dann eine große mittlere Schicht des Bürgertums, die man als neu gewordene Vernunftrepublikaner bezeichnen kann. Sie sind es in verschiedenen
55 Graden und Dosierungen, von bloßer vorübergehend gemeinter Anpassung an Unvermeidliches bis zur endgültigen, vernunftgemäßen und ehrlichen Anerkennung einer geschichtlichen Notwendigkeit."

Horst Möller, Die Weimarer Republik. Demokratie in der Krise, 2. Aufl., Piper, München 2018, S. 101–103.*

1 *Restauration:* Wiederherstellung früherer Verhältnisse
2 *Gesinnungsrepublikaner, Gesinnungsmonarchist:* Republikaner oder Monarchisten, die ihre Haltung nur nach ihrer Gesinnung, ihrem subjektiven Wissen und Wollen ausrichten

1 Beschreiben Sie, was Horst Möller unter einem „Vernunftrepublikaner" versteht.
2 Überprüfen Sie, inwiefern Stresemann nach der Definition Möllers als „Vernunftrepublikaner" bezeichnet werden kann.
3 **Vertiefung:** Charakterisieren Sie mithilfe der Ergebnisse aus den bisherigen Stationen die Veränderung von Stresemanns politischer Einstellung.

M 14 Der Historiker Karl Heinrich Pohl über Stresemann als „Grenzgänger" (2015)

Berücksichtigt man aber die [...] „anderen Seiten" Stresemanns, wäre es für eine zukünftige Erinnerungspolitik vielleicht – etwas provokant ausgedrückt – ganz richtig, ja geradezu angemessen, die
5 positiven Seiten Stresemanns nicht zu überstrapazieren. Gerade die Ambivalenz, die sein Leben und seine Politik gekennzeichnet hat, scheint erinnerungswürdig zu sein, erinnerungswürdiger jedenfalls als die Konstruktion einer Legende vom „guten" Strese-
10 mann, die in dieser Einseitigkeit nicht zu halten ist. Ein solch ambivalentes Bild stünde geradezu paradigmatisch für die Instabilität und Zwiespältigkeit der Weimarer Republik insgesamt, stünde für die Schwäche des deutschen Bürgertums – und würde
15 nicht zuletzt der Persönlichkeit Stresemanns gerechter als die bisherige Konstruktion.
Auf diese Weise könnte daran erinnert werden, dass selbst eine „Zierde der Weimarer Republik" wie Gustav Stresemann, ein deutscher Friedensnobelpreisträger, ein Parlamentarier erster Qualität, innerlich
20 nur mit halben Herzen zur Demokratie und Völkerversöhnung tendierte und die Republik nur bedingt akzeptierte. Damit stünde die Erinnerung an Stresemann sehr treffend für das Deutschland der

1920er-Jahre, mit all seinen Stärken, aber auch seinen Schwächen. Es stünde für die genutzten, aber zugleich für die vergebenen Chancen der Weimarer Republik.

Karl Heinrich Pohl, Gustav Stresemann: Biografie eines Grenzgängers, Vandenhoeck & Ruprecht, Göttingen 2015, S. 308.*

1 Fassen Sie die Kritik Karl Heinrich Pohls über eine mögliche Verklärung Stresemanns zusammen.
2 Erörtern Sie die Aussage Pohls, Stresemann habe nur mit „halben Herzen zur Demokratie" gestanden.
3 Überprüfen Sie die Aussage, Stresemann stehe mit seinen Stärken und Schwächen stellvertretend für die vergebenen Chancen der Weimarer Republik.
Tipp: siehe S. 482.

M 15 Nachruf auf Gustav Stresemann in der Frankfurter Zeitung (4. Oktober 1929)

Die politische Richtung, deren Führer er dem Namen und dem Amte nach war, folgte ihm immer widerwilliger und störrischer, und die Brücke zwischen rechts und links, die er in seiner eigenen Person darstellte, wurde politisch und leider auch körperlich mit jedem Tage morscher. Er war viel mächtiger in Europa als im Fraktionszimmer der Deutschen Volkspartei. Europa – wir meinen das in Umrissen sich abzeichnende Wunschbild eines vernünftigen, anständigen und menschlichen Zusammenlebens der am höchsten kultivierten Nationen der Erde, – dieses neue Europa hat viel verloren. Man darf und muss das sagen, obwohl Stresemann kein Europäer der eingeborenen und ursprünglichen Ueberzeugung gewesen ist, sondern sich in reifem Alter unter dem Eindruck und dem Druck der zwingenden allerrealsten Notwendigkeit zur Idee der europäischen Verständigung hindurchgearbeitet hat. [...]
Dass diese seine anfänglichen Ueberzeugungen irgendwann einen ganz scharfen Bruch erlitten hätten, ist uns nicht bekannt und nicht wahrscheinlich. Von der Rasse der aus den tiefsten Antrieben handelnden Bekenner ist er überhaupt nicht gewesen, sondern von jenem Typus, in dem die echt nationalliberale Erwägung der Opportunitäten[1] einen besonders glücklichen, einen beinahe klassischen Ausdruck fand. Allmählich, unter der täglichen Wirkung der Ereignisse jenes fürchterlichen halben Jahrzehnts nach dem Kriege, ist in ihm die Einsicht stärker geworden, daß es so, wie die nationalistische Forderung es wollte, mit der Wiederherstellung Deutschlands niemals gehen könne und sein sehr starker praktischer Verstand, seine Erfahrung und Weltkenntnis konnten gerade noch im rechten Augenblicke in den Dienst des Staates, der aus dem Zusammenbruch hervorging, gestellt werden.
Man wird Stresemann in der Geschichte in erster Linie wahrscheinlich als den deutschen Staatsmann der großen internationalen Konferenzen und Verträge weiternennen. Uns scheint, dass seine stärkste Leistung in der ersten Zeit seiner Reichskanzlerschaft liegt, als er mit einem wirklich seltenen Mute – denn das Schicksals Erzbergers und Rathenaus[2] hätte ihm sehr wohl beschieden sein können – den Ruhrkampf abbrach und nach der schauerlichen Zerrüttung, die Cuno[3] hinterließ, zuerst wieder so etwas wie eine Reichsregierung und -verwaltung begründete. Sein Glück war, daß er nicht früher in das Ministerium gelangte. Es mußte erst mit Elend und Blut der bösartigste Teil des vom Kriege erzeugten Wahnsinns verrauchen und nicht nur bei uns, sondern auch im Auslande.

„Ein Staatsmann Deutschlands und Europas", Frankfurter Zeitung, 04.10.1929, Gu./© Alle Rechte vorbehalten. Frankfurter Allgemeine Zeitung GmbH, Frankfurt. Zur Verfügung gestellt vom Frankfurter Allgemeine Archiv.*

1 *Opportunität:* Zweckmäßigkeit in der gegenwärtigen Situation
2 *Matthias Erzberger (1875–1921) und Walther Rathenau (1867–1922):* Die beiden führenden Politiker der Weimarer Republik wurden von Attentätern ermordet.
3 *Wilhelm Cuno (1876–1933):* Er war Reichskanzler von November 1922 bis August 1923. Seine Strategie, die Ruhrbesetzung durch passiven Widerstand und staatliche Ausgleichszahlungen zu beenden, überlastete den Staatshaushalt und scheiterte.

1 Erläutern Sie, welche politischen Leistungen und Verfehlungen Stresemann nach seinem Tod zugesprochen werden.
2 War Stresemann europäischer Verständigungspolitiker oder nationaler Machtpolitiker? Nehmen Sie begründet Stellung zu dieser Frage.
3 **Vertiefung:** Die Stresemann-Gesellschaft verleiht regelmäßig eine Medaille an Persönlichkeiten, die sich in besonderem Maße im Sinne Stresemanns verdient gemacht haben. Entwickeln Sie Kriterien, nach denen diese Medaille im Sinne Stresemanns vergeben werden sollte.

Methode

Historische Urteile analysieren und vergleichen

M1 Trauerzug zur Beerdigung Gustav Stresemanns in Berlin, Fotografie, 1929.
Hunderttausende Berliner wohnten dem Trauerzug zur Beerdigung Gustav Stresemanns bei.

Eine objektive Wahrheit gibt es in der Geschichte nicht. Jede Wahrnehmung und jede Deutung von historischen Ereignissen hängen von einer Vielzahl von Faktoren (z. B. Lebenszeit des Autors, Zugang zu Quellen, Sozialisation, emotionale Betroffenheit, Distanz zum Geschehen) ab. Darstellungen von Geschichte sind daher immer perspektivisch – unterschiedliche Menschen kommen zu unterschiedlichen Beurteilungen von ein und demselben historischen Ereignis. In diesem Sinne ist Geschichtsschreibung immer subjektiv. Historische Urteile können sich folglich stark voneinander unterscheiden. Die Frage, wie ein Historiker zu seiner Beurteilung kommt, ist mindestens so spannend und wichtig, wie die nach der Beurteilung selbst. Deshalb müssen historische Urteile auf die **Stimmigkeit ihrer Argumentationskette**, auf die **Stichhaltigkeit der einzelnen Argumente** und auf die **Angemessenheit der Darstellung** geprüft werden. Nur so lässt sich die Qualität eines historischen Urteils erkennen und beurteilen.

Um einem historischen Ereignis in seiner Komplexität gerecht zu werden, ist es sinnvoll, (kontroverse) Materialien hinsichtlich zentraler Gemeinsamkeiten und Unterschiede zu vergleichen. In der Geschichtswissenschaft spricht man vom **Prinzip der Multiperspektivität**. Das Gleiche gilt für historische Urteile. Durch die Analyse und den Vergleich verschiedener historischer Urteile kann man sich ein eigenes Bild von einer historischen Begebenheit machen. In dem Wissen, dass auch das eigene historische Urteil nicht objektiv sein wird, lässt sich zumindest ein abgewogenes und in sich stimmiges historisches Urteil formulieren.

Arbeitsschritte für die Analyse von historischen Urteilen

1. Formale Merkmale	– Welche (z. B. berufliche) Funktion/welche (politische, gesellschaftliche) Stellung hat der Verfasser?
	– Wann, wo und aus welchem Anlass ist der Text entstanden?
	– Um welche Textsorte (z. B. öffentliche Rede, Artikel, Fachbuch) handelt es sich?
	– An wen wendet sich der Text?
2. Herausarbeiten des Inhalts	– Mit welchem Thema beschäftigt sich der Text?
	– Welche zentralen Aussagen enthält der Text? Welche Thesen werden aufgestellt?
	– Mit welchen Argumenten untermauert der Autor seine Thesen und Aussagen?
3. Historischer Kontext	– Auf welches Ereignis/welche Epoche/welches Problem bezieht sich der Text?
	– In welchem Verhältnis steht der Autor zum behandelten Thema?
4. Aussageabsicht	– Welche Absicht verfolgt der Verfasser?
	– Welchen Standpunkt nimmt er ein?
	– Unter welchen Fragestellungen/Maßstäben werden die Sachverhalte beurteilt?
	– Welche Gesamtaussage lässt sich formulieren?
5. Darstellungen vergleichen	– Welche Aspekte sind für den Vergleich der beiden historischen Urteile geeignet? Welche Aspekte lassen sich nicht vergleichen?
	– Welche Unterschiede und Gemeinsamkeiten zeigen die Darstellungen? Gibt es Überlappungen, Ähnlichkeiten, Abweichungen oder Gegensätze?
6. Darstellungen beurteilen	– Wie glaubwürdig/überzeugend sind die Texte?
	– Gibt es logische Fehler in den Argumentationsketten oder sind sie schlüssig?
	– Sind die Aussagen sachlich richtig?
	– Wird das Wesentliche in den Blick genommen oder werden zentrale Aspekte ausgespart?

Übungsaufgabe

M2 Der Schriftsteller und Journalist Emil Ludwig über Gustav Stresemann (1929)

Ludwigs Artikel „Der Mann des Friedens" erschien am 3. Oktober 1929 anlässlich von Stresemanns Tod in der „Vossischen Zeitung".

Stresemanns Verdienste als Staatsmann werden heute von Kennern dargestellt werden. Er hat seine Taten, die von 1923 bis 1929 reichen, mit der Rettung der Republik aus der Not des Ruhrkampfes begonnen
5 und mit der Befreiung des Gebietes beschlossen. In der Geschichte aber wird seine Gestalt ein Symbol der Wandlung bedeuten. Ein reiner Imperialist, der an den Primat[1] der Wirtschaft nur allzu sehr glaubte, ein wilder Annexionist[2], der 1915 alle französischen
10 Erze haben wollte, hielt er sich im November 1918 besser als gewisse Zeitgenossen: Denn er ist nicht von heute auf morgen in fünf Minuten rot geworden. Stattdessen wurde er in fünf Jahren schwarzrotgold. Der furchtbare Schlag hat ihn zur Besinnung ge-
15 bracht. Sein Ohr hörte den verwandelten Rhythmus der Geschichte, sein historisch sehr geschulter Geist zeigte ihm die Parallelen. Er begreift, dass man in Europa nicht nach den alten Methoden weiterregieren könnte, und darum auch nicht in Deutschland. [...]
20 Er sah, dass nicht die alte Revanchefrage derer, aus deren Kreisen er hervorging, sondern nur der Gedanke des Völkerbundes Deutschland emporführen könnte. [...]
An [...] [seinen] Zügen erkennt man den Menschen,
25 der weniger auf rasche Wirkung als auf nachdenkliche Forderung bedacht ist. Und doch zeigte sein Charakter auch eine gewisse studentenhafte Naivität, die ihn nicht gerade zum Menschenkenner machte. So entstand in ihm eine Frische, die zur Überlegung, ein
30 Ernst, der zur Handlung führte: Stresemann war ein sehr deutscher Charakter.

Vossische Zeitung, 3. Oktober 1929; zit. nach: http://zefys. staatsbibliothek-berlin.de/kalender/auswahl/date/ 1929-10-03/27112366/ (Download vom 25. November 2020).*

1 *Primat der Wirtschaft:* Vorrangstellung der Wirtschaft
2 *Annexionist:* Person, die danach strebt, fremdes Staatsgebiet gewaltsam anzugliedern

M3 Der Historiker Hagen Schulze über Gustav Stresemann (1983)

Das erste große Ziel deutscher Außenpolitik verstand sich fast von selbst: die Revision von Versailles. [...] Im Osten dagegen strebte [Stresemann] ganz unverhohlen die Rückgabe Danzigs, des Korridors und Oberschlesiens an. Eine vertragliche Festschreibung
5 der deutschen Ostgrenzen kam deshalb für ihn nie in Betracht; Stresemann mühte sich vielmehr, Frankreich und Polen zu entzweien. [...] Vor allem, um die Frage der deutschen Ostgrenze offenzuhalten, strebte Stresemann die Mitgliedschaft Deutschlands im
10 Völkerbund an. [...] Ihm ging es letztlich um die Beseitigung des internationalen Systems der Pariser Vorortverträge von 1919 und um die Rückkehr zu einem europäischen Gleichgewicht, in dem Deutschland wie zur Bismarck-Zeit schon aufgrund seiner
15 hohen Bevölkerungszahl und seiner wirtschaftlichen Überlegenheit die erste Geige spielen sollte. Stresemann, das war Bismarck *redivivus*[1], konservativ bis in die Fingerspitzen, der eine an den Grenzen des politischen Möglichen orientierte aufgeklärte Machtpoli-
20 tik betrieb. Es war derselbe Stresemann, der 1914 Gebiete von Calais bis Petersburg annektieren wollte, der 1919 die Dolchstoßlegende gepredigt und sich der Annahme des Versailler Vertrages wie der Weimarer Reichsverfassung widersetzt hatte und der
25 nun daranging, mit den westlichen Alliierten den Ausgleich zu suchen – „Entspannungspolitik" zu betreiben, würde man heute sagen –, der mit aller Macht in den Völkerbund drängte, der den Friedensnobelpreis erhalten und der Nachwelt als großer Eu-
30 ropäer erscheinen sollte. Doch in Wirklichkeit hat eine Wandlung vom nationalistischen Saulus zum paneuropäischen Paulus[2] nie stattgefunden.

Hagen Schulze, Weimar. Deutschland 1917–1933, Siedler, Berlin 1983, S. 272f.*

1 *Bismarck redivivus:* der wiedererstandene Geist Bismarcks
2 *Wandlung vom Saulus zum Paulus (Redensart):* sich vom Schlechten abwenden und zum Guten werden

1 Analysieren Sie M2 und vergleichen Sie M3 damit.
▶ Lösungshinweise finden Sie auf S. 496 ff.

Anwenden

M1 Die Historikerin Ursula Büttner über das Verhältnis von Außen- und Innenpolitik in der „Ära Stresemann" (2008)

In Deutschland stieß Stresemanns Politik auf ein geteiltes Echo. Die wütenden Proteste der „nationalen Kreise" waren die lauteste, aber nicht die vorherrschende Reaktion. Seine Konzeption, durch eine Politik des Interessenausgleichs und der Friedenssicherung in Europa Voraussetzungen für die Korrektur der Versailler Beschlüsse zu schaffen, fand sogar viel Zustimmung. Die Deutsche Volkspartei setzte vor Wahlen voll auf die Popularität des Außenministers und konnte, indem sie um Unterstützung für seine Politik warb, sich von 1924 bis 1928 mit 9–10 % der Stimmen einigermaßen behaupten. Nach seinem Tod erlebte sie dann einen steilen Absturz in der Gunst der Wähler. Auch die gesamte sozialdemokratische Arbeiterbewegung trug Stresemanns Außenpolitik zuverlässig mit, obwohl die SPD in diesen Jahren in der Opposition war.

Der außenpolitische Konsens war für Stresemann daher ein wesentlicher Grund, sich 1928 nach dem Wahlerfolg der SPD unter Aufbietung all seines Ansehens und all seiner Kraft für das erneute Zustandekommen einer Großen Koalition einzusetzen. Widerstand kam vor allem vom rechten, von der Schwerindustrie beherrschten Flügel seiner eigenen Partei. Diese „Nationalliberalen" lehnten sowohl die von ihm erstrebte Versöhnung von Bürgertum und Arbeiterschaft im Inneren als auch seine Verständigungspolitik gegenüber dem Ausland ab. Für sie zählten keine symbolischen Gewinne wie der Friedensnobelpreis; sie verlangten sofort handfeste Ergebnisse der Locarno-Politik.

Unter dem Druck der rechten Opposition, die durch Stresemanns innerparteiliche Gegner bis in das Regierungslager reichte und es ständig zu sprengen drohte, schlugen die außenpolitischen Sprecher Deutschlands schon 1928 schärfere Töne an. Der schwerkranke Außenminister, der wie kein anderer die Grenze zwischen dem innenpolitisch Nützlichen und dem außenpolitisch Möglichen zu halten wusste, fiel in diesem Jahr wiederholt für längere Zeit aus. Dem sozialdemokratischen Reichskanzler Hermann Müller, der ihn dann bei wichtigen internationalen Begegnungen vertrat, fehlte die Erfahrung, um den Balanceakt zwischen Innen- und Außenpolitik mit der gleichen Sicherheit durchzuhalten. So überraschte er bei der Völkerbundstagung im September 1928 durch die harsche Form, in der er die bekannten Forderungen nach Räumung des Rheinlands und Abrüstung der europäischen Mächte vortrug. Einige Historiker haben deshalb argumentiert, dass sich das Ende der kooperativen Außenpolitik schon 1928 anbahnte, als der Wille zur internationalen Zusammenarbeit wieder stärker vom Bewusstsein der Rivalität überlagert wurde. Trotzdem hob sich die Außenpolitik in der „Ära Stresemann" durch ihre Zielsetzung, ihre Methoden und ihren Stil deutlich von der konfrontativen Politik der Präsidialkabinette seit 1930 ab, die deutsche Wünsche von neuem ohne Rücksicht auf die Bedenken in anderen Staaten, aber auch ohne Rücksicht auf die internationalen Machtverhältnisse durchzusetzen versuchten.

Das Urteil über Stresemann und seine Außenpolitik fiel lange zwiespältig aus: Die einen sahen in ihm einen Wegbereiter der europäischen Verständigung und Integration; die anderen betonten die Kontinuität seiner nationalistischen Ziele, die er nur aus taktischer Klugheit mit neuen Mitteln verfolgt habe. Inzwischen herrscht in der internationalen Forschung weithin Einigkeit, dass es an der Aufrichtigkeit seiner Kooperationsbereitschaft keinen Zweifel gebe. Er war überzeugt, dass das Deutsche Reich seine Interessen, darunter auch für ihn an erster Stelle die Revision des Versailler Vertrags, nur in Übereinstimmung mit den europäischen Mächten und den USA erreichen könne, und deshalb gab es zur Friedenspolitik in Europa für ihn keine Alternative.

Ursula Büttner, Weimar. Die überforderte Republik 1918–1933. Leistung und Versagen in Staat, Gesellschaft, Wirtschaft und Kultur, Klett-Cotta, Stuttgart 2008, S. 362 f.

1 Fassen Sie die zentralen Thesen von Ursula Büttner a) über die innenpolitischen Bedingungen und b) die historische Bewertung der Stresemann'schen Außenpolitik zusammen.
2 Die Historikerin Ursula Büttner wählte für das Kapitel über die Außenpolitik Stresemanns die Zwischenüberschrift: „Stabilisierung auf gefährdeter Grundlage 1924–1930". Erläutern Sie diese Formulierung. Formulieren Sie gegebenenfalls eine andere Überschrift.
3 Der amerikanische Historiker Henry A. Turner hat die These vertreten, dass mit Stresemann ein „pragmatischer Konservativer" jahrelang den Kurs der deutschen Außenpolitik bestimmt habe. Nehmen Sie Stellung zu dieser These.

Wiederholen

M2 „Deutschland und Russland. Ein Anfang", Karikatur von Erich Schilling aus der deutschen Satirezeitschrift „Simplicissimus" vom 10. Mai 1922

Zentrale Begriffe
„Ära Stresemann"
Berliner Vertrag
Besetzung des Ruhrgebietes
Briand-Kellogg-Pakt
Friedensnobelpreis
Genfer Abrüstungskonferenz
Großmacht
Konferenz von Lausanne
Reparationen
Revision des Versailler Vertrages
Ruhrkampf
Vertrag von Rapallo
Verträge von Locarno
Völkerbund
Young-Plan

1 a) Fassen Sie die Bestimmungen des Vertrags von Rapallo zusammen.
  b) Interpretieren Sie die Karikatur M 2.
  c) Erklären Sie, warum die Reaktionen in Frankreich auf den Vertrag von Rapallo negativ ausfielen.
  Tipp: Hinweise finden Sie im Darstellungstext.
2 Arbeiten Sie heraus, inwiefern Gustav Stresemann es geschafft hat, den Spielraum der deutschen Außenpolitik zu vergrößern.
3 **Wahlaufgabe:** Bearbeiten Sie entweder a) oder b).
  a) Nehmen Sie Stellung zu der These des Historikers Eberhard Kolb: „Wenn es also aufgrund der inneren Machtstruktur der Weimarer Republik nahelag, dass ein Repräsentant des alten Deutschland die Außenpolitik führte, dann war Stresemann nach persönlichem Format und außenpolitischer Haltung eine nahezu optimale Führerpersönlichkeit für diese Jahre. Durch seine längerfristige Perspektive bei der Realisierung der Revisionsziele und seine relative Mäßigung bei der Anwendung der zur Verfügung stehenden Mittel wurden die zukünftigen Optionen Deutschlands offengehalten."
  b) Verfassen Sie ein kurzes Referat, in dem Sie eine alternative These zu der von Kolb vertreten und begründen. Präsentieren Sie Ihre These.
4 **Vertiefung:** Erörtern Sie die Aussage, Stresemanns Außenpolitik stellte eine „ökonomische Variante deutscher Machtpolitik" dar.

Formulierungshilfen
– Auf dem Bild sieht man im Vordergrund …
– Im Hintergrund sind … dargestellt.
– Die Personen sind mit … bekleidet, ihre Gestik verweist auf …
– Die Farbgebung ist …
– Insgesamt vermittelt das Bild … Eindruck.
– Der Karikaturist deutet mit seinem Bild die Zukunft der deutsch-russischen Beziehungen folgendermaßen …

3.5 Zwischen Aufbruch und Unsicherheit: die „Goldenen Zwanziger"

M1 „Metropole (Berlin)", Gemälde von George Grosz, 1916

1895	Erste Filmvorführungen in Paris und Berlin			1910	Durchbruch des Expressionismus	
1895	1900	1905		1910		1915

1871–1918 Deutsches Kaiserreich

Zwischen Aufbruch und Unsicherheit: die „Goldenen Zwanziger" 3.5

Die Jahre von 1924 bis 1929 gelten nicht nur als eine Zeit der relativen Stabilisierung der Weimarer Republik, sondern werden auch als die „Goldenen Zwanziger Jahre" bezeichnet. Besonders im kulturellen Bereich verbreitete sich eine Aufbruchstimmung, die schöpferische Kräfte freisetzte und eine große Vielfalt geistig-künstlerischen Schaffens
5 ermöglichte. In den Bereichen Kunst, Literatur, Theater, Architektur, Städtebau, Design, Technik, Rundfunk und Film entstanden bahnbrechende Werke und Entwicklungen. Außerdem erfasste vor allem in der Großstadt Berlin überwiegend junge Menschen ein neues freiheitliches Lebensgefühl, das sich auch in veränderten Geschlechterrollen niederschlug. Man spricht von einer Zeit der kulturellen Modernisierung. Diese Neuerun-
10 gen prägten zwar weitgehend die öffentliche Debatte, aber sie waren nicht repräsentativ für die Gesamtgesellschaft.
Auch Unsicherheiten bestimmten die „Weimarer Kultur", und die kulturelle und künstlerische Avantgarde der Moderne traf auf Widerspruch und Ablehnung. Ihr stand eine entschieden zivilisationskritische, kulturpessimistische, traditionsverhaftete und reakti-
15 onäre Bewegung gegenüber. Diese war häufig ländlich geprägt und empfand das Tempo der Veränderungen in den Großstädten, allen voran Berlin, als zu hoch und als gefährlich. Trotz dieser Gegenströmungen sorgten die neuen Medien Rundfunk und Kino sowie der Bedeutungszuwachs der Presse für die Entwicklung einer Massenkultur. Unterhaltung, Bildung, Werbung und Massenkonsum hielten Einzug in die Alltagswelt
20 vieler Menschen der Weimarer Republik. Und auch die Technisierung des Alltags schritt voran.

M 2 Außenminister Gustav Stresemann bei einer Rundfunkansprache, Fotografie, 14. Juni 1925

1 Charakterisieren Sie die „Goldenen Zwanziger" mit den Begriffen „Aufbruch" und „Unsicherheit". Nennen Sie für jeden der beiden Begriffe Beispiele, die Sie auf einem Blatt schriftlich festhalten. Erläutern Sie in kurzen Stichworten die Beispiele.
2 Analysieren Sie, wie George Grosz die Großstadt Berlin darstellt.
Tipp: Achten Sie dabei besonders auf die Farbgebung und die Perspektivenwahl.
3 **Wahlaufgabe:** Setzen Sie sich mit dem in der Weimarer Zeit neuen Medium Rundfunk auseinander. Beziehen Sie die Fotografie M 2 mit ein. Bearbeiten Sie entweder a), b) oder c).
  a) **Tabelle:** Stellen Sie die Vorteile und Nachteile des Rundfunks für die Menschen in einer Tabelle gegenüber.
  b) **Leserbrief:** Verfassen Sie einen Leserbrief, in dem Sie kritisch zum neuen Medium Rundfunk Stellung nehmen.
  c) **Essay:** Erläutern Sie in einem Essay die Rolle des Rundfunks für die politische Meinungsbildung.

1922/23	Abwendung vieler Avantgarde-Künstler vom Expressionismus, Hinwendung zur „Neuen Sachlichkeit"
1926	Gründung der „Deutschen Welle"
1928	Aufführung des ersten Tonfilms
1935	Erstes reguläres Fernsehprogramm der Welt im Deutschen Reich

| 1920 | 1925 | 1930 | 1935 | 1940 |

1919–1923 Krisenjahre der Weimarer Republik | 1924–1929 „Goldene Zwanziger" | 1930–1933 Präsidialkabinette | 1933–1945 Nationalsozialismus

3.5 Zwischen Aufbruch und Unsicherheit: die „Goldenen Zwanziger"

> *In diesem Kapitel geht es um*
> *– Begriff und Bedeutung der „Goldenen Zwanziger",*
> *– die Weimarer Kultur im Widerstreit zwischen Moderne und Tradition,*
> *– Massenkultur und Medien,*
> *– Technisierung des Lebens,*
> *– Geschlechterverhältnisse.*

„Goldene Zwanziger"

cornelsen.de/Webcodes
Code: nesesa

▶ M 21: Volker Depkat über die Moderne in den USA

Avantgarde
Als Avantgarde werden politische oder künstlerische Bewegungen bezeichnet, die sich an der Idee des Fortschritts orientieren und ein besonderes Maß an Radikalität befürworten. Sie sehen sich als Vorreiter neuer Entwicklungen.

M1 „Konstruktion (Ohne Titel)", Gemälde von George Grosz, 1920

▶ M 8: Ursula Büttner über den Expressionismus

„Goldene Zwanziger" und kulturelle Modernisierung

Betrachtet man die Kultur der Weimarer Republik, nimmt man die 1920er-Jahre als Ganzes in den Blick, den Schwerpunkt bilden aber die Jahre der wirtschaftlichen Stabilisierung nach 1924. Darstellungen der deutschen Kultur- und Kunstgeschichte charakterisieren diese Jahre mit dem **Begriff „goldene zwanziger Jahre"** oder einfacher „Goldene Zwanziger". Bei dieser Bezeichnung klingt die Freude über die künstlerische Kreativität und Vielfalt der Zeit nach. Und sie ist mehr als ein Mythos, mehr als eine Verklärung der historischen Wirklichkeit. Vielmehr verdeutlicht diese Epochenbezeichnung, dass es eine **der Moderne zugewandte „Weimarer Kultur"** gab, die sich durch ein ungewöhnliches Maß an schöpferischer Schaffenskraft und Experimentierlust auszeichnete. Der Begriff bezieht aber auch den Wirtschaftsaufschwung mit ein. Das Phänomen des Wirtschaftsaufschwungs und der kulturellen Modernisierung war aber nicht nur auf Deutschland begrenzt. In den USA bezeichnet man die Jahre als „Roaring Twenties" (wilde Zwanziger), in Frankreich als „Années Folles" (verrückte Jahre). In Deutschland wie auch international erhielten deutsche Künstler große Aufmerksamkeit. Das Gleiche galt umgekehrt für die US-amerikanischen Entwicklungen. Die Berliner Regierungen und Stadtmagistrate förderten die Künste und eröffneten der Avantgarde* neue Spielräume. Breitere Bevölkerungsschichten sprachen den Kunstwerken eine große Bedeutung zu. Die Künstler waren nicht länger Außenseiter, sondern standen im Mittelpunkt der künstlerischen Diskussionen und lieferten die Themen.

Expressionismus

Diese moderne Kultur, die mit den ästhetischen Überzeugungen der Vergangenheit brach und neue künstlerische Entwicklungen ausprobierte, war nicht erst in der Weimarer Zeit entstanden. Bereits in den Jahren um 1910 gelang dem **Expressionismus** der entscheidende Durchbruch. Maler und Bildhauer wählten ungewöhnliche Farben und harte Kontraste, verfremdeten Formen und stellten statt der äußerlichen Wirklichkeit innerliche Bewegungen dar oder lösten die Gegenständlichkeit in Abstraktionen auf. Dichter ersetzten wohlklingende Dialoge durch Schreien und Stammeln. Dem Theaterpublikum präsentierten sie keine Helden, die Bewunderung oder Mitleid erregten, sondern jeglicher Individualität entkleidete Typen.

Diese künstlerische Rebellion gegen die starren Konventionen und zufriedene Selbstgerechtigkeit des wilhelminischen Bürgertums erlebte nach den grauenhaften Erfahrungen des Ersten Weltkrieges in der ersten deutschen Demokratie einen Aufschwung. Die Weimarer Reichsverfassung gewährleistete die ersehnte Meinungs- und Kunstfreiheit und beseitigte damit die Fesseln für die geistige und moralische Erneuerung. Aber weder die Novemberrevolution 1918/19 noch die Weimarer Republik erfüllten die großen Hoffnungen, mit denen die expressionistischen Künstler sie begrüßt hatten. Weil ihre großen, idealistischen Erwartungen unerfüllt blieben, wandten sich viele von ihnen von

der Republik ab. In der linksdemokratischen Presse überzogen manche die junge Demokratie mit heftiger Kritik und schwächten dadurch den Weimarer Staat. Von dieser
20 Kritik profitierten auch die Anhänger der extrem politischen Rechten, die die Republik bekämpften. Das trifft ebenfalls auf Teile der geistigen Elite zu, die konservative, antiliberale, antidemokratische oder kulturpessimistische* Ideen vertraten.

Kulturpessimismus
Der Begriff bezeichnet eine negative Deutung aktueller Entwicklungen. Oft wird der Niedergang der Kultur vorausgesagt.

Zwischen Avantgarde und Kulturpessimismus

Die künstlerische Avantgarde beherrschte in der Weimarer Zeit nicht unangefochten die Kulturszene. Traditionelle Kunstrichtungen und die hergebrachte Formensprache blieben weiterhin einflussreich. Außerdem leisteten kulturpessimistische und zivilisationskritische Strömungen heftigen Widerstand gegen das Vordringen moderner Künst-
5 ler. Das führte dazu, dass sich **zwei Kulturen** unversöhnlich gegenüberstanden. Die einen waren nach dem Ende des Ersten Weltkrieges und des Kaiserreiches von Aufbruchstimmung und Hoffnung erfüllt auf eine friedliche und bessere Zukunft; die anderen begründeten mit dem Hinweis auf die Kriegsopfer ihre nationalistischen und revisionistischen Einstellungen und trauerten der verlorenen Monarchie nach. Wäh-
10 rend die einen die Dynamik der Großstadt und trotz des im Krieg sichtbar gewordenen Vernichtungspotenzials die Errungenschaften der modernen Technik begrüßten, verurteilten die anderen das großstädtische Leben sowie die moderne Kultur und Zivilisation. Überdies blieben Arbeiterkultur und bürgerliche Hochkultur streng voneinander getrennt.

▶ M 10: Paul Schultze-Naumburg über „Kunst und Rasse"

Neue Sachlichkeit

Etwa seit 1922/23 wandten sich wesentliche Bewegungen der kulturellen Avantgarde vom Expressionismus ab. Nicht mehr die stete Suche nach einer völlig neuen Welt und neuen Kunstformen bestimmte seitdem das künstlerischen Denken und Handeln, sondern unsentimentaler Pragmatismus und eine sachlichere, nüchternere Auseinander-
5 setzung mit der Wirklichkeit prägte alle Kunstrichtungen. Der Kunsthistoriker Gustav Friedrich Hartlaub charakterisierte die beginnende Kunstepoche mit dem Begriff **„Neue Sachlichkeit"**. Damit war das Gemeinsame der zahlreichen Kunststile benannt und

M 2 „Selbstbildnis vor Litfaß", Gemälde von Georg Scholz, 1926.

Der Maler Georg Scholz (1890–1945) ist ein wichtiger Vertreter der „Neuen Sachlichkeit". Er leitete seit 1925 die Badische Landeskunstschule, 1933 wurde er als „entarteter Künstler" entlassen.

► S. 356 Fotocollage, Kunstart entwickelt von John Heartfield

gleichzeitig Raum gelassen für große Unterschiede. Das Streben nach „Neuer Sachlichkeit" lässt sich auch aufzeigen an der Fotografie, die sich zu einer eigenständigen Kunstform entwickelte und in besonderer Weise geeignet war, die zentralen Aspekte der Industriewelt zu erfassen. Aber auch in der literarischen Welt entwickelten sich neue Ausdrucksformen wie die Reportage, der Reisebericht oder kurze Notizen. Mit ihrer Hilfe konnte die moderne Welt angemessen beschrieben, konnten Industrie, Technik und Großstadtleben präzise und einfühlsam dargestellt werden.

Massenkultur

Der Schriftsteller und Sprachwissenschaftler Umberto Eco hat einmal zwei Möglichkeiten unterschieden, über Massenkultur zu sprechen. Die Anhänger der einen Richtung, die er als „Apokalyptiker" bezeichnete, beklagen allein den unaufhaltsamen Niedergang der Werte und wollen öffentlich zeigen, dass sie sich nicht anpassen. Die anderen, die „Integrierten", begrüßen die weite Verbreitung der modernen Medien und stellen heraus, dass nun die Kulturgüter allen zugänglich seien. Es gibt jedoch noch eine andere Position, die die Massenkultur als **Element der Industrialisierungs- und Demokratisierungsprozesse der modernen Welt** versteht.

Tatsächlich hatte die Industrialisierung seit dem 19. Jahrhundert die Voraussetzungen für Massenproduktion und Massenkonsum geschaffen. Bereits im Jahrzehnt vor dem Ersten Weltkrieg erlebten unterhaltsame und belehrende **Zeitschriften** eine weite Verbreitung, Groschenromane* erfuhren sogar einen Boom. Die Nachfrage nach Schau- und Breitensport stieg, die ersten Kinovorführungen stießen auf großes Interesse. Aber erst in der demokratischen Gesellschaft der Weimarer Republik verstärkte sich der Trend zur Massenkultur, die für immer breitere Bevölkerungsschichten die Möglichkeiten des Konsums sowie die Teilhabe an Wohlstand und Kultur schuf. Millionen Menschen konnten jetzt an den **Freizeitvergnügungen** alter und neuer Art teilnehmen. Dass Freizeit nicht mehr ein Vorrecht gut situierter bürgerlicher Schichten blieb, sondern auch in bescheidenerem Maße Arbeiterinnen und Arbeitern zugutekam, lag zudem an technischen Innovationen und sozialpolitischen Fortschritten. Sie ermöglichten die Verkürzung der täglichen und wöchentlichen Arbeitszeit sowie einen in der Regel einwöchentlichen Jahresurlaub. Weit mehr Menschen als früher besaßen in ihrer Freizeit ab Samstagmittag die Chance, das Wochenende beim Sport, im Schrebergarten oder bei Ausflügen ins Grüne zu genießen. Das Fahrrad vergrößerte den Bewegungsradius. Sportereignisse wie Fußballspiele, Boxkämpfe, Fahrrad- und Autorennen waren beliebt, auch traditionelle Vergnügungsstätten, Jahrmärkte und Tanzsäle. Das Vereinsleben blühte auf. In den Städten veränderten überdies neue Medien das Freizeitverhalten: Schallplatte und Grammophon, Hörfunk und Kino, sorgten für die schnelle Verbreitung neuer Musik- und Textstile und schufen die Stars.

Obwohl die Angebote der Massenkultur für viele Menschen über Schichten- und Generationsgrenzen hinweg anziehend waren, ebneten sie die sozialen Unterschiede nicht ein. Statussymbole verdeutlichten nach wie vor den Sozialstatus der Menschen auch in ihrer Freizeit. Das Ansehen eines Films verschaffte dem Besucher eines Kinopalastes ein größeres Vergnügen als im Groschenkino, in der Loge war es angenehmer als auf dem „Rasiersitz", wie die Sitzplätze in der ersten Reihe umgangssprachlich genannt wurden. Angehörige der Ober- und oberen Mittelschicht bevorzugten zudem andere Sportarten als Fans aus den Unterschichten. Hinzu kam, dass ein Großteil der Provinz- und Landbewohner aus technischen Gründen vom Rundfunkempfang ausgeschlossen war. Weil die Landbevölkerung weiterhin über wenig Freizeit verfügte und von vielen Freizeitangeboten abgeschnitten blieb, vergrößerte die Entfaltung der modernen Freizeitkultur das Gefälle zwischen Stadt und Land beträchtlich. Die Bevölkerung in der Provinz oder auf dem Land schaute daher mit Unverständnis und Abwehr auf die „Vergnügungssucht" und die „losen Sitten" der Städte.

Groschenroman
Die Romane in preisgünstiger Heftform (Preis = 1 Groschen) gab es bereits seit dem 19. Jh., im 20. Jh. wurden sie zum Massenprodukt.

M3 Titelblatt der Zeitschrift „DAS MAGAZIN", Dezember 1925

► M 11–M 14: Tanz, Clubs, Kinos und Kaufhäuser

Die Massenkultur löste aber auch Entsetzen aus; sie polarisierte das öffentliche Leben, galt vielen als Provokation. Vertreter des Bildungsbürgertums erblickten in ihr eine Gefahr für die Hochkultur und fürchteten um ihre Rolle als Schöpfer und Vermittler dieser Kultur. In den städtischen und ländlichen Mittelschichten bangten viele Menschen um ihre Alltagskultur, die ihnen Sinn und Halt gab. Das galt für ihr Arbeitsethos und Pflichtbewusstsein, ihr Bildungsstreben und ihre traditionelle Familienordnung. Bereits durch die Novemberrevolution fühlten sich diese bürgerlichen Schichten ihrer Vorrangstellung beraubt, durch die Wirtschaftskrisen der frühen Weimarer Zeit geschwächt. In den 1920er-Jahren reagierten sie auf die Verletzung ihrer Wertvorstellungen sehr gereizt.

Medien

Ein wichtiges Element der Massenkultur sind die Medien. Mit ihren modernen Nachrichten-, Druck-, Produktions- und Darstellungstechniken und -formen erlebten sie in der Weimarer Republik einen großen Aufschwung und erleichterten die Massenkommunikation. **Schallplatten** boten eine neue Möglichkeit, Musik zu konservieren und zu transportieren. Der **Rundfunk** gewann zunehmend an Popularität. Zahlreiche neue Sendeanstalten entstanden, die Funkanstalten unterhielten eigene Orchester, Chöre und Theaterensembles. 1926 entstand die „Deutsche Welle", die ein überregionales „Volksbildungsinstitut" sein sollte. Doch gelang es während der 1920er-Jahre nicht, allen Bevölkerungsschichten über den Rundfunk Kultur, Bildung, Unterhaltung und Informationen in gleicher Weise zu vermitteln. Die Anschaffung eines Radios war hauptsächlich für das mittelständische Bürgertum erschwinglich. Deswegen konzentrierten sich die Radiohörer vornehmlich in den Städten.

▶ M 16: Staat und Rundfunk

Bei der Verbreitung von Nachrichten blieb die **Presse** das wichtigste Massenkommunikationsmittel. Zeitungen und Wochenblätter erreichten täglich Millionen Leser. 1932 wurden in Deutschland 3732 Tageszeitungen und 7652 Zeitschriften gezählt. Dabei sind zwei Haupttypen von Zeitungen, die Parteipresse und politisch „unabhängige" Zeitungen, zu unterscheiden. Die „unabhängigen" Blätter finanzierten sich zu einem erheblichen Teil aus Inseratengeschäften und vermieden daher einseitige politische Festlegungen; zudem wollten die Zeitungen nicht von großen Anzeigenkunden abhängig werden. An politischen Richtungen war aber nicht nur die Parteipresse, sondern die gesamte Presse, auch die Boulevardblätter und die Illustrierten orientiert.

M 4 Szenenfoto aus dem Film „Der Blaue Engel" mit Marlene Dietrich, 1929

Besondere Attraktivität ging in der Weimarer Zeit vom **Kino** aus, das mit seinen beweglichen Bildern sowohl die Wirklichkeit wiedergab als auch eine imaginäre Welt erschuf. Die Zahl der Kinobesucher stieg stark an: 1914 gab es 2500, 1925 dann 3700 und 1930 mehr als 5000 Kinos mit mehr als 2 Millionen Sitzplätzen, darunter manche „Filmpaläste"; die Besucherzahl wurde auf 4 bis 5 Millionen geschätzt.

Großstadt

Der neuartige Lebensraum, das „Dickicht der Städte" (Bertolt Brecht), bescherte elementar widersprüchliche Erfahrungen. Die Stadt war äußerlich von einer hektischen, undurchschaubaren, chaotisch erscheinenden Vielfalt geprägt, andererseits aber über komplizierte Regelungen ganz und gar durchorganisiert. Mentalitäten, Denkmuster und Verhaltensweisen mussten sich der beschleunigten, nervenbelastenden Umwelt anpassen. Die verschiedenen Lebenswelten – Familie, Arbeitsplatz, Straße, Vereine, Freizeit- und Konsumwelt – trennten den früher überschaubaren Lebensraum in eine Fülle von Teilwelten. Die ausufernde Vielfalt so vieler Menschen, ihre differenzierten Interessen, Beziehungen und Betätigungen griffen in einem so „vielgliedrigen Organismus" (Georg Simmel) ineinander, dass ohne genaueste Verhaltensregeln und ihre pünktliche Befolgung „das Ganze zu einem unentwirrbaren Chaos zusammenbrechen würde".

Die größten deutschen Städte um 1925:

Stadt	Einwohner
Berlin	ca. 4 Mio.
Hamburg	ca. 1 Mio.
München	ca. 680 000
Dresden	ca. 600 000

3.5 Zwischen Aufbruch und Unsicherheit: die „Goldenen Zwanziger"

▶ **M 15: Eberhard Kolb und Dirk Schumann über Berlin als Kulturmetropole**

Die Überflutung mit Reizen und ständig wechselnden Informationen und Anforderungen erzogen den Großstädter zu ständiger Wachheit und Reaktionsbereitschaft. Einen weiten, ständig wachen Blick benötigte man, um gleichzeitig volle Schaufenster, die Menschen auf den Bürgersteigen und die Gefahr des heransausenden Autos zu erfassen. Ein neuer Zeitrhythmus, eine Ökonomie der Zeit entstand. Das sprichwörtliche Berliner **„Tempo"** etwa war das Mittel, Zeit zu gewinnen, nicht zuletzt für die Befriedigung neuer Bedürfnisse.

M 5 Kreuzung Friedrichstraße Ecke Leipziger Straße, Fotografie, 1925

▶ **M 18: „Schmutz- und Schundliteratur"**

Die Großstadt mit ihrem massiven Einbruch der Moderne in die traditionellen Lebenswelten wurde für die Kulturkritiker der Hauptschauplatz, auf dem die Auseinandersetzung zwischen begeisterter Bejahung der neuen Welt und apokalyptischen Ängsten vor dem Untergang aller Religiosität, Sittlichkeit und Kultur ausgetragen wurde.

Technisierung

▶ **M 19: Joachim Radkau über die Technisierung des Haushalts**

Zeppelin
Das mithilfe von Höhen- und Seitenrudern lenkbare Luftschiff bestand u. a. aus einem riesigen Gasraum, einem Propeller und einer Passagierkabine bzw. einer Gondel. Entwickelt wurde es von Ferdinand Graf Zeppelin (1838–1917) und seit 1900 als Transportmittel eingesetzt.

Die Debatte über Wert und Unwert der Moderne entzündete sich auch am Aufstieg der modernen Technik und der Technisierung der Welt. Der technische Fortschritt eröffnete den Menschen viele neue Möglichkeiten, die ihr Leben veränderten und verbesserten. Besonders in den deutschen Metropolen trafen Angebote wie Autos oder moderne Haushaltsgeräte (z. B. Staubsauger, Waschmaschine oder Gasherd) bei vielen Menschen auf begeisterte Zustimmung. Neu gebaute Wohnungen besaßen Gas-, Wasser- und Stromanschluss. Mit Stolz und Zuversicht bewunderten die Menschen überdies die Glanzleistungen deutscher Technik: Hierzu gehörten z. B. der Nonstop-Flug eines Zeppelins* vom Bodensee in die USA 1924, die Erdumrundung eines anderen deutschen Luftschiffs 1929 sowie die Eroberung des „Blauen Bandes", der Auszeichnung für die schnellste Atlantiküberquerung, durch die „Bremen" bei ihrer Jungfernfahrt 1928. Auch Konservative zeigten sich für die Modernisierung des Lebens durch technische Neuerungen aufgeschlossen, was reaktionäre politische Haltungen nicht ausschloss. „Tempo" entwickelte sich zu einem wichtigen Element des Lebensgefühls – nicht nur in der Großstadt. Leitfiguren dieser modernen Welt wurden dynamische, effiziente Männer wie Sportler, Ingenieure oder Flieger, allen voran Charles Lindbergh nach seinem Alleinflug von New York nach Paris 1927. Die moderne Frau zeigte sich ebenfalls sportlich, schlank und selbstbewusst. Der „Bubikopf" erschien ihr als Zeichen der Emanzipation. Aber nicht alle Menschen in Deutschland profitierten in der Weimarer Zeit vom wissenschaftlich-technischen Fortschritt. Viele Angebote der Industrie wie Autos oder moderne Haushaltsgeräte blieben für zahlreiche Menschen unerschwinglich. Auch unterschied sich die Massenkultur des modernen Großstadtlebens weiterhin stark vom Alltagsleben beispielsweise der Handwerker und Kleinhändler sowie der ländlichen Bevölkerung, aber auch der Studenten und Akademiker. Dieses wurde nach wie vor durch die traditionelle Vereinskultur z. B. mit ihren Gesangsvereinen bestimmt. Nicht Aufgeschlossenheit gegenüber der modernen Welt, sondern die Abwehr moderner Entwicklungen prägten diese überwiegend konservativen, teilweise rückwärtsgewandten Milieus.

Geschlechterverhältnisse und -beziehungen

Das Verhältnis der Geschlechter wandelte sich in der Weimarer Zeit. Die Verfassung erkannte die **Gleichberechtigung von Mann und Frau als Grundrecht** an, und die **Einführung des Frauenwahlrechtes** 1918 brachte eine erhebliche Politisierung und Organisierung der Frauen mit sich. Außerdem gewährte die Verfassung den Frauen die Gleichberechtigung in allen staatsbürgerlichen Angelegenheiten (Art. 109, 119, 128), im Beamtenrecht und ausdrücklich auch in der Ehe. Alle Parteien beteuerten in ihren Wahlprogrammen ihre Frauenfreundlichkeit und stellten Frauen auf sicheren Listenplätzen auf, allerdings nie als Spitzenkandidatinnen. Nur die NSDAP schloss später Frauen von der Parlamentsarbeit in ihren Reihen aus.

▶ S. 297 Wahlrecht und Frauenbewegung

Der Trend zur **Frauenerwerbstätigkeit** setzte sich in der Weimarer Republik fort. Viele Frauen fanden im Dienstleistungsbereich als Stenotypistin, Sekretärin oder Verkäuferin eine Anstellung, die häufig dazu diente, um der Familie ein Zubrot zu verdienen oder die Übergangsphase zwischen der Schulentlassung und der Heirat zu überwinden. Verheiratete Frauen arbeiteten nur in der Arbeiterschaft in nennenswertem Umfang, und auch hier wurde das vornehmlich mit der sozialen Lage begründet. Insgesamt blieb es in der Arbeitswelt bei der prinzipiellen Verteilung der Geschlechterrollen. Das galt selbst für die Arbeiterschaft, wo zwar die Gleichberechtigung von Männern und Frauen propagiert wurde, im Alltag aber z. B. die Hausarbeit bei berufstätigen Ehepaaren von den Frauen verrichtet wurde. Obwohl die Doppelbelastung berufstätiger Frauen bestehen blieb, begann sich die Hausarbeit durch Technisierung und Rationalisierung allmählich zu verändern. Die neuen technischen Haushaltsgeräte kamen jedoch vor allem Frauen aus begüterten Schichten zugute. Der eigentliche Wandel im Verhältnis der Geschlechter betraf die **„Entdeckung der modernen Frau"** (Ute Frevert). Neben das traditionelle Bild der Frau als Hausfrau und Mutter trat das der emanzipierten Frau, die sich nicht länger über ihren Mann definierte, sondern über ihre Leistungen in Beruf und Freizeit. Auch männliche Rollenverständnisse veränderten sich. Durchsetzungsfähigkeit, Stärke, Unterdrückung von Gefühlen bestimmten nach wie vor das Männlichkeitsideal. Der soldatische Mann besaß noch große Anziehungskraft. Aber auch der partnerschaftliche Ehemann und der treusorgende Familienvater entwickelten sich langsam zu akzeptierten Leitvorstellungen. Die Geschlechterbeziehungen wurden daher vielfältiger und ließen, z. B. in der Jugend, Ansätze erkennen, starre Rollenschranken und -klischees zu durchbrechen.

M6 Sekretärin mit einer Schreibmaschine, Fotografie, um 1930

▶ M 22–M 25: moderne Frau, Beruf und Familie

1 Erläutern Sie die Epochenbezeichnung „Goldene Zwanziger".
2 Charakterisieren Sie die zentralen Merkmale der „zwei Kulturen" in der Weimarer Republik.
3 **Partnerarbeit/Präsentation:** Erstellen Sie in Partnerarbeit eine Präsentation zu einem der folgenden Themen: a) Rolle der Medien, b) Massenkultur und Demokratisierung, c) Kulturpessimismus, d) Tempo und Komplexität der Großstadt, e) Veränderungen des Alltags durch Technisierung.
4 **Brief:** Verfassen Sie aus Sicht der Sekretärin in M 6 einen Brief an ihre Eltern auf dem Land, in dem sie ihren Alltag und ihre Probleme in der Stadt schildert.

Hinweise zur Arbeit mit den Materialien
Die unterschiedlichen Aspekte der Modernisierung des Alltags- und Berufslebens lassen sich mithilfe von M 7, M 9, M 11, M 12, M 13 und M 14 analysieren. Anhand von M 8 und dem Bild M 9 kann die Stilrichtung des Expressionismus erläutert werden, während die zeitgenössische Quelle M 10 die moderne Kunst kritisiert. Die europäische Kulturmetropole Berlin charakterisieren Historiker in M 15. Mit der Rolle des Staates im deutschen Rundfunkwesen befasst sich M 16, aber auch M 17 und M 18 verdeutlichen unterschiedliche zeitgenössische Perspektiven bei der Betrachtung der Massenmedien Rundfunk und Literatur. Die Bedeutung der Technik für den Wandel des Haushaltes beschreiben M 19 und M 20. Mithilfe von M 21 kann ein Vergleich mit den USA gezogen werden. Veränderungen in den Geschlechterbeziehungen können mithilfe von M 22 bis M 25 diskutiert werden.

Zur Vernetzung mit dem Kernmodul
M 21 über die 1920er-Jahre in den USA ermöglicht einen transnationalen Vergleich des Phänomens kulturelle Moderne und stellt damit einen Bezug zu M 9 (Osterhammel) und M 10 (Patel) des Kernmoduls her. Kulturelle Austauschprozesse, aber auch Unterschiede können herausgearbeitet werden.

„Goldene Zwanziger" und kulturelle Modernisierung

M 7 Der Architekt Hannes Meyer über die „Neue Welt" (1926)

Unsere Straßen stürmen die Autos: Von 18–20 Uhr umspielt uns auf der Trottoirinsel der Pariser *Avenue des Champs Elysées* das größtmögliche Fortissimo großstädtischer Dynamik. *„Ford"* und *„Rolls-Royce"* sprengen den Stadtkern und verwischen Entfernung und Grenze von Stadt und Land. Im Luftraum gleiten Flugzeuge: *„Fokker"* und *„Farman"* vergrößern unsere Bewegungsmöglichkeiten und die Distanz zur Erde; sie missachten die Landesgrenzen und verringern den Abstand von Volk zu Volk. Lichtreklamen funken, Lautsprecher kreischen, *Claxons*¹ rasseln, Plakate werben, Schaufenster leuchten auf: Die Gleichzeitigkeit der Ereignisse erweitert maßlos unsern Begriff von „Zeit und Raum", sie bereichert unser Leben. Wir leben schneller und daher länger. Unser Sinn für Geschwindigkeit ist geschärfter denn je, und Schnelligkeitsrekorde sind mittelbar Gewinn für alle. Segelflug, Fallschirmversuche und Variétéakrobatik verfeinern unser Gleichgewichtsbestreben. Die genaue Stundeneinteilung der Betriebs- und Bürozeit und die Minutenregelung der Fahrpläne lässt uns bewusster leben. [...] Radio, Marconigramm² und Telephoto erlösen uns aus völkischer Abgeschiedenheit zur Weltgemeinschaft. Grammophon, Mikrophon, Orchestrion und Pianola³ gewöhnen unser Ohr an das Geräusch unpersönlich-mechanisierter Rhythmen: *„His Masters Voice"*, *„Vox"* und *„Brunswick"*⁴ regulieren den Musikbedarf von Millionen Volksgenossen. Die Psychoanalyse sprengt das allzu enge Gebäude der Seele, und die Graphologie⁵ legt das Wesen des Einzelwesens bloß. [...] Die Tracht weicht der Mode, und die äußerliche Vermännlichung der Frau zeigt die innere Gleichberechtigung der Geschlechter. [...] Unsere Wohnung wird mobiler denn je: Massenmiethaus, *Sleeping-car*, Wohnjacht und *Transatlantique*⁶ untergraben den Lokalbegriff der „Heimat". Das Vaterland verfällt. Wir lernen Esperanto⁷. Wir werden Weltbürger.

Hannes Meyer, „Die neue Welt", Das Werk 13, Nr. 7, 1926, S. 205–224.*

1 *Claxons:* Hupen
2 *Marconigramm:* per Funk übermitteltes Telegramm
3 *Pianola:* Gerät zum automatischen Abspielen von Musik
4 *„His Masters Voice", „Vox" und „Brunswick":* Plattenfirmen
5 *Graphologie:* Wissenschaft von der Deutung der Handschrift
6 *Transatlantique:* frz. Reederei, die mit Passagierschiffen nach Nord- und Mittelamerika sowie ins Mittelmeer fuhr
7 *Esperanto:* künstliche Plansprache, die die internationale Verständigung vereinfachen sollte

1 Gliedern Sie die verschiedenen Elemente der „Neuen Welt" nach Hannes Meyer.
Tipp: Verwenden Sie als Kriterien Stadt, Technik, Arbeit, Kultur, Einstellungen.

M 8 Die Historikerin Ursula Büttner über die Stilrichtung des Expressionismus (2008)

In das unruhige erste Jahrfünft der Republik, als fundamentale Konflikte die politische Szene immer wieder erschütterten und die fortschreitende Geldentwertung gesellschaftliche Positionen, Wertvorstellungen und Orientierungen durcheinanderwirbelte, fiel die hohe Zeit des Expressionismus. [...]
Der Expressionismus gab der seelischen Anspannung der Menschen nach der Katastrophe des verlorenen Krieges und ihrer Zerrissenheit zwischen extremen, höchst widersprüchlichen Gefühlen künstlerischen Ausdruck. [...] Gemeinsam war den Künstlern der Aufruhr, die explosive Dynamik [...]. Widersprüche gehören zum Wesen des Expressionismus, der sich deshalb nicht auf eine dominierende Aussage oder wenige bestimmende Themen reduzieren lässt. „Manche Expressionisten dokumentierten ihre sexuelle Angst vor Impotenz oder ihre religiöse

Angst vor dem Nichts; andere schrieben Stücke über ihre Bekehrung zu Christus oder – viel häufiger – zu
20 einer Menschheitsreligion. Ein paar rühmten, die meisten aber karikierten die Segnungen der modernen technischen Zivilisation. Es gab sogar Expressionisten, die Krieg und Zerstörung als das einzig authentische menschliche Erlebnis verherrlichten; aber
25 die überwiegende Mehrheit verfluchte den Militarismus und verkündete ihre ekstatische Vision eines erneuerten friedvollen Menschengeschlechts." [Peter Gay] Apokalyptische Vorstellungen äußerten sich in diesem Traum vom neuen, geläuterten Menschen,
30 der eine bessere Welt erschaffen würde, oder im Schreckensbild eines allgemeinen Rückfalls in die Barbarei.

Ursula Büttner, Weimar. Die überforderte Republik 1918–1933. Leistung und Versagen in Staat, Gesellschaft, Wirtschaft und Kultur, Klett-Cotta, Stuttgart 2008, S. 303f.*

M 9 „Potsdamer Platz", Gemälde von Ernst-Ludwig Kirchner, 1914

1 Arbeiten Sie mithilfe von M 8 die wesentlichen Merkmale des Expressionismus heraus.
2 Erläutern Sie die expressionistischen Merkmale des Bildes von Ernst-Ludwig Kirchner (M 9).
3 Erörtern Sie auf der Basis von M 8 und M 9, inwiefern sich die Expressionisten als Avantgarde und Vertreter der kulturellen Moderne verstanden.

M 10 Der Architekt und Kunsttheoretiker Paul Schultze-Naumburg über „Kunst und Rasse" (1928)
Sucht man nach einem Gesamteindruck der gegenwärtigen Kunst, so ist es vor allem der eines gänzlichen Wirrwarrs, eines plan- und haltlosen Durcheinanders, eines unschöpferischen Tastens nach Sensationen, eines gänzlichen Mangels an echter 5 schlichter Menschlichkeit und des Fehlens jeglicher Wahrhaftigkeit. Dahin gehört die etwas kindische Vorliebe für ganz fernliegende soziologische Entwicklungsstufen und für das fast perverse Liebäugeln mit fremden Rassen und ihrer Haltung. [...] Wo die 10 Rasse zerfällt, muss natürlich auch das Rassegefühl schwinden, und wo das Rassegefühl schwindet, wird auch das Zielbild, wie es in jeder echten Rasse wurzelt, verloren gehen. [...] Man steht hier vor dem Lebensschicksal eines Volkes, dem ein großer Teil des 15 nordischen Blutes anvertraut war, vor der Frage seines Lebens oder Vergehens.

Paul Schultze-Naumburg, Kunst und Rasse, J. F. Lehmanns Verlag, München 1928, S. 1–3, 86–88, 101–104.*

1 Fassen Sie das Urteil von Schultze-Naumburg (M 10) über die Kunst der Weimarer Republik zusammen.
2 **Kurzvortrag:** Informieren Sie sich im Internet über die Stilrichtung „Neue Sachlichkeit" und die wichtigsten Vertreter. Präsentieren Sie einen zentralen Vertreter Ihrer Wahl in einem Kurzvortrag.
3 **Vertiefung:** Vergleichen Sie die Kritik von Schultze-Naumburg mit dem Bild von Ernst-Ludwig Kirchner.
4 **Zusatzaufgabe:** siehe S. 482.

Massenkultur und Medien

M 11 Die Autorin Katharina Rathaus über den Tanz „*Charleston*" (1926)
Mechanisierung und Demokratisierung des Lebens zwingen den Gliedern andere, neue Bewegungen ab. Statt im Zotteltrab Tänze zu tanzen, deren Geist einer verflossenen Ära entstammt, holt die junge Generation ihre Inspirationen aus der ursprünglichen Be- 5 wegung primitiver Völker, aus der ungekünstelten Wiedergabe rhythmisch-musikalischer Erlebnisse naiver Gemüter. Landen so erlauschte Pas[1], vielleicht Bewegungsfragmente wilder Völker, in vielen Retorten verschmolzen mit den Resten abendländischer 10 Kultur, geglüht in den Hochöfen modernster Zivilisation, in letzte Form gegossen durch Stilgefühl begabter Tänzer und abgekühlt durch die Konventionen unseres demokratisch-bürgerlichen Milieus [...], was Wunder, wenn Herzen und Beine ihnen zufliegen, 15

zurasen, zujubeln! [...] Dieser Tanz [...] reinigt die Tradition vom Staub der Jahrzehnte [...], zeigt der tanzbegeisterten Menge den Rhythmus, der ihrem Leben, Fühlen, Denken entspricht, und hört auf den
20 Namen „Charleston".

Katharina Rathaus, Charleston. Jede Zeit hat den Tanz, den sie verdient, in: Uhu 3 (1926), S. 120–121.*

1 *Pas:* Tanzschritt

M 12 „Die tanzenden Fräuleins", Werbeplakat von Otto Dely für eine Revue in Berlin, 1926

M 13 Das Kino Capitol am Auguste-Viktoria-Platz in Berlin bei Nacht, Fotografie, 1931

M 14 Die Schnittmusterabteilung im Kaufhaus Wertheim in Berlin, Fotografie, 1927

1 Charakterisieren Sie mithilfe von M 11 bis M 14 das Leben in der Großstadt Berlin.
2 Erörtern Sie die veränderten Lebensbedingungen von Frauen in der Stadt. Beziehen Sie die sozialen Unterschiede mit ein.

M 15 Die Historiker Eberhard Kolb und Dirk Schumann über Berlin als europäische Kulturmetropole (2013)

Wie mit Recht immer wieder betont wird, war in Weimar-Deutschland die ganze Struktur der Künste „auf überwältigende Art und Weise großstädtisch" (John Willett), mit Berlin als unbestrittenem und alles beherrschendem Zentrum. In der Tat ist die „Wei- 5
marer Kultur" nicht vorstellbar ohne das pulsierende geistige, kulturelle und gesellschaftliche Leben der Reichshauptstadt, die in diesen Jahren zur europäischen Kulturmetropole [...] aufstieg. Gewiss: Auch in anderen Weltstädten, in London, Paris, New 10
York, Moskau, fand zwischen Weltkriegsende und Beginn der Weltwirtschaftskrise ein großartiger Aufschwung aller künstlerischen und geistigen Kräfte statt. Aber die zwanziger Jahre waren doch „recht eigentlich das Jahrzehnt Berlins": Hier „verschmolzen 15
sich die neuen Ideen und die neuen Kräfte der ganzen Welt zu einer besonderen, charakteristischen Synthese. So schien es nicht nur den Berlinern. Die ganze Welt spürte es. Berlin, die jüngste der Welthauptstädte, hatte den größten Schwung, weil 20
sie den geringsten Ballast trug" (Peter de Mendelssohn). Das Berlin dieser Jahre wirkte wie ein Magnet auf alle Talente; besonders viel verdankte das kulturelle und geistige Leben Berlins dabei dem jüdischen Bevölkerungsteil, „seinen internationalen Be- 25
ziehungen, seiner sensitiven Unruhe und vor allem seinem todsicheren Instinkt für Qualität" (Gottfried Benn).

Die deutsche Reichshauptstadt, damals der Einwohnerzahl nach die drittgrößte Stadt der Welt hinter London und New York (mit seinen 4,3 Millionen Einwohnern im Jahr 1929 zählte Berlin 1,5 Millionen Einwohner mehr als Paris), war eine Stadt der Superlative in vielerlei Hinsicht: die größte und vielfältigste Zeitungsstadt der Welt, die Stadt der großen Verlagsimperien, der Theater und Konzertsäle, Vorort des politischen Kabaretts, Schlager und Chansons aus diesen Jahren sind bis heute bekannt. Berlin hatte aber auch die schnellste Stadtbahn und war die telefonierfreudigste Stadt der Welt (fast 500 000 Telefonanschlüsse, von denen täglich 1,25 Millionen Telefongespräche geführt wurden). [...] Hier in der Reichshauptstadt vollzog sich der Akzelerationsprozess[1] in der Veränderung der Lebens- und Wertvorstellungen am deutlichsten. Aber eben dadurch wurden auch starke Emotionen und Aversionen geweckt. Jenen, die die „alten Werte" erhalten wissen wollten und den Geist der Großstadt perhorreszierten[2], erschien das sich rasch amerikanisierende Berlin als ein modernes Babylon, das es zu „säubern" galt.

Eberhard Kolb/Dirk Schumann, Die Weimarer Republik, 8. Aufl., Oldenbourg, München 2013, S. 105 f.*

1 *Akzelerationsprozess:* Beschleunigungsprozess
2 *perhorreszieren:* verabscheuen, zurückschrecken

1 Arbeiten Sie die wichtigsten Merkmale heraus, warum Berlin in den 1920er-Jahren die europäische Kulturmetropole war.
2 Entwickeln Sie eine Einschätzung, was das sich „amerikanisierende Berlin" (Z. 49) für das deutsche Selbstverständnis bedeutete.
3 **Zusatzaufgabe:** siehe S. 482.

M 16 Auszug aus dem Rundfunk-Jahrbuch, hg. v. der Reichs-Rundfunk-Gesellschaft (1930)

Das Interesse des Staates am Rundfunk ist trotz der nicht unerheblichen Beträge, die er seinen Kassen zuführt, ein vorwiegend ideelles. Zwar gehört er zu den „*circenses*"[1], derer das Volk bedarf, das nach Zerstreuung, Freude und Erhebung verlangt, aber wichtiger noch ist er dem Staat als ein verhältnismäßig billiges und bis in die entlegensten Behausungen dringendes Mittel der Volksbildung, und das stärkste Interesse nimmt der Staat an ihm wegen seiner Eignung zur Beeinflussung der öffentlichen Meinung. Der Grad dieser Eignung erhellt daraus, dass gegenwärtig im Reich rund drei Millionen Rundfunkanschlüsse vorhanden sind, die – wenn auch nur gelegentlich – von sechs bis zehn Millionen Deutschen benutzt werden. Damit ist der Rundfunk zu einer Großmacht geworden, die an Bedeutung die Großmacht Presse vielleicht noch übertrifft.

Der Staat und mit ihm alle Rundfunkleiter wollen, dass diese Großmacht im aufbauenden, nicht im zersetzenden Sinne wirksam ist. Sie soll die inneren Kämpfe, unter denen unser Volk leidet, mildern [...]. Sie soll die Deutschen dazu erziehen, die Meinung anders Denkender zu verstehen und zu achten. Sie soll dem sozialen Ausgleich dienen und die Klüfte zwischen den Gesellschaftsschichten überbrücken helfen. Sie soll endlich zur staatsbürgerlichen Erziehung und zur Versöhnung der Völker beitragen. Alles dies vermag der Rundfunk leichter als die Presse, die – sofern sie Bedeutung hat – parteipolitisch gebunden oder wirtschaftlich von bestimmten Interessentengruppen abhängig zu sein pflegt. Zu einer Entgiftung der inneren und äußeren Atmosphäre ist der Rundfunk aber nur geeignet, wenn er behutsam und in jeder Weise überparteilich gehandhabt wird. Um dies zu erreichen und zu verhindern, dass mit einem so wichtigen Instrument Missbrauch getrieben wird, musste der Staat entscheidenden Einfluss auf den Rundfunk nehmen.

Peter Longerich (Hg.), Die Erste Republik. Dokumente zur Geschichte des Weimarer Staates, Piper, München 1992, S. 357 f.*

1 *Circenses:* den Zirkus betreffend

M 17 „Der Radionist, Gemälde von Kurt Günther, 1927

1 Bestimmen Sie die Interessen des Staates bei der Gestaltung des Rundfunks in der Weimarer Zeit.

2 Interpretieren Sie das Bild M 17.
3 Nehmen Sie Stellung zur Rolle des Staates bei der Rundfunkaufsicht in den 1920er-Jahren und vergleichen Sie diese mit den Regelungen in der Gegenwart.

M 18 Aus einer Rede des Reichstagsabgeordneten Schreiber (Zentrum) zur Frage der Bekämpfung der „Schmutz- und Schundliteratur" (1925)

Sind wir doch in der eigenartigen Lage, dass hier diese Metropole in vielem internationalisiert ist, dass sie in vielem kosmopolitisch steht, und jenes andere ist ebenso gewiss: wenn wir in den letzten Jahrzehnten
5 in Deutschland eine wundervolle Heimatkunst, eine Heimatkultur entwickelt haben, wenn wir die Dichtungen von Theodor Storm, von Fritz Reuter, Klaus Groth und anderen Heimatkünstlern schätzen, so ist es nicht bloß wegen der dichterischen Schönheit und
10 Kraft. Darüber hinaus haben wir das Empfinden: Dort strömt in diesen Landschaften Niedersachsens, ebenso aber auch in anderen deutschen Landschaften köstlicher Jungbrunnen deutscher Kultur, dort liegt noch viel Urkräftiges, vieles an ungebrochener
15 gesunder Volkskraft. Und wenn es darauf ankommt, diese deutsche Volkskraft in ihrer landschaftlichen Eigenart zu erhalten und zu fördern, dann werden wir nicht bloß auf Berlin und auf die Entscheidungen der Filmoberprüfstelle hier achten, sondern werden
20 unsere Maßstäbe für die Beurteilung auch finden in dem kernigen Volke des Schwarzwaldes, in den sittlichen Maßstäben, die man auf der westfälischen Heide anlegt, und in den Wäldern Schlesiens, ebenso im bayerischen Gebirge. Wir brauchen dringender denn
25 je diesen Rückblick auf die seelische Feinnervigkeit der deutschen Landschaft, um uns Kultureinflüssen hier in Berlin zu erwehren, die unser Volk nicht weiterbringen, sondern in der Volkspflege und in der Volkskultur zurückwerfen.

Peter Longerich (Hg.), Die Erste Republik. Dokumente zur Geschichte des Weimarer Staates, Piper, München 1992, S. 377.

1 a) Informieren Sie sich im Internet über die Bedeutung der Heimatkunst.
Tipp: siehe Webcode unten.
b) Erörtern Sie, warum die Heimatkunst in den 1920er-Jahren besonders propagiert wurde.
2 **Vertiefung:** Diskutieren Sie ausgehend von M 18 das Verhältnis von Großstadt und Provinz in der Massenkultur der Weimarer Zeit.

Heimatkunst
cornelsen.de/Webcodes
Code: wesuxi

Technisierung

M 19 Der Historiker Joachim Radkau über die Technisierung am Beispiel des Haushaltes (2008)

Hugo Münsterberg (1863–1916), der deutsch-amerikanische Industriepsychologe, […] meinte schon 1912, die „wissenschaftliche Betriebsleitung" würde „vielleicht nirgends so heilsam sein wie in der Küche und den Wirtschaftsräumen", wo sich die Wirkung
5 „millionenfach wiederholen" und „die schließliche Summe an Kraftersparnis und an Gefühlsgewinn eine besonders beträchtliche sein würde". Der Rückgang des Dienstpersonals in vielen bürgerlichen Haushalten nach dem Krieg verstärkte das Interesse
10 an der Technik. Technisierung und Rationalisierung, ja „Verwissenschaftlichung" des Haushalts wurden in den zwanziger Jahren zu einem beliebten Thema, wobei in diesem traditionellen Reich der Frau die Konzepte der Realität noch weiter vorauseilten als in
15 der Industrie. Das hatte seine Gründe; Marie-Elisabeth Lüders kritisierte 1929, der „Begriff der Rationalisierung der Hauswirtschaft" werde „viel zu eng gefasst". „Wirtschaftlichkeit braucht sich nicht immer zahlenmäßig zu äußern, die Entlastung der Hausfrau
20 ist ebenso wichtig." Bei der Küche gab es das amerikanische, beim Badezimmer das englische Vorbild; aber in damaligen deutschen Haushalten stand „Rationalisierung" mehr unter der Devise der Sparsamkeit als der Bequemlichkeit.
25 Technisierung des Haushalts verband sich in den Konzepten jener Zeit vor allem mit Elektrifizierung. Die Elektrizität eröffnete im privaten Bereich erstmals unbegrenzte Technisierungsmöglichkeiten, während bis dahin Mechanisierungspläne, die einen
30 künstlichen Antrieb voraussetzten, mit kollektivistischen Ideen verknüpft und durch diese in ihrer Verbreitung gehemmt waren. Zwischen Gas und Elektrizität entbrannte in den zwanziger Jahren ein Kampf um die deutsche Küche. Dabei war manchen Kom-
35 munen die mit der Elektrifizierung des Kochens verbundene Expansions- und Niedrigpreispolitik zunächst nicht geheuer. Der Berliner Magistrat verbot den Berliner Elektrizitätswerken zeitweise die Werbung für den Elektroherd, und andere Städte folgten
40 diesem Beispiel. […] Wasserkraftreiche Länder wie die Schweiz und Norwegen wurden „die Schöpfer der elektrischen Küche in Europa". Das heißt nicht, dass die deutsche Küche bis in die erste Hälfte des 20. Jahrhunderts gänzlich unverändert geblieben wäre:
45 Es gab auch eine Vielfalt von Technisierungsmöglichkeiten im Kleinen und auf der Grundlage der Handarbeit. Eine „technische Revolution" im Haushalt

wurde bis in die fünfziger Jahre durch die sparsame Gewohnheit, die vorhandenen Geräte so lange wie möglich zu gebrauchen, behindert.
Der vielleicht tiefste Einschnitt im Hausfrauenalltag war die Mechanisierung der „großen Wäsche", der mühseligsten Arbeit. Aber die Entwicklung einer für die Masse der Haushalte erschwinglichen Waschmaschine, die nicht nur rasant rotierte, sondern auch sauber und stoffschonend reinigte, ohne dass eine Nachbearbeitung nötig war, zog sich bemerkenswert lange hin: ein Vorgang, der in exemplarischer Weise die Probleme offenlegt, die sich ergaben, als sich die der männlichen Welt verhafteten Techniker einen weiblichen Erfahrungsbereich anzueignen suchten. Auch die elektrischen Bügeleisen hatten erhebliche Kinderkrankheiten zu überwinden; die Gasbügeleisen waren gesundheitsschädlich.

Joachim Radkau, Technik in Deutschland. Vom 18. Jahrhundert bis heute, Campus, Frankfurt/M. 2008, S. 248 f.*

M 20 Werbeplakat für eine Gasküche, um 1928

1 Erläutern Sie am Beispiel des Haushaltes die „Rationalisierung" und „Technisierung" (M 19).
2 Analysieren Sie auf Basis von M 20, wie für den Einsatz von Technik im Haushalt geworben wurde.
Tipp: siehe S. 483.

Die 1920er-Jahre in den USA

M 21 Der Historiker Volker Depkat über die Moderne in den USA (2016)

Die 1920er waren die ersten Jahre einer nunmehr voll entwickelten Moderne in den USA. Die Urbanisierung erreichte neue Dimensionen; erstmals lebten nun in etwa genauso viele Amerikaner in der Stadt wie auf dem Land. Mittelstädte wurden zu Großstädten und Großstädte zu Metropolen, die immer komplexer mit ihrem Umland verflochten waren. Die funktionale, sozioökonomische und ethnische Ausdifferenzierung des städtischen Raums, also dessen Aufteilung in Geschäftsbezirke, Industriebezirke und Wohnbezirke [...] schritt voran. [...]
Ein weiterer wesentlicher Aspekt der Modernität der 1920er-Jahre ist der sich vielfältig manifestierende Hedonismus, also eine ganz im Hier und Jetzt angesiedelte Grundhaltung des Strebens nach innerweltlicher Glückseligkeit um ihrer selbst willen. Parallel dazu entstanden damals immer neue Vergnügungsmöglichkeiten. Das Angebot an Konsumgütern wuchs, und es prägte sich eine Konsumkultur aus, die den Lebensstandard, Status und Glück über den Besitz von Konsumgütern definierte. Gleichzeitig schritt die Kommerzialisierung der Kultur rasant voran, und die Freizeit- und Unterhaltungsindustrie kam zur vollen Entfaltung. Hollywood erlebte in der Zwischenkriegszeit ein goldenes Zeitalter. In den späten 1920er-Jahren kamen die ersten Tonfilme in die Kinos. Hier markierten *The Jazz Singer* mit Al Jolson im Jahr 1927 und der ein Jahr später veröffentlichte Gangsterfilm *Lights of New York* Meilensteine der Filmgeschichte. [...] Neben Film wurde populäre Musik in den 1920er-Jahren zum großen Geschäft, und Jazz in seinen verschiedenen Varianten zum letzten Schrei. In Harlem (New York City), Chicago, St. Louis und anderen Großstädten entstand eine blühende und sehr einträgliche Clubkultur [...]. Die [...] Schallplattenindustrie verbreitete die Lieder bis in den letzten Winkel der USA. Darüber hinaus waren die 1920er-Jahre die *Radio Days*; der Rundfunk wurde zum neuen Massenmedium, das ganz neue Formen der Unterhaltung ermöglichte. [...]
Die aufregende Modernität der 1920er-Jahre wurde allerdings nicht von allen Amerikanern begrüßt. Ganz im Gegenteil, in dem Maße, in dem die Gesellschaft diverser, liberaler und hedonistischer wurde, wuchsen auch die antimodernen Widerstände [...]. Es kam zu regelrechten Kulturkriegen, in deren Verlauf sich ein wachsender Graben zwischen dem großstädtischen und dem ländlich-kleinstädtischen Amerika auftat. Die Prohibition[1], der damals sich

formierende christliche Fundamentalismus sowie der Aufstieg des Ku-Klux-Klans[2] sind überhaupt nur im Kontext dieser Kontroverse um die Moderne zu verstehen.

Volker Depkat, Geschichte der USA, Kohlhammer, Stuttgart 2016, S. 196 ff.*

1 *Prohibition:* staatliches Verbot von Alkoholherstellung und Verkauf in den USA von 1920 bis 1933
2 *Ku-Klux-Klan:* rassistischer Geheimbund in den USA, der in den 1860er-Jahren aktiv war und 1915 als Massenorganisation wieder gegründet wurde. Nach 1945 existierte er in kleineren Gruppen weiter.

1 Beschreiben Sie Aspekte der Moderne der 1920er-Jahre in den USA.
2 **Vertiefung:** Vergleichen Sie mit Deutschland.
3 Diskutieren Sie, welchen Nutzen ein transnationaler Vergleich der Kultur der 1920er-Jahre bringen könnte.

Vertiefung: Geschlechterverhältnisse

M 22 Die Historikerin Ute Frevert über den Typus der „neuen Frau" (1986)

Fortschritt und Beharrung, Modernität und Tradition trafen im Typus der „neuen Frau", wie ihn die Weimarer Kulturkritik kreierte, auf besondere Weise zusammen. Schon das äußere Erscheinungsbild junger Frauen nach dem Krieg verführte manchen Zeitgenossen dazu, das „Zeitalter der befreiten Frau" einzuläuten. Bubikopf, Zigaretten, saloppe Mode galten als Markenzeichen der modernen Frau, die den Gleichberechtigungsgrundsatz der Weimarer Verfassung ernst nahm und ihren Platz in Beruf und Öffentlichkeit selbstbewusst ausfüllte. Doch nicht bloß in ihrem Äußeren schienen sich Frauen Männern angleichen zu wollen, auch in ihren Lebensplänen verwischten sich die Grenzen zwischen den Geschlechtern. Immer mehr Frauen übten einen Beruf aus und verdienten eigenes Geld. Die Berufszählung 1925 wies über 1,7 Millionen mehr vollzeiterwerbstätige Frauen aus als 1907, und obwohl die weibliche Erwerbsquote kaum gestiegen war – von 34,9 % 1907 auf 35,6 % 1925 –, setzte sich in der Öffentlichkeit der Eindruck fest, dass Frauen stärker als vor dem Ersten Weltkrieg in die „objektive Kultur" einbezogen seien. [...] In der Tat beschleunigte sich in der Weimarer Republik das, was man als Anpassung des weiblichen Erwerbsprofils an das männliche Standardmodell kennzeichnen könnte: Frauen arbeiteten seltener in land- und hauswirtschaftlichen Berufen und übernahmen häufiger Positionen in der Industrie, im Handwerk und im Dienstleistungssektor. Waren 1907 noch zwei Drittel aller erwerbstätigen Frauen in der Haus- und Landwirtschaft tätig, sank ihr Anteil bis 1925 auf 55 % und lag 1933 bei 51 %. Für diese „traditionellen" Frauen interessierten sich in der Weimarer Republik weder Medien noch Sozialpolitik. Auch die Industriearbeiterinnen, die 1925 18,4 % aller weiblichen Erwerbspersonen stellten, standen nicht im Rampenlicht der Emanzipationsdebatte, ebenso wenig die kleine Schar studierter Frauen, die als Lehrerinnen, Ärztinnen oder Juristinnen Zugang zur höheren, männlich exklusiven Berufssphäre gefunden hatten. Heißdiskutierte Prototypen [...] waren vielmehr die jungen Angestellten, die als Kinder der neuen Zeit gefeiert oder, je nach Weltanschauung, gescholten wurden. In den Sekretärinnen, Stenotypistinnen und Verkäuferinnen schien die Modernität des Weimarer Systems augenfällig zu werden, und die zahlenmäßige Entwicklung – 1925 gab es [...] 1,5 Millionen weibliche Angestellte, dreimal mehr als 1907; ihr Anteil an allen erwerbstätigen Frauen stieg von 5 % auf 12,6 % – rechtfertigte das [...] Interesse an diesem Frauentyp der „neuen Sachlichkeit".

Ute Frevert, Frauen-Geschichte, suhrkamp, Frankfurt/M. 1986, S. 171 f.*

M 23 „Sonja", Gemälde von Christian Schad, 1928

M 24 Die sozialistische Politikerin und Journalistin Anna Geyer (1893–1973) über berufstätige verheiratete Frauen (1930)

Die neben der Berufsarbeit zu leistende Arbeit im Haushalt und die Pflege der Erziehung der Kinder stellt jede außerhäuslich erwerbstätige Frau und ihre Familie vor ganz besondere Schwierigkeit. Die Hausarbeit muss notgedrungen flüchtiger gemacht werden, was für die Familie oft ein Minus an Ernährung bedeutet. Die Pflege und Beaufsichtigung der Kinder müssen zu einem guten Teil anderen überlassen werden. [...]

Die Abwesenheit der Frau während des Tages, die hastige Erledigung der Hausarbeit in den Abendstunden und die in der Regel bestehende Überanstrengung der Frau bedeutet für die Familie immer eine Einbuße an „Gemütlichkeit". [...]

Zu dem Umstand, dass die außerhalb des Hauses erwerbstätige Frau während ihrer Berufsarbeit oft andere Ansichten hört als die ihres Mannes und darin ihm gegenüber kritischer wird, tritt die Tatsache, dass mit dem eigenen Einkommen meistens eine Steigerung des Selbstgefühls für die Frau verknüpft ist. Die berühmte weibliche Anpassungsfähigkeit wird bei einer solchen Entwicklung meist etwas zurückgehen. Und es wird umgekehrt seitens des Mannes nicht der immer ganz bequeme Weg der Anpassung beschritten werden müssen. In alledem liegt eine gewisse Belastungsprobe für die Ehe und den Familienzusammenhalt.

Jens Flemming/Kalus Saul/Peter-Christian Witt (Hg.), Familienleben im Schatten der Krise. Dokumente und Analysen zur Sozialgeschichte der Weimarer Republik, Droste Verlag, Düsseldorf 1988, S. 138 f.*

M 25 Aus einem Artikel von Grete Dittmann in der liberalen Zeitschrift für Politik, Literatur und Kunst „Die Hilfe" (1927)

Einem unserer Freunde wurde das zweite Mädchen geboren. Er konnte aber keinen Funken Freude aufbringen in seiner großen Enttäuschung darüber, dass es kein Junge war. Das war traurig. [...] Aber es half alles nichts, kein freundschaftliches Zureden und kein Ärgerlichwerden über den verstockten Vater. Es war eben ein Mädchen. Und doch war unser Freund kein altmodischer „Herr der Schöpfung", der nur sein eigenes Geschlecht voll anerkannte. Nein, diesem scharf beobachtenden Manne war der Zwiespalt im Schicksal der heutigen Frau so stark aufgegangen, dass er keine Freude mehr an der Zeugung von Menschen hatte, denen ein klarer Lebensweg versagt bleibt oder, wie mancher meint, denen die Zivilisation besonders große Steine und Kreuzwege in die einstige Naturbestimmung geschmuggelt hat. [...]

Wenn es auch gerade kein Elend ist, so hatte er doch damit Recht, dass hier große Schwierigkeiten liegen. Die sind aber immer dort, wo Wandlungen vor sich gehen. Und dass es eine Frauenfrage gibt, bestätigt das Dasein von Wandlungen auf diesem Gebiet. Hoffen wir, dass einst die Antwort auf diese Frage für unsere Enkelinnen eine erklommene Stufe bedeutet, von der aus dem Blick wieder ein Stück Lebensweite mehr sich öffnet, ohne dass die Nachzucht hochwertiger Rassen leidet.

Denn der Zwiespalt ist unleugbar vorhanden gegenüber dem Leben unserer Großmütter und dem des Mannes. Vom Zwiespalt wird gewiss kein Mensch verschont, aber hier und heute ist er das Schicksal fast des ganzen weiblichen Geschlechts. Mindestens ist er uns bewusster geworden als in früheren Zeiten. Denn wie viele Frauen und Mädchen, die das geistige Erbteil ihres Vaters einst in sich trugen, innerlich seufzten unter dem aufgezwungenen Hausfrauendasein und selbst kaum wussten, was ihnen fehlte, wer will das jetzt wissen!

Heute jedenfalls hat jedes Mädchen schon allein aus wirtschaftlichen Gründen einen Beruf zu ergreifen. Sie wird ihn meist ihrer Veranlagung gemäß wählen, und doch muss sie ihn, wenn er ihr auch noch so lieb geworden ist, fast immer aufgeben, wenn sie heiratet. Das ist ein schweres Problem, dessen Einzelheiten wir hier nicht aufrollen können. Aber viele arbeiten an seiner Lösung, und wir ahnen noch nicht, ob sie immer dem Weibtum oder der geistigen Anlage der Frau zugutekommen wird, oder ob sie gar eine vollständige sein kann.

Zit. nach: Werner Abelshauser/Anselm Faust/Dietmar Petzina (Hg.), Deutsche Sozialgeschichte 1914–1945. Ein historisches Lesebuch, C. H. Beck, München 1985, S. 111 f.*

1 Arbeiten Sie aus M 22 die zentralen Thesen heraus und beurteilen Sie diese. Ziehen Sie dafür auch den Darstellungstext S. 345 heran.
2 Analysieren Sie das Frauenbild in M 23.
3 Erläutern Sie, welche Probleme Anna Geyer (M 24) für berufstätige verheiratete Frauen sieht.
4 Vergleichen Sie die Begründungen für die unterschiedlichen Lebensperspektiven von Mädchen und Jungen, die die Autorin und ihr Freund geben, und bewerten Sie diese (M 25).
5 **Zusatzaufgabe:** siehe S. 483.

Anwenden

M1 Die Historiker Eberhard Kolb und Dirk Schumann über Kultur und Politik (2013)

Während der zwanziger Jahre veränderte sich [...] die Medienlandschaft in einem vorher nicht gekannten Ausmaß. Das Vordringen neuer Massenmedien wirkte sich auf Bewusstsein und Lebenswirklichkeit breiter Bevölkerungsschichten ebenso nachhaltig und unmittelbar aus wie etwa die Tatsache, dass Freizeit und Urlaub allmählich (wenn auch langsam) aufhörten, Privileg einer schmalen Oberschicht zu sein. Auch jener umfassende Wandel in Lebensgefühl und Lebensstil, der bereits um die Jahrhundertwende eingesetzt hatte, wurde nach 1918 massenwirksam: Durchbrechung zahlreicher althergebrachter Tabus, Gefühl des Ungebundenseins, „Lebensreform" im weitesten Sinne, Wandern, Sport, Baden, Entfaltung des „Körpersinns", [...] eine neue Einstellung zum Kind und zum Heranwachsenden, zum anderen Geschlecht, zum Geschlechtlichen überhaupt. Aber was den einen Fortschritt und Erweiterung der individuellen Lebenssphäre war, Ausbruch aus überholten Bindungen und Befreiung von lästigen Fesseln, das betrachteten die anderen als Kulturverfall [...]. [...].
Eine ähnliche Feststellung lässt sich für den Zusammenhang von „Weimarer Kultur" und politischer Entwicklung der Republik treffen. Die Instabilität, für die Weimarer Republik als politische und soziale Ordnung ein Verhängnis, wurde im Bereich von Kunst und Kultur zur Chance; „ein Überfluss an Begabungen wie auch an Konfliktstoffen" ermöglichte, kombiniert mit der politischen Freiheit, ein „unbeschränktes Experimentieren" (Walter Laqueur). So kam es zu einer – bis in unsere Tage spürbaren – gewaltigen Eruption von Neuem. Aber zwischen dem künstlerischen Schaffen der Avantgarde und dem Kunstgeschmack und allgemeinen Bewusstsein eines großen Teils der bürgerlichen (und nichtbürgerlichen) Kulturkonsumenten bestand eine kaum überbrückbare Diskrepanz. Die hohen Auflagen von Werken der „Heimatkunst"-Literatur sind ein Indiz dafür, dass hier Probleme, Ängste und Sehnsüchte angesprochen wurden, die damals viele Menschen beschäftigten und bewegten. Die großartige – und die Nachwelt mit Recht so stark beeindruckende – Entfaltung von Kunst und Kultur in der Weimarer Zeit hat daher der Republik in ihren aktuellen politischen und sozialen Nöten keine Entlastung gebracht oder ihr gar eine höhere „Legitimität" zuwachsen lassen, sondern im Gegenteil [...]. Als herausragendes Charakteristikum der „goldenen zwanziger Jahre" erweist sich bei näherer Betrachtung daher die Gespaltenheit zwischen Wille zur Modernität und Angst vor der Modernität, zwischen Radikalismus und Resignation, zwischen Ausrichtung auf nüchtern-sachliche Rationalität und Hinwendung zu einem tiefen Irrationalismus [...].

Eberhard Kolb/Dirk Schumann, Die Weimarer Republik, 8. Aufl., Oldenbourg, München 2013, S. 110f.*

M2 Zeitschriftenanzeige für „Waldorf Astoria Zigaretten", 1925

1 Beschreiben Sie mithilfe von M1 die Merkmale des kulturellen Wandels in der Weimarer Republik.
2 Erläutern Sie die Widersprüche, die Licht- und Schattenseiten der Weimarer Kultur.
3 Charakterisieren Sie das Frauenbild der Zigarettenwerbung M2.
4 Nehmen Sie Stellung zu der These von Kolb und Schumann, die „Weimarer Kultur" habe der Republik keine „Entlastung" sowie keine „höhere Legitimität" (Z. 45 f.) gebracht.

Zwischen Aufbruch und Unsicherheit: die „Goldenen Zwanziger" 3.5

Wiederholen

M 3 „Am Stadtrand", Gemälde von Hans Grundig, 1926.
Der Maler und Grafiker Hans Grundig (1901–1958) trat 1926 der Kommunistischen Partei bei und gründete 1929 gemeinsam mit seiner Frau, der Malerin Lea Langer, die „Dresdner Assoziation Revolutionärer Künstler Deutschlands". Unter den Nationalsozialisten erhielt er Berufsverbot und wurde im Konzentrationslager Sachsenhausen interniert.

Zentrale Begriffe
Expressionismus
Geschlechterverhältnisse
„Goldene Zwanziger"
Großstadt
kulturelle Modernisierung
Massenkultur
Medien
„Neue Sachlichkeit"
Technisierung

1 Beschreiben Sie die zentralen Aspekte des kulturellen Wandels in der Weimarer Republik, indem Sie für jeden Einzelaspekt einige Stichworte nennen und diese kurz erläutern.
2 Charakterisieren Sie anhand von ausgewählten Beispielen Entstehung und Folgen der Massenkultur in der Weimarer Republik.
3 Interpretieren Sie das Gemälde von Hans Grundig (M 3).
  a) Ordnen Sie es begründet einer der neuen Stilrichtungen der Weimarer Republik zu.
  b) Formulieren Sie eine Kernaussage. Beziehen Sie dabei die biografischen Angaben der Bildunterschrift mit ein.
4 **Wahlaufgabe:** Bearbeiten Sie entweder Aufgabe a) oder b).
  a) Erläutern Sie die Funktion des Sports zwischen Arbeit und Freizeit in der modernen Massenkultur.
  b) Analysieren Sie Möglichkeiten und Grenzen der modernen Massenmedien, die gesamte Bevölkerung mit den neuesten Nachrichten zu versorgen und zu unterhalten.
5 1929 bezeichnete der Nationalökonom Alphonse Goldschmidt die Metropole Berlin als einen „uferlosen Kolossalkonsumenten"; sie lebe von der Arbeit der anderen produktiven Regionen, dehne sich unwiderstehlich aus und werde dabei immer lebensfeindlicher. Diskutieren Sie diese These.
6 **Vertiefung:** Erläutern und diskutieren Sie die These, dass die Zugehörigkeit zu einem bestimmten Geschlecht entscheidend ist für die Verteilung von Lebenschancen. Konzentrieren Sie sich dabei auf die Weimarer Zeit.

Formulierungshilfen
Im Vordergrund des Bildes sieht man …
Im Hintergrund ist/sind … dargestellt.
Insgesamt handelt es sich um eine Szene …
Es sind folgende Symbole zu sehen: …
Die Farben sind … gehalten.
Die Gestaltung der Personen ist …
Das Bild kann aufgrund der … Farbgebung und der … Gestaltung der Personen der Stilrichtung … zugeordnet werden.
Der Maler möchte mit seinem Bild … ausdrücken.
Er betont …
Auf diese Weise kritisiert er …

3.6 Politische Radikalisierung und Scheitern der Demokratie 1929 bis 1933

M1 Fotocollage „Der Reichstag wird eingesargt" von John Heartfield (1891–1968) von 1932.
Die Bildunterschrift lautet: „Wenn das Parlament es wagen sollte, sich dem Reichspräsidenten zu widersagen, muss ohne Zögern und Schwanken der Reichstag abermals aufgelöst, das parlamentarische System endgültig liquidiert werden. DAZ (Deutsche Allgemeine Zeitung)"

1929 | Kurssturz an der New Yorker Börse – Beginn der Weltwirtschaftskrise (Ende Oktober), Scheitern Volksbegehren gegen den Young-Plan (22.12.)

1930 | Rücktritt des Kabinetts Hermann Müller (27.3.), Ernennung Heinrich Brünings zum Reichskanzler (29.3.), Bildung des ersten Präsidialkabinetts, starke Stimmengewinne der NSDAP bei Reichstagswahlen (14.9.)

1931 | Zweites Kabinett Brüning (9.10.)

Politische Radikalisierung und Scheitern der Demokratie 1929 bis 1933 3.6

Ende der 1920er-Jahre spitzte sich die wirtschaftliche und die politische Lage in Deutschland erneut zu. Die Weltwirtschaftskrise nach dem Börsencrash in New York vom Oktober 1929 traf die deutsche Wirtschaft hart. Steigende Arbeitslosenzahlen und wachsende Staatsverschuldung setzten die Regierung unter Druck. Die letzte Regierung
5 mit einer eigenen Mehrheit im Reichstag, eine Große Koalition aus SPD, DDP, Zentrum, DVP und BVP, scheiterte im März 1930. Die Zeit der „Präsidialkabinette", die ihre Gesetze mithilfe der besonderen Vollmachten des Reichspräsidenten (Artikel 48) durchbrachten, begann. Bei den Reichstagswahlen 1932 gewannen die antidemokratischen Parteien – NSDAP, DNVP und KPD – nahezu 58 Prozent der Stimmen. KPD und NSDAP
10 hatten sich immer stärker radikalisiert. Die Basis dafür bildete auch die Weltwirtschaftskrise, die sowohl von den linksextremen als auch den rechtsextremen Kräften zur zum Teil gewaltsamen Agitation genutzt wurde. Politische Krise und Wirtschaftskrise griffen ineinander, radikalisierten die politischen Einstellungen und führten zu einer schrittweisen Delegitimierung der Demokratie. Eine zentrale Rolle spielte Reichspräsident Hin-
15 denburg, der zwar die politische Handlungsfähigkeit wiederherstellen wollte, aber letztlich das demokratische durch ein autoritäres System ersetzen wollte. Im Januar 1933 ernannte er Adolf Hitler zum Reichskanzler. Die nationalkonservativen Koalitionspartner der Nationalsozialisten wie auch Hindenburg selbst glaubten, dass sie Hitler und seine Parteifreunde „zähmen" könnten. Das gelang nicht, vielmehr errichtete die NS-
20 Führung in Deutschland eine Diktatur und gestaltete Politik und Wirtschaft, Gesellschaft und Kultur nach ihren Vorstellungen um.

1 Interpretieren Sie die Fotocollage von John Heartfield (M 1):
   a) Ordnen Sie das Bild mithilfe der Einleitung in den historischen Kontext ein. Recherchieren Sie gegebenenfalls zusätzliche Informationen.
   b) Bestimmen Sie die Bildelemente und formulieren Sie die Kernaussage.
2 **Gruppenarbeit/Placemat:** Bilden Sie Vierergruppen und gestalten Sie ein Placemat zu einem der folgenden Themen:
   a) politische Radikalisierung,
   b) Präsidialkabinette,
   c) Scheitern der Demokratie.
   Tipp: Zur Gestaltung eines Placemats siehe S. 501.
3 Diskutieren Sie am Beispiel der letzten Jahre der Weimarer Republik erste Thesen zur Gefährdung liberaler Demokratien, ihrer Schwächen und Stärken im Hinblick auf die gegenwärtige Situation demokratischer Ordnungen.
4 **Zusatzaufgabe:** siehe S. 483.

1932	Februar: 6,128 Mio. Arbeitslose in Deutschland (Höchststand), Wiederwahl Hindenburgs zum Reichspräsidenten (10.4.), Entlassung des Kabinetts Brüning, Bildung Kabinett der „nationalen Konzentration" unter Franz von Papen (30.5.), Auflösung des Reichstages (4.6.), Reichstagswahlen: NSDAP stärkste Partei (31.7.), Misstrauensvotum für Kabinett Papen (12.9.), Auflösung des Reichstags, Reichstagswahlen: trotz Verlusten bleibt NSDAP stärkste Partei (6.11.), Präsidialkabinett Kurt von Schleicher (2.12.)
1933	Hindenburg entzieht Kurt von Schleicher Vertrauen (28.1.), Ernennung Hitlers zum Reichskanzler an der Spitze eines Präsidialkabinetts (30.1.)

3.6 Politische Radikalisierung und Scheitern der Demokratie 1929 bis 1933

> *In diesem Kapitel geht es um*
> *– die Auswirkungen der Weltwirtschaftskrise auf die Weimarer Republik,*
> *– die politischen und gesellschaftlichen Reaktionen im Umgang mit der Krise sowie*
> *– die Zerstörung der Demokratie in Deutschland.*

Die Weltwirtschaftskrise und ihre Folgen für Europa

Deflation
Der Begriff bezeichnet einen Prozess stetiger Preissenkungen in einer Volkswirtschaft. Verursacht wird Deflation, wenn die Nachfrage geringer ist als das Angebot. Sie kann infolge einer übermäßigen Verringerung der Geldmenge entstehen (z. B. durch Kapitalabflüsse ins Ausland) und eine Wirtschaftskrise auslösen oder vertiefen. Unternehmen halten Investitionen zurück, Gewinnerwartungen sinken, die Produktion lässt nach. Einkommensverluste der Arbeiter und Angestellten senken die Konsumneigung, Arbeitslosigkeit wird zu einem bedeutenden Lebensrisiko. Die Steuereinnahmen des Staates sinken, die Sozialausgaben steigen.

▶ **M 5–M 9: Auswirkungen der Weltwirtschaftskrise**

Maßnahmen der Regierung Brüning zur Bekämpfung der Wirtschaftskrise
– Kürzung der Staatsausgaben
– Erhöhung direkter Steuern (Lohn-, Einkommens-, Umsatzsteuer)
– Erhöhung indirekter Steuern (Verbrauchssteuern z. B. auf Zucker, Tabak, Bier)
– „Notopfer" (Sonderabgabe) für Beamte und Angestellte
– Abbau von Sozialleistungen
– Kürzung der Gehälter im öffentlichen Dienst (mit Ausnahme der Reichswehr)
– Ledigensteuer
→ „Austeritätspolitik" (strenge Sparsamkeitspolitik)

▶ **M 8, M 9: Einschätzungen zum Umgang mit der Wirtschaftskrise**

Der Crash der New Yorker Börse an der Wall Street in den letzten Oktobertagen 1929 löste eine Wirtschaftskrise aus, die bis in die 1930er-Jahre hinein weltweit gravierende Folgen hatte. Sie verlief regional unterschiedlich, Deutschland war neben den USA mit am stärksten von **Deflation*** und Niedergang betroffen. Die **Ursachen für die deutsche Krisenanfälligkeit** sind verbunden mit Entwicklungen in den 1920er-Jahren: Deutschlands Industrie blieb auch nach dem Ersten Weltkrieg **exportorientiert** und war deshalb eng verbunden mit der Weltwirtschaft. Die fortschreitende technische Entwicklung verschärfte die Konkurrenzsituation auf den Weltmärkten. Etwa ein Drittel der Beschäftigten in Deutschland arbeitete nach wie vor in der **Landwirtschaft**. Durch Verbesserung der Anbaumethoden und das steigende Angebot fielen die Preise. Landwirte mussten sich verschulden, um sinkende Preise aufzufangen und dennoch Investitionen zu tätigen. Die Pariser Vorortverträge, darunter der Versailler Vertrag, hatten ein **„Schuldenkarussell"** geschaffen, in dem die europäischen Alliierten (Großbritannien, Frankreich) ihre Kriegsschulden bei den USA mit den Reparationszahlungen aus Deutschland tilgten. Deutschland wiederum erhielt im Zuge der wirtschaftlichen Erholung umfangreiche Kredite und Investitionen aus den USA.

Die Weltwirtschaftskrise nahm ihren Anfang in den USA. Sie folgte auf das Wachstum der 1920er-Jahre („*Roaring Twenties*"), das in den USA zur Bildung einer **Spekulationsblase** an den Aktienmärkten geführt hatte: Im Glauben an einen dauerhaften Boom wurden Wertpapiere zu überhöhten Preisen gehandelt und häufig mit Krediten finanziert. Im Oktober 1929 entluden sich Vorahnungen über Kursverluste in panikartigen Verkäufen. Die Kurse fielen ins Bodenlose, hoch dotierte Aktien wurden im Handel wertlos, sowohl Banken als auch Privatanleger waren nicht mehr zahlungsfähig. Im Anschluss entwickelte sich die Finanzkrise zur **Wirtschaftskrise**:

– Etwa **ein Drittel der amerikanischen Banken brach zusammen**, deren Kredite und Investitionen fielen aus. Die übrigen stellten die Kreditvergabe teilweise ein und zogen Auslandsinvestitionen (besonders aus Deutschland) zurück.
– Das fehlende Kapital führte dazu, dass sich **Handel und Produktion deutlich abschwächten** oder phasenweise zusammenbrachen, allerdings regional unterschiedlich. So halbierte sich in den USA die Industrieproduktion zwischen 1929 und 1932 nahezu, während beispielsweise in Großbritannien die Einbußen gering blieben.
– Der wirtschaftliche Niedergang hatte katastrophale Auswirkungen auf die **Beschäftigungslage**. Millionen Menschen verloren ihre Anstellung und damit ihre wirtschaftliche Grundlage. Alle anderen hatten gravierende Lohnkürzungen hinzunehmen.
– Die sinkende wirtschaftliche Leistung und die steigenden Sozialausgaben **belasteten die Staatshaushalte** und zwangen die Regierungen zum Handeln. Dabei gingen die Länder unterschiedliche Wege. In Deutschland verfolgte Reichskanzler Heinrich Brüning (Zentrumspartei) vor allem ehrgeizige Sparziele*, auch um eine Wiederholung der Inflation von 1923 um jeden Preis zu verhindern.

Von der Wirtschafts- zur Staatskrise in Deutschland

Die sinkende Wirtschaftsleistung, die steigenden Arbeitslosenzahlen und die wachsende Staatsverschuldung übten stetig wachsenden **Druck auf die seit 1928 regierende „Große Koalition"** (SPD, DDP, Zentrum, DVP, BVP) aus. Außerdem bildete der ab Sommer 1929 verhandelte **„Young-Plan"*** für rechtsextreme Kreise den Anlass, die Regierung unter Reichskanzler Hermann Müller (SPD) heftig zu attackieren. Ein Volksbegehren gegen den Young-Plan scheiterte zwar deutlich. Antidemokratische, rechtsnationale und antisemitische Propaganda fand gleichwohl zunehmend öffentliche Aufmerksamkeit und wurde befeuert z. B. durch den Pressekonzern des DNVP-Vorsitzenden Alfred Hugenberg, der auch immer wieder Kontakte zu „Stahlhelm-Bund"* und NSDAP knüpfte. Politische Auseinandersetzungen verliefen immer schärfer und unerbittlicher. Schlägertrupps der Parteien lieferten sich Saal- und Straßenschlachten.

Die Fraktionen des Reichstags waren unterdessen zu parlamentarischer Mehrheitsbildung nicht mehr in der Lage, weil sie keine Kompromisse mehr eingingen und sich gegenseitig hemmten. Begünstigt durch diese Konstellation und angetrieben durch seine eigenen Überzeugungen von Staat und Gesellschaft entwickelte in dieser Phase Reichspräsident Hindenburg maßgeblichen Einfluss auf das politische System. Die Große Koalition zerbrach und damit die letzte Regierung der Republik, die demokratisch legitimiert war. Differenzen hatten sich lange entwickelt, nun gelang keine Einigung über die Erhöhung der Beiträge zur Arbeitslosenversicherung.

Zur wichtigen Weichenstellung wurde die **Berufung von Heinrich Brüning (Zentrumspartei) zum Reichskanzler** einer Regierung ohne festgelegte parlamentarische Mehrheit und unter Ausschluss der SPD, die zu der Zeit mit fast 30 Prozent der Stimmen die stärkste Fraktion im Reichstag bildete. Die Durchsetzung ihrer Gesetzesvorschläge, so lauteten die Verabredungen der Brüning-Regierung, sollte auch mithilfe der präsidialen Vollmachten erfolgen. Hinter diesem Schritt stand vor allem Reichspräsident Hindenburg, der die Vereinigung der rechtsnationalen Kräfte hinter dieser Regierung wollte. Er sicherte zu, Artikel 48 der Reichsverfassung in Anwendung zu bringen, wenn keine Mehrheit im Reichstag zu beschaffen war. Das geschah zum ersten Mal im Juli 1930, als Brünings Gesetzesvorschlag zur Bekämpfung der Wirtschaftskrise, der vor allem Sparmaßnahmen, Ausgabenkürzungen und Steuererhöhungen umfasste, im Reichstag abgelehnt wurde. Mit der **Auflösung des Reichstags** und der Durchsetzung dieses Maßnahmenpakets durch eine illegitime präsidiale Notverordnung war das erste **„Präsidialkabinett"** installiert und eine neue Verfassungswirklichkeit geschaffen.

M2 Arbeitslose in Berlin beim Studium von Stellenanzeigen, Fotografie, um 1930

Young-Plan
Im Juni 1929 legte ein alliierter Ausschuss unter Führung des amerikanischen Industriellen Owen Young neue Vereinbarungen zu den deutschen Reparationszahlungen vor. Sie sahen eine Reduktion der Schuldenlast und jährliche Zahlungen bis 1988 vor. Die alliierte Kontrolle über Reichsbahn, Reichsbank und das Rheinland wurde aufgegeben. Das Ergebnis war ein Erfolg, bei DNVP und NSDAP löste es jedoch Empörung über die lange Laufzeit aus.

M1 Plakat von NSDAP/DNVP zum Volksbegehren gegen den Young-Plan, 1929

▶ M 12–M 16: Wahlkampf und politische Kultur 1932

„Stahlhelm, Bund der Frontsoldaten"
Franz Seldte gründete im Dezember 1918 die Organisation, in der sich Kriegsteilnehmer des Ersten Weltkriegs und Republikfeinde versammelten. Hindenburg war Ehrenmitglied. Der „Stahlhelm" war der paramilitärische Arm der DNVP und verstand sich auch als militärische Reserve, da der Versailler Vertrag die Größe der Reichswehr eng begrenzt hatte. Der „Stahlhelm" unterstützte antidemokratische, antisemitische und militaristische Propaganda. Nach 1933 wurde die Organisation „gleichgeschaltet" und löste sich schließlich auf.

3.6 Politische Radikalisierung und Scheitern der Demokratie 1929 bis 1933

▶ M 10, M 11: Urteile zur Einrichtung der Präsidialkabinette

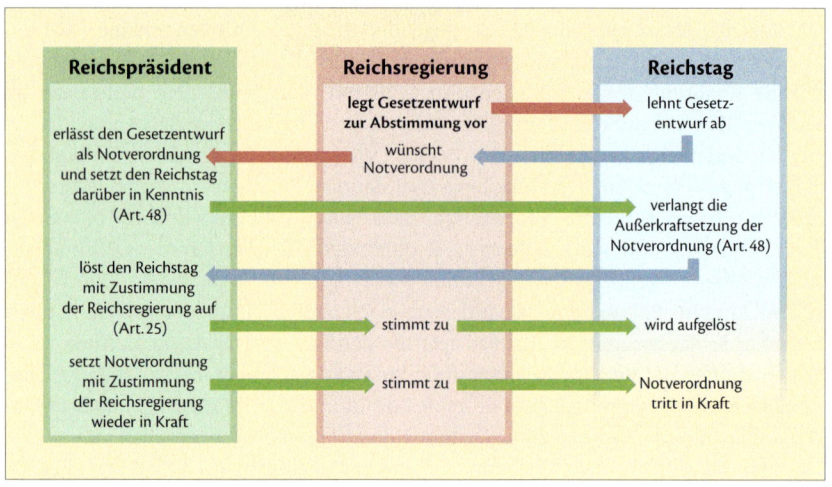

M 3 Funktionsmechanismus der Präsidialkabinette 1930–1933

Der Aufstieg der Nationalsozialisten

Regierungen der Weimarer Republik 1924 bis 1933

Amtszeit	Reichskanzler	Koalition
1924	Wilhelm Marx (Zentrumspartei)	Z, DVP, DDP, BVP
1925	Hans Luther (parteilos)	DNVP, Z, DVP, BVP DDP
1926	Hans Luther (parteilos)	Z, DDP, DVP, BVP
1926	Wilhelm Marx (Zentrumspartei)	Z, DDP, DVP, BVP
1927–1928	Wilhelm Marx (Zentrumspartei)	DNVP, Z, DVP, BVP, DDP
1928–1930	Hermann Müller (SPD) Große Koalition	SPD, DVP, DDP, BVP, Z
1930–1931	Heinrich Brüning (Zentrumspartei)	ohne Mehrheit
1931–1932	Heinrich Brüning (Zentrumspartei)	ohne Mehrheit
1932	Franz v. Papen (parteilos)	ohne Mehrheit
1932–1933	Kurt v. Schleicher (parteilos)	ohne Mehrheit
ab 1933	Adolf Hitler (NSDAP)	ohne Mehrheit

▶ M 17: Strategie der NSDAP

Auf die Auflösung des Reichstags im Juli 1930 durch Reichspräsident Hindenburg folgte die Neuwahl im September 1930. Die Wahlbeteiligung lag bei 82 Prozent und war damit höher als 1928. Wahlerfolge erzielten vor allem radikale Parteien: KPD und NSDAP. „Zertrümmert ist die Mitte", konstatierte die „Vossische Zeitung" am Tag nach der Wahl und verwies damit ernüchtert vor allem auf den enormen Stimmenzuwachs der NSDAP (+15,5 Prozent) zulasten der bürgerlich-republikanischen Parteien. Dieses Ergebnis erschien als vorläufiger Tiefpunkt für die demokratische Kultur der Republik und zugleich als Höhepunkt eines jahrelangen Aufstieges der NSDAP, der aber keineswegs linear verlaufen war und nicht zwangsläufig auf die Machtübernahme 1933 zusteuerte.

Die NSDAP gewann vor allem ab 1929 größere öffentliche Aufmerksamkeit, indem sie im Rahmen eines **Volksbegehrens gegen den Young-Plan** mit der DNVP kooperierte. Das Anliegen scheiterte zwar, propagandistisch hatte die NSDAP jedoch nachhaltig auf sich aufmerksam machen können. 1930 ermöglichten dann zwei maßgebliche Faktoren den Wandel der NSDAP **von der Randerscheinung zur Sammlungsbewegung**: Überall wurde die Lage in der zweiten Jahreshälfte 1930 als existenzielle Krise wahrgenommen – wirtschaftlich und politisch. Den etablierten Parteien wurden wirksame Maßnahmen gegen die gesellschaftliche Erosion nicht mehr zugetraut, weshalb sich die NSDAP und Adolf Hitler in dieser Atmosphäre zunehmend als Hoffnungsträger profilieren konnten. Andererseits verfügte die NSDAP seit 1925 (nach dem missglückten Putschversuch und Hitlers Gefängnisaufenthalt) über eine neue Parteistruktur, die auf Massenmobilisierung ausgerichtet war. Sie war auch in dieser Hinsicht „anschlussfähig". Die Konstellation zwischen weitreichendem Wählerfrust und parteipolitischer Aufnahmefähigkeit machte die NSDAP ab 1930 zum wichtigsten **Auffangbecken** für alle, die in der krisenhaften Gegenwart enttäuscht, wütend, verbittert und radikalisiert waren. Das waren vor allem Menschen aus (häufig ehemals) mittleren Einkommensschichten. In besonderem Maße zog die NSDAP dabei junge Menschen an: 1930 waren fast 70 Prozent der Mitglieder jünger als 40 Jahre.

Bis 1932 betrieb die NSDAP eine **radikale Oppositionspolitik**, indem sie gegen sämtliche Notverordnungen der Regierung Brüning stimmte, sich jeder Kooperation im Parlament verweigerte, ihre **paramilitärischen Verbände SA** (Sturmabteilung) und **SS** (Schutzstaffel) vergrößerte und den Sturz der Regierung betrieb. Der Zulauf der Wähler hielt vorerst an, auch weil sich die wirtschaftliche Krise 1931 erneut verschärfte. Gleichwohl gelang es der NSDAP zunächst nicht, aus eigener Kraft Regierungsverantwortung an sich zu reißen und damit die Umgestaltung der verhassten Republik einzuleiten.

Die Zerstörung der Demokratie 1932

Obwohl die parlamentarische Opposition im Reichstag über eine Mehrheit verfügte, konnte die Brüning-Regierung ab 1930 ihre Notverordnungen durchsetzen, weil die SPD das Regierungshandeln aus Furcht vor Stimmenverlusten bei der nächsten Wahl tolerierte. Auf dieser Grundlage und mit dem Vertrauen des Reichspräsidenten regierte Brüning bis Anfang 1932. Dann begann die Schlussphase, in der die Demokratie sukzessive zerstört wurde. Hindenburg verlor dabei nie sein Ziel aus den Augen, die „Zersplitterung Deutschlands" durch eine nationalkonservative Mehrheitsregierung zu überwinden. Dieses Vorhaben wurde stark beeinflusst durch den Aufstieg der NSDAP. Hindenburgs schärfster Widersacher bei seiner **Wiederwahl zum Reichspräsidenten im April 1932** war Adolf Hitler. Das führte zu Wahlaufrufen für Hindenburg ausgerechnet von Seiten der SPD und der Gewerkschaften, was Hindenburg als persönliche Niederlage empfand. Er legte auch Brüning zur Last, dass sich die rechtsnationalen Kräfte hinter Hitler und nicht hinter ihm versammelt hatten. Als Brüning Garantien für weitere Notverordnungen vom Reichspräsidenten einforderte, verweigerte sich Hindenburg und entließ ihn kurz nach der Wahl. Neuer Reichskanzler wurde Franz von Papen, ein Zentrumspolitiker, der vor allem Adlige als Minister in sein **„Kabinett der Barone"** berief. Der Reichstag wurde aufgelöst mit dem Ziel, die NSDAP nach der Neuwahl einzubinden, ihre Stärke für die Zwecke der Reichsregierung zu nutzen und damit zu „zähmen". Auch Hindenburg schloss sich diesem Vorgehen an.

Die **Reichstagswahl im Juli 1932** endete mit einem Triumph für die NSDAP – und dennoch bedeuteten 37,3 Prozent der Stimmen nicht die absolute Mehrheit. Eine Diktatur war für die NSDAP auf dieser Grundlage nicht zu verwirklichen und auch Hindenburg stellte sich gegen ihren alleinigen Machtanspruch. Gleichzeitig erkannte der Reichspräsident einen „Wert" in der Hitlerbewegung als dynamische Kraft für die Realisierung einer „Volksgemeinschaft". So zeigte sich in dieser Konstellation das widersprüchliche Verhältnis von Hindenburg zur NSDAP. Hitler und seine Partei widersetzten sich dabei ohnehin einer Einbindung in die bestehende Regierung Papen und beharrten auf ihren diktatorischen Vorstellungen. Der Regierung wurde mit den Stimmen von NSDAP und Zentrum das Misstrauen ausgesprochen, woraufhin Hindenburg den frisch gewählten Reichstag am 12. September wieder auflöste. Neuwahlen wurden erst nach langem Zögern angesetzt.

Im **November 1932** sorgte das NSDAP-Ergebnis bei der Neuwahl (33,1 Prozent) parteiintern für große Enttäuschung. Auch Hitlers Position war nach den Stimmenverlusten nicht unangefochten. Kurt von Schleicher, ehemaliger Reichswehrminister und inzwischen zum Reichskanzler ernannt, versuchte erneut, die geschwächte NSDAP in eine politische „Querfront" (Gewerkschaften, Rechtsnationale, Teile der NSDAP) einzubinden. Hitler beharrte jedoch auf seinem Kurs: „alles oder nichts". In dieser Phase ging Franz von Papen erneut auf Hitler zu. Am Ende wochenlanger Verhandlungen, die Hindenburg förderte, stand im Januar 1933 eine **Verständigung zwischen NSDAP und DNVP**, die unter Adolf Hitler als Reichskanzler den Kern der Regierung bildeten. Hindenburg sah in diesem Kabinett sein politisches Grundanliegen verwirklicht: die Zusammenarbeit der Rechten mit dem Ziel, das deutsche Volk als Nation „zusammenzuführen". In der Gewissheit, einer Entwicklung in diese Richtung näher gekommen zu sein, folgte am 30. Januar 1933 die **Ernennung von Adolf Hitler zum Reichskanzler**.

1 Erläutern Sie in einer nach den Dimensionen „Politik" und „Wirtschaft" gegliederten Gegenüberstellung die Wechselwirkungen dieser Ereignisse und Maßnahmen.
2 Nennen Sie Zustände und Entwicklungen, die die Machtübernahme der NSDAP 1933 begünstigten bzw. ermöglichten.
Tipp: Berücksichtigen Sie auch die Zusammensetzung und Amtszeit der Regierungen (s. S. 360).

M4 Kurt von Schleicher (1882–1934, links) und Franz von Papen (1879–1969, rechts) auf dem „Reichsfrontsoldatentag" des „Stahlhelm"-Bundes, September 1932

Franz von Papen (1879–1969)
Nach seiner militärischen Laufbahn während des Ersten Weltkrieges begann Franz von Papen als Mitglied der Zentrumspartei eine politische Karriere. Seine Unterstützung für Paul von Hindenburg brachte ihn in Konflikt mit seiner Partei. 1932 wurde er als Reichskanzler Nachfolger von Heinrich Brüning, ebenfalls Zentrum, und musste seine Partei daraufhin verlassen. Franz von Papen betrieb ausdauernd die Annäherung der Konservativen um Hindenburg an die NSDAP, was in die Ernennung Hitlers zum Reichskanzler mündete.

Kurt von Schleicher (1882–1934)
In den 1920er-Jahren war der Offizier vor allem im Reichswehrministerium tätig. Er erlangte in verschiedenen Funktionen beträchtliches politisches Gewicht, das er auch bei der Ernennung von Franz von Papen zum Reichskanzler bei Hindenburg geltend machte. Seine eigene Amtszeit als Reichskanzler dauerte nur wenige Wochen und war aus der Not geboren. Da sich die NSDAP nicht unterordnen wollte und von Papen andere Lösungen suchte, musste er im Januar 1933 zurücktreten. Im Zuge des vorgeblichen „Röhm-Putsches" wurde von Schleicher 1934 durch die SS ermordet.

▶ M 17–M 20: Hintergründe der Machtübernahme durch die NSDAP

3.6 Politische Radikalisierung und Scheitern der Demokratie 1929 bis 1933

Hinweise zur Arbeit mit den Materialien

Der Materialteil setzt vier Schwerpunkte: Statistiken veranschaulichen die Auswirkungen der Wirtschaftskrise (M 5–M 7), das Handeln der Regierung Brüning reflektieren die zeitgenössischen Texte M 8 und M 9. Das erste Präsidialkabinett als Wendepunkt beleuchten M 10 und M 11. Den Abschluss bilden Materialien (Wahlplakate, zeitgenössische Texte und eine Karikatur) zur Zerstörung der Demokratie im Jahr 1932 (M 13–M 20). Geschichte kontrovers bietet eine Zusammenstellung verschiedener Historikeranalysen und ermöglicht einen ersten Zugriff auf die Frage, warum die Republik scheiterte (M 21–M 23).

Zur Vernetzung mit dem Kernmodul

Anhand der Materialien zur Weltwirtschaftskrise kann ein Erkenntnisgewinn durch die Perspektive der transnationalen Geschichtsschreibung (Kernmodul M 9, M 10) konzeptionell diskutiert werden. Das Scheitern der Weimarer Republik sowie eine Diskussion der verantwortlichen Faktoren spielen auch eine zentrale Rolle bei der deutschen Sonderwegsthese. Ein Bezug zu M 4 bis M 8 des Kernmoduls ist insgesamt möglich.

Weltwirtschaftskrise in Deutschland

M 5 Index der Industrieproduktion (1925–1929 = 100)

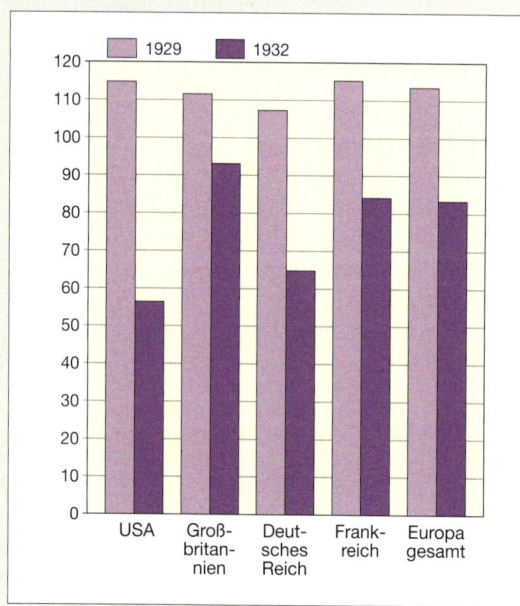

M 6 Die Entwicklung der Arbeitslosigkeit in Deutschland 1929–1933 (in Millionen, gerundet)

Die offiziellen Statistiken erfassten langfristig Erwerbslose oder Personen ohne festen Wohnsitz nicht. Auch waren viele Arbeitnehmer von Lohnsenkungen betroffen, die ihre Existenz trotz einer Anstellung gefährdeten. In Wirklichkeit war wohl jede deutsche Familie direkt oder indirekt von Auswirkungen der Weltwirtschaftskrise betroffen.

	Beschäftigte	Arbeitslose
April 1929	18,4	1,7
Oktober 1929	18,4	1,5
April 1930	16,9	2,8
Oktober 1930	16,3	3,2
April 1931	14,9	4,4
Oktober 1931	14,0	4,6
April 1932	12,6	5,8
Oktober 1932	13,2	5,1
Januar 1933	11,7	6,0
April 1933	13,0	5,3

Konjunkturstatistisches Handbuch 1936; zit. nach: Eberhard Kolb/Dirk Schumann, Die Weimarer Republik, Oldenbourg, München 2013, S. 125.

M 7 Wöchentliche Ausgaben einer siebenköpfigen Familie in Berlin (in Reichsmark), 1932.

Die Zahlen basieren auf einem Bericht von 1932 über eine Arbeitslosenfamilie, die 15,85 Reichsmark Unterstützung in der Woche erhielt.

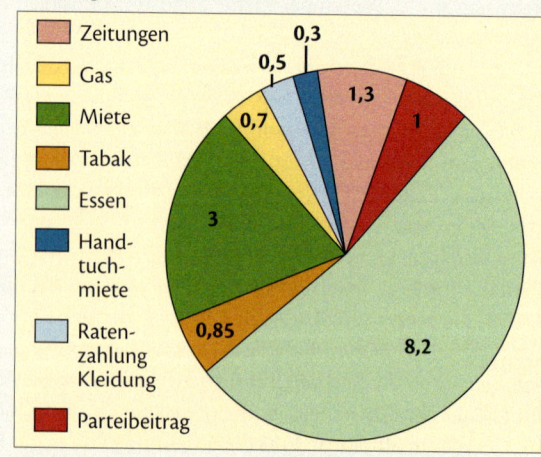

Zahlen nach: Werner Abelshauser, Anselm Faust, Dietmar Petzina (Hg.), Deutsche Sozialgeschichte 1914–1945. Ein historisches Lesebuch, C. H. Beck, München 1985, S. 334 f.

1. Gestalten Sie ein Begriffsnetz zu den Auswirkungen der Krise ab 1929 in Deutschland und Europa.
2. **Wahlaufgabe:** Analysieren Sie M 6 oder M 7.

M 8 Reichskanzler Heinrich Brüning in einer Rede vor dem Reichsparteiausschuss des „Zentrums" (5. November 1931)

Ich werde mich bis zum Letzten dagegen wehren, irgendeine inflatorische Maßnahme irgendeiner Art zu treffen, und zwar nicht nur aus Gerechtigkeit, nicht nur zum Schutze der Schwachen, sondern weil ich der Ansicht bin, dass die ehrliche Bilanz in der deutschen Wirtschaft trotz aller Bitternisse wiederhergestellt werden muss und dass jeder Versuch und jedes Verlangen nach inflatorischen Maßnahmen letzten Endes nur noch den Zweck haben kann, diesen Prozess der klaren Bilanz der gesamten deutschen Wirtschaft zuschanden zu machen und wiederum einen Schleier über die Fehler der Vergangenheit zu ziehen.

Erfolge in der Außenpolitik sind umso eher zu erreichen, wenn wir die Bilanz der deutschen Finanzen und der deutschen Wirtschaft klar und ehrlich jedermann in der Welt zur Einsicht vorlegen. Das ist die stärkste und durchschlagendste Waffe, die die Reichsregierung haben konnte, und diese Waffe zu schmieden war die Aufgabe des ersten Jahres der Tätigkeit dieser Reichsregierung. Das hat dazu geführt, dass die Frage der Reparationen durch die Öffentlichkeit in der ganzen Welt ohne Ausnahme völlig anders beurteilt wird als in früheren Jahren.

Wolfgang Michalka/Gottfried Niedhart (Hg.), Die ungeliebte Republik. Dokumente zur Innen- und Außenpolitik Weimars 1918–1933, dtv, München 1980, S. 307 f.

M 9 Bericht der Bank für Internationalen Zahlungsausgleich über die wirtschaftliche Situation Deutschlands (23. Dezember 1931)

Um so weit wie möglich seine Stellung gegenüber dem Ausland zu schützen – den Reichsmarkkurs und den Ausfuhrmarkt –, hat Deutschland eine zielbewusste Politik einschneidender und starker Senkung des Lohn- und Preisniveaus getrieben. [...] Durch die allmähliche Schrumpfung der Tätigkeit in Industrie und Handel ist die Erwerbslosigkeit, die bereits vor der Krise hoch war, weiter gestiegen. [...] Deutschlands Bedarf an Kapital zur Ausfüllung der durch den Krieg, die Nachkriegserscheinungen und die Inflation entstandenen Lücken war sehr groß. Tatsächlich stand dem Einströmen von Kapital, das unmittelbar nach der Marktstabilisierung einsetzte [...], ein teilweiser Abfluss durch die Reparationszahlungen [...] gegenüber. [...] Dass aber ein so großer Teil seines Kapitals in fremden Händen ist, macht Deutschland besonders empfindlich für finanzielle Störungen, namentlich soweit dieses Kapital mit kurzer Kündigungsfrist zurückgezogen werden kann. [...] Unter diesen Umständen erheischt das deutsche Problem, das in weitem Maße die Ursache für die steigende finanzielle Lähmung der Welt ist, ein gemeinsames Handeln, das nur von den Regierungen ausgehen kann. [...] Es muss daher sofort gehandelt werden, und zwar in viel weiterem Maßstab als dem durch Deutschland allein gegebenen.

Ulrich Thürauf (Hg.), Schulthess' Europäischer Gerichtskalender, Bd. 72 (1931), C. H. Beck, München 1932, S. 518 ff.*

1 Arbeiten Sie die Motive der Regierung Brüning für ihre Wirtschaftspolitik heraus (M 8).
2 Analysieren Sie M 9 und stellen Sie die Kernaussagen von M 8 Ihren Ergebnissen gegenüber.
3 Überprüfen Sie die Wirksamkeit der deutschen Politik gegen die Krise. Diskutieren Sie Alternativen.

Präsidialkabinette

M 10 Heinrich Brüning (Zentrum) in seinen Memoiren über die erste Notverordnung seines Kabinetts im Juli 1930 (veröffentlicht posthum 1970)

[Es] wurde im Kabinett spontan der Wunsch geäußert, alle Minister sollten das Versprechen geben, mit mir auf dem schwankenden Schifflein auszuharren. Das war die Abwehr gegen die Versuche der Minderheiten in jeder hinter der Regierung stehenden Partei, die eigenen Parteifreunde, einen nach dem andern, herauszuschießen. Diese Methode war das letzte Aufflackern des alten instinktiven Wunsches des Reichstags, auf der ganzen Linie über das Kabinett zu herrschen und den einzelnen Abgeordneten die Möglichkeit zu verschaffen, durch Erpressungen und Drohungen die Regierung in ihrer Gesamtheit oder einzelne ihrer Minister zur Erfüllung ihrer Lieblingswünsche reif zu machen. Mit diesem System unter allen Umständen aufzuräumen, hatte ich mir vorgenommen. [...] Bei der unter größter Spannung sich vollziehenden Abstimmung [über die Notverordnung] am 18. Juli, bei der die rote Auflösungsmappe [mit der vom Reichspräsidenten unterzeichneten Vollmacht zur Auflösung des Reichstags] schon auf meinem Tisch lag, waren mehrere Deutschnationale noch immer nicht entschlossen. [...] Die Notverordnung wurde mit sieben Stimmen Mehrheit abgelehnt, der Reichstag sofort aufgelöst. Am Abend wurde in einer Kabinettssitzung der Wahltermin auf den 14. September festgelegt. Ebenfalls noch am 18. Juli schickte der Reichspräsident einen Brief an das Reichskabinett, der vorher vereinbart war, in dem er [...] bat, alsbald Vorschläge für eine neue Notverordnung zu machen. Man ging sofort an diese Arbeit he-

ran. [...] Der Wahlkampf wurde zu einem Plebiszit¹ über die Notverordnung, aber auch gleichzeitig zu einem Entscheidungskampf zwischen einer sinnlosen Form des Parlamentarismus und einer gesunden,
35 maßvollen Demokratie, in der die Regierung, um die öffentlichen Finanzen vor dem Zusammenbruch zu retten, vor dem ganzen Volke den Kampf für diese Aufgabe gegenüber dem Intrigenspiel und der Unvernunft im bisherigen Reichstag aufnehmen musste.

Heinrich Brüning, Memoiren 1918–1934, Deutsche Verlags-Anstalt, Stuttgart 1970, S. 176–182.*

1 *Plebiszit:* Volksabstimmung

M 11 „Der Reichstag aufgelöst!", Zeitungsbericht (18. Juli 1930)

Die letzte Stunde des sterbenden Reichstages verlief unter ungeheurer Spannung. [Es] stand allein noch die Aufhebung der Notverordnung zum Kampf. Damit war in noch größerer Klarheit die Frage so ge-
5 stellt: für Hindenburg oder gegen Hindenburg. Das Parlament entschied mit der knappen Mehrheit von 15 Stimmen gegen die Verordnungen des Reichspräsidenten. Reichskanzler Dr. Brüning erhob sich sofort und verkündete die Auflösung. Die letzten Worte
10 der Botschaft des Reichsoberhauptes gingen, was sehr bezeichnend ist, in einem wüsten Gebrüll des zu Tode getroffenen Parlaments unter. Nachdem das Parlament in Deutschland zwölf Jahre lang die Geduld des Volkes ermüdet hat, hatte angesichts der
15 drängenden Not eine Regierung versucht, den sachlichen Notwendigkeiten Geltung zu verschaffen. Sie hatte die parlamentarischen Möglichkeiten bis zum Letzten ausgeschöpft, und erst als sie sah, dass sie so nicht zum Ziele kommen konnte, die Autorität des
20 Staatsoberhauptes gegen das Parlament angerufen. Hindenburg hat sich diesem Appell nicht versagt. Aber in diesem Reichstag vom 20. Mai 1928 [Wahltermin] geschah das Unglaubliche, dass der parlamentarische Fraktionsgeist über die Unterschrift des
25 Reichspräsidenten triumphieren durfte.

Deutsche Allgemeine Zeitung, Nr. 330, 18. Juli 1930, S. 1.

1 „[An] diesem Tag [18. Juli 1930] begann die permanente Durchbrechung des Verfassungssystems durch die Diktaturgewalt des Reichspräsidenten" (Gerhard Schulze). Erläutern Sie diese Aussage.
2 Arbeiten Sie Motive der Akteure heraus (M 10).
3 Formulieren Sie Thesen, warum das Vorgehen der Regierung Brüning kaum Proteste in der Bevölkerung auslöste (M 11). Überprüfen Sie Ihre Thesen (S. 359 ff.).

Die Zerstörung der Demokratie

M 12 Wahlplakat der Zentrumspartei, Reichstagswahl Juli 1932

M 13 Wahlplakat der KPD, Reichstagswahl Juli 1932

M 14 Wahlplakat der SPD, Reichstagswahl Juli 1932

M 15 Wahlplakat der NSDAP, Reichstagswahl Juli 1932

M 16 Clara Zetkin (KPD) als Alterspräsidentin zur Eröffnung des Reichstags (30. August 1932)

Die politische Macht hat zur Stunde in Deutschland ein Präsidialkabinett [unter Franz von Papen] an sich gerissen, das unter Ausschaltung des Reichstags gebildet wurde, das der Handlanger des verkrusteten Monopolkapitals und des Großagrariertums und dessen treibende Kraft die Reichswehrgeneralität ist. Trotz der Allmacht des Präsidialkabinetts hat dieses gegenüber allen innen- und außenpolitischen Aufgaben der Stunde gänzlich versagt. Die Innenpolitik charakterisiert sich genau wie die ihrer Vorgängerin durch die Notverordnungen, Notverordnungen im ureigensten Sinne des Wortes; denn sie verordnen Not und steigern die schon vorhandene Not. […] Ehe der Reichstag Stellung nehmen kann zu Einzelaufgaben der Stunde, muss er seine zentrale Pflicht erkannt und erfüllt haben: Sturz der Reichsregierung, die den Reichstag durch Verfassungsbruch vollständig zu beseitigen versucht. Anklagen könnte der Reichstag auch erheben gegen den Reichspräsidenten und die Reichsminister wegen Verfassungsbruchs und noch weiterer geplanter Verfassungsbrüche vor dem Staatsgerichtshof zu Leipzig.

Zit. nach: https://www.reichstagsprotokolle.de/Blatt2_w6_bsb00000138_00033.html (Download vom 8. Januar 2020).*

1 **Arbeitsteilige Gruppenarbeit:** Analysieren und vergleichen Sie M 12 bis M 15. Gehen Sie dabei der Frage nach, inwiefern die Plakate zur Reichstagswahl im Juli 1932 den politischen Zeitgeist widerspiegeln.
2 Charakterisieren Sie die Zerstörung der Weimarer Demokratie und ihrer Verfassung (M 16 und S. 361).
3 **Zusatzaufgabe:** siehe S. 483.

Aufstieg und Machtübernahme der NSDAP

M 17 Joseph Goebbels (NSDAP) über „Legalität" im „Angriff" (1928)

Wir gehen in den Reichstag hinein, um uns im Waffenarsenal der Demokratie mit deren eigenen Waffen zu versorgen. Wir werden Reichstagsabgeordnete, um die Weimarer Gesinnung mit ihrer eigenen Unterstützung lahm zu legen. Wenn die Demokratie so dumm ist, uns für diesen Bärendienst Freifahrkarten und Diäten zu geben, so ist das ihre eigene Sache. […] Uns ist jedes gesetzliche Mittel recht, den Zustand von heute zu revolutionieren. Wenn es uns gelingt, bei diesen Wahlen [1928] sechzig bis siebzig Agitatoren unserer Parteien in die verschiedenen Parlamente hineinzustecken, so wird der Staat selbst in Zukunft unseren Kampfapparat ausstatten und besolden. [...] Wir kommen als Feinde! Wie der Wolf in die Schafherde einbricht, so kommen wir. Jetzt seid ihr nicht mehr unter euch! Ich bin kein Mitglied des Reichstags. Ich bin ein IdI, ein IdF. Ein Inhaber der Immunität. Ein Inhaber der Freifahrkarte. [...] Wir sind gegen den Reichstag gewählt worden und wir werden auch unser Mandat im Sinne unserer Auftraggeber ausüben.

Zit. nach: Karl D. Bracher, Die Auflösung der Weimarer Republik, Ring-Verlag, Villingen 1960, S. 375, Anm. 39f.*

M 18 Tagebuchaufzeichnungen von Joseph Goebbels (NSDAP) nach der Reichstagswahl im November (1932)

8. Dezember 1932: In der Organisation [= NSDAP] herrscht schwere Depression. Die Geldsorgen machen jede zielbewusste Arbeit unmöglich. Es laufen Gerüchte um, dass Strasser[1] eine Palastrevolution plane. Wie sie im Einzelnen verlaufen soll, konnte ich noch nicht erfahren. Man ist innerlich so wund, dass man nichts sehnlicher wünscht, als für ein paar Wochen aus all diesem Getriebe zu entfliehen. [...] Wir stehen vor der entscheidenden Probe. Jede Bewegung, die an die Macht will, muss sie bestehen. Sie kommt meist kurz vor dem entscheidenden Sieg und ist ausschließlich eine Sache der Nerven. Wir dürfen jetzt den Kopf nicht hängen lassen; wir werden schon Mittel und Wege finden, diese verzweifelte Situation zu überwinden.

Zit. nach: Heinz Hürten (Hg.), Deutsche Geschichte in Quellen und Darstellung, Bd. 9: Weimarer Republik und Drittes Reich 1918–1945, Reclam, Stuttgart 1995, S. 137–140.*

[1] *Gregor Strasser (1892–1934):* zunächst Anhänger, dann innerparteilicher Gegner von Adolf Hitler; wurde 1934 von SS-Angehörigen ermordet

M 19 Bankier Kurt Freiherr von Schröder über ein Treffen zwischen Hitler und Papen am 4. Januar 1933 (Rückblick aus der Nachkriegszeit)

Weiterhin führte Papen aus, dass er es für das Beste halte, eine Regierung zu formen, bei der die konservativen und nationalen Elemente, die ihn unterstützt hatten, zusammen mit den Nazis vertreten seien. Er schlug vor, dass diese neue Regierung womöglich von Hitler und Papen zusammen geführt werden sollte. Daraufhin hielt Hitler eine lange Rede, in der er sagte, dass, wenn er zum Kanzler ernannt werden würde, Anhänger von Papen als Minister an seiner (Hitlers) Regierung teilnehmen könnten, sofern sie gewillt wären, seine Politik, die viele Änderungen bestehender Zustände verfolgte, zu unterstützen. Er skizzierte diese Änderungen, einschließlich der Entfernung aller Sozialdemokraten, Kommunisten und Juden von führenden Stellungen in Deutschland und der Wiederherstellung der Ordnung im öffentlichen Leben. Papen und Hitler erzielten eine prinzipielle Einigung, durch welche viele der Punkte, die den Konflikt verursachten, beseitigt werden konnten und eine Möglichkeit der Zusammenarbeit gegeben war. [...] [Ich, der Bankier von Schröder] informierte mich allgemein, wie sich die Wirtschaft zu einer Zusammenarbeit der beiden stellte. Die allgemeinen Bestrebungen der Männer der Wirtschaft gingen dahin, einen starken Führer in Deutschland an die Macht kommen zu sehen, der eine Regierung bilden würde, die lange Zeit an der Macht bleiben würde.

Zit. nach: http://germanhistorydocs.ghi-dc.org/sub_document.cfm?document_id=3941&language=german (Download vom 8. Januar 2020).*

M 20 „Brautvorführung", Karikatur aus dem schweizerischen Magazin „Nebelspalter", 10. Februar 1933.

V.l.n.r.: Paul v. Hindenburg, Franz von Papen, Germania, Alfred Hugenberg, Adolf Hitler.

1 Charakterisieren Sie die Strategie der NSDAP vor der Ernennung Hitlers zum Reichskanzler (M 17, M 18).
2 Analysieren Sie M 20. Überprüfen Sie, ob das gezeigte Verhalten der Akteure historisch haltbar ist.
   Tipp: Berücksichtigen Sie M 18, M 19.
3 **Vertiefung:** Bewerten Sie Hindenburgs Rolle während der Machtübernahme der NSDAP.

Geschichte kontrovers:
Das Scheitern der Weimarer Republik

M 21 Der Historiker Heinrich August Winkler (1998)

Der deutsche Liberalismus hat sich von seiner Niederlage in dieser Revolution [1918] nie mehr völlig erholt. Sein Arrangement mit dem Obrigkeitsstaat hatte Wirkungen, die das Kaiserreich überdauerten. Hinter den liberalen Parteien stand, anders als bei Sozialdemokratie oder Zentrum, kein fest gefügtes „Milieu"; die Anziehungskraft nationalistischer Parolen auf ehedem liberale Wähler war so stark, dass beide liberale Parteien seit 1930 immer mehr zu Splittergruppen herabsanken. Als Weimar in seine Endkrise eintrat, hatte die Sozialdemokratie einen ihrer Partner aus der parlamentarischen Gründungskoalition, den liberalen, also bereits verloren. Der andere Partner, das Zentrum, rückte immer mehr nach rechts und gab sich schließlich der Illusion hin, es sei seine Mission, die Nationalsozialisten in einer Koalition zu zähmen. Damit war die Isolierung der Sozialdemokratie komplett. Wenn es eine Hauptursache für das Scheitern Weimars gibt, liegt sie hier: Die Republik hatte ihren Rückhalt im Bürgertum weitgehend eingebüßt und ohne hinreichend starke bürgerliche Partner konnte der gemäßigte Flügel der Arbeiterbewegung die Demokratie nicht retten.

Heinrich August Winkler, Weimar 1918–1933. Die Geschichte der ersten deutschen Demokratie, C. H. Beck, München 1998, S. 610.

M 22 Der Historiker Hans-Ulrich Thamer (2006)

Die Krise der liberalen Demokratie, die in Deutschland schließlich in die Staats- und Wirtschaftskrise der Jahre 1930–1932 und zur nationalsozialistischen Machtergreifung führen sollte, hatte zugleich eine europäische Dimension. Überall stellte der Erste Weltkrieg die europäischen Staaten und Gesellschaften vor schwere materielle und soziale Belastungen und führte zu einer politischen Mobilisierung und Radikalisierung. [...] Vergleicht man die Entstehungsbedingungen der faschistischen Bewegung und Grüppchen, [...] dann lassen sich wichtige Voraussetzungen für den Durchbruch zur Massenbewegung und Regierungsbeteiligung oder umgekehrt für den Misserfolg europäischer Faschismen bestimmen. Massenwirksamkeit und politische Erfolge erreichten sie dort, wo das überkommene bürgerlich-liberale Parteiensystem nicht zur stabilen Mehrheitsbildung fähig war und die politisch-soziale Mobilisierung mit einer starken Linksbewegung das bürgerliche Lager verunsichert hatte. Zu den politisch-sozialen System- und Orientierungskrisen kamen noch Belastungen der nationalen Identität durch die Niederlage im Ersten Weltkrieg und durch eine Friedensregelung hinzu, die als nationale Schmach und als Aufforderung zu einer radikalen Revisionspolitik empfunden wurde. Nur in Italien und Deutschland konnten die faschistischen-nationalsozialistischen Bewegungen darum zu einer Massenbewegung anschwellen und zu einem eigenständigen politischen Machtfaktor werden.

Hans-Ulrich Thamer, Machtergreifung 1933. Die Begründung des „Dritten Reiches", in: Alexander Gallus (Hg.), Deutsche Zäsuren. Systemwechsel seit 1806, Böhlau, Köln 2006, S. 171.*

M 23 Die Historiker Eberhard Kolb und Dirk Schumann (2013)

Die Historiker sind sich heute zumindest darin einig, dass das Scheitern der Republik und die nationalsozialistische „Machtergreifung" nur durch die Aufhellung eines sehr komplexen Ursachengeflechts plausibel erklärt werden können. Dabei sind vor allem folgende Determinanten zu berücksichtigen: institutionelle Rahmenbedingungen, etwa die verfassungsmäßigen Rechte und Möglichkeiten des Reichspräsidenten [...]; die ökonomische Entwicklung mit ihren Auswirkungen auf die politischen und gesellschaftlichen Machtverhältnisse; Besonderheiten der politischen Kultur in Deutschland [...]; Veränderungen im sozialen Gefüge, beispielsweise Umschichtungen im „Mittelstand" mit Konsequenzen u. a. für politische Orientierung und Wahlverhalten mittelständischer Kreise; ideologische Faktoren (autoritäre Traditionen in Deutschland, extremer Nationalismus [...]); „Führererwartung" [...]); massenpsychologische Elemente, z. B. Erfolgschancen einer massensuggestiven Propaganda infolge kollektiver Entwurzelung und politischer Labilität breiter Bevölkerungssegmente; die Rolle einzelner Persönlichkeiten an verantwortlicher Stelle, in erster Linie zu nennen sind hier Hindenburg, Schleicher, Papen.

Eberhard Kolb/Dirk Schumann, Die Weimarer Republik, Oldenbourg, München 2013, S. 277.*

1 **Arbeitsteilige Gruppenarbeit:** Analysieren Sie M 21 bis M 23 und vergleichen Sie Ihre Ergebnisse.
2 **Wahlaufgabe:** Bearbeiten Sie a) oder b).
   a) Gewichten und diskutieren Sie Ursachen für das Scheitern der Weimarer Republik.
   b) Gestalten Sie ein Begriffsnetz, das Ursachen für das Scheitern von Weimar verknüpft.
3 **Schaubild:** Gestalten Sie ein Schaubild, das den Weg zur Machtübernahme der NSDAP 1933 erklärt.

Methode

Darstellungen analysieren

Zu den zentralen Aufgaben des Historikers gehört die Arbeit mit Quellen, die in schriftlicher, bildlicher und gegenständlicher Form einen direkten Zugang zur Geschichte bieten. Ihre Ergebnisse präsentieren die Wissenschaftler in selbst verfassten Darstellungen – häufig auch **Sekundärtexte** genannt –, in denen sie unter Beachtung wissenschaftlicher Standards die Ergebnisse ihrer Quellenforschungen sowie ihre Schlussfolgerungen und Bewertungen veröffentlichen. Grundsätzlich lassen sich Darstellungen in **zwei große Gruppen** gliedern:
– in fachwissenschaftliche und
– in populärwissenschaftliche bzw. „nichtwissenschaftliche" Darstellungen.
Die **fachwissenschaftlichen Texte** wenden sich an ein professionelles Publikum, bei dem Grundkenntnisse des Faches, der Methoden und der Begrifflichkeit vorausgesetzt werden können. Zu den relevanten Kennzeichen fachwissenschaftlicher Darstellungen gehört, dass alle Einzelergebnisse durch Verweise auf Quellen oder andere wissenschaftliche Untersuchungen durch Fußnoten belegt werden. **Populärwissenschaftliche Darstellungen**, die sich an ein breiteres Publikum wenden, verzichten dagegen auf detailliert belegte Erkenntnisse historischer Befunde und Interpretationen. In erster Linie geht es darum, komplexe historische Zusammenhänge anschaulich und vereinfacht zu präsentieren. Zu dieser Gruppe werden beispielsweise publizistische Texte und historische Essays in Zeitungen und Magazinen sowie Schulbuchtexte gezählt.

Arbeitsschritte zur Interpretation

1. Leitfrage
– Welche Fragestellung bestimmt die Untersuchung der Darstellung?

2. Analyse
Formale Aspekte
– Wer ist der Autor (ggf. zusätzliche Informationen recherchieren)?
– Um welche Textsorte handelt es sich?
– Mit welchem Thema setzt sich der Autor auseinander?
– Wann und wo ist der Text veröffentlicht worden?
– Gab es einen konkreten Anlass für die Veröffentlichung?
– An welche Zielgruppe richtet sich der Text (Historiker, interessierte Öffentlichkeit)?
– Welche Intentionen oder Interessen verfolgt der Verfasser?
Inhaltliche Aspekte
– Was sind die wesentlichen Aussagen des Textes?
  a) anhand der Argumentationsstruktur: These(n) und Argumente
  b) anhand der Sinnabschnitte: wesentliche Aspekte und Hauptaussage
– Wie ist die Textsprache (z. B. appellierend, sachlich oder polemisch)?
– Welche Überzeugungen vertritt der Autor?

3. Historischer Kontext
– Auf welchen historischen Gegenstand bezieht sich der Text?
– Welche in der Darstellung angesprochenen Sachaspekte bedürfen der Erläuterung?

4. Urteil
– Ist der Text überzeugend im Hinblick auf die fachliche Richtigkeit (historischer Kontext) sowie auf die Schlüssigkeit der Darstellung?
– Welche Gesichtspunkte des Themas werden vom Autor kaum oder gar nicht berücksichtigt?
– Was ergibt ggf. ein Vergleich mit anderen Darstellungen zum gleichen Thema?
– Wie lässt sich der dargestellte historische Gegenstand aus heutiger Sicht im Hinblick auf die Leitfrage bewerten?

Übungsaufgabe

M1 Die Historikerin Ursula Büttner über das Scheitern der Weimarer Republik (2008)

Doch erst unter dem Druck der beginnenden Weltwirtschaftskrise fielen jene fatalen politischen Entscheidungen, durch die sich die offene Situation immer mehr zu einer schlechten, wenn auch bis zum
5 Ende nie aussichtslosen Zukunftsperspektive für die Republik verengte. Erst jetzt entstand jenes Machtvakuum, das die Verächter der Demokratie in der Umgebung des Reichspräsidenten für ihre Zwecke ausnutzen konnten. Der NSDAP gelang ihr grandioser
10 Aufstieg von der politischen Sekte zur mächtigen „Volkspartei des Protests" vor allem aus zwei Gründen: Die eine Ursache war, dass breite Bevölkerungsschichten den Staat für die Verletzung ihrer elementaren Interessen verantwortlich machten, die soziale
15 Gerechtigkeit grob missachtet sahen und sich von den etablierten Parteien nicht mehr repräsentiert fühlten. Dazu kam als zweite Ursache, dass die politischen und gesellschaftlichen Eliten die rechtsradikalen Staatsfeinde in Dienst zu stellen hofften, statt sie
20 energisch zu bekämpfen. Bereits in der Agrarkrise der späten zwanziger Jahre zeichnete sich ab, dass die politische Mobilisierung der empörten Landbewohner überwiegend der NSDAP zugute kam. In der Weltwirtschaftskrise bestätigte sich dieser Trend in
25 den Städten. Je mehr sich die sozialen Spannungen verschärften, desto attraktiver wurden die ideologischen Angebote der NSDAP: Wiederherstellung der „Volksgemeinschaft" unter einem starken, gerechten „Führer", Zähmung der Kapitalisten und Vernichtung
30 der „Bolschewisten". Die Widersprüchlichkeit der Parolen bot den verschiedenen Schichten Anknüpfungspunkte für ihren Protest. Angstgeplagten Bürgern machte die bei Demonstrationen und Aufmärschen zur Schau gestellte Durchsetzungs-
35 kraft der Nationalsozialisten Mut. Junge Menschen wurden durch die Dynamik der „Bewegung" in besonderer Weise angezogen, und dies wiederum schien der NSDAP in den Augen vieler Älterer die Zukunft zu verheißen.

40 1930, als der schwere Konjunkturrückschlag harte finanz- und sozialpolitische Einschnitte erzwang, sich jedoch noch nicht zu einer fundamentalen Wirtschaftskrise ausgeweitet hatte, kündigte sich die Gefährdung der Republik von rechts bei der September-
45 wahl in der sprunghaften, gewaltigen Zunahme der NSDAP-Stimmen an. Aber noch stand weniger als ein Fünftel der Wähler im nationalsozialistischen Lager. Die Bildung einer parlamentarisch verankerten Mehrheitsregierung unter Ausschluss der extremen Flügelparteien NSDAP, DNVP und KPD war weiter-
50 hin möglich und wurde nicht nur von demokratischen Politikern und Staatsrechtlern, sondern im Interesse politischer Stabilität zunächst auch von der Führung des Reichsverbands der deutschen Industrie gefordert. Dieser Weg setzte allerdings einen
55 über alle Interessengegensätze hinwegreichenden Konsens voraus, die demokratische Verfassung unbedingt zu erhalten, und diesen Konsens gab es nicht. Vielmehr entschlossen sich die konservativen Machteliten jetzt, dauerhaft gegen die stärkste demokrati-
60 sche Partei, die SPD, zu regieren und vom parlamentarischen zum autoritären System überzugehen. Anders als ihre Vorgänger 1923 missbrauchten sie die Notstandsbestimmungen der Verfassung, um die Verfassungswirklichkeit grundlegend zu verändern.
65 [...]

Die konservativen Retter Deutschlands wollten das Volk einen und trieben es an den Rand des Bürgerkriegs. Sie wollten den Staat aus dem Griff der Parteien und Interessengruppen befreien und lieferten ihn
70 dem skrupellosesten Parteiführer aus. Die Weimarer Republik musste in der kurzen Zeit ihres Bestehens mit enormen Schwierigkeiten fertig werden. Wegen ihrer großen strukturellen „Vorbelastungen", der vielfältigen sozialen Spannungen, der Schwächen ihrer
75 Eliten und der überzogenen Erwartungen ihrer Bürger war sie dafür schlecht gerüstet. Den letzten Stoß aber erhielt sie durch den revisionistischen Ehrgeiz einer konservativen politischen Führung, die seit der Ära Brüning inmitten einer dramatischen Wirt-
80 schafts- und Staatskrise danach strebte, die außen- und innenpolitische Niederlage von 1918 zu überwinden.

Ursula Büttner, Weimar. Die überforderte Republik 1918–1933. Leistung und Versagen in Staat, Gesellschaft, Wirtschaft und Kultur, Klett-Cotta, Stuttgart 2008, S. 507–509.*

1 Analysieren Sie M 1 mithilfe der Arbeitsschritte von S. 368.
▶ Lösungshinweise finden Sie auf S. 498 f.

Anwenden

M1 Der Medienunternehmer und Vorsitzende der DNVP Alfred Hugenberg auf einer Kundgebung der „Harzburger Front"[1] (11. Oktober 1931)

Hier ist die Mehrheit des deutschen Volkes. Sie ruft den Pächtern der Ämter und Pfründen, den Machtgenießern und politischen Bonzen, den Inhabern und Ausbeutern absterbender Organisationen, sie ruft den regierenden Parteien zu: Es ist eine neue Welt im Aufstieg – wir wollen Euch nicht mehr! In dem Volke […] stehen die tragenden Kräfte der Zukunft. Aus ihnen heraus wird ein neues, wahres und jüngeres Deutschland wachsen. […]

Die bisherigen Machthaber hinterlassen Berge von Sünden und Scherben. Es ist die bittere und doch erhebende Aufgabe eines notgestählten Volkes, die Scherbenberge abzuarbeiten und die überkommenen Sünden zu büßen. Aber dieses Volk […] front noch als Sklavenvolk. Aber es sehnt sich nach Arbeit – sehnt sich danach, als adliges Volk vollen Rechtes im Stolz auf seine Väter für Heim und Herd des freien Mannes zu schaffen. […]

Niemand möge sich täuschen: Wir wissen, dass eine unerbittliche geschichtliche und moralische Logik auf unserer Seite ficht. Aus dem Neuen, das Technik und Industrie für die Welt bedeutete, hatte sich ein Wahn mit doppeltem Gesichte entwickelt – der sogenannte internationale Marxismus und der eigentlich erst aus den marxistischen Konstruktionen heraus Wirklichkeit gewordene internationale Kapitalismus. Dieser Wahn bricht jetzt in der Weltwirtschaftskrise und in der davon scharf zu unterscheidenden deutschen Krise zusammen. Die Frage ist nur, ob daraus Zerstörung und Elend nach russischem Muster oder neuer Aufstieg nach unseren Plänen und unter unserer Führung hervorgehen soll. […] Da gibt es keinen Mittelweg und keine Konzentration widerstrebender Kräfte. Da gibt nur ein Entweder – Oder.

Zit. nach: Herbert Michaelis/Ernst Schraepler (Hg.), Ursachen und Folgen, Bd. 8, Dokumenten-Verlag Wendler, Berlin 1958 ff., S. 364.*

1 *Harzburger Front:* Bündnis von DNVP, NSDAP, Stahlhelm, Bund der Frontsoldaten, Reichslandbund und Alldeutschem Verband, das im Oktober 1931 die Absetzung der Regierung Brüning und Neuwahlen forderte. Aufmärsche und Kundgebungen unterstrichen die Forderungen. Das Bündnis scheiterte schnell an der Uneinigkeit der Mitglieder bzw. vor allem an den Alleingängen der NSDAP.

M2 Die Historiker Eberhard Kolb und Dirk Schumann über die Endphase der Weimarer Republik (2009)

Allerdings darf aber auch nicht übersehen werden, dass sich die demokratischen Parteien den Schwierigkeiten der Krisensituation keineswegs gewachsen zeigten. Immobilismus und Konzeptionslosigkeit von SPD- und Gewerkschaftsführung […] sind hier ebenso zu erwähnen wie die Rechtsentwicklung im Zentrum, das eine Koalition mit der NSDAP nicht prinzipiell ausschloss. Bei allen Gruppen der demokratischen Mitte und Linken gab es politische Illusionen und verharmlosende Fehleinschätzungen des Nationalsozialismus, schließlich flüchteten sie in eine Haltung fatalistischen Abwartens. Die Kritik an der Schwäche derer, die aufgrund ihres historischen Auftrags und ihres eigenen politischen Selbstverständnisses berufen und verpflichtet waren, den demokratischen Rechtsstaat und den parlamentarischen Verfassungsstaat zu verteidigen, sollte jedoch nicht auf derselben Ebene angesiedelt werden wie die Kritik an denjenigen, die Republik wie Demokratie in Deutschland zerstören wollten […]. Man wird schwerlich behaupten können, die Weimarer Demokratie sei „nicht an ihren Gegnern, sondern an sich selbst zugrunde gegangen" (Karl Dietrich Erdmann). Nicht in erster Linie der sozialdemokratischen Arbeiterschaft und ihren Organisationen, der immer stärker schrumpfenden Gruppe republiktreuer bürgerlicher Demokraten und dem Lager des politischen Katholizismus ist der Untergang der Republik anzulasten, sondern den nationalistischen und autoritären Gegnern der Weimarer Demokratie, die – skrupellos in der Wahl der Mittel – den Staat von Weimar in einer großangelegten Offensive zertrümmerten.

Eberhard Kolb/Dirk Schumann, Die Weimarer Republik, 8. Aufl., Oldenbourg, München 2013, S. 152 f.*

1. Fassen Sie die zentralen Thesen der Rede Hugenbergs zusammen (M 1).
2. Ordnen Sie die Zeitdiagnose Hugenbergs in den historischen Kontext ein.
3. Analysieren Sie die Stärken und Schwächen der unterschiedlichen politischen Kräfte in der Endphase der Weimarer Demokratie. Beziehen Sie M 1 und M 2 mit ein.
4. Nehmen Sie Stellung zu der These von Kolb und Schumann (M 2), dass die Demokratie nicht in erster Linie an sich selbst, sondern an ihren „skrupellosen" Gegnern zugrunde gegangen ist.

Politische Radikalisierung und Scheitern der Demokratie 1929 bis 1933 3.6

Wiederholen

M 3 Karikatur von E. Schilling, Februar 1931.
Die Zeichnung trägt die Unterschrift: „Nach den Erfahrungen der letzten Wochen ist verfügt worden, dass jeder Demonstrationszug seinen eigenen Leichenwagen mitzuführen hat."

Zentrale Begriffe
Deflation
Große Koalition
Nationalsozialismus
NSDAP
Präsidialkabinette
SA (Sturmabteilung)
„Schuldenkarussell"
Spekulationsblase
SS (Schutzstaffel)
Stahlhelm, Bund der Frontsoldaten
Weltwirtschaftskrise
Young-Plan

1 a) Gliedern Sie die Geschichte der Weimarer Republik von 1929 bis 1933 in Phasen.
 b) Charakterisieren Sie die einzelnen Entwicklungsabschnitte, indem Sie für jede Phase zentrale Ereignisse und Handlungen bzw. Strukturen und Prozesse nennen.
 c) Mindmap: Setzen Sie die Entwicklungen in einer Mindmap zueinander in Beziehung.
2 Arbeiten Sie die entscheidenden Konflikte zwischen den unterschiedlichen Parteien und Gruppierungen in der Weimarer Demokratie während der Jahre 1929 bis 1933 heraus.
3 Interpretieren Sie M 3. Überprüfen Sie, ob das dargestellte Verhalten der historischen Akteure historisch haltbar ist.
4 Vertiefung: Bewerten Sie die Rolle von Reichspräsident Hindenburg während der Machtübernahme der NSDAP.
5 Wahlaufgabe: Bearbeiten Sie entweder a) oder b).
 a) Der sozialdemokratische Politikwissenschaftler Franz Neumann schrieb 1933: „Die deutsche Demokratie hat Selbstmord verübt und ist gleichzeitig ermordet worden." Erörtern Sie dieses auf den ersten Blick widersprüchliche Zitat. Formulieren Sie gegebenenfalls eine plakative alternative These.
 b) Lernplakat: Gliedern Sie in einem Lernplakat die Faktoren, die zum Scheitern der Weimarer Demokratie geführt haben.
 Tipp: Zur Erstellung von Lernplakaten siehe S. 500.

Formulierungshilfen
– Die Karikatur ist ... entstanden.
– Sie thematisiert ...
– Im Vordergrund sind ... dargestellt.
– Die einzelnen Personen repräsentieren ...
– Gestik und Gestaltung unterstreichen ...
– Im Hintergrund sind ... dargestellt.
– Die Karikatur deutet die Situation als ...

371

3.7 Kernmodul

> **Hinweise zur Arbeit mit den Materialien**
>
> Die Materialien M 1 bis M 3 widmen sich den Deutungen des deutschen Selbstverständnisses: Jürgen Kocka (M 1) gibt einen Überblick über das deutsche Nationalbewusstsein im 19. und 20. Jahrhundert. Sebastian Haffner (M 2) analysiert den Nationalismus der Weimarer Republik und leistet damit auch einen Beitrag zum Kernthema des vorliegenden Kursheftes. Heinrich August Winkler (M 3) schlägt den Bogen in die Gegenwart. Anschließend wird in den Materialien M 4 bis M 8 die Debatte um den deutschen Sonderweg beleuchtet. Zunächst erklärt Hans-Ulrich Wehler (M 4), einer der wichtigsten Vertreter der Sonderwegsthese, die Grundzüge der Debatte. Die Propagandapostkarte (M 5) bietet die Möglichkeit, eine von den Nationalsozialisten konstruierte Kontinuitätslinie zu diskutieren. Mit Karl Dietrich Bracher kommt ein weiterer Hauptvertreter der Sonderwegsthese zu Wort (M 6). Tim B. Müller und Andreas Wirsching (M 7) erörtern die innerhalb der Debatte zentrale Frage, ob Weimar scheitern musste. Horst Möller (M 8) beschließt den Themenblock mit einem kritischen Blick auf die Debatte. Die Materialien M 9 und M 10 führen in das Konzept der transnationalen Geschichtsschreibung ein. Jürgen Osterhammel (M 9) erläutert Begriff und Perspektiven von Weltgeschichte, Klaus Kiran Patel (M 10) definiert transnationale Geschichtsschreibung und setzt sich mit ihren Schwierigkeiten auseinander.

Themenfelder des Kernmoduls	Materialien im Kernmodul	Thematische Anknüpfungspunkte des verbindlichen Wahlmoduls	Kapitel des verbindlichen Wahlmoduls	Materialien zum verbindlichen Wahlmodul
Deutungen des deutschen Selbstverständnisses im 19. und 20. Jahrhundert	M 1 Jürgen Kocka M 2 Sebastian Haffner M 3 Heinrich August Winkler	Einführung	Kapitel 3.1	M 5–M 8
		Gründung: Politische Ideen und Träger (Verfassungskontroversen, Träger der Republik)	Kapitel 3.2	M 12–M 15, M 17, M 18, M 22–M 26
		Krise und Stabilisierung (Kontinuität alter Eliten)	Kapitel 3.3	M 13–M 15
		Zwischen Aufbruch und Unsicherheit	Kapitel 3.5	M 7–M 10, M 18
		NS und deutsches Selbstverständnis	Kapitel 3.9	M 3–M 5
Deutsche Sonderwegsdebatte	M 4 Hans-Ulrich Wehler M 5 Propagandapostkarte M 6 Karl Dietrich Bracher M 7 Tim B. Müller, Andreas Wirsching M 8 Horst Möller	Einführung	Kapitel 3.1	M 9, M 10
		Gründung: Politische Ideen und Träger (Verfassungskontroversen, Träger der Republik)	Kapitel 3.2	M 12–M 15, M 17–M 20, M 22, M 23
		Krise und Stabilisierung (Kontinuität alter Eliten, Krisenjahr 1923)	Kapitel 3.3	M 13–M 24
		Außenpolitik (Stresemann)	Kapitel 3.4	M 4–M 15
		Politische Radikalisierung und Scheitern (Zerstörung Demokratie)	Kapitel 3.6	M 10–M 23
Transnationale Geschichtsschreibung	M 9 Jürgen Osterhammel M 10 Klaus Kiran Patel	Einführung	Kapitel 3.1	M 11, M 12
		Zwischen Aufbruch und Unsicherheit	Kapitel 3.5	M 21
		Politische Radikalisierung und Scheitern (Weltwirtschaftskrise)	Kapitel 3.6	M 5–M 9
		Erster Weltkrieg	Kapitel 3.8	M 10

Deutungen des deutschen Selbstverständnisses im 19. und 20. Jahrhundert

M1 Der Historiker Jürgen Kocka über das Nationalbewusstsein der Deutschen (1982)

Wie deutsch war die deutsche Geschichte des 19. und 20. Jahrhunderts? [...] Wie sind die Eigenarten der deutschen Entwicklung zu erklären und einzuordnen? [...] Welches Gewicht soll und darf man der nationalsozialistischen Diktatur bei der Deutung der deutschen Geschichte des 19. und 20. Jahrhunderts beimessen? [...]

In betonter Absetzung gegenüber Frankreich und der Französischen Revolution entstand das moderne deutsche Nationalbewusstsein. – In der zweiten Hälfte des 19. Jahrhunderts war es eine zentrale These führender deutscher Sozial- und Wirtschaftswissenschaftler, dass die deutsche Wirtschaftsentwicklung anders und wohl auch besser verlaufe als die englische und deshalb die westeuropäische Klassische Nationalökonomie für Deutschland modifiziert werden müsste. Dann gehörte es zu den Grundüberzeugungen großer Teile der akademischen Intelligenz im Kaiserreich, dass die preußisch-deutsche Verfassungsentwicklung zu Recht anders verlaufe als in Westeuropa und dass die starke Monarchie mit ihrer Militärmacht und Bürokratie den westlichen parlamentarisch-demokratischen Staaten überlegen sei. Dieses Sonder- und Überlegenheitsbewusstsein wurde im Ersten Weltkrieg zugespitzt und in der Niederlage schließlich zutiefst in Frage gestellt. [...]

Bismarcks Reichsgründung mit „Blut und Eisen" verstärkte das Gewicht des Militärs. Mit den alten Machteliten überlebten viele traditionale vorbürgerliche, vorindustrielle Normen, Mentalitäten und Lebensformen – trotz des tiefgehenden sozialökonomischen Wandels im Zuge der spät einsetzenden, dann aber schnellen Industrialisierung seit der Mitte des 19. Jahrhunderts. In dieser für Deutschland spezifischen und brisanten Koexistenz zwischen sozialökonomischer Modernisierung einerseits und fortdauernden vor-industriellen Strukturen in Gesellschaft, Staat und Kultur andererseits sahen viele Historiker eine wichtige Bedingung dafür, dass die Krise der 20er- und 30er-Jahre in Deutschland mit dem Sieg des Nationalsozialismus endete. [...]

Es wäre zweifellos problematisch, die jüngere deutsche Geschichte so zu schreiben, als ob sie mit Notwendigkeit auf die nationalsozialistische Diktatur zugelaufen wäre und es keine Entwicklungsalternativen gegeben hätte. Auch tut das kein ernsthafter Historiker. Richtig ist sicher auch, dass man die deutsche Geschichte heute, fast vier Jahrzehnte nach Ende des Zweiten Weltkriegs, auch unter anderen Gesichtspunkten interpretieren kann und will als unter dem Gesichtspunkt „1933". Der Historiker kann in der Tat verschiedenartige Kontinuitäten herausarbeiten, ohne seinem Gegenstand Gewalt anzutun. Die deutsche Geschichte des 19. und frühen 20. Jahrhunderts war eben auch Vorgeschichte der Bundesrepublik (und der Deutschen Demokratischen Republik), und nicht nur Vorgeschichte des Dritten Reichs. Überhaupt geht sie nicht darin auf, Vorgeschichte zu sein. Aber falsch und naiv wäre es, wenn man bei der Interpretation des Kaiserreichs und der Weimarer Republik ganz davon absehen wollte, dass ihre tatsächliche Zukunft zunächst das „Dritte Reich" war. Eine Illusion wäre es zu glauben, dass man durch Abblenden der späteren Jahrzehnte besser herausfinden könnte, wie es damals, im Kaiserreich und in der Weimarer Republik, „eigentlich gewesen ist".

Jürgen Kocka, Der „deutsche Sonderweg" in der Diskussion, in: German studies review, Johns Hopkins University Press, Baltimore 1982, Vol. 5, Iss 3, S. 365f., 369f., 376f.*

1 Fassen Sie die Entwicklung des deutschen Selbstverständnisses nach Kocka zusammen.

2 Erläutern Sie Kockas Kritik daran, die Zeit der Weimarer Republik als reine Vorgeschichte von „1933" zu interpretieren.

3 **Vertiefung:** Recherchieren Sie deutsche Denkmäler aus der Zeit des Deutschen Kaiserreichs. Erörtern Sie das deutsche Selbstverständnis, das sich in diesen Denkmälern manifestiert.
Tipp: siehe S. 483.

M2 Sebastian Haffner über den Nationalismus in der Weimarer Republik (1987)

Sebastian Haffner war ein deutsch-britischer Publizist und Zeitzeuge, dessen Ausführungen über die deutsche Geschichte des 19. und 20. Jahrhunderts bis heute große Beachtung finden.

Es waren drei Gründe, die die Nationalsozialisten 1930 zunächst zur Massenpartei und dann 1932 zur stärksten Partei überhaupt machten. [...] Die Not war der erste Grund, der Hitler die Massen zutrieb. Sie wird noch heute gern als einzige, und damit als durchschlagende Entschuldigung der plötzlich so massenhaft auftretenden Naziwähler angeführt. Sie war ein Grund, und ein sehr starker, aber nicht der einzige. Ein zweiter Grund lag in einem plötzlich wieder erstarkenden Nationalismus. Er ist längst nicht so greifbar wie die wirtschaftliche Not jener Jahre, und auch nicht so leicht zu erklären. Es scheint sogar widerspruchsvoll, dass gerade das Elend und die wirtschaftliche Verzweiflung von einer Art nationa-

ler Aufbruchsstimmung begleitet waren. Aber so war es; jeder, der die Jahre 1930 bis 1933 noch bewusst miterlebt hat, kann es bezeugen. Ganz überwunden worden waren die nationalen Komplexe und Ressentiments¹ der Zeit nach 1918, die Gefühle, die in solchen Begriffen wie „Dolchstoß" und „Novemberverbrecher" zum Ausdruck kamen, ja niemals. Aber sie waren in den Jahren 1919 bis 1924 doch im Wesentlichen auf die alte Rechte, die Wähler der Deutschnationalen Volkspartei, beschränkt gewesen und hatten sich in den Jahren nach 1925, als diese Partei mitregierte, gemildert. Jetzt wurden sie plötzlich Gemeingut fast aller Parteien; sogar die Kommunisten sprachen plötzlich eine nationalistische Sprache; und die heimlichen und offenen Monarchisten, die hinter Brünings Präsidialkabinett standen, sowieso. [...]
Der dritte Grund für den Wahlerfolg der NSDAP lag in der Person Hitler selbst – das muss gesagt werden, obwohl es viele Leute heute ärgern wird. [...] Schon 1918 und 1919 hatten sich viele Deutsche einen solchen Mann, wie Hitler ihn jetzt darstellte, als Wunschziel ausgemalt. Es gibt aus jener Zeit ein Gedicht von Stefan George, in dem er die Hoffnung ausspricht, dass die Zeit

„Den einzigen, der hilft, den Mann gebiert ...
Der sprengt die ketten, fegt auf trümmerstätten
Die ordnung, geisselt die verlaufnen heim
Ins ewige recht, wo grosses wiederum gross ist,
Herr wiederum herr, zucht wiederum zucht. Er heftet
Das wahre sinnbild auf das völkische banner.
Er führt durch sturm und grausige signale
Des frührots seiner treuen schar zum werk
Des wachen tags und pflanzt das Neue Reich."

Sebastian Haffner, Von Bismarck zu Hitler. Ein Rückblick, Droemer, München 2015 [1987], S. 193 ff.*

1 *Ressentiment:* eine oft unbewusste Abneigung, die auf Vorurteilen, Neid oder einem Unterlegenheitsgefühl basiert

1 Erläutern Sie die Entwicklung des Nationalismus in der Weimarer Republik.
2 **Partnerarbeit:** Erörtern Sie, welches deutsche Selbstverständnis den Begriffen „Dolchstoß" und „Novemberverbrecher" zugrunde liegt.
Tipp: Siehe zu den Begriffen „Dolchstoß" S. 305 und S. 522 und „Novemberverbrecher" S. 527. Formulierungshilfen finden Sie auf S. 483.
3 **Vertiefung:** Interpretieren Sie das Gedicht Stefan Georges hinsichtlich seiner Aussage über das „Wunschziel" vieler Deutscher.

M3 Der Historiker Heinrich August Winkler über das nationale Selbstverständnis in einer Rede zum 70. Jahrestag des Kriegsendes im Bundestag (2015)

Abgeschlossen ist die deutsche Auseinandersetzung mit der eigenen Vergangenheit nicht, und sie wird es auch niemals sein. Jede Generation wird ihren Zugang zum Verständnis einer so widerspruchsvollen Geschichte wie der deutschen suchen. Es gibt vieles Gelungene in dieser Geschichte, nicht zuletzt in der Zeit nach 1945, über das sich die Bürgerinnen und Bürger der Bundesrepublik Deutschland freuen und worauf sie stolz sein können. Aber die Aneignung dieser Geschichte muss auch die Bereitschaft einschließen, sich den dunklen Seiten der Vergangenheit zu stellen. Niemand erwartet von den Nachgeborenen, dass sie sich schuldig fühlen angesichts von Taten, die lange vor ihrer Geburt von Deutschen im Namen Deutschlands begangen wurden. Zur Verantwortung für das eigene Land gehört aber immer auch der Wille, sich der Geschichte dieses Landes im Ganzen bewusst zu werden. Das gilt für alle Deutschen, ob ihre Vorfahren vor 1945 in Deutschland lebten oder erst später hier eingewandert sind, und es gilt für die, die sich entschlossen haben oder noch entschließen werden, Deutsche zu werden. [...]
Es gibt keine moralische Rechtfertigung dafür, die Erinnerung an solche Untaten in Deutschland nicht wachzuhalten und die moralischen Verpflichtungen zu vergessen, die sich daraus ergeben. [...] Unter eine solche Geschichte lässt sich kein Schlussstrich ziehen. Neben dem Vergessen gibt es freilich auch noch eine andere Gefahr im Umgang mit dem dunkelsten Kapitel der deutschen Geschichte: eine forcierte Aktualisierung zu politischen Zwecken. Wenn Deutschland sich an Versuchen der Völkergemeinschaft beteiligt, einen drohenden Völkermord oder andere Verbrechen gegen die Menschlichkeit zu verhindern, bedarf es nicht der Berufung auf Auschwitz. Auf der anderen Seite lässt sich weder aus dem Holocaust noch aus anderen nationalsozialistischen Verbrechen noch aus dem Zweiten Weltkrieg insgesamt ein deutsches Recht auf Wegsehen ableiten. Die Menschheitsverbrechen der Nationalsozialisten sind kein Argument, um ein Beiseitestehen Deutschlands in Fällen zu begründen, wo es zwingende Gründe gibt, zusammen mit anderen Staaten im Sinne der *„responsibility to protect"*, einer Schutzverantwortung der Völkergemeinschaft, tätig zu werden. [...]
Dem wiedervereinigten Deutschland fällt innerhalb der EU schon aufgrund seiner Bevölkerungszahl und seiner Wirtschaftskraft eine besondere Verantwortung für den Zusammenhalt und die Weiterentwick-

⁵⁰ lung dieser supranationalen Gemeinschaft zu. Dazu kommt die Verantwortung, die sich aus der deutschen Geschichte ergibt. Es ist eine an Höhen und Tiefen reiche Geschichte, die nicht aufgeht in den Jahren 1933 bis 1945 und die auch nicht zwangsläufig ⁵⁵ auf die Machtübertragung an Hitler hingeführt, wohl aber dieses Ereignis und seine Folgen ermöglicht hat. Sich dieser Geschichte zu stellen, ist beides: ein europäischer Imperativ und das Gebot eines aufgeklärten Patriotismus. Um es in den Worten des dritten Bun-⁶⁰ despräsidenten Gustav Heinemann aus seiner Rede zum Amtsantritt am 1. Juli 1969 zu sagen:
Es gibt schwierige Vaterländer. Eines davon ist Deutschland. Aber es ist unser Vaterland.

Rede von Prof. Dr. Heinrich August Winkler zum 70. Jahrestag des Endes des Zweiten Weltkrieges, 8. Mai 2015. Zit. nach: https://www.bundestag.de/dokumente/textarchiv/2015/kw19_gedenkstunde_wkii_rede_winkler-373858 (Download vom 10. August 2020).*

1 Arbeiten Sie die zentralen Aussagen der Rede Winklers heraus.
2 Erläutern Sie die im Material dargestellte „Verantwortung", die sich nach Winkler aus der deutschen Geschichte ergibt.
3 Nehmen Sie Stellung zu der Frage, welchen Stellenwert die Auseinandersetzung mit der deutschen Vergangenheit für das gegenwärtige Selbstverständnis der Deutschen haben sollte.
Tipp: Kriterien für ein hier gefordertes Werturteil könnten sein: Menschlichkeit, Friedenserhaltung, Verantwortung für individuelles und gesellschaftliches Verhalten, Gedanken- und Meinungsfreiheit sowie die Übereinstimmung mit christlichen und humanistischen Normen.
Tipp: Sprachliche Hilfen für eine Stellungnahme siehe S. 483.
4 **Zusatzaufgabe:** siehe S. 483.

Gesamte Rede Winklers
cornelsen.de/Webcodes
Code: situyu

Die deutsche Sonderwegsdebatte

M4 Der Historiker Hans-Ulrich Wehler über die Sonderwegsdebatte (2000)
Hans-Ulrich Wehler war einer der einflussreichsten deutschen Historiker des 20. Jahrhunderts. Er gilt als einer der wichtigsten Vertreter der Sonderwegsthese. Er betont die Kontinuitätslinien in der deutschen Geschichte.

Worum geht es bei der „Sonderweg"-Kontroverse? Was wollte man und was will sie klären? […]
Am Anfang steht die Vorstellung von einem positiven deutschen Sonderweg, der von 1871 bis 1945 das Deutsche Reich im Vergleich mit den „westlichen De- ⁵ mokratien" als weit überlegen erscheinen ließ. Denn die leistungsfähige Bürokratie, die effiziente Militärmacht, die starke Monarchie oder Diktatur, die staatliche Sozialpolitik, das Bildungssystem – all das schien die Überlegenheit der deutschen Staats- und ¹⁰ Gesellschaftsverfassung zu demonstrieren. Darin trat eine Arroganz zutage, die durch […] den Verlauf des Ersten Weltkriegs nachhaltig verstärkt wurde, ehe sie die Rassedoktrin des „Dritten Reiches" sogar zu einem welthistorischen Unikat überhöhte. Die ra- ¹⁵ dikale Umwertung in einen negativen „Sonderweg" ging aus den Erfahrungen mit dem Nationalsozialismus hervor. Denn die Schlüsselfrage seit 1933/1945 lautet: Warum hat Deutschland als einziges westliches Industrie- und Kulturland einen Radikalfaschis- ²⁰ mus in der Gestalt des nationalsozialistischen Regimes mit all seinen mörderischen Konsequenzen des Genozids und Vernichtungskrieges hervorgebracht? […]
In endlosen Diskussionen schälte sich die Denkfigur ²⁵ von einer weithin geglückten Evolution auf dem westlichen Modernisierungspfad heraus, der als normativer Maßstab diente, um den fatal abweichenden deutschen „Sonderweg" pointiert herausarbeiten zu können. […] Da gab es seit dem ausgehenden 18. ³⁰ Jahrhundert, vollends dann seit 1914 ein deutsches „Sonderbewusstsein", das auf die Unterscheidung vom „Westen" statt auf die Gemeinsamkeiten axiomatischen[1] Wert legte. Da blieb eine „bürgerliche Revolution" aus, wie sie angeblich die „klassischen" Re- ³⁵ volutionsländer England, Nordamerika und Frankreich erlebt hatten. […] Auf der anderen Seite blieben die traditionalen Machteliten im Adel, im Heer, in der Bürokratie so stark und selbstbewusst, dass sie, gewissermaßen über ihre legitime Lebens- ⁴⁰ zeit hinaus, die Parlamentarisierung und Demokratisierung des politischen Lebens blockieren konnten. Während die industrielle und soziale Modernisierung voranschritten, erzeugte die Bremswirkung

dieses traditionellen Überhangs ein so gefährliches Spannungsverhältnis, dass unter den neuen Bedingungen des verlorenen Weltkrieges und der Weltwirtschaftskrise seit 1929 der Weg in die autoritäre, dann die diktatoriale Regierungsform als akzeptable Kri-
50 senlösung erschien. Wegen der Verformungen der politischen Modernität konnte dann selbst das NS-Regime eine bis 1945 belastbare Loyalitätsbasis gewinnen.
Diese Interpretation eröffnete einen Zugang zur neu-
55 eren deutschen Geschichte, der eine selbstkritische Auseinandersetzung mit ihr, namentlich seit den 1960er-Jahren, außerordentlich gefördert hat. [...] [Es] ging [...] jetzt um ein Geflecht von strukturellen Bedingungen, die – ungeachtet aller Leistungserfolge
60 in der Wirtschaft oder Wissenschaft – eine fehlgesteuerte Gesamtentwicklung bewirkt hatten. An dieser Problematik hat sich eine breitgefächerte Forschung abgearbeitet, um endlich den Voraussetzungen und Durchsetzungsbedingungen des natio-
65 nalsozialistischen Regimes auf die Spur zu kommen. [...]
Bisher hat sich [...] eine mittlerweile sorgfältig differenzierte Variante der „Sonderweg"-Interpretation behauptet. 1933 – das bleibt eine national- und uni-
70 versalhistorisch legitimierbare und weiterhin erklärungsbedürftige Zäsur. Überdies geht es an erster Stelle um die Bedeutung von Unterschieden in der Entwicklung der westlichen Länder. Und noch immer bewährt sich die modernisierungstheoretische
75 Denkfigur von einem explosiven Spannungsverhältnis zwischen traditionalem Erbe und mächtigen sozialökonomischen und politischen Antriebskräften. So sehr manche Vorstellung von deutschen „Eigentümlichkeiten" inzwischen in Frage gestellt
80 worden ist, bleibt doch ein Geflecht von sozialstrukturellen und vor allem politischen Sonderbedingungen bestehen, die freilich ihre dramatische Wirkung erst seit der zweiten Hälfte des 19. Jahrhunderts entfaltet haben.

Hans-Ulrich Wehler, Das Ende des deutschen Sonderweges, in: ders., Umbruch und Kontinuität. Essays zum 20. Jahrhundert, C. H. Beck Verlag, München 2000, S. 84–86.*

1 *axiomatisch:* unanzweifelbar, mit Sicherheit

1 Geben Sie wieder, was nach Wehler unter dem „deutschen Sonderweg" zu verstehen ist.
2 **Schaubild:** Arbeiten Sie die Kriterien heraus, die laut Wehler für den Sonderweg der Deutschen kennzeichnend gewesen sind. Gestalten Sie hierfür ein Schaubild.
3 **Wahlaufgabe:** Bearbeiten Sie entweder Aufgabe a) oder b).

a) Charakterisieren Sie das deutsche Selbstverständnis, das durch die Sonderwegsthese vertreten wird.
b) Beurteilen Sie die von Wehler aufgeführten Kriterien für einen Sonderweg Deutschlands.

M5 Propagandapostkarte aus dem Jahr 1933

1 Erklären Sie die Kontinuitätslinie, die auf dieser Propagandapostkarte hergestellt wird.
2 Erläutern Sie, welche Wirkung diese Darstellung der Kontinuitätslinie bei dem Betrachter erzielen soll.
3 Setzen Sie die Postkarte in Beziehung zu der Unterscheidung eines positiven und eines negativen Sonderwegs bei Wehler (M4).

M6 Der Politikwissenschaftler und Zeithistoriker Karl Dietrich Bracher über den „Sonderweg" Deutschlands (1979, zuerst 1969)
Man kann vier große Entwicklungszusammenhänge unterscheiden, in denen sich die spezifisch politischen Voraussetzungen des Nationalsozialismus ausgebildet haben. [...]
1. Die geografische Mittellage im Herzen Europas 5 und die besondere Führungsstellung im mittelalterlichen Imperium hatten Deutschland daran gehindert, gleichzeitig mit den westlichen Nationen eine zentral regierte, historisch-national begründete Staatlichkeit zu finden, nachdem das alte Reich in lose ver- 10 bundene Territorialstaaten zerfallen war. [...] Die anfängliche Begeisterung für die Prinzipien der Französischen Revolution machte dann unter dem Eindruck des Terrors und der aggressiven Expansion der Revolution und Napoleons einer tiefgreifenden Er- 15 nüchterung Platz. Es begann die romantisch-mystische Begründung eines nationalen Sonderbewusstseins, einer Sonderstellung der Deutschen gegenüber dem Westen und seiner Revolutions- und Staatsphilosophie. [...] Während die Freiheitskriege gegen Na- 20 poleon die nationalen Interessen in den Vordergrund

rückten, ermöglichten sie schließlich der Restauration den Sieg über innere Reform- und Revolutionsbestrebungen.

2. Die weltgeschichtliche Folge, die zumal nach dem Scheitern der bürgerlich-liberalen Revolution von 1848 auftrat, war eine Entfremdung und Trennung des deutschen Staatsdenkens von der westeuropäischen Entwicklung. Während das deutsche Sonderbewusstsein immer stärker antiwestliche Züge entwickelte, geriet auch die starke liberale Bewegung zunehmend in den Bann einer außenpolitisch bestimmten Freiheits- und Einheitskonzeption, die das innenpolitische Freiheits- und Verfassungsideal verdrängte. [...] Indem sie den Primat der äußeren Einheit vor der inneren Freiheit anerkannte, unterwarf sich die demokratische Verfassungs- und Reformbewegung erneut den vordemokratischen Gewalten der Höfe, des Militärs und der Bürokratie. An der Spitze des preußischen Obrigkeitsstaates, der Hauptstütze und dem Symbol der reaktionären Ordnungsmächte, vermochte Bismarck den ersehnten deutschen Nationalstaat, das „Zweite Reich" in einer Revolution von oben zu erzwingen.

Es war eine autoritäre Ersatzlösung für den 1848 erstrebten liberal-demokratischen Nationalstaat. Aber indem sie den äußeren Wunsch der Einheitsbewegung erfüllte, gelang es ihr überraschend schnell, die bürgerlich-liberale Emanzipationsbewegung in die Struktur eines scheinkonstitutionellen, halb absoluten Feudal-, Militär- und Beamtenstaates einzugliedern. [...]

Unter dem Eindruck der Bischmarck'schen Erfolge akzeptierten weite Kreise des Bürgertums jene vulgäre, zynische Auffassung, dass es in der „Realpolitik" allein auf die Macht und nicht auf Recht und Moral ankomme. [...] Machtkultur und Untertanengeist waren die beiden Pole dieser Fehlhaltung. [...]

3. So war das Bismarck-Reich von Anfang an großen Spannungen ausgesetzt und mit Strukturfehlern belastet, die vom Glanz der Gründerzeit nur oberflächlich verdeckt wurden. Sie behinderten die Entfaltung eines funktionsfähigen parlamentarischen Systems und verantwortungsfreudiger Parteien. Besonders katastrophal war der Niedergang der Liberalen, die noch in den Siebzigerjahren die absolute Mehrheit im Reich und in Preußen besessen hatten. Zugleich blockierte der militärisch bürokratische Obrigkeitsstaat die Mitwirkung der wachsenden Arbeitermassen und ihrer sozialdemokratischen und gewerkschaftlichen Organisationen. [...] Es bestand eine tiefe Diskrepanz zwischen gewandelter gesellschaftlicher Struktur und politischer Ordnung, die mit der industriellen Revolution so tief geänderte soziale Situation fand keine angemessene Berücksichtigung. Nach dem Sturz Bismarcks wuchs die Neigung, dies Problem durch eine Ablenkung des Interessendrucks nach außen (im Sinne eines Sozialimperialismus) zu neutralisieren. Auch außenpolitisch verstand sich das neue deutsche Einheitsreich als „verspätete Nation". Konservative und Liberale trafen sich in der Überzeugung, Deutschland müsse möglichst rasch den nationalen und imperialen Vorsprung der Weltmächte aufholen, es habe einen natürlichen Anspruch, als Großmacht die Hegemonie über Mitteleuropa zu erringen und sich an der kolonial- und wirtschaftspolitischen Durchdringung und Verteilung der Welt zu beteiligen. [...]

4. Die reale Lage der Weimarer Republik war zwar durch die eindeutige Niederlage des Deutschen Reiches und seine rigorose Beschneidung im Versailler Friedensvertrag bestimmt. Aber gerade der Protest, die Nichtanerkennung dieses Rückschlags hat dem Gedanken des nationalen Machtstaats auf Kosten der demokratischen Neuordnung eine besondere Intensität verliehen. Die Versuche zu einer friedlichen Aufbau- und Verständigungspolitik in Europa waren auch durch das Misstrauen der Westmächte, die Schwäche des Völkerbunds und die Isolationspolitik der USA beeinträchtigt. Sie standen aber vor allem unter dem Druck eines nationalistischen Revisionismus, der zumal während der Krisen zwischen 1918 und 1923 und erneut mit dem Ausbruch der Wirtschaftskrise von 1929 weite Kreise der deutschen Bevölkerung erfasste. Die Weimarer Außenpolitik, zwischen Ost und West, Widerstand und Erfüllung, Kooperation und Revision schwankend, vermochte diese Dynamik nicht aufzufangen. [...]

Aber freilich ist ohne die militärisch-politische und staatliche Ordnungstradition Preußens weder die Militarisierung des Denkens und Lebens in weiten Kreisen des Kaiserreichs und der Weimarer Republik noch vor allem dann der Aufbau und die Kampfkraft des totalen Staates zu denken. Die Allianz von Nationalismus und Militarismus im Ersten Weltkrieg war Hitlers großes Erlebnis, ihre Fortsetzung im Kampf gegen die Weimarer Republik und im Bündnis der reaktionären Nationalisten mit der nationalsozialistischen Revolutionsbewegung hat 1933 erst möglich gemacht.

Karl Dietrich Bracher, Die deutsche Diktatur. Entstehung, Struktur, Folgen des Nationalsozialismus, 6. Aufl., Ullstein, Frankfurt/M. 1979, S. 16–23.*

1 **Arbeitsteilige Gruppenarbeit:**
   a) Bilden Sie vier Gruppen und erklären Sie jeweils einen der von Bracher genannten vier Entwicklungszusammenhänge, die den Aufstieg und die Durchsetzung des Nationalsozialismus in Deutschland begünstigt oder gefördert haben.
   b) Präsentieren Sie Ihre Ergebnisse aus den Gruppenarbeiten in Form einer gemeinsamen Visualisierung, zum Beispiel als Cluster.
   Tipp: Zur Cluster-Methode siehe S. 483.

2 **Wahlaufgabe:** Die Entwicklung der demokratischen Strukturen in Frankreich und England gelten als europäischer Regelfall. Recherchieren Sie die Entwicklung eines der Länder und erörtern Sie die Unterschiede zur deutschen Entwicklung unter Einbeziehung von M 4 und M 5.

M 7 Die Historiker Tim B. Müller und Andreas Wirsching über das Scheitern der Weimarer Republik (2016)

Das Scheitern Weimars wird in der Sonderwegsdebatte häufig als letzter Schritt zu einem deutschen Nationalsozialismus beschrieben. Müller und Wirsching diskutieren, ob das Scheitern Weimars absehbar war.

a) Tim B. Müller:

Der gravierendste Mangel der meisten Urteile über die „Schwäche" der Weimarer Demokratie ist ihre nationale Beschränkung. Es gab keine Demokratie nach 1918, die sich nicht in einer mehr oder minder exis-
5 tenziellen Krise befand, und es gab keine, die sich auf erfolgreiche Traditionen demokratischer Konfliktaustragung stützen konnte. Eine simple Tatsache, wenn man sich für die internationale Geschichte der Demokratie interessiert, ist es, dass sich weder Briten
10 noch Skandinavier, noch Niederländer vor 1918 als Demokraten verstanden und selbst in Frankreich und den Vereinigten Staaten umstritten blieb, was Demokratie bedeuten sollte. […] Überall gab es „Eigenwege", aber keinen deutschen „Sonderweg", auch
15 die abgeschwächte Rede von den „Pfadabhängigkeiten" ist noch viel zu deterministisch. Entschieden wurde jeweils in der Gegenwart, die Vergangenheit konnte ganz unterschiedlich genutzt werden, demokratisch ebenso wie antidemokratisch. Die „Gleich-
20 zeitigkeit des Ungleichzeitigen" kennzeichnete überall die ganz „normale" Entwicklung der europäischen Moderne. […] Die Weimarer Republik war nach damaligen Begriffen eine stabile Demokratie. Sie hatte früher als andere auch die Frauen zu Staatsbürgern
25 gemacht und ihnen das gleiche Wahlrecht eröffnet. Ihre Sozialpolitik wurde weithin bewundert und zunehmend als Bürgerrecht und Ausdruck der Menschenwürde verstanden. Die staatsrechtliche und politische Debatte über Grundrechte, die Aufgaben
30 des Staates und die Demokratie war brillant und bietet Anregungen bis heute. Die soziale Marktwirtschaft, der regulierte Kapitalismus, wurde erstmals experimentell erkundet. Die Republik war wehrhaft und verbot immer wieder demokratiefeindliche Organisationen. Mehr begeisterte Demokraten hätten
35 ihr zweifellos gutgetan, aber deren Zahl war auch in anderen Demokratien jener Zeit noch gering. […] Eine überzeugende Geschichtswissenschaft kann die Vergangenheit nicht an späteren Gewissheiten messen, sie muss erforschen, welche Geschichte für die
40 Zeitgenossen denkbar und machbar war, also ihre Zukunft, den Horizont ihrer Erwartungen. Woran Weimar gescheitert ist? Wir wissen noch viel zu wenig darüber, wir müssen noch viel genauer hinschauen. Aber so viel ist klar: Die Demokratie lässt sich
45 nicht restlos absichern. Und wie auf dem Spielfeld ist auch in der Geschichte – und besonders in der Geschichte der katastrophalen Wirtschaftskrise – immer mit dem Faktor Kontingenz zu rechnen, mit dem Zufall, damit, dass zur falschen Zeit die falschen
50 Männer am falschen Ort sind. Aber dass die Weimarer Republik eine schwache Demokratie war, das sollte man einfach nicht länger behaupten.

b) Andreas Wirsching:

Natürlich wäre es vermessen, einen einzigen geschichtlichen Faktor zu isolieren und auf ihn allein das Scheitern der Weimarer Republik zurückzuführen. Aber wesentliche Aspekte des Scheiterns lassen sich unter drei Stichworten zusammenfassen: pro-
5 blematische Traditionen, funktionale Schwächen und äußere Belastungen.

Problematische Traditionen: Die Eliten des Kaiserreichs hegten größtenteils ein tiefes und grundsätzliches Misstrauen gegenüber dem Interessenpluralis-
10 mus der modernen industriellen Massengesellschaft, die sich in Deutschland im letzten Drittel des 19. Jahrhunderts besonders dynamisch entfaltet hatte. Demokratie und Parlamentarismus schienen ihnen allzu leicht zur Plutokratie und zum Parteienegois-
15 mus zu degenerieren; Organisation und kollektiver Austrag konkurrierender Einzelinteressen in der Gesellschaft schienen den materialistischen Ungeist der Zeit widerzuspiegeln. […]

Funktionale Schwächen: Erst vor diesem Hinter-
20 grund werden die vielfältig diagnostizierten Schwächen der Weimarer Reichsverfassung begreifbar. Deren Väter (und wenige Mütter) wussten, dass Republik und Parlamentarismus der historischen Legitimation und der praktischen Einübung entbehrten.
25

Dementsprechend sorgsam verteilte die Weimarer Nationalversammlung die verfassungspolitischen Gewichte, um eine umfassende demokratische Partizipation zu gewährleisten. Sie verknüpfte unterschiedliche Demokratiemodelle miteinander: [...] So bestechend dieser Entwurf in der Theorie aussah, so dysfunktional entwickelte er sich in der Praxis. [...]
Äußere Belastungen: Allerdings war das Schicksal der Weimarer Republik trotz ihrer unbestreitbaren Traditionsprobleme und Funktionsschwächen keineswegs vorherbestimmt. Vielmehr fehlte es ihr an Zeit, den Deutschen eine längerfristige Schule der Demokratie zu sein und damit ihre eigenen Traditionen auszubilden. Dass dies nicht gelang, lag auch an den äußeren Belastungen, mit denen die erste deutsche Demokratie zu kämpfen hatte und die unheilvoll mit den genannten geschichtlichen Defiziten korrespondierten. Allein schon die Tatsache, dass die Republik aus der Niederlage geboren worden war und damit die Enttäuschung und den Hass der deutschen Nationalisten auf sich zog, lud ihr eine schwere Hypothek auf. [...]
Heute wie gestern gilt: Die Demokratie hat immer ihre Chance. Für die Weimarer Republik war das nicht anders. Einen historischen Determinismus gibt es nicht. Aber die Erfahrung der ersten deutschen Demokratie und ihres so folgenreichen Scheiterns bleibt auch heute ein Menetekel[1] für die Fragilität der Demokratie. Und sie unterstreicht den dünnen Firnis der Zivilisation, ist die Freiheit erst einmal verspielt.

Tim B. Müller und Andreas Wirsching, Hatte Weimar eine Chance? abgedruckt in: ZEIT Geschichte Nr. 3/2016. Zit. nach: https://www.zeit.de/zeit-geschichte/2016/03/weimarer-republik-demokratie-staerke/komplettansicht#comments (Download vom 30. August 2020).*

1 *Menetekel:* Warnruf, Mahnung

1 Arbeitsteilige Partnerarbeit:
a) Erklären Sie jeweils die Antwort eines der beiden Historiker zu der Frage, ob Weimar scheitern musste.
b) Vergleichen Sie gemeinsam die Antworten der Historiker.
c) Nehmen Sie abschließend Stellung zu der Frage, ob Weimar scheitern musste.

2 Vertiefung: Überprüfen Sie mithilfe Ihrer bisherigen Ergebnisse die Aussage Wirschings, „einen historischen Determinismus gibt es nicht".

3 Zusatzaufgabe: siehe S. 484.

M8 Der Historiker Horst Möller über Kritikpunkte an der „deutschen Sonderwegsdebatte" (1982)
Grundsätzlich ist festzustellen: Die Diskussion über den „deutschen Sonderweg" ist immer geprägt worden durch fundamentale Erschütterungen, seien es nun Revolutionen oder Kriege. Und diese Erschütterungen haben jeweils zu spezifischen Wertungen mit politischer Pointe geführt. Solche auslösenden Erschütterungen waren die Revolutionen von 1848/49, der Erste Weltkrieg, die Revolution von 1918/19, die NS-Machtergreifung 1933 und auch das Kriegsende 1945. Ein Blick auf die Sonderwegsvorstellungen nach diesen Daten lässt jedes Mal eine Veränderung in der Bewertung erkennen. [...]
Die Rede vom deutschen Sonderweg impliziert zweierlei: Einmal impliziert sie die Annahme, dass es in der Geschichte Normalwege gibt, und zweitens impliziert sie – zumindest der Intention nach – einen Vergleich, denn sonst könnte man nicht sinnvoll vom Sonderweg sprechen.
Hört der Historiker den Begriff Sonderweg einer Nation, dann antwortet er normalerweise: In der Geschichte gibt es, strenggenommen, nur Sonderwege. Insofern ist es nichts Besonderes, vom „deutschen Sonderweg" zu sprechen: Jeder europäische Staat – und natürlich auch die außereuropäischen Staaten – hat gewissermaßen einen Sonderweg in der Moderne beschritten. Gerade eine tiefere historische Betrachtung demonstriert schnell: Die Prämisse eines Normalwegs ist nicht verifizierbar und außerordentlich fragwürdig. Dies umso mehr, als sie meist eine Idealisierung des vermeintlichen Normalwegs impliziert.
So etwa die Annahme, England – der Staat, in dem die moderne parlamentarische Demokratie am frühesten verwirklicht worden ist – habe den historischen Normalweg bestritten. [...]
Schließlich: Es muss bei einem komparatistischen Vorgehen dieser Art begründet werden, warum England und Frankreich und nicht auch andere Staaten – beispielsweise Spanien, Italien oder auch osteuropäische Länder – die Vergleichskriterien liefern. Ausschließlich politische Orientierung des Vergleichs an der heutigen Demokratie mittel- und westeuropäischen Zuschnitts ist zwar politisch begründbar, aber geschichtswissenschaftlich fragwürdig.
Mit diesem Plädoyer für den Vergleich und der Forderung nach kritischer Reflexion über die historische Kategorie eines deutschen Sonderwegs soll nicht die Berechtigung dieser Fragestellung bestritten werden, soll keineswegs einer unangemessenen Beruhigung gegenüber der Problematik der deutschen Geschichte des 20. Jahrhunderts das Wort geredet werden. Die Frage ist unabweisbar: Warum kam es unter den

west- und mitteleuropäischen Staaten einzig in Deutschland zu einer Diktatur von solch singulärer Radikalität?

Horst Möller, in: Deutscher Sonderweg – Mythos oder Realität? Kolloquium des Instituts für Zeitgeschichte, R. Oldenbourg Verlag, München 1982, S. 9–15, hier S. 10ff.*

1 Fassen Sie die Kritik Möllers an den Sonderwegsthesen zusammen.
2 Nehmen Sie abschließend begründet Stellung zu der Sonderwegsdebatte.
   Tipp: Formulierungshilfen für eine Stellungnahme siehe S. 483 (Tipps zu S. 375, M 3).

Transnationale Geschichtsschreibung

M 9 Jürgen Osterhammel über globalgeschichtliche Perspektiven des 19. Jahrhunderts (2009)

Weltgeschichte wird dann für den Historiker besonders gut legitimierbar, wenn sie an das Bewusstsein der Menschen in der Vergangenheit anschließen kann. Selbst heute, im Zeitalter von Satellitenkommunikation und Internet, leben Milliarden in engen, lokalen Verhältnissen, denen sie weder real noch mental entkommen können. Nur privilegierte Minderheiten denken und agieren „global". Doch schon im 19. Jahrhundert, oft und mit Recht als das Jahrhundert des Nationalismus und der Nationalstaaten bezeichnet, entdecken nicht erst heutige Historiker, auf der Suche nach frühen Spuren von „Globalisierung", Handlungszusammenhänge der Überschreitung: transnational, transkontinental, transkulturell. Bereits vielen Zeitgenossen erschienen erweiterte Horizonte des Denkens und Handelns als eine besondere Signatur ihrer Epoche. Angehörige europäischer und asiatischer Mittel- und Unterschichten richteten Blicke und Hoffnungen auf gelobte Länder in weiter Ferne. Viele Millionen scheuten Fahrten ins Ungewisse nicht. Staatsführer und Militärs lernten in Kategorien von „Weltpolitik" zu denken. Das erste wahre Welt-Reich der Geschichte, das nun auch Australien und Neuseeland umfasste, entstand: das British Empire. Andere Imperien maßen sich ehrgeizig am britischen Muster. Handel und Finanzen verdichteten sich noch stärker als in den Jahrhunderten der frühen Neuzeit zu einem integrierten Weltsystem. Um 1910 wurden wirtschaftliche Veränderungen in Johannesburg, Buenos Aires oder Tokyo unverzüglich in Hamburg, London oder New York registriert. Wissenschaftler sammelten Informationen und Objekte in aller Welt; sie studierten die Sprachen, Bräuche und Religionen entlegenster Völker. Die Kritiker der herrschenden Weltordnung begannen sich ebenfalls auf internationaler Ebene – oft weit über Europa hinaus – zu organisieren: Arbeiter, Frauen, Friedensaktivisten, Anti-Rassisten, Gegner des Kolonialismus. Das 19. Jahrhundert reflektierte seine eigene werdende Globalität. [...]

Weltgeschichte bleibt eine Minderheitsperspektive, aber eine, die sich nicht länger als abseitig oder unseriös beiseite schieben lässt. Die fundamentalen Fragen sind freilich auf allen räumlichen und logischen Ebenen dieselben: „Wie verbindet der Historiker in der Interpretation eines einzelnen historischen Phänomens die quellenmäßig vorgegebene Individualität mit dem allgemeinen, abstrakten Wissen, das erst die Interpretation des Einzelnen möglich macht, und wie gelangt der Historiker zu empirisch gesicherten Aussagen über größere Einheiten und Prozesse der Geschichte?" [...]

Dennoch: Weltgeschichte zu schreiben ist auch ein Versuch, dem Spezialistentum der kleinteilig arbeitenden Fachhistorie ein wenig öffentliche Deutungskompetenz abzuringen. Weltgeschichte ist eine Möglichkeit der Geschichtsschreibung, ein Register, das gelegentlich ausprobiert werden sollte.

Jürgen Osterhammel, Die Verwandlung der Welt: Eine Geschichte des 19. Jahrhundert, C. H. Beck, 2. Aufl., München 2009, S. 13 ff.*

1 Arbeiten Sie Osterhammels Definition von Weltgeschichte heraus.
2 Erläutern Sie die These Osterhammels, Weltgeschichte sei eine Minderheitsperspektive.
3 **Vertiefung:** Überprüfen Sie die Notwendigkeit, Geschichte in Zeiten der Globalisierung transnational zu betrachten.
4 **Zusatzaufgabe:** siehe S. 484.

M 10 Der deutsch-britische Historiker Klaus Kiran Patel zur transnationalen Geschichte (2010)

Eine relativ offene – und damit in den Augen mancher eventuell vage – Definition haben Akira Iriye und Pierre-Yves Saunier kürzlich dem von ihnen herausgegebenen *Palgrave Dictionary of Transnational History* vorangestellt: Danach geht es bei der transnationalen Geschichte, um die „links and flows", die „people, ideas, products, processes and patterns that operate over, across, through, beyond, above, under, or in-between polities and societies".

Zugleich lässt sich für Iriye und Saunier transnationale Geschichte nicht nur über ihren [...] Gegenstand definieren. Sie verstehen diese auch als wissenschaftlichen Ansatz – nicht jedoch als Theorie oder Methode, sondern als „an angle, a perspective". Wenngleich der Begriff der Perspektive in der

Geschichtswissenschaft untertheoretisiert ist, verweist er grundsätzlich auf das Beziehungsverhältnis zwischen dem Objekt der Analyse (der Vergangenheit) und dem Betrachter (der Historikerin/dem Historiker). Im Kern definiert sich der Ansatz transnationaler Geschichte demnach primär über das wissenschaftliche erkenntnisleitende Interesse, dass sie und wie sie den oben erwähnten *„links and flows"* nachzugehen trachtet. [...]

Zusammengefasst: Es wäre falsch zu meinen, dass sich hinter der transnationalen Geschichte ein bislang gänzlich unbeachteter Gegenstand oder ein völlig neuer Zugriff auf die Geschichte verberge. Verbindungen zwischen Gesellschaften haben stets die Aufmerksamkeit von Historikerinnen und Historikern gefunden – seien diese diplomatischer und politischer, kultureller und sozialer oder schließlich ökonomischer Natur.

Neu an der transnationalen Geschichte ist vielmehr zum einen die Idee, eine Alternative zur Dominanz einer national zentrierten Geschichtsschreibung zu bieten. Wenngleich die meisten Praktiker transnationale Geschichte gerade nicht als neues Paradigma oder neue Meistererzählung verstehen wollen, sehen sie in ihr mehr als lediglich eine zusätzliche Ebene, die sich wie in einem Zwiebelmodell zwischen die lokale, regionale und nationale Geschichte einerseits und die globale andererseits schieben ließe. Denn transnationale Geschichte steht quer zu einer solchen Logik der Schichten und kann das Lokale direkt mit dem Übernationalen oder Transkontinentalen verbinden. [...]

Unabhängig davon, ob man transnationale Geschichte eher eng oder weit definiert, dürfte offensichtlich sein, dass sich in der europäischen Geschichte viele transnationale Phänomene finden und die transnationale Geschichte uns helfen kann, sie besser zu verstehen und zu erklären. [...]

Erstens ist es der europäischen Geschichte geradezu eingeschrieben, sich mit Verbindungen und Zirkulationen zu befassen, die Grenzen überschreiten. Die Aufklärung, die Industrialisierung oder zum Beispiel die Entstehung des Wohlfahrtsstaats sind transnationale Phänomene mit stark europäischem Akzent und können deswegen in lokaler oder nationaler Perspektive nicht voll erfasst werden. [...]

Zweitens kann transnationale Geschichte nicht immer an den Grenzen Europas Halt machen. In ihrem Interesse für Verbindungen und Zirkulationen folgt sie idealiter ihren Objekten an all jene Orte, an die diese sie tragen – auch wenn solche Itinerare[1] gegen die Etikette einer weiterhin an territorialen Einheiten orientierten Geschichtswissenschaft verstoßen mögen. [...]

Die These dieses Beitrags lautet somit: Europa ist mindestens so sehr ein Raum, in dem sich transnationale Bindungen besonders verdichtet haben, wie umgekehrt diese Verknüpfungen Europa erst als solches hervorgebracht haben. Die transnationale Geschichte kann unsere Sensibilität dafür schärfen, in der Konstituierung des Europäischen in Räumen aller Art und in allen Teilen der Welt durch Interaktion *ein*, wenn nicht *das* zentrale Moment der europäischen Geschichte zu verstehen. Zusammengenommen vermag es erst ein solcher transnationaler Zugang, Europas Ort in der Welt aus der Perspektive der europäischen Geschichte angemessen zu bestimmen.

Klaus Kiran Patel, Transnationale Geschichte, in: Europäische Geschichte Online (EGO), hg. vom Institut für Europäische Geschichte (IEG), Mainz 2010. Zit. nach: http://ieg-ego.eu/de/threads/theorien-und-methoden/transnationale-geschichte (Download vom 12. August 2020).*

1 *Itinerare:* Stationenverzeichnisse

1 Erklären Sie auf Grundlage von M 10 die Unterschiede der transnationalen zur traditionellen Geschichtsschreibung.
   Tipp: Stellen Sie Ihre Ergebnisse einander zunächst in einer Tabelle gegenüber.
2 Charakterisieren Sie die Schwierigkeit der transnationalen Geschichtsschreibung.
3 Beschreiben Sie Themenfelder der deutschen bzw. europäischen Geschichte, in der die „zusätzliche Ebene" der transnationalen Geschichtsschreibung besonders lohnenswert erscheint.

3.8 Wahlmodul: Der Erste Weltkrieg

M1 Durch Gaseinsatz erblindete britische Soldaten (bei Estaires), Fotografie, 1918

1912	1913	1914	1915
		1914 Ermordung des österreichischen Thronfolgers in Sarajewo (Juni)	
		1914 Österreich-Ungarn erklärt Serbien den Krieg (Juli)	
		1914 Deutschland erklärt Russland und Frankreich, Großbritannien seinerseits Deutschland den Krieg (August)	1915 Erster Einsatz von Giftgas durch deutsches Militär in Ypern, Belgien (April)

1912/13 Balkankriege

1914–1918 Erster Weltkrieg

1888–1918 Regierungszeit Kaiser Wilhelms II.

Als im Herbst des Jahres 1918 der Erste Weltkrieg zu Ende ging, lag das europäische Staatensystem in Trümmern. Der Krieg hatte nicht nur das Zeitalter des Imperialismus, sondern auch das „lange 19. Jahrhundert" (1789–1914) beendet, in dem Europa die Weltpolitik und die Weltwirtschaft bestimmt hatte. Die Bilanz dieser „Urkatastrophe
5 des 20. Jahrhunderts", wie der amerikanische Diplomat George F. Kennan den Ersten Weltkrieg einmal genannt hat, war verheerend: Weltweit starben rund neun Millionen Soldaten und mehr als sechs Millionen Zivilisten, Unzählige waren verletzt und verstümmelt worden, weite Landstriche Europas blieben verwüstet zurück. Die Grausamkeiten dieses „ersten industriellen Massenvernichtungskrieges" zerstörten bereits kurz
10 nach dessen Ausbruch nicht nur das Zutrauen, das in die Wissenschaft und die Industriezivilisation als Träger einer besseren, modernen Welt gesetzt worden war, sondern auch den Glauben an die Humanität des Menschen überhaupt.

M2 Deutsche Soldaten auf dem Weg an die Westfront, Fotografie, Oktober 1914

1 Erklären Sie, was die dargestellten Personen auf dem Bild M 1 machen. Recherchieren Sie dazu den historischen Kontext, in dem das Bild entstand.
2 Erläutern Sie, welche Perspektive auf den Krieg in dem Bild deutlich wird.
3 Vergleichen Sie Ihre Ergebnisse mit der Wirkung von M 2.
4 **Partnerarbeit:** Entwickeln Sie gemeinsam Fragen, die sich Ihrer Meinung nach aus der Untersuchung der Bilder (M 1, M 2) und dem Einleitungstext auf dieser Seite ergeben. Notieren Sie diese, sodass Sie sie nach Bearbeitung des Kapitels noch einmal aufrufen und bearbeiten können (siehe S. 391).

| 1916 | Schlacht bei Verdun (Febr. bis Dez.) | 1917 | Kriegseintritt der USA | 1918 | „14 Punkte"-Plan des US-Präsidenten Wilson (Jan.) | 1918 | Revolution (Nov.) | 1919 | Friedensvertrag von Versailles |

1914–1918 Erster Weltkrieg
1888–1918 Regierungszeit Kaiser Wilhelms II.

3.8 Wahlmodul: Der Erste Weltkrieg

> *In diesem Kapitel geht es um*
> – *die Auswirkungen des technisierten Krieges auf die Soldaten, die an der Front in Schützengräben Artilleriebeschuss und Giftgasangriffe erleben mussten,*
> – *die Folgen des Weltkriegs für die Heimatfront, die durch Wirtschaftsblockaden und Bombardements in die militärischen Planungen einbezogen wurde,*
> – *die gegenwärtig noch andauernde Diskussion um die Verantwortung für den Ausbruch des Kriegs.*

Entente cordiale
frz., „Herzliches Einverständnis"; 1904 geschlossenes Abkommen zwischen Frankreich und Großbritannien, das koloniale Konflikte bereinigte und faktisch ein Bündnis zwischen beiden Ländern etablierte.

▶ M 10: Ute Frevert über die Bedeutung des Krieges

Ursachen und Anlass

Zwischen Frankreich und Deutschland bestand seit dem Deutsch-Französischen Krieg (1870/71) und der deutschen Annexion Elsass-Lothringens durch das Deutsche Reich eine „Erbfeindschaft". Kaiser Wilhelms politischer Kurs der imperialistischen „Weltpolitik" und die Abkehr von Bismarcks Bündnispolitik hatten die politische Isolation Deutschlands zur Folge. Trotz aller kolonialen Differenzen fanden Frankreich und Großbritannien 1904 zu einem Interessenausgleich (**„Entente cordiale"***) – ein Bündnis, das sich drei Jahre später unter Einbeziehung Russlands zur „Triple Entente" erweiterte. Ihr stand der Zweibund, gebildet von Deutschland und Österreich-Ungarn, gegenüber.

Das tödliche Attentat auf den österreichisch-ungarischen Thronfolger Franz Ferdinand und seine Frau, das serbische Nationalisten am 28. Juni 1914 im bosnischen Sarajewo verübten, löste in der nun folgenden „Julikrise" eine Eigendynamik der Bündnissysteme aus: Deutschland sicherte Österreich-Ungarn, das mit Serbien „abrechnen" wollte, Anfang Juli uneingeschränkte Unterstützung zu. Ermutigt durch diese „Blankovollmacht", stellte Österreich-Ungarn am 23. Juli an Serbien bewusst unannehmbare Forderungen. Obwohl Serbien den Forderungen weitgehend entgegenkam, erklärte Österreich-Ungarn am 28. Juli Serbien den Krieg. Russland ordnete zwei Tage später die Generalmobilmachung an, um Serbien militärisch beizustehen. Deutschland richtete ein Ultimatum an Russland, die Mobilmachung umgehend einzustellen. Russland ging nicht auf das deutsche Ansinnen ein, woraufhin die deutsche Kriegserklärung an Russland am 1. August und an Frankreich am 3. August 1914 folgte. Nach dem Einmarsch in das neutrale Belgien stellte sich Großbritannien auf die Seite der Entente und erklärte Deutschland am 4. August den Krieg.

M 1 Zeitungsmeldung zum Attentat von Sarajewo am 28.6.1914

Kernmodul: ▶ S. 376 f., „Sonderweg", M 6 Karl Dietrich Bracher

Kernmodul: ▶ S. 380 f., „Transnationale Geschichte", M 9 Osterhammel, M 10 Patel

Schlacht bei Verdun
Eine der größten und zugleich blutigsten Schlachten des Ersten Weltkriegs (Februar bis Dezember 1916). In ihr wurden mehr als eine halbe Million Soldaten getötet oder verwundet.

▶ M 3–M 5: Leben an der Front

Der technisierte Krieg und seine Folgen

Die jahrhundertealte Strategie des Bewegungskrieges erwies sich im Ersten Weltkrieg schnell als überholt. Als die Fronten zum Stillstand kamen, wurde deutlich, dass für keine Seite ein schneller Sieg möglich war. Der Bewegungskrieg wurde zum Stellungskrieg. Der Einsatz von Artillerie, Brandbomben und Giftgas forderte unzählige Menschenleben und verursachte große Umweltschäden: Ganze Landstriche waren von Granattrichtern und Schützengräben zerfurcht. Explodierten Minen oder Granaten, wurden riesige Mengen Erde hochgeschleudert und begruben Soldaten bei lebendigem Leib. Zum Inbegriff der Materialschlacht wurde die „Hölle von Verdun"*. Der Krieg beschleunigte auch die Erfindung und Weiterentwicklung von modernen Waffen wie Maschinengewehren, Flammenwerfern, Panzern, Kampfflugzeugen und U-Booten. Die Technisierung des Kriegs ließ die Opferzahlen in die Höhe schnellen: Von den insgesamt 65 Millionen an den Kampfhandlungen beteiligten Soldaten kamen mehr als acht Millionen ums Leben, über 21 Millionen erlitten Verletzungen. Die zivilen Opfer, die an Hunger und Entkräftung starben, werden auf sechs bis sieben Millionen geschätzt.

15 Die Zivilbevölkerung, in erster Linie die Frauen an der „Heimatfront", waren mit anderen Problemen konfrontiert. Der Krieg forderte große Mengen an Rohstoffen und Nahrungsmitteln, was zu Teuerung und allgemeinem Mangel führte. Zudem fehlte es an Brennstoffen zum Heizen und für das Aufkochen von Wäsche. Die Regierung rief die Bürger zum Sparen in allen Lebensbereichen auf. Die Aufrufe zur Kriegsanleihe*, mit
20 denen der Krieg finanziert wurde, wurden mit ausgeklügelter Propaganda im ganzen Land verbreitet. Die Rationierungsmaßnahmen der Regierung führten dazu, dass die Frauen häufig stundenlang in den Geschäften anstehen mussten, um karges Essen oder Konsumgüter erwerben zu können, die Lebensmittelkarten zuwiesen.

Das Kriegsende

Nach dem Kriegseintritt der USA 1917 auf Seiten der Alliierten endete der Krieg Ende 1918 mit der deutschen Kapitulation. US-Präsident Woodrow Wilson legte im Januar 1918 ein 14-Punkte-Programm vor, das als wesentlichen Leitgedanken das Selbstbestimmungsrecht der Völker beinhaltete. Wilson forderte unter anderem die Räumung
5 und Wiederherstellung der von den Mittelmächten völkerrechtswidrig besetzten Gebiete, besonders Belgiens. Deutschland und Österreich-Ungarn lehnten das 14-Punkte-Programm aber ab. Im Herbst 1917 hatte nämlich die Russische Revolution („Oktoberrevolution") die Mittelmächte entlastet und führte zum Kriegsende im Osten. Deutschland diktierte Anfang 1918 der neuen sowjetrussischen Regierung im Frieden
10 von Brest-Litowsk* harte Bedingungen. Das Ausscheiden Russlands aus dem Krieg veranlasste die OHL im Frühjahr 1918, doch noch eine Kriegswende durch letztlich aber erfolglose Offensiven an der Westfront herbeizuführen. Als der militärische Zusammenbruch immer näher rückte, forderte die OHL die Reichsregierung Ende September 1918 auf, den Alliierten ein sofortiges Waffenstillstandsangebot zu unterbreiten. Der
15 amerikanische Präsident lehnte es jedoch ab, mit Repräsentanten des deutschen Kaiserreichs zu verhandeln. Erst nach der erzwungenen Abdankung Kaiser Wilhelms II. am 9. November 1918 (Beginn der Novemberrevolution) wurde am 11. November 1918 in Compiègne ein Waffenstillstandsabkommen unterzeichnet.
Die Pariser Friedensverträge (1919 bis 1922) beendeten offiziell den Ersten Weltkrieg
20 und gaben dem Deutschen Reich die Schuld an dem Konflikt. Diese Frage nach der Kriegsschuld wird jedoch heute noch heiß diskutiert.

1 Stellen Sie die Julikrise und die Folgen in einem Schaubild dar.
   Tipp: Ereigniskette. Schreiben Sie die Ereignisse in Kästchen und bringen Sie diese mit beschrifteten Pfeilen in eine sinnvolle Verbindung.
2 Beschreiben Sie die Folgen des Krieges für Soldaten und Zivilisten.
3 Skizzieren Sie das Ende des Krieges, indem Sie jeweils die Rolle und die Bedeutung der vier Hauptakteure z. B. in einer Tabelle festhalten.

▶ M 6–M 9: Leben in der Heimat

Kriegsanleihe
Sparanleihe, bei der die Bürger bei einem erfolgreichen Kriegsausgang durch hohe Zinsen belohnt werden sollten.

M 2 Plakat zur 8. Kriegsanleihe, 1918

Frieden von Brest-Litowsk
Am 3. März 1918 geschlossener Friedensvertrag zwischen Russland und dem Deutschen Reich, in dem Russland auf die nördlichen baltischen Provinzen (Livland, Kurland, Estland, Litauen) sowie Polen verzichtete und die Unabhängigkeit Finnlands und der Ukraine anerkennen musste.

Stand der Kriegsschuldfrage

cornelsen.de/Webcodes
Code: besaxu

▶ M 11, M 12: Kriegsschuldfrage

Stationenpass Erster Weltkrieg

Station 1: Leben an der Front			
Station 2: Leben in der Heimat			
Station 3: Die historische Bedeutung des Krieges			
Station 4: Die Kontroverse um den Kriegsausbruch 1914			

Hinweise zur Arbeit mit den Materialien

Der Materialteil zum Ersten Weltkrieg kann als Stationenarbeit durchgeführt werden. Jeder muss alle Stationen bearbeiten. Folgende Schwerpunkte gibt es:
- Station 1: M 3–M 5 zeigen die technischen Neuerungen des Krieges und die Folgen für die Soldaten auf.
- Station 2: M 6–M 9 behandeln die Auswirkungen auf die Zivilisten an der Heimatfront.
- Station 3: M 10 stellt die Frage nach dem Charakter des Konfliktes und fordert zur Bewertung auf.
- Station 4: M 11, M 12 thematisieren die bis heute aktuelle Debatte um die Kriegsschuldfrage.

Zur Vernetzung mit dem Kernmodul
- Kernmodul „Sonderwegsdebatte": S. 375 ff., vor allem M 6 Bracher.
- Kernmodul „Transnationale Geschichtsschreibung": S. 380 f., M 9 Osterhammel, M 10 Patel.

Station 1: Leben an der Front

M 3 Augenzeugenbericht eines französischen Generals (1915)

Der französische General Henri Mordacq erlebte den ersten deutschen Gasangriff am 22. April 1915 vor Ypern, der etwa 4500 Tote forderte. Seine Meldung lautete:

Ich werde heftig angegriffen. Jetzt breiten sich ungeheure gelbliche Rauchwolken, die von den deutschen Gräben herkommen, über meine ganze Front aus. Die Schützen fangen an, die Gräben zu verlassen und zurückzugehen. Viele fallen erstickt nieder. [...] Ich stieg sofort zu Pferde und galoppierte in die Gräben. Als wir uns aber Boezinge auf 300 oder 400 Meter genähert hatten, fühlten wir heftiges Prickeln in der Nase und Kehle; in den Ohren sauste es; das Atmen fiel schwer; ein unerträglicher Chlorgeruch umgab uns. [...] In der Nähe des Dorfes war das Bild, das sich uns bot, mehr als bedauernswert – es war tragisch. Überall Flüchtlinge: Landwehrleute, Afrikaner, Schützen, Zuaven[1] und Artilleristen ohne Waffen – verstört, mit ausgezogenen oder weit geöffneten Röcken und abgenommenen Halsbinden – liefen wie Wahnsinnige ins Ungewisse, verlangten laut schreiend nach Wasser, spuckten Blut, einige wälzten sich sogar am Boden und versuchten vergeblich, Luft zu schöpfen.

[1] *der Zuave:* Infanterist aus den französischen Kolonien in Nordafrika

Herbert Krieger (Hg.), *Handbuch des Geschichtsunterrichts*, Bd. 5, Verlag Moritz Diesterweg, Frankfurt/M. 1965, S. 138.*

M 4 Tanks (Panzer) aus Großbritannien bei Saint-Quentin/Frankreich, ausgerüstet mit Grabenüberbrückungsgerät, Fotografie, 1918

M 5 Auszug aus einem Feldpostbrief von Anton Steiger vom 17. Juli 1916

Wie ein Fuchsloch war der Eingang. Dahinter führte eine ganz verschüttete Stiege in den Raum, in dem wir uns vier Tage lang befanden. Tote lagen unter dem Schutt, von einem schauten Beine heraus bis zu den Knien [...]; die ganze Zeit war es stockdunkel, da wir nur ein paar Kerzenstangen hatten. Dann war ein schrecklicher Modergeruch da unten, ein Modergeruch von Toten. Ich habe die vier Tage fast nichts essen können. Am dritten Tag schoss die französische Artillerie bis abends halb zehn Uhr. Was das heißt: zehn Stunden im Untergrund liegen unter Granatfeuer, zehn Stunden den Tod des Lebendig-begraben-Werdens vor Augen oder die Aussicht, in die Luft zu fliegen, falls eine Granate da einschlägt, wo der Sprengstoff liegt! Wir bekamen fast keine Luft mehr. Zum Schluss feuerten die Franzosen wahrscheinlich Gasgranaten vor unser Loch. Auf einmal steht der Feldwebel auf, es wird ihm schlecht und ein paar weitere stehen auf und fallen um. [...] Alles wollte hinaus. Viele hatten nicht mehr die Kraft, sich hinauszuschwingen. Ich hatte sie Gott sei Dank noch, half sogar noch einem hinaus.

Zit. nach: http://www.lexikon-erster-weltkrieg.de/Feldpost:_Anton_Steiger (Download vom 1.9. 2016).*

---

1 Arbeiten Sie mithilfe von M 3 bis M 5 Merkmale der Kriegsführung im Ersten Weltkrieg heraus.
   Tipp: Erstellen Sie eine Concept-Map; siehe S. 502.
2 Erklären Sie die Folgen des Krieges für die Soldaten.
3 **Wahlaufgabe:** Bearbeiten Sie entweder Aufgabe a) oder b).
   a) Recherchieren Sie Feldpostbriefe aus Ihrem Ort.
   b) Verfassen Sie einen eigenen Feldpostbrief.
4 **Zusatzaufgabe:** Siehe S. 484.

Station 2:
Leben in der Heimat

M6 Doppeldecker der amerikanischen Luftwaffe, undatierte Fotografie

M7 Warteschlange vor einem Bäcker in Wien zum Brotverkauf, Fotografie, um 1918

M8 Frauen in einer deutschen Munitionsfabrik, Fotografie, 1916

M9 Die Historikerin Barbara Guttmann (1989)

Als Arbeitskräfte und als Garantinnen des Bevölkerungswachstums wurden Frauen zum Objekt macht- und wohlfahrtsstaatlicher Interessen. [...] Erst der Sozialdemokrat Schulz hielt es aber für nötig, die Frage der Bevölkerungspolitik mit der Frauenfrage zu verbinden. Er forderte als Konsequenz das Frauenwahlrecht: „Die Frauen haben sich dieses Recht durch aufopferungsvolle Tätigkeit während des Krieges doppelt und dreifach erworben." [...] Die Sozialdemokraten wollten [...] die volle politische Gleichberechtigung der Frauen. [...] Die Nationalliberalen [...] vertraten ganz andere Vorstellungen von der künftigen Rolle der Frau. Zwar verband ihr Abgeordneter von Calker die Diskussion um die Rechte der Frauen ebenfalls mit der weiblichen Pflichterfüllung während des Krieges, er forderte jedoch eine Rückbesinnung auf die „eigentliche Domäne der Frau" [...], aber die Einführung des Frauenwahlrechts lehnte er ab. [...] Auch Staatssekretär Wallraf hielt eine politische Betätigung der Frauen für verfehlt. Er versicherte den Frauen den „Dank des Vaterlandes" für ihre Tätigkeit in „Heer und Heimat" und stellte fest, dass alte Vorurteile über die Grenzen weiblicher Kraft geschwunden seien. Doch schien es ihm bei Kriegsende vordringlich, die alten Verhältnisse wiederherzustellen [...]. Am Frauenbild der Politiker hatte sich nach fast vier Jahren Krieg dennoch wenig geändert. Die Aufgaben der Frau wurden nach wie vor am häuslichen Herd gesehen, die des Mannes im öffentlichen Leben.

Barbara Guttmann, Weibliche Heimarmee. Frauen in Deutschland 1914–1918, Deutscher Studienverlag, Weinheim 1989, S. 31–33.*

1 Arbeiten Sie aus M6 bis M9 die Folgen des Krieges für die Zivilbevölkerung heraus.
2 **Wahlaufgabe:** Bearbeiten Sie entweder Aufgabe a) oder b).
 a) Verfassen Sie mithilfe der Materialien einen Tagebucheintrag eines älteren Lehrers, der 1917 über die Familien seiner Schülerinnen und Schüler schreibt.
 b) Verfassen Sie mithilfe der Materialien den Dialog zwischen zwei Frauen, von denen sich eine 1918 für eine Freiwilligengruppe des Reichsheeres gemeldet hat, in der Frauen zu Fernsprecherinnen, Funkerinnen und Telegrafistinnen ausgebildet wurden.
3 Überprüfen Sie ausgehend von M9, ob und ggf. inwieweit der Krieg die Frauenemanzipation förderte.
4 **Zusatzaufgabe:** Siehe S. 484.

Station 3:
Die historische Bedeutung des Krieges

M 10 Die Historikerin Ute Frevert über die Bedeutung des Ersten Weltkriegs (2004)

Bereits die Zeitzeugen jener Tage spürten es: Der Krieg, der im August 1914 begann und im November 1918 sein Ende fand, war etwas Einschneidendes. Er setzte eine historische Zäsur, trennte Altes von Neuem. Er trug, wie Kurt Tucholsky[1] 1920 schrieb, „das bürgerliche Zeitalter" zu Grabe, und er eröffnete eine neue Epoche, deren Signatur den damals Lebenden noch verborgen blieb: „Was jetzt kommt, weiß niemand." Man möchte sie um ihre Ahnungslosigkeit beneiden. Was kam, war eine Ära der Katastrophen, wie der 1917 geborene Historiker Eric Hobsbawm die Zeit bis 1945 nannte. Für seinen Fachkollegen Ernst Nolte leitete der Erste Weltkrieg die Epoche des „europäischen Bürgerkriegs" ein, die mit der Niederlage des Nationalsozialismus endete. Für Mark Mazower, Jahrgang 1958, markiert er den Anfang eines Jahrhunderts, das Europa in einen „dunklen Kontinent" verwandelte und es zum Schauplatz erbitterter weltanschaulicher Konflikte machte. Historiker, gleich welcher Generation oder politischen Haltung, stimmen mit den Zeitgenossen darin überein, die Jahre 1914 bis 1918 als epochalen Bruch zu deuten.

Was brach da ab und auseinander? Tucholsky und andere sprachen von einer „bürgerlichen" Epoche, die 1914 zu Ende gegangen sei. Sie meinten damit das 19. Jahrhundert, in dem die Wertmaßstäbe des gebildeten Bürgertums den Ton angaben: die Hochschätzung von Individualität, persönlicher Leistung, rationaler Wissenschaft, gepflegter Geselligkeit, familiärer Intimität und zivilen Betragens. Dazu gehörte aber auch die Überzeugung, dass Konflikte durch Kompromiss und Ausgleich zu lösen seien statt durch Gewalt und physischen Zwang. Das galt für familiäre oder Nachbarschaftsstreitigkeiten nicht anders als für Arbeitskämpfe und außenpolitische Spannungen. Krieg und Gewalt hielt man zwar nicht für gänzlich illegitim, doch sollten sie sich möglichst auf Fälle existenzieller Gefährdung beschränken und in ihrem Ausmaß streng begrenzt werden.

Sicherlich war die Geschichte des 19. Jahrhunderts nicht ganz so zivil, wie von Tucholsky und anderen gesehen. Dafür enthielt sie zu viele dunkle Schattierungen: die sozialen Ungleichheiten einer kapitalistischen Klassengesellschaft, die Diskriminierungen von Frauen, den Antisemitismus, autoritäre Regierungssysteme. Die zwischenstaatlichen Beziehungen waren mitnichten nur durch friedliche Verhandlungen und freundliche Monarchenbesuche geprägt; Kriege wurden sehr viel häufiger aus machtpolitischem Kalkül heraus angezettelt als aus existenziellen Zwängen.

Dennoch überwog – bei Zeitgenossen ebenso wie bei späteren Historikern – der Eindruck einer fortschrittlichen Entwicklung. Langsam, aber stetig schien alles besser zu werden: Die Wirtschaft boomte, der gesamtgesellschaftliche Wohlstand wuchs, krasse Not verschwand; rasante technische Innovationen erweiterten die Handlungs- und Bewegungsspielräume von Millionen, sozialpolitische Maßnahmen dämpften den Klassenkonflikt. Außenpolitisch hatte man sich an Spannungen und Krisen gewöhnt – lebte aber auch in der Gewissheit, sie seien diplomatisch zu lösen. Allen Rivalitäten zum Trotz waren die europäischen Nationen ökonomisch und kulturell eng miteinander verbunden. Zudem einte sie das Bewusstsein der Überlegenheit gegenüber allen nichteuropäischen Kulturen und Zivilisationen. Die meisten Menschen blickten somit zur Jahrhundertwende hoffnungsvoll in die Zukunft. Der Krieg zerstörte diesen Optimismus. Er veränderte Europa und die Welt tiefgreifend und dauerhaft […].

Ute Frevert, Das Ende der Alten Welt, in: GEO Epoche, Der Erste Weltkrieg. Von Sarajevo bis Versailles: Die Zeitwende 1914–1918 Ausgabe 14, Gruner+Jahr, Hamburg, 2004 S. 22–23.

[1] *Kurt Tucholsky (1880–1935):* deutscher Journalist und Schriftsteller

1 Geben Sie die zentralen Aussagen von Frevert (M 10) zur historischen Bedeutung des Krieges wieder.
2 Überprüfen Sie, ob und ggf. inwieweit der Erste Weltkrieg eine „historische Zäsur" darstellt.
   Tipp: Klären Sie den Begriff „historische Zäsur".
3 **Wahlaufgabe:** Bearbeiten Sie entweder Aufgabe a) oder b).
   Stellen Sie Aspekte zusammen, auf die eine Stellungnahme zur historischen Bedeutung des Ersten Weltkrieges aus der Sicht der „transnationalen Geschichtsschreibung" eingehen müsste, wie sie
   a) der Historiker Osterhammel (siehe S. 380, M 9) versteht oder
   b) der Historiker Patel (siehe S. 380 f., M 10).
   Kernmodul: ▶ S. 380 f., M 9, M 10

Station 4:
Die Kontroverse um den Kriegsausbruch 1914

M 11 Der australische Historiker Christopher Clark (2013)

Der Kriegsausbruch von 1914 ist kein Agatha-Christie-Thriller, an dessen Ende wir den Schuldigen im Konservatorium über einen Leichnam gebeugt auf frischer Tat ertappen. In dieser Geschichte gibt es
5 keine Tatwaffe als unwiderlegbaren Beweis, oder genauer: Es gibt sie in der Hand jedes einzelnen wichtigen Akteurs. So gesehen war der Kriegsausbruch eine Tragödie, kein Verbrechen. Wenn man dies anerkennt, so heißt das keineswegs, dass wir die kriegeri-
10 sche und imperialistische Paranoia der österreichischen und deutschen Politiker kleinreden sollten, die zu Recht die Aufmerksamkeit Fritz Fischers[1] und seiner historischen Schule auf sich zog. Aber die Deutschen waren nicht die einzigen Imperialisten, ge-
15 schweige denn die Einzigen, die unter einer Art Paranoia litten. Die Krise, die im Jahr 1914 zum Krieg führte, war die Frucht einer gemeinsamen politischen Kultur. Aber sie war darüber hinaus multipolar und wahrhaft interaktiv – genau das macht sie zu
20 dem komplexesten Ereignis der Moderne, und eben deshalb geht die Diskussion um den Ursprung des Ersten Weltkriegs weiter […]. In den Köpfen vieler Staatsmänner hoben sich anscheinend die Hoffnung auf einen kurzen Krieg und die Angst vor einem lan-
25 gen gegenseitig auf und rückten so eine umfassende Einschätzung der Risiken in weite Ferne. […] So gesehen waren die Protagonisten von 1914 Schlafwandler – wachsam, aber blind, von Albträumen geplagt, aber unfähig, die Realität der Gräuel zu erkennen, die
30 sie in Kürze in die Welt setzen sollten.

Christopher Clark, Die Schlafwandler. Wie Europa in den Ersten Weltkrieg zog, übers. v. Norbert Juraschitz, Deutsche Verlags-Anstalt, München 2013, S. 715 ff.*

1 *Fritz Fischer:* deutscher Historiker, der die Alleinschuldthese Deutschlands am Kriegsausbruch formulierte; sie fand vor allem durch sein Buch „Griff nach der Weltmacht" (1961) Verbreitung.

M 12 Die deutsche Historikerin Annika Mombauer (2014)

Dennoch muss der Hauptteil der Verantwortung für den Kriegsausbruch nach wie vor in den Entscheidungen Österreich-Ungarns und Deutschlands verortet werden. […]
5 Es gab in der Julikrise 1914 nicht nur eine „schuldige" Regierung unter den Großmächten; alle trugen durch ihre Entscheidungen absichtlich oder unabsichtlich zur Verschlechterung der Situation bei. Aber die Verantwortung einiger Regierungen war gravierender
10 als die anderer, die Folgen der Entscheidungen verhängnisvoller, die Absicht, einen Krieg vom Zaun zu brechen, stärker und daher auch letztendlich ausschlaggebender. Wenn wir den Fokus neuerdings wieder auf die Handlungen aller Großmächte legen,
15 hilft das nicht, wie es in der Zwischenkriegszeit von David Lloyd George beschwichtigend behauptet wurde, Europas Mächte seien hilflos in einen Krieg geschlittert, den niemand gewollt habe. Wie wir gesehen haben, war dieser Krieg nicht das Resultat von
20 „professionellen Fehlern" einer relativ kleinen Gruppe von Diplomaten, Politikern und Militärs. Der Krieg war kein „Unfall", er war nicht das Resultat von Fehlern oder Versäumnissen, und die Verantwortlichen von 1914 waren keine „Schlafwandler", sondern sie
25 wussten im Gegenteil ganz genau, was sie taten. Der Krieg brach aus, weil einflussreiche Kreise in Wien und Berlin ihn herbeiführen wollten und ihn absichtlich riskierten und weil man in Paris und Petersburg bereit war, diesen Krieg zu führen, wenn er denn
30 käme. Gewiss, es gab auch in Paris und Petersburg und zu einem viel geringeren Teil sogar in London im Juli 1914 Befürworter des Krieges, vor allem unter den Militärs. Aber die Entscheidung, im Sommer 1914 einen Krieg zu führen, war in Wien und Berlin
35 getroffen worden.

Annika Mombauer, Die Julikrise. Europas Weg in den Ersten Weltkrieg, C. H. Beck, München 2014, S. 117 f.*

1 Stellen Sie die Forschungspositionen von Clark (M 11) und Mombauer (M 12) vergleichend gegenüber.
   Tipp: Nutzen Sie dafür eine Tabelle. Gehen Sie dabei auch auf den Sprachstil von Christopher Clark und Annika Mombauer ein.
2 **Wahlaufgabe:** Bearbeiten Sie entweder Aufgabe a) oder b).
   a) **Internetrecherche:** Die Thesen von Clark hatten nach 2013 eine größere historische Debatte ausgelöst. Recherchieren Sie zur Clark-Kontroverse und beurteilen Sie die Stichhaltigkeit seiner Thesen.
   b) **Zeitungsbericht:** Verfassen Sie ausgehend von M 11 und M 12 einen Bericht zum Ersten Weltkrieg für eine Ausgabe der Schülerzeitung Ihrer Schule.
3 **Zusatzaufgabe:** Siehe S. 484.

Anwenden und wiederholen

Anwenden

M1 US-amerikanisches Propagandaplakat mit Werbung für den Erwerb von Kriegsanleihen, 1917

Präsentation

Propaganda im Ersten Weltkrieg

Der Erste Weltkrieg brachte nicht nur technische Neuerungen in Bezug auf die Waffen. Um die Gesellschaft für den Krieg zu mobilisieren, wurde auch erstmals Massenpropaganda eingesetzt. Präsentieren Sie die Nutzung von Propaganda im Ersten Weltkrieg.

Literaturtipp
Anton Holzer, Die andere Front. Fotografie und Propaganda im Ersten Weltkrieg, 3. Auflage, Primus, Darmstadt 2012.

Der Erste Weltkrieg in der historischen Erinnerung

Der Weltkrieg hat in der historischen Erinnerung für die kriegsteilnehmenden Länder unterschiedliche Bedeutungen. Dies wird auch deutlich durch die Bezeichnung als „The Great War" in Großbritannien bzw. „La grande Guerre" in Frankreich.
Recherchieren und präsentieren Sie die verschiedenen Erinnerungen an den Ersten Weltkrieg.

Literaturtipps
Martin Beier, Der Erste Weltkrieg in der internationalen Erinnerung, in: Aus Politik und Zeitgeschichte 64, 16–17/2014, S. 47–53.
Barbara Korte (Hg.), Der Erste Weltkrieg in der populären Erinnerungskultur, Klartext, Essen 2008, S. 7–24.

M2 Veteranen und deren Nachfahren während einer Zeremonie am ANZAC-Day am Australischen Kriegsdenkmal in Canberra, Fotografie vom 25. April 2019

Wiederholen

M 3 Propagandaposter der USA zur Rekrutierung von Soldaten, 1917

Zentrale Begriffe
Clark-Kontroverse
Gleichgewicht der Mächte
Hegemonie
„Industrialisierte" Kriegführung
Kriegsschuldfrage
Nation
Nationalismus
Weltpolitik

Formulierungshilfen „Propagandaplakate analysieren"
– Das vorliegende Material ist ein amerikanisches Propagandaplakat …
– Im Zentrum des Plakats ist ein überdimensionaler Affe abgebildet, der …
– Als Erstes fällt dem Betrachter ins Auge, …
– Im Vordergrund sieht man …
– Im Hintergrund sind … zu erkennen.
– Des Weiteren fallen die … ins Auge.
– Das Plakat ist überschrieben mit dem Slogan „…", welcher in knallroten Großbuchstaben gestaltet ist.
– Am unteren Bereich findet sich „…".
– Die dargestellte Szene wirkt auf den Betrachter, …
– Der überdimensionierte Affe mit Pickelhaube soll … darstellen.
– Die Frau …
– Die zentrale Aussage ist, dass die …
– Das Poster ist Teil der amerikanischen Kriegspropaganda und soll …

1. Interpretieren Sie das Plakat M 3.
   Tipp: Beachten Sie die Arbeitsschritte auf der Methodenseite 298 sowie die Formulierungshilfen auf dieser Seite. Achten Sie auch auf inhaltliche Details, z. B. den Helm oder die Keule.
2. Setzen Sie M 3 in Verbindung zur Sonderwegsthese (d. h. zur Vorstellung von der Geschichte Deutschlands im 19./20. Jahrhundert als einem „negativen" Sonderweg).
3. **Wahlaufgabe:** Bearbeiten Sie entweder Aufgabe a) oder b).
   a) Verfassen Sie einen Feldpostbrief eines Soldaten der Westfront an seine Familie.
   b) Verfassen Sie einen Tagebucheintrag einer Frau zum Kriegsalltag 1917.
4. **Partnerarbeit:** Tauschen Sie jeweils mit einem/einer Partner/-in, der/die die jeweils andere Wahlaufgabe 3 bearbeitet hat, und verbessern Sie dessen/deren Ergebnis.
5. **Vertiefung:** Recherchieren Sie zum Ersten Weltkrieg und seinen Folgen in Ihrer eigenen Heimatgemeinde. Stellen Sie Ihre Ergebnisse im Kurs vor.
6. Erörtern Sie die These, dass der Erste Weltkrieg die Folge des europäischen Nationalismus des 19. Jahrhunderts darstellt.
7. Geben Sie Antworten auf Ihre Fragen von der Einstiegsseite 383.

Kernmodul: ▶ Sonderwegsdebatte, S. 375 ff., M 4 Wehler, M 6 Bracher

3.9 Wahlmodul: Nationalsozialismus und deutsches Selbstverständnis

M1 Judenverfolgung in Cuxhaven, Fotografie, 1933.
Auf dem Bild sind Oskar Dankner und seine angebliche Geliebte Adele Edelmann zu sehen, die am 27. Juli 1933, sechs Monate nach der Machtübernahme der Nationalsozialisten, durch die Straßen von Cuxhaven getrieben und dabei mit Peitschen geschlagen wurden.

- 1918 | Novemberrevolution, Ausrufung der Republik, Ende der Monarchie in Deutschland
- 1919 | Wahlen zur Nationalversammlung, Versailler Vertrag
- 1920 | 25-Punkte-Programm der NSDAP
- 1921 | Wahl Hitlers zum NSDAP-Vorsitzenden
- 1923 | Hitler-Putsch
- 1925 | Veröffentlichung von Hitlers „Mein Kampf", Bd. 1
- 1929 | Beginn der Weltwirtschaftskrise

1914–1918 Erster Weltkrieg
1919–1933 Weimarer Republik

Die Ernennung Adolf Hitlers zum Reichskanzler am 30. Januar 1933 war ein tiefer Einschnitt in der deutschen Geschichte. Nach nur vierzehn Jahren endete die erste deutsche Demokratie, Hitler und die Nationalsozialisten veränderten Deutschland im atemberaubenden Tempo in eine totalitäre Diktatur.

Hitler und sein Programm, das für die Menschen in Zeiten der Weltwirtschaftskrise nach 1929 attraktiv erschien, wurzelten ideell jedoch tief im 19. Jahrhundert. Aus diesem Grund ist eine Auseinandersetzung mit den zentralen Ideologemen der Nationalsozialisten wichtig, auch um die Traditionen des Nationalismus in diesem Ideengerüst nachweisen zu können.

1 Erläutern Sie, welches Menschenbild der Nationalsozialisten in der Fotografie M 1 deutlich wird.
2 Stellen Sie weitere biografische Nachforschungen zu Oskar Dankner und Adele Edelmann an.
3 **Partnerarbeit:** Entwickeln Sie gemeinsam Fragen, die sich Ihrer Meinung nach aus dem Bildmaterial ergeben. Notieren Sie diese, sodass Sie sie nach Bearbeitung des Kapitels noch einmal aufrufen und bearbeiten können.

1933	1936	1939	1941	1945
Ernennung Hitlers zum Reichskanzler, Reichstagsbrand, Außerkraftsetzung der Grundrechte, „Ermächtigungsgesetz"	Verkündung des „Vierjahresplans", Olympische Spiele in Garmisch-Partenkirchen und Berlin, Ernennung Himmlers zum Chef der deutschen Polizei	Deutscher Angriff auf Polen, Beginn des Zweiten Weltkriegs	Angriff auf die UdSSR, Kriegseintritt der USA	Kapitulation Deutschlands

1933–1945 NS-Herrschaft

3.9 Wahlmodul: Nationalsozialismus und deutsches Selbstverständnis

> *In diesem Kapitel geht es um*
> – *die ideologischen Grundlagen des Nationalsozialismus,*
> – *die Auswirkungen dieser Ideologie nach 1933,*
> – *die Bedeutung der Begriffe „Volksgemeinschaft" und „Untermenschen",*
> – *die Auswirkungen dieser Klassifizierungen.*

NSDAP
Nationalsozialistische Deutsche Arbeiterpartei, gegründet 1920 in München, ab 1921 unter Führung von Adolf Hitler.

M1 Adolf Hitler, Fotografie, 1920

„Mein Kampf"
Von Adolf Hitler in seiner Haftzeit nach einem gescheiterten Putschversuch verfasste Biografie.

▶ M 3 und M 4: zur NS-Ideologie

Kernmodul: ▶ S. 375–380, M 4–M 8, Sonderwegsdebatte

Antisemitismus im 19. und 20. Jahrhundert

cornelsen.de/Webcodes
Code: sosexa

Ideologie des Nationalsozialismus

Mit Beginn der 1930er-Jahre, als die Weltwirtschaftskrise in Deutschland das Vertrauen vieler Menschen in Regierung, Parlament und Parteien sowie in deren Fähigkeiten zur Lösung der ökonomischen und sozialen Probleme erschüttert hatte, gelang der **NSDAP*** der Durchbruch zu einer Massenpartei. Die Nationalsozialisten fanden in der Bevölkerung mit ihrer Forderung nach Beseitigung des „Weimarer Systems" und einem „starken 5
Mann" an der Spitze des Deutschen Reiches zunehmend Rückhalt.
Ihr „Führer" **Adolf Hitler*** könne als Retter Deutschland aus der Wirtschaftskrise herausführen und den nationalen Wiederaufstieg des Reiches durchsetzen. Die politischen Lösungen, die Hitler und die Nationalsozialisten anboten, beruhten sowohl auf der charismatischen Führergestalt Adolf Hitlers als auch auf der ebenso radikalen wie aggressi- 10
ven Ideologie der nationalsozialistischen Bewegung. Diese „Weltanschauung" verband die faschistischen Grundelemente Antiparlamentarismus, Antiliberalismus und Antimarxismus mit völkischen Auffassungen von imperialistischem Nationalismus, Antisemitismus und Rassismus. Dabei bestand das Prinzip der NS-Ideologie in der radikalen Vereinfachung der übernommenen Thesen und Argumente. Hitler, der seine Ansichten 15
und Ziele bereits 1925 in seinem Buch „Mein Kampf"* formuliert hatte, glaubte umso mehr Zustimmung zu erlangen, je stärker er die nationalsozialistischen Leitgedanken auf wesentliche Inhalte reduzierte.

Rassenlehre, Antisemitismus und „Untermensch"-Propaganda

Einer der Grundpfeiler nationalsozialistischen Denkens war der Rassismus. Er beruhte erstens auf der pseudo-wissenschaftlichen Auffassung, dass biologische und damit erbliche Merkmale das gesamte menschliche, also auch das politisch-gesellschaftliche Verhalten bestimmen. Zweitens unterstellte der Rassismus die Höher- bzw. Minderwertigkeit unterschiedlicher „Rassen". Mit dieser Annahme untrennbar verbunden ist eine 5
sozialdarwinistische Interpretation der Geschichte: Sie erschien als ein ständiger Kampf der Individuen und Völker, der Staaten und „Rassen", wobei sich stets die Stärkeren gegenüber den Schwächeren durchsetzten.
In der NS-Ideologie verbanden sich außerdem Rassismus und Antisemitismus zum Rassenantisemitismus, d. h., die Judenfeindschaft wurde nun nicht zuvorderst religiös oder 10
sozial begründet, sondern es wurde argumentiert, dass die jüdische Rasse gegenüber der „arischen" bzw. germanischen minderwertig sei und sich nur der geistigen und materiellen Güter höherstehender Rassen bediene. Daraus wurde gefolgert, dass „die Juden" der oberste Feind der Menschheit seien.
Mit der Machtübernahme der Nationalsozialisten wurde der Rassenantisemitismus 15
zum Dreh- und Angelpunkt staatlichen Handelns. Der Historiker Michael Wildt bezeichnet den nationalsozialistischen Judenhass im Unterschied zum Antisemitismus der Kaiserzeit als „Antisemitismus der Tat". Ideen bezüglich gesetzlicher Einschränkun-

gen oder erste Vernichtungsgedanken, wie sie z. B. der Philosoph und Antisemit Eugen
Karl Dühring (1833–1921) angestellt hatte, gab es, aber sie blieben Theorie. In der NS-
Zeit wurde daraus staatliche Politik. Die Nationalsozialisten klassifizierten auch Sinti
und Roma, Menschen afrikanischer und asiatischer Herkunft sowie die slawischen Völker, vor allem Russen und Polen, als „minderwertige Rassen" bzw. als „Untermenschen".
Pseudo-wissenschaftliche und programmatische NS-Schriften sprachen den „Untermenschen" pauschal Kraft, intellektuelle Leistungsfähigkeit, Kreativität, Moral und Ehr-
barkeit ab. Die NS-Propaganda entmenschlichte sie zudem als Artfremde und Volks-
schädlinge, als „Ungeziefer" und „Parasiten". So bereitete der NS-Staat die Ausgrenzung, Entrechtung, Deportation und schließlich die Vernichtung von Millionen von Menschen ideologisch vor. Gleichzeitig
senkte die kollektive Entmenschlichung die Hemmschwelle bei Soldaten, Polizisten und **SS***, wehrlose Menschen auszubeuten und in
den besetzten Ländern sowie in den Konzentrationslagern zu töten.

SS
1925 von Hitler begründete Organisation, die ursprünglich seine „Leibgarde" darstellte („Schutzstaffel"); nach 1933/34 entwickelte sich die SS zur zentralen Unterdrückungs- und Machtorganisation – die SS leitete auch die Konzentrations- wie Vernichtungslager.

M2 „Nürnberg 1933, einig das Volk, stark das Reich", Postkarte, 1933

„Volksgemeinschafts"-Ideologie

Der „nationale Sozialismus", den die NSDAP vertrat, zielte nicht auf
die sozialistische Umgestaltung der wirtschaftlichen und sozialen
Verhältnisse, wie sie von den Arbeiterparteien und den Gewerkschaften angestrebt wurde. Die „nationale Wiedergeburt" des Deutschen
Reiches konnte nach ihrer Auffassung nur gelingen, wenn Staat und
Gesellschaft nicht länger von Klassenkampf und Parteienzwist bestimmt würden. Als Alternative zu sozialistischen und demokratischen Ordnungsvorstellungen formulierte die NS-Propaganda das
Ideal der „Volksgemeinschaft", in der alle sozialen Gruppen – außer
den Gegnern, die ausgegrenzt werden müssten – zu einem einheitlichen ethnischen Verband zusammengeschlossen seien. Damit jeder
seinen natürlichen Platz in der Gesellschaft einnehmen könne, sollten
alle sozialen Unterschiede eingeebnet werden. Die Verheißung der
Nationalsozialisten, die deutsche Bevölkerung zu einer „Volksgemeinschaft" zusammenzuführen, war nach dem Ersten Weltkrieg ein wirk-
sames Propagandamittel, um die Unzufriedenen für die NSDAP zu
gewinnen. Nach der Machtübernahme 1933 trat ein anderes Ziel in
den Vordergrund: Die Nationalsozialisten betrachteten die Schaffung
einer homogenen und starken deutschen Nation als unabdingbare
Voraussetzung für ihre Kriegs- und Expansionspolitik. Erst eine von allen inneren Konflikten und Schwächen befreite „Volksgemeinschaft" habe die Kraft und Willensstärke,
den in ihren Augen erforderlichen „Lebensraum" im Osten gegen eine Welt äußerer
Feinde zu erobern.

▶ M 5: Hitler über „Volksgemeinschaft"

Kernmodul: ▶ S. 373–375, M 1–M 3, deutsches Selbstverständnis

1 **Schaubild:** Arbeiten Sie aus der Darstellung die zentralen Merkmale der „NS-Volksgemeinschafts"-Ideologie heraus und stellen Sie sie in einem Schaubild dar.
2 Erläutern Sie mithilfe der Darstellung die Begriffe „Rassenantisemitismus" und „Antisemitismus der Tat". Zeigen Sie dabei die Unterschiede zwischen dem traditionellen und dem nationalsozialistischen Antisemitismus auf.
Tipp: Nutzen Sie für die Merkmale des traditionalen Antisemitismus den Webcode (S. 394) und stellen Sie diesen dem Antisemitismus im Dritten Reich gegenüber.

3.9 Wahlmodul: Nationalsozialismus und deutsches Selbstverständnis

Hinweise zur Arbeit mit den Materialien
Der Materialteil setzt folgende Schwerpunkte:
– M 3 zeigt mithilfe von Auszügen aus „Mein Kampf" zentrale Merkmale der NS-Ideologie auf.
– M 4 behandelt die Auswirkungen der rassistischen Propaganda auf die Gesellschaft.
– M 5 thematisiert die Idee der „Volksgemeinschaft", mit der die Nationalsozialisten für die Gesellschaft attraktiv waren.

Zur Vernetzung mit dem Kernmodul
– Kernmodul „Sonderwegsdebatte": S. 375 ff., M 4 Wehler, M 6 Bracher.
– Kernmodul „Deutsches Selbstverständnis": S. 373 ff., M 1–M 3.

M 3 Auszüge aus Hitlers „Mein Kampf" (1925)

a) „Der Jude"
Siegt der Jude mithilfe seines marxistischen Glaubensbekenntnisses über die Völker dieser Welt, dann wird seine Krone der Totenkranz der Menschheit sein, dann wird dieser Planet wieder wie einst vor Jahrmillionen menschenleer durch den Äther ziehen.
Die ewige Natur rächt unerbittlich die Übertretung ihrer Gebote.
So glaube ich heute im Sinne des allmächtigen Schöpfers zu handeln: Indem ich mich des Juden erwehre, kämpfe ich für das Werk des Herrn.

b) „Volk und Rasse"
Schon die oberflächlichste Betrachtung zeigt als nahezu ehernes Grundgesetz all der unzähligen Ausdrucksformen des Lebenswillens der Natur ihre in sich begrenzte Form der Fortpflanzung und Vermehrung. Jedes Tier paart sich nur mit einem Genossen der gleichen Art. Meise geht zu Meise, Fink zu Fink, der Storch zur Störchin, Feldmaus zu Feldmaus, Hausmaus zu Hausmaus, der Wolf zur Wölfin usw. [...]
Die Folge dieses in der Natur allgemein gültigen Triebes zur Rasseneinheit ist nicht nur die scharfe Abgrenzung der einzelnen Rassen nach außen, sondern auch ihre gleichmäßige Wesensart in sich selber. [...]
So wenig sie [= die Natur] aber schon eine Paarung von schwächeren Einzelwesen mit stärkeren wünscht, so viel weniger noch die Verschmelzung von höherer Rasse mit niederer, da ja andernfalls ihre ganze sonstige, vielleicht jahrhunderttausendelange Arbeit der Höherzüchtung mit einem Schlage wieder hinfällig wäre.

Die geschichtliche Erfahrung bietet hierfür zahllose Belege. Sie zeigt in erschreckender Deutlichkeit, dass bei jeder Blutsvermengung des Ariers mit niederen Völkern als Ergebnis das Ende des Kulturträgers herauskam. [...] Den gewaltigsten Gegensatz zum Arier bildet der Jude.

c) „Antiparlamentarismus" und „Führerprinzip"
Die junge Bewegung ist ihrem Wesen und ihrer inneren Organisation nach antiparlamentarisch, d. h., sie lehnt im Allgemeinen wie in ihrem eigenen inneren Aufbau ein Prinzip der Majoritätsbestimmung ab, in dem der Führer nur zum Vollstrecker des Willens und der Meinung anderer degradiert wird. Die Bewegung vertritt im Kleinsten wie im Größten den Grundsatz der unbedingten Führerautorität, gepaart mit höchster Verantwortung. Die praktischen Folgen dieses Grundsatzes in der Bewegung sind nachstehende: Der erste Vorsitzende einer Ortsgruppe wird durch den nächsthöheren Führer eingesetzt, er ist der verantwortliche Leiter der Ortsgruppe. [...]
Der völkische Staat hat, angefangen bei der Gemeinde bis hinauf zur Leitung des Reiches, keinen Vertretungskörper, der etwa durch Majorität beschließt, sondern nur Beratungskörper, die dem jeweilig gewählten Führer zur Seite stehen und von ihm in die Arbeit eingeteilt werden, um nach Bedarf selber auf gewissen Gebieten wieder unbedingte Verantwortung zu übernehmen, genau so wie sie im Größeren der Führer oder Vorsitzende der jeweiligen Korporation selbst besitzt.

Adolf Hitler, Mein Kampf, Franz Eher Nachfolger, München 1942, S. 69 f., 311 ff., 378, 501 f.*

1 Analysieren Sie anhand von M 3 a bis c das von Hitler entworfene Menschenbild.
 Tipp: Sammeln Sie zunächst die zugeschriebenen Eigenschaften und die Bezüge zur Biologie.
2 Erklären Sie anhand von M 3 a bis c, was Hitler unter „Führerprinzip" versteht.
3 **Wahlaufgabe:** Bearbeiten Sie entweder Aufgabe a) oder b).
 Verfassen Sie zu den Aussagen in M 3 a bis c
 a) ein historisches Sachurteil oder
 b) ein Werturteil.

Formulierungshilfen „Urteile verfassen":
– Der Verfasser stellt die These/Behauptung auf ...
– Einer der wichtigsten Gründe für/gegen diese Meinung ...
– Dafür/Dagegen spricht ...
– Ich bin der Meinung/Ansicht/Auffassung, dass ...
– Mich stützend auf das Recht der Gleichheit der Menschen ...
– Ausgehend von dem erkenntnisleitenden Interesse, dass die Würde des Menschen unantastbar ist, ...
– Alles in allem zeigt sich daher, dass ...

M 4 Die Historikerinnen Hilde Kammer und Elisabet Bartsch über den Begriff des „Untermenschen" in der NS-Propaganda (2002)

Die wissenschaftlich eindeutig widerlegte nationalsozialistische Rassenkunde, deren Auswirkungen für Millionen Menschen den Tod bedeuteten, stellte die Behauptung auf, es gebe eine höherstehende nordi-
5 sche Rasse, zu der in ihrer Mehrzahl die Deutschen gehörten, und andere minderwertige Rassen, zu denen unter anderen Slawen, Sinti und Roma und Juden gehörten. Auf der Grundlage der Rassenkunde wurden Juden und Slawen in Zeitungen, in Reden,
10 Büchern, Filmen, auf Plakaten, auf Schulungsveranstaltungen der NSDAP, der SS, der Hitlerjugend und aller anderen Organisationen des Nationalsozialismus immer wieder und mit einhämmernden Wiederholungen diskriminiert, das heißt herabgewürdigt. In
15 einer Schrift der SS von 1935 hieß es: „[...] Der Untermensch – jene biologisch scheinbar völlig gleichgeartete Naturschöpfung mit Händen, Füßen und einer Art von Gehirn, mit Augen und Mund, ist doch eine ganz andere, eine furchtbare Kreatur, ist nur ein Wurf
20 zum Menschen hin, mit menschenähnlichen Gesichtszügen – geistig, seelisch jedoch tiefer stehend als jedes Tier [...]. Untermensch – sonst nichts [...]. Und diese Unterwelt der Untermenschen fand ihren Führer: – den ewigen Juden [...]." In einer der Reichs-
25 pressekonferenzen, durch die die gesamte Presse des Deutschen Reiches, gelenkt vom Propagandaministerium, ihre Anweisungen über Inhalt und Aufmachung ihrer Berichte erhielt, hieß es 1939, kurz nach Beginn des Zweiten Weltkrieges, 1939–1945: „[...] Da-
30 gegen muss erreicht werden, dass die gegenwärtige Abneigung gegen alles Polnische für Jahre aufrechterhalten wird [...]. Polen ist Untermenschentum. Polen, Juden, Zigeuner sind in einem Atemzug zu nennen [...]. Es muss auch der letzten Kuhmagd in
35 Deutschland klargemacht werden, dass das Polentum gleichwertig ist mit Untermenschentum [...], bis jeder in Deutschland jeden Polen, gleichgültig ob Landarbeiter oder Intellektuellen, im Unterbewusstsein schon als Ungeziefer ansieht. Diese Anweisung
40 wird ausdrücklich über das Propagandaministerium an alle Zeitungen gegeben." Menschen, die nicht mehr als Menschen angesehen wurden, als Untermenschen, als Volksschädlinge „auszurotten", war der nächste Schritt. Die als Untermenschen und „Pa-
45 rasiten" bezeichneten Menschen wie Ungeziefer „auszumerzen", wurde als Absicht öffentlich verkündet. Auf einer Kundgebung der NSDAP 1933 sprach Hermann Göring es aus: „Volksgenossen! Meine Maßnahmen werden nicht angekränkelt sein durch ir-
50 gendwelche juristischen Bedenken. Hier habe ich keine Gerechtigkeit zu üben, hier habe ich nur zu vernichten und auszurotten, weiter nichts."

Hilde Kammer, Elisabet Bartsch, Lexikon Nationalsozialismus. Begriffe, Organisationen und Institutionen, 6. Aufl., Rowohlt Taschenbuch Verlag, Reinbek bei Hamburg 2002, S. 253 f.*

1 Arbeiten Sie mithilfe von M 4 die Hauptmerkmale der NS-Auffassung vom Menschen heraus.
2 Zeigen Sie anhand von M 4 die Folgen der NS-Ideologie für Polinnen und Polen auf.

M 5 Hitler über „Volksgemeinschaft" (1920)

Wir wissen, dass im Augenblick, wo Einzelbeschäftigung aufhörte, den einzelnen zu ernähren, eine Gruppe gezwungen war, einem besonders Fähigen eine bestimmte Arbeit zuzuweisen, und dass, wo Tei-
5 lung der Arbeit erfolgt, der Zusammenschluss größerer Menschengruppen notwendig wurde. So ist in der Arbeit letzten Endes die Kraft zu suchen, die erst die Sippen, dann die Stämme zusammenband und die später endlich Staaten gründete.
10 Wenn wir als erste Notwendigkeit zur Staatenbildung die Auffassung der Arbeit als soziale Pflicht ansehen müssen, dann ist die zweite Notwendigkeit, die Voraussetzung hierzu: Rassen-Gesundheit und Rassenreinheit, und nichts kam diesen nordischen Erobe-
15 rern so sehr zugute als ihre geläuterte Kraft gegenüber den morschen faulen Südrassen. [...]
Wir sehen, dass hier schon in der Rasse zwei große Unterschiede liegen: Ariertum bedeutet sittliche Auffassung der Arbeit und dadurch das, was wir heute so
20 oft im Munde führen: Sozialismus, Gemeinsinn, Gemeinnutz vor Eigennutz – Judentum bedeutet egoistische Auffassung der Arbeit und dadurch Mammonismus und Materialismus, das konträre Gegenteil des Sozialismus [...]. Und in dieser Eigenschaft [...]
25 allein schon liegt die Notwendigkeit für den Juden, unbedingt staatenzerstörend auftreten zu müssen. Er kann nicht anders, ob er will oder nicht. [...]

Zit. nach: Eberhard Jäckel u. a. (Hg.), Hitler. Sämtliche Aufzeichnungen 1905–1924, DVA, Stuttgart 1980, Nr. 136, S. 184–195.*

1 Untersuchen Sie in M 5 den von Hitler vorgenommenen Kontrast zwischen „Ariern" und Juden.
2 Erklären Sie den Inklusions- bzw. Exklusionscharakter der „Volksgemeinschafts"-Ideologie.
3 **Zusatzaufgabe:** Siehe S. 484.
4 Interpretieren Sie M 3–M 5 im Kontext des deutschen Selbstverständnisses im 19. und 20. Jahrhundert.
Kernmodul: ▶ S. 373–375, M 1–M 3.

Anwenden

M1 Predigt des katholischen Bischofs von Münster, Clemens August Graf von Galen am 3. August 1941

Im August 1939 hatte die NS-Regierung die Gesundheitsämter angewiesen, Geburtshelfern, Hebammen, Ärzten und Entbindungskliniken eine Meldepflicht für behinderte Neugeborene und Kleinkinder aufzuerlegen. Danach begann sie mit der „Kinder-Euthanasie", der rund 5000 Kinder zum Opfer fielen. Im Oktober 1939 dehnte der NS-Staat die Tötungen auf erwachsene Behinderte aus. Die Ermordungen, meist durch Gas, fanden in abseits gelegenen Anstalten statt. Bis 1945 wurden dadurch ca. 250 000 Menschen umgebracht.

Ich hatte bereits am 26. Juli bei der Provinzialverwaltung der Provinz Westfalen, der die Anstalten unterstehen, der die Kranken zur Pflege und Heilung anvertraut sind, schriftlich ernstesten Einspruch erhoben. Es hat nichts genützt. Der erste Transport der schuldlos zum Tode Verurteilten ist von Marienthal abgegangen. Und aus der Heil- und Pflegeanstalt Warstein sind, wie ich höre, bereits 800 (achthundert) Kranke abtransportiert.

So müssen wir damit rechnen, dass die armen, wehrlosen Kranken über kurz oder lang umgebracht werden. Warum? Nicht weil sie ein todeswürdiges Verbrechen begangen haben, nicht etwa, weil sie ihren Wärter oder Pfleger angegriffen haben, sodass diesem nichts anderes übrigblieb, als dass er zur Erhaltung des eigenen Lebens in gerechter Notwehr dem Angreifer entgegentrat. Das sind Fälle, in denen neben der Tötung des bewaffneten Landesfeindes im gerechten Krieg Gewaltanwendung bis zur Tötung erlaubt und nicht selten geboten ist.

Nein, hier handelt es sich um Menschen, unsere Mitmenschen, unsere Brüder und Schwestern – arme Menschen, kranke Menschen – „unproduktive Menschen" meinetwegen. Aber haben sie damit das Recht auf das Leben verwirkt? Hast du, habe ich nur so lange das Recht zu leben, als wir produktiv sind, so lange wir als produktiv von andern anerkannt werden? Wenn man den Grundsatz aufstellt und anwendet, dass man den „unproduktiven Menschen" töten darf, dann wehe uns allen, wenn wir alt und altersschwach werden!

Wenn man die „unproduktiven Menschen" gewaltsam beseitigen darf, dann wehe unseren braven Soldaten, die als Schwerkriegsverletzte, als Krüppel, als Invaliden in die Heimat zurückkehren!

Wenn einmal zugegeben wird, dass Menschen das Recht haben, „unproduktive Menschen" zu töten, und wenn es jetzt zunächst auch nur arme, wehrlose Geisteskranke betrifft, dann ist grundsätzlich der Mord an allen unproduktiven Menschen, also an den unheilbar Kranken, den arbeitsunfähigen Krüppeln, den Invaliden der Arbeit und des Krieges, dann ist der Mord an uns allen, wenn wir alt und altersschwach und damit unproduktiv werden, freigegeben. Wer kann noch Vertrauen haben zu einem Arzt? Vielleicht meldet er den Kranken als „unproduktiv" an und erhält die Anweisung, ihn zu töten. Es ist nicht auszudenken, welche Verwilderung der Sitten, welch allgemein gegenseitiges Misstrauen bis in die Familien getragen wird, wenn diese furchtbare Lehre geduldet, angenommen und befolgt wird! Wehe den Menschen, wehe unserm deutschen Volke, wenn das heilige Gebot Gottes „Du sollst nicht töten", das der Herr unter Donner und Blitz verkündet hat, das Gott der Schöpfer von Anfang an in das Gewissen der Menschen getrieben hat, nicht nur übertreten, sondern wenn diese Übertretung sogar geduldet und ungestraft ausgeübt wird!

Zit. nach: Herbert Michaelis/Ernst Schraepler, Ursachen und Folgen, Bd. 19, Wendler, Berlin 1975, S. 518f.*

1 Ordnen Sie M 1 kurz in den historischen Kontext ein.
2 Arbeiten Sie anhand von M 1 heraus, inwieweit der politische und geistig-ideologische Herrschaftsanspruch der Nationalsozialisten für von Galen zur Herausforderung wurde.
3 Beurteilen Sie M 1 im Kontext des deutschen Selbstverständnisses im 19. und 20. Jahrhundert.
Kernmodul: ▶ S. 373–375, M 1–M 3.

Präsentation

Zeitzeugen erinnern sich an das NS-Regime

Nach 1945 argumentierten viele Deutsche, sie hätten von den Greueltaten des NS-Regimes nichts gewusst. Aktiv Beteiligte sagten, sie hätten nur auf Befehl gehandelt. Erinnerungen von Zeitzeugen können dazu beitragen, diese „Rechtfertigungsstrategien" zu analysieren und Einblick in den Alltag des NS-Regimes zu gewinnen.

Recherchieren Sie Erinnerungen von Zeitzeugen zum Alltag im NS-Regime. Stellen Sie wesentliche Zitate in Form einer Collage zusammen.

Internettipp
Das Deutsche Historische Museum stellt auf seiner Internetseite „Lebendiges Museum Online" (www.dhm.de/lemo) viele Zeitzeugendokumente zur Verfügung.

Wahlmodul: Nationalsozialismus und deutsches Selbstverständnis 3.9

Wiederholen

M2 „Deutsche Symphonie", Ölgemälde von Hans Toepper, 1938

Zentrale Begriffe
Antisemitismus
Charismatische Herrschaft
„Lebensraum"
„Führerprinzip"
Radikalnationalismus
Rassenpolitik
„Untermensch"-Propaganda
Völkermord
„Volksgemeinschafts"-Ideologie

1 Arbeiten Sie aus M 2 zentrale Merkmale der NS-Ideologie heraus.
   Tipp: Siehe die Formulierungshilfen zur Analyse von Gemälden auf dieser Seite.
2 Beschreiben Sie weitere Merkmale der nationalsozialistischen Ideologie und zeigen Sie die Wirkungen und Folgen auf.
3 **Wahlaufgabe:** Bearbeiten Sie entweder Aufgabe a) oder b).
   a) Beschreiben Sie die sich aus der NS-Ideologie ergebenden Konsequenzen für die konkrete Politik des NS-Staates.
   b) Analysieren Sie die politisch-sozialen Folgen der Angriffe des nationalsozialistischen Deutschland auf Polen.
4 **Vertiefung:** Im Jahre 1943 umriss Heinrich Himmler vor SS-Männern in Posen seine Vorstellungen vom „germanisch-deutschen Reich" mit den Worten: „Der Osten wird die Voraussetzung sein, dass das germanische Reich in der Welt in den kommenden Jahrhunderten fähig ist, die nächsten Stöße […] zurückzuschlagen, um abermals dann in den kommenden Generationen die Volkstumsgrenzen hinauszuschieben, um letzten Endes nur das zurückzuholen, was Goten und Vandalen, was unsere germanischen Vorfahren einst als Reich und ihr Land besessen haben." Erörtern Sie die zentralen Inhalte dieser „Reichsidee" und ordnen Sie sie in die Entwicklung des deutschen Selbstverständnisses ein.
5 Notieren Sie stichpunktartig die Ergebnisse zu Ihren Fragen von der Einstiegsseite 393.

Formulierungshilfe für die Analyse eines Gemäldes
– Im Zentrum des Gemäldes …
– Im Vordergrund/Hintergrund …
– Am rechten/linken/oberen/unteren Bildrand …
– Das Gemälde wird dominiert von …
– Der Maler hat überwiegend … Farben verwendet.
– Die Wirkung der Farben …
– Der Blick/die Perspektive auf …
– Während … im Licht erscheinen, liegt … im Dunkeln.
– Der Blick der Personen richtet sich auf den Betrachter/nach oben …

Kernmodul: ▶ S. 373 ff., M 1–M 3, deutsches Selbstverständnis

4 Geschichts- und Erinnerungskultur

Geschichte tritt dem Menschen in unserer Zeit allgegenwärtig entgegen und fordert ihn zur Auseinandersetzung heraus. Die Begegnung mit Geschichte vollzieht sich nicht nur im Geschichtsunterricht: Gedenk- und Feiertage, Erinnerungsorte, Museen, Denkmäler, Fernseh- und Filmproduktionen, Internetseiten mit historischen Bezügen, öffentliche Kontroversen um Deutungen von Geschichte, Geschichtsbilder im kollektiven Bewusstsein von Nationen oder einzelner Gruppen und vieles andere mehr – Geschichts- und Erinnerungskultur ist wesentlicher Bestandteil unseres Lebens.

4.1 Kernmodul: Geschichts- und Erinnerungskultur

M1 Die weichen Uhren (Die Beharrlichkeit der Erinnerung), Ölgemälde von Salvador Dalí (1904–1989), 1931.
Dalí bezeichnete dieses Gemälde auch als die „Camemberts des Raums und der Zeit".

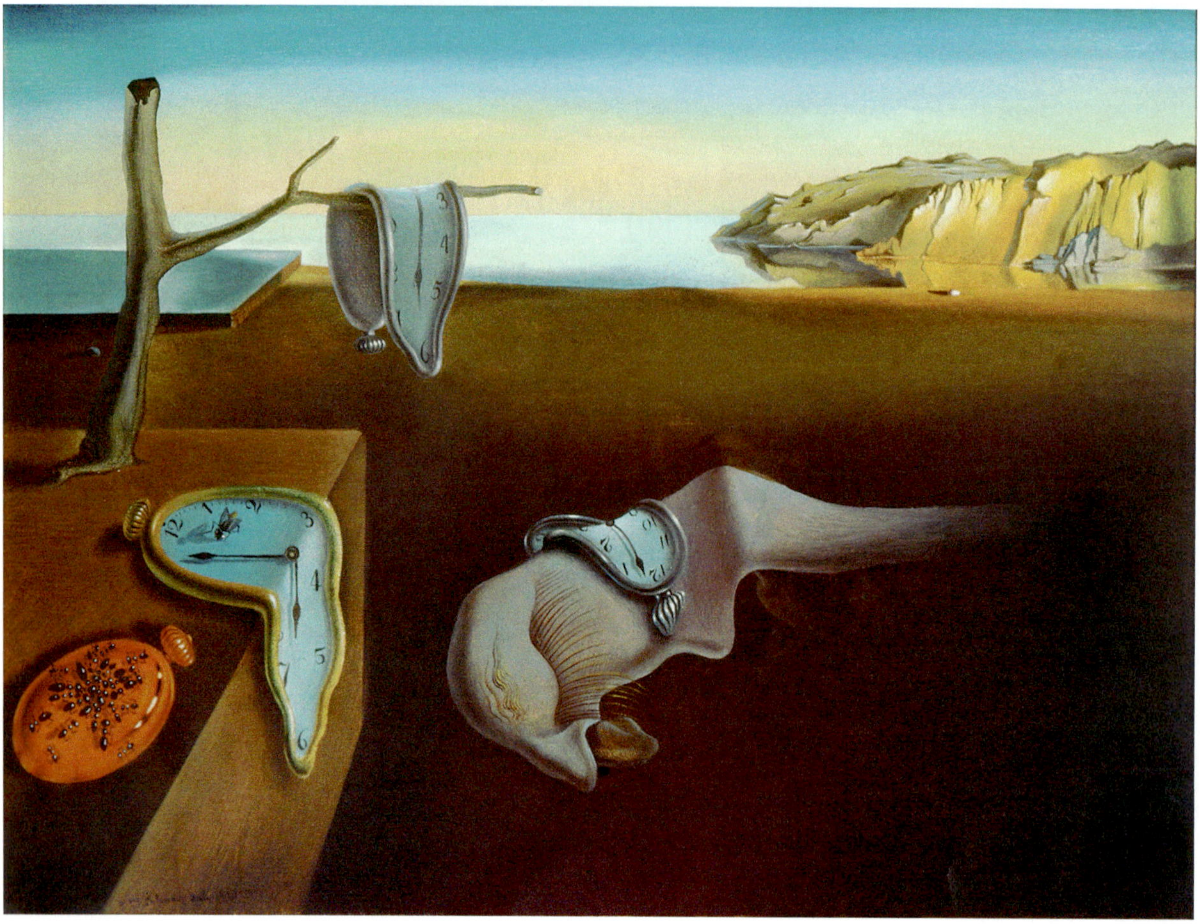

In den letzten Jahrzehnten hat Geschichte immer mehr an öffentlicher Aufmerksamkeit und gesellschaftlicher Bedeutung gewonnen, sodass die Kulturwissenschaftlerin Aleida Assmann und die Historikerin Ute Frevert von „Geschichtsversessenheit" sprechen. Tatsächlich hat Geschichte Konjunktur: In den Buchhandlungen füllen ge-
5 schichtswissenschaftliche und populärwissenschaftliche Bücher sowie historische Romane die Regale. Zeitzeugen prägen bei zeitnahen Themen das Bild von der Vergangenheit und geben ihre Erfahrungen an die nächsten Generationen weiter. Entscheidend mitbestimmt wird die Wahrnehmung von Geschichte durch Fernsehen und Film, durch politische Diskussionen, Ausstellungen, Museumsbesuche, Presseartikel
10 sowie die Arbeiten von Schriftstellern oder Malern. Das führt dazu, dass das Geschichtsbewusstsein der Menschen sowohl durch kognitive, d.h. auf Denken und Erkenntnis beruhendes Wissen, als auch durch emotionale Elemente bestimmt wird. Denn wer den Erzählungen der Großeltern lauscht, sich einen Film ansieht, z.B. „Schindlers Liste" über den Holocaust, oder ein Werk der Malerei betrachtet, ist auch gefühlsmäßig beteiligt.
15 Zwar war auch in früheren Zeiten die Erinnerung an Vergangenes von zentraler Bedeutung für das Selbstverständnis von Individuen und von gesellschaftlichen Gruppen, aber in der Vielfalt der Angebote und der Breite der Rezeption vollzog sich in den letzten Jahrzehnten ein so grundlegender Wandel, dass Historiker von einem *„memoryboom"* reden.

1 Interpretieren Sie das Gemälde M 1. Beziehen Sie den Titel und Dalís zusätzliche Bemerkung in Ihre Interpretation mit ein.
2 Nehmen Sie einen Filzstift und notieren Sie auf einzelnen Karten, was Ihnen zum Thema Erinnerung und Erinnerungspolitik einfällt. Pro Gedanken verwenden Sie eine Karte.
3 Hängen Sie Ihre Karten an die Tafel und sortieren Sie sie nach Oberbegriffen.
4 Bilden Sie Leitfragen für die Arbeit mit dem folgenden Kapitel.
5 **Geschichts-Tagebuch:** Sammeln Sie eigene geschichtskulturelle Erfahrungen in Ihrer Lebenswelt, indem Sie eine Woche lang ein „Geschichts-Tagebuch" führen. Notieren Sie hier alle Begegnungen mit Geschichte in Ihrem Alltag, tauschen Sie anschließend Ihre Erfahrungen aus und vergleichen Sie diese.

4.1 Kernmodul: Geschichts- und Erinnerungskultur

> *In diesem Kapitel geht es um*
> – *Theorien zu Geschichtsbewusstsein und Geschichtskultur,*
> – *Formen historischer Erinnerung sowie*
> – *die Funktion von und den Umgang mit historischer Erinnerung.*

Vergangenheit und Geschichte

Das Wort „Geschichte" besitzt im Deutschen eine doppelte Bedeutung: Zum einen bezeichnet es das vergangene Geschehen selbst, zum anderen die Erforschung, das Wissen, die Deutung und Darstellung vergangener Ereignisse, Vorgänge und Handlungen. Die **Vergangenheit** ist unwiederbringlich vorbei und kann nicht mehr zum Leben erweckt werden. Sie ist für die heutigen Menschen nicht mehr zugänglich. Das gilt jedoch nicht für die überlieferten Zeugnisse früherer Zeiten, die bis in die Gegenwart überdauern. Diese Quellen, die bruchstückhaft über die Vergangenheit Auskunft geben, lassen die Ereignisse, Handlungen und Personen, denen sie ihre Entstehung verdanken, mit mehr oder minder großer Sicherheit erschließen. Die Erforschung vergangener Begebenheiten und Verhältnisse, ihre Interpretation und Wiedergabe in wissenschaftlichen, journalistischen oder künstlerischen Arbeiten wird **Geschichte** genannt. Geschichte ist immer vergangenes Geschehen und gegenwärtige Deutung. Das eine ist ohne das andere nicht denkbar.

M1 „Geschichtsunterricht", Karikatur von Ralf Stumpp

Allgegenwart der Geschichte

Die Hinwendung zur Vergangenheit, die Beschäftigung mit Geschichte gehört seit den 1980er-Jahren zu den prägenden Zeittendenzen. „So viel Geschichte [...] war selten", schrieb der Historiker Paul Nolte 2003. Die Kulturwissenschaftlerin Aleida Assmann und die Historikerin Ute Frevert sprachen 1999 von der **„Geschichtsversessenheit" der Gegenwart**, die die „Geschichtsvergessenheit" der 1950er- und 1960er-Jahre abgelöst

M2 Ein Schüler gestaltet im Geschichtsunterricht einen „germanischen Hof", Fotografie, 1935.

Die Nationalsozialisten betreiben einen „Germanenkult": Sie sahen in den „Germanen" – wissenschaftlich falsch – die Vorläufer der Deutschen und behaupteten im Rahmen ihrer Rassentheorie, dass diese einer „höherwertigen Herrenrasse" angehörten. Siehe auch S. 143 f.

habe. Tatsächlich interessieren sich heutzutage viele Menschen für die Vergangenheit. Um sich zu informieren, lesen sie aber nicht nur die Werke von Geschichts-, Kultur- und Sozialwissenschaftlern, deren Aufgabe die Erforschung und Darstellung historischen Geschehens ist. Auch der Geschichtsunterricht an den Schulen vermittelt wichtige Erkenntnisse und Einsichten über die Vergangenheit und eröffnet den Schülern und Schülerinnen vielfältige Möglichkeiten zur Auseinandersetzung mit vergangenen Vorgängen und Verhältnissen. Den Menschen stehen darüber hinaus zahlreiche Chancen offen, ihre historische Bildung zu erweitern und zu verfeinern. Geschichte ist in der Welt der Gegenwart nahezu allgegenwärtig. Die Vielfalt historischer Bildungsangebote zeigt sich bei einem Blick in Fernseh- und Computerzeitschriften, in Verlagskataloge und Buchhandlungen, in Tageszeitungen und Broschüren der Tourismuswerbung ebenso wie bei einem Gang durch eine Stadtlandschaft, einen Souvenirshop oder virtuell durch die Internetlandschaft. Zwar war auch in früheren Zeiten die Erinnerung an Vergangenheit von zentraler Bedeutung für das Selbstverständnis von Individuen und sozialen Gruppen. Aber die Gelegenheiten und Möglichkeiten der Beschäftigung mit Geschichte sind in den letzten Jahrzehnten wesentlich größer und breiter geworden.

M3 Mahnmal für ehemalige Zwangsarbeiter in Berlin Lichtenberg, Fotografie, 2018

Geschichtsbewusstsein

Um die Entstehung, Bedeutung und Wirkung historischen Denkens und Handelns zu charakterisieren, verwenden Wissenschaftler den zentralen Begriff **„Geschichtsbewusstsein"**. Er bezeichnet ein Wesensmerkmal des Menschen, da jeder Einzelne Vorstellungen von und Einstellungen zu Vergangenheit und Geschichte entwickeln kann. Menschen nehmen sich selbst, ihre Mitmenschen sowie die politischen, gesellschaftlichen, wirtschaftlichen, kulturellen und teilweise auch die natürlichen Lebensbedingungen als geschichtlich und damit veränderbar wahr. Das bedeutet, dass Menschen sowohl ihre vergangenen Erfahrungen und gegenwärtigen Erinnerungen als auch den Wandel der Welt reflektieren können. Wer das Geschichtsbewusstsein in einer vergangenen oder gegenwärtigen Gesellschaft analysieren will, muss fragen, wie die Gesamtgesellschaft oder einzelne Gruppen mit Geschichte umgehen. Geschichte ist dabei aber nicht als gegebene Größe aufzufassen, sondern als veränderbare Interpretation, die sich jeder Einzelne und jede Gegenwart neu erarbeiten und aneignen muss. In der Alltagswelt sind dabei Analyse, Sachurteil, Wertung miteinander verflochten und aufeinander bezogen. Erst die Wissenschaft trennt diese Elemente analytisch.

Geschichte ist für Wissenschaftler weder eine reine Konstruktion des Vergangenen durch heutige Betrachter noch ist die wissenschaftliche, journalistische oder künstlerische Darstellung ein gegenwärtiges Abbild des Vergangenen. Geschichte ist stets **Vergangenheit, Gegenwart und Zukunft** zugleich. Mithilfe historischer Erzählungen drücken Menschen aus, woher sie kommen, wer sie sind und wohin sie gehen. Menschen, Gruppen und Gesellschaften erzählen sich ihre Vergangenheit, erklären damit ihre Gegenwart und verdeutlichen auf diese Weise, was sich in Zukunft verändern oder bleiben soll. Auf diese Weise verschaffen sie sich Sinn und Orientierung in der Gegenwart und für eine bessere Zukunft.

▶ M 8: Karl-Ernst Jeismann über Begriff und Funktion von „Geschichtsbewusstsein"

▶ M 9: Hans-Jürgen Pandel über Begriff und Funktion von „Geschichtsbewusstsein"

▶ M 10: Maurice Halbwachs über die sozialen Bedingungen menschlicher Erinnerungen

Erinnerungs- und Geschichtskultur

Stellt der Begriff „Geschichtsbewusstsein" das Individuum und dessen subjektiven Umgang mit den Erfahrungen der Zeit in den Mittelpunkt, befasst sich der Begriff **„Geschichtskultur"** mit anderen Formen der Auseinandersetzung mit Vergangenheit und Geschichte. Informationen über Geschichte lassen sich nicht nur mithilfe von schriftlichen Quellen gewinnen, sondern auch durch die Analyse von Bauwerken, Denkmälern oder Straßennamen, Gedenk- und Nationalfeiertagen oder Gedenkstätten sowie durch öffentliche historisch-politische Debatten. Auch Werke der Malerei, Romane und Spiel-

▶ M 11: Jörn Rüsen über „Geschichtskultur"

▶ M 12: Bernd Schönemann über „Geschichtskultur"

filme können das Wissen über Geschichte erweitern. Eine immer bedeutendere Rolle spielt dabei auch das Internet. Wer sich mit Geschichtskultur beschäftigt, setzt sich mit Institutionen wie Universitäten, Schulen, Museen, Denkmälern oder Ereignissen wie historischen Festen oder Jubiläumsfeiern auseinander. Dabei geht es nicht nur um diese Einrichtungen und Vorgänge, sondern auch um die beteiligten Personen, deren Ausbildung und Werdegang, Denken und Handeln sowie um die Besucher von Museen oder Gedenkstätten.

Geschichtskultur lässt sich aus den unterschiedlichsten Perspektiven betrachten. So kann man über die politisch-sozialen Bedingungen nachdenken, die menschliches Gedächtnis und Erinnerung sowie die historischen Deutungen und Darstellungsformen prägen. Andere Forscher fragen, worin die übergreifende Einheit so unterschiedlicher Bereiche, Formen und Strategien der Geschichtskultur (Geschichtswissenschaft, schulischer Geschichtsunterricht, Denkmalpflege oder Museen) besteht. Geschichts- und Kulturwissenschaftler sind außerdem aufgefordert, unterschiedliche Erinnerungsformen miteinander zu vergleichen und voneinander abzugrenzen, um auf diese Weise eine Theorie des kollektiven Gedächtnisses zu formulieren.

▶ M 13: Aleida und Jan Assmann über das kommunikative und das kulturelle Gedächtnis

▶ M 14: Christoph Cornelißen über den Begriff „Erinnerungskultur"

Das Wort **„Erinnerungskultur"** ist nur schwer gegen den Begriff der „Geschichtskultur" abzugrenzen. Während die Geschichtskultur alle Formen historischen Wissens in einer Gesellschaft umfasst, auch die der wissenschaftstheoretisch auf „Wahrheit" verpflichteten Geschichtswissenschaft, ist das Wissen der Erinnerungskultur für die sie tragenden sozialen Gruppen (z. B. eine Nation) wertegebunden. Die Einhaltung dieser Werte ist eine gesellschaftliche Verpflichtung. Dadurch sollen die Identität der Gruppenmitglieder und ihr Zusammenhalt gestärkt werden. Erinnerungskultur kann als eine Sammelbezeichnung für den vornehmlich nicht spezifisch wissenschaftlichen Gebrauch der Geschichte in der Öffentlichkeit mit den verschiedensten Mitteln und für die verschiedensten Zwecke aufgefasst werden. In einem weiteren Sinne ist das Wort ein Oberbegriff für alle denkbaren Formen der bewussten Erinnerung an historische Ereignisse, Persönlichkeiten und Prozesse.

Geschichtspolitik

▶ M 15: Edgar Wolfrum über „Geschichtspolitik"

▶ M 16: Norbert Frei über „Vergangenheitspolitik"

Einige Zeitgeschichtler betrachten die Geschichtskultur als Teil der Geschichtspolitik. Der Begriff beschreibt den Umgang politischer Einrichtungen und Persönlichkeiten mit nationalen Gedenktagen, historischen Orten und Akteuren, Höhen und Tiefen der eigenen Nationalgeschichte, Geschichtsmuseen und -ausstellungen sowie Denkmälern oder Gedenkstätten. Diese Forscher unterscheiden vier Bereiche der Geschichtspolitik. Im Mittelpunkt des Interesses stehen die **juristische Aufarbeitung** der Vergangenheit (z. B. NS-Prozesse), das **öffentliche Gedenken** in der Erinnerungskultur (z. B. Einrichtung von Gedenktagen und Gedenkstätten), die **wissenschaftliche Auseinandersetzung** mit Vergangenheit (geschichtswissenschaftliche Forschung) und die Vergegenwärtigung der NS-Vergangenheit durch **journalistische und künstlerische** Medien. Dieser weite Begriff von Geschichtspolitik hat in jüngster Zeit einem engeren, genaueren Ausdruck Platz gemacht, der von Politikwissenschaftlern und Zeithistorikern bevorzugt wird. Wer Geschichtspolitik analysiert, erforscht vornehmlich Systemwechsel wie den Übergang von autoritären oder diktatorischen politischen Regimes zu pluralistischen Demokratien. In Deutschland erörtern Wissenschaftler den Wandel von der nationalsozialistischen Diktatur in die demokratische Ordnung der Bundesrepublik Deutschland beziehungsweise die kommunistische Einparteiendiktatur der DDR nach 1945 oder das Ende des SED-Regimes und die Vereinigung beider deutscher Teilstaaten zu einem demokratischen deutschen Nationalstaat nach 1989/90.

Die Geschichtspolitik demokratischer Gesellschaften unterscheidet sich grundsätzlich von der Geschichtspolitik in Diktaturen. Während es in demokratisch verfassten Gesellschaften eine pluralistische Geschichtspolitik staatlicher und nichtstaatlicher Institutionen und Personen gibt, bestimmt in autoritären bis diktatorischen Ordnungen der Staat das Geschehen. Die teilweise heftigen Auseinandersetzungen um Denkmäler, Museen und Gedenktage zeigen, dass Deutungen der Geschichte stets auch ein **Politikum** sind. Geschichtspolitik lässt sich daher nicht abschaffen, sondern muss analysiert und durchschaut werden.

M4 Denkmal für die ermordeten Juden Europas in Berlin, errichtet 2005, Teilansicht, Fotografie, 2011

Formen historischer Erinnerung

Geschichte prägt mehr oder weniger das Leben vieler Menschen. Sie würdigen an Geburts- und Hochzeitstagen oder Jubiläen die vergangenen Zeiten. Vereine, Firmen, vor allem aber Städte, Staaten und Nationen eröffnen Individuen, Gruppen und Gemeinschaften an **Gedenktagen** Möglichkeiten zur gemeinsamen Erinnerung. In Deutschland ist der 9./10. November ein solcher Gedenktag, der bis 1989 vor allem an die Ereignisse der Reichspogromnacht 1938 erinnerte. Der 27. Januar, der Tag der Befreiung des Vernichtungslagers Auschwitz, erhielt seit den 1990er-Jahren zunächst nationale, dann internationale Bedeutung als „Holocaust-Gedenktag". Neben solchen Gedenktagen gibt es **Nationalfeiertage**. Sie erinnern an Ereignisse, denen eine besondere, fast ausschließlich positive Bedeutung zugesprochen wird: die Gründung eines Staates, der siegreiche Ausgang eines Krieges, die Erlangung der Unabhängigkeit. In Deutschland denken die Menschen am Nationalfeiertag an die Wiedervereinigung der beiden deutschen Teilstaaten zu einem liberal-demokratischen Nationalstaat am 3. Oktober 1990.

Gedenktage werden häufig an **Denkmälern** begangen, die ständig präsent sind. Solche Feiern oder Feste sind immer ortsgebunden. In der Regel erinnern sie an Personen oder Ereignisse, die aus der Sicht der Denkmalstifter in der Gegenwart oder in der Zukunft im Gedächtnis verankert bleiben sollen. Aus diesem Grund legen Menschen in Deutschland z. B. am Volkstrauertag Kränze an örtlichen Kriegerdenkmälern nieder. In Krisen- oder Umbruchzeiten, in denen sich die Deutung der Vergangenheit stark wandelt, kann es sowohl zur Veränderung oder Ergänzung von Denkmälern kommen als auch zum Denkmalsturz. So stürzten während des Niedergangs der kommunistischen bzw. sozialistischen Staaten nach 1989 Lenin-Denkmäler.

▶ M 17: Aleida Assmann über Jahrestage

M5 Demontage des Denkmals Wladimir Iljitsch Lenins in Vilnius/Litauen, Fotografie, 1991

M6 Plakat zur Einweihung der „Nationalen Mahn- und Gedenkstätte Buchenwald", 1958

Anders als Denkmäler dienen **Gedenkstätten** nicht nur der Erinnerung an vergangene Ereignisse, sondern sind Einrichtungen mit vielfältigen Funktionen: Sie bieten Gelegenheiten zum Trauern und Gedenken, zum Bewahren baulicher oder anderer Überreste, zum Erforschen vergangener Katastrophen und zum Vermitteln von Wissen. Es handelt sich in einem weiten Sinne bei Gedenkstätten um zumeist staatliche oder staatlich geförderte Institutionen an einem historischen Ort, an dem Menschen unter staatlicher, terroristischer oder katastrophenbedingter Gewalt gelitten haben oder gestorben sind. Eine engere Definition versteht unter Gedenkstätten Orte vergangener Massenverbrechen, wo an die Opfer erinnert werden soll. In Deutschland gehören dazu ehemalige Konzentrations- und Vernichtungslager oder Haft- und Erschießungsstätten, an denen an die Opfer der nationalsozialistischen Gewalt-, Rassen- und Vernichtungspolitik erinnert werden kann. Die Gedenkstätten im früheren Arbeitslager in Buchenwald nahe Weimar oder im Vernichtungslager in Auschwitz erinnern an die Opfer, gelegentlich ermöglichen KZ-Gedenkstätten auch die Auseinandersetzung mit den Tätern der NS-Verbrechen. Ehrenhof und Museum der Gedenkstätte Deutscher Widerstand in der Berliner Stauffenbergstraße sind Denkmal, Museum und Bildungsstätte, die nicht nur an die Widerstandskämpfer des 20. Juli 1944 erinnern, sondern seit 1989 Motive, Ziele und Formen des gesamten Kampfes gegen das NS-Regime dokumentieren. Nach dem Ende der DDR und der Wiedervereinigung Deutschlands entstanden auf dem Gebiet der ehemaligen DDR Gedenkstätten, die an die Teilung Deutschlands und die Todesopfer an der Berliner Mauer, an die Opfer in sowjetischen Lagern während der Besatzungszeit oder die Opfer in Gefängnissen der Staatssicherheit der DDR erinnern. Und es wurden Gedenkstätten gegründet, die sich wie die Gedenkstätte Lindenstraße 54/55 in Potsdam mit der politischen Verfolgung in beiden deutschen Diktaturen, der nationalsozialistischen wie der kommunistischen, beschäftigen.

Die **Benennung und Umbenennung von Straßennamen** in Städten und Dörfern gehört ebenfalls zu den historischen Erinnerungsformen. Musste unter der nationalsozialistischen Herrschaft seit Juli 1933 jede Stadt ihre wichtigste Straße oder ihren zentralen Platz nach Adolf Hitler benennen, gibt es nach 1945 selbstverständlich keine Adolf-Hitler-Straßen mehr. Derzeit wird in vielen Städten und Gemeinden über die Umbenennung von Straßennamen mit deutlichem Bezug zur Kolonialgeschichte diskutiert. Was erinnerungswürdig ist und was nicht, ist Thema im Unterricht, in Bürgerinitiativen und in Stadtverordnetenversammlungen.

Geschichte wird aber auch in **öffentlichen Dokumentationen** dargestellt, die schriftlich oder mit Bild- und Filmmaterial Informationen zu bestimmten Themen allen Interessierten zugänglich machen. Sowohl Historiker als auch Journalisten oder Künstler präsentieren gerne zu Jubiläen oder an Jahrestagen auf wissenschaftlichen Tagungen, auf Zusammenkünften politischer oder gesellschaftlicher Gruppen, in öffentlich-rechtlichen oder privaten Rundfunk- und Fernsehsendern aus ihrer Sicht bedeutsame historische Ereignisse oder Erscheinungen. Dabei werden unterschiedliche Elemente in Schrift, Bild oder Ton, Zeitzeugenaussagen, Kommentaren und nachgestellten Szenen zusammengestellt. Auch Rätsel, Abenteuer oder als „sensationell" verkaufte Quellenfunde sollen beim Publikum Interesse wecken. Je häufiger ähnliche Stilmittel wie beim Spielfilm eingesetzt werden, desto stärker verschwimmen die Grenzen zwischen dokumentarischer Information und Fiktion.

Die Art einer Dokumentation bestimmt maßgeblich die **mediale Aufbereitung** der Materialien, die zur Gestaltung ausgewählt werden. Eine wissenschaftliche Dokumentation, die in Buchform veröffentlicht wird, kann hauptsächlich auf schriftlichen Quellen (Aktenstücke, Zeitzeugenaussagen, Statistiken, Bilder) beruhen. Museen müssen ihre Ausstellungsstücke (Kleidung, Gegenstände des alltäglichen Lebens verschiedener sozialer Schichten, Zeichen der monarchischen und politischen Herrschaft) vor einem Hintergrund präsentieren, der dem Zuschauer den zeitlichen und sachlichen Zusammenhang verdeutlicht. Filme im Fernsehen oder Spielfilme werden auf Musik- und Filmausschnitte zurückgreifen, die zeitgenössisch sind oder aus der Gegenwart stammen. Gelegentlich lassen Filmemacher in „Zeitreisen" historische Alltagssituationen von heutigen Menschen nachspielen. Viele Menschen betrachten es aber auch als ihr Freizeitvergnügen, wenn sie sich in Geschichtsvereinen oder *Reenactment**-Gruppen engagieren oder z. B. auf populären Mittelaltermärkten in die Vergangenheit eintauchen. Sie müssen ebenso wie jede Dokumentation ihre Quellen und Dokumente sorgfältig aufbereiten und dem Zuschauer verständlich darstellen.

Funktion historischer Erinnerung

Historische Erzählungen und Aussagen besitzen unterschiedliche Funktionen. Sie reichen von der absichtsvollen geschichtlichen Bildung an Hochschulen und Universitäten, an Schulen oder in Museen über die Stiftung von **kollektiven Identitäten** wie bei Nationaldenkmälern und Nationalfeiertagen bis hin zur Legitimation gegenwärtigen politischen Handelns in Politikerreden, mit denen das **politische und gesellschaftliche System stabilisiert** werden soll. Geschichte kann aber auch zur Freizeitgestaltung und Unterhaltung nutzbar gemacht werden, wenn Menschen an historische Orte reisen. Bei allen diesen Aktivitäten setzen sich Menschen (Individuen wie Kollektive) jeweils in ein Verhältnis zur Vergangenheit, das durch Erfahrungen und Interessen der Gegenwart geprägt ist und über Wünsche und Ängste in die Zukunft weist. Das Gedächtnis kann dabei sowohl in negativer Abgrenzung als auch in positiver Anknüpfung an Historisches bestimmt werden. Das verdeutlichen Aussagen wie beispielsweise „früher war alles besser" im Sinne von sicherer, überschaubarer oder nicht so anonym.

M7 Straßenschild „Petersallee" in Berlin, Fotografie, 2018.

Um die Benennung von Straßen entbrennen immer wieder Konflikte. In Berlin wird derzeit die Umbenennung von Straßen im „afrikanischen Viertel" diskutiert. Noch sind viele Straßen nach Vertretern der deutschen Kolonialherrschaft benannt. So soll z. B. die Petersallee umbenannt werden, die ursprünglich nach dem Begründer der Kolonie Deutsch-Ostafrika, Carl Peters, benannt wurde. Peters ging mit großer Brutalität gegen die afrikanische Bevölkerung vor. 1986 ließ der Bezirk einen Hinweis (im Bild oben zu sehen) am Straßenschild anbringen, um die Petersallee dem Andenken an den Stadtverordneten Hans Peters zu widmen.

Reenactment/Living History
Während in den USA kaum ein Unterschied zwischen den Begriffen gemacht wird, bezeichnet in Deutschland Living History eher das Nachstellen historischen Alltagslebens, während Reenactment sich auf das Nachspielen konkreter historisch belegter Ereignisse bezieht.

Umgang mit historischer Erinnerung

Wer sich mit Geschichte beschäftigt, setzt sich mit Erscheinungen auseinander, die einmalig, nicht wiederholbar und unwiederbringlich sind. Er begegnet bei der Auseinandersetzung mit der Vergangenheit überraschend Anderem und muss über Fremdheit und Nähe bisher unbekannter Lebensweisen nachdenken. All das vermittelt Erfahrungen und Anregungen, die den Menschen sonst verschlossen bleiben.

Bei der **wissenschaftlichen Aufarbeitung** der Vergangenheit geht es um die kritische Auswertung und Interpretation überlieferter Zeugnisse aus früheren Zeiten. Diese Aufgabe übernehmen in unserer modernen Gesellschaft in der Regel Historiker, die an Hochschulen und Universitäten ausgebildet wurden und dort forschen und lehren. Aber auch viele andere Berufe wie Lehrer und Lehrerinnen oder Museumsfachleute müssen ein geschichtswissenschaftliches Studium absolvieren. Sie alle erlernen die kritische Auswertung und Interpretation überlieferter Zeugnisse mit den Methoden der Quellenkritik und auf der Grundlage einer ausgefeilten historischen Methodenlehre. Mit diesen Verfahren entsteht ein wissenschaftlich abgesichertes Wissen über vergangene Epochen, das ständig überprüft, korrigiert und erneuert werden muss.

Menschen können mit ihrer historischen Erinnerung auch anders umgehen. Die Feiern an Gedenk- oder Nationalfeiertagen zeichnen sich in der Regel in hohem Maße durch **Ritualisierungen** aus – dazu gehören eine feierliche Musik, Festreden, meist in einer pathetischen Sprache, manchmal auch religiöse Elemente (Gebete, Gottesdienste), zum Teil auch Kranzniederlegungen, Militärparaden oder Ehrungen.

Aber auch beim Betrachten bildender Kunst und von Werken der Malerei oder beim Hören von Musik begegnen wir geschichtlichen Stoffen ebenso wie in Romanen oder in Film- und Fernsehfeatures. Allerdings unterscheidet sich der Wahrheitsanspruch von Romanen grundsätzlich von dem wissenschaftlicher Geschichtsschreibung. Muss der Historiker in seinen Büchern und Aufsätzen die geschichtliche Wirklichkeit möglichst genau auf der Grundlage tatsächlicher Ereignisse, Vorgänge und Handlungen untersuchen und darstellen, besitzt der Romanschriftsteller die Freiheit, Charaktere und Situationen zu erfinden, die nur eine sehr indirekte Beziehung zu den tatsächlichen Personen und Ereignissen aufweisen. Seine Interpretation stellt eine **Fiktionalisierung** der Wirklichkeit dar. Der Begriff stammt von dem lateinischen Wort *fingere* ab, das „formen", „nachahmen" bedeutet. Aus diesen Wortbedeutungen haben sich seit dem Mittelalter die Übersetzungen „erfinden" und „vortäuschen" entwickelt. Es ist daher sinnvoll, zwischen historischen Aussagen über die Vergangenheit, die auf Zeugnissen beruhen, einerseits und fiktiven Aussagen andererseits zu unterscheiden, die kein gesichertes Fundament besitzen.

1 Bestimmen Sie die Schlüsselbegriffe des Textes.
2 **Lernplakat:** Stellen Sie diese Schlüsselbegriffe in Form eines Strukturdiagramms auf einem Lernplakat dar.
3 Charakterisieren Sie die Bedeutung von Geschichte in unserer Gesellschaft.
4 Erläutern Sie die Begriffe „Geschichtsbewusstsein", „Geschichtskultur", „Erinnerungskultur" und „Geschichtspolitik" an eigenen Beispielen.

Kernmodul: Geschichts- und Erinnerungskultur 4.1

> *Hinweise zur Arbeit mit den Materialien*
> *Die Historikerdarstellungen M 8 und M 9 erörtern Begriff und Funktion von „Geschichtsbewusstsein". M 10 beschäftigt sich mit den sozialen Bedingungen menschlicher Erinnerung. M 11 und M 12 thematisieren Begriff und Bedeutung der „Geschichtskultur". In M 13 fragen die Kulturwissenschaftler Aleida und Jan Assmann nach der Unterscheidung zwischen kommunikativem und kulturellem Gedächtnis bzw. zwischen Speicher- und Funktions-Gedächtnis. Die Texte M 14 bis M 16 befassen sich mit Erinnerungskultur, Geschichts- und Vergangenheitspolitik. M 17 untersucht die Funktion von Jahrestagen. M 19 und M 20 widmen sich einer Hitler-Skulptur und der Frage, wie weit Kunst gehen darf. M 21 fragt abschließend nach einer „Renovierung der deutschen Erinnerungskultur"*

M 8 Der Historiker Karl-Ernst Jeismann über Begriff und Funktion von „Geschichtsbewusstsein" (1985)

„Geschichtsbewusstsein meint die ständige Gegenwart des Wissens, dass der Mensch und alle von ihm geschaffenen Einrichtungen und Formen seines Zusammenlebens in der Zeit existieren, also eine Herkunft und eine Zukunft haben, dass sie nichts darstellen, was stabil, unveränderlich und ohne Voraussetzungen ist" (Schieder). Mehr als bloßes Wissen oder reines Interesse an der Geschichte, umgreift Geschichtsbewusstsein den Zusammenhang von Vergangenheitsdeutung, Gegenwartsverständnis und Zukunftsperspektive. Da „Geschichte" aber nicht als Abbild vergangener Realität, sondern nur als ihre aus Zeugnissen erstellte, auswählende und deutende Rekonstruktion ins Bewusstsein treten kann, ist Geschichtsbewusstsein die Art, in der Vergangenheit in Vorstellung und Erkenntnis gegenwärtig ist […].
Die Formen, Inhalte und Reflexionsgrade des Geschichtsbewusstseins sind von Person zu Person, von Gruppe zu Gruppe sehr unterschiedlich. Es […] kann zu Klischees, „Geschichtsbildern" oder Parolen erstarren, kann tief fundiert, vielfältig und offen für neue Erkenntnisse und Erfahrungen sein. Auf verschiedensten Wegen wird Geschichtsbewusstsein in der Gesellschaft erzeugt, weitergegeben, verändert; immer weist es zurück auf die Erkenntnisfähigkeit, -möglichkeit und -willigkeit seiner Träger.
Identifizierungs- und Legitimationsbedürfnisse prägen mit elementarer sozialer Kraft das Geschichtsbewusstsein. Liegt die Identität des Individuums in der Möglichkeit, sich durch sein Leben hindurch als mit sich selbst übereinstimmende Person zu verstehen, so die des Kollektivs, sich als eine Gruppe von Menschen zu begreifen, deren Gemeinsamkeiten die Unterschiede überwiegen und sie von anderen Gruppen als Einheit abheben. Dieser Aufweis von Zusammengehörigkeit ist nur durch akzentuierte Rekonstruktion von Geschichtsvorstellungen dauernd möglich.
An Symbolen, Bildern, Geschichtsvorstellungen wird die Gleichheit der Erfahrungen festgemacht; so ruht Geschichtsbewusstsein auf einem im emotionalen Bereich wurzelnden Gemeinsamkeitsverständnis und ist ein notwendiges Element der Bildung und des Bestandes menschlicher Gesellschaften. Rationaler vermittelt sich das Legitimationsbedürfnis: durch argumentierenden Nachweis historischer Berechtigungen und Ansprüche, durch Aufbau von Kontinuitätsbehauptung, durch Analogieschlüsse, durch interessierte Sinngebungen historischer Verläufe. Bleibt Geschichtsbewusstsein im Bereich dieser Prägekräfte, ist es Teil einer „Ideologie" im allgemeinen Sinne eines Überzeugungssystems […].
Geschichtswissenschaft kann zu einer bloßen Rationalisierung solcher elementaren Prägungen des Geschichtsbewusstseins werden; sie kann (und sollte) aber durch methodische Distanzierung die Verfälschungen und Einseitigkeiten abbauen, die das Geschichtsbewusstsein oft in Widerspruch zur begründbaren Vergangenheitskonstruktion bringen. […] Unterschiedliche oder gar gegensätzliche Formen von Geschichtsbewusstsein innerhalb einer gesellschaftlichen Gruppe sind Ursachen und Folgen starker politischer Gegensätze und Spannungen.

Karl-Ernst Jeismann, Artikel „Geschichtsbewusstsein", in: Klaus Bergmann u. a. (Hg.), Handbuch der Geschichtsdidaktik, 3. völlig überarb. u. bedeutend erw. Aufl., Schwann, Düsseldorf 1985, S. 40 f.*

M 9 Der Historiker Hans-Jürgen Pandel über Begriff und Funktion von „Geschichtsbewusstsein" (1987)

Auf das einzelne Individuum bezogen ist Geschichtsbewusstsein eine individuelle mentale Struktur, die durch ein System aufeinander verweisender Kategorien gebildet wird. Dieses kognitive Bezugssystem wird im Prozess des Sprachlernens erworben. Die durch (direkte wie durch kommunikative) Erfahrung geformte mentale Struktur ist für die Art und Weise verantwortlich, wie eine Geschichte erzählt wird, welche Perspektiven gewählt, wie das Verhältnis von oben und unten, von arm und reich gesehen wird, ob Verhältnisse generell statisch oder veränderbar gesehen werden.
Ich möchte vorschlagen, Geschichtsbewusstsein als eine mentale Struktur zu bezeichnen, die aus sieben

aufeinander verweisende Doppelkategorien besteht. In dem Maße, in dem das Kind diese grundlegenden Kategorien ausdifferenziert, erwirbt es jenes kognitive Bezugssystem, ohne das es weder Geschichte verstehen noch Geschichte erzählen könnte.

Diese Kategorien sind:
– Zeitbewusstsein (früher–heute/morgen)
– Wirklichkeitsbewusstsein (real/historisch–imaginär)
– Historizitätsbewusstsein (statisch–veränderlich)
– Identitätsbewusstsein (wir/ihr/sie)
– politisches Bewusstsein (oben–unten)
– ökonomisch-soziales Bewusstsein (arm–reich)
– moralisches Bewusstsein (richtig–falsch)

Zit. nach: Hans-Jürgen Pandel, Dimensionen des Geschichtsbewusstseins – Ein Versuch, seine Struktur für Empirie und Pragmatik diskutierbar zu machen, in: https://www.sowi-online.de/reader/historische_politische_bildung/dimensionierung.html (abgerufen am 16.9.2019).*

1 Klären Sie unbekannte Begriffe.
2 Arbeiten Sie mithilfe von M 8 und M 9 heraus, was unter Geschichtsbewusstsein zu verstehen ist. Konzentrieren Sie sich auf folgende Gesichtspunkte:
– Begriff des „Geschichtsbewusstseins",
– Formen, Inhalte, Reflexionsgrad von Geschichtsbewusstsein,
– Aufgaben und Funktionen von Geschichtsbewusstsein.
3 Vergleichen Sie die Definitionen von Jeismann (M 8) und Pandel (M 9) miteinander.
4 Überprüfen Sie die Thesen Jeismanns (M 8) und Pandels (M 9) an einem Ihnen bekannten Beispiel.
5 Nehmen Sie Stellung zu der These des Historikers Hans-Jürgen Pandel von 2009: „Mangelndes Wissen verhindert nicht Geschichtsbewusstsein – im Gegenteil –, und opulente Kenntnisse verbürgen es noch nicht. [...] Wenn Geschichtsbewusstsein vom Wissen abhängig wäre, müsste es durch Vergessen wieder verschwinden."

M 10 Der Soziologe Maurice Halbwachs über die sozialen Bedingungen menschlicher Erinnerungen, Ersterscheinungsjahr 1925 (2019)

Die Gesellschaft [...], die die Menschen in ihrem Leben wie an ihrem Todestage ebenso beurteilt wie die Tatsachen, wenn sie sich ereignen, schließt in Wirklichkeit in jede ihrer wichtigen Erinnerungen nicht nur ein Stück Erfahrung ein, sondern auch so etwas wie einen Nachhall ihrer Überlegungen. Da ein vergangenes Ereignis eine Lehre ist und ein Hingeschiedener eine Ermunterung oder eine Warnung, so ist, was wir den Rahmen des Gedächtnisses nennen, auch eine Kette von Ideen und Urteilen.

Umgekehrt gibt es kaum einen allgemeinen Begriff, der die Gesellschaft nicht veranlasste, sich auf diese oder jene Periode ihrer Geschichte zurückzubeziehen. Das ist evident, wenn es sich für sie darum handelt, sich selbst kennenzulernen und über ihre Institutionen und ihre Struktur, über ihre Gesetze und ihre Sitten nachzudenken. Wie kommt es beispielsweise, dass ein Franzose mittlerer Bildung nur schwer in den Zusammenhang der politischen Ideen von Ländern wie etwa England oder Amerika eindringt, und dass die einfache Beschreibung ihrer Verfassung in seinem Geist höchstens verbale Erinnerungen zurücklässt? Weil er die Folge der großen Ereignisse, aus der diese Gesetzgebung hervorgegangen ist, nicht, oder nicht lebendig genug kennt. Die Begriffe des Verfassungsrechts werden nur im Lichte der Geschichte klar. Und ebenso verhält es sich mit vielem anderen. Die Wissenschaft bildet hierin keine Ausnahme. Gewiss verschmilzt sie nicht mit ihrer Geschichte. Aber es ist nicht wahr, dass der Gelehrte sich nur auf den Standpunkt der Gegenwart stellt. Die Wissenschaft ist in zu weitem Maße ein kollektives Werk, als dass der Gelehrte selbst dann, wenn er ganz in einer neuen Erfahrung oder in ureigensten Meditationen aufgeht, nicht das Gefühl haben sollte, Forschungsrichtungen zu folgen und eine theoretische Bemühung fortzusetzen, deren Ursprung und Ausgangspunkt hinter ihm liegen. Die großen Gelehrten geben ihren Entdeckungen in der Wissenschaftsgeschichte ihr bestimmtes Datum. D. h. die wissenschaftlichen Gesetze stellen in ihren Augen nicht nur die Elemente eines ungeheuren Gebäudes dar, das außerhalb der Zeit steht, sondern sie erblicken hinter diesen Gesetzen und zugleich mit ihnen die ganze Geschichte der Bemühungen des menschlichen Geistes in diesem Bereich. [...]

[D]as soziale Denken ist nicht abstrakt. Selbst wenn sie der Gegenwart entsprechen und sie ausdrücken, nehmen die Ideen der Gesellschaft stets in Einzelnen oder in Gruppen Gestalt an. Hinter einem Titel, einer Tugend, einer Qualität sieht die Gesellschaft sogleich deren Träger. Die Gruppen und die einzelnen existieren aber in der zeitlichen Dauer und lassen ihre Spur im Gedächtnis der Menschen zurück. Es gibt in diesem Sinne keine soziale Idee, die nicht zugleich eine Erinnerung der Gesellschaft wäre. Andererseits würde die Gesellschaft sich vergeblich bemühen, eine bestimmte Figur oder ein bestimmtes Ereignis, welches einen starken Eindruck in ihrem Gedächtnis hinterlassen hat, in rein konkreter Form wieder zu erfassen. Jede Persönlichkeit und jedes historische Faktum wird schon bei seinem Eintritt in dieses Gedächtnis in eine Lehre, einen Begriff, ein Symbol transponiert; es erhält einen Sinn, es wird zu einem Element des Ideensystems der Gesellschaft. So erklärt es sich, dass die Traditionen und die gegenwärtigen Ideen übereinstimmen können: nämlich weil die aktuellen Ideen in Wirklichkeit auch Traditionen sind, und weil die einen wie die anderen sich gleichzeitig und mit gleichem Recht auf ein älteres oder jüngeres Leben der Gesellschaft berufen, in dem sie gewissermaßen ihre Schwungkraft erhalten haben. Wie das Pantheon des kaiserlichen Rom alle Kulte unter seinem Dach beherbergte, wenn es nur Kulte waren, so lässt die Gesellschaft alle Traditionen zu (selbst die neuesten), wenn es nur Traditionen sind. Sie lässt ebenso alle Ideen zu (selbst die ältesten), vorausgesetzt, dass es sich um Ideen handelt, d. h. dass sie in ihr Denken hineinpassen und dass sie noch die Menschen von heute interessieren und diese sie verstehen. Daraus geht hervor, dass das gesellschaftliche Denken wesentlich ein Gedächtnis ist, und dass dessen ganzer Inhalt nur aus kollektiven Erinnerungen besteht, dass aber nur diejenigen von ihnen und nur das an ihnen bleibt, was die Gesellschaft in jeder Epoche mit ihren gegenwärtigen Bezugsrahmen rekonstruieren kann.

Maurice Halbwachs, Das Gedächtnis und seine sozialen Bedingungen, aus dem Französischen übers. v. Lutz Geldsetzer, 6. Aufl., Suhrkamp, Berlin 2019 (Erstveröffentlichung 1925), S. 372 f., S. 389 f.*

1 Klären Sie die Bedeutung von Begriffen, die Ihnen in M 10 unklar sind.
2 Formulieren Sie für die einzelnen Abschnitte sinnvolle Teilüberschriften.
3 Fassen Sie die zentralen Aussagen des Textes in eigenen Worten zusammen.
Vertiefung: Untersuchen Sie, wie die Inhalte sprachlich präsentiert werden, was sich über den Verfasser sagen lässt und über den Zeitpunkt der Erstveröffentlichung. Lässt sich erkennen, welche persönliche Meinung Halbwachs zum Thema vertritt?
4 Diskutieren Sie die Aussage von Halbwachs, dass „das gesellschaftliche Denken wesentlich ein Gedächtnis ist, und dass dessen ganzer Inhalt nur aus kollektiven Erinnerungen besteht" (Z. 81 ff.). Formulieren Sie gegebenenfalls eine alternative These.

M 11 Der Historiker Jörn Rüsen über „Geschichtskultur" (1994)

Fachwissenschaft, schulischer Unterricht, Denkmalpflege, Museen und andere Institutionen werden über ihre wechselseitigen Abgrenzungen und Unterschiede hinweg als Manifestationen eines übergreifenden gemeinsamen Umgangs mit der Vergangenheit in Augenschein genommen und diskutiert. „Geschichtskultur" soll dieses Gemeinsame und Übergreifende bezeichnen. Sie rückt die unterschiedlichen Strategien der wissenschaftlichen Forschung, der künstlerischen Gestaltung, des politischen Machtkampfes, der schulischen und außerschulischen Erziehung, der Freizeitanimation und anderer Prozeduren der öffentlichen historischen Erinnerung so in den Blick, dass sie alle als Ausprägungen einer einzigen mentalen Kraft begriffen werden können. So synthetisiert sie auch Universität, Museum, Schule, Verwaltung, die Massenmedien und andere kulturelle Einrichtungen zum Ensemble von Orten der kollektiven Erinnerung und integriert die Funktionen der Belehrung, der Unterhaltung, der Legitimation, der Kritik, der Ablenkung, der Aufklärung und anderer Erinnerungsmodi in die übergreifende Einheit der historischen Erinnerung.

Jörn Rüsen, Was ist Geschichtskultur? Überlegungen zu einer neuen Art, über Geschichte nachzudenken, in: Klaus Füßmann u. a. (Hg.), Historische Faszination. Geschichtskultur heute, Böhlau, Köln 1994, S. 4.*

M 12 Der Historiker Bernd Schönemann über „Geschichtskultur" (2002)

Jörn Rüsen hat vorgeschlagen, die Geschichtskultur in drei verschiedene Dimensionen aufzufächern, die sich in der Realität gegenseitig durchdringen und zu instrumentalisieren versuchen, in anthropologischer[1] Hinsicht jedoch „gleich ursprünglich sind und nicht aufeinander reduziert werden können" – die ästhetische, die politische und die kognitive Dimension. Diese Dimensionen korrespondieren Rüsen zufolge nicht nur mit den mentalen Grundoperationen des Fühlens, Wollens und Denkens, sondern auch mit den je eigenen Prinzipien von Kunst, Politik und Wissenschaft, nämlich Schönheit, Macht und Wahrheit. Gegen dieses Dimensionen-Modell lässt sich einwenden, dass es Geschichtskultur vornehmlich als anthropologische Substanz und weniger als gesellschaftliches Konstrukt fasst. Andererseits wird niemand ernsthaft bestreiten wollen, dass Kunst, Politik und Wissenschaft zur Hardware gehören, mit deren Hilfe Gesellschaften ihre Vergangenheiten konstruieren. Deshalb sollten die drei Rüsen'schen Dimensionen des Ästhetischen, des Politischen und des Kognitiven vom Anthropologischen ins Heuristische² gewendet werden, damit sie ihr Erklärungspotenzial voll entfalten können. Darüber hinaus lässt sich die Geschichtskultur allerdings auch als soziale Ordnung begreifen. Dem Vorschlag, dabei nach Institutionen, Professionen, Medien und Publika³ zu differenzieren, liegt die Vorstellung einer kulturell durchformten Kommunikation zugrunde, welche auf eine spezifische Weise Geschichte als Bedeutung erzeugt. Die ursprünglich flüchtige Erinnerung wird dabei durch Zwischenspeicherung verstetigt, symbolisch codiert und bei Bedarf durch eine besondere Schicht eigens beauftragter Erinnerungsspezialisten wieder abgerufen [...].

Bernd Schönemann, Geschichtskultur als Forschungskonzept der Geschichtsdidaktik, in: Zeitschrift für Geschichtsdidaktik, 2002, S. 81 f.*

1 *Anthropologie:* Wissenschaft vom Menschen und seiner Entwicklung
2 *Heuristik:* methodische Anleitung zur Gewinnung neuer Erkenntnisse
3 *Publika:* Plural von Publikum (=Gesamtheit der Zuschauer/-hörer)

1 Vergleichen Sie die Konzepte von „Geschichtskultur" Rüsens (M 11) und Schönemanns (M 12) miteinander.
2 Erläutern Sie die ästhetische, kognitive und politische Dimension der Geschichtskultur und ihre Bedeutung für die Rezeption von Geschichte anhand selbst gewählter Beispiele.
3 **Tabelle:** Stellen Sie Ihnen bekannte Phänomene der Geschichtskultur in einer Tabelle zusammen und weisen Sie ihnen jeweils die vorgeschlagenen Kategorien Institutionen, Professionen, Medien und Publika zu.

M 13 Die Kulturwissenschaftler Aleida und Jan Assmann über das kommunikative und das kulturelle Gedächtnis (1994)

Das kommunikative Gedächtnis bezieht sich auf die rezente¹ Vergangenheit. Es sind dies Erinnerungen, die der Mensch mit seinen Zeitgenossen teilt. Der typische Fall ist das Generationen-Gedächtnis [...]. Dieses Gedächtnis wächst der Gruppe historisch zu; es entsteht in der Zeit und vergeht mit ihr, genauer: mit seinen Trägern. Wenn die Träger, die es verkörperten, gestorben sind, weicht es einem neuen Gedächtnis.

Tab. 1: Vergleich von kommunikativem Gedächtnis und kulturellem Gedächtnis

	Kommunikatives Gedächtnis	Kulturelles Gedächtnis
Inhalt	Geschichtserfahrungen im Rahmen diverser Biografien	mythische Urgeschichte, Ereignisse in einer absoluten Vergangenheit
Formen	informell, wenig geformt, naturwüchsig, entsteht durch Interaktion, Alltag	gestiftet, hoher Grad an Geformtheit, zeremonielle Kommunikation, Fest
Codes, Speicherung	lebendige Erinnerung in organischen Gedächtnissen, Erfahrungen und Hörensagen	feste Objektivationen [= Vergegenständlichungen], traditionelle symbolische Kodierung/Inszenierung in Wort, Bild, Tanz usw.
Zeitstruktur	80–100 Jahre, mit der Gegenwart mitwandernder Zeithorizont von 3–4 Generationen	absolute Vergangenheit einer mythischen Urzeit
Träger	unspezifisch, Zeitzeugen einer Erinnerungsgemeinschaft	spezialisierte Traditionsträger

Meist vergeht das kommunikative Gedächtnis leise und unmerklich. „In aller Stille" wird ein Gedächtniskapitel nach dem anderen geschlossen. Historisch signifikant wird das unmerkliche Absterben eines Gedächtnis-Abschnitts erst, wenn damit bleibende Erfahrungen verbunden sind, die dauerhaft sicher zu stellen sind. Das ist der Fall der Gräuel der NS-Zeit. Nach diesen Jahrzehnten wird jene Generation ausgestorben sein, für die Hitlers Judenverfolgung und -vernichtung Gegenstand persönlich traumatischer Erfahrung ist. Was heute z. T. noch lebendige Erinnerung ist, wird morgen nur noch über externe Speicher-Medien vermittelt sein. [...]

Der Übergang aus dem kommunikativen Gedächtnis ins kulturelle Gedächtnis wird durch Medien gewährleistet. Medien sind die Bedingung der Möglichkeit dafür, dass spätere Generationen zu Zeugen eines längst vergangenen und in seinen Einzelheiten vergessenen Geschehens werden können. Sie erweitern drastisch den Radius der Zeitgenossenschaft. Durch Materialisierung auf Datenträgern sichern die Medien den lebendigen Erinnerungen einen Platz im kulturellen Gedächtnis. Das Foto, die Reportage, die Memoiren, der Film werden in der großen Datenbank objektivierter Vergangenheit archiviert. Der Weg in die aktuelle Erinnerung ist damit noch nicht automatisch geöffnet. Dazu bedarf es sozusagen Medien zweiten Grades, die die gespeicherten Daten wiederum aktivieren. Die Medien ersten Grades nennen wir Dokumente, die Medien zweiten Grades Monumente. Dokumente beruhen auf Kodifikation und Speicherung von Information, Monumente beruhen auf Kodifikation und Speicherung plus sozial bestimmtem und praktiziertem Erinnerungswert.

Das kommunikative Gedächtnis wird in den Situationen des Alltagslebens zirkuliert. Anders das kulturelle Gedächtnis, denn „Identitäten sind", wie [der Soziologe] N. Luhmann treffend bemerkt, „nicht für den Alltagsgebrauch bestimmt" [...]. Als Kommunikationsraum für die Zirkulation kulturellen Sinns kommen in erster Linie Feste, Feiern und andere Anlässe rituellen und zeremoniellen Handelns in Frage. In dieser zeremoniellen Kommunikation wird das kulturelle Gedächtnis in der ganzen Multimedialität ihrer symbolischen Formen inszeniert: In mündlichen Stammesgesellschaften sind dies vor allem Rituale, Tänze, Mythen, Muster, Kleidung, Schmuck, Tätowierung, Wege, Male, Landschaften usw., in Schriftkulturen sind es die Formen symbolischer Repräsentation (Monumente), Ansprachen, Kommemorationsriten. Vorrangiger Zweck dieser Übungen ist dabei jeweils die Sicherung und Kontinuierung einer sozialen Identität. [...]

Das mündlich-kommunikative Gedächtnis hat seine Bedeutung auch in schriftverwendenden Gesellschaften. Die Rekonstruktion dieses im engeren lebensweltlichen Horizont fundierten Gedächtnisses bildet den Gegenstand der *Oral History*[2], eines neueren Zweiges der Geschichtswissenschaft, welcher Methoden entwickelt hat, um das vergangene Alltagswissen als historische Quelle zu erschließen. Alle Untersuchungen der *Oral History* bestätigen, dass auch in literalen Gesellschaften[3] die lebendige Erinnerung nicht weiter als 80 Jahre zurückreicht [...]. Hier folgen dann anstelle der Ursprungsmythen die Daten der Schulbücher und Monumente, d. h. die objektivierte und offizielle Überlieferung der Historiographie. [...]

[Speicher- und Funktionsgedächnis]

Die allgemeinste Beschreibung der Konsequenz von Schrift ist die, dass mehr gespeichert werden kann, als gebraucht und aktualisiert wird. Die Dimensionen des Gedächtnisses fallen auseinander in Vordergrund und Hintergrund, in die Bereiche des Bewohnten und des Unbewohnten, des Aktualisierten und des Latenten[4]. [...] Diese verschiedenen Bezirke der Erinnerungslandschaft wollen wir hier als Speicher- und Funktionsgedächtnis voneinander unterscheiden. Das Speicher-Gedächtnis umschreibt eine Region, die stets größer ist als das Bewusstsein; das Funktions-Gedächtnis dagegen bezieht sich nur auf den jeweils bewohnten Bezirk. [...]

Das Speicher-Gedächtnis enthält eine unstrukturierte Menge von Elementen, einen unsortierten Vorrat. Auf der Ebene des individuellen Seelenhaushalts sind die Elemente dieses Gedächtnisses äußerst heterogen: teilweise inaktiv, unproduktiv, teilweise latent, außerhalb der Belichtung durch Aufmerksamkeit, teilweise überdeterminiert und daher zu sperrig für ein ordentliches Zurückholen, teilweise schmerzhaft oder skandalös und deshalb tief vergraben. Die Elemente des Speicher-Gedächtnisses gehören dem Individuum zwar zu, aber es ist weit davon entfernt, über sie zu verfügen. Auf kollektiver Ebene enthält das Speicher-Gedächtnis das unbrauchbar, obsolet[5] und fremd Gewordene, das neutrale, identitätsabstrakte Sachwissen, aber auch das Repertoire verpasster Möglichkeiten und alternativer Optionen.

Den Aspekt des Gedächtnisses, der tatsächlich bewohnt wird, nennen wir das Funktions-Gedächtnis. Es handelt sich dabei um ein Stück angeeignetes Gedächtnis, wie es aus einem Prozess der Auswahl, der Verknüpfung, der Sinnkonstitution [...] hervorgeht. Die strukturlosen, unzusammenhängenden Elemente treten ins Funktions-Gedächtnis als komponiert, konstruiert, verbunden ein. Aus diesem konstruktiven Akt geht Sinn hervor, eine Qualität, die dem Speicher-Gedächtnis abgeht.

Als Konstruktion ist das Funktions-Gedächtnis an ein Subjekt gebunden, das sich als solches konstituiert, indem es sich als dessen Träger oder Zurechnungssubjekt versteht. Subjekte konstituieren sich durch ein Funktions-Gedächtnis, d. h. durch selektives und bewusstes Verfügen über Vergangenheit. Solche Subjekte mögen Kollektive, Institutionen oder Individuen sein – in allen Fällen besteht derselbe Zusammenhang zwischen Funktions-Gedächtnis und Identität. Das Speicher-Gedächtnis dagegen fundiert keine Identität. Seine nicht minder wesentliche Funktion besteht darin, mehr und anderes zu enthal-

ten, als es das Funktions-Gedächtnis zulässt. Das kulturelle Gedächtnis verliert unter den Bedingungen externer Speicherungstechniken seine Konturen. Für diese grundsätzlich unbegrenzbare, ständig sich vermehrende, amorphe[6] Masse von Daten, Informationen, Erinnerungen gibt es kein Subjekt mehr, dem sie sich noch zuordnen ließe. Allenfalls könnte man noch von einem gänzlich abstrakten Welt- oder Menschheitsgedächtnis sprechen. [...]
Die Grenze zwischen dem Speicher- und dem Funktions-Gedächtnis ist [...] nicht immer klar zu ziehen, weil Inhalte und Speicherungsmedien weitgehend identisch sein können. Was freilich deutlich auseinandertritt, sind die Gebrauchsformen und Funktionen. Die wichtigsten Unterschiede stellen wir in einer Übersicht zusammen:

Tab. 3: Unterschiede zwischen Speicher-Gedächtnis und Funktions-Gedächtnis

	Speicher-Gedächtnis	Funktions-Gedächtnis
Inhalt	das Andere, Überschreitung der Gegenwart	das Eigene, Fundierung der Gegenwart auf einer bestimmten Vergangenheit
Zeitstruktur	anachron: Zweizeitigkeit, Gestern neben dem Heute, kontrapräsentisch	diachron: Anbindung des Gestern an das Heute
Formen	Unantastbarkeit der Texte, autonomer Status der Dokumente	selektiver = strategischer, perspektivischer Gebrauch von Erinnerungen
Medien und Institutionen	Literatur, Kunst, Museum, Wissenschaft	Feste, öffentliche Riten kollektiver Kommemoration
Träger	Individuen innerhalb der Kulturgemeinschaft	kollektivierte Handlungssubjekte

Aleida Assmann/Jan Assmann, Das Gestern im Heute. Medien und soziales Gedächtnis, in: Klaus Merten, Siegfried J. Schmidt, Siegfried Weischenberg (Hg.), Die Wirklichkeit der Medien. Eine Einführung in die Kommunikationswissenschaft, Westdeutscher Verlag, Opladen 1994, S. 119–123.*

1 *rezent:* gegenwärtig oder erst kürzlich vergangen
2 *Oral History:* Methode der Geschichtswissenschaft, die auf der Befragung von Zeitgenossen basiert; dabei sollen die Zeitzeugen möglichst wenig vom Historiker beeinflusst werden.
3 *literale Gesellschaft:* Gesellschaft mit schriftlicher Überlieferung; im Gegensatz zu oralen Gesellschaften, in denen das Wissen und die Tradition mündlich weitergegeben werden
4 *latent:* vorhanden, aber [noch] nicht unmittelbar sichtbar oder zu erfassen
5 *obsolet:* ungebräuchlich, veraltet
6 *amorph:* gestaltlos

1 Erläutern Sie, wie Assmann/Assmann (M 13) die Unterscheidung zwischen kommunikativem und kulturellem Gedächtnis bzw. zwischen Speicher- und Funktions-Gedächtnis begründen.
2 Ordnen Sie die folgenden Formen historischen Erinnerns den von Assmann/Assmann charakterisierten Gedächtnisarten zu: *Oral History*, Schulbuch, Gedenkfeier zum Reformationsjubiläum, Besuch eines vor- und frühgeschichtlichen Museums, Herrscherportraits, Feier am Tag der Deutschen Einheit, Fernsehdokumentation zum Kalten Krieg, Ausgabe des Nibelungenlieds, Tagebuch Ihrer Großmutter. Suchen Sie eigene Beispiele für die Begriffe kommunikatives und kulturelles Gedächtnis bzw. Speicher- und Funktions-Gedächtnis.
3 **Abschlussdiskussion:** In einem Aufsatz von 1989 schrieb der britische Historiker Peter Burke: „Schon oft hieß es, die Sieger hätten die Geschichte geschrieben. Und doch könnte man auch sagen: Die Sieger haben die Geschichte vergessen. Sie können sich's leisten, während es den Verlierern unmöglich ist, das Geschehene hinzunehmen: Diese sind dazu verdammt, über das Geschehene nachzugrübeln, es wiederzubeleben und Alternativen zu reflektieren." Nehmen Sie Stellung zu dieser These.

M 14 Der Historiker Christoph Cornelißen über den Begriff „Erinnerungskultur" (2003)

Indem sich die Geschichte seit der Aufklärung als forschende Wissenschaft konstituierte, stellte sie sich in einen Gegensatz zur Tradition, ja, sie verstand sich ihr gegenüber als eine kritische Prüfinstanz. Gleichwohl haben Studien zur Geschichtskultur, aber auch Arbeiten zur Historiographiegeschichte[1] wiederholt verdeutlicht, dass das fachwissenschaftliche Interesse von praktischen Orientierungsbedürfnissen angeleitet, streckenweise sogar dominiert blieb. Folglich müssen die Historiker und ihre Werke als integraler Bestandteil der Erinnerungskultur moderner Gesellschaften begriffen werden. [...] Es scheint aus den genannten Gründen sinnvoll, „Erinnerungskultur" als einen formalen Oberbegriff für alle denkbaren Formen der bewussten Erinnerung an historische Ereignisse, Persönlichkeiten und Prozesse zu verstehen, seien sie ästhetischer, politischer oder kognitiver Natur. Der Begriff umschließt also neben Formen des ahistorischen oder sogar antihistorischen kollektiven Gedächtnisses alle anderen Repräsentationsmodi von Geschichte, darunter den geschichtswissenschaftlichen Diskurs sowie die nur „privaten" Erinnerungen, jedenfalls soweit sie in der Öffentlichkeit Spuren hinterlassen haben. Als Träger dieser Kultur treten Individuen, soziale Gruppen oder sogar Nationen und Stätten in Erscheinung, teilweise in Übereinstimmung, teilweise aber auch in einem konfliktreichen Gegeneinander.

Christoph Cornelißen, Was heißt Erinnerungskultur? Begriff – Methoden – Perspektiven, in: Geschichte in Wissenschaft und Unterricht, Friedrich Verlag, Bd. 54, 2003, H. 10, S. 555.*

1 *Historiographiegeschichte:* Geschichte der Geschichtswissenschaft

1 Erläutern Sie den Begriff „Erinnerungskultur" von Cornelißen.
2 Vergleichen Sie den Begriff der „Erinnerungskultur" von Cornelißen (M 14) mit den Begriffen der „Geschichtskultur" von Rüsen (M 11) und Schönemann (M 12).

M 15 Der Zeithistoriker Edgar Wolfrum über „Geschichtspolitik" (1999)

Wenn über Geschichte verhandelt wird, wenn Geschichte zu einem politischen Kampfplatz [...] wird, [...] wenn alte Mythen durch neue ersetzt werden und Debatten über Schuld, Abrechnung, Bestrafung, Amnesie und Amnestie geführt werden, sind die Historiker [...] keineswegs mehr unter sich. [...] Bei der Frage nach den Funktionen von Geschichte sind die politischen Rahmenbedingungen und die politische Nutzung von Geschichte [...] viel stärker zu gewichten. Noch selten hat der Wahrheitsgehalt einer historischen Aussage allein deren öffentliche Wirkung bestimmt. Wenn die Geschichtswissenschaft nach historischer Wahrheit sucht, kann sie der kollektiven Erinnerung selbstverständlich widersprechen – Geschichtsvorstellungen können nachhaltig von politischen Funktionszuweisungen besetzt sein, die weit entfernt von den Funktionen liegen, die eine analytische, der wissenschaftlichen Objektivität verpflichtete Geschichtswissenschaft auszeichnen. [...]
Geschichtspolitik ist ein Handlungs- und Politikfeld, auf dem verschiedene Akteure Geschichte mit ihren spezifischen Interessen befrachten und politisch zu nutzen versuchen. [...]
Im Zentrum von Forschungen zur Geschichtspolitik steht [...] das zunächst noch sehr allgemeine Problem, wie Politik mit der Vergangenheit „gemacht" wird, unter welchen politischen Rahmenbedingungen und mit welchen Intentionen Geschichte in die Fänge aktueller Politikbedürfnisse gerät, schließlich welche Folgen sich daraus ergeben. Entscheidend ist nicht die Frage nach dem wissenschaftlichen Wahrheitsgehalt des vermittelten Geschichtsbildes, sondern die Frage, wie, durch wen, warum, mit welchen Mitteln, welcher Absicht und welcher Wirkung Erfahrungen mit der Vergangenheit thematisiert und politisch relevant werden. Es geht darum, die Verschränkung von Geschichte und Politik sowie deren Bedeutung für den politischen Willensbildungsprozess sichtbar zu machen, und zwar in einer Zeit beschleunigten sozialen Wandels, in der traditionelle Bindungskräfte nachlassen.

Edgar Wolfrum, Geschichtspolitik in der Bundesrepublik Deutschland, Wissenschaftliche Buchgesellschaft, Darmstadt 1999, S. 22 f., S. 25 f.*

M 16 Der Zeithistoriker Norbert Frei über „Vergangenheitspolitik" (1997)

Vergangenheitspolitik bezeichnet [...] einen politischen Prozess, der sich ungefähr über eine halbe Dekade erstreckte und durch hohe gesellschaftliche Akzeptanz gekennzeichnet war, ja geradezu kollektiv erwartet wurde. In erster Linie ging es dabei um Strafaufhebungen und Integrationsleistungen zugunsten eines Millionenheers ehemaliger Parteigenossen, die fast ausnahmslos in ihren sozialen, beruflichen und staatsbürgerlichen – nicht jedoch politischen – *Status quo ante* versetzt wurden, den sie im Zuge der Entnazifizierung, Internierung oder der Ahndung „politischer" Straftaten verloren hatten. In zweiter Linie, gewissermaßen flankierend, ging es um die politische und justizielle Grenzziehung gegenüber den ideologischen Restgruppen des Nationalsozialismus; dem jeweiligen Bedarf entsprechend, wurde der antinationalsozialistische Gründungskonsens der Nachkriegsdemokratie dabei punktuell neu kodifiziert. Was als Vergangenheitspolitik verstanden und untersucht werden soll, konstituiert sich somit aus den Elementen Amnestie, Integration und Abgrenzung.

Norbert Frei, Vergangenheitspolitik. Die Anfänge der Bundesrepublik und die NS-Vergangenheit, C. H. Beck, München 1996, Neuausgabe 2012, S. 13 f.*

1 Arbeiten Sie die zentralen Aufgaben und Ziele der Konzepte Geschichtspolitik und Vergangenheitspolitik heraus.
2 Vergleichen Sie die Konzepte Geschichtspolitik und Vergangenheitspolitik in M 15 und M 16 miteinander und arbeiten Sie deren Stärken und Schwächen heraus.

3 Prüfen Sie, ob sich in den Reden von Politikern historische Argumente finden, und diskutieren Sie, ob es sich hier um eine „politische Nutzung von Geschichte" handelt.

M 17 Die Kulturwissenschaftlerin Aleida Assmann über Jahrestage – Denkmäler in der Zeit (2005)

Neben linearer und zyklischer Zeit gibt es […] noch ein Drittes, was oft übersehen wird, und das ist die periodische Zeit der Kommemoration[1], die Zeit der Jahrestage. Einmaliges verwandelt sich dabei in Wiederholbares und Wiederholtes: der 7. Schöpfungstag wird jede Woche als Shabbat, der Auszug aus Ägypten wird jedes Jahr als Pessachfest wiederholt. Feste und Gedenktage übersetzen einmalige historische Ereignisse aus der linearen Zeit in die zyklische Zeit. *„Remember, remember the 5th of November"* sagen die Engländer und erinnern sich jährlich, seit 1606, an den Anschlag, der ein Jahr zuvor beinahe das englische Parlament in die Luft gesprengt hätte. An Luthers öffentliche Auftritte im Jahre 1517 haben sich die Protestanten hundert Jahre später in einer Gedenkfeier erinnert. Von dem emblematischen Ereignis, das sie zum Kristallisationspunkt ihrer Erinnerung gemacht und in den jährlichen Festkalender aufgenommen haben, ist heute nicht einmal klar, ob es wirklich stattgefunden hat: der Thesenanschlag am 31. Oktober an der Wittenberger Schlosskirche. Neben der linearen Zeit, der Zeit der Geschichte, verläuft nicht nur die zyklische Zeit der Natur und des Mythos, sondern auch die periodische Zeit der Erinnerung. Was in der linearen Zeit in zunehmende Distanz rückt und schließlich vergeht, wird in der periodischen Zeit in bestimmten Abständen immer wieder zurückgeholt und neu vergegenwärtigt. […]

Es lassen sich drei wichtige Funktionen von Jahrestagen unterscheiden. Die erste Funktion besteht in Anlässen für Interaktion und Partizipation. Dies entspricht der grundlegenden Bedeutung von Jahrestagen als performative Form der Wieder-Holung und Reaktivierung, mit der das Angebot neuer und gemeinsamer Erfahrungsbildung verbunden ist. Erinnern ist Wiederholen mittels Wiederholungen, sodass das, was wiederholt wird, letztlich die Wiederholung selbst ist. Es wird, mit anderen Worten, nichts Substantielles zurückgeholt, sondern vielmehr ein öffentlicher, allgemein zugänglicher Zeit-Raum der organisierten Wiederkehr von Vergangenheit geschaffen. Wiederholung hat die Aufgabe der Wiederverkörperung, der Reaktivierung, der Wiederbelebung. Sie fädelt die Vergangenheit in die Gegenwart ein, sie vollzieht Vergegenwärtigung in diesen performativen Akten des Rückgriffs. […]

Eine zweite Funktion von Jahrestagen besteht in der Gelegenheit für Wir-Inszenierungen. Vorgestellte Gemeinschaften wie Nationen, *corporate identities* wie Universitäten, Firmen und Städte, Interessengruppen wie Atomkriegsgegner oder Heimatvertriebene brauchen eine Bühne und ein Zeitfenster, in dem sie sich von Zeit zu Zeit als das darstellen und wahrnehmen können, was sie zu sein beanspruchen: eine kollektive Identität mit einem wahrnehmbaren Profil in der Anonymität der individualisierten demokratischen Gesellschaft. Jahrestage stellen dafür die nötigen Anlässe bereit. Ein Beispiel für eine spezifische Wir-Inszenierung ist die Entscheidung der israelischen Knesset im Jahre 1951, den Holocaust-Gedenktag zum einen auf die Helden der Ghetto-Kämpfer auszurichten und zum anderen auf den 27. Nissan[2] (Frühjahr) zu legen. Dies entspricht dem Wunsch, die Erinnerung an die Judenvernichtung im Zweiten Weltkrieg in eine kalendarische Nähe zu anderen jüdischen Katastrophen zu bringen und diese Traumata sodann jährlich in den Unabhängigkeitstag, den Triumph der Geburt des neuen Staates münden zu lassen.

Als eine dritte Funktion von Jahrestagen ist der Anstoß zur Reflexion zu nennen. Durch regelmäßige Wiederkehr und starke Ritualisierung eines liturgischen Gedächtnisses verwandelt sich Geschichte in Mythos; durch unregelmäßige Wiederkehr in Abständen von Dekaden oder Jahrhunderten und kontroverse Neudeutung des zugrundeliegenden Ereignisses verwandelt sich Mythos in Geschichte. Beispiele dafür sind die Festivitäten im Jahre 1989 zum 200-jährigen Jubiläum der Französischen Revolution oder im Jahre 1992 zum 500-jährigen Jubiläum der Entdeckung Amerikas durch Columbus. Die drei genannten Funktionen schließen sich keineswegs aus; sie markieren lediglich unterschiedliche Dimensionen und Akzentuierungen im weiten Spektrum der Kommemorations-Bedürfnisse und -Praktiken. […]

Solche Gedächtnispraxis bedarf einer Öffentlichkeit, die nicht mit Markt und Medien gleichzusetzen ist, und entspricht einem doppelten anthropologischen Bedürfnis: der Suche nach Orientierung und der Vergewisserung von Identität. Je schneller sich die lineare Zeit beschleunigt, desto wichtiger wird auch die periodische Zeit mit ihren festen wiederkehrenden Bezugspunkten. In der koordinierten Erinnerung an solche Orientierungsmarken erfahren und bestätigen Individuen ihre Zugehörigkeit zu einer gemeinsamen kulturellen Identität. In Ergänzung zu den einsamen Formen der kulturellen Teilhabe braucht die Gesellschaft Möglichkeiten einer gemeinsamen Vergewisserung kultureller Identität in einem öffentlichen Raum. Diesen Raum schaffen die Denkmäler in der Zeit.

Aleida Assmann, Jahrestage – Denkmäler in der Zeit, in: Paul Münch (Hg.), Jubiläum, Jubiläum … Zur Geschichte öffentlicher und privater Erinnerung, Klartext Verlag, Essen 2005, S. 309–311, S. 314.*

1 *Kommemoration:* Gedenken, Andenken
2 *Nissan:* Jüdischer Monat, der in die Zeit von April oder Mai fällt.

1 Arbeiten Sie die kulturelle Bedeutung von Jahres- und Erinnerungstagen heraus.
2 Geben Sie mit eigenen Worten wieder, welche Funktionen Jahres- und Erinnerungstage für die historische Erinnerung besitzen.
3 Erörtern Sie, ob der Begriff „Denkmäler in der Zeit" angemessen ist zur Charakterisierung von Jahres- und Erinnerungstagen.

M 18 „Stolpersteine" für die Familie Winter vor deren letzten Wohnstätte Kommenderiestraße 19 in Osnabrück, Fotografie, 2016.

Die Stolpersteine sind seit 1995 ein Projekt des Künstlers Gunter Demnig zur Erinnerung an die Opfer des Nationalsozialismus. Sie werden in den Bürgersteig vor ihren ehemaligen Wohnhäusern mit den eingravierten Namen und Lebensdaten der Opfer eingelassen.

1 Erörtern Sie, ob die „Stolpersteine" Denkmäler sind. Formulieren Sie dabei Argumente und Gegenargumente.
2 Wählen Sie ein anderes Denkmal in Ihrem Ort/Ihrer Region zum Vergleich und zur Überprüfung aus.

M 19 „Him", Skulptur des italienischen Künstlers Maurizio Cattelan, 2001

M 20 Die Museumspädagogin Alke Vieth über die Statue „Him" (2007)

„Ihm gelingen noch Kunst-Skandale", beginnt das Kunstmagazin „art" einen Artikel über den italienischen Künstler Maurizio Cattelan und seine 2001 entstandene Skulptur „Him". „Wie weit darf Kunst gehen?", ist die Frage, die sich an dieses Werk unbedingt anzuschließen scheint. […] Dabei erweckt der erste Blick auf dieses Kunstwerk zunächst einen beinahe harmlosen Eindruck. Blass und schmal in steifem Salz-und-Pfeffer-Anzug kniet die 101 cm große Wachsfigur in einem Saal, der allein durch seine Größe und Leere mehr an einen Kirchen- als an einen Ausstellungsraum erinnert. Der Betrachter, der sich – Cattelans Inszenierung folgend – von hinten und aus weiter Ferne nähert, nimmt eine irritierend realistisch wirkende Rückenfigur wahr, die doch zu klein ist, um echt zu sein. Erst wer sie erreicht und von vorne erblickt, erkennt das in Wachs gegossene Antlitz Adolf Hitlers. Die Augen sind auf einen Punkt in der Ferne fixiert, die Lippen schmal, die Wangen eingefallen. Der Betrachter kennt dieses Gesicht, er hat es unzählige Male in den Medien gesehen und er verbindet weitere Bilder mit ihm. In Sekundenschnelle ruft sein trainiertes Bildgedächtnis kollektive Bilderinnerungen auf. Allein die Haltung der Figur will so gar nicht passen. In diesem Saal wirkt sie wie zu einem Abendmahl platziert, dann vergessen und stehengelassen. Die Darstellung des Jahrhundertverbrechers in Büßerpose scheint entweder einer Verharmlosung oder einem schlechten Scherz gleichzukommen. Der Gedanke, dass gerade dieser Mensch einen Segen erwarten könne, scheint sich zu verbieten und die Frage drängt sich auf, ob es Vergebung für das unfassbare Grauen geben kann, das sich mit diesem Gesicht verbindet.

Alke Vieth, Führerbild und Bildführung. Maurizio Cattelans Him (2001) und Heinrich Hoffmanns Hitlerbilder, in: Inge Stephan, Alexandra Tacke (Hg.), NachBilder des Holocaust, Böhlau, Köln 2007, S. 171f.*

1 Beschreiben Sie die Wirkung, die die Statue „Him" (M 19) auf Sie hat.
2 Interpretieren Sie die Skulptur.
3 Vergleichen Sie diese künstlerische Darstellung mit der bekannten üblichen Darstellung Hitlers (die häufig eine Selbstdarstellung war).
4 Setzen Sie sich auseinander mit der in M 20 aufgeworfenen Frage, wie weit Kunst gehen darf.

M 21 Die Sozialwissenschaftler Harald Welzer und Dana Giesecke über eine „Renovierung der deutschen Erinnerungskultur" (2013)

Alltägliches Geschichtsbewusstsein setzt immer auf die Verlässlichkeit der Behauptung, etwas habe „hier" am authentischen Ort, sich zu einer bestimmten Zeit zugetragen. Die örtliche Beglaubigung des Historischen findet ihren Niederschlag noch heute in der Exkursion, die Studierende der Geschichte zu absolvieren haben [...]. Tatsächlich muss alles, was geschehen ist und bedeutsam war, durch einen Ort markiert sein – sei es der Limes, der Rütli, seien es Verdun oder Auschwitz. So geht es auch in der erinnerungskulturellen Praxis der Gegenwart um die Beglaubigung eines historischen Geschehens durch einen Ort, den man heute noch aufsuchen kann [...]. Genau deshalb ist Deutschland übersät mit Gedenktafeln, Gedenkorten, „Stolpersteinen" und zahllosen anderen örtlichen Markierungen. Solche Fixpunkte werden historisch genau in dem Augenblick gefunden und markiert, in dem das Bezugskollektiv nach Identität sucht – im Generationenwechsel zum Beispiel. Dann muss Identität über Ursprungsereignisse und -orte symbolisiert werden. Solange Traditionen stabil sind [...], bedarf es keiner Identitätsarbeit [...]. Stabile Identität ist fraglos. Fragile Identität dagegen braucht historische Vergewisserung: Orte, Stätten, Rituale, Anlässe. Nicht zufällig sind diese ja die Torwächter, die entscheiden, was aus dem kommunikativen in das kulturelle Gedächtnis überführt und auf relative Dauer gestellt wird.

Bei all dem schwingt immer schon mit, dass der Bezugspunkt des historischen Bewusstseins und der historischen Bildung nicht die Vergangenheit ist, sondern die Zukunft. [...] Historische Erfahrung und historisches Wissen haben Gebrauchswert nur, wenn sie sich auf eine Zukunft beziehen können, die jemand in einer jeweiligen Gegenwart erreichen möchte. [...]

Die dreistellige Relation Vergangenheit, Gegenwart und Zukunft, die Erinnerung per definitionem bildet, kann unter bestimmten erinnerungskulturellen Voraussetzungen vereinseitigt werden, sodass gesellschaftlich die mentalen Zeitreisen immer nur in die Vergangenheit und nicht mehr in die Gegenrichtung führen. Dafür kann die Schwerkraft sozialer Katastrophen verantwortlich sein, zumal die der nationalsozialistischen Verbrechen und des Holocaust.

Wenn eine solche Vereinseitigung stattfindet, schrumpft der Zukunftshorizont und weitet sich im selben Maß die Vergangenheitsbezogenheit. In den Schulen lernen die Kinder dann viel über die Schrecken der Vergangenheit und darüber, was „nie wieder" zu geschehen habe, aber sie lernen wenig über die möglichen Zukünfte, die in der Gegenwart stecken. [...] In der Politik werden Entscheidungen neuerdings damit begründet, dass sie alternativlos seien, was nur dann möglich ist, wenn der Bezugspunkt des Politischen die schiere Gegenwart ist und eben nicht die Zukunft: Vorausentwürfe auf etwas Zukünftiges und davon ausgehende Entscheidungen können nie alternativlos sein. Deshalb ist Demokratie die Abwägung alternativer Möglichkeiten. Alternativlosigkeit markiert dagegen die Diktatur einer zukunftsvergessenen Gegenwart. [...]

Vieles an der geschichts- und erinnerungskulturellen Praxis ist schal geworden, petrifiziert, inhaltsleer – und zwar exakt wegen ihrer Vergangenheitsfixierung. Schülerinnen und Schüler werden zugleich in mehreren Fächern parallel mit dem Nationalsozialismus und dem Holocaust traktiert, wobei die Praxis, Fakten in einem Atemzug mit der dazugehörigen moralischen Botschaft zu vermitteln, seit Jahrzehnten unproblematisiert bleibt. Immer noch hält man es für eine gedenktafelrelevante Erkenntnis, wenn man dabei feststellt, dass auch an Ort X oder Y nationalsozi-

alistische Verbrechen begangen worden sind. Das war überall in Deutschland und in den besetzten Gebieten der Fall, weshalb der Erkenntniswert des einzelnen Falles inzwischen gegen null geht. [...]
Eine repräsentative Befragung von Jugendlichen ab 14 Jahren, die TNS-Infratest im Auftrag der ZEIT im Jahr 2010 durchgeführt hat, kommt zu dem Ergebnis, dass mehr als zwei Drittel der befragten Jugendlichen sich für die Geschichte von Nationalsozialismus und Holocaust interessieren. [...] 80 Prozent halten Holocaustgedenken für sinnvoll. [...] Das Erziehungsziel historisch-politischer Bildung kann also als erreicht betrachtet werden [...]. Aber das erfreuliche Gesamtergebnis hat einen Haken: 40 Prozent der Jugendlichen glauben, sich beim Thema NS-Zeit „politisch korrekt" verhalten zu müssen, 43 Prozent fühlen sich genötigt, „Betroffenheit" zu zeigen, wenn dieses Thema angesprochen wird, und 39 Prozent beklagen, dass man über die NS-Zeit keine Witze machen dürfe [...]. Hier zeigt sich also ein paradoxer Befund: Während die Bedeutung der Vermittlung der Geschichte von Nationalsozialismus und Holocaust von den Jugendlichen mehrheitlich akzeptiert wird und daraus auch Transfers für das eigene Verhalten abgeleitet werden, übersetzt sich die Vermittlungspraxis bei nicht wenigen in ein Gefühl der Freiheitseinschränkung – mithin das genaue Gegenteil dessen, was durch die Erziehung zur Demokratiefähigkeit und zur Zivilcourage erreicht werden soll. [...]
Es ist heute nicht mehr nötig zu fordern, dass an den Holocaust zu erinnern und der Opfer zu gedenken sei – daran hat gesamtgesellschaftlich außer ein paar Neonazis niemand auch nur den geringsten Zweifel und die geringste Kritik. [...] Während die bewusstseinsbildenden Funktionen der unermüdlichen Mahnung, man möge „nicht vergessen", radikal überschätzt werden, wird die negative Wirkung wiederholter Formeln auf intelligente Menschen radikal unterschätzt. Überhaupt kann man – mit Jan-Philipp Reemtsma – die Idee, „man könne erfolgversprechend vor Gegenwärtigem warnen, wenn man zeigt, wohin das mal geführt hat", für „nicht besonders gut halten" [...] oder [...] der begründeten Auffassung sein, dass man nichts über die SA wissen muss, um zu wissen, dass man das Haus der türkischen Nachbarn nicht anzünden darf.

Harald Welzer, Dana Giesecke, Das Menschenmögliche. Zur Renovierung der deutschen Erinnerungskultur, Edition Körber-Stiftung, Hamburg 2012, S. 11–27.*

1 **Fishbowl-Diskussion:** Welzer und Giesecke fordern eine „Renovierung der deutschen Erinnerungskultur". Bereiten Sie hierzu eine Fishbowl-Diskussion vor, indem Sie Gruppen bilden, die unterschiedliche Beteiligte an der deutschen Geschichtskultur und -politik repräsentieren: Lehrerverbände, Schülerinnen und Schüler, Politiker unterschiedlicher Parteien, Didaktiker.
a) Werten Sie den Text aus, um eine Argumentation vorzubereiten. Ziehen Sie gegebenenfalls andere Materialien hinzu.
b) Wählen Sie ein Kursmitglied aus, um die Diskussion zu leiten und zu moderieren.
c) Bilden Sie zwei Stuhlkreise: Im inneren Stuhlkreis sitzen die Diskutierenden und der oder die Moderator/in, im äußeren das Publikum. Im Innenkreis befindet sich ein „Gaststuhl", falls Kursteilnehmer aus dem Außenkreis etwas zur Diskussion beitragen wollen.

Anwenden

M1 Der Ägyptologe und Kulturwissenschaftler Jan Assmann über „Erinnerungskultur" (2002)

Bei der Erinnerungskultur […] handelt es sich um die Einhaltung einer sozialen Verpflichtung. Sie ist auf die Gruppe bezogen. Hier geht es um die Frage: „Was dürfen wir nicht vergessen?" Zu jeder Gruppe gehört, mehr oder weniger explizit, eine solche Frage. Dort, wo sie zentral ist und Identität und Selbstverständnis der Gruppe bestimmt, dürfen wir von „Gedächtnisgemeinschaften" (P. Nora) sprechen. Erinnerungskultur hat es mit „Gedächtnis, das Gemeinschaft stiftet", zu tun. […] Es lässt sich schlechterdings keine soziale Gruppe denken, in der sich nicht – in wie abgeschwächter Form auch immer – Formen von Erinnerungskultur nachweisen ließen.

Jan Assmann, Das kulturelle Gedächtnis. Schrift, Erinnerung und politische Identität in frühen Hochkulturen, C. H. Beck, 4. Aufl., München 2002, S. 30.*

1 Wählen Sie jeweils eine Gruppe (z. B. Partei, Familie, Kirche, Verein, Nation) aus und erörtern Sie, was von dieser Gruppe „nicht vergessen werden darf".
2 Diskutieren Sie die Bedeutung von Erinnerungen für eine religiöse Gemeinschaft wie z. B. das Jesidentum, das Christentum, Judentum oder den Islam.

M2 Online-Werbung für eine „Erlebnisführung" in Trier (2019)

Live dabei sein, wenn die Porta Nigra gegen angreifende Barbaren verteidigt werden muss? Das geht! In der Erlebnisführung „Das Geheimnis der Porta Nigra" erwartet die Teilnehmer eine faszinierende Zeitreise in das römische Trier vor 1 800 Jahren, als das Leben gefährlich und die tägliche Arbeit mühsam war – erst recht als römischer Soldat. Entsprechend viel hat der Zenturio auch zu berichten: Gespielt von einem professionellen Schauspieler erzählt er von glanzvoller Pracht und düsterem Kampf, von Ruhm und Vergänglichkeit, von römischem Stolz und barbarischem Trotz. „Das Geheimnis der Porta Nigra" […] garantiert einen anderen Blick auf und in das römische Gebäude, das wie kein anderes die UNESCO-Welterbestadt Trier repräsentiert: die Porta Nigra. Interaktiv werden die Zuschauer in die spannende Geschichte des Bauwerks hineingezogen […].

Zit. nach: https://www.trier-info.de/fuehrungen-fuer-gruppen/das-geheimnis-der-porta-nigra (abgerufen am 14. Oktober 2019).

1 Erörtern Sie, welches Bild der Antike den Besuchern der Website und potenziellen Trier-Touristen vermittelt wird, und bewerten Sie diese Werbung.

M3 In der rekonstruierten eisenzeitlichen Wehrsiedlung Westgreußen in Thüringen spielen Darsteller des Funkenburgvereins die Schlacht um die Funkenburg nach, Fotografie, 2018

Wiederholen

M 4 Zum 200. Jahrestag stellen Teilnehmer aus 52 Ländern die zweitägige Schlacht bei Waterloo, einem kleinen Ort bei Brüssel, originalgetreu nach, Fotografie, 2015.
Napoleon wurde hier 1815 durch die verbündeten Heere der Briten und Preußen endgültig geschlagen.

Zentrale Begriffe
Erinnerungskultur
Geschichtsbewusstsein
Geschichtskultur
Geschichtspolitik
Kommunikatives Gedächtnis
Kulturelles Gedächtnis
Living History
Reenactment
Überreste
Vergangenheit

1 Viele der *Reenactment-* oder *Living-History*-Veranstaltungen lassen kriegerische Auseinandersetzungen wiederauferstehen (M 3, M 4). Stellen Sie begründete Mutmaßungen darüber an, warum diese historischen Ereignisse für die Nachstellung so attraktiv scheinen.
2 **Vertiefung:** In den USA gibt es jährlich dutzende Reenactment- und Living-History-Veranstaltungen zu historischen Schlachten des 18. bis 20. Jahrhunderts.
Eine der größten Veranstaltungen, die an den Unabhängigkeitskrieg erinnert, ist das jedes Frühjahr stattfindende Revolutionary War Weekend in Mount Vernon, dem historischen Landsitz von George Washington.
Recherchieren Sie, welche Bedeutung der Unabhängigkeitskrieg heute noch für das Selbstverständnis der modernen USA hat.
3 Überprüfen Sie die Behauptung, dass es einen engen Zusammenhang zwischen Nationalismus und *Reenactment* gibt.
4 **Wahlaufgabe:** Bearbeiten Sie a) oder b).
Zeitzeugen sind für die Erinnerung an die deutsche Geschichte des 20. Jahrhunderts bislang von überragender Bedeutung, doch immer weniger von ihnen leben noch.
   a) Recherchieren Sie bei verschiedenen Museen oder Gedenkstätten, wie die Institutionen mit dieser Situation in ihrer museumspädagogischen Arbeit umgehen.
   b) Entwickeln Sie eigene Ideen, das Gedenken weiterzutragen, auch wenn es keine Zeitzeugen mehr geben wird.

4.2 Nationale Gedenk- und Feiertage in verschiedenen Ländern

M1 Plakate zum Tag der Deutschen Einheit am 3. Oktober 2019 in Kiel

1776 | 4. Juli: Unabhängigkeitserklärung der USA
Die Bürger feiern seit 1776 diesen Tag als Nationalfeiertag; seit 1941 ist der 4. Juli gesetzlicher Feiertag.

1789 | 14. Juli: Sturm auf die Bastille während der Französischen Revolution
Die Franzosen feiern seit 1790 am 14. Juli ein Fest; erst 1880 erklärt die Volksvertretung diesen Tag zum Nationalfeiertag.

4.2 Nationale Gedenk- und Feiertage in verschiedenen Ländern

„Jeder Tag ein Gedenktag" – so betitelte der österreichisch-jüdische Überlebende des Holocaust Simon Wiesenthal seine Chronik des jüdischen Leidens während der nationalsozialistischen Herrschaft, die Millionen Menschen das Leben gekostet haben. Von den zahlreichen Unrechts- und Gewalttaten in der Geschichte haben sich jedoch nur
5 wenige im Gedächtnis breiter Bevölkerungsschichten eingeprägt. An nationalen Gedenk- und Feiertagen erinnern sich Menschen öffentlich an Ereignisse, Personen oder Vorgänge, denen eine gesellschaftliche, nationale, übernationale oder sogar universelle Bedeutung zugesprochen wird. Diese Gedenktage entstammen unterschiedlichen Traditionen, haben verschiedene Ursprünge, erinnern an mannigfaltige Geschehnisse, wer-
10 den vom Staat oder anderen Institutionen und Gruppen zu erinnerungswürdigen Tagen der historischen Rückbesinnung erhoben und auf vielfältige Weise gestaltet. Wer sich mit den verschiedenen nationalen Gedenk- und Feiertagen beschäftigt, muss daher nach den Ursprüngen ebenso fragen wie nach der Bedeutung und dem Bedeutungswandel sowie den Formen, wie Gedenktage gestaltet wurden und werden. Sind sie
15 Gedenk- oder Feiertage, wie wird an diesen Tagen des Erinnerns die Geschichte wahrgenommen und welchen Stellenwert besitzen sie für Politik, Gesellschaft und Kultur der jeweiligen Länder? Bei der Analyse nationaler Gedenk- und Feiertage sind vielfältige geschichtliche Formen der Erinnerung zu beschreiben und zu erklären und deren Auswirkungen auf die Geschichts- und Erinnerungskulturen zu untersuchen. Überdies for-
20 dert die kritische Auseinandersetzung mit dem Gedenken an bedeutende Ereignisse zur konkreten Stellungnahme heraus. Positive und negative Wert- und Sachurteile über aktuelle Feiern und Feste sind zu formulieren und zu begründen. Außerdem sollten realistische Alternativen vorgeschlagen und diskutiert werden.

1 Analysieren Sie die Plakate (M 1) zum Tag der Deutschen Einheit 2019. Welche Aussagen werden getroffen bzw. sollen beim Betrachter geweckt werden?
Tipp: Achten Sie auf die verwendeten Textelemente.
2 **Begriffscluster:** Stellen Sie anhand des Darstellungstextes und mithilfe des Zeitstrahls die zentralen Merkmale von nationalen Gedenk- und Feiertagen zusammen. Berücksichtigen Sie dabei auch eigene Begriffe und Assoziationen, die Ihnen hierfür relevant erscheinen. Erläutern Sie diese.
3 Erläutern Sie auf der Grundlage Ihrer Zusammenstellung, welche Besonderheiten nationale Gedenk- und Feiertage für die Geschichts- und Erinnerungskultur haben können.
4 **Partnerarbeit:** Entwickeln Sie gemeinsam Fragen, die sich für Sie mit dem Thema „Nationale Gedenk- und Feiertage in verschiedenen Ländern" verbinden. Notieren Sie diese, sodass Sie sie nach der Bearbeitung dieses Kapitels noch einmal aufrufen und bearbeiten können.

Zeitstrahl:

1919 | 11. August: Reichspräsident Ebert unterzeichnet die Verfassung der ersten deutschen Demokratie. In der Weimarer Republik ist der Verfassungstag von 1921 bis 1932 Nationalfeiertag.

1938 | 9. November: Reichspogromnacht gegen Jüdinnen und Juden im Deutschen Reich

1945 | 9. Mai: Tag des Sieges der Sowjetunion im Großen Vaterländischen Krieg. Diesen Tag feiert die Sowjetunion seit 1965 als Nationalfeiertag.

1953 | 17. Juni: Volksaufstand in der DDR. Die Bundesrepublik erklärt den 17. Juni zum Nationalfeiertag.

1989 | 9. November: Öffnung der Grenze zwischen der DDR und der BRD

1990 | 3. Oktober: Wiedervereinigung des geteilten Deutschlands. Mit der Wiedervereinigung verliert der 17. Juni seinen Rang als nationaler Feiertag und wird Gedenktag; Nationalfeiertag wird der 3. Oktober.

| 1900 | 1950 | 2000 |

4.2 Nationale Gedenk- und Feiertage in verschiedenen Ländern

In diesem Kapitel geht es um
- *die Entstehung und Gestaltung von Gedenk- und Feiertagen,*
- *eine kritische Analyse nationaler Gedenk- und Feiertage sowie*
- *Vorschläge für eine alternative Gestaltung eines Nationalfeiertages.*

Jährliche Gedenk- und Feiertage

Kernmodul: ▶ Kap. 4.1 (S. 404 ff.)

Gedenktage besitzen eine **lange Tradition**. Sie reicht bis in die **Antike** zurück und war in ihren Anfängen durch ein mythisch-religiöses Geschichtsbewusstsein geprägt. Menschen gedachten an jährlich wiederkehrenden Gedenktagen ihrer Ursprünge und Erfahrungen, um auf diese Weise ihre Gemeinschaft zu festigen und zu stärken. So feiern **Juden** seit jeher am Pessach-Fest den Auszug ihrer Vorfahren aus Ägypten und deren Befreiung von der Tyrannei des Pharaos. Das Volk Israel erinnerte sich während religiöser Feste an seine gemeinsame Abstammung. Dabei erzählte es sich seine Geschichte und die Geschichte seines göttlichen Stammvaters. Die Erinnerung an das göttliche Wesen, dem das Volk seine Existenz verdankte, sollte den Zusammenhalt des Volkes in Gegenwart und Zukunft sichern. Auch die **Römer** feierten an ihren Gedenktagen bedeutsame Ereignisse. Es handelte sich um den Amtsantritt der neu gewählten Konsuln und bedeutende Siege oder Niederlagen. Das **Christentum** besaß von Anfang an seine Gedenktage, zu denen Weihnachten und Ostern gehören. Diese Feste beziehen sich nicht auf die Geschichte eines Volkes oder Stammes, sondern halten das Gedächtnis an die Lebensgeschichte des christlichen Religionsgründers wach. Jährlich begangene Gedenktage erinnern zudem an Heilige. Mit der Spaltung des Christentums in verschiedene Kirchen und Konfessionen bildeten sich neue Gedenktage heraus, von denen der wichtigste der Reformationstag am 31. Oktober ist. Die protestantischen Christen erinnern an diesem Tag an den Thesenanschlag Martin Luthers im Jahre 1517. Überdies würdigten Agrargesellschaften in früheren Epochen an Gedenktagen die Fruchtbarkeit des Landes oder die Ernteerträge, die sie erwirtschafteten. Der **neuzeitliche Staat** griff das kirchliche Vorbild auf und ergänzte die christlichen Gedenktage durch **National- und Staatsfeiertage**. Diese erinnern an die Ursprünge von Staaten und Nationen, die als politisch-staatlicher Neubeginn aufgefasst wurden und werden. Während dieser Feiern wird häufig auch der Persönlichkeiten gedacht, die sich um die neue politische Gemeinschaft verdient gemacht haben.

Dass es an solchen National- und Staatsfeiertagen nicht nur um Vergangenheit und Gegenwart geht, sondern immer auch Zukunftserwartungen formuliert werden, lässt sich an den **Ritualen diktatorischer Regimes** veranschaulichen. So wurde in der **Sowjetunion** nach der Oktoberrevolution 1917 jährlich der revolutionäre Wandel bei der Entstehung der kommunistischen Gesellschaft gefeiert. Dabei lobte die sowjetische Führung das Erreichte, malte die verheißungsvolle Zukunft aus und ehrte Staatsgründer und Staatsverwaltung im Personenkult. Ähnlich gingen die **Nationalsozialisten** während ihrer Herrschaft 1933–1945 an ihren Gedenktagen vor: Sie erklärten den Aufstieg der nationalsozialistischen Partei zum Anfang vom Ende des „zerrissenen" Deutschland, stellten die „Volksgemeinschaft" der NS-Diktatur als die beste Alternative zur in ihren Augen gescheiterten Weimarer Demokratie dar und entwarfen, wie der Führer Adolf Hitler es einmal formulierte, die Zukunftsvision eines Deutschen Reiches von der „Größe und der Ehre und der Kraft und der Herrlichkeit und der Gerechtigkeit." Fackelschein und Lichtdome verliehen den nationalsozialistischen Feiern häufig eine glanzvolle Erscheinung und einen besonderen kultischen Charakter.

Jubiläen

Neben den jährlichen Gedenktagen gibt es mit Jubiläen noch eine zweite Form von Gedenktagen. Diese begehen ihre **Feierlichkeiten nach einer runden Zahl von Jahren** – nach 10, 25, 50 oder 100 und mehr Jahren. Obwohl sich Jubiläen erst seit dem ausgehenden 18. Jahrhundert, seit dem Zeitalter des Nationalismus, immer stärker verbreiteten, verweist der Begriff „Jubiläum" auf ein altes Muster der Erinnerung an bedeutsame Ereignisse. In der **jüdischen Tradition** galt als Jubeljahr* das Jahr der Befreiung von Sünden und der Versöhnung mit Gott; es wurde begangen nach sieben mal sieben plus einem Jahr/en bzw. nach 50 Jahren. Ähnlich wie beim jüdischen Jubeljahr erklärte in der Geschichte der **christlichen Kirche** Papst Bonifaz VIII. das Jahr 1300 zum „Heiligen Jahr", an dem er einen Sündenablass gewährte. Seitdem hat die Kirche im Abstand von 25, 50, 100, mitunter auch von 33 Jahren – ein Jahrhundertdrittel und die Lebenszeit von Jesus – „heilige Jahre" eingerichtet. Die „runden Jubiläumsdaten", die für **neuzeitliche Staaten und Gesellschaften** charakteristisch sind, setzten die christliche Tradition an weltlichen Gedenk- und Feiertagen fort. Mit der Erinnerung an bedeutsame Ereignisse und Persönlichkeiten sollten die Gemeinsamkeiten der Menschen in Staat und Gesellschaft gefördert und der Zusammenhalt der Nation gestärkt werden. Die neuzeitlichen Gedenktage werden von unterschiedlichen staatlichen oder gesellschaftlichen Institutionen und sozialen oder kulturellen Gruppen ins Leben gerufen, die **die Bildung einer auch historisch untermauerten gemeinsamen Identität** anstreben. Das geschieht in Staatsakten oder offiziellen politischen Feiern, aber auch volkstümliche Vergnügungen spielen eine Rolle. Staaten veranstalten Gedenktage, um Traditionen zu schaffen, Identifikation und Loyalität gegenüber dem politisch-sozialen System zu fördern und ein möglichst einheitliches Geschichtsbewusstsein herzustellen. An den nationalen Gedenk- und Feiertagen wird deswegen in der Regel an Ursprünge und Herkunft, an Wendezeiten und Neuanfänge, an Kontinuitäten und Veränderungen sowie an daran beteiligte Persönlichkeiten erinnert. Auch Gedenktage, die unterhalb der staatlichen Ebene veranstaltet werden, berufen sich auf die Geschichte. So wollte z. B. die Arbeiterbewegung im kaiserlichen Deutschland den Zusammenhalt der Arbeiterschaft fördern und deren Lebensbedingungen verbessern.

Historische und gegenwärtige Gedenktage

Neben den „offiziellen" Nationalfeiertagen gibt es auch Gedenktage, die an wichtige Ereignisse erinnern, ohne dass sie vom Staat „verordnet" oder zu Feiertagen erklärt worden sind. Die deutsche Geschichte des 19. und 20. Jahrhunderts bietet dafür gute Beispiele. Die **Gedenktage der Vergangenheit** besaßen in ihrer Epoche einen symbolischen Wert und politisch-soziale Bedeutung, sind aber heute überholt, vergessen oder abgeschafft. Historiker befassen sich noch mit ihnen, weil sich an ihnen das politische und historische Selbstverständnis früherer Zeiten analysieren und verdeutlichen lässt. Der Jahrestag der Völkerschlacht bei Leipzig, der 1817 gemeinsam als vierjähriges Jubiläum mit dem 300. Jahrestag des Thesenanschlags von Luther auf der Wartburg gefeiert wurde, offenbart die wachsende Strahlkraft des aufstrebenden politischen Nationalismus während des beginnenden 19. Jahrhunderts. Feiertage wie der Sedantag, der den deutschen Sieg über Frankreich 1870/71 benutzte, um die nationale Gesinnung der Deutschen zu fördern, war schon bald nach dem Ende des Kaiserreiches ebenso vergessen wie „Kaisers Geburtstag", das Kennzeichen eines übersteigerten Kaiserkultes. Ähnlich erging es den nationalsozialistischen Gedenktagen wie dem 30. Januar als „Tag der Machtergreifung" oder dem 20. April als „Geburtstag des Führers". Zwischen 1949 und 1990, als **Deutschland in zwei Staaten geteilt** war, gab es fast nur getrennte Gedenktage in Ost und West. In der kommunistischen DDR wurden etwa der Nationalfeiertag am 7. Oktober als Erinnerung an die Staatsgründung und der 7. No-

Jubel
Das Substantiv leitet sich wortgeschichtlich von dem hebräischen Wort „*jobel*" ab, dem Widderhorn, mit dessen „Freudenschall" das Jahr begann. Das Widderhorn wurde zu dem alle 50 Jahre gefeierten Halljahr, dem Erlassjahr der Juden, geblasen. In einem Erlassjahr, jedem 50. Jahr nach dem siebten von sieben Sabbatjahren, also nach 49 Jahren, wurde ein Schuldenerlass gewährt, Erbland zurückgegeben und Schuldsklaverei aufgehoben.

M1 Zug der Turner auf die Wartburg am 4. Jahrestag der Völkerschlacht bei Leipzig am 18. Oktober 1817, kolorierter Holzstich, 1817

▶ M 1: Wartburgfest 1817

4.2 Nationale Gedenk- und Feiertage in verschiedenen Ländern

M2 Militärparade in Ostberlin anlässlich des 20. Jahrestages der Gründung der DDR, Fotografie, 1969

vember als „Tag der Großen Sozialistischen Oktoberrevolution" des Bundesgenossen Sowjetunion gefeiert. In der liberal-demokratischen Bundesrepublik erinnerten die Gedenktage anlässlich des Aufstandes der DDR-Bürger 1953 am 17. Juni und des Mauerbaus 1961 am 13. August an Ereignisse in der DDR. Die Gedenk- und Feiertage der DDR sind nach 1989/90 fast vollständig verschwunden, die bundesdeutschen zu gesamtdeutschen geworden. Gleichzeitig zeigen einzelne Tage, dass sich Gedenktage grundlegend verändern können. Das gilt für den 8. Mai etwa, an dem das Deutsche Reich 1945 bedingungslos kapitulierte und den Zweiten Weltkrieg beendete. Der Gedenktag war in der Bundesrepublik lange Zeit umstritten. War es ein Tag der Freude über das Kriegsende und das Ende der NS-Herrschaft oder ein Tag der militärischen Niederlage, gar der nationalen Katastrophe? Erst mit dem allmählichen Wandel der Erinnerungskultur, symbolisiert in der Rede von Bundespräsident Richard von Weizsäcker zum 40. Jahrestag 1985, konnte der 8. Mai als „Tag der Befreiung" angenommen werden.

In der Bundesrepublik Deutschland stehen neben dem Nationalfeiertag am 3. Oktober gegenwärtig **Gedenktage niederen Ranges**. Hierzu gehören der 27. Januar als Tag des Gedenkens an die Opfer des Nationalsozialismus, der 1. Mai als – arbeitsfreier – „Tag der Arbeit", der 5. beziehungsweise 9. Mai als Europatag, der 23. Mai als Verfassungstag, der 17. Juni als Jahrestag des Volksaufstandes in der DDR, der 20. Juni als Gedenktag für die Opfer von Flucht und Vertreibung, der 20. Juli als Tag des Gedenkens an den Deutschen Widerstand gegen das NS-Regime, der 23. August als Europäischer Tag des Gedenkens an die Opfer von Stalinismus und Nationalsozialismus und der Volkstrauertag. Unterhalb der staatlich-politischen Ebene feiern zahlreiche Institutionen, Vereine und Gruppen Gedenkveranstaltungen, in denen die Jubilare ihre Traditionen pflegen und ihre Bedeutung hervorheben. Der Kreis reicht von Taubenzüchtervereinen, Gesangvereinen oder der Freiwilligen Feuerwehr über die unterschiedlichen Dörfer und Städte bis hin zu Verbänden, Geschäften und Unternehmen.

Der 9. November in der deutschen Geschichte

▶ M 5: Ansprache Bundespräsident Steinmeier zum 100. Jahrestag der Ausrufung der Republik

Der 9. November ist ein zwiespältiger Gedenk- und Erinnerungstag. Dieser Tag verknüpft und symbolisiert Größe und Tragik sowie Schuld und Verhängnis der deutschen Geschichte des 20. Jahrhunderts.

Der 9. November 1918 markiert einen entscheidenden Einschnitt in der Geschichte der Novemberrevolution 1918/19 und der deutschen Demokratie. Der Erste Weltkrieg endete, der Kaiser musste ebenso abdanken wie die einzelstaatlichen Monarchen. Mit dem Ende der Monarchie begann die Geschichte der Weimarer Republik, die eine parlamentarische Demokratie mit dem allgemeinen, gleichen und geheimen Wahlrecht für Männer und Frauen war – im Reich, in den Ländern und in den Kommunen.

▶ Kap. 3.3: Krise und Stabilisierung – die Weimarer Republik 1919 bis 1929 (S. 302 ff.)

Der hoffnungsfrohe Beginn der neuen demokratischen Staats- und Verfassungsordnung 1919 darf nicht darüber hinwegtäuschen, dass die Weimarer Republik in ihren ersten Jahren einige schwere Krisen zu bewältigen hatte. Eine dieser Bedrohungen der freiheitlichen und demokratischen Staats- und Gesellschaftsordnung war der Hitler-Putsch in München am 9. November 1923. Der Umsturzversuch, der den Namen „Marsch zur Feldherrnhalle" trug, sollte die von der Revolution ausgehende Demokratisierung Deutschlands rückgängig machen und eine „nationale" Revolution auslösen. Das gelang allerdings nicht 1923, sondern erst 1933, als Hitler Reichskanzler geworden war und Deutschland in eine verbrecherische Diktatur umwandelte. 1923 stoppte die bayerische Landespolizei die Nationalsozialisten und das Gericht verurteilte Hitler zu einer milden Haftstrafe von fünf Jahren Festungshaft. Seine vorzeitige Entlassung 1924

▶ M 6: Mahnmal zum Hitler-Putsch an der Münchner Feldherrnhalle

bestätigten Kritiker der Weimarer Justiz, die von einer einseitigen politischen Justiz sprachen. Sie habe linksextremistische Straftaten hart bestraft, dagegen über rechtsextremistische Verbrechen nachsichtig geurteilt und sei daher auf dem rechten Auge blind gewesen.

Die Folgen der Ereignisse von 1923 und 1933 verdeutlicht nicht zuletzt der 9. November 1938, als die nationalsozialistischen Machthaber ein Pogrom gegen deutsche Juden organisierten.

Die Misshandlungen, Verhaftungen, Ausschreitungen, Sachbeschädigungen und brutalen Morde zielten nicht allein auf die Diskriminierung und Ausgrenzung der deutschen Juden, sondern auf die Vertreibung und die Auslöschung jüdischer Kultur in Deutschland. Das NS-Regime zeigte so seinen unverhüllten Vernichtungswillen gegenüber den Juden, den sie im Zweiten Weltkrieg mit massenhaften Deportationen und der Ermordung der europäischen Juden verwirklichten. Nach dem 9. November 1938 konnte niemand mehr aufrichtig behaupten, er habe vom mörderischen Antisemitismus der Nationalsozialisten nichts gewusst.

Im Gegensatz zum 9. November 1938 knüpft der Fall der Mauer am 9. November 1989 wieder an die in der Revolution 1918/19 begonnene demokratische Tradition an. Mit der Öffnung der Grenze zur Bundesrepublik reagierte die in die Defensive geratene DDR-Führung auf den wachsenden Widerstand gegen ihre Herrschaft. Bürgerrechtsbewegung, Massendemonstrationen und Massenflucht hatten eine „friedliche Revolution" in der DDR ausgelöst, die zur Wiedervereinigung Deutschlands 1990 und zur Demokratisierung des diktatorisch regierten Staatswesens im östlichen deutschen Teilstaat führten. Diese Entwicklung des vereinigten Deutschlands wurde eingebettet in die fortschreitende Integration Europas. Damit endete in Deutschland wie in den meisten anderen europäischen Staaten der Kampf zwischen Diktatur und Demokratie mit dem Sieg der Demokratie.

▶ M 7: Ansprache Präsident des Zentralrats der Juden in Deutschland Schuster zum 80. Jahrestag der „Reichspogromnacht"

4. Juli: Unabhängigkeitstag in den USA

Mit der Unabhängigkeitserklärung vom 4. Juli 1776 trennten sich die nordamerikanischen Kolonien vom Mutterland Großbritannien. Seitdem feiern die Amerikaner am 4. Juli den *Independence Day*, der 1941 in den USA zum gesetzlichen Feiertag erklärt wurde. Die Unabhängigkeitserklärung war das Ergebnis einer konfliktreichen Eskalation zwischen den nordamerikanischen Kolonien und dem britischen Mutterland. Als die britische Regierung wegen erschöpfter Staatsfinanzen die Kolonien an der Schuldentilgung beteiligen wollte, löste das anfangs Unmut, aber keinen Widerstand bei den amerikanischen Siedlern aus. Eine für das britische Mutterland bedrohliche Opposition entstand erst, als das Londoner Parlament nach dem Siebenjährigen Krieg (1756–1763) neue Steuern und Zölle einführte. Aufgrund der wachsenden und sich radikalisierenden Proteste in den Kolonien zogen Regierung und Parlament in Großbritannien diese Gesetze wieder zurück. Das führte jedoch nicht zu einer Beruhigung der aufgewühlten Situation. Als das englische Parlament Strafgesetze gegen Massachusetts erließ, beschlossen die Vertreter aller Kolonien 1774 einen Boykott aller britischen Waren. Die danach einsetzende militärische Auseinandersetzung führte zum offenen Krieg, der mit dem Sieg der amerikanischen Truppen endete. Aus einem Konflikt um Wirtschafts- und Steuerfragen war ein Kampf um Grundsatzfragen von Recht und Verfassung geworden. Der Gedanke einer völligen Trennung vom Mutterland setzte sich aber erst im Januar 1776 in weiten Teilen der weißen Siedler durch.

Die Unabhängigkeitserklärung, die der Kontinentalkongress am 4. Juli 1776 verkündete, begründete die Trennung der nordamerikanischen Kolonien vom Mutterland mit dem im englischen Rechtsdenken verankerten Widerstandsrecht gegen illegale Akte der Obrigkeit und der Naturrechtsphilosophie der europäischen Aufklärung. Die **Ideale der Freiheit, Gleichheit und des Strebens nach Glück** wurden zur Grundlage amerikanischer Politik. Erst 1781 verabschiedete der Kongress die erste Verfassung der USA, die 1787 durch eine neue Verfassung ersetzt wurde. Aber nicht diese Verfassungen, sondern die **Unabhängigkeitserklärung von 1776** galt den amerikanischen Siedlern als Gründungsurkunde des neuen Staates.

▶ Kap. 1.4: Unabhängigkeitserklärung und Unabhängigkeitskrieg (S. 62 ff.)

▶ M 9: Heideking/Mauch über den Unabhängigkeitstag

▶ M 10: Heun über die Unabhängigkeitserklärung

M 3 Feuerwerk zum 4. Juli in Gulfport, Mississippi, Fotografie, 2014

4.2 Nationale Gedenk- und Feiertage in verschiedenen Ländern

Der Unabhängigkeitstag wurde von Anfang an in den Vereinigten Staaten von Amerika gefeiert. Die Feiern gewannen innerhalb weniger Jahre eine zentrale Funktion für das amerikanische Selbstverständnis und erhielten ein eigenes Zeremoniell mit Parade, öffentlicher Verlesung der Unabhängigkeitserklärung und einer eigens für den Festakt gedichteten Ode. Hinzu kamen weitere Ansprachen und Trinksprüche im Rahmen privater Bankette. Alle diese Reden rühmten vornehmlich die führende Rolle der USA bei der Demokratisierung der Welt. Während der ersten Hälfte des 19. Jahrhunderts veränderten Feuerwerke und Festumzüge den Charakter des politischen Feiertages hin zu einer allgemeinen Volksbelustigung. Im amerikanischen Bürgerkrieg 1861–1865 beanspruchten beide Konfliktparteien den Geist der Unabhängigkeitserklärung für sich. Nach dem Krieg wurde der 4. Juli in vielen Südstaaten lange nicht oder nur zurückhaltend gefeiert. Ihre ursprüngliche Begeisterung erlebten die Feiern nur zu den Hundert- und Zweihundertjahrfeiern 1876 und 1976. In der Gegenwart wird die politische Bedeutung des Unabhängigkeitstages durch ein umfangreiches Vergnügungsangebot überlagert.

Der 11. August als Nationalfeiertag der Weimarer Republik

▶ Geschichtskultur: Ein Nationalfeiertag für die Weimarer Republik: der 11. August (S. 316 f.)
▶ M 11: Rede von Reichskanzler Joseph Wirth zum 11. August 1921

Seit dem 11. August 1919 war die Weimarer Republik eine moderne Demokratie. An diesem Tag unterzeichnete Reichspräsident Friedrich Ebert die demokratische Verfassung, die die Nationalversammlung erarbeitet und am 31. Juli mit deutlicher Mehrheit angenommen hatte. Liberale und demokratische Kräfte wollten den 11. August gerne als Nationalfeiertag begehen, auch wenn die Reichsverfassung keine Bestimmung über einen Staatsfeiertag enthielt. Nicht einverstanden mit der Wahl dieses Verfassungstages waren die konservativen und kaisertreuen Parteien und Gruppierungen, die den Reichsgründungstag am 18. Januar bevorzugten. Auch die politische Linke lehnte den 11. August ab, sie wünschten sich den 1. Mai als Tag der Arbeit oder den 9. November, den Revolutionstag. Monarchisten und Kommunisten blieben auch später den Feiern des Verfassungstages fern. Angesichts der unsicheren politischen und wirtschaftlichen Verhältnisse verzichtete die junge Republik 1920 auf eine Feier. Sie fand zum ersten Mal 1921 statt. In der Berliner Staatsoper appellierte Reichskanzler Joseph Wirth von der Zentrumspartei an den Zusammenhalt des Volkes. Zwar erhielt der Verfassungstag 1922 den Rang eines „Nationalfeiertages des deutschen Volkes", er war aber kein reichsweiter gesetzlicher Feiertag. 1922 wertete Reichspräsident Ebert die Feier mit einer Rede auf, in der er das Deutschlandlied Hoffmann von Fallerslebens zur Nationalhymne erklärte und den Verfassungstag unter das Motto „Einigkeit und Recht und Freiheit" stellte. Offizielle Festakte im Reichstag und Volksfeste prägten nun die bei der Bevölkerung immer beliebter werdenden Feiern. In mehreren Initiativen versuchten SPD und DDP, den 11. August zum reichsweiten und arbeitsfreien Feiertag zu erklären. Alle Versuche scheiterten entweder an den Mehrheitsverhältnissen im Reichstag oder an den auf ihre Vorrechte pochenden Ländern im Reichsrat. Die Länder Hessen und Baden führten den 11. August eigenständig als Feiertag ein, andere Länder unterstützten oder boykottierten je nach politischer Ausrichtung ihrer Regierungen die Feiern. Mit dem Argument, das „verarmte Deutschland" könne sich einen „neuen Tag der Arbeitsruhe", einen „Zwangsruhetag" nicht leisten, lehnten die Gegner des Verfassungstages 1928 einen Gesetzentwurf ab, der den 11. August zum Nationalfeiertag aufwerten wollte. Den vorläufigen Höhepunkt der Feiern des 11. August markierte das zehnjährige Verfassungsjubiläum 1929, an dem eine Stadionfeier vor 30 000 Zuschauern organisiert wurde. 1930 konnte diese Feier, die sich über drei Tage erstreckte, noch einmal überboten werden. Damit war das Höchstmaß in der Geschichte der Selbstdarstellung der ersten deutschen Demokratie erreicht. Am 11. August 1932 feierte Deutschland den Verfassungstag zum letzten Mal. Im Januar 1933 wurde Adolf Hitler Reichskanzler und der 11. August als Erinnerungstag an die Unterzeichnung der Weimarer Verfassung verschwand sang- und klanglos. Der Verfassungstag hatte sich nicht zum Symbol demokratischen Selbstverständnisses entwickelt.

M4 Die 3-Mark-Münze der Weimarer Republik von 1922 erinnert an die Unterzeichnung der Weimarer Verfassung am 11. August 1919, Fotografie, 2009

▶ M 14: Feier zum Verfassungstag in Berlin

430

Auseinandersetzung mit Gedenktagen

Nationale Gedenk- und Feiertage lösen oft **kontroverse Debatten** aus, in denen Gegner und Anhänger Argumente für oder gegen diese Festtage vorbringen. Für die einen gehört die Absicht, durch die Erinnerung an gemeinsame Ursprünge und Erfahrungen sowie das Beschwören verbindender traditioneller Werte den Zusammenhalt der Ge-
5 meinschaft zu stärken, zu den positiven Wirkungen. Das gilt auch für die **Mobilisierung von Gefühlen**, die seit jeher zu den Besonderheiten der Gedenk-Geschichte zählen. Dagegen verweisen die Kritiker auf eine Kehrseite. Wer eine gemeinsame historische Identität durch Gedenkfeiern stiften oder festigen wolle, gerate in die Gefahr, dass er „andere" Gruppen sowie Minderheiten ausschließe. Im kaiserlichen Deutschland ge-
10 hörten zu den Ausgeschlossenen die Sozialdemokraten, die als „Reichsfeinde" und „vaterlandslose Gesellen" abgewertet wurden. Für die Nationalsozialisten zählten während ihrer Herrschaft Juden oder „Asoziale" zu den „Gemeinschaftsfremden", die nicht nur ausgegrenzt, sondern vernichtet werden sollten. Manche deutschen Gedenktage besaßen wie der Sedantag eine antifranzösische Ausrichtung. Die politischen Gedenktage
15 der DDR waren stets auch „antiimperialistische" und „antifaschistische" Gedenktage, bei denen antiwestliche oder gegen die Bundesrepublik gerichtete Feindbilder aufgebaut und gestärkt werden sollten. Eine antikommunistische Zielsetzung lag dem Gedenktag des 17. Juni in der alten Bundesrepublik zugrunde, der die undemokratische Politik der kommunistischen DDR verurteilte.
20 Gedenktage sind nicht immer Tage der nachdenkenden oder nachdenklichen Auseinandersetzung mit der Vergangenheit. Häufig beruhen die Erinnerungen vieler Beteiligter auf in sich stimmigen und schlüssigen Geschichtsdarstellungen. Dabei wird das Bild von der Vergangenheit oft geschönt, entsprechend ausgewählt und verdrängt oder bagatellisiert. Selbstzweifel lässt eine solche Interpretation nicht zu, eine kritische Refle-
25 xion der Geschichte erscheint nicht erwünscht. Das führt dazu, dass die Gegenwart nicht an den Versprechen von gestern gemessen und als unzulänglich und verbesserungswürdig beurteilt wird. Bei der aktuellen Debatte über Gedenktage wird überdies erörtert, ob die Wahl eines bestimmten Tages sinnvoll ist und nicht ein anderes Ereignis, eine andere Persönlichkeit eher im Mittelpunkt stehen sollte. So wird in Deutschland
30 seit der Erklärung des 3. Oktober zum Nationalfeiertag die Frage diskutiert, ob etwa der 9. November ein besser geeigneter Nationalfeiertag sei. Dieser und andere Alternativvorschläge sind häufig verbunden mit dem Wunsch nach einer anderen Gestaltung des Gedenktages.
Insgesamt lässt sich jedoch feststellen, dass die Auseinandersetzung über Gedenktage
35 in Deutschland nüchterner, abwägender, vorsichtiger, ja vernünftiger und sachlicher geführt wird als in der Vergangenheit. Die Bereitschaft zu einer kritischen Beschäftigung mit der Vergangenheit ist bei Wissenschaftlern und Politikern, bei den Bürgerinnen und Bürgern gewachsen.

▶ M 2, S. 442 f. (Methode): Greiner über den 9. November als Erinnerungstag

▶ M 3, S. 443 f. (Methode): Steinbach über den 9. November als Erinnerungstag

1 Arbeiten Sie die zentralen Merkmale von Gedenktagen und Jubiläen heraus.
2 Zeigen Sie Unterschiede und Gemeinsamkeiten dieser Gedenktage und Jubiläen auf.
3 Erläutern Sie die Absichten und Ziele unterschiedlicher Institutionen und Gruppen bei der Einrichtung von Gedenktagen.
4 Arbeiten Sie für die Nationalfeiertage am 11. August in der Weimarer Republik und am 4. Juli in den USA die Entstehung, die zentralen Motive und Ziele sowie die Bedeutung für Staat und Nation heraus. Vergleichen Sie die beiden Nationalfeiertage miteinander.
5 Erörtern Sie Stärken und Schwächen der verschiedenen Nationalfeiertage und diskutieren Sie Alternativen zu ihnen.

4.2 Nationale Gedenk- und Feiertage in verschiedenen Ländern

Hinweise zur Arbeit mit den Materialien
Mit dem Gedenken an die Ereignisse der 9. November 1918, 1923 und 1938 beschäftigen sich M 5 bis M 7. Der Text M 8 liefert ausgehend vom 9. November 1989 eine wissenschaftliche Auseinandersetzung mit der gegensätzlichen Geschichte dieses Datums. Die beiden Texte von Wissenschaftlern M 9 und M 10 bieten die Chance, ein differenziertes Urteil über die historische und aktuelle Bedeutung des amerikanischen Unabhängigkeitstages am 4. Juli zu erarbeiten. Die Materialien M 11 bis M 14 befassen sich mit der nationalen Symbolik in der Weimarer Republik anhand des Verfassungstags vom 11. August 1918. Die Texte M 2 und M 3, S. 443 f. ermöglichen eine intensive Auseinandersetzung über den 9. November in der deutschen Geschichte als alternativen und schwierigen Gedenktag. Bei der Analyse dieser Materialien sollte ein wesentlicher Aspekt sein, wie ein deutscher Nationalfeiertag angemessen und für ein breites Publikum interessant zu gestalten ist.

M5 Aus der Rede von Bundespräsident Frank-Walter Steinmeier zum 100. Jahrestag der Ausrufung der Republik am 9. November 2018

Was war das für ein gewaltiger Umbruch, den Philipp Scheidemann am 9. November 1918 den Menschen auf den Straßen Berlins verkündete [...]: der Zusammenbruch des Kaiserreichs, das Ende einer
5 jahrhundertealten monarchischen Ordnung, der Beginn einer demokratischen Zukunft für Deutschland. [...]
Die Revolution, so ungeplant und improvisiert sie auch war, steht für eine tiefgreifende Zäsur in der
10 deutschen Geschichte, für einen Aufbruch in die Moderne. Viele ihrer Errungenschaften prägen heute unser Land [...]. Aber trotz alledem hat die Revolution bis heute kaum Spuren im Gedächtnis unserer Nation hinterlassen. Der 9. November 1918 ist auf der
15 Landkarte der deutschen Erinnerungsorte zwar verzeichnet, aber er hat nie den Platz gefunden, der ihm eigentlich zusteht. Er ist ein Stiefkind unserer Demokratiegeschichte – eben auch, weil der 9. November tatsächlich ein ambivalenter Tag ist, weil er für Licht
20 und für Schatten steht, weil wir jene Demokratie, die damals begann, fast nie von ihrem Anfang, sondern meist von ihrem Ende her denken. Manchmal scheint mir, als sei jene Zeitenwende auf ewig überschattet vom Scheitern der Republik, als sei der 9. November
25 1918 diskreditiert und entwürdigt durch den 30. Januar 1933. Ja, das Ende der Weimarer Republik führte hinab ins furchtbarste Kapitel der deutschen Geschichte. Aber: Historisch gescheitert ist nicht die Demokratie – historisch gescheitert sind die Feinde der Demokratie. [...] Zu unser aller Glück erhielten
30 wir eine neue Chance auf Selbstbestimmung in Einheit und Freiheit – und diese Chance ist Wirklichkeit geworden. Sie, die Republik, hat sich historisch behauptet! Das dürfen wir hundert Jahre später für uns festhalten und ich füge hinzu: auch feiern. [...]
35 Der 9. November 1918 ist ein Meilenstein der deutschen Demokratiegeschichte: Er steht für die Geburt der Republik in Deutschland. Er steht für den Durchbruch der parlamentarischen Demokratie. Und deshalb verdient er einen herausragenden Platz in der
40 Erinnerungskultur unseres Landes. [...]

Zit. nach: https://www.bundespraesident.de/SharedDocs/Reden/DE/Frank-Walter-Steinmeier/Reden/2018/11/181109-Gedenkstunde-Bundestag.html (abgerufen am 9.11.2020).*

1 Erläutern Sie die These Steinmeiers, der 9. November 1918 sei ein „Stiefkind unserer Demokratiegeschichte".

M6 Einweihung des Mahnmals an der Münchner Feldherrnhalle zum 10. Jahrestag des Hitler-Putsches, Fotografie, 9. November 1933

Die Inschrift lautet: „N·S·D·A·P Am 9. Nov. 1923, fielen vor der Feldherrnhalle, sowie im Hof des Kriegsministeriums folgende Männer im treuen Glauben an die Wiederauferstehung ihres Volkes [...]". Es folgen die Namen der 16 getöteten Nationalsozialisten. Die Plakette unten nennt die Namen der vier getöteten Landespolizisten.

1 Charakterisieren Sie, wie im NS-Staat dem Tag des gescheiterten Hitler-Putsches von 1923 gedacht wurde.

M7 Aus der Rede des Präsidenten des Zentralrats der Juden in Deutschland, Dr. Josef Schuster, bei der zentralen Gedenkveranstaltung zum 80. Jahrestag der „Reichspogromnacht" 1938 in Berlin am 9. November 2018

[W]enn wir heute an die staatlich organisierten Ausschreitungen gegen Juden im November 1938 [...] erinnern, dann tun wir dies nicht nur in dem Wissen um das größte Menschheitsverbrechen in der Geschichte und mit Blick auf die Lehren, die wir daraus gezogen haben. Sondern wir tun es auch in dem Wissen, dass immer noch Unrecht geschieht. [...]
Dass in unserem Land allein 2017 rund 300 Flüchtlinge bei Angriffen verletzt wurden, dass Unterkünfte von Asylbewerbern regelmäßig Ziele von Anschlägen sind – das ist ein Skandal! Und ebenso ist es ein Skandal, dass immer häufiger Moscheen mit Hassparolen versehen oder noch massiver angegriffen werden. Und es ist ein Skandal, dass etwa jede zweite Woche in Deutschland das Gleiche mit Synagogen passiert [...].
Zivilcourage fängt im Alltag an. [...] Wenn wir im Kleinen nicht einstehen für die Werte unseres Grundgesetzes, für die Menschenwürde, dann dürfen wir nicht erwarten, dass es im Großen funktioniert.
„Die Weimarer Republik ist letztlich nicht daran gescheitert, dass zu früh zu viele Nazis, sondern, dass zu lange zu wenige Demokraten vorhanden waren." Das sagte Richard von Weizsäcker in seiner berühmten Rede zum 40. Jahrestag des Kriegsendes. Diese Analyse ist zutreffend und markiert auch sehr genau den Unterschied zwischen damals und heute. Heute sind wir genügend Demokraten. Man riskiert nichts, wenn man sich für die Grundrechte einsetzt. [...] Ein Selbstläufer ist die Demokratie nicht. Wir müssen etwas dafür tun. Wir müssen mutig sein. [...]
Zwar erinnern wir heute an diesem für Deutschland so ambivalenten Datum vor allem an die „Reichspogromnacht". Das Jahr 1989 wollen wir aber darüber nicht vergessen. Am 9. November 1989 fiel die Mauer, und Deutschland erlangte seine Einheit in Freiheit. Es brach friedlich, ohne Gewalt in die gemeinsame Demokratie auf. Heute gehen die Bürger wieder vereint für Menschenrechte, gegen Rassismus und Antisemitismus auf die Straße. Es sind Hunderttausende. Hunderttausende mutige und überzeugte Demokraten. Sie lassen Deutschland nicht einfach nach rechts abdriften. Sie kämpfen für den Grundkonsens. Sie machen mir Mut. [...]

Zit. nach: https://www.zentralratderjuden.de/aktuelle-meldung/zentrale-gedenkveranstaltung-zum-80-jahrestag-der-reichspogromnacht/ (abgerufen am 09.11.2020).*

1 Arbeiten Sie aus M 7 heraus, welche historische Verantwortung laut Schuster aus der Ambivalenz des 9. November erwächst.

M8 Der amerikanische Historiker Fritz Stern über Probleme der historischen Erinnerung an den 9. November 1989 (1994)

Dass viermal in diesem Jahrhundert gravierende Ereignisse der deutschen Geschichte auf denselben Tag – den 9. November – fielen, ist Zufall. Das Datum war ein Zufall, während die Ereignisse in der Geschichte gründeten, die niemals frei ist von Kontingenz¹, sondern stets offen ist und die immer auch einen anderen Verlauf hätte nehmen können. Von allen diesen Tagen sollte nur der letzte, der 9. November 1989, ein wirklich freudiger sein, stand er doch für die Selbstbefreiung eines Volkes. Die Erinnerung an diesen Tag wird jedoch verdunkelt vom Gedenken an einen früheren 9. November, an den von 1938, als zum erstenmal der Nazi-Sadismus gegen die Juden öffentlich zum Ausbruch kam. Seit dem Ende des Zweiten Weltkriegs haben viele Deutsche Versuche abgewehrt, ihre Vergangenheit zu verzerren, zu verschweigen oder zu verharmlosen; aus diesem Grund ist ihre Geschichte zu einer sie polarisierenden Streitfrage geworden, und viele Menschen im vereinten Deutschland möchten heute die Vergangenheit am liebsten „normalisieren", ja vielleicht sogar neutralisieren. In jedem Fall aber ist der Wille zum Vergessen stark. [...]
Der 9. November 1989 war der Höhepunkt einer friedlichen deutschen Revolution. Und nun? Wird das Ende der DDR in Erinnerung bleiben nur als Kollaps eines diskreditierten Regimes, begleitet vom Zerfall des gesamten Bolschewismus? Als Triumph des Westens? Oder werden die Deutschen aller Länder den Mut und die Würde, die Disziplin und Klugheit jener Männer und Frauen im Gedächtnis behalten, die sich selbst befreiten?
Die Verzerrung der Ereignisse, die Verfälschung der Geschichte hat diesem Land vielen Schaden zugefügt. Hiervon erzählen jene vier Novembertage [...]

Fritz Stern, Vier Tage im November, in: Johannes Willms (Hg.), Der 9. November. Fünf Essays zur deutschen Geschichte, C. H. Beck, München 1994, S. 83, 88 f.*

1 *Kontingenz:* Möglichkeit, nicht Notwendigkeit; Zufälligkeit

1 Erläutern Sie Sterns Aussage, „Die Verzerrung der Ereignisse, die Verfälschung der Geschichte hat diesem Land vielen Schaden zugefügt."
2 Vergleichen Sie die Beurteilung Sterns mit denjenigen von Steinmeier und Schuster.

M9 **Die Historiker Jürgen Heideking und Christof Mauch über den Unabhängigkeitstag und die Entstehung der amerikanischen Nation (2008)**

Nach einem halben Jahrhundert voller Kämpfe und Kriege, raschen sozialen Wandels und tief greifender konstitutioneller Neuordnungen ging die Revoluti-
5 onsepoche in Amerika und Europa zu Ende. Im Schatten des Wiener Kongresses vollzogen die Vereinigten Staaten – immer noch als eine Art „Juniorpartner" – den Eintritt in den Welthandel und in die Politik der großen Mächte. Auf ihrer Seite des Atlantiks setzten die Prinzipien der Volkssouveränität, des
10 Föderalismus und der unantastbaren Grundrechte der staatlichen Macht Grenzen und sicherten die Freiheit des Individuums einschließlich seines Strebens nach Glück, Erfolg und Gewinn. Trotz der großen regionalen Unterschiede und politischen Diffe-
15 renzen war es gelungen, mit Hilfe wirksamer Symbole – die Gründungsdokumente, das Sternenbanner, die (noch inoffizielle) Hymne – zumindest in Ansätzen eine nationale Identität zu konstruieren. Bei bestimmten regelmäßigen Anlässen – dem Unab-
20 hängigkeitstag am 4. Juli, Washingtons Geburtstag, der Inauguration eines Präsidenten – verband die *civil religion* alle diese Elemente mit ihren ebenso schlichten wie populären Ritualen. Darüber hinaus hatten sich die Amerikaner in der Gestalt des *Uncle*
25 *Sam*, bei der ein Armeelieferant aus dem Krieg von 1812 Pate stand, eine volkstümliche Figur geschaffen, auf die sie ihre tatsächlichen und vermeintlichen „nationalen Charaktereigenschaften" projizieren konnten. Vor allem war aber die Geschichte selbst,
30 das gemeinsame Erlebnis von Revolution, Unabhängigkeitskrieg und Verfassungsgebung, zu einem einigenden Band geworden.

Wie in den meisten europäischen Staaten so endete die Revolutionsepoche also auch in den USA mit ei-
35 nem gestärkten Bewusstsein nationaler Zusammengehörigkeit und nationaler Interessen. Dahinter verblassten der aufklärerische Kosmopolitismus und der Kult der Bürgertugend, die noch viele der Gründerväter bewegt hatten. Ebenso wenig setzte sich ra-
40 tionalistischer Vernunftglaube gegen Volksfrömmigkeit und wiederbelebte christliche Innerlichkeit durch. Dennoch ging diesseits und jenseits des Atlantiks die Einsicht in den historischen Zusammenhang der Revolutionen nicht völlig verloren. Für die fran-
45 zösischen „Amerikafreunde", die den jakobinischen Terror und Napoleons Diktatur überlebt hatten, blieben die Vereinigten Staaten eine „Fackel in der Finsternis", die Europa den Weg in eine bessere Zukunft weisen konnte; auf der anderen Seite gab Jefferson
50 die Hoffnung nicht auf, dass die Europäer eines Tages zu Regierungssystemen gelangen würden, in denen „der Volkswille einen wesentlichen Bestandteil bildet".

Jürgen Heideking/Christof Mauch, Geschichte der USA, 6. überarb. u. erw. Aufl., UTB, Tübingen 2008, S. 83 f.*

M10 **Der Rechts- und Politikwissenschaftler Werner Heun über die amerikanische Unabhängigkeitserklärung vom 4. Juli 1776 (2010)**

Die Unabhängigkeitserklärung ist bis heute fest im Bewusstsein verankert, auch wenn die Praxis der öffentlichen Verlesung der Erklärung am Ende des 19. Jahrhunderts ausläuft. Sie ist freilich heute als Ko-
5 pie millionenfach verbreitet. Die Sätze der Präambel sind so präsent, dass sie den Text der Verfassung überstrahlen und etwa die Formel von *life, liberty and the pursuit of happiness* oft fälschlich der Verfassung statt der Erklärung zugeschrieben wird. Auch die
10 Präsidenten greifen sie gerade in ihren Ansprachen zum Unabhängigkeitstag regelmäßig auf. Ihre Wirkung beruht ganz entscheidend darauf, dass sie kein rechtlich verbindlicher Normtext ist, sondern infolge ihrer Umformung ein Ideal formuliert, das als Verhei-
15 ßung und Ansporn fungieren kann. Die zivilreligiöse[1] Färbung wird ferner äußerlich dadurch verstärkt, dass in der Hauptstadt Washington D.C. das in Form eines Pantheons[2] erbaute *Jefferson Memorial*[3] ihren Entwurfsverfasser sowie die Erklärung selbst in der
20 Gestalt eines Tempels würdigt und auch das *Lincoln Memorial*[4] ihre Botschaft durch Auszüge der *Gettysburg Address*[5] weiterträgt.

Die Feiern des *Independence Day* selbst haben ihre religiöse Prägung, die ihnen in der frühen Republik
25 zukam, dagegen heute weitgehend verloren. Die bereits von John Adams vorhergesehene Begehung mit Feuerwerk, Paraden und lautem Getöse hat sich dagegen erhalten. Zu Beginn des 20. Jahrhunderts hatten die unkontrollierten Feuerwerke und Schießerei-
30 en so überhand genommen, dass an die hundert Tote und zahllose Verletzte zu beklagen waren, sodass sich eine Gegenbewegung formierte, die in zunehmende Verbote von privaten Feuerwerken mündete. Heute dominieren die großen öffentlichen Feuerwer-
35 ke, die freilich auch übersteigerte Formen annehmen können, wenn etwa mit Feuerwerk eine veritable Atombombenexplosion imitiert wird, wie in Baltimore 1951. Ansonsten ist der Feiertag im Laufe des 20. Jahrhunderts immer mehr depolitisiert worden
40 und Teil der Populärkultur geworden. Versuche der Repolitisierung durch die feierliche Naturalisierung von Einwanderern als *Americanization Day* haben sich langfristig nicht durchgesetzt. Außerhalb offizieller Feierlichkeiten und besonderer Jubiläen wie

dem *Bicentennial*⁶ ist es ein Tag für jahrmarktähnliche Aktivitäten wie das inzwischen traditionelle *Hot-Dog*-Wettessen in New York und für private *Backyard Parties*, an dem allerdings öffentliche Gebäude, Shopping Malls, Geschäfte und Privathäuser die Flagge aushängen. Der nationale Feiertag hat sich insofern wieder von der *Declaration* als Text gelöst. [...]
Die Tradition und Lebendigkeit des *Independence Day* verdanken sich der glücklichen Verbindung des fundamentalen Aktes des Unabhängigkeitsbeschlusses mit einem Gründungstext, dessen elegante Formulierungen nicht nur die allgemein geteilten *sentiments of the day* gültig zum Ausdruck brachten, sondern sich zugleich in eine dauerhafte Verheißung politischer Ideale transformieren ließen. Die amerikanische Republik hat im *Independence Day* und der Unabhängigkeitserklärung ein ungebrochen lebendiges Symbol gefunden.

Werner Heun, Der 4. Juli 1776. Die Vergegenwärtigung der Revolution in der Erinnerungskultur der USA, in: Rolf Gröschner u. Wolfgang Reinhard (Hg.), Tage der Revolution – Feste der Nation, Mohr Siebeck, Tübingen 2010, S. 87 f.*

1 *Zivilreligion:* religiöse Anteile einer politischen Kultur, also die Normen und Werte, die für das Funktionieren eines demokratischen Gemeinwesens notwendig sind. Grundsätzlich können alle Identität stiftenden oder Akzeptanz schaffenden Elemente für eine Kultur die Funktion religiöser Anteile erklären.
2 *Pantheon:* Gedächtnisstätte bedeutender Männer
3 *Jefferson Memorial:* Denkmal zu Ehren des dritten US-Präsidenten Thomas Jefferson
4 *Lincoln Memorial:* Denkmal zu Ehren des sechzehnten US-Präsidenten Abraham Lincoln
5 *Gettysburgh Address:* Auf dem Schlachtfeld von Gettysburgh hielt US-Präsident Lincoln eine Rede, in der er das demokratische Selbstverständnis der USA zusammenfasste.
6 *Bicentennial:* Zweihundertjahrfeier

1 Erläutern und erklären Sie mithilfe von M 9 die Bedeutung der Unabhängigkeitserklärung und des Unabhängigkeitstages für die Entstehung eines US-amerikanischen Nationalbewusstseins bzw. einer US-amerikanischen Nation.
2 Stellen Sie die zentralen Merkmale der amerikanischen Feiern des Unabhängigkeitstages im 20. Jahrhundert und der Gegenwart zusammen (M 10).
3 Erläutern Sie die These Heuns (M 10), die amerikanische Republik habe im *Independence Day* und der Unabhängigkeitserklärung ein ungebrochenes Symbol gefunden.

M 11 Aus der Rede von Reichskanzler Joseph Wirth zum 11. August 1921

Wir wollen offen reden: Ziel und Sinn unserer politischen Lebensarbeit ist die Rettung des deutschen Volkes, ist die Sicherung seiner nationalen Einheit, die Wiederbegründung seiner materiellen Wohlfahrt. Beides ist nach unserer Auffassung nur möglich durch die demokratische deutsche Republik. So findet der deutsche Nationsgedanke seinen festen Ausdruck in der Weimarer Verfassung vom 11. August 1919 [...].
Wo wäre das deutsche Volk hingekommen, wenn nicht die Nationalversammlung, die inneren Gegensätze zurücklassend, alle Kräfte an die Schaffung der Reichsverfassung gesetzt hätte? [...] Es war ein nationalpolitisches, vielleicht ein weltpolitisches Ereignis, dass sich damals, die übergroße Mehrheit des Volkes zusammenfand in der Forderung, dass die alte Form des modernen Staates, die nationale Repräsentation, als System beizubehalten sei [...].
Die Verfassung ist Menschenwerk. Viele ihrer Bestimmungen sind durch die Zeit der Entstehung bedingt. Aber die großen Prinzipien, welche die Verfassung tragen, liegen in der Richtung der großen geschichtlichen Entwicklung und werden Bestand haben, so lange die großen geschichtlichen Voraussetzungen gelten. Diese Prinzipien sind: Ableitung der Regierungsgewalt von dem Volkswillen, [...] also Demokratie, Bestimmung der Staatsform durch den Willen des Volkes, Versöhnung der Klassen und Stände durch sozialen Geist der Gesetze und, alles beherrschend und überragend, die Einheit des Reiches bei Aufrechterhaltung seiner geschichtlich gewordenen Länderstruktur.

Zit. nach: Jörg Koch, Dass Du nicht vergessest der Geschichte. Staatliche Gedenk- und Feiertage in Deutschland von 1871 bis heute, Wissenschaftliche Buchgesellschaft, Darmstadt 2019, S. 74 f.*

M 12 Aus dem Tagebuch des späteren NS-Propagandaministers Joseph Goebbels über die Feiern des Verfassungstages 1929, 11. August 1929

Danach schauten wir den Republikfeiertag an. Das Reichsjammer! In der Tat ein Jammer! So viel Disziplinlosigkeit und Armseligkeit sah ich selten auf einem Haufen. Kein Schwung, keine Begeisterung, keine Idee! Alles amtlich! Am Brandenburger Tor ein scheußliches Denkmal: „Allen Toten des Weltkrieges".

Zit. nach: Jörg Koch, Dass Du nicht vergessest der Geschichte. Staatliche Gedenk- und Feiertage in Deutschland von 1871 bis heute, Wissenschaftliche Buchgesellschaft, Darmstadt 2019, S. 87.

M 13 Die Historikerin Claudia Christiane Gatzka über nationale Symbolik in der Weimarer Republik (2020)

Überhaupt hat sich die liberale Demokratie in Deutschland mit nationaler Symbolpolitik schon immer vergleichsweise zurückgehalten. Anders als es die demokratischen Traditionen des 18. und 19. Jahr-
5 hunderts nahelegen, war es in der deutschen Geschichte des 20. Jahrhunderts nie leicht, Nation und Republik zusammenzudenken. Nationale Symbolik blieb in der Weimarer Republik als Gegensymbolik zur Demokratie vital und abrufbar, häufig verbunden
10 mit starken Emotionen jener, die sich „national" nannten und dabei eben meist keine Demokraten sein wollten. Diese wiederum reklamierten eher ein rationalistisches, nüchternes Politikverständnis für sich, das wenig Platz für Pathos ließ, auch nicht im
15 Namen der Freiheit. Die Weimarer Republik beging zwar am 11. August den Verfassungstag, doch sie produzierte keine schillernde Erinnerungskultur, die die demokratischen Traditionen Deutschlands ins 19. Jahrhundert zurückverfolgt hätte. Auch für viele Demokraten war die schwarz-rot-goldene Reichsflagge 20 der jungen Republik nicht mehr als ein Stück Stoff, ganz im Gegensatz zur sakralen Qualität, die Schwarz-Weiß-Rot für die Weimarer Rechten behielt. Der Schatten der Niederlage und einer durch Krieg und Revolution gespaltenen Arbeiterbewegung ließ 25 keine republikanische Aufbruchstimmung aufkommen.

Zit. nach: https://www.bpb.de/apuz/315239/das-parlament-als-umstrittener-ort-der-deutschen-demokratiegeschichte (abgerufen am 9.11.2020).

1 Eräutern Sie, welche Bedeutung die Weimarer Verfassung laut Reichskanzler Wirth für „den deutschen Nationsgedanken" hatte (M 11).
2 Beschreiben und erklären Sie am Beispiel des 11. August und mithilfe von M 13 den Kontrast zwischen Ideal und Wirklichkeit der politischen Symbolik in der Weimarer Republik. Berücksichtigen Sie auch M 12 und M 14.

M 14 Feier zum Verfassungstag mit dem provisorisch errichteten Ehrenmal für die im Weltkrieg Gefallenen in Berlin, Fotografie, 11. August 1929

Der vollständige Schriftzug des Transparents lautet „Allen Toten des Weltkrieges / Den Opfern der Republik und der Arbeit / Den Toten des Reichsbanners".

Denkmäler interpretieren

Denkmäler, hier verstanden als bewusst geschaffene Objekte, sind uns vertraut als Teil unserer Stadt- und Landschaftsbilder. In den nach Formen, Größe und Entstehungszeitraum unterschiedlichen Monumenten werden Vergangenheit, Gegenwart und Zukunft absichtsvoll miteinander verbunden. Erinnert wird an Ereignisse bzw. Personen, die von
5 den Auftraggebern als bedeutsam angesehen werden. Um diese Absicht umzusetzen, ist die Wahl des Standorts wichtig: Denkmäler stehen meist an zentralen, öffentlichen Plätzen.
Für das 19. Jahrhundert spielen die folgenden Typen eine besondere Rolle: **Denkmäler der Kulturnation** (in Deutschland z. B. mit Bezug auf Luther, Schiller, Goethe), **Natio-**
10 **naldenkmäler** (in Deutschland z. B. das Niederwald- oder das Völkerschlachtdenkmal) sowie **Kriegerdenkmäler** zum Heldengedenken.
Für die Zeit nach dem Zweiten Weltkrieg ist der Typus des **Mahnmals**, der im Rahmen der kritischen Auseinandersetzung mit den Opfern von Nationalsozialismus, Krieg und Gewaltherrschaft (z. B. das Holocaust-Mahnmal) entstanden ist, hervorzuheben. Nach
15 der Wiedervereinigung kam der Typus des **Einheits- und Freiheitsdenkmals** hinzu. Immer wieder wird heftig darüber gestritten, wer oder was eigentlich als denkmalswürdig gilt und wie ein angemessenes Gedenken umgesetzt werden soll. Denkmäler – wie auch die Debatten um ihre Entstehung und Gestaltung – sind daher wichtige Quellen der Geschichtskultur.

Arbeitsschritte zur Interpretation

1. Leitfrage	Was ist das Thema des Denkmals?
2. Analyse	*Formale Aspekte* – Wer ist der Künstler? – Wann entstand das Denkmal bzw. wann wurde es eingeweiht? – Welche Materialien wurden verwendet? – Welche Wirkung/welchen Eindruck erzielt es? *Inhaltliche Analyse* Beschreibung – Welche Gestaltungsmittel (Symbole, Figuren, Ornamente, Schmuck, Inschriften) sind verwendet worden? (ggf. dokumentieren durch Fotos und/oder Skizzen) – Wie ist das Denkmal in seine Umgebung integriert? Deutung – Was bedeuten die einzelnen Gestaltungsmittel? (ggf. Experten befragen, Zusammenarbeit mit Kunstunterricht, ergänzende Recherchen vornehmen) – Welche Fragen bleiben bei der Deutung offen?
3. Historischer Kontext	– Wie ist die Entstehungsgeschichte des Denkmals? (Motive für die Entstehung, Initiatoren/Auftraggeber, ggf. Denkmalsgegner, Finanzierung) – Wie lief die Einweihung ab? (geladene Gäste, Reden, Absagen u. Ä.) – Wie wurde das Denkmal genutzt und vermarktet? (Postkarten, Feste usw.)
4. Urteil	– Welche Funktion, welche Adressaten sollte das Denkmal haben? – Wie haben sich gesellschaftliche und politische Veränderungen auf die Wahrnehmung des Denkmals ausgewirkt? – Wie wird es heute wahrgenommen und bewertet?

Methode

Übungsaufgabe

M1 Die Neue Wache: „Gedächtnisstätte für die Gefallenen des Weltkrieges" in Berlin, Fotografie, 1931

1 Interpretieren Sie die „Gedächtnisstätte für die Gefallenen des Weltkrieges" mithilfe der Arbeitsschritte auf S. 437.

Denkmäler interpretieren

Lösungshinweise

Zu 1: Leitfrage
Thema: Das Gedenken und die Erinnerung an die Toten des Ersten Weltkriegs in der Weimarer Republik.

Zu 2: Analyse
Formale Aspekte
- *Künstler:* Heinrich Tessonow (1876–1950); Architekt, der in Wien, Dresden und seit 1920 in Berlin lehrte
- *Entstehung:* Mitte der 1920er-Jahre hatte die Kunsthistorikerin Frieda Schottmann einen Wettbewerb vorgeschlagen, um die nach 1918 leerstehende Neue Wache in ein Reichsehrenmal umzuwandeln. Der Architekt Tessonow setzte sich mit seinem Vorschlag durch und gestaltete die Neue Wache 1931 zur „Gedächtnisstätte für die Gefallenen des Weltkriegs" um; sie wurde danach „Ehrenmal der Preußischen Staatsregierung" genannt.
- *Materialien:* Monolith aus schwarzem, schwedischem Granit; Eichenkranz wegen der schwierigen materiellen Verhältnisse nicht vollständig aus Gold gefertigt; lediglich die Blätter waren mit Gold, teilweise auch mit Blattplatin überzogen; Muschelkalkplatten an den Wänden; rheinischer Basaltlava auf dem Fußboden.
- *Wirkung:* Das Ehrenmal erreichte seine Wirkung durch die Kargheit seiner Ausstattung.

Inhaltliche Aspekte
Beschreibung und Deutung der wichtigsten Gestaltungselemente
- *Standort:* Die Neue Wache mit der Gedächtnisstätte bzw. dem Ehrenmal lag an einem zentralen Ort in der Hauptstadt Berlin. Das Baudenkmal an der Straße Unter den Linden wurde 1816–1818 von Karl Friedrich Schinkel als Wache für das gegenüberliegende Königliche Palais (später Kronprinzenpalais genannt) errichtet. Seit 1993 dient die Neue Wache als Zentrale Gedenkstätte der Bundesrepublik Deutschland für die Opfer von Krieg und Gewaltherrschaft.
- *Gestaltungsmittel und Umgebung:* Ein zentrales Merkmal der Gestaltung des Ehrenmals war die Kargheit der Ausstattung, die auf jedes dekorative Beiwerk verzichtete und durch die der Erinnerungsraum seine Wirkung erzielte. Tessonow entfernte alle ursprünglichen Funktionen der Neuen Wache, nämlich Offiziersstube, Wachstube, Innenhof und Arrestlokal. Übrig blieb ein vollständig entkernter und geschlossener kubischer Innenraum.

Für die innere Gestaltung beseitigte Tessonow die fünf großen Fensteröffnungen in der Rückwand der Vorhalle und ersetzte sie durch drei Portale. Die seitlichen Fensternischen ließ er mit Rathenower Backsteinen zumauern, sie blieben jedoch als Blendnischen erhalten. Im Mittelpunkt des Raumes stand ein dunkler Gedenkstein, über dem eine Rundöffnung in der Decke angebracht war. Durch diese Öffnung leuchtete Licht auf den Stein. So wurde der Blick des Betrachters auf den Gedenkstein als Höhepunkt des Raumes gerichtet. Auf dem Monolith lag ein von Ludwig Gies entworfener Eichenkranz aus Gold und Blattplatin. Muschelkalkplatten verkleideten die Wände. Der Fußboden war mit rheinischer Basaltlava belegt, die mosaikartig angeordnet war.

- *Deutung:* Die Kargheit des Raumes war bewusst gewählt. Der Blick der Betrachter sollte durch nichts vom Gedenkstein abgelenkt werden, nicht durch dekorative Gestaltungsmittel noch durch andere Gegenstände im Raum. Mittelpunkt und Höhepunkt der Gedenkstätte bildete der schwarze Monolith. Damit wählten die Gestalter der Gedenkstätte keine personale Form der Erinnerung (z. B. Soldaten), sondern sprachen sich für ein abstraktes Denkmal aus. Der dunkle Monolith symbolisierte die Gefallenen des Weltkrieges, er sollte Erinnerungen auslösen, Gedenken ermöglichen und Trauer zulassen. Der Eichenkranz betonte die Besonderheit des Gedenksteins, der dadurch auch Ehrenmal war: Die Erinnerung, das Gedenken, die Trauer galt allen Menschen, die ihr Leben im Krieg verloren hatten – unabhängig von ihrer sozialen Herkunft und Stellung. Die Lichtöffnung über dem Gedenkstein besaß nicht nur den Zweck, den Blick auf den dunklen Monolithen zu lenken. Wahrscheinlich sollte so die Verbindung von Himmel und Erde, von Lebenden und Toten aufgezeigt werden. Das bedeutete für die Trauernden auch Trost.

Zu 3: Historischer Kontext
- *Motive und Initiatoren/Auftraggeber:* Die Neue Wache stand nach dem Ende des Ersten Weltkrieges leer. Seit seiner Entstehung wurde das von Schinkel geschaffene Bauwerk als Wachlokal mit Arrestzelle und Sitz der zentralen Berliner Garnisonsbehörden genutzt. Es diente nicht zuletzt dem Schutz des preußischen Königs, der im gegenüberliegenden Kronprinzenpalais residierte. Bis zum Ende der Monarchie fanden hier zeremonielle Wachablösungen statt. Nach 1918 suchten die Behörden nach einer neuen Funktion für das Gebäude.

Seit dem Beginn der Weimarer Republik wurde immer wieder über die Form (plastisch oder architektonisch), den Ort und auch die Kosten eines Reichsehrenmals gestritten. Auch ein eigens einberufener Reichsausschuss erzielte keine Einigkeit. Im Juli 1929 schuf der preußische Ministerpräsident Otto Braun vollendete Tatsachen, indem er beschloss, die Neue Wache zur „Gedächtnisstätte für die Gefallenen des Weltkrieges" auszugestalten. Er wollte nicht zuletzt zeigen, dass die sozialdemokratische

Methode

Regierung Preußens im Unterschied zur Reichsregierung schnell und erfolgreich handeln konnte.

Nach dem Ersten Weltkrieg waren im gesamten Reich Kriegerdenkmäler entstanden, an denen die Hinterbliebenen der Opfer des Krieges gedenken konnten. Diese Kriegerdenkmäler verherrlichten teils ein falsches Heldentum, teilweise ermahnten sie die Lebenden, die Schrecken des Krieges nicht zu vergessen. Der preußische Ministerpräsident wollte einen Schritt weiter gehen: Alle Denkmäler sollten in einem großen, für das gesamte Volk greifbaren Denkmal zusammengefasst werden.

– *Finanzierung*: Die Umgestaltung der Neuen Wache zu einer Erinnerungsstätte übernahm das preußische Finanzministerium. Allerdings erklärte sich die Reichswehrführung bereit, die Hälfte der Kosten zu übernehmen und das Gebäude dem preußischen Staat zu übereignen. Den Ausführungsauftrag erhielt die preußische Hochbauverwaltung.

– Zur *Einweihung* des Denkmals versammelten sich am 8. Juni 1931 die Führung des preußischen Staates sowie Reichspräsident und Reichswehrminister. Obwohl die Reichswehr ein Fahnenkommando mit den Fahnen der alten kaiserlichen Armee stellte, dominierte Zivilkleidung vor militärischen Uniformen. Der preußische Ministerpräsident Braun sprach in seiner Rede davon, dass das Denkmal jenen gewidmet sei, die ein „Blutopfer brachten, wie es bis dahin in der Weltgeschichte unerhört war und wie es, so hoffen wir, und dafür wollen wir uns einsetzen, der Gang der Geschichte niemals wieder fordern wird". Reichswehrminister Groener passte sich dieser moderaten Linie an, doch gleichzeitig redete er von „heroischer Größe", vom „heiligen Feuer der Vaterlandsliebe", dem „Geist der Pflicht und Opferbereitschaft", der für die Zukunft nutzbar zu machen sei. Das Denkmal sei daher „nicht eine Stätte des Todes, sondern des Lebens". Reichspräsident Hindenburg hegte in seiner Ansprache die Hoffnung, dass diese Gedächtnisstätte die innere Einheit des deutschen Volkes fördern könne. Dass die alte Generalität bis auf drei Ausnahmen trotz Einladung der Einweihung fernblieb, wirft einen Schatten auf die Feierlichkeiten. Sie begründeten ihr Fernbleiben mit dem Argument, dass ein „vaterlandsloser, antinationaler" Mann, nämlich der Sozialdemokrat Braun, die Einweihung vollzog.

Zu 4: Urteil

– Das Denkmal sollte ein Symbol nationaler Identität in der Weimarer Republik werden und die Funktion eines Nationaldenkmals erfüllen. In seiner Symbolik sollte der Friedenswille der jungen deutschen Demokratie zum Ausdruck kommen. Tessonow wählte nicht Personen, z. B. Soldaten, als Identität stiftendes Symbol zur Erinnerung an die Gefallenen des Weltkrieges; vielmehr bevorzugte er mit dem monolithischen schwarzen Block ein abstraktes Symbol. In dieser Konzeption kommt eine Entwicklung zum Ausdruck, die sich seit der Französischen Revolution immer stärker durchgesetzt hat: Weder der Monarch oder seine Regierung noch der Adel, sondern die bürgerliche Gesellschaft der Weimarer Republik setzte den Gefallenen ein Denkmal mit dem Ziel, den Einsatz des Einzelnen zu ehren und an die Gefallenen zu erinnern. Alle Gefallenen unabhängig von ihrem militärischen Rang waren denkmalfähig. Die Gedächtnisstätte war daher mehr als eine reine Erinnerungs- und Trauerstätte, sie konnte auch zur politischen Instrumentalisierung der persönlichen Trauer der Hinterbliebenen benutzt werden. Im Mittelpunkt des Kultes um die Gefallenen stand die Sinngebung ihres Todes, die zugleich der Legitimierung militärisch begründeter politischer Verhältnisse und Ziele diente.

– *Rezeption:* Zustimmung fand die Gedächtnisstätte bei demokratisch gesinnten Menschen der Weimarer Republik. Die alten Eliten der kaiserlichen Gesellschaft, an erster Stelle die Generalität, lehnten das Denkmal ab, nicht zuletzt mit dem Hinweis auf seinen Urheber, den sozialdemokratischen Ministerpräsidenten Braun. Aber auch auf Seiten der extremen Linken und der extremen Rechten gab es Kritiker und Gegner. Allerdings zeigt die Übernahme der Neuen Wache in nationalsozialistischer Zeit, dass Tessenows Konzeption auch zu den nationalsozialistischen Denkmalformen passte. Der preußische Finanzminister Johannes Popitz konnte 1933 lediglich durchsetzen, dass an der Rückwand des Gedenkraumes ein überdimensioniertes schlichtes Holzkreuz angebracht wurde. Es sollte die Verbindung zwischen soldatischem Heldentod und christlichem Opfergedenken betonen. Das zeigt, dass der NS-Staat besonders in seiner Anfangsphase nicht auf christliche Symbolik verzichten wollte und konnte, weil er seine Herrschaft erst festigen musste. Das NS-Regime griff auf christliche Symbole zurück, ohne damit religiöse oder weltanschauliche Zugeständnisse zu verbinden.

– Nach der Wiedervereinigung Deutschlands 1990 ließ die Bundesregierung alle Elemente aus der DDR-Zeit entfernen. Die Konzeption Tessonows von 1931 wurde weitgehend wiederhergestellt. Allerdings verzichtete die Regierung nun auf den Eichenlaubkranz. Stattdessen wurde auf Geheiß von Bundeskanzler Helmut Kohl eine stark vergrößerte Kopie der Plastik „Mutter mit totem Sohn" von Käthe Kollwitz aufgestellt. Am Volkstrauertag 1993 fand die Einweihung des neuen Denkmals, der „Gedenkstätte für die Opfer von Krieg und Gewaltherrschaft" statt.

Eine perspektivisch-ideologiekritische Analyse durchführen

Nur wenige bedeutsame Ereignisse und Vorgänge der deutschen Geschichte haben sich in Deutschland nach dem Zweiten Weltkrieg im Gedächtnis breiter Bevölkerungsgruppen eingeprägt und sich zu langfristig nachwirkenden nationalen Gedenk- und Feiertagen entwickelt. Der **3. Oktober** hat sich erst relativ spät, im Jahre 1990, nach der Wiedervereinigung des seit 1949 geteilten Deutschland, als Nationalfeiertag durchgesetzt. Die Entscheidung, diesen „Tag der Deutschen Einheit" zum Nationalfeiertag zu erklären, hat viel Freude, aber auch heftige und intensive Debatten über alternative Gedenktage ausgelöst. So schlagen zahlreiche Autoren, unter ihnen Politiker, Journalisten, Publizisten, Wissenschaftler, vor, den **9. November** zum **Nationalfeiertag** zu machen. Dieses Datum ist allerdings durch Hoch- und Tiefpunkte deutscher Geschichte gekennzeichnet. Aus den Schlüsselereignissen, die sich mit dem 9. November verbinden, ragen die **Pogrome gegen Juden, ihre Einrichtungen und Synagogen 1938** und der **Fall der Berliner Mauer 1989** heraus. Befürworter betrachten die Verknüpfung von Tief- und Höhepunkten deutscher Geschichte als besondere Qualität eines solchen Gedenktages, der die Freude über gelingende Freiheits- und Einheitsbestrebungen mit der Mahnung an die Diktatur der NS-Vergangenheit verbindet. Skeptiker betonen dagegen, dass der unüberbrückbare Gegensatz zwischen fröhlicher Erinnerung einerseits und mahnendem historischen Erinnern eine Gefahr darstelle. Ausgelassene Freude und patriotischer Stolz könne durch Scham und Trauer überschattet oder beherrscht werden.

Wer solche kontroversen Debatten verstehen oder erklären will, muss sich mit den Perspektiven und ideologischen Einstellungen beschäftigen, die unterschiedliche Deutungen prägen. Die Aufgabe einer perspektivisch-ideologiekritischen Untersuchung besteht darin, mit rationalen wissenschaftlichen Argumenten die **Interessenbedingtheit von Programmen, Forderungen, Lehren oder anderen Aussagen** aufzudecken, die allgemeine Geltung beanspruchen. Denn historische Interpretationen repräsentieren nicht nur den jeweiligen Stand der Kenntnisse über die Vergangenheit und der Methoden, die Historiker anwenden. Sie sind auch Ausdruck des gesellschaftlichen Standorts, der politisch-ideologischen und moralischen Überzeugungen ihrer Verfasser sowie der Perspektiven, die die Erkenntnissuche bestimmen. Außerdem können historische Aussagen als „politisches Argument" zur Rechtfertigung beziehungsweise Ablehnung bestimmter politischer Ziele und Entscheidungen sowohl für einzelne Personen als auch für soziale Gruppen und politische Institutionen dienen. Die Analyse historischer Auseinandersetzungen ist daher ein wichtiger Schlüssel zum Verständnis des historisch-politischen Bewusstseins und der verschiedenen sozialen oder kulturellen Perspektiven der in einer Gesellschaft lebenden Menschen und Gruppen.

M1 Symbolbild zum Tag der Deutschen Einheit am 3. Oktober

Methode

Arbeitsschritte zur Analyse

1. Leitfrage   Welche Fragestellung bestimmt die Debatte?

2. Analyse   *Formale Aspekte*
- Wer sind die Beteiligten an dem Konflikt (Teilnehmer, bisherige Veröffentlichungen, wissenschaftliche, ggf. politische Positionen)?
- Wann wurde die Debatte geführt?
- In welchen Medien wurde die Debatte ausgetragen?
- Welche Zielgruppe wird angesprochen?

Inhaltliche Aspekte
- Welche Thesen werden vertreten?
- Welche Argumente und Gegenargumente werden genannt?
- Welche Argumentationsstränge lassen sich herausarbeiten und gegenüberstellen (ggf. in einer Tabelle):
  - Erkenntnisleitendes Interesse?
  - Unterschiedliche moralisch-ethische Perspektiven?
  - Unterschiedliche politisch-soziale und/oder ideologische Interessen?
  - Unterschiedliche wissenschaftliche Perspektiven?
  - Unterschiedliche Quellen?
    - Unterschiedliche Fragen an die Quellen?
    - Unterschiedliche Deutung der Quellen?
    - Unterschiedliche theoretische Ansätze?
    - Wer nimmt auf wen Bezug?

3. Historischer Kontext
- Auf welchen historischen Sachverhalt (Epoche, Ereignis, Prozess bzw. Konflikt) bezieht sich die Debatte?
- In welchem historischen Kontext wurde die Debatte geführt?

4. Urteil   *Sachurteil*
- Sind die Beiträge überzeugend (u. a. Schlüssigkeit der Darstellung, Stichhaltigkeit der Argumentation)?
- Von welchen politischen/weltanschaulichen Positionen aus urteilen die Autoren?
- Welche Wirkungen erzeugten die Beiträge?

Werturteil
- Wie lässt sich die Debatte aus heutiger Sicht bewerten?
- Werden Gesichtspunkte von den Autoren nicht oder kaum berücksichtigt?

Übungsaufgabe

M2 Der Journalist Ulrich Greiner über den 9. November (2004)

Nach der Wende war ursprünglich der Tag des Mauerfalls von 1989, der 9. November, als Nationalfeiertag in der Diskussion. Wegen der Datumsgleichheit mit der Reichspogromnacht 1938 galt dieses Datum als ungeeignet. Tatsächlich wurde dann der 3. Oktober zum Feiertag erklärt, da am 3. Oktober 1990 beide deutsche Staaten vereint wurden.

Es scheint ein Merkmal unserer Zeit zu sein, dass der Mensch gar nicht so viel erleben kann, wie er erinnern soll. Die florierende Gedenkkultur [...] steht zu dem, was der Einzelne denken und empfinden kann, in seltsamem Kontrast. Wem es schwer fällt, die eigene Vita halbwegs auf die Reihe zu kriegen oder die Geburtstage, die Jubiläen seiner Lieben pünktlich zu begehen, der kommt dem geforderten Gedenken kaum hinterher. Der 9. November verknotet tückisch das Problem. Von dem des Jahres 1989, als die Mauer fiel, können die meisten noch aus eigener Anschauung erzählen. Er lebt im Gedächtnis stärker fort als der Staatsfeiertag des 3. Oktober. Der 9. November 1848 aber, von dem in gewisser Weise alles seinen Ausgang nahm, ist nur mehr ein historischer Schatten, obwohl mit der Erschießung des Paulskirchenabgeordneten Robert Blum alle demokratischen Hoffnungen starben und in Deutschland eine Friedhofsruhe (Blum) einkehrte, die erst am 9. November 1918 mit der Proklamation der Republik neuer Hoffnung wich. Nicht lange, wie wir leider wissen: Am 9. November 1923 marschierte Hitler auf die Feldherrnhalle, und am gleichen Tag, fünfzehn Jahre später, wurden Deutsche, die man als Juden hasste, Pogromen preisgegeben. Erst die friedliche Revolution von 1989 hat es vermocht, den totalitären Terror völlig zu überwinden und der Demokratie in ganz Deutschland eine Chance zu geben. Wie soll man dieses Tags gedenken, an dem Stolz und Scham verzwickt und wechselnd Anteil haben? Wohin soll das Gedenken führen, was soll es bringen, außer Leitartikeln, Schulaufsätzen, Podiumsdebatten?

Erinnerung zu steuern ist möglich, aber nur zu einem geringen Grad. [...] Sie muss zwar angeleitet werden durch die Rituale öffentlichen Gedenkens, die einem jeden deutlich machen, dass er keine Empfindungsinsel ist, sondern Anteil hat am Schicksal des Ganzen. Und er muss, zumal im jungen Alter, von der Ambivalenz der deutschen Geschichte mehr als nur eine Ahnung gewinnen. Das schließt ein, ihren schlimmsten Teil zu kennen und sich dazu in öffentlicher Form zu bekennen – etwa im Gedenken an die sogenannte Reichskristallnacht 1938. Aber weil nicht nur die Gedanken, sondern auch die Erinnerungen frei sind, muss man sich hüten, das Gedankenwesen so zu strapazieren, dass ihm die Empfindungen und Erfahrungen des Einzelnen nicht mehr folgen können, sonst wird es leer. [...]

Der 9. November 1989 aber war ein Glück – nicht allein, weil er den Ostdeutschen die Freiheit schenkte, sondern auch, weil er zeigte, dass Geschichte kein Fatum[1] ist. Von da an kann, wer der 9. November sagt, auf einen Zusammenhang verweisen, der das Ärgste einschließt wie das Schönste, den Absturz in die Unmenschlichkeit wie den Gewinn der Freiheit. Dass dem öffentlichen Gedenken das private nicht immer folgt, ist dann kein Unglück, wenn die Erzählung, wie sie von den Eltern zu ihren Kindern oder vom Freund zum Freund sich fortpflanzt, noch Anteil hat am öffentlich Gebotenen. Von dieser Erzählung weiß man nur, was in Romanen, Tagebüchern, Erinnerungen vorliegt. Und das zeugt, alles in allem, davon, dass die Ambivalenz der deutschen Geschichte im kollektiven Bewusstsein verankert ist.

Ulrich Greiner: Der Hund Erinnerung. In: Die Zeit, 4. November 2004; zit. nach: www.zeit.de/2004/46/Der_Hund_Erinnerung (abgerufen am: 29. September 2019).*

1 *Fatum:* dem Menschen bestimmtes Schicksal, Geschick, Verhängnis

M3 Der Historiker und Politikwissenschaftler Peter Steinbach zur gleichen Frage (2008)

Das größte Problem des Historikers ist eine Folge seines Wunsches, an Ereignisse zu erinnern, die in der Vergangenheit stattgefunden haben, aber in der Gegenwart gedeutet werden. Denn daraus folgt, dass der Historiker Ereignisse bewertet, deren Ergebnisse bekannt, häufig politisch umstritten und entsprechend kontrovers sind. Er selbst als Deutender weiß, wie die Geschichte, von der er erzählt, ausgegangen ist. So steht der Historiker unausweichlich in der Gefahr, dass er stets aus der Kenntnis fortlaufender Ereignisse urteilt. [...] Diese Vielfältigkeit von Deutungszugängen markiert das große Problem, das mit der Frage zusammenhängt, wie sich der 9. November als Gedenktag eignet. [...]

Die Erinnerungen und Erfahrungen, die mit dem 9. November verbunden werden können, bleiben vielfältig und bieten gerade deshalb eine Chance für ein Geschichtsverständnis, welches die Konfrontation der Deutschen mit zwei Diktaturen bietet. Zur Erinnerung an den 9. November gehört die Konfrontation mit den Chancen und Versprechen, die die erste Demokratie verkörperte, aber auch mit der Gefahr, die von Feinden des Verfassungsstaates ausgeht. Wir sollten aufhören, den einen 9. November gegen den anderen auszuspielen, sondern Geschichtsbilder integrieren. In einer pluralistischen Gesellschaft muss man sich nicht nur an den vielfältigen Sinn gewöhnen, der mit der Inszenierung von Gedenktagen beschworen wird, man sollte sich dieser Vielfältigkeit aussetzen und so die Pluralität vieldimensionaler Geschichtsdeutungen praktizieren. Der Erinnerungstag des 9. November 1989 kann durch die Erinnerung an den 9. November 1938 nicht geschmälert werden [...]. Nicht um Exklusion, sondern um Integration antidiktatorischer und antitotalitärer Bezugspunkte muss es gehen. Es geht nicht um Kleinreden, so wenig wie um das Großreden, sondern es geht um den Versuch, sich im Gedenken bewusst zu machen, über welche historischen Stationen wir unsere Gegenwart erreicht haben. Deshalb geht es nicht um inszenierte Erinnerung, sondern um das für einige Augenblicke gelungene Heraustreten aus dem Alltag – und dieses Heraustreten verband etwa der Bundespräsident Theodor Heuss mit „Gedenken" –, mithin um die Fähigkeit, auf vielfältige Entwicklungspfade und Zusammenbrüche nicht nur politischer Systeme, sondern zivilisatorischer Maßstäbe zurückzuschauen. Gerade dazu bietet sich der 9. November in seiner ganzen verwirrenden Fülle historischer Bezugspunkte und geschichtspolitischer Deutungsmöglichkeiten an.

Peter Steinbach, Der 9. November in der Erinnerung der Bundesrepublik, in: Deutschland Archiv 41, 2008, H. 5, S. 882.*

1 Untersuchen Sie die beiden Darstellungen M 2 und M 3 anhand der Arbeitsschritte auf S. 442.

Lösungshinweise

1. Leitfrage
Hätte man den 9. November statt des 3. Oktober zum deutschen Nationalfeiertag erklären sollen?

2. Analyse
Formale Aspekte
Debattenteilnehmer: Greiner ist ein prominenter liberaler Journalist und Literaturkritiker der Wochenzeitung DIE ZEIT, der auch als Gastprofessor tätig war und führende Positionen im Literaturbetrieb innehat; Steinbach ist ein angesehener Historiker und Politikwissenschaftler.
Zeitpunkt der Debatte: Die Diskussion begann mit der Einrichtung des deutschen Nationalfeiertages am 3. Oktober 1990 und ist bis heute nicht abgeschlossen; Greiners Artikel erschien am 9. November 2004, Steinbachs Aufsatz 2008. Beide reflektieren die Frage, ob der 9. November eine geeignete Alternative zum 3. Oktober ist.
Austragungsort der Debatte: Die verbreitete Wochenzeitung DIE ZEIT und die Fachpublikation „Deutschland Archiv", die sich mit Themen der Deutschlandforschung und der DDR-Forschung befasst.
Angesprochene Zielgruppe: ein liberales Bildungsbürgertum bei Greiner, ein Publikum von Fachhistorikern, Politologen und allen, die beruflich mit historisch-politischen Themen zu tun haben, bei Steinbach.

Inhaltliche Aspekte (zentrale Thesen und Argumente)
Greiner:
– Viele Menschen sind mit der Anzahl von Gedenkereignissen überfordert.
– Der 9. Nov. ist vielen Menschen durch eigenes Erleben stärker präsent als der 3. Okt.
– Der 9. Nov. ist in der deutschen Geschichte mit demokratischen und totalitären Ereignissen positiv wie negativ besetzt (1848: Erschießung Robert Blums, 1918: Proklamation der Republik, 1923: Hitlers Marsch auf die Feldherrnhalle, 1938: Pogrome gegen jüdische Mitbürger/„Reichskristallnacht", 1989: Öffnung der Berliner Mauer).
– Der 9. Nov. 1989 und die friedliche Revolution in der DDR überwinden endgültig den totalitären Terror und geben der Demokratie eine Chance.
– Öffentliches Gedenken ist wichtig, um sich als Teil der Gemeinschaft fühlen zu können.
– Jeder, besonders Jugendliche, soll die Ambivalenz der deutschen Geschichte kennen – dafür steht der 9. November.

Steinbach:
– Problem des Historikers ist, dass er an vergangene Ereignisse erinnern möchte, die für die Gegenwart gedeutet werden sollen. Historiker kennen den Ausgang

der Geschichte und wissen um deren unterschiedliche Deutungen. Das ist bei der Debatte um den 9. Nov. als Gedenktag zu beachten.
– Der 9. Nov. bietet die Chance, sich mit zwei Diktaturen auseinanderzusetzen.
– Der 9. Nov. 1918 zeigt Chancen und Versprechen der ersten Demokratie in Deutschland und die Gefahren, die von ihren Feinden ausgehen.
– Eine pluralistische Gesellschaft sollte die Vielfältigkeit von Gedenktagen aushalten und vieldeutige und kontroverse Geschichtsinterpretationen hervorbringen.
– Die Bedeutung des 9. Nov. 1989 wird nicht durch die Reichspogromnacht geschmälert.
– Im Gedenken sollen wir uns bewusst machen, wie wir unsere Gegenwart erreicht haben.
– Wichtig ist nicht eine inszenierte Erinnerung, sondern ein Heraustreten aus dem Alltag. Das fördert die Fähigkeit, auf historische Entwicklungen politischer Systeme, aber auch der Zivilisation zurückzublicken.

Erkenntnisleitendes Interesse:
Beide Autoren wollen den Nachweis führen, dass der 9. November für ein Gedenken geeignet ist, das die Mehrdimensionalität von Geschichte betont. Argumente und Widerstände dagegen werden nicht weiter ausgeführt.

3. Historischer Kontext
Am 3. Oktober 1990 vereinigten sich die beiden deutschen Staaten. Seitdem ist dieser Tag der nationale Gedenkfeiertag der Deutschen. Von Anfang an wurde aber auch immer wieder diskutiert, ob nicht der 9. November der „bessere" Gedenktag sei, zumal für viele Ostdeutsche mit diesem Datum noch konkrete eigene Erfahrungen verknüpft sind. Man nahm davon Abstand, weil an diesem Tag der Reichspogromnacht gedacht wurde und man beide Ereignisse nicht miteinander in Verbindung bringen wollte und konnte.

4. Urteil
Sachurteil
Beide Beiträge argumentieren schlüssig, ihre Gedankenführung ist konsequent und logisch, ihre Argumentation ist stichhaltig. Beide Autoren argumentieren auf der Grundlage politisch-liberaler Überzeugungen, die die Notwendigkeit des Meinungspluralismus anerkennt und die Widersprüchlichkeit historischer Entwicklungen hervorhebt. Diese Widersprüchlichkeit soll auch im öffentlichen Bewusstsein verankert werden. Während Greiner als Journalist die öffentliche Debatte betrachtet, also die Diskussion breiterer Bevölkerungsschichten im Blick hat, argumentiert Steinbach zuerst als Geschichtswissenschaftler, der die Pluralität historischer Auffassungen und die Geschichts- und Erinnerungskultur im Sinn hat. Beide Beiträge dürften die Leser auf angenehme Weise berühren und anregen, über Gedenkkultur und Nationalfeiertage nachzudenken.

Werturteil
Beide Autoren zeigen überzeugend auf, wie man den 9. November als Gedenktag in einer pluralistischen Gesellschaft nutzen könnte und welche Chancen eine multiperspektivische Sicht auf die Geschichte bieten kann. Diese Chance wurde von der deutschen Gesellschaft bisher nicht genutzt. Beide Autoren erörtern jedoch nicht die Gestaltung des Gedenktages am 9. Nov. Sie fragen nicht nach der inneren Beteiligung, nach der emotionalen Ambivalenz eines Erinnerungstages, an dem sich in der Geschichte Erfreuliches und Furchtbares ereignet hat. Einer ihrer Kritiker hat sie deshalb gefragt: „Wie machen wir denn das? Vormittags lustig, nachmittags in Trauer und Scham?"

M4 Vor der West-Berliner Siegessäule hängt über dem Straßenschild der „Straße des 17. Juni" ein Schild mit der Aufschrift „9. November", Fotografie, 12. November 1989

Anwenden

M1 Der Schriftsteller und Journalist Rafael Seligmann über deutsche Gedenktage (2012)

Die Einführung eines Holocaust-Tages wird am Desinteresse des deutschen Publikums nichts ändern – trotz oder gerade wegen der routiniert mahnenden Worte von Politikern, Kirchenleuten, Publizisten und anderen Geltungssüchtigen. Der Holocaust-Tag wird in Deutschland die gleiche Resonanz haben wie andere Mementos – etwa der Weltkindertag, der Weltnichtrauchertag oder der Tag der Behinderten. [...] Dabei darf es nicht bleiben. Der Tag der Deutschen ist der 9. November. Da wurde marschiert, marodiert, erschlagen, krepiert und endlich die Freiheit errungen. Durch die Deutschen ist der 9. November auch zum Schicksalstag der Juden geworden. Es ist Zeit, dass die Deutschen – auch die deutschen Juden – das Datum als ihren Schicksalstag begreifen und annehmen.

Rafael Seligmann in Der Spiegel, 24. Juli 1995; zit. nach: www.spiegel.de/spiegel/print/d-9204302.html (abgerufen am 29. September 2019).*

1. Vergleichen Sie die Bilder, die Seligmann von den Gedenktagen des Holocaust-Tages und des 9. November entwirft. Zeigen Sie Unterschiede oder Gemeinsamkeiten auf.
2. Überprüfen Sie das Urteil von Seligmann.
3. Diskutieren Sie an ausgewählten Beispielen, ob nationale Gedenk- und Feiertage heute durch inhaltslose „Erinnerungsrituale" geprägt werden oder für breite Teile der Bevölkerung eine Bedeutung besitzen. Erwägen Sie Alternativen zur Gestaltung von Gedenktagen.

M2 Der Historiker Hilmar Sack über Möglichkeiten und Gefahren offizieller Gedenkveranstaltungen an Nationalfeiertagen (2016)

In offiziellen Gedenkveranstaltungen spiegelt sich in der Regel der erreichte gesellschaftliche Konsens bei der Aufarbeitung historischer Abläufe und Ereignisse. Bedient wird ein Bedürfnis der Opfergruppen auf Anerkennung ihres Leids wie nach historischer Selbstvergewisserung des Staates. Der Feind jeder Wirkung öffentlichen Gedenkens ist Routine. Angesichts der Tendenz zur formelhaften Mahnung trifft jedoch gerade das periodisch wiederkehrende staatliche Gedenken nicht selten der Vorwurf, es pflege ein wirkungsloses Ritual, das einem reflexiven, kritischen Geschichtsverständnis sogar entgegenwirke. [...] Findet das Geschichtsbewusstsein, das viele längst nicht mehr haben, heute im Kalender statt? Sind Gedenktage nur das Alibi für eine Gesellschaft ohne kritische Geschichtskultur? An Gedenktagen verdichten sich komplexe historische Prozesse auf ein symbolisches Datum. Die Komplexitätsreduzierung historischer Prozesse geht mitunter so weit, dass sich die geschichtspolitische Debatte auf Begriffe reduziert, hinter denen sich Staat und Gesellschaft sammeln (etwa [...] „Tag der Befreiung" für den 8. Mai) – auch auf die Gefahr hin, damit die Vielschichtigkeit historischer Erfahrung auszublenden. Zu diesem Eindruck trägt in nicht geringem Maße eine Medienberichterstattung bei, die vorrangig die (meist mahnende) Botschaft der Gedenkreden transportiert, deren weiter gefasster historischer Herleitung jedoch nur wenig Platz einräumt. Die immense öffentliche Resonanz auf eher unkonventionelle Abläufe solcher Gedenkveranstaltungen [...] zeigt das gewachsene Bedürfnis nach Ausbrüchen aus einem als festgefahren empfundenen Zeremoniell. Zur Herausforderung gehört auch, gegenüber den entrückten offiziellen Veranstaltungen das zivilgesellschaftlich getragene bürgernahe Gedenken im Alltagsumfeld nicht zu vernachlässigen.

Hilmar Sack, Geschichte im politischen Raum. Theorie – Praxis – Berufsfelder, UTB, A. Francke, Tübingen 2016, S. 96 ff.*

1. Erörtern Sie, ausgehend von diesem Text, Möglichkeiten und Grenzen der Wirkung von Gedenktagen.
2. Diskutieren Sie, wie Sie die Auswahl und Gestaltung von Gedenktagen verändern wollen, um deren politische und gesellschaftliche Wirkung zu verbessern.

M3 Gedenktafel an die Progromnacht 1938 am Eingang des jüdischen Friedhofes, Emden, Ostfriesland, Fotografie, 2016

Wiederholen

M4 Auf einer Wand hinter dem Bundestagsgebäude in Berlin wird gefordert, den 18. März (Tag der Revolution 1848) statt des 3. Oktober zum Nationalfeiertag zu erheben, Fotografie 1990

Zentrale Begriffe
Gedenktage, jährliche
„Heiliges Jahr"
Independence Day
Jubiläen
Kaisergeburtstag
Nationale Gedenk- und Feiertage
Reformationstag
Sedantag
Staatsfeiertage
Tag der Deutschen Einheit
Unabhängigkeitstag
Verfassungstag

1 Erörtern Sie an Beispielen, warum Gesellschaften und Staaten nationale Gedenk- und Feiertage benötigen.
2 Ermitteln Sie ein aktuelles „rundes" Jubiläum und prüfen Sie, wie dort die eigene Geschichte dargestellt wird.
3 **Vertiefung:** Vergleichen Sie für zwei Gedenk- und Feiertage (z. B. 3. Oktober und 9. November), wie die Tage auf nationaler Ebene und vor Ort begangen werden. Planen Sie eine Straßenumfrage, bei der die heutige Bedeutung des Tages für die Bürgerinnen und Bürger im Mittelpunkt steht. Führen Sie sie durch und werten Sie sie aus.
4 Überprüfen Sie die These, dass es einen engen Zusammenhang zwischen Nationalismus und nationalen Gedenk- und Feiertagen gebe.
5 **Wahlaufgabe:** Bearbeiten Sie a) oder b).
   a) Vergleichen Sie die beiden deutschen Nationalfeiertage des 17. Juni und des 3. Oktober miteinander. Untersuchen Sie dabei Möglichkeiten und Grenzen der Emotionalisierung, Personalisierung, Dramatisierung und Ästhetisierung. Erörtern Sie Stärken und Schwächen dieser Gedenktage.
   b) Stellen Sie sich vor, Sie werden aufgefordert, am 27. Januar im Deutschen Bundestag die Gedenkrede zum „Holocaust-Gedenktag" zu halten. Erarbeiten Sie eine Rede, tragen Sie diese vor und diskutieren Sie darüber.
6 **Vertiefung:** Erörtern Sie Vorschläge für einen deutschen Nationalfeiertag, den Sie als Alternative zum 3. Oktober vorziehen würden und formulieren Sie Ideen für eine alternative Gestaltung dieses Gedenktages.

Abiturvorbereitung

Hinweise zu den Operatoren

Operatoren sind Verben in Aufgabenstellungen, die Ihnen signalisieren, welche Tätigkeiten beim Lösen dieser Aufgaben von Ihnen erwartet werden. Schwerpunktmäßig sind sie einem der drei Anforderungsbereiche (AFB I, II oder III) zugeordnet.
Die folgenden Hinweise sollen Ihnen helfen, die Operatoren in Arbeitsaufträgen zu verstehen und sinnvoll zu bearbeiten.
Beachten Sie bitte: Operatoren werden durch die Formulierung bzw. Gestaltung der jeweiligen Aufgabenstellung und durch den Bezug zu den begleitenden Textmaterialien, Abbildungen und Problemstellungen präzisiert. **Lesen Sie sich also immer die Aufgabenstellung genau durch.**

Operator	Definition	Beispielaufgabe	Tipps und Formulierungshilfen
Anforderungsbereich (AFB) I			
beschreiben	strukturiert und fachsprachlich angemessen Materialien vorstellen und/oder Sachverhalte darlegen	Beschreiben Sie die wesentlichen Bildelemente des Holzstichs „Germanenzug" von Johannes Gehrts (M 3).	**Tipp:** Die Beschreibung eines Materials erfordert eine präzise und fachsprachlich angemessene Wortwahl. Außerdem sollten Sie sich eine sinnvolle Reihenfolge für die Präsentation der einzelnen (Bild-)Elemente überlegen. **Formulierungshilfen:** – Das Gemälde/der Holzstich … thematisiert … – Bei dem vorliegenden Material handelt es sich um … – Die Statistik befasst sich mit … – Hierbei zeigt die x-Achse …, die y-Achse stellt … dar. – Hier fällt auf, … – Es wird deutlich, dass…
gliedern	einen Raum, eine Zeit oder einen Sachverhalt nach selbst gewählten oder vorgegebenen Kriterien systematisierend ordnen	Gliedern Sie die verschiedenen Zeitebenen, die Braudel vorschlägt, mithilfe einer grafischen Darstellung.	– Der Autor schlägt drei Ebenen/Kategorien/Rubriken … vor. Die erste/zweite/dritte ist gekennzeichnet/charakterisiert durch … – Der Text lässt sich gliedern in … Abschnitte. – Die Abschnitte beschäftigen sich mit folgenden Themen: …
wiedergeben	Kenntnisse (Sachverhalte, Fachbegriffe, Daten, Fakten, Modelle) und/oder (Teil-)Aussagen mit eigenen Worten sprachlich distanziert, unkommentiert und strukturiert darstellen	Geben Sie den Inhalt der „Farewell Address" von George Washington mit eigenen Worten wieder.	– In dem Text geht es um … – Der Autor/die Autorin formuliert in seinem/ihrem Text … – Der Autor/die Autorin behauptet/verdeutlicht/kritisiert/erläutert/beschreibt/fasst zusammen/stellt klar … – Daraus entwickelt sich … – Die Folgen sind …

Operator	Definition	Beispielaufgabe	Tipps und Formulierungshilfen
zusammen-fassen	Sachverhalte auf wesentliche Aspekte reduzieren und sprachlich distanziert, unkommentiert und strukturiert wiedergeben	Fassen Sie Avitus' Aussage und Intention zusammen.	– Siehe „wiedergeben".
Anforderungsbereich (AFB) II			
analysieren	Materialien, Sachverhalte oder Räume beschreiben, kriterienorientiert oder aspektgeleitet erschließen und strukturiert darstellen	Analysieren Sie die Erzählung über den Krug von Soissons (M 12 a) in Hinblick auf die Aussageabsicht Gregors.	**Tipp:** Lesen Sie die Aufgabenstellung genau durch und werten Sie einen Sachverhalt oder das Material anhand der aufgeworfenen Frage/Problemstellung aus. Nutzen Sie die Methodenseiten S. 168 f. und S. 230 f.
charakterisieren	Sachverhalte in ihren Eigenarten beschreiben, typische Merkmale kennzeichnen und diese dann gegebenenfalls unter einem oder mehreren bestimmten Gesichtspunkten zusammenführen	Charakterisieren Sie das Zusammenleben von Franken und Galloromanen in Chlodwigs Reich.	– Es lässt sich beobachten, dass … – Ein typisches Kennzeichen für … – Allgemeine Merkmale waren …
einordnen	begründet eine Position/Material zuordnen oder einen Sachverhalt begründet in einen Zusammenhang stellen	Ordnen Sie das auf der Gravur gezeigte Ereignis in seinen historischen Kontext ein.	**Tipp:** Ordnen Sie Aussagen des Materials Ihnen bekannten Positionen bzw. Theorien zu. Stellen Sie bei Ihrer Einordnung Textbezüge her. – Die Gravur zeigt die Plünderung Roms als … – Die Aussage in Zeile xx zeigt, dass … – Seine politische Einstellung änderte sich, weil …
erklären	Sachverhalte so darstellen – ggf. mit Theorien und Modellen –, dass Bedingungen, Ursachen, Gesetzmäßigkeiten und/oder Funktionszusammenhänge verständlich werden	Erklären Sie, welche Rolle und welche Bedeutung die Christen laut Augustinus bei der Plünderung Roms hatten.	– Besonders diese Ereignisse führten zu … – Deshalb spricht man von … – In diesem Zusammenhang lässt sich feststellen, dass …
erläutern	Sachverhalte erklären und in ihren komplexen Beziehungen an Beispielen und/oder Theorien verdeutlichen (auf Grundlage von Kenntnissen bzw. Materialanalyse)	Erläutern Sie Gearys Aussage: „Mit dem Verschwinden der Barbaren aus dem Imperium verschwanden auch die Römer selbst" (Z. 31 f.).	**Tipp:** Die Vorgehensweise ist wie beim Operator „erklären", allerdings sollten Sie Ihre Erläuterung mit Beispielen verdeutlichen. – An dieser Stelle (Z. xx) wird deutlich, dass … – Wie der letzte Satz zeigt …

Operator	Definition	Beispielaufgabe	Tipps und Formulierungshilfen
gegenüberstellen	Sachverhalte, Aussagen oder Materialien kontrastierend darstellen und gewichten	Stellen Sie die Ansätze von Bade und Oswald hinsichtlich der Aspekte Anlässe, Motive, Formen sowie kollektive wie individuelle Folgen gegenüber.	**Tipp:** Achten Sie wie beim Vergleich darauf, nicht nur Gemeinsamkeiten, sondern auch Unterschiede der zu vergleichenden Sachverhalte darzulegen. Berücksichtigen Sie dabei den Ihnen bekannten historischen Kontext. Am Ende Ihrer Bearbeitung wird von Ihnen eine Gewichtung der Gemeinsamkeiten und Unterschiede erwartet. – Beide Texte/Bilder handeln von/stammen aus … – Beide Materialien thematisieren … – Während der Autor von Material A jedoch … betont, legt der Autor von Material B den Schwerpunkt auf … – Schlüssig und nachvollziehbar ist die Argumentation von … – Autor B vernachlässigt dagegen folgende Punkte …
herausarbeiten	Materialien auf bestimmte, explizit nicht unbedingt genannte Sachverhalte hin untersuchen und Zusammenhänge zwischen den Sachverhalten herstellen	Arbeiten Sie aus M 6 und M 7 die zentralen Merkmale der Beschreibung und Erklärung von Migration heraus.	**Tipp:** Erarbeiten Sie sich zunächst die wesentlichen Aussagen des Materials. Achten Sie dabei auf Zusammenhänge, auch auf solche, die nicht explizit im Text benannt werden. – Zu den wichtigsten Ergebnissen gehörte … – Die Hauptaussage des Autors lässt sich so wiedergeben: …
in Beziehung setzen	Zusammenhänge zwischen Materialien, Sachverhalten aspektgeleitet und kriterienorientiert herstellen und erläutern	Setzen Sie die Kernaussagen von M 13 in Beziehung zu den Ausführungen in M 14.	– Im Vergleich der beiden Texte zeigt sich … – Während Autor A stärker … thematisiert, legt Autor B den Schwerpunk auf … – Beiden gemeinsam ist … – Sie unterscheiden sich in der Bewertung von …
nachweisen	Materialien auf Bekanntes hin untersuchen und belegen	Weisen Sie nach, inwiefern in der im Gräberfeld abgebildeten Kultur christliche und vorchristliche Elemente eine Rolle spielten.	– Die Aussage von … lässt sich bei … wiederfinden/belegen/wird widerlegt. – Ein Beleg für … ist … – Dieser Fund stützt die These von … – Es lässt sich zeigen, dass …
vergleichen	Gemeinsamkeiten, Ähnlichkeiten und Unterschiede von Sachverhalten kriterienorientiert darlegen	Vergleichen Sie die Beurteilung Heathers mit derjenigen von Pohl.	**Tipp:** Achten Sie immer darauf, nicht nur Gemeinsamkeiten, sondern auch Unterschiede der zu vergleichenden Sachverhalte darzulegen. – Im Vergleich mit … – Die Entwicklung verlief ähnlich wie/anders als in …

Hinweise zu den Operatoren

Operator	Definition	Beispielaufgabe	Tipps und Formulierungshilfen
Anforderungsbereich (AFB) III			
beurteilen	den Stellenwert von Sachverhalten oder Prozessen in einem Zusammenhang bestimmen, um kriterienorientiert zu einem begründeten Sachurteil zu gelangen	Beurteilen Sie die von Demandt vorgetragene Deutung vom Untergang des Römischen Reichs im Zusammenhang mit den Prozessen der Zeit der „Völkerwanderung".	**Tipp:** Beachten Sie bei Ihrer Urteilsbildung auch die Ergebnisse der zuvor bearbeiteten Aufgabenstellungen. Vergessen Sie nicht, die Ihrem Sachurteil zugrunde gelegten Kriterien zu verdeutlichen. – Die eigentliche Absicht des Redners war es, … – Diese Sichtweise/Konstellation/Handlung führte dazu, dass … – Diese Entscheidung hatte negative Folgen: …
entwickeln	zu einem Sachverhalt oder zu einer Problemstellung eine Einschätzung, ein Lösungsmodell, eine Gegenposition oder ein begründetes Lösungskonzept darlegen	Entwickeln Sie eine begründete Empfehlung für den Besuch eines der beiden vorgestellten Museen.	– Nach Abwägung der Positionen/Analyse der Argumentationen plädiere ich dafür, dass … – Meiner Meinung nach …
erörtern *beides machen*	zu einer vorgegebenen Problemstellung eine reflektierte, abwägende Auseinandersetzung führen und zu einem begründeten Sach- und/oder Werturteil kommen	Erörtern Sie kritisch, welche Erkenntnisse über das Steuerwesen zur Zeit der Merowinger anhand von Z. 1–18 dieser Quelle gewonnen werden können.	**Tipp:** Wägen Sie das Für und Wider hinsichtlich der Frage/Aufgabenstellung ab und fällen Sie dann ein begründetes Sachurteil oder zusätzlich, wenn sich das vom Thema her anbietet, ein Werturteil. – Dafür/Dagegen spricht … – Insgesamt gesehen … – Die Behauptung/These/Argumentation passt (nicht) zu den Informationen aus dem Darstellungstext/den Aussagen des Historikers XY …
sich auseinandersetzen *beides machen*	zu einem Sachverhalt, einem Konzept, einer Problemstellung oder einer These usw. eine Argumentation entwickeln, die zu einem begründeten Sach- und/oder Werturteil führt	Setzen Sie sich mit der Frage auseinander, ob Chlodwig 486 dem Römischen Reich den „Todesstoß" versetzte oder ob er die Reichsidee zumindest in seinem Reich vor dem endgültigen Verfall rettete.	**Tipp:** Beziehen Sie ggf. (laut Aufgabenstellung) Materialien in Ihre Argumentation ein. An deren Ende kann ein Sach- oder ein Werturteil stehen. – Siehe „erörtern".
Stellung nehmen	Beurteilung mit zusätzlicher Reflexion individueller, sachbezogener und/oder politischer Wertmaßstäbe, die Pluralität gewährleisten und zu einem begründeten eigenen Werturteil führt	Nehmen Sie vor dem Hintergrund der Theorien von Kulturkonflikt und Kulturkontakt Stellung zu den von Ammianus geschilderten Vorgängen.	**Tipp:** Siehe „beurteilen". Zusätzlich haben Sie ein Werturteil zur Problemfrage zu fällen, dessen Maßstäbe bzw. Kriterien Sie nachvollziehbar verdeutlichen müssen. – Aus meiner Sicht …/meiner Meinung nach … – Nach den Maßstäben der freiheitlich-demokratischen Grundordnung … – Mich überzeugt (nicht), … – Andere sind möglicherweise der Ansicht, dass …

Operator	Definition	Beispielaufgabe	Tipps und Formulierungshilfen
überprüfen	Inhalte, Sachverhalte, Vermutungen oder Hypothesen auf der Grundlage eigener Kenntnisse oder mithilfe zusätzlicher Materialien auf ihre sachliche Richtigkeit bzw. auf ihre innere Logik hin untersuchen	Überprüfen Sie, inwiefern in der transkribierten Filmszene Elemente der nationalsozialistischen Ideologie mithilfe der „Völkerwanderung" transportiert werden.	– Die Behauptung/These/Argumentation passt (nicht) zu den Informationen aus dem Darstellungstext/den Aussagen des Historikers XY …
Operator, der Leistungen in allen drei Anforderungsbereichen verlangt			
interpretieren	Sinnzusammenhänge aus Quellen erschließen und ein begründetes Sachurteil oder eine Stellungnahme abgeben, die auf einer Analyse beruhen	Interpretieren Sie die Karte, indem Sie die fünf oben dargestellten Arbeitsschritte durchführen und auf dieser Grundlage einen zusammenhängenden Text formulieren.	Nutzen Sie die Methodenseiten S. 168 f. und S. 212 f.

Formulierungshilfen für die Bearbeitung von Quellen und Darstellungen

Arbeitsschritte	Strukturierungsfunktion	Formulierungsmöglichkeiten	Beispiel
Analyse formale Aspekte	Einleitung	– Der Verfasser thematisiert/behandelt/greift (auf) … – Er beschäftigt sich/setzt sich auseinander mit der Frage/mit dem Thema … – Die Autorin legt dar/führt aus/äußert sich zu … – Das zentrale Problem/Die zentrale Frage des Textes/Briefes/der Rede ist …	Der SPD-Politiker Philipp Scheidemann thematisiert in seiner Rede vor der Weimarer Nationalversammlung am 12. Mai 1919 den Versailler Vertrag.
inhaltliche Aspekte	Wiedergabe der Position/Kernaussage	– Die Autorin vertritt die These/Position/Meinung/Auffassung … – Er behauptet …	Der Historiker Detlev Peukert vertritt die These, der Untergang der Weimarer Republik sei auf „vier zerstörerische Prozesse" zurückzuführen (Z. xx).
	Wiedergabe der Begründung/Argumentation/wesentlichen Aussagen	– Sie belegt ihre These … – Als Begründung/Beleg seiner These/Behauptung führt der Autor an … – Der Reichskanzler legt dar/führt aus … – Die Historikerin argumentiert/kritisiert/bemängelt … – Der Verfasser weist darauf hin/betont/unterstreicht/hebt hervor/berücksichtigt … – Weiterhin/Außerdem/Darüber hinaus/Zudem argumentiert er …	Kennan betont, dass die Amerikaner in Deutschland Konkurrenten der Russen seien und daher in „wirklich wichtigen Dingen" keine Zugeständnisse machen dürften (Z. xx).
	Abschließende Ausführungen	– Am Ende unterstreicht/betont der Autor noch einmal … – Der Autor schließt seine Ausführungen mit … – Sie kommt am Ende ihrer Argumentation zu dem Schluss, dass … – Zum Abschluss seiner Rede … – Abschließend/Zusammenfassend führt die Abgeordnete aus …	Am Ende seines Briefes betont Bismarck noch einmal die Notwendigkeit eines Bündnisses mit Österreich (Z. xx).
Vergleich von Texten	Übereinstimmung	– Der Historiker ist derselben Meinung/Auffassung/Position … – Sie teilt dieselbe Meinung/Auffassung/Position … – Die Autoren stimmen darin überein …	Brandt und Grass stimmen darin überein, dass die Bildung einer Großen Koalition mit Risiken verbunden sei (vgl. M 1, Z. xx; M 2, Z. xx).
	Gegensatz	– Im Gegensatz zu … – Die Positionen widersprechen sich/weichen voneinander ab/sind unvereinbar/konträr …	Die Positionen der beiden anonymen Verfasser sind hinsichtlich ihrer Haltung zum Terror der Jakobiner unvereinbar.

Formulierungshilfen für die Bearbeitung von Quellen und Darstellungen

Arbeitsschritte	Strukturierungsfunktion	Formulierungsmöglichkeiten	Beispiel
Historischer Kontext		– Die Quelle(n) lassen sich/sind in … ein(zu)ordnen. – Die Texte sind im Zusammenhang mit … zu sehen. – Die Rede stammt aus der Zeit des/der …	Veröffentlicht wurden beide Zeitungsartikel in der Zeit der Jakobinerherrschaft, die von 1793 bis 1794 andauerte und auch als „Schreckens- und Gewaltherrschaft" bezeichnet wird.
Urteil Sachurteil	Intention des Autors	– Der Autor beabsichtigt/intendiert/will/strebt an/fordert/plädiert für … – Die Politikerin verfolgt die Absicht/das Ziel … – Der Außenminister appelliert/ruft auf …	Der Ministerpräsident will mit seiner Rede die Abgeordneten von der Notwendigkeit wirtschaftlicher Reformen überzeugen.
	Beurteilung des Textes	– Die Argumentation ist (nicht) nachvollziehbar/überzeugend/stichhaltig/schlüssig … – Der Verfasser argumentiert einseitig/widersprüchlich … – In seiner Darstellung beschränkt sich der Historiker nur auf …	Der britische Historiker Peter Heather begründet seine These in drei stichhaltigen Argumentationssträngen.
Werturteil	Bewertung des Textes	– Aus heutiger Sicht/Perspektive kann gesagt werden/lässt sich sagen … – Der Position/Meinung/Auffassung/Ansicht des Autors stimme ich (nicht) zu … – Ich stimme der Position/… des Autors (nicht) zu … – Die Position/… der Verfasserin teile ich (nicht) … – Ich teile die Position/… des Historikers (nicht) … – Meiner Meinung/Auffassung/Ansicht zufolge/nach …	– Ich stimme der Kritik von Francisco de Vitoria am Vorgehen der Spanier in der Neuen Welt zu, weil … – Die Position des anonymen Verfassers des ersten Zeitungsartikels (M 1) teile ich nicht, da heute in unserer freiheitlichen Grundordnung Terror zur Durchsetzung politischer Ziele abgelehnt wird.

Tipps zur Vorbereitung auf die Abiturthemen

Übung 1: Inhalte der Lehrplanthemen wiederholen
Das Thema „Völkerwanderung" wird im vorliegenden Schulbuch in sechs Teilthemen gegliedert. Jedes Teilthema ist in Form eines Kapitels aufbereitet.
1. Ein kurzer Darstellungstext führt zu Beginn jedes Kapitels in das Teilthema ein. Daran schließt sich ein umfangreicher Materialienteil mit entsprechenden Aufgaben an. Lesen Sie die Darstellungstexte wiederholend und fertigen Sie eine Zusammenfassung an. Die Zwischenüberschriften und Fettdrucke können Ihnen hierbei Hilfestellung geben.
2. Suchen Sie sich aus jedem Kapitel drei bis vier Materialien aus und bearbeiten Sie die dazugehörigen Aufgaben.
3. Halten Sie Ihre Ergebnisse auf Karteikarten fest (s. unten).

Übung 2: Wichtige Daten merken und anwenden
Auf den Auftaktseiten der Kapitel finden Sie jeweils einen Zeitstrahl. Auf drei Arten können Sie damit für das Abitur üben:
1. Geben Sie jeden Eintrag des Zeitstrahls mit eigenen Worten wieder.
2. Schreiben Sie auf die Vorderseite einer Karteikarte ein Ereignis, auf die Rückseite das Datum (s. unten).
3. Vertiefen Sie Ihre Kenntnisse über zentrale Daten, indem Sie noch einmal die dazugehörigen Darstellungen und Materialien aus dem Kapitel durcharbeiten. Schreiben Sie auf Ihre Karteikarten,
   a) welche Ursachen zu einem Ereignis geführt haben,
   b) wie es abgelaufen ist,
   c) welche Folgen es gehabt hat.

Übung 3: Zentrale Begriffe verstehen und erklären
Zentrale Begriffe sind u. a. auf der Seite „Anwenden und wiederholen" aufgeführt. Erläuterungen dazu finden Sie im entsprechenden Kapitel und im Begriffslexikon auf S. 521–531.
1. Lesen Sie zu jedem Begriff die Erläuterung.
2. Klären Sie Fremdwörter.
3. Erläutern Sie den Inhalt jedes Begriffs anhand von historischen Beispielen. Halten Sie Ihre Ergebnisse auf Karteikarten fest (s. unten).

Ergebnisse sichern – Arbeitskartei anlegen
1. Halten Sie die Ergebnisse der Übungen 1 bis 3 auf Karteikarten fest: Notieren Sie auf der Vorderseite eine Frage, einen Begriff oder ein Datum, schreiben Sie auf die Rückseite Ihre Erläuterungen.
2. Wiederholen Sie mithilfe Ihrer Arbeitskartei die Inhalte, Daten und Begriffe der Schwerpunktthemen – alleine, in Partnerarbeit oder in Gruppen.

Übung 4: Methodentraining – Interpretation schriftlicher Quellen
Die Interpretation schriftlicher Quellen ist eine der zentralen Anforderungen im Abitur:
1. Prägen Sie sich die systematischen Arbeitsschritte zur Interpretation einer schriftlichen Quelle von S. 168 f. ein.
2. Merken Sie sich die „Faustregel" zur Analyse der formalen Merkmale schriftlicher Quellen und üben Sie die Beantwortung der „W-Fragen" anhand von fünf selbst ausgewählten schriftlichen Quellen des Schülerbuches.

„Faustregel"
für die Analyse der formalen Merkmale schriftlicher Quellen:

WER sagt WO, WANN, WAS, WARUM, zu WEM und WIE?

Probeklausur mit Lösungshinweisen: Amerikanische Revolution

1 Fassen Sie – nach einer quellenkritischen Einführung – den Inhalt von M 1 zusammen.
2 Erläutern Sie ausgehend von M 1 die wesentlichen Elemente des amerikanischen Verfassungssystems.
3 Analysieren Sie M 2 nach einer quellenkritischen Einführung.
4 Setzen Sie sich mit dem Bild George Washingtons, das in M 2 dargeboten wird, auch unter Bezugnahme auf M 1 auseinander.

M 1 George Washington in einem Brief an das amerikanische Volk, sog. „Farewell Address" (1796)

George Washington verfasste den Brief kurz vor Ende seiner zweiten Amtszeit.

[...] Da ihr durch Geburt oder Wahl Bürger eines gemeinsamen Landes seid, hat dieses Land ein Recht darauf, eure Zuneigung auf sich zu vereinen. Der Name „Amerikaner", der euch als Nation zusteht,
5 muss stets den gerechten patriotischen Stolz erhöhen, mehr als jede andere Bezeichnung, die sich aus lokalen Unterschieden herleitet. Abgesehen von geringfügigen Unterschieden habt ihr dieselbe Religion, dieselben Sitten, Gebräuche und politischen
10 Grundsätze. Ihr habt zusammen für eine gemeinsame Sache gekämpft und gesiegt. Die Unabhängigkeit und die Freiheit, die ihr besitzt, sind das Ergebnis [...] gemeinsamer Bemühungen, gemeinsamer Gefahren, Leiden und Erfolge.
15 Aber diese Überlegungen, so kraftvoll sie auch eure Gefühle ansprechen, werden erheblich übertroffen von denen, die unmittelbarer euer Interesse ansprechen. Hier findet jeder Teil unseres Landes die gewichtigsten Motive, die Union des Ganzen sorgfältig
20 zu bewachen und zu bewahren. [...]
Mit solch kraftvollen und offensichtlichen Motiven für eine Union, die alle Teile unseres Landes betrifft, wird es – sofern die Erfahrung nicht ihre Undurchführbarkeit bewiesen hat – immer einen Grund ge-
25 ben, dem Patriotismus jener, die in irgendeiner Ecke versuchen, seinen Zusammenhalt zu schwächen, zu misstrauen. [...]
Für die Wirksamkeit und Dauerhaftigkeit eurer Union ist eine Regierung für das Ganze unverzichtbar.
30 [...] Als Ergebnis eurer eigenen unbeeinflussten und unbedrängten Wahl hat dieses Regierungssystem, das nach vollständiger Untersuchung und reifer Überlegung angenommen wurde, das vollständig frei in seinen Prinzipien, in der Verteilung seiner Gewal-
35 ten ist, das Sicherheit mit Tatkraft vereint und das in sich selbst eine Vorkehrung für seine eigene Ergänzung beinhaltet, einen gerechten Anspruch auf euer Vertrauen und eure Unterstützung. Achtung seiner Autorität, Einhaltung seiner Gesetze, Zustimmung
40 zu seinen Maßnahmen sind Pflichten, die die Grundprinzipien wahrer Freiheit fordern. Die Basis unseres politischen Systems ist das Recht des Volkes, die Grundsätze seines Regierungssystems festzulegen und zu verändern. Aber die zu einem bestimmten
45 Zeitpunkt existierende Verfassung ist absolut verbindlich für alle, bis sie durch einen ausdrücklichen und authentischen Akt des ganzen Volkes geändert wird. Die Idee der Macht und des Rechts des Volkes selbst setzt die Pflicht jedes einzelnen voraus, der
50 existierenden Ordnung zu gehorchen. [...]
Es ist gleichermaßen wichtig, dass die Denkgewohnheiten in einem freien Land diejenigen, denen seine Regierung anvertraut ist, zur Vorsicht mahnen sollten, sich auf ihren jeweiligen verfassungsgemäßen
55 Aufgabenbereich zu beschränken [...]. Der Geist des Übergreifens auf Befugnisse anderer tendiert dazu, die Befugnisse aller Abteilungen in einer zu vereinen und so ungeachtet der Regierungsform tatsächlich einen Despotismus zu schaffen. Eine rechte Ein-
60 schätzung dieser Liebe zur Macht und der Neigung, sie zu missbrauchen, die das menschliche Herz beherrscht, reicht aus, um uns von der Wahrheit dieser Position zu überzeugen. Die Notwendigkeit gegenseitiger Kontrollen bei der Ausübung politischer Macht
65 durch deren Teilung und Aufteilung auf unterschiedliche Stellen und durch die Einsetzung jeder von ihnen als Wächter des öffentlichen Wohls gegen Eingriffe der anderen ist in alter und neuer Zeit durch Experimente belegt worden, von denen einige in un-
70 serem eigenen Land und unter unseren eigenen Augen erfolgten. Sie zu erhalten muss genauso notwendig sein, wie sie einzurichten. Wenn nach der Meinung des Volkes die Verteilung oder die Ausprägung der verfassungsmäßigen Gewalten in irgendei-
75 nem Punkt falsch ist, soll er in der Weise, die die Verfassung vorsieht, durch eine Ergänzung korrigiert werden. Doch verhindert jede Veränderung durch Ersetzung [einer Verfassungsbestimmung]; denn obwohl dies zunächst ein Mittel zum Guten sein mag,
80 ist es das übliche Mittel, durch das freie Regierungssysteme zerstört werden. [...]

Zit. nach: Richard D. Brown (Hg.), Major Problems in the Era of the American Revolution 1760-1791. Documents and Essays, Heath and Company, Lexington, Toronto: D. C. 1992, S. 576–584. Übersetzt von Joachim Biermann.*

M2 „Washington Crossing the Delaware", Ölgemälde von Emanuel Leutze, 1851.
Das Gemälde zeigt George Washington als General der Revolutionsarmee beim Überqueren des Delaware am Morgen des 26. Dezember 1776. Der deutsch-amerikanischer Maler Emanuel Leutze (1816–1868) lebte und arbeitete von 1825–1841 und 1859–1868 in den USA. Er fertigte insgesamt drei Versionen des Bildes an: die erste Version von 1848 befand sich in Bremen und wurde im Zweiten Weltkrieg zerstört; die zweite, hier abgebildete Version entstand 1851 und hängt im Metropolitan Museum in New York; eine dritte Version hing bis 2015 im Weißen Haus in Washington und befindet sich jetzt im Minnesota Marine Art Museum in Winona.

Lösungshinweise

Aufgabe 1

Vorbemerkung
Der Operator verlangt von Ihnen, dass Sie die Inhalte des Briefs George Washingtons an das amerikanische Volk auf wesentliche Aspekte reduzieren und diese sprachlich distanziert, unkommentiert und strukturiert wiedergeben.

Formale Aspekte
Autor: George Washington, General der Revolutionsarmee im Unabhängigkeitskrieg, von 1789 bis 1797 erster Präsident der USA; einer der Gründerväter der USA
Textsorte: Quelle; öffentlicher (Abschieds-)Brief („Farewell Address")
Adressaten: in erster Linie das amerikanische Volk
Historischer Kontext: neun Jahre nach der Verabschiedung der amerikanischen Verfassung im Jahr 1787 und sieben Jahre nach der Wahl George Washingtons zum ersten Präsidenten der USA
Thema: Die amerikanischen Bürger hätten gemeinsam für die Unabhängigkeit und die Bildung einer Nation gekämpft und für die Grundsätze der Verfassung gestimmt. Diese politischen Grundsätze müssten auch in Zukunft von allen Seiten eingehalten werden.
Intention: Verpflichtung seiner Landsleute auf die Ideale der Staatsgründung und auf die Einhaltung der Verfassung – auch nach seinem Rückzug aus der Politik – und eindringliche Warnung vor einer Abkehr von diesen Werten

Inhaltliche Aspekte
– Vergegenwärtigung des gemeinsamen Kampfs für eine „amerikanische" Nation
– Appell an alle Amerikaner, ihre Nation als Ergebnis des gemeinsamen Kampfes für Freiheit und Unabhängigkeit zu lieben und höher zu stellen als unwesentliche

- Unterschiede in Religion, Tradition oder politischen Überzeugungen
- Warnung vor denjenigen, die versuchten, die Gemeinschaft zugunsten von Partikularinteressen zu schwächen
- Plädoyer für die Verteidigung des amerikanischen Bundesstaates und der Verfassung, die von allen Staaten verabschiedet worden sei
- Das aufgrund freier Wahl gebildete politische System der USA beinhalte auch die eindringliche Verpflichtung, sich an die Grundsätze der Verfassung zu halten, solange sie nicht durch den Willen des Volkes geändert werde.
- Mahnung an die verantwortlichen Politiker, die Notwendigkeit der Gewalten- und Aufgabenteilung und gegenseitigen Kontrolle anzuerkennen, da sonst die Gefahr des Machtmissbrauchs und einer Gewaltherrschaft bestehe
- Warnung, wenn das Volk Veränderungen in den Grundsätzen der Gewaltenteilung wolle, diese nur durch Ergänzungen der Verfassung, nicht jedoch durch Tilgung bestehender und Einfügung neuer Verfassungsbestimmungen vorzunehmen, da dies die Freiheit zerstören könne

Aufgabe 2

Vorbemerkung
Die Aufgabe verlangt von Ihnen in diesem Fall, einen Sachverhalt materialbezogen zu erklären und in seinen Zusammenhängen zu verdeutlichen. Nehmen Sie die Aufgabenstellung ernst und gehen Sie tatsächlich bei Ihrer Erläuterung vom Text aus, vergessen aber auch im weiteren Verlauf Ihrer Ausführungen die Textbezüge nicht.

Inhaltliche Aspekte
Ein guter Ausgangspunkt ist der letzte Abschnitt des Textes, in dem Washington seinen Landsleuten die Beibehaltung der Gewaltenteilung ans Herz legt (Z. 51 ff.) Diese, gewöhnlich als System von *checks and balances* bezeichnet, ist in der Tat Grundlage der US-Verfassung. Diese sieht in Anlehnung an Montesquieu drei voneinander getrennte Gewalten vor: die Exekutive mit dem Präsidenten an der Spitze, die Legislative mit den beiden Kammern des Kongresses, dem amerikanischen Parlament (Senat und Repräsentantenhaus), sowie die Jurisdiktion mit dem *Supreme Court* an der Spitze. Diese einzelnen Zweige der Regierung sollten Sie hier auch in ihren Details weiter erläutern.
Washington geht ganz selbstverständlich von der „unbeeinflussten und unbedrängten Wahl" (Z. 30 f.) der Bürger der USA aus, die er hier aber lediglich auf die Annahme der Verfassung bzw. des Regierungssystems bezieht. Die freie und gleiche Wahl ist weiterer wichtiger Bestandteil des Verfassungssystems; auch hier sollten Detailerläuterungen Ihrerseits folgen.
Während die US-Verfassung von 1787 im Wesentlichen nur die organisatorischen Aspekte des Systems regelt, bilden die ersten zehn Zusatzartikel (*Amendments*) der Verfassung, die auf der *Virginia Bill of Rights* von 1776 beruhen, die weltanschauliche Grundlage, auf die Washington ebenfalls zum Teil eingeht. Er betont vor allem die Freiheit der Bürger, die durch die Verfassung gewahrt wird (vgl. Z. 12, 41). Hinzuzufügen wären noch die Aspekte Gleichheit, Schutz des Eigentums und Sicherheit, die das genannte Dokument ebenso wie die Unabhängigkeitserklärung von 1776 benennt. Ein anderer wesentlicher Aspekt aus der *Virginia Bill of Rights* ist das Recht der Bürger, die Regierung zu reformieren oder zu verändern. Er spricht es mehrfach an (Z. 30 ff., 41 f., 72 ff.). Am Ende des Textauszugs warnt er allerdings davor, Verfassungsregelungen komplett abzuschaffen, was bis dahin nicht Teil des Verfassungssystems war. Nicht angesprochen, aber erläuterungsbedürftig sind weitere Grundrechte wie die Religionsfreiheit und die Pressefreiheit.
Schließlich ist indirekt auch noch ein weiteres grundlegendes Verfassungselement in Washingtons Schreiben zu erkennen, nämlich das bundesstaatliche Prinzip. Von Z. 1–27 bildet es den Hintergrund seines Appells an die Bürger, sich als stolze Amerikaner zu fühlen (Z. 3 ff.), die viele Gemeinsamkeiten hätten (Z. 7 ff.), und das Interesse des Ganzen aus wohlerwogenen Gründen über Partikularinteressen stellen sollten (Z. 19 ff.). Dieser Grundsatz des amerikanischen Verfassungssystems war, worauf Sie hier hinweisen sollten, sehr umstritten; insbesondere die Anti-Föderalisten wollten einen möglichst schwachen Gesamtstaat. Washington legt seinen Mitbürgern hier vor diesem Hintergrund aber eine starke Union (Z. 17 ff.) ans Herz.

Aufgabe 3

Vorbemerkung
Sie sollten beachten, dass eine Analyse immer auch eine Beschreibung beinhaltet; im Falle einer bildlichen Darstellung sollten Sie dabei besonders auch auf sprachliche Präzision achten. Für die Analyse gibt die Aufgabe keine speziellen Aspekte oder Kriterien vor, sodass Sie diese selbst entwickeln müssen. Im Kontext der gesamten Klausur (vgl. Aufgabe 4) wie auch aus der Bildaussage heraus sollte Ihnen klar sein, dass es hier um die Art und Weise der Darstellung George Washingtons geht.

Formale Aspekte
Maler: Emanuel Leutze, ein Deutscher mit vielfältigen Verbindungen in die USA. Er verbrachte seine Jugend in den USA, was nahelegt, dass er mit dem dortigen demo-

kratischen System sympathisierte. Damit korrespondiert, dass er die erste Version des Gemäldes in Deutschland im Revolutionsjahr 1848 malte.

Material: Zweite Version eines Historiengemäldes, das einerseits historische Darstellung ist, da Leutze ein Ereignis porträtierte, das vor seiner Lebenszeit lag, andererseits als Quelle zur Rezeption George Washingtons im 19. Jahrhundert dienen kann.

Adressaten: Dazu liegen Ihnen keine Informationen vor; angesichts der Größe des Gemäldes ist aber eine öffentliche Wirkungsabsicht anzunehmen.

Historischer Kontext: Da es sich vorwiegend um eine Darstellung handelt, können Sie dazu wenig sagen. Wenn Sie Kenntnisse zur Revolution von 1848 in Deutschland haben, wäre es aber sinnvoll, das Gemälde in diesem Kontext des demokratischen Aufbruchs in Deutschland zu verorten.

Thema: Darstellung eines Ereignisses im Zuge des amerikanischen Unabhängigkeitskrieges: Aufbruch Washingtons und seiner Soldaten zu einer militärischen Aktion.

Lösungshinweise

Beschreibung: Sie sollten in diesem Kontext nicht zu detailliert vorgehen, sondern Wesentliches fokussieren. Es wird der Aufbruch mehrerer Boote, besetzt mit Soldaten, zur Überquerung eines von Eisschollen bedeckten Flusses (des Delaware) dargestellt. Im Boot im Vordergrund ist Washington als vierte Figur von links besonders hervorgehoben: Er überragt aufgrund seiner halb stehenden Position alle anderen Personen und richtet den entschlossenen Blick in Fahrtrichtung nach vorn. Hinter ihm steht ein Fahnenträger, der eine im Fahrtwind wehende US-Fahne hält, die alle überragt und im Zentrum des Bildes platziert ist. Die Kleidung der beiden zentralen Figuren weht ebenfalls im Fahrtwind, was zusammen mit den Ruderbewegungen der übrigen Bootsinsassen der Gruppe einen höchst dynamischen Eindruck verleiht. Im Bildhintergrund wird der Himmel von der aufgehenden Morgensonne erhellt, und zwar so, dass Washingtons Kopf sich im hellen Zentrum des Sonnenaufgangs befindet.

Analyse: Leutze hebt mit diesem Bild ganz deutlich die Person George Washingtons hervor, der durch seine Position und Platzierung in der Bildkomposition den Blick des Betrachters auf sich zieht. Dadurch dass er und die US-Fahne aus den übrigen Bildelementen herausragen, wird zwischen beiden eine Beziehung suggeriert – der General Washington setzt sich für die gerade gegründeten USA ein. Da das Bild nach Washingtons Tod gemalt wurde, ist auch seine Präsidentschaft hier mitzudenken: Washingtons Rolle als einer der Gründerväter der USA wird hier stilisiert; sie begann mit seiner prominenten Rolle als General im Unabhängigkeitskrieg. Das Gemälde stellt sich deutlich in die Tradition der Glorifizierung und Heroisierung George Washingtons. Die übrigen Personen werden zu Statisten. Wenn es Ihnen auffällt, können Sie noch darauf verweisen, dass für die beabsichtigte Passage die Position Washingtons höchst unrealistisch ist (er könnte leicht aus dem Boot stürzen) und offenbar allein der Hervorhebung seiner Person dient.

Aufgabe 4

Vorbemerkung

Der Operator verlangt von Ihnen, dass Sie zu einer Problemstellung, hier zu dem von Leutze dargebotenen Bild George Washingtons, eine Argumentation entwickeln, die zu einem begründeten Sach- und/oder Werturteil führt. Schwerpunktmäßig könnten Sie sich auf die Rolle George Washingtons in der Amerikanischen Revolution sowie deren Bewertung in der Forschung beziehen und sich argumentativ auf Kapitel 5 in Ihrem Lehrwerk, vor allem auf die Darstellungen von Hochgeschwender, Ellis und Lerg, stützen.

Lösungshinweise

Bei der Bildanalyse in Aufgabe 3 haben Sie schon wesentliche Details der Heroisierung und Glorifizierung Washingtons analysiert. Sie haben auf Wirkungsabsichten des Monumentalgemäldes wie Dynamik, Entschlossenheit, Tapferkeit, Aufbruchstimmung und Hoffnung verwiesen. Aus Ihrer Zeitleiste (S. 62 f.) ist Ihnen auch der historische Hintergrund – der Überraschungsangriff Washingtons als General der Revolutionsarmee auf die mit den Briten verbündeten Hessen in Trenton bei New York im Dezember 1776 – bekannt, bei dem die Amerikaner siegreich waren. Möglicherweise können Sie auch die Anlehnungen Leutzes an Darstellungen Napoleons oder anderer großer Feldherren hervorheben.

Ein Beleg dafür, dass die Darstellung Leutzes völlig in Einklang mit der Heroisierung und Romantisierung der Gründerväter in den USA stand, ist die Tatsache, dass die dritte Version des Gemäldes bis 2015 im Weißen Haus in Washington hing. Hochgeschwender (M 8, S. 89) beschreibt die Bedeutung der Amerikanischen Revolution für die USA sogar als einen „zentralen, sakral aufgeladenen Referenzrahmen der patriotischen Identität" (ebd., Z. 5 f.), in dem die Gründerväter die Rolle von weisen und vorausschauenden Patriarchen, ja sogar von „Heiligenfiguren" (ebd., Z. 14.) zugewiesen bekamen. Nach Ellis sei Washington „der Gründervater schlechthin" (M 9, S. 89 f., Z. 51) gewesen. Charlotte A. Lerg (M 5, S. 87 f., Z. 5 ff.) bezeichnet den Kampf um die Unabhängigkeit im Jahr 1776 als den entscheidenden Gründungsmythos für die nationale Identität der USA, der bis heute ein bedeutender Teil der öffentlichen Erinnerungskultur sei und das amerikanische Selbstverständnis bis heute präge.

Die sakrale Überhöhung George Washingtons können Sie mit den Aussagen von Ellis im Vorwort seiner Washington-Biografie kontrastieren (M 9, S. 89 f.). Nach Ellis schwanke das Bild George Washingtons in der Forschung zwischen „Held" und „Schurke" (ebd., Z. 16 f.). Für ihn sei Washington auf alle Fälle der „ehrgeizigste[...], entschlossenste[...] und kraftvollste[...] Mensch[...] einer Epoche" (ebd., Z. 53 ff.) gewesen, in der es „an würdigen Rivalen wahrhaft nicht gefehlt" (ebd., Z. 55 f.) habe.

Als negative Folge der Verklärung der revolutionären Vergangenheit können Sie in Übereinstimmung mit Hochgeschwender erwähnen, dass die jeweilige Politikergeneration in den USA an den Heroen der Revolutionszeit gemessen worden sei und im Vergleich dazu immer schlechter abgeschnitten habe. Möglicherweise habe die Glorifizierung der Revolutionszeit auch dazu beigetragen, dass die Legitimität der Union in der Bevölkerung reduziert worden sei (M 8, S. 89, Z. 36 ff.). Ebenso können Sie sich mit dem auf dem Gemälde dargestellten Charakter des amerikanischen Unabhängigkeitskriegs auseinandersetzen, der nach Heideking eher einem „Volks- oder Guerillakampf" (M 17, S. 76 f., Z. 11) geähnelt und sich nach und nach zu einer „breiten aggressiven Volksbewegung" (ebd., Z. 32 f.) entwickelt habe.

In M 1, in der „Farewell Address", wirkt Washington eher als Bewahrer und Mahner, der seine Landsleute auf zentrale amerikanische Grundüberzeugungen verpflichten möchte. Weitere Charakteristika sind die Überhöhung des amerikanischen Patriotismus, die bedingungslose Einhaltung der Verfassung, die die „Erfüllung der Revolution" (vgl. auch Ellis, M 4, S. 87, Z. 27 f.) bedeute, und ein sich durchziehender Kollektivismus (z. B. Z. 33 ff.). Davon ausgehend können Sie die von Ellis in weiten Teilen der akademischen Welt erwähnte Überzeugung diskutieren, dass Washington eine Mitschuld „an der Schaffung einer Nation, die imperialistisch, rassistisch, elitär und patriarchalisch" (Ellis, M 9, S. 89 f., Z. 19 ff.) gewesen sei, trage.

In Bezug auf die Verfassung können Sie auch argumentieren, dass Washington kein politischer Visionär oder Vordenker gewesen ist, sondern dass die Verfassung in weitaus höherem Maße von Männern wie Jefferson, Hamilton, Madison oder auch Adams ausgearbeitet worden ist.

Lohnend wäre es ebenfalls, wenn Sie sich mit dem Geschichtsbild „Männer machen Geschichte", das in dem Gemälde vermittelt wird, auseinandersetzen oder auch mit der Funktion von (Gründungs-)Mythen.

Probeklausur mit Lösungshinweisen: China und die imperialistischen Mächte

1 Geben Sie – nach einer quellenkritischen Einführung – den Inhalt des Textes wieder.
2 Ordnen Sie den Text in die seit 1862 mit der Selbststärkungsbewegung eingeleitete Reformbewegung in China ein. Beziehen Sie dabei auch eine Ihnen bekannte Theorie zu Kulturbegegnungen ein.
3 Erläutern Sie die in den Z. 39 ff. angedeutete politische Situation in China.
4 Erörtern Sie die Erfolgsaussichten der in der Eingabe angedeuteten Ziele.

M1 Eingabe hoher Beamter an den kaiserlichen Hof zur Abschaffung der Beamtenprüfungsverfahren (1904)

Seit wir den kaiserlichen Erlass erhalten haben, die Organisation der Schulen[1] zu verbessern, sind mehr als zwei Jahre vergangen. Aber bis jetzt konnten in keiner Provinz Schulen in größerer Zahl errichtet
5 werden aufgrund der unangenehmen Schwierigkeiten, diese zu finanzieren. Öffentliche Mittel sind begrenzt. Alles hängt davon ab, wie viel die Bevölkerung dazu beitragen will. Aber die Finanzmittel können nicht durch Beiträge zusammengebracht
10 werden, weil das [traditionelle] Prüfungssystem noch nicht abgeschafft worden ist. Die Gelehrten[2] im ganzen Kaiserreich sagen, dass es nicht die Absicht des Hofes sei, die Bedeutung der Schulen besonders hervorzuheben. Daher werden die Menschen mit Sicher-
15 heit zögern, falls das Prüfungssystem nicht umgeformt und eingeschränkt wird. [...]
Diejenigen, die die Schulen besuchen, sind vom Prüfungssystem abhängig, um gegebenenfalls darauf zurückgreifen zu können. Sie sind weder willens, sich
20 voll und ganz dem Lernen in den Schulen zuzuwenden, noch den Regeln der Schulen zu folgen. Des Weiteren werden die Aufsätze des Prüfungssystems fast immer abgeschrieben, während das Lernen in den Schulen echte Anwendung [des Gelernten] erfordert.
25 Das Prüfungssystem beruht ausschließlich auf dem Versagen oder dem Erfolg eines einzigen Tages, während in den Schulen mehrere Jahre gründlicher Forschung verbracht werden müssen. Beim Prüfungssystem werden die Kandidaten lediglich aufgrund
30 ihres formvollendeten Stils ausgewählt, es gibt keine Überprüfung ihrer persönlichen Qualitäten. Die Schulen widmen jedoch der Lebensweise der Studenten Aufmerksamkeit, und überdies kann die Art und Weise ihres Denkens klar aufgezeigt werden. Ein Ver-
35 gleich von Prüfungssystem und Schulen wird deutlich zeigen, was schwierig und was einfach ist. Der Mensch ist stets geneigt, das Schwierige zu meiden und dem Leichten zu folgen. [...]
In dieser Zeit ist die Lage unseres Landes jedoch sehr gefährlich. Es gibt keine Rettung ohne befähigte
40 Menschen. Solange Schulen nicht errichtet werden, gibt es keine Möglichkeit, befähigte Menschen voranzubringen, um die Gefahr dieser Zeiten abzuwenden. Wenn wir daher weiterhin der Routine folgen, sitzen bleiben und Jahre und Monate vergehen lassen, wäh-
45 rend doch die Lage des Landes dringend ist, wie sollen wir da bestehen? [...]
Wir denken daher und argumentieren gemäß dem Prinzip der Sache, dass es notwendig ist, das Prüfungssystem sofort abzuschaffen, sodass die Organisation
50 der Schulen sich qualitativ verbessern kann und Finanzmittel zur Verfügung gestellt werden können.

Aus: Wolfgang Franke, The Reform and Abolition of the Traditional Examination System, Cambridge, Mass. 1968, S. 59–64. Zit. nach: R. Keith Schoppa, Twentieth Century China. A History in Documents. New York 2004, S. 27 f. Übersetzung von Joachim Biermann.*

1 Gemeint ist das nach japanischem Vorbild neu eingeführte Schulsystem.
2 Gemeint sind hier diejenigen, die die traditionelle staatliche Beamtenprüfung bestanden haben.

Lösungshinweise

Aufgabe 1

Vorbemerkung
Diese „klassische" Klausur-Aufgabe stellt die distanzierte, unkommentierte und strukturierte Wiedergabe des Textes in den Mittelpunkt, verlangt darüber hinaus zudem eine quellenkritische Einführung. Die Quellenkritik ordnet ein vorliegendes Material historisch ein und hilft Ihnen bei seiner Erschließung, nicht nur in Aufgabe 1, sondern auch in den weiteren Teilen der Aufgabenstellung.

Quellenkritik
Bei der vorliegenden Quelle handelt es sich um einen Auszug aus einem offiziellen Dokument, nämlich einer Eingabe hoher chinesischer Beamter beim kaiserlichen Hof aus dem Jahr 1904. Sie ist einzuordnen in die sogenannte „Neue Politik", die China nach dem „Boxeraufstand" einleitete und die der Reform des Staates und seines Apparates dienen sollte. (Hier können Sie durchaus kurz auf die ausführlichere Darstellung des Themas

in Aufgabe 2 verweisen.) Es geht in der Eingabe um das reformierte Ausbildungssystem, das u. a. vorsah, ein neuartiges, effektiveres Schulsystem einzuführen. Damit waren, wie dem ersten Satz des Auszugs zu entnehmen ist, die Verfasser der Eingabe zwei Jahre zuvor betraut worden, und zwar mit dem Erlass von 1901, der Ihnen bekannt ist (vgl. M 38, S. 90). Nun berichten sie von den Schwierigkeiten, mit denen das neue Schulsystem zu kämpfen hat, und machen Lösungsvorschläge.

Textwiedergabe

Die Verfasser der Eingabe berichten, dass die Errichtung der Schulen neuen Typs bisher in ganz China an Finanzierungsproblemen gescheitert sei. Die staatlichen Finanzmittel seien begrenzt, sodass auch die Bevölkerung durch eine Art Schulgeld dazu beitragen müsse; die jedoch zögere, diese Finanzierung zu übernehmen. Dies liege u. a. daran, dass die hohen Beamten in den Provinzen den Eindruck vermittelten, den Schulen käme nach dem Willen des kaiserlichen Hofes keine besondere Bedeutung zu. Das hemme die Bereitschaft der Menschen, für die Schulausbildung Geld auszugeben.

Für diejenigen, die die neuen Schulen besuchten, bilde das traditionelle Beamtenprüfungssystem immer noch eine Rückfalloption, da sie die höheren Anforderungen der Schulausbildung nicht akzeptierten. Dort sei ein kontinuierliches Lernen während der ganzen Schulzeit und eine erfolgreiche Anwendung des Gelernten notwendig. Auch würden dort Denk- und Lebensweise der Lernenden geformt. Demgegenüber verlange das traditionelle Prüfungssystem lediglich eine punktuelle Leistung am Prüfungstag, und die Prüfungsaufsätze würden nicht aufgrund ihres Inhalts, sondern aufgrund ihrer stilistischen Qualität beurteilt; zudem würden diese Aufsätze meist lediglich abgeschrieben. All dies mache die traditionellen Prüfungen wesentlich einfacher, was für die Menschen von jeher attraktiv sei.

Angesichts der Situation Chinas sei es aber erforderlich, befähigte Menschen zu fördern, um das Land zu retten. Dies sei nur durch das neue Schulsystem möglich, während das Festhalten am Alten den Bestand Chinas gefährde. Um die Qualität der Schulorganisation zu verbessern und die dazu nötigen Gelder zu generieren, plädieren die Verfasser für eine sofortige Abschaffung des Prüfungssystems.

Aufgabe 2

Vorbemerkung

Der Operator „Einordnen" ist im Anforderungsbereich II angesiedelt und verlangt von Ihnen, das vorliegende Material begründet in einen historischen Kontext zu stellen. Die Aufgabe gibt mit dem Stichwort „Selbststärkungsbewegung" diesen Kontext vor und nennt mit dem Jahr 1862 den Beginn der historischen Periode, in die die Einordnung erfolgen soll. Einen Endpunkt nennt sie nicht, sodass Sie selbst hier einen begründeten zeitlichen Schlusspunkt setzen müssen. Zugleich verlangt die Aufgabenstellung von Ihnen die Bezugnahme auf eine Theorie zu Kulturbegegnungen im Rahmen Ihrer Ausführungen; diese sollte thematisch mit Ihrer Einordnung verbunden sein.

Einordnung

Mit dem Ende des Zweiten Opiumkrieges 1860 war China gezwungen, sich dem Einfluss der imperialistischen Mächte zu öffnen, und am kaiserlichen Hof erkannte man zugleich die Unterlegenheit Chinas gegenüber dem Ausland in nahezu allen Bereichen. Dies führte zur sogenannten „Selbststärkungsbewegung", die die aufgrund dieser Lage für notwendig erachteten Reformen im Sinne einer Modernisierung Chinas anstoßen sollte und, unter Beteiligung von Prinz Gong, dem jüngeren Bruder des Kaisers, auch vom Hofe gefördert wurde. Vorbild waren die westlichen Mächte, und das Modernisierungsprogramm erstreckte sich auf Militär und Regierungsorganisation ebenso wie auf Wissenschaft und Bildung. Es sollte China so stärken, dass es seine traditionelle Kultur und Tradition erhalten konnte.

Der vorliegende Text stammt aus dem Jahr 1904, ist also dem Ende der Reformbewegung zuzuordnen und beschäftigt sich mit Reformen im Bereich der Bildung. Daher ist es sinnvoll, zunächst die Entwicklung bis 1904 zu skizzieren.

Nach der Niederlage 1860 wurden verständlicherweise zunächst militärische Reformen (z. B. Errichtung einer eigenen chinesischen Waffenproduktion und Reform des Militärwesens nach europäischem Vorbild) und eine Reform der Außenbeziehungen in Angriff genommen, aber auch andere Neuerungen wie der Eisenbahnbau angegangen. Dabei stieß die Bewegung nicht selten auf Widerstand, der nicht nur von den alten Eliten kam, sondern auch von finanziellen Schwierigkeiten ausgelöst wurde. Auch die eher zögerliche Haltung der seit 1861 als Regentin regierenden Kaiserinwitwe Cixi wirkte hinderlich, da sie nur anfangs die Selbststärkungsbewegung unterstützte, später aber eher das alte System zu stabilisieren suchte.

Nach Chinas Niederlage im Krieg gegen Japan 1895 versuchte der Guangxu-Kaiser, der erst 1889 mit Erreichen der Volljährigkeit die Regierungsgeschäfte übernommen hatte, mithilfe der sogenannten Hundert-Tage-Reform erneut einen Modernisierungsschub auszulösen. Unter anderem legte der Gelehrte Kang Youwei ein umfangreiches Reformprogramm vor. Dem allen wurde aber bereits nach 100 Tagen ein Ende bereitet, als Kaiserinwitwe Cixi den Kaiser absetzte und in die Verbannung schickte. Erneut war ein Reformversuch gescheitert.

Indessen konnten die imperialistischen Mächte zunehmend Einfluss in China gewinnen, gegen den sich der sogenannte „Boxeraufstand" wandte. (Hier könnten Sie auf Ihre näheren Erläuterungen in Aufgabe 3 verweisen.) Nach der Niederlage 1901 im „Boxerkrieg" änderte Cixi ihren Kurs, öffnete das Land weitgehend für das Ausland und initiierte 1901 erneut einen Reformprozess, die „Neue Politik". In diese Bemühungen ist der vorliegende Text einzuordnen. Die Verfasser der Eingabe an den kaiserlichen Hof geben selbst an, mit der Reform des Bildungswesens beauftragt zu sein, und waren offensichtlich für das nunmehr nach japanischem Vorbild neu eingeführte mehrgliedrige Schulsystem zuständig. Weitere Aspekte der „Neuen Politik" waren u. a. die Zentralisierung des Regierungsapparats und die Ausbildung von Chinesen auch im Ausland.

Der Text macht deutlich, dass trotz der Einsicht am Hof in die Notwendigkeit von Reformen sowohl bei der Bevölkerung als auch im Beamtenapparat noch erhebliche Vorbehalte gegen eine Modernisierung vorhanden waren, die zu überwinden waren. Dazu schlugen die Verfasser der Eingabe die sofortige Abschaffung des alten Beamtenprüfungsverfahrens vor, was 1905 auch geschah. Weitere geplante Reformmaßnahme war die Einführung eines parlamentarischen Systems nach europäischem Vorbild. 1910 wurde sogar eine Nationalversammlung gegründet, doch war der Untergang des Kaiserreichs nicht mehr zu verhindern: Mit der Revolution von 1911 fand es sein Ende.

Das Schicksal der Reformbewegung in China kann mithilfe der von dem Historiker Urs Bitterli vertretenen Theorie von Kulturkontakt und Kulturkonflikt erklärt werden. Europäische und chinesische Kultur waren sich zunächst so fremd, dass eine Verständigung kaum möglich und der Kulturzusammenstoß, wie z. B. in den Beziehungen mit Großbritannien, nicht zu verhindern war. Das imperialistische Ausgreifen vieler Mächte machte aber ein Vermeiden des Kulturkontakts nahezu unmöglich. Die positiven und negativen Reaktionen auf die Reformversuche in China sind insofern als die beiden Möglichkeiten zu sehen, die sich China in dieser Lage boten: Die Reformer und ihre Unterstützer waren offenbar auf langfristige Kulturdurchdringung aus – China wollte etwa, was den vorliegenden Text angeht, von anderen Völkern lernen und seinen Beamten eine vergleichbare Befähigung vermitteln oder Chinesen sollten durch Studium im Ausland die dortigen Kulturen kennenlernen. Zugleich ergaben sich seit der Selbststärkungsbewegung immer wieder Widerstände gegen die Reformen, die von der Furcht vor dem Verlust der eigenen Kultur und Tradition befördert wurden, was unweigerlich zum Kulturzusammenstoß und zu militärischen Auseinandersetzungen führte. Mit Bitterli kann man davon ausgehen, dass die Reformer weitsichtiger waren und angesichts der sich im Imperialismus immer mehr verzahnenden Welt Kulturverflechtung der einzige Weg in eine positive Zukunft für China war.

Aufgabe 3

Vorbemerkung

Die Aufgabe verlangt von Ihnen, ausgehend vom Material einen Sachverhalt, in diesem Fall die Situation in China um 1904, auf der Grundlage Ihrer Kenntnisse zu erklären und in ihren komplexen Zusammenhängen zu verdeutlichen. Im Gegensatz zu Aufgabe 2 können Sie hier einen Schwerpunkt auf den politischen Rahmen legen.

Erläuterung

Ihnen ist bekannt, dass der Sinologe Helwig Schmidt-Glintzer (vgl. Kap. 4, M 47) die vier Jahrzehnte zwischen den Aufständen in der Mitte des 19. Jahrhunderts und dem Zusammenbruch der Qing-Dynastie als eine Periode der „Transformation der chinesischen Gesellschaft" bezeichnet hat, besonders die Zeit von 1895 bis 1908 wurde als eine Phase des beschleunigten Umbruchs betrachtet, in die der Text einzuordnen ist. In den Zeilen 39 ff. bezeichnen die Verfasser der Eingabe die Situation in China im Jahr 1904 als „sehr gefährlich" (Z. 39 f.), ein Spiegel der Ängste und Befürchtungen vieler Chinesen. Sie können auch, wenn Sie bei Aufgabe 2 noch nicht darauf eingegangen sind, auf die Niederlage gegen Japan 1895 und den Vertrag von Shimonoseki eingehen. Der daraus folgende Verlust Taiwans wurde als schwere Demütigung für China empfunden; in der Folge wurden die Macht und die Legitimität der Qing-Dynastie infrage gestellt und Reformprozesse angestoßen (vgl. Kap. 4, M 20, Thoralf Klein). Den gescheiterten Modernisierungsschub unter dem Guangxu-Kaiser haben Sie bereits in Aufgabe 2 erläutert. Die Schwäche Chinas nutzten die imperialistischen Mächte immer weiter aus, sodass sich gegen Ende des 19. Jahrhunderts der Einfluss der imperialistischen Mächte England, Frankreich, Japan und Russland noch verstärkt hatte. Die unter Wilhelm II. eingeleitete „Weltpolitik" sollte auch Deutschland einen festen Platz unter den Weltmächten, einen „Platz an der Sonne", sichern. Die deutsche Regierung nahm die Ermordung zweier deutscher Missionare am 1.11.1897 in der Provinz Shandong zum Vorwand, besetzte den Hafen Qingdao und errichtete dort einen militärischen Stützpunkt. 1898 wurde ein 99 Jahre währender Pachtvertrag über Qingdao und die Jiaozhou-Bucht abgeschlossen, um wirtschaftliche Interessen und Gebietsansprüche zu sichern und missionarische Bestrebungen durchzusetzen. Solche ungleichen Verträge sicherten allen imperialistischen Mächten wirtschaftliche Vorteile und ermöglichten ihnen, mithilfe eigener Verwaltungen rechtliche und politische Kontrolle auszuüben. Auch der Handel über die Vertragshäfen mit ganz China war an den Interessen der

Großmächte ausgerichtet. Diese betrieben ebenfalls zum eigenen Vorteil den Bau von Industrieunternehmen in den Vertragshäfen, den Ausbau von Eisenbahnen und anderer Verkehrswege, um auch das Landesinnere für den Handel zugänglich zu machen. Kennzeichen dieser wirtschaftlichen Durchdringung war der „Wettlauf um Konzessionen". Eine Weile war sogar die Aufteilung Chinas zum Greifen nah (vgl. auch Kap. 4, M 22; der Philosoph Kang Youwei sagt bei einer Audienz beim Guangxu-Kaiser am 16. Juni 1898: „Die Fremden bedrängen uns von allen Seiten mit der Absicht, unser Reich zu teilen. Der Zusammenbruch und Fall Chinas scheint bevorzustehen.") Die von den USA seit 1899 vorangetriebene *Open Door Policy* besagte, dass China jeder imperialistischen Macht per se die gleichen Rechte zugestehen müsse, die auch in bilateralen Verträgen ausgehandelt worden waren. Ziel der USA war es dabei, eine Aufteilung Chinas unter den europäischen Mächten und Japan zu verhindern sowie den eigenen Anteil zu sichern. Die amerikanische *Open Door Policy* unterstützte und legitimierte das seit den Opiumkriegen errichtete System des informellen Imperialismus. Die Weiterexistenz einer intakten, wenngleich geschwächten Zentralregierung lag im Hauptinteresse der imperialistischen Mächte. Mit Ausnahme der Pachtgebiete fand keine direkte koloniale Beherrschung statt, allerdings war China in den Rang einer Halbkolonie geraten bzw. in einen „Zustand halboder quasikolonialer Vorherrschaft" (vgl. Kap. 5, M 12 Klaus Mühlhahn). Abgesehen von diesem Druck von außen war China am Ende des 19. Jahrhunderts von inneren Krisen wie Bevölkerungswachstum und Naturkatastrophen, die zu Hunger und Armut führten, aber auch mehreren Aufständen geschwächt. Zu Beginn des 19. Jahrhunderts verschärfte sich die Abneigung gegenüber allem Fremdländischen und es entwickelte sich ein Zusammengehörigkeitsgefühl, das durchaus als chinesischer Nationalismus bezeichnet werden kann. Die im Laufe des Jahres 1898 verstärkt auftretende „Bewegung der in Rechtschaffenheit vereinten Milizen" (*Yihetuan yundong*) kämpfte um 1900 gegen die ausländische Durchdringung, gegen die Besatzer und Missionare. Ihre Anhänger rekrutierten sie aus verarmten Bauern, Handwerkern und Bootsleuten und warben für eine Rückkehr zu traditionell chinesischen Werten. Mit der Parole „Unterstützt die Qing, vernichtet die Fremden" wurden Eisenbahnlinien, Telegraphenmasten und Kirchen zerstört sowie mehrere Tausend Ausländer bzw. christliche Chinesen getötet. Zunächst bekämpften Cixi und die Konservativen am Hof diese Bewegung, entschlossen sich aber dann angesichts der militärischen Aktionen der imperialistischen Mächte zur Unterstützung der *Yihetuan*. Sie erhofften sich dadurch, die ausländischen Mächte aus China vertreiben zu können (vgl. auch die kritische Einschätzung eines Hofbeamten, die Aufständischen für die Zwecke des kaiserlichen Hofe gewinnen zu können in Kap. 4, M 32). Die Eskalation dieses Konflikts führte zu einem internationalen Krieg und zu einer „Strafexpedition" gegen China, in der die Aufstände brutal niedergeschlagen wurden. Am 7. September 1901 musste China die „Boxerprotokolle", in denen u.a. hohe Reparationszahlungen, die Bestrafung von Beamten, der militärische Schutz für die ausländischen Gesandtschaften in Beijing und die Sühnereise eines Mitglieds des chinesischen Kaiserhofs nach Deutschland verhängt wurden, unterzeichnen. Die Niederlage gegen die imperialistischen Mächte und das harte Protokoll bedeuteten eine weitere schwere politische Demütigung Chinas und der Qing-Dynastie (vgl. Kap. 4, M 39). Cixi änderte ihren konservativen politischen Kurs ab 1901 und leitete die von Ihnen schon in Aufgabe 2 skizzierte „Neue Politik" mit umfassenden Reformen ein, durch die wie in der Eingabe gefordert (Z. 48 ff.) das zentrale Beamtenprüfungsverfahren abgeschafft und ein modernes, mehrgliedriges Schulsystem nach japanischem Vorbild eingeführt wurden. Trotz dieser Reformen konnte die Qing-Dynastie ihre Autorität nicht zurückgewinnen. Die wachsende wirtschaftliche Abhängigkeit von den imperialistischen Mächten führte zu einem fortschreitenden Ansehensverlust der Monarchie, der am 10. Oktober 1911 in eine Revolution mündete.

Aufgabe 4

Vorbemerkung
Der Operator verlangt von Ihnen eine das Für und Wider abwägende Auseinandersetzung mit den Erfolgsaussichten der in der Eingabe angedeuteten Ziele nicht aus Ihrer eigenen Sicht, sondern auf der Grundlage der Materialien, die Ihnen nach der Bearbeitung des Kursheftes bekannt sind und aufgrund Ihrer Unterrichtsergebnisse. Diskussionsansätze bieten auch die Begriffe Reform und Struktur.

Lösungshinweise
Reformen stellen institutionelle Veränderungen dar, die auf eingetretene oder erwartete Veränderungen antworten, die eine Institution mit Funktionsunfähigkeit bedrohen (vgl. auch Kap. 5, M 8, Christian Graf von Krockow). Sie wollen das Bestehende verändern, um es zu erhalten. Echte Reformen, nicht nur punktuelle Veränderungen, verlangen immer die Umverteilung von Macht, demzufolge folgen daraus Machtkämpfe und politische Konflikte, da handfeste Interessen bedroht sind. Auch die Kaiserinwitwe Cixi änderte ihren politischen Kurs erst nach der verheerenden Niederlage im „Boxeraufstand". Der Erlass Cixis vom 29. Januar 1901 (vgl. Kap. 4, M 38) sieht die Hauptursachen der Schwäche

Chinas u. a. in der übermäßigen Bürokratie, in unfähigen und mittelmäßigen Beamten sowie im Dienstaltersystem und fordert die Ausbildung von herausragenden und fähigen Männern. Eine Maßnahme des von ihr eingeleiteten Reformprozesses, der auf zehn Jahre ausgerichtet war, bestand folgerichtig in einer Reform des Schulsystems und der Errichtung neuer Schulen. In den Aufgaben 1 und 2 sind Sie schon auf die Schwierigkeiten der Umsetzung des Erlasses eingegangen, sodass diese Ziele drei Jahre später noch nicht verwirklicht worden waren. Die in der Eingabe angedeuteten Maßnahmen wie der Ausbau bzw. die Erhöhung der Zahl von Schulen, die Erweiterung des traditionellen Fächerkanons oder die Ausrichtung an wissenschaftlichen Prinzipien sind sinnvolle Bausteine, um fähige Absolventen eines solchen Bildungsgangs hervorzubringen. Die in der Eingabe formulierten Ziele werfen aber auch Fragen auf, z. B. wie wir uns die inhaltliche und personelle Ausgestaltung des Systemwandels vorstellen müssen. Ebenso wird deutlich, dass der Transformationsprozess im Schulsystem so umfassend ist, dass es möglicherweise mehr als zehn Jahre dauern wird, bis die ersten Absolventen diese reformierten Schulen erfolgreich durchlaufen haben. Ein weiterer Diskussionspunkt ist die Einstellung von uns Menschen zu Veränderungen und Umbrüchen. An mehreren Textstellen ist zu spüren (z. B. Z. 11 f.), dass sich die alten Eliten aus Furcht vor dem Verlust von Lebensprinzipien oder von Macht und Prestige nicht verändern wollen. Wenn Sie sich im Unterricht bereits mit Braudel beschäftigt haben, können Sie auf den Begriff der Struktur verweisen. Dazu gehören nach Braudel auch religiöse Einstellungen und kulturelle Überzeugungen, Strukturen, die eine besonders große Beharrungskraft besitzen. Weiterhin können Sie ausführen, dass Reformen im Schulsystem alleine nicht ausreichend waren, sondern tiefgreifende Veränderungen in Verwaltung, Wirtschaft, Militär und Politik erforderlich waren.

Insgesamt sind die Erfolgsaussichten der in der Eingabe vorgeschlagenen Maßnahmen angesichts der schwierigen Lage der Qing-Dynastie und Chinas als ambivalent einzuschätzen. Beschleunigt durch den Erfolg Japans im Russisch-Japanischen Krieg sind die meisten Ziele der Beamten in der Folgezeit – zumindest formal – umgesetzt worden. Aus Ihrem Vorunterricht wissen Sie bereits, dass z. B. das Beamtenprüfungsverfahren 1905 abgeschafft worden ist, ein mehrgliedriges Schulsystem eingeführt und auch Fachschulen eingerichtet worden sind. Auf der anderen Seite hat sich der kaiserliche Hof im Vergleich zu Japan spät, zu spät zu Reformen entschlossen. Verschiedene Theorien besagen, dass nach dem Scheitern von Reformen oder der zu späten Umsetzung von Reformen hergebrachte Mittel nicht mehr ausreichen, um die eingetretenen Störungen zu überwinden, sodass eine Revolution folgt oder folgen kann wie auch in China im Jahr 1911.

Probeklausur mit Lösungshinweisen: Die Weimarer Republik zwischen Krise und Modernisierung

1 Geben Sie M 1 nach einer quellenkritischen Einführung wieder.
2 Beschreiben Sie M 2 und stellen Sie die Aussagen des Plakats denjenigen von M 1 gegenüber.
3 Ordnen Sie M 1 und M 2 (auch unter Bezugnahme auf M 3) in die politische und soziale Situation der Weimarer Republik in den 1920er-Jahren ein.
4 Erörtern Sie, unter Berücksichtigung von M 1–M 3, die Beurteilung der seinerzeitigen politischen Reife des deutschen Volkes durch Theodor Wolff (M 4) vor dem Hintergrund Ihrer Erkenntnisse in Aufgabe 3.

M 1 Wahlaufruf des Reichsblocks (April 1925)

Deutsche Männer, deutsche Frauen, deutsche Jugend!
Am 29. März[1] haben sich 10,5 Millionen Deutsche durch ihre Stimmabgabe zur Reichspräsidentenwahl
5 in dem Willen vereinigt, an die Spitze des Reiches einen national, christlich und sozial empfindenden Mann zu stellen. Die Gegensätze von Parteien und Konfessionen sind dabei bewußt ausgeschaltet worden. [...]
10 Für den 26. April steht der zweite Wahlgang bevor. An diesem Tage den Endsieg für den vaterländischen Gemeinschaftsgedanken zu erringen, ist das Ziel aller guten Deutschen, die das Vaterland über die Partei stellen.
15 Diesem Gedanken folgend, haben die Bayerische Volkspartei, der Bayerische Bauernbund und die Deutsch-Hannoversche Partei sich bereit erklärt, sich auf Hindenburg als gemeinsamen Kandidaten mit den in dem bisherigen Reichsblock[2] zusammen-
20 geschlossenen Parteien und Verbänden vereinigen zu wollen.
[...] hat die nunmehr so verstärkte Front des Reichsblocks beschlossen, dem deutschen Volke den Mann für das Amt des Reichspräsidenten vorzuschlagen,
25 dessen Name in aller Welt das Programm deutscher Ehre, Treue, Kraft und Festigkeit bedeutet: Generalfeldmarschall von Hindenburg.
Hindenburg hat als der getreue Eckart[3] des deutschen Volkes sich diesem Ruf nicht entzogen, sondern sich
30 in stets bewährter Pflichterfüllung bereit erklärt, das große Opfer dieser Kandidatur zu bringen.
Wir betrachten als die ganz selbstverständliche Pflicht aller Deutschen in Stadt und Land ohne Unterschied des Standes und des Bekenntnisses, sich
35 mit ganzer Kraft und Hingabe für unseren Hindenburg einzusetzen. Hindenburg war Euer Führer in guter und schwerer Zeit. Ihr seid ihm gefolgt, Ihr habt ihn geliebt, er hat Euch nie verlassen. Kämpft für ihn auch jetzt, wo er in alter Führertreue wieder an Eure Spitze treten will, um seinem Vaterlande im Frieden 40 und Aufbau zu dienen.
Unsere Losung lautet deshalb:
Mit Hindenburg zum Siege für die Einheit aller Deutschen, für christliche Art und sozialen Fortschritt, für des Vaterlandes Größe und Freiheit. Hindenburg, der 45 Retter aus der Zwietracht.

Zit. nach: Wolfgang Michalka/Gottfried Niedhart (Hg.), Die ungeliebte Republik. Dokumente zur Innen- und Außenpolitik Weimars 1918–1933. 4. Aufl., dtv, München 1986, S. 217 f.*

1 Termin des 1. Wahlgangs der Reichspräsidentenwahl, bei der keiner der Kandidaten die erforderliche Mehrheit errang.
2 Den Reichsblock hatten zuvor DVP und DNVP gebildet.
3 Figur aus den Erzählungen von Ludwig Tieck (1773–1853), die sinnbildlich für Treue und Opferbereitschaft steht.

M 2 Wahlplakat des Volksblocks zur Reichspräsidentenwahl 1925.

Wilhelm Marx (Zentrum) war der gemeinsame Kandidat der im Volksblock zusammengeschlossenen Parteien SPD, Zentrum und DDP.

M 3 Ergebnis des 2. Wahlgangs zur Reichspräsidentenwahl am 26. April 1925

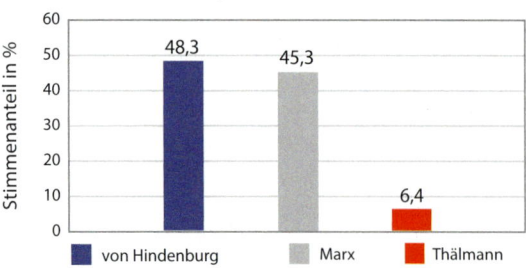

Ernst Thälmann war der Kandidat der KPD.

M4 Der Journalist Theodor Wolff in einem Leitartikel im „Berliner Tageblatt" (27. April 1925)

Die Republikaner haben eine Schlacht verloren, der bisher monarchistische Feldmarschall von Hindenburg wird Präsident der deutschen Republik. [...] Wir schämen uns nicht über die Niederlage – denn dann hätten auch Feldmarschälle schon oft das Haupt beugen müssen –, aber wir empfinden Scham über die politische Unreife so vieler Millionen, die nun wieder den Augen der achselzuckenden Welt sich zeigt. Die gestrige Wahl war eine Intelligenzprüfung, und vor der zuschauenden Weltgalerie, vor mitleidig entsetzten Freunden und höhnenden Feinden ist ungefähr die Hälfte des deutschen Volkes in dieser Prüfung durchgefallen. Was soll man, lautet das allgemeine Urteil, mit einem Volke anfangen, das aus seinem Unglück nichts lernt und sich immer wieder, auch zum zehnten und zwölften Male, von den gleichen Leuten am Halfterbande führen läßt? [...]

Zit. nach: Wolfgang Michalka/Gottfried Niedhart (Hg.), Die ungeliebte Republik. Dokumente zur Innen- und Außenpolitik Weimars 1918–1933. 4. Aufl., dtv, München 1986, S. 218f.*

Lösungshinweise

Aufgabe 1

Vorbemerkung
Diese „klassische" Klausur-Aufgabe stellt die distanzierte, unkommentierte und strukturierte Wiedergabe des Textes M 1 in den Mittelpunkt, verlangt darüber hinaus zudem eine quellenkritische Einführung. Die Quellenkritik ordnet einen Text historisch ein und hilft Ihnen bei seiner Erschließung, nicht nur in Aufgabe 1, sondern auch in den weiteren Teilen der Aufgabenstellung.

Quellenkritik
Bei dem vorliegenden Text handelt es sich um einen Auszug aus einem Wahlaufruf zum zweiten Wahlgang der Reichspräsidentenwahl im April 1925, somit um einen der Wahlwerbung dienenden propagandistischen Text, der für die deutsche Wählerschaft bestimmt war und deren Wahlverhalten beeinflussen sollte. Als Autor firmiert der sog. Reichsblock, ein Wahlbündnis der rechten Parteien des Weimarer Parteienspektrums um die DNVP und die DVP, der für diesen zweiten Wahlgang Paul von Hindenburg als Kandidaten nominiert hatte. Die Reichspräsidentenwahl von 1925 war notwendig geworden, nachdem der bisherige Reichspräsident Friedrich Ebert überraschend verstorben war. Im ersten Wahlgang vom 29. März 1925 hatte noch keiner der Kandidaten die absolute Mehrheit errungen, so dass ein zweiter Wahlgang notwendig wurde.

Textwiedergabe
Der Wahlaufruf des Reichsblocks beginnt mit einem Rückblick auf den ersten Wahlgang, bei dem sein Kandidat 10,5 Millionen Stimmen erhalten hatte, und betont dabei die nationalkonservative und christlich-überkonfessionelle politische Ausrichtung des Wahlbündnisses. Es wird sodann darauf verwiesen, dass es gelte, im zweiten Wahlgang einen Sieg der vaterländischen Gesinnung sicherzustellen. Zu diesem Zweck hätten sich neben den bisherigen Mitgliedern drei weitere Parteien dem Wahlbündnis angeschlossen.

Im Anschluss wird darüber informiert, dass der Reichsblock Generalfeldmarschall von Hindenburg als Kandidaten aufgestellt habe, der der Inbegriff deutscher Tugenden sei und der Kandidatur aus vaterländischem Pflichtgefühl zugestimmt habe. Alle Deutschen seien verpflichtet, Hindenburg ihre Stimme zu geben, der sich als verlässliche Führergestalt in guten wie in schlechten Zeiten bewiesen habe und dem Vaterland weiter dienen wolle. Er stehe für die Einheit des Volkes, für Deutschlands Größe und Freiheit und für sozialen Fortschritt.

Aufgabe 2

Vorbemerkung
Diese Aufgabe hat zwei zu behandelnde Aspekte: eine Beschreibung von M 2 und die Gegenüberstellung der Aussagen von M 2 und M 1. Bei der Beschreibung sollten Sie insbesondere auf fachsprachliche Präzision achten. Für die Gegenüberstellung, die als Operator im Anforderungsbereich II angesiedelt ist, ist es wichtig, dass Sie sich der politischen Aussagen von Text und Plakat bewusst sind und die jeweilige Aussageabsicht erfassen.

Beschreibung
Bei M 2 handelt es sich um ein Wahlplakat, das aus demselben Anlass wie M 1 angefertigt wurde, nämlich um Wahlwerbung für die Reichspräsidentenwahl 1925 zu machen, in diesem Fall für den Kandidaten des aus den Parteien der Weimarer Koalition (SPD, Zentrum, DDP) gebildeten sog. Volksblocks. Der – den Wählern mutmaßlich bekannte – Kopf dieses Kandidaten, Wilhelm Marx, ist im Zentrum der oberen Hälfte des Plakats abgebildet, umgeben von den beiden schwarz geschriebenen Wörtern „Wählt Marx". Den Hintergrund des gesamten Wahlplakats bilden die Farben Schwarz-Rot-Gold der seit 1919 so gestalteten deutschen Nationalflagge. In der unteren Bildhälfte ist in einer Art Schattenriss die Silhouette des Reichstagsgebäudes in Berlin zu erkennen. Unten, unterhalb des Reichstagsgebäudes, findet sich, durch weiße Schrift vom ansonsten schwarzen Hintergrund abgehoben, der Text „Dem deutschen Volke", und zwar genau in der Schriftart, in der diese Worte an der Front des Reichstagsgebäudes zu sehen sind.

Gegenüberstellung der Aussagen

Der Gegensatz zwischen den beiden Materialien ergibt sich bereits durch den Anlass ihrer Entstehung: Es handelt sich um die Wahlwerbung zweier konkurrierender Parteienbündnisse zu den Reichspräsidentenwahlen von 1925. Beide sind bestrebt, ihre unterschiedliche programmatische Ausrichtung den Wählern zu vermitteln.

Das Plakat M 2 macht deutlich, dass die drei Parteien des Volksblocks sich als in den Prinzipien der Weimarer Reichsverfassung verwurzelt darstellen. Die Farben Schwarz-Rot-Gold stehen dabei für die demokratische Tradition (auch schon vor der Weimarer Zeit), und das Reichstagsgebäude repräsentiert die parlamentarische Demokratie; dies wird auch unterstrichen durch die Worte „Dem deutschen Volke" – der Kandidat Marx und der Volksblock zeigen sich dem demokratischen Volkswillen verpflichtet. Durch die Wahl des Motivs Reichstagsgebäude wird zusätzlich auch deutlich, dass die Wurzeln der Demokratie bis ins deutsche Kaiserreich zurückreichen, in dem dieses Gebäude mit seiner Inschrift gebaut wurden.

Auch M 1 betont die Verwurzelung von Hindenburgs, des Kandidaten des Reichsblocks, im Kaiserreich, dem er als Offizier diente, stellt aber ganz andere Traditionen in den Vordergrund, nämlich seinen Einsatz „in guter und schwerer Zeit" (Z. 37). Hindenburgs Einsatzgebiet jedoch war das Militärische, er gehörte als Generalfeldmarschall zu den führenden Offizieren des Ersten Weltkrieges. Auch weitere in M 1 angesprochene programmatische Aspekte knüpfen an die militärische Tradition des Kaiserreichs an, wenn etwa auf das „Programm deutscher Ehre, Treue, Kraft und Festigkeit" (Z. 25f.) verwiesen wird und auf die Tugend der „Pflichterfüllung" (Z. 30) abgehoben wird. Während M 2 eindeutig die demokratisch-parlamentarischen Aspekte betont, stellt M 1 Hindenburgs Qualitäten als „Führer" (Z. 36) und „Retter aus der Zwietracht" (Z. xx) heraus und preist ihn auch wegen seiner Beliebtheit bei den Deutschen an (Z. 38).

Während also in den Aussagen von M 1 eine konservativ-autoritäre Tendenz zu erkennen ist, stellt M 2 dem eine Betonung demokratischer Gesinnung entgegen.

Aufgabe 3

Vorbemerkung

Der Operator, der im Anforderungsbereich II anzusiedeln ist, verlangt von Ihnen, dass Sie Materialien begründet in einen historischen Kontext, hier die politische und soziale Situation der Weimarer Republik, einordnen. Paul von Hindenburg, der Kandidat des Reichsblocks, bietet Ihnen eine Vielzahl von Möglichkeiten, Bezüge herzustellen, z. B. zur Kontinuität der alten Eliten aus der Kaiserzeit, aber auch zur Zerstörung der Demokratie in den Jahren 1929 bis 1933.

Einordnung

Die politische und soziale Entwicklung der Weimarer Republik in den 20er-Jahren wird in der Regel in zwei Phasen unterteilt, die krisenhaften Anfangsjahre 1919 bis 1923 und die Phase der „prekären Stabilisierung" (Winkler) von 1924 bis 1929. In die Phase der Stabilisierung von 1924 bis 1929 ist die Reichspräsidentenwahl einzuordnen. Diese Jahre werden auch als „goldene zwanziger Jahre" bezeichnet. Mit dem Tod Friedrich Eberts verlor die Weimarer Republik eine gewichtige Identifikationsfigur. In der Anfangszeit der Weimarer Republik erschütterte eine Vielzahl politischer Morde die junge Demokratie, das Krisenjahr 1923 (Ruhrkampf, Inflation, Putschversuche, u. a. Hitlerputsch) hatte weitreichende soziale und wirtschaftliche, aber auch psychische Folgen und beschädigte das Vertrauen vieler Bürger in den Staat und die ihn tragenden Parteien der Weimarer Koalition (SPD, Zentrum, DDP) schwer. Besonders der Mittelstand verlor durch eine schnelle und hohe Geldentwertung sein Sparvermögen. Der Zentrumspolitiker Wilhelm Marx, der Kandidat des „Volksblocks" (vgl. M 2), bekleidete das Amt des Reichskanzlers von November 1923 bis 1925 und in einer zweiten Amtszeit von 1926 bis 1928. In seiner Regierungszeit wurde die Rentenmark im November 1923 eingeführt, die Wirtschaft erholte sich und das politische Leben und der Alltag der Menschen beruhigten sich, auch wenn die Zahl der Arbeitslosen hoch blieb. Trotzdem unterlag er – zwar knapp – dem Kandidaten des Reichsblocks (M 3). Die Entscheidung des Reichsblocks, den parteilosen, damals 78-jährigen ehemaligen Chef der Obersten Heeresleitung, Generalfeldmarschall Paul von Hindenburg, den „Sieger von Tannenberg" und Vertreter der „Dolchstoßlegende", zu nominieren, verrät die Bedeutung der traditionalen Machteliten in Staat, Justiz und Militär. Diese lehnten die Weimarer Demokratie überwiegend ab oder standen ihr weitgehend skeptisch gegenüber. Im Wahlaufruf des Reichsblocks wird Hindenburg als Retter des Vaterlandes apostrophiert (M 1, Z. 46), Parteien als Kennzeichen einer parlamentarischen Demokratie negativ konnotiert (M 1, Z. 7f.). Außenpolitisch sind die Jahre durch die Verständigungspolitik Gustav Stresemanns (dessen Partei, die DVP, den Kandidaten Hindenburg mittrug) geprägt. Im Jahre 1925 wurden die Locarno-Verträge unterzeichnet, in denen Deutschland die deutsche Westgrenze und die Entmilitarisierung des Rheinlands garantierte. Der Rückhalt für den Kandidaten der Kommunisten, Ernst Thälmann, ist vergleichsweise gering (M 3), trug aber mit dazu bei, dass der Kandidat des Volksblocks demjenigen des demokratieskeptischen Reichsblocks unterlag. Wenn Sie auf die Schlussphase der Weimarer Republik eingehen, können Sie die Aushöhlung der Demokratie durch die „Präsidialkabinette" und Hindenburgs ambivalentes Verhältnis zur

NSDAP anführen, getragen von der Hoffnung, die Hitlerbewegung für seine politischen Ziele instrumentalisieren zu können.

Aufgabe 4

Vorbemerkung

Der Arbeitsauftrag verlangt eine reflektierte, das Für und Wider abwägende Auseinandersetzung hinsichtlich Theodor Wolffs Einschätzung der „politischen Unreife" (M 4, Z. 7) der Wähler, die Hindenburg als Vertreter des ostelbischen Junkertums und der Monarchie den Vorzug vor dem erfahrenen Politiker und Parlamentarier Wilhelm Marx (vgl. M 3) gegeben haben. Im Rahmen Ihrer Bearbeitung fällen Sie ein begründetes Sach- und/oder Werturteil, wobei Sie sich angesichts der Thematik auf ein Sachurteil beschränken können. Bei einem Werturteil könnten Sie die Fragilität der Demokratie, die Verführbarkeit des Volkes oder die aufgrund der Weimarer Erfahrungen untergeordnete Rolle plebiszitärer Elemente im Grundgesetz reflektieren. Lohnend ist auch die Auseinandersetzung mit folgenden Fragen: „Was kann oder darf man dem Volk zumuten?" oder „Kann man Demokratie lernen?".

Erörterung

Theodor Wolff bezeichnet in seinem Leitartikel – einen Tag nach den Wahlen – die Wahl des Reichspräsidenten als eine „Intelligenzprüfung" (M 4, Z. 9) für das deutsche Volk. Der Wahlausgang habe der ganzen Welt gezeigt, dass das deutsche Volk diese Prüfung nicht bestanden habe, „aus seinem Unglück nichts lernt" und „sich immer wieder, auch zum zehnten und zwölften Male, von den gleichen Leuten am Halfterbande führen lässt" (M 4, Z. 12ff.). So klagt er die „politische Unreife" (M 4, Z. 7) vieler Wähler an, die in der Tat mit Hindenburg einen Mann gewählt haben, der die Verantwortung für die Niederlage im Ersten Weltkrieg nicht übernehmen wollte und die Öffentlichkeit durch die Lancierung der so genannten „Dolchstoßlegende", einer schweren Hypothek für die Weimarer Republik, bewusst getäuscht hat. Sie können weiterhin ausführen, dass Hindenburg für die „gute alte Zeit" des wilhelminischen Reichs stand und Glanz und Gloria der Monarchie verkörperte, wohingegen die neue Republik nicht wirkmächtig genug war. Der Zentrumspolitiker Marx blieb trotz erfolgreicher Krisenbewältigung gegen den Nimbus der Monarchie farblos wie auch die Beschwörung demokratischer Traditionen, wie sie das Plakat M 2 vornimmt, seinerzeit offenbar nicht mehrheitsfähig war. Vielen Nationalisten war die Republik, die quasi aus der Niederlage geboren war, verhasst. Sie können weiterhin ausführen, dass sich die Befürchtungen Wolffs zunächst nicht erfüllten, dass die Wahl aber auf alle Fälle eine Zäsur darstellte, die zeigte, dass die Republikaner immer stärker in die Defensive gedrängt wurden. Der Repräsentant des Volkes 1925 verkörperte nicht mehr die demokratischen Werte der Republik. Als Folge von Hindenburgs Wahl wurden die nationalen und konservativen Kräfte in Deutschland gestärkt.

Die Historiker Müller und Wirsching legen zwar dar (vgl. Kursheft, S.114f.), dass es sich bei Weimar nicht um eine „schwache Demokratie" gehandelt habe. Trotz ihrer unbestreitbaren Traditionsprobleme, Funktionsschwächen und äußeren Belastungen sei ihr Schicksal nicht vorherbestimmt gewesen. Bezüge zu Wolffs „politischer Unreife" lassen sich insofern herstellen, als Wirsching davon spricht, dass es der Republik an Zeit gefehlt habe, den Deutschen eine „längerfristige Schule der Demokratie zu sein und damit ihre eigenen Traditionen auszubilden" (vgl. Wirsching, S. 115, Z. 37f.).

Insofern können Sie gegen Wolff argumentieren, dass die Wahl auch eine Chance gewesen sein könnte. Nach außen symbolisierte sie in dem Sinne ein positives Zeichen, dass, wenn der erklärte Monarchist Hindenburg die Wahrung der republikanischen Verfassung beschwor (vgl. M 1, Z. 39f.), sich auch konservative Kreise zu „Vernunftrepublikanern" wandeln und ihren Frieden mit dem Staat machen konnten. Auch zeigt das Wahlergebnis, dass immerhin auch mehr als 45 Prozent der Wähler für einen demokratisch gesinnten Kandidaten gestimmt hatten (vgl. M 3), eine Stimmenzahl, die unter guten Bedingungen in der Zukunft auch ausbaufähig war.

Wenn Sie die Wahl Hindenburgs aus der Retrospektive betrachten, hatte sie in der Tat verheerende Folgen. Auch wenn Hindenburg sich mehrere Jahre an die Verfassung gehalten hat, erhielten in dieser Zeit reaktionäre Interessenvertreter einen neuen, parlamentarisch unkontrollierten Zugang zur Macht. Die ostelbischen Grundbesitzer, die wie keine andere gesellschaftliche Gruppe über das Privileg des Zugangs zum greisen Reichspräsidenten verfügten, drängten auf eine Kanzlerschaft Hitlers. Diese Entwicklung unterstreicht Wolffs These von der demokratischen „Unreife vieler Millionen" (M 4, Z. 7).

Im Rahmen der Bearbeitung empfiehlt es sich, die „Sonderwegsthesen" von Plessner, Bracher oder Wehler einzubeziehen. Deutschland sei eine „verspätete Nation" (Plessner) gewesen, die Parlamentarisierung im Kaiserreich blockiert worden. Im Gegensatz zum erfolgreichen Modernisierungsweg in England oder Frankreich sei Deutschland von Nationalismus, Autoritarismus und Militarismus geprägt gewesen. So sei die Spannung zwischen der industriellen und sozialen Modernisierung und fortdauernden vorindustriellen Strukturen in Gesellschaft, Staat und Kultur letztlich die Bedingung dafür gewesen, dass die Krise der 20er- und 30er-Jahre den Aufstieg der NSDAP und den Niedergang der Republik begünstigt habe.

Probeklausur mit Lösungshinweisen: Geschichts- und Erinnerungskultur

Situation und Aufgabenstellung:

Ihr Geschichtskurs plant im Rahmen des Themas „Die DDR im deutschen kollektiven Gedächtnis" eine mehrtägige Exkursion in die neuen Bundesländer. Vorgesehen ist auch der Besuch eines DDR-Museums. Sie haben die Aufgabe erhalten, sich über unterschiedliche Angebote von DDR-Museen anhand deren Internet-Präsentation zu informieren, Ihrem Kurs zwei Museen vorzustellen und eines davon zu empfehlen. Gehen Sie in einem Dreischritt vor: Vorstellung der Konzepte, Einordnung in Ihnen bekannte Theorien zu Gedenken und Erinnerung sowie begründete Auswahl.

1 Beschreiben Sie die Konzeptionen der DDR-Museen in Berlin (M 1) und in Pirna (M 2).
2 Ordnen Sie den Umgang mit der Vergangenheit, der in der Gestaltung der beiden Museen deutlich wird, in Ihnen bekannte Theorien zu Gedenken und Erinnerung ein.
3 Ihr Kurs muss sich für den Besuch eines der beiden Museen entscheiden. Entwickeln Sie eine begründete Empfehlung, in der Sie Ihnen bekannte Aspekte der Diskussion um die Erinnerung an die DDR und ihre Geschichte einbeziehen.

M1 Auszug aus der Homepage des DDR-Museums in Berlin

Das am 14. Juli 2006 eröffnete DDR-Museum in Berlin wird mit privaten Mitteln finanziert und befindet sich direkt an der Spree gegenüber dem Berliner Dom. Es bietet eine Ausstellungsfläche von ca. 1 000 m².

Mauer und Stacheldraht schirmten die DDR von der Außenwelt ab, im Inneren wachte die Staatssicherheit. Wie aber sah das Leben im Sozialismus, der Alltag in der SED-Diktatur aus? Bestand es nur aus
5 Spreewaldgurken, FKK und Plattenbauten? Oder aus Vollbeschäftigung und Schlangestehen?
Das Urteil der Historiker steht fest und ist im Kern wohl auch nicht revisionsbedürftig. Die DDR war ein Satellitenstaat von Moskaus Gnaden. Der Sicher-
10 heitsapparat war die eiserne Klammer, die das System zusammenhielt. Die Planwirtschaft erwies sich gegenüber der Marktwirtschaft als hoffnungslos unterlegen. Die großzügigen Sozialleistungen waren auf Dauer nicht finanzierbar und trugen nicht unwesent-
15 lich zum Kollaps der Wirtschaft bei. Das SED-System wurde 1989 von einer demokratischen Massenbewegung beseitigt. Die Wiedervereinigung entsprach dem Willen einer sehr großen Mehrheit der Bürger. Damit könnte man die Akte DDR schließen. Dennoch bleibt ein schwer erklärbarer Rest. Die DDR war 20 mehr als ein Kunstprodukt aus Ideologie und Macht – sie war das Leben von Millionen Menschen. Sie wuchsen in diesem Land auf, durchliefen die Bildungseinrichtungen, dienten in den „bewaffneten Organen", arbeiteten, gründeten Familien, richteten 25 ihre Wohnungen ein, zogen Kinder groß. Man konnte glücklich leben in der DDR. Die Politik und die Ideologie schienen manchmal unendlich weit weg zu sein.
Doch das Leben unter den Bedingungen des allge- 30 meinen Mangels war keineswegs eine Idylle, sondern eine ständige Jagd nach knappen Gütern. Die Menschen wurden auf ihre Weise damit fertig. Der Tauschhandel, die Feierabendarbeit, der Schwarzhandel blühten. Viele zogen sich ins Privatleben zu- 35 rück. Die Datsche wurde zum Symbol des DDR-Lebens. Gelebtes lebendig vermitteln, das steht im Mittelpunkt der Ausstellung. Ca. 16 Millionen Menschen lebten in der DDR. Kein Leben war wie das andere und doch gab es bestimmte Strukturen, mit 40 denen sich die meisten DDR-Bürger arrangieren mussten.
Alltag ist gelebte Geschichte – nachvollziehbar nur, wenn auch Sie als Besucher den Alltag in der DDR erleben. Genau dies ermöglicht die Dauerausstellung 45 des DDR Museum: Anfassen erlaubt! Den Trabi können Sie starten, die Küche durchstöbern oder in authentischen DDR-Kinosesseln Dokumentationen auf sich wirken lassen! Zahlreiche Stationen laden ein, Themen spielerisch und einprägsam zu erfassen. Der 50 Stasibereich fordert zur Selbst-Erfahrung auf – und zeigt Täter- und Opferperspektive.
Das DDR Museum ist keine herkömmliche Ausstellung, in der Exponate neben Exponaten in Vitrinen neben Vitrinen auf die Blicke der Besucher warten, 55 das DDR Museum fordert Sie als Besucher zum Erlebnis auf. Erst durch Ihre Hand erwacht die Ausstellung zum Leben!
Die Ausstellung ist eine Plattenbausiedlung im Kleinen. Die Ausstellungsmöbel sind Wohnblöcke der 60 Wohnungsbauserie 70, dem typischen Plattenbau-System der DDR. Diese begehbare Puppenstube scheint zunächst durch ihren ungewöhnlichen Maß-

stab irritierend, schafft aber einen authentischen Eindruck von der grauen Welt ihrer Vorbilder.

Was auf den ersten Eindruck trist und monoton wirkt, ist bei näherer Betrachtung nur Hülle für eine lebendige Alltagskultur. Die Platten sind Raumteiler und Vitrinenschränke zugleich, die mit der Benutzung durch Besucher Einblicke in ihr Inneres und Privates erlauben. Filme, Medien, Schubläden, Türen und Vitrinen mit Exponaten und Modellen erzählen Geschichten aus einem vergangenen Staat.

Die Platten mit ihren steingrauen Oberflächen sind industriell gefertigt, genau wie ihr Vorbild. Die Stützen und die Decke des Raumes sind in rot gehalten, der Einfluss des sozialistischen Gedankengutes ist in Parolen und Losungen zu lesen und es scheint, als würden die Leitsprüche des Sozialismus am historischen Ort des Palasthotels, eines der ehedem besten Häuser der DDR, verwittern.

Lassen Sie sich davon aber nicht zu lange aufhalten, denn nicht nur die Platten können durch den Besucher benutzt werden: Eine Plattenbauwohnung mit Wohnzimmer, Küche und Bad im 70er-Jahre-Design lädt Sie ein, in fremden Schränken zu wühlen, den Fernseher verbotenerweise auf Westfernsehen umzuschalten oder mit DDR-Bürgern zu telefonieren!

Ist Ihnen das zu anstrengend? Dann erholen Sie sich doch bei einer gemächlichen Simulationsfahrt im Trabant oder auf den authentischen Kinosesseln beim Genuss des „Augenzeugen"[1]! Oder Sie probieren sich an einer Weltneuheit, dem Museumsspiel – einer Mischung aus Brett- und Computerspiel –, und testen Ihr Wissen rund um die DDR! Das Einzige, was Sie hier nicht finden, ist eine klassisch-freistehende Vitrine!

www.ddr-museum.de (Download vom 6. Juni 2012)

1 „Der Augenzeuge" war die Kino-Wochenschau der DDR und existierte bis 1980.

M2 Auszug aus der Homepage des DDR-Museums in Pirna

Das DDR-Museum in Pirna wurde am 16. Juli 2005 eröffnet und befindet sich seit dem 1. Mai 2009 an seinem jetzigen Standort. Das Museum finanziert sich ebenfalls aus privaten Mitteln. Pirna liegt in Sachsen, in unmittelbarer Nähe zu Dresden im Nordwesten und zur Tschechischen Republik im Südosten. (Der folgende Text wird mit den auf der Homepage vorhandenen Rechtschreibfehlern wiedergegeben.)

Wenn Sie unser DDR-Museum betreten, befinden Sie sich in einem über 140 Jahre alten Gebäude, welches bis 1990 stets als Kaserne genutzt wurde. Gebaut für die kaiserliche Armee, bezogen es in den 30er Jahren die Nazis. Nach dem Krieg wurde es von der Kasernierten Volkspolizei und dann von der NVA[1] genutzt. Zu DDR-Zeiten waren hier die Pioniere und die Chemischen Truppen[2] untergebracht. Erstere übten mit schwerer Technik wie dem sowjetischen Kraz[3] mit Pontons[4] das Brücken legen über die Elbe.

Heute beherbergt die Kaserne das DDRMuseum Pirna, welches im Sommer 2005 eröffnete und Anfangs mit 250 qm Ausstellungsfläche begann und mittlerweile auf über 2 000 qm mit Innen und Außenausstellung dem Besucher viel Interessantes und wissenswertes über das alltägliche Leben der Menschen in der DDR berichtet.

Angefangen von der Geburt über den Kindergarten, über ein original eingerichtetes Schulklassenzimmer, wo man sich freilich auch mal an die Schulbank zum „büffeln" für Geschichte, Biologie oder auch dem beliebten Fach „Staatsbürgerkunde" setzen kann und natürlich in den originalen Schulbüchern blättern darf, geht es weiter zu den Jungen Pionieren mit ihren guten Taten und mit dem Eintritt ins Jugendalter wurden die meisten Schülerinnen und Schüler dann in die FDJ (Freie Deutsche Jugend) feierlich aufgenommen. Aber natürlich fuhren wir als Kinder auch sehr gerne ins Ferienlager und auch darüber wird berichtet.

Machte man als Jugendlicher mal einen Streich oder nahm etwas zu viel „Kreuz des Südens" (Aprikosenlikör), oder auch in der Disko Cola-Wodka zu sich, so war der ABV[5] nicht weit und brachte uns wieder auf den rechten Weg. Auch über die Arbeit des Abschnittsbevollmächtigten wird in einem originalen Dienstzimmer berichtet. Mit dem Trabi oder einem Motorrad von MZ aus Zschopau[6] ging es über Land und manchmal auch ins Ausland. In der ČSSR gab es viele Dinge die es bei uns nicht gab. Also rüber fahren und einkaufen. Aber für 60 Kronen = 20 Mark gab es nicht die Welt zu kaufen und somit muss etwas mehr Geld geschmuggelt werden. Doch HALT-ZOLLKONTROLLE! Wer wie was und wie viel schmuggelte zeigen uns unzählige originale Fotos, welche uns von ehemaligen DDR-Zollbeamten zur Verfügung gestellt wurden. Absolut interessant und vieles davon noch nie veröffentlicht.

Wie wir so ganz privat wohnten und mit was wir alles spielen durften, zeigt die größte Ausstellung im Museum. Eine komplett eingerichtete Wohnung mit Küche, Wohn- und Schlafzimmer, einem Bad, natürlich mit dem Wittigs Thaler Badeofen, einem Kinderzimmer und natürlich den vielen kleinen Alltagsdingen mit denen wir lebten.

Auch Urlaub machten wir gern. Ob mit dem FDGB[7] oder einfach zum Camping, Urlaub war immer schön und noch heute erinnern sich viele gern und mit einem Lächeln an die beliebte Urlaubszeit an Ostsee, in Thüringen, der Lausitz, im Spreewald, oder im Erzgebirge.

Aber so ein Land will bewacht sein und somit gab es die NVA, die Grenztruppen, die Marine und in den Betrieben und Kombinaten die Kampfgruppen der Arbeiterklasse. Auch über deren Arbeit berichten wir in verschiedenen Zimmern.

Natürlich ist das längst nicht alles was es zu sehen gibt. Zum Beispiel können Sie in unserem KONSUM mal sehen, was es unter dem Ladentisch gab, oder was man mit „harter Währung" im INTERSHOP[8] kaufen konnte.

Doch der Rundgang bietet noch mehr. Ein Zimmer mit originalen Fotoaufnahmen von der Staats- und Parteiführung aus den 60er bis in die 80er Jahre. Von Sport- und Filmgrößen bis hin zum Sandmännchen, zeigt Ihnen Hartmut Schorsch, der Fotoreporter der NBI[9], FÜR DICH und der Fernsehzeitschrift FF-DABEI interessante Menschen aus der DDR.

Wenn Sie uns jetzt fragen, was eigentlich unser größtes Ausstellungsstück ist, so sagen wir das „Lottchen"! Sie steht vor unserem Museum und ist über 25 Meter lang! Sie wurde in Gotha gebaut und fuhr von 1960 an täglich ihre Runden durch Dresden und von 1991 bis 2010 wurde sie bunt angemalt und ist für die Kleinen als Kinderstraßenbahn durch Dresden gerattert. Seit Ende 2010 steht sie nun bei uns und konnte somit der Presse entkommen.

Ein Dankeschön hiermit an die Dresdner Verkehrsbetriebe! Überhaupt an dieser Stelle ein RIESEN DANKESCHÖN an all die, die uns mit ihren kleinen und großen Spenden geholfen haben dieses Museum zur Geschichte der DDR zu erhalten!

Natürlich gibt es im Museum noch viel mehr zu sehen. Ob die Rundfunk- und Fernsehtechnik, ob die Kameras von PENTAGON oder Carl Zeiss, das Raumfahrtzimmer oder die LPG[10]-Ausstellung. Ob die sowjetischen Freunde, oder die benachbarte ČSSR mit Spybel und Hurvinek[11] und vieles mehr, es ist auf jeden Fall eine Reise oder vielmehr eine Zeitreise wert!

Wir freuen uns auf Sie – freuen Sie sich auf eine interessante und durchaus auch mal amüsante Reise in die jüngste, deutsche Geschichte!

Ihr Kollektiv des DDR-Museum Pirna

www.ddr-museum-pirna.de (Menüpunkt „Ausstellung"; Download vom 6. Juni 2012).

1 *NVA:* Abkürzung für die Nationale Volksarmee
2 *Chemische Truppen:* Truppenteil, der für die chemische Kriegsführung ausgebildet ist
3 *Kraz bzw. KrAZ:* Lkw-Typ des ehemaligen sowjetischen, heute ukrainischen Fahrzeugherstellers KrAZ, der vor allem im Ostblock genutzt wurde und wird
4 *Pontons:* große Schwimmkörper, die zu Behelfsbrücken zusammengefügt werden können
5 *ABV:* Abschnittsbevollmächtigter, Polizist der Volkspolizei, der polizeiliche Dienste in einzelnen Straßen oder Wohngebieten versah
6 *MZ aus Zschopau:* Motorrad aus den Motorradwerken Zschopau (Sachsen)
7 *FDGB:* Abkürzung für den Freien Deutschen Gewerkschaftsbund der DDR
8 *INTERSHOP:* DDR-Geschäft, in dem man nur mit westlicher Währung bezahlen konnte
9 *NBI:* Abkürzung für Neue Berliner Illustrierte
10 *LPG:* Abkürzung für Landwirtschaftliche Produktionsgenossenschaft
11 *Spybel und Hurvinek:* eigentlich Spejbl und Hurvínek; zwei bekannte tschechische Marionettentheater-Figuren

Lösungshinweise

Allgemeiner Hinweis

Die gesamte Aufgabenstellung dieser Klausur ist produktionsorientiert angelegt, d. h., Sie müssen Ihre Bearbeitung in den im Vorspann zur Aufgabenstellung skizzierten Rahmen einbetten, für Ihre Mitschülerinnen und Mitschüler im Geschichtskurs die beiden DDR-Museen vorzustellen. Entwickeln Sie die Vorstellung der Konzeption, die Einordnung in den Zusammenhang Ihrer Kursthematik zur Geschichts- und Erinnerungskultur und Ihre begründete Empfehlung im Sinne eines Vortrags oder Handouts für Ihre Mitschülerinnen und Mitschüler. Vergessen Sie dabei nicht, dass auch diese Aufgabenstellung mit Operatoren arbeitet, deren Definition Ihnen konkrete Vorgaben hinsichtlich der Ausgestaltung Ihrer Ausführungen macht.

Aufgabe 1

Der Operator „Beschreiben" verlangt von Ihnen eine strukturierte und fachsprachlich angemessene Vorstellung der beiden Materialien. Es bieten sich grundsätzlich zwei mögliche Strukturierungen an: eine gegenüberstellende Präsentation der beiden Konzeptionen oder ein Nacheinander. Im Folgenden werden beide Konzeptionen aufeinander folgend skizziert.

Das DDR-Museum in Berlin versteht sich als ein Museum, in dem der Besucher selbst Erfahrungen mit der DDR-Vergangenheit machen kann. Es will verschiedene Aspekte des Lebens in der DDR erfahr- und erlebbar machen. Aus diesem Grund wurden diverse Stationen gestaltet, die jeweils aktiv zu erleben sind, z. B. ein Nachbau einer DDR-Plattenbausiedlung im Kleinen, eine typische DDR-Wohnung, ein DDR-Kino, eine Simulationsfahrt in einem „Trabi" oder eine Station zur Tätigkeit der Stasi. Es wird betont, dass das Museum keineswegs die Schattenseiten und Negativa der DDR verschweige, die Verantwortlichen wollen vielmehr das Leben in der DDR unter den seinerzeit gegebenen Rahmenbedingungen nachvollziehbar machen und zeigen, dass sich dieses Leben keineswegs auf Politik und Ideologie beschränkte. Prototypisch dafür wird darauf verwiesen, dass die Erfahrungen mit der Stasi an der entsprechenden Station sowohl aus Täter- wie auch aus Opferperspektive erlebt werden können.

Das DDR-Museum in Pirna folgt einem ähnlichen Konzept hinsichtlich der Möglichkeit, in nachgebauten Einrichtungen bzw. nachgestellten Situationen das Leben eines DDR-Bürgers nachvollziehen zu können; die Verantwortlichen betonen zudem, dass diese Reise in die DDR-Vergangenheit nicht nur interessant, sondern auch amüsant sei. Es wird hervorgehoben, dass das Museum in einer alten Kaserne untergebracht sei, die von der Kaiserzeit bis zur DDR-Zeit entsprechend genutzt worden sei. Die Ausstellung folgt dem Lebensverlauf eines DDR-Bürgers, beginnend mit Geburt und Kindergarten, und weist auf typische Erfahrungsbereiche hin wie die Erlebnisse als Junger Pionier oder als Bürger, der mit Trabi oder Motorrad in die ČSSR fuhr bzw. in diverse Urlaubsregionen der DDR reiste. Eine typische Wohnung aus DDR-Zeiten wird ebenso präsentiert wie die Arbeit der NVA oder der Reporter diverser DDR-Medien. Als Attraktion wird schließlich eine Original-Kinderstraßenbahn aus Dresden vorgestellt, die bis 2010 noch in Betrieb gewesen sei.

Aufgabe 2

Der Operator „Einordnen" verlangt von Ihnen, dass Sie die Konzeptionen der beiden Museen begründet Ihnen bekannten Positionen bzw. Theorien zu Gedenken und Erinnerung zuordnen.

Lohnenswert ist u. a. der Ansatz von Klaus Christoph zur „zweigleisige[n] Erinnerung", den Sie auf die Konzeptionen der beiden Museen anwenden können. Christoph verweist darauf, dass „zwei unterschiedliche Ebenen der Erinnerung", eine „eher kognitive", durch nachträgliche Reflexion gekennzeichnete und eine „eher situativ-emotionale", lebensgeschichtlich bedeutsame, existierten, die unterschiedlich bewertet werden könnten.

Die kognitive Sicht, die durch nachträgliche Reflexion gekennzeichnet ist, wird in der Konzeption des DDR-Museums in Berlin vor allem in Zeile 7 f. („Das Urteil der Historiker steht fest und ist im Kern wohl auch nicht revisionsbedürftig.") deutlich. Für den lebensgeschichtlichen Bezug, der überwiegt, lassen sich mehrere Stellen anführen, z. B. Z. 20 ff.: „Die DDR war mehr als ein Kunstprodukt aus Ideologie und Macht – sie war das Leben von Millionen Menschen." oder in der Zielsetzung „Gelebtes lebendig vermitteln" (Z. 37). Die folgenden Zeilen unterstreichen diesen persönlichen, biografischen Blickwinkel. Besonders in Z. 24 ff. ist die unterschiedliche Bewertung der beiden Ebenen zu erkennen („Man konnte glücklich leben in der DDR. Die Politik und die Ideologie schienen manchmal unendlich weit weg zu sein.").

Noch augenscheinlicher wird der „situativ-emotionale" Bezug in der Konzeption des DDR-Museums in Pirna. Der Schwerpunkt der Ausstellung liegt auf der Alltagsgeschichte, die [n]ostalgisch verklärt wird. Ab Z. 28 ff. übernimmt der Verfasser vorwiegend die Wir-Perspektive. Die individuelle Lebensgeschichte wird ausschließlich durch positive Erfahrungen und Erinnerungen (vgl. Z. 28 ff., 56 ff.) besetzt. Die DDR wird als eine Art „Urlaubs- und Freizeitparadies" (vgl. Z. 56 ff., Z. 37 ff.) mit vielen Gemeinschaftserlebnissen, einer „Kinderstraßenbahn" (vgl. Z. 85) sowie den beliebten Marionetten „Spejbl und Hurvínek" (vgl. Z. 98) gekennzeichnet. Die Erinnerung an feste Größen der DDR-Öffentlichkeit und an Produkte des DDR-Alltags (vgl. Z. 72 ff., Z. 93 ff.) tritt plastisch vor Augen. Einrichtungen der SED-Diktatur wie NVA, Grenztruppen und die Kampftruppen der Arbeiterklasse werden als notwendige Instanzen verstanden, um dieses „Paradies" zu bewachen (vgl. Z. 62 ff.). So sei es die Aufgabe des „Abschnittsbevollmächtigten" gewesen, Jugendliche „auf den rechten Weg" zu bringen (vgl. Z. 34 f.). Schmuggelfahrten in die benachbarte ehemalige ČSSR und Grenzkontrollen suggerieren in der Erinnerung den Eindruck von Gefahr und Abenteuer (vgl. Z. 39 ff.). Verbrechen, Missstände und Repressionen des SED-Staates werden ausgeblendet, überformt durch die eigene, als sinnvoll erlebte Biografie, die nostalgisch verklärt wird. Eine kognitive, reflektierte Auseinandersetzung scheint nicht stattzufinden bzw. wird nicht intendiert. Die Begrifflichkeit der DDR wird bewusst bis zur Schlusswendung „Ihr Kollektiv des DDR-Museum Pirna" (vgl. Z. 104) übernommen, auch die Sowjets bleiben „Freunde" (vgl. Z. 96 f.) und die Tschechische Republik bleibt die „ČSSR" (vgl. z. B. Z. 97). Die Erinnerung ist „eingleisig", „ostalgisch" geworden. Daher bietet sich auch der Bezug zur Definition des „Geschichtsbewusstseins" von Jeismann[1] an. Vor allem im konzeptionellen Rahmen des DDR-Museums in Pirna scheint ein „Geschichtsbewusstsein" vorzuliegen, das „zu Klischees, Geschichtsbildern und Parolen"[2] erstarrt ist. In diesem Zusammenhang können Sie die Entstehung der „Ostalgie" seit den 1990er-Jahren aufgreifen. Möglich ist auch die Reflexion der Theorie „zum kommunikativen und kulturellen Gedächtnis" von Assmann[3]. Die Geschichtserfahrungen verschiedener Biografien, die sich auf die „rezente"[4] Vergangenheit beziehen, sind nach Assmann dem kommunikativen Gedächtnis zuzuordnen. Dieses entstehe durch Interaktionen mit den Zeitgenossen und werde in alltäglichen Situationen konstituiert. Daher sei es „informell, wenig geformt, naturwüchsig"[5], was sich besonders gut in Pirna zeigen lässt. Die Museen stellen die Überführung des kommunikativen Gedächtnisses in das kulturelle Gedächtnis und ins „gänzlich unbegrenzbare, ständig sich vermehrende"[6] Speichergedächtnis dar. Somit werde die Bindung an eine Identität, an ein Subjekt aufgehoben und der „Radius" der Zeitgenossen beträchtlich erhöht. Die anachrone Zeitstruktur des Speichergedächtnisses, die „Zweizeitigkeit des Gestern neben dem Heute"[7], geht aus beiden Konzeptionen hervor, eine Anbindung an konkrete, historisch-politische Ereignisse fehlt. Im Gegenteil: Das Leben in der DDR wird in der persönlichen Erinnerung und im Museum als „interessante und durchaus auch mal amüsante Reise in die jüngste, deutsche Geschichte" (vgl. Z. 101 f.) konserviert, nahezu rituell vergegenwärtigt.

Aufgabe 3

Diese Aufgabe enthält den zentralen Operator „Entwickeln", der im vorgegebenen Zusammenhang von Ihnen verlangt, zu einer Problemstellung, nämlich eine Empfehlung für Ihre Mitschülerinnen und Mitschüler abzugeben, eine begründete Einschätzung darzulegen. Dabei verweist Sie die Aufgabenstellung ausdrücklich auf den Zusammenhang der Erinnerungskultur, der verpflichtend einzubeziehen ist.

Diese Aufgabe aus dem AFB III erlaubt Ihnen mehrere Lösungswege und auch die Empfehlung jedes der beiden Museen. Zunächst einmal sollten Sie unter Rückgriff auf die beiden vorausgehenden Aufgaben, insbesondere Aufgabe 2, deutlich machen, dass beide Museen dem Bereich der sogenannten „Ostalgie" zuzuordnen sind und sich – auch ausweislich der Homepage-Texte – ausdrücklich vor allem an ehemalige DDR-Bürger richten. Gehen wir davon aus, dass Sie auf eine westdeutsche Schule gehen, so haben Sie den Konzepten der Museen Aspekte abzugewinnen, die für Ihre westdeutschen Mitschülerinnen und Mitschüler interessant erscheinen.

Beide Museen bieten ausgiebig die Möglichkeit, das Alltagsleben der DDR in vielfältigen Aspekten kennenzulernen und teilweise auch nachzuspielen. Weisen Sie Ihre Mitschülerinnen und Mitschüler darauf hin, dass sie damit ihren historischen Horizont erweitern und Erfahrungen sammeln können, die ihr Verständnis für die Besonderheiten der ehemaligen DDR und der heutigen ostdeutschen Bundesländer zu vertiefen vermögen.

Der Besuch eines der beiden Museen hilft insoweit, das Gefühl der „Ostalgie" zu verstehen und Einblick in das sich bildende kulturelle Gedächtnis der ehemaligen DDR-Bürger zu gewinnen.

Ihre Empfehlung wird sodann letztlich darauf fußen, welches Konzept Ihnen geeigneter erscheint, solche Einsichten und Erkenntnisse zu gewinnen. Für das DDR-Museum in Berlin spricht, dass man dort ein ausgewogenes Bild zu vermitteln versucht und neben der situativ-emotionalen Sicht auch die kognitive Wahrnehmung der Verhältnisse in der DDR nicht vernachlässigt. Die Einordnung persönlicher Erfahrungen in ein reflektiertes historisches Urteil über die DDR zählt sicherlich zu den Vorzügen des Museums.

Das DDR-Museum in Pirna hingegen blendet offenbar die negativen Aspekte aus und scheint im Gefühl der „Ostalgie" aufzugehen. Hier verlässt man sich ganz auf die positiven emotionalen Erinnerungen an die DDR und will das Wir-Gefühl ehemaliger DDR-Bürger bestärken. Für Sie und Ihre Mitschülerinnen und Mitschüler könnte es jedoch durchaus attraktiv sein, genau dies mit kritischem Bewusstsein zu betrachten und mithilfe Ihrer in Ihrem Geschichtskurs gewonnenen Erkenntnisse zu reflektieren. Genauso ist es aber denkbar, dass diese offenbar einseitig-emotionale Erinnerungskultur des Museums Sie zu einer negativen Empfehlung hinsichtlich der Pirnaer Ausstellung bringt.

1 *Vgl. Wolfgang Jäger, Theoriemodule Geschichte Oberstufe, Cornelsen, Berlin 2011, S. 122 f.*
2 *Ebd., S. 122, Z. 24 f.*
3 *Siehe S. 409 ff. und Theoriemodule, a. a. O., S. 125 ff.*
4 *Ebd., S. 124, Z. 4.*
5 *Ebd., S. 125, Tab. 3.*
6 *Ebd., S. 126, Z. 164.*
7 *Ebd., S. 127, Tab. 3.*

Anhang

Zusatzaufgaben und Tipps

Kapitel 1.1, S. 12–21: Einführung: Krisen, Umbrüche und Revolutionen

S. 15, zu Aufgabe 2/Darstellungstext
Erklären Sie auf Basis der Darstellung die Begriffe Verfassungsrevolution und Totalrevolution. Ordnen Sie Ihnen bekannte Revolutionsbeispiele diesen Begriffen zu.
Zu den Begriffsdefinitionen lesen Sie erneut S. 14. Beachten Sie die vier Ebenen, auf denen Revolutionen Veränderungen herbeiführen können: Politik, Wirtschaft, Gesellschaft und Kultur.
Mögliche Revolutionsbeispiele: 1848er-Revolution, Kulturrevolution in China, Friedliche Revolution 1989, Industrielle Revolution etc.

S. 15, Aufgabe 6
Zusatzaufgabe: Untersuchen Sie über einen bestimmten Zeitraum, beispielsweise zwei Wochen, eine Tageszeitung auf den Begriff Krise hin. Erstellen Sie eine Liste mit den Themenbereichen, in denen der Begriff verwendet wird, und stellen Sie die Ergebnisse im Kurs vor.

S. 16, zu M 3, Aufgabe 2
Nennen Sie Beispiele historischer Krisen und überprüfen Sie daran die Definition des Autors.
Tipp: Mögliche Beispiele für Krisen:
– Krise der Weimarer Republik
– Kubakrise
– Eurokrise

S. 18, zu M 3 und M 4
Zusatzaufgabe: Vergleichen Sie auf der Basis der Analysen von Rudolf Vierhaus und Peter Wende die Begriffe Krise und Revolution und stellen Sie die Ergebnisse in einer Tabelle gegenüber.

S. 21, zu M 9, Aufgabe 2
Podiumsdiskussion: „Life, Liberty, and the Pursuit of Happiness", die Grundwerte der Verfassung in den USA heute.
Tipp: Bilden Sie zunächst kleine Arbeitsgruppen und überlegen Sie, welche Grundwerte mit den Begriffen gemeint sind. Tauschen Sie dann Ihr Wissen und Ihre Ideen bezüglich des Lebens in den USA aus. Beziehen Sie Ihre Erkenntnisse aus Aufgabe 1 sowie aus M 8 „Antrittsrede von Präsident Trump" ein. Formulieren Sie eine zentrale These in Ihrer Gruppe. Jede Arbeitsgruppe stellt dann einen Teilnehmer der Podiumsdiskussion. Außerdem muss ein Moderator bestimmt werden, der das Wort erteilt und auf die Einhaltung der Redezeiten achtet. Jedes Mitglied des Podiums erhält eine Redezeit von maximal 5 Minuten, um die These seiner Gruppe vorzustellen.
Anschließend kann auf dem Podium oder gleich im ganzen Kurs diskutiert werden.

Kapitel 1.2, S. 22–39: Die Ursprünge des Konflikts

S. 28, zu Aufgabe 4/Darstellungstext
Beziehen Sie die Überlegungen von Crane Brinton bezüglich der Ursachen und Verlaufsmuster von Revolutionen (M 2, S. 97 f.) in Ihre Argumentation mit ein.
Tipp: Orientieren Sie sich an der Gliederung des Textes von Crane Brinton. Er nennt zunächst fünf Gemeinsamkeiten, die sich alle auf die Ursachen beziehen. Dann folgen Ausführungen zu den Phasen von Revolutionen, aus denen man die Verlaufsmuster herausarbeiten kann.

S. 29, zu M 5 und M 6
Zusatzaufgabe: Informieren Sie sich über die Geschichte und die Glaubensgrundsätze der Puritaner. Stellen Sie die Ergebnisse in einem Kurzreferat vor.

S. 31, zu M 7 und M 8, Aufgabe 1
Arbeiten Sie die Unterschiede zwischen Stadt und Land in den nordamerikanischen Kolonien heraus.
Tipp: Beschreiben Sie auf Basis der beiden Bilder Elemente des Landlebens (M 7) sowie des Stadtlebens (M 8). Ordnen Sie die Bilder dann den drei großen Regionen zu, die in M 9 unterschieden werden (Süden, Mittlerer Atlantik, Neuengland). Suchen Sie auf der Karte M 2 die größeren Städte heraus und ordnen Sie diese ebenfalls den Regionen zu. Bestimmen Sie das Stadt-Land-Verhältnis. Zur Herausarbeitung der Unterschiede benötigen Sie Vergleichskriterien.
Erstellen Sie zur besseren Übersicht eine Tabelle, z. B.:

	Stadt	Land
Wirtschaft		
Eliten		
Bevölkerungs-struktur		
Werte		
Interessen		

S. 34, zu M 15 und M 16, Aufgabe 2
Beurteilen Sie die Ernsthaftigkeit des Streits.
Tipp: Der Operator „beurteilen" verlangt ein begründetes Sachurteil. Erläutern Sie zunächst die Vorgeschichte des Streits. Greifen Sie dann die in Aufgabe 1 erarbeiteten Positionen noch einmal auf. Wägen Sie anschließend ab, ob es mögliche Kompromisse gibt. Je weniger realistische Kompromissmöglichkeiten Sie ermitteln, desto ernsthafter ist der Streit einzuschätzen.

S. 35, zu M 14 bis M 18
Zusatzaufgabe: Arbeiten Sie die wichtigsten Akteure im Streit um die britische Stempelsteuer heraus.

Kapitel 1.3, S. 40–61: Perspektiven der Konfliktparteien

S. 46, zu M 5
Zusatzaufgabe: Informieren Sie sich über die „Indirekte Herrschaft" und die „Direkte Herrschaft" in der Zeit des Kolonialismus und des Imperialismus. Analysieren Sie die britische Politik gegenüber den nordamerikanischen Kolonien auf der Basis dieser Begriffe.

S. 51, zu M 14, Aufgabe 2
Setzen Sie die Unionspläne in Beziehung zu den Ideen Thomas Jeffersons (M 13).
Tipp: Orientieren Sie sich bei dem Vergleich an folgenden Fragen:
– Welche Grundhaltung nehmen die Autoren gegenüber dem britischen König ein?
– Welchen Status sollen die Bewohner der nordamerikanischen Kolonien erhalten?
– Wie wird der Anspruch der Kolonien gegenüber Großbritannien begründet?

S. 51, zu M 14
Zusatzaufgabe: Verfassen Sie einen Antwortbrief des britischen Parlamentes auf den nordamerikanischen Unionsvorschlag.

S. 55, zu M 22, Aufgabe 3
Ordnen Sie das Material von Kapitel 1.3 in die Überlegungen von Crane Brinton zu den Revolutionsursachen ein.

Tipp: Greifen Sie auf Ihre Ergebnisse aus Kapitel 1.2, Aufgabe 4, Darstellungstext S. 28, sowie auf Ihre Unterlagen des Lernprojektes zurück.

S. 55, zu M 21 bis M 23
Zusatzaufgabe: Suchen Sie nach weiteren Beispielen für Ereignisse, die eine Revolution einleiteten, und vergleichen Sie.

Kapitel 1.4, S. 62–81: Unabhängigkeitserklärung und Unabhängigkeitskrieg

S. 71, zu M 5, Aufgabe 2
Vergleichen Sie das Dokument mit der Erklärung der Menschen- und Bürgerrechte in Frankreich, Kap. 1.7 M 14, S. 115 f.
Tipp: Arbeiten Sie erst Oberbegriffe wie Grundrecht, politische Organisation, Gerichtsbarkeit, Wirtschaft, Religion heraus und ordnen Sie die einzelnen Paragrafen der beiden Dokumente zu. Anschließend können Sie feinere Unterschiede der Formulierungen bestimmen.

S. 71, zu M 5
Zusatzaufgabe: Erarbeiten Sie eine eigene, „moderne" Liste mit für Sie grundlegenden Rechten.

S. 73, zu M 10, Aufgabe 2
Erklären Sie die konkrete Nennung von Angriffen auf Religion, Souveränität und Handel (Z. 19 f.).
Tipp: Lesen Sie erneut die Darstellungsteile von Kapitel 1.2 und 1.3 und achten Sie auf die Konflikte zwischen Kolonien und Mutterland.

S. 74, zu M 11
Zusatzaufgabe: Analysieren Sie das föderale System der Bundesrepublik.

S. 76, zu M 15, Aufgabe 3
Erörtern Sie auf der Basis von M 12 bis M 15, ob die Amerikanische Revolution die Modernisierung voranbrachte.
Tipp: Orientieren Sie sich an der Definition von Modernisierung von S. 14. Beachten Sie besonders Prozesse der Säkularisierung und Rationalisierung. Unterscheiden Sie die Bereiche Politik, Wirtschaft, Gesellschaft und Kultur.

S. 77, zu M 18
Zusatzaufgabe: Setzen Sie sich mit der Rolle des Krieges im Prozess der Unabhängigkeit auseinander.

Kapitel 1.5, S. 82–95: Die Rezeption der Gründungsphase

S. 83, zu M 1 und M 2/Auftaktseite, Aufgabe 2
Vergleichen Sie die Plakate aus den USA und der DDR.

Zusatzaufgaben und Tipps

Tipp: Strukturieren Sie den Vergleich mithilfe folgender Kategorien: Auftraggeber – Zielgruppe – historischer Kontext – bildliche Gestaltung – inhaltliche Aussage.

S. 86, zu Aufgabe 4/Darstellungstext

Filmpräsentation: Wählen Sie einen Film oder eine Serie aus, die ein Ereignis US-amerikanischer Geschichte behandelt.

Beispiele:
Filme: 12 Years a Slave (19. Jh./2013); Der Butler (20. Jh./2013), Selma (20. Jh./2015), Good Morning, Vietnam (20. Jh./ 1987), Der Soldat James Ryan (20. Jh./1998.). TV-Serien: John Adams (18. Jh./2008), Turn (1778/2014), The Pacific (20. Jh./2010), NAM. Dienst in Vietnam (20. Jh./1987 bis 1990)

S. 89, zu M 8

Zusatzaufgabe: Tragen Sie in einer Mindmap Elemente zusammen, die für die deutsche nationale Identität eine Rolle spielen.

S. 90, zu M 10, Aufgabe 2

Vergleichen Sie die Darstellung mit den Bildmaterialien von S. 76, 93 und 95.
Tipp: Orientieren Sie sich bei dem Vergleich an der Präsentation von Washington in seinen verschiedenen Rollen, z. B. als General oder Präsident. Beachten Sie auch die Entstehungszeit des jeweiligen Bildes. Stellen Sie jeweils die Kernaussagen einander gegenüber.

S. 91, zu M 11 und M 12

Zusatzaufgabe: Erörtern Sie den Beitrag der Populärkultur zur Rezeption von Geschichte in Deutschland.

Kapitel 1.6, S. 96–103: Kernmodul

S. 98, zu M 2

Zusatzaufgabe: Vergleichen Sie mit den Erläuterungen von Peter Wende zum Revolutionsbegriff (Kapitel 1.1, M 4, S. 17 f.).

S. 99, zu M 3, Aufgabe 1,

Erläutern Sie die Zusammenhänge zwischen Mensch, Gesellschaft und Ökonomie.
Tipp: Für die Visualisierung in einem Schaubild müssen Sie die Begriffe Mensch, Gesellschaft und Ökonomie noch einmal genauer bestimmen, z. B. Mensch: Arbeitskräfte, Besitzer der Produktionsmittel Gesellschaft: materielle Existenzbedingungen, juristischer und politischer Überbau, Bewusstseinsformen Ökonomie: Produktionsverhältnisse

S. 100, zu M 5, Aufgabe 2

Setzen Sie sich mit den Thesen von James C. Davies auseinander, indem Sie sie auf die Amerikanische Revolution anwenden.

Tipp: Die J-Kurve von James C. Davies soll vor allem den Ausbruch von Revolutionen erklären. Lesen Sie also noch mal Kapitel 1.2 und 1.3 im Hinblick auf die Erwartungen der Kolonisten und die tatsächliche Erfüllung.

S. 103, zu M 9, Aufgabe 2

Überprüfen Sie, inwiefern Eisenstadt über andere Revolutionstheorien hinausgeht.
Tipp: Legen Sie sich Karteikarten zu jedem Theoretiker an. Notieren Sie Grundbegriffe, Thesen und Definitionen.

S. 103, zu M 9

Zusatzaufgabe: Setzen Sie sich mit der Debatte um den Eurozentrismus der Geschichtswissenschaft auseinander. Informieren Sie sich mithilfe der Begriffe „Moderne" und „Eurozentrismus" im Internet.

Kapitel 1.7, S. 104–119: Wahlmodul: Die Französische Revolution

S. 105, zu Aufgabe 1/Auftaktseite

Tipp: Cluster-Methode, siehe auch S. 505.
Schritt 1: Blatt Papier vor sich hinlegen (am besten im Querformat).
Schritt 2: Kernbegriff oder Frage oder Thema in die Mitte schreiben, umkreisen.
Schritt 3: Gedanken freien Lauf lassen und alle Einfälle (Definitionen, Fragen, verwandte Themen, Teilaspekte) in neuen Kreisen um den Kernbegriff gruppieren; alle verwandten Gedanken durch Linien miteinander verbinden.
Schritt 4: Wenn die Suche abgeschlossen ist, nach weiteren Verbindungen und Zusammenhängen zwischen den gefundenen Aspekten suchen und weitere Verbindungen markieren.

S. 110, zu Aufgabe 1/Darstellungstext

Beschreiben Sie auf Basis der Darstellung die Veränderungen auf der politischen Ebene in Frankreich von 1789 bis 1814.
Tipp: Erarbeiten Sie zunächst ein Raster mit zentralen Aspekten:
– Staatsform
– Wahlrecht
– Grundrechte
– politische Elite/Führung

S. 110, Darstellungstext

Zusatzaufgabe: Erläutern Sie die sozialen Veränderungen durch die Französische Revolution.

S. 113, Zu M 7 bis M 10

Zusatzaufgabe: Arbeiten Sie die verschiedenen Trägerschichten der Revolution in Frankreich heraus und vergleichen Sie mit den USA und Russland.

S. 114, zu M 11, Aufgabe 1
Arbeiten Sie die wichtigsten Bildelemente heraus und formulieren Sie eine Gesamtaussage.
Tipp: Nennen Sie zuerst die Bildelemente sortiert nach Vordergrund / Hintergrund / Seiten.
Ergänzen Sie durch die Herausarbeitung der Gestaltungsmittel:
– Figurendarstellung
– Farbgebung
– Perspektiven
– Verwendung von Licht und Schatten
Bewertung der Bildelemente: Was ist zentral und wird durch welche Mittel unterstrichen?
Formulieren Sie auf den Vorarbeiten aufbauend abschließend die Gesamtaussage.

S. 116, zu M 14, Aufgabe 4
Vergleichen Sie mit dem Grundgesetz der Bundesrepublik.
Tipp: Den Text des Grundgesetzes finden Sie auf der Internetseite des Deutschen Bundestages (www.bundestag.de/grundgesetz).
Konzentrieren Sie sich bei dem Vergleich auf die Präambel und die Grundrechte.

Kapitel 1.8, S. 120–135: Wahlmodul: Die Russische Revolution

S. 126, zu M 6
Zusatzaufgabe: Informieren Sie sich über die Akteure und deren Ziele im Bürgerkrieg in der Sowjetunion. Vergleichen Sie mit dem Unabhängigkeitskrieg in den USA.

S. 128, zu M 9, Aufgabe 1
Internetrecherche: Informieren Sie sich über führende Persönlichkeiten der Oppositionsgruppen.
Tipp: Lesen Sie erneut den Darstellungstext S. 122 ff. im Hinblick auf wichtige Akteure, z. B. Lenin, Trotzki, Kerenski.

S. 130, zu M 13 und M 14
Zusatzaufgabe: Diskutieren Sie in Ihrem Kurs: Bewaffneter Kampf als legitimes Mittel der Politik?
Tipp: Die Diskussion kann auch in Zweiergruppen durchgeführt werden. Verwenden Sie die Methode des Schreibgesprächs, siehe S. 505.

S. 132, zu M 18, Aufgabe 1
Analysieren Sie die Umsetzung von Lenins Ideen in der Verfassung.
Tipp: Arbeiten Sie Lenins Revolutionstheorie (Kapitel 1.6, M 4, S. 99 f.) sowie seine Aprilthesen (M 17, S. 131 f.) im Hinblick auf konkrete politische Forderungen und Grundsätze durch. Gleichen Sie diese dann mit den Artikeln der Verfassung ab.

Kapitel 2.1, S. 140–149: Wandlungsprozesse in der Geschichte

S. 145, Aufgabe 1
Erläutern Sie auf der Basis des Darstellungstextes die verschiedenen Modelle zu historischen Transformationsprozessen.
Tipp: Nennen Sie zuerst die Transformationsmodelle, die Sie genauer vorstellen wollen, zum Beispiel Modernisierung, Systemtransformation oder Braudels Zeitschichtenmodell. Erläutern Sie dann jeweils das Grundkonzept, die Themen, auf die das Modell angewendet wird, sowie Vor- und Nachteile der Herangehensweise.

S. 147, zu M 7
Zusatzaufgabe: Recherchieren Sie im Internet politische Karikaturen zur Rolle Chinas oder zur Rolle Deutschlands in der Welt. Arbeiten Sie verwendete Stereotypen heraus und vergleichen Sie Ihre Ergebnisse.

S. 148 f., zu M 9, Aufgabe 4
Stellen Sie Hypothesen auf, inwieweit der Kontakt zwischen China und den imperialistischen Mächten zu einer Transformation auf einer der beiden Seiten/ beiderseits beigetragen hat.
Tipp: Lesen Sie noch mal Darstellungstext und Materialien von Kapitel 2.1 im Hinblick auf die Fragestellung durch.

S. 148 f., zu M 9
Zusatzaufgabe: Setzen Sie sich gemeinsam mit einem Partner mit dem Umgang mit ethnischen Minderheiten in einem Nationalstaat auseinander. Sammeln Sie beispielsweise Thesen in Form eines Schreibgesprächs.
Tipp: Ein Schreibgespräch führen Sie folgendermaßen durch:
– Nehmen Sie ein DIN-A2- oder DIN-A3-Blatt.
– Notieren Sie die Frage „Welche Bedeutung haben Kompromisse in der Politik?" oben zentral auf dem Blatt.
– Schreiben Sie abwechselnd Ihre Ideen oder Thesen zum Thema links und rechts untereinander auf das Blatt.
– Lesen Sie die Aussage des anderen und reagieren Sie schriftlich darauf.
– Während der ganzen Zeit wird nicht gesprochen.

Kapitel 2.2, S. 150–169: Selbstverständnis und Weltbild der Chinesen und der Europäer

S. 157, Aufgabe 4
Stellen Sie in einer Tabelle gegenüber, wie Chinesen und Europäer jeweils ihre Überlegenheit gegenüber anderen Kulturen begründen.

Tipp: Entwickeln Sie erst Vergleichskategorien, mit deren Hilfe Sie die Tabelle strukturieren können. Sie können auch den folgenden Entwurf nutzen:

Kategorien	China	Europa
Kultur	Zivilisation	Zivilisation
Geschichte		
geografische Lage	„Reich der Mitte"	
Religion		
militärische Stärke		
Wissenschaft		
…		

S. 160, zu M 12
Zusatzaufgabe: Informieren Sie sich mithilfe von Reiseführern über Geschichte und Gestaltung der „Verbotenen Stadt" in Beijing. Erarbeiten Sie eine kurze bebilderte Präsentation.

S. 162, zu M 15, Aufgabe 2
Weisen Sie mithilfe von M 15 nach, dass die Aufklärung eine neue „Denkart" einleitete.
Tipp: Suchen Sie im Text von Kant nach Begriffspaaren, die im Kontrast zueinander stehen: Unmündigkeit – Verstand; Mut – Feigheit; Unmündigkeit – Freiheit; Unmündigkeit – Selbstdenkende …

S. 163, zu M 17, Aufgabe 3
Arbeiten Sie aus dem Plakat M 17 Bezüge zur Aufklärung heraus.
Tipp: Der direkteste Bezug ist der Begriff der Freiheit (liberté). Republik (république), Gleichheit (égalité) und Brüderlichkeit (fraternité) können indirekt mit der Aufklärung in Verbindung gebracht werden, da sie Bezug nehmen auf die Mündigkeit der Individuen und ihr selbstbestimmtes und von Natur aus gleichgestelltes Leben. Dieses kann in einer Republik verwirklicht werden.

S. 164, zu M 19/M 20
Zusatzaufgabe: Analysieren Sie die Unterschiede zwischen einem Handwerksbetrieb und einem großen Industriebetrieb. Erläutern Sie, warum industriell gefertigte Produkte die besseren Absatzchancen auf einem freien Markt haben.

Kapitel 2.3, S. 170–201: Chinesische Kontakte mit den imperialistischen Mächten und ihre Folgen

S. 179, M 8/M 9, Aufgabe 2
Vergleichen Sie die Ergebnisse aus Aufgabe 1 mit den Aussagen von Vogelsang (M 9).
Tipp: Für einen Vergleich benötigen Sie immer geeignete Vergleichskategorien. Hier bieten sich die Kategorien Außenpolitik und Innenpolitik an.

S. 180, M 11, Aufgabe 3
Beschreiben Sie die Szene vor Beginn der Audienz (M 11).
Tipp: Sie können folgende Formulierungshilfen nutzen:
– Thema des Bildes ist …
– Das Bild entstand im Kontext …
– Im Vordergrund in der Mitte des Bildes sieht man …, während die britische Delegation …
– Daraus kann man Schlüsse bezüglich des Selbstverständnisses des chinesischen Kaisers ziehen. Er präsentiert sich als …

S. 182, zu M 3
Zusatzaufgabe: Bewerten Sie die britische Politik gegenüber China.

S. 188, zu M 33, Aufgabe 2
Interpretieren Sie die Karikatur (M 33). Beachten Sie dabei besonders die Darstellung der drei imperialistischen Mächte.
Tipp: Auffällig sind besonders die Größenunterschiede zwischen den drei Hunden und ihre Anordnung. Außerdem kann die Kleidung, die Mimik und Hunderasse für die Interpretation genutzt werden.

S. 188, zu M 33
Zusatzaufgabe: Analysieren Sie die Folgen der *Open Door Policy* für China.

S. 193, zu M 7
Zusatzaufgabe: Vergleichen Sie die industrielle Entwicklung in Japan mit den ersten Ansätzen einer Industrialisierung in China infolge der Selbststärkungsbewegung (siehe Kap. 2.4).

S. 194, zu M 9 bis M 11
Zusatzaufgabe: Nehmen Sie Stellung, ob die Industrialisierung in Japan die Grundlage für den Aufstieg zur Großmacht legte.

S. 195, zu M 12, Aufgabe 1
Stellen Sie auf der Basis von M 12 die Entwicklungen in Japan und China gegenüber.
Tipp: Nutzen Sie die folgenden Stichworte zur Orientierung:
– Außenbeziehungen
– Situation im Inneren
– Größe des Landes
– soziopolitische Struktur
– Rolle des Kaisers

S. 201, Aufgabe 7
Vergleichen Sie das Muster der „ungleichen Verträge" mit Friedensverträgen aus Zeitgeschichte und Gegenwart.

Tipp: Sie könnten sich bei einem Vergleich z. B. auf folgende Verträge beziehen: Versailler Vertrag 1918/19; Potsdamer Konferenzen 1945.

Kapitel 2.4, S. 202–233: Chinesische Reaktionen zwischen Anpassung und Widerstand

S. 215, zu M 19
Zusatzaufgabe: Erläutern Sie in einem Kurzreferat die Biografie und die Chinareisen Ferdinand von Richthofens.

S. 217, zu M 25
Zusatzaufgabe: Erklären Sie, warum die Qing-Herrscher keine konstitutionelle Monarchie wollten.

S. 217, zu M 26, Aufgabe 1
Interpretieren Sie das Bild M 26.
Tipp: Achten Sie beispielsweise auch auf die Symbolik des Bildes (Kreuze, Feuer, Pfähle, Folter), die die Opfer zu Märtyrern für ihren Glauben erhebt. Im Gegenzug dazu stehen die „barbarischen" Chinesen.

S. 218, zu M 27/M 28, Aufgabe 3
Nehmen Sie Stellung, ob es sich bei der „Boxerbewegung" um einen Kulturzusammenstoß handelt.
Tipp: Urs Bitterli nennt folgende Kriterien für einen „Kulturzusammenstoß":
– Bedrohung der kulturellen Existenz des militärisch und machtpolitisch schwächeren Partners
– Gefährdung der physischen Existenz
– Besitzaneignung durch den Stärkeren
– Einmischung in innere Angelegenheiten des Schwächeren

S. 219, zu M 30, Aufgabe 2
Bewerten Sie Navarras Einschätzung der Lage.
Tipp: Für ein Werturteil benötigen Sie gegenwartsbezogene Kriterien. Bruno Navarra selbst legt in seiner Einschätzung der Lage in China auch heute noch gültige Kriterien zugrunde wie Gleichheit, Gerechtigkeit und das Recht auf Selbstbestimmung. Diese können Sie auch für Ihr Werturteil heranziehen.

S. 223, zu M 40
Zusatzaufgabe: Beurteilen Sie die Chancen der Reformen der „Neuen Politik" in einem so riesigen Reich wie China.

S. 229, zu M 52, Aufgabe 2
Drehen Sie zu einem Themenfeld Ihrer Wahl aus diesem Kursheft ein Erklär- oder ein *Peer Tutoring Video* für die unteren Klassenstufen.
Tipp: Legen Sie zunächst für Ihr gewähltes Thema die wichtigsten Unterpunkte und die Erzählreihenfolge fest. Anschließend können Sie ein ausführlicheres Drehbuch verfassen, das Moderationstexte, Links zu Originalbildern oder Filmsequenzen und grafische Visualisierungen oder Ähnliches enthält. Achten Sie auf eine einfache und klar strukturierte Sprache und eine abwechslungsreiche Präsentation. Präsentieren Sie am Ende Ihres Videos noch einmal Ihre Kernaussage.

Kapitel 2.5, S. 234–243: Kernmodul

S. 238, zu M 1 bis M 6
Vergleichen Sie die unterschiedlichen Formen von Kulturbegegnungen nach Osterhammel, Bitterli und Burke miteinander.
Tipp: Lesen Sie die Materialien der genannten Autoren erneut durch und stellen Sie zu jedem Autor die wichtigsten genannten Kriterien von Kulturbegegnungen beispielsweise auf einer Karteikarte zusammen. Suchen Sie dann nach Gemeinsamkeiten und Unterschieden. Ihre Ergebnisse könnten Sie mithilfe einer Mindmap visualisieren.

S. 238 f., zu M 7
Zusatzaufgabe: Arbeiten Sie soziale, wirtschaftliche und politische Transformationsprozesse des 20. Jahrhunderts heraus und beantworten Sie dann zu jeweils einem Beispiel die zwei Fragen von Wolfgang Merkel.
Tipp: Mögliche Beispiele: Europäischer Einigungsprozess, Gründung der Bundesrepublik/Deutschen Demokratischen Republik, Deutsche Einheit.

S. 240 f., zu M 10, Aufgabe 2
Erläutern Sie anhand selbst gewählter Beispiele aus dem Themenbereich „China und die imperialistischen Mächte", inwiefern die Transformation Chinas im 19. Jahrhundert einerseits durch einzelne Ereignisse und/oder Personen, andererseits durch langfristige strukturelle Veränderungen bzw. Prozesse adäquat beschrieben und erklärt werden kann.
Tipp: Geeignete Beispiele sind u. a. die „Macartney-Mission" (Kap. 2.3), die Opiumkriege (Kap. 2.3), die „Selbststärkungsbewegung" (Kap. 2.4) oder die Gründung der Republik (Kap. 2.4).

S. 242, zu M 11, Aufgabe 3
Arbeiten Sie ausgehend von Kollmorgen Bedingungen für eine friedliche Kulturbeziehung nach Bitterli heraus.
Tipp: Eine friedliche Kulturbeziehung wird beispielsweise durch ein Kräftegleichgewicht und durch Institutionen zur Konfliktlösung begünstigt.

S. 243, zu M 14, Aufgabe 2
Nehmen Sie Stellung, inwiefern es sich um eine politische Instrumentalisierung von Geschichte handelt.

Tipp: Informieren Sie sich über die Ideen von Staatspräsident Xi Jinping bezüglich „Nationalismus" und „chinesischer Traum". Achten Sie insbesondere auf die Folgen für den Umgang mit ethnischen Minderheiten in China (Tibet, Uiguren in Xianjiang), wenn China als historisch gewachsener Einheitsstaat mit vielen integrierten (!) Ethnien dargestellt wird.

Kapitel 2.6, S. 244–255: Wahlmodul: Die Kreuzzüge

S. 252, zu M 10
Zusatzaufgabe: Vergleichen Sie ad-Dins Sicht des Dschihad mit den Formen, die das islamische Recht definiert hat.

S. 254, zu M 1, Aufgabe 3
Beziehen Sie in Ihre Überlegungen zu Aufgabe 2 Ihnen bekannte zeitgenössische Stimmen mit ein.
Tipp: Sie könnten hier z. B. die Ausführungen von Bitterli (M 3, M 4, S. 235 ff.) und Burke (M 6, S. 238) berücksichtigen.

Kapitel 2.7, S. 256–267: Wahlmodul: Spanischer Kolonialismus

S. 265, zu M 14
Zusatzaufgabe: Vergleichen Sie die Darstellung der Afrikaner bei Bosman mit der Skulptur M 5, S. 260.

Kapitel 3.1, S. 272–281: Einführung: Identität und deutsches Selbstverständnis

S. 276, zu M 6, Aufgabe 1
Analysieren Sie das Gemälde im Hinblick auf die Eigenschaften, die der deutschen Nation in dieser Personifikation der Germania zugeschrieben werden.
Tipp: Nennen Sie zuerst die Bildelemente sortiert nach Vordergrund/Germania und Hintergrund. Leiten Sie von jedem Bildelement eine Eigenschaft ab. Formulieren Sie abschließend eine Gesamtaussage, wie die deutsche Nation charakterisiert wird.

S. 276, zu M 5/M 6
Zusatzaufgabe: Suchen Sie nach Bildern, die Ihr eigenes nationales Selbstverständnis ausdrücken.
Tipp: Das könnten z. B. Bilder von wichtigen Gebäuden (Reichstag, Brandenburger Tor), Landschaften (Alpen, Meer, Rhein), Persönlichkeiten oder Personengruppen (Politiker, Parlament, Fußballnationalmannschaft) oder Symbole (Fahne) sein.

S. 277, zu M 7, Aufgabe 3
Setzen Sie sich mit dem Begriff „Patriotismus" auseinander und grenzen Sie ihn von dem Begriff „Nationalismus" ab.

Tipp: Klären Sie erst die Bedeutung der beiden Begriffe Patriotismus und Nationalismus. „Patriotismus" siehe z. B. unter: https://www.bpb.de/nachschlagen/lexika/das-junge-politik-lexikon/161490/patriotismus
Nationalismus siehe Darstellungstext S. 9 f. und Webcode „Nationalstaat Deutschland 19. Jh.", S. 13.

S. 280, zu M 10, Aufgabe 1
Interpretieren Sie die Karikatur.
Tipp: Orientieren Sie sich bei der Interpretation an folgenden Fragen:
– Wie ist die Gesamtsituation zu beschreiben (zunächst ohne Einbeziehen von Vorwissen oder Deutung)?
– Was ist in der Sprechblase dargestellt?
– Wie werden die Figuren präsentiert (Gestik, Mimik, Körperhaltung, Kleidung)?
– Welche Aussage macht der britische Zeichner über die Deutschen nach der Wiedervereinigung?

S. 280, zu M 11
Zusatzaufgabe: Nehmen Sie Stellung zu der Frage, ob der Ansatz der transnationalen Geschichte auch im Geschichtsunterricht eine wichtigere Rolle spielen sollte.

Kapitel 3.2, S. 282–301: Gründung: Politische Ideen und Träger der Weimarer Republik

S. 289, Aufgabe 4
Stellen Sie anhand der Darstellung und des Webcodes die Parteien der Weimarer Republik und ihre Programme in einer Tabelle gegenüber.
Tipp: Orientieren Sie sich an dem üblichen politischen Spektrum und sortieren Sie von links nach rechts. Ergänzen Sie in den Spalten unter der jeweiligen Partei z. B. ihr Staatsverständnis (Rätesystem, Demokratie, Monarchie, Führerstaat) und ihre Wirtschaftsvorstellungen (Sozialismus, Sozialpolitik, freier Markt) und weitere Aspekte.

KPD	SPD	DDP	Zentrum	DVP	DNVP	NSDAP

S. 291, zu M 11
Zusatzaufgabe: Verfassen Sie eine Rede Friedrich Eberts an die Bevölkerung, in der er die Politik der provisorischen Regierung verteidigt.

S. 294, zu M 17/M 18, Aufgabe 3
Sammeln Sie gemeinsam mit einem Partner Thesen zur Bedeutung von Kompromissen in der Politik.

Tipp: Ein Schreibgespräch führen Sie folgendermaßen durch:
– Nehmen Sie ein DIN-A2- oder DIN-A3-Blatt.
– Notieren Sie die Frage „Welche Bedeutung haben Kompromisse in der Politik?" oben auf dem Blatt.
– Schreiben Sie abwechselnd Ihre Thesen zum Thema links und rechts untereinander auf das Blatt.
– Lesen Sie die Aussage des anderen und reagieren Sie schriftlich darauf.
– Während der ganzen Zeit wird nicht gesprochen.

Kapitel 3.3, S. 302–321: Krise und Stabilisierung – die Weimarer Republik 1919 bis 1929

S. 309/Darstellungstext
Zusatzaufgabe: Informieren Sie sich über die wirtschaftliche und politische Situation in den USA. Vergleichen Sie mit Deutschland. Orientieren Sie sich an folgenden Vergleichskriterien: politisches System, Parteien, Wirtschaftskrise, gesellschaftliches System.

S. 311, zu M 10
Zusatzaufgabe: Vergleichen Sie die Beschlüsse des Versailler Vertrags mit den Entscheidungen der Potsdamer Konferenz vom 28. Juli bis 2. August 1945 für Deutschland nach dem Zweiten Weltkrieg.

S. 311, zu M 12, Aufgabe 1
Analysieren Sie den offenen Brief Hitlers an Reichskanzler Brüning (M 11).
Tipp: Beachten Sie die methodischen Hinweise auf S. 54. Sie können folgende sprachliche Formulierungshilfen verwenden:
– Die Quelle kann unter der Fragestellung untersucht werden, wer den Versailler Vertrag in Deutschland zur Geltung gebracht hat.
– Der Brief des Vorsitzenden der NSDAP Adolf Hitler wurde … verfasst.
– Er ist an … gerichtet.
– Der Brief entstand im Kontext …
– Im Blick auf die Leitfrage lässt sich feststellen, dass …

S. 312, zu M 15, Aufgabe 3
Charakterisieren Sie mithilfe des Gemäldes von George Grosz (M 15) die „Stützen der Gesellschaft".
Tipp: Bestimmen Sie zunächst die einzelnen Bildelemente. Ordnen Sie die dargestellten Personen bestimmten gesellschaftlichen Gruppen zu. Achten Sie bei der Charakterisierung der einzelnen Personen auf folgende Gestaltungsmittel:
– Kleidung
– Körperhaltung, Gestik und Mimik
– Gegenstände in der Hand
– Farbgebung
– Perspektiven
Formulieren Sie eine Gesamtaussage zu den „Stützen der Gesellschaft" und ihren Kennzeichen.

S. 315, zu M 24/M 25, Aufgabe 3
Setzen Sie sich mit der These der relativen Stabilisierung auseinander. Beziehen Sie die Materialien des ganzen Kapitels 3 mit ein.
Tipp: Gehen Sie die Materialien Schritt für Schritt durch und notieren jeweils Thema, stabilisierend bzw. nicht-stabilisierend und eine stichwortartige Begründung. Z. B. bei M 8: Thema Versailler Vertrag; nicht-stabilisierend; Grund: Deutsche hatten keine realistische Einschätzung des Krieges/Situation, jeder Vertrag wäre als ungerecht empfunden worden.

Kapitel 3.4, S. 322–337: Außenpolitik im europäischen und internationalen Spannungsfeld

S. 327, zu M 4, Aufgabe 1
Recherchieren Sie die Biografie Stresemanns bis 1919 und stellen Sie Ihre Ergebnisse grafisch dar.
Tipp: Eine grafische Darstellung Ihrer Ergebnisse kann in Form eines chronologischen Schaubildes, eines Flussdiagramms oder eines Zeitstrahls erfolgen. Recherchetipp: Tabellarischer Lebenslauf Stresemanns unter: *https://www.dhm.de/lemo/biografie/gustav-stresemann*

S. 328, zu M 7, Aufgabe 2
Interpretieren Sie die Karikatur hinsichtlich der Wahrnehmung Stresemanns in der Weimarer Republik.
Tipp: Beachten Sie, dass es sich bei der kleinen Figur um den „Deutschen Michel" handelt. Die Bezeichnungen „rechts" und „links" sind hier politisch gemeint.

S. 328, zu M 7
Zusatzaufgabe: Beurteilen Sie die Rolle Stresemanns bei der Hyperinflation und Ruhrbesetzung.

Tipp: Recherchieren Sie Im Internet zu den Themen Hyperinflation und Ruhrbesetzung z. B. auf der Seite des Deutschen Historischen Museums (www.dhm.de) über die Menüpunkte Zeitstrahl (Weimarer Republik) und Themen (Innenpolitik).
Sie können folgende Formulierungshilfen verwenden:
- Gustav Stresemann bemühte sich nach seiner Ernennung zum Reichskanzler im August 1923 um …
- Seine Maßnahmen waren …
- In Bezug auf die Ruhrbesetzung verfolgte er eine Politik der …
- Insgesamt kann seine Politik als erfolgreich/nicht erfolgreich bezeichnet werden, weil …

S. 331, zu M 12
Zusatzaufgabe: Gustav Stresemann wurde 1926 gemeinsam mit seinem französischen Amtskollegen Aristide Briand der Friedensnobelpreis verliehen. Entwickeln Sie ein mögliches Gutachten, indem Sie bewerten, inwiefern Stresemann tatsächlich den Friedensnobelpreis verdient hat.

S. 333, zu M 14, Aufgabe 3
Überprüfen Sie die Aussage, Stresemann stehe mit seinen Stärken und Schwächen stellvertretend für die vergebenen Chancen der Weimarer Republik.
Tipp: Erstellen Sie zunächst eine Liste mit aus Ihrer Sicht vergebenen Chancen, z. B.:
- Verstärkung des Demokratiebewusstseins durch kooperative und sachbezogene Arbeit der Parteien
- wirkliche Versöhnungspolitik mit den Nachbarn Frankreich und der Sowjetunion
- Friedenserhalt und Kooperation als Leitideen in der internationalen Politik statt Streben nach politischer und wirtschaftlicher Vormacht
- Gewinnung der unteren Schichten für die Demokratie durch Sozialpolitik und politische Anerkennung
- Überprüfen Sie dann, welche Einstellungen bzw. Stärken und Schwächen Stresemanns diesen Punkten zugeordnet werden können.

Kapitel 3.5, S. 338–355: Zwischen Aufbruch und Unsicherheit: die „Goldenen Zwanziger"

S. 347, zu M 10
Zusatzaufgabe: Informieren Sie sich über die Bilder der „Großen Deutschen Kunstausstellung" 1937 im „Haus der Deutschen Kunst" in München. Diese Ausstellung präsentierte im Gegensatz zur Ausstellung „Entartete Kunst", die zeitgleich in den Räumen des Münchener Hofgartens gezeigt wurde, die vom NS-Staat propagierte Kunst. Vergleichen Sie mit den Ansichten von Schultze-Naumburg von 1928.

S. 348 f., zu M 12 bis M 15
Zusatzaufgabe: a) Sichten Sie den Stummfilm von Walther Ruttmann „Berlin – Symphonie einer Großstadt" von 1927.

cornelsen.de/Webcodes
Code: tobene

b) Arbeiten Sie wichtige Themen und Aspekte des Films heraus.
c) Verfassen Sie einen Sprechertext zu einigen Bildausschnitten.

S. 351, zu M 20, Aufgabe 2
Analysieren Sie, wie für den Einsatz von Technik im Haushalt geworben wurde.
Tipp: Beachten Sie die methodischen Hinweise auf S. 34. Orientieren Sie sich bei der Analyse außerdem an folgenden Fragen:
- Welches Bild von der „modernen Technik" vermittelt?
- Welches Frauenbild wird präsentiert?
- Welche gestalterischen Mittel (Farben, Gestik, Mimik etc.) werden genutzt?

S. 353, zu M 22 bis M 25
Zusatzaufgabe: Setzen Sie sich in geschlechtshomogenen Gruppen zusammen, schreiben Sie in jeder Gruppe je eine Schilderung von Lebensperspektiven von Mädchen und Jungen heute und vergleichen Sie anschließend miteinander.

Kapitel 3.6, S. 356–371: Politische Radikalisierung und Scheitern der Demokratie 1929 bis 1933

S. 357/Auftaktseite
Zusatzaufgabe: Beurteilen Sie die Bedeutung des Scheiterns der Weimarer Republik für die deutsche Sonderwegsthese.
Tipp: Informieren Sie sich über die Sonderwegsthese in Kapitel 7 „Kernmodul", M 4 bis M 8.

S. 365, zu M 16
Zusatzaufgabe: Gestalten Sie einen Zeitungskommentar zur Eröffnung des Reichstags im Juli 1932.

Kapitel 3.7, S. 372–381: Kernmodul

S. 373, zu M 1, Aufgabe 3
Recherchieren Sie deutsche Denkmäler aus der Zeit des Deutschen Kaiserreichs. Erörtern Sie das deutsche Selbstverständnis, das sich in diesen Denkmälern manifestiert.
Tipp: Das deutsche Selbstverständnis lässt sich an folgenden Denkmälern herausarbeiten:

- Hermannsdenkmal (Detmold)
- Kaiser-Wilhelm-Denkmal (Porta Westfalica)
- Reiterstandbild Kaiser Wilhelms I. am Deutschen Eck (Koblenz)
- Barbarossadenkmal (Kyffhäuserland)
- Völkerschlachtdenkmal (Leipzig)

S. 374, zu M 2, Aufgabe 2
Formulierungshilfen für eine historische Erörterung:
- Auf Grundlage von … ist erkennbar, dass …
- Zentrale Merkmale waren …
- Diese Tatsache lässt darauf schließen, dass …
- Eine wichtige/ untergeordnete Rolle spielte dabei…
- Dies hatte Auswirkungen auf …
- Einerseits…, andererseits …
- Abschließend lässt sich festhalten, …

S. 375, zu M 3, Aufgabe 3
Nehmen Sie Stellung zu der Frage, welchen Stellenwert die Auseinandersetzung mit der deutschen Vergangenheit für das gegenwärtige Selbstverständnis der Deutschen haben sollte.
Tipp: Sie können folgende sprachliche Hilfen für die Stellungnahme verwenden:
- „Meiner Meinung nach besitzt die Auseinandersetzung einen hohen/nicht so hohen Stellenwert, weil …"
- „In der Gegenwart sollte die deutsche Geschichte eine zentrale/untergeordnete Rolle spielen, da …"
- „Eine Auseinandersetzung mit der Geschichte ist wichtig, um den Willen zum Friedenserhalt zu stärken."

S. 375, zu M 3
Zusatzaufgabe: Gustav Heinemann sagte in seiner Antrittsrede als Bundespräsident 1969 über Deutschland: „Es gibt schwierige Vaterländer. Eines davon ist Deutschland. Aber es ist unser Vaterland." Nehmen Sie begründet Stellung zu dieser Aussage.
Die ganze Rede finden Sie unter folgendem Webcode:
cornelsen.de/Webcodes
Code: vecapa

S. 378, zu M 6, Aufgabe 1b)
Präsentieren Sie Ihre Ergebnisse aus den Gruppenarbeiten in Form einer gemeinsamen Visualisierung, zum Beispiel als Cluster.
Tipp: Bei der Clustering-Methode entscheiden Sie sich für Schlüsselbegriffe, die sie dann in einem Cluster gruppieren. Überlegen Sie sich, wie die Begriffe zueinander stehen und miteinander zusammenhängen. Vernetzen Sie die Begriffe untereinander, sodass die Verbindungen sichtbar werden.

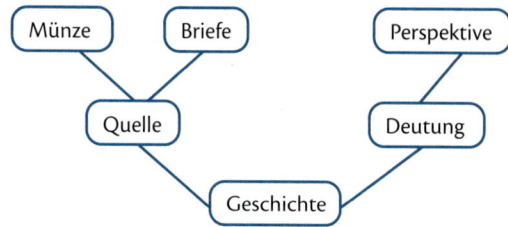

S. 379, zu M 7
Zusatzaufgabe: Entwickeln Sie in Partnerarbeit Erfolgs- und Risikofaktoren für eine Demokratie und überprüfen Sie auf Grundlage dieser Kriterien die Stabilität der Weimarer Republik und eines modernen Staates Ihrer Wahl.
Tipp: Mögliche Faktoren finden Sie bei der Bundeszentrale für politische Bildung:
cornelsen.de/Webcodes
Code: reyaho

S. 380, zu M 9
Zusatzaufgabe: Erläutern Sie, ausgehend von M 9, welche globalen Phänomene sich im 20. Jahrhundert entwickelt haben.
Tipp: Konzentrieren Sie sich auf folgende Aspekte: Kommunikation, Handel, militärische Auseinandersetzungen, Ideologien, Verkehr.

Kapitel 3.8, S. 382–391: Wahlmodul: Der Erste Weltkrieg

S. 386, zu M 5
Zusatzaufgabe: Recherchieren Sie zu Feldpostbriefen aus Ihrer Heimatgemeinde. Stellen Sie Ihre Beispiele im Kurs vor.

S. 387, zu M 9
Zusatzaufgabe: Verfassen Sie einen Brief aus der Perspektive einer deutschen Frau an ihren im Feld stehenden Mann im Jahre 1917.

S. 389, zu M 11/M 12
Zusatzaufgabe: Verfassen Sie einen Bericht zum Ersten Weltkrieg für eine Ausgabe der Schülerzeitung an Ihrer Schule.

Kapitel 3.9, S. 392–399: Wahlmodul: Nationalsozialismus und deutsches Selbstverständnis

S. 397, zu M 5
Zusatzaufgabe: Schauen Sie sich im Internet auf der Seite der Bundeszentrale für politische Bildung den Videobericht einer Tagung mit dem Thema „Volksgemeinschaft als Terror und Traum" an und erklären Sie, was der Tagungstitel bedeuten soll.
cornelsen/Webcodes
Code: hihedo

Lösungen zu den Methodenseiten

Zu Kapitel 1.2, S. 36–37: Schriftliche Quellen interpretieren

1. Leitfrage
Wie reagieren die nordamerikanischen Kolonien auf das Stempelsteuergesetz 1765?

2. Analyse
Formale Aspekte
Quellengattung: amtliches Schriftstück der Stadt Braintree in Massachusetts „Anweisungen zum britischen Stempelsteuergesetz" -> Primärquelle/Überrest; vermutlich stammt der Text aus der Einleitung der Schrift, die eigentlichen Anweisungen fehlen.
Autor: John Adams (1735–1826), geb. in Braintree, angesehener Anwalt. Er vertrat die Kolonie Massachusetts auf dem Ersten und Zweiten Kontinentalkongress (1775/1776) und war Mitautor der Verfassung von Massachusetts sowie der Unabhängigkeitserklärung. 1789 bis 1797 Vizepräsident, 1797 bis 1801 Präsident der USA.
Entstehung: Am 14. Oktober 1765, sieben Monate nach dem Stempelsteuergesetz, wurde die Anweisung von der Stadt Braintree veröffentlicht. Braintree ist eine Stadt in der Neuenglandkolonie Massachusetts mit puritanischer Prägung.
Adressat: Öffentlichkeit der Stadt Braintree, darüber hinaus die Öffentlichkeit von Massachusetts sowie die britischen Behörden in den Kolonien bzw. Regierung und Parlament im Mutterland.

Inhaltliche Aspekte
Textaussagen: Im Zentrum des Textes steht die Feststellung, dass die Stempelsteuer unrechtmäßig sei und die Stadt Braintree deshalb auf parlamentarischer Ebene Widerspruch einlege mit dem Ziel der Abschaffung der Steuer. Anschließend werden verschiedene Argumente aufgeführt. Es wird argumentiert, dass wichtige Rechte und Freiheiten der Bewohner der Kolonien nicht nur beschnitten, sondern sogar geraubt worden seien. Es wird die Verfassungswidrigkeit der Steuer festgestellt und auf die weitreichenden hohen Strafen bei Zuwiderhandlung sowie die Problematik der Gerichtsbarkeit des Admiralsgerichts hingewiesen. Außerdem werden die negativen Folgen für das Wirtschaftsleben des Landes erwähnt. Abschließend werden noch einmal grundsätzliche Belege für die Verfassungswidrigkeit aufgezählt und genauer erläutert: Prinzip des *„no taxation without representation"*, Verstoß gegen Freiheitsrechte, Verletzung von Eigentumsrechten. Daraus wird die Schlussfolgerung gezogen, dass es sich bei der Rechtsgrundlage für die Stempelsteuer um ein fiktives Recht handeln müsse.

Textsprache: Der Text ist engagiert, aber in sachlicher Sprache verfasst und argumentativ aufgebaut.
Schlüsselbegriffe:
– Rechte, Freiheit rauben
– Verfassungswidrigkeit
– Behinderung des Geschäftslebens (Handel, Verkehr)
– Recht und Machtbefugnis des Mutterlandes
– Recht auf Eigentum
– fiktives Recht

3. Historischer Kontext
Die Anweisung wurde sieben Monate nach Erlass des britischen Stempelsteuergesetzes veröffentlicht. Die wirtschaftlichen Belastungen durch die Steuer waren stark spürbar. Insgesamt litt die Neuenglandkolonie Massachusetts besonders stark unter Steuern und Zöllen, da es viel Handel und Gewerbe gab. Im Oktober 1765 tagte der Stempelsteuerkongress mit Vertretern aus neun nordamerikanischen Kolonien in New York. Der Stempelsteuerkongress beschäftigte sich auf überregionaler Ebene mit der Stempelsteuer und protestierte mit den gleichen Argumenten wie die Stadt Braintree gegen die britische Steuer. Zeitgleich kam es auch zu zum Teil gewaltsamen Protesten auf den Straßen, zu Boykotten von britischen Produkten sowie zur Blockade von britischen Steuereinrichtungen. 1766 wurde die Stempelsteuer von der britischen Regierung zurückgezogen.

4. Urteil
Sachurteil
Die Quelle ist repräsentativ für die Neuenglandkolonie. In der von Gewerbe und Handel geprägten Kolonie stellten die britischen Steuern und Zölle eine besondere Belastung dar. Die angeführten Argumente, vor allem der Verweis auf den Grundsatz, dass keine Steuerbewilligung rechtmäßig sein könne, wenn nicht die Betroffenen selbst an der Abstimmung beteiligt seien, wurden auch auf dem Stempelsteuerkongress vertreten. Die Anweisungen der Stadt Braintree zeigen deutlich die Bereitschaft, sich der britischen Steuerpolitik zu widersetzen. Ausdrücklich beschränkte man sich zunächst auf den parlamentarischen Weg des Protestes, doch weitere Maßnahmen wurden nicht ausgeschlossen und waren tatsächlich auf den Straßen der Städte auch schon zu sehen. Bewusst wählten die Stadtverantwortlichen den diplomatisch-politischen Weg und hofften auf britisches Nachgeben. Die Argumente wurden dabei mit rechtlicher Präzision und großem Nachdruck vorgetragen.

Werturteil
Die Anweisungen der Stadt Braintree haben aus heutiger Sicht ihre klare Berechtigung. In einer parlamentarischen Demokratie werden nicht nur Steuergesetze, sondern alle Gesetze vom Parlament verabschiedet. Und im Parlament sitzen die gewählten Vertreter aller Bürger. In einem Kolonialsystem des 18. und 19. Jahrhunderts war es jedoch nicht üblich, dass die Bewohner der Kolonien bei Gesetzen und Steuern mitbestimmen durften. Bei den nordamerikanischen Kolonien handelte es sich aber insofern um einen Sonderfall, als die protestierenden Bewohner europäische Einwanderer waren und die gleichen Rechte wie ihre britischen Landsleute für sich in Anspruch nahmen. In den dreizehn Kolonien bildeten sie die Mehrheit der Bevölkerung. Die indigene Bevölkerung Amerikas war in andere Gebiete verdrängt worden und über deren Rechte auf Mitbestimmung sowie über die Rechte der afrikanischen Sklaven dachte niemand nach. Der Streit um die Stempelsteuer spiegelt also grundsätzliche Probleme im Verhältnis der nordamerikanischen Kolonien zu Großbritannien in der zweiten Hälfte des 18. Jahrhunderts wider. Die Kolonien befanden sich bereits in einem Prozess der allmählichen Loslösung auf wirtschaftlicher, ideeller und politischer Ebene.

Zu Kapitel 1.3, S. 56–57: Darstellungen analysieren

1. Leitfrage
Wie wurden aus treuen Untertanen Rebellen, die für die Unabhängigkeit ihres Landes eintraten?

2. Analyse
Formale Aspekte
Autor: Jürgen Heideking (1947–2000), deutscher Historiker und bis zu seinem Tod Direktor des Instituts für angloamerikanische Geschichte der Universität Köln.
Textsorte: fachwissenschaftliche Darstellung
Thema: die ideologischen Ursprünge der Amerikanischen Revolution Veröffentlichung: 1996 in erster Auflage erschienenes Buch mit dem Titel „Geschichte der USA"
Adressaten: wissenschaftliche sowie breitere Öffentlichkeit
Intention: Der Autor möchte einen einführenden Überblick über die Geschichte der USA geben. Er will Voraussetzungen, Verlaufsformen und Begleiterscheinungen der Geschichte des Aufstiegs der englischen Kolonien zur dominierenden Macht im 20. Jahrhundert analysieren.

Inhaltliche Aspekte
Wesentliche Textaussagen:
- der Wandel auf ideeller Ebene hat sich erstaunlich rasch vollzogen
- die Ursprünge des Streits zwischen den nordamerikanischen Kolonien und Mutterland spielten sich auf „geistig-ideologischer" Ebene ab
- wirtschaftliche Interessen spielten eine kleinere Rolle als die Rechtsfragen
- Widerstand der Kolonisten beruhte „auf einem Geflecht von Denkgewohnheiten, Verhaltensweisen und Wertvorstellungen" (Z. 18 ff.)
- die gebildeten Kolonisten orientierten sich an verschiedenen Quellen: englische Juristen, liberale Natur und Vertragsrechtslehre von John Locke, Literatur der Aufklärung
- besonders einflussreich war die englische Oppositionsliteratur
- es entstand eine eigene „spezifisch amerikanische Country-Ideologie" (Z. 34), die v. a. durch Misstrauen gegenüber Macht, Wertschätzung bürgerlicher Tugenden und Freiheitsliebe gekennzeichnet war
- alle Ereignisse seit 1763 wurden aufgrund dieser Denkmuster als „Anschlag auf das Selbstbestimmungsrecht der Kolonisten" (Z. 51 f.) empfunden Überzeugung des Autors: Jürgen Heideking betont die ideellen Ursachen der Amerikanischen Revolution und unterstreicht damit ihren grundsätzlichen Charakter. Es sei nicht aufgrund materieller Belastungen durch die Steuern zum Bruch gekommen, sondern durch das Selbstbewusstsein und eine wachsende amerikanischkoloniale Identität. Die Unabhängigkeit und die Revolution sind für ihn deshalb schon 1763 unausweichlich.

3. Historischer Kontext
Jürgen Heideking setzt sich in diesem Textauszug mit der Vorgeschichte der Amerikanischen Revolution auseinander, als deren „offiziellen" Anfangspunkt er die Ereignisse von Lexington und Concord (Z. 8 f.) nennt. Mit diesen Kämpfen vom 18. und 19. April 1775 in Massachusetts zwischen britischen Soldaten und nordamerikanischen Milizen begann der Unabhängigkeitskrieg. Die Vorgeschichte beginnt Heideking mit dem Jahr 1763, also dem Ende des *French and Indian War* sowie der veränderten britischen Kolonialpolitik in Nordamerika durch eine Proklamation Georgs III. Es folgten die verschiedenen Steuergesetze (Zuckergesetz, 1764; Stempelsteuergesetz, 1765; Townshend-Gesetz, 1766) sowie der Ausbau der Kolonialverwaltung, stärkere Präsenz der britischen Soldaten in den Städten sowie die Zwangsmaßnahmen gegen Massachusetts nach der *Boston Tea Party* 1773/74.

4. Urteil
Der Text ist überzeugend sowohl im Hinblick auf die fachliche Richtigkeit als auch auf die Schlüssigkeit der Darstellung. Jürgen Heideking greift die Feststellung des Zeitgenossen und Akteurs John Adams auf, die Revolution habe in den Köpfen der Menschen stattgefunden

(Z. 6 f.), und belegt sie mithilfe von Sekundärliteratur und eigener Überlegungen. Bei seinen eigenen Thesen stellt er einen Zusammenhang her zwischen juristischen und philosophischen Schriften einerseits und dem Denken und den Werten der Kolonisten andererseits. Allerdings belegt er den Zusammenhang nicht mit Textausschnitten, sondern beschränkt sich auf die Nennung von prägenden Denkmustern. Diese Verkürzung ist vermutlich der Tatsache geschuldet, dass es sich um eine Überblicksdarstellung zur gesamten Geschichte der USA handelt, in der einzelnen Themen nicht viel Raum eingeräumt werden kann. Mit der Schlussfolgerung, dass die neuen Denkmuster der Kolonisten die Revolution bereits 1763 unausweichlich gemacht hätten, leistet er einen Beitrag zur Debatte um den Beginn der Revolution und ihre Vorgeschichte. Die Mehrheit der Historiker setzt den Beginn der Amerikanischen Revolution mit dem Jahr 1763 an (vgl. Michael Hochgeschwender, S. 19; Volker Depkat, S. 54 f.), sieht eine Unausweichlichkeit jedoch erst in den 1770er-Jahren gegeben. Außerdem positioniert sich Heideking in der historischen Debatte, indem er die Bedeutung von Mentalitäten, also Denkmustern und Werten, betont, die das Verhalten stärker strukturieren als wirtschaftliche Interessen etc. Das ist gerade in Bezug auf die Leitfrage aus heutiger Sicht sehr überzeugend. Verändertes, neues Denken ist ein wichtiger Faktor für gesellschaftliche Umbrüche bzw. Revolutionen (Studentenrevolte 1968, Friedliche Revolution 1989). Es kann friedliche Untertanen zu Rebellen machen. Doch darf man auch die „materiellen" Rahmenbedingungen wie „Diktatur", „Armut" oder „fehlende Zukunftsperspektiven" nicht vergessen.

Zu Kapitel 1.3, S. 58–59: Ein historisches Urteil entwickeln

Analyse der Darstellung

In dem vorliegenden Textauszug, entnommen dem Vorwort des Bandes „Sie schufen Amerika. Die Gründergeneration von John Adams bis George Washington", in deutscher Übersetzung 2005 erschienen, setzt sich der US-amerikanische Historiker Joseph J. Ellis mit der Bedeutung der Amerikanischen Revolution sowohl in der Geschichte als auch in der Wahrnehmung der Menschen auseinander. Er stellt dabei die These auf, dass es einen Kontrast gibt zwischen der einerseits völlig offenen Entwicklung der Ereignisse im historischen Kontext und der nachträglichen Deutung als „schicksalhafte Vorbestimmung". Ellis argumentiert zunächst, dass bereits einige Zeitgenossen wie Thomas Paine und Thomas Jefferson die Revolution als unausweichlich gedeutet haben. Dabei berufen sie sich auf die Logik und die Selbstverständlichkeit der Werte der Revolution. Doch erst durch den Erfolg der politischen Ideale im 19. und 20. Jahrhundert im Zuge der Errichtung von Demokratien in Europa sowie der Dekolonialisierung wurde die Amerikanische Revolution als Ausgangspunkt im kollektiven Gedächtnis verankert. Das ursprünglich „republikanische Experiment" (Z. 32) wurde trotz zahlreicher Widerstände zur politischen Norm der modernen Welt. Zu dieser Norm zählt Ellis eine auf dem Prinzip der Volkssouveränität beruhende repräsentative Staatsverfassung sowie eine auf den Energien der einzelnen Bürger aufbauende Marktwirtschaft. Ellis folgert weiter, dass die Selbstverständlichkeit dieser Normen heute und das Vertrauen in ihre Stabilität in der rückblickenden Deutung sowohl die Amerikanische Revolution also auch die weitere amerikanische Geschichte als „unausweichlich", ja sogar als „vorherbestimmt" erscheinen ließen. Damit seien gleichzeitig alle Faktoren, die gegen eine Revolution und ihren Erfolg gesprochen hätten, ausgeblendet worden, z. B. die Stärke der britischen Militärmacht, die Instabilität republikanischer Regierungssysteme oder die mangelnde bisherige Kooperation der dreizehn Kolonien. Abschließend formuliert Ellis für seine in den Hauptkapiteln folgenden Ausführungen den Anspruch, die Leistungen und Aspekte zu würdigen, die für den Erfolg der Amerikanischen Revolution gesorgt hätten.

Sachurteil

Zunächst kann festgestellt werden, dass Joseph J. Ellis Personen, Ereignisse und Entwicklungen historisch korrekt darstellt. Seine Argumentation ist überwiegend in sich stimmig. In seiner Ausgangsthese unterscheidet er zwei Ebenen, die Revolution im historischen Kontext und die nachträgliche Deutung bis heute. Der dauerhafte Erfolg der Revolution und die Etablierung ihrer Werte als weltweite Norm hätten die Revolution und ihren Ausgang rückblickend als unvermeidbar erscheinen lassen. Dies ist ein gängiges Muster. Der Erfolg kann den Blick auf die Risiken und auf die Offenheit bzw. sogar Zufälligkeit von historischen Ereignissen verstellen. Unstimmig ist jedoch der Verweis auf einige Zeitgenossen, die die Ereignisse bereits während der Revolution als unausweichlich deuteten. Damit wollten sie wahrscheinlich vor allem ihre Rolle als „Helden" und „Akteure der Bestimmung" betonen, jedoch belegen sie auch, dass bereits im historischen Kontext die Revolution als wegweisend wahrgenommen wurde.

Die Differenziertheit der Argumentation von Ellis muss kritisch beurteilt werden. Seine Kernthese von der rückblickenden Überhöhung der Revolution als schicksalhaft infolge der zwei jahrhundertelangen erfolgreichen Kämpfe um ihre Werte ist sehr überspitzt und schablonenartig. Als Belege finden sich viele ziemlich pauschale Verallgemeinerungen wie „überall in Asien, Afrika und

Lateinamerika" (Z. 26) oder „alle alternativen Formen der politischen Organisation [...] scheinen vergebliche Rückzugsgefechte zu führen" (Z. 42 ff.). Dies ist zum Teil sicherlich der Tatsache geschuldet, dass es sich bei dem Textausschnitt um die Einleitung zu einem Buch über die Gründerväter der USA handelt. Es gibt hier keinen Raum für differenzierte Analysen, es soll knapp auf die besonderen Leistungen der Gründerväter hingeführt werden, die dann im Buch dargelegt werden. Letztlich überzeugt der Ansatz, dass bei einer Beurteilung der Amerikanischen Revolution zwischen den Zeitgenossen und den nachfolgenden Generationen unterschieden werden muss. Sie sind bei ihren Deutungen ihrem jeweiligen historischen Kontext verhaftet. Und zu diesem Kontext gehört für die Generationen um die Jahrtausendwende auch, dass die durch die Amerikanische Revolution erstmals umgesetzten Werte zu anerkannten Normen der westlichen Welt wurden. Außerdem ist Ellis zuzustimmen, wenn er die Leistung der Akteure der Revolution nicht vom Ende, also dem Erfolg, aus betrachten möchte, sondern die Risiken und Unwägbarkeiten auf ihrem Weg in den Vordergrund stellen will.

Werturteil
Aus der heutigen Sicht nimmt die Amerikanische Revolution einen hohen Stellenwert ein. Sie wird einerseits gemeinsam mit der Französischen Revolution von 1789 als Ausgangspunkt für die Etablierung von modernen Demokratien betrachtet. Insbesondere die Niederschrift der Menschen- und Bürgerrechte sowie die Verantwortlichkeit eines von der Mehrheit der Bürger gewählten Gremiums für die Gesetze waren wichtige Schritte, die wir heute jedoch für selbstverständlich halten. Andererseits erhält die Amerikanische Revolution ihre Bedeutung, da sie den Gründungsakt für die spätere „Supermacht" USA bildete. Die rückblickende Überhöhung der Revolution als gottgewolltes Schicksal und das damit einhergehende Auserwähltheitsgefühl der USA zeigen im Allgemeinen Mechanismen der nationalen Identitätsbildung, aber im Besonderen auch die Gefahren von Gründungsmythen, wenn diese dafür sorgen, dass sich eine Nation über die anderen stellt.

Zu Kapitel 1.4, S. 78–79: Verfassungsschaubilder interpretieren

1. Historische Einordnung
– Staat: Deutsches Reich
– Verabschiedung: 16. April 1871, durch den Reichstag
– Inkraftsetzung: 4. Mai 1871
– Gültigkeitsdauer: blieb faktisch bis zum 9. November 1918 in Kraft; formalrechtlich aufgehoben mit der Weimarer Reichsverfassung vom 14. August 1919

2. Verfassungsorgane
Verfassungsorgane: Deutscher Kaiser, Reichskanzler, Reichsregierung (Exekutive), Landesregierungen der 25 Bundesstaaten, Reichstag, Bundesrat (Legislative), keine Judikative
Zusammensetzung und Aufgaben bzw. Befugnisse der Institutionen (exemplarisch):
– Deutscher Kaiser: zugleich König von Preußen; Aufgaben: Ernennung des Reichskanzlers, Oberbefehl über das Heer, Einberufung und Auflösung des Reichstages
– Reichstag: 397 Abgeordnete; Aufgaben: Etatbewilligung, Gesetzesinitiative und -beschlüsse, „Kontrolle" des Reichskanzlers
– Bundesrat: 58 Vertreter der Landesregierungen (17 aus Preußen); Aufgaben: Verwaltungsvorschriften für das Reich, Zustimmung zu Gesetzesbeschlüssen des Reichstages, Kontrolle der Exekutive (Reichsregierung)

3. Machtverteilung
– stärkste verfassungsrechtliche Stellung der Exekutive (Kaiser und Reichskanzler)
– Kaiser: fehlende demokratische Legitimation als Staatsoberhaupt; seine Macht war zwar an die Verfassung gebunden, seine Befugnisse entsprechen jedoch z. T. den Befugnissen eines vorkonstitutionellen Monarchen (vgl. Aufgaben bzw. Befugnisse)
– Reichskanzler: leitet zwar Regierungsgeschäfte, eine politische Verantwortung bestand jedoch nur dem Kaiser und nicht dem demokratisch gewählten Reichstag (Legislative) gegenüber; war allerdings auf politische Mehrheiten angewiesen, da ohne die Zustimmung des Parlaments kein Gesetz in Kraft treten konnte

4. Rechte des Volkes
Wahlberechtigung: Die Abgeordneten des Reichstages wurden alle drei Jahre (ab 1888 alle fünf Jahre) nach dem allgemeinen, geheimen, gleichen und direkten Mehrheitswahlrecht für männliche Staatsbürger über 25 Jahre gewählt.

5. Struktur des Staates
Staatsform: konstitutionelle Monarchie
Staatsaufbau: föderaler Aufbau (Bundesstaat), da Einzelstaaten über den Bundesrat an der Gesetzgebung des Reiches beteiligt waren; keine gleichberechtigte Stellung der Bundesstaaten, weil der preußische Ministerpräsident zugleich Reichskanzler war und den Vorsitz im Bundesrat innehatte sowie Preußen im Bundesrat mit 17 von 58 Stimmen über eine Sperrminorität (Veto mit 14 Stimmen) verfügte

6. Kritik

Fehlende Aspekte:
- *Organe:* die 25 Landesparlamente als Bestandteil der Legislative
- *Gewährung von Grundrechten* (Hinweis: Da die Verfassungen der Bundesstaaten bereits eigene Grundrechtskataloge beinhalteten, wurden auf Bundesebene keine Grundrechte festgeschrieben.)

Zu Kapitel 1.5, S. 92–93: Historische Gemälde interpretieren

1. Leitfrage
Welcher Stellenwert wird der Verfassung der USA 150 Jahre nach ihrer Unterzeichnung von dem Bild zugewiesen?

2. Analyse

Formale Aspekte
Künstler: Howard Chandler Christy (1872–1952), US-amerikanischer Maler und Illustrator
Auftraggeber: Das Bild wurde 1939 offiziell vom Kongress in Auftrag gegeben, die Vorbereitungen liefen seit 1937.
Zweck der Entstehung: 150. Jahrestag der Verfassungsunterzeichnung
Entstehungszeit: 1937–40
Ausstellungsort: Das Bild hängt im Kapitol in Washington, D. C., im Flügel des Repräsentantenhauses.
Größe/Materialien: Öl auf Leinwand, 6,1 m × 9,15 m

Inhaltliche Aspekte
Beschreibung
Bildelemente: Der dargestellte Raum ist die „Independence Hall" in Philadelphia. Auf der rechten Seite befindet sich ein Podest mit zwei Stufen, darauf ein Stuhl und ein Tisch mit der zu unterzeichnenden Verfassung; rund um das Podest sitzen und stehen 36 Personen; drei Personen befinden sich auf dem Podest. An der rechten Wand sind antike Säulennachbildungen zu sehen, zwischen einer Tempelportalnachbildung hängen vier Fahnen: die Nationalflagge, eine Flagge eines Dragonerregiments aus Maryland und zwei Regimentsfahnen aus Massachusetts und New Hampshire. Im Hintergrund sind drei große Fenster zu sehen, zwei von ihnen sind geöffnet und lassen Licht herein, das andere ist halb verhängt. Ein prächtiger Kronleuchter hängt an der Decke.
Darstellung der Personen: Alle Personen sind feierlich gekleidet, sie sitzen oder stehen und richten ihren Blick nach vorne zu dem Podest mit der Verfassung; einige Personen werden hervorgehoben durch Licht, durch besondere Gesten (ausgestreckter Arm) oder durch ihre Platzierung im Bild. Im Fokus des Bildes befindet sich George Washington, stehend auf dem Podest nach der Unterzeichnung der Verfassung. Er nimmt eine aufrechte, fast heldenhafte Haltung ein, sein Blick wendet sich zu der wartenden Menge, es scheint, als nehme er ihre Ehrbezeugungen entgegen. Im Hintergrund unterzeichnet ein Delegierter die Verfassung und der Sekretär steht daneben. Ebenfalls hervorgehoben, in der Bildmitte im Vordergrund, werden Benjamin Franklin und Alexander Hamilton. Franklin sitzt mit hellblau-leuchtendem Anzug als „alte Eminenz", während der junge Alexander Hamilton (30 Jahre) ihm etwas ins Ohr sagt. James Madison sitzt rechts von ihnen. John Dickinson, der gar nicht an der Zeremonie teilnahm, ist ebenfalls abgebildet, allerdings kaum erkennbar im Hintergrund. In der rechten unteren Ecke befinden sich weitere Zuschauer, eine Person blickt den Betrachter des Bildes direkt an, ebenso wie der sitzende Franklin in der Bildmitte.
Bildkomposition: Das Bild ist in zwei Bereiche geteilt, die große Personengruppe auf der linken Seite und das Podest mit dem stehenden Washington rechts. Der Lichteinfall von den Fenstern streift die Zuschauer, bescheint u. a. den sitzenden Franklin, taucht aber vor allem den Podest mit der Verfassung in helles Licht. Washington steht praktisch neben der Lichtachse, wird mehr durch seine Haltung als durch das Licht hervorgehoben. Die Gruppe erscheint als ein harmonisches Ganzes. Raumgestaltung, Kleidung, Haltung und die Flaggen unterstreichen den festlichen Charakter der Zeremonie.
Darstellungsmittel: Das Bild besticht durch seine kräftigen Farben und die Lichteffekte. Licht und Schatten werden benutzt, um einerseits Personen hervorzuheben, aber andererseits auch die gesamte Gruppe von Einzelpersonen zusammenzuhalten. Der Maler orientierte sich bei der Darstellung der Personen an schon existierenden Porträts. Er besuchte die „Independence Hall" zur gleichen Tageszeit wie die Unterzeichnung der Verfassung, um die Lichtverhältnisse zu studieren. Er informierte sich über die zeitgenössische Kleidung. Er bediente sich teilweise einer fast impressionistischen Maltechnik mit leichten, kurzen Pinselstrichen. Das Bild weist aber auch Ähnlichkeiten zu Darstellungen von vergleichbaren Ereignissen (Unterzeichnung Unabhängigkeitserklärung, Ballhausschwur) aus dem 18. und 19. Jahrhundert auf und zeigt sich deshalb auch als klassisches Historiengemälde, das historische Authentizität und Sachlichkeit mit Verklärung und Heroisierung mischt.
Deutung
Das Bild vermittelt die herausragende Bedeutung der Verfassung der USA. Dabei werden neben dem auf dem Tisch liegenden Dokument vor allem die Personen in den Vordergrund gerückt, die Wichtiges zur Erarbeitung des Textes beigetragen haben: Hamilton, Madison und Franklin. Hamilton und Madison waren die führenden Föderalisten, die sich für eine starke Zentralmacht ein-

setzten. Doch sie sind in die Gruppe der Delegierten eingebettet, die zur Unterzeichnung erschienen sind. Washington ist als Präsident der Verfassungskommission und als designierter erster Präsident ebenfalls hervorgehoben. Er verhielt sich während der Verhandlungen möglichst neutral, über der Verfassung stehend, was auch im Bild durch seine besondere Position unterstrichen wird. Einige Delegierte wie John Dickinson fügte der Maler hinzu, obwohl sie nicht dabei waren, andere wurden weggelassen. Licht, Farben und offene Fenster signalisieren den Aufbruch in eine neue Zeit. Die prächtige Ausstattung unterstreicht den festlichen Charakter des Staatsaktes und den Anspruch des noch jungen Staates auf eine herausragende Bedeutung. Die Flaggen symbolisieren den nationalen Stolz, der sich auch wesentlich auf die militärischen Leistungen im Unabhängigkeitskrieg gründet.

3. Historischer Kontext

Seit dem 25. Mai 1787 hatte eine Verfassungskommission in Philadelphia in der „Independence Hall" mit 55 Delegierten aus zwölf Bundesstaaten (Rhode Island fehlte) getagt. Es kam zu grundsätzlichen Streitigkeiten um die Machtverteilung zwischen der Zentralmacht und den einzelnen Bundesstaaten und mehreren Kompromissvorschlägen. Am 17. September 1787 wurde der Entwurf mit einer Abschlussrede von Benjamin Franklin aus Pennsylvania beendet und von insgesamt 39 Delegierten der Bundesstaaten sowie einem Sekretär als Zeuge unterzeichnet. Anschließend erfolgte die Ratifizierung durch die einzelnen Bundesstaaten. Bis zum Schluss war nicht klar, ob wirklich alle Bundesstaaten zustimmen würden. Besonders knapp waren die Abstimmungen in Virginia, New York und Massachusetts mit 53 %. Als letzter Staat stimmte Rhode Island, das nicht an den Beratungen teilgenommen hatte, am 29. Mai 1790 mit 52 % zu. Das war gut ein Jahr nach der Vereidigung Washingtons zum Präsidenten.

Das Bild sollte die Verfassung zu ihrem 150. Jahrestag feiern. Die Probleme aus der Entstehungszeit rücken auf dem Bild in den Hintergrund, Harmonie, Macht und Nationalstolz stehen im Vordergrund. Besonders werden ganz im Sinne des Gründervatermythos einige Persönlichkeiten hervorgehoben. Die Verfassung ist gleichzeitig ein Gemeinschaftswerk sowie die Leistung einiger herausragender Politiker. Das Bild wurde von einer zentralen Institution des Staates, nämlich dem Kongress (bestehend aus Senat und Repräsentantenhaus) in Auftrag gegeben und 1940 offiziell übergeben. Obwohl seine Entstehung vor allem wegen der Kosten umstritten war, wurde es nun breit rezipiert. Kongressabgeordnete sowie Besucher des Kongresses gingen täglich an ihm vorbei.

4. Urteil

Durch seine Platzierung im Repräsentantenhaus sollte es das Staatsverständnis der USA illustrieren, in dem die Verfassung eine zentrale Rolle spielt. Es richtete sich sowohl an die Abgeordneten als auch an die Besucher des Kongresses sowie die gesamte Öffentlichkeit. Es gehört zu den bekanntesten Bildern der USA.

Es entspricht jedoch nur zum Teil den historischen Fakten. Von 55 Delegierten sind 39 dargestellt. Einige Personen wurden weggelassen, einige hinzugefügt. Da es keine weiteren Bilder von der Unterzeichnung des Entwurfes gibt, kann die Authentizität der Darstellung nicht abgeglichen werden. Da die Verhandlungen vor allem durch Streit und harte Debatten gekennzeichnet waren, muss der festlich-harmonische Charakter eher in Zweifel gezogen werden. Die ausführlichen Recherchen des Malers zu Kleidung, Räumlichkeiten, historischen Porträts der Teilnehmer sollen dem Bild aber einen authentischen Charakter verleihen und so die Kernaussage, dass die Verfassung eine zu feiernde Errungenschaft und zentraler Bestandteil des nationalen Selbstverständnisses der USA ist, unterstreichen. Aus heutiger Sicht ist diese Kernaussage gut verständlich und positiv zu bewerten. Die eigentlichen Unterzeichner der Verfassung hätten aber vermutlich mehr Probleme mit dem Bild gehabt, da sie noch mitten im Grundsatzstreit steckten und das republikanische Experiment alles andere als sicher war.

Zu Kapitel 2.2, S. 166–167: Geschichtskarten interpretieren

1. Erster Eindruck
Individuelle Antwort.

2. Formale Merkmale
Titel: China zur Zeit der Qing-Dynastie (1644–1911)
Thema: Expansion der mandschurischen Qing in China, die größte Ausdehnung des chinesischen Kaiserreiches unter den Qing, Tributstaaten, Aufstände.
Verwendungskontext/Adressaten: deutsches Schulbuch; Adressaten sind dementsprechend Schülerinnen und Schüler sowie Lehrerinnen und Lehrer.

3. Analyse der einzelnen Elemente
Die vorliegende Karte zeigt eine westliche Perspektive auf das Qing-Reich zwischen 1644 bis 1911, da der Begriff „Expansion" verwendet wird, der in China nicht benutzt wird. Dabei ist der nördlichste Bereich der Mandschurei nicht gänzlich abgebildet. Deutlich markiert sind die äußeren Grenzen der weitesten Ausdehnung (rote Linie) sowie die Jahre der jeweiligen Annexion (zwischen 1635, Innere Mongolei und 1796, Äußere Mongolei). Ebenso sind tributpflichtige Nachbarstaaten grün gekennzeichnet, die die Länder einschließen, mit denen China seit

Längerem enge wirtschaftliche und kulturelle Beziehungen hatte (Korea, Teile Südostasiens).
Die Expansionsstufen sind in drei chronologische Abschnitte gegliedert und werden entsprechend farblich in unterschiedlichen Gelbtönen gekennzeichnet. Jede Phase zeigt, dass sich das Herrschaftsgebiet in etwa verdoppelt. Zunächst ist zu beachten, dass die Mandschu bereits 1636 eine neue Dynastie – die Dynastie der Großen Qing (Da Qing) – ausriefen. 1644 eroberten sie die Hauptstadt Beijing der von Naturkatastrophen, Epidemien und Aufständen geschwächten Ming-Dynastie. In den folgenden Jahrzehnten weiteten die Qing ihre Kontrolle auf das gesamte Herrschaftsgebiet der ehemaligen Ming-Dynastie und darüber hinaus aus:
1) Expansion bis 1644 (Ende der Ming-Dynastie, Beginn der Qing-Dynastie),
2) bis 1659 (Einnahme der Stadt Kunming, Kontrolle der Yunnan-Region im Südwesten durch die Qing),
3) bis Ende des 18. Jahrhunderts.
Außerdem werden politische Unruhen und Aufstände wie der Taiping-Aufstand (1853–1863) oder weitere „zahlreiche Aufstände einzelner Ethnien gegen die neuen Herren im 17. und 18. Jh." im Südosten und -westen des Landes, die Region um Nanjing einschließend, sowie die Aufstände der Muslime um Kaschgar im Westen Chinas angezeigt.

Interpretation/Gesamtaussage
Die Karte liefert Informationen zur schrittweisen Expansion der Qing-Dynastie und zu Aufständen gegen die Qing-Herrschaft. Die Herrschaft der mandschurischen Qing wurde in Teilen des Landes als „Fremdherrschaft" einer Minderheit betrachtet. Dies war ein wichtiges Motiv für die Aufstände einzelner chinesischer Ethnien.
Insgesamt können drei Aussagen getroffen werden:
Erstens finden die Annexionen zwischen 1635 und 1796 statt. Man kann also von einer Reduzierung der Expansionsbestrebungen der Qing um 1800 ausgehen.
Zweitens kann man feststellen, dass die Aufstände einzelner Ethnien vor allem im Süden und Westen des Landes erfolgen, relativ weit weg vom Zentrum Beijing. Am Größten war der Taiping-Aufstand, der für zehn Jahre ein größeres Gebiet dem staatlichen Zugriff entzog.
Drittens ist zu bemerken, dass mit der Eingliederung Taiwans, Tibets und Xinjiangs im Westen die Qing-Dynastie um 1800 herum die größte Ausdehnung aller „chinesischen" Dynastien erreichte. Die Volksrepublik China betrachtet diese Grenzen der Qing-Dynastie größtenteils als die eigenen und sieht Taiwan, Tibet und Xinjiang als feste Bestandteile der heutigen VR China.
Problematisch ist, dass einige Veränderungen seit der zweiten Hälfte des 19. Jahrhunderts in der Karte nur angedeutet bzw. nicht vollständig dargestellt werden. So sind z. B. drei Freihandelshäfen eingezeichnet, obwohl es noch weitere gab. Bei den Kolonien und Pachtgebieten ist auch nur Macao eingezeichnet – es fehlen Hongkong, Shanghai, Guangzhouwan, Qingdao etc. Korea und Taiwan gehörten nicht bis 1911 zu den Qing, sondern waren japanische Kolonien (spätestens ab 1905). Gebietsverluste an das Russische Reich im Norden sowie britische und französische Kolonien sind ebenfalls nicht eingezeichnet. Hier wäre eine vergleichende Auseinandersetzung mit der Karte M 5 „Einflussgebiete und Stützpunkte ausländischer Mächte in China bis 1912" in Kapitel 2.3 sachdienlich.

Zu Kapitel 2.3, S. 196–197: Schriftliche Quellen interpretieren

1. Leitfrage
Die Leitfrage ist eigenständig zu entwickeln, sollte diese nicht aus der Aufgabenstellung hervorgehen.
Beispiele für eine Leitfrage:
Wie versucht König Georg III. den Qianlong-Kaiser zu überzeugen, seine Vorschläge (u. a. die Zulassung eines britischen Gesandten in China, Öffnung weiterer Häfen für den Handel) anzunehmen?
Oder: Welche Absicht verfolgt König Georg III. mit seinem Brief?

2. Analyse
Formale Aspekte
Textart: Es handelt sich um einen Brief des britischen Königs Georg III., den dieser dem britischen Gesandten Lord Georg Macartney (1737–1806), vormals Botschafter in Russland und Gouverneur in Madras, übergab, um ihn in China an den Qianlong-Kaiser auszuhändigen.
Autor: König Georg III. (1738–1820), britischer König seit 1760, aus dem Hannoveraner Welfen-Haus stammend, regiert das Britische Reich mit vielen Kolonien und Stützpunkten weltweit.
Entstehung: Die britische Krone entsandte 1792/93 Lord Macartney und ein Gefolge von Wissenschaftlern an den chinesischen Hof, um bessere Handelsbedingungen zu erzielen. Dabei wünschte sich die britische Krone v. a. eine ständige britische Vertretung sowie die Öffnung weiterer Häfen für den britischen Handel. 1793 wurde diese Gesandtschaft am Hof empfangen, um die Wünsche der britischen Krone vorzustellen und dem Qing-Kaiser eine Verbindung beider Länder vorzuschlagen.
Thema: Einrichtung eines bevollmächtigten britischen Abgesandten am chinesischen Hofe für die wirtschaftliche Verbindung und den Austausch einerseits sowie Versuch der imperialen Vormachtstellung der britischen Krone im chinesischen Kaiserreich andererseits.
Adressat: der chinesische Qianlong-Kaiser

Inhaltliche Aspekte
Kernaussagen:
– ehrerbietende Grüße Georgs III. an Kaiser Qianlong

- Georg III. schreibt dem Kaiser eine „natürliche Veranlagung" zu, zum Wohle der Menschen, des Friedens und der Sicherheit zu herrschen.
- Verweis auf die Verbreitung von Glück, Tugend und Wissen sowie die Förderung von Wohlstand durch die Briten
- Die Briten haben das Ziel, ferne Gegenden zu erforschen, um ihr Wissen zu erweitern, und nicht „zum Zwecke der Eroberung".
- Es sei der „sehnlichste Wunsch" der Briten gewesen, das chinesische Kaiserreich kennenzulernen, das wohlhabend sei und von allen bewundert werde.
- Nun sei der richtige Moment, „um die Grenzen der Freundschaft und des Wohlstands auszudehnen", indem freundschaftliche Beziehungen zwischen den Ländern aufgenommen werden.
- Der bisherige Handel habe bereits Nutzen für beide Seiten gehabt, aber es sollten nun feste Regeln etabliert werden, um den Kontakt weiter zu verbessern.
- Die britischen Untertanen sollen sich an die Gesetze und Sitten Chinas halten. Im Gegenzug sollen sie Gastfreundschaft und Schutz erfahren.
- Ein „außerordentlicher und bevollmächtigter Botschafter" am kaiserlichen Hofe (eben als erster Botschafter der Gesandte Macartney, dem langfristig weitere folgen sollten) soll die Regeln vor Ort kontrollieren.
- Der Gesandte soll einerseits über chinesische Errungenschaften nach Europa berichten und andererseits China europäisches Wissen zugänglich machen.
- Georg III. betont die „Weisheit und Gerechtigkeit" Qianlongs, die ihn diese vorgeschlagene Verbindung annehmen lasse und die einen Zugang zu den Märkten ermögliche und dieses alles unter Gewährung der kaiserlichen Gesetze und Verordnungen.

3. Historischer Kontext

Guangzhou an der Südküste Chinas war Ende des 18. Jh. für die Europäer der einzige offizielle Umschlagplatz für die chinesischen Waren Tee, Seide und Porzellan. Neben den Briten betrieben auch Portugiesen, Spanier und Niederländer Handel mit China über den Hafen Guangzhou. Eine Ausweitung des Handels auf weitere Häfen lehnte China ab. Da der Bedarf an chinesischen Waren in Großbritannien aber stetig anstieg, drängte Großbritannien auf breiteren Zugang zu China mit dem Hinweis auf „fairen Wettbewerb" nach europäischen Standards. In den Instruktionen an Macartney (siehe M 10, Kapitel 2.3) ist sogar von einem „höchst willkürlichen Zustand der Unterdrückung" die Rede. Eine Verbesserung der Handelsbedingungen für Großbritannien sollte vor Ort am chinesischen Kaiserhof durch den Gesandten Macartney erreicht werden. Neben dem persönlichen Brief des britischen Königs überbrachte Lord Macartney auch noch zahlreiche Geschenke. Er wurde außerdem von Wissenschaftlern begleitet, die ihr Wissen an China weitergeben sollten.

4. Urteil (Sach-/Werturteil)

Die Urteilsbildung hängt von der gewählten Leitfrage ab, so kann hier nur auf einzelne zielführende Aspekte verwiesen werden.

Zunächst ist die Sprache und Rhetorik des Briefes zu beachten. König Georg III. verwendet viele schmeichelnde, ehrerbietende Attribute für den Qianlong-Kaiser. Er lässt das britische Verhalten vor Ort eher unbeschrieben, verweist hier auf gewünschtes Verhalten der britischen Untertanen (z. B. abhalten, „Böses zu tun", Schutz der chinesischen Sitten und Gesetze). Letzteres versucht dieser Brief aber gleichzeitig im britischen Sinne zu ändern, indem er Fairness, Sicherheit und wissenschaftlichen Austausch als Maßstäbe angibt.

Zudem betont Georg III. den beiderseitigen Nutzen eines solchen Übereinkommens, auch hier wieder kombiniert mit dem Verweis auf die „Weisheit und Gerechtigkeit Eurer kaiserlichen Majestät und das allgemeine Wohlwollen gegenüber der Menschheit". Seine Schlussfolgerung lautet: Der britische Vorschlag könne so gar nicht abgelehnt werden.

Ebenso verweist Georg III. auf eine Ebenbürtigkeit der britischen und chinesischen „Nation", wobei hier weder von einem ähnlichen Nationenbegriff noch von vergleichbaren Herrschervorstellungen gesprochen werden kann, ebenso wie hier unterschiedliches Selbstverständnis sowie Weltbild aufeinandertreffen (siehe S. 152 ff.).

Die Forderungen von Georg III. gingen weit über die restriktiven Vorgaben des kaiserlichen Hofes hinaus, der den Handel und seine Grenzen anders definierte und diesen bewusst eingeschränkt ermöglicht hatte.

So zeigt auch die Unterstreichung eines „guten Zweckes" sowie des gegenseitigen Nutzens dieser angestrebten Verbindung ein deutlich unterschiedliches Selbstverständnis und Weltbild. Es finden sich hier einerseits Anzeichen für eine Begegnung zweier verschiedener Kulturen und andererseits für zwei Imperien, die ihre realpolitischen Ziele verfolgen.

Der Brief als solcher versucht einerseits, die Briten samt der Delegation und der Geschenke als Partner anzupreisen und andererseits den deutlichen Vorteil der ebenbürtigen gegenseitigen diplomatischen und Handels-Verbindungen zu unterstreichen. Dabei begegnet der britische König dem Qing-Kaiser eben nicht mit der sonst üblichen nominellen Unterordnung wie bei den Tributgesandtschaften anderer Staaten, sondern betont die Ebenbürtigkeit. Neben der Ablehnung des Kotaus durch Macartney und der von britischer Seite vorausgesetzten Gleichrangigkeit der

Regenten könnte sich in den unterschiedlichen Regeln und dem Herrschaftsverständnis ein Grund für das Scheitern der Mission festmachen lassen.

Zu Kapitel 2.3, S. 198–199: Karikaturen interpretieren

1. Leitfrage
Die Leitfrage ist eigenständig zu entwickeln, sollte diese nicht aus der Aufgabenstellung hervorgehen.
Beispiele für eine Leitfrage:
Welche Kritik/Aussage formuliert diese Karikatur?
Oder: Woran wird Kritik an dem Wirken der imperialen Mächte deutlich?

2. Analyse
Formale Aspekte
Zeichner/Auftraggeber: Der Zeichner Tse Tsan Tai (moderne Umschrift: *Xie Zuantai*) wurde 1879 in New South Wales, Australien geboren. Im Alter von acht Jahren zog Tses Familie nach Hongkong, wo er eine englischsprachige Schule besuchte. Anschließend arbeitete er in der Verwaltung der britischen Kronkolonie Hongkong. Als junger Mann bewegte sich Tse in den Hongkonger Kreisen, die sich für eine Revolution gegen die Qing-Dynastie einsetzten. 1892 gründete er mit anderen eine revolutionär-patriotische Vereinigung, die sich 1895 mit der von Sun Yatsen (1866–1925) und anderen gegründeten „Vereinigung für die Wiederbelebung Chinas" (*Xing Zhonghui*) zusammenschloss. Tse war 1895 an dem Versuch beteiligt im benachbarten Guangzhou einen Aufstand gegen die Qing-Dynastie durchzuführen. Mit dem britischen Geschäftsmann Alfred Cunningham gründete er 1903 die bis heute bestehende Zeitung „South China Morning Post". Tse lebte bis zu seinem Tod 1903 in Hongkong.
Datum und Ort der Veröffentlichung: vermutlich Japan, um das Jahr 1899
Titel: „Ein Bild der aktuellen Lage" (*Shiju tu*)
Thema: Die Karikatur kritisiert zum einen das Vorgehen der ausländischen Mächte in China, zum anderen die Tatenlosigkeit und Rückständigkeit der Qing-Regierung angesichts der Bedrohung von außen.

Inhaltliche Aspekte
Beschreibung der Bildelemente/inhaltliche Aussagen:
Durch die Größe der Schrift fällt der Titel der Karikatur – „Ein Bild der aktuellen Lage" ins Auge. Neben der Abbildung steht links und rechts der Satz „ohne Worte begreifbar und auf einen Blick zu verstehen". Im Mittelpunkt befindet sich eine Karte Ostasiens mit China als Zentrum. Das Gebiet der Qing-Dynastie in China ist grün hinterlegt, die Gebiete der umgebenden Staaten sind durch andere Farben markiert. Verschiedene Tiere, typische Nationalallegorien und eine Sonne symbolisieren die ausländischen Staaten, die sich auf dem Territorium Chinas oder in der Nähe befinden.
Im Norden der Karte ist gelb Russland eingezeichnet. Es wird symbolisiert durch einen Bären, der auf seiner Stirn einen schwarzen Doppeladler, das Wappen des Russischen Kaiserreiches seit 1742 trägt. Die Größe des „russischen Bären" im Vergleich zu den anderen Tieren zeigt, dass v. a. Russland als Gefahr wahrgenommen wurde.
Rechts unten neben dem russischen Bären ist Japan als rote Sonne mit dürren Armen und Beinen zu erkennen. Ein Faden am Handgelenk der Sonne hält die Insel Formosa (Taiwan), ein anderer am Fuß Korea fest. Gleichzeitig strahlt die japanische Sonne auch auf den schlafenden chinesischen Beamten in der Mitte der Karikatur. Die Darstellung Japans in der Karikatur unterscheidet sich von der der anderen Staaten: Nur Japan wird nicht in Tierform dargestellt.
Südwestlich von Japan steckt in der ostchinesischen Provinz Shandong die Flagge des deutschen Kaiserreichs. Dieses hatte im November 1897 dort die Gegend um die Küstenstadt Qingdao besetzt und eine Kolonie errichtet. Symbolisiert wird der deutsche Einfluss durch einen Kreis mit der Aufschrift „Wurst der deutschen Ambitionen [in China]" („*German Ambitions Sausage*"). An die deutsche Wurst fügt sich der Schwanz der löwenähnlichen britischen Bulldogge (zu erkennen am Union Jack auf seiner Stirn) an. Die Hinterbeine der Bulldogge weisen auf den Fluss Yangzi, den Großbritannien sich als Einflussbereich gesichert hatte. Gleichzeitig richtet sich der Kopf der Bulldogge mit finster-kämpferischem Blick gegen Frankreich, das hier als Kröte dargestellt wird.
Ausgehend von seinen Kolonien in Indochina (heute: Laos, Kambodscha und Vietnam) greift die „französische Kröte" mit der linken Hand nach der chinesischen Inlandsprovinz Sichuan und mit der rechten nach den Provinzen Hainan und Guangdong. Der Wettlauf zwischen Großbritannien und Frankreich um Kolonien und Einflussgebiete wird auch an der Aufschrift „Fashoda" auf dem Rücken der „französischen Kröte" deutlich: 1898 waren in Fashoda (ein Ort im heutigen Sudan) französische und britische Truppen bezüglich der territorialen Aufteilung der dortigen Gebiete aneinandergeraten.
Von rechts unten kommt der US-amerikanische Adler angeflogen. Dieser hält in seinen Krallen die Philippinen, die 1898 amerikanische Kolonie geworden waren.
Am unteren Bildrand stehen außerdem weitere Staaten – ganz rechts Österreich-Ungarn, links davon Italien und womöglich Spanien – sowie ein Kamel und ein Frack-tragender Frosch.
Außerdem ist links oben ein schlafender Beamter der Qing-Dynastie abgebildet. In seiner rechten Hand hält er ein Netz, in dem die (Han-)chinesische Bevölkerung gefangen gehalten wird. Beispielhaft wird ein Gelehrter

dargestellt, der über einem Buch eingeschlafen ist. Hier klingt Kritik am kaiserlichen Beamtenprüfungssystem an. Unter dem schlafenden Beamten sind nochmals zwei weitere Beamten abgebildet, welche die Korruptheit der Beamtenschaft symbolisieren sollen: Der eine links hält eine überdimensionierte Münze in der Hand – interessiert sich also nur für Geld; der andere rechts amüsiert sich bei Alkohol und gutem Essen mit einer Kurtisane.

3. Historischer Kontext
Zwischen Großbritanniens Sieg im Opiumkrieg 1842 und dem Ende des Zweiten Weltkriegs und der japanischen Besatzung in China 1945 waren die Beziehungen zwischen China und der Welt stark asymmetrisch. Durch Waffengewalt sowie politischen und wirtschaftlichen Druck zwangen ausländische Staaten (darunter viele Staaten Westeuropas, Russland, die USA und später auch Japan) China zu Verträgen, die Chinas Souveränität in Wirtschaft und Politik stark einschränkten. Gleichzeitig errichteten sie in China Kolonien und Einflussgebiete. Russland, Japan, das Deutsche Reich, Frankreich und die USA besaßen um 1899, die Entstehungszeit der Karikatur, Kolonien und Pachtgebiete in China.

4. Urteilen
Die Karikatur übt zum einen Kritik an den ausländischen Staaten, zum anderen aber auch an der Beamtenschaft der Qing-Dynastie. In den revolutionären Kreisen, zu denen auch der Zeichner der Karikatur Tse Tsan Tai gehörte, war in den Jahren um 1900 der Hass auf die Mandschuren als Fremdherrscher weit verbreitet. Die Revolutionäre zielten auf die Beendung des Kaiserreichs.

Beim zeitgenössischen Betrachter sollte ein Gefühl der Bedrohung durch die imperialistischen Mächte geschaffen werden, aber auch Misstrauen gegenüber der unfähigen und tatenlos zusehenden Qing-Herrschaft (verkörpert durch die schlafenden Beamten) geschürt werden. In der Karikatur vermischen sich zwei Motive, die um 1900 herum in China an Einfluss gewannen und im kulturellen Gedächtnis Chinas bis heute eine große Rolle spielen: erstens das schlafende China; zweitens die imperialistische Politik der ausländischen Mächte.

Die Darstellung der imperialistischen Politik greift auf das Bild der Aufteilung Chinas durch ausländische Mächte zurück. Viele westliche Karikatur bedienten sich dieser Symbolik. China erscheint hier zumeist als Kuchen, den ausländische Staaten untereinander aufteilen. All diesen Darstellungen ist gemeinsam, dass China als reines Objekt der ausländischen Begierden dargestellt wird. Die Karikatur „Ein Bild der aktuellen Lage" (*Shiju tu*) lehnt sich an diese europäischen Karikaturen an. Und auch die Personifizierung durch Tiere wurde aus europäischen Vorbildern übernommen. Die Sorge vor einer Zerteilung Chinas war zudem unter chinesischen Intellektuellen verbreitet. Die Karikatur wurde von ihnen also auch dementsprechend interpretiert.

Insgesamt zeigt die Bildsprache der Karikatur eine Mischung aus europäischen und chinesischen Mustern, die auf einige sowohl Englisch als auch Chinesisch sprechende Intellektuelle zurückgeht und von den weltoffenen Teilen der chinesischen Gesellschaft verstanden wurde.

Detaillierte Analyse der China-Schul-Akademie
cornelsen.de/Webcodes
Code: detopo

Zu Kapitel 2.4, S. 230–231: Darstellungen analysieren

1. Leitfrage
Die Leitfrage ist eigenständig zu entwickeln, sollte diese nicht aus der Aufgabenstellung hervorgehen.
Beispiel für eine Leitfrage:
Warum gelang es der Qing-Dynastie nicht, mithilfe der „Neuen Politik" ihre Herrschaft zu retten?

2. Analyse
Formale Aspekte
Autor: Kai Vogelsang (geb. 1969), Professor für Sinologie an der Universität Hamburg mit den Forschungsschwerpunkten Chinesische Geschichtsschreibung und späte Qing-Zeit (Dissertation zu Feng Guifen).
Textsorte: fachwissenschaftliche Darstellung
Thema: Die Reformen der Qing-Dynastie ab 1905 und ihre Folgen 2013
Veröffentlichung: 2013
Intention: Vogelsang versucht hier darzulegen, dass die Qing-Regierung zu spät auf den Strukturwandel in China reagierte und der Kaiser bzw. seine Regierung von den Entwicklungen überholt wurden, was letztlich ihren begrenzten Einfluss auf die Transformationsprozesse zeigt.

Inhaltliche Aspekte
– Der Sieg Japans gegen Russland setzte in China neue Reformen nach dem japanischen Vorbild in Gang.
– Erste Schritte waren: Abschaffung der klassischen Beamtenprüfungen, Entsendung einer Studiengruppe nach Japan, Europa und USA mit dem Ziel Verfassungsbeispiele studieren.
– 1908 Entwurf einer Verfassung vorgelegt und Umsetzung durch Parlamente auf Provinz- und Kreisebene
– Gründung von Berufsverbänden
– Die Reformen reagierten auf die Umwandlung der Gesellschaft von einer nach Schichten hin zu einer funktional differenzierten Gesellschaft und sollten die neuen städtischen Eliten für die Qing-Herrschaft mobilisieren.

- Die Verfassung trat nie in Kraft, da das Kaiserreich vorher endete.
- Kaiser Pu Yi als Kindkaiser habe „wenig Einfluss" angesichts des „unumkehrbaren Strukturwandels".
- Den Veränderungen habe man nur noch mit einer Revolution Rechnung tragen können.
- Die Qing-Regierung habe ungewollt den Wandel gefördert, indem sie mit ihren Reformen Selbstbewusstsein und kritisches Denken der Bürger befördert habe.

Damit wird die Überzeugung des Autors deutlich, dass der Strukturwandel hin zu einem moderneren China 1905 so weit fortgeschritten war, dass jede Reform zu spät kam.

3. Historischer Kontext

Kai Vogelsang analysiert den letzten Reformversuch der Qing-Regierung nach 1905 vor dem Hintergrund des Strukturwandels. Als Vorbild fungierte zum Teil Japan, das schon Mitte der 1860er-Jahre eine konstitutionelle Monarchie einführte und unabhängig von auswärtigen Mächten die Industrialisierung einleitete. Die als Erstes abgeschafften Beamtenprüfungen waren ein Symbol für das alte, konfuzianisch geprägte China. Schon vor 1905 waren immer wieder chinesische Studenten in die USA, Europa und nach Japan gegangen und waren dort mit neuen Ideen und neuem Wissen in Kontakt gekommen. Insbesondere in den Städten mit Vertragshäfen und starker Präsenz auswärtiger Mächte hatten sich moderne Wirtschafts- und Bildungsstrukturen entwickelt, die jedoch unabhängig von der kaiserlichen Zentralregierung in Beijing waren.

4. Urteil

Die vom Autor genannten Aspekte und die daraus abgeleitete Diskrepanz zwischen modernen Eliten und Strukturen sowie der Qing-Herrschaft werden sachlich richtig und plausibel dargestellt. Allerdings wird die Relevanz der Schwächung Chinas durch die halbkoloniale Ausbeutung sowie die Mitverantwortung der imperialen Mächte nicht in die Argumentation einbezogen.
Hier wird der Blick auf die inneren Verhältnisse, die strukturellen Schwächen der Qing-Herrschaft gelenkt. Dabei wird insbesondere die verspätete Reaktion statt eines zielgerichteten Agierens betont ebenso wie die sinkende Akzeptanz des Regierungsapparats des kaiserlichen Hofes, verstärkt noch durch den Kindkaiser an der Spitze. Der rasche Wandel der Gesellschaft hat sich sicherlich auch durch den wirtschaftlichen und militärischen Druck der imperialistischen Mächte im Land verstärkt und kann nicht nur als innerer Prozess betrachtet werden. Deutlich mehr Gewicht sollte auch dem kulturellen Wandel zugeschrieben werden, der z. B. auch durch Auslandsstudierende in Japan befördert wurde, die neue Ideen mitbrachten, rezipierten und adaptierten und so letztlich den revolutionären Wandel in China vorbereiteten und trugen. Die vom Autor betonte „Macht" des Strukturwandels im Vergleich zur klassischen „Politikgeschichte" belegt aber genau diese Wirkung von kulturellen Veränderungen.

Zu Kapitel 3.2, S. 298–299: Politische Plakate interpretieren

1. Erster Eindruck
(individuelle Antwort)

2. Formale Merkmale
- Titel: „Am Neubau"
- Wahlplakat der liberalen Deutschen Demokratischen Partei (DDP)
- Wahlkampf vor der Wahl zur Nationalversammlung, 1919
- Thema: Politische Grundsätze der Partei für den neu zu schaffenden Staat

3. Analyse der einzelnen Elemente

Ein kräftiger Maurer mit hochgekrempelten Ärmeln arbeitet an einer Mauer aus großen Steinen; er ist eine Symbolfigur, da er nicht persönlich zu identifizieren ist (unkenntliches Gesicht). Die ersten Reihen sind bereits errichtet. Im Hintergrund steht ein Flaschenzug zur Verfügung. Die Szene wird durch zwei Textblöcke eingerahmt. Der Handwerker scheint konzentriert, sein Blick ist gesenkt und ganz auf seine Tätigkeit gerichtet. Er geht mit großer Ernsthaftigkeit seiner Arbeit nach.

Die Mauer wirkt fest und stabil, die Steine sind groß und gewichtig. Jeder Stein steht durch seine Beschriftung für einen politischen Grundsatz der DDP. Den Schwerpunkt bilden sozial-liberale Forderungen. Der Baustein „Gleiches Recht für Alle" sticht aufgrund seiner Größe hervor. Die unteren Bausteine sind zusätzlich durch Eisenklammern verbunden und stabilisiert, sie bilden das Fundament.

Die zerbrochene Krone unten rechts verweist auf die zu Ende gegangene Epoche.

Die Textblöcke betonen durch ihre Position auf dem Plakat die Szene in der Mitte.

Der Titel ist am größten geschrieben, er fällt dadurch direkt ins Auge. Er gibt die Metapher vor, an die sich die anderen Bildelemente anschließen. Das Titelwort „Neubau" signalisiert Aufbruch, Zukunft, Planung und Tatkraft.

4. Interpretation/Gesamtaussage

Die DDP will im Rahmen der Nationalversammlung tatkräftig an der Gestaltung des neuen Staates („Neubau") mitwirken und ihre Vorstellungen durchsetzen. Das Plakat vermittelt ernste Zuversicht und betont die Gelegenheit zum Fortschritt. Die Darstellung ist sachlich-informativ gehalten. Die Szene und der Charakter der Forderungen legen nahe, dass sich das Plakat an Arbeiter, Angestellte, einfache Bürger als Zielgruppe richtet. Im Vorfeld der Nationalversammlung bestand auch Anlass für eine Aufbruchstimmung. Die Partei unterstreicht diese optimistische Haltung durchaus zurecht.

Zu Kapitel 3.3, S. 318–319: Schriftliche Quellen interpretieren

1. Leitfrage
Warum haben Reichspräsident und Reichsregierung den Ruhrkampf abgebrochen?

2. Analyse
Formale Aspekte
Autoren: Die Erklärung wurde abgegeben von Reichspräsident Friedrich Ebert und der gesamten Reichsregierung unter Gustav Stresemann; die Reichsregierung war eine Regierung auf der Grundlage einer „Großen Koalition" (SPD, Zentrum, DDP, DVP).
Entstehung: Reichspräsident und Reichsregierung reagierten mit ihrem Aufruf auf die Situation, die durch den Ruhrkampf entstanden war: Die Leistungen des Reiches für den passiven Widerstand gegen die Ruhrbesetzung nahmen immer größere Ausmaße an, die kaum noch zu schultern waren sowie die Überwindung der Inflation und die Stabilisierung der Wirtschaft aussichtslos werden ließen. Der opferreiche passive Widerstand der Bevölkerung an Rhein und Ruhr erwies sich zusehends als wirkungslos. Frankreich hielt an seiner harten Haltung fest, die deutsche Regierung musste kapitulieren, ohne die Sicherheit zu besitzen, ob und wie sie die besetzten Gebiete zurückerhalten könne.
Textart: Der Text ist ein regierungsoffizieller Text. Allerdings handelt es sich nicht um ein geheimes, vertrauliches und ein amtliches oder diplomatisches Dokument, das zwischen offiziellen Regierungen oder Regierungsstellen ausgetauscht wird, sondern um ein öffentliches Schriftstück. Es ist ein Aufruf von Reichsoberhaupt und Reichsregierung an die Bevölkerung zum Abbruch ihres Widerstandes gegen die Besetzung von Rhein und Ruhr durch Frankreich.
Thema: ist der Abbruch des Ruhrkampfes. Regierung und Reichspräsident begründen ausführlich, warum die Bevölkerung den Widerstand gegen die Ruhrbesetzung aufgeben soll.
Adressat: Der Aufruf richtet sich an die Bevölkerung der besetzten Gebiete, darüber hinaus an die gesamte deutsche Bevölkerung, die den Kampf der Menschen an Rhein und Ruhr unterstützt hat.

Inhaltliche Aspekte
Textaussagen:
– Weil französische und belgische Truppen die Gebiete an Rhein und Ruhr besetzt haben, haben Frankreich und Belgien Recht und internationale Verträge gebrochen.
– Die Besetzung durch fremde Truppen bedeutet für die deutsche Bevölkerung großes Leid:
  • Über 180 000 Bewohner der besetzten Gebiete, Kinder und Greise, Männer und Frauen, wurden von Haus und Hof vertrieben.
  • Die Besetzung hat zu zahllosen Gewalttaten geführt, mehr als 100 Menschen sind gestorben, Hunderte müssen ihr Leben im Gefängnis fristen.
– Aus Liebe zu ihrem Vaterland und im Vertrauen auf ihr Rechtsgefühl hat die Bevölkerung an Rhein und Ruhr gegen das Unrecht der Besetzung protestiert und Widerstand geleistet.
– Für diesen Widerstandskampf bedankt sich das ganze deutsche Volk.
– Die Reichsregierung hat diesen Widerstandskampf ebenfalls unterstützt, auch mit großen Geldsummen, die jedoch immer größere Ausmaße annehmen und kaum noch geleistet werden können.
– Außerdem droht die Gefahr, dass das Festhalten am Widerstandskampf die Stabilisierung der deutschen Währung bzw. die Bekämpfung der Inflation, die Aufrechterhaltung des Wirtschaftslebens und die Sicherung der nackten Existenz der Deutschen unmöglich machen könnte.
– Um diese Gefahren abzuwenden, muss der Kampf gegen die Besetzung abgebrochen werden. Nur so kann das Leben von Volk und Staat erhalten werden.
Kernaussage:
Reichspräsident und Reichsregierung halten angesichts der harten Haltung der belgischen, vor allem aber der französischen Besatzungsmacht den Widerstand der Bevölkerung an Rhein und Ruhr für wirkungslos. Die Kosten dieses Widerstandskampfes haben für die Regierung solche Dimensionen angenommen, dass sie kaum noch aus dem Staatshaushalt geleistet werden können. Wenn der Widerstandskampf fortgesetzt wird, kann die nackte Existenz der Bevölkerung nicht mehr gewährleistet werden. Um finanzielle und andere Ressourcen für den Kampf gegen die Inflation und die Stärkung der deutschen Wirtschaftskraft zur Verfügung zu haben, muss der Widerstandskampf an Rhein und Ruhr aufgegeben werden.
Schlüsselbegriffe:
Recht und Unrecht
Vertrag
Ruhrgebiet
Rheinland
Bedrückungen
Leiden
Besetzung
Gewalttaten

Gefängnis
Rechtsgefühl
vaterländische Gesinnung
Produktion
Wirtschaftsleben
geordnete Währung
nackte Existenz
bittere Notwendigkeit
Textsprache:
emotional, appellierend

3. Historischer Kontext
Alle seit dem Frühjahr 1923 unternommenen deutschen Versuche, den Ruhrkampf ohne eine vollständige deutsche Kapitulation zu erreichen, waren erfolglos. Der französische Staatspräsident wollte Verhandlungen mit der deutschen Reichsregierung erst aufnehmen, wenn die Bevölkerung an Rhein und Ruhr ihren passiven Widerstand bedingungslos aufgegeben hat. Deswegen blieb der deutschen Regierung nur die bedingungslose Kapitulation. Reichspräsident und die Regierung der „Großen Koalition" beendeten die gescheiterte deutsche Widerstandspolitik und machten durch eine kalkulierte außenpolitische Kapitulation den Weg frei für eine an den politischen Realitäten orientierte deutsche Außenpolitik. Auf diese Weise gewann die deutsche Politik außerdem größere Handlungsspielräume zur Lösung anderer Krisen wie dem Kampf gegen die Inflation oder die Stabilisierung der deutschen Wirtschaft.

4. Urteilen
Sachurteil
Nach der Besetzung von Rheinland und Ruhrgebiet durch belgische und französische Truppen hatte die Regierung der Weimarer Republik angeordnet, dass die Bewohner passiven Widerstand leisten und den Befehlen der Besetzer nicht gehorchen sollten. Und die deutsche Regierung hat bis zu diesem Aufruf den Widerstand gegen die Ruhrbesetzung unterstützt. Nun musste sie der Bevölkerung nicht nur erklären, warum sie von dieser Politik abgewichen ist, sondern auch die Menschen von einem anderen politisch-gesellschaftlichen Verhalten überzeugen. Das war eine schwere Aufgabe, die in den Worten des damaligen Reichskanzlers Gustav Stresemann einen „Zusammenschluss aller den verfassungsmäßigen Staatsgedanken bejahenden Kräfte" zustande zu bringen hatte. Das versuchte die deutsche Politik, indem sowohl Reichsregierung als auch Reichspräsident diesen Aufruf unterschrieben. Die Argumentation des Aufrufs appellierte zudem an die Emotionen der Menschen: Sie beschrieb das Unrecht und die bittern Folgen der Besetzung für die deutsche Bevölkerung, lobte deren vaterländische Gesinnung und Rechtsgefühl, machte auf die wachsenden Schwierigkeiten der deutschen Politik aufmerksam, den Widerstand gegen die Besetzung zu unterstützen und gleichzeitig die anstehenden wirtschaftlichen, sozialen und politischen Probleme zu lösen. Und sie versprach den Menschen die Verbesserung ihrer Lage, wenn sie den Kampf gegen die Besetzung aufgaben, um so das Leben von Staat und Volk zu stabilisieren. Dass die deutsche Regierung mit ihrem Aufruf dem Druck der französischen Staatsführung nachgab und kapitulierte, gab sie nicht zu. Das hätte eine nachhaltige Wirkung des Aufrufs verhindern können.

Werturteil
Der Aufruf zum Abbruch des Widerstandes besaß propagandistischen Charakter und sollte vor allem die Emotionen der Menschen ansprechen. Im Vordergrund standen deswegen innenpolitische Aspekte. Die außenpolitischen Dimensionen der Ruhrbesetzung – Frankreichs Zurückdrängung der deutschen Grenze an den Rhein und die dauerhafte Schwächung Deutschlands – wurden nicht erwähnt. Ebenso unterschlägt der Text, dass die deutsche Regierung die Bevölkerung zu passivem Widerstand aufgerufen hatte und dass diese Strategie an der harten Haltung der französischen Regierung gescheitert war. Der Aufruf war eine Kapitulation Deutschlands, Frankreich saß am längeren Hebel und bestimmte die Politik. Um von solchen Aspekten abzulenken und die deutsche Bevölkerung für sich zu gewinnen, präsentierte der Aufruf den Abbruch des Widerstandes als positive und für die Menschen hilfreiche Politik, mit der das Leid der Besetzung abgewendet und die Lebensbedingungen in Deutschland verbessert werden könnten. Mit diesem überwiegend emotionalen Appell sollte die Bevölkerung für den politischen Wandel gewonnen werden.

Zu Kapitel 3.4, S. 334–335: Historische Urteile analysieren und vergleichen

1. Formale Merkmale
M 2:
Zeitungsartikel der Vossischen Zeitung; von Schriftsteller und Journalist Emil Ludwig; vom 3. Oktober 1929, aus Anlass des Todes von Außenminister Gustav Stresemann. Der Text wendet sich an die Bevölkerung der Weimarer Republik.
M 3:
wissenschaftlicher Text; Autor ist der Historiker Hagen Schulze (1943–2014); Textausschnitt einer Monografie zur Weimarer Republik von 1983. Der Text wendet sich an ein wissenschaftliches Fachpublikum sowie an historisch-politisch interessierte Leser.

2. Herausarbeiten des Inhalts
Beide Texte beschäftigen sich mit dem Weimarer Politiker und Reichsaußenminister Gustav Stresemann und hier insbesondere mit seiner Außenpolitik.

M 2:
These 1: Stresemann ist ein Symbol der Wandlung von einem Monarchisten zu einem Republikaner.
These 2: Stresemann änderte seine Außenpolitik. Er gab die Revancheabsichten nach dem Weltkrieg auf und zielte auf eine europäische Verständigung und eine Integration Deutschlands in den Völkerbund.
M 3:
These 1: Stresemann verfolgte die Revision des Versailler Vertrages als oberstes Ziel der deutschen Außenpolitik.
These 2: Er wollte zum System des europäischen Gleichgewichts zurückkehren, wie es im 19. Jahrhundert bestanden hat.
These 3: Stresemann hat auch in der Zeit der Weimarer Republik nicht seine grundsätzlichen nationalistischen und machtpolitischen Ansichten geändert.

3. Historischer Kontext
M 2:
Der Zeitungsartikel erschien unmittelbar nach dem Tod Gustav Stresemanns. Dieser hatte von 1923 bis 1929 zunächst als Reichskanzler, dann als Außenminister die deutsche (Außen-)Politik maßgeblich beeinflusst.
M 3:
Der Text nimmt die gesamte Lebenszeit von Gustav Stresemann in den Blick und greift auch die Reaktionen der Nachwelt einschließlich der Zeit der Bundesrepublik auf. Die Monografie zur Weimarer Republik wurde 1983 verfasst, also vor der Wiedervereinigung, vor der Vertiefung der europäischen Union und zu Zeiten des Kalten Krieges. Innerhalb der Geschichtswissenschaft spielte in den 1980er-Jahren die These vom deutschen Sonderweg eine wichtige Rolle, die die Demokratiedefizite, den Autoritarismus, Militarismus und extremen Nationalismus in Deutschland vor 1945 im Gegensatz zu der Entwicklung anderer westlicher Staaten betont.

4. Aussageabsicht
M 2:
Der Schriftsteller und Journalist gibt aus Anlass des Todes von Gustav Stresemann eine sehr positive Beurteilung des Menschen und Politikers Stresemann ab. Er betont vor allem die „Verdienste" Stresemanns für Deutschland.
M 3:
Der Historiker Hagen Schulze nimmt eine sehr kritische Analyse von Stresemann als Person sowie seiner Politik vor. Er möchte vor allem die Deutung Stresemanns als Vordenker einer europäischen Entspannungspolitik und Befürworter des Völkerrechts widerlegen. Seiner Ansicht nach hat bei Gustav Stresemann keine Wandlung vom nationalistischen Machtpolitiker zum Friedens- und Verständigungspolitiker stattgefunden (vom „nationalistischen Saulus zum paneuropäischen Paulus").

5. Darstellungen vergleichen
Mögliche Vergleichsaspekte:
1. Die Wandlung von Gustav Stresemann vom Anhänger der Monarchie zu einem der führenden Köpfe der Weimarer Republik.
M 2:
„In der Geschichte aber wird seine Gestalt ein Symbol der Wandlung bedeuten. Ein reiner Imperialist, [...] ein wilder Annexionist, [...] wurde in [...] fünf Jahren schwarz-rot-gold." (Z. 5–13)
M 3:
„Stresemann, das war Bismarck *redivivus*, konservativ bis in die Fingerspitzen [...]." (Z. 17–19)
„Doch in Wirklichkeit hat eine Wandlung vom nationalistischen Saulus zum paneuropäischen Paulus nie stattgefunden." (Z. 31–33)
2. Die Methoden Gustav Stresemanns, mit denen er Außenpolitik betrieb.
M 2:
„Er begreift, dass man in Europa nicht nach den alten Methoden weiterregieren könnte, und darum auch nicht in Deutschland. [...] Er sah, dass nicht die alte Revanchefrage derer, aus deren Kreisen er hervorging, sondern nur der Gedanke des Völkerbundes Deutschland emporführen könnte." (Z. 17–22)
M 3:
„Im Osten dagegen strebte [Stresemann] ganz unverhohlen die Rückgabe Danzigs, des Korridors und Oberschlesiens an. Eine vertragliche Festschreibung der deutschen Ostgrenze kam deshalb für ihn nie in Betracht." (Z. 3–7)
„Ihm ging es letztlich um die Beseitigung des internationalen Systems der Pariser Vorortverträge von 1919 und die Rückkehr zu einem europäischen Gleichgewicht, in dem Deutschland [...] aufgrund seiner hohen Bevölkerungszahl und seiner wirtschaftlichen Überlegenheit die erste Geige spielen sollte." (Z. 11–16)
„[...] der eine an den Grenzen des politisch Möglichen orientierte aufgeklärte Machtpolitik betrieb." (Z. 19–21)

6. Darstellungen beurteilen
Hier müssen die Aussagen der beiden Darstellungen sachlich überprüft und ein Sachurteil gefällt werden.
M 2:
Der Autor Emil Ludwig spricht von einer „Rettung der Republik aus der Not des Ruhrkampfes" (Z. 3 f.) sowie einer „Befreiung des Gebietes" (Z. 5). Das ist eine sehr beschönigende und den „Mythos" Stresemann bedienende Formulierung. Stresemann erklärte zwar die Beendigung des Ruhrkampfes und rief die Bevölkerung zur Aufgabe des Streiks auf. Der Preis war allerdings die andauernde Besetzung durch französische und belgische Truppen. Von einer Befreiung kann also nicht die Rede sein. Die

Versorgungslage dürfte sich nur durch die Beendigung des Streiks verbessert haben. Letztlich handelte sich aber um eine schwere politische Niederlage der Regierung Stresemann. In Bezug auf Stresemanns Außenpolitik belegen die nicht-öffentlichen Quellen wie u. a. ein Brief an den Kronprinzen (M 11, S. 330 f.), dass Stresemann den Revisionsgedanken bezüglich des Versailler Vertrages nicht aufgegeben hat, insbesondere in Bezug auf die Ostgrenze des Reiches. In einer Rede vor der „Arbeitsgemeinschaft deutscher Landsmannschaften" (M 10, S. 330) sagt er außerdem, dass er nicht hinter dem Gedanken des Völkerbundes steht, ihn lediglich als Mittel sieht, Deutschland in den Kreis der Mächte zurückzuführen (Z. 58 ff.).

Als Zeitgenosse Stresemanns fehlt Emil Ludwig allerdings auch der persönlich und zeitlich distanzierte Blick. Er konnte das Scheitern der Weimarer Republik also noch nicht in sein Urteil über Gustav Stresemann einbeziehen. Er urteilt aus der Perspektive einer stabilisierten Weimarer Republik, die manches erreicht hat. Gustav Stresemann ordnet er zu Recht als einen der führenden Politiker ein, der mit den Verträgen von Locarno, den Nachverhandlungen der Reparationsforderungen sowie der Aufnahme Deutschlands in den Völkerbund einiges erreicht hat.

M 3:

Der Historiker Hagen Schulze betont die revisionistischen und machtpolitischen Aspekte der Politik Stresemanns. Dies entspricht durchaus den nicht-öffentlichen bzw. halb-öffentlichen Äußerungen Stresemanns in Briefen und Reden vor ausgewähltem Publikum (Belege siehe oben). Er verweist zu Recht darauf, dass Gustav Stresemann sowohl gegen die Annahme des Versailler Vertrags als auch der Weimarer Verfassung gestimmt hat. Damit blockierte er in den Anfangsjahren der Republik den demokratischen Neuanfang. Es ist jedoch problematisch, Stresemann jede Form von Gesinnungswandel abzusprechen. Außerdem muss zwischen seinem Denken und seiner praktischen Politik als Außenminister unterschieden werden. Tatsächlich trug er mit seiner Außenpolitik gegenüber Frankreich, der Heranführung Deutschlands an den Völkerbund sowie der vertraglichen Annäherung an die Sowjetunion in Rapallo zur friedlichen Ausrichtung Deutschlands in Europa bei. Ob er das aus rein macht- und realpolitischen Erwägungen tat, tritt letztlich in den Hintergrund. Es war ein deutlicher Politikwechsel im Vergleich zur Zeit des Deutschen Kaiserreichs. Wie eine nur vordergründig auf Legalität und Kooperation ausgelegte Außenpolitik aussah, zeigte sich schnell unter Adolf Hitler. Er betrieb faktisch unter dem Deckmantel von diplomatischer Verständigung bereits eine Kriegspolitik.

Zu Kapitel 3.6, S. 368–369: Darstellungen analysieren

1. Leitfrage
Welche Ursachen – Strukturen, Ereignisse, Handlungen bzw. politisch-soziale Gruppen und Persönlichkeiten – führten zum Niedergang und Scheitern der Weimarer Demokratie?

2. Analyse
Formale Aspekte
Autorin: Ursula Büttner (geb. 1946), deutsche Historikerin und ab 1990 bis zu ihrem Ruhestand 2011 Professorin an der Universität Hamburg.
Textsorte: fachwissenschaftliche Darstellung
Thema: Gründe für das Scheitern der Weimarer Republik
Veröffentlichung: 2008 in erster Auflage erschienener Überblick über die Geschichte der Weimarer Republik mit dem Titel „Weimar. Die überforderte Republik 1918–1933. Leistung und Versagen in Staat, Gesellschaft, Wirtschaft und Kultur"
Adressaten: wissenschaftliche sowie breitere Öffentlichkeit
Intentionen: Die Autorin möchte einen einführenden Überblick über die Geschichte der Weimarer Republik geben. Sie will Stärken und Schwächen, Leistungen und Versagen der Weimarer Republik von der Entstehung bis zum Ende in allen Bereichen des gesamtgesellschaftlichen Lebens untersuchen und darstellen.

Inhaltliche Aspekte
Wesentliche Textaussagen:
– Die Weltwirtschaftskrise hat die Endphase der Weimarer Republik eingeleitet und maßgeblich mitgeprägt.
– Die Gegner der Weimarer Demokratie konnten und wollten die Wirtschafts- und Staatskrise für ihre Zwecke ausnutzen.
– Die NSDAP stieg in der Endphase der Republik von einer ursprünglichen Splitterpartei zur Massenpartei auf.
– Den Nationalsozialisten gelang es in der Wirtschaftskrise, durch widersprüchliche Forderungen die Sorgen vieler Menschen anzusprechen und auf diese Weise die unterschiedlichsten Bevölkerungsgruppen für sich zu gewinnen.
– Die NSDAP präsentierte sich nicht nur als Interessenvertreterin breiter Bevölkerungsschichten, sondern stellte sich auch als junge und kraftvolle Bewegung zur Veränderung der Gesamtgesellschaft dar.
– Die politisch-sozialen Eliten glaubten, die NSDAP für ihre eigenen Interessen in den Dienst nehmen zu können.

- Der Konjunktureinbruch 1930 und die Reichstagswahl mit dem sprunghaften Anstieg der NSDAP-Stimmen kündigten eine Gefährdung der Republik von rechts an.
- Die Bildung einer parlamentarisch verankerten Mehrheitsregierung unter Ausschluss der rechts- und linksradikalen Flügelparteien DNVP, NSDAP und KPD scheiterte am fehlenden Konsens der republikfreundlichen bürgerlichen Parteien, die sich nicht zu einem Bündnis für die Erhaltung der demokratischen Verfassung durchringen konnten.
- Die konservativen Machteliten entschlossen sich in den 1930er-Jahren, dauerhaft gegen die stärkste demokratische Kraft, die SPD, zu regieren und das parlamentarische in ein autoritäres System umzuwandeln.
- Die Weimarer Republik mit ihren vielfältigen „Belastungen" und sozialen Konflikten, mit den Schwächen ihrer Eliten und den überzogenen Erwartungen ihrer Bürger war für die Auseinandersetzung um Erhaltung und Abschaffung der Demokratie schlecht gerüstet.
- Den letzten Stoß verlieh der Weimarer Republik der revisionistische Ehrgeiz einer konservativen politischen Führung, die die außen- und innenpolitische Niederlage von 1918 überwinden wollte.

Überzeugung der Autorin: Ursula Büttner erklärt das Anwachsen der republikfeindlichen und die zunehmende Schwäche der republikfreundlichen Kräfte der Weimarer Demokratie, indem sie wirtschaftliche, politische und gesellschaftliche Strukturen, Prozesse und Handlungen heranzieht. Mentalitätspolitische und kulturelle Faktoren werden in diesem Text nicht berücksichtigt. Die Autorin nennt die wesentlichen Schwächen und Belastungen der Weimarer Republik, die letzte Verantwortung für das Scheitern der ersten deutschen Demokratie liegt in ihren Augen in den Händen der konservativen Führung des Staates.

3. Historischer Kontext

Der Textauszug steht am Ende einer umfassenden Gesamtdarstellung der Weimarer Republik. Gesamtdarstellung – das bedeutet erstens eine Analyse der Geschichte der Weimarer Republik von den Anfängen bis zum Ende. Die Entwicklung dieser Demokratie wird nicht als eine Geschichte des Niedergangs und des Scheiterns erzählt. Beschrieben wird die gesamte Entwicklung der demokratischen Republik, ihre schwierigen Anfänge während der Revolution, ihre Krisen und ihre Stabilisierung sowie der Niedergang und das Scheitern. Gesamtdarstellung – das bedeutet zweitens die Berücksichtigung der Leistungen wie auch des Versagens der unterschiedlichen Kräfte, die die gesamtgesellschaftlichen Entwicklungen mitbestimmten. Gesamtdarstellung – das bedeutet drittens, dass alle wesentlichen Bereiche des Lebens in den Blick genommen werden. Hierzu gehören Staat, Gesellschaft, Wirtschaft und Kultur. Alles das scheint Büttner gelungen zu sein, wenngleich der kulturelle Wirklichkeitsbereich in diesen Schlussabsätzen des Buches nicht ausreichend beleuchtet wird. Wirtschaft, Gesellschaft und Staat werden demgegenüber angemessen berücksichtigt.

4. Urteil

Der Text ist überzeugend sowohl im Hinblick auf die fachliche Richtigkeit als auch auf die Schlüssigkeit der Darstellung. Ursula Büttner beginnt mit der Weltwirtschaftskrise und ihren Folgen für die Bevölkerung, analysiert die Staatskrise der Weimarer Republik, der breite Teile der Bevölkerung keine Lösung der Probleme mehr zutrauen, beleuchtet den Aufstieg und die Propaganda der NSDAP, die mit ihren widersprüchlichen Forderungen und Versprechen weite Teile der Bevölkerung für sich gewinnen können, und zeigt, wie die konservativen Kräfte, besonders die konservative Führung, Hitler und die Nationalsozialisten zur nationalen Einigung und für die Umwandlung der Demokratie in einen autoritären Staat benutzen. Das konnte nach Büttner nur gelingen, weil die bürgerlichen und republikfreundlichen Parteien nicht zu einem Konsens fanden, um die demokratische Verfassungsordnung zu erhalten. Dass sich Hitler und die Nationalsozialisten nicht von ihren Bündnisgenossen „zähmen" ließen, sondern eigene Wege beschritten, haben Hindenburg und seine Bundesgenossen nicht einkalkuliert.

Die Historikerin Büttner erklärt das Scheitern der Weimarer Demokratie nicht mithilfe einiger weniger Voraussetzungen und Bedingungen, sondern stellt das Zusammentreffen einer Vielzahl von Faktoren dar, die der Republik zum Verhängnis wurden.

Der besondere Wert der Darstellung Büttners ergibt sich jedoch erst durch einen Vergleich mit anderen Gesamtdarstellungen der Weimarer Republik. Mit dem Buchtitel „Selbstpreisgabe einer Demokratie" stellen Karl Dietrich Erdmann und Hagen Schulze das Versagen der Demokraten heraus. In eine ähnliche Richtung argumentiert auch Hans Mommsen, der seine Gesamtdarstellung überschrieb mit dem Titel „Die verspielte Freiheit". Dabei betont Mommsen die Verantwortung der konservativen Machteliten, die am Erhalt der Freiheit wenig Interesse zeigten. Michael Stürmer unterstreicht mit dem Titel „Belagerte Civitas" die Bedrohung der Republik durch ihre Gegner. Und Horst Möller, der seinem Buch den Titel „Die unvollendete Demokratie" gab, deutet einen vorzeitig abgebrochenen Prozess an, der auch zum Erfolg hätte führen können. Ursula Büttner wählte für ihre Geschichte der Weimarer Republik dagegen den Titel „Die überforderte Republik". Für sie war die erste deutsche Demokratie überfordert von Anhängern und Gegnern, missbraucht von den linken und besonders den rechten Kräften, die die Demokratie abschaffen wollten.

Unterrichtsmethoden

Einen Kurzvortrag halten
- Vorbereitung: Sammeln und ordnen Sie alle Informationen zu Ihrem Thema (z. B. in einer Mindmap).
- Entwickeln Sie eine Ordnung für Ihren Vortrag: Legen Sie zu jedem Hauptpunkt eine Karteikarte mit den wichtigsten Informationen an und nummerieren Sie die Karteikarten in einer sinnvollen Reihenfolge.
- Überlegen Sie sich einen interessanten Einstieg und Schluss für Ihren Vortrag.
- Versuchen Sie möglichst frei vorzutragen. Sprechen Sie laut, deutlich und nicht zu schnell.
- Schauen Sie Ihr Publikum an. So sehen Sie auch, wenn es Zwischenfragen gibt.
- Unterstützen Sie Ihren Vortrag durch Anschauungsmaterial (Bilder, Grafiken, Gegenstände).

Informationen präsentieren (Referat)
Referat vorbereiten
1. Informationen sammeln (Bücher und Internet)
2. Quellenmaterial bei der Vorbereitung auswählen; überlegen, an welcher Stelle des Referats es eingebaut werden soll
3. Zeitvorgabe beachten, Bild-/Textquelle aufbereiten
4. Zuerst nach dem Inhalt, dann erst nach den Einzelheiten fragen; die Zuhörer Vermutungen anstellen lassen, z. B. „Was ist zu erkennen?"
5. Was sagt das Bild über das Thema aus? Aussagen visualisieren/Präsentation vorbereiten
6. Wie stelle ich mein Referat vor? Welches Medium nutze ich dafür?

Präsentieren

7. Liegen alle Materialien vor, die ich für den Vortrag brauche?

Ein Lernplakat gestalten
- Verwenden Sie für das Plakat mindestens die Größe DIN A2, besser DIN A1 (= 8 DIN-A4-Blätter).
- Beschränken Sie sich auf die wesentlichen Informationen.
- Die Informationen auf dem Plakat müssen sachlich stimmen (z. B. richtige Jahreszahlen).
- Das Thema des Plakats muss deutlich zu lesen sein.
- Formulieren Sie in Stichpunkten oder in kurzen Sätzen.
- Unterstreichen Sie Schlüsselbegriffe oder rahmen Sie sie ein.
- Verwenden Sie für die Schrift einen schwarzen oder dunkelblauen Stift. Andere Farben eignen sich für Pfeile, Linien oder Hervorhebungen.
- Achten Sie auf die Lesbarkeit der Schrift (Größe und Ordnung).
  Tipp: Sie können Hilfslinien mit Bleistift zeichnen und später wegradieren.
- Gliedern Sie Ihre Informationen durch unterschiedliche Schriftgrößen. Verwenden Sie Ordnungszahlen, wenn Sie eine bestimmte Reihenfolge darstellen möchten.

Eine Mindmap anfertigen
- Werten Sie Materialien (Bilder, Texte) zunächst aus, bevor Sie mit der Mindmap anfangen. Sammeln Sie Ihre Ergebnisse in Stichpunkten.
- Schreiben Sie das Thema in die Mitte des Blattes.

- Überlegen Sie sich eine Struktur für die Mindmap: Finden Sie zunächst Schlüsselbegriffe, die Sie auf die großen Äste schreiben.
  Tipp: Mindmaps werden meist im Uhrzeigersinn gelesen. Bedenken Sie das bei Ihrem Aufbau.
- Gruppieren Sie die zugehörigen Stichpunkte, Wörter und Namen. Gehen Sie vom Abstrakten zum Konkreten.
- Beschränken Sie sich auf 4–6 Hauptäste, um die Mindmap übersichtlich zu halten.
- Verdeutlichen Sie Verbindungen innerhalb der Mindmap mit Pfeilen.
- Arbeiten Sie mit Symbolen (z. B. Blitz für Konflikte). Geben Sie den Ästen unterschiedliche Farben.

Ein Begriffscluster erstellen

- Nehmen Sie ein DIN-A4- oder DIN-A3-Blatt, schreiben Sie einen Schlüsselbegriff darauf und kreisen Sie ihn ein.
- Schreiben Sie nun spontane Assoziationen um das Kernwort herum auf.
- Verwenden Sie diese Assoziationen als neue Schlüsselbegriffe und notieren Sie wiederum Assoziationen dazu.
- Die so entstehende Assoziationskette ergibt eine netzartige Skizze aus Ideen.

Der Unterschied zwischen Mindmapping und Clustern:
Beim Clustering liegt der Schwerpunkt auf der Ideenfindung und dabei insbesondere der assoziativen Verknüpfung von Ideen und Vorstellungen in Bildmustern. Daher eignet sich diese Methode besonders gut zur Stoffsammlung z. B. bei Problemerörterungen.
Das Mindmapping geht einen Schritt weiter, indem die notierten Begrifflichkeiten und Assoziationen durch die Baumstruktur bereits eine logische Ordnung erfahren. Dabei ist die Baumstruktur so offen angelegt ist, dass sie ständig mit weiteren Einfällen auf einer bestimmten Ebene ergänzt werden kann. Wegen seiner begrifflichen Hierarchisierung (= Über- und Unterordnung von Begriffen bzw. Gesichtspunkten) eignet sich das Mindmapping für die Stoffordnung z. B. bei Problemerörterungen gut.

Ein Schreibgespräch führen (Gruppenarbeit für zwei Personen)

- Bilden Sie Zweiergruppen.
- Nehmen Sie ein DIN-A2- oder DIN-A3-Blatt.
- Eine Frage oder ein Thema wird vorgegeben.
- Schreiben Sie abwechselnd Ihre Ideen oder Statements zum Thema links und rechts untereinander auf das Blatt.
- Lesen Sie die Aussage des anderen und reagieren Sie schriftlich darauf.
- Während der ganzen Zeit wird nicht gesprochen.
  Tipp: Sie können in dieser Form auch eine Mindmap zusammen gestalten oder eine Stichwortliste zum Wiederholen anlegen.

Ein Placemat gestalten (Gruppenarbeit für vier Personen)

- Finden Sie sich in Vierergruppen zusammen.
- Nehmen Sie ein DIN-A2- oder DIN-A3-Blatt und zeichnen Sie folgendes Schema darauf:

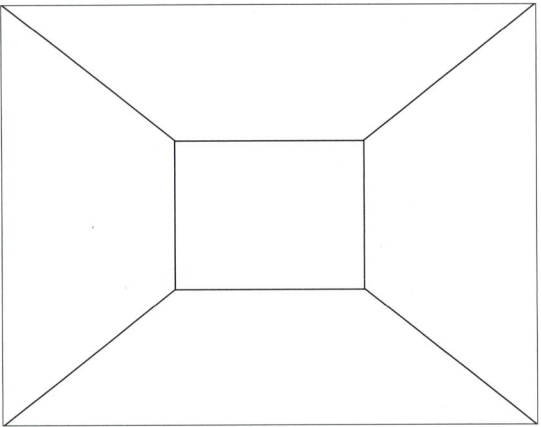

- Legen Sie das Blatt auf den Tisch. Vor jeder weißen Fläche sitzt ein Teilnehmer/eine Teilnehmerin aus Ihrer Gruppe.
- Es wird ein Thema gestellt. Jede/-r notiert in der festgelegten Zeit (ca. 5 min), was er/sie darüber weiß, wissen möchte und welche Ideen er/sie dazu hat.
- Drehen Sie das Blatt, sodass jeder lesen kann, was die anderen aufgeschrieben haben. Stellen Sie Fragen zum Verständnis (ca. 5 min).
- Entscheiden Sie am Ende als Gruppe, welche der Notizen Sie als Ergebnis in die Mitte des Blattes schreiben wollen. Einigen Sie sich auf 4–6 Stichpunkte (ca. 10 min).
- Präsentieren Sie Ihr Ergebnis dem Kurs.

Eine Concept-Map erstellen

Mit einer Concept-Map lassen sich Beziehungen zwischen Ideen visuell darstellen. Konzepte werden häufig als Kreise oder Boxen dargestellt, die mit Linien oder Pfeilen verbunden werden. Verbindungswörter zeigen zudem, wie Ideen zusammenhängen.

- Nehmen Sie ein DIN-A4- oder DIN-A3-Blatt sowie mehrere Blätter für Vorskizzen.
- Bestimmen Sie einen zentralen Gedanken oder eine Frage, der/die eine Verbindung zu allen anderen Ideen in Ihrer Map aufweist, und schreiben ihn auf das Skizzenblatt.
- Listen Sie im nächsten Schritt damit verbundene Konzepte, Begriffe oder Ideen auf das Blatt auf.
  Tipp: Beschreiben Sie jedes Konzept so knapp wie möglich; ein bis zwei Wörter reichen pro Idee aus.
- Schreiben Sie den zentralen Begriff, Gedanken oder die zentrale Frage in einen Kasten oder ein Oval oben auf das eigentliche Konzeptblatt.

- Wählen Sie die nächstwichtigen Begriffe Ihrer Liste aus und setzen Sie sie in Kasten oder Oval unter den Schlüsselbegriff. Zeichnen Sie Pfeile zur Verbindung dieser Begriffe.
- Fahren Sie darunter mit den nächstwichtigen Schlüsselwörtern fort.
- Erklären Sie die Zusammenhänge zwischen den Begriffen, indem Sie sie mit Linien verbinden und durch Beschriftung der Linien ihren Zusammenhang in ein oder zwei Wörtern erklären.

Tipp: Der Zusammenhang kann ganz unterschiedlich sein: Ein Begriff kann Teil eines anderen sein, er kann entscheidend für einen anderen Begriff sein, er kann für die Produktion eines anderen Begriffes verwendet werden oder es kann eine Reihe anderer Verbindungen geben.

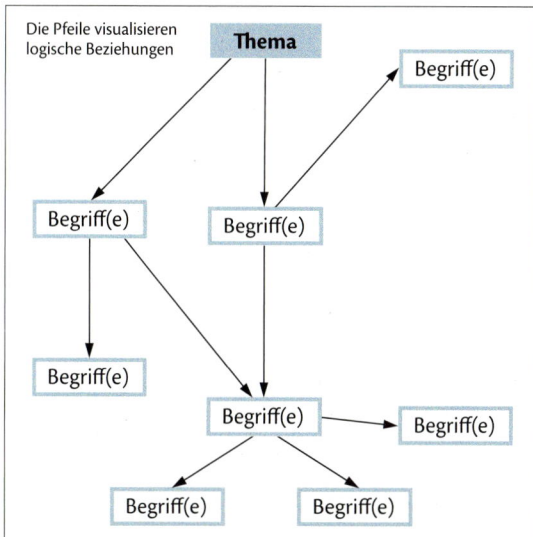

Fachmethoden

Darstellungen analysieren

Leitfrage
1. Welche Fragestellung bestimmt die Untersuchung der Darstellung?

Analyse formale Aspekte
2. Wer ist der Autor (ggf. zusätzliche Informationen über den Verfasser)?
3. Um welche Textsorte handelt es sich?
4. Mit welchem Thema setzt sich der Autor auseinander?
5. Wann und wo ist der Text veröffentlicht worden?
6. Gab es einen konkreten Anlass für die Veröffentlichung?
7. An welche Zielgruppe richtet sich der Text (Historiker, interessierte Öffentlichkeit)?
8. Welche Intentionen oder Interessen verfolgt der Verfasser?

Inhaltliche Aspekte
9. Was sind die wesentlichen Aussagen des Textes?
   a) anhand der Argumentationsstruktur: These(n) und Argumente
   b) anhand der Sinnabschnitte: wesentliche Aspekte und Hauptaussage
10. Wie ist die Textsprache (z. B. appellierend, sachlich oder polemisch)?
11. Welche Überzeugungen vertritt der Autor?

Historischer Kontext
12. Auf welchen historischen Gegenstand bezieht sich der Text?
13. Welche in der Darstellung angesprochenen Sachaspekte bedürfen der Erläuterung?

Urteil
14. Ist der Text überzeugend im Hinblick auf die fachliche Richtigkeit (historischer Kontext) sowie auf die Schlüssigkeit der Darstellung?
15. Welche Gesichtspunkte des Themas werden vom Autor kaum oder gar nicht berücksichtigt?
16. Was ergibt ggf. ein Vergleich mit anderen Darstellungen zum gleichen Thema?
17. Wie lässt sich der dargestellte historische Gegenstand aus heutiger Sicht im Hinblick auf die Leitfrage bewerten?

Kontroverse Texte untersuchen

Thema benennen und Vorwissen aktivieren
1. Was sind kontroverse Texte?
2. Um welches Thema handelt es sich? Welches Vorwissen habe ich dazu?

Texte analysieren
3. Wann wurden die Texte verfasst?
4. Welche Behauptungen werden dort aufgestellt?
5. Wie werden bestimmte Behauptungen und Einschätzungen begründet?

Wertungen und Interessen in den Texten erkennen und beurteilen
6. Wie wird der Leser durch die Texte beeinflusst?
7. Aus welchen Gründen wird das Thema so beurteilt?
8. Lässt sich die Beurteilung auf Sachwissen zurückführen oder ist sie unsachlich?

Zu einem eigenen Urteil gelangen
9. Welche Fragen bleiben offen?
10. Wie beurteile ich selbst den Gegenstand der Texte?

Schriftliche Quelle interpretieren

Leitfrage
1. Welche Fragestellung bestimmt die Untersuchung der Quelle?

Analyse formale Aspekte
2. Um welche Quellengattung handelt es sich (z. B. Brief, Rede, Vertrag)?
3. Wann und wo ist der Text entstanden bzw. veröffentlicht worden?
4. Wer ist der Autor (ggf. Amt, Stellung, Funktion, soziale Schicht)?
5. Was ist das Thema des Textes?
6. Wer ist der Adressat bzw. sind die Adressaten (z. B. Privatpersonen, Institutionen, Herrschende, Öffentlichkeit, Nachwelt)?
7. Welche Intentionen oder Interessen verfolgt der Autor?

Inhaltliche Aspekte
8. Was sind die wesentlichen Textaussagen?
9. Welche Begriffe sind von zentraler Bedeutung (Schlüsselbegriffe)?
10. Wie ist die Textsprache (z. B. sachlich, emotional, appellativ, informativ, argumentativ, manipulierend, ggf. rhetorische Mittel)?
11. Welche Überzeugungen, Interessen oder Intentionen vertritt der Autor?
12. Welche Wirkung soll der Text bei den Adressaten erzielen?

Historischer Kontext
13. In welchen historischen Zusammenhang lässt sich die Quelle einordnen?
14. Auf welches Ereignis, welchen Konflikt, welche Prozesse bzw. Epochen bezieht sich der Inhalt der Quelle?

Urteil
15. Beurteilung nach sachlichen Aspekten (Sachurteil):
    – Welchen politisch-ideologischen Standpunkt nimmt der Autor ein?
    – Inwieweit ist der Text glaubwürdig? Enthält der Text Widersprüche?
    – Welche Problematisierung ergibt sich aus dem Text?
16. Bewertung nach heutigen Wertmaßstäben (Werturteil) Wie lassen sich die Aussagen des Textes im Hinblick auf die Leitfrage aus heutiger Sicht bewerten?

Schriftliche Quellen vergleichen
Ersten Eindruck festhalten
1. Wie ist Ihr Eindruck nach dem ersten Lesen beider Quellen?

Informationen zu Verfassern und Texten sammeln
2. Wann wurden die Texte geschrieben?
3. Wie groß ist der zeitliche Abstand zwischen Ereignis und Bericht?
4. Waren die Autoren Augenzeugen? Wenn nicht: Wen geben sie als Informanten an?

Inhalt vergleichen
5. Geben Sie Hauptaussagen und Schlüsselbegriffe der Texte wieder und vergleichen Sie sie im nächsten Schritt.
6. Welche Informationen stimmen überein?
7. Gibt es Einzelheiten, die nicht in den Texten erscheinen, die unterschiedlich genau oder ausführlich wiedergegeben werden?
8. Was wird berichtet, ist es logisch oder enthält es Unstimmigkeiten?
9. Ist ein Urteil oder eine Meinung der beiden Verfasser zu erkennen?

Weitere Informationen sammeln
10. Ziehen Sie weitere Informationen hinzu, z. B. aus Sachbüchern, dem Schulbuch oder dem Internet.

Ergebnisse formulieren
11. Vergleichen Sie die Notizen aus den einzelnen Arbeitsschritten miteinander. Formulieren Sie eine eigene Meinung.

Bildquelle auswerten
Einzelne Elemente beschreiben
1. Was ist dargestellt (Personen, Gegenstände)?
2. In welchen Haltungen oder Bewegungen sind sie zu sehen?
3. Wie lässt sich die Situation beschreiben?
4. Was erscheint merkwürdig?

Zusätzliche Informationen hinzuziehen und Bedeutung der Bildelemente entschlüsseln
5. Welche Hinweise gibt die Bildunterschrift?
6. Welche Bedeutung würden Sie heute der entsprechenden Geste, Gebärde, Handlung oder dem Gegenstand zuordnen?
7. Recherchieren Sie Hintergrundinformationen zu den Symbolen (Bibliothek, Internet …).
8. Welche Einzelaussagen ergeben sich aus den Symbolen und Gesten?

Bildaussage formulieren
9. Welche Gegenstände oder Handlungen scheinen besonders wichtig für die Aussage des Bildes? Woran lässt sich das erkennen?
10. Welche Gesamtaussage lässt sich formulieren? Gibt es mehrere Deutungen?

Bilder vergleichen
Einzelheiten der zu vergleichenden Bilder erfassen
1. Welche Personen sind dargestellt?
2. Welches Verhältnis zwischen den Personen wird angedeutet?
3. Ist es eine naturgetreue, eine stilisierte oder eine vereinfachte Darstellung?
4. Beschreiben Sie Kleidung, Aussehen, Hintergrund, Bildrahmen.

Zusätzliche Informationen heranziehen
5. Ist der Titel der Bilder bekannt? Gibt es eine Bildunterschrift?
6. Wann sind die Bilder entstanden?
7. Wer sind die Künstler?
8. Sind Auftraggeber bekannt?

Bildaussage erkennen
9. Welchen Zweck verfolgt die Darstellung (z. B. Erinnerung, Erhöhung, Kritik, Veranschaulichung, Verschleierung …)?

Bilder vergleichen
10. Welche Gemeinsamkeiten lassen sich erkennen?
11. Wie unterscheiden sich die Bilder in Aufbau, Farbgebung, Gestaltung?
12. Wie lassen sich besondere Unterschiede, aber auch besondere Gemeinsamkeiten erklären?

Historische Gemälde interpretieren
Leitfrage
1. Welches historische Ereignis thematisiert das Bild?

Analyse formale Aspekte
2. Wer ist der Künstler? Wer ist der Auftraggeber?
3. Zu welchem Zweck entstand es? Wann entstand das Bild? Wo hing bzw. hängt es?
4. Wie groß ist das Bild? Welche Materialien wurden verwendet?

Inhaltliche Aspekte – Beschreibung
5. Welche Bildelemente sind zu sehen (Personen, Orte, Gegenstände, Landschaften, Symbole)?
6. Wie sind die Personen dargestellt (Gestik, Mimik, Körperhaltung, Kleidung)?
7. Wie ist die Bildkomposition (Personen, Umgebung, Gegenstände, Situation, Proportionen, Symbole in ihren Relationen) angelegt?
8. Welche Darstellungsmittel wurden eingesetzt (Technik, Farben, Lichtwirkung, Perspektive)?

Inhaltliche Aspekte – Deutung
9. Welche Bedeutung haben Bildelemente, Bildkomposition und Darstellungsmittel?
10. Was war die Intention des Malers? Welche Wirkung sollte beim zeitgenössischen Betrachter erzeugt werden?

Historischer Kontext
11. In welchen historischen Zusammenhang lässt sich das Bild einordnen?
12. Wie wurde es zeitgenössisch rezipiert? Wurde es verbreitet?

Urteil
13. Welche Funktion sollte das Bild erfüllen? An wen richtete es sich?
14. Entspricht das dargestellte Ereignis den historischen Fakten? (ggf. Vergleich mit wissenschaftlichen Erkenntnissen über das Ereignis)
15. Wie lässt sich das Bild aus heutiger Sicht bewerten?

Politische Plakate interpretieren
Leitfrage
1. Welche Fragestellung bestimmt die Untersuchung des Plakats?

Analyse formale Aspekte
2. Wer hat das Plakat erstellt oder in Auftrag gegeben?
3. Wann und wo ist das Plakat erschienen?
4. Welcher Anlass führte zur Erstellung und Veröffentlichung des Plakats?
5. An wen ist das Plakat gerichtet?

Inhaltliche Aspekte
6. Was ist das Thema des Plakats?
7. Was ist auf dem Plakat dargestellt und welche Gestaltungsmittel (Bilder, Personen, Gegenstände, Texte/Schlagwörter, Symbole, Muster, Anordnung der Bildgegenstände/ Art der Komposition, Perspektive, Farben, Proportionen und Verhältnis von Bild und Text) wurden genutzt?

Historischer Kontext
8. In welchem historischen Kontext (Ereignis, Epoche, Prozess, Wahlkampf) ist das Plakat entstanden?

Urteilen – Sachurteil
9. Wie lassen sich die Gestaltungsmittel deuten?
10. Welche Wirkung sollte beim zeitgenössischen Beobachter erzielt werden?
11. Welche Intention verfolgte der Ersteller bzw. Auftraggeber?
12. Ist das Plakat repräsentativ für seine Zeit?
13. Welche Schlussfolgerungen lassen sich im Hinblick auf die Leitfrage ziehen?

Werturteil
14. Wie lässt sich das Plakat gemäß der Leitfrage aus heutiger Sicht bewerten?

Karikatur analysieren
Ersten Eindruck festhalten
1. Wie wirkt die Karikatur auf Sie?

Einzelne Text- und Bildelemente beschreiben
2. Welche Personen, Gegenstände und anderen Details lassen sich erkennen? Achten Sie auf den Gesichtsausdruck, die Kleidung und die Körperhaltung. Beziehen Sie Beschriftungen mit ein.

Zusätzliche Informationen heranziehen und erste Deutung vornehmen
3. Wer ist der Zeichner?
4. Wann und wo ist die Karikatur entstanden?
5. Gibt es einen Titel?
6. Welches Thema hat die Karikatur?
7. Welche Bedeutung haben die Personen und Gegenstände?
8. Auf welches Ereignis bezieht sich die Karikatur?

Aussage formulieren
9. Was ist die Botschaft?
10. Was wird kritisiert?
11. Welche Wirkung könnte die Karikatur haben?

Historische Fotografie analysieren
Entstehung der Fotografie
1. Wann ist das Foto entstanden?
2. Was stellt es dar?
3. Wer hat in wessen Auftrag fotografiert?
4. Für welchen Adressaten ist die Fotografie angefertigt worden?
5. Welche Bildtechnik ist zu erkennen (Perspektive, Brennweite, Entfernung, Ausschnitt)?

Aussage und Deutung
6. Was ist er erste Eindruck?
7. Welche Gesamtaussage lässt sich formulieren?
8. Welche Fragen bleiben offen?

Schaubild auswerten
Einzelne Elemente des Schaubildes erfassen
1. Welche Fachbegriffe werden verwendet, wie sind sie zu klären?
2. Welche Bedeutung haben Farben und Pfeile?

Den Aufbau des Schaubildes untersuchen
3. Wie ist das Schaubild zu lesen?

Inhalt erschließen und bewerten
4. Welche Aussagen werden im Schaubild getroffen?
5. Sind die Aussagen historisch korrekt?

Historischen Zusammenhang einbeziehen
6. Welche weiteren Informationen zur Einordnung und Bedeutung des Schaubildes sind notwendig?

Verfassungsschaubild analysieren
Einzelne Elemente der Abbildung erfassen
1. Welche Fachbegriffe werden genannt?
2. Welche Bedeutung haben Farben, Pfeile etc.?

Formale Aspekte
3. Wie ist das Schaubild zu lesen (von unten nach oben, von links nach rechts)? Verändert sich die Aussage, wenn man einen anderen Einstieg nutzt?

Inhalt erschließen
4. Welche Verfassungsorgane sind dargestellt?
5. Wie ist die Gewaltenteilung umgesetzt?
6. Wer kontrolliert wen?
7. Wer darf wen wie oft wählen?
8. Um welche Staatsform handelt es sich?

Aussagen überprüfen
9. Sind die Angaben im Verfassungsschema historisch richtig?

Urteilen
10. Erkennt man Stärken und Schwächen dieser Verfassung?
11. Welche Fragen stellen sich nach dem Untersuchen des Schaubildes? Was ist unklar?

Statistik auswerten
Formale Aspekte
1. Gegenstand: Zeitabschnitt; historisches Ereignis, das dargestellt wird
2. Fundstelle: Ort, Zeit, Urheber der Daten (Institution oder Person, politische/öffentliche Stellung)
3. Adressatenbezug: Wer wird angesprochen?
4. Wie wird das Zahlenmaterial präsentiert (Tabelle oder Diagramm? Säulen-, Balken-, Linien-, Kurven-, Kreis- oder Stapeldiagramm)?

Inhaltliche Aspekte
5. Jahreszahlen, Spalten oder Achsenbezeichnungen, Strukturierungshilfen
6. Legende, z. B. die Zuordnung von Farben zu bestimmten Staaten
7. Aussageart des Diagramms: Wird ein Vergleich angestrebt oder eine Entwicklung aufgezeigt? Gibt es Auffälligkeiten?

Aussagekraft bewerten
8. Geben Sie der Statistik zunächst eine Überschrift: Worum geht es überhaupt?
9. Fassen Sie die Kernaussagen zusammen und erläutern Sie sie jeweils kurz.
10. Setzen Sie die Aussagen in ihren historischen Zusammenhang.
11. Bewerten Sie die Aussagekraft der statistischen Daten: Ist die grafische Darstellung angemessen? Wird der Sachverhalt zu sehr vereinfacht?

Geschichtskarten und historische Karten analysieren
Leitfrage
1. Welche (historischen oder gegenwärtigen) Aussagen will die Karte dem Betrachter vermitteln?

Analyse
2. Erster Eindruck/Wirkung der Karte auf den Betrachter
3. Analyse der wichtigsten Kartenelemente: Titel, Maßstab, Legende, Farbgebung, verwendete Symbole, Schrift etc.
4. Ermittlung des Sachverhalts, also der Informationen, die die Karte liefert
5. Recherche der Kartenverfasser, Auftraggeber etc.
6. Analyse des Kontextes, in dem die Karte verwendet wird (Wer hat die Karte entworfen bzw. in Auftrag gegeben? In welchem Zusammenhang ist sie erschienen? An wen richtet sie sich?)
7. Ggf. Vergleich mit anderen Karten zum gleichen Thema

Beurteilung
8. Welche Schwerpunktsetzungen, expliziten und/oder impliziten Wertungen sind erkennbar?

Werturteile erkennen
Klären, worauf sich das Urteil des Verfassers oder der Verfasserin bezieht
1. Welche Haltungen werden beurteilt?
2. Welche Handlungen werden beurteilt?

Den Maßstab erkennen
3. Lässt sich das Werturteil auf Sachwissen zurückführen oder ist es unsachlich?
4. Wird deutlich, welche Kriterien für die Bewertung verwendet werden (z. B. religiöse Sicht, Standpunkt der Menschenrechte, tolerante Grundeinstellung…)?
5. Lassen sich Informationen dazu finden, warum ein bestimmter Standpunkt vertreten wird?

Zu einem eigenen Urteil gelangen
6. Wie bewerten Sie selbst den Sachverhalt?
7. Wie ist Ihre Position gegenüber dem Werturteil, das Sie erkennen?
8. Wie urteilen andere Menschen darüber?

Internet nutzen
Suche beginnen
1. Welche Suchmaschine wähle ich aus?
2. Welche Internethinweise gibt das Schulbuch?

Suchabsicht festlegen
3. Welche Suchwörter helfen mir zur Beantwortung meiner Fragen weiter?

Überblick über das Suchergebnis bekommen
4. Welche Links sind interessant und brauchbar?
5. Welche Links stammen von glaubwürdigen Anbietern?

Ergebnisse ordnen
6. Wie gehe ich mit den Informationen einer Webseite um?

Informationen sichern und auswerten
7. Wie halte ich die gefundenen Informationen fest?

Sachtext lesen und verstehen
Ersten Überblick verschaffen
1. Welche Überschrift hat der Text?
2. Wie ist der erste Eindruck vom Inhalt und Aufbau?

Fragen stellen
3. Was weiß ich schon über das Thema?
4. Wer kommt im Text vor?
5. Wo und wann findet das Dargestellte statt?
6. Worum geht es?
7. Welche Fragen bleiben offen?

Schlüsselwörter klären
8. Welche schwierigen Wörter oder Unklarheiten muss ich klären?
9. Welche Schlüsselwörter hat der Text?

Textaufbau erfassen
10. In welche Abschnitte lässt sich der Text gliedern?
11. Welche Überschriften passen dazu?

Inhalt wiedergeben
12. Geben Sie mithilfe der Überschriften und Schlüsselwörter den Inhalt des Textes wieder.

Historische Urteile analysieren und vergleichen
Formale Merkmale
1. Welche (z. B. berufliche) Funktion/welche (politische, gesellschaftliche) Stellung hat der Verfasser?
2. Wann, wo und aus welchem Anlass ist der Text entstanden?
3. Um welche Textsorte (z. B. öffentliche Rede, Artikel, Fachbuch) handelt es sich?
4. An wen wendet sich der Text?

Herausarbeiten des Inhalts
5. Mit welchem Thema beschäftigt sich der Text?
6. Welche zentralen Aussagen enthält der Text? Welche Thesen werden aufgestellt?
7. Mit welchen Argumenten untermauert der Autor seine Thesen und Aussagen?

Historischer Kontext
8. Auf welches Ereignis/welche Epoche/welches Problem bezieht sich der Text?
9. In welchem Verhältnis steht der Autor zum behandelten Thema?

Aussageabsicht
10. Welche Absicht verfolgt der Verfasser?
11. Welchen Standpunkt nimmt er ein?
12. Unter welchen Fragestellungen/Maßstäben werden die Sachverhalte beurteilt?
13. Welche Gesamtaussage lässt sich formulieren?

Darstellungen vergleichen
14. Welche Aspekte sind für den Vergleich der beiden historischen Urteile geeignet? Welche Aspekte lassen sich nicht vergleichen?
15. Welche Unterschiede und Gemeinsamkeiten zeigen die Darstellungen? Gibt es Überlappungen, Ähnlichkeiten, Abweichungen oder Gegensätze?

Darstellungen beurteilen
16. Wie glaubwürdig/überzeugend sind die Texte?
17. Gibt es logische Fehler in den Argumentationsketten oder sind sie schlüssig?
18. Sind die Aussagen sachlich richtig?
19. Wird das Wesentliche in den Blick genommen oder werden zentrale Aspekte ausgespart?

Ein historisches Urteil entwickeln
Siehe S. 58–59.

Denkmäler interpretieren
Siehe S. 437–440.

Eine perspektivisch-ideologiekritische Analyse durchführen
Siehe S. 441–445.

Literaturhinweise

Die Amerikanische Revolution

Theorie und Methodentraining
Jäger, Wolfgang, Theoriemodule Oberstufe, Berlin 2011.
Jordan, Stefan, Theorien und Methoden der Geschichtswissenschaft. Orientierung Geschichte, 4., aktualisierte Auflage, Stuttgart 2018.
Rauh, Robert, Methodentrainer Geschichte Oberstufe. Quellenarbeit – Arbeitstechniken – Klausuren, Berlin 2010.

Revolutionstheorie
Arendt, Hannah, Über die Revolution, 6. Auflage, München 2016.
Brinton, Crane, Anatomie der Revolution, Wien 2017.
Davies, James C. (ed.), When Men Revolt and Why. A Reader in Political Violence and Revolution, New York 1971.
Eisenstadt, Shmuel N., Die großen Revolutionen und die Kulturen der Moderne, Wiesbaden 2006.
Grosser, Florian, Theorien der Revolution zur Einführung, Hamburg 2013.
Lenin, Wladimir I., Staat und Revolution, Berlin 2017.
Marx, Karl/Engels, Friedrich, Das Kommunistische Manifest, Hamburg 2009.
Tocqueville, Alexis de, Der alte Staat und die Revolution, 3. Auflage, Warendorf 2013.

Modernisierung
Eisenstadt, Shmuel N., Multiple Modernities, London 2002.
Weber, Max, Religion und Gesellschaft, Eggolsheim 2011.
Weber, Max, Gesammelte Aufsätze zur Religionssoziologie, Bd. 1, Tübingen 1988.
Wehler, Hans-Ulrich, Modernisierungstheorie und Geschichte, Göttingen 1975.
Wehler, Hans-Ulrich, Deutsche Gesellschaftsgeschichte. Bd. 1: Vom Feudalismus des Alten Reiches bis zur Defensiven Modernisierung der Reformära 1700–1815, München 1987.

Revolution und Geschichte
Fahrmeir, Andreas, Revolutionen und Reformen. Europa 1789–1850, München 2010.
von Hellfeld, Matthias, Das lange 19. Jahrhundert: Zwischen Revolution und Krieg 1776–1914, Berlin 2015.
Nautz, Jürgen, Die großen Revolutionen der Welt, Wiesbaden 2008.
Tilly, Charles, Die europäischen Revolutionen, München 1993.
Wende, Peter, Große Revolutionen der Geschichte: Von der Frühzeit bis zur Gegenwart, München 2000.

Dokumentensammlungen USA
Adams, Angela/Adams, Willi Paul, Die Amerikanische Revolution und die Verfassung. Dokumente, München 1995.
Hamilton, Alexander/Jay, John, Die Federalist Papers. Vollständige Ausgabe, München 2007.
Schambeck, Herbert/Widder, Helmut/Bergmann, Marcus (Hg.), Dokumente zur Geschichte der Vereinigten Staaten von Amerika, 2., erweiterte Auflage, Berlin 2007.

Geschichte der USA
Arens, Werner/Braun, Hans-Martin, Die Indianer Nordamerikas, München 2004.
Depkat, Volker, Geschichte der USA, Stuttgart 2016.
Dippel, Horst, Geschichte der USA, 10. Auflage, München 2015.
Emmerich, Alexander, Geschichte der USA, Stuttgart 2017.
Gassert, Philipp/Häberlein, Mark/Wala, Michael, Geschichte der USA, 2., überarbeitete Auflage, Stuttgart 2018.
GEO-Epoche, Heft 11: Amerikas Weg zur Weltmacht 1498–1898, Hamburg 2004.
Heideking, Jürgen/Mauch, Christof, Geschichte der USA, 6. Auflage, Tübingen 2008.
Howard, Dick, Die Grundlegung der amerikanischen Demokratie, Frankfurt/M. 2001.
Mauch, Christof (Hg.), Die Präsidenten der USA. 45 historische Porträts von George Washington bis Donald Trump, 1. fortgeführte und aktualisierte Auflage, München 2018.
Prätorius, Rainer, „In God We Trust". Religion und Politik in den USA., München 2003.
Sautter, Udo, Geschichte der Vereinigten Staaten von Amerika, 8. Auflage, Stuttgart 2013.
Stöver, Bernd, Geschichte der USA. Von der ersten Kolonie bis zur Gegenwart, München 2017.

Amerikanische Revolution
Dippel, Horst, Die Amerikanische Revolution. 1763–1787, Frankfurt/M. 1985.
Ellis, Joseph J., Sie schufen Amerika. Die Gründergeneration von John Adams bis George Washington, München 2005.
Ellis, Joseph J., Seine Exzellenz George Washington. Eine Biographie, München 2005.

Hochgeschwender, Michael, Die Amerikanische Revolution. Geburt einer Nation 1763–1815, München 2016.

Lerg, Charlotte A., Die Amerikanische Revolution, Tübingen u. a. 2010.

Französische Revolution

GEO-Epoche, Die Französische Revolution, Hamburg 2004.

Henke-Bockschatz, Gerhard/Kuhn, Axel, Die Französische Revolution, Stuttgart 2012.

Israel, Jonathan, Die Französische Revolution. Ideen machen Politik, Stuttgart 2017.

Kruse, Wolfgang, Die Französische Revolution, Paderborn 2005.

Reichardt, Rolf, Das Blut der Freiheit. Französische Revolution und demokratische Kultur, Frankfurt/M. 1998.

Schulin, Ernst, Die Französische Revolution, München 2013.

Schulze, Wilfried, Der 14. Juli 1789. Biographie eines Tages, Stuttgart 1989.

Thamer, Hans-Ulrich, Die Französische Revolution, München 2013.

Vovelle, Michel, Die Französische Revolution. Soziale Bewegung und Umbruch der Mentalitäten, Frankfurt/M. 1985.

Russische Revolution

Altrichter, Helmut, Kleine Geschichte der Sowjetunion 1917–1991, München 1993.

Aust, Martin, Die russische Revolution: Vom Zarenreich zum Sowjetimperium, München 2017.

Figes, Orlando, Die Tragödie eines Volkes. Die Epoche der Russischen Revolution,1891–1924, Berlin 2014.

Haumann, Heiko, Die Russische Revolution 1917, Tübingen 2016.

Hencke-Bockschatz, Gerhard/Wunderer, Hartmann, Die Russische Revolution, Stuttgart 2014.

Neutatz, Dietmar, Träume und Alpträume. Eine Geschichte Russlands im 20. Jahrhundert, München 2013.

Nolte, Hans Heinrich, Geschichte Russlands, Stuttgart 2012.

China und die imperialistischen Mächte

Theorie und Methodentraining

Jäger, Wolfgang, Theoriemodule Oberstufe, Berlin 2011.

Jordan, Stefan, Theorien und Methoden der Geschichtswissenschaft. Orientierung Geschichte, 4., aktualisierte Aufl., Stuttgart 2018.

Rauh, Robert, Methodentrainer Geschichte Oberstufe. Quellenarbeit – Arbeitstechniken – Klausuren, Berlin 2010.

Überblicksdarstellungen chinesische Geschichte

Dabringhaus, Sabine, Geschichte Chinas von der Mongolenherrschaft bis zur Gründung der Volksrepublik, München 2006.

Ebrey, Patricia Buckley, China: eine illustrierte Geschichte, Frankfurt/M. 1996.

van Ess, Hans, China. Die 101 wichtigsten Fragen, 3., aktualisierte Auflage, München 2020.

Klein, Thoralf, Geschichte Chinas. Von 1800 bis zur Gegenwart, Paderborn 2009.

Mühlhahn, Klaus, Geschichte des modernen China. Von der Qing-Dynastie bis zur Gegenwart, München 2021.

Osterhammel, Jürgen, China und die Weltgesellschaft: Vom 18. Jahrhundert bis in unsere Zeit, München 1989.

Schmidt-Glintzer, Helwig, Kleine Geschichte Chinas, München 2008.

Schmidt-Glintzer, Helwig, Das alte China. Von den Anfängen bis zum 19. Jahrhundert, München 2018.

Spence, Jonathan D., Chinas Weg in die Moderne, München 1995.

Vogelsang, Kai, Geschichte Chinas, 7., überarbeitete Aufl., Stuttgart 2021.

China im 19. und 20. Jahrhundert

Dabringhaus, Sabine, China im 20. Jahrhundert, München 2009.

Fischer, Doris/Müller-Hofstede, Christoph, Länderbericht China, Bonn (bpb) 2014.

Kai, Hu/Schildt, Gerhard, Das moderne China. 19. und 20. Jahrhundert, Stuttgart 2014.

Osterhammel, Jürgen, Das moderne China, Frankfurt/M. 1979.

Schmidt-Glintzer, Helwig, Das neue China. Vom Untergang des Kaiserreichs bis zur Gegenwart, 8., aktualisierte Aufl., München 2021.

Konfuzianismus und „Reich der Mitte"

Bauer, Wolfgang, Geschichte der chinesischen Philosophie: Konfuzianismus, Daoismus, Buddhismus, München 2018.

Blunden, Caroline/Elvin, Mark, Bildatlas der Weltkulturen: China, Augsburg 1998.

Damals (Hg.), China – das Reich der Mitte von den Anfängen bis heute. Ein reich bebildertes Sachbuch, Darmstadt 2020.

van Ess, Hans, Konfuzianismus, München 2009.

van Ess, Hans, Chinesische Philosophie. Von Konfuzius bis zur Gegenwart, München 2021.

Höllmann, Thomas O., Das alte China. Eine Kulturgeschichte, München 2008.

Europa: Aufklärung und Industrialisierung

Butschek, Felix, Industrialisierung – Ursachen, Verlauf, Konsequenzen, Wien 2006.

Fisch, Jörg, Europa zwischen Wachstum und Gleichheit 1850–1914 (= Handbuch der Geschichte Europas, Bd. 8), Stuttgart 2002.

Haag, Johannes/Wild, Markus, Philosophie der Neuzeit: Von Descartes bis Kant, München 2019.

Paulmann, Johannes, Globale Vorherrschaft und Fortschrittsglauben. Europa 1850–1914, München 2019.

Pierenkemper, Toni, Umstrittene Revolutionen. Die Industrialisierung im 19. Jahrhundert, Frankfurt/M. 1996.

Schneiders, Werner, Das Zeitalter der Aufklärung, München 2014.

Stollberg-Rilinger Barbara, Die Aufklärung. Europa im 18. Jahrhundert, Stuttgart 2011.

China und Europa

Bauer, Wolfgang, China und die Fremden, München 1980.

Osterhammel, Jürgen, Die Entzauberung Asiens. Europa und die asiatischen Reiche im 18. Jahrhundert, 2. Auflage, München 2013.

Wendt, Reinhard, Vom Kolonialismus zur Globalisierung. Europa und die Welt seit 1500, Paderborn 2016.

Japan

Kreiner, Josef (Hg.) Geschichte Japans, 8., aktualisierte Auflage, Stuttgart 2020.

Pieper, Annelotte, Japans Weg von der Feudalgesellschaft zum Industriestaat, 2., überarbeitete Auflage, Köln 1995.

Pohl, Manfred, Geschichte Japans, München 2008.

Vogelsang, Kai, Japan und China: Zwei Reiche unter einem Himmel: Zwei Reiche – eine Kulturgeschichte, Stuttgart 2020.

Imperialismus/Kolonialismus

Mommsen, Wolfgang, Das Zeitalter des Imperialismus, 22. Auflage, Frankfurt/M. 2005.

Osterhammel, Jürgen/Jansen, Jan C., Kolonialismus. Geschichte, Formen, Folgen, München 2016.

China und die imperialistischen Mächte

Haijian, Mao, The Qing Empire and the Opium War, Cambridge University Press, Cambridge 2016.

Hüttner, Johann Christian, Nachricht von der britischen Gesandtschaftsreise nach China 1792–1794, hg. von Sabine Dabringhaus, Stuttgart 1996.

Lovell, Julia, The Opium War, London 2011.

Osterhammel, Jürgen, Die Verwandlung der Welt. Eine Geschichte des 19. Jahrhunderts, 2. Auflage, München 2009.

Petersson, Niels P., Imperialismus und Modernisierung: Siam, China und die europäischen Mächte 1895–1914, München 2000.

China zwischen Anpassung und Widerstand

Chunxiao, Jing, Mit Barbaren gegen Barbaren: Die chinesische Selbststärkungsbewegung und das deutsche Rüstungsgeschäft im späten 19. Jahrhundert, Münster 2002.

Kang, Youwei, Die Große Gemeinschaft (China konkret), hg. von Thomas Heberer, Esslingen 2020.

Leutner, Mechthild/Mühlhahn, Klaus (Hg.), Kolonialkrieg in China. Die Niederschlagung der Boxerbewegung 1900–1901, Berlin 2007.

Spence, Jonathan D., Das Tor des Himmlischen Friedens: Die Chinesen und ihre Revolution 1895–1980, München 1980.

Kulturkontakt und Kulturkonflikt

Bitterli, Urs, Alte Welt – Neue Welt. Formen des europäisch-überseeischen Kulturkontakts vom 15. bis zum 18. Jahrhundert, 2. Auflage, München 1992.

Bitterli, Urs, Die „Wilden" und die „Zivilisierten". Grundzüge einer Geistes- und Kulturgeschichte der europäisch-überseeischen Begegnung, 3. Auflage, München 2004.

Burke, Peter, Kultureller Austausch, Frankfurt/M. 2000.

Transformationsforschung

Braudel, Fernand, Schriften zur Geschichte 1. Gesellschaften und Zeitstrukturen, Stuttgart 1992.

Braudel, Fernand, Wie Geschichte geschrieben wird. Berlin 1998.

Kollmorgen, Raj/Merkel, Wolfgang/Wagener, Hans-Jürgen, Handbuch der Transformationsforschung, Wiesbaden 2015.

Merkel, Wolfgang, Systemtransformation, 2. Auflage, Wiesbaden 2010.

Suter, Andreas/Hettling, Manfred, Struktur und Ereignis (Sonderheft 19 der Zeitschrift für Historische Sozialwissenschaft), Göttingen 2001.

Kreuzzüge

Gabrieli, Francesco (Hg.), Die Kreuzzüge aus arabischer Sicht, Augsburg 2000.

Maalouf, Armin, Der heilige Krieg der Barbaren. Die Kreuzzüge aus Sicht der Araber, München 1997.

Meyer, Hans-Eberhard, Geschichte der Kreuzzüge, 10., überarbeitete und erweiterte Auflage, Stuttgart 2005.

Milger, Peter, Die Kreuzzüge. Krieg im Namen Gottes, München 2000.

Riley-Smith, Jonathan, Illustrierte Geschichte der Kreuzzüge, Frankfurt/M. 1999.

Runciman, Steve, Geschichte der Kreuzzüge, München 1995.

Spanischer Kolonialismus

Bitterli, Urs, Die Entdeckung Amerikas. Von Kolumbus bis Alexander von Humboldt, München 2006.

Delgado, Mariano (Hg.), Gott in Lateinamerika. Texte aus fünf Jahrhunderten. Ein Lesebuch zur Geschichte, Düsseldorf 1991.

Fässler, Peter E., Globalisierung. Ein historisches Kompendium, Köln 2007.

Gründer, Horst, Eine Geschichte der europäischen Expansion. Von Entdeckern und Eroberern zum Kolonialismus, Stuttgart 2003.

Hausberger, Bernd (Hg.), Die Welt im 17. Jahrhundert (Globalgeschichte. Die Welt 1000–2000), Wien 2008.

Die Weimarer Republik zwischen Krise und Modernisierung

Theorie und Methodentraining

Jäger, Wolfgang, Theoriemodule Oberstufe, Berlin 2011.

Jordan, Stefan, Theorien und Methoden der Geschichtswissenschaft. Orientierung Geschichte, 4., aktualisierte Aufl., Stuttgart 2018.

Rauh, Robert, Methodentrainer Geschichte Oberstufe. Quellenarbeit – Arbeitstechniken – Klausuren, Berlin 2010.

Identität und deutsches Selbstverständnis, Nationalismus

Altrichter, Helmut/Herbers, Klaus/Neuhaus, Helmut (Hg.), Mythen in der Geschichte, Freiburg i. Breisgau 2004.

Berding, Helmut (Hg.), Mythos und Nation. Studien zur Entwicklung des kollektiven Bewusstseins in der Neuzeit 3, Frankfurt/M. 1996.

Fahrmeir, Andreas, Die Deutschen und ihre Nation. Geschichte einer Idee, Stuttgart 2017.

François, Etienne/Schulze, Hagen (Hg.), Deutsche Erinnerungsorte, 3 Bde., 4. Aufl., München 2002.

Schulze, Hagen, Staat und Nation in der europäischen Geschichte, München 1994.

Wehler, Hans-Ulrich, Nationalismus. Geschichte – Formen – Folgen, München 2001.

Wiegrefe, Klaus/Pieper, Dietmar (Hg.), Die Erfindung der Deutschen. Wie wir wurden, was wir sind, München 2007.

Deutsche Sonderwegsdebatte

Bracher, Karl Dietrich (Hg.): Deutscher Sonderweg – Mythos oder Realität? (= Kolloquien des Instituts für Zeitgeschichte), München 1982.

Plessner, Helmuth, Die verspätete Nation. Über die politische Verführbarkeit bürgerlichen Geistes, Stuttgart 1959.

Wehler, Hans-Ulrich, Umbruch und Kontinuität. Essays zum 20. Jahrhundert, München 2000.

Winkler, Heinrich August, Der lange Weg nach Westen, Bd. 2: Deutsche Geschichte vom „Dritten Reich" bis zur Wiedervereinigung, München 2000, S. 640–648.

Winkler, Heinrich August, Streitfragen der deutschen Geschichte. Essays zum 19. und 20. Jahrhundert, München 1997.

Modernisierung

Degele, Nina/Dries, Christian, Modernisierungstheorie, München 2005.

Eisenstadt, Shmuel N., Multiple Modernities, London 2002.

van der Loo, Hans/van Reijen, Willem, Modernisierung. Projekt und Paradox, München 1992.

Wehler, Hans-Ulrich, Modernisierungstheorie und Geschichte, in: ders., Die Gegenwart als Geschichte. Essays, München 1995, S. 13–59.

Transnationale Geschichtsschreibung und Globalisierung

Budde, Gunilla/Conrad, Sebastian/Janz, Oliver (Hg.), Transnationale Geschichte. Themen, Tendenzen, Theorien, Göttingen 2006.

Conrad, Sebastian, Globalgeschichte. Eine Einführung, München 2013.

Fässler, Peter E., Globalisierung, Köln 2017.

Osterhammel, Jürgen/Peterson, Niels P., Geschichte der Globalisierung. Dimensionen, Prozesse, Epochen, München 2007.

Osterhammel, Jürgen, Die Verwandlung der Welt. Eine Geschichte des 19. Jahrhunderts, München 2016.

Pernau, Margrit, Transnationale Geschichte, Göttingen 2011.

Versailler Vertrag

Conze, Eckart, Die große Illusion. Versailles 1919 und die Neuordnung der Welt, München 2018.

Krumeich, Gerd (Hg.), Versailles 1919. Ziele – Wirkung – Wahrnehmung, Essen 2001.

Leonhard, Jörn, Der überforderte Frieden. Versailles und die Welt 1918–1923, München 2018.

MacMillan, Margaret, Die Friedensmacher. Wie der Versailler Vertrag die Welt veränderte, Berlin 2015.

Schwabe, Klaus, Versailles. Das Wagnis eines demokratischen Friedens 1919–1923, Paderborn 2019.

Novemberrevolution 1918/19

Gerwarth, Robert/Weber, Alexander, Die größte aller Revolutionen. November 1918 und der Aufbruch in eine neue Zeit, München 2018.

Jones, Mark/Siber, Karl Michael, Am Anfang war Gewalt. Die deutsche Revolution 1918/19 und der Beginn der Weimarer Republik, Berlin 2017.

Niess, Wolfgang, Die Revolution von 1918/19. Der wahre Beginn unserer Demokratie, München 2017.

Ullrich, Volker, Die Revolution von 1918/19, München 2009.

Weimarer Republik
Becker, Sabina, Experiment Weimar. Eine Kulturgeschichte Deutschlands 1918–1933, Darmstadt 2018.
Braune, Andreas/Dreyer, Michael (Hg.), Weimar und die Neuordnung der Welt. Politik, Wirtschaft, Völkerrecht nach 1918, Stuttgart 2020.
Büttner, Ursula, Weimar – die überforderte Republik 1918–1933, Stuttgart 2010 (= Gebhardt. Handbuch der deutschen Geschichte, 10., völlig neu bearb. Aufl., Bd. 18), S. 173–712.
Büttner, Ursula, Weimar. Die überforderte Republik 1918–1933. Leistung und Versagen in Staat, Gesellschaft, Wirtschaft und Kultur, Stuttgart 2008.
Dreier, Horst/Waldhoff, Christian (Hg.), Weimars Verfassung. Eine Bilanz nach 100 Jahren, Göttingen 2020.
Dreier, Horst/Waldhoff, Christian (Hg.), Das Wagnis der Demokratie. Eine Anatomie der Weimarer Reichsverfassung, München 2018.
Gessner, Dieter, Die Weimarer Republik, 3., durchgesehene Aufl., Darmstadt 2009.
Hoeres, Peter, Die Kultur von Weimar. Durchbruch der Moderne, Berlin 2008.
Kolb, Eberhard, Gustav Stresemann, München 2003.
Kolb, Eberhard/Schumann, Dirk, Die Weimarer Republik, 8., überarbeitete u. erweiterte Aufl., München 2013.
Mai, Gunther, Die Weimarer Republik, 3., durchgesehene Aufl., München 2018.
Marcowitz, Reiner, Die Weimarer Republik 1929–1933, 5., vollständig überarbeitete u. aktualisierte Aufl., Darmstadt 2018.
Möller, Horst, Die Weimarer Republik. Demokratie in der Krise, 2. Aufl., München 2018.
Niedhart, Gottfried, Die Außenpolitik der Weimarer Republik, 2., aktualisierte Aufl., München 2006.
Peukert, Detlev J. K., Die Weimarer Republik. Krisenjahre der Klassischen Moderne, Frankfurt/M. 1987.
Pohl, Karl Heinrich, Gustav Stresemann. Biografie eines Grenzgängers, Göttingen 2015.
Winkler, Heinrich August, Weimar 1918–1933. Die Geschichte der ersten deutschen Demokratie, München 2018.
Wirsching, Andreas, Die Weimarer Republik. Politik und Gesellschaft, München 2000.
Wirsching, Andreas/Eder, Jürgen (Hg.), Vernunftrepublikanismus in der Weimarer Republik. Politik, Literatur, Wissenschaft, Stuttgart 2008.

Überblicksdarstellungen deutsche Geschichte
Frevert, Ute, Frauen-Geschichte. Zwischen Bürgerlicher Verbesserung und Neuer Weiblichkeit, Frankfurt/M. 1986.
Herbert, Ulrich, Geschichte Deutschlands im 20. Jahrhundert, München 2014.
Radkau, Joachim, Technik in Deutschland. Vom 18. Jahrhundert bis heute, Frankfurt/M. 2008.
Wehler, Hans-Ulrich, Deutsche Gesellschaftsgeschichte, 5 Bände, München 1987–2008.
Winkler, Heinrich August, Der lange Weg nach Westen, 2 Bände, München 2000.

Geschichte der USA
Depkat, Volker, Geschichte der USA, Stuttgart 2016.
Gassert, Philipp/Häberlein, Mark/Wala, Michael, Geschichte der USA, 2., überarb. Aufl., Stuttgart 2018.
Heideking, Jürgen/Mauch, Christof, Geschichte der USA, 6. Aufl., Tübingen 2008.
Stöver, Bernd, Geschichte der USA. Von der ersten Kolonie bis zur Gegenwart, München 2017.

Erster Weltkrieg
Berghahn, Volker, Der Erste Weltkrieg, 2. Aufl., München 2004.
Epkenhans, Michael, Der Erste Weltkrieg, Paderborn 2015.
Leonhard, Jörn, Die Büchse der Pandora. Geschichte des Ersten Weltkriegs, München 2014.

Nationalsozialismus und deutsches Selbstverständnis
Benz, Wolfgang u. a. (Hg.), Enzyklopädie des Nationalsozialismus, 5. Aufl., München 2007.
Hehl, Ulrich von, Nationalsozialistische Herrschaft, München 1996.
Müller, Rolf-Dieter, Der letzte deutsche Krieg 1939–1945, Stuttgart 2005.
Wehler, Hans-Ulrich, Der Nationalsozialismus. Bewegung, Führerschaft, Verbrechen 1919–1945, München 2009.

Geschichts- und Erinnerungskultur

Assmann, Aleida, Der lange Schatten der Vergangenheit. Erinnerungskultur und Geschichtspolitik, München 2006.
Assmann, Aleida, Erinnerungsräume. Formen und Wandlungen des kulturellen Gedächtnisses, 4., durchges. Aufl., München 2009.
Assmann, Jan, Das kulturelle Gedächtnis. Schrift, Erinnerung und politische Identität in frühen Hochkulturen, 6. Aufl., München 2007.
Cornelißen, Christoph, Was ist Erinnerungskultur? In: Geschichte in Wissenschaft und Unterricht 2003, S. 548–563.
Eckel, Jan/Moisel, Claudia (Hg.), Universalisierung des Holocaust? Erinnerungskultur und Geschichtspolitik in internationaler Perspektive, Göttingen 2008.
Ertl, Astrid, Kollektives Gedächtnis und Erinnerungskulturen. Eine Einführung, Stuttgart 2005.

Frei, Norbert, Vergangenheitspolitik. Die Anfänge der Bundesrepublik und die NS-Vergangenheit, 2. Auflage, München 1997.

Füßmann, Klaus, u. a. (Hg.), Historische Faszination. Geschichtskultur heute, Köln 1994.

Giesecke, Dana/Welzer, Harald, Das Menschenmögliche. Zur Renovierung der deutschen Erinnerungskultur, Hamburg 2012.

Gedenk- und Feiertage

Assmann, Aleida, Jahrestage – Denkmäler in der Zeit, in: Paul Münch (Hg.), Jubiläum, Jubiläum ... Zur Geschichte öffentlicher und privater Erinnerung, Klartext, Essen 2005, S. 305–314.

Bergmann, Klaus, Gedenktage, Gedenkjahre und historische Vernunft, in: Sabine Horn, Michael Sauer (Hg.), Geschichte und Öffentlichkeit. Orte – Medien – Institutionen, Vandenhoeck & Ruprecht, Göttingen 2009, S. 24–31.

Bizeul, Yves (Hg.), Politische Mythen und Rituale in Deutschland, Frankreich und Polen, Duncker & Humblot, Berlin 2000.

Düding, Dieter (Hg.), Öffentliche Festkultur. Politische Feste in Deutschland von der Aufklärung bis zum Ersten Weltkrieg, Rowohlt, Reinbek bei Hamburg, 1988.

François, Etienne/Puschner, Uwe (Hg.), Erinnerungstage. Wendepunkte der Geschichte von der Antike bis zur Gegenwart, München 2010.

Geschichte lernen Heft 49/1996: Gedenktage, Friedrich Verlag, Hannover 1996.

Gröschner Rolf/Reinhard, Wolfgang (Hg.), Tage der Revolution – Feste der Nation, Mohr Siebeck, Tübingen 2010.

Hahn, Hans Henning/Traba, Robert (Hg.), 20 Deutsch-polnische Erinnerungsorte, Schöningh, Paderborn 2018.

Knigge, Volkhard/Frei, Norbert (Hg.), Verbrechen erinnern. Die Auseinandersetzung mit Holocaust und Völkermord, Bundeszentrale für politische Bildung, Bonn 2005.

Koch, Jörg, Dass du nicht vergessest der Geschichte. Staatliche Gedenk- und Feiertage in Deutschland von 1871 bis heute, Wissenschaftliche Buchgesellschaft, Darmstadt 2019.

Lehnert, Detlef/Megerle, Klaus, Politische Identität und nationale Gedenktage. Zur politischen Kultur in der Weimarer Republik, VS Verlag für Sozialwissenschaften, Wiesbaden 1989.

Müller, Winfried (Hg.), Das historische Jubiläum. Genese, Ordnungsleistung und Inszenierungsgeschichte eines institutionellen Mythos, Münster 2004.

Pethes, Nicolas/Jens Ruchatz (Hg.), Gedächtnis und Erinnerung. Ein interdisziplinäres Lexikon, Reinbek bei Hamburg 2001.

Praxis Geschichte Heft 5/2017: Politische Gedenk- und Feiertage, Westermann, Braunschweig 2017.

Schiller, Dietmar, Die inszenierte Erinnerung. Politische Gedenktage im öffentlich-rechtlichen Fernsehen der Bundesrepublik Deutschland zwischen Medienereignis und Skandal, Lang, Frankfurt am Main, 1993.

Zeittafel

Zu „China und die imperialistischen Mächte"

16. – 11. Jh.	Shang-Dynastie: hochentwickelte Bronzetechnik
11. Jh. – 256	Zhou-Dynastie mit Himmelskult
551 – 479	Lebzeiten Konfuzius'
221 – 206	Qin-Dynastie: Reichseinigung, Kaisertitel
206 v. Chr. – 220 n. Chr.	Han-Dynastie: Papierherstellung; staatliche Anerkennung des Konfuzianismus
220 – 589	Zerfall in Teilreiche; erste Druckverfahren; Verbreitung des Buddhismus
589 – 907	Sui- und Tang-Dynastie: Porzellanherstellung; Beamtenprüfung
907 – 960	Zerfall in Teilreiche
960 – 1271	Song-Dynastie: wirtschaftliche und kulturelle Blütezeit; Neokonfuzianismus
1271 – 1368	Yuan-Dynastie (Mongolen): Marco Polo in China
1368 – 1644	Ming-Dynastie
1405 – 1433	Fahrten des Zheng He in den Indischen Ozean
1601	Jesuiten beginnen in Beijing zu missionieren.
1644 – 1911	**Qing-Dynastie (Mandschuren)**
1720	Tibet wird chinesisches Protektorat.
1729	Opiumverbot durch Yongzheng-Kaiser
1792/93	Britische Gesandtschaft unter Lord Macartney in China
1839	Vernichtung von Opium in Kanton durch den Beauftragten des Kaisers Lin Zexu
1839 – 1842	Erster Opiumkrieg
1842	Vertrag von Nanjing, u. a. Abtretung von Hongkong an Großbritannien
1850	Bevölkerungszahl in China bei 430 Millionen
1850/51	Beginn des Taiping-Aufstandes und Ausrufung des Reiches „Taiping Tianguo"
1856 – 1858	Zweiter Opiumkrieg
1858	Vertrag von Tianjin (China, England, Frankreich, Russland und den USA)
1858	Vertrag von Aigun zwischen Russland und China
1860	Zerstörung des Sommerpalastes durch englische und französische Truppen; Konvention von Beijing
1861	Xianfeng-Kaiser stirbt; sein minderjähriger Sohn wird zum Tongzhi-Kaiser, als Regentin fungiert seine Mutter, die Kaiserinwitwe Cixi. Beginn der Selbststärkungsbewegung: Herstellung von moderner Waffentechnik, Schiffsbau; Gründung des *Zongli Yamen*, „Amt für auswärtige Beziehungen", unter Prinz Gong
1864	Niederschlagung Taiping-Aufstand
1870 – 1877	Aufstand der muslimischen Dunganen in Xinjiang
1875	Der Tongzhi-Kaiser stirbt. Sein Vetter wird Kaiser, Guangxu-Kaiser; die Regentschaft für den Minderjährigen liegt bei Kaiserinwitwe Cixi.
1876	Erste Eisenbahn in China
1876 – 1879	Hungersnot in Nordchina mit vielen Millionen Toten
1879	Höchststand der Opiumeinfuhr nach China
1884/85	Chinesisch-Französischer Krieg
1894/95	Chinesisch-Japanischer Krieg; im Vertrag von Shimonoseki muss China Taiwan an Japan abtreten; Korea wird unabhängig.

Zeittafel

1897	Deutschland besetzt Qingdao.
1898	11. Juni: Guangxu-Kaiser leitet die Hundert-Tage-Reformen ein.
	20. September: Kaiserinwitwe Cixi stellt Guangxu-Kaiser unter lebenslangen Hausarrest und macht die Reformen rückgängig.
1899	US-Außenminister John Hay veröffentlicht *Open Door Note*, mit der China dazu verpflichtet werden soll, allen imperialistischen Mächten automatisch die gleichen Privilegien in China zuzugestehen. Faktisch war dies schon länger übliche Praxis zwischen China und den imperialistischen Mächten.
	In Shandong verübt die Bewegung der chinesischen „Boxer" (*Yihetuan*) Angriffe auf westliche Einrichtungen und auf Missionare.
1900	Der „Boxeraufstand" weitet sich aus und wird nun von der Qing-Regierung unterstützt.
	Juni: „Boxer" besetzen das Gesandtschaftsviertel in Beijing.
	20. Juni: Der deutsche Gesandte Freiherr von Ketteler wird von Aufständischen erschossen.
	August: Eine Allianz aus acht Mächten schickt 20 000 Soldaten nach Beijing und schlägt den Aufstand nieder.
	Nach der Niederschlagung kommt es zu weiteren Plünderungen und Gräueltaten durch auswärtige Soldaten.
1901	September: Im „Boxerprotokoll" wird China zu hohen Reparationszahlungen und symbolischen Sühneaktionen verpflichtet.
1902/03	Kaiserinwitwe Cixi beginnt mit der „Neuen Politik" und setzt Reformen in Gang: Verfassung soll erarbeitet werden, Schulen werden eingerichtet usw.
1904/05	Russisch-Japanischer Krieg in der Mandschurei
1905	Gründung „Revolutionsbund" im Exil in Japan unter Führung des Arztes Sun Yatsen mit dem Ziel, die Qing-Regierung zu stürzen und eine Republik zu errichten.
	Das zentrale Beamtenprüfungsverfahren wird abgeschafft.
1908	Kaiserinwitwe Cixi stirbt; Guangxu-Kaiser stirbt; der dreijährige Pu Yi wird Kaiser.
1911	10. Oktober: In Wuchang rebellieren Truppen und rufen die Republik aus. Provinzen schließen sich schrittweise an.
	29. Dezember: Sun Yatsen wird Präsident einer provisorischen Regierung.
1912	Absprachen zwischen Sun Yatsen und dem Qing-General Yuan Shikai zur Beendigung der Qing-Herrschaft.
	12. Februar: Kaiser Pu Yi dankt ab.
	15. Februar: Yuan Shikai wird Präsident.

ab 1912	**Republik China**
1913	Parlamentswahlen bringen Erfolg für Sun Yatsen und die Guomindang, Nachfolgeorganisation des Revolutionsbundes. Yuan Shikai löst das Parlament auf und geht zu Diktatur über. Sun Yatsen geht ins Exil nach Japan.
1915	Yuan Shikai ernennt sich zum Kaiser.
1916	Yuan Shikai stirbt.
1916 – 1928	Bürgerkrieg in China durch verschiedene Warlords
1921	Gründung der kommunistischen Partei Chinas
1925	Sun Yatsen stirbt, sein Nachfolger wird Chiang Kai-shek.
1926/27	Erfolgreicher Nordfeldzug der Guomindang, Unterdrückung der Kommunisten
1929 – 1949	Kampf der Guomindang und der Kommunisten um die Vorherrschaft in China

ab 1949	**Volksrepublik China**
	Gründung der kommunistischen Volksrepublik China unter Mao Zedong.
	Guomindang flieht nach Taiwan, dort besteht die Republik China weiter.

Zur Weimarer Republik

1918
- 8. Januar: „14 Punkte" des amerikanischen Präsidenten Wilson
- 29. Januar: Oberste Heeresleitung fordert sofortigen Waffenstillstand
- 3. Oktober: Bildung der Regierung Max von Baden unter Beteiligung von SPD, Zentrum und Liberalen
- 28. Oktober: Parlamentarisierung durch Änderung der Reichsverfassung
- 3. November: Beginn des Matrosenaufstandes in Kiel
- 9. November: Revolution in Berlin: Abdankung des Kaisers, Friedrich Ebert (SPD) wird Reichskanzler; Scheidemann und Liebknecht rufen die Republik aus.
- 10. November: Bildung des Rates der Volksbeauftragten aus SPD und USPD, Abmachung zwischen Regierung und Oberster Heeresleitung („Ebert-Groener-Pakt")
- 11. November: Unterzeichnung des Waffenstillstands in Compiègne
- 15. November: „Zentralarbeitsgemeinschafts-Abkommen" zwischen Gewerkschaften und Unternehmerverbänden
- 16.–20. Dezember: Reichsrätekongress in Berlin beschließt Wahlen zur Nationalversammlung.
- 23. Dezember: Meuterei der Volksmarinedivision in Berlin
- 28./29. Dezember: Austritt der USPD aus dem Rat der Volksbeauftragten
- 30. Dezember: Gründung der KPD

1919
- 5.–11. Januar: „Spartakusaufstand" in Berlin
- 15. Januar: Ermordung Karl Liebknechts und Rosa Luxemburgs
- 18. Januar: Eröffnung der Friedenskonferenz in Paris
- 19. Januar: Wahlen zur Nationalversammlung
- 6. Februar: Eröffnung der Nationalversammlung in Weimar
- 1. Februar: Wahl Friedrich Eberts zum Reichspräsidenten
- 13. Februar: Regierung Scheidemann mit den Parteien der „Weimarer Koalition"
- 28. Juni: Unterzeichnung des Friedensvertrags in Versailles

1920
- 13.–17. März: Kapp-Lüttwitz-Putsch
- März bis Mai: Kommunistische Aufstände im Ruhrgebiet und in Mitteldeutschland
- 6. Juni: Reichstagswahl
- 16. Oktober: Spaltung der USPD
- 4.–7. Dezember: Vereinigung des linken Flügels der USPD mit der KPD

1921
- Januar bis März: Reparationskonferenzen in Paris und London
- März: Kommunistische Aufstände in Sachsen, Hamburg und im Ruhrgebiet
- 20. März: Volksabstimmung in Oberschlesien über die Zugehörigkeit zu Deutschland oder Polen
- 5. Mai: Festsetzung der Reparationsschuld auf 132 Mrd. Goldmark
- 26. August: Ermordung Matthias Erzbergers durch Rechtsextremisten
- 12. Oktober: Teilung Oberschlesiens durch Völkerbund beschlossen

1922
- 16. April: Vertrag von Rapallo zwischen Deutschland und der Sowjetunion
- 24. Juni: Ermordung Walther Rathenaus durch Rechtsextremisten
- 24. September: Vereinigung der Rest-USPD mit der SPD

1923
- 11. Januar: Besetzung des Ruhrgebiets durch französische und belgische Truppen
- 13. Januar: Verkündung des passiven Widerstands
- 26. September: Abbruch des passiven Widerstands, Verhängung des Ausnahmezustands im Reich
- Oktober/November: Separatistische Bestrebungen im Rheinland und in der Pfalz
- 21. Oktober: Reichsexekution gegen Sachsen
- 8./9. November: Hitler-Putsch in München
- 15. November: Einführung der Rentenmark

1924
- 1. April: Hitler zu 5 Jahren Festungshaft wegen Hochverrats verurteilt
- 9. April: Dawes-Plan: jährliche deutsche Reparationszahlungen von 2,5 Mrd. Mark
- 4. Mai: Reichstagswahlen
- 29. August: Annahme des Dawes-Plans durch den Reichstag
- 7. Dezember: Reichstagswahlen
- 17. Dezember: Vorzeitige Entlassung Hitlers aus der Haft

1925
- 28. Februar: Tod von Reichspräsident Friedrich Ebert

	26. April:	Hindenburg wird im zweiten Wahlgang mit 48,3 % zum Reichspräsidenten gewählt.
	14. Juli–1. August:	Räumung des Ruhrgebiets von alliierten Truppen
	5.–16. Oktober:	Konferenz von Locarno
1926	5. Mai:	Flaggenverordnung Hindenburgs: deutsche Auslandsvertretungen dürfen neben der Reichsflagge Schwarz-Rot-Gold auch die Handelsflagge Schwarz-Weiß-Rot zeigen.
	8. September:	Aufnahme Deutschlands in den Völkerbund
	10. Dezember:	Stresemann erhält den Friedensnobelpreis.
1927	31. Januar:	Rückzug der interalliierten Militärkommission zur Kontrolle der Rüstung aus Deutschland
	16. Juli:	Annahme Gesetz über Arbeitslosenversicherung und Arbeitsvermittlung im Reichstag
1928	20. Mai:	Reichstagswahl
	28. Juni:	Kabinett der Großen Koalition unter Hermann Müller (SPD)
1929	9. Februar–7. Juni:	Pariser Konferenz zur Revision der Reparationsregelungen (Young-Plan)
	1. Mai:	Kommunistische Unruhen in Berlin
	3. Oktober:	Tod Gustav Stresemanns
	24. Oktober:	Schwarzer Freitag an der New Yorker Börse
	22. Dezember:	Scheitern des Volksbegehrens gegen den Young-Plan
1930	20. Januar:	Reichsregierung unterzeichnet Young-Plan.
	23. Januar:	Erste Beteiligung der NSDAP an einer Landesregierung in Thüringen
	27./28. März:	Rücktritt des Kabinetts Müller und Ernennung Heinrich Brünings zum Reichskanzler einer Präsidialregierung
	30. Juni:	Räumung des Rheinlands durch alliierte Truppen abgeschlossen
	14. September:	Reichstagswahl mit starken Stimmengewinnen der NSDAP
	19. Oktober:	Beginn der Tolerierungspolitik der SPD mit Ablehnung eines Misstrauensantrags gegen die Regierung Brüning
1931	20. Juni:	Einjähriges Moratorium für alle Reparations- und Kriegsschuldzahlungen (Hoover-Moratorium)
	13. Juli:	Beginn der Bankenkrise
	9. August:	Scheitern des von DNVP, NSDAP und KPD unterstützten Stahlhelm-Volksbegehrens zur Auflösung des Preußischen Landtags (36,9 % der Wahlberechtigten stimmen dafür)
1932	Februar:	Höhepunkt der Arbeitslosigkeit: 6,13 Millionen
	10. April	Wiederwahl Hindenburgs zum Reichspräsidenten im zweiten Wahlgang mit 53 % (Hitler 37 %, Thälmann [KPD] 10 %)
	13. April:	Verbot von SA und SS
	30. Mai/1. Juni:	Entlassung Brünings durch Hindenburg: Franz von Papen neuer Reichskanzler
	14. Juni:	Aufhebung des SA- und SS-Verbots
	16. Juni–9. Juli:	Konferenz von Lausanne: endgültige Streichung der Reparationsverpflichtungen
	20. Juli:	Staatsstreich von Papens gegen die geschäftsführende preußische Regierung, Papen wird Reichskommissar für Preußen
	31. Juli:	Reichstagswahlen
	13. August:	Hindenburg lehnt Hitlers Forderung auf Ernennung zum Reichskanzler ab.
	12. September:	Misstrauensvotum gegen Regierung wird im Reichstag mit 512 gegen 42 Stimmen angenommen; daraufhin Auflösung des Reichstags.
	6. November:	Reichstagswahlen
	2. Dezember:	Ernennung von Schleichers zum Reichskanzler
1933	4. Januar:	Besprechung von Papens mit Hitler im Haus des Bankiers von Schröder in Köln zum Sturz Schleichers; Beginn der Verhandlungen um ein neues Präsidialkabinett
	28. Januar:	Rücktritt Schleichers, nachdem Hindenburg ihm sein Vertrauen entzogen hat
	30. Januar:	Präsidialkabinett Hitler wird ernannt.

Die Präsidenten der USA

	Präsident	Amtszeit	Partei
1	George Washington	1789–1797	–
2	John Adams	1797–1801	*Federalist*
3	Thomas Jefferson	1801–1809	*Democratic-Republican*
4	James Madison	1809–1817	*Democratic-Republican*
5	James Monroe	1817–1825	*Democratic-Republican*
6	John Quincy Adams	1825–1829	*Democratic-Republican*
7	Andrew Jackson	1829–1837	Demokrat
8	Martin van Buren	1837–1841	Demokrat
9	William Harrison	1841 (gest.)	*Nat. Republican (Whig)*
10	John Tyler	1841–1845	*Nat. Republican (Whig)*
11	James K. Polk	1845–1849	Demokrat
12	Zachary Taylor	1849–1850 (gest.)	*Nat. Republican (Whig)*
13	Millard Fillmore	1850–1853	*Nat. Republican (Whig)*
14	Franklin Pierce	1853–1857	Demokrat
15	James Buchanan	1857–1861	Demokrat
16	Abraham Lincoln	1861–1865 (erm.)	Republikaner
17	Andrew Johnson	1865–1869	Republikaner
18	Ulysses S. Grant	1869–1877	Republikaner
19	Rutherford B. Hayes	1877–1881	Republikaner
20	James A. Garfield	1881 (erm.)	Republikaner
21	Chester A. Arthur	1881–1885	Republikaner
22	Grover Cleveland	1885–1889	Demokrat
23	Benjamin Harrison	1889–1893	Republikaner
24	Grover Cleveland	1893–1897	Demokrat
25	William McKinley	1897–1901 (erm.)	Republikaner
26	Theodore Roosevelt	1901–1909	Republikaner
27	William H. Taft	1909–1913	Republikaner
28	Woodrow Wilson	1913–1921	Demokrat
29	Warren J. Harding	1921–1923 (gest.)	Republikaner
30	Calvin Coolidge	1923–1929	Republikaner
31	Herbert C. Hoover	1929–1933	Republikaner
32	Franklin D. Roosevelt	1933–1945 (gest.)	Demokrat
33	Harry S. Truman	1945–1953	Demokrat

	Präsident	Amtszeit	Partei
34	Dwight D. Eisenhower	1953–1961	Republikaner
35	John F. Kennedy	1961–1963 (erm.)	Demokrat
36	Lyndon B. Johnson	1963–1969	Demokrat
37	Richard M. Nixon	1969–1974 (Rück.)	Republikaner
38	Gerald R. Ford	1974–1977	Republikaner
39	Jimmy Carter	1977–1981	Demokrat
40	Ronald Reagan	1981–1989	Republikaner
41	George Bush	1989–1993	Republikaner
42	Bill Clinton	1993–2001	Demokrat
43	George W. Bush	2001–2009	Republikaner
44	Barack Obama	2009–2017	Demokrat
45	Donald Trump	2017–2021	Republikaner
46	Joe Biden	2021–	Demokrat

Die Staaten der USA nach Beitrittsdatum

Staat	Abk.	Aufnahmedatum
1. Delaware	DE	7.12. 1787
2. Pennsylvania	PA	12.12. 1787
3. New Jersey	NJ	18.12. 1787
4. Georgia	GA	2.1. 1788
5. Connecticut	CT	9.1. 1788
6. Massachusetts	MA	6.2. 1788
7. Maryland	MD	28.4. 1788
8. South Carolina	SC	23.5. 1788
9. New Hampshire	NH	21.6. 1788
10. Virginia	VA	25.6. 1788
11. New York	NY	26.7. 1788
12. North Carolina	NC	21.11. 1788
13. Rhode Island	RI	29.5. 1790
14. Vermont	VT	4.3. 1791
15. Kentucky	KY	1.6. 1792
16. Tennessee	TN	1.6. 1796
17. Ohio	OH	1.3. 1803
18. Louisiana	LA	30.4. 1812
19. Indiana	IN	11.12. 1816
20. Mississippi	MS	10.12. 1817
21. Illinois	IL	3.12. 1818
22. Alabama	AL	14.12. 1819
23. Maine	ME	15.3. 1820
24. Missouri	MO	10.8. 1821
25. Arkansas	AR	15.6. 1836
26. Michigan	MI	26.1. 1837
27. Florida	FL	3.3. 1845
28. Texas	TX	29.12. 1845
29. Iowa	IA	18.12. 1846
30. Wisconsin	WI	29.5. 1848
31. California	CA	9.9. 1850
32. Minnesota	MN	11.5. 1858
33. Oregon	OR	14.2. 1859
34. Kansas	KS	29.1. 1861
35. West Virginia	WV	20.6. 1863
36. Nevada	NV	31.10. 1864
37. Nebraska	NE	1.3. 1867
38. Colorado	CO	1.8.1876
39. North Dakota	ND	2.11. 1889
40. South Dakota	SD	2.11. 1889
41. Montana	MT	8.11. 1889
42. Washington	WA	11.11. 1889
43. Idaho	ID	3.7. 1890
44. Wyoming	WY	10.7. 1890
45. Utah	UT	4.1. 1896
46. Oklahoma	OK	16.1. 1907
47. New Mexico	NM	6.1. 1912
48. Arizona	AZ	14.2. 1912
49. Alaska	AK	3.1. 1959
50. Hawaii	HI	21.8. 1959

Begriffslexikon

Absolutismus: Herrschaftsform des 17./18. Jh. mit einem starken Monarchen an der Spitze, der nach zentralisierter Macht und unbeschränkter Herrschaft strebt, welche er von Gott herleitet; er stützt sich auf Bürokratien und stehende Heere. Hauptvertreter: Frankreich unter Ludwig XIV. (1661–1715).

Adel: Bis um 1800 war der Adel in Europa die mächtigste Führungsschicht mit erblichen Vorrechten, politischen und militärischen Pflichten, mit Standesbewusstsein und besonderen Lebensformen. Adel war meist verbunden mit Grundbesitz und daraus begründeten Herrschafts- und Einkommensrechten (Grundherrschaft). Obwohl gesellschaftlich zur sozialen Oberschicht gehörend, konnte der Landadel wirtschaftlich z.T. zur Mittelschicht gehören.

Anti-Föderalisten: Politische Gruppe, die sich während der Verfassungsberatungen in den USA herausbildete und für weitgehende Rechte für die Einzelstaaten eintrat. Die Zentralgewalt sollte möglichst eingeschränkt und kontrolliert bleiben. Außerdem sollten die Freiheitsrechte des Einzelnen Vorrang haben. Die Gruppe setzte sich für eine frankreichfreundliche Außenpolitik ein. Ihr wichtigster Vertreter war Thomas Jefferson.

Artikel 48: Der berühmt-berüchtigte Artikel 48 der Weimarer Reichsverfassung regelte in Absatz 1 die Durchführung einer „Bundesexekution" gegen ein einzelnes Land, das seine Pflichten nicht erfülle, und in Absatz 2 den Erlass von Notverordnungen durch den Reichspräsidenten für den Fall, dass „die öffentliche Sicherheit und Ordnung erheblich gestört oder gefährdet" werde; in diesem Fall durften auch vorübergehend Grundrechte außer Kraft gesetzt werden. Der Reichstag musste von den Maßnahmen unverzüglich unterrichtet werden und sie waren auf sein Verlangen hin außer Kraft zu setzen. Das eigentlich vorgesehene Gesetz, das genauere Bestimmungen über die Durchführung des Artikels enthalten sollte, wurde nie erlassen; ein Versuch scheiterte 1926 an dem Widerstand des Reichspräsidenten Hindenburg, der sich hierdurch nicht festlegen lassen wollte. Angewendet wurde der Artikel in Krisenzeiten der Weimarer Republik, so etwa 1923; vor allem die Tatsache, dass er seit 1930 fast zur alleinigen Grundlage der Gesetzgebung und damit zur Basis der Präsidialregierung wurde, trug zu seiner Diskreditierung bei.

Aufklärung: Im umfassenden Sinne ist die Aufklärung eine europäische Geistesbewegung des 17.–18. Jh., die Kritik an den überkommenen transzendental begründeten religiösen und politischen Autoritäten übt; diese sollen ersetzt werden durch neue immanente Grundwerte wie irdisches Glück, Nützlichkeit, Humanität, Freiheit, Perfektibilität, die sich aus der menschlichen Vernunft und den Sinneserfahrungen ergeben. Mittel zur Durchsetzung waren vor allem Wissenschaft und Erziehung.

Autokratie: Sie vereint als Staats- bzw. Regierungsform alle Kompetenzen des politischen Systems in einer zentralen Kraft und sieht in keiner Weise die Beteiligung des Volkes an der Staatsgewalt vor. Als Autokratien gelten u. a. die absolute Monarchie und die Diktatur.

„Barbaren": Nach traditioneller chinesischer Auffassung lebten außerhalb des Kaiserreiches China nach Himmelsrichtungen geordnet die Völker der „Vier Barbaren". Der Kaiser Chinas hatte die Aufgabe, sie zu kontrollieren. Die von „Barbaren" erwünschte Haltung gegenüber China hieß wörtlich „kommen, um sich wandeln zu lassen"; dazu gehörten Tributzahlungen. Auch in Europa wurde der Begriff verwendet. Hier hatte er meist eine herabsetzende Bedeutung und bezeichnete Menschen, die außerhalb der europäischen Bezugskultur lebten. Sie galten als „unzivilisiert" und „ungebildet".

Beamtenprüfungen: Das Prüfungssystem diente der Ausbildung und Auswahl von Beamten im chinesischen Kaiserreich vom 6. bis zum 20. Jh. Die Anwärter erwarben in jahrelangen Studien vor allem Kenntnisse der Schriften des Konfuzius. Im Rahmen von mehrtägigen Prüfungen mussten sie am Ende Aufsätze zu Themen der chinesischen Geschichte und Kultur verfassen, die sich streng an formalen Kriterien (Versmaß etc.) zu orientieren hatten. Die Absolventen waren deshalb eine Mischung aus Beamten und Gelehrten („Beamtengelehrte").

Bolschewiki: (russ. = Mehrheitler) Revolutionäre Kaderpartei, die streng von oben nach unten organisiert war und den Anspruch hatte, dass ihre Mitglieder wichtige Posten in allen Massenorganisationen innehaben, um die verschiedenen gesellschaftlichen Schichten auf den Weg des Sozialismus zu führen.

„Boxeraufstand": Der Aufstand ging 1899 von der „Boxerbewegung" aus, die in China unter dem Namen „In Rechtschaffenheit vereinte Milizen" (*Yihetuan*) bekannt ist. Die Bewegung aus in erster Linie verarmten Bauern entstand in Nord-Shandong und verübte gewaltsame Aktionen sowohl gegen westliche koloniale Einrichtungen als auch gegen Missionare und chinesische Christen. Der Aufstand dehnte sich schließlich bis in das Diplomatenviertel von Beijing aus, das die „Boxer" belagerten. Die Bewegung wurde dabei von der Qing-Regierung unterstützt. Der Aufstand wurde von einer Allianz aus acht auswärtigen Mächten niedergeschlagen. Dabei kam es auch zu brutalen Racheaktionen durch Soldaten des

Bündnisses gegen die Aufständischen. Im „Boxer-Protokoll" wurde China u. a. zu hohen Entschädigungen und Sühneaktionen gezwungen.

Bund der Revolutionäre: Vereinigung von Gegnern der Qing-Herrschaft, die 1905 unter Führung des Arztes Sun Yatsen in Japan im Exil aus verschiedenen Teilgruppen gegründet wurde. Die Allianz sammelte Geld und verbreitete ihre Ideen, um einen Sturz der Qing und die Gründung einer Republik herbeizuführen.

Bürger/Bürgertum: In Mittelalter und Früher Neuzeit vor allem die freien und vollberechtigten Stadtbewohner, insbesondere die städtischen Kaufleute und Handwerker; im 19./20. Jh. die Angehörigen einer durch Besitz, Bildung und spezifische Einstellungen gekennzeichneten Schicht, die sich von Adel, Klerus, Bauern und Unterschichten (einschließlich Arbeitern) unterschied. Staatsbürger meint alle Einwohner eines Staates, ungeachtet ihrer sozialen Stellung.

Bürgerkrieg: Bewaffnete Auseinandersetzung zwischen verschiedenen (politischen) Gruppen innerhalb der eigenen Staatsgrenzen. Bürgerkriege werden oft geführt, um politische oder gesellschaftliche Verhältnisse gewaltsam zu verändern.

Bürokratie: Organisation und Verwaltung eines Staates durch fachlich spezialisierte und geschulte Beamte und Angestellte.

checks and balances: (wörtl.: Kontrollen und Gegengewichte) Bezeichnung für das US-amerikanische Verständnis vom System der Gewaltenteilung. Demnach werden Exekutive, Legislative und Judikative – Präsident/Regierung, Kongress (Senat und Repräsentantenhaus) und Oberstes Bundesgericht – als voneinander unabhängige, aber nicht als absolut getrennte Bereiche betrachtet. Durch ein umfassendes System der Kontrollen und Gegengewichte beeinflussen sie sich wechselseitig.

Christentum: Weltreligion, die sich aus dem Judentum entwickelt hat; gegründet auf Jesus Christus (der erstmalig als der jüdische Wanderprediger Jesus von Nazareth um 28–30 n. Chr. auftrat und in Jerusalem hingerichtet wurde), sein Leben und seine Lehre. Der Apostel Paulus trug zu einer raschen Ausbreitung des Christentums im Römischen Reich bei, bis es 313 vom ersten römischen Kaiser Konstantin anerkannt wurde. Im Jahr 1054 gab es eine große Glaubensspaltung in die lateinische Westkirche (römisch-katholische Kirche) und die griechische Ostkirche (orthodoxe Kirche), die das Christentum bis heute prägt.

Dawes-Plan: Der 1923/24 von einer unabhängigen Expertenkommission unter Leitung des amerikanischen Bankiers Charles G. Dawes erarbeitete Plan sah eine vorläufige Regelung der Reparationsfrage vor. Weder die Gesamtsumme der deutschen Leistungen noch ihre zeitliche Dauer wurden festgelegt. Für die ersten Jahre waren mäßige Zahlungen vorgesehen, was das wirtschaftlich schwer angeschlagene Deutschland entlastete, ab 1928/29 sollten dann jährlich 2,5 Milliarden Mark gezahlt werden. Zur Sicherung war eine internationale Kontrolle über Reichsbank und Reichsbahn geplant, und es war genau vorgeschrieben, aus welchen Quellen die Gelder genommen werden sollten. Der in Berlin amtierende „Reparationsagent" sollte bei dem Transfer außerdem auf die Stabilität der deutschen Währung achten. Nach der Zustimmung des Reichstages trat der Plan am 1. September 1924 in Kraft. Er wurde 1929 durch den Young-Plan (s. u.) abgelöst.

Deflationspolitik: „Deflation" – der Gegenbegriff ist „Inflation" – meint die Verminderung der Geldmenge, verbunden mit einem Sinken des Preisniveaus. Die Regierung Brüning versuchte durch ihre Deflationspolitik nicht nur eine Inflation zu vermeiden, sondern auch ihr eigentliches Ziel, die Streichung der Reparationen, zu erreichen. Zu den wichtigsten Maßnahmen gehörten die Sanierung der öffentlichen Haushalte durch eine drastische Kürzung von Staatsausgaben, die Senkung der Preise, Gehälter und Sozialleistungen, die Erhöhung von Steuern und Abgaben. Die Absicht, durch Senkung von Sozialabgaben und Löhnen auch das Kostenniveau der Unternehmen und somit die Preise der Waren zu senken, um auf dem Weltmarkt konkurrenzfähiger zu werden, wurde nicht erreicht, weil andere Länder zu ähnlichen Mitteln griffen. So wirkte die Deflationspolitik in Deutschland krisenverschärfend.

Dekolonisation: Die einvernehmlich oder gewaltsam erlangte Aufhebung der Kolonialherrschaft. Die Länder Lateinamerikas erlangten in der Regel Anfang des 19. Jh. ihre Unabhängigkeit. Das Ende des Kolonialismus in Asien und Afrika begann dagegen, nach Ansätzen in der ersten Hälfte des 20. Jh., vor allem nach 1945.

Dhimmi (Sg.): Schutzbefohlener; nicht-muslimischer Bewohner unter islamischer Herrschaft; der Begriff bezog sich allerdings nur auf die Angehörigen einer Buchreligion (Jude, Christ, Zoroastrier). Ein Dhimmi musste der Obrigkeit eine Kopfsteuer entrichten (*dschizya*); dafür erhielt er insbesondere das Recht, seine Religion weiter ausüben zu können.

Diktatur: Ein auf Gewalt beruhendes, uneingeschränktes Herrschaftssystem eines Einzelnen, einer Gruppe oder Partei. In modernen Diktaturen ist die Gewaltenteilung aufgehoben; alle Lebensbereiche werden staatlich überwacht; jegliche Opposition wird unterdrückt. Typische Merkmale von Diktaturen im 20. Jh. sind staatliche Propaganda mit Aufbau von Feindbildern sowie Abschaffung der Meinungs- und Pressefreiheit; politische Machtmittel sind die Androhung und/oder Ausübung von Terror und Gewalt.

Direktorium: (franz. *Directoire*) Französische Regierung vom 26. Oktober 1795 bis zum 10. November 1799, die vom „Rat der Fünfhundert" gewählte kollektive Exekutive von fünf „Direktoren". Im übertragenen Sinne die ganze Revolutionsphase von 1795 bis 1799.

„Dolchstoßlegende": Die „Dolchstoßlegende" ist eine große Propagandalüge und wirkmächtiger Mythos der Weimarer Republik. Nationalisten behaupteten, der Erste Weltkrieg sei nicht militärisch verloren gegangen, das deutsche Heer sei im Felde unbesiegt geblieben und „von hinten erdolcht" worden. Friedensinitiativen, Streiks und politische Unruhen in der Heimat hätten die deutsche Armee zur Kapitulation gezwungen.

Dritter Stand: (franz. *Tiers État*) Nach dem Staatsrecht des französischen Ancien Régime Sammelbegriff für die gesamte politische Bevölkerung außer Geistlichkeit und Adel. Zugleich die Vertretung dieser Bevölkerung auf den Generalständen, bis 1614 ein Drittel der Ständevertreter insgesamt, 1789 auf die Hälfte vergrößert. Letzteres war ein Zugeständnis der Regierung an die politische Aufklärung, die den Begriff des „Tiers État" dem der Nation annäherte.

Dschihad: In allgemeiner Bedeutung „Anstrengung auf dem Wege Gottes", „zielgerichtetes Bemühen"; in spezieller Bedeutung auch der bewaffnete Kampf des Muslims zur Verbreitung und Sicherung islamischen Glaubens.

Encomienda: (span. Anvertrauung) Das Encomienda-System wurde 1503 von Königin Isabella I. von Kastilien eingeführt. Dabei wurden den Konquistadoren sehr große Landgüter mitsamt der darin lebenden indigenen Bevölkerung anvertraut. Der Besitzer einer Encomienda konnte über die Arbeitskraft „seiner" Indigenen frei verfügen und war für deren Schutz und Missionierung zum christlichen Glauben zuständig. Die Indigenen wurde oft unter unmenschlichen Arbeitsbedingungen in der Hauswirtschaft, in den Gold- und Silberminen, auf den Plantagen oder beim Perlentauchen eingesetzt.

Erinnerungskultur: Sammelbegriff für die Gesamtheit des nicht spezifisch wissenschaftlichen Gebrauchs der Geschichte in der Öffentlichkeit mit den verschiedensten Mitteln und für die verschiedensten Zwecke, im weiteren Sinne Oberbegriff für alle denkbaren Formen der bewussten Erinnerung an historische Ereignisse, Persönlichkeiten und Prozesse.

Ethnogenese: Der Begriff beschreibt und erklärt die Entstehung kollektiver Identitäten bei Gruppen: In einem komplexen sozialen Prozess entsteht vor allem durch Selbstzuschreibungen und durch die Konstruktion eigener Abstammungsgeschichten eine spezifische Gruppenidentität.

Eugenik: Die Lehre von der Erbgesundheit. Ziel eugenischer Maßnahmen ist es, mithilfe genetischer Erkenntnisse „günstige" Erbanlagen zu fördern und „ungünstige" einzuschränken. Eugenik war in den 1920er-Jahren ein Bestandteil sexual- und bevölkerungspolitischer Debatten in allen politischen Lagern. Nach 1933 führte die Umsetzung eugenischer Überzeugungen zu Zwangssterilisationen und zur „Euthanasiepolitik" der Nationalsozialisten, der etwa 200 000 Menschen zum Opfer fielen.

Expansion: Ausdehnung, Ausbreitung. Die Expansion eines Staates hat die Vergrößerung des Staatsgebietes zulasten anderer Staaten zum Ziel, dies geschieht meist in Form der Kolonisation. Die europäische Expansion zu Beginn der Neuzeit stellt ein zentrales Ereignis der Weltgeschichte dar, in deren Verlauf zuerst Spanien und Portugal und später weitere europäische Mächte Kolonialreiche in außereuropäischen Gebieten gründeten.

Föderalisten: Politische Gruppe, die sich im Zuge der Verfassungsberatungen herausbildete und für eine starke Zentralgewalt und eine pro-britische Außenpolitik eintrat. Formuliert wurde das Programm von Alexander Hamilton, James Madison und John Jay in den „Federalist Papers".

Freizeit: Erscheinung der arbeitsteiligen Industriegesellschaften, zu deren charakteristischen Merkmalen die Unterscheidung von „Arbeitszeit" und „arbeitsfreier Zeit" gehört. Dabei lässt sich die „freie Zeit" relativ leicht objektiv messen, sofern die Arbeit an einem z. B. vom Haushalt getrennten Ort durchgeführt wird. „Freie Zeit" entstand durch die Verkürzung gewerblicher Arbeitszeit und die Erleichterung der Hausarbeit vor allem seit Ende des 19. Jahrhunderts. Freizeit als sozialwissenschaftlicher Begriff hingegen ist anders zu fassen als der Begriff der „freien Zeit", da nicht alles als Freizeit definiert werden kann. Reisen z. B. kann für den Arbeiter eine Freizeitbeschäftigung sein, für den Reiseschriftsteller aber Arbeit.

Generalstände: (franz. *États généraux*) Beratende Vollversammlung der drei Stände des Königreichs (Geistlichkeit, Adel, Dritter Stand), seit Anfang des 14. Jh. vom König zur Akklamation (d. h. Zustimmung durch Zuruf) und Steuerbewilligung unregelmäßig einberufen, vor 1789 zuletzt 1614. In Form der Beschwerdehefte („*Cahiers de doléances*") überbrachten sie dem König die Klagen und Reformwünsche der von ihnen vertretenen Bevölkerungsschichten.

Geschichtsbewusstsein: Geschichtliche Erinnerung einer Kultur, einer Gruppe oder eines Einzelnen.

Geschichtskultur: Gesamtheit der Erscheinungsformen von Geschichtswissen und dem Umgang mit diesen in einer Gesellschaft.

Gewaltenteilung: Trennung zwischen den drei Staatsorganen Legislative (Parlament), Exekutive (Verwaltung einschließlich Regierung) und Judikative (Rechtsprechung). Mit der Gewaltenteilung soll der Einfluss einer Staatsgewalt auf die anderen begrenzt werden.

Grundrechte: Grund-, Menschen- und Bürgerrechte sind Rechte, die Freiheiten des Einzelnen gegenüber der Staatsgewalt sichern und als unbegrenzt gelten. Der Begriff Grundrechte betont ähnlich wie der der Bürgerrechte eher den territorialen Bezug und vermeidet den revolutionären Entstehungszusammenhang der Menschenrechte.

Guomindang (GMD): „Nationale Volkspartei"; 1912 zu Beginn der Republik China gegründet; von 1928–1949 Regierungspartei der Republik; nach dem Sieg der Kommunisten nach Taiwan vertrieben. Sie vertrat ein nationales und konservatives Programm. Wichtigste Führungspersonen waren Sun Yatsen als Revolutionär und Theoretiker (1866–1925) und Chiang Kai-shek (1887–1975) als Militärbefehlshaber und Regierungschef.

Harzburger Front: Am 11. Oktober 1931 versammelte sich in Bad Harzburg die „nationale Opposition" gegen die Regierung Brüning, bestehend aus DNVP, Stahlhelm, Teilen der DVP, vaterländischen Verbänden, NSDAP sowie prominenten Einzelpersonen wie dem früheren Reichsbankpräsidenten Hjalmar Schacht und dem ehemaligen Chef der Heeresleitung von Seeckt. Eine Großkundgebung mit riesigen Aufmärschen der paramilitärischen Verbände (vor allem Stahlhelm und SA) sollte die Kraft der antirepublikanischen Rechten demonstrieren. Intern gab es aber auch Konflikte, vor allem, da Hitler sich nicht von den anderen vereinnahmen lassen wollte, sondern auf seinen eigenständigen Führungsanspruch pochte.

Heiliger Krieg: Krieg oder Kampf, der aus einer Religion heraus begründet und damit gerechtfertigt wird, er würde im Namen Gottes geschehen. Der Begriff wurde im Christentum sehr üblich für die Kreuzzüge.

Identität: (lat. *idem* ‚derselbe', ‚dasselbe', ‚der Gleiche') Bezeichnet die Eigentümlichkeit im Wesen eines Menschen, die ihn kennzeichnet und ihn als Individuum von anderen unterscheidet.

Imperialismus: Gezielte Erweiterung und geplanter Ausbau des wirtschaftlichen, militärischen, politischen und kulturellen Macht- und Einflussbereichs eines Staates in der Welt. Der Zeitraum von ca. 1880 bis 1914 wird als „Hochimperialismus" bezeichnet, weil sich neben den europäischen Staaten auch die USA und Japan am Wettlauf um die Aufteilung der Welt beteiligten. Koloniale Verwaltungsstrukturen wurden überall gezielt ausgebaut.

Industrielle Revolution/Industrialisierung: Industrielle Revolution bezeichnet die Anschubphase eines tiefen wirtschaftlichen und gesellschaftlichen Wandels (Industrialisierung), der in England um 1770 einsetzte (in Deutschland ca. 1840–1870). Er dauert bis heute an. Merkmale der Industriegesellschaft sind:
– industrielle Produktionsweise mit neuen Energiequellen (zunächst Dampfkraft, dann Elektrizität), Maschinen, Fabrik, Arbeitsteilung, Wachstum des Sozialprodukts.
– Umverteilung der Erwerbstätigen von der Landwirtschaft in das Gewerbe und die Dienstleistungen.

Inflation: Anhaltender Prozess der Geldentwertung (Gegenbegriff: Deflation, s. o.) mit einem ständigen Anstieg des Preisniveaus. Dabei sinken das Vertrauen in die Währung und der Wert des Geldvermögens, während der Wert des Sachvermögens erhalten bleibt. Die Hyperinflation von 1923 hatte entgegen der Wahrnehmung der Zeitgenossen ihre Wurzeln in der Finanzierung des Krieges durch Kredite seit 1914.

Integration: Enge Kontakte zwischen der Minderheit und der Mehrheitsgesellschaft, die von gegenseitigem Respekt und Toleranz geprägt sind.

Kapitalismus: Wirtschaftsordnung, in der sich das Kapital in den Händen von Privatpersonen bzw. -personengruppen befindet (Kapitalisten und Unternehmer). Diesen stehen die Lohnarbeiter gegenüber. Der erwirtschaftete Gewinn geht wieder an den Unternehmer und führt zur Vermehrung des Kapitals. Die wichtigsten wirtschaftlichen Entscheidungen werden in den Unternehmen im Hinblick auf den Markt und die zu erwirtschaftenden Gewinne getroffen.

Klerus: Gesamtheit der Personen, die durch eine kirchliche Weihe in den Dienst der Kirche getreten sind (= Geistliche); besaßen bis ins 19. Jh. gesellschaftliche Vorrechte.

Kollektives Gedächtnis: Soziale Gruppen teilen Geschichten über die Vergangenheit, die für ihr gegenwärtiges Selbstbild relevant sind. Dieses Repertoire an Erzählungen bildet das kollektive Gedächtnis.

Kolonialismus: Errichtung von Handelsstützpunkten und Siedlungskolonien in militärisch und politisch schwächeren Ländern (vor allem in Asien, Afrika und Amerika) sowie deren Inbesitznahme durch überlegene Staaten (insbesondere Europas) seit dem 16. Jh. Die Kolonialstaaten verfolgten vor allem wirtschaftliche und machtpolitische Ziele. Er ging ca. 1880–1918 in das Zeitalter des Imperialismus (Hochimperialismus) über.

Kommunismus: Der Begriff wird in mehreren Bedeutungen benutzt. Einerseits kennzeichnet er die von Marx und Engels entwickelte politische Theorie einer klassenlosen Gesellschaft ohne Privatbesitz an Produktionsmitteln. Andererseits wird als Kommunismus auch die weltweite politische Bewegung bzw. die seit der Oktoberrevolution in Russland 1917 an die Macht gekommene Herrschaftsform bezeichnet. Oft wird der Begriff auch fälschlich für Sozialismus verwendet. Nach der politischen Lehre des Kommunismus wird die Aufhebung der bürgerlich-kapitalistischen Ordnung mit einer Revolution eingeleitet und nach einer Übergangsphase der Diktatur des Proletariats vollendet.

Konfuzianismus: Es handelt sich um eine Denkrichtung bzw. ein Gesellschaftsmodell, das auf den Lehren des Konfuzius (trad. 551–479 v. Chr.) basiert. Diese Lehren wurden erst später durch die Schüler Konfuzius' aufgezeichnet, wurden also nur indirekt übermittelt. In diesem Gesellschaftsmodell zeichnet sich der Mensch durch Rechtschaffenheit, Disziplin und die Erfüllung seiner gesellschaftlichen Pflichten aus. Er soll im Einklang mit dem Universum leben, die klassischen Autoren studieren und sich an den Regeln der Ahnen orientieren. Der Konfuzianismus bildete v. a. in der Ming- und Qing-Dynastie die dominierende Ethik der chinesischen Gesellschaft von der kaiserlichen Regierung bis zu den Bauern. Der Konfuzianismus prägte auch das Selbstverständnis der chinesischen Kaiser und ihrer Herrschaft. Er bildete die Grundlage für die Beamtenprüfungen, prägte also die chinesischen Eliten.

Konquista: (span. Eroberung) Begriff für die Eroberung und Unterwerfung Mittel- und Südamerikas durch die Spanier. Die eroberten Gebiete der indigenen Hochkulturen wurden dem spanischen Königreich einverleibt und bildeten die Grundlage für die jahrhundertelange Herrschaft der Spanier in Mittel- und Südamerika.

Koran: Die Heilige Schrift des Islams, bestehend aus 114 Suren (Abschnitten). Im Koran stehen die Offenbarungen Gottes (arab. Allah) an den Propheten Mohammed.

Kotau: (chin. *koutou* den Kopf [auf den Boden] schlagen) Ehrengruß gegenüber Höhergestellten (z. B. dem chinesischen Kaiser). Er bestand in vollständiger Form aus einem dreimaligen Niederknien vor dem Thron und neunmaligem Niederwerfen mit Kopfaufschlagen.

Kreuzzug: von der lateinischen Kirche sanktionierte, strategisch, religiös und wirtschaftlich motivierte Kriege zwischen 1095 und 1272. Besonders im Hochmittelalter unternommener Kriegszug (christlicher Ritter) in den Vorderen Orient zur Befreiung heiliger Stätten von islamischer Herrschaft. Insgesamt gab es sieben Kreuzzüge.

Kronkolonie: Der Begriff stammt aus dem britischen Staatsrecht und bezeichnet eine direkt im Auftrag der Krone von einem Gouverneur verwaltete Kolonie. Ein Beispiel für eine Kronkolonie war Hongkong.

Krise: Eine über einen längeren Zeitraum anhaltende massive Störung des gesellschaftlichen, politischen oder wirtschaftlichen Systems.

Kulturberührung: Nach Urs Bitterli das in seiner Dauer begrenzte, erstmalige oder mit großen Unterbrechungen erfolgende Zusammentreffen einer Gruppe von Europäern mit Vertretern einer überseeischen Kultur.

Kulturbeziehung: Nach Urs Bitterli ein dauerndes Verhältnis wechselseitiger Kontakte auf der Basis eines machtpolitischen Gleichgewichts oder einer Patt-Situation.

Kulturelle Modernisierung: Der Begriff der kulturellen Modernisierung bezeichnet unterschiedliche Aspekte des kulturellen Wandels. Dabei kann es – erstens – um die Veränderungen und Abgrenzungen zwischen „Hochkultur", Alltagskultur und populärer Kultur (z. B. die Vorliebe für bestimmte Filme) gehen. In den Blick gerät – zweitens – die Massenkultur (s. u.), die sich seit dem 19. Jahrhundert stark gewandelt hat. Massenmedien haben das Leben und die Informationsbeschaffung seit dem ausgehenden 19. Jahrhundert völlig neu gestaltet. Geschlechtsspezifische Verhaltensmuster veränderten sich ebenso wie das Arbeits- und Alltagsleben durch Wissenschaft und Technik. Das alles hat zudem die gesamten sozialen Beziehungen umgestaltet, wie den Wandel von der industriellen Klassengesellschaft zur modernen Dienstleistungsgesellschaft. Verengt man den Kulturbegriff auf die „Kultur" der Künste, geraten – drittens – andere Gesichtspunkte in den Blick. Die künstlerische Avantgarde wollte im beginnenden 20. Jahrhundert neue revolutionäre Kunstformen entwickeln und verband diese Ziele mit schroffer Kritik an der modernen städtischen und industriellen Welt. Ausgehend von einem Widerspruch zwischen genialischem Individuum und den Zumutungen der Massengesellschaft versuchen die Expressionisten, diesen Konflikt durch Kritik an technischem Fortschritt und ökonomischem Denken zu lösen; an deren Stelle trat nun der Primat von Natur, Jugend und Kunst. In der Kunst wurde ausprobiert, bejubelt, verrissen und durch anderes ersetzt. Stete Suche nach neuen Antworten auf gesellschaftliche Probleme prägte die expressionistische Avantgarde. Dagegen haben die Künstler der „Neuen Sachlichkeit" den pathetischen Ton der Expressionisten abgelehnt und eine einfache, schlichte Sicht auf die Wirklichkeit bevorzugt. Sie strebten eine unvoreingenommene und kritische Wahrnehmung der Stadt, der Technik und der Massenkultur an. Diesem Willen entsprach ihre exakte Beschreibung der Tatsachen, die Akzeptanz der Technik und die Kritik an Ideologien. Trotz dieser Gemeinsamkeiten entwickelte sich aber kein einheitlicher Kunststil.

Kulturelles Gedächtnis: siehe S. 409–411

Kulturkonflikt: Konflikt aufgrund von unterschiedlichen kulturellen Werten und Überzeugungen.

Kulturzusammenstoß: Nach Urs Bitterli ein offen ausgetragener Konflikt infolge von Kulturbegegnungen und Kulturkontakten; die Kreuzzüge oder der „Boxeraufstand" sind hierfür Beispiele. Es können auch nicht-militärische

Konflikte entstehen, die längerfristige Aushandlungs- und Integrationsprozesse erforderlich machen.

Living History: (engl. „gelebte Geschichte") Darstellung historischer Lebenswelten durch Personen, deren Kleidung, Ausrüstung und Gebrauchsgegenstände in Material und Stil möglichst realistisch der dargestellten Epoche entsprechen.

Loyalisten: Diese Gruppierung nordamerikanischer Siedler stand auch noch während des Unabhängigkeitskrieges zur britischen Krone. Sie setzten sich für den Verbleib der Kolonien im Britischen Empire ein, wollten nur durch Reformen eine Neuordnung erreichen. Sie wurden während des Unabhängigkeitskrieges von den Patrioten verfolgt. Viele verließen die USA nach dem Friedensschluss und der Anerkennung der Unabhängigkeit der USA durch Großbritannien 1783.

Manifest Destiny: (wörtl.: offensichtliche Bestimmung) Bezeichnung für das zivilisatorische Sendungsbewusstsein der Amerikaner, dem der puritanische Auserwähltheitsglauben zugrunde liegt. Konkret meint der Mitte des 19. Jh. geprägte Begriff die Bestimmung der Amerikaner, das Land bis zum Pazifik zu erschließen. Der Begriff wird Ende des 19. Jh. zur Begründung imperialistischer Politik und der Vorherrschaft der USA auf dem Kontinent herangezogen; er gehört zum nationalen Selbstverständnis der USA.

Massengesellschaft/Massenkultur: Begriffe zur Kennzeichnung von Gesellschaften und Kulturen hochindustrialisierter Länder seit den 1880er-Jahren. Massengesellschaft und Massenkultur sind geprägt durch Einbeziehung von breiten, unteren Volksschichten in die politische Willensbildung und das kulturelle Leben, durch Alphabetisierung und die sich daraus ergebende Möglichkeit zur erweiterten kulturellen Teilhabe und der eigenen ökonomischen und sozialen Interessenvertretung. Organisierung bedeutet aber auch Disziplinierung. Damit ist potenziell auf die Gefahr verwiesen, dass sich Menschen charismatischen Führerfiguren unterwerfen und so freie, selbstbestimmte Entscheidungen aufgeben können.

Massenkommunikation/Massenmedien: Wesentliches Element und Bindemittel der Massengesellschaft. Massenkommunikation beruht im Gegensatz zur persönlichen (direkten) auf der „indirekten Kommunikation" durch technische bzw. elektronische Medien (Presse, Radio, Film, Fernsehen). Der entscheidende Durchbruch zur Massenkommunikation gelang um 1900. Die Fähigkeit, immer mehr Menschen in immer weiter entlegenen Regionen zu erreichen und damit beeinflussen zu können, hat die Massenkommunikation auch zu einem der wichtigsten Instrumente moderner Politik gemacht. Der Einsatz der Massenmedien hat auch eine antimoderne Kulturkritik hervorgebracht, die vor allem den Vorwurf der nivellierenden, d. h. gleichmachenden „Vermassung" erhob; übergangen und übersehen hat sie die Chancen, über Massenkommunikationsmittel die Mehrheit der Bevölkerung an Bildung und Kultur teilhaben zu lassen und damit die Gesellschaft zu demokratisieren.

Meiji-Restauration: Im Zuge von Reformen wurde die Macht des Kaisers in Japan in den 1860er-Jahren wiederhergestellt und eine konstitutionelle Monarchie eingeführt. Der Vorgang ist benannt nach der Regierungsdevise des seit 1867 regierenden Kaisers Mutsuhito (1852–1912) „Meiji" („aufgeklärte Herrschaft"). Mit den politischen Reformen ging auch eine Öffnung Japans und eine Industrialisierung einher.

Menschen- und Bürgerrechte: Der durch die Aufklärung verbreitete und in der Amerikanischen Revolution (1775–1783) und in der Französischen Revolution 1789 mit Verfassungsrang ausgestattete Begriff besagt, dass jeder Mensch unantastbare Rechte besitzt, die der Staat achten muss; so z. B. das Recht auf Leben, Glaubens- und Meinungsfreiheit, Versammlungs- und Vertragsfreiheit, Freizügigkeit, persönliche Sicherheit, Eigentum und Widerstand im Fall der Verletzung von Menschenrechten. Im 19. und 20. Jh. wurden auch soziale Menschenrechte, besonders von sozialdemokratisch-sozialistischer Seite, formuliert, so das Recht auf Arbeit, soziale Sicherheit und Bildung.

Menschewiki: (russ. = Minderheitler) Gemäßigter, am Prinzip der demokratisch organisierten Massenpartei festhaltender Flügel der 1898 gegründeten Sozialdemokratischen Arbeiterpartei Russlands; stand im Gegensatz zu den Bolschewiki; 1912 endgültige Spaltung von den Bolschewiki.

Mentalitätsgeschichte: Erforscht unbewusste Weltbilder, Einstellungen, Gedanken und Gefühle von Menschen unterschiedlicher Epochen. Dafür werden z. B. Briefe und Tagebucheinträge, aber auch Rituale oder Tischsitten untersucht.

Missionierung: Der Begriff leitet sich von dem lat. Wort „*missio*" ab, der die Verbreitung des christlichen Glaubens meint. Im christlichen Selbstverständnis bildete die Verkündung des Evangeliums und der „Wahrheiten des Glaubens" einen Auftrag Christi. Seit den Entdeckungen des 15. Jh. wurde die Missionierung auf die außereuropäischen Gebiete ausgedehnt. In der Regel war damit auch die Verbreitung der europäischen Kultur verbunden. Seit der Mitte des 17. Jh. kam es zu protestantischer Missionierung, zunächst von England aus, dann auch von Deutschland, Skandinavien und den USA.

Moderne: Epochenbegriff der Weltgeschichte, der seinen Ursprung in der Aufklärung hat. Er bezeichnet die Zeit seit den bürgerlichen Revolutionen (USA 1776, Frankreich 1789) und der von England ausgehenden Industrialisierung (um 1770) bis heute. Er setzt in diesem Sinne die moderne Zeit, deren Industriegesellschaften sich ständig und beschleunigt wandeln, von den traditionalen, eher statischen Agrargesellschaften ab. Der politische, wirtschaftliche und soziale Wandel in der Moderne wird als Modernisierung bezeichnet. Die Moderne erhält ihre Schwungkraft durch die Ideen des Fortschritts und der Freiheit und Gleichheit der Individuen; sie wird damit zu einem positiv in die Zukunft gerichteten Prozess. Kritiker der Moderne heben ihre negativen Folgen, Zerstörung überlieferter Lebenswelten und Zunahme der Disziplinierung und Organisierung von Politik, Ökonomie und Gesellschaft, hervor. Die Moderne hat also ein Doppelgesicht, das teilweise als Grundwiderspruch des Prozesses interpretiert wird, zum Teil aber auch als eine ständig auszubalancierende Wechselbeziehung von selbstbestimmter Individualität und gesellschaftlicher Organisation.

Modernisierung: Prozess der Entwicklung einer Gesellschaft; er bezieht sich auf den Übergang von der Agrar- zur Industriegesellschaft und ist meistens verbunden mit dem in der Aufklärung entwickelten Fortschrittsbegriff. Kennzeichen der Modernisierung sind: Verstädterung, Säkularisierung, Rationalisierung, Erhöhung des technischen Standards (Produktion von Gütern mit Maschinen), permanentes wirtschaftliches Wachstum, Ausbau und Verbesserung der technischen Infrastruktur (Verkehrswege, Massenkommunikationsmittel), Verbesserung des Bildungsstandes der Bevölkerung (Alphabetisierung, allgemeine Schulpflicht, Wissenschaft), räumliche und soziale Mobilität, Parlamentarisierung und Demokratisierung, Nationalstaatsbildung. Wegen seiner Verbindung mit dem Fortschrittsbegriff ist der Begriff Modernisierung politisch und wissenschaftlich umstritten. Zum einen, weil als Maßstab der jeweilige Entwicklungsstand der westlichen Zivilisation gilt, zum anderen, weil die „Kosten", vor allem ökologische Probleme, bisher wenig berücksichtigt wurden.

Narration: (lat. *narratio* ‚Erzählung') Der Begriff der Narration weist innerhalb der Geschichtswissenschaft darauf hin, dass Geschichte nicht per se besteht, sondern eine bestimmte Form von Erzählung ist, die verschiedenen Strukturen und Regeln folgt. Der Akt des Erzählens selbst wird dabei als Narrativität bezeichnet und gilt in der Geschichtswissenschaft als Strukturprinzip. Geschichte ist demnach immer eine interpretierende Erzählung eines historischen Ereignisses oder einer historischen Person, die nach bestimmten Merkmalen verfasst und konstruiert ist.

Nationalismus: Als wissenschaftlicher Begriff meint er die auf die moderne Nation und den Nationalstaat bezogene politische Ideologie zur Integration von Großgruppen durch Abgrenzung von anderen Großgruppen. Der demokratische Nationalismus entstand in der Französischen Revolution und war verbunden mit den Ideen der Menschen- und Bürgerrechte, des Selbstbestimmungsrechts und der Volkssouveränität. Der integrale Nationalismus entstand im letzten Drittel des 19. Jahrhunderts und setzte die Nation als absoluten, allem anderen übergeordneten Wert. Dadurch erhielt er eine aggressive Komponente nach außen. Zur politischen Macht wurde er insbesondere in der Zeit zwischen dem Ersten und Zweiten Weltkrieg. Daraus hat sich die negative Besetzung des Begriffs in der politischen Öffentlichkeit nach dem Zweiten Weltkrieg ergeben, in der Nationalismus in der Regel als übersteigerte und aggressive Form des Nationalgefühls verstanden wird.

Naturrecht: Das in der „Natur" des Menschen begründete, ihr „entspringende" Recht, das dem positiven oder von Menschen „gesetzten" Recht gegenübersteht und ihm übergeordnet ist. Historisch wurde das Naturrecht zur Begründung entgegengesetzter Positionen benutzt, und zwar abhängig vom Menschenbild: Entweder ging man davon aus, dass alle Menschen von Natur aus gleich seien, oder umgekehrt, dass alle Menschen von Natur aus verschieden seien. In der Neuzeit wurde es sowohl zur Legitimation des Absolutismus benutzt (Recht des Stärkeren) wie, über die Begründung des Widerstandsrechts, zu dessen Bekämpfung (Gleichheit aller Menschen).

Notverordnung: Vom Reichspräsidenten in einer Krisensituation erlassene Verordnung nach Artikel 48 (s. o.) der Weimarer Reichsverfassung.

Novemberverbrecher: Der Begriff bezieht sich auf die Novemberrevolution von 1918/19. Er wurde als Schimpfwort und politischer Kampfbegriff von rechten Parteien und Medien verwendet, um Politiker der Weimarer Republik für die Kriegsniederlage und den Sturz der Monarchie verantwortlich zu machen.

Open Door Policy: Die „Politik der offenen Tür" ist eine besondere Form der Wirtschafts- und Außenpolitik der imperialistischen Mächte in China in der zweiten Hälfte des 19. Jh. Sie beinhaltet zum einen die Sicherung des freien Zugangs zum chinesischen Markt und zum anderen die automatische Gewährung derselben Handelsprivilegien für alle imperialistischen Mächte. Der Begriff geht auf den US-amerikanischen Außenminister John Hay und ein von ihm verfasstes Schreiben im Jahr 1899 zurück.

Opiumkrieg: Insgesamt zwei Kriege zwischen Großbritannien und China (Erster Opiumkrieg, 1839–1842) sowie zwischen Großbritannien, Frankreich und China (Zweiter Opiumkrieg, 1856–1860). Beide endeten mit Niederlagen für China. Einerseits ging es um die britischen Opiumexporte nach China, andererseits aber grundlegend um die wirtschaftliche Öffnung und Kontrolle Chinas durch auswärtige Mächte.

Parlament/Parlamentarisierung: In parlamentarischen Regierungssystemen ist das Parlament das oberste Staatsorgan. Es entscheidet mit Mehrheit über die Gesetze und den Haushalt und kontrolliert oder wählt die Regierung. Das Parlament kann aus einer oder zwei Kammern (Häusern) bestehen. Im Einkammersystem besteht das Parlament nur aus der Versammlung der vom Wahlvolk gewählten Abgeordneten (Abgeordnetenhaus), im Zweikammersystem tritt dazu ein nach ständischen oder regionalen Gesichtspunkten gewähltes oder ernanntes Haus. Im demokratischen Parlamentarismus herrscht allgemeines und gleiches Wahlrecht.

Patrioten: So nannten sich die Siedler der nordamerikanischen Kolonien, die sich gegen die britische Krone erhoben und die Unabhängigkeit anstrebten. Das politische Spektrum der Gruppe war sehr breit. Es reichte von konservativen, eine starke Zentralmacht befürwortenden Föderalisten bis hin zu Sozialrevolutionären und aufständischen Farmern. Ein radikaler, schon früh aktiver Zweig waren die *„Sons of Liberty"*. Wichtige Vertreter waren u. a. John Adams, Samuel Adams, John Dickinson, Benjamin Franklin, Alexander Hamilton, Patrick Henry, Thomas Jefferson, George Washington.

Präsidialregierung: Bezeichnung für die Regierungsform, die 1930 nach dem Ende der parlamentarisch begründeten Regierung der Großen Koalition mit der Übernahme der Reichskanzlerschaft durch Brüning begann und mit der Einsetzung der Regierung Hitler endete. Sie gründete sich nicht auf parlamentarische Mehrheiten, sondern auf das Vertrauen des Reichspräsidenten und die krisenhafte Situation.

Proletariat: Nach marxistischer Lehre Angehörige einer sozialen Schicht, die nichts als ihre Arbeitskraft besitzen und diese gegen Lohn zur Verfügung stellen.

Propaganda: Die gezielte Verbreitung politischer, religiöser, wirtschaftlicher o. ä. Ideen. Die Beherrschung der öffentlichen Meinung war seit der Entstehung eines politischen Massenmarktes im Kaiserreich immer wichtiger geworden. Formen und Methoden der politischen Propaganda in den 1920er- und frühen 1930er-Jahren waren z. B. Versammlungen, Reden, Flugblätter, Plakate, Aufmärsche, Berichte und Anzeigen in Zeitungen, Filme; seit 1933 spielte das neue Medium Rundfunk bei der nationalsozialistischen Propaganda eine wichtige Rolle.

Puritaner: Bezeichnung für Mitglieder einer kirchlichen Reformbewegung in England seit Mitte des 16. Jahrhunderts. Die Puritaner wandten sich gegen alle katholischen Reste im Anglikanismus, traten für eine strikte Trennung von Kirche und Staat, für Toleranz und Gewissensfreiheit ein und kämpften für ein einfaches, gottgefälliges Leben. Nach ihrer Trennung von der anglikanischen Staatskirche wanderte ein Teil von ihnen über die Niederlande in die nordamerikanischen Kolonien aus. In England gelangten sie 1649 mit Cromwell an die Macht und versuchten ihre Grundsätze politisch durchzusetzen; nach 1660 wurden die Puritaner in England erneut verfolgt.

Qing-Dynastie: Die Dynastie der Qing geht auf die aus der Mandschurei stammenden Mandschu zurück, die 1636 die Qing-Dynastie ausriefen. 1644 eroberten sie die Hauptstadt Beijing des von der Ming-Dynastie beherrschten Kaiserreichs und eroberten in der Folge weitere Gebiete des Ming-Reiches. Im 18. Jh. setzten sie ihren Expansionskurs fort und eroberten u. a. Tibet, Xinjiang und Taiwan. Unter ihrer Herrschaft erreichte das chinesische Kaiserreich die größte territoriale Ausdehnung. Im 19. Jh. gerieten die Qing zunehmend unter Druck von innen und außen. 1911 endete mit der Abdankung des letzten Qing-Kaisers Pu Yi das chinesische Kaiserreich.

Rassismus: Theorien und politische Lehren, die kulturelle Entwicklungen auf biologisch-anthropologische Ursachen zurückführen, hieraus die Über- bzw. Unterlegenheit von menschlichen „Rassen" zu begründen versuchen und damit die Unterdrückung und Verfolgung von Minderheiten bzw. eine aggressive Politik nach außen gegen andere „Rassen" legitimieren. Diese Vorstellungen entstanden im 19. Jahrhundert und begründeten den Holocaust an den europäischen Juden.

Rätesystem: Eine Form der direkten Demokratie, bei der alle Menschen in den jeweiligen Basiseinheiten Räte als ihre Vertreter wählen, die ihnen direkt verantwortlich und jederzeit abwählbar sind. Im Gegensatz zum repräsentativen System, der parlamentarischen Demokratie, gibt es keine Gewaltenteilung, sodass die Räte gesetzgeberische, ausführende und rechtsprechende Kompetenzen besitzen. Die politische Theorie der Rätedemokratie geht auf das 19. Jahrhundert, vor allem auf Proudhon, Bakunin, Marx und Lenin, zurück; historisch bildeten sich Rätesysteme vor allem in den Russischen Revolutionen (hier: Räte = Sowjets) und der deutschen Novemberrevolution.

Rationalisierung: Prozess der Durchsetzung von Verfahrensweisen und Handlungsmustern bzw. -strukturen, die nach dem Soziologen Max Weber in der europäischen Moderne vor allem in ihrer nachvollziehbaren „Berechenbarkeit" bestehen. Ihre Wurzeln haben sie in den mathematischen und experimentell vorgehenden und rational begründeten Naturwissenschaften. Berechnung bzw. Kalkulation nach diesen rational-wissenschaftlichen Methoden werden zur Grundlage des kapitalistischen Wirtschaftsprozesses und damit prägend für das Verhalten des europäischen Bürgertums. Rationalisierung in diesem Sinn schließt auch die technische Neuerung im Produktionsablauf und in der Arbeitsorganisation mit ein. Rationalisierung wird im Verlauf der Modernisierung auch zu einem wesentlichen Merkmal von politischem, rechtlichem und gesellschaftlichem Handeln.

Reform: Neuordnung, Verbesserung und Umgestaltung von politischen und sozialen Verhältnissen im Rahmen der bestehenden Grundordnung; hierin, oft weniger in den Zielen, unterscheiden sich Reformen von Revolutionen als politisches Mittel zur Durchsetzung von Veränderungen.

„Reich der Mitte": Die Bezeichnung für China hat eine geografische und eine politisch-kulturelle Bedeutung. Geografisch sind damit ursprünglich die Gebiete rund um die Flüsse Chang Jiang (Yangzi) und Huang He gemeint, wo die chinesische Hochkultur entstand. In politisch-kultureller Hinsicht ist damit die Einteilung der Welt in Zonen mit China in der Mitte (auch als Mittelpunkt von Kultur und Zivilisation), den Tributstaaten drumherum und dem Rest der Welt als unzivilisierten „Barbaren" gemeint.

Reparationen (von lateinisch: *reparare* = wiederherstellen): Meint Geld-, Sach- und Dienstleistungen, die einem Besiegten nach einem verlorenen Krieg zur Wiedergutmachung der in den Siegerstaaten erlittenen Verluste auferlegt werden.

Repartimiento: (span. Zuteilung) Löste als reformiertes System die *Encomienda* ab. Inhaltlich gab es jedoch keine Änderungen und es ging nach wie vor um die freie Verfügung der Konquistadoren über die Arbeitskraft „ihrer" Indigenen.

Republik: Eine Staatsform, in der im Gegensatz zur Monarchie das Volk als Träger der Staatsgewalt angesehen wird. Dies können in der historischen Realität sowohl Demokratien als auch Diktaturen sein.

Revolution: Bezeichnung für eine grundlegende Umgestaltung der gesellschaftlichen Struktur, der politischen Organisation sowie der kulturellen Wertvorstellungen in einem bestimmten Gebiet bzw. Staat, meist verbunden mit einem Austausch von Führungsgruppen (Eliten).

Rezeption: (lat. *recipere* ‚aufnehmen') Allgemein die Aufnahme bzw. Übernahme fremden Gedanken- bzw. Kulturgutes; im engeren Sinne die verstehende Aufnahme und Aneignung eines Textes, eines Werks der bildenden Kunst o. Ä. durch den Leser, Hörer, Betrachter.

Romanitas: Begriff für die Gesamtheit des politischen und kulturellen Selbstverständnisses der Römer.

Schreckensherrschaft: (franz. *la terreur*) Phase der Herrschaft der Jakobiner (1793–1794), die durch diktatorische Gewalt des Wohlfahrtsausschusses geprägt war; Höhepunkt Sommer 1794 mit über 1400 Hinrichtungen.

Selbststärkungsbewegung: Die nach der Niederlage im Zweiten Opiumkrieg unter Vertretern der Qing-Regierung in China aufkommende Selbststärkungsbewegung hatte das Ziel, mithilfe von an westlichen Vorbildern orientierten Reformen v.a. in Militär, Technik und Bildung China zu modernisieren und gegen den Einfluss der imperialistischen Mächte zu stärken.

„Sohn des Himmels": (chin. *Tianzi*) Nach seinem Sieg über die Shang-Dynastie entwickelte der Herrscher der Zhou-Dynastie (ab 11. Jh. v. Chr.) die bis ins 20. Jh. gültige Auffassung, dass er vom Himmel für sein Herrscheramt beauftragt sei, dem Himmel eine angemessene Verehrung darzubringen. Dieser Auftrag, auch als Weltherrschaftsauftrag verstanden, konnte dem Kaiser vom Himmel entzogen werden.

Sklaverei: Rechtliche und wirtschaftliche Abhängigkeit eines Menschen als Eigentum eines anderen. In der Antike war Sklaverei bei allen Kulturvölkern verbreitet. Das Christentum verbot Sklaverei, bekämpfte sie aber nicht systematisch. Im 10. Jh. erlosch der gewerbsmäßige Sklavenhandel im Fränkischen Reich. Mit Hörigkeit und Leibeigenschaft bildeten sich im Mittelalter verdeckte Formen von Sklaverei aus. Mit der Entdeckung Amerikas und dem Kolonialismus begannen die Versklavung der indigenen Bevölkerung durch die Europäer und ein ausgedehnter Sklavenhandel mit Menschen aus Afrika. Die Abschaffung der Sklaverei wurzelt in der Aufklärung, die tatsächliche Beendigung begann Ende des 18. Jh. und zog sich bis ins 20. Jh. hin: Saudi-Arabien stellte die Sklaverei erst 1963 ab. In entlegenen Gebieten existiert Sklaverei noch heute (Kinderhandel, Zwangsprostitution).

Sowjet: (russ.) Rat. In den russ. Revolutionen Kampforganisation der Arbeiter, Bauern und Soldaten; seit den 1920er-Jahren waren die Sowjets Instrumente der Herrschaft der kommunistischen Partei. Die Räte vereinigten in sich die Legislative, die Exekutive und die Judikative. Die gewählten Delegierten waren den Wählern direkt verantwortlich, rechenschaftspflichtig und jederzeit abwählbar.

Sozialismus: Bis ins 20. Jh. synonym mit Kommunismus bezeichnete politische Theorie und Bewegung. Ursprüngliches Ziel des Sozialismus war die Schaffung gesellschaftlicher Gleichheit und Gerechtigkeit durch Aufhebung des Privateigentums, Einführung einer Planwirtschaft und Beseitigung der Klassenunterschiede. Ob die angestrebte Aufhebung der kapitalistischen Wirtschafts- und Gesellschaftsordnung durch eine Revolution oder durch Reformen zu erreichen sei, war von Anfang an in der sozialistischen Bewegung umstritten. Im Marxismus-Leninismus wurde Sozialismus als Vorstufe zum Kommunismus verstanden.

Stände/Ständegesellschaft: Stände waren im Mittelalter und in der Frühen Neuzeit einerseits gesellschaftliche Großgruppen, die sich voneinander durch jeweils eigenes Recht, Einkommensart, politische Stellung, Lebensführung und Ansehen unterschieden (Ständegesellschaft);

man unterschied Klerus, Adel, Bürger und Bauern sowie unterständische Schichten. Stände waren andererseits Körperschaften zur Wahrnehmung politischer Rechte, etwa der Steuerbewilligung, in den Vertretungsorganen (Landtagen, Reichstagen) des frühneuzeitlichen „Ständestaates". Adel, Klerus, Vertreter der Städte und z. T. der Bauern traten als Stände gegenüber dem Landesherrn auf. Der Absolutismus höhlte die Rechte der Stände im 17./18. Jh. aus, mit den Revolutionen seit 1789 hörten die Stände auf, vorherrschendes Prinzip in der Gesellschaft zu sein.

Transformationsprozess: Grundlegender Wechsel oder Austausch des politischen Regimes und gegebenenfalls auch der gesellschaftlichen und wirtschaftlichen Ordnung.

Trikolore: Im Juli 1789 entstandene dreifarbige Nationalflagge Frankreichs, zusammengesetzt aus den Farben der Stadt Paris (Blau und Rot).

Unabhängigkeitserklärung (1776): Erklärung der 13 englischen Kolonien in Amerika zur vollständigen Loslösung vom britischen Mutterland. Die Präambel beinhaltete erstmals in der Geschichte eine Erklärung der Menschenrechte.

„Ungleiche Verträge": China und Japan bezeichneten damit im Rückblick die Verträge, die ihnen im 19. Jh. von den Mächten des Westens aufgezwungen wurden. Die Ungleichheit macht die Verträge aus völkerrechtlicher Sicht nicht ungültig, da internationale Verträge oft nach Kriegen zwischen Siegern und Besiegten geschlossen werden, d. h. zwischen ungleichen Parteien.

Verfassung: Grundgesetz eines Staates, in dem die Regeln der Herrschaftsausübung und die Rechte und Pflichten eines Bürgers festgelegt sind. Demokratische Verfassungen beruhen auf der Volkssouveränität und dementsprechend kommt die Verfassung in einem Akt der Verfassungsgebung zustande, an der das Volk direkt oder durch von ihm gewählte Vertreter (Verfassungsversammlung) teilnimmt. Eine demokratische Verfassung wird in der Regel schriftlich festgehalten (zuerst in den USA 1787), garantiert die Menschenrechte, legt die Verteilung der staatlichen Gewalt (Gewaltenteilung) und das Mitbestimmungsrecht des Volkes (Wahlrecht, Parlament) bei der Gesetzgebung fest.

Verstädterung/Urbanisierung: Beide Begriffe bezeichnen die Verbreitung städtischer Kultur und Lebensweise über ganze Regionen auch unter Einbeziehung des Landes. Sie charakterisieren ein typisches Phänomen der Moderne. Ihre zentralen Merkmale spiegeln sich in der Großstadt: z. B. Massenangebot und Massenkonsum, Geschwindigkeit, Mobilität und Anonymität. Im engeren Sinne meint Urbanisierung auch Verstädterung, bewirkt durch schnelleres Wachstum der Stadtbevölkerung gegenüber langsamerem Wachstum oder gar Stillstand der Landbevölkerung. Die Zusammenballung großer Menschenmassen auf relativ engem Raum verstärkt gegen Ende des 19. Jahrhunderts die Entwicklung einer spezifischen städtischen Kultur und Lebensweise.

Vertragshafen: Vor allem Großbritannien, Russland und die USA erzwangen ab 1842 in China, Japan und Korea die Öffnung von bestimmten Häfen, um den Handel in diesen Ländern auszuweiten und Einfluss in den Regionen zu erhalten.

Virginia Bill of Rights: Nach der Unabhängigkeitserklärung (1776) erließen die meisten US-Staaten neue Verfassungen und nahmen eine *Bill of Rights* auf (Grundrechtekatalog). Die berühmteste war die *Virginia Bill of Rights* vom Juni 1776. Denn sie bildete die Vorlage für den Grundrechtekatalog, der 1789 der US-Verfassung hinzugefügt und 1791 ratifiziert wurde (= 1. bis 10. Verfassungszusatz: Glaubens-, Rede-, Presse-, Versammlungsfreiheit; Unverletzlichkeit der Person, der Wohnung, des Eigentums; Recht auf Verteidigung).

Völkerbund: 1919 im Wesentlichen auf Betreiben der USA im Rahmen der Pariser Friedenskonferenz entstandene überstaatliche Organisation zur Friedenswahrung und regulierten Konfliktaustragung. Da die USA aber dann doch nicht beitraten, die Sanktionsmöglichkeiten gegen Brüche des Völkerrechts gering waren und eine nationale Machtpolitik in den meisten Staaten an der Tagesordnung blieb, war der Völkerbund in dieser Hinsicht wenig erfolgreich, während er bei humanitären Problemen wichtige Arbeit leistete. Deutschland wurde 1926 aufgenommen und trat 1933 wieder aus.

„Volksgemeinschaft": Nach der Ideologie des Nationalsozialismus bestimmten nicht Interessen- oder Klassengegensätze Staat und Gesellschaft, sondern die Gemeinschaft, die sich dem Willen eines Führers unterordnet; die „Volksgemeinschaft wurde als die einzige „natürliche" Lebensordnung im Staat ausgegeben. Das Prinzip der Volksgemeinschaft diente einerseits der Rechtfertigung des Verbots von Interessenorganisationen, z. B. von Gewerkschaften, und aller Parteien außer der NSDAP. Andererseits diente es der Verfolgung von politischen Gegnern und Minderheiten.

Volkssouveränität: Grundprinzip der Legitimation demokratischer Herrschaft, nach dem alle Staatsgewalt vom Volke ausgeht. Entwickelte sich aus der frühneuzeitlichen Naturrechtslehre. Die Ausübung von Herrschaft ist an die Zustimmung des Volkes durch direkte Mitwirkung (Plebiszit) oder durch Wahlen gebunden; setzte sich in der Amerikanischen Revolution (1776) und Französischen Revolution (1789) als revolutionäres Prinzip gegen die absolute Monarchie durch. Die Volkssouveränität wird durch die Geltung der Menschen- und Bürgerrechte eingeschränkt.

Weimarer Koalition: Als Weimarer Koalition bezeichnen Historiker das Bündnis aus Sozialdemokraten (SPD), liberalen Demokraten (DDP) und Zentrumspartei/Bayerische Volkspartei (BVP), das in den Anfangsjahren der Republik (1919–1921) regierte und eindeutig für die parlamentarische Demokratie eintrat.

Weltwirtschaftskrise: Ausgelöst durch Aktienspekulation, Nachfragestagnation und Überproduktion in den USA 1928/29; sie führte im Oktober 1929 zum Zusammenbruch der New Yorker Börse, die nach dem Ersten Weltkrieg London als Weltfinanzmarkt abgelöst hatte; Tiefpunkt der großen Krise war 1932. Folgen: Zerstörung des internationalen Finanzsystems, Vermögensverluste und hohe Arbeitslosigkeit in allen Industrieländern.

Wohlfahrtsausschuss: (franz. *Comité de salut public*) Parlamentsausschuss, am 6. April 1793 anstelle des ineffektiven Verteidigungsausschusses errichtet, zunächst sechs Mitglieder, nach dem 2. Juni und dem 4. Dezember 1793 reorganisiert, mit diktatorischen Regierungsvollmachten ausgestattet, ein Jahr lang wichtigste Institution der Terreur. Seine zwölf kollektiv entscheidenden Mitglieder waren für einzelne Sachgebiete spezialisiert, die führenden Mitglieder waren Robespierre, Couthon und Saint-Just. Nach dem 9. Thermidor (Sturz Robespierres) wurde der W. in seinen Befugnissen beschnitten, im Herbst 1795 ganz abgeschafft.

Young-Plan: Im Mai 1929 legte eine unabhängige Expertenkommission unter Leitung des amerikanischen Finanzfachmanns Owen D. Young einen Plan zur abschließenden Regelung der Reparationsfrage vor. Er setzte die endgültige Reparationssumme mit 112 Milliarden Reichsmark, eine jährliche Durchschnittszahlung von rund 2 Milliarden und damit eine zeitliche Begrenzung auf 59 Jahre fest. Da die Zahlungen geringer ausfielen als nach dem Dawes-Plan, die ausländischen Kontrollen wegfielen und die Alliierten außerdem die vollständige Räumung des Rheinlandes bei Annahme des Plans in Aussicht stellten, war der Plan für Deutschland von Vorteil. Der Reichstag stimmte ihm daher auch mehrheitlich zu. Innenpolitisch aber wurde er von der nationalistischen Rechten (DNVP, Stahlhelm, NSDAP) zur massiven Propaganda gegen die Republik und die sie tragenden Parteien, vor allem in einem Volksbegehren und einem – scheiternden – Volksentscheid, genutzt.

Zivilisation: Das Wort bedeutet ursprünglich die verfeinerte Lebensweise in den Städten gegenüber dem einfachen bäuerlichen Leben. Zivilisation bezieht sich auf den Entwicklungsstand und die Ausprägung von Wirtschaft (Landwirtschaft, Gewerbe, Verkehr, Arbeitsteilung usw.), Technik und Politik (Machtverteilung, soziale Organisation usw.) ebenso wie von Kunst, Philosophie, Religion und Wissenschaft. Der Begriff umfasst aber auch weiterhin Elemente der ursprünglichen Bedeutung, z. B. Umgangsformen, bestimmte Sitten. Im deutschen Sprachgebrauch wird Zivilisation häufig auf Wirtschaft und Technik eingeengt. Wissenschaft, Philosophie und Kunst werden dagegen mit dem positiv bewerteten Begriff der Kultur davon abgesetzt.

Zongli Yamen: („Hauptamt für die Verwaltung der auswärtigen Angelegenheiten") Diese Vorstufe eines Außenministeriums wurde 1861 im Zuge von Reformen der Selbststärkungsbewegung gegründet und handelte unter Leitung von Prinz Gong Verträge mit auswärtigen Mächten aus, gründete aber auch Schulen für westliche Sprachen und mit westlichem Lehrplan. Es bedeutete eine Abkehr vom System der Tributstaaten und passte sich damit den westlichen Modellen von Außenpolitik an.

Personenlexikon und Personenregister

Adams, John (1735–1826), geb. und gest. in Braintree/Massachusetts, Vater von John Quincy Adams; absolvierte 1755 das Harvard College; Rechtsanwalt, Schriftsteller; schrieb im August 1765 anonym vier Artikel in der *Boston Gazette* über den Konflikt zwischen Individualrechten und Herrschaftsrechten; Delegierter des 1. (1774) und 2. Kontinentalkongresses (1775 bis 1777), Mitunterzeichner der Unabhängigkeitserklärung (1776), Hauptautor der Verfassung von Massachusetts (1780); 1778–1788 Reisen als US-Diplomat in Europa; schloss zusammen mit Franklin den „Frieden von Paris" (1783); US-Vizepräs. unter Washington; US-Präs. 1797–1801 (Federalist). *37, 42, 48, 57, 62, 64, 80, 84 f.*

Alexander II. (1818–1881), Zar Russlands (1855–1881), bekannt für seine „Großen Reformen" und die Abschaffung der Leibeigenschaft, weshalb er als „Zar-Befreier" bezeichnet wurde. *122*

Arendt, Hannah (1906–1975), 1933 Emigration aus Deutschland; Professorin für politische Theorie und Philosophie in den USA; zu ihren bekanntesten Schriften zählen „Elemente und Ursprünge totaler Herrschaft" (1951; dt. 1955), „Eichmann in Jerusalem" (1961; als Buch 1963 erschienen), ihre Beobachtungen zum Prozess gegen den NS-Verbrecher Adolf Eichmann, und „Über die Revolution" (1963, dt. 1965). *13, 16, 71, 96, 100 f.*

Assmann, Aleida (geb. 1947) und **Assmann, Jan** (geb. 1938), die Literaturwissenschaftlerin und der Ägyptologe haben z. T. gemeinsam wichtige Werke zur kulturwissenschaftlichen Gedächtnisforschung verfasst. Dabei haben beide großen Anteil an der Entstehung der Theorien zum kulturellen Gedächtnis. Zusammen erhielten sie 2018 den Friedenspreis des Deutschen Buchhandels. *404, 414 ff., 422*

Bitterli, Urs (1935–2021), Schweizer Historiker und Lehrer, der vor allem zu den Themen des frühneuzeitlichen Kolonialismus arbeitete. *144, 235 ff., 257*

Bonaparte, Napoleon (1769–1821), aus Korsika stammender französischer Offizier, unter dem Direktorium schlug Napoleon als Brigadegeneral einen Aufstand von Königstreuen nieder, als Oberbefehlshaber der französischen Truppen 1796 siegreich gegen die österreichischen Heere, 1798 Feldzug gegen Ägypten, 1799 stürzte der siegreich aus Ägypten kommende Napoleon das Direktorium und regierte als Erster Konsul fast allein bis zu seiner Kaiserkrönung 1804, nach der Dreikaiserschlacht von Austerlitz 1805 gegen Österreich und Russland bestimmte er bis zur Völkerschlacht von Leipzig 1813 die europäische Politik; 1815, nach der Verbannung auf Elba und kurzer Rückkehr auf das Schlachtfeld, endgültig von den Engländern auf die Insel St. Helena verbannt, wo er 1821 starb. *14, 105, 107, 110, 133 , 217, 222, 273, 296, 300, 376 f., 423*

Bracher, Karl Dietrich (1922–2016), deutscher Politikwissenschaftler und Historiker, lehrte von 1959 bis 1987 an der Universität Bonn, prägte mit seinen Studien zu politischen Ideen und der Zeit der Weimarer Republik und des NS die deutsche Sonderwegsdebatte in den 1960er-Jahren. *274, 394*

Braudel, Fernand (1902–1985), französischer Historiker der Annales-Schule, die er durch seine Werke stark beeinflusste, unterschied verschiedene Zeitebenen bei der Rekonstruktion von Geschichte und prägte den Begriff Longue durée. *143, 148, 239 f.*

Briand, Aristide (1862–1932), der französische Politiker bemühte sich nach dem Ersten Weltkrieg um die deutsch-französische Annäherung. Höhepunkt dieser Politik waren die Locarno-Verträge 1925. Dafür erhielt er zusammen mit Gustav Stresemann den Friedensnobelpreis. *323, 325 f.*

Brinton, Crane (1898–1968), US-amerik. Historiker, bedeutendstes Werk: „*The Anatomy of Revolution*" über die Theorie und den Verlauf von Revolutionen. *13, 16, 28, 55, 96 f., 99, 111, 113, 119, 127*

Brüning, Heinrich (1885–1970), Infanterieoffizier an der Westfront, Geschäftsführer der Vereinigung der christlichen Gewerkschaften und Referent des preußischen Wohlfahrtsministers Stegerwald, seit 1924 für das Zentrum im Reichstag, 1929 Fraktionsvorsitzender, 1930–1932 Reichskanzler, 1934 Emigration in die USA. *311, 356 ff., 363 f.*

Burke, Peter (geb. 1937), britischer Kulturhistoriker und Professor. *144, 238*

Bush, George Walker (geb. 1946), US-amerik. Politiker (Republikaner); Tätigkeiten in der Öl- und Gasindustrie; 1995–2000 Gouverneur von Texas; US-Präs. 2001–2009; verkündete nach dem 11. September 2001 den „Krieg gegen den Terrorismus". *20, 83*

Chiang Kai-shek (1888–1975), militärischer und politischer Führer der Guomindang als Nachfolger von Sun Yatsen. Er hatte an einer japanischen Militärakademie studiert und sich in dieser Zeit der „Revolutionären Allianz" von Sun Yatsen angeschlossen. Er stellte 1928 in China eine nationalistische Regierung auf und kämpfte gegen die Warlords sowie die Kommunisten um die Herrschaft in China. Von 1949 bis zu seinem

Tod war er Staatspräsident der Guomindang-Regierung auf Taiwan (Republik China). *211*

Cixi, Kaiserinwitwe (1835–1908), Konkubine des Xianfeng-Kaisers und Mutter vom Tongzhi-Kaiser. 1861 übernahm sie die Regentschaft für ihren Sohn und übte diese faktisch zusammen mit einem konservativen Führungszirkel bis zu ihrem Tod aus. 1898 stellte sie den Guangxu-Kaiser unter Hausarrest und beendete so die Hundert-Tage-Reformen. Sie unterstützte die „Boxer" gegen die imperialistischen Mächte. Von ihr eingeleitete Reformen 1904 kamen zu spät, um die Qing-Herrschaft zu retten. *202, 206ff., 213, 217, 220, 223, 225, 229, 231*

Daoguang-Kaiser (1782–1850), sein Regierungsmotto „Daoguang" bedeutet „Erleuchteter Weg". Er wurde 1821 Kaiser und musste sich mit dem wachsenden Druck der auswärtigen Mächte auf China auseinandersetzen. Er verbot 1839 den Opiumhandel, was letztlich zum Ersten Opiumkrieg führte. *170, 174*

Davies, James Chowning (1918–2012), amerik. Soziologe, bekannt für seine „J-Kurve", welche das Ausbrechen von Revolutionen durch steigende Erwartungen der Bevölkerung und sinkende tatsächliche Lebensumstände erklärt. *13, 96–98, 100, 128*

Demandt, Alexander (*1937), deutscher Althistoriker, der vor allem über Römische Geschichte und Römische Kulturgeschichte sowie über geschichtstheoretische Themen publiziert. Er lehrte von 1974 bis 2005 als Professor für Alte Geschichte am Friedrich-Meinecke-Institut der Freien Universität Berlin. *170, 271, 291*

Dickinson, John (1732–1808), Politiker und Gründervater der USA, Anwalt in Philadelphia, Gegner der britischen Politik gegenüber den 13 Kolonien, Delegierter des Stempelsteuerkongresses in New York, verfasste die Palmzweig-Petition an Georg III. *42, 45, 47, 50*

Diderot, Denis (1713–1784), französischer Schriftsteller und Philosoph, Vertreter der Aufklärung. Neben der Herausgabe der großen französischen „Encyclopédie" (für die er selbst 6000 Artikel schrieb) verfasste er Romane und Erzählungen. *151, 156, 162f.*

Dietrich, Marlene (1901–1992), Schauspielerin und Sängerin, seit 1922 am Deutschen Theater in Berlin, wirkte zunächst in Stummfilmen mit, wurde 1930 weltbekannt durch ihre Rolle in dem Film „Der blaue Engel", seitdem Leben und Arbeiten in den USA, 1950er-Jahre Rückkehr und Leben in Frankreich. *343*

Dix, Otto (1891–1969), Maler und Grafiker, einer der wichtigsten Vertreter der „Neuen Sachlichkeit", thematisierte in seinen Werken Krieg, politische und soziale Missstände sowie die Entwürdigung des Menschen. 1927 Professor an der Kunstakademie Dresden, 1934 Entlassung und Ausstellungsverbot, „innere Emigration" bis 1945. *306*

Ebert, Friedrich (1871–1925), 1913–1918 Mitglied des Reichstags für die SPD und Partei-, ab 1916 auch Fraktionsvorsitzender, 1918 Vorsitzender des Rats der Volksbeauftragten, 1919 Reichspräsident, 1922 Amtszeit durch den Reichstag verlängert. *282, 284ff., 292, 296, 309, 317*

Eisenstadt, Shmuel Noah (1923–2010), israelischer Soziologe, gilt als soziologischer Klassiker des 20. Jh., bedeutende Werke zur Jugend- und Migrationssoziologie, bekannt für sein Forschungsprogramm und These der *„Multiple Modernities"*, welche die Vielfalt von Modernen im globalen Kontext aufzeigt. *14, 96, 103*

Engels, Friedrich (1820–1895), Sohn eines rheinischen Textilfabrikanten, engster Weggefährte Karl Marx', Mitbegründer des Marxismus. *13, 96, 99, 121, 123*

Erzberger, Matthias (1875–1921), 1903 für das Zentrum in den Reichstag gewählt, Staatssekretär im Kabinett Max von Baden 1918, Mitglied der Waffenstillstandskommission, 1919–1920 Finanzminister, 1920/21 Mitglied des Reichstags, einer der wichtigsten demokratischen Politiker, starb bei einem rechtsextremistischen Attentat. *303*

Franklin, Benjamin (1706–1790), amerikanischer Politiker, Naturwissenschaftler und Schriftsteller, trat für die Unabhängigkeit der Kolonien in Nordamerika ein und unterzeichnete 1776 die Unabhängigkeitserklärung, von 1776 bis 1785 amerikanischer Gesandter in Paris. *11, 15, 42, 62, 64, 85f., 89*

Fulcher von Chartres (1059–1127), Teilnehmer und einer der wichtigsten Geschichtsschreiber des Ersten Kreuzzuges (1096–1099). *253*

Georg III. (1783–1820), König von Großbritannien und Irland, der dritte britische Monarch aus dem Haus Hannover. Seine Herrschaftszeit war von vielen bewaffneten Konflikten geprägt. Er schickte Lord Macartney 1792/93 nach China, um bessere Handelsbedingungen zu erreichen. Gewinn von französischen Kolonien in Kanada, Verlust vieler nordamerikanischer Kolonien im Amerikanischen Unabhängigkeitskrieg. *173, 181f., 196f.*

Goebbels, Joseph (1897–1945), 1926 Gauleiter der NSDAP für Berlin, Reichspropagandaleiter bei den Wahlkämpfen 1930 und 1932, wirkungsvollster Redner der NSDAP neben Hitler, 1933 Reichspropagandaminister. *365f.*

Gong, Prinz (1833–1898), sechster Sohn des Daoguang-Kaisers, erhielt 1860 den Auftrag, mit den Briten die

Konvention von Beijing (Ende des Zweiten Opiumkrieges) auszuhandeln, westlich gebildet, reformorientiert. Seit 1861 Leiter des Hauptamtes für auswärtige Angelegenheiten, bis 1884, dann erneut zwischen 1894 und 1898. *205ff., 214*

Grenville, George (1712–1770), britischer Politiker und Premierminister, setzte 1765 das Stempelsteuergesetz durch. *26 f.*

Groener, Wilhelm (1867–1939), im Ersten Weltkrieg Leiter des Kriegsamts im Preußischen Kriegsministerium, 1917 gestürzt, im Oktober 1918 Nachfolger Ludendorffs als Erster Generalquartiermeister in der Obersten Heeresleitung, schuf mit Ebert den sog. „Ebert-Groener-Pakt", 1920–1923 Reichsverkehrsminister, parteilos, 1928 Reichswehrminister, 1931 zusätzlich Reichsinnenminister, wurde 1932 vor allem wegen seines SA-Verbots gestürzt. *296*

Grosz, George (1893–1959), Maler und Grafiker, trat 1919 in die KPD ein, 1924 Vorsitzender der „Roten Gruppe", einer Vereinigung kommunistischer Künstler, lebte seit 1933 in New York. *312, 338, 340*

Guangxu-Kaiser (1871–1908), sein Regierungsmotto „Guangxu" bedeutet „Brillante Nachfolge". Vetter des Tongzhi-Kaisers, wurde 1875 nach dessen Tod von Kaiserinwitwe Cixi als Kaiser ausgewählt. Er unterhielt enge Kontakte zu dem Philosophen Kang Youwei und setzte die Hundert-Tage-Reform mit in Gang. Er wurde aber noch im selben Jahr von Cixi unter Hausarrest gestellt, weil er angeblich einen Komplott gegen sie geschmiedet hatte. *202 f., 207, 215 ff., 231 ff.*

Gützlaff, Karl (1803–1851), lutherischer Theologe und einer der ersten deutschen protestantischen Missionare in China. Er arbeitete als Lehrer, aber auch als Übersetzer für die Briten im Opiumkrieg. Er sprach Chinesische und trug chinesische Kleidung. *186*

Hamilton, Alexander (1755–1804), geb. in Britisch-Westindien; US-amerik. Jurist, Offizier, Politiker; nahm am Unabhängigkeitskrieg (1775–1783) teil; 1787 Mitglied der Verfassunggebenden Versammlung; 1789–1795 unter Washington erster Finanzmin. der USA. Zu seiner zukunftsweisenden Finanz-, Zoll- und Währungspolitik (Hamiltonian System) gehörte auch die Gründung der US-Bank (1791). Unterstützte bei den Präsidentschaftswahlen 1800 seinen früheren Widersacher Jefferson. *65, 74 f., 83–87, 89, 93 f.*

Hancock, John (1754–1820), amerikanischer Politiker und Staatsanwalt, als Vertreter für den Bundesstaat Virginia im US-Repräsentantenhaus, Mitglied der von Alexander Hamilton gegründeten Föderalistischen Partei. *42, 52, 62*

Heartfield, John (1891–1968), eigentlich Helmut Herzfeld, deutscher Maler, Grafiker und Fotomontagekünstler, wichtiger Vertreter des Dadaismus, „Erfinder" der Fotomontage, Mitglied der KPD, ab 1933 Exil, 1950 Rückkehr und Leben in der DDR. *356*

Heine, Thomas Theodor (1867–1948), deutsch-schwedischer Maler, Zeichner und Schriftsteller, prägte 1895 bis 1933 mit seinem Stil die politisch-satirische Wochenzeitung „Simplicissimus", ab 1938 Exil in Norwegen, dann in Schweden. *310, 319*

Henry, Patrick (1736–1799), Rechtsanwalt aus Virginia, berühmt für seine Rede „*Give me Liberty, or give me Death*" (1775), Vertreter der Amerikanischen Unabhängigkeitsbewegung, Gegner der Verfassung der USA, später Mitglied der Föderalistischen Partei. *42, 45, 51 f.*

Hindenburg, Paul von (1847–1934), Soldat, ostelbischer Gutsbesitzer, schon seit 1911 im Ruhestand befindlich, wurde er zu Beginn des Ersten Weltkriegs wieder reaktiviert, 1914 „Sieger von Tannenberg", Chef der Obersten Heeresleitung, 1925 zum Reichspräsidenten gewählt. *309, 357, 361, 408 ff.*

Hitler, Adolf (1889–1945), begann 1919 mit seiner politischen Karriere, 1923 Putschversuch, anschließend Festungshaft, Vorsitzender der von ihm 1925 wieder gegründeten NSDAP, 1933 Reichskanzler. Errichtung der NS-Diktatur bis 1945, hauptverantwortlich für den Holocaust, entzog sich am 30. April 1945 durch Selbstmord im Bunker der Reichskanzlei der Verantwortung. *279, 303, 307 f., 311 f., 357, 360, 383 ff.*

Hobbes, Thomas (1588–1679), englischer Philosoph, Mathematiker und Staatstheoretiker, Begründer des aufgeklärten Absolutismus, geht wie John Locke von einem Naturzustand des Menschen aus (seine Interpretation ist jedoch eher negativ und gekennzeichnet durch Leid und Ungerechtigkeit), Hauptwerk „*Leviathan*": ein absolutistischer Staat sei die einzige Möglichkeit, diesen Naturzustand zu überwinden und ein friedliches Zusammenleben zu erreichen, gegen Gewaltenteilung. *63*

Hugenberg, Alfred (1865–1951), Vorsitzender der Friedrich Krupp AG, Besitzer eines Medienkonzerns, 1890 Gründer des Alldeutschen Verbands, seit 1919 Mitglied des Reichstags für die DNVP, 1928 deren Vorsitzender, 1933 Reichswirtschafts- und -ernährungsminister (bis 27.6. 33), bis 1945 Mitglied des Reichstags. *370*

Hutchinson, Thomas (1711–1780), Historiker, Geschäftsmann, Gouverneur und Politiker der Loyalisten in der Province of Massachusetts Bay in den Jahren vor der Amerikanischen Revolution, forderte in seinen Briefen an den britischen Außenminister eine Einschränkung der kolonialen Rechte. *44, 48*

Jay, John (1745–1829), Politiker, Jurist, Diplomat, Gründervater der USA, Außenminister der USA (1784–1790), Oberster Richter der USA (1789–1795), Gouverneur in New York. *85f.*

Jefferson, Thomas (1743–1826), US-amerik. Politiker; Anwalt, Gutsbesitzer, Abgeordneter in Virginia; 1775 Delegierter des Kontinentalkongresses; Verfasser der Unabhängigkeitserklärung (1776); 1779–1781 Gouverneur von Virginia: Trennung von Kirche und Staat und Einrichtung öffentlicher Schulen; 1783/84 Kongressabgeordneter; 1785–1789 US-Gesandter in Paris; 1789 Außenmin. unter Washington, stand in Gegensatz zu Hamiltons Finanzpolitik, trat aus Protest zurück; Begründer der Partei der Democratic-Republican; 1797–1801 US-Vizepräs. unter John Adams; US-Präs. 1801–1809: Ankauf von Louisiana (1803), Gründung der University of Virginia (1819). *11, 15, 42, 45, 47, 50ff., 57, 59, 62, 64, 69, 71f., 75, 80f., 83ff., 89f., 118*

Juchacz, Marie (1879–1956), Sozialdemokratin und Frauenrechtlerin, 1919 Mitbegründerin der Arbeiterwohlfahrt, hielt am 19. Februar 1919 als erste Frau Parlamentsrede in der Nationalversammlung, Redaktionsleitung Frauenzeitung „Die Gleichheit" und Vorsitzende der AWO. Exil in Frankreich und den USA, 1949 Rückkehr und Leben in der BRD. *297*

Kang Youwei (1858–1927), konfuzianischer Beamtengelehrter und Philosoph. Wichtiger Vertreter der Hundert-Tage-Reform von 1898, der eine politische und wirtschaftliche Modernisierung Chinas auf der Basis der Grundlehren von Konfuzius befürwortete. Bereits Ende der 1880er-Jahre versuchte er mit seinen Reformideen den Kaiser zu überzeugen. Nach dem Scheitern der Reform floh er ins Exil nach Japan. Er verfasste dort die Schrift „Buch von der Großen Gemeinschaft". *147, 207, 215ff., 232*

Kant, Immanuel (1724–1804), deutscher Philosoph der Aufklärung. Im Mittelpunkt seines Denkens steht die „Kritik der reinen Vernunft". Erst spät, 1770, wurde er Professor für Philosophie an der Universität Königsberg. *156, 161f.*

Kapp, Wolfgang (1858–1922), Politiker, gründete 1917 die Deutsche Vaterlandspartei, versuchte 1920 in Berlin die Reichsregierung zu stürzen, starb in Untersuchungshaft. *296f., 307f.*

Kerenski, Alexander (1881–1970), nach der Februarrevolution 1917 Justizminister in der ersten Provisorischen Regierung, seit Juli 1917 Ministerpräsident, er wurde von den Bolschewiki gestürzt, emigrierte 1918 und lebte seit 1940 in den USA. *223f., 129f.*

Ketteler, Clemens August Freiherr von (1853–1900), arbeitete seit 1879 im Auswärtigen Dienst. Von 1880 bis 1890 arbeitete er als Dolmetscher in China, anschließend als Gesandter in den USA und Mexiko. 1899 kehrte er als Gesandter nach China zurück, wo er am 20. Juni 1900 im Zuge des „Boxeraufstands" erschossen wurde. Als Teil der Sühneaktionen, die China auferlegt wurden, wurde 1903 als Denkmal der „Kettelerbogen" in Beijing am Ort des Attentats errichtet. *147, 209, 220f.*

Kirchner, Ernst-Ludwig (1880–1938), Maler und Grafiker, wichtiger Vertreter des Expressionismus, 1905 Gründungsmitglied der Künstlervereinigung „Die Brücke", 1917 wegen Krankheit Umzug in die Schweiz, seit 1920 zunehmende Anerkennung seiner Bilder, 1937 Ausschluss aus Preußischer Akademie der Künste, 32 seiner Bilder waren Teil der Ausstellung „Entartete Kunst", 1938 Selbstmord. *347*

Konfuzius (ca. 551–479 v. Chr.), latinisierter Name für Meister Kong, Philosoph und Fürstenberater. Aus adliger Familie stammend entwickelte er in einer Zeit politischer Wirren eine Ethik für den „Edlen" im Gegensatz zum „gemeinen Mann", der aber durch Bildung aufsteigen konnte. Er legte in seinen Lehren Wert auf Regeln und die Werte des vergangenen „Goldenen Zeitalters". Sein Gesellschaftskonzept der „Fünf Beziehungen" betont die kindliche Ehrerbietung gegenüber den Eltern und die Loyalität zum Fürsten. Der Religion maß er geringe Bedeutung bei. Generationen nach seinem Tod wurden die überlieferten „Gespräche" von seinen Schülern als sein Hauptwerk aufgezeichnet. *154, 158f., 207, 213, 222, 226*

Laozi (6. Jh. v. Chr.), chinesisch für „der alte Meister". Zeitgenosse von Konfuzius, über den wenig bekannt ist. Ihm wird das „Daodejing" (Buch vom Weg und der Tugend), die Hauptquelle der Philosophie des Daoismus zugeschrieben. Möglicherweise ist dieses aber erst im 4. Jh. aufgezeichnet worden. Im Gegensatz zu Konfuzius entwickelte er eine mystische Lehre, die Nachgiebigkeit und Natürlichkeit betont. *154, 159*

Las Casas, Bartolomé de (1474–1566), span. Dominikanermönch, Bischof von Chiapas (Mexiko), beteiligte sich an der Eroberung Kubas und erwarb dadurch eine Encomienda, aufgrund seiner Erfahrungen wurde er zu einem Kritiker des Encomienda-Systems und setzte sich für die Menschenrechte der Indios ein, Verfasser der „Historia de las Indias". *259, 262 f., 266*

Lenin, Wladimir Iljitsch (1870–1924), russischer Revolutionär und Politiker, der als Anführer in Entsprechung zu seiner Theorie des Marxismus-Leninismus eine revolutionäre Umgestaltung Russlands durch Berufsrevolutionäre organisierte, nach der gewaltsamen Oktoberrevolution etablierte er die bolschewistische Regierung, sein einbalsamierter

Körper liegt bis heute präpariert in einem Mausoleum auf dem Roten Platz in Moskau. *13, 15, 96, 99f., 120f., 124f., 127, 131ff.*

Liang Qichao (1873–1929), Schüler Kang Youweis. Er ging nach dem Scheitern der Hundert-Tage-Reform ins Exil nach Japan, gründete dort eine Zeitschrift und veröffentlichte weiter Schriften. Er wurde zum Befürworter einer liberalen Republik. *222, 224, 231*

Liebknecht, Karl (1871–1919), Mitglied des Reichstags und des Preußischen Abgeordnetenhauses für die SPD, Gründer des Spartakusbundes, im Ersten Weltkrieg wegen Hochverrats zu vier Jahren Zuchthaus verurteilt, Ende Oktober 1918 amnestiert, proklamierte am 9. November 1918 sozialistische Republik, Mitgründer der KPD, wurde am 15. Januar 1919 von Freikorpsangehörigen erschossen. *283ff.*

Lin Zexu (1785–1850), Beamtengelehrter, 1838 als kaiserlicher Beauftragter zur Umsetzung des Verbots des Opiumhandles eingesetzt. Durch Beschlagnahmung und Vernichtung von Opium versetzte er dem britischen Opiumhandel einen Schlag und trug so zum Beginn des Opiumkrieges bei. *174, 183*

Lincoln, Abraham (1809–1865), US-amerik. Jurist und Politiker (Republikaner); Gegner der Sklaverei; US-Präs. 1861–1865; im Bürgerkrieg (1861–1865) Proklamierung der Sklavenbefreiung in den Südstaaten (1863); 1865 Wiederaufbauprogramm für den Süden; 1865 von einem Südstaatler erschossen. *85f., 89*

Livingston, Robert (1746–1813), Politiker und Gründervater der USA, erster Außenminister der USA (1781–1783), amtierte 24 Jahre als erster Chancellor (Oberster Richter) of New York, deshalb bekannt als „The Chancellor". *62, 64*

Locke, John (1632–1704), englischer Philosoph, Vertreter des Empirismus, gilt als Begründer des Liberalismus, beeinflusste die Verfassung vieler liberaler Staaten (Verfassung und Unabhängigkeitserklärung der USA und Verfassung des revolutionären Frankreichs), einflussreiches Werk *„Two Treatises of Government"*: eine Regierung ist nur legitim, wenn sie von allen Bürgern anerkannt wird und die Naturrechte Leben, Freiheit und Eigentum beschützt werden, sah in seiner Staatstheorie als Erster eine Gewaltenteilung vor. *57, 63*

Ludendorff, Erich (1865–1937), im Ersten Weltkrieg als Erster Generalquartiermeister in der Obersten Heeresleitung wohl einer der mächtigsten Männer im Reich, am 26.10.1918 entlassen, vertrat völkisch-radikalen Nationalismus, beteiligt am Kapp- und am Hitler-Putsch, 1924 Mitglied des Reichstags für die Völkischen, 1925 Gründung des „Tannenbergbundes", danach eher politische Randfigur. *303, 307f.*

Ludwig XVI. (1754–1793), französischer König, verheiratet mit der österreichischen Kaisertochter Marie Antoinette, von der Dynamik der Revolution überfordert, nach seinem Fluchtversuch ins Ausland als Landesverräter guillotiniert. *104, 106f., 118*

Luther, Martin (1483–1546), Begründer der Reformation; auf Wunsch des Vaters begann er 1505 ein juristisches Studium; wegen eines Gelübdes – er war während eines Gewitters in Lebensgefahr geraten – trat er in das Kloster der Augustinereremiten in Erfurt ein; 1507 Weihe zum Priester;1512 Doktor der Theologie und Professor für Bibelauslegung an der Universität Wittenberg: 1517 Publikation der 95 Thesen. *418, 426f., 437*

Lüttwitz, Walther von (1859–1942), seit 1914 Generalleutnant, im Ersten Weltkrieg Chef Generalstab an der Westfront, Ende 1918 Oberbefehlshaber der vorläufigen Reichswehr in Berlin, 1919 Niederschlagung Spartakus-Aufstand, März 1920 Entlassung wegen Befehlsverweigerung bzgl. Truppenabbau, mit Marsch auf Berlin führend am Kapp-Putsch beteiligt, Flucht, 1925 Rückkehr nach Amnestie. *296, 307f.*

Luxemburg, Rosa (1870–1919), SPD-Mitglied auf dem äußersten linken Flügel, 1916 Mitgründerin des Spartakusbundes, 1916 in „Schutzhaft", im November 1918 befreit, Mitgründerin der KPD, am 15. Januar 1919 von Freikorpsangehörigen erschossen. *283, 285*

Macartney, Lord George (1737–1806), Botschafter in Russland und Gouverneur von Madras, Leiter der ersten offiziellen britischen diplomatischen Mission nach China 1792/93. Im Auftrag des britischen Königs sollte er Handelserleichterungen und die Etablierung einer dauerhaften Gesandtschaft erreichen. Die Mission traf auf Ablehnung des Qianlong-Kaisers. In der Forschung wurde lange die Rolle der verweigerten traditionellen Verbeugung (Kotau) durch Lord Macartney diskutiert. *170f., 173, 180ff., 197*

Madison, James (1751–1836), US-amerik. Politiker; US-Präs. 1809–1817; hatte großen Einfluss auf die Verfassung der USA (1787). *65, 74f., 85f., 89*

Mao Zedong (1893–1976), entstammte einer Bauernfamilie aus Hunan, in seinen jungen Jahren Lehrer und Hilfsbibliothekar. 1921 Gründungsmitglied der Kommunistischen Partei Chinas (KPCh). Nach einem von ihm organisierten, fehlgeschlagenen Aufstand 1927 Rückzug in einer Guerilabasis in der Provinz Jiangxi; während des „Langen Marsches" 1934/35 Anerkennung als Parteiführer. Er vertrat die These, dass die Bauern der marxistischen Revolution in China zum Durchbruch verhelfen würden. 1949 proklamierte er die Volksrepublik China und blieb bis zu seinem Tod ihr Führer. *211, 227*

Marx, Karl (1818–1883), dt. Philosoph und Volkswirtschaftler, begründete mit Engels den wissenschaftlichen Sozialismus. Nach dem Verbot der „Rheinischen Zeitung", deren Chefredakteur er war, emigrierte er 1843 nach Paris; 1845 aus Paris ausgewiesen, Übersiedlung nach Brüssel, 1848 Rückkehr nach Deutschland, nach gescheiterter Revolution lebte er bis zu seinem Tod in London. Unter seiner Mitwirkung Gründung der Ersten Internationale 1864 in London. *13, 96, 99, 102, 121, 123*

Marx, Wilhelm (1863–1946), 1899–1921 Mitglied des Preußischen Abgeordnetenhauses, 1910 bis 1932 Mitglied des Reichstags für das Zentrum, 1922–1928 Parteivorsitzender, 1923–1925 und 1926–1928 Reichskanzler, Kandidat der republikanischen Parteien für das Reichspräsidentenamt 1925, unterlag knapp gegen Hindenburg, einer der führenden Politiker der Weimarer Republik. *360, 408 ff.*

Montesquieu, Charles de Secondat, Baron de La Brède et de M. (1689–1755), französischer Intellektueller der Aufklärung, hatte mit seiner Schrift „*Vom Geist der Gesetze*" (1748) großen Einfluss auf die moderne Staatstheorie und Verfassungsentwicklung, besonders mit dem Grundsatz der Gewaltenteilung. *75, 109*

Morrison, Robert (1782–1834), schottischer Presbyterianer und Missionar. 1807 reiste er nach China, lernte Chinesisch und trug chinesische Kleidung. Er übersetzte die Bibel ins Chinesische und arbeitete als Missionar. *176, 186*

Munqidh, Usama ibn (1095–1188), arabischer Schriftsteller. *253*

Müller, Hermann (1876–1931), seit 1893 SPD-Mitglied, seit 1906 im Parteivorstand, seit 1916 im Reichstag, in der Revolution Mitglied des Vollzugsrats, Mitglied in Nationalversammlung und Reichstag, zeitweise Fraktionsvorsitzender, 1919–1920 Reichsaußenminister, 1920 und 1928–1930 Reichskanzler. *356, 359 f.*

Napoleon *siehe* Bonaparte, Napoleon

Nikolaus II. (1868–1918), letzter Zar Russlands, nach der Niederlage im Russisch-Japanischen Krieg halbherzig zu Reformen bereit, übernahm im Ersten Weltkrieg den Oberbefehl, trat angesichts der Februarrevolution zurück, 918 von den Bolschewiki zusammen mit seiner Familie exekutiert, 2000 von der russisch-orthod. Kirche heiliggesprochen. *121 ff.*

Oswald, Ingrid, deutsche Soziologin, Privatdozentin am Institut für Sozialwissenschaften der Humboldt-Universität Berlin und Projektleiterin am „Centre for Independent Social Research" in St. Petersburg/Russland. *146 ff., 237, 273*

Otis, James (1725–1783), US-amerik. Jurist, Politiker und Unabhängigkeitskämpfer, setzte sich für die Rechte der nordamerikanischen Kolonisten ein, wichtige Rolle im Stempelsteuerkongress (1765). *42*

Paine, Thomas (1737–1809), geb. in England, 1774 Auswanderung nach Nordamerika, gest. in New York; Politiker und Publizist; trat in seinen Schriften, u. a. „*The Common Sense Addressed to the Inhabitants of America*" (1776), für die Unabhängigkeit der USA ein; kämpfte seit 1786 in England für die Französische Revolution; floh 1792 nach Frankreich und wurde dort Mitglied des französischen Konvents. *41, 45, 53 f., 64, 118*

Papen, Franz von (1879–1969), Offizier im Ersten Weltkrieg, 1921–1932 Mitglied des Preußischen Abgeordnetenhauses, stand im Zentrum auf dem rechten Flügel, 1932 Reichskanzler, bereitete Machtübernahme der Nationalsozialisten vor, 1933/34 Vizekanzler, dann im diplomatischen Dienst. *357, 360 f.*

Peale, Charles Willson (1741–1827), US-amerik. Porträt- und Landschaftsmaler, besonders bekannt für seine Porträts wichtiger Persönlichkeiten der Amerikanischen Revolution. *42, 86*

Plessner, Helmuth (1892–1985), Philosoph und Soziologe, seit 1926 Professor in Köln, 1933 Entlassung, Exil in der Türkei und Niederlande. 1935 entsteht Buch „Das Schicksal des deutschen Geistes im Ausgang seiner bürgerlichen Existenz", 1959 veröffentlicht als „Die verspätete Nation" und wichtiger Teil der Sonderwegsdebatte. 1950 Rückkehr nach Deutschland, bis 1962 Professor in Göttingen. *274*

Pohl, Walter (*1953), österreichischer Historiker und Professor für Geschichte des Mittelalters und Historische Hilfswissenschaften an der Universität Wien. *165 ff., 186 f., 228, 237 f., 241 f., 270, 280, 285*

Postel, Verena (seit 2011 Verena Epp; *1959), deutsche Historikerin, Professorin für Mittelalterliche Geschichte und geschichtliche Landeskunde an der Philipps-Universität Marburg. *185 f., 231, 240 f., 284, 291*

Pu Yi (1905–1967), letzter Kaiser der Qing-Dynastie, der 1908 als Dreijähriger auf den Thron kam. Er dankte 1912 offiziell ab, lebte dann noch eine Weile im Kaiserpalast in Beijing. Von 1932 bis 1945 von den Japanern als Spitze eines Marionettenregimes in Mandschuko eingesetzt. Nach 1945 „Umerziehung" in einem kommunistischen Gefängnis. *203, 210 f., 224*

Qianlong-Kaiser (1711–1799), sein Regierungsmotto „Qianlong" bedeutet „Stärke und Erhabenheit". Qianlong wurde 1736 Kaiser und regierte über 60 Jahre. Er ließ ab 1755 erfolgreich Feldzüge im Westen Chinas durchführen und brachte Vietnam und Burma unter seine Vorherrschaft. Bei drei militärischen Interventionen in Tibet stärkte er das Protektorat der Mandschu über Tibet durch die Institution zweier chinesischer Residenten in Lhasa. Bis dahin hatte China unter seiner Herrschaft in relativem Wohlstand gelebt; die Bevölkerung war gewachsen und die landwirtschaftliche Nutzfläche vergrößert worden. Aber die Feldzüge, hohe Ausgaben für Kultur und eine luxuriöse Hofhaltung belasteten die Finanzen. Obwohl er das kulturelle Leben förderte, ließ er in einer „literarischen Inquisition" 2300 Werke verbieten. Von 1776 bis zu seinem Tod gelang es einem Günstling He Shen, die Staatsfinanzen zu privaten Zwecken auszunutzen und das Reich bis weit in das 19. Jahrhundert zu schwächen. 150, 170, 173, 179 ff., 197, 204

Rathenau, Walther (1867–1922), Präsident des Aufsichtsrates der AEG, in zahlreichen Firmen Leitungsfunktionen, DDP-Mitglied, 1921 Wiederaufbauminister, dann 1921/22 Außenminister, führte in dieser Funktion die „Erfüllungspolitik" durch, 1922 von Rechtsextremisten ermordet. 303

Revere, Paul (1734–1818), US-amerik. Freiheitskämpfer aus Boston, Silberschmied, Buchdrucker, Nationalheld der Amerikanischen Revolution, berühmt für seinen Mitternachtsritt (1775) von Boston nach Lexington und Concord zur Warnung der Einwohner vor den britischen Truppen. 43, 45, 82, 87 f.

Ricci, Matteo (1552–1610), italienischer Jesuit, Begründer der China-Mission. Nach seiner Ankunft in China 1582 erhielt er 1601 die Erlaubnis, nach Beijing überzusiedeln; er erlangte fundierte Kenntnisse der chinesischen Sprache und Kultur und orientierte sich in seinem Verhalten an der chinesischen Bildungselite. Er stand in der Gunst des Kaisers und starb in China. Mit Matteo Ricci und seinen Nachfolgern begann die Rezeption der chinesischen Kultur in Europa. 153, 176

Richthofen, Ferdinand Paul Freiherr von (1833–1905), deutscher Geograf, Kartograf und Forschungsreisender. Schwerpunkt seiner Reisen und Forschung war China. Begründer der modernen Geomorphologie. 220

Robespierre, Maximilien de (1758–1794), Rechtsanwalt, 1789 für den Dritten Stand in die Nationalversammlung gewählt, führendes Mitglied des Jakobinerklubs, betrieb die Hinrichtung des Königs und den Sturz der Girondisten, 1793 übte er über den Wohlfahrtsausschuss die Schreckensherrschaft aus, 1794 hingerichtet. 104, 109 f., 118

Rogers, Robert (1731–1795), britisch-amerik. Offizier, Gründer der „Rogers' Rangers" (kämpften im Siebenjährigen Krieg und Amerikanischen Unabhängigkeitskrieg auf der Seite der Loyalisten). 26

Roosevelt, Theodore (1858–1919), US-amerik. Politiker (Republikaner); erlangte Popularität als Anführer eines Freiwilligenregiments („Raue Reiter") im Krieg 1898; 1901 US-Vizepräs. unter McKinley; 1901–1909 US-Präs.: kämpfte gegen Trusts und Kartelle, war aber ein Vertreter der Expansion (Kontrolle des Panamakanals); bewirkte 1903 die Lösung Panamas von Kolumbien, um den begonnenen Kanal fertigstellen zu können. 85

Rousseau, Jean-Jacques (1712–1778), französisch-schweizerischer Schriftsteller, Philosoph und Komponist, lernte in Paris Diderot kennen, nach R. verderbe die Gesellschaft den ursprünglich guten Menschen, im „Contrat social" (1762) entwirft er ein politisches Modell einer Gesellschaft, in der sich der Einzelne total dem Gesetz unterordnet. 107, 109

Said, Edward (1935–2003), US-amerik. Kultur- und Literaturtheoretiker und -kritiker palästinensischer Herkunft, wichtiges Werk: „Orientalismus". 238

Salah ad-Din (1137/38–1193), erster Sultan von Ägypten (ab 1171) und Syrien (ab 1174), Rückeroberung von Jerusalem und großer Teile der Kreuzfahrerstaaten, wurde als „Sultan Saladin" zum Mythos der muslimischen Welt. 244, 249 f., 252

Scheidemann, Philipp (1865–1939), SPD, 1903 Mitglied des Reichstags, 1913 einer der drei Fraktionsvorsitzenden, herausragender, populärer Redner, Oktober 1918 Staatssekretär in der Regierung Max von Baden, Mitglied des Rats der Volksbeauftragten, 1919 Reichskanzler, Mitglied des Reichstags, 1919–1925 Oberbürgermeister von Kassel, 1933 Emigration. 283 f.

Schleicher, Kurt von (1882–1934), Berufsoffizier, im Ersten Weltkrieg in der Obersten Heeresleitung, enger Vertrauter von Groener (s. o.), nach der Revolution politischer Referent im Reichswehrministerium, 1929 Leiter des Ministeramtes im Ministerium, zog hinter den Kulissen die Fäden bei den Regierungswechseln 1930 und 1932, 1932/33 kurzzeitig Reichskanzler, am 30. 6.1934 im Zuge der „Säuberungen" nach dem sog. „Röhm-Putsch" erschossen. 357, 360 f.

Sepulveda, Juan Gines de (um 1489–1573), spanischer Humanist, Theologe, Jurist, Philosoph und Chronist von Kaiser Karl V. 259, 263

Sherman, Roger (1721–1793), US-amerik. Anwalt, Politiker und Gründervater der USA. 62, 64

Strasser, Gregor (1892–1934), Offizier im Ersten Weltkrieg, Freikorpsmitglied, 1921 NSDAP, dort auf dem „linken Flügel", 1926 Reichspropagandaleiter, Gauleiter von Oberpfalz-Niederbayern, 1930 Vorsitzender des Organisationsausschusses der

NSDAP, 8.12.1932 nach den Sondierungen mit Schleicher Bruch mit Hitler, ermordet im Zuge der „Säuberungen" nach dem sog. „Röhm-Putsch". 366

Stresemann, Gustav (1878–1929), 1907 Mitglied des Reichstags für die Nationalliberalen, Gründer der DVP im November 1918, Reichskanzler 1923, Außenminister 1923–1929, erhielt zusammen mit dem französischen Außenminister Aristide Briand 1926 den Friedensnobelpreis, einer der bedeutendsten Politiker der Weimarer Republik. 289, 322–336, 339

Stuart, Gilbert (1755–1828), US-amerik. Maler, malte u. a. Porträts der ersten sechs US-Präsidenten. 86

Stücklen, Daniel (1869–1945), Sozialdemokrat und Gewerkschafter, seit 1903 Mitglied im Reichstag, dann Nationalversammlung und 1920 bis 1932 wieder im Reichstag, hatte verschiedene Regierungsfunktionen inne, prägte Begriff „Staat im Staate" für die Reichswehr in der Weimarer Zeit. 1933 Entlassung aus allen Ämtern. 312

Sun Yatsen (1866–1925), geboren in der südchinesischen Provinz Guandong; besuchte seit seinem 13. Lebensjahr eine Missionsschule in Hawaii und studierte anschließend Medizin in Hongkong. Nach einem erfolglosen Memorandum 1894 gründete er noch im gleichen Jahre eine „Gesellschaft zur Erneuerung Chinas". Mit ihr unternahm er einen überstürzten, erfolglosen Putschversuch in Kanton und musste danach ins Ausland flüchten. 1905 gründete er in Japan den „Chinesischen Revolutionsbund", den Vorläufer der „Guomindang". Er sammelte Geld unter den Auslandschinesen, knüpfte Kontakte zu chinesischen Geheimgesellschaften. Er stand in scharfem Gegensatz zu den konservativen Reformern um Kang Youwei. Seine „Drei Volksprinzipien" verbanden Nationalismus und Volkswohlfahrt, sahen aber keine umfassende Demokratie vor. Nach dem Erfolg der Revolution 1911 wurde er Staatspräsident, gab das Amt jedoch an den konservativen General Yuan Shikai ab. In seinen letzten Lebensjahren ließ er sich vom Erfolg der Revolution in Russland beeinflussen. Er starb 1925 während der Vorbereitungen zum Nordfeldzug, der China später einigen sollte. 203, 210f., 223ff.

Tocqueville, Alexis de (1805–1859), frz. Staatsmann, Historiker und Schriftsteller, im Auftrag der frz. Regierung bereiste er 1831 die USA; aus seinen Beobachtungen resultierte sein Hauptwerk „*De la démocratie en Amérique*" („Über die Demokratie in Amerika", 1835/1840), er gilt heute noch als „Klassiker" der Politikwissenschaft. 13, 96f., 111

Townshend, Charles (1725–1767), britischer Politiker, Aristokrat und Finanzminister, führte neue Zölle für die Einfuhr verschiedener Waren aus Großbritannien in die amerikanischen Kolonien ein („Townshend Acts"). 42f.

Trotzki, Leo (1879–1940), marxistischer Revolutionär und Politiker. *121, 125*

Trumbull, John (1756–1843), US-amerik. Maler, bekannt für seine historischen Gemälde während des Amerikanischen Unabhängigkeitskriegs, vier seiner Gemälde hängen heute im Kapitol in Washington, D.C. *62, 67, 86*

Tucholsky, Kurt (1890–1935), Schriftsteller, einer der führenden linken Intellektuellen der Weimarer Republik, Mitglied der USPD, nach finanziellem Ruin durch Beschlagnahme seiner Tantiemen und Ausbürgerung Selbstmord. 378

Vitoria, Francisco de (um 1483–1546), spanischer Dominikanermönch und Rechtsgelehrter, gilt aufgrund seiner Auseinandersetzung mit dem europäischen Herrschaftsanspruch in der „Neuen Welt" als Begründer des Völkerrechts. 266

Waldersee, Alfred Graf von (1832–1904), er hatte verschiedene militärische Funktionen inne und entwickelte in den 1880er-Jahren Strategien für einen Präventivkrieg gegen Russland. Unter Kaiser Wilhelm II. Chef des Generalstabs. 1900 wird er im Zuge des „Boxeraufstands" als Generalfeldmarschall nach China geschickt. Da der Aufstand praktisch bei seiner Ankunft vorbei ist, leitet er „Strafexpeditionen". 221

Washington, George (1732–1797), nordamerik. Pflanzer; Oberbefehlshaber der Truppen der aufständischen Kolonien gegen England; organisierte die nordamerik. Milizen mithilfe europäischer Berufsoffiziere (F.W. von Steuben, La Fayette); siegte im Unabhängigkeitskrieg gegen England 1777 bei Princeton, zwang die Engländer 1781 zur Kapitulation von Yorktown; 1787 Präs. des Verfassungskonvents, 1789 erster US-Präs. (bis 1789); 1797 Ablehnung einer dritten Wiederwahl, seither ist die Amtszeit der US-Präs. auf zwei Perioden begrenzt; gilt als Begründer der Unabhängigkeit der USA. *11, 15, 26, 41, 45, 52, 62f., 65, 67ff., 71, 76, 81–87, 89f., 94f., 118, 145ff.*

Weber, Max (1864–1920), dt. Soziologe, Jurist und Nationalökonom, gilt als einer der „Klassiker" der Soziologie und trug maßgeblich dazu bei, das Fach institutionell zu begründen. Hauptwerke: „*Wirtschaft und Gesellschaft*" (1922 postum), „*Wissenschaft als Beruf*" und „*Politik als Beruf*" (beide 1919). *14, 76, 96, 101ff., 111, 127, 135*

Weizsäcker, Richard Karl Freiherr von (1920–2015), dt. Politiker (CDU), Anwalt und Wirtschaftsprüfer, 1981 bis 1984 Regierender Bürgermeister von Berlin, 1984 bis 1994 Bundespräsident der Bundesrepublik

Deutschland. In seine Amtszeit fiel die deutsche Wiedervereinigung in den Jahren 1989 bis 1990; somit wurde von Weizsäcker der erste Bundespräsident des vereinten Deutschlands. *428f., 432f.*

Wehler, Hans-Ulrich (1931–2014), dt. Historiker, seine fünfbändige *„Deutsche Gesellschaftsgeschichte"* zählt zu den Standardwerken der deutschen Geschichtsschreibung, Mitbegründer der sogenannten Bielefelder Schule, die die bis dahin hauptsächlich auf Politikgeschichte ausgerichtete Geschichtswissenschaft erneuerte zugunsten einer Gesellschaftsgeschichte. *14, 75, 96, 101ff., 111*

Wilhelm II. (1859–1941), deutscher Kaiser 1888 bis 1918, Ausbau der Flotte und „Weltpolitik", hielt am 27. Juli 1900 die sogenannte „Hunnenrede" vor deutschen Soldaten vor ihrem Aufbruch nach China zur Niederschlagung des „Boxeraufstands". Mitverantwortlich für den Ausbruch des Ersten Weltkrieges, nach der Abdankung 1918 Leben im Exil in den Niederlanden. *208f.*

Wilhelm, Richard (1873–1930), deutscher evangelischer Theologe, Missionar und Sinologe. Seit 1900 arbeitete er als Missionar und Lehrer im deutschen Pachtgebiet Qingdao. Er lebte bis 1920 durchgehend in China, 1922 bis 1924 kehrte als wissenschaftlicher Berater der deutschen Botschaft in Beijing noch mal zurück. 1925 wurde er Professor für Sinologie in Frankfurt. *186f.*

Wilhelm von Preußen (1882–1951), Kronprinz bis 1918, als Oberkommandierender im Ersten Weltkrieg, stärkte Militärführung in Auseinandersetzung mit Regierung, geht mit Vater Wilhelm II. ins Exil, Rückkehr 1923 unter Mitwirkung von Gustav Stresemann, erreichte eine Teilrückgabe der Hohenzollern-Güter, enge Kontakte mit von Schleicher, ließ sich von Hitler instrumentalisieren, seine politische Rolle im NS ist in der Forschung umstritten. *330f.*

Wilson, Thomas Woodrow (1856–1924), 1913–1921 US-amerikanischer Präsident, der die USA in den Ersten Weltkrieg führte und die Friedensverhandlungen von Versailles mitgestaltete. Er formulierte die versöhnlich gemeinten Vierzehn Punkte, die die Grundlage für den Waffenstillstand 1918 waren. 1920 erhielt er den Friedensnobelpreis. *284, 375*

Winthrop, John (1588–1649), geb. in England, 1630 Auswanderung nach Massachusetts; Gouverneur von Massachusetts; sein Tagebuch ist ein wichtiges Dokument für die Geschichte der puritanischen Neuenglandkolonien im 17. Jh. *24, 29, 39*

Xianfeng-Kaiser (1831–1861), sein Regierungsmotto „Xianfeng" bedeutet „Wohlergehen". Er wurde 1850 Kaiser, musste sich vor allem mit den britischen Forderungen und dem Zweiten Opiumkrieg auseinandersetzen. Er wurde 1860 von den britischen Invasionstruppen zur Flucht nach Jehol gezwungen, wo er im folgenden Jahr starb. *205f.*

Xi Jinping (geb. 1953), seit 2013 chinesischer Staatspräsident. 2018 wurde die Amtszeitbegrenzung aufgehoben. Xi setzt innenpolitisch auf Autorität und Überwachung, Minderheiten werden unterdrückt. Er treibt das Projekt einer „Neuen Seidenstraße" voran. *243*

Yongzheng-Kaiser (1678–1735), sein Regierungsmotto „Yongzheng" bedeutet „Wahre Harmonie". Er wurde 1723 zum dritten Kaiser der Qing-Dynastie, reformierte das Steuerwesen und die Bürokratie. Er legte damit den Grundstein für Expansion und Wohlstand unter seinem Sohn, dem Qianlong-Kaiser. *170, 174*

Yuan Shikai (1859–1916), mächtiger General der Qing-Herrschaft und Verbündeter der Kaiserinwitwe Cixi. In Absprache mit Sun Yatsen erreichte er die Abdankung des letzten Kaisers Pu Yi, wurde dann dessen Nachfolger als Präsident. Er wandte sich aber von der Republik ab, säuberte das Parlament und ernannte sich 1915, ein halbes Jahr vor seinem Tod, zum Kaiser. *203, 211, 225*

Zetkin, Clara (1857–1933), sozialistisch-kommunistische Politikerin und Friedensaktivistin, mehrfach im Exil wegen politischer Verfolgung, 1917 von SPD zur USPD, dann Mitglied im Spartakusbund und KPD, 1920 bis 1933 für die KPD im Reichstag, auch aktiv in der Kommunistischen Internationale, enge Kontakte mit Lenin und Stalin, nach Reichstagsbrand 1933 ins Exil in die Sowjetunion. *365*

Zou Rong, alte Umschrift Tsou Jung (1885–1905), in Japan ausgebildeter Gegner der Qing-Dynastie, verfasste 1905 die Schrift „Die Revolutionäre Armee" und rief darin zur Revolution auf. Er starb im Gefängnis. *92*

Sachregister

Fettdruck: Erläuterungen im Begriffslexikon ab S. 522
Kursiv gesetzte Begriffe: Erläuterungen in der Marginalspalte

13 Artikel der Konföderation 64, 73
14-Punkte-Programm 284, 385

Absolutismus 106
Adel 13, 25, 106 f., 305
Agrarreform 123
Aiyubiden 249
Akkomodation 238
Akkon 249, 242
Akkulturation 144, 237 f., 253
„Alles unter dem Himmel" 159 f.
„Allianz der acht Staaten" 209
„American Revolution" 84–88
Ancien Régime 106 f., 111
„Antibolschwistische Liga" 300
Anti-Föderalisten 84
Antiparlamentarismus 287, 394, 396
Antisemitismus 274, 394 f.
Arbeiter- und Soldatenräte (Sowjets) 15, 122, 123
„Ära Stresemann" 323, 325–333, 336
Arbeiter- und Soldatenräte 284 f.
Artikel 48 286, 288, 293, 357, 377
„Assemblies" 25
Assimilation 253
Aufklärung 14, 64, 75, 106 ff., 156, 161–163
Aufsatz, achtgliedriger 207
Außenpolitik 330 f.
Autokratie 121 f.
Avantgarde 340 f.
Azteken 263 f.

Barbarei, **„Barbaren"** 142, 146, 155, 168
Bastille 15, 44, 106 f., 119
Bauern 106 f., 111, 122 f., 127 f., 132
Beamtenprüfung 207, 209, 212, 214 f., 231
Berliner Vertrag 326
Besitzbürgertum 109
Bevölkerung, indigene amerikanische 24 ff., 32
Bildungsbürgertum 306
Bill of Rights 25, 64 ff., 70 f.
„Blankovollmacht" 384
Bolschewiki 124 f., 128
Boston 44, 47 ff., 55, 60, 84 f., 88
„Boston Freedom Trail" 86, 88
Boston-Massaker 43, 84
„Boston Tea Party" 44, 48 f., 60 f.

„Boxeraufstand" 144 f., 203, 208 f., 217–221
„Boxer" (siehe auch *Yihetuan*) 144, 202 f., 208 f., 217–221
„Boxerprotokoll" 175, 209, 223
Boykott 44
„Bremer Linksradikale" 285
Brest-Litowsk, Frieden von 385
Briand-Kellogg-Pakt 326
Brüderlichkeit 104 f.
Buddhismus 154
„Bund der Revolutionäre" 210 f.
Bürger/Bürgertum 98, 102, 106, 115 ff.
Bürgerkrieg
– Sowjetunion 125 f.
– USA 19, 80, 89 ff.
Bürokratie 101
BVP (Bayerische Volkspartei) 289

Charismatische Herrschaft 394
„checks and balances" 65, 75 f.
Chinabild 147
Chinoiserie 142
Christentum 155, 165, 187, 88
Clark-Kontroverse 389
„Code civil" 110
„Committees of correspondence" 41
Concord 45, 52, 55, 57, 88

Daoismus 22
DAP (Deutsche Arbeiterpartei) 289
Dawes-Plan 429, 431
DDP (Deutsche Demokratische Partei) 284, 287
Deflation 358
Deflationspolitik
Deklarationsgesetz („*Declaratory Act*") 42, 47
Demokratie, plebiszitäre 286 f.
– präsidiale 286
– repräsentative 286
Demonstrationen 23, 27, 124
Deputierte 16, 50, 123
„Deutscher Sonderweg" 375–380
Deutsches Reich 273
Dhimmi-System 117
„Diktatfrieden" 303, 305, 311
Diktatur 109, 134
Diktatur des Proletariats 121, 133
Direktorium 107, 109 f.
DNVP (Deutschnationale Volkspartei) 289, 308, 359–361
„Dolchstoßlegende" 305, 335, 374

Doppelherrschaft 121, 123
„Doppelte Zehn"/„Doppelzehnter" 71, 220
Dritter Stand 106 f., 112 f.
Dschihad 251 f.
Duma 15, 121 ff., 129 f., 134
DVP (Deutsche Volkspartei) 289
Dynastientafel 141

East India Company 44, 48, 61, 172
Ebert-Groener-Pakt 294
École des Annales 143
Eigenbild 142
Elite 305 f., 312
Encomienda 259
Encyclopédie 156, 162 f.
England 24, 26, 28, 33 f., 51
Entdeckungsreisen 258
Entente cordiale 384
„Erfüllungspolitiker" 303, 305
Erinnerung, historische 407, 409
Erinnerungskultur 406, 416 f., 420 ff.
Erinnerungspolitik 403
Eugenik 431
Europa 140, 151, 155, 165
Europäer 142, 146, 152, 155 f., 165
Eurozentrismus 152, 165
Euthanasie 398
Exotismus 142
Expansion 165, 167, 171, 178 f., 189, 235, 242, 266
Expressionismus 340 f., 346 f.

Februarrevolution 15, 121, 123
Feindbild, -propaganda 320
Feindbild-Stereotype 142
First Open Door Note 176
Föderalismus 287, 298
Föderalisten 14, 65, 84
Frankreich 26, 33 f., 69, 104–119, 386
Französische Verfassung (1791) 108, 116 f.
Frau
 – Erwerbstätigkeit 345, 353, 387
 – Frauenbewegung 297
 – Wahlrecht 297, 300
Freicorps 285, 306 f.
Freiheit 13 f., 18 f., 24, 40, 63 f., 71 f., 74 f., 83 f., 100 f., 104 f., 107, 109, 115 f.
Freiheitsbaum 43
Freiheitsstatue 18, 105
Freizeit 342, 345, 354
Fremdbild 142, 147, 320
„French and Indian War" 22, 26, 28, 33, 45
Friedensnobelpreis 326, 332
Friedensvertrag von Nanjing 174

„Frontier" 25
„Führerprinzip" 396
Funktions-Gedächtnis 415 f.

Gedächtnis
 – **kollektives** 152, 406, 417
 – kommunikatives 406, 414 ff., 420
 – **kulturelles** 406, 414, 416, 420, 422
Generalstände 107
Genfer Abrüstungskonferenz 326
Geschichte 404 f., 411 f.
Geschichtsbewusstsein 405, 410 ff., 420
Geschichtsbild 411, 417
Geschichtskultur 405 f., 410–413 f., 416 f., 421
Geschichtspolitik 406 f., 410, 417
Geschichtsschreibung, transnationale 275, 280 f.
Geschichtsunterricht 404 ff.
Geschlechterverhältnisse 345, 352 f.
Gesellschaft, literale 415 f.
Gesellschaftstransformation 241 f.
Gewaltenteilung 65, 69, 75, 108 f., 284, 286 f.
Girondisten 109
Gleichheit 97, 104 f., 108 f.
Gleichgewicht der Mächte 304, 311, 335
Globalgeschichte 275, 280
Glorious Revolution 13, 25
„Goldene Zwanziger" 340, 346 f.
Gouverneur 25 f., 29, 32 f., 41, 48
Großbritannien 26, 35, 38, 42–46, 51, 60, 64 f., 105
Große Koalition 357, 359 f.
Großgrundbesitz, Großgrundbesitzer 306
Großmacht 194
Großstadt 339, 343–345, 348 f., 351
„Gründerväter" 15, 83, 86, 89 f.
Grundrechte 63 ff., 109 f., 286 ff., 345, 378
Gründungsmythos 19, 89 f.
Guomindang 211, 223

Halbkolonie 145, 175, 203, 242 f.
Handelsgesellschaft 171 f., 205
Handelsverträge 144, 190 f.
Han-Dynastie 151, 160
Harzburger Front 370
Heiliger Krieg (siehe auch Dschihad) 246 f., 251 f.
Heimatkunst 350
Herrschaftslegitimation 158 f.
Herrschaftsverständnis, chinesisches 159
Hessen 68
„Hessians" 68
Historiengemälde 84
Historiografie 84 ff.
Hitler-Putsch 308, 312
Hochimperialismus 189

Hochkultur, frühe 140
Hostienfrevellegende 248
Hundert-Tage-Reform 207, 215–217, 232
„Hunnenrede" 147, 209
Hybridisierung, Hybridität 238
Hyperinflation 303, 307, 313

Identität 272
– kollektive 272, 316
– nationale 281
– transnationale 281
imitatio christi siehe Nachfolge Christi
Imperialismus 144, 148, 176–178, 189, 227, 242
Imperialismus, informeller 176 f.
„Indianerschutzpolitik" 257
Indios 258–264
Industrialisierung 122, 143, 145, 151, 156 f., 163 f., 203, 226, 242
Industrielle Revolution 163 f., 189 f., 214
Inflation 306, 309, 358, 363
Investitur, *Investiturstreit* 247

Jakobiner 107, 109 f.
Japan 176 f., 190–195, 207
– Großmacht 175, 178, 190 f., 194, 208, 242, 248
– Industrialisierung 177, 190, 193
Jerusalem 244, 247–252
Judenpogrome 247 f.

Kaiserreich, chinesisches 140 f., 144, 149, 154 f., 160, 173, 175 f., 204–207
Kanada 26 f.
Kanzler 299
Kapitalismus 101 f., 132, 156
Kapp-Lüttwitz-Putsch 296 f., 307
Kino 343
Kleinbürgertum 306
Kolonialismus, spanischer 144 f., 187
Kolonie 175
Kolonialisten 67 f.
Kolonien, nordamerikanische 51–55, 59 f., 63 f., 67 f., 70 ff., 94
Kommunismus 121
Kommunistische Partei Chinas 211, 227
Konferenz von Lausanne 326
Konfuzianismus 141, 158 f., 186
Kongregationalisten 24
Konquista, *Konquistador* 259, 266
Kontinentalarmee („Continental Army") 41, 67 f., 85 f.
Kontinentalkongress 41 f., 44 f., 50–55, 60, 62, 64, 67, 70
Konvention von Beijing 175, 204
Konzession 176, 208, 215, 242 f.

Koran 251
Kotau 169, 173, 182
KPD (Kommunistische Partei Deutschlands) 285, 288
Kreuzfahrerstaaten 248–254
Kreuzzug, Aufruf 250
– Begriff 245
Kreuzzug 145, 244–255
Krieg, Japanisch-Chinesischer 191
– Russisch-Japanischer 191
– technisierter 384
Kriegsanleihe 385
Kriegsschuldartikel (Art. 231) 305
Kriegsschuldfrage 385, 389
„Kriegsschuldparagraf" 303
Krise 12, 16, 274, 307 f., 313 f., 326, 360, 362
Kulaken 122
Kulturalismus 148 f.
Kulturberührung 144, 235 f.
Kulturbeziehung 144, 235
Kulturelle Modernisierung 339 f., 346 f.
Kulturkonflikt 144, 235–238
Kulturkontakt 144, 235–238
Kulturpessimismus 341
Kulturverflechtung 144, 237
Kulturzusammenstoß 144 f., 235 f.

Land 24, 26, 32, 127 f., 132
„Lebensraum" 395
Leibeigenschaft 120, 122
Lexington 45, 52, 55, 57, 67 f.
Living History 409
Loyalisten 41, 45, 51 ff., 69, 91

Macartney-Mission 171, 173, 180–182, 197
„Machtergreifung" 283
Magna Charta Libertatum 25
Mandschurei 175, 191, 194, 203, 215
Mandschuren 140 f., 154, 211, 215, 223–225
„Manifest Destiny" 59, 83
Massachusetts 24 ff., 29 f., 35, 37, 43 ff., 48, 52, 55, 57, 61, 65 f.
Massengesellschaft 378
Massenkommunikation 343
Massenkultur 339, 342 f., 345, 347 ff.
Massenmedien 298, 354
Medien 339, 342 f., 347–349
Meiji-Reformen 190, 192
Meiji-Restauration 190–195, 232
„memory-boom" 403
Menschen- und Bürgerrechte 69, 75, 105, 107, 115 f.
Menschewiki 123 f.
Miles christi 246 f.

Milizen 26, 45, 52
Ming-Dynastie 161
Missionierung 145, 176, 186 f.
– protestantische 176, 186 f.
Moderne 14, 19, 69, 101 ff., 143, 273, 279, 339 f., 344 f., 351 f., 378 f.
Modernisierung 14, 101 ff., 143, 164, 189 f., 195, 203, 205–207, 217, 241 f.
Monarchie, konstitutionelle 284
– parlamentarische 284
Morde, politische 307, 313
MSPD (Mehrheitssozialdemokratische Partei Deutschlands) 284–286, 288
Mutterland 22–28, 44, 54 f., 64
Mythos 84, 86, 94, 217, 418
– politischer 375 f.

Nachfolge Christi (imitatio christi) 247
Nation 81 f., 89, 107, 112, 115 f., 142, 211, 222, 226, 273 f., 305, 361
Nationalfeiertag 15, 63, 117, 316 f.
Nationalismus 148 f., 168, 184, 203, 210, 223, 273, 277–279, 305, 373 ff., 380, 393 f.
Nationalsozialismus 394, 419 ff.
Nationalstaat 142, 154, 161, 272 f., 278
Nationalversammlung 286, 295, 300
Naturrecht 45, 54, 63 f., 75
Neuengland 24 f., 31, 52
„Neue Gesetze" 259
„Neue Politik" 209 f., 223, 231
„Neue Sachlichkeit" 341 f.
„Neue Welt" 257 f., 262, 267
New York 19, 23, 28, 30 f., 35, 55, 69, 105
Notverordnung 286, 359 f., 363 f.
Novemberrevolution (1918) 290 f., 300
NSDAP (Nationalsozialistische Deutsche Arbeiterpartei) 289, 357, 360 f., 365 f., 369, 394 f.

Obrigkeitsstaat 279, 283, 305
Oktoberreformen 284
Oktoberrevolution 13, 15, 121, 124, 134
Open Door Policy 145, 176, 188
Opiumkrieg, Erster 171, 173 f., 183 f., 200
– Zweiter 176, 201, 204 f.
Opiumschmuggel 174
Opiumverbot 174
Oral History 415 f.
Othering 142

Pachtgebiet 175
Pariser Friedensverträge 324, 385
Parlament/Parlamentarisierung 25, 122, 190, 210, 217
Parlamentarismus 286, 329, 378

Parlamentsabsolutismus 287
Parteien 17, 69, 86, 123
Parteienstaat, Weimarer 288 f., 294
Patrioten 41, 45, 50 ff., 67, 76 f., 91
Pennsylvania 25, 31, 39, 68, 76
Petrograd 121, 123–126, 128, 130 f., 134
Philadelphia 23, 25, 31, 44 f., 54, 63, 65, 69, 85
„Pilgrim Fathers" 24
Plakate, politische 298
Plantagenwirtschaft 25, 30
Pogrom 246 f.
Polizeisystem, russisches 127
Populärkultur 84, 86 f.
Präsident 51, 66
Präsidialkabinett, **Präsidialregierung** 357, 359 f., 363–365
Presse 343
Proletariat 102, 130 f.
Propaganda 359, 385, 390, 394 f., 397
Puritaner 24, 31
„Pursuit of Happiness" 19, 83
Putsch 13, 17

Qingdao (ehem. Tsingtau) 187 f., 208, 215, 218
Qing-Dynastie 140, 145, 149, 160 f., 167, 172, 203 f.
Quelle 36 f.
– schriftliche 318
Quellenkritik, archäologische 187 f.
– Schema 189

Radikal-Nationalismus 274
„Rassenlehre" 274, 394–396
Rassismus 394
Rat („Council") 25, 29, 33
Rat der Volksbeauftragten 285
Rat der Volkskommissare 121, 125
Rätesystem 284 f.
Rationalisierung 345, 350 f.
Reenactment 409
Reform(en) 16 f., 203, 205, 207, 210, 212–217, 239
„Reich der Mitte" 140, 145, 154 f., 159 f.
Reichskanzler 293
Reichspräsident 286 f., 292 f.
Reichsrat 287
Reichstag 287, 293
Reichstagswahlen (1919–1933) 295
Reichswehr 307, 312
Religion 73, 75 f.
– christliche 176
Rentenmark 309
Reparationen 174 f., 208, 303, 305, 326
Repartimiento 257, 259

Republik 75, 80, 105, 109, 117, 154, 203, 210 f., 222–226, 243, 283, 286, 288 f., 306 f.
Republik China 141, 203, 211, 222–226
Revisionspolitik 324
Revolte 13
Revolution 12 ff., 17 f., 97–101, 103, 273, 283–286, 290 f., 300, 308
– chinesische 243
– Französische 142, 151, 156, 163
Revolutionsarmee siehe Kontinentalarmee
Rezeption 84
Ritterorden 249
Ritualmordlegende 248
Rote Armee 125, 132
Ruhrbesetzung, Ruhrkampf 307, 314, 319, 324
Rumseldschuken 248
Rundfunk 343, 349
Russland 121–135

SA („Sturmabteilung") 360
Sansculotten 109
„Schanddiktat" 305, 324
Schiiten 248
„Schmachfrieden" 305
Schreckensherrschaft 109
Selbstbestimmungsrecht der Völker 284, 310
Selbststärkungsbewegung 144 f., 203, 205–207, 212–215
Selbstverständnis 141 f., 145, 149, 152
– deutsches 373–375
– europäisches 168, 235, 281
– nationales 15
Seldschuken 246–248
Shanghai 174, 184 f.
Siebenjähriger Krieg 23, 26, 47
Siedler 24–27, 32, 67 f., 86
Siedlungsgrenze 33
Siedlungskolonie 24
Sinologie 152
sinozentrisch 152
Sklaven, Sklaverei 23–27, 66, 142, 168, 236, 249, 257, 259–261, 263
„Sohn des Himmels" 140, 159
Soldaten 22, 62, 68, 121, 123, 130 ff.
Sonderweg, deutscher, Sonderwegsthese, -debatte 273–275, 278 f., 375–380
Song-Dynastie 160
„Sons of Liberty" 23, 27, 41, 43 f., 47, 52, 55
Sowjets siehe Arbeiter- und Soldatenräte
Soziale Frage 156 f.
Sozialismus 123 f., 132, 134, 157
Sozialrevolutionäre 123, 125, 135
Spartakusaufstand 285

Spartakusbund 284 f.
Speicher-Gedächtnis 415 f.
Spielfilm 409
SS („Schutzstaffel") 360, 395
Staatenbund 64 f.
„Staat im Staate" 305, 312
Staatsstreich 13, 17, 122, 125
Stabilisierung, relative 308 f., 315
Stadt 122
Stadt-Land-Verteilung 306
Stahlhelm, Bund der Frontsoldaten 359
Stände/Ständegesellschaft 106 f.
Stempelsteuer („Stamp Act") 34 f., 41 f., 47
Stempelsteuerkongress 27, 35, 41, 46 f.
Stempelsteuer-Unruhen 27
Stereotype 298
Steuereintreiber 27, 41 f., 47, 50
Straßennamen, Umbenennung 408 f.
„Strategie der Umarmung" 176
Streik 122–125, 129
Synkretismus 144, 238

Taiping-Aufstand 175, 189, 203, 205
Taiwan 141, 152, 175, 179, 191, 203, 211, 215
Technisierung 344 f., 350 f.
Teegesetz („Tea Act") 44, 48
„Terreur, La (Grand)" 107 ff.
Totalrevolution 14
Toulouse 157, 199
Townshend-Programm 42, 47
Transformation 143
Transformationsprozess, historischer 143, 238–242
Transkulturation 144, 238
Tributstaaten 140, 206 f.
Triple Entente 384

Überreste 408
Umbruch 12 f., 16 ff.
Unabhängigkeitserklärung 64, 67, 70 ff., 85
Unabhängigkeitskrieg 52, 67 ff., 76 f.
Unerträgliche Gesetze („Intolerable Acts") siehe Zwangsgesetze
Ungleiche Verträge 141, 145, 174 f., 184 f.
Union 51, 65, 69, 94
„Untermensch" 397
Urteile, historische 334
USA siehe Vereinigte Staaten von Amerika
USPD (Unabhängige Sozialdemokratische Partei Deutschlands) 285, 288

Verbotene Stadt 160
Verdun, Schlacht bei 384

Vereinigte Staaten von Amerika (USA) 14, 28, 69, 73 ff., 83 ff.
Verfassung 17, 63, 65 f., 69–76, 78 ff., 107–110, 115 ff., 122, 125, 130–133, 210, 217, 225, 231, 286–289, 292 f., 306, 316 f., 345
Verfassunggebende Versammlung 65, 107, 125, 135
Verfassungsprinzipien 286
Verfassungsrevolution 14, 65, 75, 107
Vergangenheit 404 ff., 413 ff., 420
„Vernunftrepublikaner" 328, 332
Versailler Vertrag 304 f., 310 f.
– Revision 305, 311, 324
Verstädterung/Urbanisierung 351
Vertrag von Rapallo 324, 326
Verträge von Locarno 323, 325 f., 330
Vertragshafen 175–177, 185, 188, 180, 204 f.
Vertrag von Nanjing 171, 174, 176, 184
– von Tordesillas 258
Virginia 24, 26, 34, 45, 51, 63 f., 70 f.
„Virginia Bill of Rights" 65, 70 f.
Völkerbund 323, 326, 330 f., 335
Völker, indigene 259
Völkermord (Genozid) 274, 374
Volksbegehren 287
Volksentscheid 287
„**Volksgemeinschaft**" 361, 369, 395, 397
Volkskreuzzug 247
„Volksprinzipien" 223 f.
Volksrepublik China 141, 154, 211
Volkssouveränität 19, 59, 65, 69, 75, 80, 94, 104, 107 f., 286, 292

Waffenstillstand 284
Wahlrecht 79, 108 f.
Wandel, historischer 240 f.
Washington, D.C. 66
Weimarer Koalition 286, 294, 308
Weimarer Republik 367, 377–379
Weimarer Reichsverfassung (WRV) 286–288, 292 f., 316 f.
Weltbild 152
– eurozentrisches/europäisches 152 f., 155 f.
– sinozentrisches 152 f.
Weltpolitik 380, 383 f.
Weltwirtschaftskrise 274, 326, 357 f., 362 f., 369
Widerstand, passiver 307
Wirtschaftsbürgertum 306
Wohlfahrtsausschuss 109

Yihetuan (siehe auch „Boxer") 202 f., 208 f., 217 f., 220
Young-Plan 326, 359 f.

Zeitreise 409, 420, 422
Zentralismus 287
Zentralmacht 14, 65, 84
Zentrumspartei, Zentrum 286, 289
Zeppelin 344
Zivilisation 142, 146, 155, 243, 261
Zivilisationsstaat 155
„Zivilisierung" 176
Zollbehörden 42
Zongli Yamen 206, 209
Zuckergesetz („Sugar Act") 26
Zwangsgesetze („Coercive Acts") 44, 47 f., 60

Bildquellen

Cover: dpa Creative; S.9 akg-images/Album/Prisma; S.10 oben rechts interfoto e.k./Ivan Vdovin; S.10 2.v.oben rechts Sergio Pitamitz/National Geographic Image Collection/Bridgeman Images; S.10 mitte links mauritius images/alamy stock photo/De Luan; S.10 mitte rechts Adobe Stock/SMAK_Photo; S.10 unten rechts dpa Picture-Alliance/Ulrich Baumgarten; S.11 7 a) Bridgeman Images/© S. Bianchetti/Leemage; S.11 7 b) Bridgeman Images/Photo © CCI; S.11 7 c) Bridgeman Images/Granger; S.12 M1 dpa Picture-Alliance/imageBROKER/Stefan Kiefer; S.13 M2 akg-images; S.18 M5 interfoto e.k./Danita Delimont/Walter Bibikow; S.21 M9 dpa Picture-Alliance/Con/Ron Sachs; S.22 M1 Bridgeman Images/Tarker; S.24 M1 Bridgeman Images/Granger; S.26 M3 akg-images/North Wind Picture Archives; S.27 M4 akg-images/North Wind Picture Archives; S.30 M7 mauritius images/imageBroker/H.-D. Falkenstein; S.30 M8 Bridgeman Images/De Agostini Picture Library; S.32 M10 Bridgeman Images/Peter Newark Western Americana; S.35 M17 Bridgeman Images/Granger; S.37 M2 akg-images/John Parrot/Stocktrek Images; S.38 M2 Bridgeman Images/Granger; S.39 M3 akg-images; S.40 M1 interfoto e.k./Granger, NYC; S.42 M1 © Philadelphia History Museum at the Atwater Kent/Courtesy of Historical Society of Pennsylvania Collection/Bridgeman Images; S.43 M2 akg-images; S.44 M3 Bridgeman Images/Granger; S.45 M4 Bridgeman Images/Granger; S.47 M7 Bridgeman Images/Peter Newark American Pictures; S.49 M11 © Gilder Lehrman Institute of American History/Bridgeman Images; S.52 M16 Bridgeman Images/Granger; S.55 M23 Bridgeman Images/Granger; S.61 M3 Bridgeman Images/Private Collection; S.62 M1 Bridgeman Images; S.63 M2 Bridgeman Images/Granger; S.64 M1 © Virginia Historical Society/Bridgeman Images; S.67 M3 bpk; S.71 M6 bpk/British Library Board; S.72 M9 Imago Stock & People GmbH/imagebroker; S.76 M16 Bridgeman Images/Photo © Christie's Images; S.80 M2 Bridgeman Images/Granger; S.81 M3 Granger/Bridgeman Images; S.82 M1 © Smithsonian Institution / Bridgeman Images; S.83 M2 akg-images/(c) VG Bild-Kunst, Bonn 2022, René Graetz: Plakat Erzwingt den Frieden, nach 1949; S.84 M1 akg-images/North Wind Picture Archives; S.85 M2 akg-images/Album/Prisma; S.86 M3 mauritius images/Tetra Images; S.88 M6 mauritius images/alamy stock photo/picturelibrary; S.90 M10 Bridgeman Images; S.91 M12 mauritius images/alamy stock photo/Featureflash Archive; S.93 M1 Bridgeman Images; S.94 M2 bpk/Smithsonian American Art Museum/Art Resource, NY; S.95 M3 bpk/adoc-photos; S.104 M1 bpk/RMN - Grand Palais/Bulloz; S.105 M2 akg-images/Catherine Bibollet; S.106 M1 akg-images; S.109 M3 akg-images/Erich Lessing; S.110 M4 akg-images; S.114 M11 akg-images/Jacques-Louis David; S.117 M16 shutterstock/ilolab; S.117 M17 mauritius images/COLIN Matthieu/hemis.fr; S.118 M2 bpk; S.119 M3 Bridgeman Images; S.120 M1 bpk/Alinari Archives/(c) VG Bild-Kunst, Bonn 2022; Aleksandr Mikhajlovi Gerasimov: Lenin at the tribune, 1947; S.122 M1 Bridgeman Images/Photo © Collection Gregoire; S.124 M4 bpk/Scala; S.128 M10 Bridgeman Images/Everett Collection; S.131 M16 bpk/Münzkabinett, SMB/Reinhard Saczewski; S.133 M19 bpk/Voller Ernst - Fotoagentur/Jewgeni Chaldej; S.135 M3 akg-images/Erich Lessing; S. 137: stock.adobe.com/zhu difeng 朱迪锋版权所有; S.138 1 a) akg-images; S.138 1 b) bpk/adoc-photos; S.138 1 c) akg-images/Roland and Sabrina Michaud; S.138 1 d) Bridgeman Images/© Archives Charmet; S.139 unten akg-images; S.140 M1 mauritius images/alamy stock photo/Zoonar GmbH; S.142 M3 akg-images; S.144 M4 akg-images; S.145 M5 akg-images; S.150 M1 akg-images/Pictures From History; S.151 M2 bpk; S.153 M1 Bridgeman Images/Pictures from History; S.153 M2 akg-images/British Library; S.154 M3 bpk/RMN - Grand Palais/Thierry Ollivier; S.155 M4 Staatsbibliothek zu Berlin - PK / Link: http://resolver.staatsbibliothek-berlin.de/SBB0002091000000000 / S. 517; S.156 M5 akg-images; S.157 M6 bpk/Deutsches Historisches Museum/Arne Psille; S.159 M9 mauritius images/alamy stock photo/CPA Media Pte Ltd; S.160 M12 akg-images/Universal Images Group/Sovfoto; S.161 M14 akg-images; S.163 M17 akg-images; S.164 M22 akg-images; S.169 M3 Bridgeman Images/Pictures from History; S.170 M1 Bridgeman Images/Granger; S.172 M1 © British Library Board. All Rights Reserved/Bridgeman Images; S.173 M2 © British Library Board. All Rights Reserved/Bridgeman Images; S.174 M3 bpk; S.176 M4 Bridgeman Images; S.178 M7 Bridgeman Images/Granger; S.180 M11 Bridgeman Images/Everett Collection; S.184 M20 Bridgeman Images; S.185 M24 akg-images; S.187 M30 bpk/Deutsches Historisches Museum/Fotograf unbekannt; S.187 M31 akg-images/Bruce Connolly; S.188 M33 Bridgeman Images/Everett Collection; S.190 M1 interfoto e.k./Mary Evans; S.191 M2 bpk; S.192 M6 Bridgeman Images/Lebrecht History; S.194 M9 interfoto e.k./Thomas Höfler; S.196 M1 Bridgeman Images/Digital Image: Yale Center for British Art/Everett Collection; S.199 M1 Bridgeman Images/Pictures from History; S.201 M3 Bridgeman Images/Pictures from History; S.202 M1 akg-images/Science Photo Library; S.203 M2 Bridgeman Images/Universal History Archive/UIG; S.204 M1 bpk/Kunstbibliothek, SMB/Dietmar Katz; S.205 M2 Bridgeman Images/Universal History Archive/UIG; S.205 M3 akg-images/Heritage Images/

Heritage Art; S.206 M4 Imago Stock & People GmbH/Xinhua; S.206 M5 bpk/adoc-photos; S.207 M6 Bridgeman Images/Universal History Archive; S.208 M7 Bridgeman Images/© SZ Photo/Scherl; S.208 M8 akg-images; S.209 M9 Bridgeman Images/© Archives Charmet; S.210 M10 Bridgeman Images/© SZ Photo; S.211 M11 Bridgeman Images/United Archives/Carl Simon; S.212 M13 mauritius images/alamy stock photo/Michel & Gabrielle Therin-Weise; S.213 M14 Bridgeman Images; S.214 M19 akg-images; S.216 M23 bpk/Musée Nicéphore Niépce, Ville de Chalon-sur-Saône/adoc-photos; S.217 M26 Bridgeman Images/Universal History Archive/UIG; S.218 M29 bpk; S.219 M31 Bridgeman Images/Granger; S.221 M34 Bridgeman Images/© Look and Learn; S.221 M35 mauritius images/alamy stock photo/jordiphotography; S.224 M44 Bridgeman Images/© British Library Board; S.233 M2 Bridgeman Images/Pictures from History; S.235 M2 bpk/Kunstbibliothek, SMB/Dietmar Katz; S.237 M5 Imago Stock & People GmbH/robertharding; S.244 M1 akg-images/Bible Land Pictures/Jerusalem Z.Radovan; S.246 M1 akg-images/British Library; S.247 M3 akg-images/British Library; S.249 M5 Bridgeman Images/ © Israel Museum, Jerusalem; S.255 M2 bpk/RMN - Grand Palais/Gérard Blot; S.256 M1 bpk/Hermann Buresch/ © Banco de México Diego Rivera Frida Kahlo Museums Trust/VG Bild-Kunst, Bonn 2022, Diego Rivera, Die Ankunft der Spanier unter Cortéz 1519, 1951; S.258 M1 akg-images; S.258 M2 akg-images; S.259 M3 Mithra-Index / Bridgeman Images; S.260 M5 bpk/Staatliche Kunstsammlungen Dresden/Jürgen Karpinski; S.261 M6 bpk/British Library Board/Robana; S.262 M7 akg-images; S.264 M13 akg-images/De Agostini Picture Lib.; S.267 M2 interfoto e.k./Granger, NYC; S.269 akg-images; S.270 1 a) Bridgeman Images/© SZ Photo; S.270 1 b) akg-images; S.270 1 c) akg-images/Voller Ernst/collector; S.270 1 d) interfoto e.k./Friedrich; S.272 M1 interfoto e.k./Fabian von Poser; S.272 M2 mauritius images/Heidi Fröhlich; S.274 M3 akg-images; S.275 M4 Gerhard Mester; S.276 M5 © DER SPIEGEL 07/2009; S.276 M6 akg-images; S.280 M10 © Garland / Telegraph Media Group Limited 1994; S.282 M1 akg-images; S.283 M2 bpk/Kunstbibliothek, SMB; S.284 M1 akg-images/Sammlung Berliner Verlag/Archiv; S.285 M2 akg-images; S.286 M3 Bridgeman Images/© SZ Photo/Scherl; S.287 M4 akg-images; S.289 M6 bpk; S.290 M8 akg-images/Sammlung Berliner Verlag/Archiv; S.290 M9 bpk/Kunstbibliothek, SMB, Photothek Willy Römer/Willy Römer; S.292 M15 bpk; S.294 M18 bpk; S.295 M19 bpk/Deutsches Historisches Museum; S.295 M20 bpk/Deutsches Historisches Museum/Indra Desnica; S.297 M26 Bridgeman Images/© SZ Photo; S.298 M1 akg-images; S.299 M2 bpk/Deutsches Historisches Museum/Sebastian Ahlers; S.300 M2 interfoto e.k./Pulfer/(c) VG Bild-Kunst, Bonn 2022; Walter Schnackenberg: Bolschewismus bringt Krieg, 1918; S.301 M3 bpk/Gwose/Herling/Sprengel Museum Hannover/Werner; S.302 M1 bpk; S.303 M2 bpk/Kunstbibliothek, SMB/Dietmar Katz/(c) VG Bild-Kunst, Bonn 2022; Karl Arnold: Frankreich im Rheinland, 1923; S.304 M1 Bridgeman Images; S.306 M4 bpk/Staatliche Kunstsammlungen Dresden/Jürgen Karpinski/(c) VG Bild-Kunst, Bonn 2022; Otto Dix: Familienbildnis (Rechtsanwalt Dr. Fritz Glaser), 1925; S.307 M5 bpk; S.308 M6 bpk/Heinrich Hoffmann; S.309 M7 Bridgeman Images; S.310 M9 bpk/Staatsbibliothek zu Berlin; S.311 M12 bpk; S.312 M15 bpk/Nationalgalerie, SMB/Jörg P. Anders/(c) Estate of George Grosz, Princeton, N. J./VG Bild-Kunst, Bonn 2022; George Grosz: Stützen der Gesellschaft, 1926; S.313 M18 Universitätsbibliothek Heidelberg; S.314 M20 bpk/Deutsches Historisches Museum; S.314 M21 akg-images/(c) VG Bild-Kunst, Bonn 2022; Richard Müller: Frei von Versailles, Plakat, 1924; S.314 M22 bpk/Dietmar Katz; S.316 M1 akg-images; S.316 M2 akg-images; S.318 M1 akg-images; S.321 M3 bpk; S.322 M1 bpk/Kunstbibliothek, SMB/Dietmar Katz/(c) VG Bild-Kunst, Bonn 2022; Karl Arnold: Europa-Probleme. Hier irrt Zeus. Die Rettung der Europa durch dieses Meer geht selbst über die Kräfte eines Stiers, 1933; S.323 M2 Bridgeman Images/© SZ Photo/Scherl; S.325 M1 akg-images/TT News Agency/SVT; S.325 M2 bpk/Dietmar Katz; S.326 M3 Bridgeman Images/© SZ Photo /Scherl; S.327 M4 akg-images/TT News Agency/SVT; S.328 M7 akg-images/(c) VG Bild-Kunst, Bonn 2022; Karl Arnold: Retter Stresemann. Er schaut nach rechts, er schaut nach links, 1923; S.329 M9 interfoto e.k./Pulfer; S.334 M1 akg-images/TT News Agency/SVT; S.337 M2 bpk; S.338 M1 akg-images/(c) Estate of George Grosz, Princeton, N. J./VG Bild-Kunst, Bonn 2022; George Grosz: Metropolis, 1916/17; S.339 M2 akg-images; S.340 M1 akg-images/Erich Lessing/(c) Estate of George Grosz, Princeton, N. J./VG Bild-Kunst, Bonn 2022; George Grosz: Konstruktion (Ohne Titel), 1920; S.341 M2 akg-images/Erich Lessing; S.342 M3 akg-images; S.343 M4 bpk; S.344 M5 bpk; S.345 M6 Bridgeman Images/© SZ Photo/Scherl; S.347 M9 bpk/Nationalgalerie, SMB/Jörg P. Anders; S.348 M12 bpk/Kunstbibliothek, SMB; S.348 M13 bpk/Heinz Lienek; S.348 M14 akg-images; S.349 M17 bpk/Nationalgalerie, SMB/Klaus Göken/(c) VG Bild-Kunst, Bonn 2022; Kurt Günther: Der Radionist, 1927; S.351 M20 bpk/Deutsches Historisches Museum/Arne Psille; S.352 M23 bpk/Nationalgalerie, SMB, Verein der Freunde der Nationalgalerie/Jörg P. Anders/(c) Christian Schad Stiftung Aschaffenburg/VG Bild-Kunst, Bonn 2022; Christian Schad: Sonja, 1928; S.354 M2 bpk; S.355 M3 akg-images/(c) VG Bild-Kunst, Bonn 2022; Hans Grundig: Am Stadtrand, 1926; S.356 M1 bpk/Deutsches Historisches Museum/(c) The Heartfield Community of Heirs/VG Bild-Kunst, Bonn 2022; John Heartfield: Der Reichstag wird eingesargt,

1932; S.359 M1 akg-images; S.359 M2 akg-images; S.361 M4 akg-images; S.364 M12 mauritius images/alamy stock photo/PRISMA ARCHIVO; S.364 M13 Bridgeman Images/© Tobie Mathew; S.365 M14 interfoto e.k./Pulfer; S.365 M15 bpk; S.366 M20 Nebelspalter: das Humor- und Satire-Magazin. Band (Jahr): 59 (1933). Heft 7/ Karikatur: Gregor Rabinovitch; S.371 M3 action press/, ullstein - Archiv Gerstenberg; S.376 M5 Bridgeman Images/© SZ Photo/Sammlung Megele; S.382 M1 akg-images; S.383 M2 akg-images; S.384 M1 bpk; S.385 M2 akg-images; S.386 M4 akg-images; S.387 M6 dpa Picture-Alliance/dpa - Bildarchiv; S.387 M7 dpa Picture-Alliance/IMAGNO/Austrian Archives; S.387 M8 dpa Picture-Alliance/ullstein bild; S.390 M1 Photograph © 2022 Museum of Fine Arts, Boston. All rights reserved./Gift of John T. Spaulding/Bridgeman Images; S.390 M2 imago stock&people GmbH / Xinhua; S.391 M3 imago images/glasshouseimages; S.392 M1 bpk; S.394 M1 dpa Picture-Alliance/Glasshouse Images; S.395 M2 dpa Picture-Alliance/arkivi; S.399 M2 akg-images; S.401 oben dpa Picture-Alliance/Soeren Stache; S.402 M1 akg-images/Erich Lessing/(c) Salvador Dali, Fundació Gala-Salvador Dali/VG Bild-Kunst, Bonn 2022; Salvador Dali: Die Beharrlichkeit der Erinnerung, 1931; S.404 M1 dpa Picture-Alliance/dieKLEINERT.de/Ralf Stumpp; S.404 M2 Bridgeman Images/SZ Photo / Scherl; S.405 M3 Imago Stock & People GmbH/Christian Ditsch; S.407 M4 dpa Picture-Alliance/dpaweb/Soeren Stache; S.407 M5 dpa Picture-Alliance/picture-alliance/AFP; S.408 M6 bpk/Deutsches Historisches Museum; S.409 M7 Imago Stock & People GmbH/Schöning; S.419 M18 mauritius images/Olaf Krüger; S.419 M19 Photo © Christie's Images/Bridgeman Images; S.422 M3 Imago Stock & People GmbH/Karina Hessland; S.423 M4 bpk/DeA Picture Library/C. Balossini; S.424 M1 dpa Picture-Alliance/Carsten Rehder; S.427 M1 bpk; S.428 M2 bpk/Herbert Fiebig; S.429 M3 mauritius images/alamy stock photo/Ron Buskirk; S.430 M4 dpa Picture-Alliance/Maximilian Schönherr; S.432 M6 © SZ Photo/Bridgeman Images; S.436 M14 bpk/Kunstbibliothek, SMB, Photothek Willy Römer/Willy Römer; S.438 M1 bpk/Kunstbibliothek, SMB; S.441 M1 dpa Picture-Alliance/dpa-Zentralbild/ZB; S.445 M4 dpa Picture-Alliance/dpa - Bildarchiv; S.446 M3 dpa Picture-Alliance/imageBROKER/Caroline Kreutzer; S.447 M4 bpk/Dietmar Katz; S.457 M2 interfoto e.k./Granger, NYC; S.466 M2 BayHStA, Plakatsammlung 8795

Illustrationen und Karten:
Cornelsen/Volkhard Binder: S. 25 M2; S. 79 M1; S. 108 M2; S. 122 M2; S. 125 M5; S. 128 M9; S. 246 M2; S. 260 M4; S. 362 M5; **Cornelsen/Carlos Borrell Eiköter**: S. 77 M18; S. 126 M6; S. 167 M1; S. 177 M5; S. 191 M3; S. 248 M 4; S. 304 M2 **Cornelsen/Elisabeth Galas**: S. 271 (5); S. 288 M5 **Cornelsen/Volkhard Binder**: S. 25 M2; S. 79 M1; S. 108 M2; S. 122 M2; S. 125 M5; S. 128 M9; S. 145 M4; S. 246 M2; S. 260 M4; S. 362 M5

Ausspracheregeln für chinesische Begriffe

Im vorliegenden Kursheft wurden alle chinesischen Namen und Begriffe nach den Regeln der heute aktuellen Umschrift Pinyin geschrieben. Sie finden einige wichtige Namen in der Tabelle unten aufgeführt und mit der ungefähren Aussprache in Deutsch ergänzt. Auf die Verwendung von Lautschrift wurde in der Tabelle verzichtet. Es gibt auch zahlreiche Programme, mit denen Sie sich die richtige Aussprache anhören können.

Heutige Schreibung (Pinyin)	Frühere Schreibung (Wade-Giles)	Ungefähre Aussprache für Deutsche
Beijing (Stadt)	Peking	bei-dshing
Chang Jiang oder Yangzi Jiang („langer Fluss")	Jangtse oder Jangtsekiang	tchang-dshiang
Cixi (Kaiserinwitwe in der späten Qing-Dynastie)	Tzu-Hsi	dsi-chi
Deng Xiaoping (Politiker)	Teng Hsiao Ping	deng-schiao-ping
Guangzhou	Kanton	guang-dschou
Huang He (Gelber Fluss)	Hwang Ho	hwang-he
Jiang Jieshi	Tschiang Kai Schek	dshiang dshieshi
Kong Fuzi (Konfuzius)	Kung Chiu	kong fju-si
Liu Shaoqi (Politiker)	Liu Schao-Tschi	liu shao-tchi
Liu Xiaobo (Dissident und Nobelpreisträger)		li-ju siaobo
Mao Zedong (Politiker)	Mao Tse-Tung	mao-tse-dong
Qianlong (Kaiser)	Ch'ien-lung	tchi-en-long
Qin (Dynastie)	Ch'in	tchin
Qing (Dynastie)	Ch'ing	tching
Tianxia („Alles unter dem Himmel")	tien hsia	tien schia
Xi Jinping (Politiker)		chi dshinping
Xinjiang (autonome Provinz)	Sinkiang	chin-dshiang
Yongle (Kaiser)	Yung-Lo	jung-le
Zheng He (Flottenadmiral)	Cheng-Ho	dscheng-he
Zhongguo (Reich der Mitte/China)	Chung-kuo	dschong-guo